René Riedl
Management von Informatik-Projekten

René Riedl

Management von Informatik-Projekten

—

Digitale Transformation erfolgreich gestalten

Unter Mitwirkung von
Univ.-Prof. emeritus Dipl.-Ing. Dr. Lutz J. Heinrich
Prof. Dipl.-Ing. Dr. Harald Dobernig M.Sc. MBA

2., vollständig überarbeitete Auflage

ISBN 978-3-11-047126-7
e-ISBN (PDF) 978-3-11-047127-4
e-ISBN (EPUB) 978-3-11-047166-3

Library of Congress Control Number: 2019937554

Bibliografische Information der Deutschen Nationalbibliothek
Die Deutsche Nationalbibliothek verzeichnet diese Publikation in der Deutschen
Nationalbibliografie; detaillierte bibliografische Daten sind im Internet über
http://dnb.dnb.de abrufbar.

© 2019 Walter de Gruyter GmbH, Berlin/Boston
Einbandabbildung: Wright Studio / Shutterstock
Druck und Bindung: CPI books GmbH, Leck

www.degruyter.com

Vorwort

Seit einigen Jahren dominieren Digitalisierung und digitale Transformation weltweit die Themenlandschaft in Wirtschaft und Gesellschaft; dies wird laut der Einschätzung vieler Experten auf absehbare Zeit auch so bleiben. Die erfolgreiche Planung und Realisierung von Digitalisierungsvorhaben und die damit einhergehende digitale Transformation sind untrennbar mit erfolgreichem Projektmanagement verbunden. Unabhängig davon, wie ausgeprägt die Reichweite der von digitalen Technologien ausgehenden Veränderungen ist (z.B. Reorganisation von Geschäftsprozessen bis hin zur Veränderung von Geschäftsmodellen), das Handeln im Projektmanagement wird den Ausgang eines Digitalisierungsvorhabens immer maßgeblich beeinflussen. Dieser Umstand erklärt, warum Projektmanagement sowohl in der Wirtschaftsinformatik- und Informatik-Ausbildung an Hochschulen als auch in Aus- und Fortbildungsseminaren der betrieblichen Praxis einen hohen Stellenwert hat. Diesen hohen Stellenwert hat das Projektmanagement nicht erst seit dem Entstehen der Begriffe „Digitalisierung" und „digitale Transformation", denn der Einsatz von Informations- und Kommunikationstechnologien zur Erreichung strategischer Wettbewerbsziele ist seit Jahrzehnten ein zentrales Thema der Wirtschaftsinformatik, insbesondere des Informationsmanagements. Dennoch gilt, dass aufgrund der zunehmenden Anzahl, Größe und Komplexität von Digitalisierungsvorhaben Projektmanagement als Kompetenzfeld noch nie so bedeutsam war wie heute. Gründe für die zunehmende Komplexität sind unter anderem die immer kürzer werdenden Technologiezyklen, ansteigende technische Komplexität und Vernetzung von Systemen sowie ein sich stark veränderndes Nutzer- und Mitarbeiterverhalten.

Informatik-Projekte sind in der Praxis oft solche Projekte, deren Zweck die Herstellung neuer oder die wesentliche Veränderung bestehender Informations- und Kommunikationssysteme ist, im Folgenden kurz als Informationssysteme bezeichnet. Informatik-Projekte sind daher Projekte, deren Gegenstand IT-Mittel sind. Der Begriff „IT-Mittel" wird dabei sehr weit gefasst, indem alles darunter verstanden wird, was computerbasierte Mittel zur Befriedigung der Informationsnachfrage in Wirtschaft und Gesellschaft sind. Unter „Management von Informatik-Projekten" werden die Aufgaben, Methoden, Techniken und Werkzeuge verstanden, die zur Planung und Realisierung von Informatik-Projekten bearbeitet werden müssen bzw. diese unterstützen oder erst ermöglichen. Zu beachten ist, dass der Gegenstand eines Informatik-Projekts nicht identisch mit dem eines Software-Projekts ist, ersterer ist umfassender. Da die Besonderheiten von Software-Projekten in einschlägigen Lehrbüchern abgehandelt werden (z.B. in Büchern zum Software Engineering sowie in Werken zu spezifischen Methoden der agilen Softwareentwicklung wie Scrum), wird zwecks tiefer gehendem Studium dieser Inhalte auf die existierende Fachliteratur verwiesen.

Viele Informatik-Projekte sind nur teilweise erfolgreich oder werden abgebrochen. „Teilweise erfolgreich" meint dabei, dass ein Projekt zwar abgeschlossen wird, es jedoch zu Zeit- und/oder Kostenüberschreitungen kommt oder der geplante Funktionsumfang des Systems nicht erreicht wird. Aussagen der Standish Group zufolge (vgl. Chaos Report, der seit dem Jahr 1994 veröffentlicht wird) wurden im langjährigen Schnitt nur rund ein Drittel der Informatik-Projekte erfolgreich abgeschlossen (das bedeutet, das Projekt wurde dem Termin- und Kostenplan entsprechend und mit dem definierten Funktionsumfang abgeschlossen). Dieser Durchschnittswert hat eine geringe Standardabweichung und es ist auch nach den aktuellsten verfügbaren Zahlen noch so, dass nur rund ein Drittel aller Informatik-Projekte erfolgreich sind. Daraus folgt, dass rund zwei Drittel der Informatik-Projekte nur teilweise erfolgreich sind oder abgebrochen werden. Selbst wenn man berücksichtigt, dass manche Experten die Auffassung vertreten, dass die Aussagen der Standish Group zu pessimistisch sind, ist es in Praxis und Wissenschaft unbestritten, dass es in vielen Informatik-Projekten teilweise gravierende Probleme gibt. Das vorliegende Buch soll einen Beitrag leisten, Wissen zum Management von Informatik-Projekten zu vermitteln. Die Anwendung dieses Wissens beim praktischen Handeln soll die Erfolgswahrscheinlichkeit von Informatik-Projekten erhöhen, damit in Zukunft möglichst viele Digitalisierungsvorhaben einen positiven Ausgang nehmen.

Die Planung und Realisierung von Informatik-Projekten ist ein kooperativer und kreativer Arbeitsprozess. Aus Sicht der Sozial- und Wirtschaftswissenschaften wird dieser Arbeitsprozess primär als Interaktionsprozess zwischen den beteiligten Systemplanern und -entwicklern, Benutzern sowie weiteren Stakeholdern aufgefasst und untersucht. Aus ingenieurwissenschaftlicher Sicht steht der Einsatz von Methoden, Techniken und Werkzeugen im Vordergrund, welche die Planung, Realisierung und Einführung von Informationssystemen unterstützen bzw. ermöglichen. Es ist ein Merkmal der Wirtschaftsinformatik, die sozial- und wirtschaftswissenschaftliche Sicht sowie die ingenieurwissenschaftliche Sicht zusammenzufassen und zu integrieren. Aus diesem Blickwinkel der Wirtschaftsinformatik ist das vorliegende Buch entstanden.

Der Dank des Autors gilt allen, die beim Entstehen dieses Buchs mitgewirkt haben. Allen voran ist Univ.-Prof. emeritus Dipl.-Ing. Dr. Lutz J. Heinrich zu danken, der die 1. Auflage im Jahr 1997 veröffentlichte und motivierend auf mich einwirkte, als ich mit ihm die Idee besprach, nach mehr als zwei Jahrzehnten das Werk „wiederzubeleben" und eine 2. Auflage zu verfassen. Die Fähigkeit zur Abstraktion ist gerade im akademischen Bereich eine bedeutsame Eigenschaft. Der Autor der 1. Auflage abstrahierte in seinen Ausführungen in weiten Teilen. Statt Details darzustellen, deren „Halbwertszeit" aufgrund technologischer Entwicklungen gering ist, fokussierte er auf die fundamentalen Konzepte, Aufgaben und Methoden sowie deren Zusammenhänge. Damit schuf er die Voraussetzung, dass eine mehr als zwei Jahrzehnte zurückliegende Veröffentlichung die Basis des vorliegenden Werkes sein kann. Er stellte das Manuskript der 1. Auflage als Grundlage für diese neue Auflage zur Verfügung. Die 1. Auflage hatte 46 Lerneinheiten, 14 Lerneinheiten wurden aussortiert und 32 grundlegend überarbeitet. Zudem wurden 17 neue Lerneinheiten verfasst. Die Ziele der Ergänzung dieser neuen Lerneinheiten sind: (1) auf bedeutsame Entwicklungen im Projektmanagement einzugehen (Rahmenwerke des Projektmanagements, Projektmanagementsoftware, Risikomanagement, agile Methoden in Informatik-Projekten), (2) die Bedeutung des Menschen in Informatik-Projekten in den Mittelpunkt zu rücken (Psychologie, Führung und Teamarbeit, Koordination, Stakeholder-Management, Konfliktmanagement, Veränderungsmanagement, Technologieakzeptanz) und (3) in der Erstauflage nur am Rande behandelte Themen vertiefter darzustellen (Erfolgsfaktoren des Projektmanagements, Evaluation, Anforderungsanalyse, Prozessmodellierung, Datenmodellierung).

Ein besonderes Merkmal dieser neuen Auflage ist, dass in jeder Lerneinheit auf Befunde wissenschaftlicher Forschung eingegangen wird. Dies ist nach Auffassung des Autors ein Alleinstellungsmerkmal des vorliegenden Werks; es ist Ausdruck eines am Markt der Projektmanagement-Bücher eher selten beobachtbaren akademischen Anspruchs.

Ziel der 2. Auflage ist es auch, die Verwendung des Buchs mehr als bisher über die Zielgruppe der Lehrenden und Lernenden an Universitäten und Fachhochschulen hinaus auf Praktiker zu erweitern, die im Projektmanagement arbeiten. Die Inhalte des vorliegenden Werks sind sowohl für Projektmanager und -mitarbeiter auf Anwenderseite als auch für Manager, Projektverantwortliche und Mitarbeiter in Software- und Internetunternehmen relevant. Die je Lerneinheit genannten Lernziele, primär formuliert für Lernende in Studiengängen der Wirtschaftsinformatik und Informatik sowie darüber hinaus der Betriebswirtschaftslehre und Wirtschaftswissenschaften, sind auch als Aufforderungen zum Handeln für Praktiker zu verstehen. Um diesem Anliegen Nachdruck zu verleihen, hat der Autor mit Prof. Dipl.-Ing. Dr. Harald Dobernig M.Sc. MBA, Hochschulprofessor an der Northern Business School in Hamburg, eine Persönlichkeit zur Mitwirkung gewinnen können, deren langjährige Erfahrung im Projektmanagement bei Siemens eine wertvolle Grundlage für dieses Buch ist. Er wirkte von der Konzeption des Buchs bis zum Verfassen der inhaltlichen Grundlagen von mehreren Lerneinheiten mit; er stand mit Rat und Tat während des gesamten Entstehungsprozesses des Buchs zur Verfügung. Namentlich sei weiter folgenden Personen gedankt: Thomas Fischer BA M.Sc. sowie Mark C. Stieninger BA M.Sc.; Thomas Fischer verfasste die inhaltliche Grundlage für die Lerneinheit Prozessmodellierung, Mark C. Stieninger für die Lerneinheit Datenmodellierung. Zudem half Florian Karlinger BA auf operativer Ebene mit.

Der Autor verwendet das herkömmliche Maskulinum und verzichtet auf die meist umständlichen Konstruktionen einer beide Geschlechter explizit ansprechenden Formulierung. Wo möglich, wird eine Formulierung verwendet, die einen Geschlechterbezug vermeidet. Dem Autor ist es ein Anliegen zu betonen, dass damit keinerlei geschlechtsspezifische Absicht verbunden ist. Leserinnen und Leser sind gleichermaßen angesprochen. Hinweise auf Fehler und sachkritische Anmerkungen, die zur Verbesserung des vorliegenden Textes führen können, sind dem Autor willkommen. Alle URL-Angaben im Buch waren per nachstehendem Datum funktionsfähig.

René Riedl, am 31. Dezember 2018

Inhaltsverzeichnis

Vorwort..V

Inhaltsverzeichnis..IX

Alphabetisches Verzeichnis der Lerneinheiten XI

Einführung in das Management von Informatik-Projekten.............1

EINFÜ - Einführung in das Management von Informatik-Projekten 3

Grundlagen des Projektmanagements **13**

RAHPM - Rahmenwerke des Projektmanagements 15

PROMA - Aufgaben des Projektmanagements.................................29

PRORG - Projektorganisation 39

PROPL - Projektplanung, -überwachung und -steuerung.................55

PMSOF - Projektmanagementsoftware...73

ERFPM - Erfolgsfaktoren des Projektmanagements 95

EVALU - Evaluation 113

RISKM - Risikomanagement 125

Grundlagen von Informatik-Projekten.....................................**141**

ZAMIP - Ziel, Aufgaben und Methodik von Informatik-Projekten 143

SYSIP - Systemtechnik und Informatik-Projekte 155

PROIP - Prozessorientierung von Informatik-Projekten 167

PROTY - Prototyping..177

AGILM - Agile Methoden in Informatik-Projekten 191

ZIELP - Zielplanung für Informatik-Projekte 207

ANFAN - Anforderungsanalyse..225

PFLIC - Lastenheft und Pflichtenheft 237

Projektphasen in Informatik-Projekten....................................**249**

ZAMVS - Ziel, Aufgaben und Methodik der Vorstudie...................251

ZAMFS - Ziel, Aufgaben und Methodik der Feinstudie 263

ZAMSE - Ziel, Aufgaben und Methodik des Systementwurfs.........275

ZAMIM - Ziel, Aufgaben und Methodik der Implementierung 285

ZAMIN - Ziel, Aufgaben und Methodik der Installierung 301

Der Mensch in Informatik-Projekten..**317**

PSYCH - Psychologie 319

PROVE - Projektverantwortung und Projektgruppe........................343

FTEAM - Führung und Teamarbeit 359

KOORD - Koordination 371

STAKM - Stakeholder-Management 383

KONFM - Konfliktmanagement 395

VERÄM - Veränderungsmanagement 407

TECHA - Technologieakzeptanz 421

Planungsmethoden **433**
PROHB - Projekthandbuch 435
KREAT - Kreativitätstechniken 443
MEAUF - Methoden der Aufwandsschätzung.................................455
NETZP - Netzplantechnik 465

Beschreibungsmethoden **479**
ERFAS - Erfassungsmethoden...481
DOKUM - Dokumentationsmethoden 497
PRAET - Präsentationstechniken 513

Analysemethoden...**525**
WIRTA - Wirtschaftlichkeitsanalyse 527
WERTA - Wertanalyse 539
INTER - Interaktionsanalyse 551

Entwurfsmethoden **563**
PROMO - Prozessmodellierung...565
DATMO - Datenmodellierung 581
SIMUL - Simulation...591

Qualitätsmanagement **605**
QUALM - Qualitätsmanagement 607
REVAU - Reviews und Audits 627
TESTM - Testmethoden..637

Projektdiagnose **651**
PCONT- Projektcontrolling 653
PREVI - Projektrevision...665
CHECK - Checklisten 675

Schlagwortverzeichnis...**689**

Alphabetisches Verzeichnis der Lerneinheiten

AGILM - Agile Methoden in Informatik-Projekten 191
ANFAN - Anforderungsanalyse 225
CHECK - Checklisten 675
DATMO - Datenmodellierung 581
DOKUM - Dokumentationsmethoden 497
EINFÜ - Einführung in das Management von Informatik-Projekten 3
ERFAS - Erfassungsmethoden 481
ERFPM - Erfolgsfaktoren des Projektmanagements 95
EVALU - Evaluation 113
FTEAM - Führung und Teamarbeit 359
INTER - Interaktionsanalyse 551
KONFM - Konfliktmanagement 395
KOORD - Koordination 371
KREAT - Kreativitätstechniken 443
MEAUF - Methoden der Aufwandsschätzung 455
NETZP - Netzplantechnik 465
PCONT- Projektcontrolling 653
PFLIC - Lastenheft und Pflichtenheft 237
PMSOF - Projektmanagementsoftware 73
PRAET - Präsentationstechniken 513
PREVI - Projektrevision 665
PROHB - Projekthandbuch 435
PROIP - Prozessorientierung von Informatik-Projekten 167
PROMA - Aufgaben des Projektmanagements 29
PROMO - Prozessmodellierung 565
PROPL - Projektplanung, -überwachung und -steuerung 55
PRORG - Projektorganisation 39
PROTY - Prototyping 177
PROVE - Projektverantwortung und Projektgruppe 343
PSYCH - Psychologie 319
QUALM - Qualitätsmanagement 607
RAHPM - Rahmenwerke des Projektmanagements 15
REVAU - Reviews und Audits 627
RISKM - Risikomanagement 125
SIMUL - Simulation 591
STAKM - Stakeholder-Management 383
SYSIP - Systemtechnik und Informatik-Projekte 155
TECHA - Technologieakzeptanz 421
TESTM - Testmethoden 637
VERÄM - Veränderungsmanagement 407
WERTA - Wertanalyse 539
WIRTA - Wirtschaftlichkeitsanalyse 527
ZAMFS - Ziel, Aufgaben und Methodik der Feinstudie 263
ZAMIM - Ziel, Aufgaben und Methodik der Implementierung 285
ZAMIN - Ziel, Aufgaben und Methodik der Installierung 301
ZAMIP - Ziel, Aufgaben und Methodik von Informatik-Projekten 143

ZAMSE - Ziel, Aufgaben und Methodik des Systementwurfs 275
ZAMVS - Ziel, Aufgaben und Methodik der Vorstudie 251
ZIELP - Zielplanung für Informatik-Projekte 207

Einführung in das Management von Informatik-Projekten

EINFÜ - Einführung in das Management von Informatik-Projekten

Lernziele

Sie können den Lernstoff „Management von Informatik-Projekten" in Wissenschaftsdisziplinen und Lehrgebiete einordnen. Sie können die grundlegenden Begriffe Projekt und Management sowie die Konstrukte Projektmanagement und Informatik-Projekt erläutern. Sie kennen typische Gegenstände von Informatik-Projekten, insbesondere die (Re)Konstruktion und Implementierung von Informations- und Kommunikationssystemen. Sie kennen Eigenschaften, die Informations- und Kommunikationssysteme kennzeichnen. Sie kennen die Einordnung des Lernstoffs in das Wirtschaftsinformatik- und in das Informatik-Studium sowie die Struktur, in welcher der Lernstoff aufbereitet und dokumentiert wurde.

IT und IT-Mittel

Die Verwendung des Akronyms IT = Informationstechnologie ist in Wissenschaft und Praxis weit verbreitet. Gemeint ist bzw. sind Informations- und Kommunikationstechnik/en (I&K-Technik/en), also die technischen Hilfsmittel, mit denen Information und Kommunikation in Wirtschaft und Gesellschaft unterstützt oder erst möglich gemacht werden (z.B. Hardware und Software). In einem weiteren Sinn ist bzw. sind damit Informations- und Kommunikationstechnologie/n (I&K-Technologie/n) gemeint, also Verfahren und Methoden zur Anwendung und Nutzung von I&K-Techniken. Beide werden zusammenfassend als IT-Mittel bezeichnet. IT-Mittel sind also sowohl I&K-Techniken als auch die Verfahren und Methoden zu ihrer Anwendung und Nutzung einschließlich Werkzeuge, kurz alle Hilfsmittel zur Produktion, Verteilung und Nutzung von Information.

Projekt, IT-Projekt, Informatik-Projekt

Ein Projekt ist ein Vorhaben, das im Wesentlichen durch Einmaligkeit der Bedingungen in ihrer Gesamtheit – nicht nur einzelner Bedingungen, die für mehrere Projekte gleich sein können – gekennzeichnet ist, wie (nach DIN 69901):

- Zielvorgabe;
- zeitliche, finanzielle, personelle oder andere Begrenzungen;
- Abgrenzung gegenüber anderen Vorhaben;
- projektspezifische Organisation (Struktur- und Ablauforganisation).

Zweck von IT-Projekten ist die Evaluierung, Beschaffung, Veränderung, Sanierung usw. von IT-Mitteln zur Unterstützung oder Ermöglichung von Information und Kommunikation in Organisationen. Typische Gegenstände von IT-Projekten sind daher die Evaluierung von Produkten (Hardware- und Software-Produkte) und Dienstleistungen (z.B. Cloud Services) des IT-Markts, die Migration von Software-Systemen (z.B. Migration von einem Betriebssystem auf ein anderes) sowie die Schaffung neuer oder wesentlich veränderter Informationssysteme.

Projekte, deren Zweck die Schaffung neuer oder wesentlich veränderter Informationssysteme (kurz: IS) ist, werden – zur Abgrenzung von allen anderen IT-Projekten – als Informatik-Projekte (synonym: IS-Projekte) bezeichnet; welche im Regelfall durch folgende Merkmale gekennzeichnet sind:

- in Abhängigkeit vom Kontext stark variierende Projektlaufzeit (je nach Projektumfang von wenigen Wochen bis zu mehreren Jahren);
- mittlere bis große Anzahl beteiligter Personen und Institutionen;
- Schnittstellen zu anderen Projekten oder Komponenten der Informationsinfrastruktur (z.B. zu bestehenden Informationssystemen), so dass eine „isolierte" Sichtweise nicht möglich ist;
- geringer Projektfreiheitsgrad, da vorgegebene Planungsziele die Projektziele determinieren;
- Ergebnisrisiko, weil aufgrund der Wirkung vieler Einflussfaktoren nicht sicher ist, ob die Planungsziele erreicht werden;
- Unsicherheit bezüglich der Einhaltung von Termin-, Kosten-, Qualitäts-, Quantitäts- sowie Ressourcenzielen;
- Wettbewerb um die Ressourcen für die Projektabwicklung mit anderen Projekten (insbesondere um Budgets, Personal und Betriebsmittel).

Management und Projektmanagement

Unter Management wird im allgemeinen Sprachgebrauch das Führen einer Organisationseinheit verstanden (z.B. das Führen einer Abteilung oder einer Projektgruppe), oder es wird damit die Personengruppe bezeichnet, die eine Organisationseinheit oder die gesamte Organisation (Top-Management) führt. In der Betriebswirtschaftslehre meint Management das Leitungshandeln in einer Organisationseinheit, mit dem sich insbesondere der betriebswirtschaftliche Wissenschaftsbereich der Managementlehre befasst. Diese Lehre fokussiert auf die Gestaltung, Lenkung und Entwicklung zweckorientierter sozialer Systeme (z.B. eines Unternehmens). Die Notwendigkeit zum Leitungshandeln besteht in jeder arbeitsteiligen Organisation. Arbeitsschwerpunkte der Managementlehre sind die Managementtechnik und die Menschenführung. Unter den verschiedenen Denk- und Erklärungsansätzen der Managementlehre ist der verhaltenswissenschaftliche Ansatz für das Management von Informatik-Projekten besonders bedeutsam, da Befunde wissenschaftlicher Forschung zeigen, dass der Erfolg von Informatik-Projekten wesentlich durch psychologische sowie soziologische Faktoren beeinflusst wird (z.B. Motivation, Macht, Kommunikation und Bewältigung von Konflikten).

Management als Führungsaufgabe meint eine Menge von Strukturierungs-, Koordinations- und Integrationsaufgaben, die für den Erhalt von arbeitsteilig organisierten Institutionen (z.B. Unternehmen) und Vorhaben (z.B. Projekten) notwendig sind. Sie sollen auf der materiellen Ebene eine zielorientierte Beschaffung, Kombination und Verwertung von Ressourcen sichern, so dass Institutionen und Vorhaben leistungsfähig gemacht werden und bleiben. Management als Institution umfasst alle Positionen in Organisationen, die mit Führungsfunktionen ausgestattet sind. Personen, die solche Positionen besetzen, werden als Manager bezeichnet (z.B. ein Projektleiter als Projektmanager).

Projektmanagement (PM) ist nach DIN 69901 die Gesamtheit von Führungs-aufgaben, -organisation, -techniken und -mittel für die Abwicklung eines Projek-tes. PM wird daher auch als Führungskonzeption angesehen. Das Management von Projekten ist somit das Führungsinstrument für die fachübergreifende Koordination von Planung, Überwachung und Steuerung bei der Abwicklung von Projekten.

Projektmanagement ist eine allgemeine, vom Projektgegenstand unabhängige Er-klärung über und Handlungsanweisung für Führungsaufgaben, -organisation, -techniken und -mittel der Planung, Überwachung und Steuerung bei der Abwick-lung von Projekten. Präzisere Beschreibungen in der Fachliteratur unterstellen be-stimmte Projektgegenstände. Diese reichen von der Planung und dem Bau industri-eller Großanlagen (z.B. Anlagen der Stahlindustrie wie Hochöfen und Walzwerke) und Gebäuden (z.B. Burj Khalifa in Dubai, das aktuell höchste Bauwerk der Welt) über die Konstruktion und den Bau von Schiffen und Flugzeugen bis hin zu der in diesem Buch betrachteten Schaffung neuer oder wesentlich veränderter Infor-mationssysteme. Dies weist darauf hin, dass eine über die allgemeine Projektmana-gement-Methodik hinausgehende Erklärung und Gestaltung ohne Berücksich-tigung des Projektgegenstands nicht möglich ist. Präzisere Erklärungen des Pro-jektmanagements und praktisch verwertbare Handlungsanweisungen für das Pro-jektmanagement erfordern Kenntnisse über den Projektgegenstand und seine Bear-beitung. Handelt es sich um Informatik-Projekte, dann sind damit Kenntnisse über die für diese Projekte typischen Gegenstände einschließlich der Prinzipien, Verfah-ren, Methoden, Techniken und Werkzeuge gemeint, die zur Bearbeitung solcher Projekte erforderlich und verfügbar sind.

Die Vielfalt der Gegenstände von IT-Projekten und damit der Prinzipien, Verfah-ren, Methoden usw. ist groß (z.B. von IT-Outsourcingprojekten bis hin zu Platt-form-Migrationsprojekten). Es ist daher nicht möglich, in diesem Buch alle zu be-rücksichtigen. Das vorliegende Werk befasst sich daher im Wesentlichen nur mit Projekten, deren Gegenstand die Schaffung neuer oder die wesentliche Verände-rung bestehender Informations- und Kommunikationssysteme ist (hier als Informa-tik-Projekte bezeichnet). Vieles, was dieses Buch enthält, ist jedoch auch für das Management von Projekten mit anderen Projektgegenständen von Bedeutung.

Informations- und Kommunikationssysteme

Generell wird unter System der ganzheitliche Zusammenhang von Teilen, Einzel-heiten, Dingen oder Vorgängen, die voneinander abhängig sind, ineinander greifen oder zusammenwirken, verstanden. Ein System besteht aus einer Menge von Ele-menten, die in bestimmter Weise miteinander in Beziehung stehen (miteinander interagieren) und einen bestimmten Zweck erfüllen. Der Beziehungszusammen-hang zwischen den Elementen ist deutlich dichter als der zu anderen Elementen, so dass sich Systeme von ihrer Umwelt (von ihrem Umsystem) abgrenzen lassen. Formal ausgedrückt: Ein System ist ein Gefüge, bestehend aus einer Menge von Elementen, einer Menge von Verbindungen und einer Zuordnungsvorschrift der Verbindungen auf die Elemente. Der Systemzweck wird durch adjektivische Be-griffszusätze ausgedrückt (z.B. Verkehrssystem, Versorgungssystem, Computer-system). Die Zusätze „Information" und „Kommunikation" verdeutlichen, dass der

Zweck eines „Informations- und Kommunikationssystems" Information *und* Kommunikation ist.

- Information ist handlungsbestimmende Kenntnis über historische, gegenwärtige oder zukünftige Zustände der Wirklichkeit und Vorgänge in der Wirklichkeit. Erster Zweck eines Informations- und Kommunikationssystems ist es, dieses Handlungspotential durch die datenmäßige Abbildung der Wirklichkeit und durch Methoden zur Verknüpfung dieser Daten (Informationsproduktion) dem Handelnden zur Verfügung zu stellen.
- Kommunikation ist der Austausch von Information zwischen den Elementen eines Systems und zwischen offenen Systemen. Zweiter Zweck eines Informations- und Kommunikationssystems ist es, Information zwischen den Elementen des Systems und zwischen dem System und seiner Umwelt auszutauschen.

Information und Kommunikation stellen also zwei Aspekte eines Objekts dar: Ohne Information keine Kommunikation, ohne Kommunikation keine Information. Dieser sogenannte „siamesische Zwillingscharakter" (nach *Norbert Szyperski*) beider Phänomene macht es notwendig, sie in einem Informations- und Kommunikationssystem miteinander verbunden zu betrachten. Dabei ist es korrekt, von Informationssystem zu sprechen, wenn sich das Hauptaugenmerk auf Information richtet, und die Bezeichnung Kommunikationssystem zu verwenden, wenn sich das Hauptaugenmerk auf Kommunikation richtet. Damit wird eine unterschiedliche Sicht auf ein- und dasselbe Objekt benannt. In der Wirtschaftsinformatik und Informatik hat es sich allerdings eingebürgert, die Bezeichnung Informationssystem zu verwenden, was unter anderem damit erklärt werden kann, dass es im betriebswirtschaftlichen Sinn letztlich um Information geht und Kommunikation sozusagen „nur" das Vehikel zur Information (also Mittel zum Zweck) ist.

Multi-Projektmanagement

Die bisherigen Überlegungen gingen von der Annahme aus, dass sich der Blick des Betrachters auf ein Projekt richtet; es war in diesem Sinn von Einzel-Projektmanagement die Rede. In einer realen betrieblichen Umgebung können mehrere, im konkreten Fall viele Projekte gleichzeitig ablaufen. Daraus ergeben sich zusätzliche, über das Einzel-Projektmanagement hinausgehende Aufgaben, die als Multi-Projektmanagement bezeichnet werden. Nach DIN 69909 bildet das Multi-Projektmanagement einen organisatorischen und prozessualen Rahmen für das Management mehrerer Projekte (z.B. in Form von Projektportfolios). Ein wesentlicher Aspekt ist dabei die Koordination mehrerer Projekte in Bezug auf Abhängigkeiten und gemeinsame Ressourcen.

Einordnung in die Wirtschaftsinformatik und Informatik

Zur Einordnung des Lernstoffs „Management von Informatik-Projekten" in die Wirtschaftsinformatik als Wissenschaft ist es notwendig, eine Vorstellung über ihre Gliederung in Teilgebiete zu haben. Sobald der Gegenstandsbereich einer Wissenschaft einen gewissen Umfang erreicht hat, erfolgt eine Gliederung in Teilgebiete. Nach *Heinrich/Heinzl/Riedl* bildeten sich Teilgebiete der Wirtschaftsinformatik im Laufe ihrer evolutionären Entwicklung nur langsam heraus. Weiter geben sie an, dass aktuell in der Wirtschaftsinformatik keine herrschende Meinung zu einer Systematik der Teilgebiete besteht (man werfe hierzu einen Blick in die Inhaltsverzeichnisse von einführenden Lehrbüchern). Status quo ist, dass in der Wirtschaftsinformatik Themenbereiche, aus denen sich Teilgebiete entwickeln können, entstehen und oft nach relativ kurzer Zeit wieder verschwinden. Gründe hierfür sind die rasanten technologischen Entwicklungen sowie die immer wieder beobachtbare Verhaltensweise von Technologiefirmen und Beratungsunternehmen, bekannte Phänomene unter neuem Namen vorzustellen und zu verkaufen. Die Wirtschaftsinformatik neigt dazu, sich an Moden zu orientieren. Dieser Umstand war und ist Gegenstand des wissenschaftlichen Diskurses (siehe z.B. *Mertens, Mertens/Wiener, Riedl et al., Steininger et al.*).

Trotz des Umstands, dass es in der Wirtschaftsinformatik-Forschung aktuell keine vorherrschende Systematik der Teilgebiete gibt (von denen ein Teilgebiet IS-Projektmanagement sein könnte), hat sich in der *Lehre* eine herrschende Systematik herausgebildet. Seit dem Jahr 1984 gibt es Studienplanempfehlungen für die Ausbildung in Wirtschaftsinformatik im Hochschulbereich. Aufgrund der raschen technologischen Entwicklungen und der zunehmenden Konsolidierung der Disziplin fanden in den vergangenen Jahrzehnten mehrere Überarbeitungen dieser Studienplanempfehlungen statt (die aktuellste Empfehlung wurde im Jahr 2017 veröffentlicht, vgl. dazu *Gesellschaft für Informatik e.V.*). Aus der Sicht des Managements von Informatik-Projekten ist es bedeutsam, dass in diesen Empfehlungen unmittelbar Bezug auf die Wichtigkeit von Projektmanagement genommen wird, dabei wird auch die Bedeutung des Faktors „Mensch" in Projekten explizit gemacht.

In der Empfehlung aus dem Jahr 1984 (Leitung: *Peter Mertens*) wird ein „Anforderungskatalog für die Hochschulausbildung im Bereich der Betrieblichen Datenverarbeitung (Betriebsinformatik)" spezifiziert (Informatik-Spektrum, Ausgabe 4, 1984, 256-258). Dieser Katalog enthält 19 Punkte, von denen sich einer ganz explizit auf Projektmanagement bezieht, nämlich „Systemplanung und Systemanalyse" (vgl. Nr. 13). Die inhaltliche Beschreibung dieses Punktes umfasst unter anderem „Projektorganisation, -planung, -steuerung und -überwachung". Weitere Punkte, insbesondere „Software Engineering und Werkzeuge" (Nr. 10, Inhaltsbeispiel: „Vorgehensmodelle für die Softwareentwicklung"), „Organisation und Führung von DV-Abteilungen" (Nr. 14, Inhaltsbeispiel: „Mehrprojektplanung und Mitarbeitereinsatz in der Systementwicklung") und „Ökonomische und soziale Wirkungen der Informationsverarbeitung" (Nr. 19, Inhaltsbeispiel: „Einführungsstrategien, Akzeptanz") beziehen sich auf in der aktuellen Fachliteratur bedeutsame Inhalte des IS-Projektmanagements.

In der *Rahmenempfehlung für Diplom-Studiengänge Wirtschaftsinformatik an Universitäten* (Leitung: *Karl Kurbel*) aus dem Jahr 1992 (die als Fortschreibung der Empfehlung aus dem Jahr 1984 angesehen werden kann), wird „Planung und Realisierung betrieblicher Anwendungssysteme (einschließlich Projektmanagement)" als wesentlicher Studieninhalt genannt. Die Beschreibung dieses Punktes umfasst unter anderem „Projektmanagement, Projektorganisation, Methoden und Werkzeuge, projektübergreifende Planung und Kontrolle [sowie] Multiprojektmanagement".

In der *Rahmenempfehlung für die Universitätsausbildung in Wirtschaftsinformatik* aus dem Jahr 2003 heißt es (Informatik-Spektrum, Ausgabe 2, 2003, 109): „Die Berufstätigkeit des Wirtschaftsinformatikers bringt es mit sich, dass an bestimmte Schlüsselqualifikationen (z.B. Arbeiten in interdisziplinären Projektteams …) hohe Anforderungen zu stellen sind. Lehrveranstaltungen, in denen einschlägige Fähigkeiten dazu vermittelt und geübt werden, müssen einen hohen Stellenwert erhalten."

In der *Rahmenempfehlung für die Universitätsausbildung in Wirtschaftsinformatik* aus dem Jahr 2007 (vgl. *Gesellschaft für Informatik e.V.*) werden acht Hauptausbildungsbereiche für Wirtschaftsinformatik beschrieben, einer davon ist „Entwicklung und Management von Informationssystemen". Dieser Hauptausbildungsbereich umfasst inhaltlich „Projektmanagement für IS-Projekte" sowie weitere mit Informatik-Projekten in direkter Verbindung stehende Inhalte wie z.B. „Management des Lebenszyklus von Informationssystemen und des organisatorischen Wandels" und „Vorgehensmodelle für die IS-Entwicklung".

Auch in der aktuellsten Empfehlung 2017 (vgl. Rahmenempfehlung für die Ausbildung in Wirtschaftsinformatik an Hochschulen, *Gesellschaft für Informatik e.V.*) wird die Wichtigkeit der Ausbildung in Projektmanagement explizit hervorgehoben. Konkret wird im Hauptausbildungsbereich „Informationsmanagement" ein eigener Punkt „i) Projektmanagement: Projektinitiierung, -planung und -führung" genannt. Zudem werden im Hauptausbildungsbereich „Entwicklung und Betrieb von Informationssystemen" in den Punkten a) bis f) Aufgaben beschrieben, die beim Management von Informatik-Projekten im Mittelpunkt stehen (z.B. Problemanalyse und Anforderungsdefinition, Architekturentwurf, Programmentwicklung und Test, Gestaltung der Mensch-Computer-Schnittstelle, Systemintegration und Vorgehensmodelle für die Entwicklung von Informationssystemen).

Kompetenzen im Projektmanagement werden auch in Empfehlungen für Bachelor- und Masterprogramme im Studienfach Informatik als besonders wichtig erachtet (trotz des Umstands, dass Informatik mehr auf technische Ausbildungsschwerpunkte fokussiert als Wirtschaftsinformatik). In einer Empfehlung der *Gesellschaft für Informatik e.V.* vom Dezember 2005 heißt es im Dokument „Empfehlungen für Bachelor- und Masterprogramme im Studienfach Informatik an Hochschulen": „Projekt-Management-Kompetenz wird benötigt, um die Prozesse zu beherrschen und insbesondere die eigene und anderer Personen Arbeit organisieren zu können. Dazu müssen auch Grundkenntnisse im Schätzen und Messen von Aufwand und Produktivität vorhanden sein. Die Studierenden sollten gelernt haben, bei begrenz-

ten Ressourcen (Zeit, Personal, etc.) Lösungen zu erarbeiten, die allgemein anerkannten Qualitätsstandards genügen und von allen Beteiligten akzeptiert werden.
Dabei sollten sie verinnerlicht haben, sich nicht auf unrealistische Projekte einzu-
lassen."

Stellt man die Frage der Einordnung des Managements von Informatik-Projekten
in ein Teilgebiet der Informatik, so bietet sich die Praktische Informatik an, und
hier ist wiederum eine Einordnung in die Softwaretechnik (Software Engineering)
zweckmäßig; Softwaretechnik befasst sich mit der professionellen Entwicklung
großer Softwaresysteme (vgl. zu dieser Einordnung einen Beitrag von *Zül-
lighoven/Raasch* zu „Softwaretechnik" und hier insbesondere Abschnitt 13.6). Die
Zweckmäßigkeit dieser Einordnung wird auch durch Software-Engineering-Werke
aus dem angloamerikanischen Raum gestützt (z.B. *Sommerville*).

Da viele Hochschulen im deutschsprachigen Raum ihre Curricula auf der Basis
von Studienplanempfehlungen entwickeln, kann angenommen werden, dass Absolventen der Wirtschaftsinformatik und Informatik – zumindest idealtypisch –
eine Ausbildung im Management von Informatik-Projekten (IS-Projekten) haben.
Die dargebotenen Aussagen aus einschlägigen Empfehlungen für die Hochschulausbildung bilden die Grundlage für diese Annahme. Weiter zeigen die Empfehlungen, dass IS-Projektmanagement ein bedeutsamer Ausbildungsschwerpunkt in
der Wirtschaftsinformatik ist, und auch für Informatiker mit ihrer eher technischen
Schwerpunktsetzung ist Projektmanagement ein unverzichtbarer Ausbildungsin-
halt, insbesondere dann, wenn im Studium ein Schwerpunkt auf Software-
Engineering gelegt wird.

Das vorliegende Werk geht von folgender These aus: Absolventen der Wirtschaftsinformatik sowie der Informatik, sofern ihr Fokus Software Engineering ist,
die über keine oder nur über unzureichende Kenntnisse im Projektmanagement
verfügen, haben ein verringertes Erfolgspotential in Bezug auf ihre berufliche Tätigkeit.

Primär ist der Lernstoff „Management von Informatik-Projekten" in das Lehrgebiet
der Wirtschaftsinformatik einzuordnen (trotz des Umstands, dass sich auch die Informatik, je nach Fokus mehr oder weniger intensiv, dieser Thematik widmet). Das
Ausbildungsziel kann hier so beschrieben werden: Absolventen sind in der Lage,
sowohl auf der Seite der Anbieter (Hersteller, System- und Softwarehäuser) als
auch auf der Seite der Anwender Informations- und Kommunikationssysteme zu
planen und zu realisieren.

Der vorliegende Lernstoff kann auch in das Lehrgebiet der Betriebswirtschaftslehre eingeordnet werden, und zwar dann, wenn Wirtschaftsinformatik oder Fächer
mit anderen Bezeichnungen (z.B. Informationswirtschaft, Informationsmanagement oder Digital Business Management) als Wahlpflichtfach oder als Wahlfach
vorgesehen sind. Das Ausbildungsziel kann hier so beschrieben werden: Absolventen werden in der Praxis vor allem als Benutzer von Informationssystemen auftreten. Sie bestimmen daher entscheidend die Anforderungen an die Konstruktion und
Implementierung dieser Systeme, wirken deshalb an der Schaffung und Veränd-

rung von Informationssystemen und somit in Informatik-Projekten aktiv mit. Der Lernstoff „Management von Informatik-Projekten" geht aber weit über das hinaus, was Benutzer wissen müssen, um Benutzerbeteiligung erfolgreich praktizieren zu können.

Forschungsbefunde zum Management von Informatik-Projekten

Wo sind Forschungsbefunde zum Management von Informatik-Projekten publiziert? Eine Antwort auf diese Frage ist bedeutsam, weil es ein wesentliches Anliegen eines Werkes mit akademischem Anspruch wie dem vorliegenden sein muss, Studierenden und Praktikern (neben Wissenschaftlern, die ohnehin mit dem Studium wissenschaftlicher Quellen vertraut sind) die Auseinandersetzung mit Fachliteratur „schmackhaft" zu machen. In diesem Buch werden daher in jeder Lerneinheit beispielhaft ausgewählte Forschungsbefunde vorgestellt. Auf dieser Basis soll die Leserschaft dazu angeregt werden, nach weiteren Forschungsbefunden zu recherchieren, um die darin enthaltenen Erkenntnisse für das praktische Handeln nutzbar zu machen und/oder weitere Studien zu initiieren. Da das Management von Informatik-Projekten und die darin subsummierten Themenfelder interdisziplinär sind, kann keine einfache Antwort auf obige Frage gegeben werden. Vielmehr ist es so, dass Beiträge in Fachzeitschriften und Tagungsbänden sowie in wissenschaftlichen Büchern aus unterschiedlichsten Disziplinen wie

- Projektmanagement (z.B. International Journal of Project Management, Project Management Journal, International Journal of Managing Projects in Business),
- Information Systems (z.B. MIS Quarterly, Information Systems Research, Journal of Management Information Systems),
- Informatik (z.B. IEEE Transactions on Software Engineering, IEEE Transactions on Engineering Management, Communications of the ACM),
- Management- und Organisationsforschung (z.B. Organization Science, Organization Studies, Management Science) sowie
- Psychologie (vgl. z.B. die in *Wastian et al.* zitierten Quellen)

bedeutsame Erkenntnisse liefern. Die Sichtung von Befunden unterschiedlichster Disziplinen und deren Berücksichtigung im praktischen Handeln ist Erfolg determinierend. Das Studium von Forschungsbefunden ist eine Grundlage für evidenzbasiertes Management.

Neben dem Studium von Literatur aus Fachzeitschriften, Tagungsbänden und Wissenschaftsbüchern ist es auch bedeutsam, Veröffentlichungen von Institutionen mit Bezug zum Projektmanagement zu beachten. Dies sind insbesondere Publikationen des Project Management Institute (PMI, z.B. Project Management Body of Knowledge), der International Project Management Association (IPMA, z.B. ICB, eine Kompetenzrichtlinie zur Beurteilung der Projektmanagement-Kompetenzen von Projektleitern und -mitarbeitern) sowie des Institute of Electrical and Electronics Engineers (IEEE, vgl. www.ieee.org, Suchbegriff: „project management").

Zur Gliederung des Lernstoffs

Der Lernstoff ist zunächst in einzelne Kapitel gegliedert, und zwar wie folgt:

- Grundlagen des Projektmanagements;
- Grundlagen von Informatik-Projekten;
- Projektphasen in Informatik-Projekten;
- der Mensch in Informatik Projekten;
- Planungsmethoden;
- Beschreibungsmethoden;
- Analysemethoden;
- Entwurfsmethoden;
- Qualitätsmanagement;
- Projektdiagnose.

Auf der zweiten Gliederungsebene ist der Lernstoff je Kapitel in mehrere Lerneinheiten gegliedert. Jede Lerneinheit hat folgende Struktur:

- Lernziele;
- Definitionen und Abkürzungen, die in der Lerneinheit verwendet werden, wobei auch die Übersetzung ins Englische angegeben wird; dies dient in Anbetracht der häufigen Verwendung von Anglizismen in der Wirtschaftsinformatik und Informatik der Verbesserung der Verständlichkeit; in diesem Zusammenhang sei auch auf die Enzyklopädie der Wirtschaftsinformatik, www.enzyklopaedie-der-wirtschaftsinformatik.de/lexikon, sowie auf das Wirtschaftsinformatik-Lexikon von *Heinrich/Heinzl/Roithmayr* hingewiesen;
- Stoffinhalt der Lerneinheit, der in Teilabschnitte untergliedert ist;
- Forschungsbefunde zum jeweiligen Stoffinhalt;
- Kontrollfragen zum jeweiligen Stoffinhalt;
- Quellenliteratur, also die Literatur, aus welcher der Stoffinhalt entnommen wurde, soweit es sich nicht um Allgemeinwissen bzw. um Arbeitsergebnisse des Autors sowie der am Buch mitwirkenden Personen handelt;
- Vertiefungsliteratur, im Regelfall einschlägige Bücher sowie Forschungsartikel aus Fachzeitschriften und Tagungsbänden, die ein weitergehendes Selbststudium ermöglichen;
- Normen und Richtlinien, wobei ein Schwerpunkt auf Veröffentlichungen von DIN – Deutsches Institut für Normung, ISO – International Organization for Standardization und ähnlichen Institutionen gelegt wird (was aber nicht ausschließt, dass auch in Fachzeitschriften oder online publizierte „Guidelines" genannt werden);
- Werkzeuge, womit als Software implementierte Methoden und Verfahren gemeint sind (hier werden die URLs angegeben, damit der Leser online Informationen zu den Werkzeugen abrufen kann);
- interessante Links (hier werden URLs genannt, die weiterführende Informationen zum Themenbereich liefern, beispielweise Beiträge, Einträge im Glossar oder Methodenbeschreibungen auf www.projektmagazin.de).

Quellenliteratur

Gesellschaft für Informatik e.V. (GI): Empfehlungen für Bachelor- und Masterprogramme im Studienfach Informatik an Hochschulen. https://gi.de/fileadmin/GI/Hauptseite/Service/ Publikationen/Empfehlungen/GI-Empfehlung_BaMa2005.pdf

Gesellschaft für Informatik e.V. (GI): GI-Empfehlungen: Rahmenempfehlung für die Ausbildung in Wirtschaftsinformatik an Hochschulen. https://gi.de/fileadmin/GI/Hauptseite/Aktuelles/ Meldungen/2017/Empfehlung-Wirtschaftsinformatik2017.pdf

Gesellschaft für Informatik e.V. (GI): Rahmenempfehlung für die Universitätsausbildung in Wirtschaftsinformatik. http://fb-wi.gi.de/fileadmin/gliederungen/fb-wi/wi-empf-2007.pdf

Heinrich, L. J./Heinzl, A./Riedl, R.: Wirtschaftsinformatik: Einführung und Grundlegung. 4. A., Springer, 2011

Heinrich, L. J./Heinzl, A./Roithmayr, F.: Wirtschaftsinformatik-Lexikon. 7. A., Oldenbourg, 2003

Mertens, P./Wiener, M.: Riding the digitalization wave: Toward a sustainable nomenclature in Wirtschaftsinformatik: A comment on Riedl et al. (2017). Business & Information Systems Engineering, 4/2018, 367-372

Mertens, P.: Moden und Nachhaltigkeit in der Wirtschaftsinformatik. HMD – Praxis der Wirtschaftsinformatik, 250/2006, 109-118

Riedl, R./Benlian, A./Hess, T./Stelzer, D./Sikora, H.: On the relationship between information management and digitalization. Business & Information Systems Engineering, 6/2017, 475-482

Sommerville, I.: Software engineering. 9. A., Pearson, 2012

Steininger, K./Riedl, R./Roithmayr, F./Mertens, P.: Fads and trends in business and information systems engineering and information systems research: A comparative literature analysis. Business & Information Systems Engineering, 6/2009, 411-428

Wastian, M./Braumandl, I./von Rosenstiel, L. (Hrsg.): Angewandte Psychologie für das Projektmanagement: Ein Praxisbuch für die erfolgreiche Projektleitung. 2. A., Springer, 2012

Züllighoven, H./Raasch, J.: Softwaretechnik. In: Rechenberg, P./Pomberger, G. (Hrsg.): Informatik-Handbuch. 4. A., Hanser, 2006, 795-837

Normen und Richtlinien

DIN 69901-1:2009-01: Projektmanagement - Projektmanagementsysteme - Teil 1: Grundlagen

DIN 69901-2:2009-01: Projektmanagement - Projektmanagementsysteme - Teil 2: Prozesse, Prozessmodell

DIN 69901-3:2009-01: Projektmanagement - Projektmanagementsysteme - Teil 3: Methoden

DIN 69901-4:2009-01: Projektmanagement - Projektmanagementsysteme - Teil 4: Daten, Datenmodell

DIN 69901-5:2009-01: Projektmanagement - Projektmanagementsysteme - Teil 5: Begriffe

Gesellschaft für Informatik e. V.: https://gi.de/service/publikationen/empfehlungen/

Guidelines for Education in Business and Information Systems Engineering at Tertiary Institutions. Business & Information Systems Engineering, 3/2017, 189-203

Grundlagen des Projektmanagements

RAHPM - Rahmenwerke des Projektmanagements 15
PROMA - Aufgaben des Projektmanagements...29
PRORG - Projektorganisation 39
PROPL - Projektplanung, -überwachung und -steuerung....................................55
PMSOF - Projektmanagementsoftware...73
ERFPM - Erfolgsfaktoren des Projektmanagements 95
EVALU - Evaluation...113
RISKM - Risikomanagement 125

RAHPM - Rahmenwerke des Projektmanagements

Lernziele

Sie kennen bedeutsame Rahmenwerke des Projektmanagements und ihre wesentlichen Eigenschaften. Sie kennen Organisationen, die diese Rahmenwerke entwickelt haben und weiterentwickeln, sowie bedeutsame Standards, die für die Planung und Realisierung von Projekten existieren. Sie können die verschiedenen Zertifizierungssysteme der Organisationen beschreiben. Sie erkennen, dass mehrere Rahmenwerke und Standards für das Projektmanagement existieren, die unter Beachtung der Spezifika von Informatik-Projekten in weiten Teilen auch auf die Entwicklung von Informationssystemen anwendbar sind.

Definitionen und Abkürzungen

CMMI (Capability Maturity Model Integration) = eine Sammlung von Referenzmodellen für verschiedene organisationale Anwendungsbereiche (z.B. Projektplanung), die vom Software Engineering Institute (SEI) der Carnegie Mellon University entwickelt wurde.

GPM (Gesellschaft für Projektmanagement) = Deutsche Gesellschaft für Projektmanagement e.V.; sie ist Mitglied in der International Project Management Association.

ICB (IPMA Competence Baseline) = Kompetenzrichtlinie der IPMA zur Beurteilung der Projektmanagement-Kompetenzen von Projektleitern und -mitarbeitern.

IPMA (International Project Management Association) = eine von Europa ausgehende Institution mit Sitz in den Niederlanden, deren Vision wie folgt angegeben wird: „Promoting competence throughout society to enable a world in which all projects succeed." Sie ist zudem der internationale Dachverband nationaler Projektmanagement-Gesellschaften und bietet ein anerkanntes Zertifizierungsprogramm zur Professionalisierung im Projektmanagement an.

OPM3 (Organizational Project Management Maturity Model) = ein vom PMI definierter Standard für das organisationale Projektmanagement, der auf die Kompetenz fokussiert, Portfolios, Programme und Projekte nach Best Practices zu planen und umzusetzen. Dieser Standard kann zur Bestimmung des organisationalen Reifegrads im Projektmanagement verwendet werden.

PMBOK (Project Management Body of Knowledge) = ein vom PMI herausgegebener prozessorientierter Leitfaden für das Projektmanagement, der weithin als Projektmanagement-Standard angesehen wird.

PMI (Project Management Institute) = eine von Nordamerika ausgehende Institution mit Sitz in den USA, deren Ziel mit „advance the project management profession worldwide" angegeben wird. Sie ist zudem der internationale Dachverband nationaler Projektmanagement-Gesellschaften und bietet ein anerkanntes Zertifizierungsprogramm zur Professionalisierung im Projektmanagement an.

PMMM (Project Management Maturity Model) = ein an das CMMI angelehntes Modell, das den Reifegrad einer Organisation mit fünf Stufen beschreibt.

Rahmenwerke und Standards

Die steigende Bedeutung von Projektmanagement hat in den letzten Jahrzehnten dazu geführt, dass verschiedene Institutionen einschlägige Rahmenwerke und Standards entwickelt und veröffentlicht haben. Diese Rahmenwerke und Standards definieren ein Grundkonzept des Projektmanagements, das im Kern Aufgaben des Projektmanagements (vgl. Lerneinheit PROMA) und darüber hinaus weitere Aspekte beschreibt (z.B. Phasen im Projektablauf sowie Kompetenzbereiche, die für die Planung und Realisierung von Projekten notwendig sind). Bedeutsamste internationale Institutionen sind die International Project Management Association (IPMA) und das Project Management Institute (PMI). Neben Rahmenwerken und Standards, die von diesen beiden Institutionen veröffentlicht werden, gilt PRINCE2 (PRojects IN Controlled Environments) als wichtiger Standard im Projektmanagement, der aktuell vom Office of Government Commerce (OGC; früher CCTA, Central Computer and Telecommunications Agency), einer britischen Regierungsorganisation, herausgegeben wird. PRINCE2 ist eine prozessorientierte Projektmanagement-Methode.

International Project Management Association (IPMA)

Die International Project Management Association (IPMA) ist ein weltweiter Dachverband verschiedener nationaler Projektmanagementverbände. Auf der Basis von Vorgesprächen im Jahr 1964 wurde 1965 die IMSA (International Management Systems Association) gegründet, die später in INTERNET (INTERnational NETwork) umbenannt wurde. Im Jahr 1996 erfolgte die Umbenennung von INTERNET in IPMA. Lange Zeit war der Hauptsitz der IPMA in der Schweiz, heute ist er in den Niederlanden. Die Grundlage des Projektmanagementverständnisses der IPMA ist die International Competence Baseline (ICB). Von ihr abgeleitet existieren verschiedene National Competence Baselines (NCB), die aber üblicherweise lediglich Übersetzungen der ICB in die jeweilige Landessprache sind.

Kompetenzbegriff der IPMA

Der Ansatz der IPMA ist kompetenzorientiert, was bereits in der Vision der Institution zum Ausdruck kommt: „Promoting competence throughout society to enable a world in which all projects succeed". Es wird somit von der Annahme ausgegangen, dass die handelnden Personen über die notwendige Kompetenz verfügen müssen, um im Projektmanagement erfolgreich agieren zu können. Kompetenz ergibt sich dabei nach *Gessler* aus den folgenden Bestandteilen:

- Zuständigkeit,
- Befugnis,
- Wissen,
- Können, Fertigkeiten sowie Geschick,
- Erfahrung und
- Einstellung.

Im Gegensatz zum PMI-Ansatz, der stärker prozessorientiert ist, wird den in die Projektarbeit eingebundenen Personen kein Prozessmodell vorgegeben. Daraus folgt, dass der Ansatz nach IPMA nicht vorgibt, wann im Projekt was zu tun ist. Vielmehr wird davon ausgegangen, dass kompetente Personen dies situativ selbst besser entscheiden können. Allerdings nimmt die IPMA in ihrer aktuellen International Competence Baseline (ICB) auch Bezug auf das Prozessmodell nach DIN 69901-2, so dass mittlerweile auch eine Bezugnahme auf Prozessabläufe besteht (vgl. *Gessler*).

1. PM-technische Kompetenzelemente	2. PM-Verhaltenskompetenzelemente	3. PM-Kontextkompetenzelemente
1.01 Projektmanagementerfolg	2.01 Führung	3.01 Projektorientierung
1.02 Interessierte Parteien	2.02 Engagement und Motivation	3.02 Programmorientierung
1.03 Projektanforderungen und Projektziele	2.03 Selbststeuerung	3.03 Portfolio-Orientierung
1.04 Risiken und Chancen	2.04 Durchsetzungsvermögen	3.04 Einführung von Projekt-, Programm- und Portfoliomanagement
1.05 Qualität	2.05 Entspannung und Stressbewältigung	3.05 Stammorganisation
1.06 Projektorganisation	2.06 Offenheit	3.06 Geschäft
1.07 Teamarbeit	2.07 Kreativität	3.07 Systeme, Produkte und Technologie
1.08 Problemlösung	2.08 Ergebnisorientierung	3.08 Personalmanagement
1.09 Projektstrukturen	2.09 Effizienz	3.09 Gesundheit, Arbeits-, Betriebs- und Umweltschutz
1.10 Leistungsumfang und Lieferobjekte (Deliverables)	2.10 Beratung	3.10 Finanzierung
1.11 Projektphasen, Ablauf und Termine	2.11 Verhandlung	3.11 Rechtliche Aspekte
1.12 Ressourcen	2.12 Konflikte und Krisen	
1.13 Kosten und Finanzmittel	2.13 Verlässlichkeit	
1.14 Beschaffung und Verträge	2.14 Wertschätzung	
1.15 Änderungen	2.15 Ethik	
1.16 Überwachung und Steuerung, Berichtswesen		
1.17 Information und Dokumentation		
1.18 Kommunikation		
1.19 Projektstart		
1.20 Projektabschluss		

Abb. RAHPM-1: Kompetenzelemente der ICB im Projektmanagement (nach *Gessler*)

Kompetenzelemente der ICB

Dem kompetenzorientierten Ansatz folgend gliedert die IPMA in ihrer ICB Projektmanagement (PM) in verschiedene Kompetenzelemente. Dabei werden nach *Gessler* im Wesentlichen drei Kompetenzarten unterschieden:

- projektmanagementtechnische Kompetenzen,
- Verhaltenskompetenzen und
- Kontextkompetenzen.

Abbildung RAHPM-1 fasst die drei Kompetenzarten zusammen und nennt die jeweiligen Kompetenzelemente.

Es gibt darüber hinaus noch die Kompetenzen von Project Management Consultants (PMC). Während die drei dargestellten Kompetenzarten für Projektmanager relevant sind, wird von Beratern (Consultants) ein um Beratungskompetenzen erweitertes Kompetenzspektrum erwartet (vgl. Abb. RAHPM-2).

1. PMC-technische Kompetenzelemente (Fachkompetenz-Elemente)
1.01 Strategien und Konzepte der Beratung
1.02 Phasen des Beratungsauftrags
1.03 Akquisitionsstrategien
1.04 Interventionen und Beratungsansätze
1.05 Kompetenzen und Techniken für effektive Durchführung von Beratungsinterventionen
1.06 Systematischer Ansatz in Beratung und Coaching
1.07 Analytische Methoden und diagnostische Werkzeuge
1.08 Bewertungsvorschläge
1.09 Fragetechniken und Diskussionsführung
1.10 Interview- und Befragungsmethoden
1.11 Methoden der Mitarbeitereinbindung
1.12 Großgruppenmethoden
2. PMC Verhaltenskompetenz-Elemente
2.01 Professionalität in Einstellung und Verhalten
2.02 Unterschiedliche Rollen in der PM-Beratung
2.03 Beziehungsmanagement
2.04 Umgang mit Widerständen
3. PMC Kontextkompetenz-Elemente
3.01 Organisationale Analyse und organisationales Verhalten
3.02 Managementprozess und Managementfunktion
3.03 Organisationale Entwicklung und Kultur
3.04 Veränderungsmanagement in Organisationen
3.05 Politik und Machtverhältnisse in Organisationen
3.06 Lernende Organisation und Wissensmanagement

Abb. RAHPM-2: Kompetenzelemente von Project Management Consultants (nach *Gessler*)

Die einzelnen Kompetenzelemente sind in der International Competence Baseline (ICB) näher beschrieben; darüber hinaus hat die Gesellschaft für Projektmanagement (GPM) ein umfangreiches Werk veröffentlicht, in dem jedes Kompetenzelement ausführlich beschrieben wird (vgl. *Gessler*).

Level	Projektmanager (PM)	PM-Berater (CPMC)
A	*PM Executive*	*Executive PM Consultant*
	Er ist für das Portfolio eines Unternehmens oder eines Tochterunternehmens verantwortlich und leistet einen Beitrag zum strategischen Management eines Unternehmens. Des Weiteren ist er für die Entwicklung von PM-Prozessen verantwortlich.	Er berät Unternehmen auf der Führungsebene in den Feldern strategische PM-Beratung, organisationale Entwicklung, Vorbereitung auf Assessments oder Zertifizierung. Die Beratungtätigkeit umfasst Projekt-Portfolios oder Multiprojekt-Management.
B	*Senior PM*	*Senior PM Consultant*
	Er ist für alle Kompetenzelemente eines komplexen Projektes verantwortlich und nimmt eine allgemeine Managementfunktion wahr. Zusätzlich bedient er sich angemessener PM-Prozesse, Tools und Methoden.	Er hat Erfahrung mit bekannten Beratungsmethoden und Beratungsinstrumenten sowie in komplexen Interventionsmethoden. Er berät Unternehmen auf der operativen Ebene in den Feldern PM-Methoden sowie PM-Instrumente, Coaching und Vorbereitung von Projekten auf PM-Awards. Seine Beratungtätigkeit umfasst Programme oder komplexe Projekte.
C	*Zertifizierter PM*	*PM Consultant*
	Er ist für das Management begrenzt komplexer Projekte verantwortlich und beherrscht die üblichen PM-Methoden, Tools und Prozesse.	Er hat Erfahrung in fundamentalen Beratungsmethoden und Beratungsinstrumenten sowie in einfachen Interventionsmethoden. Er berät Unternehmen auf der operativen Ebene in den Feldern PM-Methoden sowie PM-Instrumente, Coaching und Vorbereitung von Projekten auf PM-Awards. Die Beratertätigkeit umfasst Einzelprojekte unterschiedlicher Komplexität.
D	*Zertifizierter Junior Projektmanager*	*Associated PM Consultant*
	Er verfügt über ein breit gefächertes Wissen im PM und kann dieses folgerichtig anwenden.	Er kann Beratungsmethoden, Beratungsinstrumente und einfache Interventionsmethoden anwenden und ist im Auftrag oder unter Verantwortung eines PM-Consultants bei Einzelaufgaben wie Moderation von Workshops und Besprechungen oder Auswertung von erhobenen Daten tätig.

Abb. RAHPM-3: 4-Level-Zertifizierung der IPMA (nach *Gessler*)

Zertifizierungssystem der IPMA

Sowohl die IPMA bietet eine 4-Level-Zertifizierung von Level D als niedrigstem bis zum Level A an (vgl. Abb. RAHPM-3). Parallel zu den Projektmanagerzertifizierungen existiert die Zertifizierung zum Certified Project Management Consultant (CPMC), bei der zusätzlich zu den projektmanagementspezifischen Kompetenzelementen auch die beratungsspezifischen Kompetenzelemente fokussiert werden.

Sowohl die Projektmanagement-Zertifizierung als auch die CPMC-Zertifizierung sind zweistufig aufgebaut. Neben einer formalen Prüfung der einzureichenden, umfangreichen Erfahrungsnachweise und Tätigkeitsberichte findet eine mehrstündige Wissensüberprüfung statt.

Zertifikate haben eine Gültigkeit von fünf Jahren bevor sich der Inhaber einer Re-Zertifizierung unterziehen muss. Die Zertifizierung wird durch unabhängige Zertifizierungsstellen durchgeführt. Abbildung RAHPM-3 stellt die einzelnen IPMA-Levels und die dazugehörigen Verantwortungsbereiche dar.

Project Management Institute (PMI)

Das Project Management Institute (PMI) wurde im Jahr 1969 in den USA gegründet. Es ist Herausgeber des Project Management Body of Knowledge (PMBOK) Guide, einem weltweit gültigen Standard für Projektmanagement. Ebenso wie die IPMA ist das PMI bestrebt, die Profession des Projektmanagements durch die Schaffung von globalen Standards und Qualifizierungsmaßnahmen kontinuierlich weiterzuentwickeln.

Wissensgebiete des PMI

Analog zu den Kompetenzelementen der IPMA hat das PMI zentrale Wissensgebiete definiert, die im PMBOK Guide beschrieben sind (vgl. *PMI*, 60ff.).

Wissens-gebiete	Projektmanagement-Prozessgruppen				
	Initiierungs-prozess-gruppe	*Planungs-prozess-gruppe*	*Ausfüh-rungspro-zessgruppe*	*Überwachungs-und Steuerungs-prozessgruppe*	*Abschluss-prozess-gruppe*
1. Integrationsmanagement in Projekten	1.1 Projektauftrag entwickeln	1.2 Projektmanagementplan entwickeln	1.3 Projektausführung lenken und managen	1.4 Projektarbeit überwachen und steuern 1.5 Integrierte Änderungssteuerung durchführen	1.6 Projekt oder Phase abschließen
2. Inhalts- und Umfangsmanagement in Projekten		2.1 Inhalts- und Umfangsmanagement planen 2.2 Anforderungen		2.5 Inhalt und Umfang validieren 2.6 Inhalt und Umfang steuern	

		sammeln 2.3 Inhalt und Umfang definieren 2.4 Projekt-strukturplan (PSP) erstel-len			
3. Terminma-nagement in Projekten		3.1 Termin-management planen 3.2 Vorgän-ge definieren 3.3 Vor-gangsfolge festlegen 3.4 Ressour-cen für Vor-gänge schät-zen 3.5 Vor-gangsdauer schätzen 3.6 Termin-plan entwi-ckeln		3.7 Terminplan steuern	
4. Kostenma-nagement in Projekten		4.1 Kosten-management planen 4.2 Kosten schätzen 4.3 Budget festlegen		4.4 Kosten steuern	
5. Qualitäts-management in Projekten		5.1 Quali-tätsmanage-ment planen	5.2 Quali-tätssicherung durchführen	5.3 Qualität lenken	
6. Personal-management in Projekten		6.1 Perso-nalmanage-ment planen	6.2 Projekt-team zu-sammenstel-len 6.3 Projekt-team entwi-ckeln 6.4 Projekt-team mana-gen		

7. Kommunikationsmanagement in Projekten		7.1 Kommunikationsmanagement planen	7.2 Kommunikation managen	7.3 Kommunikation steuern	
8. Risikomanagement in Projekten		8.1 Risikomanagement planen 8.2 Risiken identifizieren 8.3 Qualitative Risikoanalyse durchführen 8.4 Quantitative Risikoanalyse durchführen 8.5. Risikobewältigungsmaßnahmen planen		8.6 Risiken steuern	
9. Beschaffungsmanagement in Projekten		9.1 Beschaffungsmanagement planen	9.2 Beschaffungen durchführen	9.3 Beschaffungen steuern	9.4 Beschaffungen abschließen
10. Management der Projektstakeholder	10.1 Stakeholder identifizieren	10.2 Stakeholdermanagement planen	10.3 Engagement der Stakeholder managen	10.4 Engagement der Stakeholder steuern	

Abb. RAHPM-4: Projektmanagement-Prozessgruppen und Wissensgebiete (nach *PMI*)

Prozessbegriff und Prozessgruppen des PMI

Das PMI gliedert Projektmanagementprozesse in verschiedene Prozessgruppen, die sich im Gegensatz zu den Kompetenzelementen der IPMA mehr entlang eines Phasenmodells orientieren. Grundsätzlich legt das PMI einen größeren Fokus auf die Projektmanagementprozesse. Das hat den Vorteil, dass eine Art Checkliste (vgl. Lerneinheit CHECK) entsteht, da in jedem Projekt unabhängig von konkreten Rahmenbedingungen immer wieder teilweise dieselben, zumindest aber ähnliche Prozesse durchlaufen werden. Es entsteht somit ein gewisser Grad an Standardisierung und auch weniger kompetentes Projektpersonal sollte auf der Basis von Prozessmodellen und Checklisten in der Lage sein, herausfordernde Projekte abzuwickeln. Ein möglicher Nachteil des Handelns nach Prozessmodellen ist, dass Projekte „im Formalismus verlaufen" und die Akteure nicht die in vielen Informatik-Projekten notwendige Flexibilität in ihren Handlungen entwickeln können. Dies kann letztlich dazu führen, dass Projekte nicht nur im Formalismus laufen, sondern *sich* im Formalismus verlaufen. Im Einzelnen beschreibt das PMI folgende Prozessgruppen (vgl. Abb. RAHPM-4):

- Initiierungsprozessgruppe, die zu Beginn eines Projekt und zu Beginn einer jeden neuen Projektphase durchlaufen wird.
- Planungsprozessgruppe, die alle Prozessschritte der Planung und Detaillierung eines Projektes beschreibt und sich dabei an den Projektzielen orientiert.
- Ausführungsprozessgruppe, die die Steuerung des Ressourceneinsatzes sowie Teamentwicklung und Qualitätsmanagement beinhaltet.
- Überwachungs- und Steuerungsprozessgruppe, die die laufende Überwachung und das Controlling samt Änderungsmanagement beschreibt.
- Abschlussprozessgruppe, die alle Prozessschritte zur Übergabe und administrativen Vertragsbeendigung beinhaltet.

Zertifizierungssystem des PMI

Da die Anforderungen hinsichtlich Zugangsvoraussetzungen sowie Prüfungen beim PMI niedriger sind als bei der IPMA, haben Zertifizierungen des PMI einen höheren Verbreitungsgrad (vgl. z.B. *Ahlemann/Teuteberg*). Eine Beraterzertifizierung existiert im Gegensatz zur IPMA beim PMI nicht. Abbildung RAHPM-5 gibt eine Übersicht über die PMI-Zertifizierungen und die verschiedenen Stufen.

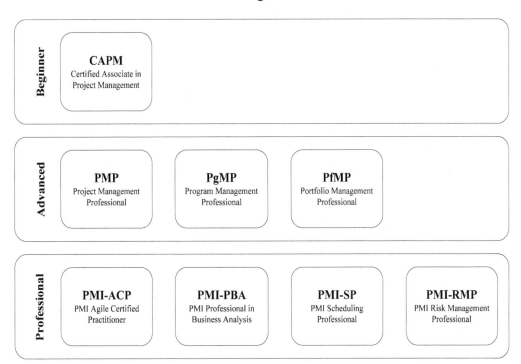

Abb. RAHPM-5: Überblick PMI-Zertifizierungen (nach *PMI Austria*)

Für den Nachwuchs im Projektmanagement werden von Länderorganisationen des PMI spezielle Ausbildungen angeboten. Beispielsweise unterstützt das PMI Austria Chapter die Projektmanagement-Ausbildung an Universitäten, Fachhochschulen und Schulen. Ziel ist es, Wissen im Projektmanagement im Zuge einer Ausbildung zu vermitteln und nachhaltig zu verankern. Für eine CAPM-Zertifizierung (Certified Associate in Project Management) für Studierende sind folgende Voraussetzungen zu erfüllen (nach PMI Austria): abgeschlossene höhere Schule (Matura bzw. Abitur), 1.500 Stunden Mitarbeit in einem Projekt oder 23 Stunden Ausbildung im Projektmanagement (nicht unbedingt nach PMI-Standard).

PRINCE2

PRINCE steht für „Projects IN Controlled Environments" und es handelt sich dabei um einen prozessorientierten Ansatz, der für die Planung und Realisierung von Projekten von Bedeutung ist. Die wesentlichen Eigenschaften („key features") von PRINCE2 werden wie folgt angegeben (im englischen Originalwortlaut nach *www.prince2.com*):

- focus on business justification,
- defined organisation structure for the project management team,
- product-based planning approach,
- emphasis on dividing the project into manageable and controllable stages,
- flexibility that can be applied at a level appropriate to the project.

Gegründet wurde PRINCE im Jahr 1989 vom britischen Central Computer and Telecommunications Agency (CCTA). Als Regierungsstandard für das IT-Projektmanagement entwickelt fanden PRINCE und PRINCE2 (1996 veröffentlicht) aber bald über IT-Projekte hinaus weitere Verbreitung im Projektmanagement. PRINCE2 gilt heute als der De-facto-Standard für Projektmanagement in Großbritannien. Die aktuelle Version wurde im Jahr 2009 vom Office of Government Commerce (OGC) veröffentlicht, das mittlerweile die CCTA abgelöst hat. Bei PRINCE2 wird während des gesamten Projektverlaufs sichergestellt, dass die Produkte des Projekts stets im Blick der Beteiligten bleiben und der Bezug zu Terminen, Qualität und Budget aktiv beeinflusst werden kann. Grundsätzlich liegt das Hauptaugenmerk auf der Steuerung des Projekts, der Nutzen des Projekts spielt auch eine bedeutende Rolle. Dieser Nutzen wird für den Auftraggeber im Business Case festgehalten und am Ende wird der Projekterfolg auch daran gemessen.

Als konzeptionelle Grundlage von PRINCE2 wurde kein spezifisches Vorgehensmodell erstellt, sondern es wurden gelungene und gescheiterte Projekte analysiert, um daraus generalisierbare Lehren zu ziehen (die Entwicklung der Methode folgt daher dem Best-Practice-Denken). Daraus folgt, dass PRINCE2 sowie die Vorläuferversion PRINCE primär durch induktive Verallgemeinerung von Beobachtungen in der Praxis entwickelt wurden und weniger durch deduktive Schlüsse auf der Basis vorhandener Schriften (vgl. dazu den Abschnitt Denkmethoden als Forschungsmethoden in der Lerneinheit Forschungsmethoden der Wirtschaftsinformatik in *Heinrich/Heinzl/Riedl*).

Die wesentlichen Eigenschaften von PRINCE2 können wie folgt angegeben werden: Das Vorgehensmodell gliedert ein Projekt in sieben Phasen (Starting up a Project, Directing a Project, Initiating a Project, Controlling a Stage, Managing Product Delivery, Managing a Stage Boundary, Closing a Project). Weiter werden sieben Grundprinzipien (kontinuierliche geschäftliche Rechtfertigung, Lernen aus Erfahrungen, definierte Rollen und Verantwortlichkeiten, Steuern über Managementphasen, Steuern nach dem Ausnahmeprinzip, Produktorientierung und Anpassen an die Projektumgebung) sowie sieben Wissensbereiche (Business Case, Organisation, Qualitätsmanagement, Projektplanung, Risikomanagement, Änderungsmanagement und Fortschrittskontrolle) beschrieben.

Zertifizierungssystem von PRINCE2

Die Zertifizierung erfolgt durch beim Office of Government Commerce akkreditierte Organisationen, die auch entsprechende Schulungen anbieten. Die Zertifizierungen bauen aufeinander auf; Voraussetzungen wie beispielsweise praktische Erfahrung im Management von IT-Projekten werden nicht gefordert. Unter PRINCE2 gibt es die in Abb. RAHPM-6 beschriebenen Zertifizierungen bzw. Kompetenznachweise.

Zertifikat	Beschreibung
Foundation	Multiple-Choice-Prüfung zu den Grundlagen von PRINCE2.
Practitioner	Umfassende Multiple-Choice-Prüfung zu allen Belangen von PRINCE2; die Prüfung basiert auf einem fiktiven Projekt, das dem Kandidaten im Rahmen der Prüfung vorgelegt wird.
Re-Registration	Frühestens drei, spätestens fünf Jahre nach dem erfolgreichen Erwerb des Practitioner-Zertifikats hat in Form einer einstündigen Prüfung ein Leistungsnachweis zu erfolgen, der im Falle eines positiven Abschlusses zu einer Verlängerung des Practitioner-Status führt.
Agile	Voraussetzung hierfür ist die erfolgreiche Absolvierung der Practitioner-Zertifizierung. Wesentliche Inhalte sind die Grundlagen und der Zweck der Kombination von PRINCE2 mit agilen Methoden (Scrum, Kanban, usw.).
Professional	Im Rahmen eines mehrtätigen Assessment Centers werden die Fähigkeiten und Kompetenzen eines Projektmanagers ermittelt. Die Teilnehmer arbeiten dabei in Gruppen auf der Basis eines realistischen Projektszenarios. Assessoren beurteilen auf der Grundlage ihrer Beobachtungen und einem Kriterienkatalog die Kompetenzen der Teilnehmer.

Abb. RAHPM-6: Überblick PRINCE2-Zertifizierungen

Forschungsbefunde

Im Jahr 2006 haben *Ahlemann/Teuteberg* 269 Projektmanagement-Fachexperten und Anwender online zu Projektmanagement-Standards befragt, die größtenteils aus Deutschland (62%) und der Schweiz (27%) stammten. Die Befragungsteilnehmer kamen aus den Branchen Beratung/Dienstleistung, IT, Finanzdienstleistungen, Telekommunikation und Automobil und arbeiteten in unterschiedlichen funktionalen Bereichen. Die Studienergebnisse zeigen, dass Projektmanagement-Standards in drei Hauptbereichen zum Einsatz kommen: Prozesse (80%), Methoden (70%) und Terminologie (49%). Die Feststellung des Reifegrads im Projektmanagement auf der Basis von Standards spielte in 20% der befragten Unternehmen eine Rolle. Hinsichtlich der Nutzung verschiedener Standards zeigte die Studie, dass 20% der Teilnehmer den PMBOK Guide und 12% die IPMA Competence Baseline zum Zeitpunkt der Befragung verwendeten.

Weiter wurde in der Studie erhoben, in welchem Verhältnis Erwartungshaltung und -erfüllung hinsichtlich der Nutzung von Standards stehen. Von *Ahlemann/Teuteberg* wurden hierbei verschiedene Nutzeffekte vorgegeben und die Teilnehmer konnten angeben, ob erwartet wurde, diesen Nutzen zu realisieren, und ob diese Erwartung tatsächlich erfüllt wurde. Die Ergebnisse zeigten folgendes Bild: Voll erfüllt wurde lediglich die Erwartung, dass die Nutzung von Standards die Kommunikation verbessert (insbesondere deshalb, weil in Standards typischerweise eine einheitliche Terminologie geschaffen wird). Hinsichtlich der Nutzeffekte „bessere Prozessqualität", „schnelle Prozessimplementierung", „Umsetzung von Best Practices", „bessere Zusammenarbeit im Team" und „Kostensenkung" bestand in allen Fällen eine rund 20%ige Diskrepanz zwischen erwartetem und erfülltem Nutzen. Es bleibt somit die Erwartung relativ weit hinter der Wirklichkeit zurück.

Lehmann/Spiegel haben im Jahr 2009 drei Projektmanagement-Standards analysiert und verglichen: PRINCE2 von OGC, den Standard der Project Management Austria (der auf dem Standard der IPMA basiert) und den Standard des PMI. Wesentliches Ergebnis dieser Untersuchung ist eine Vergleichsmatrix, in der die drei Standards entlang der folgenden drei Bereiche gegenübergestellt werden (in Klammern die jeweiligen Kriterien): Grundprinzipien (Zielsetzung, Orientierung, Skalierbarkeit hinsichtlich Projektgrößen, Skalierbarkeit im laufenden Projekt, iteratives Vorgehen, Phasen und Prozesse, Betrachtung von Projekten), Anwendung (Verbreitung, Anpassungsaufwand, Kernbranchen, Mitglieder und zertifizierte Projektmanager, Dokumentvorlagen, Kompatibilität zu anderen Standards, technische Voraussetzungen) und Standardisierung (Normungsorganisationen, Abstraktionslevel, Mitbestimmung, Umfang und Detaillierungsgrad, Internationalität, Mehrsprachigkeit, Publikationsform, Aktualität, eigenständige Methodik). In der kritischen Würdigung der Resultate schreiben die Autoren (31-32): „Wie aus den Resultaten der Analyse, den aufgezeigten Stärken und Schwächen sowie der Vergleichsmatrix ersichtlich, kann keiner der genannten PM-Standards als ultimatives Rezept zur Lösung aller PM-Herausforderungen betrachtet werden … Da die Komponenten des PM-Standards PRINCE2 mit den Wissensgebieten des PMBOK Guides überwiegend vergleichbar sind, ist eine Kombination der PM-Standards …

durchaus möglich, z.B. weist das Qualitäts- und Risikomanagement des PRINCE2-Prozessmodells Ähnlichkeiten hinsichtlich der Planungsprozesse des PMBOK Guides auf … Neben dem Nutzen der PM-Standards für die Optimierung des Projektmanagements in Unternehmen wird in der Literatur und in Berichten aus der Praxis vermehrt die hemmende Wirkung von PM-Standards thematisiert. Die passende Dosierung des eingesetzten Standards, abhängig von den konkreten Umständen, trägt … wesentlich dazu bei, den gewünschten Nutzen zu erreichen … Da PM-Standards in der immer stärker projektorientierten Geschäftswelt voraussichtlich unerlässlich sein werden, müssen in Zukunft Konflikte zwischen den PM-Standards aufgelöst und Modelle eingeführt werden, welche die Bildung unternehmensinterner PM-Methodiken auf Basis allgemeiner PM-Standards unterstützen. Abschließend gilt hervorzuheben: Erfolgreiches Projektmanagement kann nicht allein durch die Anwendung eines oder mehrerer PM-Standards garantiert werden."

In Abb. RAHPM-3 ist die 4-Level-Zertifizierung der IPMA dargestellt. Auf der Website der GPM – Deutsche Gesellschaft für Projektmanagement e.V. sind die Ergebnisse von Erhebungen zu den Personenzahlen angegeben, die in Deutschland ein bestimmten Level erreicht haben (alle Angaben per Ende 2017): Level-A-Zertifikat: 120 Personen, Level-B-Zertifikat: 1.900 Personen, Level-C-Zertifikat: 6.200 Personen, Level-D-Zertifikat: 39.500 Personen.

Kontrollfragen
1. Welche Rahmenwerke und Standards im Bereich Projektmanagement kennen Sie?
2. Welche Gemeinsamkeiten und Unterschiede gibt es zwischen der International Project Management Association (IPMA) und dem Project Management Institute (PMI)?
3. Welche Kompetenzelemente definiert die International Competence Baseline der IPMA?
4. Welche Projektmanagement-Prozessgruppen und Wissensgebiete gibt es nach dem PMI?
5. Welche wesentlichen Eigenschaften hat PRINCE2 und welche PRINCE2-Zertifizierungen gibt es?

Quellenliteratur
Ahlemann, F./Teuteberg, F.: PM-Standards: Was nutzen sie? Wo werden sie verwendet? Welche sind wichtig? ProjektMagazin, 4/2007, 1-8

Gessler, M. (Hrsg.): Handbuch für die Projektarbeit, Qualifizierung und Zertifizierung auf Basis der IPMA Competence Baseline Version 3.0. 7. A., Deutsche Gesellschaft für Projektmanagement, 2015

Heinrich, L. J./Heinzl, A./Riedl, R.: Wirtschaftsinformatik: Einführung und Grundlegung. 4. A., Springer, 2011

Lehmann, M./Spiegel, C.: Analyse und Vergleich der Projektmanagement-Standards von OGC, pma sowie PMI. Working Paper Series by the University of Applied Sciences bfi Vienna, 54/2009

PMI: A guide to the project management body of knowledge (PMBOK Guide). 5. A., Project Management Institute, 2013

Vertiefungsliteratur
Bartelt, C. et al.: Das deutsche Referenzmodell für Systementwicklungsprojekte Version: 2.0. Verein zur Weiterentwicklung des V-Modell XT e.V., 2015

Burghardt, M.: Projektmanagement: Leitfaden für die Planung, Überwachung und Steuerung von Projekten. 9. A., Publicis, 2012

Ebel, N.: PRINCE2:2009 für Projektmanagement mit Methode. Addison-Wesley, 2011

Hällgren, M./Nilsson, A./Blomquist, T./Söderholm, A.: Relevance lost! A critical review of project management standardization. International Journal of Managing Projects in Business, 3/2012, 457-485

Morley, C./Bia, F. M.: Understanding the appropriation of project management norms: An empirical study in IT projects. ECIS Proceedings, 2013

OGC: Erfolgreiche Projekte managen mit PRINCE2. The Stationery Office Ltd., 2009

Tiemeyer, E. (Hrsg.): Handbuch IT-Projektmanagement: Vorgehensmodelle, Managementinstrumente, Good Practices. Hanser, 2010

Yatim, F./Bredillet, C. N./Ruiz, P.: Investigating the deployment of project management: A new perspective based on the concept of certification. International Journal of Managing Projects in Business, 3/2009, 445-454

Normen und Richtlinien
DIN 69900:2009-01: Projektmanagement - Netzplantechnik; Beschreibungen und Begriffe

DIN 69901-1:2009-01: Projektmanagement - Projektmanagementsysteme - Teil 1: Grundlagen

DIN 69901-2:2009-01: Projektmanagement - Projektmanagementsysteme - Teil 2: Prozesse, Prozessmodell

DIN 69901-3:2009-01: Projektmanagement - Projektmanagementsysteme - Teil 3: Methoden

DIN 69901-4:2009-01: Projektmanagement - Projektmanagementsysteme - Teil 4: Daten, Datenmodell

DIN 69901-5:2009-01: Projektmanagement - Projektmanagementsysteme - Teil 5: Begriffe

DIN EN ISO 9001:2015: Qualitätsmanagementsysteme - Anforderungen

ISO 10006:2017-11: Qualitätsmanagementsysteme - Leitfaden für Qualitätsmanagement in Projekten

ISO 21500:2012: Leitlinien Projektmanagement

Werkzeuge
Das PMI bezeichnet Projektmanagement-Werkzeuge als Projektmanagement-Informationssystem (PMIS). Umgangssprachlich wird ein Projektmanagement-Werkzeug oft als Projektmanagementsystem (PM-System oder PMS) bezeichnet. Die DIN-Norm 69901-5:2009-01 definiert allerdings ein Projektmanagementsystem als System von Richtlinien, organisatorische Strukturen, Prozessen und Methoden zur Planung, Überwachung und Steuerung von Projekten.

Interessante Links
http://pmi-germany.org/
http://www.ipma.world/
http://www.spm.ch/ipma/registered/
https://www.gpm-ipma.de/
https://www.p-m-a.at/
https://www.pmi.org/
https://www.pmi-austria.org/
https://www.pmi-switzerland.ch/
https://www.prince2.com/

PROMA - Aufgaben des Projektmanagements

Lernziele

Sie kennen die Aufgabe sowie die daraus abgeleiteten Teilaufgaben des Projektmanagements und können diese beschreiben. Sie erkennen die Zweckmäßigkeit der Unterscheidung zwischen verschiedenen Projektmanagement-Ebenen. Sie können Planungsziele von Projektzielen unterscheiden. Sie wissen, nach welchem Modell oder Konzept die Projektführung erfolgen soll. Sie erkennen die Notwendigkeit der Technologieunterstützung für das Projektmanagement. Sie wissen, wie der Erfolg von Informatik-Projekten konzeptualisiert werden kann.

Definitionen und Abkürzungen

Führung (leadership) = die zielorientierte Harmonisierung des arbeitsteiligen sozialen Systems Organisation.

Kompetenz (competence) = der Handlungsspielraum eines Aufgabenträgers, der zur ordnungsgemäßen Aufgabenerfüllung notwendig ist.

Meilenstein (milestone) = ein Hilfsmittel des Projektmanagements zur Orientierung über den Projektverlauf und zur Projektlenkung („Weichenstellung").

Planungsziel (planning goal) = ein Ziel, das vom strategischen Informationsmanagement gesetzt und der Projektleitung vorgegeben wird.

Projektcontrolling (project controlling) = der Teil des Controlling im Sinn von „Informationsbeschaffung für Planung, Überwachung und Steuerung", dessen Objekt Projekte sind.

Projektgruppe (project team) = die für ein Projekt eingesetzten Personen, die von einer Projektleitung geführt werden. Synonym: Projektteam.

Projekthandbuch (project manual) = ein Dokument mit der unternehmensweit verbindlichen, für jedes Projekt geltenden Projektmanagement-Methodik.

Projektleitung (project management) = die für die Dauer eines Projekts geschaffene Organisationseinheit, die für die Planung, Überwachung und Steuerung dieses Projekts verantwortlich ist.

Projektorganisation (project organization) = die Gesamtheit der Organisationseinheiten und der strukturorganisatorischen Regelungen zur Abwicklung eines Projekts.

Projektziel (project goal) = ein Ziel, das aus den Planungszielen abgeleitet und zur Planung, Überwachung und Steuerung eines Projekts verwendet wird.

Stab (staff) = eine Struktureinheit zur spezialisierten Unterstützung von Struktureinheiten in der Linie. Synonym: Stabsstelle.

Verantwortung (responsibility) = eine mit der Übertragung einer Aufgabe auf einen Aufgabenträger verbundene Verpflichtung.

Vorgehensmodell (action model) = idealtypischer Standardprozess zur Abwicklung von Projekten, der durch die Projektplanung an den jeweiligen Projektkontext angepasst und präzisiert wird.

Zielsystem (goal system) = eine Menge von (meist) hierarchisch geordneten Zielen, die aus einem Oberziel systematisch abgeleitet werden.

Aufgabe des Projektmanagements

Projektmanagement ist die Gesamtheit der Führungsaufgaben, -organisation, -techniken und -mittel für die Abwicklung eines Projekts (nach DIN 69901). Im vorliegenden Zusammenhang sind solche Projekte von Interesse, deren Ziel die Schaffung oder die nachhaltige Änderung der Informationsinfrastruktur ist; sie werden als Informatik-Projekte bezeichnet (vgl. Kapitel Einführung). Generelle Aufgabe des Managements von Projekten ist es, die Rahmenbedingungen zu schaffen, die zur Erreichung der Planungsziele, die ein Projekt begründen, erforderlich sind (Projektmanagement-Methodik).

Die Projektmanagement-Methodik muss so allgemeingültig sein, dass sie für jede Art von Informatik-Projekt (z.B. unabhängig davon, ob es sich um Eigenentwicklung oder Fremdentwicklung handelt) verwendbar ist, und sie muss in geeigneter Weise dokumentiert sein (Projekthandbuch, vgl. Lerneinheit PROHB). „Geeignet" heißt dabei vor allem, dass die Methodik mit Hilfe des Projekthandbuchs von den Projektmitarbeitern „gelebt" werden kann. Aus dieser generellen Aufgabe des Projektmanagements ergeben sich die folgenden Teilaufgaben, die in dieser oder ähnlicher Weise im Schrifttum zum Projektmanagement angegeben werden; siehe beispielsweise *Burghardt*, *Kessler/Winkelhofer*, *Patzak/Rattay*, *Tiemeyer* oder *Zielasek* (in Klammern die zusammenfassenden Kurzbezeichnungen):

- Formulieren des Projektauftrags mit den Planungszielen, den Rahmenbedingungen sowie den Auflagen für die Projektabwicklung (Projektdefinition);
- Festlegen der Form der Projektorganisation, Ernennen der Projektleitung und Festlegen ihrer Kompetenzen (Projektorganisation);
- Bestimmen des technisch möglichen und wirtschaftlich geeigneten Projektablaufs (Vorgehensmodell);
- Ableiten der Projektziele und Projektaufgaben aus den Planungszielen sowie Festlegen der Projektphasen und der Meilensteine zwischen den Projektphasen (Projektplanung);
- Beobachten des Projektverlaufs, Feststellen von Abweichungen von den Projektzielen sowie Festlegen der Projektberichterstattung und der Projektdokumentation (Projektüberwachung);
- Festlegen von Maßnahmen für den Fall, dass Abweichungen zwischen dem geplanten Projektverlauf und dem tatsächlichen Projektverlauf festgestellt werden sowie Durchführen dieser Maßnahmen (Projektsteuerung);
- Motivation der Projektmitarbeiter und Förderung der Zusammenarbeit zwischen allen an einem Projekt Beteiligten durch Teamarbeit und kooperative Führung (Projektführung).

Ausgangspunkt für eine Systematik der Aufgaben des Projektmanagements sind die Planungsziele. Von den Planungszielen ausgehend werden die Aufbauorganisation (Projektorganisation) und die Ablauforganisation (Vorgehensmodell) festgelegt. Mit der Projektorganisation wird eine zeitlich auf die Projektdauer befristete, der Projektaufgabe angemessene Aufbauorganisation mit auf konkrete Personen bezogenen Kompetenzen und Verantwortungen geschaffen. Zur Aufbauorganisation gehört im Allgemeinen ein Projektsteuerungsgremium.

Bei Informatik-Projekten sollte das Vorgehensmodell jedoch nicht projektbezogen geschaffen, sondern als grundlegende Qualitätsmaßnahme im Unternehmen vorhanden sein und – je nach Projektgegenstand – angepasst werden. Projektorganisation und Vorgehensmodell bilden die Grundlage für die Projektplanung, die Projektführung und das Projektcontrolling.

Zweck der Projektmanagement-Methodik ist letztlich die Berücksichtigung aller die Projektabwicklung bestimmenden Einflussfaktoren, so dass die Projektziele mit einer kalkulierbaren Wahrscheinlichkeit erreicht werden. Solche Einflussfaktoren werden in der Fachliteratur als Erfolgsfaktoren des Projektmanagements bezeichnet (vgl. Lerneinheit ERFPM).

Abbildung PROMA-1 veranschaulicht den zeitlich-logischen Zusammenhang der Teilaufgaben des Projektmanagements. In der Abbildung wird das Startereignis mit der Projektidee festgelegt (z.B. Entwicklung eines Informationssystems zur Unterstützung der Aufgabenerfüllung in bestimmten Geschäftsprozessen); das Projektende ergibt sich aus dem Vorliegen des Projektergebnisses (das produktiv einsetzbare Informationssystem).

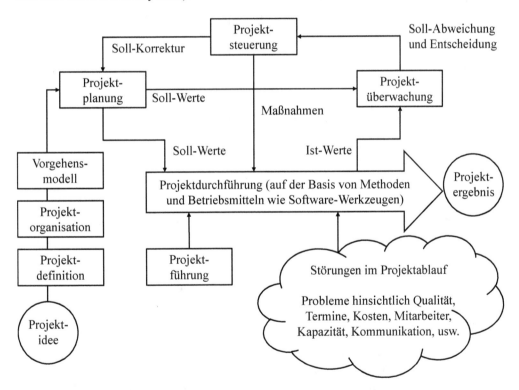

Abb. PROMA-1: Teilaufgaben des Projektmanagements

Planungsziele und Projektziele

Zur Unterscheidung zwischen den vom Auftraggeber dem Projekt vorgegebenen Zielen und den daraus von der Projektleitung abgeleiteten Zielen werden erstere als Planungsziele und letztere als Projektziele bezeichnet. Planungsziele sind in der Regel grobe, die Projektaufgabe als Ganzes betreffende Ziele (z.B. die Funktionalität als Leistungsziel, der Endtermin als Terminziel, die Gesamtkosten als Kostenziel). Projektziele sind aus den Planungszielen abgeleitete Ziele; sie sind Teilziele der Planungsziele (z.B. die Fertigstellungstermine für einzelne Komponenten des Projektgegenstands als Terminziele). Beim Ableiten der Projektziele aus den Planungszielen entsteht ein Zielsystem, das meist hierarchisch ist, aber auch die Form eines Netzes haben kann. Je feiner die Projektziele formuliert werden, desto straffer kann das Projekt überwacht und gesteuert werden, vice versa.

Planungsziele müssen zwischen Auftraggeber und Auftragnehmer, Projektziele müssen zwischen Projektleitung und Projektmitarbeitern klar vereinbart und akzeptiert sein. Daher empfiehlt sich für Zielvereinbarungen zwischen Auftraggeber und Auftragnehmer bzw. zwischen Projektleitung und Projektmitarbeitern ein partizipativer Prozess. Wegen der speziellen Ausrichtung der Zielplanung auf den Projektgegenstand wird darauf im Zusammenhang mit Informatik-Projekten in der Lerneinheit ZIELP näher eingegangen.

Führungskonzept

Für die Projektführung stellt sich die Frage, nach welchem Modell oder Konzept sie erfolgen soll. Bei der Erläuterung der Planungs- und Projektziele wurde bereits auf die Zweckmäßigkeit eines partizipativen Vorgehens bei Zielvereinbarungen zwischen Projektleitung und Projektmitarbeitern hingewiesen. Dieses Vorgehen ist das wesentliche Merkmal des Führungskonzepts Management by Objectives (Führung durch Zielvereinbarung). Weitere Voraussetzungen für die Wirksamkeit dieses Führungskonzepts sind, dass die vereinbarten Ziele:

- mit übergeordneten Zielen nicht konfliktär sind;
- klar und nachvollziehbar formuliert sind;
- grundsätzlich erreichbar sind;
- flexibel sind, so dass sie gegebenenfalls neu vereinbart werden können.

Aus Zielvereinbarungen dieser Art folgt für die Projektüberwachung und -steuerung, dass Fremdüberwachung und Fremdsteuerung weitgehend durch Eigenüberwachung und Eigensteuerung ersetzt werden. Fremdüberwachung wird im Wesentlichen auf Ergebnisüberwachung reduziert, während die Überwachung der Tätigkeiten und der zu ihrer Verrichtung verwendeten Verfahren, Regeln, Methoden, Werkzeuge usw. im Regelfall in die Verantwortung der Projektmitarbeiter fällt. Nähere Ausführungen zu Führung und Teamarbeit finden sich in der Lerneinheit FTEAM.

Projektmanagement-System

Projektplanung, -überwachung und -steuerung sowie dafür eingesetzte Sachmittel werden zusammenfassend als Projektmanagement-System bezeichnet. Sein besonderes Kennzeichen ist die Verwendung von bestimmten Methoden (z.B. Methoden der Netzplantechnik, vgl. Lerneinheit NETZP, oder Methoden aus den Bereichen Prozessmodellierung und Datenmodellierung, vgl. Lerneinheiten PROMO und DATMO) und von Betriebsmitteln, die diese Methoden unterstützen (insbesondere Software-Werkzeuge). Erfolgreiches Projektmanagement ist ohne Technologieunterstützung – zumindest bei größeren Projekten – nicht möglich. Auf Projektmanagementsoftware wird in der Lerneinheit PMSOF eingegangen.

Technologieunterstützung sollte so organisiert sein, dass die Projektmitarbeiter Daten selbst erfassen, Auswertungen selbst veranlassen und diese unmittelbar am Arbeitsplatz bzw. auf mobilen Endgeräten (z.B. Tablet oder Smartphone) verfügbar haben können. Auf dem IT-Markt sind zahlreiche Software-Produkte verfügbar, welche die Ausführung von Aufgaben des Projektmanagements unterstützen. Die Auswahl eines Software-Werkzeugs sollte auf der Basis eines rationalen und partizipativen Entscheidungsprozesses erfolgen (vgl. Lerneinheit EVALU).

Die meisten Software-Werkzeuge unterstützen Planungs-, Verwaltungs- und Abrechnungsaufgaben, jedoch nicht immer die operativen Tätigkeiten bei der Projektabwicklung. Daher bietet sich die Ergänzung solcher Werkzeuge durch weitere Systeme an. Arbeitsteilung ist ein wesentliches Merkmal bei der Abwicklung von Informatik-Projekten. Die Unterstützung der Zusammenarbeit von Personen, die an der Projektabwicklung beteiligt sind, kann beispielsweise durch Kollaborative Software (oft auch als Groupware bezeichnet) erfolgen. Ein wesentliches Auswahlkriterium für Software-Werkzeuge im Projektmanagement ist neben der Unterstützung von Planungs-, Verwaltungs- und Abrechnungsaufgaben die Ermöglichung von effektiver und effizienter Koordination von den an der Projektabwicklung beteiligten Individuen und Institutionen (vgl. Lerneinheit KOORD). Der Einsatz von Groupware kann dazu, so wie andere Systemtypen auch, einen wirksamen Beitrag leisten.

Erfolg von Informatik-Projekten

Die Befassung mit den Aufgaben des Projektmanagements sollte – zumindest idealtypisch – auf der Basis eines grundlegenden Verständnisses über den Erfolg von Informatik-Projekten erfolgen. Der Erfolg von Informatik-Projekten kann unterschiedlich konzeptualisiert und somit auf verschiedenen Ebenen bestimmt werden (siehe Abb. PROMA-2). In der nachfolgenden Aufstellung ist in Klammer jene Interessensgruppe (Stakeholder, vgl. Lerneinheit STAKM) angegeben, für welche die Ebene primär von Relevanz ist:

- Ebene 1 – das Projektmanagement war erfolgreich: das Projekt konnte innerhalb der geplanten Zeit, des veranschlagten Budgets und unter Einhaltung der Anforderungsspezifikation abgewickelt werden (Sicht der Projektleitung);

- Ebene 2 – das implementierte Informationssystem ist ein Erfolg: das System leistet einen wirksamen Beitrag zur Befriedigung der Informationsnachfrage der Benutzer und die Informationsqualität ist hoch (Sicht des Aufgabenträgers);
- Ebene 3 – durch die Verwendung des implementierten Informationssystems werden Erfolgskennzahlen des Prozessmanagements (z.B. Zeit, Kosten, Qualität) positiv beeinflusst (Sicht des Prozessmanagers);
- Ebene 4 – durch die Verwendung des implementierten Informationssystems werden Erfolgskennzahlen auf Gesamtorganisationsebene (z.B. Kundenzufriedenheit, Umsatz, Rentabilität) positiv beeinflusst (Sicht des Top-Managements).

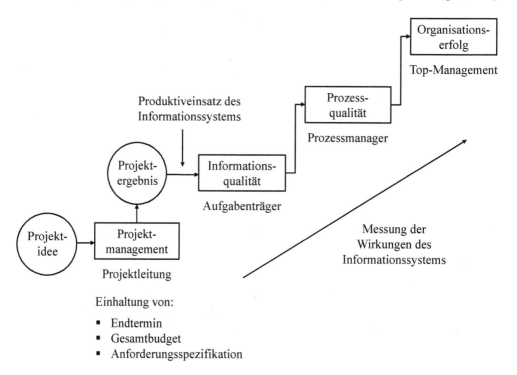

Abb. PROMA-2: Ebenen zur Bestimmung des Erfolgs von Informatik-Projekten

In vielen Fällen ist bei Informatik-Projekten zu beobachten, dass die Erfolgsbetrachtung auf Ebene 1 fokussiert ist. Dieser Umstand ist insofern problematisch, da erfolgreiches Projektmanagement zwar wichtig ist, aber damit noch nicht sichergestellt ist, dass vom implementierten und im Produktiveinsatz befindlichen System positive Wirkungen ausgehen, die sich auf die Informationsqualität, Prozessqualität sowie die gesamte Organisation beziehen können. Zu berücksichtigen ist, dass gerade Erfolgskennzahlen auf Gesamtorganisationsebene (Ebene 4) von vielen Faktoren beeinflusst werden. Daraus folgt, dass die Messung des Beitrags eines bestimmten Informationssystems zu den Erfolgskennzahlen auf Gesamtorganisationsebene (z.B. Kundenzufriedenheit, Umsatz, Rentabilität) äußerst schwierig ist. Eine vertiefte Auseinandersetzung mit den Erfolgsfaktoren des Projektmanagements ist in der Lerneinheit ERFPM zu finden.

Forschungsbefunde

Die Qualifikationsanforderungen (Skills) für Projektmanager in IT-Projekten, die wesentlich durch die Aufgaben des Projektmanagements bestimmt werden, wurden in der Vergangenheit insbesondere in Bezug auf ihre relative Bedeutung nicht umfassend untersucht. *Keil et al.* haben diese Forschungslücke identifiziert und eine E-Mail-basierte Delphi-Studie inklusive Follow-up-Interviews mit 19 IT-Projektmanagern durchgeführt; die Studie wurde 2013 veröffentlicht. Konkret wurden drei Forschungsfragen untersucht: Was sind die bedeutsamsten Fähigkeiten von IT-Projektmanagern? Wie ist die relative Bedeutung dieser Fähigkeiten? Wie kann die relative Bedeutung der wichtigsten Fähigkeiten erklärt werden?

Die befragten IT-Projektmanager (14 Männer, 5 Frauen) hatten im Durchschnitt zwölf Jahre Projektmanagementerfahrung. In Summe wurden von den 19 Befragten 115 Skills genannt und beurteilt. Nach einer Bereinigung der Skills durch die Forscher blieben für die finale Beurteilung der relativen Bedeutung (Ranking) 19 Skills übrig und für jede Skill wurden der durchschnittliche Rangplatz sowie die Standardabweichung berechnet. Das Ergebnis (im englischsprachigen Original) ist in der Abb. PROMA-3 dargestellt, wobei die Befunde der dritten und finalen Delphi-Runde dargestellt sind.

Skill	*Skill-Kategorie*	*Durchschnittlicher Rangplatz (Standardabweichung)*
1. Leadership	Team management	1.67 (1.45)
2. Verbal communication	Communication	3.27 (1.75)
3. Scope management	Project management	4.20 (2.18)
4. Listening	Communication	4.27 (1.71)
5. Project planning	Project management	5.33 (2.32)
6. Written communication	Communication	7.47 (3.46)
7. Good people skills	People skills	7.93 (2.15)
8. Ability to motivate team members	Team management	9.60 (4.90)
9. Negotiation	People skills	9.80 (3.84)
10. Organization skills	Organizational	11.80 (2.85)
11. Time management	Project management	11.87 (2.62)
12. Relationship building	People skills	12.60 (2.44)
13. Resource utilization	Project management	12.67 (3.08)
14. Conflict management	People skills	12.80 (2.65)
15. Risk management	Project management	13.07 (4.28)
16. Attention to detail	Personal characteristics	13.20 (5.11)
17. Cost management	Project management	14.87 (4.00)
18. Multi-tasking	Organizational	16.40 (4.40)
19. Analytical skills	Problem solving	17.20 (3.78)

Abb. PROMA-3: Ranking-Ergebnis der Studie von *Keil et al.* (403)

In den Follow-up-Interviews fokussierten die Forscher auf die Top-5-Skills (leadership, verbal communication skills, scope management, listening skills, project planning). Bedeutsame Ergebnisse dieser Follow-up-Interviews sind in Abb. PROMA-4 dargestellt (im englischen Originalwortlaut).

Skill	Begründung der Wichtigkeit
1. Leadership	▪ Required to share vision of project and provide direction ▪ Necessary for engaging and motivating people toward the goal
2. Verbal communication	▪ Necessary for providing clear directions and managing expectations
3. Scope management	▪ Critical to the success of the project as it directly impacts schedule and cost ▪ Necessary for controlling stakeholders' expectations and project deliverables
4. Listening	▪ Critical for identifying stakeholders and their expectations, problems with projects, and project risks
5. Project planning	▪ Critical to project because it sets the goals (i.e., schedule, budget, and deliverables) of project ▪ Supports the identification of current project status, project targets, and the responsibilities of project members

Abb. PROMA-4: Bedeutsame Ergebnisse der Follow-up-Interviews von *Keil et al.* (404)

Ein bedeutsamer Erfolgsfaktor im Projektmanagement sind die Führungskompetenzen von Projektmanagern. *Geoghegan/Dulewicz* haben in den späten 2000er Jahren die folgende Hypothese formuliert und empirisch untersucht: Zwischen den Führungskompetenzen eines Projektmanagers und dem Projekterfolg gibt es einen statistisch signifikanten Zusammenhang. In einer Befragungsstudie wurden 52 Projektmanager (38 Männer, 14 Frauen; Durchschnittsalter: 39,5 Jahre mit einer Standardabweichung von 6,7 Jahren; mindestens vier Jahre Projektmanagementerfahrung) eines führenden Finanzdienstleistungsunternehmens in Großbritannien untersucht (insgesamt gab es zum Zeitpunkt der Befragung rund 80 Projektmanager im Unternehmen). Zur Messung wurden zwei Fragebögen eingesetzt, deren Reliabilität und Validität in anderen Studien bereits nachgewiesen wurde. Konkret wurden die Führungskompetenzen mit dem Leadership Dimensions Questionnaire (LDQ) gemessen und Projekterfolg mit dem Project Success Questionnaire (PSQ).

Projekterfolg: Faktor 1 (Usability)	Projekterfolg: Faktor 2 (Project Delivery)
Hoch signifikant (0.01-Signifikanzniveau)	
▪ Managing resources (management comp.) ▪ Empowering (management comp.) ▪ Developing (management comp.) ▪ Motivation (social/emotional comp.)	Es gab keine Leadership-Dimensionen, die einen hoch signifikanten Zusammenhang mit dem Faktor 2 aufgewiesen haben.
Signifikant (0.05 Signifikanzniveau)	
▪ Critical analysis (intellectual comp.) ▪ Influencing (social/emotional comp.) ▪ Self-awareness (social/emotional comp.) ▪ Sensitivity (social/emotional comp.)	▪ Managing resources (management comp.) ▪ Empowering (management comp.)

Abb. PROMA-5: Zusammenhang von Führungskompetenzen und Projekterfolg
(*Geoghegan/Dulewicz*, 66)

Eine Faktorenanalyse auf der Basis der PSQ-Daten ergab drei unabhängige Faktoren, von denen zwei für die weiteren Korrelationsberechnungen verwendet wurden: „Usability" (hier definiert als „the project deliverable being a workable and usable solution", 63) und „Project Delivery" (hier bestehend aus drei Faktoren, nämlich „Schedule", „On budget" und „Good project process", 63). Die Ergebnisse der Korrelationsberechnungen sind in Abb. PROMA-5 zusammengefasst (die Führungskompetenzen sind im englischsprachigen Original angegeben, die konkreten Korrelationskoeffizienten können in der Publikation nachgelesen werden, vgl. dort Tabelle 3). Abbildung PROMA-5 zeigt zudem, dass die Führungskompetenzen den Bereichen Managementkompetenz, sozial und emotionale Kompetenz sowie intellektuelle Kompetenz zugeordnet wurden. Die genannten Führungskompetenzen werden in Abb. PROMA-6 wörtlich zitiert nach *Dulewicz/Higgs* (111-112) erläutert.

Managing resources Plans ahead, organises all resources and coordinates them efficiently and effectively. Establishes clear objectives. Converts long-term goals into action plans. Monitors and evaluates staff's work regularly and effectively, gives sensitive, honest feedback.	*Critical analysis* A critical faculty that probes the facts, identifies advantages and disadvantages and discerns the shortcomings of ideas and proposals. Makes sound judgments and decisions based on reasonable assumptions and factual information, aware of the impact of any assumptions made.
Empowering Gives staff autonomy, encourages them to take on personally challenging demanding tasks. Encourages them to solve problems, produce innovative ideas and proposals and develop their vision and a broader vision. Encourages a critical faculty and a broad perspective, and encourages the challenging of existing practices, assumptions and policies.	*Influencing* Persuades others to change views based on an understanding of their position and a recognition of the need to listen to this perspective and provide a rationale for change.
Developing Believes others have potential to take on ever more-demanding tasks and roles, encourages them to do so. Ensures direct reports have adequate support. Develops their competencies, and invests time and effort in coaching them so they contribute effectively and develop themselves. Identifies new tasks and roles to develop others. Believes that critical feedback and challenge are important.	*Self-awareness* Awareness of one's own feelings and the capability to recognise and manage these in a way that one feels that one can control. A degree of self-belief in one's capability to manage one's emotions and to control their impact in a work environment.
Motivation Drive and energy to achieve clear results and make an impact. Balances short- and long-term goals with a capability to pursue demanding goals in the face of rejection or questioning.	*Sensitivity* Is aware of, and takes account of, the needs and perceptions of others in arriving at decisions and proposing solutions to problems and challenges. Builds from this awareness and achieves the commitment of others to decisions and action. A willingness to keep open one's thoughts on possible solutions to problems and to actively listen to, and reflect on, the reactions and inputs from others.

Abb. PROMA-6: Beschreibungen von Führungskompetenzen (*Geoghegan/Higgs*, 111-112)

In Anbetracht der vorgestellten Forschungsbefunde ziehen *Geoghegan/Dulewicz* (65) nachstehende Schlussfolgerung: „It can be asserted ... that MQ [also Managementkompetenzen, Anmerkung durch den Verfasser dieses Buchs] ... contribute most to successful projects and therefore are highly significant in supporting the hypothesis". Die wichtigsten Managementkompetenzen sind hierbei „Managing resources" und „Empowering".

Kontrollfragen

1. Wie kann die generelle Aufgabe des Projektmanagements beschrieben werden?
2. Welche Teilaufgaben des Projektmanagements werden unterschieden?
3. In welchem zeitlich-logischen Zusammenhang stehen die Teilaufgaben des Projektmanagements?
4. Wodurch unterscheiden sich Planungsziele von Projektzielen?
5. Welche Ebenen zur Bestimmung des Erfolgs von Informatik-Projekten gibt es?

Quellenliteratur

Burghardt, M.: Projektmanagement: Leitfaden für die Planung, Überwachung und Steuerung von Projekten. 9. A., Publicis, 2012

Dulewicz, V./Higgs, M.: Assessing leadership styles and organisational context. Journal of Managerial Psychology, 2/2005, 105-123

Geoghegan, L./Dulewicz, V.: Do project managers' leadership competencies contribute to project success? Project Management Journal, 4/2008, 58-67

Keil, M./Lee, H. K./Deng, T.: Understanding the most critical skills for managing IT projects: A Delphi study of IT project managers. Information & Management, 7/2013, 398-414

Kessler, H./Winkelhofer, G.: Projektmanagement: Leitfaden zur Steuerung und Führung von Projekten. 4. A., Springer, 2004

Patzak, G./Rattay, G.: Projektmanagement: Projekte, Projektportfolios, Programme und projektorientierte Unternehmen. 6. A., Linde International, 2014

Tiemeyer, E.: IT-Projekte erfolgreich managen: Handlungsbereiche und Prozesse. In: Tiemeyer, E. (Hrsg.): Handbuch IT-Projektmanagement. 2. A., Hanser, 2014, 1-39

Zielasek, G.: Aufgaben des Projektmanagements. In: Projektmanagement. Springer, 1995, 67-84

Vertiefungsliteratur

Kerzner, H.: Project management: A systems approach to planning, scheduling, and controlling. 12th ed., Wiley, 2017

Schwalbe, K.: Information technology project management. 8th ed., Cengage Learning, 2016

Normen und Richtlinien

DIN 69901-1:2009-01: Projektmanagement - Projektmanagementsysteme - Teil 1: Grundlagen

DIN 69901-2:2009-01: Projektmanagement - Projektmanagementsysteme - Teil 2: Prozesse, Prozessmodell

DIN 69901-3:2009-01: Projektmanagement - Projektmanagementsysteme - Teil 3: Methoden

DIN 69901-4:2009-01: Projektmanagement - Projektmanagementsysteme - Teil 4: Daten, Datenmodell

DIN 69901-5:2009-01: Projektmanagement - Projektmanagementsysteme - Teil 5: Begriffe

Werkzeuge

https://asana.com/de/
https://www.atlassian.com/
https://slack.com/intl/de

Interessante Links

http://projektmanagement-definitionen.de/glossar/aufgabe/
https://www.projektmagazin.de/projektmanagement-software

PRORG - Projektorganisation

Lernziele

Sie kennen die Aufgabe des Projektmanagements und die daraus abgeleiteten Teilaufgaben. Sie kennen die Formen der Projektorganisation und können diese erläutern. Sie kennen die Aufbauorganisation der Projektgruppe sowie die Bedeutung der Beteiligung der vom Projekt Betroffenen an der Projektarbeit.

Definitionen und Abkürzungen

Betroffener (affected individual) = ein Individuum, dessen Interessen durch die Ergebnisse eines Informatik-Projekts berührt werden.

Kompetenz (competence) = der Handlungsspielraum eines Aufgabenträgers, der zur ordnungsgemäßen Aufgabenerfüllung notwendig ist.

Konflikt (conflict) = eine durch Interessensgegensätze gekennzeichnete Beziehung zwischen Individuen, Gruppen oder Institutionen.

Meilenstein (milestone) = ein Hilfsmittel des Projektmanagements zur Orientierung über den Projektverlauf und zur Projektlenkung („Weichenstellung").

Planungsziel (planning goal) = ein Ziel, das vom strategischen Informationsmanagement gesetzt und der Projektleitung vorgegeben wird.

Produktmanager (product manager) = ein Aufgabenträger für die Betreuung eines Informationssystems über dessen gesamten Lebenszyklus hinweg.

Projektgruppe (project team) = die für ein Projekt eingesetzten Personen, die von der Projektleitung geführt werden. Synonym: Projektteam.

Projekthandbuch (project manual) = ein Dokument mit der unternehmensweit verbindlichen, für jedes Projekt geltenden Projektmanagement-Methodik.

Projektkoordinator (project coordinator) = die Bezeichnung für den Projektleiter bei der Einfluss-Projektorganisation. Synonym: Projektverfolger.

Projektleiter (project manager) = die für die Projektleitung verantwortliche Person.

Projektleitung (project management) = die für die Dauer eines Projekts geschaffene Organisationseinheit, die für die Planung, Überwachung und Steuerung dieses Projekts verantwortlich ist.

Projektorganisation (project organization) = die Gesamtheit der Organisationseinheiten und der strukturorganisatorischen Regelungen zur Abwicklung eines Projekts.

Projektziel (project goal) = ein Ziel, das aus den Planungszielen abgeleitet und zur Planung, Überwachung und Steuerung eines Projekts verwendet wird.

Rückfallsystem (fallback system) = ein stabiler Projektstatus, zu dem für den Fall zurückgekehrt werden kann, dass das Projekt notleidend wird und von dem aus eine erfolgreiche Projektfortführung möglich ist.

Stab (staff) = eine Struktureinheit zur spezialisierten Unterstützung von Struktureinheiten in der Linie. Synonym: Stabsstelle.

Verantwortung (responsibility) = eine mit der Übertragung einer Aufgabe auf einen Aufgabenträger verbundene Verpflichtung.

Aufgabe der Projektorganisation

Projektorganisation als Aufgabe des Projektmanagements meint das Festlegen der Form der Projektorganisation, das Ernennen der Projektleitung (Projektleiter oder Projektleitungsteam, vgl. Lerneinheit PROVE) und das Festlegen der Projektverantwortung. Mit der Projektorganisation werden die strukturorganisatorischen Merkmale des Projektmanagements bestimmt. Dazu gehören auch die Aufbauorganisation innerhalb der Projektgruppe sowie die Art der Beteiligung der vom Projekt Betroffenen (z.B. potentielle Benutzer eines Informationssystems). Wesentliches ablauforganisatorisches Merkmal eines Projekts ist ein Vorgehensmodell, auf das an anderen Stellen vertieft eingegangen wird, vgl. vor allem die Lerneinheit PROIP sowie das Kapitel Projektphasen in Informatik-Projekten, wo auf Vorstudie, Feinstudie, Systementwurf, Implementierung und Installierung eingegangen wird.

Inhaltlicher Schwerpunkt der folgenden Darstellung sind die Formen der Projektorganisation. Es werden folgende Formen unterschieden: Einfluss-Projektorganisation, reine Projektorganisation und Matrix-Projektorganisation. Eine „lose Form" der Projektorganisation ist ein Arbeitskreis oder eine Kommission, der bzw. die aus ihrer Mitte einen Sprecher bestimmt. Eine solche Organisationsform ist jedoch typischerweise nur bei sehr kleinen Projekten beobachtbar. Nach *Burghardt* (25) hat ein „sehr kleines Projekt" folgende Eigenschaften: die Anzahl der Mitarbeiter ist kleiner 3, der Aufwand in Mannjahren ist kleiner 0,5 und das Projektbudget liegt unter 100.000 Euro.

Einfluss-Projektorganisation

Bei der Einfluss-Projektorganisation bleibt die funktionale Hierarchie im Unternehmen unverändert; die Projektgruppe besteht aus Mitarbeitern der bestehenden und vom Projekt betroffenen Organisationseinheiten (in Abb. PRORG-1 mit Person A_1, Person B_1 und Person C_1 in den Abteilungen A, B, C gekennzeichnet). Die Unternehmensleitung – oder eine andere Leitungsinstanz der Linie – kann die Projektarbeit entscheidend beeinflussen und auch im Detail darauf einwirken. Die Projektleitung berichtet an die Unternehmensleitung; sie hat lediglich beratende, koordinierende und entscheidungsvorbereitende Funktionen, ist also primär Projektverfolger und Projektkoordinator. Sie verfolgt und koordiniert den Projektablauf in sachlicher, terminlicher und kostenmäßiger Hinsicht und schlägt im Bedarfsfall den zuständigen Linieninstanzen Maßnahmen vor, deren Durchführung möglich oder notwendig ist. Projektverfolger bzw. Projektkoordinatoren haben keine Entscheidungs- und Weisungsbefugnis; sie können für die Erreichung bzw. Nichterreichung der Projektziele nicht verantwortlich gemacht werden.

Vorteile der Einfluss-Projektorganisation sind:

- flexibler Personaleinsatz, da die Mitarbeiter sowohl im Projekt als auch in der Linieninstanz arbeiten;
- Mitarbeiter können zeitgleich in verschiedenen Projekten mitarbeiten;

- geringer organisatorischer Aufwand, da keine Veränderung der bestehenden Strukturorganisation erforderlich ist.

Nachteile der Einfluss-Projektorganisation sind:

- es fühlt sich niemand für das Projekt voll verantwortlich;
- oft ist die Identifikation der Mitarbeiter mit dem Projekt schwach ausgeprägt;
- die Reaktionsgeschwindigkeit bei der Bearbeitung von Projektabweichungen ist gering;
- aufgrund der Trennung von Aufgaben, Kompetenzen und Verantwortungen kann es zu Konflikten kommen und Entscheidungen können sich verzögern.
- das Bedürfnis der Projektmitarbeiter, Schwierigkeiten über Abteilungsgrenzen hinweg gemeinsam zu überwinden, ist gering.

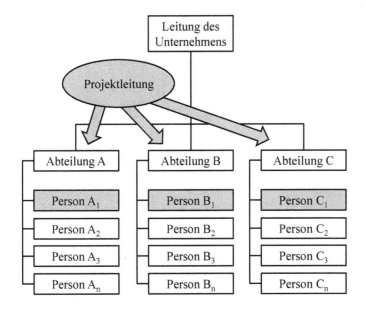

Abb. PRORG-1: Einfluss-Projektorganisation

Reine Projektorganisation

Bei der reinen Projektorganisation bilden die Projektmitarbeiter eine Organisationseinheit unter der fachlichen und disziplinarischen Führung der Projektleitung, die volle Kompetenz hinsichtlich Projektmitarbeiter, Betriebsmittel und Budget hat und volle Projektverantwortung gegenüber einer Leitungsinstanz (z.B. der Unternehmensleitung) trägt. Die Projektmitarbeiter (in der Regel eigene Mitarbeiter, aber auch Externe) arbeiten während der Projektdauer ausschließlich für das Projekt (in Abb. PRORG-2 durch die in eckigen Klammern dargestellten Personen A_1, B_1 und C_1 in den Abteilungen A, B, C gekennzeichnet). Sie erhalten nur von der Projektleitung Anweisungen.

Vorteile der reinen Projektorganisation sind:

- der einheitliche Wille durch die Linienautorität der Projektleitung;
- die schnelle Reaktionsfähigkeit bei Abweichungen von den Projektzielen;
- die hohe Identifikation der Projektmitarbeiter mit den Projektzielen.

Nachteile der reinen Projektorganisation sind:

- die Rekrutierung der Projektmitarbeiter und ihre Verwendung nach Projektende kann herausfordernd sein (Woher kommen sie bei Projektbeginn und wohin gehen sie, wenn das Projekt beendet ist? Eine Klärung bzw. Vereinbarung über den Verbleib nach Projektende sollte bereits bei der Rekrutierung der Projektmitarbeiter erfolgen.);
- die Etablierung einer eignen Organisationseinheit ist ein Eingriff in die bestehende Aufbau- und Ablauforganisation von der ungünstige Wirkungen ausgehen können (z.B. Änderung des Kommunikationsverhaltens);
- durch die Etablierung einer eignen Organisationseinheit vergrößert sich die Gefahr, dass Projektergebnisse nicht den Anforderungen der Fachabteilungen entsprechen.

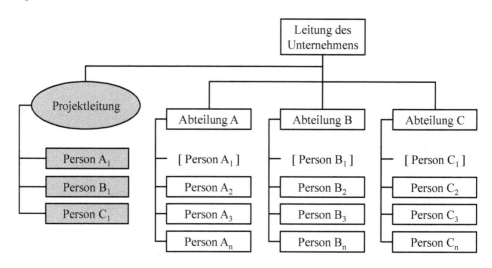

Abb. PRORG-2: Reine Projektorganisation

Matrix-Projektorganisation

Die Matrix-Projektorganisation ist eine Kombination der Einfluss-Projektorganisation mit der reinen Projektorganisation. Die Projektleitung ist für die Projektplanung, -überwachung und -steuerung verantwortlich (Vorgehensverantwortung); für die projektbezogenen fachlichen Aufgaben sind die Linieninstanzen verantwortlich. Die Projektmitarbeiter werden temporär in die Projektgruppe delegiert; sie unterstehen fachlich der Projektleitung, disziplinär ihrem Linienvorgesetzten (in Abb. PRORG-3 durch Pfeile auf die Mitarbeiter A_1, B_1 und C_1 in den Abteilungen A, B, C gekennzeichnet). Die Projektmitarbeiter bearbeiten die ihnen zugeordneten Projektaufgaben in ihren Struktureinheiten. Die Matrix-Projektorganisation schafft für die Projektdauer eine für die Projektkoordinierung zuständige Organisationseinheit. Die Funktionsfähigkeit dieser Organisationseinheit ist auf ein gut entwickeltes Organisations- und Führungsverständnis aller Beteiligten angewiesen (vgl. Lerneinheit FTEAM). Vorteile der Matrix-Projektorganisation sind:

- Die Projektleitung und die Projektmitarbeiter fühlen sich für das Projekt voll verantwortlich.
- Ein flexibler Personaleinsatz ist – wie bei der Einfluss-Projektorganisation – möglich.
- Spezialwissen und besondere Erfahrungen können gezielt eingesetzt werden.
- Die Projektmitarbeiter sind aus ihrer gewohnten Arbeitsumgebung nie ganz herausgelöst und können nach Projektende problemlos zurückkehren.

Wesentlicher Nachteil der Matrix-Projektorganisation ist, dass es an den Schnittstellen zwischen dem projektbezogenen und dem funktionsbezogenen Weisungssystem ("Projekt" einerseits und "Linie" andererseits) zu Konflikten kommen kann (Weisungskonflikt). Die aus einem Weisungskonflikt resultierende Verunsicherung von Vorgesetzten (Verzicht auf Ausschließlichkeitsanspruch) und von Mitarbeitern („Diener zweier Herren") kann nur durch eine klare Abgrenzung von Kompetenz und Verantwortung vermieden werden; Konfliktpotential ist trotzdem latent vorhanden.

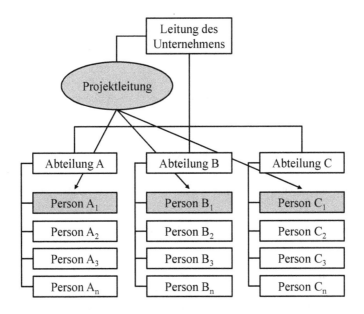

Abb. PRORG-3: Matrix-Projektorganisation

Ein geeignetes Darstellungsmittel zur Dokumentation der Abgrenzung von Kompetenz und Verantwortung ist die Verantwortungsmatrix. In den Zeilen der Matrix stehen die Projektaufgaben, in den Spalten die Aufgabenträger; mit der Art der Eintragungen kann sichtbar gemacht werden, welche Verrichtungen die Aufgabenträger an den Projektaufgaben durchführen sollen (z.B. P = Planung, E = Entscheidung, A = Ausführung, M = Mitwirkung).

Auswahl der Form der Projektorganisation

Die zuständige Leitungsinstanz für die Entscheidung über die Form der Projektorganisation, die für ein Informatik-Projekt verwendet werden soll, wird als IT-Lenkungsausschuss bezeichnet. Die Entscheidung orientiert sich an einer Reihe von Beurteilungskriterien. Abbildung PRORG-4 zeigt beispielhaft Beurteilungskriterien mit Ausprägungen für die drei Formen der Projektorganisation, die zur Auswahl der geeigneten Projektorganisation verwendet werden können. Diese Darstellung basiert inhaltlich auf Ausführungen von *Kummer et al.*

Beurteilungskriterien	Formen der Projektorganisation		
	Einfluss-Projektorganisation	Matrix-Projektorganisation	Reine Projektorganisation
Bedeutung für das Unternehmen	gering	groß	sehr groß
Umfang des Projekts	gering	groß	sehr groß
Unsicherheit der Zielerreichung	gering	groß	sehr groß
Technologie	Standard	kompliziert	neu
Zeitdruck	gering	mittel	hoch
Projektdauer	kurz	mittel	lang
Komplexität	gering	mittel	hoch
Bedürfnis nach zentraler Steuerung	mittel	groß	sehr groß
Mitarbeitereinsatz	nebenamtlich (Stab)	Teilzeit (variabel)	vollamtlich
Projektleiterpersönlichkeit	wenig relevant	qualifizierter PL	sehr fähiger PL

Abb. PRORG-4: Beurteilung von Formen der Projektorganisation (basierend auf *Kummer et al.*)

Aus der Darstellung ist unter anderem ersichtlich, dass bei „sehr großer" Bedeutung des Projekts für das Unternehmen die reine Projektorganisation gewählt werden sollte, bei „großer" Bedeutung die Matrix-Projektorganisation und bei „geringer" Bedeutung die Einfluss-Projektorganisation. Insgesamt werden zehn Beurteilungskriterien inklusive Ausprägungen genannt. Eine Herausforderung bei der Auswahl einer Form der Projektorganisation liegt darin, dass die bei der Betrachtung eines konkreten Projekts vorliegende Kombination an Kriterienausprägungen oftmals keine eindeutig zu favorisierende Form der Projektorganisation erkennen lässt. Beispielsweise ist es möglich, dass der Zeitdruck bei einem Projekt „gering" und die Unsicherheit der Zielerreichung „sehr groß" ist. Soll nun die Einfluss-Projektorganisation oder die reine Projektorganisation gewählt werden, oder vielleicht die Matrix-Projektorganisation als „Kompromisslösung"? Auf der Basis solcher Überlegungen kann geschlossen werden, dass die Auswahl der Form der Projektorganisation kein einfacher Prozess ist. Zudem ist zu beachten, dass manche Beurteilungskriterien vom Unternehmen direkt beeinflussbar sind (z.B. Projektleiterpersönlichkeit), während andere Kriterien im Regelfall nicht beeinflussbar sind (z.B. Technologie). Weiter stellt sich die Frage, wie der Entscheidungsprozess im Unternehmen gestaltet wird und wie die Ausprägungen der Beurteilungskriterien festgelegt werden; z.B. ist die Bedeutung eines Projekts für das Unternehmen „groß" oder „sehr groß"?

Bei mittleren und großen Unternehmen sowie bei großen Projektumfängen hat sich die Matrix-Projektorganisation am stärksten durchgesetzt. Als Begründung wird im Allgemeinen angegeben, dass diese Organisationsform die Eigenständigkeit der Beteiligten in einem partnerschaftlichen Verhältnis durch Kooperation und Koordination ermöglicht (vgl. Lerneinheit KOORD). Es kann zweckmäßig sein, die Form der Projektorganisation im Projektverlauf planmäßig zu wechseln. Dies ist dann der Fall, wenn einzelne Projektphasen oder Projektabschnitte deutlich unterschiedliche Anforderungen an die Projektorganisation stellen. So kann beispielsweise für die Vorstudie in einem Informatik-Projekt ein Arbeitskreis ausreichend sein, während für die weiteren Projektphasen die reine Projektorganisation angebracht ist.

In Abhängigkeit von der Projektorganisation ist zu klären, ob die Projektleitung der zuständigen Leitungsinstanz (z.B. dem Lenkungsausschuss) nur bezüglich der Projektmanagementaufgaben oder auch bezüglich der projektbezogenen fachlichen Aufgaben sowie auch disziplinarisch unterstellt ist. Unabhängig von der Projektorganisation ist zumindest eine Unterstellung bezüglich der Projektmanagementaufgaben anzunehmen; insoweit besteht also seitens der Projektleitung Berichtspflicht an den Lenkungsausschuss. Sind mehrere Projekte offen, hat der Lenkungsausschuss auch die Funktion des Multi-Projektmanagements (Multiprojektmanagement ist nach DIN 69909 (Teil 1) ein „organisatorischer und prozessualer Rahmen für das Management mehrerer einzelner Projekte [und dazu] gehört insbesondere die Koordinierung mehrerer Projekte bezüglich ihrer Abhängigkeiten und gemeinsamer Ressourcen"). Aufgabe des Lenkungsausschusses ist es auch, für jedes Informatik-Projekt über die Zweckmäßigkeit der Benennung eines Produktmanagers zu entscheiden und diesen gegebenenfalls zu benennen (insbesondere dann, wenn das Projektergebnis ein Informationssystem ist).

Betroffenenbeteiligung

Benutzerbeteiligung kann in unterschiedlichem Ausmaß, auf verschiedenen Managementebenen und in verschiedenen Phasen des Projekts erfolgen. Übliche Formen der Benutzerbeteiligung sind die frühzeitige und regelmäßige Information über die Projektaufgabe und den Projektablauf, die Befragung der Benutzer hinsichtlich ihrer Anforderungen, die Mitwirkung von Kontaktpersonen der Fachabteilungen (Koordinatoren) sowie die Mitarbeit der Benutzer selbst bzw. ihrer Repräsentanten in der Projektgruppe (z.B. Key User). Betroffenenbeteiligung ist eine bedeutende Maßnahme, um Technologieakzeptanz sicherzustellen (vgl. Lerneinheit TECHA).

Aufbauorganisation der Projektgruppe

Für die Aufbauorganisation innerhalb der Projektgruppe sind die Größe der Gruppe und die Arbeitsteilung zwischen den Gruppenmitgliedern, einschließlich der Projektleitung, ausschlaggebend. Bei größeren Projektgruppen kann es zweckmäßig sein, Teilgruppen (Spezialistenteams) zu bilden, denen Teile des Projektumfangs zur weitgehend selbständigen Bearbeitung übertragen werden. Die Spezialistenteams müssen dann von einer übergeordneten Instanz koordiniert werden, wobei die Leiter der Spezialistenteams Mitglieder dieser Koordinierungsinstanz sein sollten. Der Leiter der Koordinierungsinstanz trägt die Gesamtverantwortung für das Projekt.

Die Verwendung agiler Methoden in der Softwareentwicklung wie Extreme Programming oder Scrum geht mit einer spezifischen Aufbauorganisation der Projektgruppe einher. Beispielsweise kommen bei Verwendung von Scrum sich selbst organisierende Entwicklerteams ohne einen Projektleiter aus, dafür werden jedoch andere Rollen eingeführt (z.B. jene des Scrum Master oder des Product Owner). Weitere Ausführungen zu agilen Methoden in der Softwareentwicklung finden sich in der Lerneinheit AGILM.

Projekt-Vorgehensmodell

Mit dem Phasenschema wird die grundsätzliche Gliederung der Projektaufgabe in Phasen und deren Teilaufgaben abgebildet. Durch präzise Beschreibung der Aktivitäten sowie ihrer Voraussetzungen und Ergebnisse in allen Phasen entsteht das Vorgehensmodell. Jede Aktivität des Vorgehensmodells unterliegt grundsätzlich der Validierung und Verifizierung. Viele Anwender verfügen über „ihr eigenes" Vorgehensmodell. Es soll den Arbeitsprozess vereinheitlichen und langfristig möglichst stabil sein, um eine verlässliche Arbeitsgrundlage zu schaffen, und stellt im Wesentlichen den Rahmen dar, innerhalb dessen der Arbeitsprozess organisiert ist (eine Übersicht über Vorgehensmodelle im Informationsmanagement wird in der Lerneinheit VOMOD in *Heinrich/Riedl/Stelzer* geboten).

In der jüngeren Vergangenheit ist zunehmend oft zu beobachten, dass Unternehmen traditionelle Vorgehensmodelle (vgl. Lerneinheit PROIP) mit agilen Ansätzen kombinieren, um so „ihr eigenes" Vorgehensmodell zu schaffen. Eine solche Vorgehensweise kann positive Wirkungen entfalten (vgl. Lerneinheit AGILM), jedoch ist zu beachten, dass Forschungsbefunde existieren, die aufzeigen, dass der Erfolg hybrider Ansätze von einer Vielzahl von Faktoren abhängt (siehe dazu z.B. den in dieser Lerneinheit vorgestellten Forschungsbefund einer Studie von *Bick et al.*, in der die Thematik aus einer Koordinationsperspektive untersucht wird).

Vorgehensmodelle sind idealisierte und abstrahierende Beschreibungen. In Anlehnung an *Wallmüller* (106) können ihnen verschiedene Funktionen zugeschrieben werden, von denen nachfolgend einige genannt sind:

- sie stellen eine Leitlinie dar, um Aufgaben und Arbeitspakete zu planen, zu organisieren und zu budgetieren;
- sie bilden eine Grundlage, um zu bestimmen, welche Artefakte als Projektergebnisse für den Auftraggeber zu entwickeln sind;
- sie sind eine Grundlage für die Abschätzung der benötigten Projektressourcen;
- sie sind die Basis, um zu entscheiden, welche Methoden und Werkzeuge sich am besten eignen, um verschiedene Tätigkeiten in den Phasen zu unterstützen.

Methoden und Werkzeuge entstehen meist unabhängig von bestimmten Vorgehensmodellen; jedenfalls sollen sie für unterschiedliche Vorgehensmodelle verwendbar sein. Sie müssen daher in unterschiedliche Vorgehensmodelle „eingeklinkt" werden können. Idealerweise hat der Anwender die Möglichkeit, beliebige Methoden und Werkzeuge in sein Vorgehensmodell einzuklinken; dies setzt genormte Schnittstellen in den Vorgehensmodellen voraus, die es nur in Ausnahmefällen gibt. Daher muss insbesondere überlegt werden:

- Für welche Aktivität des Vorgehensmodells soll welche Methode bzw. welches Werkzeug eingesetzt werden?
- Inwieweit passen die im Vorgehensmodell beschriebenen Daten auf die von den Methoden bzw. Werkzeugen benötigten bzw. erzeugten Daten?
- Wie werden die einzusetzenden Methoden und Werkzeuge ausgewählt?

Komplexe Vorgehensmodelle verwenden hunderte und mehr Aktivitäten. Für kleine Projekte sind diese Vorgehensmodelle eher ungeeignet. Nach *Burghardt* (25) hat ein „kleines Projekt" folgende Eigenschaften: die Anzahl der Mitarbeiter liegt im Bereich 3 bis 10, der Aufwand beträgt zwischen 0,5 bis 5 Mannjahre und das Projektbudget liegt im Bereich 100.000 bis eine Million Euro.

Vorgehensmodelle können vereinfacht werden, indem sie (nur) auf bestimmte Projektaufgaben ausgerichtet sind. Ein Vorgehensmodell, das (nur) für Informatik-Projekte verwendet wird, bei denen es um die Veränderung bestehender Software-Systeme geht, wird einfacher sein als ein Vorgehensmodell, das darüber hinaus die Schaffung neuer Software-Systeme abdeckt.

Forschungsbefunde

Rickert berichtet über die Ergebnisse verschiedener empirischer Untersuchungen aus den 1990er Jahren zu den Formen der Projektorganisation und stellt zusammenfassend folgendes fest: Eine generelle Empfehlung für oder gegen eine bestimmte Form der Projektorganisation lässt sich aus den Ergebnissen dieser Untersuchungen nicht ableiten. Bemerkenswert ist dies vor allem bezüglich der Einfluss-Projektorganisation, die in der Fachliteratur häufig als „ineffizient" verworfen wird. Eine starke Stellung der Projektleitung wird zwar theoretisch gefordert, um den Projekterfolg zu sichern, aber andererseits gelingt es in den empirischen Untersuchungen nicht durchgängig, die Unterlegenheit von Organisationsstrukturen, die keine oder geringe Kompetenzen der Projektleitung ausweisen, zu belegen. Werden die Ergebnisse der empirischen Untersuchungen mit den Erkenntnissen über die Stellung der Projektleitung sowie dem aktuellen Trend wachsender interdisziplinärer bzw. abteilungsübergreifender Projektaufgaben verbunden, dann lässt sich die These ableiten, dass Formen der Projektorganisation mit Dominanz der Projektleitung erfolgreicher sind als solche mit Dominanz der Linieninstanzen, kurz gesagt: Die Projektorganisation hat am Projekterfolg einen größeren Anteil als die Linienorganisation.

Diese These wird durch eine Untersuchung von *Larson/Gobeli* aus den späten 1980er Jahren gestützt. Bevor diese Studie vorgestellt wird, ist das Folgende vorauszuschicken:

- Im Beitrag von *Larson/Gobeli* (120) wird folgender Befund zum Stand der Forschung formuliert: „Research on the relative effectiveness of different project management structures is limited. Pro and con arguments for specific approaches are largely based on anecdotal evidence or armchair theorizing". An diesem Befund hat sich bis heute wenig verändert. So führten mehrere Recherchen in Datenbanken wie Web of Science im Zuge der Erstellung des vorliegenden Buches nicht zur Identifikation relevanter Studien (Suchbegriffe waren dabei „project management structure", „project organization" und „project organisation", wobei als Spezifikationen TITLE und TOPIC verwendet wurden).
- Die Art und Weise, in der *Larson/Gobeli* den Zusammenhang zwischen Projektorganisation und Projekterfolg untersuchen (inklusive der Berücksichtigung von Kontextvariablen), konzeptualisiert die untersuchten Faktoren auf relativ abstraktem Niveau. Die Ergebnisse sind daher auch im Kontext des heutigen Projektmanagements anwendbar.
- Weiter wird die Anwendbarkeit der Ergebnisse dadurch gestützt, dass die Operationalisierung der untersuchten Faktoren (Projektorganisation, Projekterfolg und Kontextvariablen) den heute geltenden methodischen Standards sehr nahe kommt.
- Aus den Punkten 1, 2 und 3 folgt, dass bereits vor Jahrzehnten veröffentlichte Forschungsbefunde für das heutige Projektmanagement von hoher Relevanz sein können.

Larson/Gobeli verwendeten für die Datenerhebung einen standardisierten Fragebogen, der an Mitglieder des Project Management Institute (PMI) in den USA und Kanada gesendet wurde; 546 Personen beantworteten den Fragebogen (die Autoren geben die Rücklaufquote mit 64% an). Die Teilnehmerstruktur war wie folgt: 30% Projektleiter und Leiter von Projektmanagement-Programmen, 16% Top-Manager, 26% Linienmanager (z.B. Marketing oder Produktion) und die restlichen Teilnehmer waren Personen, die als fachliche Experten in Projektteams arbeiteten. Die Untersuchung fokussierte auf Entwicklungsprojekte in diversen Branchen, wobei eine Teilmenge der Befragten aus den Branchen Hardwareentwicklung, Softwareentwicklung und Telekommunikation stammten (was die Ergebnisse aus Sicht des Managements von Informatik-Projekten besonders relevant macht). Den Befragten wurden die in Abb. PRORG-5 genannten Projektorganisationsformen inklusive

Beschreibung vorgelegt und die Personen wurden gebeten, jene Form anzugeben, die am besten die Hauptorganisationsform bei der Projektabwicklung beschreibt („asked to choose the one which best described the primary structure used to complete the project", 121). Zudem wurden die Befragten um ihre Urteile zum Projekterfolg (vier Faktoren) und zu den Kontextvariablen (fünf Faktoren) gebeten. Die Datenanalyse erfolgte auf der Basis multivariater Verfahren.

Unabhängige Variable (Projektorganisation) und die fünf untersuchten Formen	
Functional Organization: The project is divided into segments and assigned to relevant functional areas and/or groups within functional areas. The project is coordinated by functional and upper levels of management.	*Balanced Matrix:* A person is assigned to oversee the project and interacts on an equal basis with functional managers. This person and the functional managers jointly direct workflow segments and approve technical and operational decisions.
Functional Matrix: A person is formally designated to oversee the project across different functional areas. This person has limited authority over functional people involved and serves primarily to plan and coordinate the project. The functional managers retain primary responsibility for their specific segments of the project.	*Project Matrix:* A manager is assigned to oversee the project and is responsible for the completion of the project. The functional manager's involvement is limited to assigning personnel as needed and providing advisory expertise.
Project Team: A manager is put in charge of a project team composed of a core group of personnel from several functional areas and/or groups, assigned on a full-time basis. The functional managers have no formal involvement.	**Abhängige Variable (Projekterfolg)** Respondents were simply asked to evaluate their project according to a) <u>meeting schedule</u>, b) <u>controlling cost</u>, c) <u>technical performance</u>, and d) <u>overall performance</u> with a response format of "successful", "marginal", and "unsuccessful".

Kontextvariablen
<u>Clarity of project objectives</u>, <u>sufficient resources</u>, <u>complexity</u>, <u>novelty of technology</u>, and <u>project priority</u> were obtained from Likert scaled single item questions. Respondents were asked to indicate the extent to which they agreed with each of following statements: project objectives were clearly defined, funding and manpower were sufficient to complete the project, the project was complex, the project required no new technologies, and the project had high priority within the organization.

Abb. PRORG-5: Konzeptualisierung und Operationalisierung der untersuchten Faktoren (nach *Larson/Gobeli*, 121-124, die Beschreibungen sind im Originalwortlaut angegeben)

Die wichtigsten Ergebnisse der Studie können wie folgt angegeben werden:

- die Verteilung der Projektorganisationsformen ist wie folgt: Project Matrix (n=156), Functional Matrix (n=142), Balanced Matrix (n=90), Project Team (n=87) und Functional Organization (n=71);
- die Projektorganisation weist einen statistisch signifikanten Zusammenhang mit dem Projekterfolg auf (diese Signifikanz bleibt auch bestehen, wenn man die fünf Kontextvariablen bei der statistischen Analyse kontrolliert);

- die Projektorganisation erklärt aber lediglich 7% der Varianz des Projekterfolgs, die Kontextvariablen erklären weitere 15%; die Kontextvariablen sind somit zusammen für den Projekterfolg wichtiger als die Projektorganisation;
- Functional Organization weist den geringsten Zusammenhang mit den vier Dimensionen des Projekterfolgs auf, gefolgt von Functional Matrix; Project Team, Balanced Matrix und Project Matrix hängen in etwa in derselben Stärke mit den vier Dimensionen des Projekterfolgs zusammen („appear to do equally well on all four measures of success", 121).

In einer Gesamtschau der Studie schreiben *Larson/Gobeli* (123-124): „Comparisons of individual project structures revealed that the functional organization is clearly an inferior means for managing a development project. To a lesser extent, the same was true for projects using a functional matrix which were found to lag behind the other three project structures ... The balanced matrix appears to have an advantage in controlling cost while the project matrix and project team were better able to meet schedule. All three structures achieved comparable results with regards to technical performance and overall results."

Der aus der Sicht des Verfassers dieses Buches bedeutsamste Befund dieser Studie ist jedoch, dass der Beitrag der Projektorganisationsform zum Erfolg eines Projekts wahrscheinlich (bei weitem) überschätzt wird, *Larson/Gobeli* (124) bringen diesen Umstand treffend auf den Punkt: „Although significant, project structure explained only a modest amount of success variance. This suggests that the importance of project management structure may be exaggerated in the literature, and that there might be more fundamental reasons for why some development projects fail while others succeed."

Eine aus Organisationssicht bedeutsame Facette beim Management von Informatik-Projekten ist der temporäre Einsatz von externem Projektpersonal. *Wu/Zmud* haben sich in einer im Jahr 2010 veröffentlichten Interviewstudie mit den organisationalen Konsequenzen befasst, welche die Anstellung von temporärem IT-Projektpersonal haben kann. Die Datenerhebung erfolgte in zwei Phasen in nordamerikanischen Unternehmen: die ersten sechs Interviews wurden im Frühjahr 2005 und weitere zehn Interviews im Sommer 2009 durchgeführt. Die Größe der untersuchten Unternehmen wird wie folgt angegeben: zehn große Unternehmen (> 20.000 Mitarbeiter), vier mittlere Unternehmen (1.000-20.000 Mitarbeiter) und zwei kleine Unternehmen (< 1.000 Mitarbeiter). Die Unternehmen stammen aus verschiedenen Branchen, wobei eine Dominanz von IT-Unternehmen vorliegt (z.B. Application Software, Diversified Computer Systems, Information Technology Services, Information Technology Consulting).

Auf der Basis einer Analyse und Diskussion von wörtlichen Zitaten aus den Interviews werden im Beitrag Richtlinien formuliert, die bei der Rekrutierung von externem Personal in Software-Projekten beachtet werden sollten („Guidelines for Using Temporary External IS Personnel", 18-20):

- Die Rekrutierung von externem IT-Personal sollte auf der Basis einer Projektportfolioperspektive erfolgen und nicht auf der Basis einer singulären Betrachtung von Einzelprojekten, weil nur dann das „big picture" im Auge behalten werden kann („broaden the project personnel sourcing decision to take into account portfolios of projects rather than single projects").

- Sofern möglich, sollte man zuerst internes IT-Personal auf notleidende Projekte umleiten, und erst wenn das nicht (mehr) möglich ist, auf externes Personal zurückgreifen. Der Grund hierfür liegt darin, dass externes Personal eine gewisse Zeit braucht, um produktiv arbeiten zu können („before external hires can become productive, they have to learn about the organization's internal systems, processes, culture, and project management style").
- Externes IT-Personal sollte nicht nur als Ressource betrachtet werden, die kurzfristig Kapazitätslücken schließen kann, sondern ganz grundsätzlich als Wissensquelle („effective resource for enhancing and extending the capabilities of internal staff").
- Voraussetzungen sollen geschaffen werden, damit eine intensive Interaktion zwischen externem und internem IT-Personal zustande kommen kann („to effectively expose internal staff to the 'deep' knowledge held by external hires, opportunities for 'rich interactions' need to be provided so that internal personnel can observe, digest, understand, and subsequently demonstrate the advanced capabilities learned from an external hire").
- Die Anforderungen an den Wissenstransfer sollten in Verträgen mit dem Personalbereitsteller spezifiziert und dem internel IT-Personal kommuniziert werden ("contractual terms formalizing a temporary external hire's knowledge-transfer requirements must be understood by both the external hire and relevant internal staff").
- Es ist sicherzustellen, dass das erworbene Wissen in der Organisation archiviert, organisiert und verteilt wird („we emphasize the need to invest in sufficient resources toward achieving ... effective knowledge-management and knowledge-transfer practices").

Mit der zunehmenden Verbreitung agiler Vorgehensmodelle in der Softwareentwicklung rücken Fragestellungen zur Organisation solcher Projekte in den Fokus, insbesondere in Projekten, die einen hybriden Ansatz verfolgen, also planbasierte mit agilen Vorgehensmodellen kombinieren. *Bick et al.* haben hierzu eine Studie veröffentlicht, die folgende Forschungsfrage untersuchte: Wie und warum führt eine Kombination traditioneller Planung auf dem Inter-Team-Level mit agiler Entwicklung auf dem Team-Level zu ineffektiver Koordination in großen Softwareentwicklungsprojekten? (Inter-Team-Level bezeichnet hierbei eine den Entwicklungsteams übergeordnete Instanz, die eine koordinative Funktion hat.) Es wurde eine Forschungsfallstudie durchgeführt, die zusammenfassend wie folgt beschrieben werden kann:

- Entwicklungsgegenstand war eine komplexe, in vielen Unternehmen organisationsweit eingesetzte Standardsoftware zur Unterstützung betrieblicher Geschäftsprozesse;
- Hauptfokus der Untersuchung waren 13 Teams des Unternehmens (12 Softwareentwicklungsteams, die für unterschiedliche Funktionsbereiche wie Bestellung, Lieferung sowie Rechnungslegung verantwortlich waren, und ein Steue-

rungsteam mit sieben Mitgliedern, dessen Funktion die Koordination der 12 Entwicklerteams war; vgl. Abb. PRORG-6);

- die 13 Teams waren geographisch auf vier Standorte in drei Ländern verteilt (Deutschland, Indien und China);
- alle 12 Entwicklerteams arbeiteten auf Basis von Scrum;
- die primäre Datengrundlage bestand aus 23 semi-strukturierten Interviews, von denen 10 Face-to-Face und 13 via Telefon geführt wurden (befragt wurden der Chief Product Owner, der die Gesamtverantwortung für das Projekt getragen hat, der Lead Architect sowie 11 Product Owners und 10 Scrum Masters);
- die primäre Datengrundlage wurde durch folgende Datenquellen ergänzt: Aufzeichnungen in Wikis, Einträge im Backlogmanagement-System und Dokumentationen zur Softwarearchitektur;
- der Datenerhebungszeitraum erstreckte sich über mehr als ein Jahr von Oktober 2013 bis November 2014;
- die erhobenen Interviewdaten (15 Stunden Audiomaterial und 330 transkribierte Textseiten) wurden mit dem Werkzeug NVivo 10 und auf der Basis eines Grounded-Theory-Ansatzes untersucht.

Die wesentliche Erkenntnis der Studie liegt darin, dass folgender Zusammenhang gefunden wurde: das Abgleichen von Planungsaktivitäten („planning activity a-lignment") in den Entwicklungsteams und über die Entwicklungsteams hinweg in Bezug auf (i) Anforderungsspezifikation („specification"), (ii) Anforderungspriorisierung („prioritization"), (iii) Aufwandsschätzung („effort estimation") und (iv) Aufgabenverteilung („task allocation") ist notwendig für das Schaffen eines Bewusstseins bei Entwicklern über die Abhängigkeiten projektrelevanter Faktoren wie beispielsweise technische Entscheidungen oder Ressourcenverfügbarkeiten („dependency awareness"), und dieses Bewusstsein über Abhängigkeiten ist wiederum notwendig, um eine effektive Koordination („coordination effectiveness") sicherzustellen.

Die zentralen Konstrukte dieser Untersuchung wurden dabei wie folgt definiert (nach *Bick et al.* im Originalwortlaut, Kursivschrift durch den Verfasser dieses Buchs hinzugefügt): *„Planning activity alignment:* The degree of coherence between specification, prioritization, estimation and allocation on team and inter-team levels. *Dependency awareness:* the state of all of the system's relevant stakeholders (on both the team and inter-team levels) having identified, recognized and established a shared understanding of the existence of interdependencies and potentially resulting alignment issues. *Coordination effectiveness:* a state of coordination, where all members of a software development MTS [multiteam system] have a comprehensive understanding of the common goals and priorities, what is going on and when, what they as a team need to do and when."

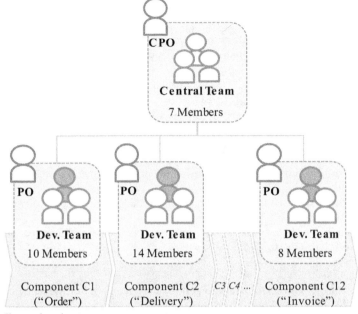

Exemplary business procurement process

Abb. PRORG-6: Organisationsstruktur des Multiteam-Systems (nach *Bick et al.*, 6)

Die Studie *Bick et al.* hat bedeutsame Implikationen für die Praxis:

- Es sind Maßnahmen zu ergreifen, um das Bewusstsein für Abhängigkeiten zu verbessern. Aufgrund des Wesens von Scrum (z.B. wird während eines Sprints täglich im Team der Arbeitsfortschritt erörtert) liegt die Problematik aber weniger im Bewusstsein über Abhängigkeiten *im* Team, sondern eher im Verständnis der Abhängigkeiten *zwischen* den Komponenten, für welche die verschiedenen Teams verantwortlich sind (vgl. C1 bis C12 in Abb. PRORG-6). Ein regelmäßiger Austausch von Repräsentanten der Entwicklungsteams ist daher wichtig.
- Planungsaktivitäten sind zeitgerecht und regelmäßig abzugleichen. So ist es beispielsweise empfehlenswert, Anforderungsspezifikation und -priorisierung auf dem Inter-Team-Level zeitgerecht und mit einer ausreichend veranschlagten Bearbeitungszeit vor dem Start von Sprints der Entwicklungsteams durchzuführen.
- Bei der Auswahl von Werkzeugen, die den Entwicklungsprozess unterstützen, ist besonders darauf zu achten, ob und in welchem Ausmaß ein Werkzeug die Bewusstseinsbildung für Abhängigkeiten begünstigt, und zudem sollte festgestellt werden, ob ein Werkzeug einen wirksamen Beitrag zur Anforderungsspezifikation, Anforderungspriorisierung, Aufwandsschätzung und Aufgabenverteilung leistet.

Kontrollfragen
1. Was wird mit der Projektorganisation geregelt?
2. Welche Formen der Projektorganisation gibt es?
3. Welche Vor- und Nachteile haben die verschiedenen Formen der Projektorganisation?
4. Welche Funktionen können Vorgehensmodelle bei Informatik-Projekten haben?
5. Warum hat der Einsatz agiler Vorgehensmodelle Implikationen für die Projektorganisation?

Quellenliteratur

Bick, S./Spohrer, K./Hoda, R./Scheerer, A./Heinzl, A.: Coordination challenges in large-scale software development: A case study of planning misalingment in hybrid settings. IEEE Transactions on Software Engineering, Preprint-Version, 2018, 1-21

Burghardt, M.: Projektmanagement: Leitfaden für die Planung, Überwachung und Steuerung von Projekten. 9. A., Publicis, 2012

Heinrich, L. J./Riedl, R./Stelzer, D.: Informationsmanagement: Grundlagen, Aufgaben, Methoden. 11. A., De Gruyter Oldenbourg, 2014

Kummer, A. et al.: Projekt-Management: Leitfaden zu Methode und Teamführung in der Praxis. 3. A., Industrielle Organisation, 1993

Larson, E. W./Gobeli, D. H.: Significance of project management structure on development success. IEEE Transactions on Engineering Management, 2/1989, 119-125

Rickert, D.: Multi-Projektmanagement in der industriellen Forschung und Entwicklung. Deutscher Universitätsverlag, 1995

Wallmüller, E.: Software Quality Engineering: Ein Leitfaden für bessere Software-Qualität, 3. A., Hanser, 2011

Wu, W. W./Zmud, R. W.: Facing the challenges of temporary external IS project personnel. MIS Quarterly Executive, 1/2010, 13-21

Vertiefungsliteratur

Broy, M./Kuhrmann, M.: Projektorganisation und Management im Software Engineering. Springer Vieweg, 2013

Kerzner, H.: Project management: A systems approach to planning, scheduling, and controlling. 12th ed., Wiley, 2017

Larson, E./Gray, C.: Project management: The managerial process. 6th ed., 2013

Meredith, J. R./Mantel, S. J./Shafer, S. M.: Project management: A managerial approach. 9th ed., Wiley, 2015

Schwalbe, K.: Information technology project management. 8th ed., Cengage Learning, 2016

Normen und Richtlinien

DIN 69901-1:2009-01: Projektmanagement - Projektmanagementsysteme - Teil 1: Grundlagen

DIN 69901-2:2009-01: Projektmanagement - Projektmanagementsysteme - Teil 2: Prozesse, Prozessmodell

DIN 69901-3:2009-01: Projektmanagement - Projektmanagementsysteme - Teil 3: Methoden

DIN 69901-4:2009-01: Projektmanagement - Projektmanagementsysteme - Teil 4: Daten, Datenmodell

DIN 69901-5:2009-01: Projektmanagement - Projektmanagementsysteme - Teil 5: Begriffe

Werkzeuge

https://products.office.com/de-de/visio
https://www.canva.com/de_de/diagramme/organigramme/

Interessante Links

https://www.agilealliance.org/glossary/product-owner/
https://www.agilealliance.org/glossary/scrum-master/
https://www.projektmagazin.de/
https://www.scrum.org/resources/what-is-a-product-owner
https://www.scrum.org/resources/what-is-a-scrum-master
https://www.visual-braindump.de/

PROPL - Projektplanung, -überwachung und -steuerung

Lernziele

Sie können die Aufgabe der Projektplanung in Teilaufgaben zerlegen und die Teilplanungen beschreiben. Sie erkennen den Zusammenhang, der zwischen den Teilplanungen besteht. Sie können die Zweckmäßigkeit von Realisierungsstrategien für die Projektplanung beurteilen. Sie kennen die Bedeutung der Projektüberwachung und der Projektsteuerung für den Projekterfolg und können diese Aufgaben erläutern.

Definitionen und Abkürzungen

Anwendungsfall (use case) = eine für den Problembereich typische Interaktion zwischen Benutzer und System mit einer bestimmten Funktionalität.

Arbeitspaket (work package) = eine Menge von Tätigkeiten, die durch Aufgabenanalyse und gegebenenfalls Aufgabensynthese ermittelt und einem Aufgabenträger zugeordnet wird.

Checkliste (checklist) = eine Methode zur Überprüfung der Eigenschaften von Systemen mit dem Ziel, Schwachstellen zu identifizieren.

IT-Lenkungsausschuss (IT steering committee) = die organisatorische Instanz, welche die Planungsziele vorgibt und die IT-Projekte unternehmensweit steuert.

Meilenstein (milestone) = ein markanter Zeitpunkt im Projektverlauf, meist am Anfang oder Ende einer Projektphase; ein Hilfsmittel zur Orientierung über den Projektverlauf und zur Projektlenkung („Weichenstellung").

Priorität (priority) = die Vorziehenswürdigkeit eines Objekts (z.B. einer Handlung) aufgrund der Beurteilung der Alternativen anhand von bestimmten Kriterien.

Projektauftrag (project order) = ein für Auftraggeber und Auftragnehmer verbindliches Dokument, in dem die Planungsziele und die Rahmenbedingungen zur Erreichung der Planungsziele festgelegt sind.

Projekthandbuch (project manual) = ein Dokument mit der unternehmensweit verbindlichen, für jedes Projekt geltenden Projektmanagement-Methodik.

Projektkontrolle (project audit) = die nachträgliche Beurteilung des Projektverlaufs und seiner Ergebnisse durch projektunabhängige Personen.

Projektphase (project phase) = eine nach zeitlichen und logischen Gesichtspunkten gebildete Teilmenge der Projektaufgabe. Synonym: Projektabschnitt.

Projektrisiko (project risk) = das Produkt aus Eintrittswahrscheinlichkeit der Nichterreichung eines Projektziels und der daraus folgenden Schadenshöhe.

Projektumfang (project scope) = die Art und Menge der zur Erreichung der Projektziele zu bearbeitenden Projektaufgaben und ihre Komplexität.

Projektstrukturplan (work breakdown structure) = eine hierarchische Zerlegung der in einem Projekt auszuführenden Arbeit, um die Projektziele zu erreichen.

Spezifikation (specification) = ein Dokument, in dem die aus den Planungszielen abgeleiteten Projektanforderungen beschrieben sind.

Aufgabe der Projektplanung

Aufgabe der Projektplanung ist es, die zur Erreichung der Planungsziele erforderlichen Tätigkeiten einschließlich aller für ihre Abwicklung erforderlichen Hilfsmittel so vorweg zu denken, dass ihre Durchführung mit hoher Wahrscheinlichkeit zur Erreichung der Planungsziele führt. Projektplanung ist Voraussetzung für Projektüberwachung und -steuerung und damit generell der Schlüssel zum Projekterfolg. Daher müssen alle für den Projekterfolg wichtigen Gesichtspunkte vorgedacht und ihre Vorgänge und Ereignisse mit – möglichst quantitativen – Planwerten, an denen sich die Projektabwicklung orientieren kann, belegt werden. Die Projektplanung muss die Planungsziele in Projektziele überführen und die Realisierbarkeit der Planungsziele überprüfen. Bei der Überprüfung der Realisierbarkeit der Planungsziele geht es in erster Linie um das Herausarbeiten der personellen, technischen, zeitlichen und finanziellen Ressourcen (Projektanforderungen), die zur Erreichung der Planungsziele erforderlich sind.

Grundlage für die Projektplanung ist ein klar definierter, schriftlich dokumentierter Projektauftrag, der vom Auftraggeber der Projektleitung (bei einem internen Auftragnehmer) bzw. dem Auftragnehmer erteilt wird. Dieser kann für das gesamte Projekt oder phasenweise (das bedeutet jeweils für eine einzelne Projektphase) vereinbart werden. Je geringer der Informationsstand über die Projektaufgabe, je größer der Projektumfang und je komplexer das Projekt ist, desto mehr empfiehlt sich ein phasenweiser Projektauftrag (z.B. bei einem Informatik-Projekt zunächst für die Vorstudie und nach der am Ende der Vorstudie getroffenen Grundsatzentscheidung für eine bestimmte Problemlösung für die Feinstudie als nächste Projektphase).

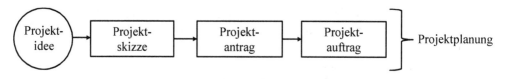

Abb. PROPL-1: Von der Projektidee zur Projektplanung

Die inhaltliche Präzisierung des Projektauftrags erfolgt in einer Projekt-Vorphase, die auch als Spezifikationsphase bezeichnet wird (obwohl dies mit dem Begriff „Spezifikation" nicht vereinbar ist). Ergebnis der Spezifikationsphase ist nicht das Pflichtenheft, sondern ein Lastenheft (vgl. Lerneinheit PFLIC).

Zur Projekt-Vorphase werden häufig auch die Tätigkeiten gerechnet, die mit der Erarbeitung und Dokumentation eines Projektantrags im Zusammenhang stehen, der auch als Geschäftsfall bezeichnet wird. Einem solchen Projektantrag kann noch eine Projektskizze vorausgehen, in der ein Ideengeber die grundsätzlichen Rahmenbedingungen eines möglichen Projekts sowie den aus dem Projektergebnis resultierenden Nutzen für das Unternehmen darstellt. Der Projektantrag dient primär dem Projektmarketing und ist nach Genehmigung die Grundlage für den Projektauftrag. Es ist üblich, dass Dokumente wie Projektskizze, Projektantrag und Projektauftrag im Diskurs zwischen den am Projekt beteiligten Interessensgruppen (z.B. Auftraggeber, Projektleiter sowie Mitarbeiter aus den Fachabteilungen) iterativ entwickelt werden. Damit kann die Wahrscheinlichkeit der Genehmigung eines Projektantrags (bei größeren Projekten durch die Unternehmensleitung) erhöht werden.

Projektstrukturierung

Bei einem großen Umfang der Projektaufgabe (z.B. gemessen an der Anzahl Funktionen), hoher Komplexität (z.B. gemessen an der Anzahl Beteiligter, an der Neuartigkeit und/oder am Schwierigkeitsgrad der Realisierung), langer Projektlaufzeit sowie hoher Kompliziertheit (z.B. gemessen an der Anzahl und Unterschiedlichkeit der Betriebsmittel) empfiehlt sich eine Zerlegung des Projekts in Teilprojekte. Die Zerlegung kann primär *funktionsorientiert* nach Projektphasen oder primär *objektorientiert* nach Systemteilen oder gemischt erfolgen. Letzteres heißt, dass innerhalb der funktionsorientiert gebildeten Projektphasen (z.B. Analysephase, Entwurfsphase, Implementierungsphase) objektorientiert nach Systemteilen zerlegt wird (bei einem Informatik-Projekt in der Projektphase Systementwurf beispielsweise in die Systemteile Datensystem, Methodensystem usw.). Die Zerlegung eines Informatik-Projekts in Projektphasen wird in anderen Lerneinheiten ausführlich behandelt (vgl. insbesondere Kapitel Projektphasen in Informatik-Projekten). Wenn möglich, sollte jedem Teilprojekt ein Geschäftsnutzen zugeordnet werden, insbesondere dann, wenn die Dauer des Gesamtprojekts lang ist.

Für jedes Teilprojekt ist ein Projektauftrag zu erteilen. Nachfolgend wird beispielhaft die Struktur eines Projektauftrags gezeigt, die für ein Informatik-Projekt als passend angesehen werden kann; zu erklärungsbedürftigen Gliederungspunkten werden exemplarisch Erläuterungen gegeben.

1 Projektbezeichnung
2 Projektgegenstand
3 Projektziele (im Sinn von Planungszielen)
4 Vertragspartner
    4.1 Auftraggeber
    4.2 Auftragnehmer
5 Ausgangssituation
    5.1 Darstellung der Ist-Situation
    5.2 Bereits erledigte Vorarbeiten
        (z.B. Modellierung von Geschäftsprozessen)
6 Rahmenbedingungen
    (z.B. Verfügbarkeit von Personal und Budget)
7 Risikoanalyse
    7.1 Risikobeurteilung
        (z.B. Abhängigkeit des Projekterfolgs von der Mitwirkung Externer)
    7.2 Maßnahmen zur Minimierung des Projektrisikos
        (z.B. Prototyping, Einsatz agiler Methoden, Reviews, Controlling)
8 Projektabgrenzung
    8.1 Im Projekt
        (explizite Nennung aller auf jeden Fall durchzuführenden Arbeiten)

8.2   Nicht im Projekt
(explizite Nennung aller auf keinen Fall durchzuführenden Arbeiten)
9   Arbeitsprogramm
9.1   Organisatorische Arbeiten
(z.B. Überprüfen der Funktionalität bei einer Software-Evaluierung)
9.2   Technische Arbeiten
(z.B. Einbindung des Software-Produkts in die bestehende Systemland-schaft)
10   Termine
11   Budget
12   Arbeitsstruktur
12.1   Projektleitung
12.2   Entscheidungsinstanz beim Auftraggeber
(z.B. Lenkungsausschuss)
12.3   Projektbeauftragter des Auftraggebers
12.4   Abstimmpartner beim Auftraggeber
12.5   Betroffene
(z.B. Mitarbeiter in den Fachabteilungen)
13   Projektinformation
13.1   Berichtswesen an Auftraggeber
(z.B. periodische Berichterstattung 14-tägig schriftlich; Abschlusspräsen-tation mündlich mit Übergabe Abschlussbericht)
13.2   Verteiler für Projektinformationen
14   Organisatorische Rahmenbedingungen
14.1   Spezielle Gegebenheiten
(z.B. Hinweis auf die Notwendigkeit von Schulungen)
14.2   Leistungen des Auftraggebers
(z.B. Art und Umfang der Mitwirkung bzw. Mitarbeit)
15   Unterschriften der Vertragspartner

Da die Planungsziele von grundsätzlicher Bedeutung für das Verständnis der Pro-jektaufgabe und damit auch für die Abschätzung des Projektumfangs sind, entsteht der Projektauftrag in der Regel als Ergebnis eines Diskussionsprozesses zwischen Auftraggeber und (potentiellem) Auftragnehmer. Ein Projektauftrag sollte weder vage noch sollte er so detailliert sein, dass er keinen Spielraum für Kreativität in der Projektgruppe bietet, sofern Kreativität nicht ausdrücklich vom Auftraggeber ausgeschlossen wird. Am Ende der Projektarbeit sollte eine Projektkontrolle im Sinn einer Projektrückschau stattfinden. Projektkontrolle darf nicht mit Projekt-überwachung und -steuerung (Projektcontrolling) verwechselt werden.

In Ergänzung zu den Planungszielen sollten Nicht-Ziele vereinbart werden (z.B. Funktionen, die ein Informationssystem ausdrücklich *nicht* haben soll, sofern die begründete Vermutung besteht, dass am Projekt Beteiligte wie Vertreter von Fach-abteilungen solche Ziele im Fokus haben könnten). Damit wird der Projektauftrag präzisiert. Trotzdem verbleiben potentielle Ziele, die erst im Projektverlauf sicht-bar werden und die weder ausdrücklich gefordert noch ausdrücklich ausgeschlos-sen wurden. Sie können Ursache für Konflikte zwischen Auftraggeber und Auf-tragnehmer sein.

Teilplanungen der Projektplanung

Abbildung PROPL-2 zeigt die Planungsobjekte, in welche die Aufgabe der Projektplanung zerlegt werden kann, und die entsprechenden Teilplanungen (in der Fachliteratur existieren verschiedene Teilplanungssystematiken, die sich jedoch in der Regel nur geringfügig unterscheiden, vgl. z.B. *Burghardt* sowie *Zielasek*). Kompetenz und Verantwortung für das Durchführen der Projektplanung hat die Projektleitung. Das Durchführen dieser Aufgabe sollte partizipativ erfolgen, das bedeutet gemeinsam mit den Projektmitarbeitern (vgl. Lerneinheit PROVE).

Im Folgenden werden für jede Teilplanung Erläuterungen gegeben. Daraus kann die Komplexität der Projektplanung geschlossen werden. Diese Komplexität ergibt sich weniger aus der Anzahl der Teilplanungen, sondern vielmehr aus der Vernetzung und gegenseitigen Abhängigkeit der Teilplanungen (z.B. die Abhängigkeit der Sachmittelplanung von der Kostenplanung). Ohne Verwendung geeigneter Methoden und Werkzeuge kann die Aufgabe der Projektplanung nicht bewältigt werden. Bei größeren Projekten fehlen zum Zeitpunkt der ersten Projektplanung ausreichend genaue Informationen über alle Projektanforderungen. Es wird daher so vorgegangen, dass zunächst für das Gesamtprojekt eine Grobplanung und lediglich für die unmittelbar bevorstehende Projektphase eine detaillierte Planung durchgeführt wird. Die Planung wird dann mit dem Projektfortschritt kontinuierlich verfeinert (z.B. während der Phase n für die Phase n+1).

Mit der Personalplanung werden die nach Anzahl und Qualifikation für die Projektabwicklung erforderlichen Mitarbeiter bestimmt (Personalbedarf) und zur Projektgruppe zusammengefasst (wegen Einzelheiten zur Bildung der Projektgruppe vgl. Lerneinheit PROVE). Ein wesentlicher Einflussfaktor für die Ermittlung des Personalbedarfs ist die Entscheidung darüber, welche Projektaufgaben mit eigenen Mitarbeitern und welche durch externe Aufgabenträger (z.B. Berater sowie Software-Häuser) durchgeführt werden (Eigenfertigung oder Fremdbezug). Der Personalbedarf wird auch maßgeblich durch die Form der Projektorganisation (vgl. Lerneinheit PRORG), durch die Terminziele und durch die zur Unterstützung der Aufgabendurchführung verfügbaren Sachmittel bestimmt. Jedes Projekt stellt spezielle Anforderungen an die Qualifikation der Projektmitarbeiter. In Abhängigkeit von der Projektaufgabe, von der Anzahl der verfügbaren Mitarbeiter und von deren Qualifikation sollte daher auch ein Fortbildungsplan als Teil der Personalplanung erstellt werden.

Mit der Zielplanung werden alle für die Überwachung und Steuerung des Projekts erforderlichen Zielinhalte (insbesondere Leistungen, Termine und Kosten) festgelegt (Projektziele). Der Entscheidungsspielraum für die Zielplanung ist durch die Planungsziele gegeben, denn alles, was die Planungsziele vorgeben, muss durch die Projektziele abgedeckt sein. Die Vorgaben für das angestrebte Ausmaß und den zeitlichen Bezug der Erreichung der Projektziele werden im Wesentlichen von der Aufgabenplanung, der Terminplanung und der Kostenplanung beeinflusst. Die Feinheit der Zielplanung bestimmt entscheidend die Genauigkeit, mit der die Projektüberwachung erfolgen kann: Je gröber die Zielplanung, desto ungenauer die

Projektüberwachung, vice versa. Auf die für Informatik-Projekte spezifischen Leistungsziele wird in der Lerneinheit ZIELP ausführlich eingegangen.

Von besonderer Bedeutung für den Projekterfolg sind Zielinhalte, welche die Qualität des Planungsprozesses und die Qualität des Planungsergebnisses betreffen (Qualitätsziele), wie beispielsweise Benutzbarkeit, Flexibilität, Übertragbarkeit, Wartbarkeit und Zuverlässigkeit bei einem Informatik-Projekt. Qualitätsziele können als Teil der Leistungsziele oder als eigene Gruppe von Projektzielen bearbeitet werden. In der Aufgabenplanung sind die konstruktiven und die analytischen Maßnahmen festzulegen, die zur Vermeidung, Erkennung und Behebung von Fehlern beitragen und das Entstehen von Qualitätsmängeln verhindern helfen (vgl. Lerneinheit QUALM). Die auf die Erreichung von Qualitätszielen ausgerichteten Maßnahmen werden zu einem Qualitätsplan zusammengefasst, der im Idealfall aus einem Unternehmensstandard für Qualitätspläne – unter Berücksichtigung der Qualitätsanforderungen des Projekts – abgeleitet wird.

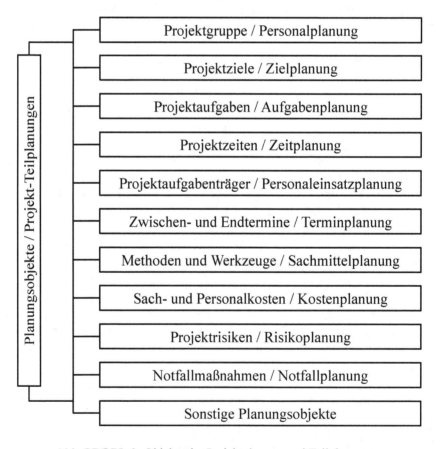

Abb. PROPL-2: Objekte der Projektplanung und Teilplanungen

Die Aufgabenplanung ist Strukturplanung und Ablaufplanung. Mit der Strukturplanung wird die Gesamtaufgabe des Projekts (Projektaufgabe) systematisch in Teilaufgaben zerlegt, die Teilaufgaben werden weiter in Tätigkeiten zerlegt (Aufgabenanalyse). Mehrere Tätigkeiten können nach bestimmten Gesichtspunkten zu Arbeitspaketen zusammengefasst werden (Aufgabensynthese). Bei der Strukturplanung ist besonders darauf zu achten, dass die Tätigkeiten so präzise beschrieben sind, dass die Aufgabenträger aus der Beschreibung erkennen können, was zu tun ist. Je besser und eindeutiger die Abgrenzung von Teilaufgaben gelingt, desto leichter können Koordinierungsprobleme, die während des Projektverlaufs auftreten, gelöst werden (vgl. Lerneinheit KOORD).

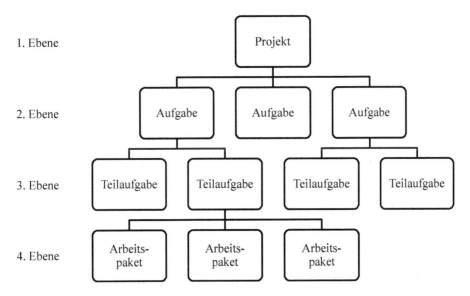

Abb. PROPL-3: Gliederung eines Projekts in Aufgaben, Teilaufgaben und Arbeitspakete

Ein Arbeitspaket beschreibt eine im Projekt zu erbringende Leistung, die von einer Person bzw. organisationalen Einheit bis zu einem festgelegten Termin und unter Beachtung budgetärer Einschränkungen zu erbringen ist. Im Schrifttum zum Projektmanagement (siehe z.B. Beiträge auf projektmagazin.de) wird erläutert, dass in der – nicht mehr gültigen – DIN 69901:1987 das Arbeitspaket als das „kleinste, nicht weiter zergliederte Element im Projektstrukturplan" definiert wird, „das auf einer beliebigen Projektstrukturebene liegen kann". In der DIN 69901-5:2009-1 folgte man dieser Begriffsauffassung und die früher gültige Definition wurde übernommen.

Mehrere Teilaufgaben werden in der Regel unter sachlichen und terminlichen Gesichtspunkten zu Aufgabengruppen zusammengefasst und definierten Projektphasen zugeordnet, die durch Meilensteine abgegrenzt werden. Voraussetzung für die Ablaufplanung ist die Herausarbeitung der Abhängigkeiten zwischen den Teilaufgaben bzw. Tätigkeiten. Ergebnisse der Aufgabenplanung sind der Projektstrukturplan und der Projektablaufplan. Die Ablaufplanung kann durch leistungsfähige Methoden gut unterstützt werden (z.B. Netzplantechnik, vgl. Lerneinheit NETZP).

Mit der Zeitplanung wird für jede Projektphase, Teilaufgabe und Tätigkeit der für deren Durchführung erforderliche Zeitbedarf ermittelt. Dabei sind der Umfang und der Schwierigkeitsgrad der Aufgaben, die zur Unterstützung verfügbaren Sachmittel (vor allem die verfügbaren Werkzeuge) sowie die Fähigkeiten und Fertigkeiten der für die Durchführung der Teilaufgabe bzw. Tätigkeit vorgesehenen Projektmitarbeiter zu berücksichtigen (vgl. Lerneinheit MEAUF).

Mit der Personaleinsatzplanung werden die durch die Aufgabenanalyse ermittelten Teilaufgaben bzw. Tätigkeiten den Projektmitarbeitern zugeordnet (Aufgabenzuordnung). Dabei werden die Fähigkeiten und Fertigkeiten der Aufgabenträger sowie der für die Aufgabendurchführung erforderliche Zeitbedarf berücksichtigt.

Mit der Terminplanung wird aus dem Zeitbedarf für die Aufgabendurchführung, aus den Abhängigkeiten zwischen den Aufgaben und aus der Aufgabenzuordnung der Terminplan abgeleitet. Es werden Zwischen- und Endtermine für die wichtigsten Teilaufgaben und Tätigkeiten sowie Termine für die Projektphasen (Meilensteine) festgelegt. Die Terminplanung orientiert sich am geplanten Fertigstellungstermin des Projektgegenstands, der durch das zeitliche Planungsziel dem Projekt in der Regel vorgegeben ist. Fertigstellungstermin ist der Termin, zu dem das Projektergebnis für die geplante Verwendung (z.B. das Informationssystem für den produktiven Einsatz) zur Verfügung steht.

Mit der Sachmittelplanung werden die für die Projektabwicklung erforderlichen Sachmittel (wie Hardware, Software, Geräte und Räume) festgelegt. Spezielle Hardware und Software (z.B. bisher nicht vorhandene Software, in das Produkt einzubauende Fremdsoftware) können unter Umständen zusätzlich benötigt und müssen beschafft werden. Zur Sachmittelplanung gehört daher auch die Beschaffungsplanung. Art und Umfang der erforderlichen Sachmittel ergeben sich insbesondere aus der Aufgabenplanung; sie können durch andere Teilplanungen (z.B. Kostenplanung) begrenzt werden. Die Sachmittelplanung umfasst auch die Sachmittel für die Projektplanung, -überwachung und -steuerung selbst (z.B. Projektmanagementsoftware, vgl. Lerneinheit PMSOF) sowie die Auswahl der Methoden (z.B. Erfassungsmethoden, vgl. Lerneinheit ERFAS) und der Werkzeuge.

Mit der Kostenplanung werden die kostenmäßigen Konsequenzen aller bisher genannten Teilplanungen ermittelt, insbesondere Personalkosten und Sachmittelkosten. Dabei wird von den in den Teilplanungen festgelegten Aufwänden ausgegangen, die mit Kosten bzw. bei Fremdbezug mit Preisen bewertet werden. Bei der Festlegung der Kosten und Preise ist die Projektdauer und die mit ihr gegebenenfalls verbundene Veränderung (meist Erhöhung) der Wertansätze zu berücksichtigen. Ist der Projektplanung ein Budget vorgegeben, dann muss das Ergebnis der Kostenplanung mit dem Budget im Gleichgewicht sein; bei Überschreitungen des Budgets sind Anpassungen bei den Teilplanungen, welche Termin- und Leistungsziele betreffen, erforderlich. In diesem Fall sind die Kostenziele eine fixe Größe, die Termin- und Leistungsziele die „Stellschrauben". Sind die Termin- und/oder Leistungsziele die Planungsvariable(n), ergibt sich das Budget aus der Kostenplanung (und es ist somit nicht ex ante bereits festgelegt). Die Kostenplanung ist Grundlage für die Finanzierungsplanung, deren Ergebnis der Finanzplan ist.

Risikomanagement ist wesentlicher Teil des Projektmanagements und daher ist die Risikoplanung als unbedingt erforderliche Teilplanung anzusehen. Mit der Risikoplanung werden die projektspezifischen Risikofaktoren identifiziert und das Projektrisiko bestimmt sowie Maßnahmen festgelegt, mit denen der Schadenseintritt verhindert bzw. das Schadensausmaß begrenzt werden kann. Wahrscheinlichkeit des Schadenseintritts und Höhe des Schadensausmaßes werden von den Risikofaktoren beeinflusst, das heißt von den spezifischen Projektbedingungen (z.B. großer Projektumfang, hoher Zeitdruck, Neuartigkeit, Komplexität sowie Kompliziertheit der Projektaufgabe) und der bestehenden Projektumgebung (z.B. Unerfahrenheit der Projektleitung, fehlender Teamgeist), die negative Auswirkungen auf die Erreichung der Projektziele haben können.

Typische Fragestellungen des Risikomanagements sind daher:

- Welche Risikofaktoren gibt es?
- Wann und wie häufig können die Risikofaktoren eintreten?
- Wie kann der Eintritt von Risikofaktoren überwacht werden?
- Welcher Schaden kann mit dem Eintritt von Risikofaktoren verbunden sein?
- Was kann getan werden, um den Schadenseintritt zu vermeiden?
- Was muss getan werden, um das Schadensausmaß zu begrenzen?

Ausgangspunkt und Kern des Risikomanagements ist die Identifikation der Risikofaktoren sowie die Beurteilung der Eintrittswahrscheinlichkeit mit Risikoebenen (z.B. mit Werturteilen wie gering, mittel und hoch). Methodisch kann dies mit Checklisten unterstützt werden (vgl. Lerneinheit CHECK), in denen aus der Erfahrung bekannte Risikofaktoren mit Risikofragen abgeprüft und den Risikoebenen zugeordnet werden. In der Regel noch schwieriger ist es, realistische Schätzwerte über das Schadensausmaß zu erhalten, wenn – was oft der Fall ist – keine Erfahrungswerte vorliegen. Auf Risikomanagement wird an anderer Stelle ausführlich eingegangen, vgl. Lerneinheit RISKM.

Mit der Notfallplanung werden Maßnahmen festgelegt, die für den Fall, dass das Projekt „notleidend" wird, ohne nennenswerte Verzögerung ergriffen werden können (z.B. Vorsorge durch ein Rückfallsystem). Dafür ist zu entscheiden, unter welchen Umständen das Projekt den Status „notleidend" erreicht hat bzw. – wenn möglich – erreicht haben wird (Notstandsprognose), so dass die Früherkennung des Projektnotstands möglich ist. Im Allgemeinen wird ein Projekt dann notleidend, wenn Kostenziele und/oder Zeitziele im Vergleich zu Leistungszielen drastisch überschritten werden. Was „drastisch" im Einzelfall heißt, bedarf der Festlegung in der Notfallplanung. Die Feststellung des Status „notleidend" ist eine Aufgabe der Projektüberwachung und -steuerung. Die Entscheidung über den Status „notleidend" steht in der Regel nicht der Projektleitung zu; sie fällt in die Zuständigkeit des Lenkungsausschusses.

Mit den Ergebnissen der Aufgabenplanung, der Zeitplanung, der Terminplanung, der Sachmittelplanung und der Personaleinsatzplanung erfolgt zusammenfassend eine Kapazitätsplanung für Personal und Sachmittel. Sie dient der termingerechten Bereitstellung der notwendigen Personal- und Sachmittelkapazitäten. Weitere Teilplanungen können – je nach Projektbedingungen – zweckmäßig oder sogar notwendig sein.

Realisierungsstrategien

Bei der Ablaufplanung muss entschieden werden, in welcher Reihenfolge die Projektaufgaben durchgeführt werden, soweit diese nicht durch den logischen Ablauf der Aufgabendurchführung gegeben ist. Dies kann nach einer der folgenden Strategien erfolgen: Hardest-first-Strategie oder Easiest-first-Strategie sowie Top-down-Strategie oder Bottom-up-Strategie.

- Bei der Hardest-first-Strategie werden die Projektaufgaben als erste bearbeitet, welche die größten Schwierigkeiten bei der Realisierung verursachen. Diese Strategie wird vor allem dann angewendet, wenn das Projektergebnis ohne die Lösung dieser Aufgaben nicht verwendet werden kann.
- Bei der Easiest-first-Strategie werden die Projektaufgaben als erste bearbeitet, die unproblematisch sind und daher schnell abgearbeitet werden können. Diese Strategie bietet sich an, wenn gewährleistet werden soll, dass für schwierige, aber nicht wesentliche Projektaufgaben nicht zu viel Zeit aufgewendet wird, so dass bei Projektende für einfach zu realisierende und wesentliche Projektaufgaben keine Zeit mehr bleibt.
- Bei der Top-down-Strategie wird zunächst ein grober Gesamtplan entwickelt, mit dem im Ergebnis die Gesamtdauer und die Gesamtkosten des Projekts ermittelt werden.
- Bei der Bottom-up-Strategie werden nach Vorliegen des Strukturplans die Kosten und Termine der einzelnen Arbeitspakete ermittelt, die dann zur Gesamtdauer bzw. zu den Gesamtkosten aggregiert werden.

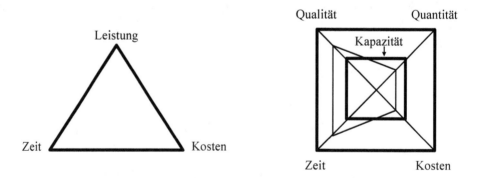

Abb. PROPL-4: Teufelsdreieck und Teufelsquadrat (nach *Sneed*)

In engem Zusammenhang mit den Realisierungsstrategien steht die Entscheidung darüber, welches der drei Ziele (Leistungen, Kosten und Zeit) bzw. der vier Ziele (Quantität, Qualität, Kosten und Zeit) im Fall von Zielkonflikten Priorität haben soll. Jede Inanspruchnahme von mehr Kapazität durch eines der Ziele führt zu einer Reduzierung der für die anderen Ziele verfügbaren Kapazität (Teufelsdreieck bzw. Teufelsquadrat nach *Sneed*, auch als magisches Dreieck bzw. magisches Viereck bezeichnet, vgl. Abb. PROPL-4).

Welchem Ziel auch immer Priorität eingeräumt wird, im Ergebnis führt dies zu negativen Abweichungen der Zielerreichung bei den anderen Zielen, unveränderte Kapazität vorausgesetzt. Bei der Darstellung in Quadratform wird der in der Dreiecksdarstellung als Leistung bezeichnete Faktor in Qualität (z.B. Usability der implementierten Benutzungsschnittstelle) und Quantität (z.B. Anzahl der implementierten Funktionen) gesplittet.

Projektüberwachung

Zweck der Projektüberwachung ist es, während der Projektabwicklung, und zwar so zeitnah wie möglich, Abweichungen von den Projektzielen festzustellen und damit die Voraussetzung für die Projektsteuerung zu schaffen. „So zeitnah wie möglich" bedeutet, dass genau diejenigen Eingriffe durch die Projektsteuerung erfolgen können, die erforderlich sind, um das Projekt „auf Kurs" zu halten bzw. so schnell wie möglich wieder dahin zu bringen. Dies erfordert die Früherkennung drastischer Abweichungen von Termin- und Kostenzielen im Vergleich zu Leistungszielen. Die Aufgaben der Projektüberwachung sind daher:

- den Projektablauf mit Hilfe geeigneter Instrumente zu beobachten;
- den Projektstatus laufend festzustellen und zu dokumentieren;
- durch Vergleich des Projektstatus mit den Projektzielen Abweichungen zu erkennen und an die für die Projektsteuerung zuständigen Instanzen (z.B. an den Lenkungsausschuss) zu berichten.

Wichtigste Hilfsmittel der Projektüberwachung sind die Projektpläne als Ergebnis der Projekt-Teilplanungen (z.B. der Personalplan als Ergebnis der Personalplanung, der Kostenplan als Ergebnis der Kostenplanung) und die Fortschrittsberichte als Ergebnis der Projektberichterstattung.

Der Projekterfolg ist also auch von der Projektinformation abhängig. Daher ist ein aussagefähiges Projektberichtswesen (Projektberichterstattung und Projektdokumentation) einzurichten, das die zur Überwachung des Projekts erforderlichen Daten zur Verfügung stellt, aus denen Informationen über bestehende und sich abzeichnende Abweichungen gewonnen werden können (vgl. Lerneinheit PCONT). Einzelheiten zum Projektberichtswesen sind vom konkreten Projekt abhängig; Leitlinien für seine Gestaltung sind:

- Alle für die Erkennung von Abweichungen relevanten Plan- und Istdaten müssen zur Verfügung gestellt werden.
- Die Zugriffsberechtigung auf die Daten muss klar geregelt sein, insbesondere zwischen Linie und Projektgruppe.
- Die Art und der Inhalt der Berichterstattung an Beteiligte (z.B. Auftraggeber) und Betroffene (z.B. zukünftige Benutzer) müssen festgelegt sein.
- Innerhalb der Projektgruppe muss ein Koordinierungsinstrument vorhanden sein (z.B.: Wie informiert sich der Projektleiter und wie informiert er über das, was getan wird und was für andere von Bedeutung ist?).

Die tatsächlichen Start-, Zwischen- und Endtermine von Projektaufgaben, die dafür verwendete Zeit, der Fertigstellungsgrad, die aufgetretenen Schwierigkeiten usw.

müssen in kurzen Zeitabständen zuverlässig gemeldet werden. Das Problem der Datenerfassung liegt weniger darin, dass es für die Projektmitarbeiter aufwendig ist, als vielmehr in der mangelnden Akzeptanz der Aufgabe, Aufzeichnungen zu führen. Grafische Darstellungen erleichtern es, den Projektstatus erkennen und mögliche Abweichungen von den Projektzielen im Hinblick auf ihren Einfluss auf den Projekterfolg beurteilen zu können.

Neben dieser formellen und meist stark formalisierten Projektberichterstattung – und nicht alternativ dazu – ist eine informelle, nicht oder kaum formalisierte Berichterstattung zweckmäßig. Sie kann beispielsweise zwischen Projektleitung und Projektmitarbeitern in Form von wöchentlichen verbalen Kurzberichten über Vorgänge und Ereignisse, die sich negativ auf die Erreichung der Projektziele ausgewirkt haben oder auswirken können, vereinbart sein, oft als „brain dumps" bezeichnet.

Eine ebenfalls wenig formalisierte, aber durchaus formelle Berichterstattung im Sinn des Wissensmanagements ist die Dokumentation von „lessons learned", das heißt von Erfahrungsberichten abgeschlossener Projekte mit dem Zweck, sie für gleichartige, zukünftige Projekte zu nutzen. In diesem Zusammenhang ist es wichtig, auf die Bedeutung informeller und regelmäßig stattfindender Kommunikation in Softwareentwicklungsprojekten hinzuweisen (vgl. Lerneinheit AGILM).

Projektdokumentation

Projekte sollen vom Zeitpunkt der Erteilung des Projektauftrags bis zum Projektabschluss (z.B. bei Informatik-Projekten bis zur Übergabe des produktiven Informationssystems) für die Projektleitung kontrollierbar und nachvollziehbar sein. Dies lässt sich nur durch eine projektbegleitende Dokumentation verwirklichen (vgl. Lerneinheit DOKUM). Zur Unterstützung der projektbegleitenden Dokumentation wird eine Projektbibliothek eingesetzt; ihre Aufgaben sind:

- die Projektprodukte und ihre Beziehungen zueinander zu verwalten;
- die Dokumente durch einfache Abfragen gezielt und schnell (möglichst online) zur Verfügung zu stellen (Dokumentenverwaltung);
- den Projektstatus einfach und transparent darzustellen;
- durch Auswertung von Projektdaten mögliche Probleme während der Projektlaufzeit und ihre potentielle Lösung vorwegzunehmen.

Ein für die Projektleitung nützliches Hilfsmittel der Projektdokumentation ist ein Projekttagebuch. Dieses informelle und nicht formalisierte Dokument dient der Aufzeichnung von Vorgängen und Ereignissen, die aus der Sicht der Projektleitung für den Projekterfolg wesentlich sind und die in der formellen Berichterstattung nicht erfasst werden. Es soll nicht primär der Rechtfertigung bei Projektnotständen, sondern mehr zur Erklärung dafür dienen, aus welchen Gründen bestimmte Projektzustände eingetreten sind. Ein Projekttagebuch ist daher ein geeignetes Hilfsmittel, um aus Projekten für Projekte zu lernen.

Projektsteuerung

Die Projektsteuerung umfasst alle Maßnahmen, die zur Durchsetzung der in der Projektplanung getroffenen Entscheidungen erforderlich sind. Neben der Projektplanung werden daher die Ergebnisse der Projektüberwachung für die Durchführung der Projektsteuerung benötigt. Die Maßnahmen zur Projektsteuerung im Einzelnen hängen vom konkreten Projekt ab. Unabhängig vom Projekt können sie folgenden Maßnahmengruppen zugeordnet werden:

- Maßnahmen zur Überprüfung der von der Projektüberwachung festgestellten Abweichungen;
- Maßnahmen zum Erkennen der Ursachen für Abweichungen;
- Maßnahmen zum Beeinflussen der Projektabwicklung, die eine Verbesserung der Ist-Werte bewirken;
- Maßnahmen zum Beeinflussen der Projektplanung, die eine Veränderung der Plan-Werte bewirken;
- Maßnahmen, die das Koordinieren zwischen Auftraggeber und Projektgruppe sowie zwischen den verschiedenen Arbeitsgruppen im Projekt bewirken.

Forschungsbefunde

Heinrich berichtet über empirische Befunde zur Frage, warum Informatik-Projekte scheitern oder notleidend werden; konkret wurde untersucht, warum Projekte ihre Kosten-, Termin- und/oder Leistungsziele nicht erreichen (Untersuchungszeitraum 1986 bis 1987). Folgende Befunde bezüglich der Projektplanung wurden durch Befragung ermittelt:

- Planungsziele nicht oder nicht klar genug definiert;
- unzweckmäßige Projektorganisation;
- einseitige Kosten- und Terminorientierung (fehlende Leistungsziele);
- keine systematische Projektüberwachung;
- unzureichende Projektressourcen;
- häufige Änderung der Planungs- und Projektziele.

Im Zuge einer weiteren Untersuchung eines Großprojekts im genannten Zeitraum wurden folgende Befunde erarbeitet:

- Vernachlässigung der Organisationsentwicklung zugunsten der Software-Entwicklung;
- Verwendung ungeeigneter Methoden und Werkzeuge;
- nicht valide, wenn überhaupt vorhandene Qualitätsziele.

Die häufigsten Nennungen beider Untersuchungen konzentrieren sich auf folgende Ursachen: unklare oder unvollständige Planungsziele, häufige Änderung der Planungsziele und Mängel in der Projektorganisation. Im Ergebnis zeigen beide Untersuchungen, dass mangelhafte Planung eine wesentliche Ursache von Projektrisiken ist (vgl. Lerneinheit RISKM). Meist sind die Planungsmängel auf Defizite in der Anwendung des Planungsinstrumentariums (Methodik, Methoden und Werkzeuge), nicht auf Defizite in der Verfügbarkeit des Planungsinstrumentariums zurückzuführen.

Die Befunde von *Heinrich* zeigen die Notwendigkeit einer besseren Ausbildung für alle an einem Informatik-Projekt Beteiligten (insbesondere Management, Projektleitung, Projektmitarbeiter und Benutzer). Diese Forderung wird dadurch untermauert, dass die in den 1980er Jahren veröffentlichten Studienergebnisse größtenteils heute nach wie vor Gültigkeit haben (vgl. dazu die in Handbüchern des IT-Projektmanagements angesprochenen Problembereiche, die sich im Großen und Ganzen mit den angeführten Befunden decken, siehe z.B. *Tiemeyer*).

In der Fachliteratur wird über Forschungsergebnisse berichtet, die einen direkten Bezug zur Projektüberwachung und -steuerung haben. Konkret geht es um die Berichterstattung in Projekten, insbesondere um Situationen, in denen die Projektleitung dem Lenkungsausschuss (bzw. in bilateraler Kommunikation dem Vorsitzenden dieses Gremiums) den Status quo eines Projekts berichtet. In diesem Kontext wird über das Phänomen des Selective Reporting berichtet, das wie folgt definiert ist (*Iacovou et al.*, 786: „behaviors that a manager pursues while providing status reports to his/her supervisor in order to convey an impression that does not accurately reflect the manager's perception of the project's bona fide status". Die Projektberichterstattung kann dabei zwei Formen annehmen:

- sie kann zu optimistisch sein („optimistic biasing"): (i) Erfolge im Projekt werden übertrieben dargestellt oder (ii) Probleme werden nicht thematisiert oder in ihrer Bedeutung heruntergespielt;
- sie kann zu pessimistisch sein („pessimistic biasing"): (i) Probleme im Projekt werden übertrieben dargestellt oder (ii) Erfolge werden nicht thematisiert oder nicht ihrer eigentlichen Bedeutung entsprechend dargestellt.

Eine verzerrte, also nicht den Tatsachen entsprechende Projektberichterstattung stört die Projektüberwachung und somit auch die Projektsteuerung, und dies wirkt sich wiederum ungünstig auf den Projekterfolg aus. Ursachen einer verzerrten Berichterstattung in Projekten sind (*Iacovou et al.*, 789):

- Für zu optimistische Berichterstattung: (i) Angst, schlechte Nachrichten überbringen zu müssen, (ii) der Drang von Projektleitern, sich selbst möglichst gut bzw. möglichst wenig schlecht darzustellen, (iii) der Glaube, das Projekt am Ende doch positiv abschließen zu können und (iv) der Drang, die Benutzer nicht im Stich zu lassen.
- Für zu pessimistische Berichterstattung: (i) der Wunsch nach einer besseren Ressourcenausstattung für das Projekt, (ii) der Wunsch, als „Held" wahrgenommen zu werden, wenn man ein notleidendes Projekt doch positiv zu Ende bringt, (iii) Bedenken, dass das Team den Projektanforderungen nicht gerecht wird und daher die Ziele nicht erreicht werden können, (iv) der Drang, die Erwartungen von Vorgesetzen niedrig zu halten.

Zu optimistische Berichterstattung wird mit einer höheren Wahrscheinlichkeit benutzt (relativ zu einer zu pessimistischen Berichterstattung), um die eigenen Interessen der Projektleitung zu befördern (z.B. Karriere im Unternehmen zu machen), und mit einer geringeren Wahrscheinlichkeit, um die Erreichung von Projektzielen (z.B. Einhaltung der Vorgaben in Bezug auf Leistung, Termine und Kosten) sicherzustellen.

Vor dem Hintergrund dieser Erkenntnisse haben *Iacovou et al.* Ursachen der Häufigkeit verzerrter Projektberichterstattung untersucht sowie deren Auswirkungen. Konkret wurde eine Befragungsstudie in den USA durchgeführt; es wurden 3.000 Leiter von Informationssystem-Projekten angeschrieben und die Daten von 561 Fragebögen gingen schließlich in die Analyse (Partial-Least-Squares-Ansatz) ein. Bei der Beantwortung der Fragebögen wurden die Projektleiter gebeten, an jenes Projekt zu denken, welches sie als letztes abgeschlossen haben. Die Studie, die im Jahr 2009 veröffentlicht wurde, basiert auf einem Kausalmodell, das fünf Faktoren konzeptualisiert, welche die Häufigkeit verzerrter Projektberichterstattung („selective reporting frequency – optimistic and pessimistic biasing") beeinflussen. Die fünf Faktoren sind: Macht des Vorgesetzten („executive's power"), Wissen des Vorgesetzten („executive's knowledge"), Kommunikationsfähigkeit des Vorgesetzten („executive's communication"), Vertrauen in den Vorgesetzten („trust in executive") sowie der Umstand, ob das Projekt intern oder in einem Outsourcing-Modell abgewickelt wird, woraus resultiert, dass Berichtsverfasser und Berichtsempfänger nicht im selben Unternehmen tätig sind („dyad's membership"). Weiter konzeptualisiert das Modell, dass die Häufigkeit verzerrter Projektberichterstattung die Qualität der Berichterstattung („reporting quality to project executive") beeinflusst, die wiederum einen Einfluss auf den Projekterfolg („task outcomes – project performance") hat.

Im Folgenden werden im englischsprachigen Originalwortlaut jene Hypothesen angegeben, die sich als statistisch signifikant erwiesen haben:

- H1a: Project managers who report to more powerful executives will provide optimistic biasing in their reports more often than those reporting to less powerful ones.
- H2a: Project managers who report to distrusted executives will provide optimistic biasing in their reports more often than those reporting to trusted ones.
- H3a: Project managers who receive low quality communications from their executives will provide optimistic biasing in their reports more often than those who receive high quality communications.
- H3b: Project managers who receive low quality communications from their executives will provide pessimistic biasing in their reports more often than those who receive high quality communications.
- H4: Project managers who receive low quality communications from their executives will perceive them to be less trusted than those who receive high quality communications.
- H6: Project executives with high knowledge of IS development will be perceived to be more trusted than those with low knowledge of IS development.
- H8: Project managers who report to executives in their organization will perceive them to be more powerful than those reporting to executives in another organization.

- H9: A project manager's selective reporting behaviors will be negatively associated with the project's outcomes; this relationship will be fully mediated by the quality of the project manager's status reports.

Folgende Hypothesen konnten *nicht* bestätigt werden (im englischsprachigen Originalwortlaut):

- H1b: Project managers who report to more powerful executives will provide pessimistic biasing in their reports more often than those reporting to less powerful ones.
- H2b: Project managers who report to distrusted executives will provide pessimistic biasing in their reports more often than those reporting to trusted ones.
- H5a: Project managers who report to executives with low knowledge of IS development will provide optimistic biasing in their reports more often than those reporting to executives with high knowledge of IS development.
- H5b: Project managers who report to executives with low knowledge of IS development will provide pessimistic biasing in their reports more often than those reporting to executives with high knowledge of IS development.
- H7a: Project managers who report to executives in another organization will provide optimistic biasing in their reports more often than those reporting to executives in their own organization.
- H7b: Project managers who report to executives in another organization will provide pessimistic biasing in their reports more often than those reporting to executives in their own organization.

Zudem wurden in der Studie fünf Kontrollvariablen untersucht: Projektgröße („project size"), Projektbedeutsamkeit („project importance"), Projektunsicherheit („project uncertainty"), Projektkontrolle („project control") und Häufigkeit der Berichterstattung („frequency of reporting"). Dazu wurden folgende statistisch signifikanten Zusammenhänge ermittelt:

- Projektbedeutsamkeit → Häufigkeit verzerrter Projektberichterstattung;
- Projektbedeutsamkeit → Projekterfolg;
- Projektunsicherheit → Häufigkeit verzerrter Projektberichterstattung;
- Projektunsicherheit → Projekterfolg;
- Häufigkeit der Berichterstattung → Qualität der Berichterstattung;
- Projektkontrolle → Projekterfolg.

Iacovou et al. (806) diskutieren im Beitrag ausführlich die Implikationen ihrer Ergebnisse, unter anderem: (i) „our work shows that who the executive is makes a difference when it comes to selective reporting ... executives who are proficient in interpersonal communications, who are trusted by project managers and who tend to be less power-distant from them, should be preferred"; (ii) "projects that are sponsored by executives who do not exhibit the desired traits [siehe (i)] should be considered as candidates for the employment of ... multiple reporting channels that allow report recipients to triangulate status information"; (iii) "when biasing is detected, it is important to spend some time to understand the forces that contributed to it (insecurity of the reporter, concern for the well being of the project, etc.) so that the root causes can be addressed effectively. Reprimanding managers who contributed to selective reporting should be done with care to protect their privacy and to avoid recriminations".

Lee et al. haben die Reaktion auf schlechte Nachrichten im Kontext von Informatik-Projekten untersucht. Es wurde ein Laborexperiment durchgeführt, in dem quantitative und qualitative Daten erhoben wurden. Stimulus war ein von den Forschern vorgegebenes Projektszenario, die Stichprobe waren N=105 „undergraduate students enrolled in several information systems courses at a large urban university in the southeastern U.S.". Es nahmen 56 Männer und 49 Frauen am Experiment teil; Durchschnittsalter: 21,73 Jahre mit 4,6 Jahren Standardabweichung (SD); durchschnittliche Arbeitserfahrung: 3,52 Jahre mit 4,48 Jahren SD; durchschnittliche IT-Arbeitserfahrung: 0,73 Jahre mit 1,48 Jahren SD.

Unter anderem werden die folgenden Befunde, die aus Sicht der Projektüberwachung und -steuerung besonders relevant sind, berichtet: Personen, die schlechte Nachrichten erhalten, berücksichtigen diese im Projektgeschehen dann eher *nicht*, wenn die schlechten Nachrichten von einer Person kommen, die keine offizielle Rolle für die Meldung schlechter Nachrichten hat und wenn diese Person als nicht glaubwürdig eingestuft wird. Darüber hinaus wurde festgestellt, dass die wahrgenommene Nachrichtenrelevanz und die Risikowahrnehmung bedeutsame Determinanten der Bereitschaft, ein notleidendes Projekt fortzuführen (die abhängige Variable dieser Studie), sind. Weiter berichten die Forscher, dass in IT-Projekten Männer im Vergleich zu Frauen (i) eher bereit sind, Risiken einzugehen, und (ii) eine geringere Wahrscheinlichkeit aufweisen, Risiken wahrzunehmen. *Lee et al.* (20) ziehen daraus den folgenden Schluss: „men are more likely to turn a deaf ear, thus causing IT project escalation to occur".

Kontrollfragen
1. Wie kann die Aufgabe der Projektplanung beschrieben werden?
2. Aus welchen Teilplanungen besteht die Projektplanung?
3. Welche Realisierungsstrategien gibt es bei der Abwicklung von Projekten?
4. Welches Problem im Projektmanagement wird mit dem Teufelsdreieck bzw. dem Teufelsquadrat thematisiert?
5. Welche Maßnahmengruppen sind bei der Projektsteuerung unabhängig von einem konkreten Projekt von Relevanz?

Quellenliteratur
Burghardt, M.: Projektmanagement: Leitfaden für die Planung, Überwachung und Steuerung von Projekten. 9. A., Publicis, 2012
Heinrich, L. J.: Schwachstellen und Risiken bei Software-Projekten. Computer und Recht, 7/1988, 584-587
Iacovou, C. L./Thompson, R. L./Smith, H. J.: Selective status reporting in information systems projects: A dyadic-level investigation. MIS Quarterly, 4/2009, 785-810
Lee, J. S./Cuellar, M. J./Keil, M./Johnson, R. D.: The role of a bad news reporter in information technology project escalation: a deaf effect perspective. Database for Advances in Information Systems, 3/2014, 8-29
Sneed, H.: Kalkulation und Wirtschaftlichkeitsanalyse von IT-Projekten. In: Tiemeyer, E. (Hrsg.): Handbuch IT-Projektmanagement. 2. A., Hanser, 2014, 243-271
Sneed, H.: Software-Management. Müller, 1987
Tiemeyer, E. (Hrsg.): Handbuch IT-Projektmanagement. 2. A., Hanser, 2014

Zielasek, G.: Projektmanagement als Führungskonzept: Erfolgreich durch Aktivierung aller Unternehmensebenen. 2. A., Springer, 1999

Vertiefungsliteratur

Keil, M./Smith, H. J./Iacovou, C. L./Thompson, R.L.: The dynamics of IT project status reporting: A self-reinforcing cycle of distrust. Journal of the Association for Information Systems, 12/2014, 879-912

Kerzner, H.: Project management: A systems approach to planning, scheduling, and controlling. 12th ed., Wiley, 2017

Meredith, J. R./Mantel, S. J./Shafer, S. M.: Project management: A managerial approach. 9th ed., Wiley, 2015

Park, C./Im, G./Keil, M.: Overcoming the mum effect in IT project reporting: Impacts of fault responsibility and time urgency. Journal of the Association for Information Systems, 7/2008, 409-431

Schwalbe, K.: Information technology project management. 8th ed., Cengage Learning, 2016

Snow, A. P./Keil, M./Wallace, L.: The effects of optimistic and pessimistic biasing on software project status reporting. Information & Management, 2/2007, 130-141

Normen und Richtlinien

DIN 69901-1:2009-01: Projektmanagement - Projektmanagementsysteme - Teil 1: Grundlagen

DIN 69901-2:2009-01: Projektmanagement - Projektmanagementsysteme - Teil 2: Prozesse, Prozessmodell

DIN 69901-3:2009-01: Projektmanagement - Projektmanagementsysteme - Teil 3: Methoden

DIN 69901-4:2009-01: Projektmanagement - Projektmanagementsysteme - Teil 4: Daten, Datenmodell

DIN 69901-5:2009-01: Projektmanagement - Projektmanagementsysteme - Teil 5: Begriffe

Werkzeuge

http://www.aisc.com/
http://www.collinor.de/
http://www.microplanning.co.uk/products.htm
http://www.oracle-primavera.de/
https://products.office.com/de-at/project/project-and-portfolio-management-software
https://sourceforge.net/projects/openworkbench/
https://www.ca.com/de/products/ca-project-portfolio-management.html
https://www.planta.de/produkte/enterprise-project-management/
https://www.sap.com/germany/products/project-portfolio-management.html

Interessante Links

http://www.computerbild.de/download/Office/projektmanagement-software/
https://www.projektmagazin.de/projektmanagement-software

PMSOF - Projektmanagementsoftware

Lernziele

Sie erkennen, warum der Einsatz von Projektmanagementsoftware (PMS) unerlässlich ist, um Projekte erfolgreich planen und durchführen zu können. Sie erkennen aber auch, dass ohne eine zugrunde liegende Projektmanagementsystematik und daraus abgeleiteten Prozessen und Aufgaben die Einführung und Nutzung von PMS wenig Aussicht auf Erfolg hat. Sie kennen Systematiken zur Kategorisierung von PMS und Anforderungen an PMS. Sie erkennen, dass Kosten und Nutzen von PMS in eine Entscheidung zur Auswahl von PMS eingehen sollten und können Vorgehensweisen zur Auswahl von PMS beschreiben. Sie erkennen, dass es unterschiedliche Sichten auf die Nützlichkeit von PMS gibt (z.B. Projektmitarbeiter, Projektleitung, Controlling, Geschäftsleitung) und dass die Sicherstellung der Akzeptanz von PMS durch die Projektmitarbeiter entscheidend ist, damit sich die positiven Wirkungen des Einsatzes von PMS entfalten können.

Definitionen und Abkürzungen

Cloud Computing (cloud computing) = die Bereitstellung von IT-Ressourcen wie beispielsweise Anwendungssoftware, Rechenleistung sowie Speicherplatz als Dienstleistung über das Internet.

Open Source (freie Quelle) = die freie Verfügbarkeit des Quellcodes einer Software, der auf der Basis von verschiedenen Lizenzmodellen unentgeltlich verwendet und verändert werden kann.

Phasenmodell (phase model) = die idealtypische Gliederung eines Vorhabens in Abschnitte logisch zusammengehöriger Aufgaben einschließlich der Methodik, Methoden und Techniken der Aufgabenlösung. Synonym: Phasenschema.

Projektmanagementsoftware (project management software, PMS) = Software zur Unterstützung von Planung, Steuerung und Kontrolle von Projekten, die auch Schnittstellen zu anderen Softwareprogrammen haben kann.

Total Cost of Ownership (TCO) = ein Verfahren, das alle anfallenden Kosten von Investitionsgütern (z.B. Software) in einer Kalkulation berücksichtigt, wobei explizit nicht nur die Anschaffungskosten (z.B. Lizenzkosten) berücksichtigt werden, sondern weitere mit der Nutzung in Zusammenhang stehende Kosten (z.B. für Wartung, Schulung und aufgrund von Ausfallszeiten des Systems).

Vorgehensmodell (process model) = der als Modell abgebildete Prozess zum Lösen eines Problems. Im Zusammenhang mit Informatik-Projekten die Präzisierung des Phasenmodells durch Nennung und Erläuterung der auszuführenden Tätigkeiten und Beschreibung der Ergebnisse der Tätigkeiten sowie der zur Ausführung der Tätigkeiten geforderten Methoden und empfohlenen Werkzeuge und der den Tätigkeiten zugeordneten Rollen (z.B. Projektleitung, Entwickler, Controller). Idealtypisch gesehen ist ein Vorgehensmodell ein standardisierter Prozess, der an eine Projektumgebung (z.B. ein Unternehmen) und durch die Projektplanung an den jeweiligen Projektgegenstand (z.B. Neuentwicklung eines Systems) angepasst wird.

Zweck von Projektmanagementsoftware

Projektmanagementsoftware (PMS) unterstützt Aufgabenträger bei der Durchführung von Aufgaben des Projektmanagements (vgl. dazu die Lerneinheit PROMA). Es ist zwar denkbar, Projektmanagement gänzlich ohne Softwareeinsatz zu betreiben, jedoch weltfremd, da heutzutage eine wirksame und wirtschaftliche Planung und Realisierung von Projekten ohne Softwareeinsatz nicht möglich ist (was insbesondere auf Informatik-Projekte zutrifft). Die Wichtigkeit des Einsatzes von PMS steigt mit der zunehmenden Größe und Komplexität von Projekten an, insbesondere deshalb, weil große Datenmengen nur elektronisch effektiv und effizient verwaltet werden können, was wiederum eine Voraussetzung für erfolgreiches Informationsmanagement ist. Weiter ermöglicht PMS auch elektronische Kommunikation zwischen den am Projekt beteiligten Personen. Bei Tabellenkalkulations-, Textverarbeitungs-, Präsentations- und E-Mail-Programmen (sowie weiteren Programmen, die beispielsweise für die Daten- und Prozessmodellierung verwendet werden), handelt es sich zwar um PMS im weiteren Sinn, sofern diese im Kontext von Projekten eingesetzt werden, unter PMS im engeren Sinn versteht man jedoch dedizierte Software für das Projektmanagement. Die beiden folgenden Websites informieren über das aktuelle Angebot an PMS:

- https://www.projektmagazin.de/projektmanagement-software;
- https://www.softguide.de/ (Rubrik: Projektmanagement).

Das dem Miterfinder der Unified Modeling Language (UML) *Grady Booch* zugeschriebene Zitat *„A fool with a tool is still a fool"* impliziert, dass erfolgreiches Projektmanagement nicht durch den bloßen Einsatz von PMS herbeigeführt werden kann. Vielmehr ist sicherzustellen, dass vor Einführung einer PMS eine Projektmanagementsystematik (z.B. auf einem bestimmten Vorgehensmodell aufbauend) implementiert wurde, und diese Systematik sowie die daraus abgeleiteten Prozesse und Aufgaben sollen softwaretechnisch unterstützt werden. Solange Projektmanagementprozesse nicht gelebt, Aufgaben nicht definiert, Rollen und Verantwortungen nicht festgelegt und standardisierte Methoden und Techniken nicht eingeführt sind, ist nicht davon auszugehen, dass der Einsatz von PMS seine positiven Wirkungen entfalten kann. *Angermeier* (1) schreibt in diesem Zusammenhang unter Bezugnahme auf eine Metapher aus dem Fußball: „Natürlich können die wichtigsten Werkzeuge des Fußballers – die Schuhe – nicht von selbst Tore schießen. Doch kein Fußballer wird deshalb auf seine Schuhe verzichten. Denn nur mit guten Schuhen hat er auf einem nassen Rasen Halt und kann gezielte Pässe spielen. Genauso verhält es sich in Projekten: Auch Projektmanager benötigen Werkzeuge, um ihr Projekt zum Erfolg zu führen. Alleine kann aber selbst die beste Software keine Projekte managen."

Bei PMS im engeren Sinn unterscheiden sich die Funktionsumfänge der am Markt angebotenen Programme signifikant, und die Anzahl der verfügbaren Programme ist hoch. Da nicht davon auszugehen ist, dass ein bestimmtes Programm alle denkbaren Anforderungen erfüllt, sowie die Umstände berücksichtigend, dass Anpassungen von Projektmanagement-Standardsoftware (Customizing) sowie eine Eigenentwicklung von PMS im Regelfall teuer sind, sind Schnittstellen zu anderen

Anwendungssystemen bedeutsam. *Morgenroth* gibt an, dass bei PMS Schnittstellen zu Systemen in folgenden Bereichen wichtig sind:

- Anforderungsanalyse und -management,
- Konfigurationsmanagement (Unterstützung von Releases),
- Änderungsmanagement,
- Risikomanagement,
- Finanzmanagement, Budgetierung und Kostenrechnung,
- Controlling und Berichtswesen,
- Prozess- und Corporate-Governance und
- Dokumentenmanagement.

Der Gegenstand von Informatik-Projekten ist insbesondere die (Re)Konstruktion und Implementierung von Informations- und Kommunikationssystemen. Daraus folgt, dass Softwaresysteme, die mit Programmierung, dem Management des Programmierprozesses sowie der Nutzung von IT-Ressourcen im Allgemeinen in Zusammenhang stehen, eine besondere Bedeutung haben. Beispiele für Typen solcher Softwaresysteme sind:

- *Entwicklungsumgebungen*: Systeme zur Unterstützung von Softwareentwicklung, die Software-Entwurfsprinzipien, Software-Entwurfsmethoden und Software-Werkzeuge integrieren und idealtypisch folgende Eigenschaften haben: alle Entwurfs- und Entwicklungsergebnisse liegen auf einer redundanzfreien Entwicklungsdatenbank vor und Werkzeuge für das Erfassen, das Verändern und das Auswerten der Entwicklungsdatenbank unterstützen alle Tätigkeiten der Systementwicklung (z.B. Prototyping, vgl. Lerneinheit PROTY).
- *CASE-Werkzeuge (Computer-Aided Software Engineering)*: Werkzeuge zum computerunterstützten Entwickeln von Software. Ist ein solches Werkzeug zur Verwendung in frühen Phasen des Entwicklungsprozesses (vgl. Lerneinheit PROIP) geeignet, wird es als Upper CASE bezeichnet, ist es ausschließlich zur Unterstützung der Programmierung geeignet (Programmierwerkzeug), wird es entweder nicht als CASE-Werkzeug bezeichnet oder explizit Lower CASE genannt.
- *Programmierwerkzeuge*: Werkzeuge, mit denen die Codierung ermöglicht wird, also die Überführung einer logischen Problemlösung in die Notation einer Programmiersprache.
- *Datenbanksysteme*: Systeme zur elektronischen Datenverwaltung, die aus einem Datenbankmanagementsystem (Verwaltungssoftware) und der Menge an verwalteten Daten (Datenbank im engeren Sinn bzw. Datenbasis) bestehen.
- *Middleware*: Eine Software, die als Verbindungsebene zwischen unterschiedlichen Anwendungssystemen sowie zwischen Anwendungssystemen und Systemsoftware heterogener Plattformen dient. Middleware „neutralisiert" somit die Heterogenität unterschiedlicher Softwaresysteme.

Die genannten und weitere Typen solcher Softwaresysteme spielen beim Management von Informatik-Projekten eine je nach Projektart mehr oder weniger wichtige Rolle. Auf solche Softwaresysteme wird im vorliegenden Buch nicht vertieft eingegangen, es wird auf die einschlägige Fachliteratur verwiesen. Einen einfachen Einstieg in die Thematik liefert beispielsweise ein Werk von *Sommerville*.

Kategorisierung von Projektmanagementsoftware

Auf der Basis einer Sichtung des Marktangebots an PMS und anschließender Abstraktion bedeutender Eigenschaften der gesichteten Systeme entwickelte *Ahlemann* (6-7) folgende Kategorisierung von PMS:

- *Single Project Management Systems* („systems offer functionality for the planning and controlling of one or many projects independent from each other ... Projects are considered as isolated, unrelated initiatives with neither resource, financial nor strategic dependencies"),
- *Multi Project Management Systems* („in contrast to single-project management systems, multi-project management systems offer functionality to coordinate a set of projects, at least in terms of resources"),
- *Enterprise Project Management Systems* („systems supporting the entire project life cycle especially including portfolio planning and controlling ... Enterprise project management systems cover (almost) all project management processes by offering in-depth functionality and a high degree of configurability"),
- *Project Collaboration Platforms* („systems that have limited multi-project support but offer a web-based team collaboration platform").

Eine Veröffentlichung des *Projekt Magazins* (3-4) nennt folgende Kategorien, in die man PMS einteilen kann:

- Planungssoftware (z.B. zur Erstellung und Pflege von Projektstrukturplänen und Netzplänen),
- Ressourcenverwaltungssoftware (z.B. zur Zuordnung von Mitarbeitern, Maschinen und Räumen zu Aufgaben sowie zur Auslastungssteuerung),
- Controllingsoftware (z.B. zur Erfassung und Kontrolle von Aufwänden und Budgets sowie zur Überwachung des Projektfortschritts),
- Dokumentenmanagementsoftware (z.B. zur Verwaltung und Archivierung von Projektdokumenten),
- Kollaborationssoftware (z.B. zur Abwicklung von Projektkommunikation),
- Projektportfoliomanagementsoftware (z.B. um für das Top-Management eine Gesamtplanung und -steuerung aller Projekte zu unterstützen),
- Bürosoftware (z.B. zur Realisierung von Textverarbeitung und Tabellenkalkulation sowie zur Präsentationserstellung),
- Telekommunikationssoftware (z.B. zum Versenden von E-Mails und zum Abhalten von Videokonferenzen),
- Software für spezielle Projektmanagementaufgaben (z.B. Konfigurationsmanagement, Qualitätsmanagement, Wirtschaftlichkeitsrechnungen und Prozessoptimierung).

In der Fachliteratur werden noch weitere Möglichkeiten zur Kategorisierung von PMS genannt, die sich inhaltlich sowie im Abstraktionsgrad der Kategorien unterscheiden. Zudem finden sich in der Fachliteratur Angaben zum „typischen Funktionsumfang" von PMS; *Patzak/Rattay* (616) geben beispielsweise folgende Leistungsbereiche an: 1. Aufgabenplanung, 2. Termin- und Ablaufplanung, 3. Ressourcen-, Kosten- und Finanzplanung, 4. Zusammenarbeit im Team, Workflow, Koordination und Informationsverteilung, 5. Risiko- und Claim-Management, 6. Projektcontrolling (Soll/Ist-Vergleiche, Prognosen), Änderungsmanagement, 7. Berichtswesen, grafische Ausgaben, 8. Projektportfolio- und Multiprojektmanagement.

Anforderungen an Projektmanagementsoftware

Ahlemann entwickelte das in Abb. PMSOF-1 dargestellte M-Modell, das sich am Projektlebenszyklus orientiert, um Anforderungen an ein PMS systematisch abzuleiten.

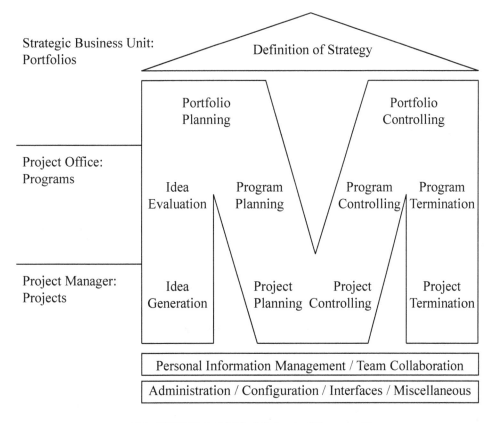

Abb. PMSOF-1: M-Modell (nach *Ahlemann*, 2)

Vertikal nennt das Modell drei Organisationseinheiten: Projektmanagement, Projektbüro und strategische Geschäfteinheit. Zudem werden im Modell folgende Aufgaben genannt: Ideengenerierung, Ideenevaluierung, Portfolioplanung, Programmplanung, Projektplanung, Projektcontrolling, Programmcontrolling, Portfoliocontrolling, Programmabschluss, Projektabschluss. Ergänzt werden diese Aufgaben um Strategiedefinition sowie Personal Information Management, Teamzu-sammenarbeit, Administration und Konfiguration, Schnittstellen und Sonstiges. Innerhalb dieser Aufgaben beschreibt die Architektur funktionale Anforderungen; Beispiele sind: Ressourcenmanagement, Risikomanagement, Kostenmanagement, Termin- und Zeitplanung, Aufgabenmanagement, Qualitätsmanagement, Status Reporting, Wissensmanagement und Testmanagement. Das M-Modell ist ein Bei-spiel, das zeigt, wie konzeptbasiert Anforderungen an eine Software (hier PMS) hergeleitet werden können.

Das *Projekt Magazin* hat einen umfassenden Anforderungskatalog für PMS entwi-ckelt. Dieser Katalog umfasst 17 Anforderungsbereiche und innerhalb eines jeden Bereichs werden fünf konkrete Anforderungen genannt. Bei der Auswahl von PMS kann dieser Anforderungskatalog mit seinen 85 Kriterien unter Berücksichtigung organisationsspezifischer Gegebenheiten und einer entsprechenden Anpassung des Katalogs (das bedeutet Kriterien hinzuzufügen und/oder wegzulassen) einen wirk-samen Beitrag leisten, um die Effizienz des Auswahlprozesses und die Güte der Entscheidung zu erhöhen. Abbildung PMSOF-2 gibt den Anforderungskatalog wieder (wörtlich zitiert), die Anforderungsbereiche sind alphabetisch aufgelistet.

Aufwandserfassung

1. Einfache Eingabe der Aufwände durch den Projektleiter aus anderen Quellen wie z.B. Tabel-lenkalkulationsprogrammen.

2. Die Projektmanagement-Software ist mehrbenutzerfähig und unterstützt die direkte Eingabe der Aufwände durch Mitarbeiter.

3. Nicht nur Arbeitszeiten, sondern auch alle anderen projektrelevanten Kostenarten sind er-fassbar. Die Arbeitszeiten lassen sich mit unterschiedlichen Stundensätzen in Kosten um-rechnen.

4. Die Eingabe durch die Mitarbeiter wird durch die Zuordnung zu Projekten, Zeitfenster und andere Regelmechanismen gesteuert und erleichtert. Ein Arbeitsablauf unterstützt Genehmi-gungsprozesse durch Vorgesetzte bzw. Projektleiter.

5. Die Arbeitszeiterfassung erfolgt redundanzfrei ausschließlich durch die PM-Software. Auf-wände für Linientätigkeit und Abwesenheitszeiten werden ebenfalls erfasst. Eine Schnittstel-le zum ERP-System versorgt die Personalverwaltung mit den benötigten Daten. Umgekehrt übernimmt die PM-Software projektrelevante Kostenstellendaten aus der ERP-Software wie z.B. AfA.

Controlling

6. Es kann ein detaillierter Kostenplan erstellt werden. Mindestens ein Basisplan steht als Refe-renz für das Controlling zur Verfügung.

7. Statusinformationen (Arbeitsaufwände, andere Kosten, Fertigstellungsgrade u.ä.) können erfasst werden. Einfache Soll-Ist- bzw. Plan-Ist-Vergleiche erlauben ein einfaches Control-ling.

8. Es stehen Standardverfahren des Projekt-Controllings wie Trendanalysen oder Earned Value Analysis zur Verfügung.

9. Benutzerspezifische Controlling-Größen und Metriken zur Statusbewertung lassen sich defi-

nieren. Automatische Benachrichtigungen abhängig von diesen Messgrößen sind aktivierbar. Arbeitsabläufe unterstützen die Überwachung und Steuerung, z.B. durch Eskalationsmechanismen.

10. Die Projektmanagement-Software unterstützt projektübergreifendes und unternehmensweites Controlling. Mit Hilfe von Szenarien können die Auswirkungen von steuernden Maßnahmen analysiert werden.

Finanzmittelmanagement

11. Unabhängig vom Kostenplan können Erträge aller Art in Höhe und Zeitpunkt kalkuliert werden und so ein Finanzierungsplan erstellt werden.

12. Vollständige Zahlungsstromrechnung unter Berücksichtigung des Obligos.

13. Die Projektmanagement-Software kann das Finanzmittelmanagement des Projekts konsistent mit dem Rechnungswesen des Unternehmens durchführen.

14. Arbeitsabläufe des Finanzmittelmanagements werden unterstützt.

15. Für das Projekt kann ein Business-Plan erstellt werden, dessen Erfüllung während des Projekts überwacht wird.

Informationsmanagement

16. Integration von einzelnen Projektinformationen in der Projektdatei / -datenbank. Hierzu gehören z.B. Bemerkungen zu Arbeitspaketen oder die Beschreibung von Aufgaben.

17. Von den einzelnen Projektelementen ist ein Verweis auf externe Dokumente möglich. Die Integrität der Verweise wird jedoch nicht überprüft.

18. Die Integration eines externen Dokumentenmanagementsystems ist möglich, um dessen Leistungsfähigkeit nutzen zu können, z.B. Versionsverwaltung oder Suchfunktion.

19. Die Projektmanagement-Software realisiert ein eigenes Dokumentenmanagement. Es verwaltet den Zugriff auf die Dokumente und garantiert die Integrität der Verweise auf sie. Mit Check-In/Check-Out, Versionsverwaltung, Metainformation und Suchfunktion bietet es die Grundmerkmale eines Dokumentenmanagementsystems. Soweit vorhanden, verbindet es das Dokumentenmanagement mit den anderen Leistungsmerkmalen wie z.B. Workflow und Änderungsmanagement.

20. Das Dokumentenmanagement kann eine projektübergreifende Wissensbasis abbilden und die dazugehörigen Prozesse. Hierzu zählen neben Such- und Strukturierungsfunktionen auch Dokumentationsfunktion nach Projektende und Archivierungsmöglichkeit. Das Erfahrungswissen aus Projekten kann in Form von "Lessons Learned" abgelegt und den nächsten Projekten zur Verfügung gestellt werden.

Konfigurationsmanagement

21. Im Rahmen von Issues (Offene Punkte) lassen sich Änderungsanforderungen definieren.

22. Es gibt eine eigenständige Verwaltung von Änderungsanforderungen.

23. Das Änderungsmanagement erlaubt eine Zuordnung der Änderungsanforderungen zu Projektelementen und die Vergabe von Verantwortlichkeiten.

24. Die Software beherrscht eine vollständige Konfigurationsbuchführung.

25. Die Software bildet einen Konfigurationsmanagement-Prozess wie z.B. CMII vollständig ab.

Kostenmanagement / Projektkostenrechnung

26. Arbeitspaketen oder Vorgängen lassen sich Kosten zuordnen. Ein einfacher Kostenplan kann

tabellarisch oder auch grafisch erstellt werden.

27. Projektkostenarten können definiert und im Kostenplan dargestellt werden.

28. Kosten lassen sich als zeitbezogene Sätze definieren, sodass die Projektmanagement-Software aus Einsatzdauern direkt Kosten errechnen kann. Dies gilt für alle Arten von Ressourcen. Die Stundensätze können zeitabhängig sein (z.B. Nachtarbeitszuschläge) und für jede Ressource individuell festgelegt werden. Auch abstrakten Ressourcen wie Qualifikationen können Kosten zugeordnet werden.

29. Eine vollständige Projektkostenrechnung nach Projektkostenarten, Projektkostenträgern und Projektkostenstellen ist möglich.

30. Vollständige Abbildbarkeit der Projektkostenrechnung und der Kostenrechnung des Unternehmens, sodass konsistent mit einem Enterprise Resource-Planning-System kommuniziert werden kann.

Multiprojektmanagement / Mehrprojekttechnik

31. Die Projektmanagement-Software kann mehr als ein Projekt gleichzeitig verwalten, die Projekte sind jedoch nicht miteinander verknüpfbar.

32. Die Ressourcen werden projektübergreifend verwaltet. Engpässe werden erkannt und angezeigt.

33. Das Zeitplanungsmodul beherrscht projektübergreifende Anordnungsbeziehungen und kann diese auf definierbare Weise bei der Berechnung des Netzplans berücksichtigen. Es lassen sich Teilprojekte definieren.

34. Alle Projekte sind in einer konsistenten Datenbasis zusammengeführt, wobei die einzelnen Projekte ggf. lokal bearbeitet werden. Die PM-Software kann alle Projekte in einer Portfoliostruktur (z.B. Programme, Teilprojekte) abbilden.

35. Alle Projektinformationen werden in einer zentralen Datenbank in Echtzeit in einer Multi-User-Umgebung konsistent verwaltet. Mehrere Planer können gleichzeitig Veränderungen an ihren Projekten vornehmen, ohne die Konsistenz der Daten zu gefährden.

Netzplantechnik: Termin- und Ablaufplanung

36. Vorgänge können definiert, mit Anfangs- und Endtermin versehen und strukturiert werden.

37. Die Vorgänge können durch die vier Standard-Anordnungsbeziehungen nach DIN 69900 verknüpft werden. Das Tool beherrscht projektintern die Vorwärts- und Rückwärtsrechnung zur Bestimmung der Pufferzeiten und des kritischen Wegs.

38. Die Projektmanagement-Software beherrscht die Mehrprojekttechnik, kann also projektübergreifende Anordnungsbeziehungen und Ressourcenzuordnungen berechnen.

39. Das Tool kann Simulationen, Optimierungsrechnungen und Szenarien auf Basis deterministischer Planvorgaben durchführen.

40. Die PM-Software verfügt über nicht-deterministische Algorithmen wie z.B. der Monte-Carlo-Simulation oder analytischer Wahrscheinlichkeitsrechnung. Es kann aus den Wahrscheinlichkeitsverteilungen der Einzeldauern die Wahrscheinlichkeitsverteilung der gesamten Projektdauer ermitteln. Es kann aus den Einzelinformationen den Netzplan so optimieren, dass vorgegebene Zielgrößen (z.B. die wahrscheinlichste Projektdauer) minimal sind.

Präsentation

41. Die Projektdaten werden mit einfachen Grafiken wie z.B. Säulendiagramm visualisiert. Far-

bige Druckausgabe in DIN A4.

42. Das Layout der Projektpläne wie Netzplan oder Balkenplan kann individuell angepasst und in dieser Anpassung ausgedruckt werden. Es besteht die Möglichkeit, die Pläne auf ein Blatt zu skalieren oder sie auf mehrere Blätter verteilt in Originalgröße auszugeben.

43. Für die Präsentation der Projektdaten stehen komplexe Grafiken wie gestaffelte Säulendiagramme, Bubble-Chart o.ä. zur Verfügung.

44. Die Ausgabe kann in medienneutralen Vektorgrafikformaten erfolgen. Ebenso kann das Tool alle Grafiken in ein Projektportal exportieren.

45. Für jedes Ausgabemedium kann eine eigene Layoutdefinition erstellt werden. Für den Ausdruck besteht keine Größenbeschränkung (d.h. min. DIN A0).

Projektportfoliomanagement

46. Die Projektmanagement-Software bietet eine Sicht auf alle Projekte mit einfachen Kennzahlen wie z.B. dem aktuellen Fertigstellungsgrad und den Soll / Ist-Varianzen.

47. Es gibt projektübergreifende Auswertungen. Berechnete Kennzahlen sind durch den Anwender definierbar. Reporting- und Präsentationsfunktionen stehen auch projektübergreifend zur Verfügung.

48. Der Projektlebenszyklus wird bereits in der Ideenphase unterstützt. Die Software bildet einen Genehmigungsprozess ab, der das Projekt vom Antragsstatus in den aktiven Status überführt.

49. Es stehen Verfahren zur Wirtschaftlichkeitsberechnung zur Verfügung. Die Projekte lassen sich nach einem vom Anwender definierbaren Schema bewerten. Die Projekte sind priorisierbar, die Priorität steht auch in anderen Leistungsmerkmalen zur Verfügung.

50. Der gesamte Lebenszyklus eines Projekts wird abgebildet. Es stehen Prognosetools (z.B. Szenariotechnik) zur wirtschaftlichen Bewertung des gesamten Projektportfolios zur Verfügung. Ein Benchmarkingsystem erlaubt den Vergleich der laufenden Projekte. Es können freie Metriken zur Projektbewertung definiert werden, die Software verfügt bereits über ein vordefiniertes Schema (z.B. Balanced Scorecard o.ä.).

Projektstrukturierung

51. Die Projektmanagement-Software kann eine ein- oder mehrstufige Liste an Arbeitspaketen bzw. Aufgaben erstellen und verwalten.

52. Die Projektmanagement-Software kann eine mindestens 32 Ebenen tief strukturierbare, hierarchische Liste an Arbeitspaketen bzw. Aufgaben erstellen und verwalten.

53. Strukturelemente werden eindeutig codiert. Mindestens Projektgegenstand und Ressourcen können strukturiert werden.

54. Die Projektstruktur kann in einem Baumdiagramm grafisch dargestellt und grafisch bearbeitet werden (z.B. Drag and Drop). Es können beliebig viele Projektgrößen strukturiert werden.

55. Die Projektmanagement-Software unterstützt mehrfache, parallele Projektstrukturen auf einer Größe und kann diese für Auswertungen und Berichte einsetzen.

Reporting

56. Vorgefertigte Berichte stellen den aktuellen Projektstatus dar.

57. Es lassen sich eigene Berichte erstellen und abspeichern. Die Projektdaten können zur externen Auswertung exportiert werden.

58. Es lassen sich Felder erstellen, deren Werte mit benutzerdefinierten Formeln aus den Pro-

jektdaten berechnet werden. Diese Felder stehen ebenfalls in vollem Umfang zur Auswertung zur Verfügung.

59. Vollständige Filter- und Strukturierungsmöglichkeiten erlauben die Beantwortung aller Fragestellungen zu den Projektdaten. Diese können durch eigene oder integrierte Module von Technologiepartnern auch grafisch aufbereitet werden.

60. Das Reporting ist auf Projekt- und Ressourcenebene möglich. Projektübergreifende und unternehmensweites Reporting wird unterstützt. Die Daten werden für Online Analytical Processing (OLAP) aufbereitet.

Ressourcenmanagement

61. Den Vorgängen aus der Terminplanung können bei der Projektplanung Ressourcen zugeordnet werden. Daraus entsteht umgekehrt eine Sicht der Ressourcen über ihre zugewiesenen Aufgaben.

62. Die Einlastung von Ressourcen erlaubt die neutrale Zuordnung aus Ressourcenpools. Bei der Zuordnung von Ressourcen wird die Auslastung der Ressource direkt angezeigt. Die Verfügbarkeit der Ressourcen kann individuell modelliert werden (z.B. Kalender pro Ressource).

63. Ressourcen und Ressourcengruppen können Eigenschaften zugewiesen werden, nach denen gefiltert, organisiert und geordnet werden kann. Ressourcen können mit Hilfe eines Anforderungsprofils angefordert werden. Ein Abgleich von Anforderungsprofil und Leistungsprofil erlaubt das Auffinden geeigneter Ressourcen.

64. Die Projektmanagement-Software verfügt über Algorithmen zur Optimierung der Ressourcenauslastung und kann eine kapazitätstreue Terminplanung in einer Multiprojektumgebung durchführen.

65. Das Ressourcenmanagement umfasst das gesamte Unternehmen mit allen Projekten. Es vereinheitlicht Linien- und Projektorganisation. Es prognostiziert aus dem Portfolio laufender und geplanter Projekte heraus die zukünftigen Anforderungen an den Personalbestand.

Projektorganisation

66. Das Programm verfügt über eine eigene Zugriffsverwaltung. D.h. Anwender erhalten nur über Kennung und Passwort Zugang zu den Projektdaten.

67. Für jeden Anwender können Zugriffsrechte individuell vergeben werden.

68. Den Anwendern können Rollen zugeordnet werden, die Zugriffsrechte und Leistungsmerkmale des Tools den jeweiligen Bedürfnissen entsprechend definieren.

69. Die Zugriffsrechteverwaltung sieht Gruppenrechte und vererbbare Rechte vor. Rollen können vom Anwender selbst definiert werden.

70. Mit einer einmaligen Anmeldung werden die Rollen und Zugriffsrechte situationsgemäß angepasst, ohne dass ein neues Einloggen stattfinden muss (Single-Sign-On). Je nach aufgerufenem Projekt oder Dokumentenbereich weiß die Projektmanagement-Software, welche Rechte der Anwender hat und welche Möglichkeiten ihm zur Verfügung gestellt werden.

Risikomanagement

71. Im Rahmen der Project-Issues lassen sich Risiken als eigenständige Kategorie definieren.

72. Die Projektmanagement-Software verfügt über ein eigenständiges Risikomanagement, das eine einfache Risikobewertung erlaubt und Maßnahmen zur Risikovorsorge dokumentiert.

73. Die Risikoverwaltung erlaubt eine Zuordnung der Risiken zu Projektelementen und die

Vergabe von Verantwortlichkeiten.

74. Vollständiges projektorganisationsinternes Risikomanagement mit projektbegleitender Risikoüberwachung und Maßnahmen zur Risikovorsorge wie z.B. Vorhalten von Alternativplänen.

75. Unternehmensweites, projektübergreifendes Risikomanagement auf allen Ebenen der Unternehmens- und Projektorganisation. Es sind Eskalations- und Deeskalationsmechanismen definiert, um die Verantwortung für Risiken von einer Ebene zur anderen zu übergeben.

Schnittstellen

76. Input und Output einfacher Basisinformationen über ASCII-Dateien (z.B. CSV-Format).

77. Alle Projektinformationen sind exportierbar, auch benutzerdefinierte und berechnete Felder, so dass ihre Weiterverarbeitung in anderen Auswertungsprogrammen (z.B. Tabellenkalkulationsprogrammen) möglich ist.

78. Über standardisierte Datenbankschnittstellen (z.B. ODBC) kann ein bidirektionaler Datenaustausch mit anderen Anwendungen stattfinden.

79. XML-Import und -Export wird unterstützt. Mit Hilfe von Zuordnungstabellen können XML-DTD auf die interne Projektdatendarstellung abgebildet werden.

80. Über einen Software-Development-Kit (SDK) sowie ein Application Programming Interface (API) können benutzerdefinierte Schnittstellen für eine vollständige Integration der Software in alle IT-Umgebungen erstellt werden.

Workflow

81. Es stehen einfache, vorgefertigte Arbeitsabläufe zur Verfügung, wie z.B. die Abnahme von Arbeitspaketen oder die automatische Berichterstellung nach bestimmten Ereignissen.

82. Durch Kombination von benutzerdefinierten Feldern und Makros lassen sich einfache Arbeitsabläufe abbilden.

83. Das Tool benachrichtigt automatisch die verantwortlichen Personen, wenn bestimmte Ereignisse eintreten. Dies kann durch Meldung auf der personifizierten Startseite des Programms oder durch E-Mail-Benachrichtigungen geschehen.

84. Lineare Arbeitsabläufe können anwenderspezifisch abgebildet werden.

85. Die PM-Software verfügt über ein vollständiges Workflow-Modul, das verzweigte und bedingte Arbeitsabläufe mit mehreren Beteiligten in unterschiedlichen Rollen dokumentiert abbilden kann.

Abb. PMSOF-2: Anforderungskatalog für Projektmanagementsoftware
(nach *Projekt Magazin*, 5-11)

Hinsichtlich der Anforderungen an PMS führt *Burghardt* (733-749) einen wichtigen Gedanken an, nämlich das Online-Projektmanagement aufgrund von Entwicklungen im Cloud Computing sowie der zunehmenden Verfügbarkeit von webbasierter PMS und der Zusammenarbeit in virtuellen Teams in Zukunft noch bedeutsamer werden wird.

Kosten und Nutzen von Projektmanagementsoftware

Bevor man sich entscheidet, PMS einzusetzen, sollte man die Kosten und den Nutzen von PMS gegenüberstellen. *Angermeier* hat sich mit den Kosten und dem Nutzen von PMS befasst; er gibt folgende „grobe Faustregel" hinsichtlich dem Investitionsbetrag in PMS an: je Projektbeteiligten ist im Durchschnitt von einer Investition in Höhe von 1.000 Euro auszugehen, wobei zwischen der kostengünstigsten und teuersten Lösung „ein Faktor 100" liegen kann. Weiter führt er aus, dass für mittelständische Unternehmen demzufolge Kosten in Höhe von „einige tausend bis zehntausend Euro" entstehen können, für Großunternehmen können die Kosten für unternehmensweite Projektmanagement-Software „ein- bis zweistellige Millionenbeträge erreichen" (2). Anzumerken ist hierzu, dass heute am Markt viele PMS-Produkte kostenlos angeboten werden (oft als Cloud-Lösung, jedoch teilweise mit eingeschränkter Nutzungsmöglichkeit). Einige PMS-Produkte werden auch als Open-Source-Software angeboten.

Hinsichtlich der Kosten für PMS stellt *Angermeier* ein TCO-Modell (Total Cost of Ownership) vor, das Anschaffungs-, Inbetriebnahme- und Betriebskosten unterscheidet:

Anschaffungskosten:
- Direkte Lizenzkosten (folgende Modelle werden genannt, wobei Modelle auch in Kombination auftreten können):
  - Rechnerlizenz
  - Anwenderlizenz
  - Rollenlizenz
  - Funktionenlizenz
  - Projektumfangslizenz
  - Nutzungsgebühr
- Indirekte Lizenzkosten (Kosten, die anfallen, um die PMS in die bestehende IT-Landschaft einzubinden, z.B. Lizenzkosten für Middleware)
- Hardwarekosten (sofern die bestehende Hardware nicht ausreichend leistungsstark ist)

Kosten für Inbetriebnahme:
- Kosten für Installation, Anpassung (z.B. spezifische Gestaltung von Reports) und Datenübernahme (sofern Daten aus einem Altsystem zu importieren sind)
- Kosten für Einführung und Schulung

Betriebskosten:
- Wartung und Support (z.B. Fehlerbehebung, Updates, telefonischer Support)
- Administration und laufende Anpassung (z.B. sollte man sich Gedanken machen, ob jede „kleinere" Anpassung wie die Einrichtung eines spezifischen Reports die Einbindung des Softwareanbieters erfordert oder ob Zusatzfunktionalitäten dieser Art auch durch eigene Mitarbeiter ohne großen Aufwand entwickelt werden können)
- Fortbildungskosten (z.B. neue Mitarbeiter müssen sich mit der Software vertraut machen)

- Fehlerkosten (z.B. Kosten aufgrund von Ausfallzeiten der Software)

Hinsichtlich des Nutzens von PMS stellt *Angermeier* fest, dass es „drei Arten quantifizierbaren Nutzens" gibt, die auch in Kombination auftreten können:

- Einsparung von Arbeitszeit (z.B. durch Beschleunigung von Abläufen im Projekt),
- Erhöhung der Projekterträge (z.B. durch bessere Auslastung von Ressourcen oder durch Erhöhung des Anteils von fakturierbaren Projektstunden) und
- Reduzierung von Verlusten (z.B. durch rasches Erkennen von Problemen und zeitgerechtes Reagieren).

Zudem wird darauf hingewiesen, dass ein strategischer Nutzen des Einsatzes von PMS die Erhöhung von Transparenz sein kann, wobei *Angermeier* betont, dass ein Softwareeinsatz nicht grundsätzlich die Transparenz für alle Projektbeteiligten erhöht; er spricht in diesem Zusammenhang von der „Worthülse Transparenz". Seine Überlegungen beruhen darauf, dass sich die Frage stellt, *für wen* sich durch den Einsatz von PMS die Transparenz erhöht (z.B. für den Auftraggeber, den Lenkungsausschuss, die Projektleitung oder die Projektmitarbeiter).

Frischmuth (1) präsentiert einen ähnlichen Gedanken, wenn er zum Einsatz von PMS schreibt „zusätzlicher Aufwand – kaum Nutzen", und er gibt dazu das Beispiel der Fortschrittsmessung in Projekten an. PMS soll die Projektleitung dabei unterstützen, einen möglichst realistischen Überblick zum Projektstatus zu erhalten, um den weiteren Projektverlauf prognostizieren und – sofern notwendig – Maßnahmen einleiten zu können. Damit solche Berichte zum Projektstatus möglich werden (idealerweise „auf Knopfdruck"), müssen Projektmitarbeiter Daten fristgerecht im System erfassen, was jedoch aus deren subjektiver Sicht nicht unmittelbar Nutzen stiftend ist, sondern einen Mehraufwand verursacht. Zudem könnte eine exakte Erfassung von Tätigkeiten und Arbeitsaufwand dazu führen, dass sich Mitarbeiter überwacht und in ihrer Handlungsfreiheit eingeschränkt fühlen. Konsequenz ist, dass die Erfassung von Daten im System in vielen Projekten oft nur schleppend geschieht. *Frischmuth* (1) beschreibt die potentiellen negativen Folgen einer schleppenden Datenerfassung treffend: „Anstatt über ein Frühwarnsystem verfügt der Projektleiter nur noch über eine reine Nachbetrachtung und hat nicht die Chance, in schwierigen Projektphasen frühzeitig steuernd einzugreifen. Die benötigten Informationen muss sich der Projektleiter stattdessen direkt von den Beteiligten durch zahlreiche Gespräche, Telefonate, E-Mails und Besprechungen holen. Die tatsächlich erfassten Daten sind allenfalls noch für das Management brauchbar, z.B. um ein abgelaufenes Quartal oder Geschäftsjahr strategisch zu bewerten." *Frischmuth* konzeptualisiert in diesem Zusammenhang drei Anspruchsgruppen: Projektmitarbeiter, Projektleitung sowie Controlling/Backoffice/Geschäftsleitung. Abbildung PMSOF-3 zeigt diese Anspruchsgruppen und zugehörige Aktivitäten bei der Nutzung von PMS.

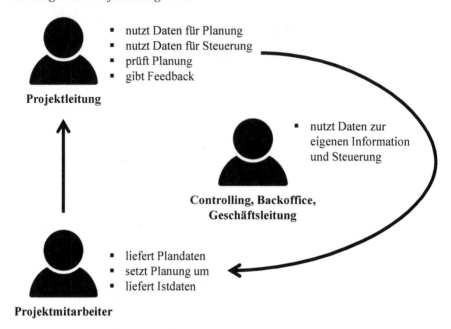

- nutzt Daten für Planung
- nutzt Daten für Steuerung
- prüft Planung
- gibt Feedback

Projektleitung

- nutzt Daten zur eigenen Information und Steuerung

Controlling, Backoffice, Geschäftsleitung

- liefert Plandaten
- setzt Planung um
- liefert Istdaten

Projektmitarbeiter

Abb. PMSOF-3: Mitarbeiter geben in Projektmanagementsoftware Daten ein, haben jedoch selbst oft keinen Nutzen (in Anlehnung an *Frischmuth*, 3)

Frischmuth (3) bezeichnet die Projektmitarbeiter als „die wichtigsten Informationslieferanten (Plan- und Ist-Daten)", die selbst durch die PMS keinen Nutzen für ihre eigene Zielerreichung erfahren. Daraus folgt, dass die „gefühlte Unterstützung" für den Projektmitarbeiter nicht vorhanden ist oder aufgrund der Mehrbelastung durch die Dateneingabe sogar negative Emotionen entstehen können. Die Mehrzahl der „Nutznießer" sind laut *Frischmuth* auf der Ausgabeseite von PMS zu finden, insbesondere das Controlling und Backoffice sowie die Geschäftsleitung profitieren.

Pointiert schreibt *Frischmuth* (3): „Die einen wollen ein System, versorgen dieses aber nicht mit Daten, die anderen lehnen es ab, sind aber die Hauptdatenlieferanten. Lösungsansätze zum nutzbringenden Einsatz von PM-Software müssen deshalb bei den Datenlieferanten ansetzen." Solche Lösungsansätze werden im Beitrag auch genannt, unter anderem:

- Die Datenerfassung sollte auf möglichst viele Projektmitarbeiter verteilt werden, weil dann die Mehrbelastung minimiert wird (oftmals ist dann laut *Frischmuth* die Dauer für die Istdatenerfassung weniger als 30 Minuten in der Woche).
- In anderen Systemen erfasste Daten sollten in die PMS übernommen werden können (z.B. Urlaubsdaten, um die Ressourcenplanung durchzuführen).
- In die PMS sollten Funktionen integriert werden, die mit positiven Gedanken assoziiert werden (z.B. Erfassung von Ausbildungs- und Knowhow-Profilen für die Projektbesetzung sowie Ressourcenplanung und Verwendung dieser Daten für die Mitarbeiterentwicklung).
- Es sollten nur Daten in der PMS erfasst werden, die auch tatsächlich verwendet werden.

- Es sollte klar gemacht werden, dass die Datenerfassung der Informationsgenerierung dient und nicht die Grundlage „versteckter Leistungskontrollen" ist.
- Datenverwender (Projektleitung sowie Controlling, Backoffice und Geschäftsleitung) sollen ihre Daten bzw. Informationen aus der PMS beziehen und nicht Projektmitarbeiter mit Anfragen konfrontieren, sofern die Daten im System vorliegen bzw. Informationen aus den Daten generiert werden können (Reports).

Vorgehensweisen bei der Auswahl von Projektmanagementsoftware

In der Lerneinheit EVALU wird ausgesagt, dass die Planung und Realisierung von Projekten impliziert, dass verschiedene an einem Projekt beteiligte Personen oder Gruppen (z.B. Projektleitung oder Lenkungsausschuss) in unterschiedlichen Projektphasen verschiedene Objekte zu beurteilen haben. PMS ist ein bedeutsames Evaluierungsobjekt. Zwei Methoden, die bei der Auswahl von PMS eingesetzt werden können, sind die Nutzwertanalyse und der Analytische Hierarchieprozess (vgl. Lerneinheit EVALU, in einem Beitrag von *Ahmad/Laplante* wird beispielsweise die Auswahl von PMS auf der Basis des Analytischen Hierarchieprozesses exemplarisch dargestellt). Da die Auswahl von ungeeigneter PMS beträchtliche negative Konsequenzen für ein Unternehmen haben kann (unter anderem werden die oben angeführten „drei Arten quantifizierbaren Nutzens" kaum oder gar nicht realisiert, obwohl Kosten entstehen), wird in der Fachliteratur gefordert, dass die Auswahl von PMS methodisch erfolgen sollte, also auf einem System von Regeln aufbauen und intersubjektiv nachvollziehbar sein sollte (formale Evaluation).

Vor diesem Hintergrund verwundert es nicht, dass insbesondere in der Praxisliteratur mehrere Vorgehensweisen beschrieben werden, wie PMS ausgewählt werden kann. Die Darstellungen in der Praxisliteratur haben den Charakter von Phasen- bzw. Vorgehensmodellen. Im Folgenden werden zwei Modelle skizziert. Sollte die Absicht bestehen, eines der beiden Modelle einzusetzen, wird empfohlen, die Originalveröffentlichungen vollständig zu lesen.

Eichten beschreibt ein Projekt zur Auswahl von PMS anhand eines konkreten Fallbeispiels bei DEVK Versicherungen (Projektdauer: 8 Monate, Aufwand: 170 Personentage). Die PMS wird insbesondere in der Projektplanung, der Dokumentation von Risiken und Problemen, der Ist-Aufwandserfassung und für das Berichtswesen verwendet. Zu Beginn des Beitrags wird erläutert, dass das Auswahlprojekt kein Start „auf der grünen Wiese" war, da im Unternehmen bereits seit längerem eine Software zur Unterstützung des Projekt- und Portfoliomanagements im Einsatz war. Es werden mehrere Gründe genannt, warum ein Wechsel der Software notwendig wurde (z.B. Auslaufen des Wartungsvertrags, mangelhafte Usability). Das Kernteam des Auswahlprojekts bestand aus sechs Mitarbeitern. Zudem wurden weitere Personen aus verschiedenen Anspruchsgruppen in mehreren Phasen des Projekts eingebunden. Der Auswahlprozess gliederte sich in folgende Phasen:

- Anforderungsaufnahme,
- Marktsondierung unter 144 Anbietern,
- Webcast mit elf Anbietern,

- Ausführliche Tool-Präsentation vor Ort mit vier Anbietern,
- Proof of Concept und Besuch eines Referenzkunden für zwei Produkte.

Die verschiedenen Phasen werden in der Veröffentlichung ausreichend detailliert beschrieben, um eine Anwendung des Modells in einem anderen Organisations-kontext zu ermöglichen, insbesondere werden Aktivitäten, Methoden und Rollen erläutert. Im Fazit hält der Autor fest, dass die PMS erfolgreich und termingerecht eingeführt wurde und sich der Aufwand bei der Softwareauswahl gelohnt hat.

Meyer beschreibt die Auswahl von PMS anhand eines Modells, „das sich bereits in zahlreichen Auswahlprojekten bewährt hat" (1) und für dessen Einsatz man „zwischen sechs und zwölf Monate einplanen" sollte (11). Zunächst wird im Beitrag erläutert, dass „Prozesse und Methoden" sowie „Anforderungen" das Fundament der Softwareauswahl sind; der Autor schreibt: „Ein solch systematischer Auswahl-prozess prüft zunächst die prozessualen und methodischen Voraussetzungen und erhebt Anforderungen, indem er Prozesse über Features stellt und dabei ein klares Bild der Zukunft mit [dem] Tool malt" (11). Der in der Veröffentlichung beschrie-bene Auswahlprozess gliedert sich in folgende Phasen und Teilprozesse:

- Anforderungen
  - Standortbestimmung und Kick-off
  - Methoden, Prozesse, Organisation
  - Anforderungsworkshops
  - Anforderungsdokumentation
- Auswahl
  - Produktrecherche (Longlist)
  - Angebotsanfrage (Shortlist)
  - Anbieterpräsentationen
  - Teststellungen und Detailworkshops
  - Verträge
- Einführung
- Etablierung

Die verschiedenen Phasen und Teilprozesse werden in der Veröffentlichung detail-liert beschrieben, wodurch eine Anwendung des Modells in einem anderen Organi-sationskontext ermöglicht wird. Aktivitäten, Methoden, Techniken, Werkzeuge und Rollen werden erläutert. Im Fazit schreibt der Autor (11): „Wenn Sie eine pragmatische PM-Softwarelösung für ein Dutzend Anwender suchen, ist meist ein kurzer Anforderungsworkshop, etwas Internetrecherche und eine probeweise Inbe-triebnahme diverser Systeme als Spielwiese ausreichend. Benötigen Sie aber solide Multiprojekt- und Projektportfoliomanagement-Lösungen, die zahlreiche Anwen-der in womöglich unterschiedlichen Teilen der Organisation verwenden sollen, geht es rasch um Investitionen, die sechsstellig oder höher sind. Schließlich sind neben Lizenzkosten unter anderem auch die Kosten für Anpassungen, Schulungen und interne Mitarbeiteraufwände zu berücksichtigen. Vor allem aber beeinflusst eine solche PM-Software die Projektorganisation. Daher ist in so einem Fall ein systematischer Auswahlprozess unumgänglich … Nachvollziehbare priorisierte Anforderungen, die aus den Prozessen folgen, liefern die Grundlage für schriftliche

Anbieteranfragen sowie für die Produkt-Präsentationen und Teststellungen, in denen das Auswahlteam die Produkte systematisch nach und nach genauer bewertet und testet. Die dabei entstehenden Erkenntnisse auf beiden Seiten – bei Testern und Anbietern – fließen in das Vertragswerk ein und bilden das Fundament für die Implementierung."

Einsatz agiler Methoden und Projektmanagementsoftware

In der Lerneinheit AGILM werden agile Methoden in der Softwareentwicklung erläutert und es wird aufgezeigt, in welcher Weise sich der agile vom klassischen Ansatz unterscheidet. Im Ergebnis wird festgehalten, dass sich die beiden Ansätze in wesentlichen Eigenschaften des Entwicklungsprozesses unterscheiden. Daraus resultiert die Frage, ob sich die Funktionalitäten von PMS in Abhängigkeit vom praktizierten Entwicklungsansatz unterscheiden sollten. Diese Frage ist mit einem „Ja" zu beantworten. Beispielsweise verläuft die Kommunikation zwischen Personen in Projekten nach dem agilen Ansatz anders ab als in Projekten nach dem klassischen Ansatz (idealtypisch wird beim agilen Ansatz insgesamt mehr sowie mehr in Echtzeit kommuniziert). Weiter wird in Projekten nach dem klassischen Ansatz (wieder idealtypisch betrachtet) mehr dokumentiert als in Projekten nach dem agilen Ansatz. Daraus kann geschlossen werden, dass PMS-Funktionalitäten, die Echtzeit-Kommunikation ermöglichen (z.B. Instant Messaging, siehe dazu z.B. das Werkzeug Slack), in agil abgewickelten Projekten einen vergleichsweise höheren Stellenwert als in klassisch abgewickelten Projekten haben, wohingegen PMS-Funktionalitäten zur Dokumentation (also typische Features von Dokumentenmanagement-Systemen, siehe dazu z.B. das Werkzeug IBM FileNet Content Manager) in klassisch abgewickelten Projekten einen höheren Stellenwert als in agil abgewickelten Projekten haben.

In der Fachliteratur für Praktiker gibt es eine Vielzahl von Veröffentlichungen, die sich mit Werkzeugen für das agile Projektmanagement befassen. So beschreibt beispielsweise *Albers* agiles Projektmanagement mit dem Werkzeug Trello und schreibt im Fazit (12): „Trello ist ein Online-Tool, das seine Stärken im Umfeld von agilen Projektmanagement-Methoden und kleineren Teams hat. Gerade, wenn es sich um Projekte handelt, deren Umfang und Ziele häufigeren Änderungen unterworfen sind, unterstützt Trello die Beteiligten mit seiner übersichtlichen visuellen Darstellung und einfachen Handhabung … gibt es bisher auch keine einfache Möglichkeit, alle Projektdaten zu sichern … Zu den umfangreichen internen Funktionen von Trello gibt es zudem eine beachtliche Anzahl von Integrationsmöglichkeiten in Dritt-Anbieter-Anwendungen … Diese bieten beispielsweise weitere Funktionen für die Umsetzung von Scrum, Gantt-Charts, Zeiterfassung …".

Als grundsätzliche Empfehlung kann ausgesprochen werden, aus der dem Projekt zugrunde liegenden Systematik (klassisch, agil oder eine Mischform) konkrete Prozesse und Aufgaben abzuleiten. Aus diesen und weiteren Überlegungen (z.B. interne oder externe Vorschriften) ergeben sich dann die Anforderungen an die PMS. In einem transparenten Auswahlprozess sollte schließlich unter Berücksichtigung der Meinungen der im Projekt wichtigen Anspruchsgruppen jenes Produkt ausgewählt werden, welches das beste Kosten/Nutzen-Verhältnis aufweist.

Forschungsbefunde

In einer im Jahr 2005 von *Meyer* veröffentlichten Studie des Instituts für Projektmanagement und Innovation der Universität Bremen (in Kooperation mit der Fachgruppe „Software für Projektmanagement-Aufgaben" der Deutschen Gesellschaft für Projektmanagement e. V.) wird über eine Befragungsstudie zur Softwareunterstützung von Projektmanagementaufgaben berichtet (N=304 Personen, die im Durchschnitt knapp zehn Jahre Projektmanagement-Erfahrung haben, rund 40 Jahre alt sind und von denen 82% angaben, als Projektleiter bzw. Projektmanager tätig zu sein). Wichtige Ergebnisse der Studie sind: 99,3% der Befragten (N=302) gaben an, Methoden des Ablauf- und Terminmanagements anzuwenden, von denen wiederum 295 Personen angaben, dass für diese Aufgaben Softwareunterstützung besteht. Hinsichtlich dem Anforderungsmanagement gaben 69,4% der Befragten an (N=211), Methoden einzusetzen, während jedoch nur 43% (N=132) Software dafür einsetzten. Weiter wurde in der Studie untersucht, in welchem Umfang „allgemeine Software" (z.B. Microsoft-Office-Produkte) und „spezifische Software" (PMS im engeren Sinn) eingesetzt werden. Im Ergebnis wird festgehalten (42-43): „Der Anteil der Projekte, in denen spezifische Software zum Einsatz kommt, ist zumeist nur ein geringer Teil der Projekte, in denen überhaupt Software eingesetzt wird … Nennenswerte Unterstützung durch spezifische Software findet sich nur bei der Projektstrukturierung, dem Aufgaben- und Terminmanagement sowie dem Ressourcenmanagement und – eingeschränkt – dem Kosten- und Dokumentenmanagement. Insbesondere das Risikomanagement wird kaum durch speziell zugeschnittene Software unterstützt."

Bemerkenswert ist zudem der Befund, dass 80% der Befragten der Aussage „Informationen existieren neben offizieller PM-SW [Projektmanagement-Software] zum Großteil in projektspezifischen Datenbanken, Excel-Tabellen etc." mit den beiden höchsten Ausprägungen einer 6-stufigen Skala zustimmten (die Skala ging von „starke Zustimmung" bis „starke Ablehnung"). Der Aussage „SW muss Auswertung über mehrere Projekte ermöglichen" stimmten 73% der Befragten mit den beiden höchsten Ausprägungen zu, bei der Aussage „Trainingsbedarf beim Einsatz der SW wird unterschätzt" waren es 69%. Ein positives Bild zeigte sich bei der Analyse der Antworten zur Implementierung von PMS (N=245): 71% erachteten die Implementierung insgesamt als erfolgreich. Bei der Interpretation der Ergebnisse ist zu beachten, dass die Studie Mitte der 2000er Jahre durchgeführt wurde, anekdotische Evidenz legt jedoch nahe, dass mehrere Befunde der Studie auch heute noch in ähnlicher Weise Gültigkeit haben dürften. So ist beispielsweise bekannt, dass viele Unternehmen auch heute noch (zumindest in Ergänzung zu PMS im engeren Sinn) Excel-Dateien verwenden, um Projektdaten zu verwalten und Statusberichte über den Projektfortschritt zu erstellen. Weiter wird der Trainingsbedarf für die künftigen Benutzer eines neu eingeführten Systems auch heute noch in vielen Unternehmen unterschätzt (was aber nicht nur für PMS gilt, sondern für Software im Allgemeinen).

Vogelsang/Claus veröffentlichten im Jahr 2012 die Ergebnisse einer qualitativen Studie zur Akzeptanz von PMS. Die methodische Vorgehensweise geben die Autoren wie folgt an (3): „Es wurden in einem Zeitraum von zehn Wochen 14 Interviews geführt. Die Auswahl der Interviewpartner erfolgte auf Basis ihrer Qualifikation. Insgesamt wurden sechs Mitarbeiter von PM-Softwareherstellern, fünf Anwender und drei Fachexperten aus dem Bereich des PM und des PM-Softwareconsultings befragt. Zwei der Befragten waren weiblichen Geschlechts. Die Befragten wurden gebeten einen ihnen bekannten Einführungsprozess einer PMS und den weiteren Verlauf der Akzeptanz zu schildern. Abschließend sollten sie die für sie wichtigsten Faktoren der Akzeptanz unterteilt in die Elementarbereiche Individuum, Software und Unternehmen benennen. Die Auswertung der Interviews erfolgte gemäß dem Vorgehen der Qualitativen Inhaltsanalyse."

Insgesamt wurden aus den 14 Interviews 396 Aussagen zur PMS-Akzeptanz extrahiert, aus denen 35 Akzeptanzkategorien gebildet wurden. Das wesentliche Ergebnis der Studie ist ein Akzeptanzmodell für PMS, wobei die abhängige Variable die Verwendung von PMS („use") ist; das Modell nennt fünf Determinanten der Verwendung von PMS (unabhängige Variablen): Projektmanagement-Erfahrung des Benutzers („project management experience"), Schulungsmöglichkeiten für Benutzer („training"), Bedeutung der Software für den Arbeitsalltag („job relevance"), Aufgabenunterstützung durch die Software („task support") und Anpassbarkeit der Software an die Bedürfnisse des Benutzers („adaptability"). In Zusammenhang mit dieser Studie sei weiter auf vorangegangene Untersuchungen an der Universität Osnabrück zur Akzeptanz von PMS verwiesen, auf die unter anderem in Beiträgen im *Projekt Magazin* eingegangen wird (einige Quellen sind hierzu bei der Vertiefungsliteratur genannt).

Cicibas et al. (1) argumentieren in einem im Jahr 2010 veröffentlichten Beitrag, dass „the literature on how to select the appropriate project management software tools is quite limited". Darauf aufbauend werden im Beitrag 17 Kriterien erläutert, anhand derer man PMS vergleichen kann. Die Kriterien sind (im englischen Original): Task Scheduling, Resource Management, Collaboration, Time Tracking, Estimation, Risk Assessment, Change Management, Project Analysis/Reporting, Document Management, Communication Tools, Process Development Method, Portfolio Management, Access Control, Quality Management, Web Based, License, Issue Tracking. Es folgt im Beitrag ein Vergleich von zehn PMS-Produkten (Assembla, BaseCamp, DotProject, GanttProject, LiquidPlanner, Artemis View, OpenWorkbench, Open Proj, Primavera, MS Project) entlang der 17 Kriterien. Zur methodischen Vorgehensweise finden sich im Beitrag folgende Aussagen (3-4): „Information … was collected from the official web sites of the tools … we investigated whether the tool supports the functionality or features listed earlier as the 17 criteria developed for this study … Some of the features require experimentation with the tool".

Ein wesentliches Ergebnis der Studie ist, dass in 70 Zellen der insgesamt 170 Zellen umfassenden Analysematrix (17 Kriterien × 10 PMS-Produkte) „need further experimentation" angegeben ist. Daraus folgt, dass in rund 41% der Fälle die Informationen auf den Websites der Softwarehersteller nicht ausreichen, um eine Beurteilung eines Features mit „gegeben" bzw. „nicht gegeben" durchzuführen. Testinstallationen sowie Interaktionen mit den Softwareherstellern sind daher unerlässlich, wenn man eine den Anforderungen entsprechende PMS anschaffen will.

Weitere Ergebnisse der Studie fassen die Autoren wie folgt zusammen (4-5): „none of the tools provides all the functionality or features. Some of the features exist in almost all of the tools. These include task scheduling, resource management, collaboration, and document management. In addition most tools are web-based ... Half of the tools we analyzed are open-source or do not require licenses. Of course, the quality of the functionality provided with these tools varies and we believe this issue requires further study".

Eine weitere Vergleichsstudie zu PMS legten *Mishra/Mishra* im Jahr 2013 vor. In dieser Studie wurden 20 Produkte entlang von 18 Kriterien verglichen (von denen sich 13 Kriterien auf Aufgaben im Projektmanagement beziehen, die anderen 5 Kriterien auf die zugrunde liegende Technologie). Die Produkte sind: @Task, Central Desktop, Collabtive, GanttProject, Clarizen, Gemini Issue Tracker, JIRA, GoPlan, GlassCubes, KPlato, Prowork Flow, Zoho Project, SmartSheet, Microsoft Project 2013, Planner Suite, Microsoft Project, OpenProj, Planner Suite, Project.Net, MicroPlanner X-Pert. Die Auswahl dieser Produkte begründen die Autoren wie folgt (1): "20 popular project management tools used by professionals are discussed and compared. The software tools to be compared have been selected from both open sources and proprietary software groups".

Die 13 aufgabenbezogenen Kriterien sind: Earned Value Analysis, Gantt Chart, Critical Path Method, Milestones, Resource Management, Time Tracking, Tasks, Dependencies, Reports, Documents, Version Control, Workspaces, User Roles. Die fünf technologiebezogenen Kriterien sind: Platform Based, Web Based, Online, Proprietary, Open Source. Die Auswahl der Kriterien begründen die Autoren wie folgt (2): "Features to be compared have been selected by the authors according to significance".

Das wesentliche Ergebnis hinsichtlich dem Produktvergleich beschreiben die Autoren wie folgt (2): "The leading proprietary products in the comparison chart are @Task, Clarizen and Gemini with @Task supporting 12 out of 13 features listed. Obviously, the price tag rises as more features are added into a package. Most of these products are web-based and provide services to their customers online. *The trend indicates that project management and the online collaboration sector are moving in more evolving direction.* Leading open-source products in the comparison chart appear to be GanttProject and OpenProj" (Hervorhebung durch den Verfasser dieses Buches). Der hervorgehobene Befund, dass klassische Funktionalitäten von PMS (z.B. Aufgaben-, Termin- und Ressourcenplanung) zunehmend mehr durch Funktionalitäten zur Online-Kommunikation erweitert werden ist insbesondere in Informatik-Projekten von Relevanz, da Softwareentwicklung typischerweise ein hochgradig arbeitsteilig organisierter Prozess ist, woraus folgt, dass Kommunikation und Koordination einen entscheidenden Einfluss auf den Projekterfolg haben (vgl. dazu die Lerneinheit KOORD).

Kontrollfragen

1. Warum ist der Einsatz von Projektmanagementsoftware (PMS) in Projekten wichtig?
2. Welche Möglichkeiten zur Kategorisierung von PMS gibt es?
3. Welche Anforderungen sind an PMS zu stellen?
4. Wie kann man die Kosten und den Nutzen von PMS bestimmen?

5. Wie kann die Akzeptanz von PMS durch die Projektmitarbeiter sichergestellt werden?

Quellenliteratur

Ahlemann, F.: Project management systems: Typology, state-of-the-art and forecast. Proceedings of the 17th World Congress on Project Management: Project Oriented Business and Society, 2003

Ahmad, N./Laplante, P. A.: Software project management tools: Making a practical decision using AHP. Proceedings of the 30th Annual IEEE/NASA Software Engineering Workshop, 2006

Albers, F.: Zusammenarbeit in virtuellen Teams: Agiles Projektmanagement mit Trello. Projekt Magazin, 9/2016, 1-12

Angermeier, G.: Kosten und Nutzen von PM-Software: Teil 1: TCO - Total Cost of Ownership. Projekt Magazin, 9/2004, 1-7

Angermeier, G.: Kosten und Nutzen von PM-Software: Teil 2: Kosten reduzieren und Erträge erhöhen. Projekt Magazin, 12/2004, 1-6

Burghardt, M.: Projektmanagement: Leitfaden für die Planung, Überwachung und Steuerung von Projekten. 9. A., Publicis, 2012

Cicibas H./Unal O./Demir K. A.: A comparison of project management software tools (PMST), Proceedings of the 9th International Conference on Software Engineering Research and Practice, 2010

Eichten, M.: Strukturierter Systemwechsel: Wie Sie PM-Tools effizient auswählen und die Akzeptanz der Anwender sicherstellen. Projekt Magazin, 5/2015, 1-8

Frischmuth, N.: Akzeptanz von PM-Software: Auf die "gefühlte Unterstützung" kommt es an. Projekt Magazin, 10/2008, 1-8

Meyer, M. M.: Studie zur Softwareunterstützung für Projektmanagement-Aufgaben, Projekt Management aktuell, 4/2005, 42-45

Meyer, M. M.: Erst die Prozesse dann die Software: So finden Sie die passende PM-Software - Teil 1: Vom Softwarewunsch zur Longlist, Projekt Magazin, 20/2016, 1-9

Meyer, M. M.: Erst die Prozesse dann die Software: So finden Sie die passende PM-Software - Teil 2: Von der Longlist zum Kaufabschluss, Projekt Magazin, 21/2016, 1-11

Mishra, A./Mishra, D.: Software project management tools: A brief comparative view. ACM SIGSOFT Software Engineering Notes, 5/2013, 1-4

Morgenroth, K.: Projektmanagement-Werkzeug. Enzyklopädie der Wirtschaftsinformatik - Online-Lexikon. http://www.enzyklopaedie-der-wirtschaftsinformatik.de/lexikon/is-management/Software-Projektmanagement/Projektmanagement-Werkzeug

Patzak, G./Rattay, G.: Projektmanagement: Projekte, Projektportfolios, Programme und projektorientierte Unternehmen. 6. A., Linde International, 2014

Projekt Magazin: Projektmanagement-Software kompakt, 2015, 1-24

Sommerville, I.: Software Engineering. 10. A., Pearson, 2016

Vogelsang, K./Claus, N.: Akzeptanz von Projektmanagement-Software: Modellentwicklung auf Basis einer qualitativen Studie, Tagungsband der Multikonferenz Wirtschaftsinformatik, 2012

Vertiefungsliteratur

Besner, C./Hobbs, J. B.: The perceived value and potential contribution of project management practices to project success. Project Management Journal, 3/2006, 37-48

Jugdev, K./Perkins, D./Fortune, J./White, D./Walker, D.: An exploratory study of project success with tools, software and methods. International Journal of Managing Projects in Business, 3/2013, 534-551

Vogelsang, K.: Analyse der Softwareakzeptanz bei der Anwendung von Projektmanagement-Software und Ableitung von Handlungsempfehlungen. Dr. Kovac, 2013

Vogelsang, K.: Ergebnisse einer Befragung: Was entscheidet über die Akzeptanz von Projektmanagement-Software? Projekt Magazin, 25.08.2008

Vogelsang, K./Olberding, J.: Neue Studie der Universität Osnabrück Projektmanagement in KMU: Eine Sammlung von Best Practices. Projekt Magazin, 11.09.2007

Normen und Richtlinien
DIN EN ISO 9241-110 (Grundsätze der Dialoggestaltung)

Werkzeuge
https://asana.com/de/
https://www.atlassian.com/
https://github.com/
https://ngrok.com/
https://slack.com/intl/de
https://trello.com/
https://www.ibm.com/us-en/marketplace/filenet-content-manager

Interessante Links
https://www.getapp.com/ (Rubrik: Project Management Software)
https://www.gpm-ipma.de/know_how/fachgruppen/themenfokussierende_fachgruppen/
software_fuer_pm_aufgaben.html
https://www.projektmagazin.de/projektmanagement-software
https://www.softguide.de/ (Rubrik: Projektmanagement)

ERFPM - Erfolgsfaktoren des Projektmanagements

Lernziele

Sie wissen, was Erfolgsfaktoren sind und kennen ihre praktische Bedeutung. Sie können die Inhalte bedeutsamer wissenschaftlicher Arbeiten zur Erfolgsfaktorenforschung im Projektmanagement beschreiben. Sie erkennen, dass Listen mit Erfolgsfaktoren des Projektmanagements sowie daraus abgeleitete Regeln, Prinzipien und Grundsätze in der Praxis oftmals nicht auf der Basis von wissenschaftlicher Forschung entwickelt werden. Sie erkennen, dass die Kenntnis von Erfolgsfaktoren zwar bedeutsam ist, jedoch erst ein tiefer gehendes Verständnis über den Zusammenhang verschiedener Erfolgsfaktoren dazu befähigt, Projekte evidenzbasiert zu planen und abzuwickeln.

Definitionen und Abkürzungen

Enterprise-Resource-Planning-System (enterprise resource planning system) = ein mit ERP-System abgekürztes, in Komponenten gegliedertes Software-System für mehrere kommerzielle Anwendungsaufgaben, das auf Standards basiert, modular aufgebaut ist und über Schnittstellen zur Anbindung von Datenbanken und Software-Produkten verfügt (z.B. SAP Produkte).

Erfolgsfaktor (success factor) = die Eigenschaft eines Objekts (hier des Projektmanagements), deren Vorhandensein und positive Ausprägung dazu beiträgt, den mit dem Objekt verfolgten Zweck mit höherer Wahrscheinlichkeit zu erreichen als ohne deren Vorhandensein bzw. bei negativer Ausprägung.

Kritischer Erfolgsfaktor (critical success factor) = ein Erfolgsfaktor wird als kritisch bezeichnet, wenn er eine Eigenschaft repräsentiert, von deren positiver Ausprägung die Zweckerreichung entscheidend abhängt, während die Ausprägung der anderen Eigenschaften dafür von untergeordneter Bedeutung ist.

Lebenszyklus (life cycle) = eine bestimmte, in sich abgeschlossene Phase der gesamten Lebensdauer eines Produkts, aus der es keine Rückkehr in eine frühere Phase gibt (analog dem Lebenszyklus von Menschen).

Prinzip (principle) = eine Regel oder eine Richtschnur für das Denken, Handeln und/oder Verhalten. Synonym: Grundsatz.

Kausalmodell (causal model) = eine Konstruktion der Abhängigkeitsbeziehungen in einem System von Variablen, wobei das Modell idealtypisch alle bedeutsamen Determinanten des zu erklärenden Sachverhalts enthält.

Qualität (quality) = Grad, in dem ein Satz inhärenter Merkmale eines Objekts Anforderungen erfüllt (nach der Norm DIN EN ISO 9000:2015-11); diese Definition löste eine frühere Definition (nach der Norm DIN EN ISO 8402:1995-08) ab, nach der Qualität die Gesamtheit von Merkmalen einer Einheit bezüglich ihrer Eignung, festgelegte und vorausgesetzte Erfordernisse zu erfüllen, ist.

Strukturgleichungsmodell (structural equation model) = ein statistisches Modell, welches das Schätzen und Testen korrelativer Zusammenhänge zwischen unabhängigen Variablen und abhängigen Variablen sowie den verborgenen Strukturen dazwischen erlaubt. Das Schätzen und Testen basiert in der Forschung zu Informationssystemen und Projektmanagement meist auf Befragungsdaten.

Zweck der Erfolgsfaktoren

Zweck der Erfolgsfaktoren des Projektmanagements sowie daraus abgeleiteter Regeln für das praktische Handeln ist, die Erreichung der Projektziele zu unterstützen (z.B. qualitativ hochwertige Software mit einem wirtschaftlich vertretbaren Aufwand herzustellen). Der Begriff „Erfolgsfaktor" bzw. „success factor" wird im Zusammenhang mit Projektmanagement eher im wissenschaftlichen Schrifttum (z.B. in Journals und Konferenzbänden) verwendet, wohingegen in der eher an Praktikern ausgerichteten Literatur (insbesondere in Büchern) vielfach von Regeln, Prinzipien und Grundsätzen des Projektmanagements die Rede ist. Ein wesentlicher Grund hierfür ist, dass in der Wissenschaft die Erkenntnisgewinnung, insbesondere die Erklärung von Kausalzusammenhängen, ein bedeutendes Ziel ist (vgl. *Heinrich/Heinzl/Riedl*, Lerneinheit Wissenschaftsziele der Wirtschaftsinformatik), wohingegen in Schriften, die sich primär an Praktiker richten, normative Aussagen einen hohen Stellenwert haben. Ein abstrahiert formuliertes Beispiel zu einer normativen Aussage ist: *In Situation x sollte man Maßnahme y realisieren.*

Die Untersuchung von Erfolgsfaktoren des Projektmanagements dient der wissenschaftlichen Erklärung. Es soll herausgefunden werden, welche Faktoren den Erfolg von Projekten beeinflussen. Weiter wird erforscht, wie sich diese Faktoren gegenseitig beeinflussen. Resultat der Forschung sind empirisch überprüfte Kausalmodelle, die den Projekterfolg erklären (vgl. dazu die Studie von *Ram et al.*, die im Abschnitt Forschungsbefunde vorgestellt wird). Idealtypisch werden Regeln des Projektmanagements auf der Basis wissenschaftlicher Erkenntnisse formuliert. Mit anderen Worten: Wissenschaftliche Erklärungen werden in normative Aussagen transformiert, wie im folgenden Beispiel verdeutlicht. Wissenschaftliche Erklärung: *Je ausgeprägter die Unterstützung eines Projekts durch das Top-Management, desto wahrscheinlicher ist Projekterfolg*; daraus abgeleitete Regel: *Stellen Sie in Ihrem Projekt Unterstützung durch das Top-Management sicher.*

Problematisch ist, dass etliche der in der Literatur für Praktiker veröffentlichten Regeln nicht auf der Basis wissenschaftlicher Erkenntnisse entwickelt wurden. Oft werden Regeln auf der Basis von Einzelerfahrungen, die gelegentlich auch als anekdotische Evidenz bezeichnet werden, formuliert; selbiges gilt in geringerem Ausmaß für die Darstellung von Erfolgsfaktoren in der Praktikerliteratur. Der Unterschied von Einzelerfahrungen zu wissenschaftlicher Erkenntnis liegt insbesondere darin, dass wissenschaftliche Erkenntnisgewinnung auf der Basis von anerkannten Forschungsmethoden erfolgt.

Im Folgenden werden beispielhaft zwei Regelwerke angeführt, die für das IT-Projektmanagement bedeutsam sind. Danach erfolgt eine vertiefte Auseinandersetzung mit den Erfolgsfaktoren des Projektmanagements, der Schwerpunkt liegt hierbei auf der Darstellung von Befunden wissenschaftlicher Forschung (vgl. den Abschnitt Forschungsbefunde). Manche Regeln (bzw. Prinzipien und Grundsätze) des Projektmanagements scheinen trivial zu sein. Die Schwierigkeit im Umgang mit Regeln liegt nicht darin, sie zu verstehen, sondern darin, sie anzuwenden. Zum Teil sind die Regeln wechselseitig miteinander verbunden oder sich gegenseitig voraussetzend; teilweise überschneiden sie sich und manchmal widersprechen sie sich in ihren Aussagen. Um die Regeln umzusetzen, sind vielfach Methoden und Werkzeuge erforderlich, welche die Regeln berücksichtigen oder verwenden bzw. mit denen sie implementiert sind. Die im Folgenden angeführten Regeln werden hier nicht weiter kommentiert und sollten in der Projektarbeit nur nach kritischer Hinterfragung verwendet werden.

Regeln des Software Engineering

Boehm hat sieben Regeln formuliert, die nach seiner Auffassung notwendig und hinreichend sind, um die Aspekte des Software Engineering abzudecken (mit Änderungen entnommen aus *Frühauf et al.*). Es ist zu beachten, dass die Zweckmäßigkeit des Befolgens dieser Regeln – sowie von Regeln zum Software Engineering im Allgemeinen – davon abhängt, ob nach einem klassischen Ansatz oder nach einem agilen Ansatz entwickelt wird (vgl. dazu die Lerneinheiten PROIP und AGILM).

1. *Manage using a phased life-cycle plan.* So trivial die Forderung auch ist, ihre Missachtung führt immer wieder zu Problemen, die einfach hätten vermieden werden können.

2. *Perform continuous validation.* Die traditionelle Validierungsmethode, der Test im klassischen Sinn, kann erst beginnen, wenn das Software-Produkt so gut wie fertig ist. Validierung muss aber wesentlich früher einsetzen. Dafür kommen unter anderem Reviews in Frage.

3. *Maintain disciplined product control.* Durch die Entwicklung verschiedener Varianten und aufeinanderfolgender Versionen kann beim Versuch, ein bestimmtes System zu konfigurieren, eine unübersichtliche Situation entstehen. Nur durch gezielte, frühzeitig wirksame Maßnahmen (z.B. durch Konfigurationsverwaltung) kann diese Gefahr vermieden werden.

4. *Use modern programming practices.* Durch den Einsatz moderner Methoden und Verfahren steigt die Produktivität. Über die in Frage kommenden Ansätze gibt es reichlich Fachliteratur (z.B. *Sommerville*).

5. *Maintain clear accountability for results.* Definitive Verantwortlichkeiten verbessern die Identifikation mit der Arbeit und erleichtern das Erkennen von Projektmitarbeitern, die der Schulung bedürfen oder „am falschen Platz" sind. Sinngemäß gilt das Gleiche für Gruppen.

6. *Use better and fewer people.* Gute Leute sind teurer als schlechte. Wird aber bedacht, dass die Entlohnung höchstens im Bereich 1 bis 2, die Leistungen aber im Bereich 1 bis 20 variieren, so wird der große Vorteil guter Mitarbeiter erkennbar. Außerdem gibt es in einem Projekt mit weniger Mitarbeitern weniger Verluste durch Kommunikation (vgl. dazu das in der Lerneinheit PROVE beschriebene Brooks'sche Gesetz).

7. *Maintain a commitment to improve the process.* Wenn, wo möglich durch Einsatz moderner Methoden, Sprachen und Werkzeuge, ein Projekt erfolgreich bearbeitet werden konnte, sollte ein Teil des Projekterfolgs für Investitionen (z.B. für Personalfortbildung) verwendet werden, um auch in Zukunft Verbesserungen zu erzielen.

Regeln des Software-Projektmanagements

Frühauf et al. haben die folgenden sieben Regeln für das Management von Software-Projekten formuliert.

1. *Managementunterstützung sicherstellen.* Ohne Unterstützung durch das Management sind Verbesserungsmaßnahmen selten erfolgreich. Diese Unterstützung ist in Umgebungen gefährdet, in denen „Software-Probleme" willkommene und akzeptierte Entschuldigungen für Probleme aller Art sind (insbesondere auch für Führungsmängel). Andererseits setzt die Unterstützung Verständnis und Vertrauen voraus. Dies führt zur Forderung nach Ausbildung, da Qualifikation Voraussetzung für Verständnis schafft.

2. *Definiere Begriffe und vermeide Änderungen der Definitionen.* Es ist wichtig, dass in einer Entwicklungsumgebung oder in einem Projekt alle das gleiche Verständnis der Methoden und des Entwicklungsablaufs haben. Dazu trägt eine saubere Definition der grundlegenden Begriffe wesentlich bei. Es genügt aber nicht, dass es irgendwelche Begriffsdefinitionen gibt, sie müssen über einen längeren Zeitraum konstant gehalten werden, selbst dann, wenn nach einiger Zeit Unzulänglichkeiten aufgefallen sind. Diese Konstanz ist auch Voraussetzung für die Sammlung vergleichbarer Daten, die eine Gegenüberstellung verschiedener Projekte zulassen und als Basis für die Planung weiterer Projekte verwendet werden können.

3. *Halte das Projekt einfach.* Diese Forderung umfasst zwei Aspekte, den Projektumfang und die Projektstruktur. Beim Projektumfang sind die folgenden Empfehlungen zu beachten:

Entwickle nur, was nötig ist, nicht, was Spaß macht. Alles was nicht entwickelt werden *muss*, verursacht keinen Aufwand, wenn es nicht entwickelt *wird*. Es ist deshalb gerechtfertigt, einigen Aufwand dafür zu treiben, dass die gesammelten Anforderungen (und später der Entwurf) daraufhin untersucht werden, was überflüssig oder was zu kompliziert ist. Dies ist die Tätigkeit, welche die Fähigkeiten des Ingenieurs anspricht, nämlich ein Problem auf seinen wesentlichen Kern zu bringen und einer einfachen, übersichtlichen Lösung zuzuführen (vgl. dazu *Pahl/Beitz*).

Halte die Anforderungen stabil. Wurden die Anforderungen auf einen klaren, notwendigen Umfang gebracht, darf das Resultat nicht durch permanente Änderung der Anforderungen zerstört werden. Eine Änderung der Anforderungen bedingt eine Überarbeitung der Planung. Argumente wie „die Lösung ist ja noch nicht realisiert und es ist egal, ob dieser Teil blau oder grün wird oder ob es ein paar Buttons mehr oder weniger gibt" sind gefährlich. Ob der Aufwand bei den beiden Varianten tatsächlich gleich ist, muss überprüft werden. Noch mehr Überraschungen bieten Änderungen der Anforderungen, „die durch die Hintertür" ins Projekt kommen, die also Mitarbeiter des Auftraggebers und/oder des Projektteams aus ihrer Teilsicht der Aufgabe vereinbaren, ohne dass die Projektleitung informiert wird. Um sich vor den negativen Auswirkungen von Änderungen zu schützen oder wenigstens die Kontrolle darüber zu behalten, muss ein Anforderungsänderungsmechanismus zwischen Auftraggeber und Projekt etabliert und eingehalten werden (vgl. Lerneinheit ANFAN). Zu beachten ist, dass bei Projekten, die einen agilen Ansatz in stringenter Weise verfolgen, mit sich verändernden Anforderungen anders als hier beschrieben umgegangen wird (vgl. Lerneinheit AGILM).

Halte die Projektorganisation einfach. Die Forderung nach Einfachheit der Anforderungen und des Entwurfs gilt entsprechend für die Projektorganisation. Es leuchtet ein, dass jeder organisatorischen Einheit des Projekts ein mehr oder weniger abgeschlossener Beitrag zur Bearbeitung der Projektaufgabe zugeteilt wird. Sind unnötig viele Einheiten vorhanden, wird die Projektorganisation entsprechend überstrukturiert sein (vgl. Lerneinheit PRORG).

4. *Erkannte Probleme nicht verdrängen* (sie tauchen bestimmt im ungünstigsten Moment wieder auf). Verdrängt die Projektleitung ein erkanntes Problem, handelt sie gegen ihre eigenen Interessen. Probleme müssen so schnell wie möglich gelöst werden. Dabei ist es wichtig, nicht alle Probleme auf einmal lösen zu wollen – und damit keines wirklich zu lösen. Am zweckmäßigsten ist es, die bekannten Probleme zu gewichten und die zwei oder drei dringlichsten Probleme mit voller Aufmerksamkeit und Nachdruck anzugehen.

5. *Klare Spielregeln bei der Führung von Mitarbeitern.* Dabei sind die folgenden Empfehlungen zu beachten:

Stelle klare Aufgaben. Wie im Großen, soll auch im Kleinen die Aufgabe klar mit Sachziel, Budget und Termin gestellt werden. Damit wird die Aufgabe explizit und die Aufgabendurchführung überprüfbar, Erfolg wie Misserfolg können einfach zugeordnet werden. Lob und Tadel und Maßnahmen zur Verbesserung können richtig adressiert werden.

Setze knappe, aber erreichbare Termine. Die Termine sollen knapp sein, damit sie als Ansporn dienen. Zu knappe Termine sind aber genauso schlecht wie zu großzügige.

Behalte die Verbindung zu den Menschen im Projekt. Sachziele, Budgets und Termine sind die eine Seite des Projekts, die Aktiven des Projekts sind jedoch die beteiligten Personen. Es ist wichtig, auch Stimmungen im Team zu erkennen, um auf dieser Basis Aussagen richtig gewichten zu können und Maßnahmen in angepasster Form und zum geeigneten Zeitpunkt wirksam werden zu lassen. Dies bedingt die persönliche Anwesenheit der Projektleitung in guten und kritischen Phasen. „Per E-Mail" oder „über soziale Medien" kann ein Projekt nicht geleitet werden.

6. *Behalte den Überblick über das Projekt als Ganzes.* Es ist nicht sinnvoll, den Istzustand zu erfassen, ohne gleichzeitig die noch zu erbringenden Leistungen zu erfassen. Jede Maßnahme muss in ihrer Auswirkung auf das Gesamtziel bewertet werden. Daher ist es angebracht, den Istzustand in Bezug auf das Gesamtziel darzustellen, eben im Zusammenhang mit den noch offenen Leistungen.

7. *Vertrete deine Anliegen durch Worte und durch dein Verhalten.* Kommunikation ist wichtig, denn was ich selbst weiß, das wissen andere Projektbeteiligte nicht notwendigerweise. Darum ist es Aufgabe der Manager, die Anliegen der Projektleitung und anderer Anspruchsgruppen (vgl. Lerneinheit STAKM) offensiv zu vertreten. Aber das ist nur der eine Teil. Nichts ist so glaubhaft wie ein Beispiel. Darum ist die Teilnahme der Projektleitung an Schulungsmaßnahmen (nicht nur symbolisch am ersten Tag) der beste Beweis dafür, dass das Interesse an Weiterbildung ernstgemeint ist. Die Mitarbeiter wissen, dass die Projektleitung andere Aufgaben hat als sie. Aber sie können erwarten, dass dem Verhalten der Projektleitung das gleiche Prinzip zugrunde liegt wie ihrem (z.B. die Bereitschaft, Kritik anzunehmen).

Erfolgsfaktoren des Projektmanagements

Im Internet findet man eine Vielzahl von Listen mit Erfolgsfaktoren des Projektmanagements. Oftmals geben solche Listen die Top-10-Erfolgsfaktoren an, also die kritischen Erfolgsfaktoren. Unklar bleibt oftmals, auf Basis welcher konkreten wissenschaftlichen Evidenz die einzelnen Erfolgsfaktoren hergeleitet wurden, was aus Praxissicht aber nichts daran ändert, dass die Faktoren in den meisten Fällen intuitiv plausibel erscheinen. Nachfolgend werden zu Illustrationszwecken zwei Beispiele für Top-10-Listen angeführt.

Liste nach *projektmanagementhandbuch.de* (wörtlich zitiert, jedoch mit kleineren stilistischen Änderungen):

1. Achten Sie auf eine gute Ziel- und Auftragsklärung (hier sind Auftraggeber und Auftragnehmer gleichermaßen in der Verantwortung).

2. Stellen Sie ausreichende Ressourcen (Personal und Geld) sowie Zeit zur Verfügung, um das anstehende Projekt zu planen. Diese Investition wird sich auszahlen.

3. Achten Sie darauf, dass an den Schlüsselstellen des Projektes nur erfahrene Projektmanager sitzen, Projektmanagement kann man nur sehr begrenzt lernen, vieles muss man erfahren, um es zu verstehen.

4. Legen Sie dennoch großen Wert darauf, dass alle Beteiligten und vor allem die Projektmanagementunerfahrenen in den zu verwendenden Instrumenten und Prozessen geschult sind und ein Grundverständnis von Projektmanagement haben, bevor sie im Projekt tätig werden.

5. Erfinden Sie das Rad nicht jedes Mal neu, setzen Sie auf standardisierte Instrumente und Prozesse, die unternehmensweit gelten, fordern Sie deren Nutzung aktiv ein.

6. Sorgen Sie für Machtpromotoren, die in der Lage sind, über den Tellerrand zu blicken und Bereichs- und Kostenstellendenken zu überwinden.

7. Achten Sie darauf, dass die Kommunikation funktioniert und zwar sowohl formal (Berichtswesen und Dokumentation) als auch informell, dass also die Beteiligten miteinander reden. Schaffen Sie Kommunikationsmöglichkeiten auch jenseits der offiziellen Anlässe (gemeinsames Projektbüro, Kaffeeecke, bei großen Projekten Intranet-gestützte Tools wie Foren und Videokonferenzsysteme etc.).

8. Reden Sie nicht nur über Risiken, managen Sie diese auch entsprechend, genau wie Sie ihr gesamtes (Projekt-)Umfeld stets aktiv bearbeiten sollten.

9. Wenn Sie Auftraggeber sind, fordern Sie regelmäßig Berichte (keine „Datenfriedhöfe") ein. Lassen Sie notwendige Entscheidungen substanziell mit bewerteten Alternativen vorbereiten und entscheiden Sie dann ohne vermeidbares Zögern.

10. Wenn Sie im Projektteam oder in der Projektleitung tätig sind, binden Sie den Auftraggeber mit ein, berichten Sie regelmäßig, bereiten Sie Entscheidungen substanziell vor, fordern Sie diese dann auch ein, zeigen Sie immer auch alternative Möglichkeiten auf.

Liste nach *pm-handbuch.com* (wörtlich zitiert, mit kleineren stilistischen Änderungen):

1. *Projektwürdige Aufgabenstellung.* Nur projektwürdige Aufgabenstellungen werden als Projekte abgewickelt ... Es erfolgt eine sorgfältige Projektauswahl, -priorisierung und -entscheidung nach definierten Kriterien.

2. *Projektauftrag und messbare Ziele.* Die Rahmenbedingungen des Projekts (Ziele, Hauptaufgaben, Kosten und Ressourcen etc.) sind klar und eindeutig im Projektauftrag dokumentiert. Es gibt kein Projekt ohne Projektauftrag und messbare Ziele. Es ist allen Beteiligten klar, was zum Projekt gehört und was nicht (Ziele und Nicht-Ziele). Der Projektauftrag ist mindestens von Projektauftraggeber und Projektleitung unterzeichnet.

3. *Machtpromotoren.* Die Entscheidungsträger der Linie haben ein starkes Interesse am Gelingen des Projekts und halten der Projektleitung „den Rücken frei" ... Der Projektauftraggeber und die beteiligten Linienvorgesetzten schaffen gemeinsam die notwendigen Rahmenbedingungen, damit das Projektteam bestmöglich arbeiten kann (z.B. zeitliche Freistellung, Kommunikation auf Führungsebene, schnelle und pragmatische Projektentscheidungen).

4. *Kompetente Projektleitung und Teammitglieder.* Die Projektleitung verfügt über die notwendigen Kompetenzen (fachlich, methodisch, sozial, Führungskompetenz).

Das Projektteam verfügt über die notwendigen Kompetenzen (insbesondere fachlich und sozial).

5. *Soviel Projektmanagement wie nötig, nicht wie möglich.* Die Projektleitung betreibt keinen „PM-Overkill". Methoden der Projektplanung und -steuerung werden dosiert und pragmatisch eingesetzt. Der PM-Einsatz steigt mit der Komplexität und Schwierigkeit der Aufgabenstellung.

6. *Zeitliche Freistellung.* Das Projektteam (Leitung und Mitarbeiter) ist in ausreichendem Maße von der Linientätigkeit freigestellt ... Projektarbeit darf keine reine Zusatzarbeit sein. Die zeitliche Freistellung ist mit den zuständigen Führungskräften bzw. Linienvorgesetzten abgesprochen und gemeinsam beschlossen.

7. *Klare Rollenverteilung.* Die Projektleitung widmet sich primär der Projektmanagement-Funktion im Projekt (planen, steuern, organisieren, koordinieren, informieren etc.). Der Großteil der operativen Tätigkeiten wird von den Mitgliedern des Projektteams ausgeführt. Die Rollen, Funktionen und Aufgaben im Projekt sind klar verteilt.

8. *Gezielte Projektkommunikation.* Die internen und externen Anspruchsgruppen des Projekts werden gezielt über den Projektfortschritt informiert (Statusberichte, Projektsitzungen, persönliche Gespräche etc.). Die Projektergebnisse werden (soweit möglich) zugänglich gemacht und intern wie extern vermarktet.

9. *Elektronische Hilfsmittel.* Elektronische Hilfsmittel wie Internet, Intranet oder E-Mail werden effizient genützt. Die Projektplanung und -steuerung wird durch den Einsatz geeigneter Software-Tools sinnvoll unterstützt.

10. *PM-Kultur*: Projektmanagement funktioniert dann, wenn im Unternehmen eine entsprechende Projektmanagement-Kultur geschaffen werden kann. Gefördert werden kann diese Kultur durch entsprechendes Führungsverhalten, geeignete Rahmenbedingungen für Projekte, eine einheitliche PM-Methodik, entsprechende Schulungsmaßnahmen, leistungs- und erfolgsorientierte Entlohnungssysteme und Weiteres mehr.

Erfolgsfaktoren nach Projektphasen

Die Relevanz von Erfolgsfaktoren steht mit den Phasen eines Projekts in Zusammenhang. Daraus folgt, dass Erfolgsfaktoren in einer Phase relevant sein können, in einer anderen jedoch nicht, und dass sich die relative Bedeutung von Erfolgsfaktoren im Zeitablauf verändern kann. *Pinto/Slevin* haben bereits in den 1980er Jahren darauf hingewiesen, dass die Bedeutung kritischer Erfolgsfaktoren mit dem Lebenszyklus eines Projekts variiert. Sie beschreiben vier Projektphasen und die dort jeweils relevanten kritischen Erfolgsfaktoren (im englischen Original):

- *Project design phase*: project mission; client consultation.
- *Project planning phase*: project mission; top management support; client acceptance; urgency.

- *Project execution phase*: project mission; characteristics of the project team leader; troubleshooting; project schedules/plan; technical tasks; client consultation.
- *Project closing phase*: technical tasks; project mission; client consultation.

Eine Arbeit von *Nah/Delgado* verwendet sieben Kategorien von kritischen Erfolgsfaktoren in ERP-Projekten sowie vier Phasen. Im Ergebnis bestätigt diese Arbeit, dass die Wichtigkeit von Erfolgsfaktoren nach Projektphasen variiert (im englischen Original):

- *Chartering phase*: business plan and vision; top management support and championship.
- *Project phase*: ERP team composition, skills and compensation; project management; system analysis, selection and technical implementation.
- *Shakedown phase*: change management; communication.
- *Upgrade phase*: business plan and vision; top management support and championship; ERP team composition; change management; communication.

Forschungsbefunde

Irvine/Hall haben auf der Basis einer Analyse von 56 Arbeiten zu den Erfolgsfaktoren von Informationssystem-Entwicklungsprojekten („peer reviewed conferences and journals in the fields of information systems, information management and project management", Analysezeitraum: 1979-2012) in Summe 488 verschiedene Erfolgsfaktoren identifiziert. Abbildung ERFPM-1 fasst die 24 meist zitierten Erfolgsfaktoren zusammen. Die Liste ist der Originalquelle entsprechend entlang von Objekten (entities) und Eigenschaften (characteristics) strukturiert und gibt zudem die Anzahl der Zitationen eines jeden Erfolgsfaktors an. *Irvine/Hall* betonen, dass die meisten der Top-Erfolgsfaktoren generisch sind, also nicht spezifisch für einen bestimmten Informationssystemkontext. Weiter wird darauf hingewiesen, dass in der Detailliertheit der Darstellung erhebliche Unterschiede zwischen den Objekten bestehen. Die Anforderungen (requirements) an ein Projekt sind beispielsweise sehr spezifisch beschrieben (vgl. dazu folgende Eigenschaften: stability, fitness for purpose, clarity, completeness), wohingegen „end users involement" eine vergleichsweise vage Beschreibung ist. Es wird hier beispielsweise nicht weiter spezifiziert, bei welchen Aktivitäten und in welcher Form Endbenutzer am Entwicklungsprozess beteiligt werden sollen, damit Projekterfolg wahrscheinlich wird (vgl. Lerneinheit PROVE).

Entity	Characteristic	Citations
End users	Involvement	18
Project board	Supportiveness	14
Project team	Competence	14
Project planning	Effectiveness	14
Requirements	Stability	11
Project management	Effectiveness	11
Requirements	Fitness for purpose	10
Estimates	Fitness for purpose	7
Project deliverable/technology	Maturity	7
Requirements	Clarity	7
Communication	Effectiveness	7
Client/host organization	Staff turnover	6
Project team	Competence/fit with project	6
Change control	Effectiveness	6
Project control	Effectiveness	6
Project monitoring	Effectiveness	6
Project	Size	6
Risk management	Effectiveness	6
Project manager	Experience	5
Project team	Competence/technical	5
Project team	Experience	5
Requirements	Completeness	5
Estimating	Effectiveness	5
Project	Complexity	5

Abb. ERFPM-1: Liste mit den 24 meist zitierten Erfolgsfaktoren bei Informationssystem-Projekten (nach *Irvine/Hall* im englischen Original)

Die Synopse von *Irvine/Hall* zeigt zudem auf, dass die wissenschaftliche Forschung zu den Erfolgsfaktoren von Informationssystem-Projekten defizitär ist, und zwar insbesondere in zwei Bereichen:

- kausale Interaktionen zwischen den Erfolgsfaktoren wurden bislang kaum untersucht und
- es besteht ein Mangel an theoretischen Modellen, die Projekterfolg erklären.

Im Fazit ihrer Arbeit schreiben *Irvine/Hall*: „[I]t is striking how a research stream that has been in existence for several decades and has produced plenty of output in this time ... has failed to generate any convincing theoretical models. What is found here is an abundance of factors and a paucity of frameworks. This apparent immaturity of the domain is also reflected in the superficial treatment of some topics in studies that lack rigour ... This superficiality is also demonstrated in cases where there appears to be general ignorance of certain topics, such as the question of causal loops. While it is useful for practitioners to have an awareness of a set of project success factors (many of which are presented in the literature), it does not follow that such knowledge can directly improve project performance" (ohne Seitenangabe, da der Beitrag in einem Online-Journal veröffentlicht ist).

Ika analysierte 30 wissenschaftliche Artikel zu den Erfolgsfaktoren im Projektmanagement, die im Zeitraum 1986-2004 in den Fachzeitschriften *Project Manage-*

ment Journal und *International Journal of Project Management* publiziert wurden. Besonders hervorzuheben ist, dass in dieser Arbeit eine ausführliche Reflexion darüber erfolgt, was Projekterfolg ist und wie dieser gemessen werden kann (vgl. Lerneinheit PROMA). Im Wesentlichen kann zwischen zwei Konzeptualisierungen unterschieden werden:

- *Projektmanagementerfolg*: Werden die Projektziele hinsichtlich Zeit, Kosten und Qualität erreicht?
- *Projekterfolg*: Leistet das implementierte Informationssystem einen Beitrag zum organisationalen Erfolg?

Ein Ergebnis der Untersuchung ist, dass 25 der 30 untersuchten Artikel neben Zeit, Kosten und Qualität weitere Faktoren bei der Bestimmung von Projekterfolg berücksichtigen (z.B. Zufriedenheit des Auftraggebers); dieses Ergebnis ist als positiv zu werten, weil es mit der vorherrschenden Lehrmeinung im Einklang steht, dass Projekterfolg ein mehrdimensionales Phänomen ist.

Wie weit gefasst die Konzeptualisierung von Projekterfolg gehen kann, kommt im Fazit des Beitrags von *Ika* (15-16) zum Ausdruck: „This change in metaphor in the research on project success leads to different research foci of the project success topic … Instead of looking for a simplistic formula for measuring success and a universal list of CSFs [critical success factors, Anmerkung durch den Verfasser dieses Buches] that exist in practice and transcend projects and stakeholders in time and space, we argue that one should turn to context-specific and even symbolic and rhetoric project success criteria and CSFs. In this last case, success and failure are not seen as objective, discrete, polarized states or end points but as a complex double act entwined in meaning and action. They form an interactive discourse. They are narratives (i.e., they are like generic recurring themes across diverse stories) … project managers suffer from a Newtonian neurosis, a sort of pathological need to bring structures to projects. What is needed is a quantum view of the world in which chaos, change, uncertainty, and relaxation of control are accepted as a means of gaining control."

Shaul/Tauber analysierten kritische Erfolgsfaktoren bei ERP-Projekten. Auf der Basis einer Synopse wurden 341 Artikel untersucht, die im Zeitraum 1999-2010 in 15 Fachzeitschriften (z.B. *MIS Quarterly, Information Systems Research* oder *Harvard Business Review*) und 6 Tagungsbänden (z.B. *International Conference on Information Systems, European Conference on Information Systems* oder *Americas Conference on Information Systems*) veröffentlicht wurden.

Wesentliches Ergebnis dieser Synopse ist eine Liste mit 94 kritischen Erfolgsfaktoren, die in 15 Kategorien gruppiert werden. Diese Erfolgsfaktoren sowie die Kategorien sind in Abb. ERFPM-2 im englischsprachigen Original genannt.

Implementation strategy	Support of top management
Use of consultants	Senior project champion
A thorough decision making process style	Use of managerial and professional steering committees
Focused performance measures plan	Willingness to become involved
Planning the cost of ERP implementation	Developing an understanding of needs, capabilities & IT limitations
Macro implementation perspective	Active involvement of senior project champion
Alignment between business and IT strategies	Resolving political conflicts
Ensuring fair time to fulfill the implementation	Business vision
Business change is first to be considered	Willingness to adopt modern technologies
Architecture choice examination	Allocating valuable resources
Open and honest communication	*Software maintenance*
Functional requirements are clearly defined	Developing a plan for testing interfaces with integrated legacy systems
Continued focus on organizational resistance	Developing proper troubleshooting tools
Implementation approach examination	Working closely with vendors and consultants
Enterprise system	Developing proper troubleshooting skills and techniques
Level of customization	Developing a testing and troubleshooting architecture
Ensuring system flexibility to changing conditions	*Project management*
Ensuring system integration	Strong control over change requests
Ensuring system reliability	Knowledge transfer management

Ensuring system interoperability	Management of conflicts
Ensuring system cross functionality	Management of legacy systems
Ensuring system support	Clear and defined project plan
Suitable considerations of software and hardware	Planning required upgrades
Education and training	Management of expectations
Education and training of technical and support staff	Management of risks
Education and training of end users	Project tracking
Education on future business processes	Total quality management approach
Developing a clear education and training plan	Interdepartmental communication
Organizational experience of major change	Interdepartmental coordination
Former major organizational change experience	Professional training services
Having in place advanced technology	Setting realistic deadlines
Former major IT change experience	*Enterprise system selection process*
Vendor	Careful and professional package selection process
ERP vendor characteristics	Planning the package selection process
Partnership with vendor	Fit between ERP system and business process
Vendor support	*Project team competence*
Use of vendors' tools	Team members' knowledge
Keeping suppliers and customers informed	Good relations between project team and users

User involvement	Build team morale and motivation
User participation in the overall process approach	Full time team members
User participation in defining new processes	Balanced and cross functional project team
User uses the system according to guidance	Staff retention
Enhance users' trust	Empowered decision makers
Using ERP to fulfill cross functional areas	Deep understanding of key ERP implementation issues
Acceptance control	*Change management*
Monitoring and evaluation of performance metrics	Change management program
Monitoring progress against clear milestones	Understanding the political structure
User acceptance feedback management	Understanding the organizational culture
Data management	*Environment*
Develop a data analysis plan	Opportunities for growth
Data model is compatible with data requirements	Competition in industry
Data quality control	External pressure
Developing a plan for migrating and cleaning up data	Competitors' adoption of ERP
Develop a data conversion plan	Uncertainty about environment
Develop a data accuracy plan	

Abb. ERFPM-2: Liste mit 94 kritischen Erfolgsfaktoren bei ERP-Projekten, die in 15 Kategorien gruppiert sind (nach *Shaul/Tauber* im englischen Original)

Nah et al. haben auf der Basis einer Literaturanalyse 11 Erfolgsfaktoren bei ERP-Einführungen identifiziert und anschließend 54 nordamerikanische Chief Information Officers (CIOs) nach der Kritikalität der Faktoren befragt. Abbildung ERFPM-3 zeigt den Fragebogen im englischen Originalwortlaut nach *Nah et al.* (20-22). Jeder Erfolgsfaktor wurde von den CIOs mit der folgenden Skala bewertet: 5 = extremely critical and important for success, 4 = critical and important for success, 3 = somewhat critical and important for success, 2 = important but not critical/necessary for success, 1 = neither critical nor important for success.

Please evaluate each of the following factors in terms of its importance in determining success in implementing a prepackaged Enterprise Resource Planning (ERP) system. Check the statement that applies. [Anmerkung: Jeder Faktor war mit der oben genannten Skala versehen.]

Appropriate Business and Information Technology (IT) Legacy Systems: stable and successful business setting with business and IT systems supporting existing business processes.

Business Plan and Vision: contain objectives, benefits, resource allocation, costs, risks, and timeline; with a clear and focused long-term vision that is integrated with company initiatives.

Business Process Reengineering: adapt business processes to fit the new system requirements.

Change Management Culture and Program: regular communication of expectations and challenges to dispel fears; education, training and support; acceptance of change; shared values and goals.

Communication: consistent, timely, open, and honest two-way communication of expectations, requirements, and comments; updates on progress.

ERP Teamwork and Composition: team members who possess the best business and technical knowledge and leadership; team is cross-functional, co-located together, and is on the project full time as their top and only priority; given motivation and direction; familiar with product; empowered to make decisions.

Monitoring and Evaluation of Performance: milestones set to measure progress against goals with customized reports.

Project Champion: a visible senior manager or team committed to promote the implementation process; has power to set goals and legitimize change.

Project Management: management of scope, schedule, budget, and measurements of success.

Software Development, Testing, and Troubleshooting: functionality and link with legacy systems established; vigorous and sophisticated testing; troubleshooting and quick response.

Top Management Support: publicly and explicitly identify project as top priority; involve legitimizing change and provide encouragement and incentives; allocate appropriate resources; share system vision and role.

Abb. ERFPM-3: Fragebogen mit 11 ERP-Erfolgsfaktoren
(nach *Nah et al.* im englischen Original)

Die Ergebnisse der Befragung zeigen folgendes Bild (in Klammer ist der Durchschnittswert der Bewertung über alle CIOs angegeben): Top Management Support (4,76), Project Champion (4,67), ERP Teamwork and Composition (4,65), Project Management (4,59), Change Management Culture and Program (4,50), Communication (4,39), Business Plan and Vision (4,31), BPR (4,22), Software Development, Testing and Troubleshooting (4,20), Monitoring and Evaluation of Performance (4,19) und Appropriate Business and IT Legacy Systems (3,48). Daraus folgt, dass Top Management Support der Erfolgsfaktor mit der höchsten Kritikalität ist, wohingegen Appropriate Business and IT Legacy Systems in der zur Befragung vorgelegten Liste an Faktoren die geringste Kritikalität aufweist. Insgesamt ist festzustellen, dass alle Erfolgsfaktoren (außer der letzte Faktor) als „extremely critical and important for success" bis „critical and important for success" eingestuft wurden (also im Wertebereich 4 bis 5 liegen). Daraus folgt, dass alle Faktoren bei ERP-Projekten berücksichtigt werden sollten.

Ram et al. haben auf der Basis eines Strukturgleichungsmodells sowie Fragebogendaten (Stichprobe waren 217 Organisationen in Australien, Kontext: ERP-Einführungen) den Zusammenhang zwischen Projektmanagement (PM), Business Process Reengineering (BPR), Aus- und Fortbildung (TED, Training & Education), Systemintegration (SI) sowie Implementierungserfolg (IMP) und organisationale Performance (OP) untersucht. Das Kausalmodell der Studie ist in ERFPM-4 in vereinfachter Weise dargestellt.

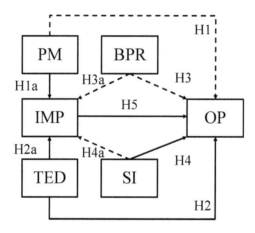

Abb. ERFPM-4: Kausalmodell der Studie von *Ram et al.* (eigene Darstellung auf Basis der Originalquelle; statistisch signifikante Zusammenhänge sind mit durchgezogenen Pfeilen dargestellt, nicht signifikante Zusammenhänge mit gestrichelten Pfeilen)

Im Folgenden sind die Hypothesen der Studie sowie die statistischen Ergebnisse angeführt (β = Partial-Least-Squares-Pfadkoeffizient, t-Statistik, p-Wert mit Signifikanzniveau, ns = nicht signifikant): H1: PM→OP: β = -0,066 / 0,795 / ns (p>0,05); H1a: PM→IMP: β = 0,353 / 5,839 / <0,001; H2: TED→OP: β = 0,208 / 2,911 / <0,01; H2a: TED→IMP: β = 0,382 / 6,044 / <0,001; H3: BPR→OP: β = 0,017 / 0,219 / ns (p>0,05); H3a: BPR→IMP: β = -0,037 / 0,477 / ns (p>0,05); H4: SI→OP: β = 0,276 / 4,008 / <0,001; H4a: SI→IMP: β = 0,077 / 1,272 / ns (p>0,05); H5: IMP→OP: β = 0,263 / 3,220 / <0,001. Die Ergebnisse der Studie zeigen, dass auf der Basis des Strukturgleichungsmodells 40,9% der Varianz von Implementierungserfolg und 28,7% der Varianz der organisationalen Performance erklärt werden können. Für ein tiefer gehendes Verständnis dieser Ergebnisse sowie der daraus resultierenden Implikationen muss die Variablenmessung bekannt sein; der Fragebogen ist daher in Abb. ERFPM-5 im englischen Original nach *Ram et al.* (170) angeführt.

Ram et al. kommentieren ihre Ergebnisse wie folgt (157): „In this study we argue and demonstrate empirically that success in implementing an ERP system and in gaining performance improvement should be conceptualized as two separate dependent variables. The distinction is made because the former aspect is based upon project delivery outcomes, while the latter assesses post-ERP project performance." Eine bedeutsame praktische Implikation dieses Ergebnisses ist, dass je nachdem wie Projekterfolg definiert wird, unterschiedliche Handlungsfelder relevant werden. Liegt der Fokus auf Implementierungserfolg (IMP), dann ist besonders auf das Projektmanagement (PM) sowie die Aus- und Fortbildung (TED) zu achten (vgl. dazu H1a und H2a). Liegt der Fokus hingegen auf der organisationalen Performance (OP), so ist besonders auf den Implementierungserfolg (IMP) und seine Determinanten sowie die Systemintegration zu achten (vgl. dazu H5 und H4).

The respondents were asked to indicate their level of agreement with each of the statement on a 5-point scale from Strongly Disagree to Strongly Agree.

Project Management (PM): As part of our ERP implementation, we …
a. had a formal project management plan
b. had a formal project team
c. had regular project status meetings
d. set realistic deadlines
e. had strict monitoring of implementation schedules and costs
f. carefully defined the scope of the project

Training & Education (TED): As part of our ERP implementation, the training & education provided within our organization …
a. was of adequate length and detail
b. substantially improved the level of users understanding
c. gave users confidence in the new system
d. was handled by knowledgeable and competent trainers

Business Process Reengineering (BPR): As part of our ERP implementation, we …
a. spent lot of time in redesigning business processes before configuring the ERP software
b. standardized the business processes to the extent possible to fit the ERP system

System Integration (SI): As part of our ERP implementation, we were able to …
a. integrate ERP with other management information/legacy systems within the organization
b. integrate ERP with information systems of partner organisations

Implementation Success (IMP): Within our organisation, the ERP …
a. implementation was completed on time
b. implementation was completed within budget
c. implementation was completed as expected
d. users are satisfied with the implemented system

Organisational Performance (OP): ERP in our organization has contributed significantly to …
a. improved product delivery cycle time
b. improved timeliness of aftersales service
c. improved productivity (e.g., assets, operating costs, labor costs)
d. increased sales of existing products
e. finding new revenue streams (e.g., new products, new markets)
f. establishing strong and continuous relationship with customers
g. acquiring precise knowledge of customer buying patterns

Abb. ERFPM-5: Fragebogenmessinstrument nach *Ram et al.* (englischsprachiges Original)

Kontrollfragen
1. Was ist ein Erfolgsfaktor des Projektmanagements und wie kann er definiert werden?
2. Wie kann der Erfolg von Informationssystem-Projekten gemessen werden?
3. Warum sollten Ergebnisse der Erfolgsfaktorenforschung bei der Planung und Realisierung von Projekten berücksichtigt werden?
4. Was ist eine Regel im Projektmanagement, welche Regeln für Informationssystem-Projekte kennen Sie?
5. Welche sind die wichtigsten Erfolgsfaktoren bei Informationssystem-Projekten?

Quellenliteratur
Boehm, B. W.: Seven basic principles of software engineering. Journal of Systems and Software, 3/1983, 3-24
Frühauf, K. et al.: Software-Projektmanagement und Qualitätssicherung. 3. A., vdf-Hochschulverlag, 1999
Heinrich, L. J./Heinzl, A./Riedl, R.: Wirtschaftsinformatik: Einführung und Grundlegung. 4. A., Springer, 2011
Ika, L. A.: Project success as a topic in project management journals. Project Management Journal, 4/2009, 6-19
Irvine, R./Hall, H.: Factors, frameworks and theory: A review of the information systems literature on success factors in project management. Information Research, 3/2015 (Online-Journal ohne Seitenangaben)
Nah, F./Delgado, S.: Critical success factors for enterprise resource planning implementation and upgrade. Journal of Computer Information Systems, 5/2006, 99-113
Nah, F./Zuckweiler, K. M./Lau, J.: ERP implementation: Chief information officers' perceptions of critical success factors. International Journal of Human-Computer Interaction, 1/2003, 5-22
Pahl, G./Beitz, W.: Konstruktionslehre: Grundlagen erfolgreicher Produktentwicklung – Methoden und Anwendung. 7. A., Springer, 2007
Pinto, J. K./Slevin, D. P.: Critical success factors across the project life cycle. Project Management Journal, 3/1988, 67-74
Ram, J./Corkindale, D./Wu, M.-L.: Implementation critical success factors (CSFs) for ERP: Do they contribute to implementation success and post-implementation success? International Journal of Production Economics, 1/2013, 157-174
Shaul, L./Tauber, D.: Critical success factors in enterprise resource planning systems: Review of the last decade. ACM Computing Surveys, 4/2013, 1-39
Sommerville, I.: Software Engineering. 10. A., Pearson, 2016

Vertiefungsliteratur
Drury-Grogan, M. L.: Performance on agile teams: Relating iteration objectives and critical decisions to project management success factors. Information and Software Technology, 5/2014, 506-515
Remus, U./Wiener, M.: A multi-method, holistic strategy for researching critical success factors in IT projects. Information Systems Journal, 1/2010, 25-52
Serrador, P./Turner, R.: The relationship between project success and project efficiency. Project Management Journal, 1/2015, 30-39

Normen und Richtlinien
DIN EN ISO 9000:2015-11: Qualitätsmanagementsysteme - Grundlagen und Begriffe
DIN EN ISO 8402:1995-08: Qualitätsmanagement - Begriffe (Dokument wurde zurückgezogen)

Werkzeuge
https://www.smartpls.com/
https://www.ibm.com/de-de/marketplace/structural-equation-modeling-sem

Interessante Links
http://www.pm-handbuch.com/erfolgsfaktoren/

EVALU - Evaluation

Lernziele

Sie kennen den Zweck von Evaluation im Projektmanagement und erkennen, dass Evaluation in allen Projektphasen eine bedeutsame Aktivität ist. Sie kennen die Aufgaben, die beim Evaluieren abzuarbeiten sind. Sie können die Organisation des Evaluationsprozesses beschreiben und eine Vorgehensweise beim Evaluieren angeben. Sie kennen Evaluierungsmethoden und können diese auf unterschiedliche Evaluierungsobjekte bei der Planung und Realisierung von Informatik-Projekten anwenden.

Definitionen und Abkürzungen

Evaluierungskriterium (evaluation criterion) = Eigenschaft des Evaluierungsobjekts, die unter Berücksichtigung des Evaluierungsziels aus diesem abgeleitet und mit der im Einzelnen festgelegt wird, was zu evaluieren ist.

Evaluierungsobjekt (evaluation object) = beliebiges Objekt, für das ein Evaluierungsbedarf besteht und das zur Evaluierung vorgegeben ist.

Evaluierungsziel (evaluation objective) = Aussage darüber, welche Information der Auftraggeber einer Evaluierungsstudie erwartet bzw. der Evaluator erarbeiten soll.

K.o.-Kriterium (must-have) = ein Kriterium, das eine als unabdingbar angesehene Anforderung mit einem bestimmten Zielertrag beschreibt und zur Eliminierung der Alternativen im Bewertungsprozess führt, welche diesen Zielertrag nicht erreichen.

Kriterium (criterion) = Eigenschaft eines Evaluierungsobjekts, dessen Ausmaß durch Messung, Schätzung oder Prognose ermittelt wird.

Kriteriengewicht (criterion weight) = relative Bedeutung der Kriterien in einer bestimmten Evaluierungssituation (Präferenzordnung).

Messen (measuring) = Zuordnen von Zahlen oder anderen Symbolen zu Objekten, Ereignissen oder Situationen nach einem festgelegten Verfahren (einer Regel).

Messgröße (metric) = Eigenschaft eines Objekts, deren Ausprägung mit einer Messmethode ermittelt werden kann. Synonym: Metrik.

Nutzwertanalyse (cost-utility analysis) = eine Evaluierungsmethode, die auf folgenden Arbeitsschritten aufbaut: Festlegen des Zielsystems, Gewichten der Ziele, Ermitteln der Zielerträge, Ermitteln der Zielwerte, Durchführen der Wertsynthese (der Begriff „Ziel" wird hierbei synonym zu „Kriterium" verwendet).

Paarvergleich (pairwise comparison) = Verfahren zur direkten Gegenüberstellung von zwei Objekten, und zwar mit dem Ziel, eine Ordnungsrelation hinsichtlich eines betrachteten Kriteriums herzustellen. Synonym: Paarweiser Vergleich.

Präferenzordnung (preference order) = durch ein Individuum oder eine Gruppe vorgenommene Ordnung einer Menge von Kriterien aufgrund bestehender Präferenzen.

Zielertrag (goal achievement) = Ausmaß der Zielerreichung bezüglich eines Kriteriums. Synonym: Zielerreichungsgrad.

Zweck der Evaluation

Die Planung und Realisierung von Projekten impliziert, dass verschiedene an einem Projekt beteiligte Personen oder Gruppen (z.B. Projektleitung oder Lenkungsausschuss) in unterschiedlichen Projektphasen verschiedene Objekte zu beurteilen haben. Objekt ist dabei als Begriff breit zu verstehen und umfasst neben Hardware, Software, Prozessen, Methoden, Verfahren, Strategien, Ideen, Handlungen, Produkten, Dienstleistungen, Organisationsformen und dergleichen auch Personen und Unternehmen (z.B. externer Softwarehersteller). Nach *Albert* (161) ist der Zweck von Evaluation, in einer bestimmten „Problemsituation auf der Grundlage sachlicher Merkmale im Hinblick auf die in der betreffenden Praxis angestrebten Ziele … die in Betracht kommenden Alternativen entsprechend zu ordnen und so eine Stellungnahme zu ermöglichen, die zu einer Entscheidung führt." Daraus folgt, dass Evaluation ein bedeutsamer Bestandteil der Willensbildung ist.

Evaluation (synonym: Evaluierung) bezeichnet somit die zielbezogene Beurteilung von Objekten auf der Grundlage eines Systems von relevanten Eigenschaften (Evaluierungskriterien). Aufgrund dieses relativ generischen Begriffsverständnisses verwundert es nicht, dass in Abhängigkeit von der Evaluationssituation und der evaluierenden Person bzw. Gruppe eine Vielfalt an Begriffsauffassungen existiert. *Franklin/Trasher* (20) beschreiben diese Vielfalt treffend: „To say that there are as many definitions as there are evaluators is not too far from accurate." Die Vielfalt der mit Evaluation assoziierten Begriffsvorstellungen reicht dabei von der Auffassung, dass Evaluation die einfache Festsetzung des Wertes einer Sache ist (vgl. *Scriven*), bis zu der im vorliegenden Werk zugrunde gelegten umfassenderen Sichtweise, dass Evaluation die zielbezogene Beurteilung von beliebigen Objekten auf der Grundlage eines Systems von Beurteilungskriterien im Feld oder im Labor ist (vgl. *Heinrich*).

Erfolgt Evaluation in Projektsituationen, aus denen beträchtliche Konsequenzen für das Unternehmen resultieren können (z.B. Auswahl eines Softwareanbieters oder Outsourcing-Dienstleisters), so ist jedenfalls zu fordern, dass Evaluation methodisch erfolgen sollte, also auf einem System von Regeln aufbauen und intersubjektiv nachvollziehbar sein soll. Eine solche als formale Evaluation bezeichnete Beurteilung von Objekten schließt nicht aus, dass in Projekten in weniger kritischen Situationen auch informale Evaluation erfolgt, womit gemeint ist, dass die Projektleitung, Projektmitarbeiter sowie andere Akteure Ad-hoc-Entscheidungen zwischen Alternativen aufgrund von subjektiven Urteilen fällen. Die Forderungen nach methodischer Evaluation und intersubjektiver Nachvollziehbarkeit werden durch das Vorgehen anhand eines Arbeitsplanes beim Evaluieren erfüllt (vgl. den Abschnitt Aufgaben der Evaluation in dieser Lerneinheit).

Ein Verfahren, das zur formalen Evaluation eingesetzt werden kann und in der Praxis hohe Verbreitung hat, ist die Nutzwertanalyse. Beispielberechnungen gibt es dazu in der Fachliteratur viele, unter anderem in einem Werk zum Informationsmanagement von *Heinrich/Riedl/Stelzer* (vgl. dort die Lerneinheiten Nutzwertanalyse sowie Fallstudie Nutzwertanalyse) sowie in einem Werk zum Projektmanagement von *Burghardt* (vgl. den Abschnitt Nutzwertanalyse, 99-102). Aufgrund der

Tatsache, dass in der Fachliteratur etliche Beispiele zur Nutzwertanalyse veröffentlicht sind, wird in dieser Lerneinheit ein anderes Verfahren der formalen Evaluation vorgestellt, nämlich der Analytische Hierarchieprozess (vgl. dazu den Abschnitt Beispiel: Evaluierung von ERP-Systemen).

Im Projektmanagement ist es zweckmäßig, zwischen Ex-ante-Evaluation und Ex-post-Evaluation zu unterschieden. Erstere beschreibt Evaluationsprozesse zur Informationsgewinnung für anstehende Entscheidungen; letztere beschreibt Evaluationsprozesse, mit denen Informationen zur Überprüfung der bei der Ex-ante-Evaluation getroffenen Entscheidung gewonnen werden (z.B. Informationen über den Zielerreichungsgrad bzw. über mögliche Ursachen im Falle einer Zielabweichung).

Von besonderer Bedeutung ist im Projektmanagement die Projektevaluation im Sinne einer Projektabschlussanalyse (die eine spezifische Form der Ex-post-Evaluation ist). *Tiemeyer* (161) beschreibt die Projektabschlussanalyse wie folgt: „Dazu zählt man die Evaluierung des durchgeführten IT-Projekts mit und durch den Auftraggeber, die Auswertung der Projektarbeit im Team sowie eine Feedback-Einholung beim Kunden bzw. bei den künftigen Nutzern der Projektergebnisse. Im Rahmen einer Abschlusssitzung des Projektteams erfolgt beispielsweise eine Auswertung der Zusammenarbeit; Bezugspunkte sind dabei die inhaltlichen Ergebnisse, die Arbeitsprozesse und die Arbeitsatmosphäre im Team, aber auch Enttäuschungen sowie Erfolge in der laufenden Projektarbeit."

Situationen, in denen in Informatik-Projekten beispielsweise eine formale Evaluation durchgeführt werden sollte, sind im Folgenden angeführt (die genannten Beispielsituationen sind entlang jener fünf Projektphasen gegliedert, welche die Grundlage des vorliegenden Buches bilden, vgl. Lerneinheit PROIP sowie das Kapitel Projektphasen in Informatik-Projekten):

- *Vorstudie:* Ausgehend von den als Sachziele und als Formalziele festgelegten Systemanforderungen werden alternative Konzepte entworfen und evaluiert, und es wird das optimale Systemkonzept als Grundkonzeption ausgewählt.
- *Feinstudie:* Aus dem Methodenangebot ist ein Methoden-Mix für die Istzustandserfassung auf der Basis einer Evaluation auszuwählen, der die Bedingungen (z.B. die organisatorischen und personellen) der Erhebungssituation im Projekt berücksichtigt.
- *Systementwurf:* An die Erstellung des Pflichtenhefts schließen die Bestimmung des Technikbedarfs sowie die Durchführung von Ausschreibungen zur Deckung dieses Bedarfs an (sofern der Bedarf intern nicht gedeckt ist); die auf der Basis von Ausschreibungen eingehenden Angebote sind einer Evaluation zu unterziehen, um eine Auswahlentscheidung zu treffen.
- *Implementierung:* Ob bei der Implementierung Open-Source-Komponenten verwendet werden, ist eine strategische Entscheidung mit weitreichenden Implikationen; daher sollte eine Evaluation durchgeführt werden.
- *Installierung:* Die Wahl der Installierungsstrategie (z.B. Wie installieren? Wieviel installieren? Wo installieren? Wann installieren?) sollte auf der Basis einer Evaluation erfolgen und keine Ad-hoc-Entscheidung sein.

Aufgaben der Evaluation

Beim Evaluieren sollte nach einem Arbeitsplan vorgegangen werden. Nach *Heinrich* umfasst ein solcher Arbeitsplan folgende Aufgaben (vgl. dazu auch die Lerneinheiten Evaluierungsmethoden, Nutzwertanalyse und Analytischer Hierarchieprozess in *Heinrich/Riedl/Stelzer*):

(1)   Festlegen der Evaluationsobjekte,
(2)   Formulieren des Evaluationsziels,
(3)   Ableiten der Evaluationskriterien,
(4)   Gewichten der Evaluationskriterien,
(5)   Abbilden der Evaluationskriterien in Metriken,
(6)   Auswählen von Messmethoden,
(7)   Durchführen der Messungen,
(8)   Auswerten der Messdaten und
(9)   Organisation des Evaluationsprozesses.

Im Folgenden wird anhand von zwei Beispielen aus dem Informatik-Projektmanagement gezeigt, wie Evaluierung erfolgen kann (ein Beispiel stellt dabei ein einfaches Evaluierungsverfahren vor, das andere Beispiel ein komplexeres Verfahren). Ziel der nachfolgenden Darstellungen ist nicht nur, konkrete Evaluierungsobjekte (Beispiel 1: Projektideen, Beispiel 2: ERP-Systeme) darzustellen; vielmehr soll auch die Vielfalt methodischer Vorgehensweisen beim Evaluieren transparent werden. Diese Vielfalt bewirkt, dass in manchen Fällen nur wenige der Aufgaben des Arbeitsplans abgearbeitet werden (z.B. bei der Evaluierung von Projektideen nach dem im Folgenden dargestellten Verfahren sind es die Aufgaben 1, 2, 3 und 9). In anderen Fällen werden alle Aufgaben in systematischer Weise erledigt (z.B. bei der Evaluierung von ERP-Systemen nach dem weiter unten dargestellten Verfahren des Analytischen Hierarchieprozesses).

Beispiel: Evaluierung von Projektideen

Idealtypisch entwickeln Unternehmen eine IT-Strategie (als Teil der Unternehmensstrategie), welche die Grundlage für die strategische IT-Planung ist. Hierbei werden unter anderem die strategischen Maßnahmen zur Gestaltung der Informationsinfrastruktur festgelegt. Eine wesentliche Aufgabe ist dabei die Entwicklung und Evaluierung alternativer Projektideen. Es stellt sich somit die Frage, wie Projektideen, die dem Aufbau bzw. Ausbau einer schlagkräftigen Informationsinfrastruktur dienen, evaluiert werden können. In der Praxis werden oftmals einfache Verfahren eingesetzt, um Projektideen zu evaluieren. Ein möglicher methodischer Ansatz ist in Abb. EVALU-1 dargestellt.

Auf der X-Achse ist das Kriterium „Beitrag der Projektergebnisse zu kritischen Wettbewerbsfaktoren" (z.B. Kostensenkung oder Qualitätssteigerung) dargestellt, auf der Y-Achse das Kriterium „Risiko, das sich aus der Projektabwicklung sowie den Projektergebnissen ergeben kann" (vgl. Lerneinheit RISKM). Projektideen werden in drei Klassen gruppiert:

- Projektideen der Klasse A sollten auf jeden Fall umgesetzt werden.
- Projektideen der Klasse B sollten näher untersucht werden, um die Zweckmäßigkeit ihrer Umsetzung auf der Basis umfassenderer Überlegungen festzustellen (z.B. durch Anwendung der Nutzwertanalyse oder des Analytischen Hierarchieprozesses).
- Projektideen der Klasse C sollten nicht umgesetzt werden.

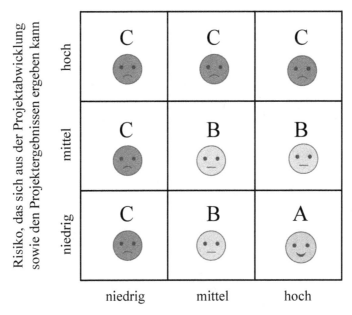

Abb. EVALU-1: Evaluierung von Projektideen auf Basis von zwei Kriterien

Aufgrund der Schwierigkeit, die Ausprägung konkreter Projektideen hinsichtlich der beiden in Abb. EVALU-1 dargestellten Kriterien festzustellen, ist zu fordern, dass eine Klassifikation von Projektideen nicht durch eine Einzelperson, sondern durch eine Gruppe vorgenommen werden sollte. Eine Vorgehensweise, die in der Projektpraxis vielfach beobachtet werden kann, ist, dass die Klassifikation auf der Basis von Diskussionsrunden in Workshops erfolgt. Eine andere Vorgehensweise wäre, dass unterschiedliche Personen voneinander unabhängig eine Klassifikation vornehmen, um danach die Ergebnisse in einer Gesamtschau zu beurteilen. Bei der ersten Vorgehensweise kann es sein, dass die Meinung dominanter Personen (z.B. solcher Personen, deren Dominanz sich aus einer hohen Position in der Organisationshierarchie ergibt) die Meinung anderer Personen beeinflusst. Die möglichen negativen Folgen eines solchen Einflusses können vermieden werden, indem beispielweise ein Moderator in Workshops die Reihenfolge von Wortmeldungen unterschiedlicher Personen entsprechend festlegt.

Bei der Anwendung des in Abb. EVALU-1 dargestellten Verfahrens ist zu beachten, dass sich Einschätzungen hinsichtlich der beiden Kriterien im Zeitablauf aufgrund unternehmensexterner und -interner Gegebenheiten verändern können. Wenn beispielweise ein Unternehmen in den Ausbau von Personalressourcen im IT-Bereich oder die Verbesserung der technischen und organisatorischen Infrastruktur zur Softwareentwicklung investiert, dann wird dadurch das Risiko reduziert, das sich aus der Projektabwicklung (z.B. Implementierungsdauer) sowie den Projektergebnissen (z.B. Softwarequalität) ergeben kann.

Es ist weiter zu beachten, dass Unterschiede in der Risikobereitschaft von Entscheidungsträgern zu Unterschieden in den Handlungsempfehlungen führen können. Sind beispielsweise die Entscheidungsträger eines Unternehmens bereit, durch die Realisierung eines Projekts ein hohes Risiko einzugehen (z.B. deshalb, weil ein hoher Eigenkapitalstand die möglichen finanziellen Risiken eines Projektfehlschlags abfedern würde), dann würden sich die aus Abb. EVALU-1 resultierenden Empfehlungen verändern. So würde beispielsweise aus der B-Klassifikation des Feldes „X-Achse: hoch / Y-Achse: mittel" eine A-Klassifikation werden, und aus der C-Klassifikation des Feldes „X-Achse: hoch / Y-Achse: hoch" würde eine B-Klassifikation werden.

Neben den in Abb. EVALU-1 genannten Kriterien können bei der Evaluierung von Projektideen noch weitere Kriterien zur Anwendung kommen; Beispiele sind nach *Heinrich/Riedl/Stelzer* (165): strategische Bedeutung der Projektidee, Realisierbarkeit der Projektidee sowie eine grob geschätzte Wirtschaftlichkeit des Projekts im Sinne von Geschäftswert (vgl. Lerneinheit WIRTA). Durch Verwendung mehrerer Paare von Kriterien (z.B. Risiko / Geschäftswert, Realisierbarkeit / strategische Bedeutung) entstehen verschiedene Sichten auf die Zweckmäßigkeit der Umsetzung verschiedener Projektideen.

Beispiel: Evaluierung von ERP-Systemen

Die nachfolgende Darstellung beruht auf einem zu Illustrationszwecken vereinfachten Beispiel aus *Heinrich/Riedl/Stelzer* (vgl. dort die Lerneinheit Analytischer Hierarchieprozess).

Es werden die Arbeitsschritte bei der Anwendung des Analytischen Hierarchieprozesses (AHP) beschrieben (auf Annahmen des AHP und Berechnungsdetails wird hier nicht näher eingegangen, vgl. dazu die angegebenen Werke in der Quellen- und Vertiefungsliteratur). Das Beispiel (vgl. Abb. EVALU-2) basiert auf drei Kriterien (Qualität, Kosten, Risiko) mit jeweils drei Subkriterien; es stehen drei ERP-Systeme zur Auswahl (A, B, C).

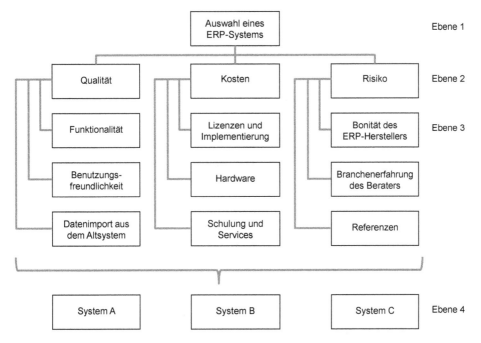

Abb. EVALU-2: Hierarchie bei der Auswahl eines ERP-Systems
(nach *Heinrich/Riedl/Stelzer*, 429)

Grafisches Abbilden des Entscheidungsproblems

Bei Arbeitsschritt 1 wird das Entscheidungsproblem in einer Hierarchie abgebildet. Dazu wird das Entscheidungsproblem top-down in Kriterien zerlegt. Auf der untersten Ebene werden die Handlungsalternativen (hier System A, B, C) aufgelistet. Weiter werden Alternativen, die definierte K.-o.-Kriterien nicht erfüllen, eliminiert.

Durchführen von Paarvergleichen

Bei Arbeitsschritt 2 wird die Bedeutung eines jeden Kriteriums einer Hierarchieebene im Hinblick auf jedes Kriterium der nächsthöheren Ebene, mit dem es in Beziehung steht, festgestellt. Auf der Basis der in Abb. EVALU-2 dargestellten Hierarchie sind insgesamt 12 Paarvergleiche durchzuführen; 3 Vergleiche auf Ebene 2 (die in Abb. EVALU-3 links dargestellt sind) und 9 Vergleiche (3 innerhalb eines jeden Bereichs) auf Ebene 3.

Wesentliche Eigenschaft des AHP ist, dass Entscheidungsträger den Kriterien nicht direkt Gewichte zuordnen, sondern eine nach dem Mathematiker *Saaty* benannte Skala verwenden. Bei Anwendung dieser Skala, deren Skalenwerte von 1 bis 9 reichen, werden Kriterien hinsichtlich ihrer relativen Bedeutung zueinander beurteilt. Die Skala lautet wie folgt: 1 (gleiche Bedeutung), 3 (etwas größere Bedeutung), 5 (größere Bedeutung), 7 (sehr viel größere Bedeutung) und 9 (absolut dominierend); die Zwischenwerte 2, 4, 6 und 8 können auch vergeben werden.

	Paarvergleichsmatrix			Normierte Paarvergleichsmatrix			Σ Zeile	Gewicht
	Q	K	R	Q	K	R		
Q	1	3	9	0,69	0,67	0,75	2,11	0,70
K	1/3	1	2	0,23	0,22	0,17	0,62	0,21
R	1/9	1/2	1	0,08	0,11	0,08	0,27	0,09
Σ Spalte	1,44	4,50	12,00	1,00	1,00	1,00	3,00	1,00

Abb. EVALU-3: Berechnung der Gewichtungsvektoren (nach *Heinrich/Riedl/Stelzer*, 431)

Die Paarvergleiche auf Ebene 2 lauten im Beispiel wie folgt (abgekürzt mit dem jeweils ersten Buchstaben): Wie hoch ist die relative Bedeutung von Q im Vergleich zu K? Beispielwert: 3. Wie hoch ist die relative Bedeutung von Q im Vergleich zu R? Beispielwert: 9. Wie hoch ist die relative Bedeutung von K im Vergleich zu R? Beispielwert: 2. In der Hauptdiagonalen der Paarvergleichsmatrix steht jeweils der Wert „1", die restlichen Werten ergeben sich aus den Kehrwehrten jener Werte, die auf der Basis der Saaty-Skala vergeben wurden.

Weitere Paarvergleiche sind in der Hierarchie des Beispiels (vgl. Abb. EVALU-2) auch auf Ebene 3 durchzuführen. Im Bereich der Qualität ist die relative Bedeutung der drei Subkriterien (Funktionalität, Benutzungsfreundlichkeit, Datenimport aus dem Altsystem) zu ermitteln. Analog dazu sind Paarvergleichsmatrizen für die Bereiche Kosten und Risiko anzufertigen.

Die Anzahl der Paarvergleiche innerhalb einer Hierarchieebene kann durch die Formel $n \times (n-1)/2$ berechnet werden (im Beispiel enthält jede der vier Paarvergleichsmatrizen 3 Kriterien, so dass in Summe in der gesamten Hierarchie 12 Paarvergleiche anzufertigen sind). Mit zunehmender Anzahl an zu beurteilenden Kriterien steigt der Evaluierungsaufwand überproportional an (2 Kriterien: 1 Paarvergleich, 3K: 3P, 4K: 6P, 5K: 10P, 6K: 15P, 7K: 21P, 8K: 28P, 9K: 36P, 10K: 45P, usw.).

Durchführen von Konsistenzberechnungen

Idealtypisch resultieren über Paarvergleiche hinweg in einer Matrix keine Inkonsistenzen. Es wird zwischen ordinaler Transitivität und kardinaler Konsistenz unterschieden. Ist Q > K und K > R (das Zeichen „>" repräsentiert hier „bedeutsamer als"), so ist ordinale Transitivität nur dann gegeben, wenn Q > R ist. Das ist im Beispiel der Fall. Kardinale Konsistenz ist im Beispiel jedoch nicht gegeben, weil Q > K (3), K > R (2) und Q > R (9).

Bei Durchführung einer Vielzahl von Paarvergleichen ist kardinale Konsistenz praktisch nicht zu erreichen, weshalb bei praktischer Anwendung von Arbeitsschritt 3 beim AHP, das Durchführen von Konsistenzberechnungen, ordinale Transitivität in der Regel als ausreichend erachtet wird. *Saaty* hat empfohlen, eine Beurteilung nur dann als konsistent anzusehen, wenn sie höchstens 10 % dessen entspricht, was das Resultat einer Zufallsverteilung wäre (vgl. die in der Quellen- und Vertiefungsliteratur angegebenen Werke).

Berechnen von Kriteriengewichten

Bei Arbeitsschritt 4 werden auf Basis der Paarvergleichsmatrizen die Kriterienge-wichte berechnet (es gibt hier einerseits Näherungsverfahren und andererseits exakte Berechnungsverfahren wie die Eigenvektormethode). Im Folgenden wird das Näherungsverfahren beschrieben, welches bei vollkommen konsistenten Urtei-len ebenfalls zu exakten Ergebnissen führt.

Ausgangspunkt der Berechnung von Gewichtungsvektoren ist die Paarvergleichs-matrix (vgl. Abb. EVALU-3). Für jedes Kriterium wird die Spaltensumme berech-net. Es folgt die Berechnung der normierten Paarvergleichsmatrix, hierbei werden die Zellenwerte der Paarvergleichsmatrix durch die jeweilige Spaltensumme divi-diert (9 / 12 = 0,75 für Risiko usw.). Die Spaltensummen der normierten Paarver-gleichsmatrix ergeben den Wert 1. Danach werden die Zeilensummen der normier-ten Paarvergleichsmatrix berechnet (0,69 + 0,67 + 0,75 = 2,11 usw.). Auf Basis der dann vorliegenden Werte können die Kriteriengewichte berechnet werden (2,11 / 3 = 0,70 usw.). Die Kriteriengewichte auf Ebene 2 im Beispiel sind: Qualität = 70 %, Kosten = 21 %, Risiko = 9 %. Zudem sind die Kritierengewichte für die neun Sub-kriterien auf Ebene 3 zu berechnen (innerhalb der drei Blöcke Qualität, Kosten und Risiko).

Die Gewichte einer Hierarchieebene werden in der AHP-Terminologie als lokale Prioritäten bezeichnet. Nach Abschluss der Berechnung von Kriteriengewichten (auf den Ebenen 2 und 3, vgl. Abb. EVALU-2) werden die globalen Prioritäten eines jeden Hierarchieelements berechnet. Eine globale Priorität ist dabei jenes Gewicht, das die Bedeutung des Kriteriums im Kontext der Gesamthierarchie aus-drückt. Die globale Priorität eines Elements der n-ten Hierarchiestufe ist definiert als $w_n \times w_{n-1}$, w steht für lokale Priorität.

Durchführen der Wertsynthese

Abbildung EVALU-2 kann entnommen werden, dass im Beispiel die Erträge der neun Kriterien der dritten Ebene für die drei ERP-Systeme zu erheben sind (= 27 Zielerträge). Die im Beispiel angegebene Entscheidungssituation umfasst sowohl qualitative (z.B. Benutzungsfreundlichkeit) als auch quantitative (z.B. Kosten für Hardware) Kriterien. Unter der Voraussetzung linearer Präferenzen beim Entschei-dungsträger kann die lokale Priorität je Alternative (w_i) von ermittelten Kriterien-erträgen a_i (i = 1, …, n) in einer Verhältniszahl angegeben werden (vgl. dazu im Detail *Meixner/Haas*). Die Berechnung dieser Verhältniszahl hängt davon ab, ob einem höheren Ertrag auch eine höhere Bedeutung zugeordnet wird. Dies ist bei-spielsweise bei der Benutzungsfreundlichkeit der Fall; bei den Kosten für Hard-ware ist der Zusammenhang umgekehrt. Bei einem positiven Zusammenhang zwi-schen Kriterienertrag und Bedeutung errechnet sich w_i nach der in Abb. EVALU-4 links dargestellten Formel, bei einem negativen Zusammenhang nach der in der Mitte dargestellten Formel, wobei in beiden Fällen gilt, dass i = 1, …, n (rechts ist ein Rechenbeispiel angeführt, das im Folgenden erläutert wird).

$w_i = \dfrac{a_i}{a_1 + a_2 + \ldots + a_n}$	$w_i = \dfrac{\dfrac{1}{a_i}}{\dfrac{1}{a_1} + \dfrac{1}{a_2} + \ldots + \dfrac{1}{a_n}}$	$\dfrac{\dfrac{1}{1.700.000}}{\dfrac{1}{1.700.000} + \dfrac{1}{1.350.000} + \dfrac{1}{2.100.000}} \approx 0{,}326$

Abb. EVALU-4: Formeln zur Berechnung der lokalen Priorität je Alternative
(nach *Meixner/Haas*, Rechenbeispiel aus *Heinrich/Riedl/Stelzer*, 432)

Angenommen die Kosten für Hardware würden sich für System A auf 1.700.000 € belaufen, für System B auf 1.350.000 € und für System C auf 2.100.000 €, dann wäre die lokale Priorität von Alternative A rund 0,326. Im Beispiel sind auf Basis der ermittelten Kriterienerträge 27 Berechnungen von lokalen Prioritäten je Alternative durchzuführen (9 Kriterien auf Ebene 3 und 3 Systeme auf Ebene 4, vgl. Abb. EVALU-2).

Bei Arbeitsschritt 5 sind schließlich, nachdem für alle Kriterienerträge das Gewicht berechnet wurde, durch Multiplikation der lokalen Prioritäten der Alternativen mit allen in der Hierarchie im Pfad darüber liegenden lokalen Prioritäten die globalen Gewichte je Alternative zu berechnen. Dann werden alle globalen Gewichte je Alternative aufsummiert (neun globale Gewichte im Beispiel). Danach steht das Gewicht einer jeden Alternative fest. Je mehr Gewicht (Wert) eine Alternative im Vergleich zu den anderen Alternativen hat, desto mehr ist sie ihnen vorzuziehen. Es wird schließlich die Alternative mit dem höchsten Gewicht ausgewählt.

Forschungsbefunde

Fox/Spence berichten in einer in den späten 1990er Jahren durchgeführten Studie über Entscheidungsstile („decision styles") von Projektmanagern. Rund 1.000 Projektmanager in den USA (die meisten von ihnen Mitglieder des Project Management Institute) wurden angeschrieben, um an einer schriftlichen Befragung teilzunehmen; die Daten von 201 Personen gingen in die Analyse ein. Im Durchschnitt hatten die Befragten 8,6 Jahre Erfahrung im Informationssystembereich und neun Jahre Projektmanagementerfahrung. Weiter wird angegeben, dass die meisten der Befragten in den Bereichen Konstruktion und Softwareentwicklung arbeiteten. In einem Teil des Fragebogens wurden die Projektmanager gebeten, anzugeben, welche Präferenz sie für die folgenden vier Entscheidungsstile haben (im Sinne von „Nach welchem Entscheidungsstil arbeiten Sie?"; die Stile sind nachfolgend im englischsprachigen Original angegeben, *Fox/Spence*, 314):

- *directive style:* „tends to be systematic, efficient, decisive, and structured";
- *analytical style:* "focus on analysis, forecasting, and detailed planning";
- *conceptual style:* "individuals who are more complex, creative, adopt a broad outlook, tend to take more risks and who dislike following rules";
- *behavioral style:* "people-oriented, adopts loose control, and prefers oral to written communication".

Die Fragestellung war so, dass die Neigung zu den vier Stilen angegeben werden sollte, konkret ob ein Stil „very dominant", „dominant", „backup" oder „least" sein würde (mit „backup" ist gemeint, dass eine Strategie in bestimmten Situationen zur Anwendung kommt). Abbildung EVALU-5 zeigt die Ergebnisse.

	Directive style	Analytical style	Conceptual style	Behavioral style
Very dominant	17,3%	29,3%	16,5%	36,8%
Dominant	22.2%	27,8%	23,0%	27,0%
Backup	27,4%	27,0%	24,1%	21,5%
Least	27,6%	19,6%	30,9%	21,8%

Abb. EVALU-5: Ergebnisse zu Entscheidungsstilen von Projektmanagern
(nach *Fox/Spence*, 316)

Wesentlicher Befund der Studie ist, dass analytical style und behavioral style zwar die dominanteren Entscheidungsstile sind, jedoch auch die anderen beiden Stile (directive style und conceptual style) situationsbezogen zum Einsatz kommen. *Fox/Spence* (319) ziehen folgendes Fazit: „Depending on the current phase of project development, and depending on the nature of the project as a whole, a project manager needs to assume several different roles and utilize a variety of problem-solving approaches. The progression of a project, from initial planning and idea generation towards analysis, design, and development, requires the role of the project manager to change. The dynamic nature of project management requires a project manager to adapt to changes and situations as they occur. While a project manager may show a propensity towards a particular decision style, for example a behavioral style, he or she generally is quite capable of calling upon one or more backup styles as the need arises." Obwohl die Befunde dieser Studie aus den späten 1990er Jahre sind, ist die zentrale Botschaft klar und auch heute noch gültig: Projektmanager sollten in ihrem Entscheidungsverhalten und somit auch in Evaluierungssituationen je nach den Anforderungen der Situation handeln, kurzum: Projektmanager sollten flexibel sein.

In einem im Jahr 2007 veröffentlichten Beitrag stellt *Taylor* die Befunde einer in Hong Kong durchgeführten Interviewstudie vor. Untersucht wurden 25 Projektmanager aus dem IT-Bereich (20 Männer und 5 Frauen), wobei 88% der Befragten zwischen 30 und 49 Jahre alt waren. Ziel der Untersuchung war es, herauszufinden, welchen Entscheidungsstil („rational" versus „naturalistic", wobei letzterer stark auf Erfahrung und Intuition aufbaut) Projektmanager primär verwenden (insbesondere bei der Projektplanung und bei Auftreten von Problemsituationen) und welche Konsequenzen daraus resultieren. Das Ergebnis beschreibt *Taylor* (1) wie folgt: „Findings show an intertwining of rational and naturalistic modes of decision-making, and a possible link was revealed between the use of rational methods and fewer subsequent problems". Da in den Interviews insbesondere das Risikomanagement (vgl. Lerneinheit RISKM) untersucht wurde, ist eine wesentliche Implikation der Studie, dass sich Projektmanager in diesem Bereich nicht zu stark auf ihre Erfahrung und Intuition verlassen sollten, sondern insbesondere auch entlang erprobter Managementansätze handeln sollten (z.B. nach Ansätzen des Project Management Institute oder nach PRINCE2, Lerneinheit RAHPM).

Kontrollfragen
1. Wie kann der Zweck der Evaluation im Projektmanagement beschrieben werden?
2. In welchen Situationen sollte in Informatik-Projekten eine formale Evaluation erfolgen?
3. Welche Aufgaben umfasst ein Arbeitsplan der Evaluation?
4. Wie können Projektideen evaluiert werden?
5. Welche Arbeitsschritte umfasst der Analytische Hierarchieprozesses?

Quellenliteratur
Albert, H.: Kritik der reinen Erkenntnislehre: Das Erkenntnisproblem in realistischer Perspektive. Mohr, 1987
Burghardt, M.: Projektmanagement: Leitfaden für die Planung, Überwachung und Steuerung von Projekten. 9. A., Publicis, 2012
Fox, T. L./Spence, J. W.: An examination of the decision styles of project managers: Evidence of significant diversity. Information & Management, 6/1999, 313-320
Franklin, J. L./Trasher, J. H.: An introduction to program evaluation. Wiley, 1976
Heinrich, L. J.: Bedeutung von Evaluation und Evaluationsforschung in der Wirtschaftsinformatik. In: Heinrich, L. J./Häntschel, I. (Hrsg.): Evaluation und Evaluationsforschung in der Wirtschaftsinformatik. Oldenbourg, 2000, 7-22
Heinrich, L. J./Riedl, R./Stelzer, D.: Informationsmanagement: Grundlagen, Aufgaben, Methoden, 11. A., De Gruyter Oldenbourg, 2014
Meixner, O./Haas, R.: Computergestützte Entscheidungsfindung: Expert Choice und AHP – innovative Werkzeuge zur Lösung komplexer Probleme. Ueberreuter, 2002
Saaty, T. L.: The analytic hierarchy process. McGraw-Hill, 1980
Scriven, M.: The logic of evaluation. Edgepress, 1980
Taylor, H.: An examination of decision-making in IT projects from rational and naturalistic perspectives. Proceedings of the 28th International Conference on Information Systems, 2007
Tiemeyer, E.: Der erfolgreiche Abschluss eines IT-Projekts. In: Tiemeyer, E. (Hrsg.): Handbuch IT-Projektmanagement. 2. A., Hanser, 2014, 159-178

Vertiefungsliteratur
Riedl, R.: Analytischer Hierarchieprozess vs. Nutzwertanalyse: Eine vergleichende Gegenüberstellung zweier multiattributiver Auswahlverfahren am Beispiel Application Service Providing. In: Fink, K./Ploder, C. (Hrsg.): Wirtschaftsinformatik: Schlüssel zum Unternehmenserfolg. Deutscher Universitäts-Verlag, 2006, 99-127
Saaty, T. L.: Decision making for leaders: The analytic hierarchy process for decisions in a complex world. 3rd ed., University of Pittsburgh, 2012
Wei, C.-C./Chien, C.-F./Wang, M.-J.J.: An AHP-based approach to ERP system selection. International Journal of Production Economics, 1/2005, 47-62

Normen und Richtlinien
ISO/IEC 25010:2011 Systems and software engineering - Systems and software Quality Requirements and Evaluation (SQuaRE) - System and software quality models

Werkzeuge
http://www.celsi.ch/eval/
https://expertchoice.com/
https://products.office.com/en/excel

Interessante Links
http://www.usabilitybok.org/usability-evaluation-methods
https://www.projektmagazin.de/glossarterm/evaluation

RISKM - Risikomanagement

Lernziele

Sie erkennen, dass die erfolgreiche Durchführung von Informatik-Projekten kein Zufall ist, sondern maßgeblich durch ein konsequentes Risikomanagement bestimmt wird. Sie erkennen die Notwendigkeit der Implementierung eines Risikomanagementprozesses sowie dessen Einbettung in das Projektmanagement. Sie können den Risikomanagementplan nach inhaltlichen Gesichtspunkten gliedern und die wesentlichen Aspekte beschreiben. Sie verstehen den komplexen Prozess der Risikoidentifikation. Sie können die qualitative von der quantitativen Risikoanalyse unterscheiden, Maßnahmen zur Risikobewältigung beschreiben und die Risikosteuerung darstellen. Sie kennen wichtige Methoden und Werkzeuge, die zur Aufgabenbewältigung im Risikomanagementprozess eingesetzt werden können.

Definitionen und Abkürzungen

Brainstorming (brainstorming) = eine Methode zur Datensammlung, die zur Identifizierung von Risiken, Ideen oder Problemlösungen verwendet werden kann, indem eine Gruppe von Teammitgliedern oder Experten eingesetzt wird.

Restrisiko (residual risk) = ein Risiko, das nach der Implementierung von Risikobewältigungsmaßnahmen verbleibt.

Risiko (risk) = ein Ereignis oder eine Bedingung, die im Fall des Eintretens eine Auswirkung auf ein oder mehrere Projektziele haben kann.

Risikoakzeptanz (risk acceptance) = eine Risikobewältigungsstrategie, bei der entschieden wird, ein Risiko zu akzeptieren und erst dann Maßnahmen zu ergreifen, wenn das Risiko eintritt.

Risikobereitschaft (risk appetite) = der Grad der Unsicherheit, den jemand in Erwartung eines Gewinns bereit ist, auf sich zu nehmen.

Risikobewältigungsstrategien (risk coping strategies) = Maßnahmen, die angewendet werden können, wenn ein bestimmter Auslöser eines Ereignisses auftritt.

Risikomanagementplan (risk management plan) = eine zentrale Komponente des Projekt- oder Programmmanagementplans, die beschreibt, wie die Risikomanagementvorgänge strukturiert, ausgeführt und dokumentiert werden.

Risikominderung (risk mitigation) = eine Risikobewältigungsstrategie, bei der das Projektteam handelt, um die Eintrittswahrscheinlichkeit oder die Auswirkungen eines Risikos zu mindern.

Risikoregister (risk register) = ein zentrales Dokument, in dem die Ergebnisse einer qualitativen und/oder quantitativen Risikoanalyse sowie der Risikobewältigungsplanung erfasst werden.

Ursache-/Wirkungs-Diagramm (cause and effect diagram) = eine Zerlegungsmethode, mit der eine unerwünschte Wirkung auf ihre Grundursache zurückverfolgt werden kann.

Risikomanagement als Teil des Informatik-Projektmanagements

Boehm hat in den frühen 1990er Jahren eine Aufgabentaxonomie vorgestellt, die beim Risikomanagement in Softwareprojekten zwei zentrale Aufgaben, Risikobewertung (Risk Assessment) und Risikosteuerung (Risk Control), beschreibt. Risikobewertung wird dabei in Risikoidentifikation, Risikoanalyse und Risikopriorisierung gegliedert, Risikosteuerung in Risikomanagementplanung, Risikobewältigung und Risikoüberwachung.

Diese viel zitierte Aufgabentaxonomie wird in dieser oder ähnlicher Form bis heute verwendet, um Risiken in Informatik-Projekten systematisch und in einem iterativen Prozess zu erfassen und im Managementhandeln zu berücksichtigen. Die Verwendung der Taxonomie erfolgt unter anderem in der deutschsprachigen Fachliteratur (z.B. *Ebert*: Risiken erkennen, Risiken bewerten, Risiken abschwächen, Risiken kontrollieren) sowie in englischsprachigen Werken (z.B. *Sommerville*: risk identification, risk analysis, risk planning, risk monitoring). Weiter entspricht die Aufgabentaxonomie weitgehend den in Standards von international tätigen Institutionen (z.B. Project Management Institute, PMI) verwendeten Taxonomien, beispielsweise jener im Wissensgebiet „Risikomanagement in Projekten" des PMI (vgl. Lerneinheit RAHPM). Die Risikomanagementsysteme großer Industrieunternehmen haben ebenfalls eine ausgeprägte Ähnlichkeit mit dieser Aufgabentaxonomie (siehe z.B. das *PM@SIS* von Siemens: Risikoidentifikation, Risikoanalyse, Risikobewältigung, Risikosteuerung).

Risikomanagement hat insbesondere folgende Nutzenpotentiale:

- mögliche Gefahren werden rascher oder überhaupt erkannt,
- die Anzahl an „Überraschungen" reduziert sich,
- die Stabilität in der Projektabwicklung steigt,
- die Sicherheit im Projekt steigt,
- Verantwortlichkeiten können zweckmäßiger festgelegt werden,
- Ressourcen können fokussierter eingesetzt werden und
- die Wahrscheinlichkeit für Projekterfolg erhöht sich.

Dass Risikomanagement in der Projektarbeit bereits zu einem frühen Zeitpunkt bedeutsam ist, wurde bereits vor Jahrzehnten von *Boehm* (32) erläutert, er schreibt: „Identifying and dealing with risks early in the development lessens long-term costs and helps prevent software disasters." Diese und ähnliche Aussagen in der Fachliteratur haben dazu geführt, dass heute in vielen Projektanträgen bereits Risikobeschreibungen enthalten sind. Die Beurteilung von Projektrisiken ist daher für die Genehmigung eines Projekts entscheidend. Ist das mit der Umsetzung eines Projekts verbundene Risiko hoch (z.B. das technologische oder wirtschaftliche Risiko), dann kann dies ein Grund dafür sein, von der Realisierung eines Projekts abzusehen. Wird hingegen ein Projekt genehmigt, weil das Risiko ex-ante als akzeptabel eingestuft wird, dann wird die Risikoplanung ab dem Genehmigungszeitpunkt ein wesentliches Objekt der Projektplanung (vgl. die Lerneinheit PROPL). Da sich die Risikosituation während der Durchführung eines Projekts verändern kann, ist das Risikomanagement ein über die gesamte Projektlaufzeit bedeutsamer Managementbereich. Daraus folgt, dass Risikomanagement in Informatik-Projekten von der ersten Idee zur Initiierung eines Projekts bis zum Projektab-schluss im Fokus von Entscheidungsträgern stehen sollte.

McConnell (93-94) beobachtete bereits vor Jahrzehnten Informatik-Projekte und schreibt zum Risikomanagement: „I have found that the average project devotes virtually none of its efforts to reducing risk and consequently accepts unnecessa-rily high risk exposure ... Devoting a small amount of attention to risk manage-ment produces dramatic benefits ... about 5 percent of the project's effort goes in-to activities that could be loosely categorized as ‚risk management.' This small expenditure provides a dramatically improved chance of meeting schedule and budget targets".

Seine Beobachtungen formalisierte *McConnell* in der in Abb. RISKM-1 dargestell-ten Grafik. Auf der X-Achse ist der Anteil des Aufwands für Risikomanagement am Gesamtprojektaufwand dargestellt, auf der Y-Achse die Wahrscheinlichkeit, dass der geplante Fertigstellungstermin und die geplanten Kosten eingehalten wer-den. Die Grafik zeigt, dass:

- die meisten Unternehmen kaum in Risikomanagement investieren, der Anteil des Aufwands ist nur geringfügig über 0% (anekdotische Evidenz und Praxisbe-obachtungen des Verfassers des vorliegenden Buches legen nahe, dass sich die-ser Wert mittlerweile nach oben erhöht haben könnte, jedoch starke Unterschie-de zwischen Branchen und einzelnen Unternehmen bestehen);
- ein optimaler Aufwand für das Risikomanagement bei rund 5% des Gesamtpro-jektaufwands liegt; *McConnell* (94) schreibt zu dieser 5%-Regel: „[it] should give most projects a 50 to 75 percept chance of being completed on time and within budget";
- ein Aufwand für das Risikomanagement von bis zu 25% des Gesamtaufwands bei sehr kritischen Projekten gerechtfertigt sein kann, sonst jedoch nicht, weil Projekte zu bürokratisch werden;
- ein Aufwand für das Risikomanagement von über 25% des Gesamtaufwands grundsätzlich zu einer ausufernden Bürokratie führt, die eine Bedrohung für die Wirtschaftlichkeit des Gesamtprojekts darstellt.

Eine Reflexion über die Beobachtungen von *McConnell* führt zu dem Schluss, dass Projektverantwortliche bewusst darüber entscheiden sollten, welcher Anteil des Gesamtprojektaufwands für Risikomanagement aufgewendet wird. Mit zunehmen-der Wichtigkeit eines Projekts für den Unternehmenserfolg und mit ansteigender Risikoaversion der Projektverantwortlichen sollte der Anteil steigen, jedoch nur bis zu jenem Punkt, wo nach Ansicht der Projektverantwortlichen ein für die Pro-jektbeteiligten noch zumutbares Ausmaß an Bürokratie gegeben und die Wirt-schaftlichkeit des Gesamtprojekts sichergestellt ist (bezugnehmend auf Abb. RISKM-1 stellt sich also die Frage, wo der Wendepunkt der Funktion angenom-men wird).

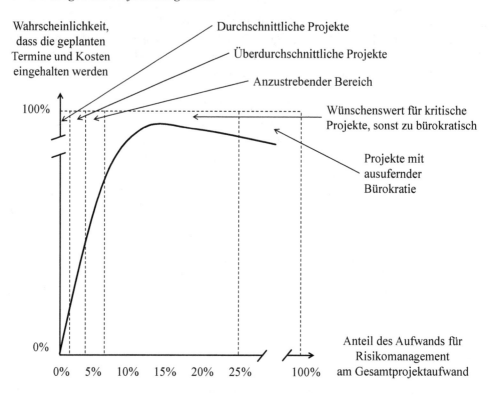

Abb. RISKM-1: Zusammenhang zwischen Termin- und Kostenüberschreitung in einem
Informatik-Projekt und Aufwand für Risikomanagement (nach *McConnell*, 94)

Was ist Risiko?

Im betriebswirtschaftlichen Sprachgebrauch wird Risiko meist mit der folgenden
Formel definiert: Risiko = Eintrittswahrscheinlichkeit × Schadenshöhe. Daraus
folgt, dass das Risiko ansteigt, wenn einer der beiden Faktoren ansteigt und der
andere unverändert bleibt oder wenn beide Faktoren ansteigen. Weiter folgt daraus, dass das Risiko gleich null ist, wenn einer der beiden Faktoren null ist.

Ebert (522) beschreibt das folgende Beispiel, das aufzeigt, wie aus wahrscheinlichkeitstheoretischer Sicht mit der Formel umzugehen ist: Nehmen wir an, ein un-
günstiges Ereignis, das während der Projektabwicklung immer wieder auftreten
kann, tritt mit einer Wahrscheinlichkeit von 20% ein und das Eintreten des Ereignisses führt zu einer Projektverzögerung von fünf Monaten. Daraus folgt, dass es –
längerfristig und somit über viele solcher Einzelereignisse gemittelt – zu einer
einmonatigen Verzögerung kommt. Nehmen wir weiter an, dass in einem Projekt
zehn Arbeitspakete auf dem kritischen Pfad (vgl. Lerneinheit NETZP) liegen, die
jeweils zu fünf Monaten Verzug führen können, und das mit einer Wahrscheinlichkeit von 20%. In einem solchen Fall wäre es unzweckmäßig, 50 Monate Puffer
einzuplanen. Vielmehr folgt aus wahrscheinlichkeitstheoretischer Überlegung,
dass einzelne Arbeitspakete auch schneller fertig werden („wiewohl dies vielleicht
der Lebenserfahrung in Einzelfällen widerspricht", *Ebert*, 522). Der Gesamtverzug
ergibt sich wie folgt: 10 risikobehaftete Ereignisse (Arbeitspakete) × 20% (Ein-

trittswahrscheinlichkeit) × 5 Monate Verzögerung (Schadenshöhe) = 10 Monate Gesamtverzug, der statistisch zu erwarten ist. Bei der Interpretation dieses Beispiels ist zu beachten, dass wahrscheinlichkeitstheoretische Überlegungen nicht notwendigerweise mit den Gegebenheiten in der Projektpraxis korrespondieren müssen (z.B. kommt es in der Praxis selten dazu, dass Arbeitspakete vor dem geplanten Termin abgeschlossen werden, obwohl dies aus rein theoretischen Überlegungen heraus angenommen werden kann).

Risikomanagementprozess

Projektrisiken gehören zum Alltag von Informatik-Projekten und unterschiedlichste Faktoren können den Projektverlauf und letztendlich den Projekterfolg beeinflussen. Risiken wirken sich in Informatik-Projekten insbesondere auf Qualität, Leistungsumfang, Zeit und Kosten aus. Zu beachten ist, dass *ein* Ereignis eine Reihe von Wirkungen nach sich ziehen kann. Wenn beispielsweise Anforderungen ungenau oder fehlerhaft spezifiziert worden sind, dann funktioniert das System in der Regel auch nicht wie erwartet. Die Nichterfüllung von Benutzererwartungen führt wiederum zu zusätzlichem Entwicklungsaufwand, der die Kosten steigen lässt. Höhere Kosten beeinflussen wiederum die Wirtschaftlichkeit des Projekts.

Durch Risikomanagement soll der Projekterfolg und langfristig der Unternehmenserfolg gesichert werden. Im Allgemeinen wird unter Risikomanagement das Managementhandeln verstanden, das potentielle Projektrisiken identifiziert, analysiert und priorisiert, um darauf aufbauend Maßnahmen zu ergreifen, die zur Reduktion des Projektrisikos auf ein akzeptables Ausmaß einen wirksamen Beitrag leisten. Das Ziel des Risikomanagements ist dabei nicht die Vermeidung aller potentiellen Risiken, sondern die Schaffung von Transparenz über Projektrisiken, um darauf aufbauend bewusst zu entscheiden, wie man mit den Risiken umgeht.

Tätigkeiten, die mit Risikomanagement im Zusammenhang stehen, finden sich in allen Phasen eines Informatik-Projektes (vgl. Lerneinheit PROIP). Aufgrund gesetzlicher Vorschriften ist die Leitung eines Unternehmens verpflichtet, ein Überwachungssystem zur Früherkennung potentiell schädlicher Entwicklungen einzurichten (vgl. *Burghardt*). Mit der ISO 31000:2009 wurde eine Norm für das Risikomanagement geschaffen. Ziel des Risikomanagements in Projekten ist es, eine Steigerung der Wahrscheinlichkeit positiver Projektabschlüsse zu erreichen.

Abbildung RISKM-2 stellt die einzelnen Prozesse des Risikomanagements dar. Diese Prozessdarstellung umfasst die Aufgaben des Risikomanagements nach *Boehm*. Zu beachten ist, dass es sich um eine in der Ablaufsequenz idealisierte Darstellung handelt. Daraus folgt, dass in der Praxis durchaus Interdependenzen zwischen Phasen bestehen können, die in der Abbildung nicht durch einen Pfeil verbunden sind (aus Gründen der Übersichtlichkeit wurde darauf verzichtet, alle denkbaren Interdependenzen grafisch darzustellen). Es ist der in *Boehm* beschriebene idealtypische Ablauf visualisiert.

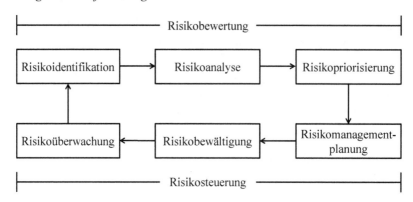

Abb. RISKM-2: Risikomanagementprozess (nach *Boehm*)

Risikobewertung

Der erste Prozessschritt befasst sich mit der Erkennung von Risiken. Da es kein formales Kriterium zur Bestimmung der Vollständigkeit einer Risikoliste gibt, kann lediglich angestrebt werden, eine möglichst umfassende Liste zu erstellen. Umfassend meint hierbei, verschiedene Typen von Projektrisiken zu definieren, denen konkrete projektspezifische Risiken zugeordnet werden können.

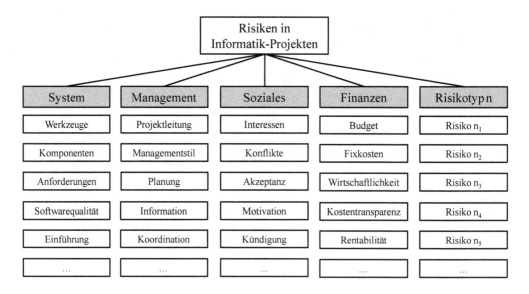

Abb. RISKM-3: Beispiele für Risikotypen und Risiken in Informatik-Projekten

Abbildung RISKM-3 beschreibt auf der Basis einer Sichtung mehrerer Veröffentlichungen (siehe Quellenliteratur am Ende dieser Lerneinheit) beispielhaft verschiedene Risikotypen in Informatik-Projekten sowie konkrete Risiken, die diesen Typen zugeordnet werden können. Vier bedeutsame Risikotypen sind Systemrisiko, Managementrisiko, soziales Risiko und finanzielles Risiko. Innerhalb eines jeden Typs sind beispielhaft fünf konkrete Risiken angegeben, die in Informatik-Projekten im Regelfall relevant sind.

Die in RISKM-3 dargestellten Risikotypen und Risiken können als Ausgangspunkt verwendet werden, um in einem spezifischen Informatik-Projekt Risiken zu identifizieren. Die einzelnen Risiken sind neutral formuliert. Beispielsweise ist bei Systemrisiko das Risiko „Werkzeuge" genannt; damit ist gemeint, dass Funktionalität und Gebrauchstauglichkeit von Werkzeugen in der Softwareentwicklung, wenn sie kein ausreichendes Niveau erreichen, einen Umstand darstellen, der potentiell zu einem Schaden führen kann. Ein anderes Beispiel ist das Risiko „Projektleitung" beim Managementrisiko. Damit ist gemeint, dass mangelnde Leistungsfähigkeit und/oder -bereitschaft der Projektleitung ein Schaden verursachender Faktor ist. Alle anderen in Abb. RISKM-3 genannten Risiken sind analog zu diesen beiden Beschreibungen zu verstehen.

Um die Gefahr zu reduzieren, bedeutsame Risiken unbeachtet zu lassen, sollte insbesondere bei größeren Projekten externes Know-how in Form qualifizierter Beratungsdienstleistung hinzugezogen werden. Dieses Know-how ist sowohl in der Projektplanungsphase als auch in späteren Phasen relevant. Es sei darauf hingewiesen, dass in manchen Werken zum Projektmanagement Risikolisten in Form von Merkblättern angegeben sind (vgl. z.B. *Burghardt*, Merkblätter 21 und 22). Eine andere Möglichkeit zur Identifikation von Risikofaktoren ist, Befunde empirischer Forschung zu den Erfolgsfaktoren des Projektmanagements zu sichten (vgl. Lerneinheit ERFPM). Weiter hat sich gezeigt, dass durch die Einrichtung eines „Risikobriefkastens" eine wirksame Möglichkeit geschaffen werden kann, anonyme Hinweise auf mögliche Projektrisiken zu erhalten.

Wesentliches Ziel der Risikoidentifikation ist, dass potentielle Risiken dokumentiert sind und dadurch dem Projektteam Informationen zur Verfügung stehen, deren Berücksichtigung einen Beitrag zum Projekterfolg leistet. An der Risikoidentifikation sind unter anderem folgende Personen und Personengruppen beteiligt: Projektleitung, Projektmitarbeiter, Entwickler, Benutzer sowie externe Experten wie Berater.

Der Prozess der Risikoidentifikation ist iterativ, denn im Projektlebenszyklus können neue Risiken entstehen oder bekannt werden. Die Häufigkeit von Iterationszyklen und die Frage nach den im jeweiligen Iterationszyklus beteiligten Personen ist kontextabhängig und kann daher nicht allgemein beantwortet werden (in der Fachliteratur finden sich Aussagen, dass Updates in Zyklen von zwei Wochen bis zu mehreren Monaten zweckmäßig sein können). In der Fachliteratur wird zudem eine Vielzahl an Methoden genannt, die zur Risikoidentifikation eingesetzt werden können: Erfassungsmethoden (vgl. Lerneinheit ERFAS), Checklisten (vgl. Lerneinheit CHECK), Brainstorming (vgl. Lerneinheit KREAT), Expertenurteile, Ursache-Wirkungs-Diagramme und die SWOT-Analyse.

Bei der Risikoidentifikation werden Risiken erkannt und erfasst. Es folgt eine Beschreibung der Risiken. Das Format der Risikobeschreibung sollte einheitlich sein, um sicherzustellen, dass jedes Risiko eindeutig verstanden wird und dass eine effektive und effiziente Analyse unterstützt wird, die wiederum die Grundlage für die Entwicklung von Bewältigungsmaßnahmen ist. Die Erstellung eines Risikoportfolios hilft, Transparenz über die Projektrisiken zu schaffen und geeignete Bewältigungsmaßnahmen zu planen und umzusetzen. Abbildung RISKM-4 zeigt die Grundstruktur eines Risikoportfolios. Horizontal ist die Schadenshöhe angegeben, vertikal die Wahrscheinlichkeit des Eintritts von Ereignissen (die Schadenshöhe kann abstrakt auch als Auswirkung bezeichnet werden, vgl. Abb. RISKM-5). Die Darstellung ist an *PM@SIS* angelehnt, wo angegeben wird, dass die Schadenshöhe im Verhältnis zum Projektvolumen eingestuft werden sollte (individuell festzulegen ist, welches Verhältnis als unbedeutend, geringfügig, mäßig, bedeutend und extrem eingestuft wird). Die in Abb. RISKM-3 angeführten Risiken (sowie weitere Risiken) können in das Portfolio eingeordnet werden. Dabei ist für jedes Risiko zu entscheiden, in welchen der 25 Quadranten es eingeordnet werden soll. Je mehr Risiken im rechten oberen Bereich eingeordnet werden, desto risikoreicher ist das Projekt. Je mehr Risiken im linken unteren Bereich eingeordnet werden, desto risikoloser ist das Projekt. Ein Risikoportfolio ist im Laufe des Projekts fortzuschreiben. Eine Längsschnittbetrachtung über mehrere Portfolios hinweg zeigt dann die Entwicklung der einzelnen Risiken im Projektverlauf.

Wahrscheinlichkeit	Schadenshöhe (Auswirkung)				
	unbedeutend (1)	geringfügig (2)	mäßig (3)	bedeutend (4)	extrem (5)
sehr wahrscheinlich > 60% bis <= 100% (5)	Gelb (Prioriät 2)	Gelb (Prioriät 2)	Rot (Prioriät 1)	Rot (Prioriät 1)	Rot (Prioriät 1)
wahrscheinlich >40% bis 60% (4)	Grün (Priorität 3)	Gelb (Prioriät 2)	Gelb (Prioriät 2)	Rot (Prioriät 1)	Rot (Prioriät 1)
mäßig wahrscheinlich >20% bis 40% (3)	Grün (Priorität 3)	Grün (Priorität 3)	Gelb (Prioriät 2)	Rot (Prioriät 1)	Rot (Prioriät 1)
unwahrscheinlich >5% bis 20% (2)	Grün (Priorität 3)	Grün (Priorität 3)	Gelb (Prioriät 2)	Gelb (Prioriät 2)	Rot (Prioriät 1)
sehr unwahrscheinlich 5% oder weniger (1)	Grün (Priorität 3)	Grün (Priorität 3)	Grün (Priorität 3)	Gelb (Prioriät 2)	Gelb (Prioriät 2)

Abb. RISKM-4: Grundstruktur eines Risikoportfolios (in Anlehnung an *PM@SIS*)

Auf der Basis der Einordnung der Projektrisiken in das Portfolio kann auch beurteilt werden, mit welcher Priorität die Risiken bearbeitet werden sollten. Risiken im rechten oberen Bereich haben Priorität 1, wohingegen Risiken im linken unteren Bereich Priorität 3 haben; die dazwischen liegenden Risiken haben Priorität 2. Es sind insbesondere für Risiken mit Priorität 1 Bewältigungsstrategien und Maßnahmen zu planen und umzusetzen; für Risiken mit Priorität 2 kann dies in abgeschwächter Form erfolgen. Risiken mit Priorität 3 bedürfen möglicherweise keiner proaktiven Managementmaßnahme, abgesehen vom Eintrag in das Risikoregister.

Bereits *Boehm* hat darauf hingewiesen, wie schwierig es sein kann, Eintrittswahrscheinlichkeiten für Ereignisse in Informatik-Projekten anzugeben; er schreibt (38): „There is often a good deal of uncertainty in estimating the probability or loss associated with an unsatisfactory outcome. (The assessments are frequently subjective and are often the product of surveying several domain experts.) The amount of uncertainty is itself a major source of risk, which needs to be reduced". *Ebert* (523) fordert daher „eine ganz pragmatische Klassifizierung unscharfer Informationen … [a]nstelle einer pseudogenauen Prozentangabe wird eine Rangskala mit nur fünf Stufen eingeführt" (vgl. dazu die linke Spalte in der Abb. RISKM-4).

Risikosteuerung

Bei der Risikoanalyse sowie der anschließenden Risikosteuerung ist das Risikoregister das zentrale Dokument. Das Risikoregister beinhaltet eine Liste der identifizierten Risiken. Zusätzlich zur Liste der identifizierten Risiken können auch die Ursachen und Wirkungen der Risiken verdeutlicht werden. Im Risikoregister werden darüber hinaus die Ergebnisse der Risikoanalyse sowie der Planung und Durchführung von Risikobewältigungsmaßnahmen erfasst. Im Laufe eines Projekts kommt es üblicherweise zu einem Anstieg der im Risikoregister geführten Risiken, manchmal werden auch neue Risikotypen erkannt. Es ist auch möglich, dass bestimmte Risiken im Projektverlauf irrelevant werden. Daraus folgt, dass ein Risikoregister ein „lebendes Dokument" sein muss, das fortwährend zu pflegen ist. Der Nutzen eines Risikoregisters ist nur dann gegeben, wenn die im Register enthaltenen Daten aktuell sind. Nicht aktuelle Daten können bewirken, dass falsche Entscheidungen getroffen sowie falsche Handlungen gesetzt werden bzw. notwendige Entscheidungen und Handlungen unterbleiben (z.B. wenn Risiken, die im Projektverlauf auftreten, nicht erkannt werden). Zudem kann es vorkommen, dass in die Bewältigung nicht mehr aktueller Risiken investiert wird, was die Wirtschaftlichkeit der Projektabwicklung ungünstig beeinflusst.

Eine Sichtung der in der Fachliteratur dargestellten Risikoregister zeigt, dass Struktur und Inhalte teilweise stark variieren. Unternehmen kann empfohlen werden, in die Entwicklung einer möglichst zeitstabilen Struktur eines Projektregisters zu investieren, die so generisch ist, dass sie über verschiedene Projekte hinweg einsetzbar ist. Projektregister sollten softwarebasiert sein und den Projektbeteiligten online und zu jeder Zeit zur Verfügung stehen; sie können auf der Basis von Tabellenkalkulationsprogrammen entwickelt werden, möglich ist auch die Verwendung eines spezialisierten Werkzeugs.

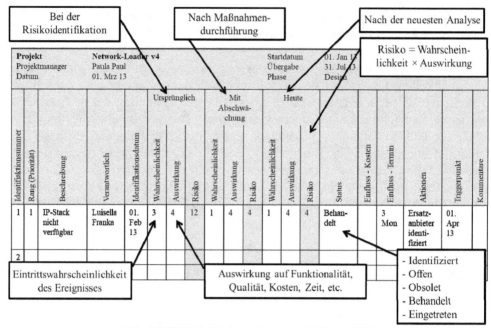

In Abb. RISKM-5 ist beispielhaft ein Auszug aus einem Risikoregister dargestellt (die Darstellung stammt aus *Ebert*, 527, und wurde geringfügig überarbeitet). Die Beurteilung der in Abb. RISKM-5 genannten Wahrscheinlichkeit und der Auswirkung kann auf der Basis der in Abb. RISKM-4 dargestellten fünfstufigen Ordinalskalen erfolgen.

Die Auswirkungen bestimmter Ereignisse auf die Projektziele können auch in monetären Einheiten erfasst werden. Insbesondere bei Ereignissen hoher Signifikanz ist die monetäre Erfassung von Auswirkungen zweckmäßig. Ein Beispiel, das einen Auszug aus einem Risikoregister mit monetären Einheiten beschreibt, ist bei *Burghardt* (361) zu finden.

Um die Erstellung eines Risikoregisters zu gewährleisten, sollte das Wissen und Urteilsvermögen von Gruppen und Einzelpersonen mit Fachausbildung berücksichtigt werden. Das obere Management, Projektsponsoren, Stakeholder, Experten im Fachgebiet und Berater sollten neben der Projektleitung und ausgewählten Projektmitarbeitern eingebunden werden. Das Projektteam hält insbesondere zu Projektbeginn Workshops zur Entwicklung des Risikoregisters ab, danach sollten in regelmäßigen Abständen Besprechungen stattfinden, um das Register aktuell zu halten.

Planung ist wichtig, um den Vorgängen im Projekt genügend Ressourcen und Zeit zuzuteilen und um eine Grundlage für die Beurteilung von Risiken zu etablieren. Die jeweiligen Planungsaspekte werden im Risikomanagementplan zusammengefasst. Ein Risikomanagementplan sollte beim Konzipieren des Projekts begonnen werden und frühzeitig bei der Projektplanung vorliegen. Dieser Plan wird gemeinsam mit weiteren Projektplänen in ein entsprechendes Projekthandbuch (vgl. Lerneinheit PROHB) eingearbeitet. Der Risikomanagementplan als eine Komponente des Projektmanagementplans beschreibt, wie die Risikomanagementvorgänge strukturiert und ausgeführt werden sollen. Dieser Plan ist nützlich, um mit allen Projekt-Stakeholdern wirksam kommunizieren zu können und um ihre Zustimmung zum Projekt und Unterstützung im weiteren Projektverlauf zu erhalten. Abbildung RISKM-6 zeigt Beispielfragen, die in einem Risikomanagementplan gestellt werden.

W-Fragen	Beispielfragen
Warum?	Warum wird für dieses spezielle Risiko ein Plan benötigt? *Anmerkung: Es wird hier insbesondere auf die Eintrittswahrscheinlichkeit und die Auswirkungen eingegangen.*
Wie?	Wie soll dem Risiko begegnet werden? *Anmerkung: Es wird hier insbesondere auf Maßnahmen der Risikobewältigung eingegangen.*
Was?	Was für Schritte sollen zur Abwendung oder Milderung des Risikos ergriffen werden?
Wer?	Wer ist für die Festlegung der Maßnahmen und Durchführung der Schritte zur Abwendung oder Milderung des Risikos verantwortlich?
Wann?	Wann sollen die einzelnen Schritte zur Risikobehandlung abgeschlossen sein?
Wie viel?	Wie viel Budget steht für die Risikobehandlung zur Verfügung?

Abb. RISKM-6: Beispielfragen in einem Risikomanagementplan
(in Anlehnung an *Henrich*, 388, englischsprachiges Original von *McConnell*, 100)

Die Durchführung einer Risikoanalyse auf der Basis von Abb. RISKM-4 ist in der Regel eine schnelle und kostengünstige Methode, um Risiken zu priorisieren und um darauf aufbauend Risikobewältigungsmaßnahmen abzuleiten. Bei der Risikobewältigung stehen das Entwickeln von alternativen Plänen und die Beschreibung von Handlungsempfehlungen und Maßnahmen zur Risikoreduktion im Fokus. Bedeutsame Maßnahmen der Risikobewältigung sind:

- Risikovermeidung (z.B. bestimmte juristische Risiken können vermieden werden, wenn keine Auslagerung der Softwareentwicklung an einen Fremdanbieter erfolgt);
- Risikoübertragung (z.B. Versicherung);
- Risikominderung (z.B. das Risiko von Datenverlust kann durch Redundanz in der Datenspeicherung reduziert werden);
- Risikoakzeptanz (z.B. es wird in Kauf genommen, dass ein junger Projektleiter aufgrund mangelnder Erfahrung Fehler begeht).

Typischerweise kommen in einem Projekt unterschiedliche Maßnahmen zum Einsatz; die Wahl der Maßnahmen hängt von vielen Faktoren ab, z.B. von der Unternehmenskultur und der Risikoneigung der Entscheidungsträger. Die Auswahl von adäquaten Risikobewältigungsmaßnahmen erfordert auch ein Verständnis der Risikoursachen und Wirkungen. Risikobewältigungsmaßnahmen sollten folgende Kriterien erfüllen: sie sollten der Bedeutung des Risikos entsprechen, kostengünstig sein, realistisch im Rahmen des Projekts einsetzbar sein, von allen Beteiligten akzeptiert werden, und es sollte sich eine Person bestimmen lassen, die für die Planung, Umsetzung und Kontrolle der Maßnahme verantwortlich zeichnet. In der Regel wird eine Risikobewältigungsmaßnahme aus mehreren verfügbaren Optionen ausgewählt (vgl. Lerneinheit EVALU).

Im Risikomanagementprozess sind schließlich die Einführung von adäquaten Bewältigungsplänen, die laufende Kontrolle der erkannten Risiken, die Überwachung von Restrisiken und das Erkennen neuer Risiken bedeutsam. Diese Aufgaben werden zur Risikosteuerung zusammengefasst. Bei einer effizienten Risikosteuerung werden Methoden wie die Abweichungs- und Trendanalyse, Messung und Analyse der Projektleistung, Projektbesprechungen sowie Risikoaudits angewendet.

Der Verantwortliche für die Durchführung von Risikobewältigungsmaßnahmen berichtet regelmäßig der Projektleitung über die Wirksamkeit der Maßnahmen, über nicht vorhergesehene Effekte und über notwendige Änderungen, um das Risiko entsprechend zu behandeln. Für den Fall, dass Schäden eintreten, die für das Projekt oder sogar für das Unternehmen bedrohlich sind, sollten Notfallpläne bereitgehalten werden (vgl. dazu die Lerneinheit Notfallmanagement in *Heinrich/Riedl/Stelzer*).

Forschungsbefunde

Bakker et al. haben im Jahr 2010 eine Meta-Analyse empirischer Befunde zu folgender Frage vorgelegt: Leistet Risikomanagement einen Beitrag zum Erfolg von IT-Projekten? Insgesamt wurden 29 „peer-reviewed journal publications" analysiert, die im Zeitraum 1997 bis 2009 veröffentlicht wurden. Hinsichtlich der Messung von Projekterfolg wird angegeben, dass in der Mehrheit der Fälle Erfolg als „compliance with time limits, cost limits and meeting requirements" definiert wurde (498). Wichtige Ergebnisse der Studie beschreiben *Bakker et al.* (501) wie folgt: „Literature indicates that knowledge of the risks alone is not enough to contribute to project success … we conclude that the empirical knowledge is still anecdotal and largely based on how risk management is assumed to work instead of how it is actually used in project practice … This leads to the conclusion that risk management can only be effective in specific project situations … an interesting direction for further research would be to determine these specific conditions in the context of IT projects". In Bezug auf die Messung von Projekterfolg führen die Autoren aus (501-502): „the majority of publications that relate risk management to project success refer to the traditional time–budget–requirements definition of project success. However, this approach is not in line with the view presented by other literature that project success entails more than just meeting time and budget constraints and requirements. Project stakeholders may use various project success definitions ... Therefore, the contribution of risk management should be considered in relation to a broader definition of project success". In Anbetracht dieser Ergebnisse kann behauptet werden, dass Risikomanagement für den Projekterfolg zwar wichtig ist, in welcher konkreten Weise jedoch der Risikomanagementprozess mit den Dimensionen von Projekterfolg zusammenhängt, ist noch wenig erforscht.

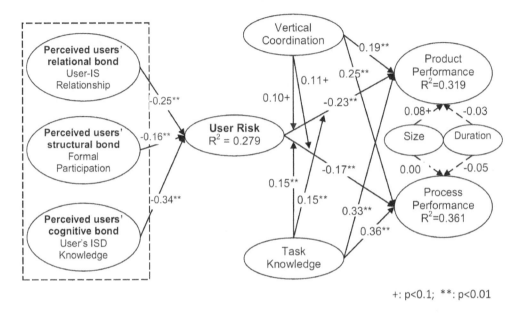

+: p<0.1; **: p<0.01

Abb. RISKM-7: Forschungsmodell und Ergebnisse (nach *Hung et al.*, 540)

Hung et al. geben Ziel, Methodik und Befunde ihrer empirischen Arbeit wie folgt an (533): „[W]e focus on user risk and identify two risk countering approaches to demonstrate how to deal with user risk and its negative impact on ISD [Information Systems Development, Anmerkung durch den Verfasser dieses Buchs] projects. We hypothesize that (1) user risk has a negative impact on project performance, (2) users' bond with the project and the development team can help reduce user risk, and (3) developers' task knowledge and vertical coordination can ease the negative impact of user risk and increase project performance. A quantitative approach with survey data collected from 240 practitioners confirmed our hypotheses. In addition, we interviewed seven developers and three user representatives to complete our understanding of this issue." Das Forschungsmodell und die Ergebnisse der quantitativen Befragungsstudie sind in Abb. RISKM-7 dargestellt.

Beispiel-Items zur Messung der Konstrukte waren (*Hung et al.*, 538): Perceived users' relational bond: "There is mutual respect between developers and users" und "There is mutual trust between developers and users"; Perceived users' structural bond: „Users are kept informed about project process and project related problems" und "Users are participating in joint planning for details of project approach, timing, and success criteria"; Perceived users' cognitive bond: „Users are familiar with ISD task and life cycle stages" und "Users are not familiar with data processing"; User risk: "Users with negative attitudes toward the project" und

"Users not committed to the project"; Vertical coordination: "An individual formally responsible for coordination (e.g., a project manager)" und "An external
committee or group responsible for coordination (e.g., a steering committee)"; Developer's task knowledge: „Developers have in-depth knowledge of user departments" und "Developers have overall administrative experience and skill"; Process
performance: "Team is able to achieve project predefined goal" und "Team is able
to complete tasks on schedule"; Product performance: „The application is easy to
maintain" und "The users perceive that the system meets intended functional requirements".

Kutsch/Hall haben auf Basis eines zweistufigen Forschungsdesigns die Frage untersucht, warum es rational sein kann, bei Informatik-Projekten auf Risikomanagement zu verzichten. In einer ersten Phase wurden 18 Face-to-Face-Interviews
mit Projektmanagern geführt (überwiegend waren die untersuchten Projekte in den
Bereichen Installation von Hardware und Software sowie Migration von Alt- auf
Neusysteme angesiedelt, die in einer Mehrheit der Fälle eine Laufzeit zwischen
sechs bis zwölf Monaten hatten). Die Ergebnisse dieser Interviewphase wurden in
der zweiten Forschungsphase berücksichtigt, in der ein Online-Fragebogen an rund
750 Projektmanager versendet wurde (unter anderem Mitglieder der Special Interest Group Risk Management im Project Management Institute); 102 Antworten
gingen in die Datenanalyse ein. Die beiden per Fragebogen untersuchten Fragen
waren (77): "Was a formal project risk management process (including risk identification, analysis, response evaluation and monitoring and control) applied?". In
jenen Fällen, in denen die Frage mit "nein" beantwortet wurde, folgte die nächste
Frage: "If a formal project risk management process was not applied, what were
the reasons (e.g., too expensive, low project risk) for not using it?".

Die Ergebnisse der Studie zeigen, dass bei vier der 18 interviewten Personen und
in rund einem Drittel der Fälle beim Online-Fragebogen (N=102) kein Risikomanagementprozess vorhanden war. Dieses Ergebnis erklären *Kutsch/Hall* (78) treffend: „Project management, including the key process of project risk management,
is described as self-evidently correct … However, it appears that factors such as
the problem of cost justification violate fundamental assumptions of rationality
underlying traditional project risk management. Why is this the case? On the one
hand, a decision by an IT project manager not to apply project risk management
may be described as irrational, at least if one accepts the premise that the project
manager chose not to apply a "self-evidently" correct process to optimally reduce
the impact of risk on the project outcome. On the other hand, … a person who
focuses only on the statistical probability of threats and their impacts and ignores
any other information would be truly irrational. Hence, a project manager would
act sensibly by, for example, not applying project risk management because he or
she rates the utility of not using project risk management as higher than the utility
of confronting stakeholders with discomforting information". Mit anderen Worten:
Wenn ein Projektmanager die Kosten für die Planung und Realisierung von Risikomanagement in Informatik-Projekten höher einschätzt als den aus dem Risikomanagement resultierenden Nutzen und deshalb auf Risikomanagement verzichtet,
dann handelt diese Person rational (man beachte hierbei, dass der Begriff „Kosten"
weit ausgelegt wird, also nicht nur monetär zu verstehen ist). Bedenkt man, dass

die Implementierung von Risikomanagementprozessen mit hohen Kosten einhergehen kann, so erklärt dies, warum zumindest ein Teil von Projektmanagern auf Risikomanagement „à la Lehrbuch" verzichtet.

Kontrollfragen

1. Welche Aufgaben umfasst der Risikomanagementprozess bei Informatik-Projekten?
2. Welche Risikotypen und Risiken in Informatik-Projekten gibt es?
3. Wie kann die Grundstruktur eines Risikoportfolios angegeben werden?
4. Was ist ein Risikoregister und welche Struktur kann es haben?
5. Was ist ein Risikomanagementplan und welche Beispielfragen sind dort enthalten?

Quellenliteratur

Bakker, K./Boonstra, A./Wortmann, H.: Does risk management contribute to IT project success? A meta-analysis of empirical evidence. International Journal of Project Management, 5/2010, 493-503

Boehm, B. W.: Software risk management: Principles and practices. IEEE Software, 8/1991, 32-41

Burghardt, M.: Projektmanagement: Leitfaden für die Planung, Überwachung und Steuerung von Projekten. 9. A., Publicis, 2012

Ebert, C.: Risikomanagement für IT-Projekte. In: Tiemeyer, E. (Hrsg.): Handbuch IT-Projektmanagement. 2. A., Hanser, 2014, 505-553

Henrich, A.: Management von Softwareprojekten. Oldenbourg, 2002

Heinrich, L. J./Riedl, R./Stelzer, D.: Informationsmanagement: Grundlagen, Aufgaben, Methoden. 11. A., De Gruyter Oldenbourg, 2014

Hung, Y. W./Hsu, J./Su, Z.-Y./Huang, H.-H.: Countering user risk in information system development projects. International Journal of Information Management, 4/2014, 533-545

Jenny, B.: Projektmanagement in der Wirtschaftsinformatik. Vdf Hochschulverlag, 1995

Kutsch, E./Hall, M.: The rational choice of not applying project risk management in information technology projects. Project Management Journal, 3/2009, 72-81

McConnell, S.: Software project survival guide: How to be sure your first important project isn't your last. Microsoft Press, 1998

PM@SIS: Project Controlling, Opportunity and Risk Management. Siemens Business Services GmbH & Co. OHG, Paderborn, 2003

PMI: A guide to the project management body of knowledge (PMBOK Guide). 5. A., Project Management Institute, Inc., Newtown Square, PA, 2013

Sommerville, I.: Software Engineering. 10. A., Pearson, 2016

Vertiefungsliteratur

Addison, T.: E-commerce project development risks: Evidence from a Delphi survey. International Journal of Information Management, 1/2003, 25-40

Aloini, D./Dulmin, R./Mininno, V.: Risk management in ERP project introduction: Review of the literature. Information & Management, 6/2007, 547-567

Baccarini, D./Salm, G./Love, P.: Management of risks in information technology projects. Industrial Management and Data Systems, 4/2004, 286-295

Barki, H./Rivard, S./Talbot, J.: An integrative contingency model of software project risk management. Journal of Management Information Systems, 4/2001, 37-69

Hoermann, S./Schermann, M./Krcmar, H.: Towards understanding the relative importance of risk factors in IS projects: A quantitative perspective. Proceedings of the 18th European Conference on Information Systems, 2010

Keil, M./Cule, P./Lyytinen, K./Schmidt, R.: A framework for identifying software project risks. Communications of the ACM, 11/1998, 76-83

Lim, W.-K./Sia, S. K./Yeow, A.: Managing risks in a failing IT project: A social constructionist view. Journal of the Association for Information Systems, 6/2011, 414-440

Persson, J. S./Mathiassen, L./Boeg, J./Madsen, T. S./Steinson, F.: Managing risks in distributed software projects: An integrative framework. IEEE Transactions on Engineering Management, 3/2009, 508-532

Piperca, S./Floricel, S.: A typology of unexpected events in complex projects. International Journal of Managing Projects in Business, 2/2012, 248-265

Ropponen, J./Lyytinen, K.: Components of software development risk: How to address them? A project manager survey. IEEE Transactions on Software Engineering, 2/2000, 98-112.

Schmidt, R./Lyytinen, K./Keil, M./Cule, P.: Identifying software project risks: An international Delphi study. Journal of Management Information Systems, 4/2001, 5-36

Taylor, H./Artman, E./Palzkill, W.J.: Information technology project risk management: Bridging the gap between research and practice. Journal of Information Technology, 1/2012, 17-34

Wallace, L./Keil, M./Rai, A.: How software project risk affects project performance: An investigation of the dimensions of risk and an exploratory model. Decision Sciences, 2/2004, 289-321

Wallace, L./Keil, M./Rai, A.: Understanding software project risk: A cluster analysis. Information & Management, 1/2004, 115-125

Wallace, L./Keil, M.: Software project risks and their effect on outcomes. Communications of the ACM, 4/2004, 68-73

Warkentin, M./Moore, R. S./Bekkering, E./Johnston, A. C.: Analysis of systems development project risks: An integrative framework. Database for Advances in Information Systems, 2/2009, 8-27

Normen und Richtlinien
ISO 31000:2009, Risikomanagement - Grundsätze und Leitlinien

Werkzeuge
http://www.palisade.com/risk/de/
https://www.oracle.com/de/products/applications/crystalball/overview/index.html
https://www.solver.com/risk-solver-platform
https://www.vosesoftware.com/products/modelrisk/

Interessante Links
http://projektmanagement-definitionen.de/glossar/risikomanagement-in-projekten/
http://projektmanagement-manufaktur.de/risikoanalyse-projektmanagement
http://www.enzyklopaedie-der-wirtschaftsinformatik.de/lexikon/is-management/Software-Projektmanagement/Projektrisikomanagement/index.html/?searchterm=risikomanagement
https://dieprojektmanager.com/risikomanagement-in-projekten/
https://www.projektmagazin.de/glossarterm/risikomanagement

Grundlagen von Informatik-Projekten

ZAMIP - Ziel, Aufgaben und Methodik von Informatik-Projekten 143
SYSIP - Systemtechnik und Informatik-Projekte 155
PROIP - Prozessorientierung von Informatik-Projekten 167
PROTY - Prototyping.. 177
AGILM - Agile Methoden in Informatik-Projekten 191
ZIELP - Zielplanung für Informatik-Projekte.. 207
ANFAN - Anforderungsanalyse.. 225
PFLIC - Lastenheft und Pflichtenheft 237

ZAMIP - Ziel, Aufgaben und Methodik von Informatik-Projekten

Lernziele

Sie kennen die Bedeutung der Planungsziele und können diese als Ausgangspunkt für die Zielsystembildung von Informatik-Projekten verwenden. Sie können die Aufgabe der Planung und Realisierung eines Informationssystems in Teilaufgaben gliedern und als Phasenschema beschreiben. Sie erkennen, dass die Methodik für Informatik-Projekte eine Mischung verschiedener Methodikansätze ist.

Definitionen und Abkürzungen

Aufgabenanalyse (task analysis) = die systematische Zerlegung einer Aufgabe in Teilaufgaben, Tätigkeiten usw. mit dem Ziel, den Möglichkeitsraum der Aufgabenzerlegung zu bestimmen.

Aufgabensynthese (task synthesis) = die systematische Zusammenfassung von Teilmengen des durch die Aufgabenanalyse bestimmten Möglichkeitsraums der Aufgabenzerlegung zu Arbeitsaufgaben.

Informationsinfrastruktur (information infrastructure) = die Einrichtungen, Mittel und Maßnahmen, welche die Voraussetzung für die Produktion von Information und Kommunikation schaffen.

Initialisierungsphase (initialization phase) = die der Anregung eines Projekts dienenden Aufgaben, die nicht Teil eines Projekts sind. Synonym: Vorphase.

Methode (method) = ein auf einem System von Regeln aufbauendes Problemlösungsverfahren (z.B. ein Algorithmus).

Methodik (methodology) = die Lehre von den Methoden und ihrer planmäßigen wissenschaftlichen Anwendung. Synonym: Methodologie.

Modell (model) = eine vereinfachende Abbildung eines Ausschnitts der Wirklichkeit oder eines Vorbilds für die Wirklichkeit.

Phasenschema (phase model) = die idealtypische Gliederung eines Vorhabens in Abschnitte logisch zusammengehöriger Aufgaben einschließlich der Methodik, Methoden und Techniken der Aufgabenlösung. Synonym: Phasenmodell.

Rückkopplung (feedback) = ein Prinzip, das einen geschlossenen Wirkungskreislauf herstellt, so dass der Ausgang eines Systems einen Eingang dieses Systems beeinflusst.

Schnittstelle (interface) = jede gedachte oder tatsächliche Verbindung zwischen zwei interagierenden Systemen.

Zielausmaß (goal dimension) = die Vorschrift, mit welcher der Entscheidungsträger angibt, welche Quantität des Zielmaßstabs er anstrebt.

Zielinhalt (goal content) = der Gegenstand, auf den sich das Streben des Entscheidungsträgers richtet.

Zielmaßstab (goal standard) = eine Vorschrift, die angibt, wie der Zielinhalt zu quantifizieren ist.

Zielsystem (goal system) = eine Menge von Zielen, die miteinander in Beziehung stehen.

Ziele von Informatik-Projekten

Generell ist ein Ziel ein Ort, ein Punkt oder ein Zustand, den man erreichen will. Im betriebswirtschaftlichen Sinn ist ein Ziel eine normative Aussage eines Entscheidungsträgers, die einen anzustrebenden und damit zukünftigen Zustand der Wirklichkeit beschreibt. Ein Ziel lenkt die Auswahl von Alternativen, indem die prognostizierten Wirkungen der Alternativen mit der normativen Aussage verglichen und damit beurteilt werden kann. Ein Ziel hat mehrere Dimensionen, nämlich Zielinhalt, Zielmaßstab, Zielausmaß und zeitlicher Bezug. Jedes Handeln – und so auch die Planung und Realisierung eines Informationssystems – wird von mehreren Zielen, die sich zueinander indifferent, komplementär oder konfliktär verhalten können, bestimmt.

Ziele werden von Menschen gesetzt. Als Ziele für Informatik-Projekte sind sowohl Organisationsziele als auch Individualziele von Bedeutung. Organisationsziele entstehen dadurch, dass die für die Informationsfunktion zuständigen Entscheidungsträger (z.B. Chief Information Officer, CIO) Ziele verbindlich festlegen und vorgeben. Individualziele sind die Ziele einzelner Personen oder Gruppen, die Mitglieder der Organisation sind (z.B. Benutzer oder eine Menge an Personen in einer Fachabteilung). Ein Zielsystem kann sich nur dann bewähren, wenn es gelingt, die Organisationsziele und die Individualziele insgesamt so zu gestalten, dass sie sich letztlich komplementär verhalten.

Ziele sind entweder Sachziele oder Formalziele. Sachziele für Informatik-Projekte können so beschrieben werden: Sie haben Zielinhalte, die auf eine Definition des *Zwecks* des zu schaffenden Informationssystems ausgerichtet sind. Sachziele beschreiben, welche betrieblichen Aufgaben unterstützt oder ermöglicht werden sollen. Das generelle Sachziel für Informatik-Projekte besteht darin, dem Auftraggeber ein produktiv verwendbares Informationssystem zur Verfügung zu stellen; daraus ergeben sich die in Informatik-Projekten zu bearbeitenden Aufgaben. Produktiv ist ein Informationssystem dann, wenn es – nach Durchführung aller Tests (Abnahmetest mit Funktionstest und Leistungstest sowie Integrationstest) – im Echtbetrieb verwendet werden kann.

Formalziele für Informatik-Projekte können so beschrieben werden: Sie haben Zielinhalte, welche die *Qualität,* die das Informationssystem besitzen soll, beschreiben. Empirische Belege bzw. theoretische Aussagen darüber, welche Organisationsziele und welche Individualziele in der Praxis als Formalziele verwendet werden bzw. verwendet werden sollten, liegen nicht in einem Umfang vor, der es ermöglicht, ein geschlossenes Formalzielsystem für Informatik-Projekte anzugeben. Dieses wäre auch lediglich ein modelltheoretisches Konzept, das aber als Orientierungsgröße bei der Zielsystembildung in der Praxis verwendet werden könnte. Die Zielsystembildung für ein Informatik-Projekt ist zeitlich und ressourcenmäßig aufwendig, so dass sie nicht immer mit ausreichender Gründlichkeit durchgeführt wird. *Eller/Riedl* haben ein „Zielsystem strategischer Formalziele von Informationssystemen" sowie ein „Zielsystem von Teilzielen der Systemqualität" entwickelt; beide Zielsysteme können als Grundlage für die Planung von Formalzielen von Informationssystemen verwendet werden. Eine projektbezogene Präzisierung der Sachziele und der Formalziele erfolgt im Zusammenhang mit der Zielplanung (vgl. Lerneinheit ZIELP).

Aufgaben von Informatik-Projekten

Generelle Aufgabe, also Sachziel oder Zweck von Informatik-Projekten ist es, dem Auftraggeber ein produktives Informationssystem zur Verfügung zu stellen. Da häufig Teilsysteme Gegenstand von Informatik-Projekten sind, kann auch gesagt werden, dass es Sachziel oder Zweck von Informatik-Projekten ist, dem Auftraggeber ein produktives Anwendungssystem zur Verfügung zu stellen.

Die generelle Aufgabe eines Informatik-Projekts wird entsprechend der Aufgabenanalyse in Teilaufgaben und diese werden weiter in Tätigkeiten zerlegt, deren Bearbeitung erforderlich ist, um die Sachziele bei Einhaltung der Formalziele zu erreichen. Werden entsprechend der Aufgabensynthese Teilaufgaben zu Aufgabenklassen zusammengefasst, ergibt sich eine sinnvolle Ordnung der Aufgaben eines Informatik-Projekts. Erfolgt die Aufgabensynthese nach idealtypischen, vor allem nach logischen Gesichtspunkten (z.B. Gleichartigkeit der Verrichtungen wie Analysieren oder Implementieren), dann ist ihr Ergebnis ein Phasenschema (auch als Phasenmodell bezeichnet). In einem weiteren Schritt können den Phasen Methoden, Techniken und Werkzeuge zugeordnet werden, mit denen ihre Planung und Realisierung unterstützt werden kann. Auf diese Weise entsteht aus dem Phasenschema ein Vorgehensmodell, manchmal – eher missverständlich – auch als Prozessmodell bezeichnet.

Der Aussagewert und damit auch die praktische Brauchbarkeit des Phasenschemas wird oft missverstanden. Ein Missverständnis liegt vor, wenn im Phasenschema eine allgemeingültige und praktisch anwendbare Vorgehensweise (das bedeutet ein Vorgehensschema oder Vorgehensmodell) oder eine allgemeingültige Methodik für Informatik-Projekte gesehen wird. Beispielsweise gibt das Phasenschema keine eindeutige zeitliche Ordnung der Phasen und ihrer Aufgaben an. Man darf sich den Prozess der Projektabwicklung nicht als eine lineare Abfolge der einzelnen Phasen vorstellen. Vielmehr überlappen sich die Phasen, und sie sind durch Rückkopplung untereinander vernetzt. Auch sind verschiedene Methoden, Techniken und Werkzeuge in mehreren oder gar allen Phasen anwendbar. Deshalb lassen sich allgemeingültige und praktisch anwendbare Aussagen nur bezüglich einer groben Struktur machen. Die Feinstruktur des Prozesses wird durch die Projektplanung festgelegt, die sich an einem Vorgehensmodell orientiert. Die Abstraktionsebenen sind also zuerst Phasenschema, dann Vorgehensmodell und dann Projektplan (vgl. Lerneinheit PROPL).

Das im vorliegenden Buch verwendete Phasenschema wird an anderer Stelle erläutert (vgl. Lerneinheit PROIP). Wie jedes Phasenschema leistet es im Wesentlichen nicht mehr, als eine Ordnung der Aufgaben unter dem Gesichtspunkt vorzunehmen, gleichartige Aufgaben einer Phase zuzuordnen (und gegebenenfalls in einem weiteren Schritt einzelnen Phasen bestimmte Methodikansätze sowie Methoden, Techniken und Werkzeuge). Jede Phase beschreibt in erster Linie Klassen von Aufgaben, die zur Herstellung des Produkts „Informationssystem" bearbeitet werden müssen (und gegebenenfalls auch bestimmte Methodikansätze sowie Methoden, Techniken und Werkzeuge). Abbildung ZAMIP-1 ordnet den Phasen Phasenziele und Methodikansätze zu. Eine Initialisierungsphase wird in diesem Phasenschema nicht verwendet, da es sich dabei um Aufgaben handelt, die dem Informatik-Projekt vorgelagert sind.

Phase	Phasenziel	Verwendete Methodikansätze
Vorstudie	Grundkonzeption	Sollzustandsorientierung
Feinstudie	Angepasste Grundkonzeption	Istzustands- und Sollzustandsorientierung im Rahmen der Grundkonzeption
Entwurf	Logisches Modell (Sollzustand)	Sollzustandsorientierung, Datenorientierung, Inside-Out-Ansatz, Prototyping
Implementierung	Physisches Modell (Sollzustand)	Sollzustandsorientierung, Datenorientierung, Inside-Out-Ansatz, Prototyping
Installierung	Produktives Informationssystem	Sollzustandsorientierung, Systemintegration, Umstellungsmethoden

Abb. ZAMIP-1: Phasenziele und Methodikansätze im Phasenschema

Methodik für Informatik-Projekte

Generell wird unter Methodik die Lehre von den Methoden und ihrer planmäßigen, wissenschaftlichen Anwendung verstanden. In der Wirtschaftsinformatik ist unter Methodik eine Arbeitsweise zu verstehen, die bezüglich der Art des Vorgehens systematisiert und festgelegt ist. Die Methodik für Informatik-Projekte regelt daher das systematische, wissenschaftlich orientierte Vorgehen bei der Planung und Realisierung von Informationssystemen (vgl. dazu bereits die Ausführungen von *Heinrich* in den 1980er Jahren). Sie ist, mit anderen Worten, der prinzipielle Leitfaden zur systematischen Lösung der Aufgabe, Informationssysteme zu schaffen, die produktiv verwendbar sind. Neben einem Denkansatz für die Analyse soll sie eine Vorgehenssystematik für den Entwurf und die Implementierung enthalten. Sie soll aber auch bei der Installierung Hilfestellung leisten, kurz: sie soll möglichst alle Aufgaben umfassen.

Eine allgemein akzeptierte, wissenschaftlich begründete, leistungsfähige und in der Praxis anwendbare Methodik gibt es nicht. Der diesbezüglich zu beobachtende Methodikstreit, in den immer wieder „neue Ansätze" eingebracht werden, ist auf zwei Missverständnisse zurückzuführen:

- Erstens auf die Annahme, dass es die *eine* Methodik für Informatik-Projekte geben könne; dies ist angesichts der Komplexität des Projektgegenstands unmöglich. Die Methodik muss daher eine Mischung verschiedener Methodikansätze sein.

- Zweitens auf die Annahme, dass die Methodik für Informatik-Projekte vom Projektkontext *unabhängig* ist; dies ist angesichts der Unterschiedlichkeit der Projektaufgaben in Wirtschaft und Verwaltung (und hier in den unterschiedlichen Anwendungsgebieten), der Unterschiedlichkeit der Teilobjekte der Projektaufgabe (z.B. Datensystem, Methodensystem und Arbeitsorganisation) und der Unterschiedlichkeit der Persönlichkeit und Qualifikation der Aufgabenträger in Informatik-Projekten unwahrscheinlich.

In Bezug auf den Methodikstreit hat sich in der jüngeren Vergangenheit gezeigt, dass insbesondere die klassische Methodik der agilen Methodik gegenübergestellt wird; der Diskurs wird auch unter der Begrifflichkeit „schwergewichtige" versus „leichtgewichtige" Methodik geführt. Eine solche Dichotomisierung (also die Einteilung eines Betrachtungsobjekts in genau zwei Bereiche) mag zwar konzeptionell – zumindest in manchen Situationen – zweckmäßig sein (z.B. um Unterschiede explizit zu machen), ist jedoch hinsichtlich der Abwicklung von Informatik-Projekten in der Praxis von nachrangiger Relevanz, und zwar insbesondere deshalb, weil die Vorgehensweise bei der Schaffung von Informationssystemen in der Praxis selten exakt jene Eigenschaften aufweist, die genau einem Methodikansatz zugeschrieben wird. In der Lerneinheit AGILM werden die Unterschiede zwischen klassischer und agiler Methodik beschrieben.

Methodikansätze für Informatik-Projekte

Im Folgenden wird in Kurzform erläutert, welches die Methodikansätze sind, die zu einer systematischen Vorgehensweise verknüpft werden müssen. Dabei wird auf Lerneinheiten hingewiesen, in denen eine vertiefte Behandlung erfolgt (zum Erreichen der Lernziele dieser Lerneinheit reichen die Kurzerläuterungen aus). Zusammenfassend wird dann erläutert, was bezüglich der Methodik für Informatik-Projekte „herrschende Meinung" ist, mit anderen Worten, was als Paradigma angesehen werden kann. Folgende Methodikansätze sind erwähnenswert:

- Systemansatz (auch als systemtechnischer Ansatz bezeichnet),
- Phasenschema (auch als Phasenmodell oder Lebenszyklus-Modell bezeichnet),
- istzustandsorientierter/sollzustandsorientierter Ansatz,
- Outside-in-/Inside-out-Ansatz,
- funktionsorientierter/datenorientierter Ansatz,
- objektorientierter Ansatz,
- logisches Modell/physisches Modell,
- prototypingorientierter Ansatz,
- agiler Ansatz.

Der Systemansatz führt das aus der Systemtheorie und der Systemtechnik stammende Systemdenken für Informatik-Projekte ein (vgl. Lerneinheit SYSIP). Sein Grundgedanke ist folgender: Ein gegebener Untersuchungsbereich soll so lange ausgeweitet werden, bis er so umfassend ist, dass alle Ursachen von Wirkungen auf den ursprünglichen Untersuchungsbereich und alle Folgen von Wirkungen aus dem ursprünglichen Untersuchungsbereich erfasst worden sind.

Das Phasenschema gliedert die Gesamtaufgabe für Informatik-Projekte in Phasen und unterstellt einen Phasenablauf, der vom Generellen zum Detail verläuft; innerhalb der Phasen werden Problemlösungszyklen durchlaufen, welche sich in Zielsuche, Lösungssuche und Auswahl gliedern (vgl. Lerneinheit PROIP). Methoden, Techniken und Werkzeuge zur Unterstützung der Problemlösung stehen für die Aufgaben in allen Phasen in mehr oder weniger großem Umfang zur Verfügung. Wesentliches Merkmal eines modernen Verständnisses des Phasenschemas ist die Verwendung der Grundkonzeption als konzeptionelles Modell, das nicht als Endergebnis der Analyse angesehen wird und dennoch erste Entwurfsergebnisse enthält. Die Grundkonzeption bildet die Grundlage für die Kommunikation zwischen Auftraggeber und Auftragnehmer; sie wird während der weiterführenden Analyse- und Entwurfsarbeiten verfeinert (Prinzip der schrittweisen Verfeinerung), ist also keine starre Größe, die nur als Ganzes verworfen oder akzeptiert werden könnte.

Der istzustandsorientierte Ansatz ist durch die Vorgehensweise „erst Istzustandserfassung, dann Istzustandsanalyse und dann Entwicklung des Sollzustands" gekennzeichnet. Seine entscheidende Schwäche besteht in der Gefahr einer zu starken Gegenwarts- oder sogar Vergangenheitsorientierung. Im Unterschied dazu ist der sollzustandsorientierte Ansatz durch die Vorgehensweise „erst Entwicklung eines groben Sollkonzepts, dann Istzustandserfassung, dann Korrektur des Sollkonzepts solange, bis es im gegebenen Kontext als Idealkonzept zu bezeichnen ist", gekennzeichnet. Seine entscheidende Schwäche besteht in der Gefahr, den Istzustand nur aus der Sicht eines (möglicherweise unzweckmäßigen) Sollkonzepts zu betrachten.

Der Outside-in-Ansatz und der Inside-out-Ansatz bilden das Objekt und die Teilobjekte des Projektgegenstands als Schalenmodell oder Zwiebelmodell ab. Der Outside-in-Ansatz ist dadurch gekennzeichnet, dass bei der Analyse und beim Entwurf von den Bedingungen des Umsystems ausgegangen und dann schrittweise („Schale für Schale") *nach innen*, also zum Zentrum hin gearbeitet wird. Der Inside-out-Ansatz beginnt im Zentrum, und man bewegt sich schrittweise („Schale für Schale") bis zu den Bedingungen des Umsystems *nach außen*.

Der funktionsorientierte Ansatz (auch als ablauforientierter Ansatz oder prozessorientierter Ansatz bezeichnet) bildet die Anforderungen der realen Welt in eine funktionsorientierte Modellwelt ab, indem eine Aufgabe – zusammen mit ihren Eingabedaten und Ausgabedaten – systematisch solange in Teilaufgaben (Funktionen) zerlegt wird, bis so präzise Beschreibungen der realen Welt entstehen, dass sie als Anwendungsprogramm, Datenbank usw. implementiert werden können.

Der datenorientierte Ansatz (auch als Datenflussmethode bezeichnet) bildet die Anforderungen der realen Welt als Datenstruktur (Datenobjekte und Beziehungen zwischen den Datenobjekten), also in eine datenorientierte Modellwelt der Aufgabe ab. Die Datenstruktur wird solange verfeinert, bis sie als physisches Datenmodell für die betreffende Aufgabe implementiert werden kann.

Wesentliche Schwäche dieser Ansätze ist die Tatsache, dass sie entweder primär funktionsorientiert *oder* primär datenorientiert vorgehen. Zur Modellierung einer Aufgabe sind aber beide Sichten von gleicher Bedeutung; sie müssten idealerweise in einem Ansatz berücksichtigt werden.

Der objektorientierte Ansatz ist die Integration des funktionsorientierten mit dem datenorientierten Ansatz. Er verwendet als zentrale Entwurfskomponenten Objekte. Da die Wirklichkeit aus physischen Objekten (wie Lager, Produkt, Kunde, Lohnempfänger) und abstrakten Objekten (wie Konto, Kostenstelle, Bilanz, Plan) besteht, ist es naheliegend, Software-Systeme „um diese Objekte herum" zu organisieren.

Objekte können hinsichtlich ihrer strukturellen und verhaltensbezogenen Aspekte näher beschrieben werden. Aus Strukturperspektive besitzen Objekte verschiedene Eigenschaften (z.B. das Objekt „Notebook" kann anhand von Eigenschaften wie „Prozessorleistung", „Farbe", „Marke" usw. beschrieben werden). Aus verhaltensbezogener Sicht bietet ein Objekt bestimmte Dienste an (z.B. bietet das Objekt „Notebook" die Dienste „Rechner einschalten", „Programme starten", usw. an). Objekte mit ähnlichen Eigenschaften und Diensten können zu Klassen zusammengefasst werden. Weiter kann auf der Basis von Vererbungsbeziehungen eine untergeordnete Klasse die Struktur- und Verhaltenseigenschaften der übergeordneten Klasse nutzen.

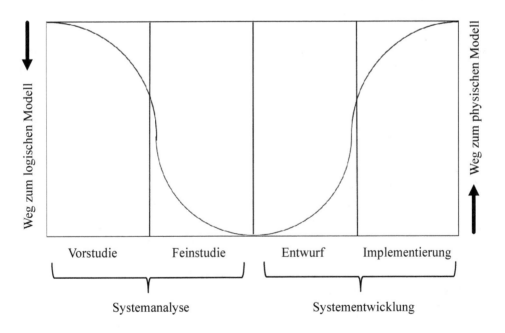

Abb. ZAMIP-2: Der Weg zum logischen und zum physischen Modell

Logische Modelle sind Systemabbildungen, die vollständig von einer bestimmten Form der Implementierung abstrahieren; sie haben keine physischen Attribute. Physische Modelle sind Systemabbildungen, die eine bestimmte Form der Implementierung zum Gegenstand haben; sie sind also mit physischen Attributen belegt. Bei der Analyse wird zunächst der Istzustand erhoben und als physisches Modell abgebildet. Im Verlauf der Analyse werden die physischen Attribute entfernt, so dass ein logisches Modell des Istzustands entsteht. Das logische Modell des Istzustands wird dann beim Entwerfen zunächst in ein logisches Modell des Sollzustands überführt, das dann sukzessiv mit physischen Attributen einer bestimmten Implementierung belegt wird, so dass das physische Modell des Sollzustands entsteht. Abbildung ZAMIP-2 veranschaulicht den „Weg" vom physischen Modell des Istzustands zum physischen Modell des Sollzustands, der über die logischen Modelle des Istzustands und des Sollzustands führt.

Der prototypingorientierte Ansatz umfasst mehrere Vorgehensvarianten (wie z.B. exploratives, experimentelles und evolutionäres Prototyping). Im Mittelpunkt des Ansatzes steht der Prototyp im Sinn einer schnell verfügbaren Vorabversion des zu schaffenden Produkts. Er durchläuft kurze Planungszyklen, die jeweils Analyse-, Entwurfs- und Implementierungsaktivitäten, einschließlich der Evaluierung durch die Benutzer, umfassen. Bei der Evaluierung steht die Funktionalität (und nicht die Leistung) im Vordergrund (vgl. Lerneinheit PROTY).

Der agile Ansatz umfasst mehrere Vorgehensvarianten (wie z.B. Extreme Programming und Scrum). Im Mittelpunkt des Ansatzes steht Flexibilität. Insbesondere beruht der agile Ansatz auf der Annahme, dass zukünftige Benutzer eines zu schaffenden Informationssystems ihre Anforderungen zu Projektbeginn nicht ausführlich definieren können und sich Anforderungen während der Projektlaufzeit ändern. Daher wird beim agilen Ansatz darauf verzichtet, Anforderungen systematisch und möglichst vollständig zu dokumentieren (vgl. Lerneinheit AGILM).

Modellorientierung

Aus der Darstellung der Methodikansätze ist ersichtlich, dass ihnen das Denken in Modellen zugrunde liegt und dass – daraus folgend – das Verwenden von Modellen typisch ist. Die Notwendigkeit zum Denken in Modellen und zum Verwenden von Modellen folgt aus der Tatsache, dass die Wirklichkeit so komplex und kompliziert ist, dass sie ohne Vereinfachung nicht erfasst und gestaltet werden kann. Diese Notwendigkeit ergibt sich auch aus der Tatsache, dass an größeren Informatik-Projekten in der Regel viele Personen beteiligt sind (vgl. die Lerneinheiten PROVE und STAKM), die meist unterschiedliche Sichten auf die gleichen Phänomene der Wirklichkeit haben, die offengelegt und zum Ausgleich gebracht werden müssen. Dies ist nur möglich, wenn die unterschiedlichen Sichten auf die Wirklichkeit in Modellen vereinfachend abgebildet werden. Ein wesentliches Merkmal der Methodik für Informatik-Projekte ist daher ihre Modellorientierung.

Paradigma

Die verschiedenen Methodikansätze müssen zu einem Methodik-Mix kombiniert werden. Welchem Methodik-Mix der Vorzug gegeben wird, hängt vom Projektkontext ab und ist auch eine Frage der persönlichen Präferenzen der an einem Projekt beteiligten Personen. Erfahrungsgemäß folgt die Planungsmethodik primär einem systemtechnisch orientierten Phasenschema, trotz des Umstands, dass agile Ansätze in der jüngeren Vergangenheit an Bedeutung gewonnen haben; dieser Bedeutungszuwachs ist bislang eher in Software-Entwicklungsunternehmen als in Anwendungsunternehmen anderer Branchen (z.B. Industrie, Banken, Handel) zu beobachten. Alle weiteren Methodikansätze, die verwendet werden, lassen sich in das Phasenschema einordnen. Die vorherrschende Methodik für Informatik-Projekte (ihr Paradigma) ist eine schrittweise präzisierende, systematisch auf Zwischenergebnissen aufbauende und doch möglichst ganzheitliche Vorgehensweise, eine Folge von aufeinander aufbauenden Zyklen (was in weiten Teilen mit den Vorgehensweisen agiler Ansätze vereinbar ist). Aus heutiger Sicht ist ein Methodik-Mix am zweckmäßigsten, der folgende Merkmale miteinander vereinigt:

- die Verwendung eines aus dem Phasenschema abgeleiteten Vorgehensmodells;
- das Entwerfen einer Grundkonzeption als konzeptionelles Modell, von dem ausgehend eine schrittweise Verfeinerung erfolgt;
- die Orientierung am Systemansatz;
- die konsequente Unterscheidung zwischen logischen und physischen Modellen;
- die Datenorientierung oder – wo möglich – die Objektorientierung;
- das Prototyping;
- die Nutzung von spezifischen Elementen agiler Ansätze, wenn es situationsspezifisch nützlich ist (z.B. Verwendung von Story Cards; hierbei beschreiben Benutzer in narrativer Weise Systemmerkmale und es wird von Entwicklern geschätzt, welchen Aufwand die Umsetzung verursacht, auf Basis dieser Information priorisieren dann die Benutzer die Story Cards).

Methoden, Techniken und Werkzeuge

Mit Methoden, Techniken und Werkzeugen soll die Methodik umgesetzt und damit die Erreichung der Projektziele unterstützt werden, beispielsweise:

- Erreichung der geplanten Qualität der Ergebnisse;
- Schaffung der Transparenz des Planungsprozesses;
- Einhaltung von geplanten Terminen und Kosten;
- Unabhängigkeit der Ergebnisse von den am Projekt beteiligten Personen;
- Wirksamkeit und Wirtschaftlichkeit im Umgang mit den Ressourcen;
- Akzeptanz der Ergebnisse durch die Auftraggeber und Benutzer.

Die zur Erreichung dieser Ziele wünschenswerten, in der Regel aber heute nicht oder nicht vollständig vorhandenen Eigenschaften der Methoden und Techniken sind: formaler Ansatz, Methoden- und Werkzeugintegration, Problemadäquatheit, Durchgängigkeit und Beherrschbarkeit. Da viele Methoden und Techniken manuell nur umständlich, bei größeren Informatik-Projekten teilweise überhaupt nicht anwendbar sind, werden sie in Werkzeugen implementiert; sie sollen die Wirksamkeit und Wirtschaftlichkeit der Verwendung von Methoden und Techniken wesentlich verbessern bzw. ermöglichen.

Projektmanagement und Informationsmanagement

Charakteristisch für Informatik-Projekte ist die Betrachtung von einzelnen Unternehmensteilen, früher primär funktionsorientiert (wie z.B. Personalwesen, Produktionsplanung und -steuerung, Vertrieb), heute prozessorientiert (wie z.B. Produktionslogistik), für die ein Informationssystem geschaffen werden soll. Projektgegenstand sind also Informationssysteme zur Verbesserung bestehender oder zur Ermöglichung neuer Geschäftsprozesse (insbesondere externe Geschäftsprozesse wie Vertriebsprozesse im Internet). Charakteristisch für das Informationsmanagement ist nach *Heinrich/Riedl/Stelzer* die unternehmensweite Orientierung, für das Unternehmen als Ganzes soll eine Informationsinfrastruktur geschaffen, aufrechterhalten und genutzt werden (unter anderem durch Informatik-Projekte).

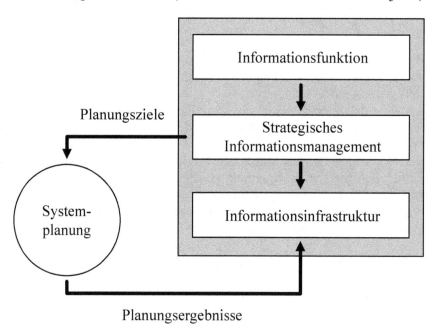

Abb. ZAMIP-3: Zusammenhang zwischen Projektmanagement und Informationsmanagement

Die Planung und Realisierung von Informatik-Projekten vollzieht sich in einem durch das Informationsmanagement vorgegebenen Handlungsspielraum; damit werden die Ziele des Informationsmanagements in Informationssysteme umgesetzt. Abbildung ZAMIP-3 veranschaulicht diesen Zusammenhang. Die als Planungsziele und als Planungsergebnisse bezeichneten Schnittstellen zwischen dem strategischen Informationsmanagement und dem Projektmanagement einerseits sowie zwischen den Informatik-Projekten und der Informationsinfrastruktur andererseits sind:

- Schnittstelle Planungsziele: Nach dem Festlegen der strategischen Ziele und dem Entwickeln von Strategien zur Planung der Informationsinfrastruktur wird mit der strategischen Maßnahmenplanung festgelegt, welche Informationssysteme mit welchen Funktionen und Leistungen (Sachziele) in welcher Zeit, mit welchen Kosten, mit welcher Qualität usw. (Formalziele) zu realisieren sind.
- Schnittstelle Planungsergebnisse: Nach dem Abschluss aller Vorbereitungsarbeiten zur Installierung werden die durch Informatik-Projekte geschaffenen Informationssysteme so in die bestehende Informationsinfrastruktur eingefügt, dass sie produktiv genutzt werden können.

Kennzeichnend für beide Schnittstellen ist die enge Zusammenarbeit zwischen Informationsmanagement und Projektmanagement. Das Erarbeiten des Projektportfolios durch das Informationsmanagement ist ohne Durchführung der Vorstudie (vgl. Lerneinheit ZAMVS) nicht möglich; erst durch die Vorstudie können Aussagen über die Kosten und den Nutzen von neuen Informationssystemen gewonnen werden. Die Beurteilung installierter Informationssysteme als „produktiv" kann nicht dem Projektmanagement allein überlassen werden; sie erfordert die Zusammenarbeit mit den Aufgabenträgern des Informationsmanagements (vgl. die Ausführungen zum Erfolg von Informatik-Projekten in der Lerneinheit PROMA).

Forschungsbefunde

Mahmoud-Jouini et al. thematisieren in einem konzeptionellen Artikel, der im Jahr 2016 veröffentlicht wurde, den Beitrag von Design Thinking für das Projektmanagement in innovativen Anwendungsbereichen. Im Artikel (145) wird Design Thinking unter Bezugnahme auf Fachliteratur wie folgt definiert: „Design thinking is a structured process of exploration for ill-defined problems … a human-centered innovation process that emphasizes observation, collaboration, fast learning, visualization of ideas, rapid concept prototyping, and concurrent business analysis".

Mahmoud-Jouini et al. (147) beschreiben zentrale Befunde ihrer Studie wie folgt: „We identified three streams of work that have emerged in the recent project management literature to improve project management in innovative contexts: (1) A first stream has highlighted the importance of an exploration phase in projects to allow requirements and specifications to emerge during the life of the project through learning and trial and error; (2) a second stream has highlighted the importance of the stakeholder dimension and the need to mobilize stakeholders to build the political context in which the project will develop; and (3) a third stream has highlighted the need to link project management to strategizing at the firm level. These three streams, however, lack effective methodologies, tools, and professional attitudes that could enable the implementation of these recommendations". Auf der Basis dieses Befunds erläutern die Autoren, wie Design Thinking einen Beitrag zur Aufarbeitung der identifizierten Defizite leisten kann. Die Erläuterungen sind entlang von zehn Propositionen strukturiert. Weiter sind im Artikel „common design thinking tools" sowie ihre jeweilige Aufgabenunterstützung angegeben (vgl. Abb. ZAMIP-4, im englischsprachigen Original dargestellt).

Visual or narrative elements: charts and graphs, storytelling, use of metaphor and analogies, and so on / *Deep understanding of users:* observing and interacting with them in their native habitat (ethnography, qualitative research methods, participant observation, interviewing, journey mapping, job-to-be-done analysis, and so forth) / *Structured collaborative work:* mind mapping to facilitate drawing insights from ethnographic data and to create a "common mind" across team members, using collaborative ideation such as brainstorming and concept development techniques / *Identifying assumptions:* assumptions around value creation, execution, scalability, and defensibility that underlie the attractiveness of a new idea / *Prototyping:* techniques that facilitate making abstract ideas tangible (storyboarding, user scenarios, metaphor, experience journeys, business concept illustrations, and so on) / *Field experiments:* testing the key underlying and value-generating assumptions of a hypothesis in the field with stakeholders.

Abb. ZAMIP-4: Design Thinking Tools und ihr Beitrag zur Aufgabenerfüllung
(zitiert nach *Mahmoud-Jouini et al.*, 149)

Kontrollfragen
1. Wie werden die Ziele für Informatik-Projekte gegliedert?
2. Welche Phasen für Informatik-Projekte werden unterschieden?
3. Was wird unter „Methodik für Informatik-Projekte" verstanden?
4. Auf welchen Missverständnissen beruht der Methodikstreit bei der Entwicklung von Informationssystemen?
5. Wie wird zwischen Projektmanagement und Informationsmanagement abgegrenzt?

Quellenliteratur
Eller, C./Riedl, R.: Ziele von Informationssystemen. HMD – Praxis der Wirtschaftsinformatik, 53/2016, 224-238
Heinrich, L. J.: Zur Methodik der Systemplanung in der Wirtschaftsinformatik. In: Schult, E./Siegel, T. (Hrsg.): Betriebswirtschaftslehre und Unternehmenspraxis. Schmidt, 1986, 83-99
Heinrich, L. J./Riedl, R./Stelzer, D.: Informationsmanagement: Grundlagen, Aufgaben, Methoden. 11. A., De Gruyter Oldenbourg, 2014
Mahmoud-Jouini, S. B./Midler, C./Silberzahn, P.: Contributions of design thinking to project management in an innovation context. Project Management Journal, 2/2016, 144-156

Vertiefungsliteratur
Krypczyk, V./Bochkor, O.: Handbuch für Softwareentwickler, Rheinwerk Computing, 2018
Sommerville, I.: Software Engineering. 10. A., Pearson, 2016

Normen und Richtlinien
ISO/IEC/IEEE 12207 (first edition, 2017-11): Systems and software engineering - Software life cycle processes

Werkzeuge
https://www-01.ibm.com/software/de/rational/

Interessante Links
http://www.methodsandtools.com/
https://www.pm-toolfinder.de/

SYSIP - Systemtechnik und Informatik-Projekte

Lernziele

Sie kennen das Ziel und die Arbeitsprinzipien der Systemtechnik. Sie können die systemtechnische Planungsmethodik beschreiben. Sie können für die Problemlösungsstufen der Planungsmethodik geeignete Methoden angeben. Sie erkennen die Bedeutung der Systemtechnik für die Methodik des Projektmanagements.

Definitionen und Abkürzungen

Empfindlichkeitsanalyse (sensibility analysis) = eine Methode, mit der die Wirkung geringfügiger Änderungen der Parameter auf das prognostizierte Ergebnis ermittelt wird.

Hierarchie (hierarchy) = eine Systembeziehung mit der Elemente spezifischen Zuordnungsvorschrift „Element A ist Element B über- bzw. untergeordnet".

Komplexität (complexity) = die Eigenschaft eines Systems, die durch die Anzahl seiner Elemente und durch die Anzahl der Beziehungen zwischen den Elementen (Beziehungsreichtum) gekennzeichnet ist.

Kompliziertheit (difficulty) = die Eigenschaft eines Systems, die durch die Anzahl und Verschiedenartigkeit seiner Elemente gekennzeichnet ist.

Kybernetik (cybernetics) = eine Interdisziplin, die sich mit der Beschreibung und Erklärung von dynamischen (kybernetischen) Systemen beschäftigt, deren gemeinsames Kennzeichen das Prinzip der Regelung und Steuerung durch Aufnahme, Verarbeitung und Übertragung von Information ist.

Modelltyp (model type) = die Art der Darstellung des Strukturkonzepts eines Modells (z.B. physikalisches, mathematisches, grafisches Modell).

Prinzip (principle) = eine Regel oder eine Richtschnur für das Denken, Handeln und/oder Verhalten. Synonym: Grundsatz.

Problem (problem) = eine Handlungssituation, die durch ein Defizit an Wissen gekennzeichnet ist.

Prognose (forecasting) = die Voraussage eines zukünftigen Zustands bzw. einer zukünftigen Entwicklung auf der Grundlage systematisch ermittelter Daten.

Prüfliste (checklist) = eine Methode zur Überprüfung von Systemeigenschaften, deren Zweck es ist, Stärken und Schwächen aufzudecken.

Regelung (feedback control) = eine Maßnahme, mit der eine dynamische (und somit prinzipiell veränderliche) Größe automatisch konstant oder annähernd konstant (also innerhalb eines bestimmten Wertebereichs) gehalten wird.

Regressionsanalyse (regression analysis) = ein statistisches Analyseverfahren, das eingesetzt wird, um Zusammenhänge zwischen einer oder mehreren unabhängigen Variablen und einer abhängigen Variable zu ermitteln.

Steuerung (control) = eine Maßnahme, welche die Einhaltung eines systemextern definierten Zustands durch systemexterne Eingriffe ermöglicht.

System (system) = der ganzheitliche Zusammenhang von Teilen, Einzelheiten, Dingen oder Vorgängen, die voneinander abhängig sind, zusammen wirken bzw. ineinander greifen.

Prinzipien der Systemtechnik

Systemtechnik ist eine auf bestimmten Denkmodellen und Prinzipien beruhende Vorgehensweise zur zielgerichteten Gestaltung komplexer Systeme. Ziel der Systemtechnik ist die Reduktion der Komplexität bei der mehrdimensionalen, zielorientierten Analyse, Konzipierung, Auswahl und Realisierung von Systemen. In der einschlägigen Fachliteratur wird zwischen Komplexität und Kompliziertheit nicht immer unterschieden, so dass anzunehmen ist, dass Komplexität auch die Unterschiedlichkeit der Systemelemente umfasst (vgl. dazu die Lerneinheit Gegenstandsbereich der Wirtschaftsinformatik in *Heinrich/Heinzl/Riedl*). Die vier Prinzipien der Systemtechnik ergänzen einander in ihrer Problemlösungsfunktion und werden daher in der Regel zusammen angewendet.

Das Prinzip der hierarchischen Strukturierung geht von der Annahme aus, dass die Untersuchung komplexer Systeme schwierig, wenn nicht unmöglich ist, und dass die Komplexität durch Zerlegung in Teilsysteme reduziert werden kann. Die Zerlegung in Teilsysteme erfolgt stufenweise „von oben nach unten" in Form einer Hierarchie. „Zerlegen" bedeutet also Abgrenzen eines Teilsystems von einem direkt nachgeordneten oder direkt übergeordneten Teilsystem und Definieren der Beziehungen zwischen den Teilsystemen. Abbildung SYSIP-1 zeigt das Prinzip der hierarchischen Strukturierung.

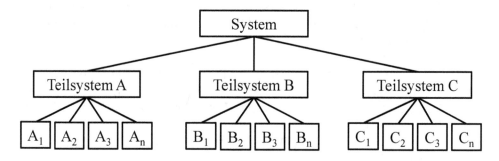

Abb. SYSIP-1: Prinzip der hierarchischen Strukturierung

Das Prinzip des Schwarzen Kastens (auch als Black-Box-Prinzip bezeichnet) empfiehlt, bei der Untersuchung eines Systems von den Vorgängen innerhalb des Systems zu abstrahieren und sich auf die wirkungsspezifischen Eingänge und Ausgänge an den Systemgrenzen, also auf die Vorgänge zwischen dem betrachteten System und seiner Umwelt (Umsystem) zu konzentrieren. Von der Kenntnis der System/Umwelt-Beziehungen wird auf Systemeigenschaften geschlossen. Da klare Systemgrenzen nur selten vorgegeben sind, müssen sie erarbeitet werden. Abbildung SYSIP-2 zeigt das Prinzip des Schwarzen Kastens. Die Pfeile repräsentieren die wirkungsspezifischen Eingänge und Ausgänge an den Systemgrenzen, von denen auf die Eigenschaften des betrachteten Systems geschlossen werden soll. Die Eigenschaften des betrachteten Systems werden somit nicht direkt ermittelt, sondern indirekt über die Vorgänge zwischen dem betrachteten System und seiner Umwelt.

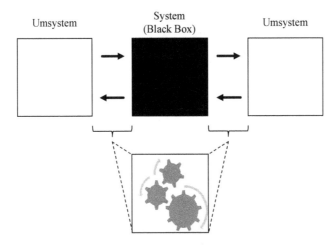

Abb. SYSIP-2: Prinzip des Schwarzen Kastens

Das kybernetische Prinzip fordert die Anwendung der Grundsätze der Regelung und Steuerung als spezifische Form des Verhaltens eines Systems. Damit soll der Systemzweck auch unter Störeinwirkungen erreicht oder beibehalten, das System also „im Gleichgewicht gehalten" werden. Abbildung SYSIP-3 zeigt das kybernetische Prinzip. Der Soll-Wert (z.B. gewünschte Raumtemperatur) ist Eingangsgröße für einen Regler (z.B. elektrischer Schalter), der mit einem Stellglied verbunden ist (z.B. Heizungsschalter), dazwischen liegt die Stellgröße (z.B. „Heizung ein"). Es folgt die Regelgröße (z.B. Raumtemperatur), die durch Störgrößen beeinflusst werden kann (z.B. ein offenes Fenster bewirkt das Einströmen kalter Luft in einen Raum). Ein Messgerät mit einem Sensor (z.B. Thermometer) bestimmt den Ist-Wert (gemessene Raumtemperatur) und ein Abgleich mit dem Soll-Wert bewirkt, dass eine Anpassung erfolgt, um die gewünschte Raumtemperatur herzustellen. Das kybernetische Prinzip kann zur Beschreibung maschineller und nicht-maschineller Systeme (z.B. menschliches oder organisationales Verhalten; z.B. *Fischer/Riedl*) angewendet werden.

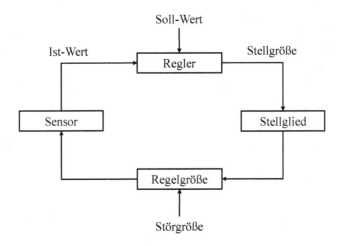

Abb. SYSIP-3: Kybernetisches Prinzip

Das Modell-Prinzip empfiehlt, ein System in der Form eines Modells abzubilden und anhand des Modells zu untersuchen. Dazu werden verschiedene Modelltypen verwendet. Für Informatik-Projekte ist das grafische Modell bzw. sind grafische Modellierungssprachen (z.B. Business Process Model and Notation, BPMN) von besonderer Bedeutung (vgl. Lerneinheit PROMO). Abbildung SYSIP-4 zeigt das Modell-Prinzip anhand eines Prozesses in der Auftragsabwicklung.

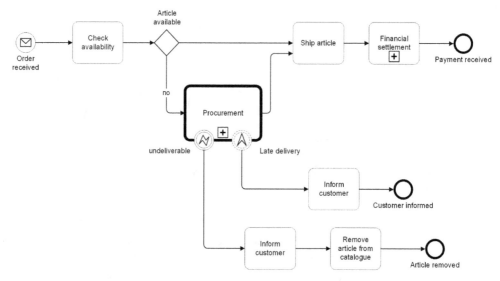

Abb. SYSIP-4: Modell-Prinzip am Beispiel BPMN (nach *OMG*)

Systemtechnische Planungsmethodik

Die systemtechnische Planungsmethodik ist die logische Schrittfolge zur Erarbeitung einer Problemlösung. Sie orientiert sich an der Notwendigkeit einer wirtschaftlichen Problemlösung; es werden mehrere Systemphasen bei der Lösungserarbeitung voneinander abgegrenzt. Abbildung SYSIP-5 zeigt die typischen Systemphasen im Zeitablauf; sie können wie folgt erläutert werden:

- In Phase 1 *Programmstudie* werden die generell angestrebten Ziele und die antizipierten Lösungskonzepte eines Systemproblems festgelegt.
- Gegenstand von Phase 2 *Systemvorstudie* ist die Analyse der technisch-organisatorischen Durchführbarkeit und der Wirtschaftlichkeit alternativer Lösungskonzepte. Die Menge der weiter zu untersuchenden Lösungskonzepte wird reduziert.
- In Phase 3 *Systemhauptstudie* erfolgt die Auswahl des optimalen Lösungskonzepts und dessen detaillierter Entwurf.
- Phase 4 *Systemerstellung* umfasst die überwiegend materielle Systemgestaltung.
- In Phase 5 *Systemeinführung* erfolgt die Installierung des Systems und dessen Inbetriebnahme.
- Phase 6 *Systembetrieb* umfasst auch die Pflege und Verbesserung eines eingeführten Systems.
- Zweck von Phase 7 *Systemwechsel* ist der planmäßige Austausch eines Systems durch ein verbessertes System.

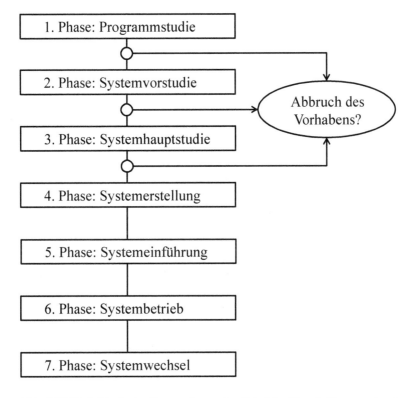

Abb. SYSIP-5: Typische Systemphasen im Zeitablauf (nach *Zangemeister*)

Zwischen den Phasen 1 und 2, 2 und 3 sowie 3 und 4 sind Meilensteine festgelegt, die sicherstellen sollen, dass voraussichtlich nicht erfolgreiche Vorhaben abgebrochen werden. Solche Meilensteine sind insbesondere bei großen und sehr großen Projekten zweckmäßig (aber situativ auch schon bei weniger großen Vorhaben), da oft erst nach einer bestimmten Anzahl an Analyse- und Planungsschritten die Realisierbarkeit eines Vorhabens zuverlässig abgeschätzt werden kann. Nach *Burghardt* (25) hat ein „großes Projekt" folgende Eigenschaften: die Anzahl der Mitarbeiter liegt im Bereich 50-150, der Aufwand beträgt 50-500 Mannjahre und das Projektbudget liegt im Bereich 10-80 Millionen Euro; ein „sehr großes Projekt" hat folgende Eigenschaften: die Mitarbeiteranzahl ist größer 150, der Aufwand in Mannjahren ist größer 500 und das Projektbudget liegt über 80 Millionen Euro.

Ziele und Methoden der Problemlösungsstufen

Innerhalb der einzelnen Systemphasen erfolgt die Problembearbeitung nach drei Problemlösungsstufen, die aus Abb. SYSIP-6 mit ihren stufenspezifischen Bearbeitungsschritten ersichtlich sind. Die Abbildung zeigt auch, dass die Problemlösungsstufen bzw. ihre einzelnen Bearbeitungsschritte durch Rückkopplungen miteinander vernetzt sind. Die in Abb. SYSIP-6 gezeigten Bearbeitungsschritte der Problemlösungsstufen des systemtechnischen Planungsprozesses werden nachfolgend anhand ihrer Ergebnisse und Methoden erläutert (die Methoden sind als

Beispiele zu verstehen und daher situativ an spezifische Projektgegebenheiten anzupassen, beispielsweise indem weitere Methoden ergänzt werden; weiter ist zu prüfen, ob die Anwendung von Methoden durch Werkzeuge unterstützt wird).

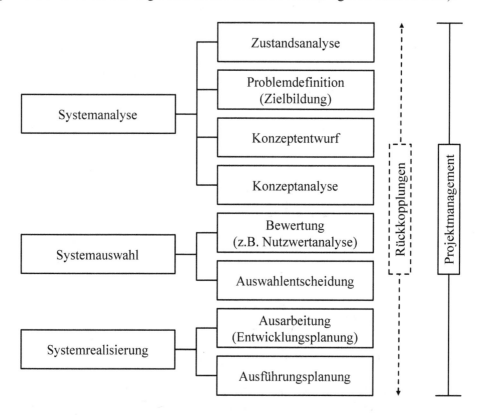

Abb. SYSIP-6: Problemlösungsstufen im systemtechnischen Planungsprozess
(nach *Zangemeister*)

- *Zustandsanalyse*: Es liegen Informationen zur problemspezifischen Situation vor. Eine Abgrenzung der Bereiche, in denen Zustandsänderungen durch problemlösende Maßnahmen erreicht werden können, ist möglich. Neben den systemtechnischen Arbeitsprinzipien können Methoden der Istzustandserfassung und der Istzustandsanalyse (vgl. Lerneinheit ERFAS), Prognosemethoden, Regressionsanalysen und Kreativitätstechniken (vgl. Lerneinheit KREAT) angewendet werden.
- *Problemdefinition (Zielbildung)*: Es ist möglich, Aussagen darüber zu machen, was mit der Problemlösung im Einzelnen erreicht werden kann und welche Schwierigkeiten dem entgegenstehen. Es handelt sich um die Analyse des Spannungsverhältnisses zwischen dem Istzustand und dem angestrebten Sollzustand. Dazu werden Ursachenanalyse und Kreativitätstechniken angewendet.
- *Konzeptentwurf (Systemsynthese)*: Mehrere alternative Problemlösungen liegen vor. Zur Generierung von Problemlösungen können Kreativitätstechniken angewendet werden.
- *Konzeptanalyse (Systemanalyse im engeren Sinn)*: Die zielrelevanten Konsequenzen (Zielerträge) der alternativen Problemlösungen sind bekannt. Zu ihrer

Ermittlung können Prognosemethoden und Simulationsmodelle (vgl. Lerneinheit SIMUL) angewendet werden.

- *Bewertung (Nutzwertanalyse)*: Die unter Kosten/Nutzen-Aspekten optimale Problemlösung ist bekannt. Eindimensionale Bewertungsmethoden (Investitionsrechnungsmethoden, vgl. Lerneinheit WIRTA), mehrdimensionale Bewertungsmethoden (Nutzwertanalyse, vgl. Lerneinheit EVALU) und die Delphi-Methode
können zur Unterstützung herangezogen werden.

- *Auswahlentscheidung*: Es steht fest, welche der alternativen Problemlösungen
optimal ist und den nachfolgenden Systemphasen zugrunde gelegt wird. Zur
Auswahl können Abstimmregeln (z.B. Mehrheitsprinzip oder Einstimmigkeits-
prinzip) angewendet werden.

- *Ausarbeitung (Entwicklungsplanung)*: Es ist bekannt, wie die optimale Problemlösung im Detail aussieht. Methoden zur Unterstützung der Entwicklungsplanung sind Prüflisten (vgl. Lerneinheit CHECK) und Netzplantechnik (vgl.
Lerneinheit NETZP).

- *Ausführungsplanung*: Die Maßnahmen zur Durchführung der Planungsergebnisse sind bekannt. Methoden zur Unterstützung der Ausführungsplanung sind
Prüflisten und Netzplantechnik.

Nachfolgend wird die Orientierung der Methodik des Projektmanagements am
Systemansatz (vgl. Lerneinheit ZAMIP) durch Gegenüberstellung der Phasen der
systemtechnischen Vorgehensweise (Abb. SYSIP-7, links) mit denen des Phasenschemas für Informatik-Projekte (Abb. SYSIP-7, rechts) gezeigt. Die dem Systembetrieb und dem Systemwechsel der systemtechnischen Vorgehensweise entsprechende Nutzung und Wartung sowie die Neukonstruktion am Ende des Lebenszyklus von Informationssystemen gehören nicht zum Phasenschema für Informatik-
Projekte; sie sind dem Lebenszyklusmanagement zugeordnet (vgl. dazu die einschlägige Lerneinheit in *Heinrich/Riedl/Stelzer*).

| *Phasen der system-
technischen Vorgehensweise* | *Phasenschema für
Informatik-Projekte* |
|---|---|
| Programmstudie | Vorstudie |
| Systemvorstudie | Feinstudie |
| Systemhauptstudie | Entwurf |
| Systemerstellung | Implementierung |
| Systemeinführung | Installierung |
| Systembetrieb | Nutzung, Wartung
und Neukonstruktion |
| Systemwechsel | |

Abb. SYSIP-7: Zuordnung der Phasen der systemtechnischen
Vorgehensweise zum Phasenschema für Informatik-Projekte

Forschungsbefunde

Komplexität ist ein inhärentes Merkmal vieler Informatik-Projekte und die System-technik ist eine Vorgehensweise zur zielgerichteten Gestaltung komplexer Syste-me. Doch was ist eigentlich mit Komplexität von Informatik-Projekten gemeint und wie kann man diese Komplexität messen? Diesen Fragen haben sich *Xia/Lee* in einer im Jahr 2005 veröffentlichten Forschungsarbeit gewidmet. Der in der Ar-beit fokussierte Projektbegriff entspricht dem im vorliegenden Buch zugrunde ge-legten Verständnis des Begriffs „Informatik-Projekt", die Autoren schreiben (46): „IS development refers to the analysis, design, and implementation of IS applica-tions/systems to support business activities in an organizational context. ISDPs [In-formation Systems Development Projects, Anmerkung des Verfassers des vorlie-genden Buches] are temporary organizations that are formed to perform IS develo-pment work, including new applications/systems yet to be installed, as well as en-hancement of existing applications/systems … New applications/systems include both in-house application/systems and off-the-shelf packaged software".

Dimensionen	Items
Structural Organizational Complexity	The project team was cross-functional. The project involved multiple external contractors and vendors. The project involved coordinating multiple user units.
Structural IT Complexity	The system involved real-time data processing. The project involved multiple software environments. The project involved multiple technology platforms. The project involved a lot of integration with other sys-tems.
Dynamic Organizational Complexity	The end-users' organizational structure changed rapidly. The end-users' business processes changed rapidly. Implementing the project caused changes in the users' business processes. Implementing the project caused changes in the users' organizational structure. The end-users' information needs changed rapidly.
Dynamic IT Complexity	IT architecture that the project depended on changed ra-pidly. IT infrastructure that the project depended on changed rapidly. Software development tools that the project depended on changed rapidly.

Abb. SYSIP-8: Dimensionen und Items des Fragebogens zur Messung der Komplexität von Informatik-Projekten (nach *Xia/Lee*, 82)

Der mehrstufige Forschungsprozess von *Xia/Lee* umfasste den Einsatz folgender Methoden: Analyse von einschlägiger Fachliteratur, Interviews mit 12 IT-Projektmanagern, Diskussion in Fokusgruppen mit 45 Informationssystem-Managern, das Ranking von Merkmalen von Projektkomplexität auf Basis der Card-Sorting-Technik mit vier Informationssystem-Forschern, zwei Pilottests eines quantitativen Fragebogens mit insgesamt 22 Personen (IT-Projektmanager und Informationssystem-Manager) und eine Online-Befragung (N=541 Fragebögen, die in die Datenanalyse eingingen). Zur Online-Befragung wurden 1.740 nordamerikanische Projektmanager eingeladen (die Antwortquote lag somit bei 31,1%). Die Projektmanager kamen aus diversen Branchen. Das durchschnittliche Projektbudget lag bei 2,1 Millionen US$, die durchschnittliche Projektgruppengröße war 34 Personen und die durchschnittliche Projektdauer lag bei 12 Monaten.

Das ursprüngliche Fragebogenmessinstrument zur Messung der Komplexität von Informatik-Projekten umfasste 30 Items, das aus dem gesamten Forschungsprozess final resultierende Messinstrument beinhaltet 15 Items (vgl. Abb. SYSIP-8, englischsprachiges Original). Jedes Item wird mit einer 7-stufigen Likert-Skala gemessen, mit welcher der Zustimmungsgrad zu den Aussagen angegeben wird; die Items sind vier Dimensionen zugeordnet. Auf der Basis einer Durchschnittsberechnung über alle Items kann die Komplexität eines Informatik-Projekts bestimmt werden.

Die praktische Implikation ihrer Forschungsarbeit fassen *Xia/Lee* (73-74) treffend zusammen: „Although the importance of assessing and managing complexity of ISDPs [Information Systems Development Projects] has been widely recognized, organizations are not well equipped to cope with these challenges … managing structural and dynamic complexities has become a key responsibility of managers and executives. As such, this research provides a much needed language and measurement tool that managers can use to describe and communicate ISDP complexity".

In einem im Jahr 2017 veröffentlichten Beitrag stellen *Neumeier/Wolf* (6-8) die folgenden Faktoren zur Bestimmung von Komplexität in IT-Projekten vor:

- *Uncertainty:* „the extent to which a project is subject to potential future changes";
- *Difficulty:* „something that is complicated, involved or intricate";
- *Multiplicity:* „the number of project elements that a project involves";
- *Interdependency:* „equivalent to connectivity and interrelatedness, and is characterized by the relationships and interactions within a project or between different projects";
- *Diversity:* „the variety within a project. This implies that a project can have different variants of the elements that define it (e.g., the diversity of the cultures of team members";
- *Ambiguity:* „a lack of clarity regarding specifications";
- *Novelty:* „addresses whether the organization already knows different aspects of the project, if they have been accomplished before or if best practices are available".

Im Beitrag wird angegeben, dass sich Manifestationen von Komplexität auf fünf verschiedene Bereiche beziehen können (project, project manager / leadership, project team members, organization, environment). Die Validität und Nützlichkeit ihres Modells zur Bestimmung von Komplexität in IT-Projekten weisen *Neumeier/Wolf* auf der Basis einer Evaluationsstudie nach (fünf Interviews: vier via Telefon und eines per Videokonferenz; interviewt wurden Berater und Projektmanager; jedes Interview dauerte zwischen 45 und 60 Minuten). Als Limitation ihrer Arbeit geben die Autoren an, dass das entwickelte Modell keine Messmethodik inkludiert („the developed framework does not include any kind of measurement method", 15).

Kautz hat sich mit dem Management von Komplexität in Informatik-Projekten befasst. Auf der Basis der Complex-Adaptive-Systems-Theorie (CAS-Theorie) hat er eine Fallstudie durchgeführt („an empirical case study of a commercial ISD [Information Systems Development] project in a large German public sector organization, called WaterWorks, performed by a German software company, called IsDev. Upon their request, the names of the organizations have been made anonymous", 5). Das Softwareentwicklungsunternehmen IsDev hatte zum Zeitpunkt der Datenerhebung 25 Mitarbeiter, davon waren 20 Entwickler.

Datengrundlage der Studie sind 12 Interviews sowie Dokumente (z.B. Anforderungsbeschreibungen und Release-Pläne). Alle Interviews wurden aufgezeichnet, vollständig transkribiert und mit dem Werkzeug NVIVO7 inhaltsanalytisch ausgewertet. Der Softwareentwicklungsprozess bei IsDev wird in der Forschungsarbeit wie folgt beschrieben (5-6): „IsDev based its approach on the development method extreme programming ... which provides a number of practices and tools to structure the ISD [Information Systems Development] process. The formalized method includes planning techniques for releases and short iterations called planning games, A5 sized user stories and story cards to specify user requirements, onsite customers to support customer developer communication, daily stand-up meetings for all project members, pair programming, collective ownership, re-factoring of the developed software, as well as continuous integration and testing to develop the software proper. IsDev extended the method with some project management processes to cater for their projects such as an elaborate overall project plan, formal reporting mechanisms and a formal contract based on an initial requirements specification produced by the customer".

Wesentlicher Befund der Studie ist, dass Management von Komplexität in Informatik-Projekten insbesondere durch die Interaktion der Akteure, dadurch resultierende Lernprozesse sowie Selbstorganisation geschieht. Die Bedeutung der CAS-Theorie im gegenständlichen Forschungskontext fasst *Kautz* (3) wie folgt zusammen (unter Bezugnahme auf diverse Quellen, die hier der Übersichtlichkeit wegen entfernt wurden): „A complex adaptive system consists of a large number of loosely interconnected autonomous parts or agents, each of which behaves according to some set of, sometimes, rather simple rules; these rules require agents to adjust their behavior to that of other agents with whom they interact and adapt to each other. The resulting system behavior can be very complex ... Interaction is a significant concept in this context, as 'the behavior of the system is determined by the nature of these interactions, not by what is contained within the components. Since the interactions are rich, dynamic, nonlinear, and are fed back, the behavior of the system as a whole cannot be predicted from the inspection of its components. The notion of 'emergence' is used to delineate this aspect' ... CAS theory rests on the idea that order emerges through the interaction of the agents ... Emergence is the property of CAS ... All these core concepts are heavily intertwined and mutually reinforcing ... Thus, CAS can be characterized through the emergence of co-evolutionary, selforganized behavior, structure and order through the interaction of interconnected autonomous agents in a time-paced rhythm balanced at the edge of time".

Aus der Sicht des Verfassers des vorliegenden Buches liegt eine zentrale, jedoch von *Kautz* nicht explizit gemachte Implikation der Forschungsarbeit darin, dass agile Ansätze (vgl. Lerneinheit AGILM) – hier Extreme Programming ergänzt durch Merkmale klassischer Ansätze wie z.B. formale Berichterstattung – das Potential haben, einen wirksamen Beitrag zum Management von Komplexität in Informatik-Projekten zu leisten, und zwar insbesondere deshalb, weil persönliche Interaktion eines ihrer wesentlichen Merkmale ist, und diese persönliche Interaktion Lern- und Koordinationsprozesse im Regelfall günstig beeinflusst. Die zunehmende Verbreitung agiler Ansätze kann daher wahrscheinlich auch durch ihren Beitrag zum Management von Komplexität erklärt werden.

Kontrollfragen
1. Worin besteht das Ziel der Systemtechnik?
2. Welches sind die Prinzipien der Systemtechnik?
3. Welche Phasen des systemtechnischen Planungsprozesses werden unterschieden?
4. Welche Problemlösungsstufen im systemtechnischen Planungsprozess gibt es?
5. Welche Unterschiede bestehen zwischen den Phasen der systemtechnischen Vorgehensweise und dem Phasenschema für Informatik-Projekte?

Quellenliteratur
Burghardt, M.: Projektmanagement: Leitfaden für die Planung, Überwachung und Steuerung von Projekten. 9. A., Publicis, 2012
Fischer, T./Riedl, R.: Theorizing technostress in organizations: A cybernetic approach. Tagungsband 12. Internationale Tagung Wirtschaftsinformatik, 2015
Heinrich, L. J./Heinzl, A./Riedl, R.: Wirtschaftsinformatik: Einführung und Grundlegung. 4. A., Springer, 2011
Heinrich, L. J./Riedl, R./Stelzer, D.: Informationsmanagement: Grundlagen, Aufgaben, Methoden. 11. A., De Gruyter Oldenbourg, 2014
Kautz, K.: Beyond simple classifications: Contemporary information systems development projects as complex adaptive systems. Proceedings of the 33rd International Conference on Information Systems, 2012
Neumeier, A./Wolf, T.: Getting a grip on IT project complexity: Concluding to underlying causes. Proceedings of the 38th International Conference on Information Systems, 2017
OMG: BPMN 2.0 by example. Version 1.0 (non-normative). OMG Document Number: dtc/2010-06-02.
Xia, W./Lee, G.: Complexity of information systems development projects: Conceptualization and measurement development. Journal of Management Information Systems, 1/2005, 45-83
Zangemeister, C.: Systemtechnik. In: Grochla, E. (Hrsg.): Handwörterbuch der Organisation. 2. A., Poeschel, 1980, 2190-2204

Vertiefungsliteratur

Alt, O.: Modellbasierte Systementwicklung mit SysML. Hanser, 2012

Glass, R. L.: Looking into the challenges of complex IT projects. Communications of the ACM, 11/2006, 15-17

Haberfellner, R./de Weck, O. L./Fricke, E./Vössner, S.: Systems Engineering: Grundlagen und Anwendung. 13. A., Orell Füssli, 2015

Kerzner, H.: Project management: A systems approach to planning, scheduling, and controlling. 12th ed., Wiley, 2017

Larson, E./Gray, C.: Project management: The managerial process. 6th ed., 2013

Meredith, J. R./Mantel, S. J./Shafer, S. M.: Project management: A managerial approach. 9th ed., Wiley, 2015

Pahl, G./Beitz, W.: Konstruktionslehre. 7. A., Springer, 2007

Schwalbe, K.: Information technology project management. 8th ed., Cengage Learning, 2016

Weilkiens, T.: Systems engineering with SysML/UML: Modeling, analysis, design. Morgan Kaufmann, 2008

Weilkiens, T.: Systems engineering with SysML/UML: Anforderungen, Analyse, Architektur. dpunkt, 2014

Yassine, A./Braha, D.: Complex concurrent engineering and the design structure matrix method. Concurrent Engineering: Research and Applications, 3/2003, 165-176

Züst, R.: Einstieg ins Systems Engineering: Optimale, nachhaltige Lösungen entwickeln und umsetzen. Industrielle Organisation, 2004

Normen und Richtlinien

ISO/IEC/IEEE 12207 (first edition, 2017-11): Systems and software engineering - Software life cycle processes

Werkzeuge

https://www.ibm.com/us-en/

Interessante Links

http://www.omg.org/spec/BPMN

PROIP - Prozessorientierung von Informatik-Projekten

Lernziele

Sie können die Aufgabe eines Informatik-Projekts in Teilaufgaben gliedern und diese zu Phasen ordnen. Sie können die wichtigsten Aufgaben der einzelnen Phasen angeben. Sie sind in der Lage, den Input und den Output jeder Phase zu beschreiben. Sie erkennen die Prozessorientierung von Informatik-Projekten und können die konstitutiven Merkmale dieses Arbeitsprozesses erläutern.

Definitionen und Abkürzungen

Entwurf (systems design) = die Phase eines Informatik-Projekts, deren Zweck die Überführung der (angepassten) Grundkonzeption in ein logisches Modell des Sollzustands ist. Synonym: Systementwurf.

Feinstudie (detailed systems study) = die Phase eines Informatik-Projekts, deren Zweck die Anpassung der Grundkonzeption aufgrund der Ergebnisse einer Ist-zustandsuntersuchung ist. Synonym: Detailstudie.

Grundkonzeption (preliminary design) = der umrissartige, grobe Entwurf des zu schaffenden Informationssystems anhand seiner wichtigsten Eigenschaften, die das System auf einer globalen Ebene möglichst vollständig beschreiben; die Realisierungswege im Einzelnen werden aber offen gelassen.

Implementierung (implementation) = die Phase eines Informatik-Projekts, deren Zweck die Überführung des logischen Modells des Sollzustands in ein physisches Modell des Sollzustands ist. Synonym: Systemimplementierung.

Installierung (installation) = die Phase eines Informatik-Projekts, deren Zweck die Überführung des physischen Modells des Sollzustands in ein produktives Informationssystem ist. Synonym: Systemeinführung.

Kooperation (cooperation) = ein sozialer Prozess zwischen mehreren Aufgabenträgern zur Erreichung gemeinsamer Ziele.

Koordination (coordination) = die Abstimmung der Tätigkeiten verschiedener Aufgabenträger, die kooperativ zusammenarbeiten.

Kreativität (creativity) = die Fähigkeit des Menschen, schöpferisch zu sein, eigene Ideen entwickeln zu können, einfallsreich und erfinderisch zu sein.

Phase (phase) = eine nach zeitlichen und logischen Gesichtspunkten gebildete Teilmenge eines Informatik-Projekts.

physisches Modell (physical model) = eine Systemabbildung, die mit physischen Attributen belegt ist.

Planungsziel (planning goal) = ein Ziel, das einem Informatik-Projekt vom Auftraggeber vorgegeben ist.

Projektziel (project goal) = ein Ziel, das zur Planung, Überwachung und Steuerung eines Informatik-Projekts verwendet und das aus den Planungszielen abgeleitet wird.

Vorstudie (preliminary study) = die Phase eines Informatik-Projekts, deren Zweck der Entwurf der Grundkonzeption ist, die aus mehreren alternativen Systemkonzepten als das optimale Systemkonzept bestimmt wurde. Synonyme: Grobstudie, Voruntersuchung, Durchführbarkeitsstudie, Machbarkeitsstudie.

Phasenschema

Die generelle Aufgabe eines Informatik-Projekts, dem Anwender ein produktives Informationssystem zur Verfügung zu stellen, wird entsprechend der Aufgabenanalyse in Teilaufgaben zerlegt und entsprechend der Aufgabensynthese wieder zu Aufgaben zusammengefasst, die als Phasen bezeichnet werden. Ergebnis dieser analytischen *und* synthetischen Tätigkeiten ist das Phasenschema (auch als Phasenmodell bezeichnet) für Informatik-Projekte mit folgenden Phasen:

- erste Phase: Vorstudie;
- zweite Phase: Feinstudie;
- dritte Phase: Entwurf;
- vierte Phase: Implementierung;
- fünfte Phase: Installierung.

Vorstudie und Feinstudie werden im Allgemeinen unter der Bezeichnung Systemanalyse zusammengefasst (weil es sich dabei vornehmlich um analysierende Tätigkeiten handelt), Entwurf und Implementierung werden zur Systementwicklung zusammengefasst (weil es sich dabei letztlich um Entwicklungstätigkeiten handelt). Die vier Begriffe „Analysieren", „Entwerfen", „Implementieren" und „Installieren" bringen in Kurzform die unterschiedlichen Aufgaben, die in einem Informatik-Projekt zu bearbeiten sind, zum Ausdruck.

Die Ziele der Phasen und die in den Phasen zu bearbeitenden Aufgaben werden an anderer Stelle erläutert (vgl. Lerneinheiten ZAMVS, ZAMFS, ZAMSE, ZAMIM und ZAMIN); dabei wird auch auf Methoden, Techniken und Werkzeuge zur Unterstützung der Aufgabendurchführung eingegangen. Im Folgenden werden die Aufgaben der Phasen in Kurzform dargestellt.

Aufgaben der Phasen

Aufgaben der Vorstudie sind:

- das Festlegen der Sachziele und der Formalziele (Anforderungen), ausgehend von den vorgegebenen Planungszielen;
- das Entwerfen und Evaluieren von alternativen Systemkonzepten und die Auswahl des optimalen Systemkonzepts als Grundkonzeption;
- das Durchführen der Projektplanung.

Aufgaben der auf dem Ergebnis der Vorstudie, nämlich der Grundkonzeption, aufbauenden Feinstudie sind:

- Erfassen des Istzustands (Istzustandserfassung);
- Analysieren des Istzustands (Istzustandsanalyse);
- Optimieren des Istzustands (Istzustandsoptimierung);
- Anpassen der Grundkonzeption.

Optimieren des Istzustands und Anpassen der Grundkonzeption orientieren sich an den Ergebnissen der Istzustandsanalyse, insbesondere dem Stärken-/Schwächen-Katalog.

Aufgaben des auf dem Ergebnis der Feinstudie, nämlich der angepassten Grundkonzeption, aufbauenden Entwurfs sind:

- Strukturieren des in der Grundkonzeption abgebildeten Gesamtsystems in Teilprojekte (Systemgliederung);
- Entwerfen des Sollkonzepts der Teilprojekte (Systementwurf);
- Integrieren der Systementwürfe zu den Teilprojekten zum Gesamtsystem (Systementwurfsintegration);
- Bestimmen des quantitativen und qualitativen Technikbedarfs für den Systementwurf (Systemauswahl) und das Beschaffen der Techniksysteme.

Beim Strukturieren des in der Grundkonzeption abgebildeten Gesamtsystems in Teilprojekte kann man beispielsweise die Systemgliederung in Datensystem, Methodensystem, Arbeitsorganisation, Kommunikationssystem und Sicherungssystem verwenden.

Aufgaben der auf dem Ergebnis des Entwurfs, nämlich dem logischen Modell des Sollzustands, aufbauenden Implementierung sind:

- Entwickeln des Datensystems;
- Entwickeln des Methodensystems, insbesondere Software-Entwicklung;
- Entwickeln der Arbeitsorganisation (Struktur- und Ablauforganisation);
- Entwickeln des Kommunikationssystems (z.B. Netzwerke);
- Entwickeln des Sicherungssystems;
- Integrieren der Entwicklungsergebnisse der Teilprojekte zum Gesamtsystem (Systementwicklungsintegration).

Aufgaben der auf den Ergebnissen aller Planungsphasen, insbesondere der auf dem Ergebnis der Implementierung (physisches Modell Sollzustand) aufbauenden Installierung sind:

- Vorbereiten der Installierung;
- Durchführen der Installierung.

Dabei hat sich eine Strukturierung der Vorbereitungsaufgaben in personelle, organisatorische, räumliche, gerätetechnische, programmtechnische und datentechnische Aufgaben als zweckmäßig erwiesen. Bei der Durchführung der Installierung stehen die Aufgaben im Vordergrund, die den Übergang vom Istzustand zum geplanten Sollzustand so bewirken, dass das installierte Informationssystem produktiv verwendet werden kann; dies schließt seine Evaluierung anhand der Planungsziele sowie, wenn Abweichungen bestehen, seine Anpassung ein.

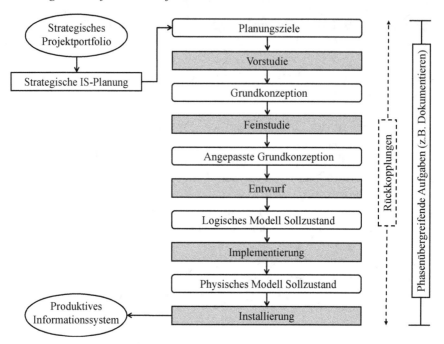

Abb. PROIP-1: Prozesscharakter von Informatik-Projekten

Prozessorientierung des Phasenschemas

Das Phasenschema ist primär ein grober Ordnungsrahmen für Aufgaben, Methodik und Methoden von Informatik-Projekten. Für die Projektarbeit stellt es eine wichtige Orientierung dar, die in mehrfacher Hinsicht präzisiert werden muss, insbesondere die Festlegung der Art der Aufgaben, die durchzuführen sind, und des Aufgabenumfangs (Strukturplanung). Darüber hinaus sind die Abhängigkeiten zwischen den Aufgaben und der Zeitbedarf für die Durchführung der Aufgaben zu bestimmen (Ablaufplanung). Erst auf der Grundlage dieser planenden, projektbezogenen Tätigkeiten kann ein Informatik-Projekt detailliert als Prozess beschrieben werden (vgl. Lerneinheit PROPL).

Bereits das Phasenschema zeigt aber die Prozessorientierung, indem die Inputs (Voraussetzungen) und die Outputs (Ergebnisse) der Phasen genannt werden und durch ihre Anordnung deutlich gemacht wird, welche Ergebnisse welcher Phasen Voraussetzung für welche anderen Phasen sind. Weiter ist zu bedenken, dass Rückkopplungen zwischen den Phasen bestehen. Damit wird auch zum Ausdruck gebracht, dass die praktische Abwicklung von Informatik-Projekten keinem vollständig stringent sequenziellen Ablauf folgt, sondern Rückkopplungen zwischen Phasen – in welcher Form und Ausprägung auch immer – inhärentes Merkmal von Informatik-Projekten sind.

Abbildung PROIP-1 zeigt die prozessorientierte Ordnung der Phasen einschließlich ihrer Voraussetzungen bzw. Ergebnisse. Beispielsweise ist die Grundkonzeption das Ergebnis der Vorstudie und die Voraussetzung für die Feinstudie. Die Durchführung der Feinstudie ist ohne Abschluss der Vorstudie sinnlos. Damit wird aber nicht gesagt, dass die Grundkonzeption als Ergebnis der Vorstudie „festgeschrieben" werden muss und unveränderlich ist. Dies gilt analog für die anderen Phasen. Beispielsweise ist das physische Modell des Sollzustands Ergebnis der Implementierung und Voraussetzung für die Installierung. Das heißt nicht, dass nicht bestimmte, vom Vorliegen des physischen Modells unabhängige Aufgaben der Installierung vor dem vollständigen Abschluss der Implementierung bearbeitet werden können. Die Beispiele verdeutlichen die Zweckmäßigkeit einer Projektplanung auf der Grundlage des Phasenschemas.

Daraus ist zu erkennen, dass eine dem Phasenschema folgende Projektplanung primär dem Top-down-Ansatz folgt, indem – von groben Projektzielen ausgehend – „von oben nach unten" über die Analyse, den Entwurf und die Implementierung bis zur Installierung präzisierend fortgeschritten wird.

In der Fachliteratur werden auch andere Modelle diskutiert; einige Beispiele werden nachfolgend beschrieben. Auf Prozessabläufe bei der Anwendung agiler Methoden der Systementwicklung wird in der Lerneinheit AGILM eingegangen.

- Wasserfallmodell: Ein Phasenmodell, dessen Bezeichnung auf die treppenförmig von links oben nach rechts unten angeordnete Abfolge der Phasen sowie darauf zurückzuführen ist, dass „wie bei einem Wasserfall" die Ergebnisse einer Phase in die nächste Phase „fallen". Die Phasen werden entsprechend ihrer Anordnung sequentiell abgearbeitet; jede Phase endet mit einer Überprüfung der Phasenergebnisse und deren Abnahme durch den Auftraggeber. *Züllighoven/Raasch* geben an, dass das in PROIP-2 dargestellte Wasserfallmodell auf *Royce* 1970 zurückgeht und von *Böhm* 1976 populär gemacht wurde (Abb. PROIP-2 basiert auf einer Darstellung von *Züllighoven/Raasch*).

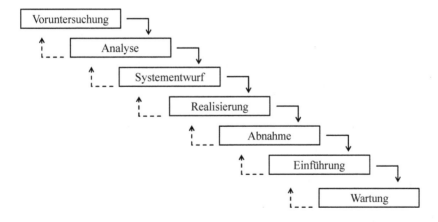

Abb. PROIP-2: Wasserfallmodell

- Spiralmodell: Ein Phasenmodell, dessen Bezeichnung darauf zurückgeht, dass die einzelnen Phasen in einer durch die Projektplanung vorgegebenen, festen Abfolge mehrere Male durchlaufen werden. Wie beim Wasserfallmodell sind die einzelnen Phasen voneinander getrennt; ein neuer Entwicklungsabschnitt wird erst dann begonnen, wenn der vorhergehende abgeschlossen ist. Abbildung

PROIP-3 veranschaulicht die Phasengliederung und den spiralförmigen Projektverlauf. Das Spiralmodell wurde von *Böhm* 1988 im Bereich der Softwareentwicklung geschaffen; in dieser Veröffentlichung ist auch eine Spezifikation des
in PROIP-3 dargestellten generischen Modells zu finden.

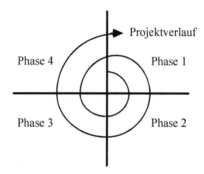

Abb. PROIP-3: Spiralmodell

- V-Modell: Das V-Modell basiert auf einer Sequenz von Phasen und betont die
  Bedeutung des Qualitätssicherungsprozesses in der Softwareentwicklung. Abbildung PROIP-4 zeigt die Zusammengehörigkeit von Ergebnissen des Entwicklungsprozesses (Anforderungsspezifikation, Grobentwurf, Feinentwurf, Modu-
  limplementierung) und zugehöriger Tests (Abnahmetest, Systemtest, Integrationstest, Modultest). Weiter ist ersichtlich, dass das hier dargestellte V-Modell
  drei Sichten modelliert, nämlich die Anwendersicht, Architektursicht und Im-
  plementierungssicht. Das V-Modell wurde von *Böhm* 1979 entwickelt; Abb.
  PROIP-4 basiert auf einer Darstellung von *Pomberger/Pree*.

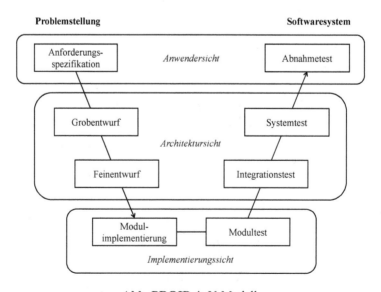

Abb. PROIP-4: V-Modell

Weitere Prozessmodelle der Softwareentwicklung (z.B. Rational Unified Process,
RUP) sind in der einschlägigen Fachliteratur dargestellt.

Charakter des Planungsprozesses

Ein Informatik-Projekt ist ein Arbeitsprozess, in dem Systemplaner und Benutzer zusammenwirken müssen. Dies ergibt sich aus der Tatsache, dass es Systemplanern nicht möglich ist, die Anforderungen an die Gestaltung des zu schaffenden Informationssystems allein aus der Beobachtung und Analyse des Istzustands zu gewinnen oder aus eigener Sachkenntnis in das Projekt einzubringen. Mit dem Zusammenwirken von Systemplanern und Benutzern wird die Trennung zwischen der Herstellung und der Benutzung des Informationssystems aufgehoben. Da das Zusammenwirken zur Herstellung eines den Planungszielen entsprechenden, benutzbaren Produkts die gegenseitige Abstimmung erfordert, ist ein Informatik-Projekt wesentlich durch Kooperation gekennzeichnet.

Da ein Informatik-Projekt im Sinne des vorliegenden Buches immer darauf ausgerichtet ist, einen bestimmten Ausschnitt der Wirklichkeit betrieblicher Arbeit neu zu gestalten (oft auf der Basis neu gestalteter Geschäftsprozesse), ist das Produkt zu Beginn des Arbeitsprozesses weitgehend unbekannt; es kann nur sukzessiv durch Planungsentscheidungen im Projektverlauf präzisiert werden. Viele dieser Planungsentscheidungen können nur auf der Grundlage geistig-schöpferisch geschaffener Entwurfsalternativen gefällt werden, so dass Kreativität – neben Kooperation – das zweite wesentliche Merkmal dieses Arbeitsprozesses ist (vgl. Lerneinheit KREAT).

Systemplaner und Benutzer müssen dabei ihre Kenntnisse und Fähigkeiten verändern und vor allem erweitern, damit ihnen das Wissen „zuwächst", das sie zur Gestaltung eines neuen Informationssystems benötigen (Lernprozess). Kooperation und Kreativität können nur dann in ein Produkt umgesetzt werden, wenn die an einem Informatik-Projekt Beteiligten ihre Handlungen koordinieren. Koordination kann aber nur stattfinden, wenn die Beteiligten über Möglichkeiten der Kommunikation verfügen (vgl. Lerneinheit KOORD). Kooperation, Kreativität, Koordination und Kommunikation sind daher die vier konstitutiven Merkmale des Arbeitsprozesses, der durch ein Informatik-Projekt geplant und abgewickelt wird.

Phasenschema und Vorgehensmodell

Aus dem Phasenschema wird ein Vorgehensmodell, wenn die auszuführenden Tätigkeiten und die aus den Tätigkeiten entstehenden Resultate konkret beschrieben werden. Im Vorgehensmodell werden Methoden und Techniken und die sie unterstützenden Werkzeuge beschrieben. Das Vorgehensmodell ist also sowohl Produktionssystematik (Tätigkeiten, Ergebnisse, Tätigkeitsfolge, Termine, Kosten usw.) als auch Konstruktionssystematik (Methoden, Techniken, Werkzeuge). Das Vorgehensmodell ist universell, wenn es nur eine Grobstruktur der Tätigkeiten, Resultate, Methoden usw. und damit des Vorgehens angibt und dem Anwender die Verfeinerung, die situativ gewählt wird (z.B. in Abhängigkeit von der Qualifikation der Projektgruppe), überlässt. Für einzelne Phasen eines Informatik-Projekts gibt es verschiedene Methodikansätze (z.B. datenorientierter Ansatz versus funktionsorientierter Ansatz beim Systementwurf, vgl. Lerneinheit ZAMIP). Ein Vorgehensmodell kann verschiedene Teilmodelle für diese Ansätze anbieten, und je nach Informatik-Projekt wird das Teilmodell gewählt, das besser „passt". Ein weiterer Grund für die Verwendung von Teilmodellen statt eines geschlossenen Gesamtmodells ist, dass manche Aktivitäten so unabhängig voneinander sind, dass die entsprechenden Modellteile bei Bedarf ausgetauscht werden können. Benutzung und Wartung des Vorgehensmodells werden erleichtert, wenn statt eines „monolithischen Modells" Teilmodelle verwendet werden. Ein Vorgehensmodell ist daher in der Regel eine Kombination aus mehreren Teilmodellen.

Ergebnis des Planungsprozesses

Durch das generelle Ziel eines Informatik-Projekts, ein produktives Informationssystem zu schaffen, wird das Projektergebnis als Produkt gekennzeichnet. Dieses Produkt kann in Kernprodukt, erwartetes Produkt, erweitertes Produkt und potentielles Produkt gegliedert werden. Abbildung PROIP-5 veranschaulicht die Produktstruktur als Schichtenmodell.

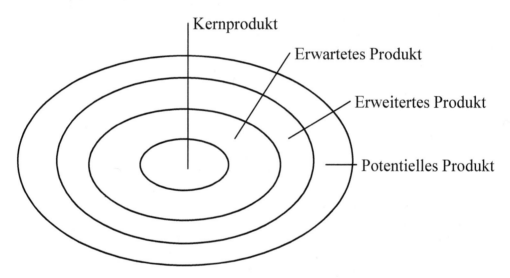

Abb. PROIP-5: Schichten eines Informationssystems als Produkt (nach *Lamprecht/Jackson*)

- Das Kernprodukt stellt den Grundnutzen des Produkts dar, indem es die zur produktiven Verwendung unbedingt erforderlichen Funktionen und Leistungen bietet. In der Regel hat ein Standardprodukt (z.B. Standard-Anwendungssoftware) die Eigenschaften eines Kernprodukts.
- Das erwartete Produkt bietet über das Kernprodukt hinausgehende Funktionen und Leistungen. Erwartet ein Anwender über das Kernprodukt hinausgehende Funktionen und Leistungen, dann kommt es nur dann zur produktiven Verwendung, wenn das Projektergebnis zumindest das erwartete Produkt ist. Ein Standardprodukt muss daher in der Regel um Funktionen und Leistungen ergänzt werden, um produktiv verwendbar zu sein.
- Das erweiterte Produkt bietet Funktionen und Leistungen, die über das hinausgehen, was der Anwender erwartet, normalerweise braucht oder gewöhnt ist. Dabei handelt es sich meist nicht um Hauptfunktionen, sondern um Nebenfunktionen (vgl. Lerneinheit WERTA).

- Das potentielle Produkt stellt die zukünftige Perspektive des Produkts dar, indem ohne grundlegende Änderung neue Funktionen und Leistungen zur Verfügung gestellt werden können.

Forschungsbefunde

Nilsson/Wilson untersuchen in ihrem Aufsatz die Inhalte und Entwicklungen des Beitrags von *Böhm* aus dem Jahr 1988 zum Spiralmodell. Weiter wird über die Praxisrelevanz des Beitrags reflektiert. Die wesentlichen Ergebnisse ihrer Untersuchung fassen die Autoren wie folgt zusammen (737): „Review of the paper as published represents a documentation of cutting-edge software development as it existed at the time. Fundamentally it suggests the viability of a non-linear, customer-influenced, development approach. Practical implications – This basic approach illustrated in the spiral model of course has found its way into complex project approaches and management."

Ramasubbu et al. untersuchten Einflüsse auf die Diversität von Softwareprozessen („software process diversity", definiert als „the project condition arising out of the simultaneous use of multiple software development process frameworks within a single project", 787) sowie deren Auswirkung. Konkret wurden drei Einflussfaktoren untersucht, nämlich "requirements volatility", "design and technological novelty" und „customer involvement". Weiter wurde analysiert, ob der Fit zwischen „software process diversity" und „organizational process compliance" (definiert als „[t]he extent of effort spent on meeting process standards mandated by the firm", 792) einen Einfluss auf "project performance" hat, wobei dieses Konstrukt auf der Basis von zwei Größen gemessen wurde, erstens Produktivität ("[o]verall efficiency in delivering the project (output/input)", 792) und zweitens Qualität („[o]verall quality of delivered software (1/defects delivered)", 792). Bei der statistischen Analyse wurden sieben Kontrollvariablen berücksichtigt (z.B. Teamerfahrung, Projektteamgröße). Ihre Ergebnisse fassen *Ramasubbu et al.* (787) wie folgt zusammen: „The results show that higher levels of requirements volatility, design and technological novelty, and customer involvement increased software process diversity within a project. However, software process diversity decreased relative to increases in the level of process compliance enforced on the project. A higher degree of fit between the process diversity and process compliance of a project, rather than the effects of those variables independently, was found to be significantly associated with a higher level of project performance, as measured in terms of project productivity and software quality. These results indicate that increasing software process diversity in response to project-level contingencies improves project performance only when there is a concomitant increase in organizational process compliance efforts." Diese Befunde wurden auf der Basis einer Analyse von Daten aus "410 commercial software projects [einer] leading multinational software development firm … operated in 55 countries with over 100,000 employees and about $8 billion in annual revenues at the time of our data collection" (795) erarbeitet.

Kontrollfragen

1. Welches sind die fünf Aufgaben (Phasen) eines Informatik-Projekts?
2. Wie können der Input und der Output jeder Phase beschrieben werden?
3. Worin unterscheidet sich das Phasenschema für Informatik-Projekte vom Wasserfallmodell, Spiralmodell und V-Modell?
4. Welche Eigenschaften bestimmen den Planungsprozess bei Informatik-Projekten?
5. Wie kann das Projektergebnis als Schichtenmodell beschrieben werden?

Quellenliteratur

Böhm, B. W.: A spiral model of software development and enhancement. IEEE Computer, 5/1988, 61-72

Böhm, B. W.: Guidelines for verifying and validating software requirements and design specification. Proceedings of EURO IFIP, 1979, 711-719

Böhm, B. W.: Software engineering. IEEE Transactions on Computers, 25/1976, 1226-1241

Heinrich, L. J.: Der Prozess der Systemplanung und -entwicklung. In: Kurbel, K./Strunz, H. (Hrsg.): Handbuch der Wirtschaftsinformatik. Poeschel, 1989, 199-214

Heinrich, L. J.: Zur Methodik der Systemplanung in der Wirtschaftsinformatik. In: Schult, E./Siegel, T. (Hrsg.): Betriebswirtschaftslehre und Unternehmenspraxis. Schmidt, 1986, 83-99

Lamprecht, M./Jackson, I.: Strategische Planung des Informationsservice. Information Management, 1/1989, 28-35

Nilsson, A./Wilson, T. L.: Reflections on Barry W. Boehm's "A spiral model of software development and enhancement". International Journal of Managing Projects in Business, 4/2012, 737-756

Pomberger, G./Pree, W.: Software Engineering: Architektur-Design und Prozessorientierung. 3. A., Hanser, 2004

Ramasubbu, N./Bharadwaj, A./Tayi, G. K.: Software process diversity: Conceptualization, measurement, and analysis of impact on project performance. MIS Quarterly, 4/2015, 787-807

Royce, W. W.: Managing the development of large software systems. Proceedings of IEEE WESCON, 1970, 328-338

Züllighoven, H./Raasch, J.: Softwaretechnik. In: Rechenberg, P./Pomberger, G. (Hrsg.): Informatik-Handbuch. 4. A., Hanser, 2006, 795-837

Vertiefungsliteratur

Kruchten, P.: The rational unified process: An introduction. 3rd ed., Addison-Wesley, 2003

Sommerville, I.: Software engineering. 9. A., Pearson, 2012

Wallmüller, E.: Software Quality Engineering: Ein Leitfaden für bessere Software-Qualität. 3. A., Hanser, 2011

Normen und Richtlinien

ISO/IEC/IEEE 12207 (first edition, 2017-11): Systems and software engineering - Software life cycle processes

Werkzeuge

http://enzyklopaedie-der-wirtschaftsinformatik.de/lexikon/is-management/Systementwicklung/Entwicklungswerkzeuge

Interessante Links

http://enzyklopaedie-der-wirtschaftsinformatik.de/lexikon/is-management/Systementwicklung
http://enzyklopaedie-der-wirtschaftsinformatik.de/lexikon/is-management/Systementwicklung/Vorgehensmodell

PROTY - Prototyping

Lernziele

Sie kennen die Arten des Prototyping und die Arten von Prototypen, die beim Prototyping verwendet werden. Sie können den Zusammenhang zwischen Prototyping und Phasenschema beschreiben. Sie erkennen, dass die Beteiligung der zukünftigen Benutzer ein wesentliches Merkmal des Prototyping ist. Sie wissen, für welche Aufgaben in einem Informatik-Projekt Prototyping primär anwendbar ist.

Definitionen und Abkürzungen

Anwendungsaufgabe (application task) = jede betriebliche Aufgabe, die Gegenstand eines Informatik-Projekts oder Teil eines Informationssystems ist.

Evaluierung (evaluation) = die zielbezogene Beurteilung von beliebigen Objekten (z.B. Prozess, Produkt, Handlung) auf der Grundlage eines Systems von Beurteilungskriterien im Feld oder im Labor. Synonym: Evaluation.

Experiment (experiment) = eine Forschungsmethode, durch deren Verwendung der Einfluss einer oder mehrerer unabhängiger Variablen auf eine oder mehrere abhängige Variablen untersucht werden soll, und somit ein wissenschaftlicher Versuch zur Aufstellung, Bestätigung oder Widerlegung von Hypothesen.

Funktionalität (functionality) = die Art und die Anzahl der Funktionen, die von einem System gefordert bzw. von ihm zur Verfügung gestellt werden.

Implementierung (implementation) = die Überführung eines logischen Modells in ein physisches Modell.

Metrik (metric) = die Eigenschaft eines Objekts, die für das verfolgte Untersuchungsziel relevant ist und deren Ausprägung mit einer Messmethode ermittelt werden kann.

Muster (pattern) = eine Vorlage oder ein Modell, nach dem etwas gefertigt werden soll.

Prototyp (prototype) = ein mit geringem Aufwand hergestelltes und einfach zu änderndes, ausführbares Modell des geplanten Produkts, das vom zukünftigen Benutzer erprobt und beurteilt werden kann.

Prototyping (prototyping) = die Gesamtheit der Tätigkeiten, Methoden und Werkzeuge, die erforderlich sind, um Prototypen herzustellen.

Prototyping-Zyklus (prototyping cycle) = eine Folge von Arbeitsschritten, bestehend aus Verwenden, Evaluieren und Modifizieren eines Prototypen.

Schichtenmodell (layer model) = die Darstellung eines Systems im Modell in Form mehrerer aufeinander aufbauender Teilmodelle.

Wartung (maintenance) = die Maßnahmen, die erforderlich sind, um ein System fehlerfrei zu halten (korrigierende Wartung), an veränderte Anforderungen anzupassen (Anpassungswartung) oder zu verbessern (Perfektionswartung).

Widersprüchlichkeit (inconsistency) = die Eigenschaft eines Objekts (z.B. eines Systementwurfs), in sich nicht logisch zu sein. Synonym: Inkonsistenz.

Phasenschema und Prototyping

Die Orientierung der Projektarbeit am Phasenschema bringt zwar mehr Planbarkeit, Ordnung und Nachvollziehbarkeit, aber auch einen Zuwachs an Bürokratie. In der Regel sind bei der Planung und Entwicklung eines Informationssystems Widersprüchlichkeiten und Lücken bei der Spezifikation der Anforderungen (vgl. Lerneinheiten ZIELP und ANFAN) sowie Mängel bei Kosten- und Zeitschätzungen feststellbar. Diese werden vor allem durch Rückkopplungen von späten in frühe Projektphasen verursacht, wenn Planungsmängel Nacharbeiten erforderlich machen. Trotzdem ist das Ergebnis der Projektarbeit im Allgemeinen ein unfertiges Produkt, das nach der Installierung noch erheblicher Verbesserungen bedarf, um produktiv verwendbar zu sein. Eine wesentliche Ursache für diesen Umstand ist, dass sich während des Planungsprozesses die Anforderungen oftmals ändern. Es ist daher möglich, dass Planungsaufwand und Wartungsaufwand in keinem vernünftigen Verhältnis zueinander stehen; die Produktqualität ist zu gering. Aus diesen Kritikpunkten ergeben sich folgende Forderungen, die eine verbesserte Planungsmethodik erfüllen sollte:

- Vernetzung von Analyse-, Entwurfs- und Implementierungsarbeiten;
- Konstruktion des Gesamtsystems in kleinen Schritten und überschaubaren Einheiten;
- Kommunikation zwischen Anwendern/Benutzern und Systemplanern während des gesamten Planungsprozesses;
- Unterstützung der Evaluierung von Modellen, soweit möglich durch Prototypen.

Die Beachtung dieser Forderungen führte zum Prototyping. Die Idee stammt aus den Ingenieurwissenschaften. *Pahl/Beitz* schreiben in ihrem Standardwerk zur Konstruktionslehre (199): „In vielen Fällen sind Modelle und Prototypen schon in der Konzeptphase angebracht, besonders dann, wenn sie grundsätzliche Fragen klären sollen." In den Ingenieurwissenschaften ist es üblich, bei der Entwicklung eines neuen Produkts zunächst Versuchsmodelle zu erstellen, mit deren Hilfe Erfahrungen bezüglich Entwurf, Konstruktion und Verwendung gesammelt werden. Dass diese Idee für die Planung und Realisierung von Informationssystemen erst spät aufgegriffen wurde, lag auch daran, dass für das – im Vergleich zum Endprodukt – wenig aufwendige Herstellen von Prototypen keine Werkzeuge zur Verfügung standen. Dieser Mangel ist heute – soweit es sich um Software-Systeme handelt – behoben.

Prototyping ersetzt nicht das Phasenschema, sondern ergänzt es. Es ist daher angebracht, vom prototyp-orientierten Phasenschema zu sprechen. In diesem Phasenschema besteht eine Zweistufigkeit der Phasenpläne. Es gibt einen generellen Phasenplan für das gesamte Informatik-Projekt, der dem traditionellen Phasenschema folgt (Planung im Großen), und – darin eingebettet – einen Phasenplan für das Prototyping (Planung im Kleinen). Die Phaseneinteilung bleibt erhalten. Die Rückkopplungen im Phasenschema werden durch die Einbettung des Prototyping intensiviert, insbesondere werden Analysearbeiten, Entwurfsarbeiten und Implementierungsarbeiten stärker vernetzt.

Prototyping ist besonders für Informatik-Projekte geeignet, in denen es um dialog-orientierte Anwendungen geht, durch die viele zukünftige Benutzer betroffen sind und bei denen die Anforderungen zu Projektbeginn noch unstrukturiert und vage sind, vice versa. Daraus folgt, dass Informatik-Projekte nicht allein deshalb methodisch fragwürdig sein müssen, weil sie Prototyping nicht verwenden (insbesondere dann nicht, wenn die Anforderungen gut strukturiert und sehr stabil sind). Auf eine kurze Formel gebracht, kann gesagt werden: Ohne Prototyping wird „so spät wie möglich" (nämlich erst dann, wenn „alle" Anforderungen spezifiziert sind) implementiert, mit Prototyping wird „so früh wie möglich" (ein Prototyp) implementiert.

Abbildung PROTY-1 zeigt die idealtypische Einordnung des Prototyping in das Phasenschema. Sie verdeutlicht die Zweckmäßigkeit der Verwendung von Prototypen in allen Projektphasen und veranschaulicht die Art und Weise, in der eine prototyp-orientierte Projektarbeit die im Phasenschema erforderlichen Rückkopplungen verkürzt (z.B. die Rückkopplung zwischen der Implementierung und dem Festlegen der Anforderungen in der Vorstudie durch exploratives Prototyping). Diese Einordnung des Prototyping in das Phasenschema ist mit der Sichtweise von *Floyd* kompatibel, nach der Prototyping kein eigenständiges Prozessmodell der Softwareentwicklung darstellt, sondern eine Komponente, die in phasenorientierte Ansätze integrierbar ist.

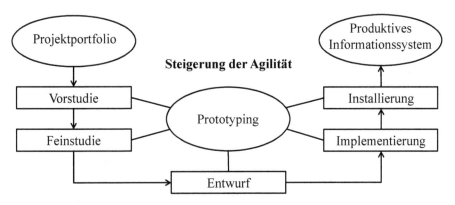

Abb. PROTY-1: Integration des Prototyping in das Phasenschema

Prototyping ist auch als eine Vorgehensweise zur Realisierung der Agilitätsforderung anzusehen, wobei unter Agilität die Fähigkeit der Organisation oder von Organisationsteilen (z.B. Teams) verstanden wird, flexibel, aktiv und anpassungsfähig mit Unsicherheit (insbesondere mit instabilen Anforderungen) umzugehen (vgl. Lerneinheit AGILM). Prototyping wird nach *Beynon-Davis et al.* bereits seit den 1970er Jahren in der Fachliteratur diskutiert (z.B. *Janson/Smith, Mason/Carey, Naumann/Jenkins*), wohingegen agile Softwareentwicklung erst in etwa um die Jahrtausendwende populär wurde (z.B. durch ein Werk aus dem Jahr 1999 von *Beck* zu „Extreme Programming" sowie dem „Manifesto for Agile Software Development" aus dem Jahr 2001). Aus den Tatsachen, dass Prototyping und agile Softwareentwicklung teilweise ähnliche Eigenschaften haben, jedoch Prototyping vor der agilen Softwareentwicklung existierte, folgt, dass in die Methoden der agilen Softwareentwicklung (z.B. Extreme Programming oder Scrum) Eigenschaften des bereits Jahrzehnte zuvor in Verwendung befindlichen Prototyping übernommen wurden (sofern man die realistische Annahme zugrunde legt, dass die Urheber der agilen Softwareentwicklung das Prototyping kannten).

Arten von Prototypen

Unabhängig davon, um welche Art von Prototyp es sich handelt, kann jeder Prototyp mit folgenden Merkmalen beschrieben werden:

- Er kann schnell und mit geringen Kosten hergestellt werden.
- Er bietet dem zukünftigen Benutzer ein funktionales und ausführbares Modell der wesentlichen Teile des Systems vor dessen Implementierung.
- Er ist flexibel, das bedeutet er lässt sich leicht modifizieren und erweitern.
- Er bildet das System nicht notwendigerweise vollständig ab.
- Er dient als Kommunikationsmittel zwischen den Entwicklern auf der einen und den Anwendern bzw. Benutzern auf der anderen Seite.
- Er lässt sich von allen am Planungsprozess Beteiligten beurteilen.

Nach der Art des Prototypen wird zwischen vollständigem und unvollständigem Prototyp sowie Wegwerf-Prototyp und wiederverwendbarem Prototyp unterschieden.

- Ein vollständiger Prototyp ist ein Prototyp, der alle wesentlichen Funktionen des zu schaffenden Informationssystems vollständig verfügbar macht. Die bei der Planung und bei der Anwendung gemachten Erfahrungen und der Prototyp selbst bilden die Grundlage für die endgültige Systemspezifikation.
- Ein unvollständiger Prototyp ist ein Prototyp, der es gestattet, die Brauchbarkeit und/oder die Machbarkeit einzelner Komponenten des zu schaffenden Informationssystems (z.B. die Benutzeroberfläche) zu beurteilen.
- Ein Wegwerf-Prototyp ist ein Prototyp, der nur als ablauffähiges Modell dient; er wird für das zu schaffende Informationssystem nicht direkt verwendet.
- Ein wiederverwendbarer Prototyp ist ein Prototyp, der alle Qualitätsforderungen erfüllt und von dem wesentliche Teile in das zu schaffende Informationssystem übernommen werden können.

Eine andere, primär vom Verwendungszweck des Prototypen ausgehende Systematik unterscheidet zwischen Demonstrationsprototyp, Labormuster und Pilotsystem.

- Der Demonstrationsprototyp unterstützt die Projektinitiierung bzw. die Projektakquisition; er soll den potentiellen Auftraggeber davon überzeugen, dass das gewünschte Endprodukt gebaut werden kann bzw. dass dessen Handhabung dem entspricht, was sich die zukünftigen Benutzer vorstellen. Ein Prototyp für diesen Zweck hat daher die Eigenschaften des unvollständigen Prototypen und in der Regel auch des Wegwerf-Prototypen.
- Das Labormuster dient in erster Linie der Klärung konstruktionsrelevanter Fragen; es wird aus dem Modell der Anwendungsaufgabe und aus einer bereits vorhandenen Spezifikation abgeleitet. Die Konstruktion des Endprodukts soll mit der des Labormusters im Wesentlichen identisch, zumindest vergleichbar sein.

Diese Forderung kann sich auf die Architektur und/oder auf die Funktionalität beziehen.

- Beim Pilotsystem ist die strikte Trennung zwischen Prototyp und Endprodukt aufgehoben; ab einer bestimmten Reife wird der Prototyp an einzelnen Arbeitsplätzen produktiv verwendet und weiterentwickelt. Er ist zunächst unvollständig und wiederverwendbar, mit zunehmender Reife wird er vollständig.

Beurteilen von Prototypen

Das Beurteilen von Prototypen setzt voraus, dass es eine zwischen den Entwicklern einerseits und den Anwendern bzw. Benutzern andererseits vereinbarte Evaluierungsstrategie gibt; Prototypen müssen unter Berücksichtigung der Evaluierungsstrategie entwickelt werden. Die Evaluierungsstrategie legt das *Was* und das *Wie* der Beurteilung fest. Dies schließt Vereinbarungen darüber ein, in welchen zeitlichen Abständen geänderte Versionen des Prototypen zur Beurteilung vorliegen sollen (Evaluierungszyklus). Aus methodischer Sicht sind kurze Evaluierungszyklen vorzuziehen, um schnell zu einer Stabilisierung der Anforderungen zu kommen. Dadurch wird die Kommunikation zwischen den Partnern intensiviert und die Benutzerbeteiligung gefördert.

Das *Was* der Evaluierung macht Aussagen darüber, welche Eigenschaften der Prototyp (insbesondere bezüglich Funktionen, Leistungen und Schnittstellen) haben soll. Aus dem Was der Evaluierungsstrategie ist zu erkennen, welche Eigenschaften das Endprodukt haben soll und welche Eigenschaften für den Prototyp (bzw. für mehrere Versionen des Prototypen) spezifisch und damit nur vorläufig sind.

Das *Wie* der Evaluierung macht Aussagen darüber, nach welcher Evaluierungsmethode vorgegangen werden soll, um zu einem von beiden Partnern akzeptierten Ergebnis zu kommen. Im Allgemeinen ist ein Vorgehen nach dem Modell der Nutzwertanalyse zweckmäßig (vgl. Lerneinheit EVALU), das an das Evaluierungsobjekt angepasst und mit der Evaluierungssituation abgestimmt ist. Dazu sind Vereinbarungen darüber erforderlich, wie unterschiedliche Ergebnisse der Evaluierung durch die Entwickler einerseits und die Anwender bzw. Benutzer andererseits zu behandeln sind. Ziel ist es, Übereinstimmung zu erreichen.

Arten des Prototyping

Art des Prototyping meint, *warum* Prototypen verwendet werden und *wie* bei ihrer Verwendung grundsätzlich vorgegangen wird. Danach wird zwischen explorativem, experimentellem und evolutionärem Prototyping unterschieden. Ziel des explorativen Prototyping ist eine möglichst vollständige Spezifikation der Funktionsanforderungen des zu schaffenden Informationssystems. Den Entwicklern soll ein Einblick in die Anwendungsaufgabe ermöglicht werden. Sie sollen mit den Benutzern verschiedene Lösungsalternativen diskutieren, um den Denkhorizont nicht verfrüht auf einen Ansatz einzuengen und die Realisierbarkeit des zu schaffenden Informationssystems in einem gegebenen organisatorischen Umfeld abklären zu können. Die zukünftigen Benutzer sollen in der Lage sein, den Prototyp anhand realer Arbeitssituationen zu beurteilen. Die Vorgehensweise des explorativen Prototyping ist dadurch gekennzeichnet, dass – ausgehend von ersten Vorstellungen über das zu schaffende Informationssystem – ein Prototyp entwickelt wird, der es erlaubt, diese Vorstellungen anhand konkreter Arbeitssituationen zu überprüfen und die geforderten Funktionen sukzessiv zu bestimmen. Im Mittelpunkt des Interesses stehen Funktionalität, leichte Veränderbarkeit und Kürze der Entwicklungszeit. Exploratives Prototyping unterstützt daher primär die Festlegung der Funktionsanforderungen. Der Einfluss auf das Phasenschema ist gering, da exploratives Prototyping im Wesentlichen nur für die Anforderungsanalyse verwendet wird. Dies gilt besonders dann, wenn (nur) Wegwerf-Prototypen verwendet werden.

Ziel des experimentellen Prototyping ist eine vollständige Spezifikation der Systemkomponenten, womit die Tauglichkeit von Objektspezifikationen, Architekturmodellen und Lösungsideen für einzelne Systemkomponenten nachgewiesen werden soll. Die Vorgehensweise ist dadurch gekennzeichnet, dass – ausgehend von ersten Vorstellungen über die Zerlegung des Systems – ein Prototyp entwickelt wird, der es erlaubt, die Wechselwirkungen zwischen den Systemkomponenten zu simulieren. Anhand konkreter Anwendungsbeispiele werden die Zweckmäßigkeit der Schnittstellen der einzelnen Systemkomponenten und die Flexibilität der Systemarchitektur im Hinblick auf Erweiterungen im Experiment erprobt. Experimentelles Prototyping unterstützt also primär das System- und Komponentendesign bei der Software-Entwicklung. Im Unterschied zum explorativen Prototyping sind die zukünftigen Benutzer in der Regel nicht beteiligt. Experimentelles Prototyping verändert das Phasenschema stärker als exploratives Prototyping, da insbesondere Implementierungsarbeiten „nach vorn gezogen" und in Analyse- und Entwurfsarbeiten eingebunden werden. Dies gilt besonders dann, wenn ein wiederverwendbarer Prototyp benutzt wird. Manchmal wird das Verwenden von Prototypen für die Evaluierung durch die Benutzer als „Experimentieren mit Prototypen" bezeichnet und daraus gefolgert, dass es sich um experimentelles Prototyping handelt.

Ziel des evolutionären Prototyping ist eine inkrementelle Projektarbeit, das heißt eine *sukzessive* Planungsstrategie nach folgender Vorgehensweise: Entwicklung eines Prototypen für die leicht erkennbaren Anforderungen. Das Ergebnis ist Grundlage für den nächsten Planungsschritt, das heißt: Jeder Prototyp ist Spezifikationsgrundlage für den nächsten Prototyp bzw. letztlich für das Endprodukt. Im nächsten Planungsschritt werden weitere Anforderungen in den Prototyp integriert. Prototyp und Informationssystem sind nicht mehr unterscheidbar; der Prototyp wird sukzessiv „hochgezogen" und schließlich als produktives Informationssystem verwendet. Die Veränderung des Phasenschemas ist beim evolutionären Prototyping am deutlichsten.

Vorgehensweise beim Prototyping

Durch Prototyping ergibt sich eine das Phasenschema variierende, keineswegs aber substituierende Vorgehensweise. Dabei können exploratives und experimentelles Prototyping „vermischt" verwendet werden. Eine typische Vorgehensweise ist die folgende: Zunächst wird explorativ vorgegangen, wozu ein Wegwerf-Prototyp erzeugt wird (*rapid prototyping*, auch als *quick and dirty* bezeichnet). Primäres Ziel ist die Minimierung des Zeitraums, in dem der erste Prototyp zur Verfügung steht. Wenn die Beurteilung ergibt, dass die wesentlichen Anforderungen erfasst und berücksichtigt wurden, wird der Prototyp nur noch zu Vergleichszwecken verwendet (z.B. um später überprüfen zu können, ob die wesentlichen Anforderungen fortgeschrieben wurden). Danach wird *evolutionär* vorgegangen, wofür ein wiederverwendbarer Prototyp entwickelt wird. Nach jeder Beurteilung wird entschieden, was die Erreichung der Planungsziele besser unterstützt: den vorhandenen Prototyp zu modifizieren oder ihn wegzuwerfen. Wenn evolutionär vorgegangen und der Prototyp in jedem Falle wiederverwendet wird, dann können die folgenden Arbeitsschritte unterschieden werden:

- erster Arbeitsschritt: Grobe Spezifikation der Anforderungen;
- zweiter Arbeitsschritt: Erzeugen eines Prototypen;
- dritter Arbeitsschritt: Verwenden des Prototypen;
- vierter Arbeitsschritt: Evaluieren des Prototypen;
- fünfter Arbeitsschritt: Modifizieren des Prototypen nach den Ergebnissen des dritten Arbeitsschritts, n-maliges Durchlaufen des dritten und vierten Arbeitsschritts.

Nach dem (n+1)-maligen Durchlaufen des dritten bis fünften Arbeitsschritts (Prototyping-Zyklus) ist aus dem Prototyp das Endprodukt entstanden. Ein Prototyping-Zyklus kann planmäßig einem bestimmten Zweck dienen (z.B. ein erster Zyklus der Initiierung). Hier geht es primär darum, dass sich die Beteiligten in die Projektaufgabe einarbeiten. Im ersten Prototyp werden daher nur wenige, den Entwicklern bereits bekannte Funktionen realisiert. Ein zweiter Prototyping-Zyklus kann der Orientierung dienen. Hier geht es darum, alle wesentlichen Anforderungen zu erfassen, die im Prototyp realisiert werden. Ein dritter Zweck ist schließlich die Stabilisierung. Hier geht es in erster Linie um die Verfeinerung und Ergänzung von Funktionen und um die Herstellung der geforderten Leistung. Späte Prototypen der Orientierung bzw. frühe der Stabilisierung befinden sich nahe dem Niveau des Endprodukts; sie können daher auch für die Schulung der Benutzer verwendet werden. Werden Planung und Realisierung eines Informationssystems als Schichtenmodell aufgefasst, dann kann beim Prototyping entweder horizontal oder vertikal vorgegangen werden. Beim horizontalen Prototyping werden einzelne Schichten des Systems konstruiert (z.B. die Benutzeroberfläche oder die Funktionen); im Allgemeinen ist mit horizontalem Prototyping die Konstruktion der Benutzeroberfläche gemeint. Beim vertikalen Prototyping wird ein ausgewählter Teil des Zielsystems „in aller Tiefe" implementiert. Diese Vorgehensweise ist zweckmäßig, wenn die Funktionalität des Gesamtsystems unbekannt ist und seine Realisierungsmöglichkeiten fraglich sind.

Auswirkungen des Prototyping

Systematische empirische Befunde über die Auswirkungen des Prototyping liegen kaum vor. Bezüglich der Kosten für Prototyping sprechen Erfahrungsberichte aus der Praxis von steigenden Kosten, aber auch von sinkenden Kosten. Hierbei ist zu beachten, dass Kostenwirkungen davon abhängen, in welchem Kontext die Untersuchung stattfindet, welche Art von Kosten berücksichtigt werden und um welche Art von Prototyp bzw. Prototyping es sich handelt. *Beynon-Davies et al.* haben Berichte aus Forschung und Praxis analysiert und kommen zu folgendem Schluss: „Most of the material that is available consists of short, anecdotal experiences of prototyping projects … The cost of development effort, particularly in the requirements analysis phase, may be greater … between 5%-10% of costs is typically added to the system costs in having early, throwaway, prototyping workshops" (111-112, Kursivschrift des Originals entfernt).

Naumann/Jenkins (38) kommen nach einer Sichtung von sieben Quellen, die sie allesamt als „anecdotal evidence" charakterisieren, hingegen zum Schluss, dass durch den Einsatz von Prototyping Entwicklungskosten reduziert werden können. Ein wesentliches Argument, warum der Einsatz von Prototyping ökonomisch sinnvoll sein kann, ist, dass beim Nicht-Einsatz von Prototyping Informationssysteme erst zu einem späteren Zeitpunkt produktiv nutzbar sind, was bedeutet, dass Opportunitätskosten entstehen, wenn auf Prototyping verzichtet wird (die zugrunde liegende Annahme ist hierbei, dass es sich um evolutionäres Prototyping handelt). Weitere Ursachen, warum beim Prototyping eine Verbesserung der Kostensituation eintreten kann, sind das frühe Erkennen von Fehlern und Inkonsistenzen sowie die bessere Motivation der Benutzer.

Die bedeutsamste Auswirkung des Prototyping wird – nach weit verbreiteter Auffassung – in der Verbesserung des Nutzens des mit Prototyping hergestellten Endprodukts gesehen. Dies ergibt sich insbesondere aus der verbesserten Zusammenarbeit zwischen Anwendern bzw. Benutzern auf der einen und Entwicklern auf der anderen Seite, die zu einem Produkt führt, das durch eine auf die Arbeitssituation besser abgestimmte Funktionalität und Benutzbarkeit gekennzeichnet ist (vgl. dazu z.B. eine Studie von *Karahoca et al.*, die über den Einsatz von Prototypen im Usability Engineering berichtet). Die Akzeptanz des Produkts durch die Benutzer ist deutlich besser als ohne Prototyping (vgl. Lerneinheit TECHA). Daraus kann auf eine verbesserte Kostensituation bei der Wartung geschlossen werden, die sich aus einem deutlichen Rückgang der Wartungsanforderungen ergibt.

In einzelnen Fällen wird darauf hingewiesen, dass durch die Evaluierung von Prototypen das Projekt-Controlling (vgl. Lerneinheit PCONT) unterstützt wird und dass daher zuverlässiger beurteilt werden kann, ob ein Informatik-Projekt unverändert fortgeführt, mit wesentlichen Veränderungen (z.B. drastischer Reduzierung des Funktionsumfangs) saniert oder überhaupt abgebrochen werden sollte.

Forschungsbefunde

Etliche der in der Fachliteratur zum Prototyping berichtete Erkenntnisse basieren auf Erfahrungsberichten. Trotz der Relevanz von solchen Berichten für das Handeln in der Praxis ist ihr Erkenntniswert begrenzt, da der Erkenntnisgewinnungsprozess in der Regel nicht auf der Verwendung anerkannter Forschungsmethoden basiert (vgl. dazu z.B. die Lerneinheit Forschungsmethoden der Wirtschaftsinformatik in *Heinrich/Heinzl/Riedl*). Es wurden jedoch insbesondere in den 1980er und 1990er Jahren einige viel beachtete Beiträge zum Prototyping in angesehen Fachzeitschriften veröffentlicht. Mehrere Befunde aus dieser Zeit sind auch heute noch relevant, sowohl aus theoretischer Sicht als auch aus der Sicht der Praxis.

Mit der zunehmenden Verbreitung von Prototyping wurden in den 1980er Jahren etliche konzeptionelle Beiträge (z.B. *Mason/Carey*) veröffentlicht, die oftmals um Fallbeschreibungen ergänzt wurden (z.B. *Janson/Smith*, *Kraushaar/Shirland*, *Naumann/Jenkins*). Eine auf der Basis anerkannter empirischer Forschungsmethoden durchgeführte Studie von *Alavi* lieferte weitreichende Einsichten in die Vorteile und Nachteile von Prototyping. Im Rahmen dieser Studie wurden zwei Forschungsmethoden eingesetzt. In einem ersten Schritt wurden 22 Interviews zu 12 Projekten in 6 Organisationen geführt. In allen Projekten wurde Prototyping erfolgreich eingesetzt und es wurden sowohl Projektmanager als auch Systemanalysten befragt; die Projekte variierten nach Ausrichtung und Größe, kürzeste Projektdauer: 2 Monate, längste Projektdauer: 24 Monate.

Auf der Basis der Interviews konnten die folgenden Vorteile von Prototyping (im Beitrag als „perceived benefits" bezeichnet) identifiziert werden: (1) Es wird rasch eine erste Systemversion entwickelt, was insbesondere aus Benutzersicht bedeutsam ist („The users are extremely capable of criticizing an existing system but not too good at articulating or anticipating their needs"). (2) ein Prototyp stellt eine gemeinsame Diskussionbasis für Entwickler und Benutzer dar. (3) Prototyping erhöht Benutzermitwirkung und -engagement. (4) Prototyping verbessert die Beziehung zwischen Entwicklern und Benutzern. (5) Da beim Prototyping rasch eine erste Systemversion existiert, kann der Ressourceneinsatz besser gesteuert werden. Folgende Nachteile von Prototyping („perceived shortcomings") wurden identifiziert: (1) Gelegentlich werden durch Prototypen unrealistische Erwartungen an das Endprodukt geschaffen. (2) Projekte mit Prototyping sind aufgrund der Nichtverfügbarkeit von definierten Phasen mit Input und Output zumindest in manchen Fällen schwierig zu steuern. (3) Es ist schwierig, große Systeme auf der Basis von Prototyping zu entwickeln. (4) Es ist schwierig, den anfänglichen Enthusiasmus von Benutzern über die gesamte Projektlaufzeit auf hohem Niveau zu halten.

Neben der Interviewstudie berichtet *Alavi* auch die Befunde eines Laborexperiments. Studierende einer nordamerikanischen Universität fungierten dabei als Probanden (insgesamt 63 Personen, wovon im Experiment 29 in der Rolle des Systemanalysten und 34 in der Rolle des Benutzers agierten). Die Studierenden wurden durch Zufallszuteilung in neun Gruppen eingeteilt und es war die Aufgabe einer jeden Gruppe, auf der Basis einer Fallbeschreibung ein Informationssystem für Investitionsentscheidungen zu entwickeln (Entwicklungszeitraum: sieben Wochen). Ein Teil der Gruppen entwickelte das System auf der Basis von Prototyping, ein anderer Teil auf der Basis eines sequentiellen Phasenmodells („life cycle approach"); beide Ansätze wurden den Gruppen vorab als Beschreibung übergeben, um sicherzustellen, dass möglichst exakt anhand des jeweiligen Ansatzes vorgegangen wird. Die unabhängige Variable im Experiment war der Entwicklungsansatz („prototyping" vs. „life cycle approach"), die abhängigen Variablen waren in drei Gruppen eingeteilt: (1) Benutzerevaluierung und Zufriedenheit mit dem System, (2) Wahrnehmungen und Einstellungen der Benutzer in Bezug auf den Entwicklungsprozess, (3) Grad der Nutzung des entwickelten Systems. Die Ausprägungen der meisten Variablen wurden auf der Basis von Likert-Skalen erfasst, als primäres Datenanalyseverfahren kam der Mann-Whitney-U-Test zum Einsatz. *Alavi* (562) fasst die Ergebnisse wie folgt zusammen: „The experimental results suggest that prototyping increases the actual utilization of an information system by the users. Furthermore, information systems performance (as measured in terms of user satisfaction with the output and its perceived accuracy and helpfulness) was rated higher by users of prototyped systems than by users of systems developed by the life cycle approach. Schließlich formuliert *Alavi* auf der Basis einer Gesamtschau der Interview- und Experimentbefunde Richtlinien für die Verwendung von Prototyping und schließt den Beitrag mit einem insgesamt positiven Resümee für das Prototyping ab (563): „Although there are pitfalls and shortcomings, none seem troublesome enough to outweigh the potential benefits."

In den 1990er Jahren wurden zum Prototyping weitere viel beachtete empirische Studien veröffentlicht. *Doke/Swanson* berichten über die Ergebnisse einer Delphi-Studie, die das Ziel hatte, jene Kriterien zu untersuchen, anhand derer IT-Manager entscheiden, ob Prototyping in der Systementwicklung verwendet werden sollte. An der Delphi-Studie nahmen 27 IT-Manager aus den USA über drei Befragungsrunden hinweg teil. In der ersten Runde wurde den Befragten eine Liste mit 19 Kriterien vorgelegt, die auf der Basis einer umfassenden Literaturrecherche identifiziert wurden. Aufgabe war es, die Kriterien nach ihrer Wichtigkeit zu reihen, gegebenenfalls fehlende Kriterien zu ergänzen und unwichtige Kriterien zu markieren (es wurden fünf Kriterien ergänzt). Danach wurden die Ergebnisse ausgewertet, zusammengefasst und verdichtet. In der zweiten Runde wurden die Ergebnisse der ersten Runde vorgelegt (z.B. durchschnittlicher Rang der Wichtigkeit eines jeden Kriteriums sowie die Anzahl, wie oft ein Kriterium als unwichtig markiert wurde). Die IT-Manager wurden erneut gebeten, die Kriterien nach ihrer Wichtigkeit zu reihen und unwichtige Kriterien zu markieren. In der dritten und letzten Befragungsrunde wurden die Ergebnisse der zweiten Runde zwecks finaler Kommentierung vorgelegt; Ziel war es, Konsens unter den Befragten zu erreichen. Die Ergebnisse der dritten Runde sind für die Top-10-Kriterien in Abb. PROTY-2 zusammengefasst (die Bezeichnung der Kriterien erfolgt im Originalwortlaut).

Trotz der durch die Delphi-Studie gewonnenen Erkenntnisse ist zu kritisieren, dass man im Beitrag vergeblich nach einer Diskussion sucht, die begründet, warum ein bestimmtes Kriterium als Entscheidungsgrundlage für oder gegen Prototyping verwendet werden sollte. Bei manchen Kriterien ergibt sich die Begründung aus ihrer Beschreibung; z.B. ist „User Contribution" wie folgt definiert: „The user's level of knowledge and ability to participate in the development process" (175). Da die Beteiligung von Benutzern eine wesentliche Eigenschaft von Prototyping ist, folgt daraus, dass eine höhere Ausprägung des Kriteriums „User Contribution" einen wirksamen Beitrag zum erfolgreichen Prototyping leistet oder eine hohe Ausprägung Voraussetzung ist, dass Prototyping überhaupt funktionieren kann. Eine solche intuitive Klarheit hinsichtlich des Begründungszusammenhangs besteht jedoch nicht bei allen Kriterien (es sei darauf hingewiesen, dass die Bedeutung des Begriffs „Begründungszusammenhang" im gegenständlichen Fall von seiner Bedeutung im wissenschaftstheoretischen Schrifttum abweicht).

Kriterium	Ergebnisse der dritten Delphi-Runde (Endergebnis)		
	Durchschnittlicher Rang	Stand. Abw. Rang	Prozentsatz in Top-10
Clarity of Project Goals	2,1	1,3	100
Developer Understanding of User Requirements	2,7	2,4	96,3
User Task Comprehension	3,2	1,5	100
User Contribution	4,3	1,8	100
User Availability	6,2	4,5	85,2
Complex System Requirements	6,7	2,1	100
Need for Rapid Development	7,4	4,7	63
System Impact	7,8	2,0	92,6
User/Developer Relationship	9,1	2,4	70,4
System Structure	9,6	3,0	66,7

Abb. PROTY-2: Ausgewählte Ergebnisse der Delphi-Studie von *Doke/Swanson* (177)

Beynon-Davies et al. führten mit 40 Systementwicklern in Großbritannien semistrukturierte Interviews, um Erkenntnisse über Prototyping zu gewinnen; sie fassen die Ergebnisse wie folgt zusammen (115-116): „In summary, the most commonplace practice seems to be the use of incremental prototyping ... Organizations appeared to be generally cautious in their use of prototyping, commonly attempting to meld it with more conventional systems development and project management approaches. Generally, our subjects reiterated many of the benefits of prototyping which are discussed in the literature, particularly better relationships with endusers, better requirements and products, and more rapid and flexible development." Eine quantitative Auswertung der Daten zeigt folgende Ergebnisse: Screen-layout-Prototypen (mit begrenzter Funktionalität) sind die mit Abstand häufigste Prototypen-Form (von 67% der Befragten angegeben). Die drei am häufigsten angegebenen Vorteile von Prototyping („benefits") sind: bessere Anforderungen (52%), bessere Kommunikation und Beziehung mit der User-Gemeinschaft (45%) sowie rasche und flexible Entwicklung (35%); die drei am häufigsten angegebenen Nachteile („problems") sind: verlangt die intensive Miteinbeziehung der richtigen Benutzer (32%), unrealistische Erwartungen (30%) sowie Ausuferung und Unschärfe der Anforderungen (22%).

Im Beitrag von *Beynon-Davies et al.* werden weiter die Befunde empirischer Studien zusammengefasst, die Aufschluss über die Verbreitung von Prototyping geben. Auf der Basis verschiedener Studien (Daten aus den USA) wird die Entwicklung der Verbreitung von Prototyping wie folgt angegeben: 1984: 33% von befragten Systementwicklern gaben an, Prototyping zu verwenden; 1987: 46%; 1988: 49%; 1990: 61%; 1995: 71%. Es wird weiter eine Studie zitiert, die bereits 1989 über eine Verbreitung von 75% berichtet. In den letzten beiden Jahrzehnten wurden im Vergleich zu den 1980er und 1990er Jahren weniger Beiträge zum Prototyping in Fachzeitschriften mit Peer-Review-Verfahren veröffentlicht; zuverlässige Zahlen zur aktuellen Verbreitung von Prototyping sind dem Verfasser des vorliegenden Buchs nicht bekannt. Persönliche Gespräche mit IT-Managern und Softwareentwicklern in der Praxis sowie eine Sichtung aktueller Lehrbücher im Software Engineering (z.B. *Sommerville*, Abschnitt 2.3) zeigen jedoch, dass Prototyping bei der Entwicklung von Informationssystemen ein etablierter Ansatz ist. Daraus kann geschlossen werden, dass Prototyping zumindest keine niedrigere Verbreitung als in den 1990er Jahren hat, und diese lag damals bei rund 75%. Weiter sei darauf hingewiesen, dass die Verwendung des Prototyping-Begriffs von untergeordneter Relevanz ist, entscheidend ist vielmehr, ob die in dieser Lerneinheit thematisierten Eigenschaften des Prototyping inhärenter Bestandteil der Systementwicklung sind (was beispielsweise auch bei agilen Ansätzen – zumindest teilweise – der Fall ist), und ob es Erkenntnisse darüber gibt, in welchen Situationen ein Prototyping-basierter Ansatz mit hoher Wahrscheinlichkeit zum Projekterfolg führt.

Einen theoretisch wie empirisch gehaltvollen Beitrag veröffentlichten *Hardgrave et al.* Sie untersuchten auf der Basis einer Befragungsstudie Bedingungen, bei deren Vorliegen die Verwendung von Prototyping bzw. die Verwendung einer bestimmten Prototyping-Art zu einer erfolgreichen Systementwicklung (kurz: Systemerfolg, mit Benutzerzufriedenheit operationalisiert) führt (Datenerhebung in den USA; befragt wurden jeweils ein Entwickler und ein Benutzer in 133 Organisationen, die sich über diverse Branchen verteilten; Datenanalyse: hierarchische Regression). Auf der Basis einer Analyse der Fachliteratur wurden 15 Kriterien identifiziert (unabhängige Variablen), die einen Einfluss auf den Systemerfolg (abhängige Variable) haben können (z.B. Innovationsgrad des Entwicklungsprojekts). Weiter wurde die Prototyping-Art als Moderatorvariable konzeptualisiert, wobei es drei mögliche Ausprägungen gab (121): (1) „only mockups of reports and screens … the prototype simulates some functions, but does not use real data" [im Beitrag als „expendable prototyping" bezeichnet], (2) „the prototype evolved into the final system" [als „evolutionary prototyping" bezeichnet] und (3) „no form of prototyping". Die Ergebnisse der Studie zeigen, dass der Einfluss von fünf der 15 unabhängigen Variablen auf den Systemerfolg signifikant durch die Prototyping-Art moderiert wird (Innovationsgrad des Entwicklungsprojekts, Einfluss des Systems auf die Organisation, Benutzerbeteiligung, Anzahl der Benutzer, Erfahrung der Entwickler mit Prototyping). Die Studienautoren fassen die Ergebnisse ihrer Studie wie folgt zusammen (130-131): „In summary, the proposed contingency model … suggests: (1) for high-innovation projects, evolutionary prototyping is better than no prototyping; there are no significant differences among the prototyping strategies for low innovation projects; (2) expendable or evolutionary prototyping should be used for projects of low impact; there are no significant differences among the prototyping strategies for high impact projects; (3) evolutionary prototyping is better than no prototyping for projects involving a low level of user participation; there are no significant differences among the prototyping strategies for projects with high user participation; (4) for a small number of users, evolutionary prototyping is better than no prototyping; there are no significant differences among the prototyping strategies for projects involving a large number of users; and (5) prototyping (evolutionary or expendable) should be used when developers have a high level of previous experience with prototyping; there are no significant differences among the prototyping strategies when developers have a low level of previous prototyping experience."

Kontrollfragen
1. Welcher Zusammenhang besteht zwischen Phasenschema und Prototyping?
2. Welche Ziele werden mit Prototyping verfolgt?
3. Welche Arten des Prototyping werden unterschieden?
4. Durch welche Arbeitsschritte ist die Vorgehensweise beim Prototyping gekennzeichnet?
5. Unter welchen Bedingungen ist es zweckmäßig, Prototyping bzw. eine bestimmte Prototyping-Art zu verwenden?

Quellenliteratur
Beck, K.: Extreme programming explained: Embrace change. Addison-Wesley 1999
Beynon-Davies, P./Tudhope, D./Mackay, H.: Information systems prototyping in practice. Journal of Information Technology, 1/1999, 107-120
Floyd, C.: A systematic look at prototyping. In: Buddle, R./Kuhlenkamp, K./Mathiassen, L./Zuellighoven, H. (Eds.): Approaches to Prototyping, Springer 1984, 1-18
Dearnley, P.A./Mayhew P.J.: On the use of software development tools in the construction of data processing prototypes. In: Buddle, R./Kuhlenkamp, K./Mathiassen, L./Zuellighoven, H. (Eds.): Approaches to Prototyping, Springer 1984, 24-32
Doke, E. R./Swanson, N. E.: Decision variables for selecting prototyping in information systems development: A Delphi study of MIS managers. Information & Management, 4/1995, 173-182
Hardgrave, B. C./Wilson, R. L./Eastman, K.: Toward a contingency model for selecting an information system prototyping strategy. Journal of Management Information Systems, 2/1999, 113-136
Heinrich, L. J./Heinzl, A./Riedl, R.: Wirtschaftsinformatik: Einführung und Grundlegung. 4. A., Springer 2011
Janson, M. A./Smith, L. D.: Prototyping for systems development: A critical appraisal. MIS Quarterly, 4/1985, 305-316
Karahoca, A./Bayraktar, E./Tatoglu, E./Karahoca, D.: Information system design for a hospital emergency department: A usability analysis of software prototypes. Journal of Biomedical Informatics, 2/2010, 224-232
Kraushaar, J. M./Shirland, L. E.: A prototyping method for applications development by end users and information systems specialists. MIS Quarterly, 3/1985, 189-197
Mason, R./Carey, T.: Prototyping interactive information systems. Communications of the ACM, 5/1983, 347-354
Naumann, J. D./Jenkins, A. M.: Prototyping: The new paradigm for systems development. MIS Quarterly, 3/1982, 29-44
Pahl, G./Beitz, W.: Konstruktionslehre. 7. A., Springer, 2007

Vertiefungsliteratur
Baynon-Davies, P./Mackay, H./Tudhope, D.: 'It's lots of bits of paper and ticks and post-it notes and things ...': A case study of a rapid application development project. Information Systems Journal, 10/2000, 195-216
Coleman, B./Goodwin, D.: Designing UX: Prototyping. SitePoint 2017
Guida, G./Lamperti, G./Zanella, M.: Software prototyping in data and knowledge engineering. Springer 1999

Hartson, H. R./Smith, E. C.: Rapid prototyping in human-computer interface development. Interacting with Computers, 1/1991, 51-91

Heinrich, L. J./Pomberger, G.: Prototyping-orientierte Evaluierung von Software-Angeboten. HMD – Theorie und Praxis der Wirtschaftsinformatik, 197/1997, 112-124

Heinrich, L. J./Pomberger, G.: Prototypingbasiertes Software-Management. In: Oberweis, A./Sneed, H. M. (Hrsg.): Software-Management. Proceedings der Fachtagung der Gesellschaft für Informatik, Teubner, 1999, 206-224

Hoffmann, V.: Rapid Prototyping in der Use-Case-zentrierten Anforderungsanalyse. Shaker 2013

Lichter, H./Schneider-Hufschmidt, M./Zuellighoven, H.: Prototpying in industrial software projects: Bridging the gap between theory and practice. IEEE Transactions on Software Engineering, 11/1994, 825-832

Luqi, N.: Software evolution through rapid prototyping. Computer, 5/1989, 13-25

Pomberger, G./Blaschek, G.: Software Engineering. Prototyping und objektorientierte Software-Entwicklung. Hanser, 1993

Pomberger, G./Pree, W./Stritzinger, A.: Methoden und Werkzeuge für das Prototyping und ihre Integration. Informatik Forschung und Entwicklung, Springer, 7/1992, 49-61

Normen und Richtlinien

ISO/IEC 25000:2014: Systems and software engineering - Systems and software Quality Requirements and Evaluation (SQuaRE)

Werkzeuge

http://www.pixate.com/
http://www.protoshare.com/
https://balsamiq.com/
https://gomockingbird.com/
https://moqups.com/
https://proto.io/
https://www.atlassian.com/software/jira
https://www.axure.com/
https://www.invisionapp.com/
https://www.justinmind.com/
https://www.microsoft.com/silverlight/sketchflow/
https://www.scrumdesk.com/
https://www.uxpin.com/

Interessante Links

https://10xu.com/overview-top-7-software-development-methodologies/
https://blog.prototypr.io/top-20-prototyping-tools-for-ui-and-ux-designers-2017-46d59be0b3a9
https://www.awwwards.com/the-best-prototyping-tools-for-2018.html
https://www.interaction-design.org/literature/article/prototyping-learn-eight-common-methods-and-best-practices
https://www.mockplus.com/blog/post/software-prototyping-tools
https://www.nngroup.com/articles/paper-prototyping/

AGILM - Agile Methoden in Informatik-Projekten

Lernziele

Sie kennen den Zweck von agilen Methoden im Projektmanagement und erkennen, dass Agilität eine Eigenschaft des Entwicklungsprozesses ist, die nicht erst seit dem „Manifesto for Agile Software Development" aus dem Jahr 2001 bedeutsam ist. Sie erkennen vielmehr, dass insbesondere das seit langem existierende Prototyping mehrere Eigenschaften hat, die auch agilen Methoden zugeschrieben werden. Sie kennen die idealtypischen Unterschiede zwischen dem, was im Schrifttum oft als klassische Vorgehensweise der Softwareentwicklung bezeichnet wird, und dem agilen Ansatz der Softwareentwicklung. Sie erkennen, dass der klassische und agile Ansatz jeweils Chancen und Risiken mit sich bringen und dass eine Kombination beider Ansätze möglich ist (hybrider Ansatz), was jedoch nicht zwangsläufig zum Erfolg führt. Sie kennen Scrum in Grundzügen.

Definitionen und Abkürzungen

agil (agile) = von großer Beweglichkeit zeugend, wendig; Bündel von Eigenschaften einer Klasse von Vorgehensmodellen und Entwicklungstechniken.

Agilität (agility) = Merkmal des Entwicklungsprozesses, flexibel, antizipativ und proaktiv auf Veränderungen einzugehen; insbesondere stehen Veränderungen von Anforderungen des zu entwickelnden Informationssystems im Mittelpunkt.

Ansatz (approach) = in der Mathematik die Formulierung des Lösungswegs eines mathematischen Problems, in der Wirtschaftsinformatik und im Projektmanagement im Regelfall nicht mehr als eine Auffassung über etwas, in manchen Fällen auch Modell oder Konzept.

Extreme Programming = ein agiles Vorgehensmodell der Softwareentwicklung.

Kanban = ursprünglich „Signalkarte" (kan = Signal, ban = Karte), ein agiles Vorgehensmodell der Softwareentwicklung.

Manifesto for Agile Software Development = eine im Zeitraum 11.-13. Februar 2001 in Utah, USA, von 17 Personen entwickelte Erklärung, die im Wesentlichen aussagt, dass Softwareentwicklung nicht auf der Basis monumentaler bzw. schwergewichtiger Vorgehensmodelle geschehen sollte, sondern auf der Basis agiler bzw. leichtgewichtiger Vorgehensmodelle.

Product Owner = eine Rolle im Scrum-Prozess, in deren Verantwortung die Wertmaximierung der Software sowie die Zusammenarbeit des Entwicklungsteams liegt.

Prototyp (prototype) = ein mit geringem Aufwand hergestelltes und einfach zu änderndes, ausführbares Modell des geplanten Produkts, das vom zukünftigen Benutzer erprobt und beurteilt werden kann.

Prototyping (prototyping) = die Gesamtheit der Tätigkeiten, Methoden und Werkzeuge, die erforderlich sind, um Prototypen herzustellen.

Prototyping-Zyklus (prototyping cycle) = eine Folge von Arbeitsschritten, bestehend aus Verwenden, Evaluieren und Modifizieren eines Prototypen.

Scrum = engl. Gedränge, ein agiles Vorgehensmodell der Softwareentwicklung.

Zweck der agilen Methoden

Aufgrund der sich immer rascher verändernden internen (z.B. Softwareanforderungen) und externen (z.B. neue Technologien) Gegebenheiten bei Informatik-Projekten wurde seit den 1990er Jahren zunehmend öfter die Forderung erhoben, dass das Projektmanagement flexibler werden muss. Agile Ansätze der Softwareentwicklung haben das Ziel, diese Forderung nach mehr Flexibilität zu erfüllen, wobei in der Fachliteratur immer wieder argumentiert wird, dass klassische Vorgehensweisen der Softwareentwicklung (vgl. z.B. die in PROIP dargestellten Modelle, nämlich Wasserfallmodell, Spiralmodell und V-Modell) keine ausreichende Flexibilität bieten würden.

Manifest für agile Softwareentwicklung

Im Jahr 2001 entwickelten 17 Personen (die Kurzbiographien der Personen sind unter http://agilemanifesto.org/authors.html abrufbar) eine im englischen Original als Manifesto for Agile Software Development bezeichnete Erklärung, die wie folgt lautet (http://agilemanifesto.org/iso/de/manifesto.html, Formatierung im Original):

> Wir erschließen bessere Wege, Software zu entwickeln,
> indem wir es selbst tun und anderen dabei helfen.
> Durch diese Tätigkeit haben wir diese Werte zu schätzen gelernt:
>
> Individuen und Interaktionen mehr als Prozesse und Werkzeuge
> Funktionierende Software mehr als umfassende Dokumentation
> Zusammenarbeit mit dem Kunden mehr als Vertragsverhandlung
> Reagieren auf Veränderung mehr als das Befolgen eines Plans
>
> Das heißt, obwohl wir die Werte auf der rechten Seite wichtig finden,
> schätzen wir die Werte auf der linken Seite höher ein.

Das Manifest basiert auf 12 Prinzipien, die im deutschsprachigen Original wie folgt lauten (http://agilemanifesto.org/iso/de/principles.html):

(1)   Unsere höchste Priorität ist es, den Kunden durch frühe und kontinuierliche Auslieferung wertvoller Software zufrieden zu stellen.

(2)   Heiße Anforderungsänderungen selbst spät in der Entwicklung willkommen. Agile Prozesse nutzen Veränderungen zum Wettbewerbsvorteil des Kunden.

(3)   Liefere funktionierende Software regelmäßig innerhalb weniger Wochen oder Monate und bevorzuge dabei die kürzere Zeitspanne.

(4)   Fachexperten und Entwickler müssen während des Projektes täglich zusammenarbeiten.

(5)   Errichte Projekte rund um motivierte Individuen. Gib ihnen das Umfeld und die Unterstützung, die sie benötigen und vertraue darauf, dass sie die Aufgabe erledigen.

(6)   Die effizienteste und effektivste Methode, Informationen an und innerhalb eines Entwicklungsteams zu übermitteln, ist im Gespräch von Angesicht zu Angesicht.

(7)   Funktionierende Software ist das wichtigste Fortschrittsmaß.

(8)   Agile Prozesse fördern nachhaltige Entwicklung. Die Auftraggeber, Entwickler und Benutzer sollten ein gleichmäßiges Tempo auf unbegrenzte Zeit halten können.

(9)   Ständiges Augenmerk auf technische Exzellenz und gutes Design fördert Agilität.

(10)   Einfachheit – die Kunst, die Menge nicht getaner Arbeit zu maximieren – ist essenziell.

(11)   Die besten Architekturen, Anforderungen und Entwürfe entstehen durch selbstorganisierte Teams.

(12)   In regelmäßigen Abständen reflektiert das Team, wie es effektiver werden kann und passt sein Verhalten entsprechend an.

Agile Ansätze und Prototyping

Mehrere dieser Prinzipien liegen auch dem Prototyping zugrunde (vgl. Lerneinheit PROTY). Bereits im Jahr 1985 schrieben *Kraushaar/Shirland* in einem in der Fachzeitschrift MIS Quarterly veröffentlichten Beitrag zum Prototyping (189): „Prior research and our findings indicate that a prototyping process can assist in the efficient development of application systems by breaking a complex problem into several comprehensive parts ... Prototyping is another approach that can be used to reduce the applications backlog by producing new systems more quickly and effectively than the traditional approach."

In ähnlicher Weise argumentieren viele weitere Autoren. *Sommerville* (62) schreibt in seinem weithin bekannten Software-Engineering-Lehrbuch: „A software prototype can be used in a software development process to help anticipate changes that may be required ... a prototype can help with the elicitation and validation of system requirements ... a prototype can be used to explore software solutions and in the development of a user interface for the system. System prototypes allow potential users to see how well the system supports their work. They may get new ideas for requirements and find areas of strength and weaknesses in the software. They may then propose new system requirements."

George (28-10) schreibt in einem Review-Beitrag mit dem Titel „From Waterfall to Agile: A Review of Approaches to Systems Analysis and Design" über iterative Softwareentwicklung: "One mechanism for dealing with a lack of predictability, which all agile methodologies share, is iterative development. Iterative development focuses on the frequent production of working versions of a system that have a subset of the total number of required features. Iterative development provides feedback to customers and developers alike."

Aus diesen und weiteren Aussagen zum Prototyping und zu agilen Methoden (vgl. z.B. die Beschreibung von Scrum im Beitrag von *Schwaber*) folgt, dass mehrere der Eigenschaften agiler Methoden nicht grundsätzlich neu sind, sondern dass diese um weitere Eigenschaften ergänzt und mit neuen Bezeichnungen versehen veröffentlicht wurden. Es verwundert daher nicht, dass etliche positive Wirkungen von Prototyping in ähnlicher Weise für agile Methoden behauptet werden oder tatsächlich zutreffen (letzteres ist dann der Fall, wenn eine Wirkung auf der Basis anerkannter empirischer Forschungsmethoden festgestellt wurde). Dem Review von *George* zufolge sind höhere Zufriedenheit von Benutzern und Entwicklern, verbesserte Entwickler-Benutzer-Kommunikation, frühere Fehleridentifikation im Entwicklungsprozess, kürzere Entwicklungszeiten und geringerer Aufwand für die Entwickler positive Wirkungen von Prototyping.

Klassischer Ansatz versus agiler Ansatz

Stellt man den klassischen und agilen Ansatz gegenüber, so kann dies beispielhaft anhand eines Bauprojekts erfolgen (vgl. *Jenny*). Man stelle sich ein Bauprojekt vor, das den Bau mehrerer Häuser umfasst. Nach dem klassischen Ansatz sieht die Vorgehensweise wie folgt aus (Abb. AGILM-1): Zu Projektbeginn erfolgt eine detaillierte Planung des Gesamtprojekts. Nach Abschluss der Planungsphase werden alle Häuser errichtet. Nach der Fertigstellung werden alle Häuser freigegeben. Danach erfolgt der Projektabschluss.

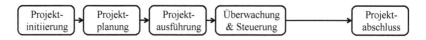

Abb. AGILM-1: Klassischer Ansatz (in Anlehnung an *Wysocki*, 328)

Nach dem agilen Ansatz sieht die Vorgehensweise wie folgt aus (Abb. AGILM-2): Zu Projektbeginn erfolgt eine detaillierte Planung eines Hauses und danach wird dieses Haus errichtet. Es folgt die Freigabe des Hauses. Danach erfolgt die Planung, Errichtung und Freigabe des nächsten Hauses, wobei hierbei die Erfahrungen aus der Planung und Errichtung des ersten Hauses berücksichtigt werden. Dieser Prozess wird so lange wiederholt, bis alle Häuser des Gesamtprojekts errichtet wurden, um dann das Projekt abzuschließen.

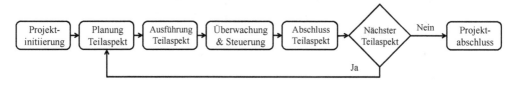

Abb. AGILM-2: Agiler Ansatz (in Anlehnung *Wysocki*, 390)

Steidl hat auf der Basis einer Sichtung der Fachliteratur das klassische und agile Projektmanagement anhand von sechs Kriterien (Planung, Projektteam, Kommunikation, Kundenbeziehung, Überwachung und Kontrolle, Vorgehensweisen) verglichen, das Ergebnis ist in Abb. AGILM-3 dargestellt.

	Klassisches Projektmanagement	Agiles Projektmanagement
Planung	■ plangetrieben ■ Erstellung eines umfassenden Projektplans zu Projektbeginn ■ Festlegung des Lösungsweges zu Projektbeginn	■ ergebnisgetrieben ■ schrittweise Planung während des Projektes ■ Entdeckung des Lösungsweges während des Projektes
Projektteam	■ erledigt nur die aufgetragenen Arbeiten ■ klare Definition von Rollen und fixe Zuteilung zu Projektteammitgliedern ■ wird vom Projektplan durch Aufgaben geleitet	■ übernimmt Managementfunktionen und besitzt viel Eigenverantwortung ■ Aufgaben werden gemeinsam aufgeteilt und Rollen können im Projekt wechseln ■ weitreichende Selbstorganisation
Kommunikation	■ Verbesserung der Kommunikation durch vereinheitlichte Abläufe, Vorgaben und Richtlinien	■ aktiver Wissensaustausch und Vermeidung schriftlicher Kommunikation
Kundenbeziehung	■ passiv-reaktiver Kunde ■ Kontaktaufnahme bei Unklarheiten oder benötigter Zustimmung ■ keine aktive Teilnahme an Lösungsfindung	■ aktiver Kunde ■ kontinuierliche Kommunikation und Kooperation ■ gemeinsame Lösungsfindung mit Projektteam
Überwachung und Kontrolle	■ einfacher Vergleich der Projekte durch Meilensteine und Kennzahlen ■ problemlose Gegenüberstellung der Projekte in Bezug auf deren Arbeitsstände wegen Standardisierung	■ frühzeitige Messung des Nutzens und Zuteilung benötigter Ressourcen möglich ■ schwer festzustellen, welche Leistungen im Projektverlauf noch zu erbringen sind
Vorgehensweisen	■ linear und inkrementell ■ geringere Toleranz für Änderungen ■ Entscheidung zwischen beiden Modellen wird aufgrund des Marktdrucks getroffen ■ einmalige Planung zu Projektbeginn	■ iterativ und adaptiv ■ Änderungen werden als Bestandteile von Projekten erachtet ■ Entscheidung zwischen beiden Modellen wird aufgrund der bestehenden Unklarheit über Lösung getroffen ■ Planung zu Beginn jeder Iteration/jedes Zyklus

Abb. AGILM-3: Unterschiede klassisches und agiles Projektmanagement (nach *Steidl*, 44-45)

Chancen	Risiken
■ Kenntnis aller Aufgaben und Deadlines von Projektbeginn an	■ unflexibel gegenüber Änderungen
■ Kenntnis aller erforderlichen Ressourcen und Möglichkeit vollständiger Budgetierung	■ späte Auslieferung der erstellten Leistungen (nur bei linearem Vorgehen)
■ einfache Vergleichbarkeit mit anderen Projekten und Messbarkeit des Projekterfolges	■ Aufwendung nicht-wertschöpfender Zeit für Planung und Dokumentation
■ Zusammenarbeit des Projektteams an einem Standort und Einsatz hochqualifizierter Mitarbeiter nicht zwingend notwendig	■ kein Zurückgehen im Projektverlauf
	■ tatsächlich geschaffener Wert für den Kunden steht nicht im Vordergrund
	■ keine ausreichende Berücksichtigung sozialer Gesichtspunkte und Soft Factors

Abb. AGILM-4: Chancen und Risiken von klassischem Projektmanagement
(nach *Steidl*, 43-44)

Chancen	Risiken
■ Möglichkeit, auf sich ändernde Bedingungen zu reagieren	■ Kosten und benötigte Zeit sind nur schwer vorherzusagen
■ Steigerung der Zufriedenheit des Kunden bzw. des Auftraggebers	■ Gefahr einer mangelhaften Projektüberwachung
■ höhere Mitarbeiterzufriedenheit und Produktivität, verstärkte Mitarbeitermoral, Entlastung des Managements	■ starke Einbeziehung des Auftraggebers kann problematisch sein
■ Steigerung der Arbeitseffizienz	■ hoher Anspruch an Fähigkeiten, Kompetenzen und Disziplin des Projektteams
■ Fällen besserer Entscheidungen	■ Bedarf an teuren Test-Anwendungen
■ Verbesserung der Produktqualität	■ örtliche Verteilung des Projektteams problematisch
■ nachhaltige Prozessverbesserungen	
■ erhöhte Transparenz	■ Akzeptanz des Managements und Sicherheit im Projektteam sind nicht ausreichend vorhanden
■ Verkürzung der Produkteinführungszeit	■ ganzheitliche Einführung des Ansatzes nötig

Abb. AGILM-5: Chancen und Risiken von agilem Projektmanagement (nach *Steidl*, 43-44)

Bei der Interpretation der Gegenüberstellung in Abb. AGILM-3 ist zu beachten, dass die Darstellung der sechs Kriterien auf der Basis idealtypischer Beschreibungen und Annahmen erfolgt. Dies hat zur Folge, dass es höchst unwahrscheinlich ist, in der betrieblichen Praxis ein Projekt zu identifizieren, das exakt die idealtypischen Eigenschaften des klassischen oder agilen Projektmanagementansatzes aufweist. Beispielsweise ist es eine idealtypische Eigenschaft des klassischen Projektmanagements, dass das Projektteam nur die aufgetragenen Arbeiten erledigt.

Ob dies jedoch in der Realität tatsächlich der Fall ist, hängt nicht primär vom eingesetzten Projektmanagementansatz ab, sondern insbesondere auch von der Persönlichkeit und Motivation der Mitarbeiter in einem konkreten Projekt.

Steidl (43-44) hat zudem Chancen und Risiken von klassischem und agilem Projektmanagement untersucht. Das Ergebnis ist in Abb. AGILM-4 und Abb. AGILM-5 dargestellt. Eine Sichtung der von *Steidl* untersuchten Quellen zeigt jedoch, dass nicht für alle genannten Chancen und Risiken empirische Evidenz vorliegt, oder zumindest keine Evidenz vorliegt, die wissenschaftlichen Ansprüchen genügt (oft handelt es sich um bloße Erfahrungsberichte). Dieser Umstand ist bei der Interpretation der Chancen und Risiken zu beachten.

Hybrider Ansatz

Eckkrammer et al. verdeutlichen den Unterschied zwischen klassischem und agilem Projektmanagement anhand einer Reise von Wien nach München, dabei entspricht das klassische Projektmanagement einer Reise mit dem Flugzeug, konkret schreiben sie (81): „Start- und Landezeitpunkt sind genau vorgegeben, die Wetterbedingungen am Weg sind bis ins kleinste Detail bekannt. Beim Start, während des Flugs und während der Landung erhält der Pilot laufend Anweisungen vom Tower. Flughöhe und Geschwindigkeit sind vorgegeben. Kommt es zu unvorhergesehenen Ereignissen bzw. Komplikationen, muss der Pilot Anweisungen vom Tower einholen. Beim Landeanflug werden dem Kapitän Landebahn und Gate, das er anzusteuern hat, vorgegeben." Das agile Projektmanagement entspricht hingegen einer Reise mit dem Motorrad (81): „Bei der Reise mit dem Motorrad herrscht eine viel größere Flexibilität. Der Fahrer kann die Strecke individuell wählen, entscheiden, ob er über die Autobahn oder Nebenstraßen fährt. Dabei muss er z.B. Verkehrsschilder beachten, auf andere Fahrer Rücksicht nehmen, Umleitungen in Kauf nehmen, einen Stau umfahren, unwirtliche Wetterbedingungen berücksichtigen und seinen Fahrstil entsprechend anpassen, eine Pause einlegen usw. Der Reisende hat ständig Entscheidungen zu treffen und sein Fahrverhalten den Gegebenheiten anzupassen."

Den Ausführungen dieses Vergleichs sowie etlichen weiteren Darstellungen in der Fachliteratur zufolge müsste man annehmen, dass klassisches und agiles Projektmanagement in einem bestimmten Projekt nicht bzw. kaum kombinierbar sind. Doch ist dies tatsächlich der Fall? Aktuellen Meinungen in der Fachliteratur zufolge sind die Eigenschaften von klassischem und agilem Projektmanagement – zumindest bis zu einem gewissen Grad – kombinierbar, so wie es möglich ist, wenn man von Wien nach München reisen will, von Wien nach Salzburg zu fliegen, um von dort mit dem Motorrad nach München weiterzufahren. *Sandhaus et al.* veröffentlichten beispielsweise ein Werk mit dem Titel „Hybride Softwareentwicklung: Das Beste aus klassischen und agilen Methoden in einem Modell vereint".

Als einer der Befürworter eines hybriden Ansatzes betont *Habermann*, dass bei Verwendung eines hybriden Ansatzes das Anforderungsmanagement (vgl. Lerneinheit ANFAN) im Zentrum stehen sollte, erstens weil unterschiedliche Anspruchsgruppen (vgl. Lerneinheit STAKM) oftmals sehr unterschiedliche Anforderungen formulieren, was zu Konflikten führen kann, zweitens weil die Anforderungen an das zu entwickelnde System die Dauer und Kosten des Projekts maßgeblich beeinflussen, und drittens weil agile Ansätze Methoden des Anforderungsmanagements bereitstellen, die prädestiniert sind, um mit Veränderungen von Anforderungen während der Projektlaufzeit gut umzugehen (vgl. dazu die Ausführungen zu Scrum in dieser Lerneinheit). Dieser dritte Aspekt ist in vielen Informatik-Projekten bedeutsam, um zu vermeiden, dass bei Projektabschluss ein System vorliegt, für das es keine ausreichende Benutzerakzeptanz gibt (vgl. Lerneinheit TECHA).

Trotz des Umstands, dass im Schrifttum (zunehmend öfter) die Meinung vertreten wird, dass klassische und agile Ansätze kombinierbar sind, stellt sich die Frage, unter welchen Bedingungen der eine dem anderen Ansatz überlegen ist. Es kann angenommen werden, dass bei einem Projekt in der Regel nicht sämtliche Bedingungen für den einen oder anderen Ansatz sprechen. Vielmehr wird es typischerweise der Fall sein, dass manche Bedingungen für den Einsatz des einen, andere Bedingungen für den Einsatz des anderen Ansatzes sprechen. In dieser Situation kann es zweckmäßig sein, einem hybriden Projektmanagementansatz zu folgen. *Steidl* hat auf der Basis einer Sichtung der Fachliteratur neun Bedingungen (Kriterien) hergeleitet, anhand derer beurteilt werden kann, ob ein klassischer oder agiler Ansatz vorteilhafter ist. Auf Basis der in *Steidl* (52-53) berichteten Daten wurde die in Abb. AGILM-6 dargestellte Systematik entwickelt. Die Systematik ist wie folgt zu verstehen: Wenn in einem Projekt das Ziel und der Umfang bei Projektbeginn klar sind, dann spricht das für den Einsatz von klassischem Projektmanagement, wenn nicht, dann spricht das für den Einsatz von agilem Projektmanagement. Die anderen Bedingungen (Kriterien) sind in gleicher Weise zu verstehen. Viele weitere Autoren geben Hinweise auf Kriterien, anhand derer entschieden werden kann, welcher Ansatz zweckmäßiger ist. *Kirsch/Slaughter* (61-9) schreiben z.B.: „If custom development is called for, managers must decide whether to use the traditional systems development life cycle, or an agile method. A well-understood business need and relatively stable requirements call for using the systems development life cycle. So too do mission-critical systems, or systems being designed for the long term. On the other hand, volatile, emerging, or uncertain requirements suggest the use of an agile method. If time is of the essence, an agile approach is more likely to deliver a system more quickly."

Bei Anwendung eines hybriden Ansatzes ist zu beachten, dass nicht jede beliebige Kombination von Eigenschaften zweckmäßig ist. Wenn es beispielsweise zwingend notwendig ist, in einem Informatik-Projekt eine umfangreiche Dokumentation anzufertigen (z.B. aus rechtlichen oder sicherheitstechnischen Gründen, man denke hier beispielsweise an Software in Flugzeugen), dann ist es im Regelfall nicht sinnvoll, ein Projekt nach agilem Ansatz abzuwickeln (z.B. Scrum) und zusätzlich den Auftrag zu geben, eine umfangreiche Dokumentation zu entwickeln (weil die Eigenschaft „umfangreiche Dokumentation" in Widerspruch zu einer zentralen Aussage des Manifests für agile Softwareentwicklung steht, nämlich dass „funktionierende Software mehr als umfassende Dokumentation" zählt).

	Klassisches Projektmanagement	Agiles Projektmanagement
Bekanntheit von Ziel und Umfang bei Projektbeginn	gegeben	nicht gegeben
Vorhersehbarkeit des Umfeldes und wichtiger Projektgrößen	gegeben	nicht gegeben
Eintrittswahrscheinlichkeit von Änderungen	gering / mittel	hoch
Innovationsgrad	gering / mittel	hoch
Projektgröße (Teamgröße, Anforderungsanzahl, Dauer)	groß	klein
Projektteam	nicht notwendigerweise an einem Standort	sollte an einem Standort sein
Komplexität	ex-ante gut vorhersehbar	ex-ante kaum vorhersehbar
Dokumentation	zwingend erforderlich	nicht zwingend erforderlich
Aufgeschlossenheit des Projektumfeldes für Veränderungen	niedrig	hoch

Abb. AGILM-6: Systematik zur Beurteilung der Vorteilhaftigkeit von klassischem versus agilem Projektmanagement

Agiles Projektmanagement am Beispiel Scrum

Eine wesentliche Eigenschaft von agilem Projektmanagement ist, dass die Menschen mit ihrem Expertenwissen, ihrer Kommunikationsfähigkeit und die Kooperation des Teams im Mittelpunkt stehen. Deshalb sind gut ausgebildete, motivierte und erfahrene Mitarbeiter bei diesem Ansatz von hoher Bedeutung. Zudem trägt das Team eine große Verantwortung, da offene Aufgaben über das Pull-System abgearbeitet werden (*Eckkrammer et al.*, 86). Jeder Mitarbeiter sucht sich, nach Abstimmung im Team, eigene Aufgaben aus. Durch dieses Prinzip soll eine Über- oder Unterlastung des Teams vermieden werden. Zusätzlich entsteht ein kontinuierlicher Durchfluss der Aufgaben. Der Prozess und die Dokumentation werden unterstützend und nicht als Kernstück dieser Methode gesehen, die Flexibilität bei der Aufgabenausführung hat hohe Priorität. Daraus folgt, dass das Ziel eines Projekts definiert wird, nicht jedoch der Weg, der zum Projektergebnis führt; somit bleibt der Weg durch das Team individuell anpassbar. Das Team hat weitreichende Gestaltungsfreiheit.

Die Entwicklung von Softwareprodukten erfolgt meist in Zyklen, Sprints oder Iterationen, deren Durchlaufzeit fest vorgegeben ist. Am Ende jedes Zyklus liegt eine lauffähige und getestete Funktion vor. So kann bereits im nächsten Intervall flexibel auf gewünschte Änderungen eingegangen und somit der Kurs aktiv zu einem neu gesteckten Ziel angepasst werden. Abhängigkeiten zwischen den einzelnen Zyklen sowie deren Resultate sollten so gering wie möglich gehalten werden.

Ein bedeutender Vertreter der agilen Ansätze ist Scrum. Veröffentlichungen von *Komus* aus den Jahren 2013 und 2017 zeigen, dass Scrum der bedeutsamste agile Ansatz im deutschsprachigen Raum ist; weitere Ansätze sind beispielsweise Kanban und Extreme Programming. Der Begriff „Scrum" kommt aus dem Rugby („Gedränge") und wird seit den 1990er Jahren gebraucht. Eine Veröffentlichung von *Sutherland/Schwaber* beschreibt Scrum, das bei der Entwicklung von Software Unterstützung leisten soll, in umfassender Weise.

Wie in Abb. AGILM-7 dargestellt, handelt es sich beim Scrum-Prozess um einen iterativen und inkrementellen Ansatz, dieser ist unabhängig von einer bestimmten Technologie. Die im Scrum-Ansatz enthaltenen Prozesse und Ergebnisse werden kontinuierlich kontrolliert und angepasst, letztlich mit dem Ziel, sowohl das Ergebnis (die Software) als auch die zum Ergebnis führenden Prozessschritte zu verbessern.

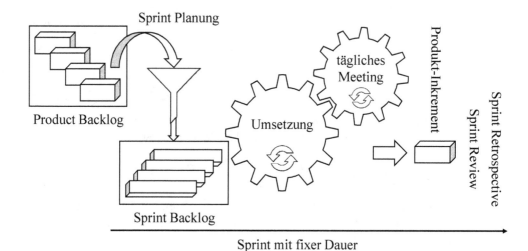

Abb. AGILM-7: Scrum-Prozess (nach *Eckkrammer et al.*, 90)

Zu Beginn eines Projekts klärt der Product Owner mit dem Kunden den Arbeitsumfang durch eine Anforderungsanalyse; typischerweise geschieht dies in einem Workshop. Die Inhalte des Workshops werden anschließend in Themes, Epics und User Stories aufgeteilt und im Product Backlog verwaltet. Themes sind Beschreibungen von Aufgabenbereichen, die durch eine Software unterstützt werden sollen, die wiederum aus Epics bestehen, und aus diesen werden mehrere User Stories abgeleitet. Anforderungen können sich ändern, hinzukommen, angepasst oder gestrichen werden. Der Product Backlog verändert sich daher während des Projekts kontinuierlich. Detaillierte Informationen können in einem separaten Lasten- oder Pflichtenheft festgehalten werden (vgl. Lerneinheit PFLIC). Anforderungen werden danach vom Projektteam hinsichtlich ihres Umsetzungsaufwands, Risikos und Kundennutzen eingeschätzt. Auf der Basis dieser Schätzung kann der Product Owner mit dem Kunden eine Priorisierung von Anforderungen vornehmen.

```
┌─────────────────────────────────────────────────────────┐
│ User Story:                    Nr.:         / Prio:      │
├─────────────────────────────────────────────────────────┤
│                                                          │
│   Als:        ─────────────────────────────────────      │
│                                                          │
│   will ich:   ─────────────────────────────────────      │
│                                                          │
│   weil ich:   ─────────────────────────────────────      │
│                                                          │
│   Akzeptanzkriterien:                                    │
```

| User Story: Online Buchshop | Nr.: VIIa | / Prio: II |

Als:	ein potentieller Käufer
will ich:	Bücher in meinen Einkaufswagen legen
weil ich:	so alles auf einmal bezahlen kann

Akzeptanzkriterien:
- Bücher können in einen Einkaufskorb gelegt werden
- Der Einkaufskorb soll zu Beginn leer sein
- Bücher können aus dem Einkaufskorb entfernt werden
- Wird ein gleiches Buch nochmals hinzugefügt, wird die Stückmenge erhöht

Abb. AGILM-8: Beispiel User Story (nach *Patzak/Rattay*, 673)

Anpassungen im Product Backlog wirken sich im Regelfall auf die Projektlaufzeit aus, deshalb muss vor jeder Iteration (Sprint) der umzusetzende Inhalt exakt spezifiziert werden, bevor Inhalte in den Sprint Backlog übernommen werden. Ein Sprint ist hierbei ein Arbeitsabschnitt, in dem ein Inkrement einer Funktionalität implementiert wird. Moderiert wird die Sprint-Planungssitzung vom Product Owner, der dem Team zunächst einen Vorschlag bezüglich der im nächsten Sprint Backlog enthaltenen Anforderungen macht. Danach werden die User Stories vom Projektteam untersucht und die mit deren Planung und Umsetzung verbundenen Aufgaben identifiziert. Ein Beispiel für eine User Story ist in Abb. AGILM-8 dargestellt. Auf Basis dieser Aufgaben können nun der Aufwand in Arbeitseinheiten abgeschätzt und Abnahmekriterien definiert werden. Am Ende der Planungssitzung verpflichtet sich das Team, die selbst definierten Aufgaben umzusetzen, wobei die maximale Dauer von 30 Tagen in einem Sprint nicht überschritten werden soll. Während des Sprints wird täglich der Arbeitsfortschritt betrachtet, wobei der Restaufwand des Sprints laufend neu abgeschätzt wird. Der Arbeitsfortschritt kann mit einer Burn-Down-Chart visualisiert werden (Abb. AGILM-9).

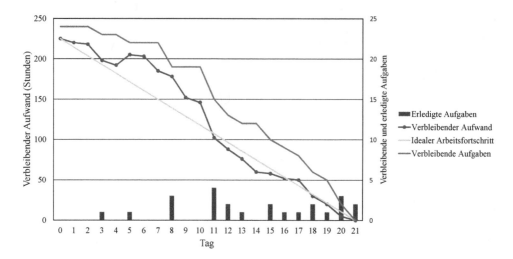

Abb. AGILM-9: Beispieldiagramm Arbeitsfortschritt (Burn-Down-Chart)

Alternativ kann für die Verwaltung und Überwachung des Arbeitsfortschritts auch ein Kanban-Board verwendet werden. Auf einem Kanban-Board werden Karten, die bestimmte Aufgaben bzw. Funktionen symbolisieren, verwaltet. Dieses Board wird dann in verschiedene Bereiche untergliedert, beispielweise in „Zu erledigen", „In Arbeit", „Test" und „Erledigt" (Abb. AGILM-10). Eine solche Untergliederung und die Verteilung der Aufgaben in die entsprechenden Bereiche leistet Unterstützung, den Status-quo wirksam zu visualisieren.

Zu erledigen 6	In Arbeit 3	Test 4	Erledigt 2
Aufgabe J	Aufgabe G	Aufgabe C	Aufgabe A
Aufgabe K	Aufgabe H	Aufgabe D	Aufgabe B
Aufgabe L	Aufgabe I	Aufgabe E	
Aufgabe M		Aufgabe F	
Aufgabe N			
Aufgabe O			

Abb. AGILM-10: Kanban-Board

Am Ende eines Sprints werden die Arbeitsergebnisse im Sprint Review zusammen mit dem Kunden in Form einer Livedemonstration präsentiert und abgenommen. Anschließend findet die Sprint Retrospective statt. Ziel ist, mögliche Verbesserungen des Entwicklungsprozesses zu identifizieren.

Forschungsbefunde

Dyba/Dingsoyr untersuchten die Fachliteratur zu agiler Softwareentwicklung bis zum Jahr 2005; sie identifizierten insgesamt 36 empirische Studien (33 Studien auf der Basis von Primärdaten, 3 Studien auf der Basis von Sekundärdaten; die Forschungsmethoden der Primärdatenstudien sind hierbei: Single-Case: 13, Multiple-Case: 11, Befragungsstudie: 4, Experiment: 3, Mixed-Methods: 2). Die Ergebnisse dieses Reviews werden von den Autoren entlang von vier Themenbereichen dargestellt: „introduction and adoption", „human and social factors", „perceptions on agile methods" und „comparative studies". Ausgewählte Studienergebnisse sind (im englischsprachigen Original angeführt, 850):

- "Many studies have sought to identify how agile methods are perceived by different groups. Studies on customer perceptions report that *customers* are satisfied with the opportunities for feedback and responding to changes. However, we also found that the role of on-site customer can be stressful and cannot be sustained for a long period. *Developers* are mostly satisfied with agile methods. Companies that use XP [Extreme Programming] have reported that their employees are more satisfied with their job and that they are more satisfied with the product. There were mixed findings regarding the effectiveness of pair programming and several developers regard it as an exhausting practice, because it requires heavy concentration." (Kursivschrift im Original)
- "The group of comparative studies, in which variations of traditional development are compared to variations of agile development, is very interesting. It has been found that traditional and agile development methods are accompanied by differing practices of project management. Some studies suggest benefits in projects that use agile methods because changes are incorporated more easily, and business value is demonstrated more efficiently. In addition, we found that it is also possible to combine agile project management with overall traditional principles … A limitation that was mentioned is that team members are less interchangeable in agile teams, which has consequences for how projects are managed."
- "With respect to the productivity of agile and traditional teams, three of the four comparative studies that address this issue found that using XP results in increased productivity in terms of LOC/h [Lines of Code bzw. Programmzeilen pro Stunde]. However, none of these studies had an appropriate recruitment strategy to ensure an unbiased comparison. There are also findings from several of the non-comparative studies that indicate that the subjects themselves believe that the productivity increases with the use of agile methods."
- "With respect to product quality, most studies report increased code quality when agile methods are used, but, again, none of these studies had an appropriate recruitment strategy to ensure an unbiased comparison."

Goh et al. untersuchten den Prozess „of instilling agile IS development practices in large-scale IT projects". Die empirische Grundlage ihrer Untersuchung bildeten hierbei "multiple case studies on the construction of the Beijing Capital International Airport Terminal 3 in preparation for the 2008 Olympic Games" (722). Datengrundlage der Studie sind Interviews mit 27 Personen aus dem Projektumfeld, wobei mehrere "key stakeholders" mehrfach interviewt wurden. Die Interviews dauerten jeweils in etwa 120-180 Minuten; sie wurden aufgezeichnet, transkribiert und dann inhaltsanalytisch ausgewertet. Wesentliche Ergebnisse ihrer Studie fassen die Autoren wie folgt zusammen:

- "[W]e uncover four factors that are critical in this development processes, namely: project uncertainty profile and project completion urgency; IT project team capabilities; organizational control mechanisms; and trust relationships among the IT project team, the vendors, and the users" (722).
- "[T]his study sheds light on the ways that the underlying process of agile IS development practices can be developed in large-scale IT projects. This answers the call by many researchers and practitioners to extend agile IS development research onto large-scale IT projects ... our models are the first theoretically driven models on the study of agile IS development practices in the context of large-scale IT projects. Our theoretically driven models help to complement the existing practitioner-driven agile methods, such as XP or Scrum. We are confident that our models will increase the success rate of extending the agile IS development to large-scale IT project in organizations. These contributions are of significant value to both the practitioners and researchers" (750).

Ahimbisibwe et al. untersuchten 148 Beiträge, um kritische Erfolgsfaktoren von Softwareentwicklungsprojekten zu identifizieren. Abbildung AGILM-11 fasst bedeutsame Befunde der Studie grafisch zusammen, wobei die agile Methodik durch die gestrichelte Linie repräsentiert ist, die planbasierte Methodik ist durch die durchgezogene Linie repräsentiert. Beispielsweise sieht man oben mittig in Abb. AGILM-11, dass „top level management support" bei der agilen Methodik „wichtiger ist" als bei der planbasierten Methodik (weil in rund 77% aller Arbeiten zur agilen Methodik und in rund 68% aller Arbeiten zur planbasierten Methodik als kritischer Erfolgsfaktor genannt; Details zu den statistischen Werten sind in der Quelle in Tabelle III zu finden). Ein weiteres Ergebnis ist beispielsweise, dass „level of project planning" sowie „monitoring and controlling" bei der planbasierten Methodik „viel wichtiger sind" als bei der agilen Methodik.

Bei der Interpretation der Inhalte von Abb. AGILM-11 ist folgende Limitation zu beachten (*Ahimbisibwe et al.*, 7): „This research is conceptual and meta-analytic in its focus. A crucial task for future research should be to test the contingency fit model developed using empirical data. There is no broad consensus among researchers and practitioners in categorizing CSFs for software development projects."

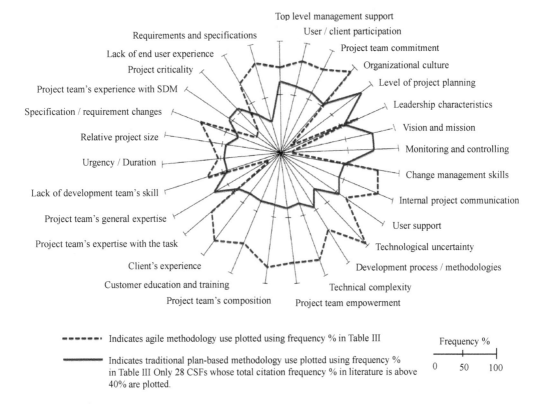

Indicates agile methodology use plotted using frequency % in Table III

Indicates traditional plan-based methodology use plotted using frequency % in Table III Only 28 CSFs whose total citation frequency % in literature is above 40% are plotted.

Frequency %

0   50   100

Abb. AGILM-11: Vergleich von kritischen Erfolgsfaktoren von Softwareentwicklungsprojekten auf der Basis einer agilen versus planbasierten Methodik (nach *Ahimbisibwe et al.*, 18)

Kontrollfragen
1. Auf welchen zwölf Prinzipien basiert das Manifest für agile Softwareentwicklung?
2. Welcher Zusammenhang besteht zwischen agilen Ansätzen und Prototyping?
3. Welche Unterschiede bestehen zwischen klassischem und agilem Projektmanagement?
4. Unter welchen Projektbedingungen würde man sich eher für das klassische bzw. eher für das agile Projektmanagement entscheiden?
5. Wie gestaltet sich der Ablauf des Scrum-Prozesses?

Quellenliteratur
Ahimbisibwe, A./Cavana, R. Y./Daellenbach, U.: A contingency fit model of critical success factors for software development projects: A comparison of agile and traditional plan-based methodologies. Journal of Enterprise Information Management, 1/2015, 7-33

Dyba, T./Dingsoyr, T.: Empirical studies of agile software development: A systematic review. Information and Software Technology, 9-10/2008, 833-859

Eckkrammer, T./Eckkrammer, F./Gollner, H.: Agiles IT-Projektmanagement im Überblick. In: Tiemeyer, E. (Hrsg.): Handbuch IT-Projektmanagement. 2. A., Hanser, 2014, 75-118

George, J. F.: From waterfall to agile: A review of approaches to systems analysis and design. In: Topi, H./Tucker, A. (Eds.): Computing handbook. 3rd ed., CRC Press, 2014, 28-1-28-16

Goh, J. C.-L./Pan, S. L./Zuo, M.: Developing the agile IS development practices in large-scale IT projects: The trust-mediated organizational controls and IT project team capabilities perspective. Journal of the Association for Information Systems, 12/2013, 722-756

Habermann, F.: Hybrides Projektmanagement: Agile und klassische Vorgehensmodelle im Zusammenspiel. HMD – Praxis der Wirtschaftsinformatik, 5/2013, 93-102

Jenny, B.: Projektmanagement: Das Wissen für eine erfolgreiche Karriere. 6. A., vdf, 2017

Kirsch, L. J./Slaughter, S. A.: IS/IT project management: The quest for flexibility and agility. In: Topi, H./Tucker, A. (Eds.): Computing handbook. 3rd ed., CRC Press, 2014, 61-1-61-16

Komus, A.: Agile Methoden in der Praxis: Studie zur Anwendung und Zufriedenheit. HMD – Praxis der Wirtschaftsinformatik, 2/2013, 84-91

Komus, A.: Status Quo Agile 2016/2017: 3. Studie über Erfolg und Anwendungsformen von agilen Methoden. Hochschule Koblenz, 2017

Kraushaar, J. M./Shirland, L. E.: A prototyping method for applications development by end users and information systems specialists. MIS Quarterly, 3/1985, 189-197

Patzak, G./Rattay, G.: Projektmanagement: Projekte, Projektportfolios, Programme und projektorientierte Unternehmen. 6. A., Linde International, 2014

Sandhaus, G./Berg, B./Knott P.: Hybride Softwareentwicklung: Das Beste aus klassischen und agilen Methoden in einem Modell vereint. Springer, 2014

Schwaber, K: Scrum development process: Business object design and implementation. Springer, 117-134

Sommerville, I.: Software engineering. 10. A., Pearson, 2016

Steidl, F.: Tradition versus Agilität: Ein Vergleich von klassischem und agilem Projektmanagement. Bachelorarbeit, Fachhochschule Oberösterreich, Fakultät für Management, 2016

Sutherland, J./Schwaber, K.: The scrum papers: Nut, bolts, and origins of an agile framework. Scrum, Inc., 2011

Wysocki, R. K.: Effective project management: Traditional, agile, extreme. 5th ed., Wiley, 2009

Vertiefungsliteratur

Bick, S./Spohrer, K./Hoda, R./Scheerer, A./Heinzl, A.: Coordination challenges in large-scale software development: A case study of planning misalingment in hybrid settings. IEEE Transactions on Software Engineering, Preprint-Version, 2018, 1-21

Chow, T./Cao, D.-B.: A survey study of critical success factors in agile software projects. Journal of Systems and Software, 6/2008, 961-971

Conboy, K.: Agility from first principles: Reconstructing the concept of agility in information systems development. Information Systems Research, 3/2009, 329-354

Matook, S./Maruping, L. M.: A competency model for customer representatives in agile software development projects. MIS Quarterly Executive, 2/2014, 77-95

Recker, J./Holten, R./Hummel, M./Rosenkranz, C.: How agile practices impact customer responsiveness and development success: A field study. Project Management Journal, 2/2017, 99-121

Rigby, D. K./Sutherland, J. / Takeuchi, H.: Embracing agile: How to master the process that's transforming management. Harvard Business Review, 5/2016, 40-50

Serrado, P./Pinto, J. K.: Does agile work? A quantitative analysis of agile project success. International Journal of Project Management, 5/2015, 1040-1051

Normen und Richtlinien
http://agilemanifesto.org/

Werkzeuge
https://thedigitalprojectmanager.com/agile-tools/

Interessante Links
https://www.agilealliance.org/
https://www.scrum.org/

ZIELP - Zielplanung für Informatik-Projekte

Lernziele

Sie kennen den Zweck der Planung der Sachziele und der Formalziele (Zielplanung). Sie können Sachziele und Formalziele in geeigneter Weise gliedern und Aussagen über die Zielinhalte und die Zielbeziehungen machen. Sie können Vorgehensweisen für den Arbeitsprozess der Sachzielplanung und der Formalzielplanung angeben. Sie kennen den Zusammenhang zwischen der Zielplanung und der Anforderungsanalyse.

Definitionen und Abkürzungen

Abstraktion (abstraction) = ein Denkprozess, bei dem Einzelheiten weggelassen werden, um somit eine Überführung in etwas Allgemeineres oder Einfacheres durchzuführen.

Anforderung (requirement) = eine Aussage über die von einem System geforderten Funktionen, Leistungen und Schnittstellen sowie über die Qualität der Erfüllung der Funktions-, Leistungs- und Schnittstellenanforderungen.

Anforderungsspezifikation (requirements specification) = die Abbildung der Anforderungen in einem formalen Modell. Synonym: Anforderungskatalog.

Funktion (function) = eine Aufgabe oder Teilaufgabe, die den mit ihr verfolgten Zweck konkret beschreibt.

MTBF = Abkürzung für Mean Time Between Failures (mittlere Zeitspanne zwischen Fehlern); eine Maßzahl für Verfügbarkeit.

MTTF = Abkürzung für Mean Time To Failure (mittlere Zeitspanne bis zu einem Fehler); eine Maßzahl für Verfügbarkeit.

MTTR = Abkürzung für Mean Time To Repair (mittlere Zeitspanne bis zu einer Reparatur); eine Maßzahl für Verfügbarkeit.

Objekttyp (entity type) = eine Klasse von Objekten mit gleichen oder ähnlichen Merkmalen.

Projektion (projection) = das Beschreiben eines Systems aus unterschiedlichen Sichten, von denen jede das Gesamtsystem mit einer Teilmenge seiner Eigenschaften abbildet.

Qualität (quality) = die Menge der Eigenschaften einer Tätigkeit oder des Ergebnisses einer Tätigkeit, die sich auf deren Eignung zur Erfüllung definierter Anforderungen bezieht.

Spezifizieren (specifying) = die Tätigkeit des Erhebens und Dokumentierens von Anforderungen.

Vollständigkeit (completeness) = die Übereinstimmung der in einer Spezifikation beschriebenen mit den tatsächlich vorhandenen Anforderungen.

Widerspruchsfreiheit (consistency) = die logische Richtigkeit der Abbildung der Wirklichkeit in einer Spezifikation. Synonym: Konsistenz.

Ziel (goal) = eine Aussage über einen angestrebten Zustand in der Zukunft, der durch zielorientiertes Verhalten erreicht werden soll.

Zweck der Zielplanung

Aus den Planungszielen, die einem Informatik-Projekt vom Auftraggeber vorgegeben sind, werden von der Projektleitung die Projektziele in Form von Leistungszielen, Terminzielen und Kostenzielen abgeleitet (vgl. Lerneinheit PROPL). Im Folgenden wird zunächst auf die Planung der Leistungsziele, wie sie für Informatik-Projekte typisch sind, näher eingegangen. Dabei wird die übliche Gliederung von Zielen in Sachziele und Formalziele verwendet.

Sachziele von Informatik-Projekten sind die betrieblichen Aufgaben, die Teil des zu schaffenden Informationssystems sein sollen. Zur Spezifikation der Sachziele ist ihre Gliederung in Teilziele erforderlich, um eine für die Projektrealisierung ausreichend genaue Beschreibung zu ermöglichen. Formalziele beschreiben die Qualität, mit der die Sachziele erreicht werden sollen. Auch für sie gilt, dass eine geeignete Gliederung in Teilziele erforderlich ist. Sachziele und Formalziele werden in einem Informatik-Projekt zusammenfassend auch als Anforderungen bezeichnet. Verfahren, Methoden, Werkzeuge usw. zur systematischen Ermittlung der Anforderungen heißen zusammenfassend Anforderungsanalyse; dabei stehen die als Sachziele bezeichneten Anforderungen im Vordergrund (vgl. Lerneinheit ANFAN).

Zielplanung ist in besonders herausragender Weise ein kooperativer und zyklischer Prozess. Das heißt, dass das Ermitteln und Festlegen der Anforderungen durch die Betroffenen (z.B. Auftraggeber *und* Auftragnehmer) gemeinsam erfolgt und dass die Anforderungen – ausgehend von ersten groben Vorstellungen – in mehreren Zyklen so weit präzisiert werden, wie es dem jeweiligen Planungszweck entspricht.

Mit der Anforderungsanalyse (Requirements Engineering) wird die Zielplanung, also das Festlegen der Anforderungen an das zu schaffende Informationssystem, methodisch unterstützt. Die Methoden der Anforderungsanalyse sollen die im Arbeitsprozess eines Informatik-Projekts involvierten Gruppen bei der Ermittlung, Änderung und Verwendung von Anforderungen unterstützen (eine detaillierte Darstellung der Anforderungsanalyse findet sich in der Lerneinheit ANFAN).

Gliederung der Sachziele

Sachziele können zunächst wie folgt gegliedert werden:

- Anforderungen, welche die zu unterstützenden Aufgaben durch ihre Funktionen beschreiben; sie werden als Funktionsanforderungen bezeichnet;
- Anforderungen, welche die zu unterstützenden Aufgaben durch quantitative Eigenschaften, wie Umfang und Häufigkeit der Funktionen, beschreiben; sie werden als Leistungsanforderungen bezeichnet;
- Anforderungen, welche die zu unterstützenden Aufgaben durch ihre Schnittstellen beschreiben; sie werden als Schnittstellenanforderungen bezeichnet.

Funktionsanforderungen: Eine Funktion kann durch folgende Merkmale präziser beschrieben werden:

- durch die Daten, die zur Funktionserfüllung erforderlich sind (Datenanforderungen);
- durch die Methoden, die zur Funktionserfüllung erforderlich sind (Methodenanforderungen).

Datenanforderungen beschreiben die wichtigsten Objekttypen des geplanten Datensystems (vgl. Lerneinheit DATMO). Methodenanforderungen beschreiben die wichtigsten Objekttypen des geplanten Methodensystems (vgl. aktuelle Lehrbücher im Software Engineering wie z.B. *Sommerville*). Die Wichtigkeit einer Funktion kann durch Beantwortung der Frage bestimmt werden, ob sie – im Sinn der Wertanalyse (vgl. Lerneinheit WERTA) – Hauptfunktion ist. Die Wichtigkeit jeder einzelnen Hauptfunktion kann abgeschätzt werden, indem ihre Bedeutung für die Erreichung der Planungsziele bestimmt wird.

Leistungsanforderungen: Die Funktionsanforderungen machen keine Aussage darüber, welchen Umfang die Funktionen haben und mit welcher Häufigkeit sie erfüllt werden müssen. Mit den Funktionsanforderungen ist auch nichts über den Umfang bzw. die Häufigkeit der Datenanforderungen und der Methodenanforderungen ausgesagt. Typische Beispiele für Leistungsanforderungen sind:

- die ungefähre Anzahl der Objekttypen der Daten;
- die ungefähre Anzahl der Objekttypen der Methoden;
- die ungefähre Anzahl der Objekte je Objekttyp der Daten und der Methoden;
- die ungefähre Anzahl des Zugriffs auf die Objekttypen der Daten und auf die Objekttypen der Methoden.

Schnittstellenanforderungen: Die wichtigsten Schnittstellen innerhalb des zu schaffenden Informationssystems (zwischen den Funktionen) sowie zwischen diesem und seinem Umsystem (andere Informationssysteme und Benutzersystem) müssen geplant werden. Die Schnittstelle zum Benutzersystem (Benutzerschnittstelle) ist dabei von besonderer Bedeutung. Mit ihr werden beispielsweise Aussagen über die Beziehungen zwischen der Informationsnachfrage und den Objekttypen der Daten und der Methoden gemacht, also darüber, ob die Informationsnachfrage durch die Datenanforderungen und die Methodenanforderungen befriedigt, das heißt in das Informationsangebot umgesetzt werden kann.

Die Betonung liegt bei allen drei Gruppen von Anforderungen ausdrücklich auf „wichtig" bzw. „ungefähr", weil es Zweck der Sachzielplanung ist, die Anforderungen so genau zu erfassen und zu beschreiben, wie es für die Projektplanung erforderlich ist. Die Genauigkeit der Erfassung und Beschreibung reicht weder für den Systementwurf noch für die Implementierung aus, so dass im Projektverlauf eine Präzisierung notwendig ist. Abbildung ZIELP-1 zeigt das Ergebnis der Systematisierung der Sachziele.

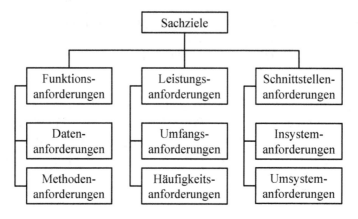

Abb. ZIELP-1: Struktur der Sachziele

Zielinhalte der Sachziele

Zielinhalte für Sachziele können nur für ein konkretes Informatik-Projekt angegeben werden. Zielinhalt der Funktionen meint den konkreten Zweck der Funktionen (z.B. die Funktion Nettolohnermittlung bei der Lohn- und Gehaltsverrechnung, deren Zweck die Ermittlung des Nettolohns aus dem Bruttolohn ist). Zielinhalt der Daten meint die konkreten Objekttypen der Daten (z.B. der Objekttyp Lohnempfänger bei der Lohn- und Gehaltsverrechnung, dessen Objekte die einzelnen Lohnempfänger sind). Zielinhalt der Methoden meint die konkreten Objekttypen der Methoden (z.B. ein bestimmter Algorithmus zur Ermittlung des Nettolohns bei der Lohnverrechnung). Zielinhalt der Schnittstellen meint die Benennung der zwischen den Funktionen (Insystem-Schnittstellen) und seinem Umsystem (Umsystem-Schnittstellen) bestehenden Zusammenhänge (z.B. die Schnittstelle zwischen der Lohn- und Gehaltsverrechnung und der Kosten- und Leistungsrechnung).

Die Beispiele verdeutlichen die grobe Struktur der inhaltlichen Beschreibung der Sachziele. Es interessiert beispielsweise die Funktion Nettolohnermittlung als Teil der betrieblichen Aufgabe Lohn- und Gehaltsverrechnung, es interessieren aber nicht die Teile der Funktion (z.B. nicht die Teilfunktion Lohnsteuerermittlung); es interessiert beispielsweise der Objekttyp Lohnempfänger und die ungefähre Anzahl der Objekte des Objekttyps, es interessieren aber nicht die Attribute des Objekttyps (z.B. nicht das Attribut Lohnart); es interessiert beispielsweise der Objekttyp Algorithmus zur Nettolohnermittlung, es interessieren aber nicht die Operationen des Algorithmus usw.

Diese Aussagen gelten umso mehr, je strukturierter und standardisierter die betrachtete betriebliche Aufgabe ist (wie dies z.B. bei der Lohn- und Gehaltsverrechnung, der Finanzbuchhaltung, der Lagerbewirtschaftung weitgehend der Fall ist). Im Unterschied dazu erfordern Informatik-Projekte, deren Zweck die Unterstützung schlecht strukturierter Aufgaben und deren Bearbeitung innovativ ist, präzisere Beschreibungen der Sachziele. Grund dafür ist, dass im ersten Fall die Anforderungen weitgehend bekannt sind, im zweiten Fall neuartig sind und daher weitgehend unbekannt sein können. Maximale Strukturiertheit einer Aufgabe ist

dann gegeben, wenn eine Problemstellung in diskrete und geordnete Lösungs-
schritte vollständig zerlegbar und beschreibbar ist; der Zusammenhang zwischen
angestrebtem Ergebnis (Output) und erforderlichem Input lässt sich mit einer Lö-
sungsvorschrift oder einem Algorithmus genau beschreiben (vgl. *Hein-
rich/Heinzl/Riedl* 178ff.).

Vorgehen beim Festlegen der Sachziele

Die zum Festlegen der Sachziele erforderlichen Tätigkeiten, deren Ergebnis die
Spezifikation der Sachziele für die Projektplanung ist, können wie folgt zu Arbeitsschritten geordnet werden (vgl. Abb. ZIELP-2):

- Erster Arbeitsschritt: Festlegen der Funktionen. Das Festlegen der Sachziele be-
ginnt damit, aus den Planungszielen die wichtigsten Funktionen abzuleiten, die
mit dem zu schaffenden Informationssystem unterstützt werden sollen. Zum
Festlegen der Funktionen gehört es, die für ihre Durchführung erforderlichen
Objekttypen der Daten und Objekttypen der Methoden anzugeben.
- Zweiter Arbeitsschritt: Festlegen der Leistungen. Für jede als wichtig bestimmte
Funktion, jeden Objekttyp der Daten und Objekttyp der Methoden werden der
ungefähre Umfang bzw. die ungefähre Häufigkeit festgelegt.
- Dritter Arbeitsschritt: Festlegen der Schnittstellen. Die wichtigsten Schnittstel-
len, die zwischen den Funktionen des zu schaffenden Informationssystems so-
wie zwischen diesem und seinem Umsystem bestehen, werden festgelegt.
- Vierter Arbeitsschritt: Prüfen auf Vollständigkeit und Widerspruchsfreiheit.
Schließlich wird überprüft, ob die Funktionen mit ihren Daten und Methoden,
die Leistungen (Umfang bzw. Häufigkeit) der Funktionen mit ihren Daten und
Methoden sowie die Schnittstellen des Insystems und des Umsystems vollständig beschrieben und die Beschreibungen untereinander widerspruchsfrei sind
(Verifizierung).

Je nachdem, wie umfassend oder wie eng Vollständigkeit und Widerspruchsfreiheit interpretiert werden, kann die Verwendung weiterer Prüfkriterien zur Verifizierung der Anforderungen verlangt werden, beispielsweise folgende:

- Korrektheit: Eine Spezifikation ist korrekt, wenn jede Anforderung aus anderen
Anforderungen logisch ableitbar ist.
- Eindeutigkeit: Eine Spezifikation ist eindeutig, wenn jede Anforderung nur eine
Möglichkeit der Interpretation zulässt.
- Verständlichkeit: Eine Spezifikation ist verständlich, wenn sie von einem sach-
verständigen Benutzer ohne Schwierigkeiten verwendet werden kann.
- Änderbarkeit: Eine Spezifikation ist (einfach) änderbar, wenn Anforderungen
aus ihr entfernt und/oder Anforderungen nachträglich in sie aufgenommen wer-
den können, ohne die Spezifikation als Ganzes infrage zu stellen.

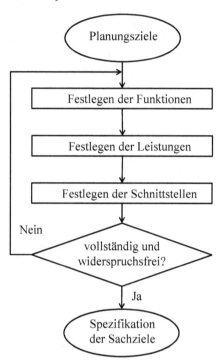

Abb. ZIELP-2: Arbeitsschritte beim Festlegen der Sachziele

Diese Formulierungen sind wenig operational, so dass es schwierig, wenn nicht sogar unmöglich sein kann, die genannten Prüfkriterien tatsächlich zu verwenden. Zudem stehen einige der Prüfkriterien zueinander in einer konfliktären Beziehung, so dass es nicht möglich ist, alle zusammen zu maximieren (z.B. Verständlichkeit wird umso mehr reduziert, je mehr Vollständigkeit erreicht wird). Nichtsdestotrotz können die genannten Prüfkriterien eine wichtige Orientierung bei der Entwicklung einer qualitativ hochwertigen Spezifikation bieten.

Gliederung der Formalziele

Die Formalziele können zunächst nach dem Objekt, auf das sie sich beziehen, wie folgt gegliedert werden:

- Formalziele, welche die Qualität des *Arbeitsprozesses* beschreiben (Prozessqualität).
- Formalziele, welche die Qualität der *Ergebnisse* dieses Arbeitsprozesses beschreiben (Produktqualität).

Formalziele für Prozessqualität können in Leistungs-, Termin- und Kostenziele zerlegt werden. Leistungsziele sind in diesem Zusammenhang die Qualitätsforderungen für die Sachziele, so dass Leistungsziele sowohl Sachziele als auch Qualitätsziele sind. Terminziele sind Ziele, welche die geplanten Zeitpunkte für die Erbringung von Zwischenergebnissen und Ergebnissen festlegen. Kostenziele sind Ziele, welche den geplanten und bewerteten Verbrauch an Gütern und Dienstleistungen für die Erbringung von Zwischenergebnissen und Ergebnissen festlegen.

Weitere Formalziele zur Beschreibung von Prozessqualität lassen sich ableiten, wenn die Beziehungen zwischen Leistungen, Terminen und Kosten präzisiert und wenn diese Beziehungen aus einem anderen Blickwinkel betrachtet werden (z.B. der Aufwand als *mengenmäßiger* Verbrauch an Gütern und Dienstleistungen und nicht die Kosten als *bewerteter* Verbrauch). Diese Betrachtung führt zu Formalzielen wie Produktivität, Wirtschaftlichkeit und Zuverlässigkeit (zur Erläuterung der Zielinhalte siehe weiter unten).

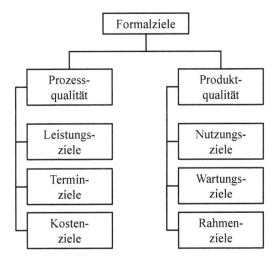

Abb. ZIELP-3: Struktur der Formalziele

Formalziele zur Beschreibung von Produktqualität können in Nutzungsziele und Wartungsziele zerlegt werden. Nutzungsziele beschreiben die Qualität der Nutzung der Ergebnisse; sie können zusammenfassend mit Brauchbarkeit oder Gebrauchsgüte bezeichnet werden. Eine Präzisierung der Nutzungsziele kann nach den Qualitätsmerkmalen Akzeptanz, Benutzbarkeit, Produktivität, Sicherheit, Übertragbarkeit, Verfügbarkeit, Wirksamkeit, Wirtschaftlichkeit und Zuverlässigkeit (und gegebenenfalls weiterer Merkmale) erfolgen. Wartungsziele beschreiben Qualitätsmerkmale der Produkte bezüglich ihrer Anpassung an veränderte Anforderungen (insbesondere an veränderte Sachziele, aber auch an veränderte Nutzungsziele); sie werden zusammenfassend als Wartbarkeit bezeichnet. Eine Präzisierung der Wartungsziele kann nach den Qualitätsmerkmalen Änderbarkeit (Flexibilität), Testbarkeit und Verständlichkeit und gegebenenfalls weiterer Merkmale erfolgen (zur Erläuterung der Zielinhalte zu den genannten Zielen siehe weiter unten).

Neben den Nutzungszielen und den Wartungszielen sind eine Reihe weiterer Formalziele, die Qualitätsforderungen beschreiben, zu berücksichtigen. Sie werden unter der Bezeichnung Rahmenziele zusammengefasst. Rahmenziele legen Qualitätsforderungen fest, die auf alle anderen Formalziele einwirken. Abbildung ZIELP-3 zeigt das Ergebnis der Systematisierung der Formalziele.

In vielen Informatik-Projekten sind Innovation (im Folgenden als Innovationsgrad bezeichnet), Automatisierung (im Folgenden als Automatisierungsgrad bezeichnet), Integration (im Folgenden als Integrationsgrad bezeichnet), Kooperation (im

Folgenden als Kooperationsgrad bezeichnet) und Dialogisierung (im Folgenden als Dialogisierungsgrad bezeichnet) typische Rahmenziele, die wie folgt erläutert werden können:

- Mit Innovationsgrad wird beschrieben, in welchem Umfang mit dem zu schaffenden Informationssystem durch die Berücksichtigung neuer, bisher nicht oder nicht ausreichend beachteter Erkenntnisse und/oder verwendeter Technologien neuartige Problemlösungen realisiert werden sollen. Er sollte auch Aussagen darüber machen, welche neuen oder wesentlich veränderten Personalqualifikationen notwendig sind und welche Arbeitsplätze neu geschaffen werden.
- Mit Automatisierungsgrad wird festgelegt, in welchem Umfang mit dem zu schaffenden Informationssystem menschliche Tätigkeit durch maschinelle Tätigkeit substituiert werden soll, welche Tätigkeiten also durch menschliche Aufgabenträger und welche Tätigkeiten durch Techniksysteme ausgeführt werden sollen. Er sagt in der Regel auch darüber etwas aus, welche Personalqualifikationen überflüssig werden und in welchem Ausmaß Arbeitsplätze wegfallen.
- Mit Integrationsgrad wird festgelegt, in welchem Umfang mit dem zu schaffenden Informationssystem logisch zusammengehörige Teile (Funktionen, Daten sowie Arbeitsabläufe und Geschäftsprozesse) zusammengefügt werden sollen. Damit wird die gewollte Arbeitsteiligkeit des Aufgabenvollzugs beschrieben. Den Objekten der Integration entsprechend wird zwischen Funktionsintegration und Datenintegration unterschieden; beide gemeinsam bewirken Ablaufintegration. Der Integrationsgrad betont daher die Prozesssicht; letztlich sollen nicht einzelne betriebliche Aufgaben besser unterstützt werden, sondern die Geschäftsprozesse sollen durch Informationssysteme verbessert werden.
- Mit Kooperationsgrad werden Aussagen darüber gemacht, wie intensiv Aufgabenträger bei der gemeinsamen Abwicklung von Arbeitsaufgaben durch Koordination und Kommunikation (vgl. Lerneinheit KOORD) zusammenwirken sollen. Er betont die Prozesssicht und ist besonders für Projekte von Bedeutung, die Aufgaben mit einem hohen Kooperationspotential zum Gegenstand haben.
- Mit Dialogisierungsgrad werden die Anforderungen an die Ablaufsteuerung des Informationssystems (Dialogbetrieb oder Stapelbetrieb) beschrieben bzw. welche Teile im Dialogbetrieb und welche im Stapelbetrieb abgewickelt werden sollen.

Zielinhalte

Im Folgenden wird der Zielinhalt der in Abb. ZIELP-3 genannten Formalziele zur Beschreibung der Prozessqualität und der Produktqualität erläutert. Soweit möglich, werden Hinweise zur Messung von Zielerträgen gegeben, indem Maßgrößen angegeben werden. Mit der Nennung von Einflussgrößen wird auf Zielbeziehungen sowie auf weitere Eigenschaften, die als (Unter-)Ziele definiert werden können, hingewiesen. Anhand der Einflussgrößen werden beispielhaft typische Zielbeziehungen gezeigt (vgl. dazu auch den nächsten Abschnitt).

Die in Abb. ZIELP-4 genannten Formalziele decken im Wesentlichen, nicht aber vollständig die Merkmale ab, mit denen üblicherweise die Prozessqualität von Informatik-Projekten und die Qualität von Informationssystemen als Projektergebnis beschrieben werden. Formalzielen, die sowohl ein Merkmal der Prozessqualität als auch der Produktqualität sind, kann im Allgemeinen eine besondere Bedeutung für die Erfüllung von Qualitätsforderungen zugemessen werden. Die in Abb. ZIELP-4 genannten Formalziele können wie folgt erläutert werden:

- Akzeptanz ist ein Merkmal der Produktqualität; es beschreibt die Eigenschaft eines Informationssystems, die Zustimmungsbereitschaft der durch das System Betroffenen (z.B. Benutzer, Mitarbeiter, Kunden, Lieferanten) zu finden. Eine speziellere Sichtweise von Akzeptanz beschreibt die Bereitschaft der zukünftigen Benutzer, das in einer konkreten Anwendungssituation vom Informationssystem angebotene Nutzungspotential zur Unterstützung der Aufgabendurchführung in Anspruch zu nehmen. Wichtige Einflussgrößen der Akzeptanz sind z.B. Aufgabenbezogenheit und Benutzbarkeit (es gilt: je größer die Aufgabenbezogenheit bzw. Benutzbarkeit, desto größer die Akzeptanz). In der Lerneinheit TECHA wird auf Technologieakzeptanz näher eingegangen.
- Änderbarkeit (auch als Flexibilität bezeichnet) ist ein Merkmal der Produktqualität; es beschreibt die Eigenschaft eines Informationssystems, Veränderungen (Änderungen, Erweiterungen, Reduzierungen) an einzelnen Systemteilen zuzulassen (z.B. bezüglich der Funktionalität), ohne dass die Struktur des Gesamtsystems geändert werden muss. Wichtige Einflussgrößen der Änderbarkeit sind z.B. Testbarkeit und Modularität (es gilt: je größer die Testbarkeit bzw. Modularität, desto größer die Änderbarkeit).
- Aufgabenbezogenheit ist ein Merkmal der Produktqualität; es beschreibt die Eigenschaft eines Informationssystems, die vom Aufgabenträger benötigten Funktionen, Leistungen und Schnittstellen zur Verfügung zu stellen. Wichtige Einflussgröße der Aufgabenbezogenheit ist Wirksamkeit (es gilt: je größer die Wirksamkeit, desto größer die Aufgabenbezogenheit).
- Benutzbarkeit ist ein Merkmal der Produktqualität; es beschreibt eine Menge von Eigenschaften, die eine einfache, leicht erlernbare Benutzung des Informationssystems erlauben. Wichtige Einflussgröße der Benutzbarkeit ist z.B. Verständlichkeit (es gilt: je größer die Verständlichkeit, desto größer die Benutzbarkeit).
- Produktivität als Merkmal der Prozessqualität beschreibt den mengenmäßigen Verbrauch an Gütern und Dienstleistungen (z.B. Anzahl Mitarbeiterstunden), die für ein Projekt eingesetzt werden, im Verhältnis zum mengenmäßigen Ergebnis eines Projekts (z.B. Anzahl programmierter und/oder getesteter Funktionen). Produktivität als Merkmal der Produktqualität beschreibt den mengenmäßigen Verbrauch an Gütern und Dienstleistungen (z.B. Anzahl Prozessorminuten), die für ein Informationssystem eingesetzt werden, im Verhältnis zum mengenmäßigen Ergebnis des Informationssystems (z.B. Anzahl durchgeführter Transaktionen). In Abhängigkeit von den verwendeten Verbrauchs- und Ergebnismengen werden also verschiedene Prozess- oder Produktphänomene festgelegt, an die Produktivitätsforderungen gestellt werden. Wichtige Einflussgrößen der Produktivität als Prozessqualität sind z.B. Personalqualifikation sowie Verfügbarkeit und Verwendung von Methoden und Werkzeugen (es gilt: je größer die Personalqualifikation bzw. Verfügbarkeit und Verwendung von Methoden und Werkzeugen, desto höher die Produktivität des Prozesses). Wichtige Einflussgrößen der Produktivität als Produktqualität sind unter anderem Aufga-

benbezogenheit und Benutzbarkeit (es gilt: je größer die Aufgabenbezogenheit bzw. Benutzbarkeit, desto größer die Produktivität des Produkts).

- Sicherheit ist ein Merkmal der Produktqualität; es beschreibt die Eigenschaft eines Informationssystems, die Entstehung von Gefährdungszuständen vermeiden zu können. Wichtige Einflussgrößen der Sicherheit sind z.B. Integrität und Vertraulichkeit (es gilt: je größer die Integrität bzw. Vertraulichkeit, desto größer die Sicherheit).

- Testbarkeit (auch als Prüfbarkeit bezeichnet) ist ein Merkmal der Produktqualität; es beschreibt die Eigenschaft eines Informationssystems, der Überprüfung seiner Funktionen, Leistungen und Schnittstellen leicht (insbesondere mit geringem Aufwand und geringen Kosten) zugänglich zu sein. Wichtige Einflussgrößen der Testbarkeit sind z.B. Modularität und Verständlichkeit (es gilt: je größer die Modularität bzw. Verständlichkeit, desto größer die Testbarkeit).

- Übertragbarkeit (auch als Portabilität bezeichnet) ist ein Merkmal der Produktqualität; es beschreibt die Eigenschaft eines Informationssystems oder einzelner seiner Komponenten (insbesondere die Eigenschaft der Anwendungssoftware), auf einem anderen als dem planmäßig vorgesehenen Verarbeitungssystem produktiv verwendbar zu sein. Wichtige Einflussgröße der Übertragbarkeit ist z.B. die Offenheit der vorgesehenen Betriebsmittel (es gilt: je offener die verwendeten Betriebsmittel, desto besser die Übertragbarkeit).

- Verfügbarkeit ist ein Merkmal der Produktqualität; es beschreibt die durchschnittliche Zeitspanne, in der ein Informationssystem die vorhandenen Funktionen mit den geforderten Leistungen fehlerfrei ausführen kann. Als Messgröße werden z.B. MTBF, MTTF und MTTR verwendet. Wichtige Einflussgröße der Verfügbarkeit ist die Betriebsbereitschaft der Elemente der Informationsinfrastruktur wie etwa Server, Netzwerk oder Endgerät (es gilt: je größer die Betriebsbereitschaft der Elemente der Informationsinfrastruktur, desto größer die Verfügbarkeit).

- Verständlichkeit ist ein Merkmal der Prozessqualität und der Produktqualität; es beschreibt die Eigenschaft der Dokumentation, den Zweck, die Struktur und die Benutzung des Informationssystems nachvollziehbar beschreiben zu können.

- Wirksamkeit ist ein Merkmal der Produktqualität; es beschreibt die Übereinstimmung zwischen den geplanten und den realisierten Funktionen.

- Wirtschaftlichkeit als Merkmal der Prozessqualität beschreibt den mit Kosten bewerteten Verbrauch an Gütern und Dienstleistungen (z.B. Personalkosten), die für das Projekt eingesetzt werden, im Verhältnis zum wertmäßigen Ergebnis des Projekts (z.B. Wert der im Produktiveinsatz befindlichen Funktionen). Wirtschaftlichkeit als Merkmal der Produktqualität beschreibt den mit Kosten bewerteten Verbrauch an Gütern und Dienstleistungen (z.B. Prozessorkosten), die für die Nutzung des Informationssystems eingesetzt werden, im Verhältnis zum wertmäßigen Ergebnis der Systemnutzung (z.B. Wert der durchgeführten Transaktionen). Wichtige Einflussgröße der Wirtschaftlichkeit ist z.B. die Produktivität (es gilt: je größer die Produktivität, desto größer die Wirtschaftlichkeit).

- Zuverlässigkeit als Merkmal der Prozessqualität beschreibt die Wahrscheinlichkeit der Einhaltung von Leistungs-, Termin- und Kostenzielen bzw. von Produktivitäts- und Wirtschaftlichkeitszielen bei der Projektabwicklung. Zuverlässigkeit als Merkmal der Produktqualität beschreibt die Wahrscheinlichkeit der Einhaltung aller anderen Formalziele bei der Projektabwicklung.

Zielinhalt	Beschreibt Prozessqualität	Beschreibt Produktqualität
Akzeptanz		x
Änderbarkeit		x
Aufgabenbezogenheit		x
Benutzbarkeit		x
Produktivität	x	x
Sicherheit		x
Testbarkeit		x
Übertragbarkeit		x
Verfügbarkeit		x
Verständlichkeit	x	x
Wirksamkeit		x
Wirtschaftlichkeit	x	x
Zuverlässigkeit	x	x

Abb. ZIELP-4: Formalziele für Prozess- und Produktqualität

Vorgehen beim Festlegen der Formalziele

Die zum Festlegen der Formalziele für die Prozessqualität und für die Produktqualität erforderlichen Tätigkeiten, deren Ergebnis die Spezifikation der Formalziele ist, können wie in Abb. ZIELP-5 dargestellt in Arbeitsschritte geordnet werden.

Beim Festlegen der Formalziele kann wie folgt vorgegangen werden:

- Erster Arbeitsschritt: Zielinhalte festlegen. Das Festlegen der Formalziele beginnt damit, aus den vorgegebenen Planungszielen die Art der Anforderungen an die Prozessqualität und an die Produktqualität abzuleiten, also die Zielinhalte zu bestimmen.
- Zweiter Arbeitsschritt: Dieser Schritt umfasst das Festlegen des Zielausmaßes und des zeitlichen Bezugs der Zielerreichung. Die Problematik besteht darin, dass für viele Zielinhalte keine unmittelbar messbaren Zieldimensionen verfügbar sind, so dass man sich oft mit einer verbalen Beschreibung des Zielausmaßes zufrieden geben muss. Dies führt in Projekten häufig dazu, dass auf die Angabe des Zielausmaßes gänzlich verzichtet wird. Eine verbale Beschreibung gibt jedoch noch immer bessere Anhaltspunkte für die Formulierung des Geforderten und für die Überprüfung des Erreichten als keine Beschreibung.
- Dritter Arbeitsschritt: Zielbeziehungen ermitteln. Durch paarweisen Vergleich aller im ersten Arbeitsschritt bestimmten Zielinhalte mit ihrem im zweiten Arbeitsschritt festgelegten Zielausmaß und mit ihrem zeitlichen Bezug wird soweit

wie möglich festgestellt, ob und wenn ja welche Zielbeziehungen bestehen. Werden Zielkonflikte aufgedeckt, muss in den zweiten Arbeitsschritt zurückgekehrt werden, um Anpassungen vorzunehmen. So kann sich z.B. ergeben, dass das gewünschte (relativ hohe) Ausmaß der Zielerreichung für Akzeptanz bei dem zunächst festgelegten (relativ geringen) Ausmaß der Zielerreichung für Benutzbarkeit unrealistisch ist. Es muss daher entweder das Anspruchsniveau für Akzeptanz zurückgenommen oder das Anspruchsniveau für Benutzbarkeit erhöht werden.

Abb. ZIELP-5: Arbeitsschritte beim Festlegen der Formalziele

Zielbeziehungen

Zielbeziehungen zwischen den Sachzielen können nur im Zusammenhang mit einem konkreten Informatik-Projekt beschrieben werden; idealtypische Zielbeziehungen können nicht angegeben werden (im Unterschied zu den Formalzielen, weiter unten dargestellt). Zwischen Funktionsanforderungen, Leistungsanforderungen und Schnittstellenanforderungen bestehen zahlreiche Beziehungen, deren Aufdeckung im Projektzusammenhang für die Prüfung der Vollständigkeit und Widerspruchsfreiheit der Sachziele verwendet werden können (z.B. die Tatsache, dass bestimmte Methoden bestimmte Daten benötigen). Aufgabe der Sachzielplanung ist es daher auch, die in einem konkreten Informatik-Projekt bestehenden Beziehungen zwischen den Sachzielen aufzudecken.

Mit der Nennung von Einflussgrößen bei der Erläuterung der Zielinhalte der Formalziele wurde bereits darauf hingewiesen, dass zwischen den Zielen Beziehungen bestehen. Zielbeziehungen sind, idealtypisch betrachtet, entweder komplementär, konfliktär oder indifferent (Abb. ZIELP-6).

- Zielkomplementarität: Zwei Ziele Z_1 und Z_2 sind komplementär, wenn mit der Steigerung der Zielerreichung von Z_1 die Zielerreichung von Z_2 steigt.
- Zielkonflikt: Zwei Ziele Z_1 und Z_2 sind konfliktär, wenn mit der Steigerung der Zielerreichung von Z_1 die Zielerreichung von Z_2 sinkt.
- Zielindifferenz: Zwei Ziele Z_1 und Z_2 sind indifferent, wenn mit der Steigerung der Zielerreichung von Z_1 die Zielerreichung von Z_2 unverändert bleibt bzw. mit der Steigerung der Zielerreichung von Z_2 die Zielerreichung von Z_1 unverändert bleibt.

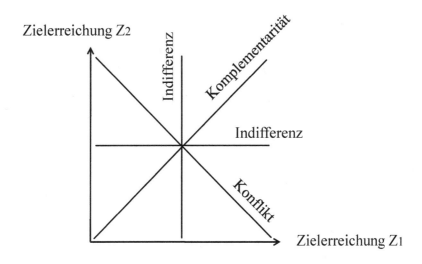

Abb. ZIELP-6: Zielbeziehung (konzeptionelle Darstellung linearer Beziehungen)

Realtypisch betrachtet verändert sich häufig der Charakter der Zielbeziehungen in Abhängigkeit vom Ausmaß der Zielerreichung. Abbildung ZIELP-7 zeigt am Beispiel der Ziele Sicherheit (Z_1) und Akzeptanz (Z_2), wie mit steigender Zielerreichung der Sicherheit die zunächst komplementäre Zielbeziehung in eine indifferente Zielbeziehung und schließlich in eine konfliktäre Zielbeziehung übergeht. *Heinrich/Heinzl/Riedl* (249) beschreiben ein konkretes Beispiel: „Durch Abfrage von Login-Daten und Transaktionsnummern in einem E-Banking-System wird beispielsweise die Sicherheit erhöht, dies wirkt sich positiv auf die Benutzerakzeptanz aus (komplementäre Zielbeziehung links vom Hochpunkt). Würde jeder Benutzereingabe eine Sicherheitsabfrage folgen (z.B. Eingabe von Transaktionsnummern), würde dies zwar die Sicherheit erhöhen, jedoch die Benutzerakzeptanz verringern (konfliktäre Zielbeziehung rechts vom Hochpunkt), weil die Aufgabenerfüllung, also die Durchführung der Banktransaktion, behindert würde …"

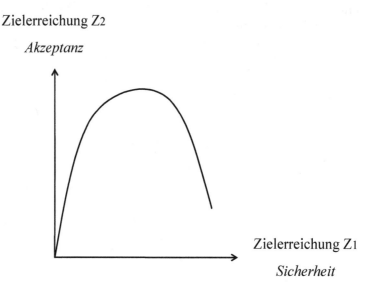

Abb. ZIELP-7: Zielbeziehung (konzeptionelle Darstellung einer nicht-linearen Zielbeziehung)

Abgesehen von dieser grundsätzlichen Erklärung und ähnlichen beispielhaften und leicht nachvollziehbaren Erklärungen ist bislang wenig über die Zielbeziehungen bekannt. Dies erschwert die Aufgabe der Projektplanung, also die Zielerreichungsgrade unter Berücksichtigung der tatsächlich vorhandenen Zielbeziehungen realistisch festzulegen. Die Sichtung der Fachliteratur zeigt, dass die empirische Zielforschung im Bereich der Informationssysteme ihrer theoretischen wie praktischen Bedeutung hinterherhinkt (vgl. den Abschnitt Forschungsbefunde).

Forschungsbefunde

Heinrich/Sterrer publizierten im Jahr 1987 die Ergebnisse einer empirischen Studie (Befragung von vorwiegend EDV-Leitern in zwölf österreichischen Unternehmen verschiedener Branchen) zu Formalzielen, die bei der Planung von Informationssystemen verfolgt werden. Es wurden folgende Formalziele untersucht: Akzeptanz, Aufgabenbezogenheit, Benutzerorientierung, Flexibilität, Integrationsfähigkeit, Koordinationsfähigkeit, Produktivität, Sicherheit, Wirtschaftlichkeit und Zuverlässigkeit. Ein wesentlicher Befund der Untersuchung war, dass die befragten Unternehmen kaum über eine systematische Zielplanung für Informationssysteme verfügten, auch wenn die Zweckmäßigkeit der Ziele von den Befragten damals bereits überwiegend bestätigt wurde.

Rund drei Jahrzehnte nach dieser Untersuchung legten *Eller/Riedl* eine Folgestudie vor (Online-Befragung von 30 IT-Verantwortlichen aus österreichischen Unternehmen verschiedenster Größen zu 21 Formalzielen, Datenerhebung im Herbst 2015). Die Befunde dieser im Jahr 2016 veröffentlichten Untersuchung fassen die Studienautoren wie folgt zusammen (226): „[T]rotz der seit den 1980er-Jahren angestiegenen Verfügbarkeit von Forschungsergebnissen zu Zielen von Informationssystemen [wird] in weiten Teilen der Praxis nach wie vor keine systematische

Zielplanung durchgeführt … Dies ist ein ernüchternder Befund, da seit Jahrzehnten die große Bedeutung der Zielplanung für den Erfolg des Informationsmanagements in Wissenschaft und Praxis bekannt und weithin unbestritten ist."

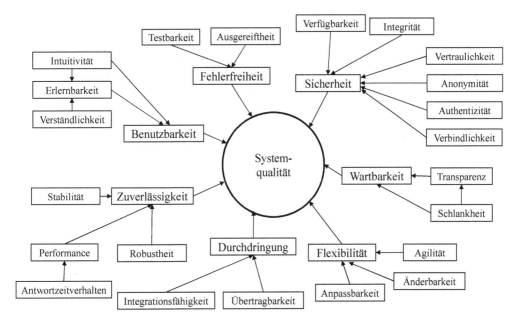

Abb. ZIELP-8: Zielsystem von Teilzielen der Systemqualität (nach *Eller/Riedl*, 229)

Im Einzelnen zeigen die Ergebnisse, dass die Befragten zwar angeben, etliche der beschriebenen Formalziele zu verfolgen (alle Befragten gaben z.B. an, mindestens 8 der 21 Ziele im Unternehmen zu verfolgen), doch die wenigsten davon werden tatsächlich gemessen (lediglich 3 Unternehmen messen mehr als 50% der untersuchten Ziele). Zudem gibt nur eine Minderheit der Befragten an, Zielbeziehungen bei der Planung zu berücksichtigen (nämlich elf Unternehmen). Weiter zeigen die Ergebnisse, dass Verfügbarkeit, Nutzerzufriedenheit und Sicherheit die wichtigsten Formalziele sind und diese werden auch am häufigsten gemessen. Schließlich gaben die Befragten an, dass die Bedeutung der Ziele Entscheidungsunterstützung, Wirtschaftlichkeit, Nachhaltigkeit und Schlankheit in den nächsten fünf Jahren steigen wird. Der Beitrag von *Eller/Riedl* ist nicht nur aus empirischer Sicht bedeutsam, sondern auch aus konzeptioneller Sicht. Auf der Basis einer umfassenden Analyse der Fachliteratur entwickeln die Studienautoren ein „Zielsystem strategischer Formalziele von Informationssystemen" sowie ein „Zielsystem von Teilzielen der Systemqualität", letzteres ist in Abb. ZIELP-8 dargestellt (alle genannten Ziele sind im Beitrag näher erläutert).

Abdel-Hamid et al. haben in einer experimentellen Studie im Kontext von Softwareprojekten zwei Forschungsfragen untersucht: (1) Führen Unterschiede in der Zielsetzung zu Unterschieden in der Planung und Mitarbeiterallokation? (2) Führen diese möglichen Unterschiede in der Planung und Mitarbeiterallokation zu Unterschieden in der Projekt-Performance (definiert auf der Basis von Kosten, Zeit und Qualität)? Die Forscher führten zur Untersuchung dieser Fragestellungen ein „simulation game" durch, „in which subjects played the role of project managers running the programming phase of a software project" (536). Am Experiment nahmen 25 Probanden teil („second-year masters' students in an information technology management curriculum at a U.S. university", 540); 13 Probanden waren in jener experimentellen Bedingung, die folgendes Ziel hatte: „minimize overruns in both cost and schedule"; 12 Probanden waren der anderen Bedingung zugeordnet: „deliver a quality product (i.e., detect as many defects as possible) and minimize any schedule overrun" (537). Die Ergebnisse der Studie fassen *Abdel-Hamid et al.* (549) wie folgt zusammen: „Our experimental results suggest that project goals can have a significant impact on the dynamic and adaptive project planning and control process, and, in turn, on project outcome. Specifically, a goal to minimize cost and schedule overruns led to lower project cost, while a quality/schedule goal led to higher product quality. Neither group, thus, did better on all three project performance dimensions (cost, duration, and quality)." Die Ergebnisse dieser Studie zeigen, dass das Verhalten von Menschen signifikant durch gesetzte Ziele beeinflusst wird.

Unter Bezugnahme auf weitere Quellen werden im Beitrag von *Abdel-Hamid et al.* (532) auch Mechanismen dargestellt, welche die Ergebnisse erklären können: „[R]esearch also shows that assigned goals influence performance through two types of mechanisms: those having a direct effect (effort, persistence, and directional attention) on an individual and those having an indirect effect (strategy development) ... The mechanisms of effort, persistence, and direction of attention operate virtually automatically ... Individuals learn from an early age that, to achieve a goal, they must exert effort, persist over time, and pay attention to what they are doing and what they want to achieve ... As tasks become more complex, these automatized mechanisms become progressively less adequate by themselves to ensure goal achievement, while the development of task-specific strategies becomes progressively more important ... For example, a manager given a specific goal related to increasing her or his department's profitability must develop strategies for increasing productivity and decreasing costs. It is insufficient to simply work harder or longer".

Lee et al. haben auf der Basis einer umfassenden Sichtung von Fachliteratur das in Abb. ZIELP-9 dargestellte Forschungsmodell entwickelt und empirisch überprüft. Die Überprüfung basierte auf einem „scenario-based laboratory experiment", an dem 349 IT-Manager aus rund 150 verschiedenen Unternehmen teilnahmen (vorwiegend aus den USA und Indien, teilnehmende Unternehmen waren unter anderem Infosys, Microsoft, Intel, IBM, Cisco und Nokia). Weitere demographische Daten der Teilnehmer werden wie folgt angegeben: Durchschnittsalter: 28,4 Jahre; durchschnittliche IT-Erfahrung: 5,3 Jahre; durchschnittliche Erfahrung in der Softwareentwicklung: 5,1 Jahre). Die Probanden wurden nach dem Zufallsprinzip auf acht experimentelle Bedingungen aufgeteilt: 2 (*goal difficulty*: $60.000 Budget und 10 Monate Projektdauer vs. $100.000 Budget und 20 Monate Projektdauer) × 2 (*goal specificity*: z.B. $60.000 Budget und 10 Monate Projektdauer vs. „as little budget and as short a schedule as possible") × 2 (*project completion*: 90% completion vs. 10% completion).

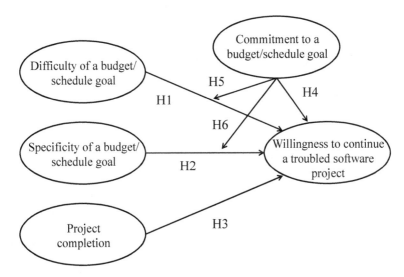

Abb. ZIELP-9: Forschungsmodell (nach *Lee et al.*, 58)

Das Ergebnis ihrer Studie fassen *Lee et al.* (73) wie folgt zusammen: „Drawing on goal setting theory, we found that setting a very difficult goal for budget and schedule (i.e., an aggressive budget and schedule) can help limit software project escalation [= reduzierte Wahrscheinlichkeit, ein bereits notleidendes Softwareprojekt weiterzuführen] ... setting a specific goal for budget and schedule helps decision makers to limit escalation of commitment to a troubled software project by providing a clear reference point against which further investments can be assessed. We also found that the level of commitment to a budget and schedule goal has a direct influence on software project escalation; a high level of goal commitment makes individuals more willing to continue investing in a troubled project. Last, our findings suggest that goal commitment moderates the relationship between goal setting and escalation, such that difficult and specific goals have the strongest effect on escalation when goal commitment is highest and the weakest effect when goal commitment is lowest. Taken together, the findings from this study suggest that initial budget and schedule goals and commitment to these goals can have a significant effect on software project escalation."

Kontrollfragen
1. Welcher Zweck wird mit der Zielplanung verfolgt?
2. Wie können Sachziele und wie können Formalziele gegliedert werden?
3. Welche Arbeitsschritte beschreiben den Arbeitsablauf beim Festlegen der Sachziele?
4. Welche Arbeitsschritte beschreiben den Arbeitsablauf beim Festlegen der Formalziele?
5. Welche Beziehungen zwischen Zielen können idealtypisch unterschieden werden?

Quellenliteratur

Abdel-Hamid, T. K./Sengupta, K./Swett, C.: The impact of goals on software project management: An experimental investigation. MIS Quarterly, 4/1999, 531-555

Eller, C./Riedl, R.: Ziele von Informationssystemen. HMD – Praxis der Wirtschaftsinformatik, 53/2016, 224-238

Heinen, E.: Grundlagen betriebswirtschaftlicher Entscheidungen: Das Zielsystem der Unternehmung. 3. A., Gabler, 1976

Heinrich, L. J./Heinzl, A./Riedl, R.: Wirtschaftsinformatik: Einführung und Grundlegung. 4. A., Springer, 2011

Heinrich, L. J./Sterrer, G.: Ziele von Informationssystemen: Ergebnisse einer empirischen Studie. Information Management, 1/1987, 48-53

Lee, J. S./Keil, M./Kasi, V.: The effect of an initial budget and schedule goal on software project escalation. Journal of Management Information Systems, 1/2012, 53-77

Sommerville, I.: Software Engineering. 10. A., Pearson, 2016

Vertiefungsliteratur

DeLone, W./McLean, E.: Information systems success: The quest for the dependent variable. Information Systems Research, 3/1992, 60-95

DeLone, W./McLean, E.: The DeLone and McLean model of information systems success: A ten-year update. Journal of Management Information Systems, 4/2003, 9-30

Doran, G. T.: There's a S.M.A.R.T. way to write management's goals and objectives. Management Review, 11/1981, 35-36

Gill, A.: An effect-cause-effect analysis of project objectives and trade-off assumptions. International Journal of Managing Projects in Business, 4/2008, 535-551

Petter, S./DeLone, W./McLean, E.: Measuring information systems success: Models, dimensions, measures, and interrrelationships. European Journal of Information Systems, 3/2008, 236-263

Normen und Richtlinien

29148-2011 - ISO/IEC/IEEE International Standard - Systems and software engineering - Life cycle processes - Requirements engineering

Werkzeuge

https://www-01.ibm.com/software/at/rational/

Interessante Links

https://fg-re.gi.de/fileadmin/gliederungen/fg-re/Treffen_2015/Glinz_Wie_viel_RE__2015_.pdf

ANFAN - Anforderungsanalyse

Lernziele

Sie kennen den Zweck der Anforderungsanalyse und ihre Bedeutung bei der Entwicklung von Informationssystemen. Sie können die Aufgaben der Anforderungsanalyse beschreiben. Sie kennen Beispiele für Dokumentationsmöglichkeiten für Anforderungen. Sie können Methoden der Anforderungsanalyse angeben und Sie kennen die wesentlichen Quellen von Anforderungen. Sie kennen die Vorgehensweise bei der Anforderungsanalyse.

Definitionen und Abkürzungen

Abstraktion (abstraction) = ein induktiver Denkprozess des Weglassens von Einzelheiten und des Überführens auf etwas Allgemeineres oder Einfacheres.

Anforderung (requirement) = eine Aussage über die von einem System geforderten Funktionen, Leistungen und Schnittstellen sowie über die Qualität der Erfüllung der Funktions-, Leistungs- und Schnittstellenanforderungen.

Anforderungsspezifikation (requirements specification) = die Abbildung der Anforderungen in einem formalen Modell. Synonym: Anforderungskatalog.

Funktion (function) = eine Aufgabe oder Teilaufgabe, die den mit ihr verfolgten Zweck konkret beschreibt.

Kano-Modell (Kano model) = ein Modell zur systematischen Erreichung von Kundenzufriedenheit in einem Projekt bzw. für ein Produkt oder eine Dienstleistung; das Modell beschreibt den Zusammenhang zwischen dem Erreichen bestimmter Eigenschaften eines Produktes bzw. einer Dienstleistung und der erwarteten Zufriedenheit von Kunden.

Qualität (quality) = die Menge der Eigenschaften einer Tätigkeit oder des Ergebnisses einer Tätigkeit, die sich auf deren Eignung zur Erfüllung definierter Anforderungen bezieht.

Requirements Engineering = der Entwicklungsprozess von Anforderungen, der die Aufgaben Anforderungen erheben, dokumentieren, prüfen und verwalten umfasst (im Deutschen oft als Anforderungsanalyse bezeichnet).

Spezifizieren (specifying) = die Tätigkeit des Erhebens und Dokumentierens von Anforderungen.

UML = Unified Modeling Language (im Deutschen gelegentlich als vereinheitlichte Modellierungssprache bezeichnet), eine Sprache für die Modellierung von Struktur und Verhalten von Software und anderen Systemen.

Use Case Diagram = eine Diagrammart der UML; stellt Anwendungsfälle und Akteure mit ihren jeweiligen Abhängigkeiten und Beziehungen dar; stellt das erwartete Verhalten eines Systems dar und wird insbesondere eingesetzt, die Anforderungen an ein System zu spezifizieren.

Vollständigkeit (completeness) = die Übereinstimmung der in einer Spezifikation beschriebenen mit den tatsächlich vorhandenen Anforderungen.

Widerspruchsfreiheit (consistency) = die logische Richtigkeit der Abbildung der Wirklichkeit in einer Spezifikation. Synonym: Konsistenz.

Zweck der Anforderungsanalyse

Sachziele und Formalziele werden in einem Informatik-Projekt zusammenfassend als Anforderungen bezeichnet. Verfahren, Methoden, Werkzeuge usw. zur systematischen Ermittlung der Anforderungen heißen zusammenfassend Anforderungsanalyse; in der Regel stehen die als Sachziele bezeichneten Anforderungen bei der Analyse im Vordergrund. In der Lerneinheit ZIELP wurde darauf hingewiesen, dass das Ermitteln der Anforderungen ein kooperativer und zyklischer Prozess ist, also gemeinsam zwischen Auftraggeber bzw. Benutzer *und* Auftragnehmer bzw. Systemplaner erfolgt. Dabei werden ausgehend von ersten groben Vorstellungen in mehreren Zyklen die konkreten Anforderungen erhoben, untersucht, dokumentiert und aktualisiert. Zweck der Anforderungsanalyse ist es somit, die Anforderungen an das zu entwickelnde Informationssystem wirksam und wirtschaftlich festzulegen, damit die realisierten Systemeigenschaften die Benutzer bei der Ausführung der betrieblichen Aufgaben möglichst gut unterstützen.

Mit der Anforderungsanalyse, im Englischen oft als Requirements Engineering bezeichnet, wird das Erheben, Untersuchen, Dokumentieren und Aktualisieren von Anforderungen methodisch unterstützt. Die Methoden der Anforderungsanalyse sollen die im Arbeitsprozess eines Informatik-Projekts involvierten Gruppen (vgl. Lerneinheit PROVE) bei der Ermittlung, Änderung und Verwendung der Anforderungen unterstützen, insbesondere:

- Unterstützung des Auftraggebers bzw. der Benutzer bei der Ermittlung der Anforderungen;
- Unterstützung der Auftragnehmer bzw. Systemplaner durch eine für den Einsatz in den einzelnen Planungsschritten geeignete Aufbereitung der Anforderungen (Formulieren, Klassifizieren und Hierarchisieren);
- Unterstützung der Kommunikation zwischen Auftraggeber bzw. Benutzern und Auftragnehmer bzw. Systemplanern;
- Unterstützung des Qualitätsmanagements (insbesondere bei der Validierung des Systems).

Zur Erreichung dieser Ziele ist es erforderlich, einen letztlich vollständigen, konsistenten und verständlichen Anforderungskatalog zu gewährleisten. Im Idealfall sollten die Anforderungen quantifizierbar und leicht verifizierbar sein. Die Bedeutung der Anforderungsanalyse ergibt sich insbesondere aus folgenden Tatsachen:

- Die Anforderungen an ein neues Produkt sind zunächst immer vage, unvollständig und widersprüchlich.
- Anhand der Anforderungen werden grundlegende Entwurfsentscheidungen in der Form alternativer Systemkonzepte (vgl. Lerneinheiten ZAMVS und ZAMFS) gefällt, von denen ausgehend die Grundkonzeption festgelegt wird.

Mängel bei der Anforderungsanalyse (z.B. fehlende Funktionen) können in späteren Projektphasen oftmals nur mit großem Aufwand behoben werden. Fehler bei der Anforderungsanalyse werden erfahrungsgemäß vermieden, wenn die folgenden Hinweise beachtet werden:

- Es sollte ausreichend Zeit zur Verfügung stehen und höchste Sorgfalt aufgewendet werden.
- Wenn irgendwie möglich, sollte das Erheben der Anforderungen methodisch und durch ein Werkzeug unterstützt werden.
- Die erhobenen Anforderungen sollten in einer verständlichen Form dokumentiert werden.
- Die dokumentierten Anforderungen sollten systematisch überprüft werden.

Aufgaben der Anforderungsanalyse

Die wesentlichen Aufgaben der Anforderungsanalyse sind (vgl. z.B. *Hruschka, Rupp, Sommerville*):

- Anforderungen erheben,
- Anforderungen dokumentieren,
- Anforderungen prüfen,
- Anforderungen verwalten.

Anforderungen erheben

Dem nach *Noriaki Kano* benannten Kano-Modell liegt die Idee zugrunde, dass Kundenanforderungen unterschiedlicher Art sein können. Das Modell konzeptualisiert verschiedene Arten von Anforderungen und ermöglicht somit die Erfassung unterschiedlicher Erwartungen und Wünsche von Kunden, mit dem Zweck, diese bei der Produkt(weiter)entwicklung und Servicierung eines Produktes zu berücksichtigen. Das Modell unterscheidet fünf Anforderungsarten (zitiert nach *Wallmüller*, 143-144):

- *Basisanforderungen:* Anforderungen, die so grundlegend und selbstverständlich sind, dass sie dem Kunden in der Regel nur dann bewusst werden, wenn sie nicht erfüllt sind. Bei Nichterfüllung solcher Anforderungen entsteht Unzufriedenheit, bei Erfüllung jedoch keine Zufriedenheit. Beispiel Auto: Sicherheitsausstattung wie Gurte.
- *Leistungsanforderungen:* Anforderungen, die dem Kunden bewusst sind und die je nach Ausmaß der Erfüllung Zufriedenheit oder Unzufriedenheit hervorrufen. Leistungsanforderungen werden typischerweise in Pflichtenheften dokumentiert (vgl. Lerneinheit PFLIC). Beispiel Auto: gute Beschleunigung.
- *Begeisterungsanforderungen:* Anforderungen, die vom Kunden nicht erwartet und nicht explizit benannt werden, jedoch bei Erfüllung (also bei Wahrnehmung einer Funktion) positive Emotionen auslösen. Begeisterungsanforderungen führen oft dazu, dass zwei ähnliche Produkte in ihrer Qualität stark unterschiedlich wahrgenommen werden. Beispiel Auto: Assistent zum autonomen Einparken.
- *Unerhebliche Anforderungen:* Anforderungen, die sowohl bei Vorhandensein als auch bei Fehlen (für die meisten Menschen) belanglos sind. Beispiel Auto: Zigarettenanzünder.
- *Rückweisungsanforderungen:* Anforderungen im Sinne von Eigenschaften, die bei Vorhandensein zu Unzufriedenheit führen, bei Fehlen jedoch keine Zufriedenheit bewirken. Beispiel Auto: Kratzer am Lack.

Die Unterscheidung von Anforderungsarten ist bedeutsam, da zu ihrer Erhebung unterschiedliche Erfassungsmethoden (vgl. Lerneinheit ERFAS) benötigt werden. *Hruschka* gibt beispielsweise an, dass Leistungsanforderungen primär auf der Basis von Interview und Fragebogen erhoben werden können; Basisanforderungen können weitgehend durch Beobachtung erhoben werden und Begeisterungsanforderungen lassen sich in erster Linie auf der Basis von Kreativitätstechniken (vgl. Lerneinheit KREAT) identifizieren. Weitere Erhebungstechniken, die bei der Anforderungsanalyse eine Rolle spielen, sind unter anderem Dokumentenanalyse und Simulation (vgl. Lerneinheit SIMUL).

Anforderungen dokumentieren

Anforderungen, die erhoben wurden, sind in einer zweckmäßigen Form festzuhalten. *Hruschka* unterscheidet drei Möglichkeiten zur Dokumentation von Anforderungen:

- *Schreiben:* Anforderungen werden natürlich-sprachlich festgehalten. Beispiel: „Die zu entwickelnde Software soll die Funktionen x, y und z haben."
- *Malen:* Anforderungen werden in grafischen Modellen festgehalten. Beispiel: Abläufe werden in einem Use-Case-Diagramm festgehalten, Datenmodelle in einem UML-Klassendiagramm (vgl. Abb. ANFAN-1 sowie die Lerneinheiten PROMO und DATMO).
- *Vorzeigen:* Anforderungen werden prototypisch umgesetzt, um den Benutzern das System näher bringen zu können (vgl. Lerneinheit PROTY).

Optimal ist es, wenn in einem Entwicklungsprojekt verschiedene Formen der Anforderungsdokumentation zum Einsatz kommen, und zwar insbesondere deshalb, weil so die Vorteile der jeweiligen Formen kombiniert werden (und dadurch Schwächen der einzelnen Formen vermieden werden können). Ein Vorteil des Schreibens ist es, dass Anforderungen in hoher Präzision festgehalten werden können, da bei entsprechender sprachlicher Präzision exakt dokumentiert werden kann, was gefordert wird. Ein Vorteil der Verwendung grafischer Modelle ist, dass je nach Verwendung einer spezifischen Notation bzw. eines spezifischen Modelltyps erstens komplexe Zusammenhänge vereinfacht dargestellt werden können (z.B. Use-Case-Diagramme) und zweitens Sachverhalte so exakt dokumentiert werden können, dass Entwickler darauf aufbauend Software effektiv und effizient programmieren können (z.B. UML-Klassendiagramm). Prototypen haben wiederum den Vorteil, dass den künftigen Benutzern in wirksamer Weise Teilausschnitte des neuen Systems gezeigt werden können. Insbesondere eignen sich Prototypen, um den zukünftigen Benutzern Designs von Benutzungsschnittstellen vorzustellen.

Form der Spezifikation			
Arten von Anforderungen	Text	(grafische) Modelle	
Funktionale Anforderungen — Abläufe — grob	Das System soll diesen Prozess unterstützen.	Use-Case-Diagramm	Prototyp
Abläufe — fein, linear	Das System soll Schritt 1 ausführen. Danach soll das System Schritt 2 ausführen. …	Aktivitätsdiagramm	
Abläufe — asynchron	Wenn das Ereignis eintritt, soll das System in den Zustand … wechseln.	Zustandsübergangsdiagramm	
Abläufe — beispielhaft	Das System soll folgende Schrittfolge ausführen: Schritt 1 Schritt 2 Schritt …	Sequenzdiagramm	
Daten	Glossar mit alphabetisch geordneten Begriffs-definitionen	UML-Klassendiagramm oder Entity-Relationship-Diagramm	
Qualitäts-anforderungen	Die Funktion soll folgende Qualitätseigenschaften aufweisen: …	Jeweils verknüpft mit funktionalen Anforderungen (also eventuell angehängt an bestimmte Modellelemente)	
Rand-bedingungen	Folgende Randbedingungen sind einzuhalten: …		

Abb. ANFAN-1: Beispiele für Dokumentationsmöglichkeiten für Anforderungen (in Anlehnung an *Hruschka*, 429)

Anforderungen prüfen

Anforderungen, die dokumentiert wurden, sind zu prüfen. *Hruschka* nennt vier Fragen, die beim Prüfen der Anforderungen besonders relevant sind:

- *Was wird geprüft?* Es können sowohl Form als auch Inhalt von Dokumenten (z.B. Pflichtenheft) geprüft werden. Ein Beispiel für eine Formprüfung ist, ob im Falle der Verwendung von Use-Case-Diagrammen alle Akteure benannt sind. Ein Beispiel für eine Inhaltsprüfung (auch sachliche Prüfung genannt, vgl. Abb. ANFAN-2) ist, ob die Dokumentation von Leistungsanforderungen als vollständig angesehen werden kann. Nach *Hruschka* (433-434) sollte der Aufwand für die Formprüfung zwischen 1-10% des gesamten Prüfaufwands betragen, woraus folgt, dass der Schwerpunkt der Prüfung auf der Inhaltsprüfung liegen sollte.

▪ *Wann wird geprüft?* In Abhängigkeit vom gewählten Vorgehensmodell (vgl. Lerneinheiten PROIP, PROTY und AGILM) stehen drei Möglichkeiten zur Auswahl: fortlaufende Prüfung während des Erhebens und Dokumentierens, zu bestimmten Meilensteinen im Requirements-Engineering-Prozess und am Ende, wenn alle Anforderungen dokumentiert sind. Das Risiko ist am höchsten, wenn nur einmal am Ende geprüft wird. Dieser Umstand kann unter anderem dadurch erklärt werden, dass Anforderungen in der Regel nie konstant sind, sondern sich mit einer Rate von 1-3% pro Monat ändern (*Hruschka*, 438).

▪ *Wer prüft?* Das vermutlich größte Interesse an einer Prüfung der Anforderungsdokumentation hat der Auftraggeber, da er das wirtschaftliche Risiko des Projekts trägt. Aufgrund des kooperativen und partizipativen Charakters der Anforderungsanalyse ist jedoch sicherzustellen, dass auch Benutzer, Systemplaner und Entwickler an der Prüfung beteiligt sind.

▪ *Wie wird geprüft?* Es gibt verschiedene Formen, die oft in Kombination eingesetzt werden. Gutachterliche Stellungnahmen (Reviews) werden von Experten eingeholt, die auf der Basis einer Kriterienliste das Anforderungsdokument beurteilen. Inspektionen bezeichnen eine Vorgehensweise, bei der das Anforderungsdokument vorab an bestimmte Personen übermittelt wird, um es dann in einer gemeinsamen Sitzung „Seite für Seite" im Detail durchzugehen. Im Gegensatz dazu erfolgt die Besprechung des Dokuments bei Walkthroughs in weniger stringenter Form, das Dokument wird entlang von Use-Cases besprochen. Schließlich ist es möglich, Prototypen vorzuführen, um Rückmeldungen zukünftiger Benutzer einzuholen. Unabhängig von der konkreten Prüfform ist es Zweck einer Prüfung, eine Mängelliste und konkrete Vorschläge zu deren Behebung zu entwickeln.

Anforderungen verwalten

Da sich Anforderungen im Laufe eines Projekts oftmals verändern, ist die Verwaltung von Anforderungen eine wesentliche Aufgabe im Requirements Engineering. Eine wirksame und wirtschaftliche Verwaltung von Anforderungen setzt zumindest das Folgende voraus:

▪ jede Anforderung kann eindeutig identifiziert werden (z.B. durch Zuordnung einer Nummer),
▪ für jede Anforderung kann zu jedem Zeitpunkt ihr Status benannt werden (z.B. erfasst / geprüft / verabschiedet / Release 1.2 zugeordnet),
▪ jede Anforderung hat einen Prioritätsstatus (z.B. hoch / mittel / niedrig) und
▪ die Anforderungsverwaltung erfolgt werkzeuggestützt.

Erfolgt die Anforderungsverwaltung nicht werkzeuggestützt, so ist es kaum vorstellbar, dass das Requirements Engineering wirksam und wirtschaftlich sein kann.

Methoden der Anforderungsanalyse

Bei der Auswahl geeigneter Methoden der Anforderungsanalyse ist von folgenden Tatsachen auszugehen:

- Es gibt keine Methoden, die *speziell* für die Anforderungsanalyse geeignet sind und somit nur dort eingesetzt werden (vgl. z.B. die beschriebenen Erfassungsmethoden im Abschnitt Anforderungen erheben).
- Soweit *allgemeinere* Methoden für die Anforderungsanalyse verwendet werden können, eignen sie sich primär für die Sachzielplanung und weniger für die Formalzielplanung.

Eine sehr allgemeine, für die Anforderungsanalyse aber brauchbare methodische Orientierung kann mit den Begriffen „Abstraktion" und „Zerlegung" gegeben werden. Das heißt, dass sich die Anforderungsanalyse grundsätzlich der Abstraktion sowie der Zerlegung bedienen sollte. Für die Beantwortung der Frage, welche Methoden darüber hinaus für die Sachzielplanung geeignet sind, ist folgende Gliederung der Anforderungen zweckmäßig:

- aufgabenbezogene, objektive Anforderungen (Aufgabenanforderungen);
- aufgabenträgerbezogene, subjektive Anforderungen (Aufgabenträgeranforderungen oder Benutzeranforderungen);
- Funktionsanforderungen, Leistungsanforderungen und Schnittstellenanforderungen.

Mit Hilfe dieser Gliederung werden die Quellen der Anforderungen offengelegt, und es ist möglich, die Methoden der Anforderungsanalyse an ihnen auszurichten. Es ist daher nicht sinnvoll, Benutzeranforderungen als Synonym für Anforderungen zu verwenden, denn Benutzer sind nur eine der möglichen Quellen der Anforderungen. Die Unterscheidung zwischen Aufgabenanforderungen und Aufgabenträgeranforderungen ist auch dann von Bedeutung, wenn das zu schaffende Informationssystem neue oder wesentlich veränderte betriebliche Aufgaben unterstützen soll; für diese Aufgaben gibt es (noch) keine Aufgabenträger, die als Quellen für das Erheben der Anforderungen in Frage kommen. In diesem Zusammenhang muss auch bedacht werden, dass sich Benutzer mit dem steigenden Niveau der Informationssysteme gegenüber Systemplanern eher angebotsorientiert („Was kann Besseres geboten werden?") als nachfrageorientiert („Was brauche ich?") verhalten. Es sollte daher Aufgabe der Systemplaner sein, Anforderungen für innovative Anwendungen in den Arbeitsprozess einzubringen bzw. kooperativ mit den zukünftigen Aufgabenträgern festzulegen, wobei die Systemplaner eine Leitfunktion übernehmen sollten. Diese Leitfunktion können sie nur dann erfüllen, wenn sie über gute Kenntnisse über die dem Projekt zugrunde liegenden betrieblichen Aufgaben verfügen (was erfahrungsgemäß nicht immer der Fall ist). Dieser Umstand erklärt die Forderung, dass ein „guter Entwickler" nicht nur hinsichtlich Systemarchitektur und Programmierung über ausgeprägte Kenntnisse verfügen sollte, sondern auch über möglichst umfangreiches Wissen zu den betrieblichen Aufgaben des spezifischen Entwicklungskontextes.

Quellen der Anforderungen

Quellen der Anforderungen sind die betrieblichen Aufgaben in Form der bestehenden, aber insbesondere in Form der geplanten Arbeitsorganisation, das Management in seiner Rolle als Auftraggeber und die Aufgabenträger in ihrer Rolle als potentielle Benutzer des zu schaffenden Informationssystems.

Die bestehende Arbeitsorganisation (Istzustand) hat als Quelle der Anforderungen eine geringere Bedeutung als die Vorstellungen, die über die geplante Arbeitsorganisation bestehen, die mit den Planungszielen dokumentiert sind und die sich zunächst in der Grundkonzeption wiederfinden (Sollkonzept). Für die Anforderungsanalyse sind daher solche Methoden von nachrangiger Relevanz, die sich mit der Beobachtung des Istzustands (Beobachtungsmethode) sowie mit der Untersuchung von Dokumenten, mit denen der Istzustand beschrieben ist (Dokumentenanalyse), befassen. Derartige Methoden sind mit der Sollzustandsorientierung der Vorstudie (vgl. Lerneinheiten ZAMIP und ZAMVS) weniger vereinbar als Methoden, die sich an den Organisationszielen orientieren. Für das Erheben der Aufgabenanforderungen sind somit insbesondere Methoden zweckmäßig, die sich an den Organisationszielen orientieren und von dort top-down und systematisch bis zu den Anforderungen der Aufgaben führen. Eine Methode, die diesen Forderungen genügt, ist die Aufgabenanalyse.

Die Auftraggeber haben ihre Anforderungen bereits mit den Planungszielen grob definiert; sie bedürfen der Präzisierung und Abstimmung. Dabei stehen bestimmte Formalziele (z.B. Wirtschaftlichkeit oder Sicherheit) sowie wichtige Funktionsanforderungen (also das, was das System unbedingt leisten soll) im Vordergrund des Interesses. Formalziele und Funktionsanforderungen sind meist die Auslöser für den Bedarf an einem neuen oder einem grundlegend veränderten Informationssystem.

Da die Auftraggeber in der Regel mit den zukünftigen Benutzern nicht identisch sind, und da die Vorstellungen der Auftraggeber mit denen der zukünftigen Benutzer nicht immer übereinstimmen, sind auch die zukünftigen Benutzer eine wichtige Quelle für das Erheben der Anforderungen. Dabei stehen die Funktionsanforderungen und die Leistungsanforderungen sowie bestimmte Formalziele (z.B. Benutzbarkeit) im Vordergrund des Interesses. Benutzerbeteiligung muss daher bereits in der Vorstudie einsetzen. Schließlich sind auch die Systemplaner eine Quelle der Anforderungen, insbesondere für die Schnittstellenanforderungen. Beispielsweise können Systemplaner für das Ermitteln der Funktionsanforderungen und der Leistungsanforderungen nur eine beratende und unterstützende Rolle einnehmen, da ihnen oftmals ausreichende Kenntnisse über die betrieblichen Aufgaben fehlen. Auftraggeber und Benutzer können beispielsweise zur Definition der Schnittstellenanforderungen kaum beitragen. Trotz dieser einschränkenden Aussage über die Rolle der Systemplaner beim Ermitteln der Funktions- und Leistungsanforderungen gilt als Ziel, dass sie möglichst viel Sachverstand (Wissen) über die zu unterstützenden betrieblichen Aufgaben in das Projekt einbringen sollten.

Vorgehensweise bei der Anforderungsanalyse

Eine systematische Vorgehensweise bei der Anforderungsanalyse umfasst unter formalen Gesichtspunkten die drei in Abb. ANFAN-2 genannten Phasen. Methodische Aspekte der Anforderungsanalyse beziehen sich auf alle drei Phasen. Die Phasen werden sequentiell durchlaufen, jedoch meist in mehreren Iterationen. Dadurch entstehen, wie im Phasenmodell, Rückkopplungen, die eine zyklische Anforderungsanalyse ermöglichen. Da sich Anforderungen während des Arbeitsprozesses verändern, neue hinzukommen und bereits formulierte nicht aufrechterhalten werden können, ist eine wesentliche Forderung an die Anforderungsanalyse die Möglichkeit zur leichten Änderung des Anforderungskatalogs.

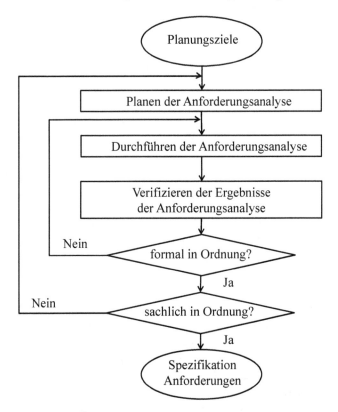

Abb. ANFAN-2: Vorgehensweise bei der Anforderungsanalyse

- Erste Phase: Planen der Anforderungsanalyse. Es werden die Termine, Zeiten, Kosten, Aufgabenträger, Methoden und Werkzeuge usw., die zur Durchführung der Anforderungsanalyse eingesetzt werden sollen, festgelegt. Diese Phase ist Gegenstand der Projektplanung (vgl. Lerneinheit PROPL) und interessiert im vorliegenden Zusammenhang insbesondere deshalb, weil es bei der Projektplanung auch um die Planung des Methodeneinsatzes geht.
- Zweite Phase: Durchführen der Anforderungsanalyse. In dieser Phase werden die Anforderungen erhoben und dokumentiert (formuliert, klassifiziert, hierarchisiert). Diese Phase ist Gegenstand der Zielplanung und interessiert im vorliegenden Zusammenhang insbesondere deshalb, weil es auch um den Methodeneinsatz zum Erheben und Dokumentieren der Anforderungen geht.

- Dritte Phase: Verifizieren der Ergebnisse der Anforderungsanalyse. In dieser Phase werden die erhobenen und dokumentierten Anforderungen auf Übereinstimmung mit einer Reihe formaler und sachlicher Eigenschaften (wie Vollständigkeit und Widerspruchsfreiheit) geprüft. Diese Phase ist Gegenstand der Zielplanung. Sie interessiert im vorliegenden Zusammenhang insbesondere deshalb, weil es hier auch um den Methodeneinsatz zum Prüfen der Anforderungen geht.

Forschungsbefunde

Shmueli et al. formulieren die These, dass das Überspezifizieren („overrequirement", auch als "over-specification" und "gold-plating" bezeichnet) ein bedeutsames Risiko in Informatik-Projekten ist, wobei das Phänomen wie folgt definiert wird: „over-requirement is manifested when a product or a service is specified beyond the actual needs of the customer or the market" (380). Ein Risiko ist das Überspezifizieren deshalb, weil Befunde empirischer Forschung die folgenden negativen Wirkungen aufzeigen (im englischsprachigen Original angeführt, vgl. im Detail die in Tabelle 1 in *Shmueli et al.* angegebenen Quellen): delayed project launch, project overruns, excessive complexity, increased probability of defects and reliability problems, difficult to manage and costly to maintain systems, devoting human and machine resources developing functionality of no real value, defocusing and distraction from real value requirements, cutting-off core features due to project time constraints, reduced user satisfaction, hurt reputation, loss of the entire company. Vor diesem Hintergrund führten *Shmueli et al.* ein Laborexperiment durch („participants in this study were senior industrial engineering and management students at an Israeli university who were majoring in information systems", 385); die Daten von 204 Personen gingen in die Analyse ein. Aufgabe für die Probanden war es, ein "nice-to-have software feature" zu spezifizieren. Im Ergebnis stellen die Autoren fest, dass das Überspezifizieren tatsächlich ein erhebliches Problem in der Softwareentwicklung sein kann, und dass der Endowment-Effekt („people assign greater values to objects they own than to those they do not own", 382), der IKEA-Effekt („[n]amed after the Swedish manufacturer of self-assembled furniture, the IKEA effect pertains to the positive impact on product valuation of the effort invested in assembling the product ... and to the positive influence that product self-construction has on its perceived value", 382) und der I-designed-it-myself-Effekt ("[w]hile the IKEA effect describes people's tendency to increase their valuation of an object that they self-assembled, the I-designed-it-myself effect relates to a similar phenomenon vis-à-vis self-designed objects", 383) plausible Erklärungen für das Überspezifizieren sind. Eine bedeutsame Praxisimplikation dieser Untersuchung ist, dass in Informatik-Projekten unbedingt darauf zu achten ist, dass keine Überspezifikation stattfindet. Um das Problem zu vermeiden, sollten organisationale Maßnahmen festgelegt werden (insbesondere im Bereich der Anforderungsprüfung).

Xiang et al. konzeptualisieren in ihrer Studie die Teamleistung während der Anforderungsanalyse als abhängige Variable („team performance in requirement analysis") und die emotionale Intelligenz („emotional intelligence") der Teammitglieder als unabhängige Variable, wobei eine Gliederung in vier Sub-Variablen vorgenommen wurde („awareness of own emotions", „management of own emotions",

„awareness of other's emotions", „management of other's emotions"). Zudem werden gemeinsame mentale Modelle („shared mental models") zwischen den Teammitgliedern als Mediatorvariable konzeptualisiert; hier erfolgte eine Gliederung in „task-related shared mental models" (Beispiel-Item: „Perceptions on the task progress are similar among team members", 1277) und „member-related shared mental models" (Beispiel-Item: „Members of the team have the similar sources for problem-solving resources (e.g., technologies, equipments, ...", 1277).

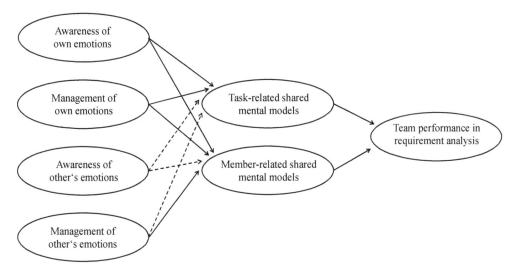

Abb. ANFAN-3: Forschungsmodell und Ergebnisse (nach *Xiang et al.*, 1274)

Abbildung ANFAN-3 zeigt das Forschungsmodell und die Ergebnisse der Studie. Gestrichelte Pfeile zeigen hierbei Hypothesen zum Zusammenhang von Variablen, die empirisch *nicht* bestätigt werden konnten. Durchgezogene Pfeile zeigen bestätigte Hypothesen. Die Datenerhebung erfolgte in China per Fragebogen; die Daten von 575 Personen aus 134 Teams gingen in die Strukturgleichungsanalyse mit ein. Wesentlicher Befund dieser Studie ist, dass die emotionale Intelligenz von Teammitgliedern die Teamleistung während der Anforderungsanalyse signifikant beeinflusst, und dass dieser Zusammenhang über gemeinsame mentale Modelle läuft. Solche gemeinsamen mentalen Modelle implizieren, dass Teammitglieder Gedanken, Emotionen sowie das Verhalten anderer Teammitglieder verstehen und prognostizieren können.

Kontrollfragen
1. Welcher Zweck wird mit der Anforderungsanalyse verfolgt?
2. Welche Aufgaben umfasst die Anforderungsanalyse?
3. Welche Möglichkeiten für die Dokumentation von Anforderungen gibt es?
4. Was sind die Quellen für Anforderungen?
5. Wie kann bei der Anforderungsanalyse vorgegangen werden?

Quellenliteratur
Hruschka, P.: Requirements Engineering. In: Tiemeyer, E. (Hrsg.): Handbuch IT-Projektmanagement. 2. A., Hanser, 2014, 421-452
Rupp, C.: Requirements-Engineering und -Management: Aus der Praxis von klassisch bis agil. 6. A., Hanser, 2014

Shmueli, O./Pliskin, N./Fink, L.: Explaining over-requirement in software development projects: An experimental investigation of behavioral effects. International Journal of Project Management, 2/2015, 380-394

Sommerville, I.: Software engineering. 10. A., Pearson, 2016

Wallmüller, E.: Software Quality Engineering: Ein Leitfaden für bessere Software-Qualität. Hanser, 3. A., 2011

Xiang, C./Yang, Z./Zhang, L.: Improving IS development teams' performance during requirement analysis in project: The perspectives from shared mental model and emotional intelligence. International Journal of Project Management, 7/2016, 1266-1279

Vertiefungsliteratur

Hruschka, P.: Business Analysis und Requirements Engineering: Produkte und Prozesse nachhaltig verbessern. Hanser, 2014

Hsu, J./Lin, T.-C./Cheng, K.-T.: Reducing requirement incorrectness and coping with its negative impact in information system development projects. Decision Sciences, 5/2012, 929-955

Maruping, L. K./Venkatesh, V./Agarwal, R.: A control theory perspective on agile methodology use and changing user requirements. Information Systems Research, 3/2009, 377-399

Nuseibeh, B./Easterbrook, S.: Requirements engineering: A roadmap. Proceedings of the Conference on the Future of Software Engineering, 2000, 35-46

Robertson, S./Robertson, J.: Mastering the requirements process: Getting requirements right. 3rd ed., Addison Wesley, 2013

Normen und Richtlinien

Requirements Engineering: A Good Practice Guide. Dieses Buch (Wiley, 1997) von Sommerville, I./Sawyer, P. enthält unter anderem Richtlinien zum Requirements Engineering.

Werkzeuge

https://www.capterra.com/requirements-management-software/

Requirements engineering tools – Capabilities, survey, and assessment. Information and Software Technology, 10/2012, 1142-1157

Requirements engineering tools: IEEE Software, 4/2011, 86-91

Interessante Links

http://requirements-engineering.org/
http://www.volere.co.uk/
https://polarion.plm.automation.siemens.com/
https://www.hood-group.com/reconf/
https://www.ireb.org

PFLIC - Lastenheft und Pflichtenheft

Lernziele

Sie kennen den Zweck des Lastenhefts und des Pflichtenhefts und können beide voneinander unterscheiden. Sie können das Pflichtenheft für Informatik-Projekte nach inhaltlichen Gesichtspunkten gliedern und die Inhalte angeben. Sie können begründen, warum diese Inhalte des Pflichtenhefts erforderlich sind. Sie verstehen die Notwendigkeit der Erarbeitung des Kriterienkatalogs im Zusammenhang mit dem Erstellen des Pflichtenhefts und den Zusammenhang dieser Dokumente mit der Ausschreibung. Sie erkennen den Einfluss des Prototyping auf die Bedeutung des Pflichtenhefts.

Definitionen und Abkürzungen

Anforderung (requirement) = eine Aussage über die von einem System geforderten Funktionen, Leistungen und Schnittstellen sowie über die Qualität der Erfüllung der Funktions-, Leistungs- und Schnittstellenanforderungen.

Anforderungsspezifikation (requirements specification) = die Abbildung der Anforderungen in ein formales Modell. Synonym: Anforderungskatalog.

Angebotsanalyse (bid analysis) = die Evaluierung der aufgrund einer Ausschreibung vorliegenden Angebote.

Ausschreibung (request for proposal, RFP) = der Vorgang zur Einholung von Angeboten für Hardware, Software und Dienstleistungen.

Konflikt (conflict) = eine durch Interessensgegensätze gekennzeichnete Beziehung zwischen Individuen oder Gruppen.

Kriterienkatalog (criteria list) = die systematische Zusammenstellung aller Auswahlkriterien zur Lösung eines Auswahlproblems.

Lastenheft (requirements definition) = ein Dokument, das die Anforderungen des Auftraggebers hinsichtlich Liefer- und Leistungsumfang enthält.

Muss-Kriterium (must-have) = ein Kriterium, das eine als unabdingbar angesehene Anforderung mit einem bestimmten Zielertrag beschreibt und zur Eliminierung der Alternativen im Evaluierungsprozess führt, welche diesen Zielertrag nicht erreichen. Synonym: K.o.-Kriterium.

Pflichtenheft (requirements specification) = ein Dokument, das die Realisierung der im Lastenheft dokumentierten Anforderungen beschreibt.

Projektziel (project goal) = ein Ziel, das zur Planung, Überwachung und Steuerung eines Projekts verwendet und aus den Planungszielen abgeleitet wird.

Prototyping (prototyping) = eine Entwurfs- und Implementierungsmethodik mit ausgeprägter Benutzerbeteiligung unter Verwendung spezieller Werkzeuge.

Spezifizieren (specifying) = die Tätigkeit des Erhebens und Dokumentierens von Anforderungen.

Stand der Technik (state of the art) = das allgemein anerkannte und im Normalfall erreichbare Niveau einer technisch orientierten Problemlösung.

Zielertrag (goal achievement) = Ausmaß der Zielerreichung bezüglich eines Zielkriteriums. Synonym: Zielerreichungsgrad.

Lastenheft und Pflichtenheft

Im technischen Bereich (z.B. bei der Herstellung von Automatisierungssystemen, vgl. VDI/VDE-Richtlinie 3694) wird zwischen Lastenheft und Pflichtenheft unterschieden. Im Lastenheft sind die Anforderungen aus Anwendersicht einschließlich aller Randbedingungen dokumentiert. Sie sollen, wenn möglich, quantifizierbar und prüfbar sein. Mit anderen Worten: Im Lastenheft wird definiert, *was* und *wofür* herzustellen oder zu beschaffen ist. Die Erstellung eines Lastenhefts kann entfallen, wenn der Liefer- und Leistungsumfang aus den Vertragsunterlagen exakt hervorgeht. Im Pflichtenheft wird spezifiziert, *wie* und *womit* die im Lastenheft dokumentierten Anforderungen zu realisieren sind. Es entsteht also auf der Grundlage des vertraglich festgelegten Liefer- und Leistungsumfangs und enthält eine Spezifikation aller Forderungen an die Projektrealisierung mit einem Detaillierungsgrad, der

- es dem Auftragnehmer ermöglicht zu prüfen und zu bestätigen, dass bei Verwirklichung aller Forderungen der Vertrag erfüllt ist;
- die Projektbearbeiter in der Lage sind, das Projekt ohne Rückfragen und Verwendung weiterer Unterlagen auszuführen, sofern keine Änderungen zwischen Auftraggeber und Auftragnehmer vereinbart werden.

Das Pflichtenheft wird nach Auftragserteilung vom Auftragnehmer erstellt, falls erforderlich unter Mitwirkung des Auftraggebers; letzteres ist in der Regel der Fall. Der Auftragnehmer prüft bei der Erstellung des Pflichtenhefts Widerspruchsfreiheit und Realisierbarkeit der im Lastenheft genannten Anforderungen. Das Pflichtenheft bedarf der Genehmigung durch den Auftraggeber. Nach Genehmigung ist es die verbindliche Vereinbarung für die Realisierung und Abwicklung des Projekts.

Sowohl das Lastenheft als auch das Pflichtenheft sind in DIN 69901-5 beschrieben, und zwar wie folgt: Das Lastenheft ist die „vom Auftraggeber festgelegte Gesamtheit der Forderungen an die Lieferungen und Leistungen eines Auftragnehmers innerhalb eines Auftrages"; das Pflichtenheft legt die „vom Auftragnehmer erarbeiteten Realisierungsvorgaben aufgrund der Umsetzung des vom Auftraggeber vorgegebenen Lastenheftes" fest.

Zweck des Pflichtenhefts

Bei Informatik-Projekten wird nicht immer zwischen Lastenheft und Pflichtenheft unterschieden; zudem ist die Bezeichnung Pflichtenheft gebräuchlicher als jene des Lastenhefts. Inhaltlich kann beim Pflichtenheft zwischen zwei Dokumenten unterschieden werden, nämlich einem Dokument als Teil der Ausschreibungsunterlagen, auch als Grob-Pflichtenheft bezeichnet, und einem Dokument als Teil der Entwurfsdokumentation, auch als Detail-Pflichtenheft bezeichnet. Ersteres ist Grundlage für die Evaluierung von Angeboten bzw. Anbietern, zweites ist Grundlage für die Implementierung. Der Zweck des Lastenhefts gemäß VDI/VDE-Richtlinie 3694 entspricht also dem des Grob-Pflichtenhefts, der des Pflichtenhefts dem des Detail-Pflichtenhefts. Im Folgenden wird auf das Pflichtenheft im Sinn des Grob-Pflichtenhefts eingegangen, also als Teil der Ausschreibungsunterlagen.

Das Pflichtenheft informiert potentielle Anbieter über alle Anforderungen an das zu schaffende Informationssystem. Vom Pflichtenheft ausgehend wird der Kriterienkatalog entwickelt, der für die Evaluierung der Angebote und den Angebotsvergleich, für die Vertragsverhandlungen, für das Abschließen von Verträgen sowie für die Zusammenarbeit zwischen Auftraggeber und Auftragnehmer das Referenzmodell bildet. Leistungen der Auftragnehmer werden danach beurteilt, ob sie den im Pflichtenheft definierten Anforderungen entsprechen. Bei Auseinandersetzungen zwischen Auftraggeber und Auftragnehmer gilt das als Vertragsteil verwendete Pflichtenheft ebenfalls als Referenzmodell.

Das Pflichtenheft hat auch den Zweck, Konflikte zwischen Auftraggeber und Auftragnehmer zu erkennen und zu lösen und – wenn möglich – zu vermeiden. Ursachen für Konflikte sind unter anderem:

- Der Auftraggeber lernt während des Projekts und will deshalb definierte Anforderungen ändern und erweitern. Er versucht beispielsweise, die Funktionalität zu erweitern oder andere Schnittstellen vorzugeben.
- Der Auftragnehmer lernt während der Projektabwicklung und sieht erst beim Verwirklichen der Anforderungen in vollem Umfang die Probleme sowie den mit ihrer Bearbeitung verbundenen Aufwand und die daraus folgenden Kosten.

Einordnung in das Phasenschema

Im Allgemeinen wird bei Informatik-Projekten davon ausgegangen, dass das Pflichtenheft vom Auftraggeber erstellt wird und dass es aufgrund des geforderten Inhalts (vgl. die folgenden Darstellungen) am Ende der Projektphase Systementwurf (vgl. Lerneinheit ZAMSE) vorliegt. Die Ausschreibung erfolgt dann mit dem Ziel, die für die Implementierung erforderlichen Betriebsmittel zu beschaffen. Abbildung PFLIC-1 zeigt die Einordnung von Lastenheft und Pflichtenheft in das Phasenschema. Ziel der Ausschreibung in dieser Projektphase kann auch sein, die Projektphasen Implementierung und Installierung (weitgehend) auszulagern (vgl. dazu die Lerneinheit Outsourcing in *Heinrich/Riedl/Stelzer*).

Erfolgt Outsourcing bereits zu einem sehr frühen Zeitpunkt (z.B. am Ende der Projektphase Vorstudie), dann sind Anforderungen nur sehr grob definiert und ihre Verfeinerung gehört zum Auftragsumfang. Wegen der zentralen Bedeutung der Anforderungsspezifikation sollte im Vorgehensmodell des Auftragnehmers eine Spezifikationsphase explizit vorgesehen sein. (Diese Hinweise verdeutlichen die Zweckmäßigkeit der im technischen Bereich üblichen expliziten Unterscheidung zwischen Lasten- und Pflichtenheft.)

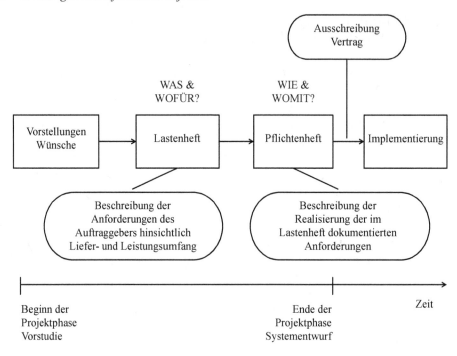

Abb. PFLIC-1: Einordnung von Lastenheft und Pflichtenheft in das Phasenschema

Struktur des Pflichtenhefts

Folgende Struktur des Pflichtenhefts hat sich als zweckmäßig erwiesen:

- Vorstellung des ausschreibenden Unternehmens;
- Darstellung der Ziele des Projekts;
- Beschreibung der zu unterstützenden Aufgaben;
- Beschreibung der Systementwürfe;
- Darstellung des Technikbedarfs.

Je nach Ausgangssituation (Erstbeschaffung oder Ablösung eines Systems, einzelner Komponenten oder einzelner Anwendungssoftware-Pakete) sind die Teile des Pflichtenhefts mehr oder weniger detailliert. Dabei ist auf das Verhältnis zwischen dem Aufwand des ausschreibenden Unternehmens für das Erstellen des Pflichtenhefts und dem Aufwand der Anbieter für die Bearbeitung des Pflichtenhefts einerseits sowie der Bedeutung der geplanten Investition andererseits zu achten (Größe und Komplexität des Projekts zu Umfang des Pflichtenhefts).

Inhalt des Pflichtenhefts

In einer Kurzbeschreibung wird den potentiellen Anbietern das ausschreibende Unternehmen vorgestellt (Ausschreibungsprofil). Potentielle Anbieter sollen sich mit dem Ausschreibungsprofil ein erstes Bild über das Unternehmen machen und beurteilen können, ob eine Beteiligung an der Ausschreibung sinnvoll ist. Das Ausschreibungsprofil enthält Informationen über:

- Art und Größe des Unternehmens (z.B. Produkte und Dienstleistungen, Märkte, Umsätze, Anzahl der Beschäftigten, getrennt nach Geschäftsfeldern);
- Struktur des Unternehmens (z.B. Rechtsform, Tochtergesellschaften, Zweigniederlassungen, Filialen);
- Verbindungen zu Lieferanten und Kunden (z.B. Einkaufs- und Vertriebsorganisation) und anderen externen Partnern (z.B. Banken);
- Ausstattung zur Leistungserbringung (z.B. Art und Anzahl der Betriebsmittel, Fertigungstiefe, Art und Umfang von Fremdleistungen);
- Ausstattung zur Leistungsverwertung (z.B. Art der Vertriebswege, Vertriebslogistik);
- Unternehmensorganisation (z.B. Abteilungsgliederung und Ablauforganisation der wichtigsten Geschäftsprozesse);
- Durchdringung des Unternehmens mit Informations- und Kommunikationstechnologien (z.B. die zur Unterstützung der Kern-Geschäftsprozesse vorhandenen Informationssysteme).

Sind branchen- und unternehmensbezogene Besonderheiten vorhanden und für die Ausschreibung von Bedeutung (z.B. kritische Wettbewerbsfaktoren, Marktstellung, Haupt-Mitbewerber, Exportanteil, strategisch bedeutsame Informationssysteme), soll darauf eingegangen werden.

Den potentiellen Anbietern werden die Projektziele erläutert (vgl. Lerneinheit ZIELP). Mit Sachzielen werden Aussagen darüber gemacht, welche betrieblichen Aufgaben bzw. welche Geschäftsprozesse durch das zu schaffende Informationssystem unterstützt werden sollen, mit anderen Worten: Welche Funktions-, Leistungs- und Schnittstellenanforderungen bestehen. Mit Formalzielen werden Aussagen über die Qualität gemacht, mit der die Sachziele erreicht werden sollen. Durch die Angabe von Formalzielen mit Zielinhalt, Ausmaß der Zielerreichung und zeitlichem Bezug erhalten potentielle Anbieter wichtige Hinweise auf die geforderte Prozess- und Produktqualität.

Die Sachziele benennen die Geschäftsprozesse, die unterstützt werden sollen, geben aber keine Beschreibung im Einzelnen. Die Geschäftsprozesse werden in der Vorstudie als Grundkonzeption (vgl. Lerneinheit ZAMVS) modelliert, die als optimales Systemkonzept das zu schaffende Informationssystem anhand seiner wichtigsten Merkmale auf einer abstrakten Ebene möglichst vollständig beschreibt. Darüber hinaus sollen den potentiellen Anbietern Hinweise auf die notwendige Integration mit anderen Geschäftsprozessen (im Unternehmen sowie zu Dritten wie insbesondere Kunden und Lieferanten) und auf die Abstimmung mit vorhandenen oder anzuschaffenden Sachmitteln gegeben werden. Die Wege zur Realisierung sollen aber bewusst offen gehalten werden, unter anderem deshalb, um die potentiellen Anbieter in ihren Vorschlägen nicht einzuengen. Es kann sinnvoll sein, die alternativen Systemkonzepte in der Ausschreibung darzustellen und die Gründe zu erläutern, die zur Grundkonzeption geführt haben.

Die Frage, wie detailliert die Geschäftsprozesse beschrieben werden sollen, ist nur situationsabhängig zu beantworten. Für Standardprozesse (z.B. Prozesse der Finanzbuchhaltung und der Lohn- und Gehaltsabrechnung) muss die Beschreibung weniger ins Detail gehen als für Prozesse, die individuelle oder sogar innovative Konzepte erfordern (z.B. Prozesse im Fertigungsbereich auf der Basis einer Industrie-4.0-Konzeption).

Über die Kenntnis der Grundkonzeption hinausgehend ist es für die potentiellen Anbieter erforderlich, die Systementwürfe zu kennen (vgl. Lerneinheit ZAMSE). Diese sollen untereinander und mit der bestehenden Informationsinfrastruktur so abgestimmt sein, dass das logische Modell des zu schaffenden Informationssystems *insgesamt* deutlich erkennbar ist.

Damit die potentiellen Anbieter konkrete Vorstellungen über den geforderten Grad der Integration vermittelt bekommen, sollten die Anforderungen an die Integration und die zu ihrer Realisierung erforderlichen Schnittstellen beschrieben werden. Davon ausgehend sollten die potentiellen Anbieter in der Lage sein, ein Angebot zur Realisierung der Systementwürfe zu erstellen.

Unter Technikbedarf werden die Art und Menge der Techniksysteme (Hardware inklusive Netzwerk- und Infrastrukturkomponenten bzw. Cloud-Komponenten, Systemsoftware und Anwendungssoftware) sowie die Zeitpunkte ihrer Bereitstellung verstanden, wie sie sich aus den Systementwürfen und der Projektplanung ergeben. Für die potentiellen Anbieter ist nicht nur der Technikbedarf für das zu schaffende Informationssystem von Interesse, sondern auch der beim ausschreibenden Unternehmen vorhandene Technikbestand. Mit anderen Worten: Es stellt sich die Frage, wie die existierende IT-Landschaft aussieht. Die Kenntnis des Technikbestands bzw. der IT-Landschaft ermöglicht es den Anbietern, Aussagen zur Verträglichkeit (Kompatibilität) der angebotenen Techniksysteme mit den vorhandenen Techniksystemen zu machen. Damit können auch Fragen der Wirtschaftlichkeit (vgl. Lerneinheit WIRTA) bzw. der Beeinflussung der Wirtschaftlichkeit durch eventuell notwendige Konsequenzen bei Unverträglichkeiten beantwortet werden.

Die Notwendigkeit, den Technikbedarf durch das ausschreibende Unternehmen zu bestimmen, wird in der Praxis häufig nicht akzeptiert. Vielfach wird es – mit der Begründung mangelnder Fachkenntnis – dem Anbieter überlassen, den Bedarf aufgrund der Beschreibung der zu unterstützenden Geschäftsprozesse und der Beschreibung der Systementwürfe zu bestimmen.

Entwickeln des Kriterienkatalogs

Im Kriterienkatalog werden die Projektziele als Evaluierungskriterien abgebildet. Sein Zweck ist es, eine systematische Grundlage für die Angebotsanalyse zu schaffen. Der Kriterienkatalog soll aus folgenden Gründen *vor* dem Durchführen der Ausschreibung vorliegen:

- Im Fragenkatalog als Teil der Ausschreibungsunterlagen sollen alle Fragen berücksichtigt werden, deren Beantwortung für das Erfassen der Kriterienerträge erforderlich ist.

- Die Angebotsanalyse soll möglichst objektiv, das heißt unabhängig vom einzelnen Angebot, durchgeführt werden können; dies schließt nicht aus, dass im Einzelfall Nacherfassungen erforderlich sind.

Zwischen Pflichtenheft und Kriterienkatalog besteht also ein enger Zusammenhang. Es empfiehlt sich daher – auch um Manipulationen bei der Evaluierung der Angebote vorzubeugen – beide Dokumente parallel zu erstellen. Mit dem Kriterienkatalog legt das ausschreibende Unternehmen den aus den Projektzielen abgeleiteten Evaluierungsrahmen fest, mit dem die Angebotsanalyse durchgeführt wird. Der Kriterienkatalog ist also ein vom ausschreibenden Unternehmen und seinen Präferenzen abhängiges Instrument und kann nicht verallgemeinert werden.

Beim Entwickeln des Kriterienkatalogs wird davon ausgegangen, dass alle Angebote grundsätzlich miteinander vergleichbar sind. Die Vergleichbarkeit wird durch eine präzise Beschreibung der Systementwürfe im Pflichtenheft zu erreichen versucht. Sollten sich bei der Angebotsanalyse wesentliche Abweichungen der Angebote von den Systementwürfen zeigen, müssen sie – sofern sie nicht zu einem Ausscheiden der betreffenden Angebote führen – durch Anpassungen (z.B. bei den Lebenszykluskosten) entsprechend berücksichtigt werden.

Die Kriterien haben unterschiedliche Zielinhalte und unterschiedliche Dimensionen; ihr Zielertrag kann teilweise quantitativ, teilweise nur qualitativ bestimmt werden. Der Beitrag der Kriterien zur Erreichung des Gesamtziels ist unterschiedlich hoch (Präferenzordnung oder Gewichtung der Kriterien). Ein Kriterium hat die Funktion eines Muss-Kriteriums („must-have") oder die eines Wunsch-Kriteriums („nice to have"). Voraussetzung für die weitere Bearbeitung eines Angebots ist, dass vorgegebene Zielerträge für die Muss-Kriterien erreicht sind. Wunsch-Kriterien müssen diese Zielerträge nicht erreichen oder brauchen keinen Zielertrag zu haben; sie beschreiben Eigenschaften, die zur Erreichung der geforderten Funktionen, Leistungen und Schnittstellen nicht unbedingt erforderlich sind.

Der Kriterienkatalog, in dem die Kriterien mit ihrer Gewichtung festgehalten sind, ist ein *internes* Dokument und Grundlage für die Ausschreibung, die Angebotsevaluierung und die Angebotsauswahl; er sollte den Anbietern nicht bekannt gegeben werden. Das Pflichtenheft ist ein *externes* Dokument, das im Zuge der Ausschreibung an die potenziellen Anbieter weitergegeben wird.

Alternative Struktur und Inhalte eines Lastenhefts und Pflichtenhefts

Eine Sichtung der in der Fachliteratur angegebenen sowie in der Praxis verwendeten Strukturen und Inhalte von Lastenheften und Pflichtenheften zeigt, dass es *die* Struktur und Inhalte nicht gibt. Nachfolgend werden daher auf der Basis von *Burghardt* (wörtlich zitiert, 64-65) wesentliche Inhalte eines Lastenhefts und Pflichtenhefts angegeben, um beispielhaft eine Alternative zu den vorangegangenen Inhalten aufzuzeigen.

Das Lastenheft sollte folgende Punkte enthalten:

- Anwendungs- bzw. Einsatzumgebung,
- geforderte Funktionen und Eigenschaften,
- Benutzeroberfläche,
- Benutzerschnittstellen,
- Datenbasis,
- Mengengerüst,
- Qualitätsanforderungen,
- Realisierungsvorgaben,
- Dokumentationsanforderungen,
- Zeit- und Kostenrahmen.

Das Pflichtenheft sollte folgende Punkte enthalten:

- *Gesamtsystem:*
  - Systemumgebung
  - Systemdarstellung
  - Systembeschreibung
- *Teilsysteme:*
  - Teilsystemdarstellungen
  - Kurzbeschreibungen der Teilsysteme
  - Komponentenfestlegung
  - Beschreibung der Ein-/Ausgabedaten
  - Darstellung der Benutzeroberfläche
  - geforderte Dialogauskünfte und Auswertungen
  - verfahrensinterne Schnittstellen
- *Datendefinition:*
  - Stammdaten
  - Bewegungsdaten
  - Verwaltungsdaten
- *Schnittstellen:*
  - Schnittstellen zu vor-/nachgelagerten Verfahren
  - Standard-Eingabeschnittstellen
  - Standard-Ausgabeschnittstellen
- *Allgemeine Systemangaben:*
  - Qualitätsanforderungen
  - Auflagen/Restriktionen
  - Mengengerüst
  - Arbeitsabläufe, vorhandene/geplante Ablauforganisation
  - sonstige Anforderungen.

Pflichtenheft und Prototyping

Das Erstellen und Verwenden von Pflichtenheften ist eine typische Tätigkeit der klassischen Vorgehensweise in einem Informatik-Projekt. Entscheidender Vorteil des Pflichtenhefts ist die klare und für Auftraggeber und Auftragnehmer verbindliche Beschreibung des Auftragsumfangs. Dieser Vorteil kommt wegen der Dynamik der Projektaufgabe häufig nicht zur Wirkung. Auftragnehmer bezeichnen daher in ihren Vertragsklauseln Abweichungen von den im Pflichtenheft dokumentierten Anforderungen als nicht zum Auftragsumfang gehörend; für ihre Realisierung werden Neuverhandlungen und Vertragsänderungen gefordert. Derartige Beobachtungen sind Anlass für die These, dass das Pflichtenheft an Bedeutung verliert und durch Prototyping (vgl. Lerneinheit PROTY) mit „Stand der Technik-Vereinbarungen" ersetzt werden kann. Letzteres bedeutet folgendes: Für einen bestimmten, durch seine Bezeichnung und inhaltliche Beschreibung definierten Geschäftsprozess wird die Schaffung eines Informationssystems nach dem Stand der Technik vereinbart. Die Dokumentation detaillierter Anforderungen im Pflichtenheft erfolgt nicht. Die Einhaltung der Vereinbarung ist durch Prototyping prozessabhängig überprüfbar, so dass bei Abweichungen sofort eingegriffen werden kann. Funktionen, Leistungen und Schnittstellen, die der Auftraggeber verlangt und die über den Stand der Technik hinausgehen, sind mit dem vereinbarten Entgelt nicht abgedeckt. Diese Vorgehensweise bietet sich umso eher an, je mehr es sich bei den Geschäftsprozessen um gut strukturierte Aufgaben handelt.

Im Folgenden wird der Kriterienkatalog gezeigt, der beim prototypingbasierten Software-Management zur Auswahl der Anbieter verwendet wird, die zum Prototyping eingeladen werden (nach *Heinrich/Pomberger*):

- *Kriterium 1 – Leistungsfähigkeit der Anbieterorganisation.* Inhaltliche Beschreibung: Unternehmensgröße; Anzahl einschlägiger Referenzen; Qualitätsmanagementsystem; Projektmanagement; Zukunftssicherheit; Flexibilität; Professionalität des Angebots.
- *Kriterium 2 – Leistungsfähigkeit des vom Anbieter vorgesehenen Personals.* Inhaltliche Beschreibung: Anzahl eingeplanter Projektmitarbeiter; Qualifikation der Projektmitarbeiter; Position im Unternehmen.
- *Kriterium 3 – Zweckmäßigkeit des vom Anbieter vorgeschlagenen Fachkonzepts.* Inhaltliche Beschreibung: Workflow-Unterstützung; Kommunikationsunterstützung; Integrationsgrad; Automatisierungsgrad; Sicherheitskonzept; Ergonomie.
- *Kriterium 4 – Zweckmäßigkeit des vom Anbieter vorgeschlagenen Implementierungskonzepts.* Inhaltliche Beschreibung: Implementierungswerkzeuge; Datenhaltungskonzept; Hardware- und Software-Architektur; Implementierungstechnologie; Dokumentation.
- *Kriterium 5 – Übereinstimmung der vom Anbieter vorgesehenen Vorgehensweise mit der vom Ausschreiber beabsichtigten Vorgehensweise.* Inhaltliche Beschreibung: Prototyping; Nutzungsrechte; Forderungen an den potentiellen Auftraggeber.

- *Kriterium 6 – Ökonomische Merkmale des Angebots.* Inhaltliche Beschreibung: Entwicklungskosten; Lebenszyklus-/Betriebskosten; Zusatzkosten Software; Zusatzkosten Hardware; Schulungskosten; Zahlungsbedingungen.

Lastenheft, Pflichtenheft und agile Methoden

Eine wesentliche Eigenschaft agiler Methoden (vgl. Lerneinheit AGILM) ist, dass Anforderungen vorwiegend während der Entwicklungsphase ermittelt werden und laufend in die Realisierung des zu erstellenden Informationssystems einfließen (vgl. Abb. PFLIC-2). Daraus folgt, dass das Lastenheft und Pflichtenheft beim Einsatz agiler Methoden, wenn überhaupt, nur eine untergeordnete Rolle spielen. Nach Ansicht von Juristen (siehe dazu einen Beitrag von *Egli*, insbesondere den Abschnitt Lasten- und Pflichtenheft) birgt das Nichtvorhandensein von Lastenheft und/oder Pflichtenheft signifikante rechtliche und ökonomische Risiken, insbesondere dann, wenn die Softwareentwicklung an ein externes Unternehmen ausgelagert wird.

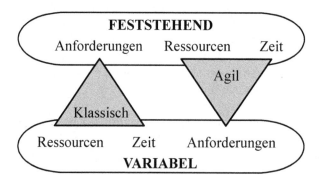

Abb. PFLIC-2: Prioritäten beim klassischen und agilen Entwicklungsansatz
(nach *Fuchs et al.*, 18, Original nach *Leffingwell*)

Zu dieser Auffassung nicht im Widerspruch stehende Aussagen finden sich in etlichen Werken zu agilen Methoden. Beispielsweise schreiben *Book et al.* (195-196) in einem Buch mit dem Titel „Erfolgreiche agile Projekte: Pragmatische Kooperation und faires Contracting": „In agilen Verfahren wird der Tatsache Rechnung getragen, dass es sich bei der Softwareentwicklung um einen Erkenntnisprozess handelt. Es ist hier akzeptierte Grundannahme, dass Software nicht abschließend spezifiziert werden kann oder dies so aufwändig wäre, dass man die Software auch gleich realisieren kann. Und es ist ja auch das wesentliche Merkmal der agilen Verfahren, dass man in kurzen Zyklen schnell zu lauffähigen Systemen gelangen kann, die dann der Überprüfung durch die Bedarfssteller zugeführt werden können und Grundlage für die Entwicklung der nächsten Iteration werden. Der Verzicht auf die Erstellung umfangreicher Dokumente führt allerdings auch zu der Schwierigkeit, keine aussagekräftige Vorab-Schätzung anfertigen zu können. An sich ist das gar kein Problem, denn in dieser frühen Phase wäre eine Kalkulationsgrundlage in Form eines löchrigen Pflichtenhefts ohnehin höchst unsolide und würde zu nichts als unzuverlässigen, mehr geratenen als geschätzten Aufwänden führen. So oder so haben wir es also mit einem – mitunter gehörigen – Risiko zu tun ... und es bleibt nur die Frage, ob man das Pflichtenheft für hinreichend detailliert hält, um als Kalkulationsgrundlage zu dienen. Deutlich diffiziler sind in diesem Punkt agile Situationen zu bewerten, da hier naturgemäß eben keine detaillierten Pflichtenhefte vorliegen und deshalb die Kalkulationsgrundlage fehlt." Zu betonen ist hierbei, dass Product Backlog und Sprint Backlog (vgl. Lerneinheit AGILM) *nicht* als „Ableger" von Lastenheft bzw. Pflichtenheft anzusehen sind (vgl. *Müller*). Als Fazit kann also festgehalten werden, dass unvollständige Pflichtenhefte sowie nicht vorhandene Pflichtenhefte (wie es bei Projekten auf der Basis agiler Ansätze oftmals der Fall ist) erhebliche juristische und wirtschaftliche Risiken zur Konsequenz haben können.

Forschungsbefunde

Berenbrink et al. berichten über ein Projektbeispiel, das aufzeigt, dass agile Softwareentwicklung und die Nutzung von Wireframes bei gleichzeitigem Verzicht auf Lasten- und Pflichtenheft Projekterfolg bewirken können; Wireframes sind im Beitrag wie folgt definiert (28): „Wireframes beschreiben Aufbau und Inhalt einer Bildschirmseite oder eines Ausschnitts davon. Trotz des statischen Charakters kann das Verhalten der Seite durch bestimmte Techniken illustriert werden (z.B. Darstellung eines aufgeklappten Drop-down-Menüs)." Das im Beitrag dargestellte Projekt bezieht sich auf ein Prozess- und Softwareprojekt der Prüfungskommission der Fakultät Betriebswirtschaft an der Georg-Simon-Ohm-Hochschule in Nürnberg. Jedes Semester müssen die Prüfungen der Fakultät geplant und kommuniziert werden. Bislang wurde der Prozess softwaretechnisch durch die bloße Verwendung von Software für Textverarbeitung und Tabellenkalkulation sowie E-Mail unterstützt. Die große Datenmenge und der geringe Technisierungsgrad führten jedoch häufig zu Fehlern. Daher wurde das Ziel festgelegt, den Prozess der Prüfungsplanung in Zukunft durch eine spezifische Anwendungssoftware zu unterstützen. Im Beitrag wird das Projekt, das auf der Basis eines agilen Ansatzes abgewickelt wurde, beschrieben. Hinsichtlich Lasten- und Pflichtenheft findet sich im Beitrag folgende Aussage (29): „Softwarespezifikation und -entwicklung basieren auf einem agilen Ansatz, da schnelle Ergebnisse gefordert waren. Der Aufwand zur Erstellung eines umfangreichen Lastenhefts sowie zur Prüfung und Freigabe eines daraus zu entwickelnden Pflichtenhefts vom Auftraggeber konnte wegen begrenzter personeller Kapazitäten nicht geleistet werden. Aufgrund der vergleichsweise geringen Projektgröße verzichtete man deshalb auf eine aufwendige Lasten- und Pflichtenhefterstellung." Eine Implikation dieser Aussage ist, dass insbesondere in kleinen Softwareprojekten auf Lasten- und Pflichtenheft verzichtet werden kann, wenn andere wirksame Koordinationsmechanismen zwischen Auftraggeber und Auftragnehmer zum Einsatz kommen (im Beitrag eben z.B. die Wireframes). *Wiener/Denk* berichten über zwei Fallstudien (zwei IT-Projekte: 38 Millionen Euro Budget und eine Dauer von vier Jahren; 2,8 Millionen Budget und eine Dauer von zwei Jahren). Eine Erkenntnis der Fallstudien ist, dass insbesondere in der Initiierungsphase von Projekten, aber auch in der Entwicklungs- und Implementierungsphase, Lasten- und Pflichtenhefte bedeutsame Governance-Mechanismen darstellen, um die Interaktion zwischen Auftraggeber und Auftragnehmer zu koordinieren.

Kontrollfragen
1. Welchem Zweck dient das Lastenheft?
2. Welchem Zweck dient das Pflichtenheft?
3. Wie ist das Pflichtenheft gegliedert und welchen Inhalt haben seine Teile?
4. Welchem Zweck dient der Kriterienkatalog?
5. Welchen Stellenwert hat das Pflichtenheft in der agilen Softwareentwicklung?

Quellenliteratur

Berenbrink, V./Purucker, J./Bahlinger, T.: Die Bedeutung von Wireframes in der agilen Softwareentwicklung. HMD – Praxis der Wirtschaftsinformatik. 290/2013, 27-34

Book, M./Gruhn, V./Striemer, R.: Erfolgreiche agile Projekte: Pragmatische Kooperation und faires Contracting. Springer-Vieweg 2017

Burghardt, M.: Projektmanagement: Leitfaden für die Planung, Überwachung und Steuerung von Projekten. 9. A., Publicis, 2012

Egli, U.: Agile Softwareprojekte: Rechtliche Qualifikation und vertragliche Umsetzung. Jusletter 31. August 2015

Fuchs, A./Stolze, C./Thomas, O.: Von der klassichen zur agilen Softwareentwicklung: Evolution der Methoden am Beispiel eines Anwendungssystems. HMD – Praxis der Wirtschaftsinformatik, 290/2013, 17-26

Heinrich, L. J./Pomberger, G.: Prototypingbasierte Evaluation von Software-Angeboten. In: Heinrich, L. J./Häntschel, I. (Hrsg.): Evaluation und Evaluationsforschung in der Wirtschaftsinformatik. Oldenbourg, 2000, 201-212

Heinrich, L. J./Riedl, R./Stelzer, D.: Informationsmanagement: Grundlagen, Aufgaben, Methoden. 11. A., De Gruyter Oldenbourg, 2014

Leffingwell, D.: Agile software requirements: Lean requirements practices for teams, programs, and the enterprise. Pearson, 2011

Müller, M.: Vertragsgestaltung bei agilen Softwareentwicklungsverträgen. HMD – Praxis der Wirtschaftsinformatik, 2/2016, 213-223

Wiener, M./Denk, R.: Governance von globalen IT-Projekten: Eine dynamische Kontrollperspektive. HMD – Praxis der Wirtschaftsinformatik, 2/2012, 43-53

Vertiefungsliteratur

Opelt, A./Gloger, B./Pfarl, W./Mittermayr, R.: Der agile Festpreis: Leitfaden für wirklich erfolgreiche IT-Projekt-Verträge. Hanser 2012

Reiss, M./Reiss, G.: Praxisbuch IT-Dokumentation. Vom Betriebshandbuch bis zum Dokumentationsmanagement: Die Dokumentation im Griff, 2. A., Hanser, 2016

Teich, I./Kolbenschlag, W./Reiners, W.: Der richtige Weg zur Softwareauswahl: Lastenheft, Pflichtenheft, Compliance, Erfolgskontrolle. Springer 2008

Normen und Richtlinien

DIN 69901-5:2009-01: Projektmanagement - Projektmanagementsysteme - Teil 5: Begriffe

ÖNORM A 2050:2006-11: Vergabe von Aufträgen über Leistungen - Ausschreibung, Angebot, Zuschlag - Verfahrensnorm

VDI/VDE-Richtlinie 3694:2014-04: Lastenheft/Pflichtenheft für den Einsatz von Automatisierungssystemen

Werkzeuge

http://www.protoshare.com/
https://balsamiq.com/
https://www.microsoft.com/silverlight/sketchflow/

Interessante Links

https://www.markus-baersch.de/download-index.html
https://www.tu-ilmenau.de/sse/lehre-archiv/winter-201314/softwareprojekt/das-pflichtenheft/

Projektphasen in Informatik-Projekten

ZAMVS - Ziel, Aufgaben und Methodik der Vorstudie 251
ZAMFS - Ziel, Aufgaben und Methodik der Feinstudie 263
ZAMSE - Ziel, Aufgaben und Methodik des Systementwurfs 275
ZAMIM - Ziel, Aufgaben und Methodik der Implementierung 285
ZAMIN - Ziel, Aufgaben und Methodik der Installierung 301

ZAMVS - Ziel, Aufgaben und Methodik der Vorstudie

Lernziele

Sie kennen das Ziel der Projektphase Vorstudie und können daraus die Aufgaben dieser Projektphase ableiten. Sie kennen die Schnittstellen der Vorstudie zur strategischen Informationssystem-Planung und zur Projektphase Feinstudie. Sie wissen, welche Methoden, Techniken und Werkzeuge zur Unterstützung der Aufgaben der Vorstudie zur Verfügung stehen.

Definitionen und Abkürzungen

Auswirkung (impact) = die betriebswirtschaftlichen, personellen, technischen usw. Folgen der Anwendung eines Systemkonzepts.

Grundkonzeption (preliminary design) = das unter Verwendung der gegebenen Planungsziele optimale Systemkonzept.

Handlungsspielraum (scope of action) = ein mehrdimensionaler Begriff, der Entscheidungsspielraum, Tätigkeitsspielraum und Freiheitsspielraum umfasst. Synonym: Aktionsspielraum.

Heuristik (heuristic) = eine Vorgehensweise, die mit der Hoffnung auf, aber ohne Garantie von Erfolg zur Lösung einer komplexen und/oder komplizierten, nicht oder nur schlecht strukturierten Aufgabe eingesetzt wird.

Istzustand (current system) = die technischen, organisatorischen, personellen und sozialen Bedingungen und Regelungen eines bestehenden Informationssystems.

Produktqualität (product quality) = die Menge von Merkmalen zur Messung der Qualität der Ergebnisse eines Informatik-Projekts.

Projektportfolio (project portfolio) = der systematisch, häufig nach Priorität geordnete Bestand an potentiellen Informatik-Projekten.

Prozessqualität (process quality) = die Menge von Merkmalen zur Messung der Qualität der Abwicklung eines Informatik-Projekts.

Rückkopplung (feedback) = ein Prinzip, das einen geschlossenen Wirkungskreislauf herstellt, so dass der Ausgang eines Systems einen Eingang dieses Systems beeinflusst.

Sollzustand (target system) = die technischen, organisatorischen, personellen und sozialen Bedingungen und Regelungen eines geplanten Informationssystems.

Standard (standard) = ein allgemein akzeptiertes Niveau, das als vorbildlich oder mustergültig angesehen und an dem das Handeln ausgerichtet wird.

Systemkonzept (system concept) = die Beschreibung eines Informationssystems anhand seiner wichtigsten Merkmale (wie Funktionen, Leistungen und Schnittstellen) sowie der erforderlichen Sachmittel.

Technologie (technology) = die Gesamtheit von Arbeits-, Entwicklungs-, Produktions- und Implementierungsverfahren der Technik.

Verfeinerung (refinement) = ein Entwurfsprinzip, das von der abstrakten Beschreibung eines Objekts ausgeht und die Abstraktion schrittweise auflöst.

Ziel der Vorstudie

Generelles Ziel eines Informatik-Projekts ist es, dem Auftraggeber ein produktives Informationssystem zur Verfügung zu stellen. Dabei soll das Informationssystem einen *akzeptablen* Standard haben, der als eine tragfähige Basis für die nächste Planungsrunde dienen kann. Es soll also einerseits nicht versucht werden, ein *perfektes* Informationssystem zu schaffen (was in den meisten Fällen aus technischen und/oder aus wirtschaftlichen Gründen nicht möglich ist); andererseits soll aber die Struktur des Informationssystems so sein, dass es mehr als den ursprünglichen Inhalt bezüglich der Sachziele und der Formalziele tragen kann (im Sinn des mit Abb. PROIP-5 gezeigten Schichtenmodells). Entsprechend der Phasengliederung für Informatik-Projekte (vgl. Lerneinheit PROIP) werden aus dem generellen Ziel die Ziele der Projektphasen abgeleitet, hier also das Ziel der Vorstudie. Davon ausgehend werden die Aufgaben der Vorstudie bestimmt sowie die Methoden, Techniken und Werkzeuge zur Unterstützung der Aufgabendurchführung festgelegt.

Um ein ausreichendes Verständnis für die Zweckmäßigkeit und die Notwendigkeit der Vorstudie zu entwickeln, muss man sich folgendes vor Augen halten:

- Die Anzahl der betrieblichen Aufgaben, die durch ein Informationssystem unterstützt werden kann, ist in jedem Unternehmen groß und unübersichtlich. Bevor also in eine detaillierte Untersuchung des Istzustands eingestiegen und darauf aufbauend ein Sollkonzept entwickelt wird, ist zunächst einmal herauszuarbeiten, welche betrieblichen Aufgaben unterstützt werden sollen.
- Die Menge der I&K-Technologien, die zur Unterstützung der betrieblichen Aufgaben zur Verfügung steht, ist ebenfalls groß und unübersichtlich. Bevor also in eine detaillierte Untersuchung dieses Angebots eingestiegen und darauf aufbauend ein Sollkonzept entwickelt wird, ist zunächst herauszuarbeiten, welche Technologien grundsätzlich geeignet sind.
- Der Auftragnehmer weiß nicht, was der Auftraggeber wirklich will, und der Auftraggeber weiß nicht, was wirklich machbar ist. Beide haben also zunächst ein grundlegendes Verständnis darüber zu entwickeln, was erwartet wird und was realisierbar ist; dazu sind Alternativen zu entwerfen.
- Die Entwurfsalternativen sind zu evaluieren, und es ist eine optimale Alternative auszuwählen. Die Optimumbestimmung kann nur vor dem Hintergrund ausreichend präziser Planungsziele erfolgen; diese sind auch für die nachfolgenden Projektphasen erforderlich.
- Ein Informatik-Projekt kann sich über einen längeren Zeitraum hinziehen und erhebliche Ressourcen verbrauchen; deshalb muss sichergestellt sein, dass eine grundlegende Änderung des Istzustands tatsächlich zweckmäßig ist.

Von diesen Überlegungen ausgehend wird das Ziel der Vorstudie so formuliert: Es sollen in kurzer Zeit und mit relativ geringem Ressourceneinsatz Aussagen darüber gemacht werden, ob der Istzustand verändert werden soll und – wenn ja – welches von mehreren möglichen Systemkonzepten das optimale Systemkonzept ist; das optimale Systemkonzept wird im Folgenden als Grundkonzeption bezeichnet.

Aus dieser Zieldefinition ergibt sich der Charakter der Vorstudie als Grobstudie (auch als Durchführbarkeitsstudie oder Machbarkeitsstudie bezeichnet, feasibility study), die bezüglich ihrer Methodik primär einem sollzustandsorientierten Ansatz folgt (vgl. Lerneinheit ZAMIP). Der Istzustand wird nur soweit erhoben, wie dies für den Entwurf und für die Evaluierung alternativer Systemkonzepte und für die Auswahl der Grundkonzeption erforderlich ist. Eine detaillierte Untersuchung des Istzustands erfolgt nur im Rahmen dieser Grundkonzeption (vgl. Lerneinheit ZAMFS). Ohne eine solche Vorentscheidung wäre eine detaillierte Istzustands-untersuchung, die zudem ohne zweckmäßige Abgrenzung der zu untersuchenden betrieblichen Aufgaben erfolgt, nur mit umfangreicher und weitgehend nutzloser Mehrarbeit möglich.

Schnittstellen der Vorstudie

Schnittstellen der Vorstudie sind die Planungsziele (Input der Vorstudie) und die Grundkonzeption (Output der Vorstudie). Die Planungsziele bilden die Schnitt-stelle zwischen der strategischen Informationssystem-Planung und der Vorstudie; diese Schnittstelle wurde bei der Darstellung des Zusammenhangs zwischen Infor-mationsmanagement und Projektmanagement erläutert (vgl. Lerneinheit ZAMIP). Die Planungsziele legen den Handlungsspielraum fest, in dem sich die Vorstudie bewegen kann. Sie können, wie in Abb. ZAMVS-1 gezeigt, zerlegt werden (wegen Einzelheiten vgl. Lerneinheit ZIELP). Die Grundkonzeption bildet die Schnittstelle zwischen der Vorstudie und der Feinstudie; sie ist damit der Input der Feinstudie (vgl. Lerneinheit ZAMFS).

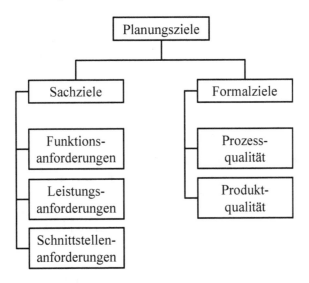

Abb. ZAMVS-1: Struktur der Planungsziele

Aus der Vorstudie erfolgt eine Rückkopplung zur strategischen Maßnahmen-planung, weil die Formulierung des Projektportfolios – und daraus folgend die Vorgabe der Planungsziele für ein Informatik-Projekt – ohne eine Präzisierung von Projektideen nicht möglich ist; diese Präzisierung kann nur durch die Vorstudie erfolgen. Zwischen der Vorstudie und der strategischen Maßnahmenplanung be-steht also ein enger, interaktiver Zusammenhang.

Aufgaben der Vorstudie

Aus dem Ziel der Vorstudie, die Grundkonzeption für das zu schaffende Informationssystem zu erarbeiten, ergeben sich folgende Aufgaben:

- Erste Aufgabe der Vorstudie: Sachzielplanung. Entsprechend der Gliederung der Sachziele in Funktionsanforderungen, Leistungsanforderungen und Schnittstellenanforderungen werden die geforderten Funktionen, Leistungen und Schnittstellen festgelegt. Alle Anforderungen müssen sich im Rahmen des Handlungsspielraums, der von den Planungszielen bestimmt wird, bewegen (vgl. Lerneinheiten ZIELP und ANFAN).
- Zweite Aufgabe der Vorstudie: Formalzielplanung. Entsprechend der Gliederung der Formalziele in Anforderungen an die Prozessqualität und Anforderungen an die Produktqualität werden die geforderten Qualitätsmerkmale für den Planungsprozess und für das Planungsergebnis festgelegt. Prozessanforderungen und Produktanforderungen müssen sich im Rahmen des Handlungsspielraums, der durch die Planungsziele gegeben ist, bewegen (vgl. Lerneinheiten ZIELP und ANFAN).
- Dritte Aufgabe der Vorstudie: Entwurfsplanung. Ausgehend von den als Sachziele und als Formalziele festgelegten Produktanforderungen werden alternative Systemkonzepte entworfen und evaluiert, und es wird das optimale Systemkonzept als Grundkonzeption ausgewählt.

Die zentrale Bedeutung der betrieblichen Aufgabe, die durch das zu schaffende Informationssystem unterstützt werden soll, kommt dadurch zum Ausdruck, dass die Sachzielplanung – und innerhalb der Sachzielplanung die Ermittlung der Funktionsanforderungen – Ausgangspunkt des gesamten Arbeitsprozesses ist. Die Vorstudie ist also – so wie der gesamte Planungsprozess – primär aufgabengetrieben, nicht technologiegetrieben.

Komplexität und Kompliziertheit der Projektaufgabe legen es nahe, von einer relativ abstrakten Ebene auszugehen und eine mit Rückkopplungen durchsetzte, phasenweise Konkretisierung anzustreben. In diesem Sinn sind die alternativen Systemkonzepte und die Grundkonzeption, von der ausgehend die detaillierte Untersuchung des Istzustands (vgl. Lerneinheit ZAMFS), der Systementwurf (vgl. Lerneinheit ZAMSE), die Implementierung (vgl. Lerneinheit ZAMIM) und schließlich die Installierung (vgl. Lerneinheit ZAMIN) erfolgen, zu verstehen. Die Reduzierung von Komplexität und Kompliziertheit erfolgt also durch ganzheitliches Planen auf einer abstrakten Ebene, dessen Zwischenergebnisse die alternativen Systemkonzepte sind und dessen Ergebnis in der Vorstudie die Grundkonzeption ist.

Anschließend erfolgt eine schrittweise Verfeinerung bis zur Realisierung durch Analyse, Entwurf, Implementierung und Installierung der systematisch gebildeten Komponenten dieser Ganzheit. Die Reduzierung von Komplexität und Kompliziertheit erfolgt durch systematisches Zerlegen des durch die Grundkonzeption gegebenen Gesamtsystems in Teilsysteme (z.B. Datensystem, Methodensystem, Arbeitsorganisation) bei der Analyse, beim Entwurf und bei der Implementierung.

Der Grundkonzeption kommt daher eine entscheidende Weichenstellung zu. Durch die Planungsziele wird zunächst ein relativ weiter Handlungsspielraum abgegrenzt, in dem die alternativen Systemkonzepte entworfen werden. Durch die alternativen Systemkonzepte wird der Handlungsspielraum verengt, und durch die Auswahl der Grundkonzeption als optimales Systemkonzept wird er weiter eingeschränkt und für die nachfolgenden Projektphasen, zunächst also für die Feinstudie, festgelegt (vgl. Abb. ZAMVS-2).

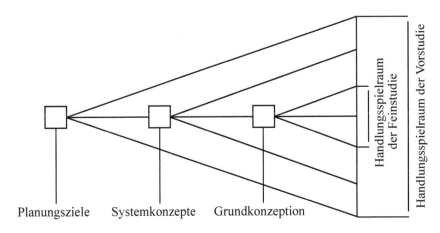

Abb. ZAMVS-2: Verengung des Handlungsspielraums durch die Vorstudie (nach *Cave/Maymon*)

Charakter der Vorstudie

Die Vorstudie ist ein *kooperativer* Prozess, an dem insbesondere die zukünftigen Benutzer (als Vertreter des Auftraggebers) und die Systemplaner (als Vertreter des Auftragnehmers) beteiligt sind (vgl. Lerneinheiten PROIP und PROVE). Sie ist auch ein *zyklischer* Prozess, der von den definierten Planungszielen ausgeht und zunächst eine grobe Beschreibung der Anforderungen durch den Auftraggeber bzw. durch die Benutzer im Lastenheft erfordert (vgl. Lerneinheit PFLIC). Wie viele Planungszyklen erforderlich sind, um das Ziel der Vorstudie zu erreichen, hängt von verschiedenen Faktoren ab, insbesondere von Komplexität und Kompliziertheit der betrieblichen Aufgabe, die Gegenstand des Informatik-Projekts ist, aber auch von den Erfahrungen der Beteiligten sowie von den verfügbaren und tatsächlich verwendeten Methoden, Techniken und Werkzeugen.

Systemkonzepte und Grundkonzeption sollen sich nicht an bestehenden Grenzen betrieblicher Funktionalbereiche (z.B. an Abteilungsgrenzen) orientieren, sondern an den Arbeitsprozessen. Dies bewirkt – zumindest idealtypisch – dass alle Funktions- und Leistungsanforderungen der Aufgaben dieser Prozesse und alle Funktions- und Leistungsmerkmale der in diesen Prozessen verwendeten Sachmittel untereinander abgestimmt und integriert sind. Die Generierung alternativer Systemkonzepte bedarf also primär eines Denkens in Zusammenhängen, nicht eines Denkens im Detail. Nachträgliche, grundlegende Änderungen der Funktions- und Leistungsanforderungen und der vorgesehenen Sachmittel sollten möglichst vermieden werden. Eine Rückkehr aus späteren Projektphasen in die Vorstudie soll daher idealerweise nicht erforderlich sein; sie bedeutet praktisch den Neuaufwurf des gesamten Konzepts, im Extremfall also ein anderes Informatik-Projekt.

Systemkonzepte und die Grundkonzeption sind nicht technikfrei; sie sind keine rein logischen Modelle. Damit begrenzt die Grundkonzeption nicht nur den Handlungsspielraum für den Systementwurf, sondern sie steckt auch den groben Rahmen ab, in dem die Implementierung erfolgen soll.

Die Frage, wie detailliert die Systemeigenschaften entworfen und in der Grundkonzeption beschrieben sein sollen, ist nur situationsabhängig zu beantworten. Manche Systemplaner neigen dazu, sehr viel Entwicklungsarbeit vorwegzunehmen und schon in der Vorstudie in die Tiefe zu gehen. Da die meisten Systemkonzepte verworfen werden und nur eines als Grundkonzeption weiter verfolgt wird, werden durch dieses Verhalten Planungsressourcen vergeudet. Eine pragmatische Vorgehensweise geht dort mehr ins Detail, wo wenig Erfahrungswissen vorhanden ist, und geht dort weniger ins Detail, wo bereits viel Erfahrungswissen vorhanden ist. Innovative Informatik-Projekte (z.B. Geschäftsmodelltransformation) verlangen daher mehr Detailarbeit in der Vorstudie als weniger innovative Projekte.

Zuviel Planungsarbeit im Detail ist in der Vorstudie auch deshalb zu vermeiden, weil sie den Blick auf das Grundsätzliche, hier auf die alternativen Systemkonzepte, verstellt. Eine Richtzahl von ± fünf Systemkonzepten hat sich als zweckmäßig erwiesen. In diesem Zusammenhang muss auch auf die Benutzerbeteiligung hingewiesen werden, die bei der Vorstudie wegen der durch die Grundkonzeption bewirkten Weichenstellung im Projekt von zentraler Bedeutung ist (vgl. Lerneinheit PROVE).

Arbeitsschritte beim Entwerfen der Grundkonzeption

Aus dem bisher Gesagten lassen sich die einzelnen Arbeitsschritte ableiten, die beim Entwerfen der Grundkonzeption durchzuführen sind (vgl. Abb. ZAMVS-3); sie werden nachfolgend erläutert:

- Erster Arbeitsschritt: Informationsgewinnung zur Präzisierung des Bedarfs und der Möglichkeit der Bedarfsdeckung.
- Zweiter Arbeitsschritt: Generierung und Beschreibung von alternativen Systemkonzepten zur Deckung des definierten Bedarfs.
- Dritter Arbeitsschritt: Ermittlung der Auswirkungen der alternativen Systemkonzepte in Bezug auf die Planungsziele.
- Vierter Arbeitsschritt: Alternativenbewertung und Auswahl der optimalen Alternative, also das Bestimmen der Grundkonzeption.

Mit dem ersten Arbeitsschritt werden die Informationen ermittelt, welche den Bedarf bezüglich der Sachziele und der Formalziele präzisieren (Anforderungen der Aufgaben und Aufgabenträger) und welche die Möglichkeiten der Bedarfsdeckung durch den Einsatz von Techniksystemen angeben (Merkmale der Techniksysteme).

Ausgehend von den im ersten Arbeitsschritt ermittelten Informationen werden im zweiten Arbeitsschritt alternative Systemkonzepte generiert. Jedes Systemkonzept muss den definierten Bedarf erfüllen, also den Planungszielen genügen. Die Systemkonzepte sind aus der Sicht der Planungsziele zulässige Alternativen. Beim Generieren der Alternativen handelt es sich um einen kreativen Prozess, der durch die Anwendung von Kreativitätstechniken methodisch unterstützt wird (vgl. Lerneinheit KREAT).

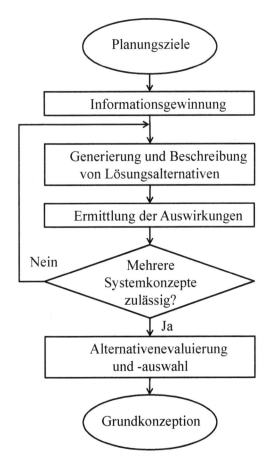

Abb. ZAMVS-3: Arbeitsablauf beim Entwerfen der Grundkonzeption

Bevor Kreativitätstechniken angewendet werden können, ist festzulegen, welches die wichtigen Merkmale eines Informationssystems sind und wie es so in Entwurfsobjekte zerlegt werden kann, dass eine aussagefähige, das heißt für den nächsten Arbeitsschritt brauchbare Beschreibung der generierten Systemkonzepte möglich ist. Für jedes der festgelegten Merkmale ist für jedes Entwurfsobjekt eine Entwurfsentscheidung erforderlich. Da der Ausgangspunkt eines Systemkonzepts die mit den Sachzielen beschriebenen betrieblichen Aufgaben sind, stellen diese Aufgaben die Entwurfsobjekte dar. Die gewählte Aufgabengliederung (z.B. grobe Gliederung nach Aufgabentypen oder feine Gliederung nach Tätigkeiten) ist primär vom Projektumfang, der den Aufwand für die Generierung und die Beschreibung der alternativen Systemkonzepte maßgeblich bestimmt, abhängig. Bei kleinem Projektumfang kann eine feinere Aufgabengliederung verwendet werden als bei großem Projektumfang. Unabhängig davon, wie die Aufgabengliederung erfolgt, kann jedes Entwurfsobjekt weiter zerlegt werden. Von diesen Überlegungen ausgehend können für jedes Entwurfsobjekt die Entwurfsentscheidungen und die Beschreibung der alternativen Systemkonzepte unter Verwendung verschiedener entwurfsunterstützender Entwurfsmethoden erfolgen (z.B. Modellierungsmethoden, vgl. Lerneinheiten PROMO und DATMO).

Die im zweiten Arbeitsschritt generierten und beschriebenen alternativen Systemkonzepte führen insgesamt, aber nicht notwendigerweise bezüglich jeder Entwurfsdimension, zu verschiedenartigen Veränderungen der Aufgabenfunktionen. Es wird also durch die Generierung von alternativen Systemkonzepten eine Menge von neuen, zumindest von veränderten Kombinationen von Funktionen entworfen. Diese wirken sich oft auch in unterschiedlicher Weise auf die Strukturelemente und auf die Prozesse einer Organisation aus, die zu erfassen bzw. zu prognostizieren und so zu ordnen sind, dass sie für die nachfolgende Evaluierung der Systemkonzepte verwendbar sind.

Unter der Annahme, dass die Planungsziele in ihrer Gesamtheit als Zielsystem alle Aussagen der Entscheidungsträger über den anzustrebenden Zustand des zu schaffenden Informationssystems enthalten, können die Zielinhalte Ausgangspunkt für die Konsequenzanalyse sein. Folglich ist je Planungsziel und für jedes alternative Systemkonzept der Zielertrag zu erfassen bzw. zu prognostizieren. Zur methodischen Unterstützung des dritten Arbeitsschritts können z.B. die Wirtschaftlichkeitsanalyse (vgl. Lerneinheit WIRTA) sowie die Wertanalyse (vgl. Lerneinheit WERTA) verwendet werden. Nachdem die Alternativen, die Ziele und die Zielerträge ermittelt wurden, sind im vierten Arbeitsschritt die Ziele zu gewichten, die Zielerträge in Zielwerte zu überführen (Skalierung) und eine geeignete Entscheidungsregel zur Wertsynthese auszuwählen und anzuwenden. Damit wird eine optimale Alternative bestimmt, die als Grundkonzeption in den folgenden Projektphasen verwendet wird. Zur methodischen Unterstützung eignet sich die Nutzwertanalyse (vgl. Lerneinheit Nutzwertanalyse in *Heinrich/Riedl/Stelzer* sowie den in der Lerneinheit EVALU dargestellten Analytischen Hierarchieprozess).

Nebenbedingungen der Vorstudie

Außer den Planungszielen sind der Vorstudie in der Regel Nebenbedingungen vorgegeben. Dabei handelt es sich um Tatbestände, die – wie die Planungsziele – den Handlungsspielraum der Projektleitung begrenzen, die aber nicht als Planungsziele formuliert werden oder die nicht als solche formulierbar sind. Beispiele für Nebenbedingungen sind:

- Beachtung grundlegender *organisatorischer* Gegebenheiten des Istzustands (z.B. Abteilungsgliederung, Prozessverantwortung);
- Beachtung grundlegender *personeller* Gegebenheiten des Istzustands (z.B. Personalfreisetzungen, Schaffen von neuen Arbeitsplätzen, vorhandene bzw. zu schaffende Personalqualifikation);
- Beachtung grundlegender *technischer* Gegebenheiten für den Sollzustand (z.B. vorhandene Infrastruktur, insbesondere Techniksysteme);

- Beachtung grundlegender *finanzieller* Gegebenheiten (z.B. verfügbare Budgets);
- Verwendung bestimmter Formen der *Projektorganisation* (vgl. Lerneinheit PRORG);
- Beachtung bestimmter Standards (z.B. Dokumentationsstandards, die im Projekthandbuch niedergelegt sind, vgl. Lerneinheiten PROHB und DOKUM).

Methoden, Techniken und Werkzeuge der Vorstudie

Da die Aufgaben der Vorstudie *schlecht strukturiert* sind, ist es nicht überraschend, dass es für ihre Durchführung eher schwach unterstützende Methoden und Techniken und demzufolge auch kaum spezifische Werkzeuge gibt. Dies ist für den Erfolg eines Informatik-Projekts von besonderer Bedeutung, weil erfahrungsgemäß gerade in den frühen Phasen schwerwiegende Fehler gemacht werden, die sich auf den Prozess und auf die Ergebnisse eines Informatik-Projekts negativ auswirken können. Die Erfahrung zeigt auch, dass die Beseitigung der Fehler – sofern dies überhaupt möglich und nicht ein völliger Neuaufwurf erforderlich ist – erhebliche negative Konsequenzen zeitlicher, finanzieller und personeller Art hat, die sich so stark auswirken können, dass Projektziele nicht erreicht werden und das Projekt möglicherweise notleidend wird oder sogar scheitert.

Die Methoden und Techniken zur Unterstützung der Vorstudie sind eher Heuristiken (heuristische Methoden) als „griffige" Methoden; die wichtigsten heuristischen Methoden sind:

- die Anforderungsanalyse für das Festlegen der Sachziele und der Formalziele; innerhalb der Anforderungsanalyse wird eine Reihe von allgemeinen Erhebungs- und Beschreibungsmethoden angewendet (vgl. Lerneinheit ANFAN);
- die Kreativitätstechniken für das Entwerfen alternativer Systemkonzepte (vgl. Lerneinheit KREAT);
- die Wertanalyse (vgl. Lerneinheit WERTA) und die Wirtschaftlichkeitsanalyse (vgl. Lerneinheit WIRTA) für das Evaluieren und Optimieren alternativer Systemkonzepte;
- die Nutzwertanalyse und der Analytische Hierarchieprozess für die Auswahl des optimalen Systemkonzepts, also für das Bestimmen der Grundkonzeption.

Berechnungen, die bei der Anwendung der Nutzwertanalyse sowie des Analytischen Hierarchieprozesses durchzuführen sind, werden durch Werkzeuge (Anwendungssoftware) unterstützt. Hierbei können Tabellenkalkulationsprogramme wie Microsoft Excel oder spezifische Werkzeuge, die auf der methodischen Vorgehensweise der Nutzwertanalyse oder des Analytischen Hierarchieprozesses aufbauen, eingesetzt werden (z.B. CelsiEval, ein von der Schweizer CELSI AG angebotenes Softwareprodukt).

Dokumentation der Vorstudie

Die Ergebnisse der Sachzielplanung und der Formalzielplanung werden in einem als Anforderungskatalog, Anforderungsspezifikation oder Lastenheft bezeichneten Dokument abgelegt. Die Struktur dieses Dokuments kann wie folgt sein:

- Einführung: Ausgehend von einer konkreten Informationsnachfrage werden die Planungsziele für das zu schaffende Informationssystem beschrieben.
- Systemumgebung: Es wird erläutert, wie das zu schaffende Informationssystem in die bestehende Informationsinfrastruktur einzuordnen ist.
- Sachziele: Es werden die Funktions-, Leistungs- und Schnittstellenanforderungen dokumentiert; die Zusammenhänge mit den Formalzielen werden kenntlich gemacht.
- Formalziele: Es werden die Anforderungen an die Prozessqualität und an die Produktqualität dokumentiert; die Zusammenhänge mit den Sachzielen werden kenntlich gemacht.
- Nicht-Ziele: Es wird explizit angegeben, welche Ziele nicht verfolgt werden (dies ist insbesondere dann wichtig, wenn eine am Projekt beteiligte Person aufgrund des Projektgegenstands annehmen bzw. vermuten könnte, dass ein bestimmter anzustrebender Zustand Projektziel ist).
- Begriffserläuterungen: Alle in der Spezifikation verwendeten Fachbegriffe werden erklärt.
- Quellen: Alle verwendeten Quellen und Personen, die an der Dokumentation beteiligt waren und die für Änderungen zuständig sind, werden identifiziert.
- Index: Ein alle wesentlichen Begriffe nachweisender Index soll die Verwendung des Dokuments erleichtern.

Forschungsbefunde

Sammon/Adam stellen auf der Basis der Sichtung von Erkenntnissen in der Fachliteratur ein Modell vor, das zur Bestimmung der „organizational readiness" in den Bereichen ERP- und Datawarehouse-Projekte verwendet werden kann. Die Berücksichtigung dieses Modells kann helfen, dass Unternehmen insbesondere in der Vorstudie eines Informatik-Projekts potentielle Risikofaktoren identifizieren. Dies ist die Grundlage eines erfolgreichen Risikomanagements. *Sammon/Adam* (1) schreiben zum praktischen Nutzen ihrer Arbeit: „[it] should help managers assess their organisation's readiness for ERP and data warehousing projects. The main objective of the paper is to present a literature-based model which lists the key prerequisites that organisations should assess prior to undertaking these expensive projects." Nachfolgend werden beispielhaft die organisationalen Voraussetzungen (organisational prerequisites) für Datawarehouse(DW)-Projekte angegeben (im englischen Original, *Sammon/Adam*, 6):

- Systems factors: hardware/software 'proof of concept', knowledge of DW compatibility with existing systems, a long term plan for automated data extraction methods/tools.
- Data factors: attention to source data quality, a flexible enterprise data model, data stewardship.
- Skills factors: project team with access to cross-functional project management and implementation experience.
- Organisational factors: executive sponsorship and commitment.
- Project management factors: a business driven data warehousing initiative, funding commitment (budgeted and unexpected) based on realistically managed expectations.

Shollo et al. legen ihrer empirischen Arbeit die These zugrunde, dass strategische Entscheidungen zu IT-Investitionen auf einem Projektpriorisierungsprozess basieren, der wiederum auf evidenzbasiertem Management und rationaler Entscheidungsfindung fußt. Konkret wurde folgende Forschungsfrage untersucht: Wie nutzen Entscheidungsträger Informationen im IT-Projektpriorisierungsprozess? Um diese Frage zu untersuchen, wurde eine Fallstudie mit Längsschnittdesign in einer skandinavischen Finanzinstitution durchgeführt. Über einen Zeitraum von 18 Monaten wurden Daten erhoben; folgende Erhebungstechniken wurden eingesetzt, 174: „real-time observation, recording of meetings, semi-structured interviews, workshops, and collection of written documents produced by the organization". Auf der Basis umfangreicher Datenanalysen wurden vier Taktiken identifiziert, die Entscheidungsträger im Umgang mit Informationen verwenden: Ergänzen (supplementing), Ersetzen (substituting), Interpretieren (interpreting), Neueinordnen (reframing). Weiter wird berichtet, dass die Wahl der Taktik davon abhängt, wie Entscheidungsträger die zur Verfügung stehenden Informationen wahrnehmen. Zudem wurde herausgefunden, dass die Urteilsbildung im Projektpriorisierungsprozess auf unterschiedliche Weisen erfolgt (z.B. durch Heuristiken oder durch die Berücksichtigung der Meinung von mächtigen Akteuren in der Organisation, 180: „powerful people in the organization may enable the decision maker to adequately judge and interpret the presented evidence"). *Shollo et al.* (171) ziehen in ihrer Arbeit folgendes Fazit: „Our study shows that although evidence is not playing its designated role in evidence-based management, it nevertheless plays a central role in the IT prioritization process."

Prater et al. argumentieren, dass die Festlegung realistischer Planungsziele und daraus abgeleiteter Projektziele in den frühen Phasen eines Projekts ein wesentlicher Erfolgsfaktor für Projekte ist, wobei angegeben wird, dass in vielen Projekten eine Unterschätzung von bedeutsamen Planungsgrößen wie Zeitbedarf und Kosten gegeben ist. Eine wesentliche Ursache einer solchen Unterschätzung ist der „optimism bias", der im Beitrag wie folgt definiert wird (371): „a cognitive predisposition found with most people to judge future events in a more positive light than is warranted by actual experience". Auf der Basis einer Analyse von 33 Forschungsarbeiten kommen *Prater et al.* zu dem Schluss, dass „independent third party to review the estimate" die zweckmäßigste Technik ist, um eine Unterschätzung bedeutsamer Planungsgrößen zu vermeiden. Eine wichtige Implikation dieser Studie für das Management von Information-Projekten ist, dass die Ergebnisse der Zielplanung der Vorstudie (Sach- und Formalzielplanung) unabhängigen Experten vorgelegt werden sollten, um eine Einschätzung darüber zu erhalten, wie realistisch die Planwerte sind.

Kontrollfragen
1. Was ist das Ziel der Vorstudie?
2. Was sind die Aufgaben der Vorstudie?
3. Welche Schnittstellen bestehen zwischen der Vorstudie und der strategischen Informationssystem-Planung einerseits sowie der Feinstudie andererseits?
4. Welche Arbeitsschritte gibt es beim Entwerfen der Grundkonzeption?
5. Welche Nebenbedingungen der Vorstudie sind bei Informatik-Projekten zu beachten?

Quellenliteratur

Cave, W. C./Maymon, G. W.: Leitfaden des Software-Projektmanagements. Forkel, 1988

Heinrich, L. J.: Zur Methodik der Systemplanung in der Wirtschaftsinformatik. In: Schult, E./Siegel, Th. (Hrsg.): Betriebswirtschaftslehre und Unternehmenspraxis. Schmidt, 1986, 83-99

Heinrich, L. J.: Schwachstellen und Risiken bei Softwareprojekten. Computer und Recht, 7/1988, 584-587

Heinrich, L. J.: Der Prozess der Systemplanung und -entwicklung. In: Kurbel, K./Strunz, H. (Hrsg.): Handbuch der Wirtschaftsinformatik. Poeschel, 1989, 199-214

Heinrich, L. J./Riedl, R./Stelzer, D.: Informationsmanagement: Grundlagen, Aufgaben, Methoden. 11. A., De Gruyter Oldenbourg, 2014

Prater, J./Kirytopoulos, K./Ma, T.: Optimism bias within the project management context: A systematic quantitative literature review. International Journal of Managing Projects in Business, 2/2017, 370-385

Sammon, D./Adam, F.: Towards a model for evaluating organizational readiness for ERP and data warehousing projects. Proceedings of the 11th European Conference on Information Systems, 2004

Shollo, A./Constantiou, I./Kreiner, K.: The interplay between evidence and judgment in the IT project prioritization process. Journal of Strategic Information Systems, 3/2015, 171-188

Vertiefungsliteratur

Balzert, H.: Lehrbuch der Softwaretechnik. Entwurf, Implementierung, Installation und Betrieb. 3. A., Spektrum Akademischer Verlag, 2011

Sommerville, I.: Software engineering. 10. A., Pearson, 2016

Normen und Richtlinien

Siehe dazu die in den Lerneinheiten ANFAN, KREAT, WERTA, WIRTA und EVALU angegebenen Normen und Richtlinien.

Werkzeuge

Siehe dazu die in den Lerneinheiten ANFAN, KREAT, WERTA, WIRTA und EVALU angegebenen Werkzeuge.

Interessante Links

https://designthinking.ideo.com/
https://www.simplilearn.com/feasibility-study-article

ZAMFS - Ziel, Aufgaben und Methodik der Feinstudie

Lernziele

Sie können die Zweckmäßigkeit der Projektphase Feinstudie begründen. Sie können das Ziel dieser Projektphase mit eigenen Worten wiedergeben. Sie können die Struktur der Feinstudie erläutern und ihre Aufgaben nennen. Sie können die Feinstudie anhand ihrer charakteristischen Merkmale beschreiben. Sie kennen die Situation bezüglich der verfügbaren Methoden, Techniken und Werkzeuge zur Unterstützung der Aufgaben der Feinstudie.

Definitionen und Abkürzungen

Abweichung (deviation) = der Unterschied zwischen dem Wert eines Attributs im Istzustand und dem Wert desselben Attributs im Sollzustand.

Feinstudie (detailed systems study) = die Untersuchung der organisatorischen, technischen, personellen und sozialen Bedingungen und Regelungen des bestehenden Informationssystems.

Istzustand (current system) = die technischen, organisatorischen, personellen und sozialen Bedingungen und Regelungen eines bestehenden Informationssystems.

Istzustandsanalyse (current system analysis) = das zielorientierte Untersuchen des Istzustands durch Zerlegen und das kritische Beurteilen des durch Untersuchen Festgestellten daraufhin, ob es bestimmten Standards entspricht.

Istzustandserfassung (current system survey) = die Festlegung der Attribute, die Ermittlung der Attributewerte und die Ordnung und Dokumentation der Attribute und Attributewerte des Istzustands. Synonym: Istzustandserhebung.

Istzustandsoptimierung (current system optimization) = die Erarbeitung und Realisierung von kurzfristig wirksamen Maßnahmen zum Verbessern des Istzustands.

istzustandsorientierter Ansatz (current system-based approach) = eine Methodik, die durch die Vorgehensweise „erst Istzustandserfassung, dann Istzustandsanalyse, dann Systementwurf" gekennzeichnet ist.

Istzustandsuntersuchung (current system study) = die zusammenfassende Bezeichnung für Istzustandserfassung und Istzustandsanalyse.

logisches Modell (logical model) = die Abbildung eines Systems, die vollständig von einer bestimmten Form der Implementierung abstrahiert.

physisches Modell (physical model) = die Abbildung eines Systems, die eine bestimmte Form der Implementierung verwendet.

Sollzustand (target system) = die technischen, organisatorischen, personellen und sozialen Bedingungen und Regelungen eines geplanten Informationssystems.

sollzustandsorientierter Ansatz (target system-based approach) = eine Methodik, die durch die Vorgehensweise „erst Systementwurf, dann Istzustandserfassung, dann Entwurfsanpassung" gekennzeichnet ist.

Stärken-/Schwächen-Katalog (list of strengths/weaknesses) = die systematische Dokumentation der Stärken und Schwächen eines Systems.

Ziel der Feinstudie

Das generelle Sachziel eines Informatik-Projekts besteht darin, dem Auftraggeber ein produktives Informationssystem zur Verfügung zu stellen. Entsprechend dem Phasenschema für Informatik-Projekte (vgl. Lerneinheit PROIP) werden aus dem generellen Sachziel die Ziele der Projektphasen abgeleitet, hier also das Ziel der Projektphase Feinstudie. Davon ausgehend werden die Aufgaben der Feinstudie bestimmt sowie die Methoden, Techniken und Werkzeuge zur Unterstützung der Aufgabendurchführung festgelegt.

Untersuchungsobjekt der Feinstudie ist der Istzustand, der zunächst erfasst (Istzustandserfassung), dann analysiert (Istzustandsanalyse) und schließlich optimiert wird. An diese Feststellung knüpft sich die Frage, warum es angesichts des erklärten Sachziels, ein *neues* Informationssystem zu schaffen, zweckmäßig oder gar notwendig ist, eine Istzustandsuntersuchung durchzuführen. Folgende Argumente, die teilweise für, teilweise gegen die Istzustandsuntersuchung sprechen, können helfen, ein ausreichendes Verständnis für die Feinstudie zu entwickeln:

- Die Bezeichnung Ist lenkt den Blick der Systemplaner auf die Gegenwart oder sogar auf die Vergangenheit; es besteht daher die Gefahr, dass sie den „Blick für die Zukunft" verlieren.
- Die Istzustandserfassung kann für unerfahrene Systemplaner in Beschäftigungstherapie ausarten; es werden Daten erfasst und analysiert, die im Hinblick auf die Erreichung der Planungsziele nutzlos sind.
- Es können Datenfriedhöfe entstehen, in denen die Systemplaner die Orientierung verlieren; „weniger" wäre also „mehr" gewesen.
- Je detaillierter die Istzustandsuntersuchung ist, desto länger dauert sie in der Regel; damit steigt die Wahrscheinlichkeit, dass die Aktualität verloren geht; die erhobenen Daten bilden den Istzustand nicht ausreichend genau ab, weil sich dieser inzwischen verändert hat.
- Die von einer Istzustandsuntersuchung „betroffenen Aufgabenträger" können diese als Kontrolle empfinden, mit Befürchtungen und Ängsten reagieren und damit ein Verhalten zeigen, das dem Istzustand nicht entspricht.
- Die Abbildung des Istzustands ist immer ein physisches Modell, und die physischen Attribute können beim Erkennen der Stärken und Schwächen des Istzustands hinderlich sein.
- Die Tatsache, dass der Istzustand mit physischen Attributen belegt ist, erleichtert es den Systemplanern, die Wirklichkeit zutreffend abzubilden; sie können das physische Modell also dazu benutzen, ein logisches Modell herauszuarbeiten, indem sie die physischen Attribute sukzessiv entfernen.
- Die Analyse des Istzustands ist überhaupt nicht möglich, wenn keine ausreichend genauen Vorstellungen über den Sollzustand verfügbar sind.
- Auch ein neues Informationssystem kann nicht „auf der grünen Wiese" geschaffen werden; es muss sich in den vorhandenen organisatorischen Kontext einfügen, der nicht verändert werden kann oder soll; dazu sind gute Kenntnisse über den Istzustand erforderlich.

- Auch für Informatik-Projekte gilt, dass „der Teufel im Detail steckt"; die Implementierung anspruchsvoller Systementwürfe kann scheitern, wenn sie restriktiv wirkende Details des Istzustands ignorieren, weil diese nicht bekannt sind.

Von diesen Argumenten ausgehend kann unter Berücksichtigung des Ergebnisses der Vorstudie das Ziel der Feinstudie wie folgt angegeben werden: In dem durch die Vorstudie abgegrenzten Untersuchungsbereich, der durch die Grundkonzeption beschrieben wird, ist der Istzustand so weit im Detail zu erfassen und zu analysieren, wie dies zur Überprüfung der Zweckmäßigkeit der Grundkonzeption bzw. zu deren Anpassung notwendig ist. Mit anderen Worten: Wie dies notwendig ist, um mit der Präzisierung der Grundkonzeption aus der ersten Projektphase (Vorstudie) in der dritten Projektphase (Systementwurf) fortfahren zu können; nicht mehr, aber auch nicht weniger.

Die Methodik der Feinstudie folgt primär einem istzustandsorientierten Ansatz; sie folgt ihm jedoch nur im Rahmen der aus der Vorstudie vorgegebenen Grundkonzeption. Indem sie sich im Rahmen der Grundkonzeption bewegt, folgt die Feinstudie insoweit auch einem sollzustandsorientierten Ansatz (vgl. Lerneinheit ZAMIP). Die Istzustandsorientierung ist also nicht Selbstzweck, sondern auf die Planungsziele ausgerichtet; sie ergänzt die Sollzustandsorientierung und stellt insbesondere sicher, dass die für den Systementwurf beachtenswerten Bedingungen des Istzustands (idealerweise vollständig) aufgedeckt werden (vgl. *Heinrich*).

Aufgaben der Feinstudie

Aus dem Ziel der Feinstudie, die Grundkonzeption mit Hilfe der durch die Istzustandsuntersuchung gewonnenen Informationen anzupassen, ergeben sich ihre Aufgaben wie folgt:

- Erste Aufgabe der Feinstudie: Istzustandserfassung. Erfassen des Istzustands in dem durch die Grundkonzeption gegebenen Untersuchungsbereich mit einem für die Analyse des Istzustands notwendigen Detaillierungsgrad.
- Zweite Aufgabe der Feinstudie: Istzustandsanalyse. Analysieren des Istzustands zur Feststellung seiner Stärken und Schwächen.
- Dritte Aufgabe der Feinstudie: Istzustandsoptimierung. Verbessern des Istzustands durch Erarbeiten und Realisieren von kurzfristig wirksamen Maßnahmen (insbesondere durch Beseitigen von Schwächen).
- Vierte Aufgabe der Feinstudie: Anpassen der Grundkonzeption aufgrund der Ergebnisse der Istzustandsuntersuchung, insbesondere aufgrund der erkannten Stärken und Schwächen des Istzustands.

Abbildung ZAMFS-1 zeigt die Aufgaben der Feinstudie als groben Arbeitsablauf. Die zentrale Bedeutung des Stärken-/Schwächen-Katalogs im Arbeitsprozess der Feinstudie ist deutlich erkennbar. Er ist Ergebnis der Istzustandsuntersuchung und beschreibt den Istzustand als Stärken und Schwächen, an denen das Optimieren des Istzustands sowie das Anpassen der Grundkonzeption ausgerichtet werden.

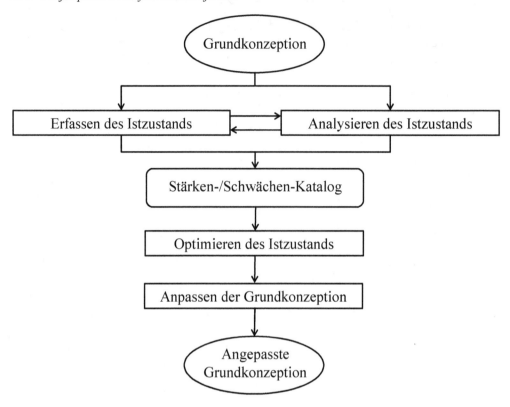

Abb. ZAMFS-1: Prozess der Feinstudie

Charakter der Feinstudie

Die Feinstudie ist, neben der im Vordergrund stehenden Istzustandsorientierung, durch die Interaktion zwischen Istzustandserfassung und Istzustandsanalyse, durch die Dualität zwischen vorgegebener und wahrgenommener Arbeitssituation sowie durch das zwischen Systemplanern und Benutzern latent vorhandene Konfliktpotential gekennzeichnet.

Interaktiver Charakter der Feinstudie: Zwischen der Istzustandserfassung und der Istzustandsanalyse besteht ein enger, interaktiver Zusammenhang, der durch eine Reihe von Merkmalen gekennzeichnet ist. Aus diesen folgt, dass es *nicht* möglich ist, die Istzustandserfassung zunächst abzuschließen um dann, von ihren Ergebnissen ausgehend, die Istzustandsanalyse durchzuführen. Dies wird in Abb. ZAMFS-1 durch die parallele Anordnung von Istzustandserfassung und Istzustandsanalyse sowie durch die beiden horizontalen Pfeile zum Ausdruck gebracht. Es handelt sich um folgende Merkmale des interaktiven Zusammenhangs:

- Die Istzustandserfassung ist kein Selbstzweck; sie ist immer auf den Zweck der Istzustandsanalyse ausgerichtet (was analysiert werden muss, muss erfasst werden; was nicht analysiert werden muss, braucht nicht erfasst zu werden).
- Die Istzustandserfassung ist Voraussetzung für die Istzustandsanalyse; ohne Istzustandserfassung ist eine Istzustandsanalyse nicht möglich.

- Beim Durchführen der Feinstudie lassen sich Istzustandserfassung und Istzustandsanalyse nicht deutlich voneinander abgrenzen; beide bilden einen vernetzten Prozess mit abwechselnden, sich gegenseitig bedingenden Erfassungstätigkeiten und Analysetätigkeiten.
- Zu Beginn der Feinstudie liegt der Arbeitsschwerpunkt auf der Istzustandserfassung, im Verlauf der Feinstudie verschiebt er sich zur Istzustandsanalyse. Abbildung ZAMFS-2 zeigt dies schematisch (wobei der Einfachheit halber ein linearer Zusammenhang zwischen Istzustandserfassung und Istzustandsanalyse angenommen wird); auf der X-Achse ist der Zeitablauf in der Feinstudie, auf der Y-Achse sind die relativen Arbeitsanteile der Istzustandserfassung und der Istzustandsanalyse angegeben.

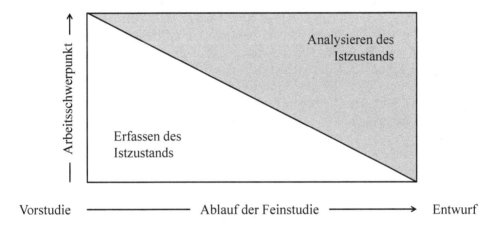

Abb. ZAMFS-2: Interaktiver Charakter der Feinstudie

Dualer Charakter der Feinstudie: Der duale Charakter der Feinstudie folgt aus der Tatsache, dass für die Beurteilung des Istzustands nicht nur die *vorgegebene* Arbeitssituation (auch als objektive Arbeitssituation bezeichnet), sondern auch die durch die Aufgabenträger *wahrgenommene* Arbeitssituation (auch als subjektive Arbeitssituation bezeichnet) von Bedeutung ist. Deshalb muss die Feinstudie sowohl bei der Erfassung als auch bei der Analyse des Istzustands beide Sichtweisen berücksichtigen. Nur eine duale Feinstudie ermöglicht es, die Stärken und Schwächen des Istzustands aufzudecken, weil Stärken und Schwächen sich wie folgt darstellen können:

- Sie können aufgrund der vorgegebenen Arbeitssituation existieren *und* subjektiv durch die Aufgabenträger auch wahrgenommen werden.
- Sie können aufgrund der vorgegebenen Arbeitssituation existieren, durch die Aufgabenträger aber *nicht* wahrgenommen werden.
- Sie können aufgrund der vorgegebenen Arbeitssituation *nicht* existieren, aber subjektiv durch die Aufgabenträger wahrgenommen werden.

Der vierte denkmögliche Fall, dass Stärken bzw. Schwächen weder objektiv vorhanden, noch subjektiv wahrgenommen werden, ist offensichtlich nicht relevant. Durch eine Erfassung und vergleichende Analyse der vorgegebenen und der wahrgenommenen Arbeitssituation können Abweichungen bewusst gemacht und beim Systementwurf berücksichtigt werden. Dies zeigt, dass insbesondere die Erhebungsmethoden so ausgerichtet sein müssen, dass *beide* Sichtweisen erfasst werden können (Methoden-Mix). Aus diesem Grund ist die Befragung einerseits als Erhebungsmethode (synonym: Erfassungsmethode, vgl. Lerneinheit ERFAS) in der Regel unverzichtbar (um die Wahrnehmungen der Aufgabenträger zu erfassen); sie reicht aber andererseits im Regelfall nicht aus, um die objektive Arbeitssituation zu erfassen – Gründe hierfür sind: Aufgabenträger nehmen nicht alles wahr, Teile des Wahrgenommenen werden wieder vergessen und bei Befragungen werden Aussagen nicht notwendigerweise wahrheitsgetreu gemacht (nicht wahrheitsgetreu bedeutet, dass die Aussagen nicht den Wahrnehmungen entsprechen).

Konfliktcharakter der Feinstudie: Die Arbeitssituation in der Feinstudie, insbesondere bei der Istzustandsanalyse, ist besonders konfliktanfällig, weil zwischen Systemplanern und Benutzern häufig unterschiedliche Auffassungen darüber bestehen, ob eine Eigenschaft des Istzustands eine Stärke oder eine Schwäche ist, und welche Konsequenz dies für den Sollzustand hat. Dabei wirken Ängste und Befürchtungen der Benutzer kommunikationshemmend und spannungsfördernd. Ursachen dafür können sein:

- Das Projektergebnis wirkt sich tatsächlich oder nach Auffassung der Benutzer auf ihre Arbeitssituation negativ aus (im Extremfall als Arbeitsplatzverlust, der z.B. durch Automatisierung herbeigeführt wird).
- Die Kommunikation zwischen Systemplanern und Benutzern funktioniert nicht.
- Es bestehen bei den Benutzern falsche Vorstellungen über die Ziele und Aufgaben des Projekts, insbesondere bezüglich der Feinstudie.

Diese Ursachen weisen sowohl auf die Notwendigkeit einer angemessenen Benutzerbeteiligung bei der Istzustandsuntersuchung (vgl. Lerneinheit PROVE), als auch auf die Notwendigkeit der Schulung der Systemplaner im Umgang mit den Benutzern hin. Weitere Ausführungen zum Konfliktpotential in Informatik-Projekten sowie zu den Ursachen und Wirkungen sind in den Lerneinheiten PSYCH, FTEAM, STAKM, KONFM, VERÄM und TECHA zu finden.

Methoden, Techniken und Werkzeuge der Feinstudie

Methoden, Techniken und Werkzeuge können insbesondere zur Unterstützung der Istzustandserfassung angegeben werden; hierzu liefert die betriebswirtschaftliche Fachliteratur brauchbare Hilfsmittel (Erhebungs- oder Erfassungsmethoden, häufig auch als Erhebungs- oder Erfassungstechniken bezeichnet). Relevante Werkzeuge umfassen alle Software-Produkte, die zur Istzustandserfassung, aber auch zur Istzustandsanalyse und -optimierung, geeignet sind. Ein Beispiel sind Werkzeuge, welche die Durchführung von Benutzerbefragungen elektronisch unterstützen. Aufgabe der Sachmittelplanung im Rahmen der Projektplanung ist es, aus diesem Methodenangebot einen Methoden-Mix für die Istzustandserfassung auszuwählen, der die Bedingungen (insbesondere die organisatorischen und personellen) der Erhebungssituation in einem Projekt berücksichtigt.

Methoden, Techniken und Werkzeuge für die Unterstützung der Istzustandsanalyse sind weniger entwickelt als im Bereich der Istzustandserfassung. Voraussetzung für die Istzustandsanalyse ist eine klar gegliederte Dokumentation des Istzustands (vgl. Lerneinheit DOKUM), weshalb auf eine Reihe spezieller Methoden, Techniken und Werkzeuge verwiesen werden kann, die in den Kapiteln Beschreibungsmethoden und Entwurfsmethoden behandelt werden. Methoden, Techniken und Werkzeuge, die für die Istzustandsanalyse typisch sind, werden im Kapitel Analysemethoden erläutert. Methoden, Techniken und Werkzeuge zur Unterstützung der dritten und der vierten Aufgabe der Feinstudie sind kaum verfügbar. Die dritte Aufgabe der Feinstudie ist die Istzustandsoptimierung. Es können z.B. Werkzeuge zur Modellierung von Geschäftsprozessen eingesetzt werden, um Abläufe in Unternehmen zu optimieren (vgl. Lerneinheit PROMO); dies kann helfen, den Istzustand durch Erarbeiten und Realisieren von kurzfristig wirksamen Maßnahmen (vor allem durch die Beseitigung von Schwächen) zu verbessern.

Analysezyklen

Die Istzustandsanalyse wird nach formalen und nach inhaltlichen Gesichtspunkten durchgeführt und führt zum Erkennen der Stärken und Schwächen (Symptome) und zur Feststellung ihrer Ursachen. Abbildung ZAMFS-3 zeigt die Istzustandsanalyse als groben Arbeitsablauf und gibt ihren Input und Output an. Der formale Analysezyklus basiert auf der symptomorientierten Situationsanalyse und auf der ursachenorientierten Problemanalyse. Die Situationsanalyse entspricht weitgehend der Zustandsanalyse im systemtechnischen Planungsansatz (vgl. Lerneinheit SYS-IP). Die Situationsanalyse und die Problemanalyse werden solange durchlaufen, bis alle Symptome (Stärken und Schwächen) erkannt und ihre Ursachen ermittelt sind und ein ursachenorientierter Stärken-/Schwächen-Katalog formuliert werden kann.

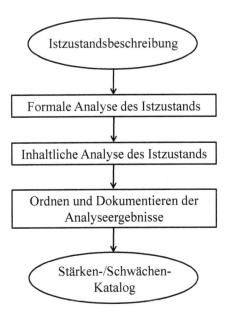

Abb. ZAMFS-3: Prozess der Istzustandsanalyse

Zweck der Situationsanalyse ist es, mit Hilfe von Informationen der Istzustands-erfassung Symptome zu erkennen. Das Erkennen von Symptomen wird erleichtert, wenn das untersuchte System in geeigneter Weise in Teilsysteme zerlegt wird und wenn die Analyse in einer zweckmäßigen Reihenfolge vorgenommen wird. Folgende Zerlegung und Reihenfolge sind für die Situationsanalyse deshalb besonders geeignet, weil sie auch für die nachfolgende Problemanalyse und darüber hinaus für den Systementwurf verwendet werden: Datensystem, Methodensystem, Arbeitsorganisation, Kommunikationssystem und Sicherungssystem. Durch diese Zerlegung und Reihenfolge kann der Zusammenhang zwischen Symptomerkennung und Ursachenerkennung sowie zwischen Ursachenbeeinflussung und Systembeeinflussung erfahrungsgemäß am besten gewahrt werden.

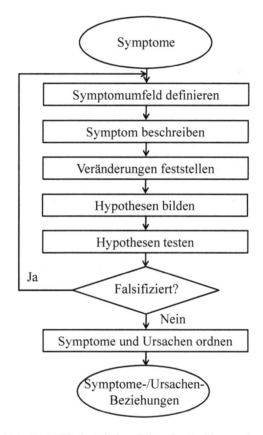

Abb. ZAMFS-4: Arbeitsschritte der Problemanalyse

Wie Symptome erkannt werden können, hängt vor allem von der Qualifikation der am Projekt beteiligten Systemplaner und Benutzer sowie davon ab, mit welchen Methoden der Istzustand erfasst wird. Erfolgt die Istzustandserfassung beispielsweise durch Befragung der Aufgabenträger, dann wird von der Erfahrung ausgegangen, dass die Mitarbeiter am besten in der Lage sind, Anzeichen für das Abweichen des Istzustands vom Sollzustand wahrzunehmen. Im Allgemeinen können die Aufgabenträger aber nur Beiträge zur Problemerkennung liefern, die überprüft und ergänzt werden müssen (z.B. durch Beobachtung oder andere Datenquellen wie etwa zentral erfasste Kundenbeschwerden im Falle der Entwicklung eines Systems zur Unterstützung des Verkaufsprozesses). Bei der Problemerkennung sollten deshalb die erfassten Attributewerte des Istzustands mit bekannten Attributewerten des geplanten Sollzustands (Erfahrungswerte) verglichen werden.

Werden Symptome festgestellt, die als unwichtig einzustufen sind, weil ihre Auswirkungen bekannt und gering sind oder deren Ursachen bekannt oder sofort erkennbar sind, kann die Problemanalyse übersprungen werden. Die Istzustandsanalyse wird gleich mit der Herausarbeitung der Stärken und Schwächen fortgesetzt. Werden Symptome festgestellt, die als wichtig einzustufen sind, weil ihre Auswirkungen bekannt und erheblich oder nicht bekannt sind, wird die Problemanalyse eingeleitet. Das Gleiche gilt, wenn Symptome festgestellt werden, deren Ursachen nicht bekannt oder nicht sofort erkennbar sind.

Zweck der Problemanalyse ist es, mit Hilfe der Informationen der Situationsanalyse die Symptome zu präzisieren, um die Ursachen für das Entstehen der Symptome feststellen zu können. Die Problemanalyse lässt sich in sechs Arbeitsschritte gliedern, wie Abb. ZAMFS-4 zeigt.

- Erster Arbeitsschritt: Definieren des Symptomumfelds. Mit der Definition des Symptomumfelds wird festgestellt, unter welchen Voraussetzungen und Bedingungen das Symptom auftritt. Zur Unterstützung dieses Arbeitsschritts kann z.B. die W-Technik (vgl. Lerneinheit KREAT) angewendet werden.
- Zweiter Arbeitsschritt: Beschreiben der Symptome. Das Beschreiben der Symptome erfolgt durch die Beantwortung der Fragen „was?", „wo?", „wann?" und „wie viel?". Durch die Beantwortung der Frage „was?" wird das Symptom als Stärke oder Schwäche (Fehler oder Störung, die zu einem Fehler führen kann) erkannt und das Objekt, an dem das Symptom auftritt, wird lokalisiert. Durch die Beantwortung der Frage „wo?" werden die geographische Lage des Objekts und die Lage der Stärke oder Schwäche am Objekt festgestellt. Durch die Beantwortung der Frage „wann?" wird der Zeitpunkt oder der Zeitraum des Auftretens der Stärke oder Schwäche ermittelt. Die Beantwortung der Frage „wie viel?" gibt Auskunft über den Umfang der Stärke oder Schwäche, also über das Ausmaß der Abweichung des Istzustands vom geplanten Sollzustand.
- Dritter Arbeitsschritt: Feststellen von Veränderungen. Jeder Istzustand ist in der Regel einmal als Sollzustand installiert worden. Wenn Abweichungen des Istzustands vom geplanten Sollzustand festgestellt werden, müssen Veränderungen geschehen sein. Diese sind entweder Veränderungen des installierten Sollzustands (= Istzustand) oder Veränderungen (meist Erweiterungen) des Organisationsspielraums (meist durch Aufgabenveränderung oder durch Weiterentwicklung der Technologie). Für jede Stärke oder Schwäche wird festgestellt, welche Veränderung(en) für ihr Entstehen verantwortlich sind.
- Vierter Arbeitsschritt: Bilden von Hypothesen. Von jeder einzelnen Veränderung und von jeder sinnvollen Kombination von Veränderungen wird behauptet, sie sei(en) Ursache für das Auftreten eines Symptoms oder mehrerer Symptome (Ursachen-/Symptom-Beziehung). Durch die Darstellung der Ursachen-/Symptom-Beziehungen in einer Matrix kann die Hypothesenbildung veranschaulicht und der nachfolgende Hypothesentest erleichtert werden.

- Fünfter Arbeitsschritt: Testen der Hypothesen. Mit jeder gebildeten Hypothese wird untersucht, ob die Ursache(n) das Symptom (die Symptome) vollständig erklärt (erklären), ob also der geplante Sollzustand durch das Beseitigen der Ursache(n) in den Istzustand überführt werden kann.
- Sechster Arbeitsschritt: Falsifizieren der Hypothesen. Schließlich wird versucht, durch Anwendung von Methoden (z.B. Experiment) nachzuweisen, dass die Hypothesen nicht zutreffen. Es wird also versucht, die Hypothesen zu falsifizieren (weil es nicht möglich ist, sie zu verifizieren, vgl. dazu ein Werk des österreichisch-britischen Philosophen *Karl R. Popper* mit dem Titel „Logik der Forschung", das in der Vertiefungsliteratur angegeben ist). Wegen des erheblichen Aufwands für experimentelle Untersuchungen sollte eine Konzentration auf die wichtigsten Hypothesen erfolgen. Die „wichtigsten Hypothesen" sind die Hypothesen, die Ursachen beschreiben, deren Erhaltung (Stärke-Symptome) bzw. deren Beseitigung (Schwäche-Symptome) für die Erreichung der Planungsziele von besonderer Bedeutung sind.

Der inhaltliche Analysezyklus wird mit den Arbeitsschritten Grundsatzkritik (strukturelle Sichtweise) und Verfahrenskritik (prozedurale Sichtweise) durchgeführt. Bei der Grundsatzkritik wird die Frage nach der Notwendigkeit des untersuchten Informationssystems und der durch das System unterstützten betrieblichen Aufgaben gestellt. Dabei wird nach der Top-down-Strategie vorgegangen. Vom Gesamtsystem ausgehend werden alle Teilsysteme und alle Komponenten der Teilsysteme (jede Aufgabe, Teilaufgabe und Tätigkeit) nach den folgenden Fragen untersucht:

- Sind sie zum Erreichen der Unternehmensziele notwendig oder kann auf sie verzichtet werden?
- Welche Vorteile und Nachteile sind mit ihrer Durchführung verbunden?
- Welche Aufgaben, Teilaufgaben und Tätigkeiten fehlen, obwohl sie zum Erreichen der Unternehmensziele notwendig sind?

Die Verfahrenskritik befasst sich mit der Zweckmäßigkeit der zur Aufgabenerfüllung verwendeten Organisationsmittel und Sachmittel sowie der Eignung der Aufgabenträger. Dabei wird – wie bei der Grundsatzkritik – vom Gesamtsystem ausgegangen, und jedes Teilsystem und jede Komponente eines jeden Teilsystems (jede Aufgabe, Teilaufgabe und Tätigkeit) werden daraufhin untersucht, ob Organisationsmittel, Sachmittel und Aufgabenträger eingesetzt werden, welche das Erreichen der Unternehmensziele bestmöglich unterstützen. Zur Beurteilung werden die Kenntnisse und Erfahrungen der Systemplaner und Benutzer über zweckmäßige Verfahren verwendet.

Dokumentieren der Stärken und Schwächen

Der Verlauf und die Ergebnisse der Istzustandsanalyse werden mit geeigneten Dokumentationsmethoden dokumentiert (vgl. Lerneinheit DOKUM). Wichtigster Teil der Dokumentation ist der Stärken-/Schwächen-Katalog mit allen festgestellten Symptomen des Istzustands und den für die Symptome verantwortlichen Ursachen. Eine zweckmäßige, weil entwurfsunterstützende Gliederung des Stärken-/Schwächen-Katalogs kann den Komponenten des Istzustands folgen. Neben dem Stärken-/Schwächen-Katalog sind alle bei der Istzustandsanalyse angestellten Entwurfs-überlegungen und vorbereitenden Entwurfsentscheidungen wichtige Ergebnisse, die in einem Dokument beschrieben werden sollten. Beide Dokumente sind Ausgangspunkt für das nachfolgende Auswerten der Feinstudie.

ABC-Analyse

Mit der ABC-Analyse können die untersuchten Symptome (Stärken und Schwä-chen) und Ursachen nach einem bestimmten Merkmal in wenige Objektklassen geordnet und so eine eindeutige Rangfolge der Objekte hergestellt werden. Da im Allgemeinen drei Objektklassen mit den Bezeichnungen A, B und C verwendet werden, wird diese Methode ABC-Analyse genannt. Als Ordnungsmerkmal für Symptome kann beispielsweise die Häufigkeit ihres Auftretens (A = sehr häufig, B = häufig, C = selten) dienen.

Die ABC-Analyse unterstützt das in der Praxis häufig zu beobachtende Verhalten von Entscheidungsträgern, die Aufmerksamkeit auf die Objekte mit dem größten Veränderungspotential zu lenken. Abbildung ZAMFS-5 visualisiert die Informati-on, die mit der ABC-Analyse gewonnen werden kann, am Merkmal „Zielerrei-chung %". Sie zeigt, dass 35% der Objekte (z.B. Funktionen eines Anwendungs-systems) für 90% Zielerreichung (z.B. Benutzerzufriedenheit) verantwortlich sind; die weiteren 65% der Objekte tragen nur noch mit 10% zur Zielerreichung bei.

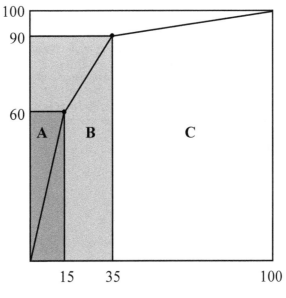

Abb. ZAMFS-5: ABC-Analyse

Forschungsbefunde

Im Schrifttum zur Organisationsgestaltung und zum Projektmanagement werden seit Jahrzehnten Sammlungen von Methoden und Techniken vorgestellt. Beispielsweise werden in einem Werk von *Schmidt* aus den späten 1980er Jahren auf knapp 400 Seiten Techniken vorgestellt, die im Rahmen der Feinstudie einen wirksamen Beitrag zur Istzustandserfassung und Istzustandsanalyse leisten können (siehe insbesondere die Abschnitte Techniken der Erhebung, Techniken der Analyse, Techniken des Lösungsentwurfs sowie Techniken der Zielfindung und Bewertung). Obwohl diese Techniken seit Jahrzehnten in der Praxis des Projektmanagements eingesetzt werden, sind dem Verfasser dieses Buches keine empirischen Studien bekannt, die Aufschluss über die Verbreitung bestimmter Techniken geben (beschreibende Forschung) und Aussagen zu den Wirkungen des Einsatzes bestimmter Techniken machen (erklärende Forschung).

Kontrollfragen
1. Welches Ziel wird mit der Feinstudie verfolgt?
2. Welche Argumente sprechen für die Istzustandsuntersuchung?
3. In welche Aufgaben kann die Feinstudie gegliedert werden?
4. Warum hat die Feinstudie besonderen Konfliktcharakter?
5. Wie kann die ABC-Analyse in der Feinstudie eingesetzt werden?

Quellenliteratur
Heinrich, L. J.: Zur Methodik der Systemplanung in der Wirtschaftsinformatik. In: Schult, E./Siegel, T. (Hrsg.): Betriebswirtschaftslehre und Unternehmenspraxis. Schmidt, 1986, 83-99
Schmidt, G.: Methode und Techniken der Organisation (Band 1), 8. A., Schmidt, 1989

Vertiefungsliteratur
Balzert, H.: Lehrbuch der Softwaretechnik. Entwurf, Implementierung, Installation und Betrieb. 3. A., Spektrum Akademischer Verlag, 2011
Balzert, H.: Lehrbuch der Softwaretechnik: Basiskonzepte und Requirements Engineering. 3. A., Spektrum Akademischer Verlag, 2009
Balzert, H.: Lehrbuch der Softwaretechnik: Softwaremanagement. 2. A., Spektrum Akademischer Verlag, 2008
Keuth, H. (Hrsg.): Karl Popper: Logik der Forschung. Akademie-Verlag, 2004
Schmidt, G.: Organisation und Business Analysis: Methoden und Techniken. ibo Schriftenreihe, Band 1, 15. A., 2014
Sommerville, I.: Software engineering. 10. A., Pearson, 2016

Normen und Richtlinien
https://www.surveymonkey.de/mp/survey-guidelines/

Werkzeuge
https://www.maxqda.de/
https://www.mindjet.com/
https://www.soscisurvey.de/

Interessante Links
https://projekte-leicht-gemacht.de/blog/pm-methoden-erklaert/die-abc-analyse-einfach-erklaert/
https://projekte-leicht-gemacht.de/blog/pm-tools/5-kostenfreie-mindmaps-tools/

ZAMSE - Ziel, Aufgaben und Methodik des Systementwurfs

Lernziele

Sie können die Zweckmäßigkeit der Projektphase Systementwurf begründen und das Ziel dieser Projektphase erläutern. Sie können die Struktur dieser Projektphase anhand ihrer Aufgaben nennen, ihre Gliederung in Teilprojekte angeben und deren Zweckmäßigkeit begründen. Sie wissen, warum sich der Systementwurf primär am Datensystem orientiert. Sie können den Detaillierungsgrad des Systementwurfs und seine Abstimmung mit dem Informationssystem-Bestand erläutern. Sie können Aussagen über die Methoden, Techniken und Werkzeuge für den Systementwurf machen.

Definitionen und Abkürzungen

Architektur integrierter Informationssysteme (architecture of integrated information systems) = eine unter dem Akronym ARIS bekannte Vorgehensweise zur Konstruktion von Informationssystemen, welche die Komplexität des Systems durch Zerlegung in Sichten (Daten-, Funktions-, Organisations-, Steuerungs- und Leistungssicht) und Konzepte (Fachkonzept, DV-Konzept, Implementierung) und die Komplexität des Konstruktionsprozesses durch Zerlegung in Phasen reduziert.

Data Warehouse (data warehouse) = eine Datenbasis zur Informationsproduktion.

Datenorientierung (data orientation) = ein Konstruktionsansatz, der dadurch gekennzeichnet ist, dass der Entwurf des Datensystems Grundlage für den Entwurf aller anderen Systemteile ist. Synonym: datenorientierter Ansatz.

Datenstruktur (data structure) = das Ergebnis der Abbildung eines Ausschnitts der Wirklichkeit in ein Datensystem in Form eines Datenmodells.

Geschäftsprozess (business process) = eine Folge von Tätigkeiten, die in einem logischen Zusammenhang zueinander stehen und inhaltlich abgeschlossen sind, so dass sie von anderen Tätigkeitsfolgen abgrenzbar sind.

Implementierung (implementation) = die Überführung eines logischen Modells in ein physisches Modell.

Informationsnachfrage (information demand) = von einem Aufgabenträger geltend gemachter Bedarf an Information.

Sicherungssystem (backup system) = die Gesamtheit der aufeinander abgestimmten Maßnahmen, mit denen ein geplantes Ausmaß an Sicherheit verwirklicht wird.

Systementwicklung (systems development) = die zusammenfassende Bezeichnung für die Projektphasen Systementwurf und Implementierung.

Systemgliederung (systems structure) = das Zerlegen des in der Grundkonzeption abgebildeten Gesamtsystems in Teilprojekte.

Systemtechnik (systems technology) = die Gesamtheit der für die Implementierung des Systementwurfs erforderlichen Betriebsmittel.

Teilprojekt (subproject) = eine Menge gleichartiger Entwurfsaufgaben unterschiedlicher Teilsysteme.

Ziel des Systementwurfs

Das generelle Ziel eines Informatik-Projekts besteht darin, dem Auftraggeber ein produktives Informationssystem zur Verfügung zu stellen. Entsprechend dem Phasenschema für Informatik-Projekte (vgl. Lerneinheit PROIP) werden aus dem generellen Ziel die Ziele der Projektphasen abgeleitet, hier also das Ziel der Projektphase Systementwurf. Davon ausgehend werden die Aufgaben des Systementwurfs bestimmt sowie die Methoden, Techniken und Werkzeuge zur Unterstützung der Aufgabendurchführung festgelegt.

Der Systementwurf ist – neben der Implementierung – Teil der Systementwicklung (so wie die Vorstudie – neben der Feinstudie – Teil der Systemanalyse ist). Es ist daher zunächst zu begründen, warum eine Gliederung der Systementwicklung in die Projektphasen Systementwurf und Implementierung zweckmäßig oder sogar notwendig ist. Folgende Argumente sind zu berücksichtigen:

- Die Implementierung setzt Entscheidungen voraus, ohne die ihre Durchführung nicht zweckmäßig oder eventuell sogar unmöglich ist (z.B. die Entscheidung, ob Standard-Anwendungssoftware eingesetzt oder ob Anwendungssoftware als Individualsoftware selbst oder durch Dritte entwickelt werden soll).
- Rational begründbare Entscheidungen dieser Art können in der Regel nicht gefällt werden, wenn die Systementwicklung nicht so weit vorangetrieben worden ist, dass ihre Ergebnisse als Entscheidungsgrundlage für die Implementierung verwendet werden können.
- Die in der Vorstudie entworfene und in der Feinstudie gegebenenfalls angepasste Grundkonzeption reicht in ihrem Detaillierungsgrad oft nicht aus, um als Entscheidungsgrundlage für die Implementierung verwendbar zu sein.
- Das vielfältige und unübersichtliche Technologieangebot (z.B. Standard-Anwendungssoftware sowie Dienstleistungen von Software- und Systemhäusern) muss vor dem Hintergrund der Anforderungen eines Systementwurfs erhoben und beurteilt werden; diese Anforderungen liegen mit der Grundkonzeption aus der Vorstudie noch nicht vor.
- Schließlich gibt es grundsätzliche, methodische Überlegungen bezüglich der Vorgehensweise der Systementwicklung, die es zweckmäßig erscheinen lassen, zunächst das logische Systemmodell zu entwerfen, das Entwurfsergebnis zu überprüfen und dann mit der Entwicklung des physischen Modells fortzufahren. Die Zweckmäßigkeit einer solchen Vorgehensweise wird in Werken zur Konstruktionslehre (z.B. *Pahl/Beitz*), in Standardlehrbüchern des Software Engineering (z.B. *Sommerville*) sowie in der Wirtschaftsinformatik-Fachliteratur (z.B. *Laudon/Laudon/Schoder*) beschrieben.

Vor dem Hintergrund dieser Argumente kann das Ziel der Projektphase Systementwurf wie folgt angegeben werden: Ausgehend von der (angepassten) Grundkonzeption wird das logische Modell des Informationssystems mit dem Detaillierungsgrad erarbeitet, der eine rationale Entscheidung über die einzusetzenden Techniksysteme ermöglicht und der damit die Grundlagen für die Implementierung (also für das Entwickeln des physischen Modells) bis zur Installierungsreife des Informationssystems schafft. Die Projektphase Systementwurf folgt primär einer Methodik, die in der konsequenten Orientierung auf den Entwurf eines logischen Modells besteht.

Aufgaben des Systementwurfs

Von dem genannten Ziel ausgehend und unter Berücksichtigung des erläuterten methodischen Ansatzes können die Aufgaben der Projektphase Systementwurf wie folgt beschrieben werden:

- Erste Aufgabe der Projektphase Systementwurf: Zerlegen des in der Grundkonzeption abgebildeten Gesamtsystems so in Teilprojekte, dass ein Vorgehen nach einem geeigneten methodischen Ansatz möglich ist.
- Zweite Aufgabe der Projektphase Systementwurf: Entwerfen des Systems innerhalb der Teilprojekte unter Beachtung anerkannter Entwurfsprinzipien und durch Anwendung brauchbarer Entwurfsmethoden und Werkzeuge.
- Dritte Aufgabe der Projektphase Systementwurf: Bestimmen des Technikbedarfs, also des quantitativen und qualitativen Technologiebedarfs (Hardware, Software, Werkzeuge und sonstige Betriebsmittel) für die Implementierung der Ergebnisse des Systementwurfs.
- Vierte Aufgabe der Projektphase Systementwurf: Dokumentieren der Ergebnisse zur Systemgliederung, zum Systementwurf und zur Systemtechnik als Systemspezifikation.

Die zweite und dritte Aufgabe betreffen so spezifische fachliche Arbeiten, dass es unzweckmäßig ist, darauf im Rahmen des *Managements* von Informatik-Projekten einzugehen; sie sind zudem in Wirtschaftsinformatik- und Informatik-Studiengängen typischerweise Gegenstand eigener Lehrveranstaltungen (insbesondere Data Engineering und Software Engineering). Auf die erste Aufgabe wird nachfolgend kurz eingegangen; auf die vierte Aufgabe wird an anderer Stelle eingegangen, soweit es sich dabei um das Pflichtenheft handelt (vgl. Lerneinheit PFLIC). An die Erstellung des Pflichtenhefts schließen sich folgende Aufgaben an:

- Bestimmen des Technikbedarfs, der zu decken ist, unter Berücksichtigung des verfügbaren Technikbestands;
- Durchführen von Ausschreibungen zur Deckung des Technikbedarfs, der nicht aus dem verfügbaren Bestand gedeckt werden kann;
- Durchführen von Angebotsanalysen und Angebotsevaluierungen;
- Abschließen von Verträgen mit Lieferanten (z.B. Softwareherstellern).

Bei diesen Aufgaben handelt es sich offensichtlich um solche, die nicht aus der Sicht eines einzelnen Informatik-Projekts bearbeitet werden können, weil unternehmensweite Gesichtspunkte beachtet werden müssen (insbesondere beim Bestimmen des durch Beschaffungsmaßnahmen zu deckenden Technikbedarfs) und/oder weil die Planungsgruppe nicht über die zur Durchführung dieser Aufgaben erforderliche Qualifikation und Kompetenz verfügt (insbesondere für das Abschließen von Verträgen mit Lieferanten). Diese Aufgaben werden daher oft von anderen Instanzen wahrgenommen (z.B. der IT-Abteilung).

Beim Entwerfen des logischen Modells stellen sich folgende methodische Fragen:

- Wie soll das in der Grundkonzeption beschriebene System in Teilprojekte gegliedert werden (Systemgliederung in Teilprojekte)?
- In welcher Reihenfolge soll bei der Bearbeitung der Teilprojekte vorgegangen werden (Bearbeitungsfolge der Teilprojekte)?
- Bis zu welchem Detaillierungsgrad soll der Systementwurf in den Teilprojekten vorangetrieben werden, damit er für die Implementierung geeignet ist (Detaillierungsgrad der Systementwürfe)?
- Wie sind die Systementwürfe der Teilprojekte mit dem vorhandenen Bestand an Informationssystemen und untereinander abzustimmen (Abstimmen der Systementwürfe)?

Systemgliederung in Teilprojekte

Die Systemgliederung ist erforderlich, wenn der Projektumfang groß ist, weil dann meist daraus folgend Komplexität und Kompliziertheit der Projektaufgabe auch hoch sind. Für die Projektphase Systementwurf soll die Zerlegung so erfolgen, dass die Entwurfsarbeit bestmöglich unterstützt wird. Eine mögliche Gliederung besteht in der Festlegung folgender Teilprojekte: Datensystem, Methodensystem, Arbeitsorganisation, Kommunikationssystem und Sicherungssystem. Folgende Teilprojekte werden also gebildet:

- Teilprojekt Datensystem. Jede Aufgabe benötigt zu ihrer Durchführung aufgabenspezifische Daten, und bei jeder Durchführung einer Aufgabe können aufgabenspezifische Daten erzeugt werden. Die Aufgaben eines Aufgabensystems sind durch Datenbeziehungen gekennzeichnet. Da Aufgaben von Menschen und/oder von Techniksystemen als Aufgabenträger durchgeführt werden, können auch die Beziehungen zwischen den Aufgabenträgern sowie zwischen den Aufgaben und den Aufgabenträgern als Daten beschrieben werden.
- Teilprojekt Methodensystem. Jede Aufgabendurchführung folgt einer Vorgehensweise, deren Präzisierung primär von der Strukturierbarkeit der Aufgabe abhängt und die von einer Reihe von Entwurfsentscheidungen beeinflusst wird. Entwurfsentscheidungen in einem Teilprojekt müssen Bedingungen berücksichtigen, die durch Entwurfsentscheidungen in anderen Teilprojekten entstanden sind. So erfordern bestimmte Methoden bestimmte Daten, oder bestimmte Methoden werden nicht angewendet, weil sie zu unerwünschten Formen der Arbeitsorganisation führen.
- Teilprojekt Arbeitsorganisation. Das Entwerfen der Arbeitsorganisation umfasst das Gestalten der Arbeitsabläufe (Ablauforganisation) und die Stellenbildung (Strukturorganisation oder Aufbauorganisation). Dabei wird entweder von einer vorhandenen Strukturorganisation ausgegangen, und es wird die raum-zeitliche Ordnung der Arbeitsvorgänge in diese eingefügt, oder es werden die Arbeitsvorgänge zunächst in ihren räumlichen und zeitlichen Bewegungen zu Arbeitsabläufen geordnet und dann den Aufgabenträgern und Sachmitteln zugeordnet.
- Teilprojekt Kommunikationssystem. Jede betriebliche Tätigkeit wird in einem bestimmten Arbeitsbereich (bei mobilen Arbeitsprozessen) bzw. an einem bestimmten Arbeitsort (bei stationären Arbeitsprozessen) durchgeführt. Das heißt,

dass die an der Bearbeitung einer Aufgabe beteiligten Aufgabenträger und Sachmittel örtlich verteilt sind. Zwischen den Aufgabenträgern, zwischen den Sachmitteln sowie zwischen den Aufgabenträgern und den Sachmitteln sind deshalb Transportvorgänge für Daten, Text, Bild und Sprache erforderlich, die in ihrer Gesamtheit das Kommunikationssystem bilden.

- Teilprojekt Sicherungssystem. Im Datensystem, im Methodensystem, in der Arbeitsorganisation und im Kommunikationssystem können Störungen durch Fehler, Unzuverlässigkeit und kriminelle Handlungen auftreten, die zu Fehlfunktionen führen können. Datenfehler entstehen beispielsweise durch eine nicht korrekte Abbildung von Realitätselementen bei der Datenerfassung. Methodenfehler entstehen beispielsweise durch Verwendung eines Algorithmus, für den die notwendigen Daten nicht vollständig vorliegen. Fehler in der Arbeitsorganisation entstehen beispielsweise durch die Zuordnung von Aufgaben an unzureichend qualifizierte Aufgabenträger. Kommunikationsfehler entstehen beispielsweise durch Störungen in Netzwerken, die zur Datenübertragung verwendet werden. Zur Verhinderung von Störungen oder zur Reduzierung ihrer Auswirkungen werden Sicherungsmaßnahmen entworfen, deren Gesamtheit das Sicherungssystem bilden.

Neben dieser Systemgliederung, die eher statisch und strukturorientiert ist, kann auch eine Orientierung an Geschäftsprozessen erfolgen, wodurch eine stärker dynamische und verhaltensorientierte Sicht eingenommen wird. Durch die Modellierung von Geschäftsprozessen wird die Wertschöpfungskette zum Gegenstand der Betrachtung (vgl. Lerneinheit PROMO). Da bei der Modellierung eines Geschäftsprozesses letztlich auch Daten, Methoden usw. die Objekte von Entwurfsentscheidungen sind, kann von einer grundlegend unterschiedlichen Vorgehensweise beim Systementwurf nicht die Rede sein. *Heinrich/Heinzl/Riedl* (vgl. Lerneinheit Modelle und Konzepte) geben hierzu an, dass die Datenmodellierung „methodisches Vorbild" für die Modellierung anderer Objekte wie z.B. von Geschäftsprozessen war.

Die Sichtung einschlägiger Werke in der Wirtschaftsinformatik bestätigt diese Sichtweise und zeigt zudem, dass, trotz der zunehmenden Bedeutung der Geschäftsprozessmodellierung für den Systementwurf (z.B. Architektur integrierter Informationssysteme, ARIS), Datenmodellierung von höchster Bedeutung für den erfolgreichen Entwurf von Informationssystemen ist (siehe z.B. *Ferstl/Sinz*). Mit anderen Worten: Ohne qualitativ hochwertiges Datenmodell ist es nicht möglich, eine wirksame und wirtschaftlich umzusetzende Grundlage für die Implementierung zu schaffen; dieser Umstand erklärt auch, warum Geschäftsprozessmodelle, die einfach in Softwarecode umsetzbar sein sollen, eine Datensicht implizieren (wie z.B. bei ARIS).

Bearbeitungsfolge der Teilprojekte

Anzustreben ist die *parallele* Bearbeitung aller Teilprojekte, da in der Regel Zwischenergebnisse aus einem Teilprojekt Voraussetzung für die Bearbeitung von Entwurfsaufgaben in einem anderen Teilprojekt sind. Wenn trotzdem von Bearbeitungsreihenfolge gesprochen wird, dann ist dies so zu verstehen, dass Entwurfsentscheidungen in einem Teilprojekt in der Regel Entwurfsentscheidungen in den anderen Teilprojekten beeinflussen. Bei der Entscheidung über die Bearbeitungsreihenfolge interessiert insbesondere die Frage, ob das Entwerfen des Datensystems oder das Entwerfen des Methodensystems Priorität hat.

Gilt das Primat des Datensystems, dann beeinflussen die Entwurfsentscheidungen im Datensystem die Entwurfsentscheidungen in den anderen Teilprojekten stärker als umgekehrt; die Entwürfe in den anderen Teilprojekten – also auch im Teilprojekt Methodensystem – orientieren sich am Datensystem-Entwurf (datenorientierter Ansatz, datenzentrierter Ansatz oder datengetriebener Ansatz). Gilt das Primat des Methodensystems, dann beeinflussen die Entwurfsentscheidungen im Methodensystem die Entwurfsentscheidungen in den anderen Teilprojekten stärker als umgekehrt; die Entwürfe in den anderen Teilprojekten – also auch im Teilprojekt Datensystem – orientieren sich am Methodensystem-Entwurf (ablauforientierter Ansatz, funktionsorientierter Ansatz oder funktionsgetriebener Ansatz).

Die beiden Ansätze unterscheiden sich insbesondere dadurch, dass die Datenorientierung stärker konzeptionell ausgerichtet ist. Sie versucht, die spezifische Projektaufgabe so zu bearbeiten, dass sie in einen allgemeineren Zusammenhang eingeordnet werden kann (insbesondere in das unternehmensweite Datenmodell). Bei der Funktionsorientierung steht die schnelle Lösung des Anwendungsproblems im Vordergrund; konzeptionelle und infrastrukturelle Maßnahmen werden nachgezogen (oder unterbleiben). Integrierte Ansätze müssen die konzeptionell und infrastrukturell ausgerichtete, zeitaufwendige Datenorientierung mit der auf die konkrete Problemlösung abzielenden, eher kurzfristig orientierten Funktionsorientierung verbinden. Diese Vorgehensweise wird als objektorientierter Ansatz (kurz: Objektorientierung) bezeichnet.

In diesem Zusammenhang haben *Booch et al.* den Begriff „Objektorientierte Analyse und Design" geprägt; es handelt sich hierbei um objektorientierte Varianten von Anforderungsanalyse (objektorientierte Analyse) und Systementwurf (objektorientiertes Design) bei der Entwicklung eines Informationssystems. Da Analyse und Design auf objektorientierten Techniken basieren, wird der Übergang zur Implementierung in einer objektorientierten Programmiersprache (z.B. C++, C# oder Java) erleichtert (für eine Einführung in die Objektorientierte Programmierung siehe z.B. *Blaschek*). Eine heute in der Praxis weithin eingesetzte Standardnotation zur Erstellung objektorientierter Modelle ist die Unified Modeling Language, kurz UML (für eine Einführung in UML siehe z.B. *Balzert*).

Bei der Konstruktion von Informationssystemen zur Unterstützung betrieblicher Aufgaben gilt in der Regel das Primat des Datensystems. Gründe, warum der datenorientierte Ansatz für die Entwicklung von Informationssystemen im Allgemeinen und den Systementwurf im Speziellen so bedeutsam ist, sind:

- **Daten als wirtschaftliches Gut.** Daten sind ein immaterielles wirtschaftliches Gut, das auch bei mehrfacher Nutzung oder Benutzung nicht verbraucht wird. Sie sind der Rohstoff zur Produktion von Information und beeinflussen daher die Qualität von Entscheidungen. Daten sind kein freies Gut, sondern verursachen Kosten. Sie sind eine Ressource, für die eine gezielte Planung und Nutzung erforderlich ist. Wegen dieser ökonomischen Bedeutung der Daten sollen sich die Entwurfsentscheidungen letztlich am Datensystem orientieren.
- **Daten als Grundlage der Informationsproduktion.** Das in Datenmodellen abgebildete Datensystem ist die Grundlage der Informationsproduktion, die der Deckung der organisationalen Informationsnachfrage dient. Die Entwicklung eines Informationssystems erfordert somit die Entwicklung eines Datensystems, in dem alle die Informationsnachfrage bestimmenden Informationsobjekte als Datenobjekte mit Attributen und Beziehungen abgebildet sind.
- **Datenstrukturen sind stabiler als Funktionen.** Datenobjekte und viele Attribute der Datenobjekte bleiben in einer Organisation erfahrungsgemäß länger unverändert als Arbeitsabläufe, die durch Funktionen und ihre Anordnung wesentlich bestimmt sind. So werden durch die Verwendung von IuK-Technologien Geschäftsprozesse möglicherweise drastisch verändert, es werden aber im Wesentlichen die gleichen Datenobjekte mit oftmals gleichen Attributen verwendet; einige Attribute entfallen, einige werden ergänzt.
- **Funktionen sind flexibler als Datenstrukturen.** Die Entwicklung neuer Anwendungsprogramme ist relativ einfach, wenn eine einheitliche, projektübergreifende Datenstruktur vorhanden ist. Aus dieser Datenstruktur werden die für einzelne Anwendungsaufgaben erforderlichen Datensichten spezifiziert. Erst wenn die Datensicht für eine Anwendungsaufgabe spezifiziert ist, werden die für die Anwendungsaufgabe erforderlichen Funktionen implementiert.
- **Datenstruktur ist Engpassfaktor.** Funktionen betriebswirtschaftlich oder technisch anspruchsvoller Methoden und Modelle (z.B. in Entscheidungsunterstützungssystemen) können häufig nicht genutzt werden, weil die erforderlichen Daten nicht zur Verfügung stehen. Es ist daher ökonomisch sinnvoll, zunächst die datenmäßigen Voraussetzungen für die Nutzung dieser Methoden und Modelle zu prüfen bzw. zu schaffen (z.B. Data Warehouse).
- **Dezentralisierung der Software-Entwicklung.** Ist ein unternehmensweites Datenmodell implementiert, können die Benutzer bei Verwendung leistungsfähiger Endbenutzerwerkzeuge kleinere Anwendungsprogramme selbst entwickeln. Werden diese Werkzeuge ohne Vorhandensein eines unternehmensweiten Datenmodells verwendet, besteht die Gefahr eines „Wildwuchses" im Datensystem mit unkoordinierten, dezentralen Datenbeständen.
- **Nutzung von Integrationspotentialen.** Ein wichtiges Nutzenpotential der Informationsverarbeitung ist die Schaffung von mehr Integration innerhalb der Komponenten von Informationssystemen und zwischen Informationssystemen (innerbetrieblich und zwischenbetrieblich). Ohne Datenintegration kann dieses Nutzenpotential nicht ausgeschöpft werden; Datenintegration ist Voraussetzung für Systemintegration (insbesondere für Funktionsintegration).

Detaillierungsgrad der Systementwürfe

Der Detaillierungsgrad der Systementwürfe wird aus dem Ziel der Projektphase Systementwurf abgeleitet und in den Teilprojekten präzisiert. Der Systementwurf in den Teilprojekten befasst sich konsequent mit dem Entwurf logischer Modelle, allerdings innerhalb des Gestaltungsspielraums, der durch die mit der Grundkonzeption vorgegebenen Techniksysteme gegeben ist (vgl. Lerneinheit ZAMVS).

Abstimmen der Systementwürfe

Das Abstimmen der Systementwürfe bedeutet zweierlei, das Abstimmen der Systementwürfe in den einzelnen Teilprojekten mit dem Informationssystem-Bestand *und* das Abstimmen der Systementwürfe in den einzelnen Teilprojekten untereinander.

Abstimmen der Systementwürfe mit dem Informationssystem-Bestand: Die projektbezogene Planung und Realisierung eines Informationssystems geht von einem unternehmensweiten Rahmenplan aus, der den Bedarf an Informationssystemen beschreibt und dem Informatik-Projekt die Planungsziele vorgibt (vgl. Lerneinheit ZAMIP). Bei der Formulierung des Rahmenplans wird einerseits von den strategischen Zielen (vgl. Lerneinheit ZIELP) und andererseits von dem vorhandenen Informationssystem-Bestand ausgegangen. Komponenten des Informationssystem-Bestands sind Datenbasen und Methodenbasen, die bestehende Arbeitsorganisation, vorhandene Kommunikationssysteme (z.B. Netzwerke) und Sicherungsmaßnahmen. Bei der Erarbeitung der Systementwürfe in den Teilprojekten muss dieser Bestand daraufhin überprüft werden, ob die projektbezogenen Bedarfe durch vorhandene Bestände gedeckt werden können; in diesem Fall sind Neuentwürfe zu vermeiden.

Abstimmen der Systementwürfe untereinander: Durch die Gliederung der Grundkonzeption in Teilprojekte besteht die Gefahr, dass die Zusammenhänge zwischen Daten, Methoden, Arbeitsorganisation, Kommunikationssystemen und Sicherungsmaßnahmen verloren gehen. Diese Zusammenhänge bestehen zum Beispiel zwischen Daten und Methoden in der Weise, dass die Verwendung bestimmter Daten bestimmte Methoden erfordert, und dass umgekehrt die Verwendung bestimmter Methoden bestimmte Daten erfordert. Da die Entwurfsmethoden die Beachtung dieser Zusammenhänge nicht immer gewährleisten, müssen durch die Projektplanung entsprechende Abstimmtätigkeiten vorgesehen werden.

Methoden für den Systementwurf

Methoden, Techniken und Werkzeuge zur Unterstützung des Systementwurfs stehen in erheblicher Anzahl, sich teilweise ergänzend, teilweise miteinander konkurrierend, zur Verfügung. Beispiele werden in den Lerneinheiten PROMO und DATMO behandelt; weitere Methoden, Techniken und Werkzeuge sind in einschlägigen Werken der Informatik und Wirtschaftsinformatik dargestellt.

Forschungsbefunde

Shmueli/Ronen haben eine systematische Analyse der Fachliteratur im Bereich der Softwareentwicklung durchgeführt, um herauszufinden, warum es in der Praxis eine so stark ausgeprägte „tendency to develop software excessively, above and beyond need or available development resources" gibt, obwohl bekannt ist, dass eine solche Tendenz negative Auswirkungen auf Termine, Kosten und/oder Qualität in Projekten hat (vgl. dazu die im Beitrag angeführte empirische Evidenz). Die Untersuchung dieser Frage ist aus der Sicht des Entwurfs von Informationssystemen insbesondere deshalb bedeutsam, weil die Ergebnisse der Studie zeigen, dass etliche Ursachen dieses als „excessive software development" bezeichneten Phänomens mit Entwurfsaktivitäten in Verbindung stehen. Im Beitrag werden drei Praktiken des „excessive software development" unterschieden, die größtenteils auch verschiedene Ursachen haben; die Praktiken und ihre Ursachen werden in Abb. ZAMSE-1 auf der Basis des englischsprachigen Originals genannt.

Praktiken	*Ursachen*
Beyond Needs: Specifying, designing and developing a software system beyond the actual needs of the customer or the market, loading the software with unnecessary features and capabilities	Professional interest, wishing for best possible solution, aim to fulfill all future needs, just-in-case functionality, lack of knowledge (not knowing which features will be more important), all-or-nothing attitude, lack of time/budget constraint, time and material contract type, Politics — adversaries overload the project, one system that fits all, the misconception that development effort is free, the I-designed-it-myself effect, the planning fallacy
Beyond Plans: Continuously changing and adding features and functionality beyond the planned plans, once the software development project is underway, loading the project with extra features	Wishing for best possible solution, just-in-case functionality, wish to continuously improve the developed software, accepting the first specification change, outsourcing (provider interest), changes in laws / regulation, competitive pressures
Beyond Resources: Setting the scope of a software system beyond the available resources, including more functionality and capabilities than can be implemented within the framework of the project resources	The planning fallacy, poor management of continuous requirements inflow, unclear overall project goals

Abb. ZAMSE-1: Praktiken des „excessive software development" und Ursachen
(nach *Shmueli/Ronen*, 17-20)

Kontrollfragen
1. Worin besteht das Ziel der Projektphase Systementwurf?
2. Warum ist die Methodik des Systementwurfs primär durch konsequente Orientierung auf den Entwurf logischer Modelle gekennzeichnet?
3. In welche Aufgaben kann die Projektphase Systementwurf zerlegt werden?
4. Welche methodischen Fragen stellen sich beim Entwerfen des logischen Modells?
5. Welche Gründe sprechen für das Primat des Datensystems beim Systementwurf?

Quellenliteratur

Balzert, H.: Lehrbuch der Objektmodellierung: Analyse und Entwurf mit der UML2. 2. A., Spektrum Akademischer Verlag, 2011

Blaschek, G.: Objektorientierte Programmierung. In: Rechenberg, P./Pomberger, G. (Hrsg.): Informatik-Handbuch. 4. A., Hanser, 2006, 575-598

Booch, G. et al.: Object-oriented analysis and design with applications. 3. A., Addison-Wesley, 2007

Ferstl, O. K./Sinz, E. J.: Grundlagen der Wirtschaftsinformatik. 7. A., DeGruyter Oldenbourg, 2013

Heinrich, L. J./Heinzl, A./Riedl, R.: Wirtschaftsinformatik: Einführung und Grundlegung. 4. A., Springer, 2011

Laudon, K. C./Laudon, J. P./Schoder, D.: Wirtschaftsinformatik: Eine Einführung. 3. A., Pearson 2016

Pahl, G./Beitz, W.: Konstruktionslehre. 7. A., Springer, 2007

Scheer, A.-W.: ARIS: Vom Geschäftsprozess zum Anwendungssystem. 4. A., Springer, 2002

Shmueli, O./Ronen, B.: Excessive software development: Practices and penalties. International Journal of Project Management, 1/2017, 13-27

Sommerville, I.: Software engineering. 10. A., Pearson, 2016

Vertiefungsliteratur

Balzert, H.: Lehrbuch der Softwaretechnik. Entwurf, Implementierung, Installation und Betrieb. 3. A., Spektrum Akademischer Verlag, 2011

Balzert, H.: Lehrbuch der Softwaretechnik. Basiskonzepte und Requirements Engineering. 3. A., Spektrum Akademischer Verlag, 2009

Balzert, H.: Lehrbuch der Softwaretechnik. Softwaremanagement. 2. A., Spektrum Akademischer Verlag, 2008

Becker, J./Rosemann, M./Schütte, R.: Grundsätze ordnungsmäßiger Modellierung. WIRTSCHAFTSINFORMATIK, 5/1995, 435-445

Gadatsch, A.: Datenmodellierung für Einsteiger: Einführung in die Entity-Relationship-Modellierung und das Relationenmodell. Springer Vieweg, 2017

Heinrich, L. J.: Zur Methodik der Systemplanung in der Wirtschaftsinformatik. In: Schult, E./ Siegel, T. (Hrsg.): Betriebswirtschaftslehre und Unternehmenspraxis. Schmidt, 1986, 83-99

Lackes, R./Brandl, W./Siepermann, M.: Datensicht von Informationssystemen: Datenmodellierung und Datenbanken. Springer, 1998

Linden, M.: Geschäftsmodellbasierte Unternehmenssteuerung mit Business-Intelligence-Technologien: Unternehmensmodell – Architekturmodell – Datenmodell. Springer Gabler, 2016

Normen und Richtlinien

Entwurfsprinzipien und Konstruktionskonzepte der Softwaretechnik: publiziert von Joachim Goll, Springer Vieweg, 2018

Grundsätze ordnungsmäßiger Modellierung: publiziert von Jörg Becker, http://www.enzyklopaedie-der-wirtschaftsinformatik.de/

Werkzeuge

http://www.eclipse.org/modeling/
https://www.oracle.com/database/technologies/appdev/datamodeler.html

Interessante Links

http://www.arc42.de/
http://www.datenbanken-verstehen.de/datenmodellierung/
http://www.esabuch.de/
http://www.soapatterns.org/

ZAMIM - Ziel, Aufgaben und Methodik der Implementierung

Lernziele

Sie können den Zusammenhang zwischen dem Entwerfen und dem Implementieren als Projektphasen erläutern. Sie können das Ziel der Projektphase Implementierung mit eigenen Worten wiedergeben. Sie erkennen anhand der Aufgaben der Implementierung die Struktur dieser Projektphase. Sie erkennen, dass die Implementierung auf einer Vielzahl von Aufgaben, Methoden und Werkzeugen basiert (insbesondere aus den Bereichen Data Engineering und Software Engineering), die im Rahmen des Managements von Informatik-Projekten nur beispielhaft, nicht jedoch umfassend dargestellt werden können. Damit wird Ihnen die Notwendigkeit bewusst, dass eine vertiefende Auseinandersetzung mit der Implementierung das Studium weiterführender Fachliteratur impliziert. Sie sind mit bedeutsamen Phänomenen der Implementierung vertraut, nämlich Softwareentscheidungen im Bereich Anwendungssoftware, Open-Source-Software, Software-as-a-Service, Softwarequalität und Konfigurationsmanagement.

Definitionen und Abkürzungen

Anwendungssoftware (application software) = eine Anzahl aufeinander abgestimmter Anwendungsprogramme zur Lösung einer Anwendungsaufgabe.

Datensystem (data system) = die Gesamtheit der Daten und aller Regeln für ihre Verwendung.

Implementierung (implementation) = die Überführung eines logischen Modells in ein physisches Modell.

Installierung (installation) = die Einfügung eines Informationssystems in eine bestehende Informationsinfrastruktur, so dass es produktiv verwendbar ist.

logisches Modell (logical model) = die Abbildung eines Systems, die frei von physischen Attributen, also unabhängig von einer bestimmten Form der Implementierung ist.

Methodensystem (method system) = die Gesamtheit der Methoden und aller Regeln für ihre Verwendung.

Open Source (freie Quelle) = die freie Verfügbarkeit des Quellcodes einer Software, der auf der Basis von verschiedenen Lizenzmodellen unentgeltlich verwendet und verändert werden kann.

physisches Modell (physical model) = die Abbildung eines Systems, die eine bestimmte Form der Implementierung zum Gegenstand hat, also mit physischen Attributen versehen ist.

SaaS (Software-as-a-Service) = Software als Dienstleistung, bei der Standardsoftware über das Internet zur Verfügung gestellt wird und der Anbieter für Betrieb und Wartung der Software verantwortlich ist.

Systemintegration (systems integration) = das Zusammenführen und Abstimmen der Ergebnisse der Implementierung mit dem Zweck, Integrationsdefizite zu vermeiden bzw. zu beseitigen.

Ziel der Implementierung

Das generelle Ziel eines Informatik-Projekts besteht darin, dem Auftraggeber ein produktives Informationssystem zur Verfügung zu stellen. Entsprechend dem Phasenschema für Informatik-Projekte (vgl. Lerneinheit PROIP) werden aus dem generellen Ziel die Ziele der Projektphasen abgeleitet, hier also das Ziel der Projektphase Implementierung. Davon ausgehend werden die Aufgaben der Implementierung bestimmt sowie die Methoden, Techniken und Werkzeuge zur Unterstützung der Aufgabendurchführung festgelegt.

Die Implementierung ist – neben dem Systementwurf – Teil der Systementwicklung. Warum eine Gliederung der Systementwicklung in diese beiden Phasen zweckmäßig ist, wurde an anderer Stelle begründet (vgl. Lerneinheit ZAMSE). Im Ergebnis wurde dazu festgestellt, dass es Ziel der Projektphase Systementwurf ist, einen in sich geschlossenen Entwurf des Informationssystems als logisches Modell zu erarbeiten, das eine rationale Entscheidung über die einzusetzenden Techniksysteme ermöglicht und damit die Grundlage für die Implementierung schafft. Daraus ergibt sich das Ziel der Implementierung wie folgt: Ziel der Implementierung ist es, das logische Modell des Systementwurfs, unter Berücksichtigung der Eigenschaften der einzusetzenden Techniksysteme, in ein physisches Modell zu überführen. Der Systementwurf wird also mit physischen Attributen belegt und so in eine ganz bestimmte Implementierungsform überführt.

Aufgaben der Implementierung

Sowohl die Methodik der Implementierung als auch der methodische Ansatz zur Vorgehensweise bei der Implementierung entsprechen denen der Projektphase Systementwurf (vgl. Lerneinheit ZAMSE). Folglich wird bei der Implementierung nach der gleichen Systemgliederung wie für den Systementwurf vorgegangen. Damit können die Aufgaben der Implementierung wie folgt beschrieben werden (sofern die in der Lerneinheit ZAMSE dargestellte Systematik zur Anwendung kommt):

- Teilprojekt Datensystem. Ausgehend vom logischen Datenmodell wird das physische Datenmodell entwickelt.
- Teilprojekt Methodensystem. Ausgehend vom logischen Modell des Methodensystems wird das physische Modell des Methodensystems entwickelt.
- Teilprojekt Arbeitsorganisation. Ausgehend vom logischen Modell der Arbeitsorganisation wird das physische Modell der Arbeitsorganisation entwickelt.
- Teilprojekt Kommunikationssystem. Ausgehend vom logischen Modell des Kommunikationssystems wird das physische Modell des Kommunikationssystems entwickelt.
- Teilprojekt Sicherungssystem. Ausgehend vom logischen Modell des Sicherungssystems wird das physische Modell des Sicherungssystems entwickelt.

Diese Aufgaben betreffen so spezifische fachliche Arbeiten, dass im Rahmen des Managements von Informatik-Projekten darauf nicht im Detail eingegangen werden kann; sie sind in Wirtschaftsinformatik- sowie Informatik-Studiengängen Gegenstand eigener Lehrveranstaltungen (insbesondere Data Engineering und Software Engineering). Im Folgenden werden ausgewählte Aspekte der Implementierung erläutert. Die hier vorgestellten Aspekte der Implementierung beziehen sich in erster Linie auf Software als Objekt der Implementierung und damit in Zusammenhang stehende Themen.

Softwareentscheidungen

Die Schaffung neuer oder wesentlich veränderter Informationssysteme geht mit Softwareentscheidungen einher, insbesondere im Bereich der Anwendungssoftware.

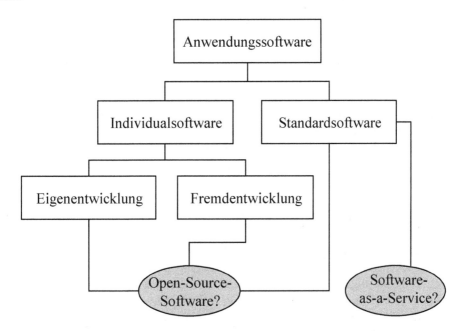

Abb. ZAMIM-1: Softwareentscheidungen bei Informatik-Projekten

Abbildung ZAMIM-1 zeigt eine Systematik, die für das Fällen von Entscheidungen im Bereich Anwendungssoftware herangezogen werden kann. Folgende Entscheidungen sind zu treffen:

- Soll Individualsoftware oder Standardsoftware eingesetzt werden?
- Bei einer Entscheidung für Individualsoftware ergibt sich folgende weitere Frage: Soll die Anwendungssoftware durch Eigenentwicklung oder Fremdentwicklung erstellt werden?
- Bei einer Entscheidung für Standardsoftware ergibt sich folgende weitere Frage: Soll die Nutzung auf der Basis von Software-as-a-Service erfolgen?
- Sowohl beim Einsatz von Individualsoftware als auch beim Einsatz von Standardsoftware stellt sich zudem die Frage, ob die Software Open-Source-Komponenten enthalten soll bzw. enthält.

Individualsoftware oder Standardsoftware?

Eine wichtige Entscheidung bei Informatik-Projekten ist, ob Individualsoftware erstellt oder Standardsoftware angeschafft werden soll. Anwendungssoftware, die nach den Anforderungen eines bestimmten Unternehmens entwickelt wird, hat den Vorteil, dass damit eine „individuelle Lösung" geschaffen wird. Daraus folgt, dass die individuellen Anforderungen an die Software (vgl. Lerneinheiten ZIELP und ANFAN) in der Regel gut erfüllt sind und damit einhergehend – zumindest ideal-typisch – eine gute Unterstützung der Geschäftsprozesse in einer Organisation gegeben ist. Nachteil ist jedoch, dass die Entwicklung von Individualsoftware relativ lange dauern kann. Daher ist der Produktiveinsatz von Anwendungssoftware bei der Einführung von Standardsoftware normalerweise rascher möglich als bei der Entwicklung von Individualsoftware.

Anwendungssoftware, die nicht für ein bestimmtes Unternehmen, sondern für den Markt entwickelt wird, erfüllt die Anforderungen in der Regel weniger gut als Individualsoftware. Der Grund hierfür liegt darin, dass bei der Entwicklung die prognostizierten Anforderungen einer größeren Anzahl von Anwendern zugrunde gelegt werden, nicht jedoch die Anforderungen eines spezifischen Anwenders. Daraus folgt, dass bei einer Entscheidung für Standardsoftware eine Anpassung an die spezifischen Anforderungen des Anwenders erforderlich ist (customization bzw. customizing). Diese Anpassung kann auf verschiedene Arten erfolgen:

- Bei der *Konfiguration* erfolgt die Anpassung durch die Auswahl und Verknüpfung einzelner Module der Anwendungssoftware (unter Verknüpfung versteht man hier die Definition von Beziehungen der Module und Schnittstellen).
- Standardsoftware, die einen großen Funktionsumfang hat, kann auch durch *Parametrisierung* angepasst werden. Dabei werden spezifische Funktionen durch das Setzen von Parametern aktiviert bzw. deaktiviert.
- Reicht der Funktionsumfang der Standardsoftware nicht aus, um die Anforderungen zu erfüllen, ist eine *Erweiterungsprogrammierung* notwendig.

Weil die Anpassung von Standardsoftware in der Regel mit hohen Kosten verbunden ist und diese Kosten zu den Software-Lizenzkosten hinzukommen (neben weiteren Kosten, siehe nachfolgend), kann *nicht* davon ausgegangen werden, dass der Einsatz von Standardsoftware auf jeden Fall kostengünstiger ist als die Entwicklung von Individualsoftware (vgl. dazu eine in den Forschungsbefunden vorgestellte Studie der Konradin Mediengruppe). Entscheidet sich ein Unternehmen, Standardsoftware einzusetzen, so stellt sich die Frage nach der zweckmäßigen Gestaltung des Auswahlprozesses sowie anzuwendender Auswahlkriterien. Methoden zur Evaluierung von Objekten, die auch in Informatik-Projekten von Relevanz sind (z.B. Software, Hardware, Prozesse, Personen), werden in der Lerneinheit EVALU beschrieben. Zudem sei darauf hingewiesen, dass Auswahlprozesse regelmäßig auch auf Ausschreibungen (Request for Proposal, RFP) und Pflichtenheften (vgl. Lerneinheit PFLIC) basieren (vgl. in diesem Zusammenhang auch einen Beitrag von *Heinrich/Pomberger* zur Prototyping-orientierten Evaluierung von Software-Angeboten).

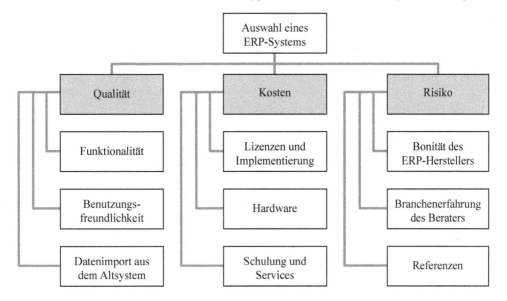

Abb. ZAMIM-2: Kriterien bei der Auswahl eines ERP-Systems
(nach *Heinrich/Riedl/Stelzer*, 429)

Abbildung ZAMIM-2 fasst beispielhaft bedeutsame Kriterien bei der Auswahl eines ERP-Systems zusammen, die in die drei Bereiche Qualität, Kosten und Risiko eingeteilt sind. Detailliertere Kriteriensysteme sowie Möglichkeiten zur Gestaltung des Auswahlprozesses sind in der einschlägigen Fachliteratur zu finden (vgl. Vertiefungsliteratur).

Hat sich ein Unternehmen dafür entschieden, Standardsoftware einzusetzen, stellt sich die Frage nach der Betriebsform. Während bis vor einiger Zeit der Inhouse-Betrieb von Anwendungssoftware die bei weitem dominierende Betriebsform war, gewinnt das Konzept „Software als Dienstleistung" (Software-as-a-Service, SaaS) zunehmend an Bedeutung. Hierbei betreibt ein externer Dienstleister die Anwendungssoftware (je nach Größe in Serverräumen oder in Rechenzentren) und der Anwender greift über das Internet auf die Software zu und nutzt so die Funktionalität. Beim Anwender ist somit kein Serverbetrieb notwendig, geringfügige Customizing-Aktivitäten können in der Regel durchgeführt werden. Der Dienstleister sorgt weiter für Lizenzen, Wartung und Aktualisierung und sichert typischerweise dem Anwender die Einhaltung bestimmter Qualitätsmerkmale zu (Service Level Agreements, SLAs).

In der Praxis existieren zahlreiche Verrechnungsmodelle wie beispielsweise Verrechnung nach Anzahl der Benutzer und Monat, nach zur Verfügung gestellter Funktionalität (z.B. Freemium-Modelle, bei denen eine Basisversion kostenlos ist und zusätzlich kostenpflichtige Funktionen angeboten werden), oder nach der Anzahl der Transaktionen (im letztgenannten Fall spricht man von Software-on-Demand bzw. bedarfsorientierter Verrechnung).

Durch Nutzung von SaaS können lange Einführungszeiten sowie hohe Ausgaben für Hardware, Software, Implementierung, Betrieb und Wartung vermieden werden. Software-as-a-Service eignet sich nach *Heinrich/Riedl/Stelzer* vor allem für Standardsoftware, die:

- häufig aktualisiert werden muss,
- ohne oder mit geringfügigen Anpassungen von unterschiedlichen Unternehmen eingesetzt werden kann,
- von wenigen Benutzern in einem Unternehmen benötigt wird,
- nicht oder nur unwesentlich mit anderer Software integriert werden muss sowie
- nur selten genutzt wird.

Betrachtet man diese Kriterien, so zählen Anwendungssysteme aus den Bereichen Enterprise Resource Planning (ERP) und Customer Relationship Management (CRM) nicht zu den optimalsten Kandidaten für eine SaaS-Nutzung. Dennoch zeigt eine Sichtung des Software-Angebots, dass auch große Softwareunternehmen SaaS-Angebote in diesen Bereichen zur Verfügung stellen, z.B. Salesforce.com im CRM-Bereich und SAP Business ByDesign im ERP-Bereich. Es wird prognostiziert, dass SaaS-Angebote in den Bereichen ERP und CRM in Zukunft weiter an Bedeutung gewinnen werden, unter anderem deshalb, weil nun auch verstärkt Klein- und Mittelunternehmen ERP- und CRM-Systeme nutzen können (auf Saas-Basis); in der Vergangenheit war dies aufgrund der hohen Kosten bei der traditionellen Nutzungsform kaum möglich.

Zu erwähnen ist, dass das SaaS zugrunde liegende Konzept seit zumindest rund zwei Jahrzehnten existiert; es wurde in den 1990er und frühen 2000er Jahren unter dem Begriff „Application Service Providing" (ASP) bekannt, dieser Begriff setzte sich jedoch weder in der Praxis noch in der akademischen Fachliteratur durch. Ein oftmals zu SaaS synonym verwendeter Begriff ist Cloud Computing. In der Vertiefungsliteratur sind mehrere Beiträge zu ASP und Cloud Computing angegeben. Insbesondere wird darauf hingewiesen, dass etliche in der Fachliteratur in den frühen 2000er Jahren berichtete Forschungserkenntnisse auf SaaS anwendbar sind.

Eigenentwicklung oder Fremdentwicklung?

Hat man sich dafür entschieden, Individualsoftware zu entwickeln, dann stellt sich die Frage, ob das Anwendungssystem selbst oder von einem externen Anbieter (z.B. Softwarehaus oder Systemhaus) erstellt werden soll. Voraussetzung, damit Anwendungssoftware überhaupt intern erstellt werden kann, ist, dass im Unternehmen das notwendige Know-how vorhanden ist; die Wahrscheinlichkeit, dass dies der Fall ist, steigt mit zunehmender Unternehmensgröße. Weiter ist zu berücksichtigen, dass Mitarbeiter der IT-Abteilung, insbesondere Softwareentwickler, oftmals umfassend mit der Wartung vorhandener Systeme befasst sind (z.B. Korrigieren von Fehlern in existierenden Programmen), so dass zu ermitteln ist, ob die internen Human-Ressourcen überhaupt ausreichen würden, um sich einem neuen Entwicklungsprojekt widmen zu können. Ist das Know-how intern nicht vorhanden oder bestehen im Unternehmen Kapazitätsengpässe hinsichtlich der Human-

Ressourcen, so ist eine Fremdentwicklung in Erwägung zu ziehen (man könnte in einem solchen Fall auch den Einsatz von Standardsoftware in Erwägung ziehen).

Ein weiterer bedeutender Grund, warum die Auslagerung der Softwareentwicklung an ein spezialisiertes Unternehmen zweckmäßig sein kann, sind Wirtschaftlichkeitsüberlegungen. Erstens können Systemhäuser Software oftmals kostengünstiger erstellen als Anwendungsunternehmen, weil sie Spezialisierungsvorteile haben. Zweitens werden aus Sicht des auslagernden Unternehmens fixe Kosten zu variablen Kosten, was insbesondere in Zeiten stark schwankender Auslastungen der IT-Abteilung ein relevanter Umstand ist.

Bei der Beurteilung der Wirtschaftlichkeit sind Transaktionskosten zu berücksichtigen; diese können sich bei einer Fremdentwicklung beträchtlich zu Buche schlagen (insbesondere dann, wenn Komplexität und Mächtigkeit der zu erstellenden Anwendungssoftware groß sind). In Abhängigkeit von den Phasen bei der Abwicklung einer Fremdvergabe werden nach *Picot/Maier* fünf Kostenarten unterschieden:

- Anbahnungskosten (Suche nach potentiellen Anbietern und Feststellung ihrer Konditionen),
- Vereinbarungskosten (Verhandlung und Vertragsformulierung),
- Abwicklungskosten (Steuerung und Koordination der Softwareerstellung),
- Kontrollkosten (Überwachung vereinbarter Qualitäten, Mengen, Termine, Preise, Geheimhaltung) und
- Anpassungskosten (Durchsetzung von Termin-, Mengen-, Qualitäts-, Preis- und Geheimhaltungsänderungen aufgrund veränderter Bedingungen während der Vertragslaufzeit).

Neben Wirtschaftlichkeitsüberlegungen spielen rechtliche Aspekte bei der Fremdvergabe eine wichtige Rolle. Die Vertragsgestaltung mit einem Softwarehaus ist daher wichtig. Vertragsmanagement im Rahmen des Projektmanagements befasst sich mit der Steuerung der Gestaltung, des Abschlusses, der Fortschreibung und der Abwicklung von Verträgen zur Erreichung der Projektziele (vgl. DIN 69901-5). Vereinbarungen, die Projektbeteiligte juristisch binden, sind demnach Gegenstand des Vertragsmanagements (vgl. Lerneinheit Vertragsmanagement in *Heinrich/Riedl/Stelzer* sowie einschlägige Fachliteratur, die beispielsweise unter den Schlagwörtern „Softwareverträge", „IT-Projektverträge" sowie „IT-Projektrecht" zu finden ist).

Open-Source-Software

Bei proprietärer Software gilt, dass nicht der Anwender der Eigentümer der Software ist, sondern der Hersteller; dieser hat das Urheberrecht und somit die Kontrolle über die Software. Der Anwender erhält in Form einer Lizenz ein Nutzungsrecht; Vervielfältigung, Weiterverbreitung sowie Modifizierung der Software sind nicht erlaubt. Sowohl beim Einsatz von Individualsoftware als auch beim Einsatz von Standardsoftware stellt sich aus Anwendersicht die Frage, ob die Software Open-Source-Komponenten enthalten soll bzw. enthält, also ob nicht ausschließlich proprietäre Software zum Einsatz kommen soll bzw. eingesetzt wird. *Hansen et al.* geben an, dass laut einer Studie von Gartner rund 80% der kommerziellen Softwareprodukte Open-Source-Komponenten enthalten; weiter schreiben sie, dass Open-Source-Software sowie proprietäre Software heute keine Entweder-oder-Frage mehr ist, „da in den meisten größeren Anwendungen ohnehin beides eingesetzt wird" (332).

Die Wurzeln von Open-Source-Software liegen in der Free Software Foundation (www.fsf.org). Bei Open-Source-Software ist der Quellcode frei zugänglich. Dieser kann auf der Basis von verschiedenen Lizenzmodellen unentgeltlich verwendet und verändert werden (es können jedoch Kosten anfallen, beispielsweise für Services). Open-Source-Lizenzen können anhand des *Copyleft-Prinzips* klassifiziert werden; dieses wird von *Stallman* (22) wie folgt beschrieben: „Copyleft uses copyright law, but flips it over to serve the opposite of its usual purpose: instead of a means of privatizing software, it becomes a means of keeping software free. The central idea of copyleft is that we give everyone permission to run the program, copy the program, modify the program, and distribute modified versions – but not permission to add restrictions of their own. Thus, the crucial freedoms that define ‚free software' are guaranteed to everyone who has a copy; they become inalienable rights. For an effective copyleft, modified versions must also be free. This ensures that work based on ours becomes available to our community if it is published." *Nüttgens* beschreibt auf der Basis des Copyleft-Prinzips folgendes Klassifikationsschema für Open-Source-Lizenzen:

- starkes Copyleft: es ist keine Einbindung in proprietären Code möglich (Beispiel: General Public License, GPL);
- schwaches Copyleft: statisches und dynamisches Linken von Code mit proprietärer Software sind zulässig, Eigenentwicklungen dürfen als proprietäre Software weitergegeben werden (Beispiel: Lesser General Public License, LGPL);
- kein Copyleft: der gesamte Code darf auch als proprietäre Software weitergegeben werden (Beispiel: Berkeley Software Distribution, BSD).

Die Erstellung von Open-Source-Software geschieht in der Regel durch Entwickler-Gemeinschaften, die über das Internet zusammenarbeiten. Der Erfolg der Zusammenarbeit solcher Gemeinschaften hängt insbesondere davon ab, ob die Koordination der grundsätzlich unentgeltlich arbeitenden Entwickler erfolgreich ist. Zudem kontrolliert meist ein kleines Team an Kernentwicklern Veränderungen an der Software. Zwei bedeutsame Gründe, warum Open-Source-Software verwendet wird, sind: erstens kann die Verwendung oftmals kostenlos erfolgen und zweitens werden Softwarefehler rasch erkannt und behoben (da potentiell jeder Entwickler der Gemeinschaft zur Identifikation von Fehlern beiträgt).

Bayersdorfer gibt an, dass Anwender, die Projekte unter Einbindung von Open-Source-Software abwickeln, das Folgende tun sollten (sinngemäße Wiedergabe auf der Basis des englischsprachigen Originals):

- schaffe ein System, das die verwendeten Open-Source-Komponenten dokumentiert;

- sei dir über die verschiedenen Lizenztypen im Klaren und verstehe, wie eine bestimmte Komponente lizensiert ist, bevor du sie einsetzt;
- sei dir über die evolutionäre Entwicklung einer Komponente im Klaren, um besser verstehen zu können, wie sich diese in Zukunft verändern könnte;
- bilde deine Entwickler im Bereich Open-Source-Software und Lizenzierungen aus;
- führe Kontrollsysteme ein, um sicherzustellen, dass Entwickler, die unter Zeitdruck arbeiten, nicht gegen Lizenzregeln verstoßen;
- beteilige dich auch an Open-Source-Gemeinschaften, wenn du selbst Open-Source-Produkte verwendest.

Open-Source-Produkte gibt es in zahlreichen Bereichen betrieblicher Anwendungssoftware; Beispiele sind *OpenERP* und *SugarCRM*. Ob bei der Schaffung neuer oder wesentlich veränderter Informationssysteme Open-Source-Komponenten verwendet werden sollen, ist eine strategische Entscheidung mit weitreichenden Implikationen, die daher wohlüberlegt getroffen werden sollte. In der Lerneinheit EVALU werden Methoden vorgestellt, die beim Treffen solcher Entscheidungen eingesetzt werden können.

Softwarequalität

Bei der Schaffung neuer oder wesentlich veränderter Informationssysteme ist Softwarequalität ein wichtiger Aspekt. Abbildung ZAMIM-3 zeigt verschiedene Sichten auf Softwarequalität und ihren Zusammenhang. Es wird davon ausgegangen, dass die Qualität des Entwicklungsprozesses (der verschiedenen Vorgehensmodellen folgen kann, vgl. Lerneinheit PROIP) einen Einfluss auf die Qualität des Softwareprodukts hat, wobei diese wiederum die wahrgenommene Qualität aus der Sicht des Benutzers beeinflusst. Qualitätsbetrachtungen können sich somit auf drei bedeutsame Aspekte beziehen: Prozess, Softwareprodukt und Wirkungen des Softwareprodukts.

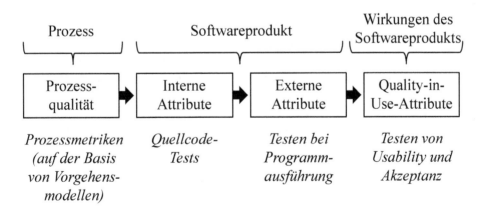

Abb. ZAMIM-3: Verschiedene Sichten auf Softwarequalität und ihr Zusammenhang
(nach *Wallmüller*, 13)

Prozessqualität kann anhand verschiedener Prozessmetriken erfasst werden (z.B. Zeit, Kosten oder Zufriedenheit von Entwicklern und/oder Benutzern mit dem Entwicklungsprozess). Die Qualität des Softwareprodukts kann anhand interner Attribute (Betrachtung des Produkts, ohne dass es ausgeführt wird, beispielsweise auf der Basis von Quellcode-Tests) und externer Attribute (Testen bei Programmausführung) festgestellt werden. Die Wirkungen eines Softwareprodukts beim Benutzer werden primär durch Usability- und Akzeptanztests ermittelt.

In der Norm ISO/IEC 9126, die in der Norm ISO/IEC 25000:2014-03 (Software engineering – Software product Quality Requirements and Evaluation (SQuaRE) – Guide to SQuaRE) aufgegangen ist, wird ein weithin verwendetes Merkmalsystem zur Bestimmung von Softwarequalität vorgestellt. Es werden hierbei sechs Qualitätsmerkmale (Funktionalität, Zuverlässigkeit, Benutzbarkeit, Effizienz, Wartbarkeit, Portabilität) unterschieden und näher spezifiziert. Die folgende Aufstellung nennt und definiert diese Qualitätsmerkmale inklusive ihrer Teilmerkmale auf der Basis von ISO/IEC 9126-1:2004-12-10 „Software engineering – Product quality – Part 1: Quality model" (*Balzert*, 468-471):

Funktionalität (functionality): Fähigkeit des Softwareprodukts, Funktionen bereitzustellen, damit die Software unter den spezifizierten Bedingungen die festgelegten Bedürfnisse erfüllt.

- *Angemessenheit (suitability):* Fähigkeit des Softwareprodukts, für spezifizierte Aufgaben und Benutzerziele geeignete Funktionen bereitzustellen.
- *Genauigkeit (accuracy):* Fähigkeit des Softwareprodukts, die richtigen oder vereinbarten Ergebnisse oder Wirkungen mit der benötigten Genauigkeit bereitzustellen.
- *Interoperabilität (interoperability):* Fähigkeit des Softwareprodukts, mit einem oder mehreren vorgegebenen Systemen zusammenzuwirken.
- *Sicherheit (security):* Fähigkeit des Softwareprodukts, Informationen und Daten so zu schützen, dass nicht autorisierte Personen oder Systeme sie nicht lesen oder verändern können, und autorisierten Personen oder Systemen der Zugriff nicht verweigert wird.
- *Konformität der Funktionalität (functionality compliance):* Fähigkeit des Softwareprodukts, Standards, Konventionen oder gesetzliche Bestimmungen und ähnliche Vorschriften bezogen auf die Funktionalität einzuhalten.

Zuverlässigkeit (reliability): Fähigkeit des Softwareprodukts, ein spezifiziertes Leistungsniveau zu bewahren, wenn es unter festgelegten Bedingungen benutzt wird.

- *Reife (maturity):* Fähigkeit des Softwareprodukts, trotz Fehlzuständen in der Software nicht zu versagen.
- *Fehlertoleranz (fault tolerance):* Fähigkeit des Softwareprodukts, ein spezifiziertes Leistungsniveau bei Software-Fehlern oder Nicht-Einhaltung ihrer spezifizierten Schnittstelle zu bewahren.

- *Wiederherstellbarkeit (recoverability):* Fähigkeit des Softwareprodukts, bei einem Versagen ein spezifiziertes Leistungsniveau wiederherzustellen und die direkt betroffenen Daten wiederzugewinnen.
- *Konformität der Zuverlässigkeit (reliability compliance):* Fähigkeit des Softwareprodukts, Standards, Konventionen oder Vorschriften bezogen auf die Zuverlässigkeit einzuhalten.

Benutzbarkeit (usability): Fähigkeit des Softwareprodukts, vom Benutzer verstanden und benutzt zu werden sowie für den Benutzer erlernbar und „attraktiv" zu sein, wenn es unter den festgelegten Bedingungen benutzt wird.

- *Verständlichkeit (understandability):* Fähigkeit des Softwareprodukts, den Benutzer zu befähigen, zu prüfen, ob die Software angemessen ist und wie sie für bestimmte Aufgaben und Nutzungsbedingungen verwendet werden kann.
- *Erlernbarkeit (learnability):* Fähigkeit des Softwareprodukts, den Benutzer zu befähigen, die Anwendung zu erlernen.
- *Bedienbarkeit (operability):* Fähigkeit des Softwareprodukts, den Benutzer zu befähigen, die Anwendung zu bedienen und zu steuern.
- *Attraktivität (attractiveness):* Fähigkeit des Softwareprodukts für den Benutzer attraktiv zu sein, z.B. durch die Verwendung von Farbe oder die Art des grafischen Designs.
- *Konformität der Benutzbarkeit (usability compliance):* Fähigkeit des Softwareprodukts, Standards, Konventionen, Stilvorgaben (style guides) oder Vorschriften bezogen auf die Benutzbarkeit einzuhalten.

Effizienz (efficiency): Fähigkeit des Softwareprodukts, ein angemessenes Leistungsniveau bezogen auf die eingesetzten Ressourcen unter festgelegten Bedingungen bereitzustellen.

- *Zeitverhalten (time behaviour):* Fähigkeit des Softwareprodukts, angemessene Antwort- und Verarbeitungszeiten sowie Durchsatz bei der Funktionsausführung unter festgelegten Bedingungen sicherzustellen.
- *Verbrauchsverhalten (resource utilisation):* Fähigkeit des Softwareprodukts, eine angemessene Anzahl und angemessene Typen von Ressourcen zu verwenden, wenn die Software ihre Funktionen unter festgelegten Bedingungen ausführt.
- *Konformität der Effizienz (efficiency compliance):* Fähigkeit des Softwareprodukts, Standards oder Konventionen bezogen auf die Effizienz einzuhalten.

Wartbarkeit (maintainability): Fähigkeit des Softwareprodukts änderungsfähig zu sein. Änderungen können Korrekturen, Verbesserungen oder Anpassungen der Software an Änderungen der Umgebung, der Anforderungen und der funktionalen Spezifikationen einschließen.

- *Analysierbarkeit (analyzability):* Fähigkeit des Softwareprodukts, Mängel oder Ursachen von Versagen zu diagnostizieren oder änderungsbedürftige Teile zu identifizieren.
- *Änderbarkeit (changeability):* Fähigkeit des Softwareprodukts, die Implementierung einer spezifizierten Änderung zu ermöglichen.

- *Stabilität (stability):* Fähigkeit des Softwareprodukts, unerwartete Wirkungen von Änderungen der Software zu vermeiden.
- *Testbarkeit (testability):* Fähigkeit des Softwareprodukts, die modifizierte Software zu validieren.
- *Konformität der Wartbarkeit (maintainability compliance):* Fähigkeit des Softwareprodukts, Standards oder Konventionen bezogen auf die Wartbarkeit einzuhalten.

Portabilität (portability): Fähigkeit des Softwareprodukts, von einer Umgebung in eine andere übertragen zu werden. Umgebung kann organisatorische Umgebung sowie Hardware- oder Software-Umgebung einschließen.

- *Anpassbarkeit (adaptability):* Fähigkeit des Softwareprodukts, die Software an verschiedene, festgelegte Umgebungen anzupassen, wobei nur Aktionen oder Mittel eingesetzt werden, die für diesen Zweck für die betrachtete Software vorgesehen sind.
- *Installierbarkeit (installability):* Fähigkeit des Softwareprodukts, in einer festgelegten Umgebung installiert zu werden.
- *Koexistenz (co-existence):* Fähigkeit des Softwareprodukts, mit anderen unabhängigen Softwareprodukten in einer gemeinsamen Umgebung gemeinsame Ressourcen zu teilen.
- *Austauschbarkeit (replaceability):* Fähigkeit des Softwareprodukts, diese Software anstelle einer spezifizierten anderen in der Umgebung jener Software für denselben Zweck zu verwenden.
- *Konformität der Portabilität (portability compliance):* Fähigkeit des Softwareprodukts, Standards oder Konventionen bezogen auf die Portabilität einzuhalten.

Konfigurationsmanagement

Ein wesentlicher, mit Softwarequalität in engem Zusammenhang stehender Managementbereich ist das Konfigurationsmanagement. Organisationale Softwareentwicklung ist unter anderem dadurch gekennzeichnet, dass mehrere Entwickler in einem arbeitsteiligen Prozess an der Erstellung eines Anwendungssystems mitwirken und kontinuierlich Veränderungen eintreten (z.B. aufgrund sich verändernder Anforderungen oder aufgrund identifizierter Softwarefehler). Die Koordination von Veränderungen an der Software ist von hoher Bedeutung, weil die Güte dieser Koordination die Softwarequalität beeinflusst. Konfigurationsmanagement befasst sich mit der Planung, Steuerung und Kontrolle sich ändernder Softwaresysteme. Konfigurationsmanagement kann in vier in Zusammenhang stehende Aktivitäten gegliedert werden (siehe die Ellipsen in Abb. ZAMIM-4): Versionsmanagement, Systemintegration, Veränderungsmanagement und Release-Management.

Softwareentwicklung erfolgt in der Regel komponentenbasiert (Komponenten sind z.B. verschiedene Bibliotheken sowie Objektklassen). Komponenten werden bei der Systemintegration zu einem System zusammengefügt. Sobald Komponenten zum ersten Mal verändert werden, liegen verschiedene Komponentenversionen vor. Werden unterschiedliche Komponenten zusammengefügt und/oder Komponenten unterschiedlich zusammengefügt, so entstehen verschiedene Systemversionen. Sobald ein System für den Produktiveinsatz vorgesehen ist und zum Einsatz kommt, spricht man von einem Release. Abbildung ZAMIM-4 zeigt, dass die vier Aktivitäten unterschiedliche Inputs und Outputs haben (Näheres zu dieser Systematik kann im Kapitel Configuration Management in *Sommerville* nachgelesen werden).

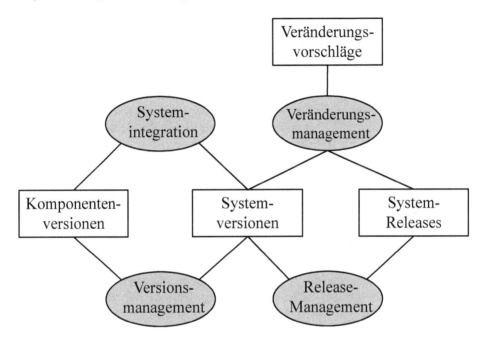

Abb. ZAMIM-4: Aktivitäten des Konfigurationsmanagements (nach *Sommerville*, 732)

Typische Probleme, die durch Konfigurationsmanagement gelöst werden sollen, sind nach *Wallmüller*:

- bereits korrigierte Fehler (Bugs) tauchen in späteren Versionen wieder auf;
- ältere Releases können deshalb nicht wieder gebaut werden, weil zugrunde liegende Komponenten bereits verändert wurden;
- Dateien sind verloren gegangen bzw. verändern sich diese auf eine für den Entwickler nicht nachvollziehbare Weise;
- gleicher oder ähnlicher Quellcode existiert in der Organisation in verschiedenen Projekten;
- mehrere Entwickler verändern gleichzeitig dieselbe Datei.

Konfigurationsmangement ist ohne den Einsatz leistungsfähiger Werkzeuge kaum effektiv und effizient zu bewerkstelligen. Es gibt eine Vielzahl an Werkzeugen, die unterschiedliche Aktivitäten des Konfigurationsmanagements unterstützen (z.B. Bugzilla, ein Bug-Tracking-System).

Forschungsbefunde

Weil die Anpassung von Standardsoftware in der Regel mit hohen Kosten verbunden ist und diese Kosten zu den Software-Lizenzkosten hinzukommen (neben weiteren Kosten, siehe nachfolgend), kann nicht davon ausgegangen werden, dass der Einsatz von Standardsoftware auf jeden Fall kostengünstiger ist als die Entwicklung von Individualsoftware. Beispielsweise zeigen die Ergebnisse einer Befragungsstudie der Konradin Mediengruppe aus dem ERP-Bereich, dass sich die Gesamtkosten bei der Einführung von Standardsoftware wie folgt verteilen (Durchschnittswerte über alle Befragten): Hardware/Middleware (28,9%), Software-Lizenzen (31,5%), Implementierung/Customizing (22,5%) und Schulung von IT-Abteilung/Anwendern (17,1%). Weiter wurde in dieser Studie der Anteil an Unternehmen ermittelt, die nach Projektabschluss „mehr Kosten" oder „weit mehr Kosten" hatten als im Budget ursprünglich vorgesehen. Folgender Befund wird hierzu berichtet: Hardware/Middleware (16,4%), Software-Lizenzen (20,9%), Implementierung/Customizing (34,0%) und Schulung von IT-Abteilung/Anwendern (25,9%). Dies bedeutet, dass in etwa ein Drittel aller befragten Unternehmen die Budgets für Implementierung und Customizing zu niedrig angesetzt haben. In der Gesamtschau untermauern die Ergebnisse dieser Studie die Erkenntnis, dass bei einer Entscheidung für Standardsoftware keinesfalls die Erwartung bestehen sollte, dass die Gesamtkosten niedrig bzw. niedriger als bei einer Entscheidung für Individualsoftware sind. Zudem ist zu beachten, dass durchgeführte Anpassungen bei Upgrades der Standardsoftware sowie bei einem neuen Release nichtig werden.

Hann et al. untersuchten die Motive von Entwicklern, an Open-Source-Projekten mitzuwirken. Es wurden die Daten von 122 Apache-Entwicklern analysiert, die per Online-Fragebogen erhoben wurden. Auf der Basis von faktorenanalytischen Berechnungen sowie der Anwendung der Conjoint-Analyse wurden die dominantesten Motive identifiziert: „increasing the contributor's use value of the software" (Platz 1), "the recreational value of the task" (Platz 2) und „the potential career impacts from participation" (Platz 3).

Die systematische Wiederverwendung von Quellcode (software reuse) kann die Produktivität und Qualität der Softwareentwicklung erheblich verbessern, trotz des Umstands, dass die Einführung einer Software-Reuse-Methodik in einer Organisation erhebliche Kosten verursachen kann. *Rothenberger* hat sich in diesem Kontext mit folgender Thematik befasst (83): „Some projects may fail to achieve the targeted amounts of reuse within organizations that are overall successful in employing reuse. To explain such variation, this research explores the effects of project-level factors in the success of software reuse." Auf der Basis einer vergleichenden Analyse von fünf Projekten eines „major steel producer" im Bereich „custom commercial software" (Datenerhebungstechniken: Nominal Group Technique, Interviews) wurden die folgenden „project-level factors" als maßgeblich identifiziert: Eigenschaften des Kunden (z.B. „Client's Fear of Interconnectivity [threat of multiple failures due to multiple use of a defective component]), Projektkultur (z.B. "Degree of Training and Incentive of Reuse on the Project"), Projekteigenschaften (z.B. "Interaction with other Systems [developed within the same reuse framework]) und Erfahrung der Entwickler mit der Wiederverwendung von Quellcode.

Kontrollfragen
1. Was ist das Ziel der Implementierung?
2. Worin besteht der Unterschied zwischen dem Ziel der Projektphase Implementierung und dem Ziel der Projektphase Systementwurf?
3. Welches sind die Aufgaben der Implementierung?
4. Welche Softwareentscheidungen sind bei Informatik-Projekten zu treffen?
5. Welche Qualitätsmerkmale für Software gibt es?

Quellenliteratur
Balzert, H.: Lehrbuch der Softwaretechnik: Basiskonzepte und Requirements Engineering, 3. A., Spektrum Akademischer Verlag, 2009
Bayersdorfer, M.: Managing a project with open source components. ACM Interactions, 6/2007, 33-34
Benlian, A./Hess, T.: Opportunities and risks of software-as-a-service: Findings from a survey of IT executives. Decision Support Systems, 1/2011, 232-246
Choudhary, V.: Comparison of software quality under perpetual licensing and software as a service. Journal of Management Information Systems, 2/2007, 141-165
Hann, I.-H./Roberts, J./Slaughter S. A.: Why developers participate in open source software projects: An empirical investigation. Proceedings of the 25th International Conference on Information Systems, 2004
Hansen, H. R./Mendling, J./Neumann, G.: Wirtschaftsinformatik. 11. A., De Gruyter Oldenbourg, 2015
Heinrich, L. J./Pomberger, G.: Prototyping-orientierte Evaluierung von Software-Angeboten. HMD – Theorie und Praxis der Wirtschaftsinformatik, 197/1997, 112-124
Heinrich, L. J./Riedl, R./Stelzer, D.: Informationsmanagement: Grundlagen, Aufgaben, Methoden. 11. A., De Gruyter Oldenbourg, 2014
Konradin Mediengruppe: Einsatz von ERP-Lösungen in der Industrie. Leinfelden-Echterdingen, März 2011
Nüttgens, M.: Open-Source-Software. In: Kurbel, K. et al. (Hrsg.): Enzyklopädie der Wirtschaftsinformatik. http://www.enzyklopaedie-der-wirtschaftsinformatik.de
Picot, A./Maier, M.: Analyse- und Gestaltungskonzepte für das Outsourcing. Information Management, 4/1992, 14-27
Rothenberger, M. A.: Project-level reuse factors: Drivers for variation within software development enironments. Decision Sciences, 1/2003, 83-106
Sommerville, I.: Software engineering. 10. A., Pearson, 2016
Stallman, R. M.: Free software, free society: Selected Essays of Richard M. Stallman. GNU Press 2002
Wallmüller, E.: Software Quality Engineering: Ein Leitfaden für bessere Software-Qualität. 3. A., Hanser, 2011

Vertiefungsliteratur
Armbrust, M. et al.: A view of cloud computing. Communications of the ACM, 4/2010, 50-58
Brehm, L./Heinzl, A./Markus, M. L.: Tailoring ERP systems: A spectrum of choices and their implications. Proceedings of the 34th Hawaii International Conference on System Sciences, 2001
Currie, W. L./Seltsikas, P.: Exploring the supply-side of IT outsourcing: Evaluating the emerging role of application service providers. European Journal of Information Systems, 3/2001, 123-134
Heinrich, L. J.: Der Prozess der Systemplanung und -entwicklung. In: Kurbel, K./Strunz, H. (Hrsg.): Handbuch der Wirtschaftsinformatik. Poeschel, 1989, 199-214
Heinrich, L. J./Riedl, R.: ASP-Qualität: Entwicklung eines Messmodells. HMD – Praxis der Wirtschaftsinformatik, 237/2004, 80-89

Jayatilaka, B./Schwarz, A./Hirschheim, R.: Determinants of ASP choice: An integrated perspective. European Journal of Information Systems, 3/2003, 210-224

Keil, M./Tiwana, A.: Relative importance of evaluation criteria for enterprise systems: A conjoint study. Information Systems Journal, 3/2006, 237-262

Kern, T./Kreijger, J./Willcocks, L.: Exploring ASP as sourcing strategy: Theoretical perspectives, propositions for practice. Journal of Strategic Information Systems, 2/2002, 153-177

Kilic, H. S./Zaim, S./Delen, D.: Selecting "the best" ERP system for SMEs using a combination of ANP and PROMETHEE methods. Expert Systems with Applications, 5/2015, 2343-2352

Marston, S./Li, Z./Bandyopadhyay, S./Zhang, J./Ghalsasi, A.: Cloud computing: The business perspective. Decision Support Systems, 1/2011, 176-189

Pomberger, G./Heinrich L. J.: Prototypingbasiertes Software-Management. Tagungsband Fachtagung der Gesellschaft für Informatik e.V. (GI). Teubner, 1999, 206-224

Riedl, R.: ERP-Systeme im ASP-Modell - (k)eine Zukunft? Monitor – Das Magazin für Informationstechnologie, 11/2002, 24-25

Susarla, A./Barua, A./Whinston, A. B.: Understanding the service component of application service provision: An empirical analysis of satisfaction with ASP services. MIS Quarterly, 1/2003, 91-123

Tsai, W.-H./Lee, P.-L./Shen, Y.-S./Lin, H.-L.: A comprehensive study of the relationship between enterprise resource planning selection criteria and enterprise resource planning system success. Information & Management, 1/2012, 36-46

Verville, J./Palanisamy, R./Bernadas, C./Halingten, A.: ERP acquisition planning: A critical dimension for making the right choice. Long Range Planning, 1/2007, 45-63

Wei, C.-C./Chien, C.-F./Wang, M.-J.: An AHP-based approach to ERP system selection. International Journal of Production Economics, 1/2005, 47-62

Normen und Richtlinien
DIN 69901-1:2009-01: Projektmanagement - Projektmanagementsysteme - Teil 1: Grundlagen
DIN 69901-5:2009-01: Projektmanagement - Projektmanagementsysteme - Teil 5: Begriffe
DIN 69905:1997-05: Projektwirtschaft - Projektabwicklung - Begriffe
ISO/IEC 25000:2014-03: System und Software-Engineering - Qualitätskriterien und Bewertung von System- und Softwareprodukten (SQuaRE) - Leitfaden für SQuaRE
ISO/IEC 9126-1:2004-12-10: Software engineering - Product quality - Part 1: Quality model

Werkzeuge
https://www.softguide.de/ (Rubrik: Programmierung)

Interessante Links
http://fitnesse.org
https://www.eclipse.org/
https://www.sap.com/austria/products/business-bydesign.html
https://www.sonarqube.org

ZAMIN - Ziel, Aufgaben und Methodik der Installierung

Lernziele

Sie wissen, was Installierung als Projektphase bedeutet und können daraus ihre Aufgaben ableiten. Sie können diese Aufgaben zweckmäßig gliedern. Sie kennen die Methoden der Installierung und können sie erläutern. Sie wissen, was als Migration bezeichnet wird und welche Bedeutung sie hat. Sie kennen die Besonderheiten der Migration von Daten und Programmen im Vergleich zur Installierung als Projektphase. Sie kennen geeignete Vorgehensweisen für die Installierung.

Definitionen und Abkürzungen

Anwendungsumgebung (application environment) = der vorhandene Bestand an Informationssystemen, in den ein Informationssystem eingefügt wird.

Ausgangsplattform (basis platform) = eine Plattform, von der weg migriert wird.

Bottom-up-Strategie (bottom-up strategy) = eine Strategie, bei der mit der Bearbeitung der Systemteile begonnen wird, die sich auf der untersten Ebene des hierarchisch gegliederten Systems befinden.

Installierungszeit (installation period) = die Zeitspanne zwischen dem Abschluss der Implementierung und der Verfügbarkeit des produktiv verwendbaren Informationssystems bei den Benutzern.

Installierungsziel (installation goal) = die Beschreibung eines bestimmten Zustands der Installierung, der angestrebt werden soll.

Konfliktmanagement (conflict management) = die Aufgabe der Projektleitung, Konflikte vermeiden, erkennen, beherrschen und lösen zu können.

Leerkosten (idle time costs) = der Teil der fixen Kosten, der nicht durch die Nutzung der sie verursachenden Betriebsmittel abgedeckt ist.

Nutzungsphase (usage phase) = die Phase im Lebenszyklus eines Informationssystems, die mit seiner Installierung beginnt und mit seiner Ablösung endet.

Plattform (platform) = eine einheitliche, für bestimmte Anwendungen spezifische Schnittstelle, die von der Funktionalität der zugrunde liegenden Schichten abstrahiert.

proprietäres System (proprietary system) = das Gegenteil von einem offenen System. Synonym: geschlossenes System.

Rekonfiguration (re-configuration) = die nur graduelle, nicht grundlegende Veränderung einer Konfiguration.

Risiko (risk) = die Wahrscheinlichkeit des Eintretens eines unerwünschten Ereignisses in einem bestimmten Zeitraum und der mit dem Ereignis verbundene Schaden, also Wahrscheinlichkeit mal Schadenshöhe.

Strategie (strategy) = die Planung und Durchführung einer Vorgehensweise im großen Rahmen.

Top-down-Strategie (top-down strategy) = die Umkehrung der Bottom-up-Strategie.

Zielplattform (target platform) = eine Plattform, auf die hin migriert wird.

Ziel der Installierung

Das generelle Ziel eines Informatik-Projekts besteht darin, dem Auftraggeber ein produktives Informationssystem zur Verfügung zu stellen. Entsprechend dem Phasenschema für Informatik-Projekte (vgl. Lerneinheit PROIP) werden aus dem generellen Ziel die Ziele der Projektphasen abgeleitet, hier also das Ziel der Projektphase Installierung. Aus dem Ziel der Installierung sind deren Aufgaben abzuleiten sowie die zur Durchführung der Aufgaben anzuwendenden Methoden, Techniken und Werkzeuge zu bestimmen. Dies setzt eine Klärung dessen voraus, was unter Installierung als Prozess (bzw. unter Installation als Tätigkeit zur Abwicklung des Prozesses) bei Informatik-Projekten zu verstehen ist.

Objekt der Installierung ist das Informationssystem, das durch ein Informatik-Projekt als Ganzes geschaffen wurde, und zwar explizit im Sinn von Mensch/Aufgabe/Technik-System. Die Betrachtung nur einzelner Komponenten dieses Systems (z.B. nur der Hardware) oder der Ergebnisse einzelner Teilprojekte (z.B. des Methodensystems in Form von Anwendungsprogrammen) reicht nicht aus, um das Phänomen der Installierung zu erklären. Installierung meint etwas *Ganzheitliches*, also etwas, welches das Informationssystem als *Ganzes* betrifft.

Ein weiteres Merkmal der Installierung ist, dass das Informationssystem so in die Nutzungsphase überführt werden soll, dass es den definierten Anforderungen der Aufgaben und Aufgabenträger entspricht, das heißt, dass es produktiv verwendet werden kann. Ziel der Installierung ist daher die vollständige, den Planungszielen entsprechende Einfügung eines neuen oder wesentlich veränderten Informationssystems in eine bestehende Informationsinfrastruktur. Die Einfügung erfolgt selbst wieder unter Beachtung bestimmter Ziele, nämlich der Installierungsziele.

Installierungsziele

Installierungsziele sind Ziele, die nicht nur mit den Projektzielen, sondern auch mit der IT-Strategie abgestimmt sein müssen. Sie lassen sich in die Zielarten Leistungsziele, Terminziele, Kostenziele, Qualitätsziele und Akzeptanzziele gliedern. (Für eine feinere Zielplanung kann die in der Lerneinheit ZIELP angegebene Gliederung analog verwendet werden.)

- Leistungsziele legen die Art und den Umfang der Aufgaben der Installierung fest (z.B. Anzahl der zu schulenden Benutzer, Umfang der zu konvertierenden Datenbestände und Programme).
- Terminziele legen fest, (bis) zu welchen Zeitpunkten und/oder in welchen Zeiträumen bestimmte Aufgaben der Installierung durchzuführen sind (z.B. Zeitpunkt der Systemübergabe, Dauer der Installierung).
- Kostenziele legen fest, mit welchen maximalen Kosten welche Aufgaben der Installierung durchzuführen sind (z.B. Kosten für Benutzerschulung, Abstellung von Mitarbeitern in die Projektgruppe, Beratung und Service).

- Qualitätsziele legen fest, nach welchen Gütekriterien die Durchführung der Installierungsaufgaben erfolgen soll und woran sie gemessen wird (z.B. Anzahl zulässiger Fehler).
- Akzeptanzziele legen die erwartete Einstellung und das Verhalten der Benutzer im Umgang mit dem Informationssystem während der Installierung fest (z.B. Arbeitszufriedenheit).

Einige der Installierungsziele sind konfliktär. In einer verdichteten Betrachtung lässt sich diese Situation auf den Gegensatz „Risiko versus Kosten" zurückführen. Das heißt folgendes: Mit sinkender Bereitschaft des Managements, geeignete – und meist erhebliche Kosten verursachende – Installierungsmaßnahmen zu ergreifen, steigen das Qualitätsrisiko und/oder das Akzeptanzrisiko, vice versa. Es ist ein typisches Optimierungsproblem der Installierung, zwischen Risiko und Kosten ein Gleichgewicht herzustellen.

In der Regel wird mit der Installierung eines neuen oder wesentlich veränderten Informationssystems ein vorhandenes Informationssystem überflüssig. Daher ist auch das Ersetzen eines vorhandenen Informationssystems ein wesentliches Merkmal der Installierung. Schließlich ist auch der Integrationsaspekt für die Klärung des Installierungsbegriffs von Bedeutung, da jedes neu geschaffene oder wesentlich veränderte Informationssystem in die vorhandene Anwendungsumgebung so eingefügt werden muss, dass ein reibungsloses Zusammenwirken möglich ist. Es liegt auf der Hand, dass Integration Maßnahmen erfordert, die weit über das hinausgehen, was aus der Sicht eines einzelnen Informatik-Projekts verantwortet werden kann. Dies führt zu der Forderung, das Projektergebnis aus der Verantwortung des Projektmanagements in die des Informationsmanagements zu übergeben, so wie zu Projektbeginn die Planungsaufgabe aus der Verantwortung des Informationsmanagements in die des Projektmanagements übergeben wurde. Eine Fortdauer der Projektverantwortung durch die Projektleitung, im Extremfall bis zum Ende des Lebenszyklus des Projektergebnisses, ist unzweckmäßig und widerspricht auch dem Projektgedanken (vgl. Abb. ZAMIP-3).

Die manchmal verwendete Bezeichnung *Einführung* (statt Installierung bzw. Installieren oder Installation) wird vermieden, weil sie missverständlich ist. Die Verwendung der Bezeichnung *Implementierung* (oder sogar Implementation) wird – wegen der inhaltlich abweichenden Bedeutung in der Systementwicklung als „physische Realisierung" – ebenfalls vermieden. Eine Anpassung der Bezeichnung durch adjektivische Zusätze (z.B. organisatorische Implementierung) wird gelegentlich in anderen Disziplinen verwendet (z.B. in der Betriebswirtschaftslehre, vgl. *Marr/Kötting*).

Migration

In einem engen Zusammenhang mit den Aufgaben, Strategien, Methoden usw. der Installierung steht die Migration, eine aus dem Englischen ins Deutsche übernommene Bezeichnung für den koordinierten Übergang von einer bestehenden Ausgangsplattform auf eine Zielplattform. Die Investitionen in die Informationsinfrastruktur (z.B. Anwendungssoftware, Datenbestände, Geräte ebenso wie Arbeitsorganisation, Fertigkeiten und Fähigkeiten der Mitarbeiter) sollen geschützt werden. „Geschützt" meint dabei, dass die zum Investitionszeitpunkt geplante wirtschaftliche Nutzungsdauer erreicht wird.

Migration ist im Zusammenhang mit Installierung immer dann von Bedeutung, wenn wesentliche Komponenten der Informationsinfrastruktur ersetzt werden (insbesondere die Hardware-Plattform einschließlich Betriebssystem). Mit Datenmigration wird häufig gleichzeitig die Migration von Programmen verfolgt, beispielsweise dann, wenn von einem proprietären System auf Standardsoftware umgestellt wird.

Das Ablösen der Ausgangsplattform ist häufig deshalb erforderlich, weil die Weiterentwicklung und Lieferung ihrer Produkte eingestellt wurden, aber auch deshalb, weil weiter verfügbare Produkte aus strategischen Gründen migriert werden sollen. Eine typische allgemeine Migrationssituation ist der Übergang von einem proprietären System auf ein ERP-System, eine spezifische Migrationssituation wäre beispielsweise der Übergang SAP ERP auf SAP HANA. Dabei verfolgte Migrationsziele sind die Verbesserung der Leistungsfähigkeit, der Qualität und der Wirtschaftlichkeit der Systemnutzung. Entscheidend dafür, ob gesetzte Migrationsziele erreicht werden, sind die für die Migration verfügbaren und verwendeten Werkzeuge. Die Werkzeuge sollen möglichst den Gesamtprozess der Migration, der in mehreren Phasen (Analyse, Planung und Durchführung) abläuft, unterstützen.

Aufgaben der Installierung

Von dem Ziel der Installierung ausgehend und unter Berücksichtigung der Methodik für Informatik-Projekte (vgl. Lerneinheit ZAMIP) können die Aufgaben der Installierung in „Vorbereiten der Installierung" und „Durchführen der Installierung" gegliedert werden. Zur Begründung dieser Gliederung halte man sich folgendes vor Augen:

- Installierungsaufgaben können an unterschiedliche Voraussetzungen gebunden sein, die im Projektverlauf zu verschiedenen Zeitpunkten, an unterschiedlichen Stellen oder in Form von Zwischen- oder Endergebnissen vorliegen.
- Die Bearbeitung von Installierungsaufgaben kann selbst Voraussetzung für die Bearbeitung von anderen Projektaufgaben sein (z.B. muss ein Basissystem verfügbar sein, damit Prototyping eingesetzt werden kann).
- Projektziele, insbesondere Zeitziele, können es erforderlich machen, Installierungsaufgaben vorzuziehen, sofern die Voraussetzungen für ihre Bearbeitung gegeben sind.
- Die verfügbaren Kapazitäten für die Installierung (z.B. Personalkapazität) erfordern eine zeitliche Verteilung der Installierungsaufgaben.

Die Aufgaben des Vorbereitens der Installierung müssen planmäßig so in den Projektablauf eingefügt sein, dass der Umfang der Aufgaben, die erst *nach* Abschluss der Implementierung durchgeführt werden können, möglichst gering ist. Zweck dieser Vorgehensweise ist es, die Installierungszeit zu minimieren. Mehrere Aufgaben des Durchführens der Installierung können erst dann bearbeitet werden, wenn die Implementierung vollständig abgeschlossen ist *und* wenn alle notwendigen Vorbereitungsmaßnahmen für die Installierung durchgeführt wurden. Abbildung ZAMIN-1 zeigt die Aufgaben der Installierung als groben Arbeitsablauf. Die bisherigen Überlegungen haben gezeigt, dass die Installierung von sachlichen und von personellen Einflüssen bestimmt wird. Sowohl die Aufgaben als auch die Methoden der Installierung müssen auf beide Einflussfaktoren Rücksicht nehmen.

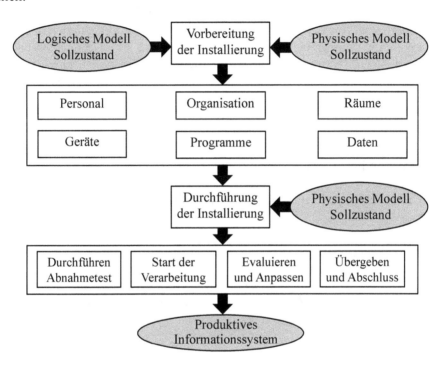

Abb. ZAMIN-1: Prozess der Installierung

Methoden der Installierung

Grundsätzliche Bedeutung für die Projektplanung hat die Vorgehensweise bei der Installierung, auf die daher näher eingegangen wird (vgl. den nächsten Abschnitt). Daneben sind insbesondere die Methoden der Datenmigration bei der Projektplanung zu beachten. Diese betreffen so spezifische fachliche Arbeiten, dass darauf im Rahmen des vorliegenden Buches nicht eingegangen werden kann. In der Vertiefungsliteratur dieser Lerneinheit sind mehrere Quellen angeführt, die sich mit den Aufgaben, Methoden und Werkzeugen der Datenmigration befassen.

Alle Zwischenprodukte und Produkte der Projektarbeit werden *projektbegleitend* getestet (vgl. Lerneinheit TESTM) und dokumentiert (vgl. Lerneinheit DOKUM). Testphase und Dokumentationsphase, wie sie in manchen Phasen- und Vorgehensmodellen verwendet werden, sind im Regelfall unzweckmäßiger. Die Besonderheit der Testmethoden und ihre Anwendung im Prozess der Installierung besteht in der überragenden Bedeutung des Integrationstests, mit dem die Einfügung des Informationssystems in die bestehende Anwendungsumgebung unterstützt wird.

Vorgehensweise bei der Installierung

Die Vorgehensweise bei der Installierung beschreibt zunächst nur die Art und Weise der Durchführung der Aufgaben der Installierung. Wird von Installierungsstrategie gesprochen, dann ist die Planung und Durchführung der Installierung „im großen Rahmen" gemeint. Wird von Installierungsmethode gesprochen, dann ist die Planung und Durchführung im Detail gemeint. Strategie und insbesondere Methode implizieren die Forderung nach Einheitlichkeit der Vorgehensweise, also nach Wiederholbarkeit der gleichen Vorgehensweise bei verschiedenen Informatik-Projekten, die unterschiedliche Informationssysteme zum Gegenstand haben, in unterschiedlichen Organisationen und/oder zu unterschiedlichen Zeitpunkten stattfinden. Wiederholbarkeit setzt voraus, dass ein bestimmtes Maß an Strukturierung und Formalisierung gegeben ist. Bezüglich der Installierungsmethode wird dies durch folgende Maßnahmen gewährleistet:

- durch Gliederung der Installierung nach sachlichen, zeitlichen und qualitativen Merkmalen in Installierungsarten;
- durch Definition der Installierungsarten;
- durch zweckmäßige Kombination von Installierungsarten zu Installierungsmethoden.

Installierungsstrategien

In der Organisationsforschung wird über drei Strategien berichtet, die für die Installierung zur Verfügung stehen: Bombenwurfstrategie, Lernstrategie und Strategie der evolutionären Systemgestaltung.

- Bombenwurfstrategie: Sie basiert auf der Top-down-Strategie. Ohne Partizipation wird ein System entwickelt, das dann unter Anwendung von Machtmitteln schlagartig und unwiderruflich eingeführt wird. Erst im Anschluss daran wird das System mit Partizipation weiterentwickelt. Alle wesentlichen Entwurfsentscheidungen sind jedoch bereits gefällt und prinzipiell nicht widerrufbar.
- Lernstrategie: Sie basiert auf der Bottom-up-Strategie und dem OE-Ansatz (Organisationale Entwicklung) und zielt auf einen Prozess des Lernens durch die Betroffenen ab (lernende Organisation). Der sehr hohe Partizipationsgrad soll eine umfassende Problemanalyse und Lösungssuche bei hoher Akzeptanz ermöglichen. Nachteil dieser Strategie ist, dass sie die Fähigkeit der Betroffenen zur Bewältigung komplexer Probleme in kollektiven Entscheidungsprozessen voraussetzt.
- Strategie der evolutionären Systemgestaltung: Sie verbindet die Vorteile der Lernstrategie mit einer Vorgehensweise, die mit der spezifischen Situation der Installierung abgestimmt ist. Bezüglich des Partizipationsgrads wird von „geführter Partizipation" gesprochen, wobei auch das Eingriffsniveau des Managements der Situation angepasst wird.

Welche Strategie gewählt wird, hängt von den technischen, organisatorischen und personellen Rahmenbedingungen ab, die für ein Informatik-Projekt bestimmend sind. Unabhängig davon kann generell gesagt werden, dass die Strategie des Bombenwurfs im Allgemeinen nicht zweckmäßig ist. Die Begründung dafür ist, dass Projektarbeit ein kooperativer und kreativer Arbeitsprozess ist (vgl. Lerneinheit PROIP), der durch partizipationsfördernde Methoden und Werkzeuge unterstützt wird (vgl. Lerneinheit PROTY); dies ist mit der Bombenwurfstrategie nicht vereinbar.

Installierungsarten

Während sich die Installierungsstrategien vor allem an personellen Gesichtspunkten orientieren, berücksichtigen die Installierungsarten (und die daraus gebildeten Installierungsmethoden) sachliche, zeitliche und qualitative Merkmale. Beide sind daher keine Alternativen, sondern Ergänzungen einer zweckmäßigen Vorgehensweise.

- *Sachliche Merkmale* charakterisieren das Verhältnis des in die Installierung einbezogenen Systemteils zum Gesamtsystem.
- *Zeitliche Merkmale* charakterisieren das Verhältnis zwischen dem Zeitpunkt des Beendens des Istzustands und dem Zeitpunkt des Einführens des Sollzustands.
- *Qualitative Merkmale* charakterisieren die Art des Übergangs vom Istzustand zum Sollzustand.

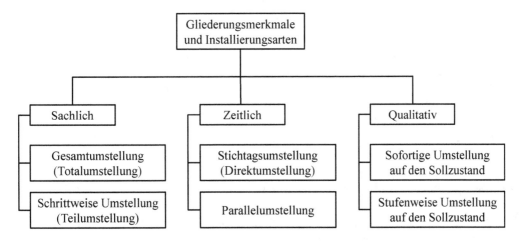

Abb. ZAMIN-2: Gliederungsmerkmale und Installierungsarten

Abbildung ZAMIN-2 gibt einen Überblick über die nach sachlichen, zeitlichen und qualitativen Merkmalen gegliederten Installierungsarten. Eine Installierungsmethode wird durch *ein* sachliches, *ein* zeitliches und *ein* qualitatives Merkmal gebildet. Bei den angegebenen 2x2x2 Installierungsarten ergeben sich acht verschiedene Installierungsmethoden; nicht alle sind sinnvoll. Wegen der Redundanz, welche die Darstellung aller Installierungsmethoden bedingen würde, werden nachfolgend nur die Installierungs*arten* der Abb. ZAMIN-2 mit ihren Vorteilen und Nachteilen erläutert. Die Vorteile und Nachteile der durch Kombination der Installierungsarten gebildeten Installierungs*methoden* lassen sich daraus ableiten.

Gesamtumstellung

Gesamtumstellung (auch als Totalumstellung bezeichnet) heißt, dass alle Teilprojekte mit allen in diesen enthaltenen Anwendungsaufgaben in vollem Umfang gleichzeitig installiert werden. Dabei bezieht sich „gleichzeitig" sinnvoller Weise nicht auf einen Zeitpunkt, sondern – aufgrund des Arbeitsumfangs – immer auf einen Zeitraum, der allerdings so kurz wie möglich gehalten wird und in dem die Installierungsaufgaben ohne planmäßige Unterbrechung abgewickelt werden. Der Gesamtumfang der Teilprojekte und der in diesen enthaltenen Anwendungsaufgaben bezieht sich auf den gesamten Umfang des gegenständlichen Informatik-Projekts.

Vorteile der Gesamtumstellung sind: Die vorhandenen Basissysteme werden „sofort" im geplanten Umfang produktiv genutzt, Leerkosten werden minimiert. Da das Gesamtsystem „sofort" installiert wird, sind keine besonderen Vorkehrungen für die Schnittstellen zwischen den einzelnen Teilprojekten und Anwendungsaufgaben erforderlich. Schnittstellen verbrauchen nicht nur Zeit und verursachen Kosten, sondern sind auch Risikoquellen der Umstellung.

Nachteile der Gesamtumstellung sind: Punktuell hohe Anforderungen an die Ressourcen, insbesondere an das Unterstützungspersonal der IT-Abteilung; Belastung der Benutzer durch massiv auftretende Installierungsaufgaben, die neben den laufenden Arbeitsaufgaben bewältigt werden müssen; die sukzessive Einarbeitung von Benutzern durch andere Benutzer kann kaum zur Anwendung kommen; es liegen keine systematisch aufbereiteten Erfahrungen mit der Installierung umfangreicher Gesamtsysteme vor, die zur Vermeidung von Installierungsschwierigkeiten planmäßig genutzt werden könnten.

Eine Gesamtumstellung ist daher nur empfehlenswert, wenn folgende Bedingungen gemeinsam vorliegen:

- Das Gesamtsystem ist nicht sehr groß.
- Der Istzustand befindet sich bereits auf einer organisatorisch hohen Stufe (z.B. bei Rekonfiguration), so dass der Arbeitsaufwand für die Installierung und der daraus folgende Unterstützungsaufwand gering sind.
- Die Implementierung ist für alle Teilprojekte und Anwendungsaufgaben abgeschlossen.

Für die beiden zuerst genannten Bedingungen gibt es keine präzisen, quantifizierbaren Angaben (z.B. wie die Systemgröße gemessen werden kann).

Schrittweise Umstellung

Schrittweise Umstellung (auch als Teilumstellung bezeichnet) heißt, dass alle Teilprojekte mit mehreren, einzelnen oder gar nur mit Teilen von Anwendungsaufgaben „gleichzeitig" installiert werden. Die Installierung des Gesamtsystems erfolgt also durch sukzessive, planmäßige Installierung von Systemteilen. Bei der Bildung zweckmäßiger Systemteile wird in der Regel vom Teilprojekt Datensystem ausgegangen, womit die Bedeutung des datenorientierten Ansatzes (vgl. Lerneinheit ZAMSE) auch für die Installierung zum Ausdruck kommt.

Bezüglich der *Vorteile* der schrittweisen Umstellung kann auf die Nachteile der Gesamtumstellung, bezüglich der *Nachteile* der schrittweisen Umstellung auf die Vorteile der Gesamtumstellung verwiesen werden. Daraus folgt, dass sich eine schrittweise Umstellung empfiehlt, wenn die Systemgliederung so erfolgen kann, dass die schrittweise zu installierenden Systemteile in sich relativ abgeschlossen sind und – zumindest zeitweise, also über den Installierungszeitraum hinweg – selbstständig „lebensfähig" sind, ohne dass aufwendige Installierungsvorkehrungen für die Beherrschung der Schnittstellen getroffen werden müssen.

Eine schrittweise Umstellung wirft das Problem der Festlegung der Installierungsreihenfolge für die Systemteile auf, das mit der Integration der Informationssysteme zunimmt. Dazu sind folgende Hinweise von Bedeutung:

- Systemteile, deren Funktionsfähigkeit vom Vorhandensein anderer Systemteile abhängt, können erst nach diesen installiert werden.
- Die Installierung soll zeitlich so gewählt werden, dass zwischen der Installierung einzelner Systemteile eine Konsolidierungsphase liegt, in der Fehler erkannt und beseitigt werden können.
- Wo möglich, sollte die Easiest-first-Strategie angewendet werden, um schnell Installierungserfahrungen zu sammeln und Erfolge nachweisen zu können.

Stichtagsumstellung

Stichtagsumstellung (auch als Direktumstellung bezeichnet) heißt, dass zu einem festgelegten Zeitpunkt bzw. zum Zeitpunkt des Eintretens eines bestimmten Ereignisses der Istzustand beendet und der Sollzustand eingeführt wird; es gibt also den einen *oder* den anderen Systemzustand.

Vorteile der Stichtagsumstellung sind: Es entstehen keine Parallelarbeiten; das Überprüfen des Sollzustands, das Abstimmen zwischen Istzustand und Sollzustand sowie das Berichtigen des Sollzustands mit den damit verbundenen terminlichen, räumlichen und personellen Schwierigkeiten ist nicht erforderlich; die von der Umstellung betroffenen Mitarbeiter können sich auf den Sollzustand konzentrieren.

Nachteile der Stichtagsumstellung sind: Fehler im Informationssystem werden möglicherweise nicht erkannt und wirken sich auf die realen betrieblichen Prozesse und je nach Anwendungsaufgabe auch auf mittelbar Beteiligte aus (z.B. Kunden und Lieferanten). Durch Fehler bedingte Arbeitswiederholungen stören den normalen Arbeitsablauf. Ein allmähliches Hineinwachsen der Benutzer in das neue System und das Vertrautwerden mit dem neuen System sind nicht möglich. Ein konsequentes Projektmanagement ist erforderlich, um mit den Nachteilen fertig zu werden. Gute Integrationstests sind unabdingbar.

Bei einer hohen Qualität des zu installierenden Informationssystems oder der zu installierenden Systemteile, wie sie durch eine gute Projektplanung und -abwicklung oder wie sie durch Verwendung ausgereifter Standardlösungen erzielt werden kann, kommen im Regelfall die Nachteile der Stichtagsumstellung nicht voll zum Tragen.

Parallelumstellung

Parallelumstellung heißt, dass das neue Informationssystem oder Teile davon installiert werden, ohne dass die Nutzung des bestehenden Informationssystems *gleichzeitig* beendet wird. Dies erfolgt erst dann, wenn das neue Informationssystem einwandfrei funktioniert.

Bezüglich der *Vorteile* der Parallelumstellung kann auf die Nachteile der Stichtagsumstellung, bezüglich der *Nachteile* der Parallelumstellung auf die Vorteile der Stichtagsumstellung verwiesen werden. Daraus folgt, dass die Parallelumstellung für Informationssysteme bzw. Teile von Informationssystemen mit solchen Anwendungsaufgaben vorzusehen ist, die wegen ihrer Neuartigkeit keine ausreichende Entwicklungsqualität aufweisen, obwohl eine hohe Sicherheit der Ergebnisse gefordert wird.

Sofortige Umstellung

Sofortige Umstellung auf den Sollzustand heißt, dass alle mit der Installierung des neuen Informationssystems verbundenen Veränderungen vom Istzustand zum Sollzustand „in einem Zug" bewältigt werden. Sie ist dann vorteilhaft, wenn der mit dem Übergang vom Istzustand zum Sollzustand verbundene Unterschied im Qualitätsniveau nicht zu groß ist oder wenn er durch entsprechende Vorbereitungsmaßnahmen (insbesondere auf der Benutzerseite) aufgefangen werden kann.

Stufenweise Umstellung

Stufenweise Umstellung auf den Sollzustand heißt, dass die mit der Installierung des neuen Informationssystems verbundenen Veränderungen vom Istzustand zum Sollzustand über mehrere Zwischenstufen bewältigt werden. Die Zwischenstufen müssen genau festgelegt und so gestaltet sein, dass eine Überprüfung der Zwischenergebnisse möglich ist. Die stufenweise Umstellung ist dann zweckmäßig, wenn qualitativ völlig neue Methoden eingeführt werden, welche umfassende organisatorische Veränderungen erfordern, die durch entsprechende Vorbereitungsmaßnahmen nicht vollständig aufgefangen werden können.

Forschungsbefunde

Daniel geht in seinem Werk von der These aus, dass trotz der vielen Herausforderungen, die sich bei der Installierung unterschiedlichster Objekte in der Unternehmenspraxis ergeben, ein allgemeingültiges und somit vom Objekt der Installierung unabhängiges Rahmenkonzept zur Installierungsgestaltung nützlich ist, jedoch ein solches Rahmenkonzept zum Zeitpunkt seiner Arbeit fehlte (zu beachten ist, dass er den Begriff „Implementierung" und nicht „Installierung" verwendet, sich inhaltlich aber weitgehend mit den Aufgaben der Installierung befasst). Auf der Basis dieser Ausgangsituation entwickelte er ein Gesamtkonzept für ein organisationales Installierungsmanagement. Dieses Konzept kann die Projektleitung bei der Planung und Steuerung der Installierung von Informationssystemen unterstützen. In der Arbeit werden zuerst installierungshemmende und -fördernde Faktoren vorgestellt, um darauf aufbauend verschiedene Installierungsstrategien zu beschreiben. Abbildung ZAMIN-3 zeigt sechs verschiedene Installierungsstrategie-Dimensionen, die sich aus den Bereichen Verhalten, Objekt, Kontext und Zeit ableiten lassen. Weiter sieht man, dass in Bezug auf jede Dimension Gestaltungsoptionen existieren (bei fünf Dimensionen gibt es zwei Optionen, bei einer Dimension vier Optionen).

Installierungsstrategie-Dimensionen		*Gestaltungsoptionen*			
Verhalten	**Wie** installieren?	direktiv		partizipativ	
Objekt	**Wieviel** installieren?	Gesamtsystem		stufenweise Installierung von Modulen	
	Welche Objektperfektion installieren?	Ideallösung		Näherungslösung mit Nachbesserungsoption	
Kontext	**Wo** installieren?	Gesamtorganisation		Sukzessive Installierung in Bereichen	
	Mit welchem Kontextübergang installieren?	gekoppelt	überlappend	parallel	entkoppelt
Zeit	**Wann** installieren?	Orientierung am Reifegrad		Orientierung an „günstigen Gelegenheiten"	

Abb. ZAMIN-3: Installierungsstrategie-Dimensionen und Gestaltungsoptionen
(nach *Daniel*, 116)

Weiter oben wurde erörtert, dass sich eine Installierungsmethode durch die Kombination *eines* sachlichen, *eines* zeitlichen und *eines* qualitativen Merkmals ergibt. Bei den in Abb. ZAMIN-2 angegebenen 2x2x2 Installierungsarten ergeben sich acht verschiedene Installierungsmethoden, wobei erwähnt wurde, dass nicht alle sinnvoll sind. Bei den sechs Dimensionen in Abb. ZAMIN-3 ist die Situation wie folgt: 2x2x2x2x4x2 = 128 theoretische Kombinationsmöglichkeiten. Selbst wenn etliche Kombinationsmöglichkeiten praktisch unzweckmäßig sind, gibt es aus der Sicht der Projektleitung immer noch eine große Anzahl möglicher Installierungsstrategien. Drei dieser möglichen Installierungsstrategien sind in Abb. ZAMIN-4 dargestellt; diese werden nachfolgend kurz vorgestellt (detaillierte Beschreibungen sind in *Daniel*, 176-179, zu finden).

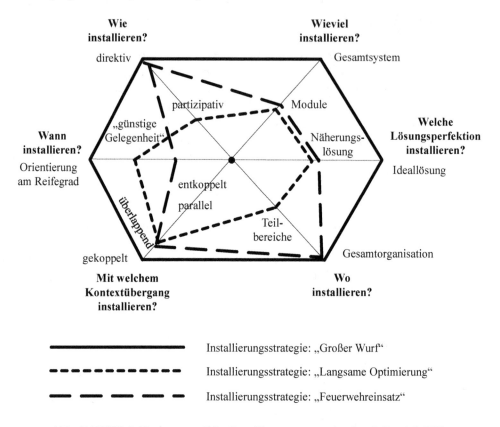

Abb. ZAMIN-4: Drei ausgewählte Installierungsstrategien (nach *Daniel*, 176)

Bei der Installierungsstrategie „Großer Wurf" wird das Gesamtsystem als Ideallösung in der gesamten Organisation auf der Basis direktiven Managementverhaltens (was stark durch Regelungen, Weisungen und Vorschriften gekennzeichnet ist) installiert. Zeitlich orientiert man sich am Reifegrad. Diese Strategie impliziert ein hohes Risiko (vgl. Lerneinheit RISKM) und ist daher nur dann empfehlenswert, wenn Installierungserfahrung in der Organisation gegeben ist. Bei der Installierungsstrategie „Langsame Optimierung" werden Module sukzessive als Näherungslösung in Teilbereichen der Organisation installiert und es wird dabei partizipatives Managementverhalten praktiziert. Zeitlich vollzieht man die Installation zu einem „günstigen" Zeitpunkt. Zweckmäßig ist diese Strategie unter anderem dann, wenn Qualitäts- und Akzeptanzziele von hoher Bedeutung sind und kein Zeitdruck gegeben ist. Bei der Installierungsstrategie „Feuerwehreinsatz" werden Module sukzessive als Näherungslösung in der gesamten Organisation auf der Basis direktiven Managementverhaltens installiert. Zeitlich vollzieht man die Installation zu einem „günstigen" Zeitpunkt. Besonders zweckmäßig ist diese Strategie, wenn Problem- und Zeitdruck vorherrschen und daher rasche Erfolge in möglichst vielen Bereichen der Organisation erzielt werden sollen.

Die Projektleitung in einem Informatik-Projekt kann die in Abb. ZAMIN-3 vorgestellte Systematik verwenden, um im gegebenen Kontext eine möglichst Erfolg versprechende Installierungsstrategie zu entwickeln. Dazu sind die Merkmale der sechs Dimensionen so zu kombinieren, so dass das Merkmalbündel (die Installierungsstrategie) eine möglichst hohe Wahrscheinlichkeit zur Erreichung der Projektziele (vgl. Lerneinheit ZIELP) aufweist.

Die Organisationsforschung bemüht sich, die potentiellen Einflussgrößen auf den Installierungserfolg und die zwischen diesen bestehenden Wirkungszusammenhänge zu erfassen. Besondere Beachtung fanden bisher Macht und Barrieren als Installierungsfaktoren. Im Ergebnis wird nach *Marr/Kötting* festgestellt, dass angesichts unterschiedlicher Interessen der Beteiligten Machtanwendung im Rahmen des Installierungsprozesses unvermeidlich ist. Da Machtanwendung zur Bildung von Gegenmacht führt, treten Konflikte auf. Zur Erreichung der Installierungsziele sind daher die Art und Weise der Machtausübung und das Konfliktmanagement entscheidend (vgl. dazu auch die Lerneinheiten PSYCH, FTEAM, KONFM, VERÄM, TECHA). Die Barriere mit besonderer Bedeutung für den Installierungserfolg sind personelle Widerstände, denen gegenüber technische, zeitliche, finanzielle usw. Barrieren relativ bedeutungslos sind. Menschliches Verhalten ist meist durch das Bestreben gekennzeichnet, den Status quo aufrecht zu erhalten, wenn nicht positiv bewertete Veränderungsergebnisse eindeutig erkennbar sind. Die Ursachen personeller Widerstände sind vielschichtig (z.B. Furcht vor Steigerung der Leistungsanforderungen, Reduzierung des Handlungsspielraums und Verfall von Qualifikationspotentialen).

Nach *Kirsch et al.* stellen sich personelle Widerstände umso stärker ein, je weiter der Installierungsprozess voranschreitet. Es wird dann zunehmend erforderlich, Marketing-Aktivitäten zu entfalten, um die Gefahr des Scheiterns des Installierungsprozesses zu vermeiden. Als wichtigstes Merkmal einer zweckmäßigen Installierungsstrategie wird der Partizipationsgrad angesehen, das heißt das Ausmaß, in dem die von der Installierung betroffenen Aufgabenträger in die Projektarbeit einbezogen werden. Ist der Partizipationsgrad gering, ist es zweckmäßig, den Installierungsprozess mit Teillösungen zu starten, um in einem iterativen Prozess die Betroffenen schrittweise zur Anpassung zu bewegen bzw. zu „zwingen". Taktische Teillösungen passen jedoch später möglicherweise nicht mehr schlüssig in das Gesamtkonzept. Erfolgversprechender ist eine starke Partizipation, insbesondere dann, wenn die Betroffenen unternehmerisch denken und handeln.

Bala/Venkatesh entwickelten und testeten im Kontext der Installation von ERP-Systemen (konkret die SAP-Module Human Capital Management sowie Financials) ein theoretisches Modell (als Job Characteristics Change Model, JCCM, bezeichnet), das Arbeitszufriedenheit als abhängige Variable und durch die Benutzer wahrgenommene Technologieeigenschaften (technologische Komplexität, technologische Rekonfigurierbarkeit, Anpassung der Technologie an Anforderungen) als unabhängige Variablen definiert. Weiter wurden wahrgenommene Eigenschaften des Arbeitsprozesses (Prozesskomplexität, Prozessrigidität, Prozessradikalität) und daraus resultierende Wahrnehmungen hinsichtlich zwei bedeutsamer Tätigkeitsmerkmale (Anstieg von Arbeitsanforderungen, Rückgang von Arbeitssteuerung) als Variablen konzeptualisiert, die den behaupteten Zusammenhang zwischen den unabhängigen Variablen und der abhängigen Variable erklären können (solche Variablen werden in der wissenschaftlichen Fachsprache Mediatorvariablen genannt). Die Autoren definierten Arbeitsanforderungen (job demands) und Arbeitssteuerung (job control) wie folgt (1115): „Job demands are defined as the degree to which an employee perceives that he or she is required to work fast and hard, and has much work to do, often in a short time … Job control is defined as the degree to which an employee perceives that he or she has the ability to exert some influence over his or her work environment with respect to the method, timing, and boundary of his or her work".

Es wurden zwei longitudinale Feldstudien durchgeführt, an der zwei Fertigungsunternehmen der Elektronikbranche teilnahmen (Organisation A: 281 Befragte, Organisation B: 141 Befragte; bei allen Befragten handelte es sich um Benutzer, die täglich die beiden genannten SAP-Module zur Verrichtung ihrer Aufgaben verwenden). Es gab vier Messzeitpunkte (die Variablen wurden allesamt auf der Basis einer Online-Befragung und Likert-Skalen gemessen): T_0 (pre-implementation, vor der Benutzerschulung und dem Beginn der Installation), T_1 (post-implementation, 1 Monat nach T_0), T_2 (post-implementation, 2 Monate nach T_1) und T_3 (post-implementation, 3 Monate nach T_2). Die Datenanalyse erfolgte auf der Basis von Latent Growth Modeling (LGM) und dem Werkzeug Amos. Die Befunde der Studie zeigen, dass im Durchschnitt ein Anstieg in Höhe von 22% bei den Arbeitsanforderungen über den gesamten 6-monatigen Rollout-Zeitraum hin betrachtet stattfindet, wohingegen ein Rückgang in Höhe von 10% bei der Arbeitssteuerung verzeichnet wurde. Weiter zeigen die Ergebnisse der Untersuchung, dass das theoretische Modell im Wesentlichen der empirischen Überprüfung standhalten konnte (bei 13 Hypothesentests wurde lediglich bei zwei Tests der behauptete Zusammenhang durch die Daten nicht gestützt).

Die wesentlichen Erkenntnisse dieser Studie werden von *Bala/Venkatesh* (1134) wie folgt beschrieben: „ … possible explanations for employees' negative reactions to an ES [Enterprise System, Anmerkung durch den Verfasser dieses Buchs] during the shakedown phase. Prior research has highlighted the challenges that organizations face during the shakedown phase, such as poor system performance, data errors, deterioration of key performance indicators, and negative reactions from stakeholders … Our findings extend this research by highlighting additional challenges related to employees' perceptions of changes that can potentially invoke unfavorable reactions toward an ES. Although our research has suggested changes in job conditions as a possible explanation for these negative reactions … there has been little or no research on the changes in specific facets of employees' job characteristics and reasons for such changes. Our findings, which are related to the increasing trajectory of job demands and decreasing trajectory of job control, and to the subsequent negative influence on job satisfaction, offer a plausible explanation of why employees may resist a new ES implementation … Our findings suggest that if employees' work processes become complex, rigid, and radically different following an organizational change, employees will indeed perceive an increase in job demands and a decrease in job control."

Saarelainen et al. haben Entscheidungen zur Ablösung von Altsystemen (legacy systems) empirisch untersucht. Es wurden 29 Interviews mit Entscheidungsträgern geführt, die wie folgt beschrieben werden (14): „[P]eople who have relevant roles in software engineering related decision making, especially software modernization or replacement decisions … Interviewees were from 8 different organizations. There were 3 software supplier organizations and 5 software end-user organizations. From 29 interviewees 12 worked within software supplier organizations and 17 within end-user organizations. Their average working experience with information systems was 19 years and with modernization decision making or argumentation 8 years. Their average age was 48 years". Der Interviewleitfaden umfasste 43 Fragen; die Interviews wurden aufgezeichnet und transkribiert (durchschnittliche Länge: 4.880 Wörter). Die wesentlichen Befunde ihrer Studie beschreiben die Autoren wie folgt (12): „It turned out that decisions are not as rational as supposed. Intuition is the dominant factor in decision making. Formal software engineering oriented decision support methods are not used. Most decision makers did not see intuition as a preferable way to make decisions. This might be because the preferred values are rationality and formality. Since the use of intuition is not particularly valued it is not necessarily admitted or documented either. However, truthful description and justification of decisions is important both from the practical and ethical point of views."

Khadka et al. untersuchten auch die Ablösung von Altsystemen; Ziel, Methodik und Befund der Studie werden von den Autoren wie folgt angegeben (36): „This paper describes the outcome of an exploratory study in which 26 industrial practitioners were interviewed on what makes a software system a legacy system, what the main drivers are that lead to the modernization of such systems, and what challenges are faced during the modernization process. The findings of the interviews have been validated by means of a survey with 198 respondents. The results show that practitioners value their legacy systems highly, the challenges they face are not just technical, but also include business and organizational aspects." Im Detail werden folgende "perceived benefits of the legacy systems" angegeben (in Klammer die Prozentsätze aus der Befragungsstudie): business critical (76,7%), proven technology (52,8%), reliable system (52,3%), performance (24,4%). Weiter werden im Beitrag jene Herausforderungen beschrieben, die von den interviewten Praktikern als bedeutsam bei der Modernisierung von Altsystemen erachtet wurden: time constraints to finish modernization, data migration, complex system architecture, lack of knowledge, difficult to extract and prioritize business logic, resistance from organization, addressing soft factors of modernization.

Kontrollfragen
1. Worin besteht das Ziel der Installierung?
2. Durch welche Merkmale ist der Prozess der Installierung gekennzeichnet?
3. Warum werden die Aufgaben der Installierung in Vorbereiten und Durchführen gegliedert?
4. Welcher Zusammenhang besteht zwischen Installierungsmethoden und Installierungsarten?
5. Nach welchen Strategien kann bei der Installierung vorgegangen werden?

Quellenliteratur

Bala, H./Venkatesh, V.: Changes in employees' job characteristics during an enterprise system implementation: A latent growth modeling perspective. MIS Quarterly, 4/2013, 1113-1140
Daniel, A.: Implementierungsmanagement: Ein anwendungsorientierter Gestaltungsansatz. Deutscher Universitäts-Verlag, 2001
Khadka, R. et al.: How do professionals perceive legacy systems and software modernization? Proceedings of the 36th International Conference on Software Engineering, 2014
Kirsch, W. et al.: Das Management des geplanten Wandels von Organisationen. Poeschel, 1979

Marr, R./Kötting, M.: Implementierung, organisatorische. In: Frese, E. et al. (Hrsg.): Hand-wörterbuch der Organisation. 3. A., Poeschel, 1992, 827-841

Saarelainen, M.-M. et al.: Software modernization and replacement decision making in industry: A qualitative study. Proceedings of the 10th International Conference on Evaluation and Assessment in Software Engineering, 2006

Vertiefungsliteratur
Agilar, E./Almeida, R./Canedo, E.: A systematic mapping study on legacy system modernizati-on. 28th International Conference on Software Engineering and Knowledge Engineering, 2016

Brodie, M. L./Stonebraker, M.: Migrating legacy systems: Gateways, interfaces and the incre-mental approach. Morgan Kaufmann 1995

Densborn, F./Finkbohner, F./Gradl, J./Roth, M./Willinger, M.: Data migration with SAP. 3. A., SAP Press 2016

Dörner, F.: Migration von Informationssystemen: Erfolgsfaktoren für das Management. Deut-scher Universitäts-Verlag, Wiesbaden 1998

Haller, K.: Towards the industrialization of data migration: Concepts and patterns for standard software implementation projects. In: van Eck, P./ Gordijn, J./Wieringa, R. (Eds.): Advanced information systems engineering, Springer, 2009, 63-78

Heinrich, L. J.: Der Prozess der Systemplanung und -entwicklung. In: Kurbel, K./Strunz, H. (Hrsg.): Handbuch der Wirtschaftsinformatik. Poeschel, 1989, 199-214

Heinrich, L. J.: Zur Methodik der Systemplanung in der Wirtschaftsinformatik. In: Schult, E./Siegel, T. (Hrsg.): Betriebswirtschaftslehre und Unternehmenspraxis. Schmidt, 1986, 83-99

Hildebrand, K. (Hrsg.): IT-Integration und Migration. HMD – Praxis der Wirtschaftsinformatik, 5/2007

Ionita, A. D./Litoiu, M./Lewis, G.: Migrating legacy applications: Challenges in service oriented architecture and cloud computing environments. IGI Global, 2013

Martens, A.: Ablösung von Legacy-Systemen in Zeiten des digitalen Wandels. Wirtschaftsin-formatik & Management, 6/2016, 32-40

Morris, J.: Practical data migration. 2. A., British Computer Society (BCS), 2012

Seacord, R. C./Plakosh, D./Lewis, G. A.: Modernizing legacy systems: Software technologies, engineering processes, and business practices. Pearson, 2003

Normen und Richtlinien
Data Migration Project Checklist: A Template for Effective Data Migration Planning: http://datamigrationpro.com/data-migration-checklist-planner/

SAP   Policy   Management   Guide   for   Data   Migration: https://help.sap.com/http.svc/rc/daa43267f9264d1186b8c45adbc7e5d4/HowTo/en-US/FSPMDataMigrGuide54.pdf

Werkzeuge
http://www.compiere.com/
https://www.ibm.com/developerworks/library/mw-1701-was-migration/index.html

Interessante Links
http://www.bmcsoftware.at/guides/itil-release-deployment-management.html
http://www.practicaldatamigration.com/

Der Mensch in Informatik-Projekten

PSYCH - Psychologie 319
PROVE - Projektverantwortung und Projektgruppe...........................343
FTEAM - Führung und Teamarbeit 359
KOORD - Koordination 371
STAKM - Stakeholder-Management 383
KONFM - Konfliktmanagement 395
VERÄM - Veränderungsmanagement 407
TECHA - Technologieakzeptanz 421

PSYCH - Psychologie

Lernziele

Sie kennen die Bedeutung der Psychologie für das Projektmanagement und erkennen, dass Grundkenntnisse der Psychologie in Bezug auf projektmanagementrelevante Phänomene für die erfolgreiche Planung und Realisierung von Informatik-Projekten unerlässlich sind. Sie kennen wichtige Phänomene der Psychologie sowie ihre Bedeutung für das Projektmanagement, insbesondere Motivation, Macht, Commitment, Information, Wissen und Stress.

Definitionen und Abkürzungen

Commitment = das Ausmaß der Identifikation einer Person mit einem Projekt bzw. dem Projektergebnis (Informationssystem); Bekenntnis zum Projekt.

Führung (leadership) = im Sinne von Unternehmensführung die zweck- und zielorientierte Koordination arbeitsteiliger Prozesse, im Sinne von Führung von Projektmitarbeitern die Bildung, Durchsetzung und Sicherung eines Führungswillens und die Motivation der Mitarbeiter.

Information (information) = beseitigte oder verminderte Unbestimmtheit in einer Handlungssituation, also handlungsbestimmendes Wissen über vergangene, gegenwärtige und zukünftige Zustände der Wirklichkeit und Vorgänge in der Wirklichkeit.

Kommunikation (communication) = der Austausch von Information mit dem Zweck, das Handeln in Bezug auf die gegebenen Ziele optimal zu gestalten.

Macht (power) = Potential, auf das Denken und Handeln anderer Personen Einfluss nehmen zu können.

Motivation (motivation) = Streben nach Zielen bzw. Gesamtheit von Beweggründen, die zur Ausführung bzw. Unterlassung einer Handlung führt.

Persönlichkeit (personality) = die Eigenart eines Menschen, die relativ zeitstabil ist und die sich auf Merkmale wie Wesenszüge, Einstellungen, Überzeugungen, Gewohnheiten, generalisierte Erwartungen, Reiz-Reaktionsverknüpfungen und Motive bezieht.

Psychologie (psychology) = eine Wissenschaft, die das menschliche Erleben und Verhalten beschreibt und erklärt.

Sozialpsychologie (social psychology) = ein Teilgebiet der Psychologie bzw. Soziologie, das die Auswirkungen der Gegenwart anderer Menschen auf das Erleben und Verhalten des Individuums erforscht.

Stress (stress) = durch äußere Reize sowie innere gedankliche Prozesse hervorgerufene physiologische und/oder psychische Reaktion eines Menschen, die mit körperlicher sowie geistiger Belastung einhergeht.

Technostress (technostress) = eine Stressform, die aus der Nutzung und Allgegenwärtigkeit von Informations- und Kommunikationstechnologien im privaten und organisationalen Umfeld entsteht.

Wissen (knowledge) = Gesamtheit der Kenntnisse und Fähigkeiten zur Lösung von Problemen.

Psychologie als Referenzdisziplin

Psychologie ist eine Wissenschaft, die das menschliche Erleben und Verhalten beschreibt und erklärt. Da die Planung und Realisierung von Projekten *durch* Menschen erfolgt und Projektergebnisse (hier Informationssysteme) *von* Menschen entwickelt, verwendet und beurteilt werden, ist die Psychologie eine bedeutende Referenzdisziplin für das Projektmanagement. Das bedeutet, dass sich Erkenntnisse der Psychologie auf Phänomene beziehen, die im Projektmanagement relevant sind. Es sind jedoch nicht alle Teilgebiete der Psychologie für das Projektmanagement von gleich hoher sowie unmittelbarer Relevanz. Ein im deutschen Sprachraum weit verbreitetes Psychologielehrbuch von *Zimbardo/Gerrig* befasst sich beispielsweise auf rund 950 Seiten in 18 Kapiteln mit diversen Phänomenen der Psychologie, die unterschiedlich hohe Bedeutung für das Projektmanagement haben. Während beispielsweise die in den Kapiteln „Motivation" und „Soziale Prozesse und Beziehungen" dargestellten Phänomene für das Projektmanagement von hoher Relevanz sind, sind die in den Kapiteln „Sensorische Prozesse" und „Psychische Störungen" beschriebenen Phänomene für das Projektmanagement nicht unmittelbar relevant. Für das Projektmanagement im Allgemeinen und das Management von Informatik-Projekten im Speziellen sind insbesondere Erkenntnisse der Sozialpsychologie relevant (vgl. z.B. *DeMarco/Lister* und *Wastian et al.*).

Das vorliegende Buch umfasst das Kapitel Der Mensch in Informatik-Projekten, die gegenständliche Lerneinheit ist in diesem Kapitel die erste von insgesamt acht, in denen unterschiedliche psychologische Themenfelder behandelt werden. Damit wird der Bedeutung der Psychologie für das Projektmanagement Rechnung getragen. Im Geleitwort zu einem Buch von *Wastian et al.* mit dem Titel „Angewandte Psychologie für das Projektmanagement" schreibt *Udo Lindemann*, Emeritus an der Technischen Universität München, dass psychologische Erkenntnisse „in der klassischen Projektmanagementliteratur häufig nur Randthemen sind, wenn sie denn überhaupt angesprochen werden". Dieser Befund gilt insbesondere auch für das Management von Informatik-Projekten. Nur wenige Werke befassen sich hier im Kern mit psychologischen Phänomenen, und wenn sie es tun, dann erfolgt die Auseinandersetzung in einer nicht wissenschaftlichen Weise (was nicht bedeutet, dass solche Werke für die Praxis keinen Nutzen stiften können). *Reuter* (6) vertritt folgende These: „Sollen Projekte erfolgreich zu Ende gebracht werden, braucht es im Projektmanagement in erster Linie ein bewusstes psychologisches Können" – weiter plädiert er für „den bewussten Einsatz einer intra-individuellen und inter-individuellen Kompetenz" (8). Vor dem Hintergrund der hohen Bedeutung psychologischer Erkenntnisse für das Projektmanagement werden in dieser Lerneinheit bedeutsame Grundlagen zu Motivation, Macht, Commitment, Information und Wissen sowie Stress dargeboten. Weitere, den Faktor „Mensch" betreffende Phänomene werden in den sieben folgenden Lerneinheiten (PROVE, FTEAM, KOORD, STAKM, KONFM, VERÄM, TECHA) erläutert. Zudem werden psychologische Phänomene in vielen weiteren Lerneinheiten dieses Buches thematisiert (z.B. PRORG, ERFPM, PROTY, KREAT).

Motivation

Die Motivation der am Projekt beteiligten Personen ist bedeutsam, damit die Erreichung von Projektzielen überhaupt angestrebt wird und in weiterer Folge Zielerreichung möglich ist (vgl. Lerneinheit ZIELP). Daraus folgt, dass ohne Motivation Projekterfolg nicht möglich ist. Eine grundsätzliche Frage ist, welche Motive das Handeln von Menschen besonders beeinflussen. Kennt man diese Motive, so kann das Handeln zielgerichtet beeinflusst werden. *McClelland* hat in den 1960er Jahren eine viele beachtete Theorie der Motivation vorgelegt, die drei wesentliche Motive (Bedürfnisse) menschlichen Handelns umfasst:

- *Leistungsmotive:* Menschen neigen dazu, Leistungen erbringen zu wollen, sie wollen Ziele erreichen.
- *Machtmotive:* Menschen neigen dazu, eigene Überlegenheit und Stärke demonstrieren und erleben zu wollen.
- *Soziale Anschlussmotive:* Menschen neigen dazu, einer Gruppe angehören zu wollen.

Reuter (162) beschreibt in diesem Zusammenhang das folgende Beispiel: Man stelle sich vor, dass ein Mitarbeiter in einem Projekt nur unwillig mitwirkt, die Person ist kaum motiviert. Die Person kommt häufig zu spät zu Meetings und die Leistungen sind schwankend, bestimmte Aufgaben werden also gut, andere nur ungenügend erledigt. Was sind mögliche Ursachen für die fehlende Motivation? Es ist möglich, dass das Projekt bei bestimmten Mitarbeitern und dem sozialen Umfeld keinen guten Ruf hat. Würde daher der Mitarbeiter voller Motivation im Projekt mitwirken und dies für sein soziales Umfeld offenkundig werden, so könnte die Zugehörigkeit zur Gruppe gefährdet sein, da sich eine solche Zugehörigkeit unter anderem in übereinstimmenden Einstellungen und Meinungen manifestiert, also auch in der Übereinstimmung zur Bedeutsamkeit eines Projekts. Weiter ist denkbar, dass die Aufgaben, mit denen der Mitarbeiter betraut ist, nicht seinem Leistungsniveau entsprechen; er könnte sich entweder überfordert oder unterfordert fühlen; dies könnte die Leistungsschwankungen erklären. Schließlich könnte es sein, dass das Projekt kaum Möglichkeiten bietet, Macht auszuüben und/oder zu entwickeln.

Bei der Anwendung dieser Theorie ist zu beachten, dass Menschen unterschiedlich sind (z.B. in Bezug auf ihre Persönlichkeit) und daher Leistungs- und Machtmotive sowie soziale Anschlussmotive unterschiedlich relevant für das Verhalten sein können. Eine beobachtbare Verhaltensform ist beispielsweise, dass manche Menschen ausgeprägte Leistungs- und Machtmotive haben, aber kaum soziale Anschlussmotive. Umgangssprachlich formuliert könnte man sagen, sie streben danach, in erster Linie „ihr eigenes Ding zu machen", das Bedürfnis einer Gruppe anzugehören und sich somit der dort geltenden Einstellung und Meinung zu einer bestimmten Sache (z.B. einem Projekt) anzupassen, ist schwach ausgeprägt. Im Gegensatz dazu gibt es andere Menschentypen, die kaum nach Macht streben, dafür aber primär einer Gruppe angehören wollen, und wenn sie das tun, dann wollen sie gute Leistungen erbringen, um für die Gruppe einen Beitrag zu leisten.

Eine andere viel beachtete Theorie, die im Bereich der Arbeitsmotivation entwickelt und somit für das Projektmanagement auch besonders relevant ist, wurde von *Herzberg et al.* Ende der 1950erJahre vorgelegt: die Motivatoren-Hygiene-Theorie, auch als Zwei-Faktoren-Theorie bezeichnet. Es wird hierbei zwischen zwei Faktoren unterschieden:

- *Motivatoren:* Solche Faktoren führen bei positiver Ausprägung zu Zufriedenheit, eine nicht-positive Ausprägung führt zu keiner Zufriedenheit, aber auch nicht zwangsläufig zu Unzufriedenheit.
- *Hygienefaktoren:* Solche Faktoren verhindern bei positiver Ausprägung Unzufriedenheit, leisten aber keinen Beitrag zur Zufriedenheit.

Abbildung PSYCH-1 fasst die Zwei-Faktoren-Theorie zusammen und nennt Beispiele für Motivatoren und Hygienefaktoren.

	Motivatoren	**Hygienefaktoren**
Beispiele	Leistungserlebnis, Anerkennung, Arbeitsinhalt, Verantwortung, Aufstieg	Organisatorische Regelungen, Führung, Entlohnung, Arbeitsbedingungen
Positive Ausprägung (vorhanden)	Zufriedenheit	Keine Unzufriedenheit
Nicht-positive Ausprägung (nicht vorhanden)	Keine Zufriedenheit	Unzufriedenheit

Abb. PSYCH-1: Zwei-Faktoren-Theorie (nach *Herzberg*)

Die Konsequenz der Zwei-Faktoren-Theorie für das Handeln im Projektmanagement ist, dass Hygienefaktoren *und* Motivatoren sicherzustellen sind, um Unzufriedenheit zu vermeiden *und* um Zufriedenheit zu schaffen. Trotz der enormen Bedeutung der Zwei-Faktoren-Theorie ist zu beachten, dass die Theorie mehrfach kritisiert wurde. Zum einen wird argumentiert, dass die Entstehung von Arbeitszufriedenheit zu stark trivialisiert wird, zum anderen zeigen empirische Untersuchungen, dass fehlende Motivatoren auch zu Unzufriedenheit und Hygienefaktoren zu Zufriedenheit führen können (z.B. *Semmer/Udris*). Die Implikationen dieser Kritiken für das Informatik-Projektmanagement sind, dass erstens Motivation und Arbeitszufriedenheit von Projektmitarbeitern und Softwareentwicklern durch viele, oftmals in Zusammenhang stehenden Faktoren beeinflusst werden, und dass zweitens nicht mit Sicherheit davon ausgegangen werden kann, dass die in Abb. PSYCH-1 genannten Beispiele für Motivatoren und Hygienefaktoren im Kontext von Informatik-Projekten auch tatsächlich solche sind. Die in Abb. PSYCH-1 beschriebenen Zufriedenheitswirkungen haben daher heuristischen Charakter.

Für den Kontext von Software-Projekten nennt *Henrich* (438) unter Bezugnahme auf eine Arbeit von *Grupp* (55) die folgenden „typischen Motivationsfaktoren":

1. Art und Bedeutung der Aufgabe;
2. Möglichkeit des selbständigen Arbeitens und der Übernahme von Verantwortung;
3. Karriereförderung, Aufstiegsmöglichkeiten, Kontakt mit einflussreichen Persönlichkeiten;
4. Horizonterweiterung, Kennenlernen neuer Gebiete, Zugang zu besonderen Informationen;
5. Einflussnahme, Statusverbesserung, Machtzuwachs, Reputation;
6. Gehalt, Prämien, bezahlte Überstunden;
7. Ideenanerkennung, öffentliches Lob;
8. Reisen, angenehmes Arbeitsklima, mehr Urlaub;
9. Erfolgserlebnis, persönliche Befriedigung;
10. Kennenlernen eines neuen Führungsstils.

Reuter (166) befragte „junge Softwareentwickler" zu folgenden Themen und bekam folgende Antworten (er betont, dass diese Ergebnisse als „Tipps und Empfehlungen" für das praktische Handeln herangezogen werden können):

- *Wie trage ich zur Motivation meiner Kollegen bei:* eigene gute Laune, eigene Motivation, zum Geburtstag etwas ausgeben, Fun-Faktor hochhalten, sauber arbeiten (kein „Trittbrett fahren"), miteinander reden, Konflikte lösen.
- *Leistungen, die ich von meinem Projektleiter erwarte:* gesellige Veranstaltungen, unkomplizierter Zugang zu Ressourcen, Fun-Faktor hochhalten, Team-Training, gutes Umfeld schaffen.
- *Frustration kann bewirkt werden durch:* unzweckmäßige Zielsetzung, fehlendes Vertrauen in die Rechtmäßigkeit der Kontrolle, Furcht vor unerwünschten Konsequenzen, persönliche Ablehnung durch andere Personen.

Macht

Wer mächtig ist, verfügt über Möglichkeiten, auf die Gefühle, Überzeugungen, Einstellungen und Verhaltensweisen anderer Menschen bewusst einzuwirken. Im betriebswirtschaftlichen Kontext gelten „die Verfügung über Ressourcen" und „die Kontrolle von Unsicherheitszonen" als wesentliche Grundlagen von Macht (*Sandner/Meyer*, 758). *Patzak/Rattay* (709) schreiben, dass der Begriff „Macht" im allgemeinen Sprachgebrauch oft meint, dass „jemand großen Einfluss auf das Verhalten von Menschen und auf den Ausgang von Ereignissen nehmen kann, ohne Rücksicht auf Befindlichkeiten nehmen zu müssen. Macht ist deshalb auch oft negativ konnotiert und wird in die Nähe von Egoismus und Rücksichtslosigkeit gestellt". Die Autoren führen weiter aus, dass Macht im Kontext von Projektmanagement jedoch neutral verstanden werden sollte, da mit Macht Einfluss und Gestaltungsmöglichkeiten einhergehen, die „auf eine positive Weise ziel- und nutzenorientiert eingesetzt werden [können], um Projektziele zu verwirklichen". Dieses neutrale Begriffsverständnis liegt den folgenden Ausführungen zugrunde.

Im Projektmanagement ist es bedeutsam, auf der Basis von Macht Einfluss auszuüben, um angestrebte Ziele zu erreichen. Das Ausüben von Einfluss kann sich auf Erwartungen, Überzeugungen, Einstellungen, Befindlichkeiten, Stimmungen,

Emotionen und Handlungen anderer Akteure beziehen. *Solga/Blickle* (152-153) nennen sechs Machtbasen (also Ressourcen, die eingesetzt werden können, um Einfluss auf andere Personen auszuüben):

1. Belohnungsmacht: Die Macht resultiert aus der Möglichkeit, unpersönliche Belohnungen (z.B. materiell, formell, finanziell) und persönliche Belohnungen (z.B. Zuwendung, Aufmerksamkeit, Lob) zu vergeben.
2. Bestrafungsmacht: Die Macht resultiert aus der Möglichkeit, andere Menschen durch das Vorenthalten oder den Entzug von unpersönlichen Ressourcen (z.B. finanzielle Mittel oder Dienstgrad) und persönlichen Ressourcen (z.B. Zuwendung, Aufmerksamkeit, Lob) zu bestrafen.
3. Legitimationsmacht: Die Macht resultiert aus dem Umstand, dass man eine formale Position innehat, aus der ein rechtmäßiger Anspruch resultiert, Einfluss auf andere Menschen auszuüben (z.B. die Autorität und Weisungsbefugnis, die sich aus einem Vorgesetzten-Mitarbeiter-Verhältnis ergibt).
4. Expertenmacht: Die Macht resultiert aus dem Umstand, dass man situations- und kontextbezogen über wertvolle Fähigkeiten, Kenntnisse und Fertigkeiten verfügt.
5. Identifikations-/Beziehungsmacht: Die Macht resultiert aus dem Umstand, dass man bei anderen Personen ein Gefühl der Verbundenheit hervorruft. Die Entstehung eines solchen Gefühls kann verschiedene Ursachen haben (z.B. Attraktivität, Sympathie, Charisma, Respekt).
6. Informationsmacht: Die Macht resultiert aus dem Umstand, dass man Zugang zu wertvollen Informationen hat (Informationsvorsprung gegenüber anderen Personen).

Einen bedeutsamen Einfluss auf den Erfolg von Informatik-Projekten kann die Macht einzelner Fachabteilungen sowie der IT-Abteilung haben. Daher ist es wichtig, sich mit den Determinanten von Abteilungsmacht zu befassen. *Solga/Blickle* (154) geben dazu an, dass die Macht einer Abteilung davon abhängt:

- wie gut es ihr gelingt, Handlungs-, Planungs- und Entscheidungsunsicherheiten anderer Abteilungen zu reduzieren (die Funktion besteht somit in der Unsicherheitsbewältigung),
- wie schwierig es ist, die Abteilung in dieser Funktion zu ersetzen (Nichtersetzbarkeit) und
- wie bedeutsam die Tätigkeiten der Abteilung für andere Abteilungen sind und wie viele Abhängigkeiten bestehen (Zentralität).

Aus Sicht der Projektleitung sowie der Projektmitarbeiter stellt sich die Frage, wie konkret Einfluss ausgeübt werden kann. Abbildung PSYCH-2 fasst wichtige Einflusstaktiken in Projekten zusammen und nennt Beispiele. Zu beachten ist, dass die dargestellten Einflusstaktiken je nach Kontext und Situation unterschiedlich effektiv sein können. Zudem zeigt eine Metaanalyse von *Higgins et al.*, dass die Taktik „Druck machen" grundsätzlich weniger Aussicht auf Erfolg verspricht. „Einschmeicheln" und „Rationalität", insbesondere wenn sie in Kombination angewendet werden, sind hingegen Taktiken, die im Allgemeinen wirksam sind.

Einflusstaktiken	Beispiele
Druck machen	Anweisungen geben, nachdrücklich Forderungen stellen, konkrete Termine setzen
Blockieren	Widerstand leisten durch Rückzug, Dienst nach Vorschrift, Aufkündigung der gewohnten Kooperation, die andere Person ignorieren
Sanktionen	Strafen androhen, z.B. Lohnerhöhung zurückhalten
Tauschangebote	Etwas hergeben, um etwas anderes zu bekommen (eine Hand wäscht die andere), einen kleinen Gefallen anbieten
Einschmeicheln	Freundlich sein, Komplimente machen, Übereinstimmungen mit den Ansichten des Einflussadressaten äußern
Rationalität	Logische Argumente vortragen, durch Sachargumente überzeugen, eigene Auffassungen durch nachgewiesene Tatsachen stützen, zusätzliche Informationen geben
Koalitionsbildung	Sich mit anderen zusammenschließen, die Unterstützung der Kollegen aktivieren
Höhere Instanzen einschalten	Vorgesetzte dazu veranlassen, einen Widersacher in die Schranken zu weisen
Inspirierende Appelle	An Emotionen, Ideale und Werthaltungen appellieren, um Begeisterung hervorzurufen
Konsultation	Den Einflussadressaten um Rat fragen, seine Meinung einholen, Vorschläge erbitten
Legitimation	Sich auf die eigene Autorität oder Stellung innerhalb einer Organisation berufen, auf formale Regeln pochen
Persönliche Appelle	Appell an die Gefühle der Freundschaft und Loyalität
Self-Promotion	Die eigene Person als kompetent, fleißig und erfolgreich darstellen

Abb. PSYCH-2: Wichtige Einflusstaktiken in Projekten (nach *Solga/Blickle*, 155)

In Zusammenhang mit Macht und Einfluss in Projekten ist die mikropolitische Kompetenz von Bedeutung. Darunter versteht man die Fähigkeit, sich in andere Personen einzufühlen, um deren Bedürfnisse zu verstehen (insbesondere in die Stakeholder eines Projekts, vgl. Lerneinheit STAKM), besonders aufrichtig und vertrauenswürdig zu sein bzw. zu wirken und sich gezielt mit anderen Personen zu vernetzen und zu verbünden, um eigene Vorstellungen durchzusetzen und eigene Ziele zu erreichen. Abbildung PSYCH-3 nennt die vier Dimensionen mikropolitischer Kompetenz (kurz: politische Kompetenz) und visualisiert, dass diese Kompetenz einen Einfluss auf Einflusstaktiken hat, die wiederum den Einflusserfolg bestimmen.

Aus Abb. PSYCH-3 resultieren mehrere Implikationen für das praktische Handeln. Erstens ist bei der Rekrutierung von strategisch wichtigem Personal (z.B. Projektleitung) darauf zu achten, dass diese Personen sozial scharfsinnig, netzwerkfähig, aufrichtig (zumindest in der Wahrnehmung anderer Personen) und im Umgang mit anderen Personen fähig sind. Zweitens sollten Projektmitarbeiter im Allgemein und die Projektleitung im Speziellen bedeutsame Einflusstaktiken kennen und zielgerichtet einsetzen können.

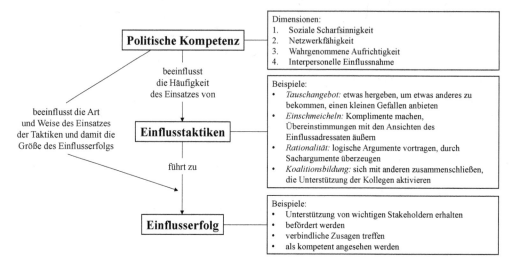

Abb. PSYCH-3: Wirkung mikropolitischer Kompetenz auf Einflusstaktiken und Einflusserfolg (nach *Solga/Blickle*, 158)

Commitment

Projektmitarbeiter identifizieren sich in unterschiedlichem Ausmaß mit ihrer Organisation, den Projekten in der Organisation sowie den Projektergebnissen (z.B. ein neu geschaffenes Informationssystem). Die Einstellung zu und das Commitment für ein Projekt variiert somit zwischen verschiedenen Personen, unter anderem deshalb, weil Personen Merkmale eines Projekts wie beispielsweise die Attraktivität der Arbeitsinhalte und die Zusammenarbeit im Team unterschiedlich beurteilen. Werden Merkmale eines Projekts positiv beurteilt, so erhöht dies das Commitment, während eine negative Beurteilung eine Reduzierung des Commitments bewirkt. Commitment steht in einem wechselseitigen und positiven Zusammenhang mit Arbeitszufriedenheit.

Kraus/Woschée argumentieren, dass die Zugehörigkeit von Mitarbeitern zu einer Organisation und zu einem Projekt soziale Identität schafft und somit zur Entwicklung und Aufrechterhaltung eines positiven Selbstkonzepts beiträgt. Weiter führen *Kraus/Woschée* (188) aus: „Eine hohe Identifikation mit einem Projekt kann bedeuten, dass der Mitarbeiter sich – um seinen eigenen Selbstwert zu steigern – besonders für das Projekt einsetzt, Abneigung gegenüber Personen oder Gruppen empfindet, die den Projektfortschritt behindern und dass er das Projekt gegen Widerstände verteidigt". Daraus folgt, dass Commitment eine Determinante des Projekterfolgs ist. Insbesondere ist zu beachten, dass fehlendes Commitment bei strategisch wichtigen Projektmitarbeitern mit hoher Wahrscheinlichkeit zu Misserfolg führt. Es werden verschiedene Formen des Commitments unterschieden (*Kraus/Woschée*, 190):

- Affektives Commitment: Damit wird die emotionale Bindung einer Person an ein Projekt bezeichnet; es wird Stolz für ein Projekt empfunden und der Mitarbeiter sieht seine Mitwirkung im Projekt wie eine Art „Familienzugehörigkeit".

- Normatives Commitment: Eine Person fühlt sich aus moralisch-ethischen Gründen dem Projekt zugehörig und setzt sich dafür ein, beispielsweise weil die Projektleitung den Mitarbeiter in der Vergangenheit gefördert hat.
- Kalkulatorisches Commitment: Eine Person fühlt sich aufgrund rationaler Überlegungen dem Projekt zugehörig und setzt sich deshalb dafür ein, um keine (zukünftigen) Belohnungen zu verlieren und/oder Sanktionen zu erleiden.

Felfe hat ein konzeptionelles Modell entwickelt, das die Determinanten und Folgen von Commitment beschreibt. Das Modell umfasst vier Kategorien von Determinanten und zwei Kategorien von Folgen.

Determinanten von Commitment (inklusive Beispiele):

- Merkmale der Arbeit:
  - Arbeitsinhalt
  - Monotonie der Aufgabe
  - Entlohnung
- Merkmale der Führung:
  - Autonomie
  - Partizipation
  - Kontrollintensität
- Merkmale des Mitarbeiters:
  - Alter
  - Geschlecht
  - Zugehörigkeitsdauer
- Merkmale der Organisation:
  - Innovationsfähigkeit
  - Unterstützung
  - Reputation

Folgen von Commitment (inklusive Beispiele):

- Positive Folgen:
  - Wohlbefinden
  - Motivation
  - Leistungsanstieg
  - Freiwilliges Arbeitsengagement
- Negative Folgen:
  - Belastungsempfinden
  - Absentismus
  - Kündigungsintention
  - Kündigung

Die Messung von Commitment im Projektkontext ist auf der Basis von Fragebögen möglich. *Maier/Woschée* entwickelten eine deutschsprachige Version des Organizational Commitment Questionnaire (OCQ); dieser Fragebogen ist in Abb. PSYCH-4 dargestellt. Auf der Basis von 15 Aussagen (Items) wird erhoben, inwieweit Zustimmung gegeben ist (auf der Basis einer 7-stufigen Skala, die von „trifft gar nicht zu" bis „trifft völlig zu" reicht). Es ist zu beachten, dass mehrere Items revers kodiert sind. Während beispielsweise eine hohe Zustimmung zu Aussage 1 ein hohes Commitment signalisiert, gibt eine hohe Zustimmung zu Aussage 3 (revers kodiertes Item) ein niedriges Commitment an. Der OCQ ist einfach für die Messung von Commitment im Projektkontext adaptierbar. Bei manchen Items ist lediglich das Wort „Unternehmen(s)" durch das Wort „Projekt(s)" zu ersetzen (z.B. Item 1, Item 3 oder Item 4), bei anderen Items sind geringfügige Textanpassungen notwendig (z.B. Item 2: Anstelle der Formulierung „Freunden gegenüber lobe ich dieses Unternehmen als besonders guten Arbeitgeber" könnte man formulieren „Freunden gegenüber lobe ich dieses Projekt als besonders gute Initiative"). Der OCQ ist nicht spezifisch auf die Messung einer bestimmten Commitment-Form zugeschnitten. In der Fachliteratur werden jedoch Messinstrumente vorgestellt, die spezifisch eine bestimmte Commitment-Form erfassen. Ein Beispiel ist in Abb. PSYCH-5 dargestellt (Fragebogen zur Messung des affektiven Commitments in einem Projekt nach *Kraus/Woschée*, 198).

	Inwieweit stimmen Sie folgenden Aussagen zu?	Die Aussage trifft ...				
		gar nicht zu	eher nicht zu	teils- teils zu	eher zu	völlig zu
1	Ich bin bereit, mich mehr als nötig zu engagieren, um zum Erfolg des Unternehmens beizutragen.	① ②	③	④	⑤ ⑥	⑦
2	Freunden gegenüber lobe ich dieses Unternehmen als besonders guten Arbeitgeber.	① ②	③	④	⑤ ⑥	⑦
3	Ich fühle mich diesem Unternehmen nur wenig verbunden. (R)	① ②	③	④	⑤ ⑥	⑦
4	Ich würde fast jede Veränderung meiner Tätigkeit akzeptieren, nur um auch weiterhin für dieses Unternehmen arbeiten zu können.	① ②	③	④	⑤ ⑥	⑦
5	Ich bin der Meinung, dass meine Wertvorstellung und die des Unternehmens sehr ähnlich sind.	① ②	③	④	⑤ ⑥	⑦
6	Ich bin stolz, wenn ich anderen sagen kann, dass ich zu diesem Unternehmen gehöre.	① ②	③	④	⑤ ⑥	⑦
7	Eigentlich könnte ich genauso gut für ein anderes Unternehmen arbeiten, solange die Tätigkeit vergleichbar wäre. (R)	① ②	③	④	⑤ ⑥	⑦
8	Dieses Unternehmen spornt mich zu Höchstleistungen in meiner Tätigkeit an.	① ②	③	④	⑤ ⑥	⑦
9	Schon kleine Veränderungen in meiner gegenwärtigen Situation würden mich zum Verlassen des Unternehmens bewegen. (R)	① ②	③	④	⑤ ⑥	⑦
10	Ich bin ausgesprochen froh, dass ich bei meinem Eintritt dieses Unternehmen anderen vorgezogen habe.	① ②	③	④	⑤ ⑥	⑦
11	Ich verspreche mir nicht allzu viel davon, mich langfristig an dieses Unternehmen zu binden. (R)	① ②	③	④	⑤ ⑥	⑦
12	Ich habe oft Schwierigkeiten, mit der Unternehmenspolitik in Bezug auf wichtige Arbeitnehmerfragen übereinzustimmen. (R)	① ②	③	④	⑤ ⑥	⑦
13	Die Zukunft dieses Unternehmens liegt mir sehr am Herzen.	① ②	③	④	⑤ ⑥	⑦
14	Ich halte dieses für das beste aller Unternehmen, die für mich in Frage kommen.	① ②	③	④	⑤ ⑥	⑦
15	Meine Entscheidung, für dieses Unternehmen zu arbeiten, war sicher ein Fehler. (R)	① ②	③	④	⑤ ⑥	⑦

Anmerkung: R = revers kodiert

Abb. PSYCH-4: Fragebogen zur Messung von Organizational Commitment (nach *Maier/Woschée*)

Commitment mit einem Projekt hängt auch vom praktizierten Führungsstil ab, in der Regel gilt: Führungsstile, die durch Autorität und Betonung der Aufgabe geprägt sind, führen tendenziell zu weniger Commitment als Führungsstile, die durch Kooperation und Betonung des Menschen geprägt sind. Für das Projektmanagement resultiert daraus eine unmittelbare Handlungskonsequenz: die Projektleitung kann durch den praktizierten Führungsstil das Commitment der Mitarbeiter beeinflussen (Führungsstile werden in der Lerneinheit FTEAM behandelt).

Einer grundsätzlicheren Frage sind *Tomaschek et al.* nachgegangen: Commitment in virtuellen Teams – Gibt es das? Auf der Basis von Befragungsdaten kommen sie zu dem Schluss, dass die gefundenen Beziehungen zwischen Commitment und seinen Determinanten (z.B. Aufgabenmerkmale) und Folgen (z.B. Arbeitszufriedenheit) „analog [zu] traditionellen Unternehmen" sind. Ein weiteres Ergebnis der Untersuchung ist jedoch, dass in virtuellen Teams ein relativ geringes Ausmaß an Team-Commitment vorhanden ist. Dieses Ergebnis führen die Autoren darauf zurück, dass mehrere Determinanten von Commitment in engem Zusammenhang mit sozialen Gegebenheiten stehen (z.B. soziale Unterstützung, Teamqualität). Die Implikationen dieser Untersuchung für das Projektmanagement sind daher, dass zwar einerseits in virtuellen Teams Commitment mit einem Projekt in ähnlichem Ausmaß bestehen kann wie in Projektkontexten, die kaum oder nicht durch Virtualität geprägt sind, aber andererseits die persönliche Interaktion zwischen Projektmitgliedern ein „Wir-Gefühl" bewirken kann, das sich wiederum im Regelfall günstig auf Motivation, Arbeitszufriedenheit und Leistung auswirkt.

Inwieweit stimmen Sie folgenden Aussagen zu?		Die Aussage trifft …				
		gar nicht zu	eher nicht zu	teils-teils zu	eher zu	völlig zu
1	Ich wäre sehr froh, weiterhin in diesem Projekt arbeiten zu können.	①	② ③	④	⑤	⑥ ⑦
2	Ich unterhalte mich gerne auch mit Leuten über mein Projekt, die hier nicht arbeiten.	①	② ③	④	⑤	⑥ ⑦
3	Probleme des Projekts beschäftigen mich häufig so, als seien sie meine eigenen.	①	② ③	④	⑤	⑥ ⑦
4	Ich glaube, ich könnte mich leicht mit einem anderen Projektteam gleich stark verbunden fühlen wie mit meinem jetzigen. (R)	①	② ③	④	⑤	⑥ ⑦
5	Ich empfinde mich nicht als „Teil der Familie" meines Projektteams. (R)	①	② ③	④	⑤	⑥ ⑦
6	Ich fühle mich emotional nicht sonderlich mit dem Projekt verbunden. (R)	①	② ③	④	⑤	⑥ ⑦
7	Dieses Projekt hat eine große persönliche Bedeutung für mich.	①	② ③	④	⑤	⑥ ⑦
8	Ich empfinde kein starkes Gefühl der Zugehörigkeit zu meinem Projekt. (R)	①	② ③	④	⑤	⑥ ⑦

Anmerkung: R = revers kodiert

Abb. PSYCH-5: Fragebogen zur Messung des affektiven Commitments mit einem Projekt (nach *Kraus/Woschée*)

Information und Wissen

Die Bedeutung von Information, Kommunikation und Wissen für den Projekterfolg ist hoch. Verschiedene Facetten dieser Phänomene werden in etlichen Lerneinheiten dieses Buches beschrieben, unter anderem im Kontext von Kommunikation. Beispielsweise ist in der Lerneinheit KOORD ein eigener Abschnitt der Kommunikation gewidmet oder in der Lerneinheit PROVE wird das Brooks'sche Gesetz dargestellt. Nachfolgend werden ergänzend zu den Inhalten in anderen Lerneinheiten bedeutsame Konzepte und Erkenntnisse zu Information und Wissen dargestellt, insbesondere unter Rückgriff auf psychologische Befunde.

Ein fundamentales Problem vieler Informatik-Projekte ist, dass das Wissen der Mitarbeiter (sowohl von Mitarbeitern aus den Fachabteilungen als auch von Mitarbeitern aus der IT-Abteilung) nicht voll genutzt wird. Es herrscht vielfach ein problematischer Umgang mit Informationen und Meinungen vor. Das im Folgenden beschriebene Beispiel soll dies verdeutlichen (in Anlehnung an Ausführungen von *Brodbeck/Guillaume*, das dortige Beispiel zur Standortauswahl wurde vom Verfasser dieses Buchs an eine Auswahlsituation im Bereich von ERP-Systemen angepasst):

Das Projekt

In einem Unternehmen soll ein ERP-System eingeführt werden. Die Geschäftsführung gibt ein unternehmensinternes Projekt in Auftrag und betraut drei Personen mit der Abwicklung (im Folgenden abstrakt als Personen X, Y und Z bezeichnet). Die Projektgruppe hat fünf Monate Zeit, um drei ERP-Systeme näher zu betrachten, die von einem externen Berater vor einiger Zeit bereits als für das Unternehmen grundsätzlich passend eingeschätzt wurden (im Folgenden werden die Systeme abstrakt als A, B und C bezeichnet). Nach Ablauf der fünf Monate soll die Projektgruppe der Geschäftsführung das beste ERP-System vorschlagen.

Der Projektverlauf

In einem Kick-off-Meeting wird vereinbart, dass jede Person Informationen zu den Vorteilen und Nachteilen eines jeden Systems zusammenträgt, um sich dann in drei Monaten wieder zusammenzusetzen und einen Vorschlag für die Geschäftsleitung zu erstellen. Nach Ablauf der drei Monate trifft sich die Projektgruppe wieder. Es wird festgelegt, dass jede Person ein Plädoyer für das aus ihrer Sicht beste ERP-System hält. Sowohl X als auch Y sprechen sich für das System B aus, wohingegen Z das System C favorisiert. In der anschließenden Diskussion lässt sich C von X und Y überzeugen, dass das System B wohl am besten geeignet ist. Nachdem die Projektgruppe einen Konsens erzielt hat, fasst C alle Vorteile und Nachteile zusammen, bereitet eine Präsentation vor, indem primär das System B erläutert wird und übermittelt die Präsentation der Geschäftsleitung.

Das Projektergebnis

Die Geschäftsleitung freut sich, dass bereits nach drei Monaten eine Empfehlung vorliegt. Da die Geschäftsleitung mit diesem Projekt drei der besten Mitarbeiter beauftragt hat, folgt sie der Entscheidung für System B. Es wird kurz darauf mit der Einführung von System B begonnen, die nach rund einem Jahr abgeschlossen ist. In etwa ein halbes Jahr nach Abschluss der Systemeinführung wird von der Geschäftsleitung eine Krisensitzung einberufen, mehrere Fachabteilungsleiter haben sich in den vergangenen Monaten massiv darüber beschwert, dass das neue System die Arbeitsabläufe des Unternehmens nur äußerst unzureichend unterstützt, viele Aufgabenträger, die mit dem neuen System arbeiten (müssen), sind unzufrieden.

Projektmitarbeiter		X	Y	Z	XUYUZ
ERP-System A	pro	A1+	A2+	A3+	A1+, A2+, A3+
	kontra	A4-, A5-	A4-, A5-	A4-, A5-	A4-, A5-
ERP-System B	pro	B1+, B2+	B1+, B2+	B1+, B2+	B1+, B2+
	kontra	B3-	B4-	B5-	B3-, B4-, B5-
ERP-System C	pro	C1+, C2+	C1+, C2+	C1+, C2+	C1+, C2+
	kontra	C3-	C4-	C5-	C3-, C4-, C5-
Daraus folgende Entscheidung		**B/C besser als A**	**B/C besser als A**	**B/C besser als A**	**A besser als B/C**

Abb. PSYCH-6: Hypothetische Informationsverteilung in der Projektgruppe (Tabellenformat)

Projektdiagnose (Informations-, Wissens- und Methodenperspektive)

Zu Beginn ist festzustellen, dass der Projektprozess als konfliktarm und schnell in seiner Abwicklung beschrieben werden kann. Eine solche Vorgehensweise hat in der Regel zur Folge, dass weder alle relevanten Informationen zusammengetragen noch alle Wissensressourcen der Mitarbeiter ausgeschöpft werden. Im Beispiel hätte die Projektgruppe versuchen müssen, herauszufinden, aufgrund welcher Überlegungen Z das System C favorisiert. Es wäre möglich, dass Z Beurteilungskriterien in Betracht gezogen hat, die bei X und Y keine Beachtung gefunden haben. Die Berücksichtigung einer erweiterten Menge an Beurteilungskriterien kann dazu führen, dass sich die Präferenzreihenfolge der ERP-Systeme verändert. Eine bessere Vorgehensweise wäre beispielsweise gewesen, wenn jede der drei Personen einen Teilaspekt der Problemstellung bearbeitet hätte (z.B. X betrachtet die Systemfunktionen, Y betrachtet den Datenimport aus dem Altsystem und Z Service- und Vertragsaspekte). Im Projektmeeting hätte man dann die Vorteile und Nachteile der drei Systeme ausführlich erörtern können. Eine solche Vorgehensweise hätte ein besseres Ausschöpfen der kollektiven Wissensbasis zur Folge gehabt. Weiter ist problematisch, dass die Anwendung der Entscheidungsregel „Mehrheit-gewinnt" [im konkreten Fall: 2 (X, Y) versus 1 (Z)] nicht mit einer systematischen Integration verteilten Wissens einhergeht. Subjektive Einschätzungen des Attraktivitätsgrads der drei Systeme wurden einer faktenbasierten und schlussfolgernden Analyse aller relevanten Informationen vorgezogen. Weiter fokussierte die Gruppe zu sehr auf die Frage „Wer hat Recht?". Die Diskussion der Frage „Was ist richtig?" rückte dadurch in den Hintergrund.

Verbesserungspotential (Informations-, Wissens- und Methodenperspektive)

In der Zusammenarbeit von Projektgruppen ist es bedeutsam, Wissen, das auf verschiedene Personen verteilt ist, zu integrieren. Die Informationen über die ERP-Systeme, konkret über deren Vorteile und Nachteile, und die Verteilung dieser Informationen auf die einzelnen Akteure kann man tabellarisch (Abb. PSYCH-6) und grafisch (Abb. PSYCH-7) abbilden. Wenn alle in der Gruppe insgesamt verfügbaren Informationen (vgl. dazu die rechte Spalte in Abb. PSYCH-6) berücksichtigt werden, dann ist System A die beste Wahl (drei Vorteile: A1+, A2+, A3+, zwei Nachteile: A4-, A5-); System B und System C (jeweils zwei Vorteile und drei Nachteile) sind unterlegen. Wie aus den Spalten X, Y und Z in Abb. PSYCH-6 hervorgeht, verfügt unter der angenommenen Informationsverteilung kein Mitglied der Projektgruppe individuell über alle Informationen. Daraus folgt, dass das Nicht-Integrieren der Wissensbestände zu einer ungünstigen Entscheidung führt, nämlich dass B oder C vermeintlich besser als A sind. Das Venn-Diagramm in Abb. PSYCH-7 zeigt, dass die Informationen, die für A sprechen, ungeteilt sind, wohingegen die für B und C sprechenden Informationen geteilte Informationen sind. Grundsätzlich kommt in Gruppendiskussionen geteilten Informationen mehr Aufmerksamkeit zu als ungeteilten, was jedoch unvorteilhaft ist, dies kann zu Fehlentscheidungen führen (wie im Beispiel).

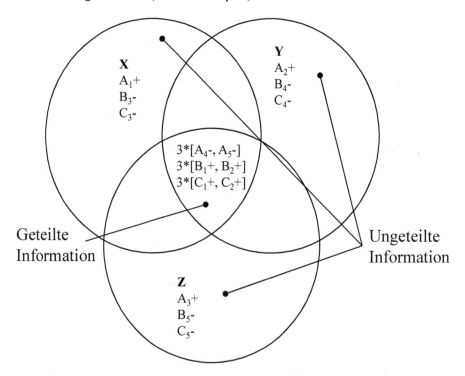

Abb. PSYCH-7: Hypothetische Informationsverteilung in der Projektgruppe (Venn-Diagramm)

Brodbeck/Guillaume (52-53) erläutern, dass Projektgruppen kaum in der Lage sind, Situationen ungeteilter Informationen zu lösen (daher fließen geteilte Informationen in der Regel mit einem höheren Gewicht in die Entscheidung ein als ungeteilte). Weiter führen die Autoren aus, dass insbesondere drei Phänomene die Ursache dieses Problems sind:

- *Verhandlungsfokus:* Typischerweise werden in Gruppendiskussionen nicht alle Informationen im Einzelnen erläutert, sondern die individuellen Entscheidungspräferenzen werden diskutiert und verhandelt.
- *Diskussionsverzerrung:* Gruppendiskussionen sind (schon alleine aus statistischen Gründen) eher auf geteilte als auf ungeteilte Informationen fokussiert. Geteilte Informationen werden in Meetings auch öfter wiederholt als ungeteilte.
- *Bewertungsverzerrung:* Geteilte Informationen werden für relevanter und glaubwürdiger gehalten als ungeteilte Informationen. Zudem werden Informationen, die mit der eigenen Meinung sowie der in der Gruppe vorherrschenden Meinung korrespondieren, weniger kritisch beurteilt.

Interpersonelles Informationsverhalten bezeichnet das auf Kommunikation gerichtete Tun oder Unterlassen von Menschen (vgl. *Heinrich/Riedl/Stelzer*). Kommunikation kann dabei mit oder ohne Verwendung technischer Hilfsmittel erfolgen. Der Einsatz von technischen Hilfsmitteln beeinflusst den Kommunikationsprozess (z.B. Dauer oder Kosten) sowie sein Ergebnis (z.B. Zufriedenheit mit einer Entscheidung oder Qualität) und bewirkt – wie *Riedl* (56) in einem Beitrag zum menschlichen Informationsverhalten ausführt – neue Verhaltensweisen, die insbesondere im Projektmanagement bedeutsam sind (z.B. neben dem eigentlichen Empfänger einer E-Mail-Nachricht wird diese unter Verwendung der „Carbon Copy (CC)"-Funktion auch an einen breiteren Adressatenkreis gesendet). Solche Verhaltensweisen beeinflussen das Erleben und Verhalten von Aufgabenträgern sowie zugrunde liegende physiologische Abläufe und Zustände. *Reuter* (177-178) spricht in diesem Zusammenhang von der Informationsmisere und subsummiert hierbei Projektphänomene wie das gleichzeitige Bestehen von Informationsdürre und Informationsflut, die unreflektierte Verwendung von Kommunikationsmedien, die mangelnde Sensibilität bei zwischenmenschlicher Kommunikation sowie die mangelhafte Vernetzung von Informationen.

Aus Sicht des Projektmanagements besonders bedeutsam ist die vergleichende Untersuchung verschiedener Kommunikationsmedien (z.B. E-Mail, Telefon, Face-to-Face-Kommunikation, Instant Messaging, Dateiserver, Wiki) in Bezug auf ihre positiven und negativen Wirkungen (z.B. Kommunikationsambiguität oder Qualität und Akzeptanz von Gruppenentscheidungen). Aus Sicht der Projektleitung sind solche Untersuchungen von Interesse, weil viele dieser Studien dazu beitragen, zu verstehen, warum ein bestimmtes Medium in einer spezifischen Situation von einem Projektmitarbeiter gewählt wird und gegebenenfalls einem anderen überlegen ist. *Wilson* weist darauf hin, dass eine Tendenz zu Kommunikation von Angesicht zu Angesicht insbesondere durch soziale Bedürfnisse (z.B. Anerkennung, Dominanzstreben) ausgelöst wird. Weiter ist bekannt, dass Menschen aufgrund ihrer evolutionsbiologischen Entwicklung auf Kommunikation von Angesicht zu Angesicht „programmiert" sind; Abweichungen von dieser Kommunikationsform können daher nach *Kock* negative Effekte haben (z.B. Kommunikationsambiguität).

Gatekeeping-Aktivität	Beschreibung
Auswahl	Die Auswahl von Information aus einer größeren Menge
Ergänzung	Das Verbinden von Informationen
Vorenthaltung	Das Zurückhalten von Information
Darstellung	Die Darstellung von Information auf eine bestimmte Art (z.B. durch Grafiken)
Übertragungsart	Die Übertragung von Information über ein bestimmtes Medium (z.B. E-Mail)
Formänderung	Das Verändern der Form der Information (z.B. Einzelwerte werden als Durchschnitt präsentiert)
Manipulation	Das bewusste Verändern von Information im Sinne einer Veränderung des Wahrheitsgehalts
Wiederholung	Das Wiederbekanntgeben von Information
Zeitwahl	Der Zeitpunkt (bzw. die Zeitspanne), zu dem (bzw. in der) Handlungen in Bezug auf Information durchgeführt oder unterlassen werden
Anpassung an örtliche Besonderheiten	Die Veränderung von Information, um auf die örtlichen und kulturellen Gegebenheiten Bedacht zu nehmen
Integration	Die Vernetzung von Informationen mit dem Ziel, neue Information zu schaffen
Missachtung	Die bewusste Nichtberücksichtigung von Information
Löschung	Die Beseitigung von Information

Abb. PSYCH-8: Informationsregulierende Aktivitäten (nach *Riedl*, 59)

Kaum ein Kommunikationsmedium wird im Projektmanagement so oft diskutiert wie E-Mail. *Bauer/Hauptmann* (580) schreiben dazu: „E-Mail – das beliebteste Kommunikationsmittel: E-Mail wird heute gerne als universelles Medium für den Informationsaustausch genutzt. In einem Beispielprojekt mit einer Laufzeit von 1¼ Jahren und einem Gesamtumfang von 18 Personenjahren erreichten einen von drei Projektmanagern über 3800 E-Mails aus dem Projekt ... Ein Entwickler eines anderen Projekts hat im Zeitraum von zwei Jahren bei etwa 4000 projektbezogenen E-Mails nur etwa 1/6 davon beantwortet ... vielfältigen und meist sehr unstrukturierten Nutzung dieses Informationsmediums. Neben der klassischen direkten Kommunikation wird die E-Mail in Projekten nämlich zunehmend auch zur Dokumentation von Prozessen, zur Archivierung und Versionierung von Dokumenten (als Anhang von Mails) oder für eine übergreifende Diskussion genutzt. Für den Projektmanager bedeutet dies meistens, dass er wirklich jede E-Mail auch öffnen und zumindest überfliegen muss. Nur so kann er entscheiden, ob die enthaltene Information für ihn wichtig ist oder die Mail einen konkreten Projektauftrag enthält oder es sich um eine reine Dokumentation eines Vorgangs handelt." Aufgrund dieser und weiterer Probleme im Umgang mit E-Mail fordern *Bauer/Hauptmann*, den

Informationsfluss in Projekten besser zu steuern, die Etablierung einer Informationskultur sowie die Einrichtung eines wirksamen Informationsmanagements.

Eine Form des interpersonellen Informationsverhaltens ist das Gatekeeping (auf Deutsch „Informationsregulierung"). Gatekeeping „bezeichnet einen Prozess, der das Ziel hat, einen Informationsfluss so zu kontrollieren, dass persönliche Vorteile entstehen, in der Regel geschieht dies auf Kosten anderer sozialer Akteure" (*Riedl*, 59). Die Forschung hat eine Vielzahl von informationsregulierenden Aktivitäten identifiziert, die in Abb. PSYCH-8 zusammengefasst sind. Informationsregulierende Aktivitäten bei der Planung und Realisierung von Projekten können einen wesentlichen Einfluss auf das Projektgeschehen und somit den Projekterfolg haben. *Heinrich/Riedl/Stelzer* argumentieren, dass Aufgabenträger wie Projektleiter versuchen sollten, zu antizipieren, welche Mitarbeiter bzw. Fachabteilungen aus welchen Gatekeeping-Aktivitäten Vorteile erzielen könnten, die zulasten anderer Mitarbeiter bzw. Fachabteilungen gehen. Eine solche Antizipation ist wesentlich, um organisatorische Maßnahmen zu veranlassen, damit das Gatekeeping vermieden werden kann oder zumindest die negativen Effekte des Gatekeepings abgeschwächt werden können. *Riedl* (59) schreibt dazu: „Ein Beispiel wäre das Schließen einer Vereinbarung, dass beim Austausch von elektronischen Nachrichten in IT-Projekten bestimmte Personen oder Gruppen immer eine Kopie erhalten müssen. Damit könnte der Vorenthaltung von Information teilweise vorgebeugt werden. Gerade in Bezug auf die E-Mail-Nutzung scheint die Forderung nach einer Entwicklung evidenzbasierter Richtlinien angebracht, da sich dieses Medium aufgrund seiner Eigenschaften dazu eignet, verschiedene Gatekeeping-Aktivitäten zu „leben", womit sich einzelne Akteure Vorteile zulasten anderer Personen verschaffen können."

Stress

Stress ist ein Phänomen, das im Projektmanagement eine bedeutende Rolle spielt. Oft wird Stress als einfaches Phänomen aufgefasst, beispielsweise dann, wenn es mit Zeitdruck gleichgesetzt wird. Stress ist jedoch ein komplexes Phänomen. *Lazarus/Folkman* haben ein Modell entwickelt, das menschliche Stressreaktionen erklärt. Ein bedeutsames Merkmal dieses Modells ist, dass Stress als Phänomen verstanden wird, das aus den Wechselwirkungen zwischen einem Individuum und den Anforderungen einer Situation entsteht. Insbesondere werden die kognitiven Beurteilungsprozesse des Individuums im Modell berücksichtigt. Daraus folgt, dass nicht primär die Beschaffenheit eines Stimulus oder einer Situation für eine Stressreaktion ausschlaggebend ist, sondern deren Beurteilung durch das Individuum. Jede Stressreaktion hat daher eine ausgeprägte subjektive Komponente. Ein und derselbe Stimulus bzw. ein und dieselbe Situation können somit für eine Person Stress bedeuten, für eine andere jedoch nicht.

Die wesentlichen Komponenten des Stressmodells von *Lazarus/Folkman* sind in Abb. PSYCH-9 visualisiert, und zwar in Form einer Einbettung in den Kontext von Technostress. *Riedl* (99-100) gibt dazu folgendes Beispiel an: Man stelle sich die in der Praxis häufig zu beobachtende Situation vor, dass ein Benutzer bei der Ausführung einer Aufgabe auf einem IT-Gerät mit einem akuten Stressor konfrontiert wird (z.B. Absturz des Systems). Zunächst wird ein Benutzer diesen externen Reiz wahrnehmen; im genannten Fall beispielsweise in Form einer visuellen Verarbeitung der am Bildschirm dargebotenen Information (z.B. Pop-up-Fehlermeldung). Danach wird der wahrgenommene Reiz unter Zugrundelegung der gegenständlichen Situation beurteilt (in Abb. PSYCH-9 als „Primäre Beurteilung" bezeichnet).

Diese Beurteilung, die oftmals in wenigen Sekunden abläuft, kann zu drei Ergebnissen führen: Der potentielle Stressor wird als irrelevant, positiv oder gefährlich beurteilt. Ist Letzteres der Fall, so könnte ein Schaden entstehen, eine Bedrohung vorliegen und/oder die Situation als Herausforderung wahrgenommen werden. Im gegenständlichen Beispiel wäre anzunehmen, dass ein Benutzer (z.B. ein Aufgabenträger, der eine Anwendung nutzt, um mit anderen Projektmitarbeitern eines virtuellen Teams zu kommunizieren) die Situation insofern als gefährlich einstuft, als ein Systemabsturz die Aufgabenausführung behindert, also eine Bedrohung mit Schadenspotential vorliegt (nur wenige Personen werden in dieser Situation eine Herausforderung sehen).

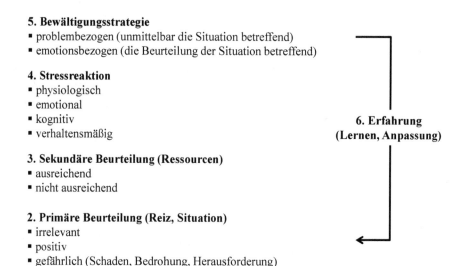

5. Bewältigungsstrategie
- problembezogen (unmittelbar die Situation betreffend)
- emotionsbezogen (die Beurteilung der Situation betreffend)

4. Stressreaktion
- physiologisch
- emotional
- kognitiv
- verhaltensmäßig

6. Erfahrung
(Lernen, Anpassung)

3. Sekundäre Beurteilung (Ressourcen)
- ausreichend
- nicht ausreichend

2. Primäre Beurteilung (Reiz, Situation)
- irrelevant
- positiv
- gefährlich (Schaden, Bedrohung, Herausforderung)

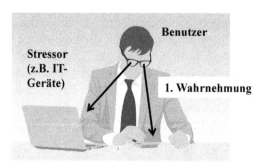

Abb. PSYCH-9: Modell zur Entstehung von Technostress (in Anlehnung an *Riedl*, 99)

Wird nun ein Reiz in einer bestimmten Situation als gefährlich eingestuft, so erfolgt ein zweiter Beurteilungsprozess (in Abb. PSYCH-9 als „Sekundäre Beurteilung" bezeichnet). Hierbei wird festgestellt, ob die Situation mit den verfügbaren Ressourcen bewältigt werden kann. Im Beispiel könnte ein Benutzer über Ressourcen materiell-institutioneller, persönlicher oder sozialer Art verfügen. Die Verfügbarkeit eines Service Desk mit klar definierten Service Level Agreements wäre ein Beispiel für eine materiell-institutionelle Ressource, eigenes technisches Wissen zur Problemlösung eine persönliche Ressource und ein Kollege im Team mit solchem Wissen eine soziale Ressource. Am Ende des Beurteilungsprozesses steht die Feststellung, dass die verfügbaren Ressourcen für die Problembewältigung ausreichend sind oder nicht. Ist das Zweite der Fall, so wird eine Stressreaktion ausgelöst, die auf vier Ebenen stattfinden kann: Physiologie, Emotion, Kognition und Verhalten. So könnte beispielsweise ein Benutzer, der die Situation als gefährlich einstuft und die verfügbaren Ressourcen als nicht ausreichend einschätzt, eine erhöhte Herzaktivität aufweisen (Physiologie), Angst empfinden (Emotion), mögliche negative Wirkungen antizipieren (Kognition) und sich nervös verhalten. In einem weiteren Schritt befasst sich nun ein Benutzer mit Bewältigungsstrategien, um die Situation zu verbessern. Solche Bewältigungsstrategien können problem- oder emotionsbezogen sein. Bei der problembezogenen Strategie versucht der Benutzer, unmittelbar die Situation betreffend zu agieren. Es könnte beispielsweise ein anderes Teammitglied hinzugezogen werden, in der Hoffnung, dass diese das Problem lösen kann. Bei der emotionsbezogenen Strategie passt der Benutzer hingegen die Beurteilung der Situation an. So könnte ein Aufgabenträger die möglichen negativen Folgen eines Systemausfalls herunterspielen. In Abhängigkeit davon, ob eine bestimmte Bewältigungsstrategie erfolgreich war, kann die gewonnene Erfahrung zu Lerneffekten und einer Anpassung der primären Reiz- und Situationsbeurteilungen führen, die ihrerseits Grundlage künftiger Stressreaktionen sind; der in Abb. PSYCH-9 dargestellte Kreislauf schließt sich.

Wie im Abschnitt Information und Wissen bereits dargelegt, ist E-Mail-Kommunikation in Projekten weit verbreitet. Daraus können Informationsüberlastung und Stress resultieren. *Fischer/Riedl* haben Forschungsbefunde zu E-Mail als Stressursache untersucht und erläutern, welche Maßnahmen wirksam sind, um mit E-Mails stressbefreit(er) umzugehen. Im Beitrag werden drei Kernthesen formuliert:

- E-Mail Overload (eine Überlastung der Empfänger, die durch hohes E-Mail-Volumen entsteht) wird durch unzweckmäßige Verwendung von E-Mail als Kommunikationsmedium und durch ineffektive Gestaltung von E-Mail-Nachrichten begünstigt.
- E-Mail ist als primär textbasiertes Medium beschränkt zur Kommunikation geeignet. Die Unsicherheit, die bei der Interpretation von emotional geladenen Nachrichten entstehen kann, ist bei der Wahl von E-Mail zu berücksichtigen.
- Sender, Empfänger und deren Umfeld können die negativen Auswirkungen von E-Mail begünstigen. Bei der Analyse des Stresspotentials von E-Mail und der Erarbeitung von Bewältigungsstrategien sollten daher möglichst viele Einflussfaktoren berücksichtigt werden.

Im Beitrag (*Fischer/Riedl*, 27) werden zudem Handlungsempfehlungen zum Umgang mit E-Mail gegeben, die im Projektmanagement berücksichtigt werden sollten:

- Um aus Sicht des Empfängers mit E-Mail Overload fertig zu werden, ist eine Einschränkung auf zwei bis vier tägliche Zeiträume zweckmäßig, in denen E-Mails bearbeitet werden (wenn nicht zwingend notwendig, soll auf eine „kontinuierliche Bearbeitung" von E-Mails verzichtet werden).
- Schulungen zum Umgang mit eingehenden E-Mails sollten angeboten werden. Der Fokus sollte darauf liegen, frühzeitig zu erkennen, welche E-Mails relevant sind und wie diese verwaltet werden sollten (z.B. in Ordnern und mit Filterregeln).
- Schulungen der Sender von E-Mails – auch wenn diese bereits Erfahrung haben – zur Verwendung und Gestaltung von E-Mail-Kommunikation sind unerlässlich. Der Fokus sollte darauf liegen, zu schulen, wann überhaupt E-Mail verwendet werden sollte und wie deren Bestandteile (z.B. Empfänger, Betreffzeile, Inhalte) effektiv gestaltet werden können.

Neben dem Umstand, dass die Nutzung und Allgegenwärtigkeit von Informations- und Kommunikationstechnologien eine Ursache für Stress sein können (Technostress), gibt es im Projektgeschehen eine Vielzahl von weiteren Stressursachen – Beispiele sind:

- Mitarbeiter werden mit Aufgaben betraut, denen sie nicht gewachsen sind,
- an Mitarbeiter werden von ihren Vorgesetzten zu viele Aufgaben delegiert,
- Mitarbeiter können nicht ungestört arbeiten (z.B. Lärm in Großraumbüros),
- Mitarbeiter werden bei ihrer Arbeit ständig unterbrochen (z.B. von Kollegen) oder unterbrechen sich selbst (z.B. durch das ständige Lesen eingehender Nachrichten auf IT-Geräten),
- Mitarbeiter werden wenig humanzentriert und zu autoritär geführt,
- Zeitpläne werden bei mangelnder Ressourcenausstattung zu eng gesetzt,
- Arbeitsabläufe sind monoton,
- Arbeitsroutinen werden immer wieder verändert,
- von Mitarbeitern wird erwartet, auch außerhalb der Dienstzeiten erreichbar zu sein und auch an Wochenenden auf Nachrichten zu reagieren,
- Mitarbeiter verbringen zu viel Zeit in unproduktiven Meetings,
- Mitarbeiter fühlen sich ständig kontrolliert,
- Mitarbeiter haben bei der Aufgabenausführung wenig eigenen Entscheidungs- und Handlungsspielraum,
- Mitarbeitern werden wichtige Informationen vorenthalten,
- es herrscht ein kompetitives Arbeitsklima und keine Kollegialität vor,
- Mitarbeiter fürchten um ihren Arbeitsplatz.

Forschungsbefunde

Silva/Fulk untersuchten auf der Basis einer Fallstudie in den USA die Veränderung organisationaler Machtgefüge im Zuge der Einführung eines ERP-Systems. Theoretische Grundlage der empirischen Studie war dabei das Circuits-of-Power-

Modell des Soziologen *Stewart R. Clegg*. Die hohe praktische Bedeutung ihrer Arbeit heben die Autoren wie folgt hervor (245): „By reading this study, project managers and others championing an ERP implementation may be able to gain insights into the nature of power struggles in their own implementations. Our analysis of disturbances in the circuits may be particularly valuable in this regard. This is because considering how disturbances arise may allow these managers to better anticipate how users may react to the implementation and how relations with users may worsen over time. Future users of a new ERP system may also benefit. By considering our findings, these future users may be able to better plan for effects of the new system on their work and the consequences of resisting the new system. In these ways, our findings may prove to be valuable guides for stakeholders of ERP implementations."

Chang befasste sich auch mit Macht in Informatik-Projekten; das theoretische Fundament dieser Studie bildete eine Arbeit des Psychologen *David C. McClelland*. Die empirische Basis der Studie wird wie folgt beschrieben (59): „[S]election of 56 MIS [Management Information Systems] professionals from 12 different industries … in Taiwan (or Mainland China). These professionals were asked to describe the political behaviors they had observed in the ISPD [Information System Project Development] process during their present and/or past jobs." Auf der Basis des Literaturstudiums wurden zwei Propositionen (P1, P2) formuliert; im Anschluss an die Analyse des Datenmaterials wurden die Propositionen überarbeitet (New_P1, New_P2-1, New_P2-2, New_P3). Die Propositionen werden nachfolgend im englischsprachigen Original angeführt (58-64):

- P1. There is a constant relationship between the types of power and the kinds of political behaviors displayed in ISPD.
- P2. Only negative IS project outcomes result from political games in ISPD.
- New_P1. There is a complex relationship between the types of power and the kinds of political behaviors displayed in ISPD.
- New_P2-1. In addition to the negative IS project outcome resulting from political games in ISPD, some kinds of political games may be instrumental in successful IS project outcomes.
- New_P2-2. One kind of political game may result in IS project failure in one situation, but project success in other situations.
- New_P3. As MIS professionals have greater power to control crucial information and IS projects, they are the major players in ISPD.

In einer Gesamtschau zeigen die Ergebnisse dieser Studie, dass "Machtspiele" ("political games") nicht notwendigerweise ein negatives Projektergebnis bewirken und dass Mitarbeiter der IT-Abteilung ("MIS professionals") diese „Machtspiele" am meisten betreiben – *Chang* (63) schreibt dazu treffend: „Even though both MIS professionals and users yield power in the political games played in ISPD, this study found that irrespective of the type of power game, MIS professionals (including the leader of MIS) play almost half (44%) of the 192 games [das ist die Gesamtanzahl identifizierter Fälle von "Machtspielen"]. The respondents themselves in this research study, who work mainly in MIS departments, acknowledge the extent to which they play such games. One of them even stated that MIS professionals sometimes play more games than users in ISPD ... Thus, it is apparent that information professionals take advantage of their dominant position to control resources in ISPD."

Pinto et al. haben untersucht, inwieweit sich Unterschiede (i) in der Projekttätigkeit bzw. Tätigkeitsbezeichnung („job title": untersucht wurden „project manager, engineer, and project team member") und (ii) bezüglich dem Projekttyp („project type": untersucht wurden „construction, research and development, and information technology") auf Burnout auswirken. Es wurden 208 Personen in Nordamerika befragt. Die Ergebnisse fassen die Autoren wie folgt zusammen (91): „Our findings suggest that there is no significant difference in perceived job demands across both job title and project type. However, we found that project managers have a significantly higher level of the emotional exhaustion form of burnout than other job classifications and construction project personnel suffer from a significantly higher level of emotional exhaustion than those working on other classes of project."

Smith et al. haben zwölf erfahrene IT-Projektmanager auf der Basis eines Storytelling-Ansatzes unter anderem zu ihrem Stressempfinden und dessen Auswirkungen auf den Projekterfolg befragt. Die Interviewdaten wurden aufgezeichnet, transkribiert und inhaltsanalytisch ausgewertet. Fünf Stressepisoden bilden die empirische Grundlage der Studienergebnisse. Die Ergebnisse zeigen, dass Projektziele, das Projektumfeld, die Unsicherheit im Projekt sowie die fehlende Unterstützung durch das Management wesentliche Ursachen für Stress sind. In der Studie wurden auch Faktoren identifiziert, die Stress reduzierend wirken: das soziale Netzwerk, ein detaillierter Projektplan, die Realisierung von Projekterfolgen sowie Erfahrung, Kompetenz und ein gutes Zeitmanagement. In einer weiteren Studie haben *Smith et al.* 64 IT-Projektmanager aus Südafrika zu ihrem Stressempfinden und Bewältigungsstrategien befragt (Online-Fragebogen). Die Ergebnisse und Implikationen fassen die Autoren wie folgt zusammen (15): "The findings indicate that IT project managers are highly stressed and tend to utilize maladaptive coping strategies more as their stress levels increase. These strategies included self-distraction, venting, self-blame, positive reframing, behavioral disengagement, substance use and denial ... In addition, the more experienced the IT project managers were, the higher their levels of stress. These findings could assist project managers to better understand the effects of stress on their productivity and to consider more appropriate coping strategies to assist them to reduce their stress." Auf die enorme Bedeutung von Information, Kommunikation und Wissen im Projektmanagement wurde in dieser Lerneinheit bereits eingegangen. Eine Vielzahl empirischer Studien hat einen Zusammenhang zwischen diesen Faktoren und dem Projekterfolg nachgewiesen (z.B. *Diegmann et al.*, *Mitchell*), wobei mehrere Studien in diesem Kontext auf die Wichtigkeit von Vertrauen zwischen den an einem Projekt beteiligten Personen hinweisen (z.B. *Lee et al.*, *Park/Lee*); zum Vertrauen auf Managementebene und zur Messung von Vertrauen siehe beispielsweise Beiträge von *Arnitz et al.* sowie *Riedl/Javor*.

Kontrollfragen

1. Welche psychologischen Phänomene sind im Projektmanagement bedeutsam?
2. Was sind die wesentlichen Motive menschlichen Handelns?
3. Welche Machtbasen gibt es?
4. Was sind die Determinanten und Folgen von Commitment?
5. Warum ist Stress ein bedeutendes Phänomen in Projekten?

Quellenliteratur

Arnitz, T./Hütter, A./Riedl, R.: Mutual trust between the chief information officer and chief executive officer: Insights from an exploratory interview study. Journal of Information Technology Theory and Application, 3/2017, 66-99

Bauer, N./Hauptmann, J.: Informations- und Wissensmanagement im IT-Projekt. In: Tiemeyer, E. (Hrsg.): Handbuch IT-Projektmanagement. 2. A., Hanser, 2014, 579-608

Brodbeck, F./Guillaume, Y.: Umgang mit Informationen und Meinungsbildung in Projekten. In: Wastian, M./Braumandl, I./von Rosenstiel, L. (Hrsg.): Angewandte Psychologie für das Projektmanagement: Ein Praxisbuch für die erfolgreiche Projektleitung. 2. A., Springer, 2012, 41-60

Chang, C. L.-H.: The relationship among power types, political games, game players, and information system project outcomes: A multiple case study. International Journal of Project Management, 1/2013, 57-67

DeMarco, T./Lister, T.: Wien wartet auf dich! Produktive Projekte und Teams. 3. A., Hanser, 2014 (Titel der Originalausgabe: Peopleware: Productive projects and teams, 3rd ed., Dorset House, 2013)

Diegmann, P./Basten, D./Pankratz, O.: Influence of communication on client satisfaction in information system projects: A quantitative field study. Project Management Journal, 1/2017, 81-99

Felfe, J.: Mitarbeiterbindung. Hogrefe, 2008

Fischer, T./Riedl, R.: Stress durch E-Mail: Forschungsbefunde und Praxisimplikationen. Wirtschaftsinformatik & Management, 6/2017, 22-31

Grupp, B.: Qualifizierung zum Projektleiter: DV-Projektmanagement im Wandel. 4. A., Computerwoche-Verlag 1998

Heinrich, L. J./Riedl, R./Stelzer, D. Informationsmanagement: Grundlagen, Aufgaben, Methoden. 11. A., De Gruyter Oldenbourg, 2014

Henrich, A.: Management von Softwareprojekten. Oldenbourg, 2002

Herzberg, F./Mausner, B./Snydermann, B.: The motivation to work. Wiley, 1959

Higgins, C. A./Judge, T. A./Ferris, G. R.: Influence tactics and work outcomes: A meta-analysis. Journal of Organizational Behavior, 1/2003, 89-106

Kock, N.: The psychobiological model: Towards a new theory of computer-mediated communication based on Darwinian evolution. Organization Science, 3/2004, 327-348

Kraus, R./Woschée, R.: Commitment und Identifikation mit Projekten. In: Wastian, M./Braumandl, I./von Rosenstiel, L. (Hrsg.): Angewandte Psychologie für das Projektmanagement: Ein Praxisbuch für die erfolgreiche Projektleitung. 2. A., Springer, 2012, 187-206

Lazarus, R. S./Folkman, S.: Stress, appraisal, and coping. Springer, 1984

Lee, J./Park, J.-G./Lee, S.: Raising team social capital with knowledge and communication in information systems development projects. International Journal of Project Management, 4/2015, 797-807

Maier, G. W./Woschée, R.: Die affektive Bindung an das Unternehmen. Zeitschrift für Arbeits- und Organisationspsychologie, 46/2002, 126-136

McClelland, D.: The achieving society. Macmillan, 1961

Mitchell, V. L.: Knowledge integration and information technology project performance. MIS Quarterly, 4/2006, 919-939

Park, J.-G./Lee, J.: Knowledge sharing in information systems development projects: Explicating the role of dependence and trust. International Journal of Project Management, 1/2014, 153-165

Patzak, G./Rattay, G.: Projektmanagement: Projekte, Projektportfolios, Programme und projektorientierte Unternehmen. 6. A., Linde International, 2014

Pinto, J. K./Patanakul, P./Pinto, M. B.: Project personnel, job demands, and workplace burnout: The differential effects of job title and project type. IEEE Transactions on Engineering Management, 1/2016, 91-100

Riedl, R./Javor, A.: The biology of trust: Integrating evidence from genetics, endocrinology, and functional brain imaging. Journal of Neuroscience, Psychology, and Economics, 5/2012, 63-91

Riedl, R.: Mensch-Computer-Interaktion und Stress. HMD – Praxis der Wirtschaftsinformatik. 294/2013, 97-106

Riedl, R.: Menschliches Informationsverhalten: Warum sich CIOs damit befassen sollten. Wirtschaftsinformatik & Management, 2/2016, 54-64

Sandnder, K./Meyer, R.: Macht in Organisationen. In: Schreyögg, G./v. Werder, A. (Hrsg.): Handwörterbuch der Unternehmensführung und Organisation. 4. A., Schäffer-Poeschel, 2004, 757-765

Semmer, N./Udris, I.: Bedeutung und Wirkung von Arbeit. In: Schuler, H. (Hrsg.): Lehrbuch Organisationspsychologie. 4. A., Huber, 157-196

Silva, L./Fulk, H. K.: From disruptions to struggles: Theorizing power in ERP implementation projects. Information and Organization, 4/2012, 227-251

Smith, D./de Passos, J./Isaacs, R.: How IT project managers cope with stress. Proceedings of the Special Interest Group on Management Information Systems, 2010

Smith, D. C./Bruyns, M./Evans, S.: A project manager's optimism and stress management and IT project success. International Journal of Managing Projects in Business, 1/2011, 10-27

Solga, J./Blickle, G.: Macht und Einfluss in Projekten. In: Wastian, M./Braumandl, I./von Rosenstiel, L. (Hrsg.): Angewandte Psychologie für das Projektmanagement: Ein Praxisbuch für die erfolgreiche Projektleitung. 2. A., Springer, 2012, 145-164

Streich, R./Brennholt, J.: Kommunikation in Projekten. In: Wastian, M./Braumandl, I./von Rosenstiel, L. (Hrsg.): Angewandte Psychologie für das Projektmanagement: Ein Praxisbuch für die erfolgreiche Projektleitung. 2. A., Springer, 2012, 61-82

Tomaschek, A./Meyer, J./Richter, P.: Commitment in virtuellen Teams: Gibt es das? Bericht des Instituts für Arbeits- und Organisationspsychologie der TU Dresden, 2005

Wilson, T. D.: On user studies and information needs. Journal of Documentation. 6/2006, 658-670

Winkler, K./Mandl, H.: Wissensmanagement für Projekte. In: Wastian, M./Braumandl, I./von Rosenstiel, L. (Hrsg.): Angewandte Psychologie für das Projektmanagement: Ein Praxisbuch für die erfolgreiche Projektleitung. 2. A., Springer, 2012, 83-96

Zimbardo, P. G./Gerrig, R. J.: Psychologie. 16. A., Pearson, 2004

Vertiefungsliteratur
Cooper-Hakim, A./Viswesvaran, C.: The construct of work commitment: Testing an integrative framework. Psychological Bulletin, 2/2005, 241-259

Mathieu, J. E./Zajac, D. M.: A review and meta-analysis of the antecedents, correlates, and consequences of organizational commitment. Psychological Bulletin, 2/1990, 171-194

Riedl, R.: On the biology of technostress: Literature review and research agenda. DATA BASE for Advances in Information Systems, 1/2013, 18-55

Normen und Richtlinien
American Psychological Association: http://www.apa.org/

Werkzeuge
Forschungsmethoden und Evaluation in den Sozial- und Humanwissenschaften. Springer, 5. A. 2016

Interessante Links
https://www.dgps.de/

PROVE - Projektverantwortung und Projektgruppe

Lernziele

Sie kennen die wichtigsten Personen und Gruppen, die an einem Informatik-Projekt mitwirken. Sie können die Aufgaben dieser Personen und Gruppen beschreiben. Sie erkennen die Bedeutung des Zusammenwirkens der Beteiligten in der Projektgruppe. Sie wissen, warum bei der Bildung der Projektgruppe und bei der Zusammenarbeit in der Projektgruppe Probleme entstehen können.

Definitionen und Abkürzungen

Aufgabenträger (task bearer) = eine Person oder eine Gruppe, der eine Aufgabe zur Aufgabenerfüllung übertragen wird.

Auftraggeber (orderer, principal) = die Organisation (bei externer Auftragsvergabe) oder die Struktureinheit einer Organisation (bei interner Auftragsvergabe), die ein Projekt in Auftrag gibt.

Auftragnehmer (contractor, agent) = die Organisation (bei externer Auftragsvergabe) oder die Struktureinheit einer Organisation (bei interner Auftragsvergabe), die mit der Durchführung eines Projekts beauftragt ist.

Beteiligter (participant) = eine Person oder Gruppe, die nicht professionell an einem Informatik-Projekt mitwirkt, aber davon betroffen ist.

CSCW = Akronym für Computer Supported Cooperative Work oder Computer Supported Collaborative Work.

Groupware = Software zur Unterstützung von Gruppenarbeit.

Gruppe (group) = mehrere Individuen, die bestimmte Ziele durch die Übernahme aufeinander abgestimmter Rollen erreichen wollen.

Kommunikation (communication) = der Austausch von Information zwischen den Elementen eines Systems und zwischen offenen Systemen.

Kompetenz (competence) = der Handlungsspielraum eines Aufgabenträgers, der zur ordnungsgemäßen Aufgabenerfüllung erforderlich ist.

Produktmanager (product manager) = ein Aufgabenträger für die Aufgabe der Betreuung eines Informationssystems über dessen gesamten Lebenszyklus hinweg.

Projektgruppe (project team) = die für ein Projekt eingesetzten Personen, die von einer für die Projektdurchführung verantwortlichen Projektleitung geführt werden. Synonym: Projektteam.

Projektmitarbeiter (project staff) = eine Person, die einer Projektgruppe für die Dauer des Projekts zugeordnet ist.

Projektpartner (project partner) = die zusammenfassende Bezeichnung für alle Personen und Gruppen, die an einem Projekt kooperativ mitwirken.

Qualifikation (qualification) = die Gesamtheit des Wissens und des Könnens (Fähigkeiten und Fertigkeiten) einer Person oder Gruppe.

Systemplaner (systems analyst) = ein Aufgabenträger, der eine besondere Qualifikation für die Bearbeitung der Aufgaben eines Informatik-Projekts besitzt, insbesondere in Bezug auf Organisation, Technologie und Technik.

Ebenen der Projektverantwortung

An einem Informatik-Projekt wirken auf strategischer, administrativer und operativer Ebene mehrere Aufgabenträger als Personen und als Gruppen mit. Dazu gehören insbesondere:

- Auftraggeber und Auftragnehmer,
- IT-Lenkungsausschuss,
- Chief Information Officer (CIO) bzw. Chief Digital Officer (CDO),
- Projekt-Steuerungsgremium,
- Projektleitung (Projektleiter oder Projektleitungsteam),
- Projektgruppe und Projektmitarbeiter,
- Benutzer,
- sonstige Beteiligte bzw. Stakeholder (z.B. IT-Koordinator oder IT-Manager).

Auftraggeber und Auftragnehmer bzw. Personen, die als Repräsentanten des Auftraggebers bzw. Auftragnehmers agieren, sind auf der strategischen Ebene angesiedelt. Der Auftraggeber bestimmt die Planungsziele, er ist Kunde. Der Auftragnehmer realisiert die Planungsziele, er ist Lieferant. Der Auftraggeber entscheidet über den für die Projektrealisierung geeigneten Partner und vereinbart durch vertragliche Regelungen die Leistungen, Kosten und Termine sowie alle notwendigen Rahmenbedingungen (z.B. Standards, Dokumentation, Zahlungsbedingungen, Mängelhaftung, Nutzungsrechte). Mit den Rahmenbedingungen wird auch festgelegt, in welcher Art und in welchem Umfang der Auftraggeber in die Projektrealisierung einbezogen ist (z.B. Erheben von Anforderungen, gemeinsame Durchführung von Reviews). Damit wird der Tatsache Rechnung getragen, dass letztlich der Auftraggeber das wirtschaftliche Projektrisiko trägt, unabhängig davon, durch welche Vereinbarungen mit dem Auftragnehmer er sich davor zu schützen sucht.

Strategische Aufgaben der Projektverantwortung weist der Auftraggeber gegebenenfalls einem IT-Lenkungsausschuss zu, der als Berichtsinstanz für die Projektleitung agiert. Sind mehrere Informatik-Projekte offen, zwischen denen Abhängigkeiten bestehen, oder sind größere Informatik-Projekte in jeweils mehrere Teilprojekte zerlegt, kann es zweckmäßig sein, zwischen dem Lenkungsausschuss und den Projektleitungen die Instanz Projekt-Steuerungsgremium vorzusehen.

Auf der strategischen Ebene ist auch der Chief Information Officer (CIO) bedeutsam; es handelt sich hierbei um den höchstrangigen IT-Verantwortlichen einer Organisation, der regelmäßig auch Mitglied des Vorstands ist (konkrete Zahlen zur personellen Verankerung der IT-Funktion im Vorstand börsennotierter Unternehmen werden in *Riedl/Kobler/Roithmayr* sowie in *Hütter/Riedl* berichtet, vgl. dazu auch die Rolle des Chief Digital Officer, CDO; z.B. *Walchshofer/Riedl*). Der CIO kann sowohl Auftragnehmer als auch Auftraggeber sein (jedoch nicht in ein und demselben Projekt). Der erste Fall wäre z.B. gegeben, wenn der Vorstand eines Unternehmens Auftraggeber und der CIO nicht Vorstandsmitglied ist; der zweite Fall wäre z.B. gegeben, wenn der CIO – im Rahmen eines Teilprojekts eines größeren Informatik-Projekts – einen Auftrag an eine interne Organisationseinheit (z.B. Softwareentwicklung) vergibt.

Auf der administrativen Ebene geht es um die Projektleitung. Der Auftraggeber delegiert Kompetenz und Verantwortung zur Projektrealisierung an die Projektleitung. Die sich daraus ergebenden Aufgaben betreffen vor allem die Planung, Überwachung und Steuerung des Projekts (vgl. Lerneinheit PROPL). Die Projektleitung kann einer Person (Projektleiter) oder mehreren Personen gemeinsam (Projektleitungsteam) übertragen werden.

Auf der operativen Ebene geht es um die Kompetenz und Verantwortung für die Bearbeitung der Projektaufgaben, wie sie nach Maßgabe der Aufgabenplanung zur Erreichung der Projektziele erforderlich ist. Die Verantwortung für die planmäßige Bearbeitung der Projektaufgaben liegt – je nach Form der Projektorganisation (vgl. Lerneinheit PRORG) – nicht nur bei der Projektleitung, sondern auch bei den internen und externen Projektpartnern (z.B. Fachabteilungen als interne Partner, Software- oder Systemhäuser als externe Projektpartner) und letztlich bei jedem einzelnen Projektmitarbeiter.

IT-Lenkungsausschuss

Primäre Aufgabe des Lenkungsausschusses ist die strategische IT-Planung (vgl. die Lerneinheiten Situationsanalyse, Zielplanung, Strategieentwicklung und Maßnahmenplanung in *Heinrich/Riedl/Stelzer*), insbesondere die strategische Maßnahmenplanung. Der Lenkungsausschuss erstellt das Projektportfolio, gibt die Planungsziele vor und erteilt die Projektfreigabe bzw. den Projektauftrag. Er legt auch die Nebenbedingungen für die Projektabwicklung fest, bestimmt die Projektorganisation und ernennt die Projektleitung (vgl. Lerneinheit PRORG). Die Projektleitung berichtet an den Lenkungsausschuss. Gegebenenfalls delegiert der Lenkungsausschuss Aufgaben der Projektsteuerung und der Koordinierung der offenen Projekte an ein Projekt-Steuerungsgremium. Aufgrund seiner Zusammensetzung fördert der Lenkungsausschuss die Zusammenarbeit zwischen der Linienorganisation und der Projektorganisation. Personell gesehen ist er ein aus Mitgliedern des Top-Managements, des Managements der Fachabteilungen bzw. Geschäftsprozesse und des IT-Managements bestehendes Gremium, das gelegentlich um Externe (z.B. Berater) ergänzt wird.

Projekt-Steuerungsgremium

Aufgabe des Projekt-Steuerungsgremiums ist es, die auf den drei Ebenen der Projektverantwortung agierenden Personen und Institutionen projektbezogen zu koordinieren (z.B. um Konflikte konkurrierender Projekte um knappe Ressourcen zu vermeiden). Es ist „Ansprechstelle" für alle Projektbeteiligten, insbesondere im Fall von Problemen, die von den Projektbeteiligten nicht selbst gelöst werden können. Es ist auch Berichtsinstanz für die Projektleitungen zu festgelegten Meilenstein-Terminen, um gegebenenfalls Projektnotstände frühzeitig erkennen und gegensteuern zu können. Im Allgemeinen werden einem Projekt-Steuerungsgremium mehrere, gegebenenfalls alle fachlich gleichartigen Projekte zur Steuerung zugeordnet.

In engem Zusammenhang mit dem Projekt-Steuerungsgremium ist das Project Support Office (PSO) zu sehen, das die Projektleitung unterstützt. In der Fachliteratur werden weitere ähnliche Organisationseinheiten beschrieben, wie z.B. Project Management Office (PMO) oder Projektbüro (vgl. *Burghardt*, 122ff.). *Pemsel/Wiewiora* (31-32) geben zum PMO an: „A project management office (PMO) is a formal layer of control between top management and project management ... that is, an institutionalisation of governance strategies ... The shapes and roles of PMO's functions vary according to the context within which they are incorporated ... and although many PBOs [project-based organisations] do not have an explicit PMO, the PMO functions are often incorporated within the parent organisation ... The complexity and variety of PMOs have evidently resulted in a number of interpretations of what a PMO actually is and should do, both in practice and in research terms."

Mit zunehmender Anzahl sowie Größe und Komplexität der in einer Organisation zeitgleich ablaufenden Projekte steigt die Zweckmäßigkeit der Etablierung eines Projekt-Steuerungsgremiums (unabhängig davon, wie diese Einheit in einer Organisation bezeichnet wird). Sichtet man die Fachliteratur (z.B. *Aubry* sowie *Kutsch et al.*), so erfüllt ein PMO bzw. PSO unter anderem folgende Funktionen (beim PSO in der Regel als Unterstützung der Projektleitung):

- Koordination aller am Projekt beteiligten Individuen und Institutionen (vgl. Lerneinheit KOORD),
- Planung (z.B. Termin- und Kostenplanung),
- Datenerfassung (z.B. Istdaten der Projektabwicklung),
- Informationsaufbereitung und -verteilung (z.B. Projektberichterstellung),
- Controlling (vgl. Lerneinheit PCONT),
- Organisation von Aus- und Fortbildung für Projektmitarbeiter,
- Verwaltung von Projektdatenbeständen,
- Erarbeitung von lessons learned und
- Etablierung und Weiterentwicklung einer Projektmanagement-Methodik.

Projektleitung

Unabhängig davon, welche Projektorganisation (vgl. Lerneinheit PRORG) verwendet wird, hat die Projektleitung die Aufgabe, ein Projekt zu planen, die Projektdurchführung zu überwachen und – je nach Projektorganisation in unterschiedlicher Weise – steuernd einzugreifen, wenn der Projektablauf den Projektzielen nicht entspricht. Den vollen Aufgabenumfang der Planung, Überwachung und Steuerung eines Projekts hat die Projektleitung insbesondere bei der reinen Projektorganisation; davon wird im Folgenden ausgegangen. Projektleitung umfasst dann die folgenden Aufgaben:

- das Projekt *planen* (Projektplanung);
- das Projekt *überwachen* (Projektüberwachung);
- das Projekt *steuern* (Projektsteuerung);
- die Erreichung der Projektziele gegenüber dem Auftraggeber und den Projektmitarbeitern *verantworten* (Projektverantwortung);

- die Projektmitarbeiter *führen* (Projektführung);
- das Projekt, die Projektmitarbeiter und den Auftragnehmer bzw. den Auftraggeber *repräsentieren* (Projektrepräsentation).

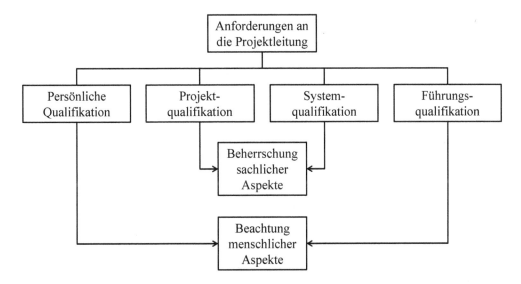

Abb. PROVE-1: Qualifikationsanforderungen Projektleitung (nach *Zielasek*)

Die Projektleitung besteht entweder aus einer Person oder aus mehreren Personen (Projektleitungsteam); auch im Projektleitungsteam muss es aber einen Projektleiter geben, zumindest als primus inter pares. Die Anforderungen an die Qualifikation des Projektleiters sind sachlicher und menschlicher Art (vgl. Abb. PROVE-1). Sachliche Qualifikationsanforderungen beziehen sich auf die Projektqualifikation (Kenntnisse, Fähigkeiten und Fertigkeiten des Projektmanagements) und die Aufgabenqualifikation (Kenntnisse, Fähigkeiten und Fertigkeiten bezüglich des Projektgegenstands; z.B. Kenntnisse zu einer bestimmten Unternehmenssoftware wie SAP im Falle eines Anwendungssoftware-Einführungsprojekts). Menschliche Qualifikationsanforderungen betreffen die persönliche Qualifikation (z.B. Kontaktfreudigkeit, Menschenkenntnis, Geduld, Beharrlichkeit, Durchhaltevermögen, Kreativität, Organisationstalent) und die Führungsqualifikation (z.B. Fähigkeit zum Anleiten, Motivieren, Erkennen von Konflikten, Delegieren). Ergänzend zu den Sachkenntnissen sind Kenntnisse über das Unternehmen des Auftraggebers (z.B. über Produkte, Prozesse, Mitarbeiter, Kunden, Lieferanten) bei IT-Projekten von erheblicher Bedeutung. Bei einem Projekt mit zahlreichen Beteiligten und mit Durchsetzungsproblemen in der Linienorganisation ist die Erfüllung der menschlichen Qualifikationsanforderungen wichtiger als die der sachlichen; umgekehrt wird für ein Projekt mit einer kleinen Projektgruppe eher ein Projektleiter mit einer guten sachlichen Qualifikation gebraucht. Bezüglich der organisatorischen Herkunft des Projektleiters (Fachbereich oder IT-Bereich) ist eine Auswahl in Abhängigkeit einer Reihe von Kontextfaktoren zu treffen – eine allgemeingültige Empfehlung für den Fachbereich oder IT-Bereich kann nicht gegeben werden.

Bei gemischten Projektgruppen mit Projektmitarbeitern von Auftraggeber- *und* Auftragnehmerseite stellt sich die Frage, ob die Projektleitung von Auftraggeberseite oder Auftragnehmerseite wahrgenommen werden soll oder ob eine geteilte Projektleitung zweckmäßig ist. Geteilte Projektleitung heißt nicht gemeinsame Projektleitung, sondern Zuordnung der Projektleitung auf Auftraggeber- bzw. Auftragnehmerseite je nach Projektphase oder Projektabschnitt. Dies erfordert eine klare Schnittstellendefinition für jeden Übergang der Projektverantwortung. Schließlich kann die Projektleitung einem Externen übertragen werden, was jedoch im Allgemeinen nur für den Fall von Konfliktsituationen (vgl. Lerneinheit KONFM) zweckmäßig ist.

Projektmitarbeiter

Kernaufgabe der Projektmitarbeiter ist die Durchführung der Tätigkeiten, die ihnen aufgrund der Projektplanung (insbesondere der Personaleinsatzplanung) zugeordnet wurden. Darüber hinaus können folgende Aufgaben der Projektmitarbeiter genannt werden:

- Mitwirkung bei der Projektplanung (vgl. Lerneinheit PROPL);
- Erfassung der Istwerte der Projektziele;
- Koordinierung ihrer Tätigkeit innerhalb der Projektgruppe und mit anderen Projektpartnern (z.B. in den Abteilungen bzw. Geschäftsprozessen mit Kunden und Lieferanten);
- Information der Projektpartner, soweit vom formalen Berichtswesen vorgesehen bzw. für die Erreichung der Projektziele erforderlich;
- Dokumentation der Arbeitsergebnisse;
- Beratung und Hilfe für andere Projektmitarbeiter.

Dem empfohlenen Führungskonzept entsprechend (vgl. Lerneinheit FTEAM), sollte bei der Bewältigung dieser Aufgaben im Regelfall Selbststeuerung vor Fremdsteuerung stehen.

Projektgruppe

Informatik-Projekte scheitern erfahrungsgemäß seltener an der Schwierigkeit der Projektaufgabe (z.B. deren Umfang, Komplexität und Kompliziertheit) als an der mangelnden Bereitschaft und/oder Fähigkeit der am Projekt beteiligten Personen. Um ein Projekt erfolgreich abwickeln zu können, sind daher in erster Linie die *personellen* Voraussetzungen zu klären, die zur Bildung einer Projektgruppe führen, welche bezüglich ihrer Zusammensetzung in quantitativer und qualitativer Hinsicht den Planungszielen angemessen ist. In der Regel hat eine Gruppe im Vergleich zu einer einzelnen Person mehr Erfahrung, größeren Zugang zu Informationen und sie verfügt insgesamt über mehr Wissen. Wichtige Eigenschaften einer erfolgreichen Projektgruppe sind:

- die Identifikation der Mitglieder der Gruppe mit den Projektzielen,
- die Fähigkeit zur Zusammenarbeit in der Gruppe,
- das Fachwissen der Mitglieder der Gruppe,
- die Führungsqualifikation der Projektleitung,
- die Fähigkeit zur Kommunikation mit dem Auftraggeber.

Die Größe der Projektgruppe muss sorgfältig geplant werden. Eine zu kleine Gruppe kann ebenso unzweckmäßig sein wie eine zu große Gruppe. Nach dem Brooks'schen Gesetz steigt der Kommunikationsaufwand mit zunehmender Gruppengröße überproportional, so dass jedes weitere Gruppenmitglied oberhalb der optimalen Gruppengröße abnehmende Beiträge zum Projektfortschritt liefert. Die Produktivität kann dadurch ungünstig beeinflusst werden. Die Erklärung dafür liegt im Umfang der Kommunikationsvorgänge, der mit der Gruppengröße überproportional steigt. *Frederick Phillips Brooks* hat diesen Zusammenhang mit N=n(n - 1)/2 formalisiert, wobei N = Anzahl der Kommunikationsvorgänge und n = Anzahl der Gruppenmitglieder. Daraus folgt auch, dass ein in Terminnot geratenes Projekt durch zusätzliche Gruppenmitglieder oft nicht gerettet werden kann; bis diese in der Lage sind, einen Beitrag zum Projektfortschritt zu leisten, wird der kritische Termin erreicht, und sie behindern bis dahin nur die Arbeit der ursprünglichen Gruppenmitglieder. Weiter ist zu bedenken, dass ein „Trittbrettfahrereffekt" eintreten kann, womit hier gemeint ist, dass mit zunehmender Gruppengröße die Leistung eines jeden Einzelnen geringer wird.

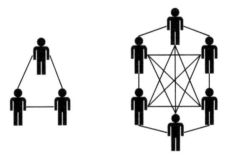

Abb. PROVE-2: Beispiel für das Brooks'sche Gesetz

Abbildung PROVE-2 zeigt ein Beispiel für das Brooks'sche Gesetz. Unter der Annahme, dass jedes Mitglied einer Gruppe mit jedem anderen direkt kommuniziert, ergeben sich bei drei Personen drei Kommunikationsvorgänge [3=3(3-1)/2]. Verdoppelt man die Anzahl der Personen, dann steigt die Anzahl der Kommunikationsvorgänge überproportional [15=6(6-1)/2]; die Personenanzahl ist also um den Faktor 2 gestiegen (von 3 auf 6), wohingegen die Anzahl der Kommunikationsvorgänge um den Faktor 5 gestiegen ist (von 3 auf 15).

Eine Projektgruppe ist *offene* Projektgruppe, wenn im Projektablauf planmäßig weitere Mitglieder eintreten und bisherige gegebenenfalls ausscheiden; sonst ist sie *geschlossene* Projektgruppe. Eine offene Projektgruppe ist beispielsweise dann zweckmäßig, wenn für verschiedene Projektabschnitte unterschiedliche Qualifikationen erforderlich sind (z.B. in der Analysephase andere als in der Implementierungsphase). Eine Projektgruppe ist *interne* Projektgruppe, wenn ihr nur Mitarbeiter des Auftraggebers angehören, sonst ist sie *gemischte* Projektgruppe. Wird das Projekt fremd vergeben (z.B. an ein Softwarehaus), handelt es sich – aus Sicht des Auftraggebers – um eine *externe* Projektgruppe. Je mehr ein Unternehmen Aufgaben des IT-Bereichs auslagert (vgl. Lerneinheit Outsourcing in *Heinrich/Riedl/Stelzer*), desto weniger bedeutsam werden interne Projektgruppen und desto bedeutsamer die Frage, ob und wie der Einfluss des Auftraggebers auf die Projektrealisierung durch gemischte Projektgruppen gewahrt werden soll und kann.

Merkmale der Projektgruppe

Gruppe bezeichnet jedes kontinuierliche Zusammenwirken mehrerer Personen zur Erreichung bestimmter Ziele, hier also das Zusammenwirken der Mitglieder der Projektgruppe zur Erreichung der Projektziele. Dieses Zusammenwirken wird als Kooperation bezeichnet. Kooperation erfordert Koordination, und zum Koordinieren ist Kommunikation zwischen den Gruppenmitgliedern erforderlich (vgl. Lerneinheit KOORD). Gruppenarbeit ist also Kooperation, die Koordination erfordert und Kommunikation voraussetzt. Darüber hinaus ist die Gruppe durch folgende Merkmale gekennzeichnet:

- das gemeinsame Verhaltensmotiv, das aus den gemeinsamen Zielen folgt;
- ein System von Normen zur Regelung der Beziehungen zwischen den Mitgliedern der Gruppe;
- das Vorhandensein eines Rollendifferentials, also eines zusammenhängenden Verhaltensschemas aufgrund von Position, Rolle und Status in der Gruppe;
- ein mehr oder weniger komplexes Geflecht gefühlsmäßiger Wechselbeziehungen zwischen den Mitgliedern der Gruppe (Wir-Gefühl).

Bei der Projektgruppe handelt es sich um eine Gruppe, die durch eine strenge Zielbezogenheit und durch einen hohen Grad an Organisiertheit gekennzeichnet ist. Entscheidend für den Gruppenerfolg (und damit für den Projekterfolg) sind Kommunikationsprozesse, Vertrauen und wechselseitige Lernprozesse zwischen den Mitgliedern der Projektgruppe. Nach *Boos* wird in der Fachliteratur die Frage, ob eine Dyade bereits eine Gruppe ist, kontrovers diskutiert. Als entscheidend wird der Übergang von zwei auf drei Personen angesehen, da ab hier Koalitionen (also zum Zweck der Durchsetzung gemeinsamer Ziele geschlossene Bündnisse) möglich werden und Phänomene wie Einfluss, Macht, Kontrolle, Kooperation und Konkurrenz in der Regel deutlicher in Erscheinung treten als in Dyaden.

Bilden der Projektgruppe

Organisatorisch gesehen sind Gruppen Teilsysteme des Gesamtsystems „Organisation". Durch Bildung von Gruppen kann bestimmten organisatorischen Erfordernissen besser Rechnung getragen werden, als dies ohne Gruppenbildung möglich wäre. Organisatorische Gliederungsprinzipien für die Gruppenbildung sind:

- Gliederung nach den Arbeitsergebnissen,
- Gliederung nach der Art der Arbeitsaufgabe (Verrichtung),
- Gliederung nach den individuellen Fähigkeiten und Kenntnissen,
- Gliederung nach der Arbeitszeit,
- Gliederung nach dem Arbeitsort.

Die Gliederungsprinzipien überschneiden sich in der Organisationspraxis. Bei der Bildung der Projektgruppe für Informatik-Projekte steht das Gliederungsprinzip nach den Arbeitsergebnissen im Vordergrund. Für Informatik-Projekte ist Gruppenbildung erforderlich, da nur die Gruppe die Projektziele erreichen kann. Die Projektgruppe hat also eine entscheidende Bedeutung. Gruppen stellen zudem dem Individuum häufig ein Modell richtigen Verhaltens zur Verfügung, an dem es sich orientieren kann (Verhaltenskonformität durch Normenbildung).

Projektgruppen sind ein wirkungsvolles Instrument des Wissensmanagements (vgl. die Lerneinheiten Wissensmanagement und Methoden des Wissensmanagements in *Heinrich/Riedl/Stelzer*). Aus Sicht des Wissensmanagements ist die Gruppe typisch dafür, dass ein System mehr als die Summe seiner Teile ist, das Wissen der Gruppe also mehr ist als das Wissen aller Mitglieder der Gruppe zusammen (1+1=3). Die kooperative Bearbeitung und Lösung eines Problems ermöglicht die Wissenskonversion von implizit zu implizit (also von Gruppenmitglied zu Gruppenmitglied), macht implizites Wissen explizit (z.B. in Form von Projektberichten) und produziert neues implizites und explizites Wissen (z.B. in Form von lessons learned). Dies gilt erfahrungsgemäß besonders dann, wenn unter herausfordernden, aber erreichbaren Projektzielen gearbeitet wird.

Probleme der Projektgruppe

Probleme bei der Bildung der Projektgruppe und bei der Zusammenarbeit in der Projektgruppe entstehen häufig durch:

- personelle Engpässe,
- unklare Kompetenzen und Aufgabenabgrenzungen,
- mangelnde Kommunikationsbereitschaft der Beteiligten,
- soziale Konflikte.

Personelle Engpässe treten auf Seite der Systemplaner häufig auf, weil nicht selten ein hoher Anteil ihrer Kapazität auf die Wartung installierter Informationssysteme entfällt. Sie versuchen daher, durch intensivere Benutzerbeteiligung Aufgaben zu den Benutzern hin zu verlagern. Die Verlagerung setzt aber voraus, dass auf der Seite der Benutzer Arbeitskapazität verfügbar ist und dass die Benutzer für die Projektdauer oder für bestimmte Projektphasen zumindest teilweise von Fachabteilungsaufgaben freigestellt werden. Weiter wird vorausgesetzt, dass die Benutzer eine für die Projektarbeit ausreichende Qualifikation haben. Häufig fehlt es an einer dieser Voraussetzungen oder an beiden.

Eine erfolgreiche Zusammenarbeit zwischen Systemplanern und Benutzern in der Projektgruppe setzt voraus, dass die Kompetenzen der Beteiligten und die Abgrenzung der Aufgaben im Projekt klar geregelt sind. Dies wird durch die Tatsache erschwert, dass – je nach Projekt und somit je nach Beteiligten – unterschiedliche Kompetenzregelungen und Aufgabenabgrenzungen erforderlich sind. In einem Informatik-Projekt sind diese von folgenden Faktoren abhängig:

- von der Komplexität des zu schaffenden Informationssystems,

- von den Kenntnissen der Systemplaner über die Projektaufgabe,
- von den Kenntnissen der Benutzer über die Projektarbeit,
- von der bei den Benutzern verfügbaren Zeit,
- von den zur Verfügung stehenden Methoden und Werkzeugen.

Erschwerend auf die Zusammenarbeit in der Projektgruppe wirkt sich die häufig mangelnde Kommunikationsbereitschaft der Systemplaner aus, die verschiedene Erscheinungsformen hat, wie:

- Die Tendenz, aus der Bearbeitung eines Informatik-Projekts eine „Geheimwissenschaft" zu machen: „Dies zu erklären, hat keinen Sinn. Der Sachverhalt ist so kompliziert, dass Sie ihn doch nicht begreifen."
- Die mangelnde Bereitschaft, das Gespräch mit den Benutzern zu suchen: „Das bringt nichts! Ich bekomme doch nur unrealistische, teilweise sogar unsinnige Wünsche zu hören."
- Die unverständliche Präsentation von Projektergebnissen: „Die Lösung ist so gut, dass sie keiner Begründung bedarf."
- Die bewusste oder unbewusste Ausrede, dass die Arbeitsüberlastung einen intensiveren Kontakt nicht zulässt.
- Die mangelnde Bereitschaft, die Benutzer zu schulen.

Mangelnde Kommunikationsbereitschaft von Systemplanern (inklusive Softwareentwicklern) kann auch darin begründet sein, dass in dieser Gruppe ein relativ hoher Grad an Introversion (nach *Feldt et al.* als „low need for social interaction" definiert) existiert. *Lesiuk/Pons/Polak* (88) berichten über diese bedeutsame Komponente der menschlichen Persönlichkeit wie folgt: „[W]hile typically introversion is less frequently represented in the general North American population, it is represented as a 2 to 1 ratio in CISD [Computer Information Systems Developers]. Individuals who prefer extraversion are energized by active interacting with events and people, and are often perceived as ‚people-persons.' Conversely, individuals who prefer Introversion receive their energy from focusing their attention inwardly on ideas, memories and reactions. Extraverts in IT may be more comfortable with presentations to users and senior management, while introverts may prefer tasks such as data modeling and network design."

Bei der Bildung der Projektgruppe und bei der Gestaltung der Zusammenarbeit zwischen den Mitgliedern der Projektgruppe ist also darauf zu achten, dass Personalkapazität und Personalqualifikation in einem ausreichenden Umfang, sowohl auf der Seite der Systemplaner als auch auf der Seite der Benutzer, vorhanden sind. Darüber hinaus sind die Kompetenzen klar abzugrenzen und damit die Aufgaben eindeutig auf Systemplaner und Benutzer zuzuordnen. Weiter sollte die Persönlichkeit der Akteure nicht außer Acht gelassen werden (vgl. dazu einen Überblicksbeitrag von *Rost* sowie Abb. PROVE-3, die auf der Basis der Big-Five-Konzeptualisierung die fünf wichtigsten Persönlichkeitsfaktoren beschreibt).

Faktor	Schwache Ausprägung	Starke Ausprägung
Neurotizismus	ruhig, selbstsicher	emotional, verletzlich
Extraversion	zurückhaltend, reserviert	gesellig, auf soziale Interaktion aus
Offenheit für Erfahrungen	vorsichtig, konservativ	neugierig, erfinderisch
Gewissenhaftigkeit	unbekümmert, nachlässig	organisiert, effektiv
Freundlichkeit	wettbewerbsorientiert	kooperativ, mitfühlend

Abb. PROVE-3: Big-Five-Konzeptualisierung der Persönlichkeit

Im Projektmanagement spielen soziale Konflikte eine große Rolle, weil sie den Projekterfolg maßgeblich beeinflussen können; dieser Umstand gilt insbesondere für Informatik-Projekte (vgl. *Jetu/Riedl*). Nach *Kempf* (655) bezeichnen soziale Konflikte „die Unverträglichkeit der Handlungen oder Ziele zweier oder mehrerer Akteure (Personen, Gruppen und Institutionen), der sogenannten Konfliktparteien". In Informatik-Projekten kann es viele Ursachen für soziale Konflikte geben. Eine Hauptursache ist, dass die durch Informatik-Projekte hervorgerufenen organisationalen Veränderungen, insbesondere veränderte Abläufe von Geschäftsprozessen, im Allgemeinen mit Veränderungen von Entscheidungskompetenzen, Arbeitsroutinen sowie Gestaltungs- und Handlungsspielräumen einhergehen. Daraus folgt, dass Akteure, die sich durch die Einführung oder Weiterentwicklung eines Informationssystems ungünstig betroffen fühlen, oft nicht auf die Verwirklichung der Projektziele hinarbeiten. Dies kann im Extremfall soweit gehen, dass einzelne Akteure offen „gegen ein Projekt arbeiten". Im Regelfall wird sich der Widerstand jedoch auf subtilere Art manifestieren (z.B. indem Projektrisiken trotz besseren Wissens übertrieben dargestellt werden, um eine Projektrealisierung zu verhindern oder zumindest zeitlich zu verzögern, vgl. Lerneinheit TECHA).

Soziale Konflikte fokussieren nicht nur Sachfragen, die den Konfliktinhalt bilden, sondern auch die Überzeugungen der Konfliktparteien sowie ihre Einstellungen zueinander. Für die Lösung von Konflikten ist es bedeutsam, konstruktive Konfliktverläufe zu fördern und destruktive Verläufe zu verhindern (vgl. Lerneinheit KONFM). *Kempf* gibt an, dass die Schaffung eines kooperativen Klimas und der Etablierung eines kooperativen Prozesses große Bedeutung beizumessen ist, weil dadurch konstruktive Verläufe wahrscheinlicher werden; „[d]er kooperative Prozess führt zu einer vertrauensvollen, wohlwollenden Einstellung der Partner zueinander, welche die Sensitivität für das Erkennen von Gemeinsamkeiten erhöht und die Bedeutung von Unterschieden reduziert" (657). Zu den destruktiven Verläufen schreibt er (659): „Der Konkurrenzprozess bewirkt eine Verarmung der Kommunikation zwischen den Konfliktparteien. Die bestehenden Kommunikationsmöglichkeiten werden einerseits nicht ausgenutzt und [andererseits] dazu benutzt, den Gegner einzuschüchtern oder irrezuführen. Aussagen des Gegners wird wenig Glauben geschenkt … Der Konkurrenzprozess führt zu einer argwöhnischen und feindseligen Haltung gegenüber dem Gegner, welche die Wahrnehmung von Gegensätzen zwischen den Konfliktparteien verschärft und die Wahrnehmung von Gemeinsamkeiten der Konfliktparteien vermindert".

Benutzer

Benutzer ist jede Person oder Gruppe, die ein Informationssystem bei der Aufgabenerfüllung unterstützend verwendet bzw. verwenden wird. Dass Benutzer an der Projektarbeit beteiligt werden, ist heute unbestritten, war jedoch insbesondere in der Anfangszeit des Einsatzes von Anwendungssystemen im organisationalen Umfeld nicht immer so. Unter Benutzerbeteiligung versteht man die Möglichkeit und den tatsächliche Umfangn der Mitwirkung der Benutzer an der Entwicklung neuer und der Veränderung vorhandener Informationssysteme (z.B. Einflussnahme auf Projektpläne sowie Mitarbeit in Projektgruppen). IT-Strategien (vgl. Lerneinheit Strategieentwicklung in *Heinrich/Riedl/Stelzer*) machen auch Aussagen darüber, welche Rolle der Mensch in der Informationsverarbeitung spielen soll. Die organisatorische Umsetzung der definierten Rolle erfolgt durch Methoden der Benutzerbeteiligung (siehe z.B. *Rauterberg* sowie *Sommerville*). Diese Methoden zielen darauf ab, die Benutzer eines Informationssystems in die Projektarbeit so einzubeziehen, dass sie, bei ausreichender Berücksichtigung der von ihnen eingebrachten sozialen Ziele, die Erreichung der technischen und der betriebswirtschaftlichen Ziele unterstützen. Dies entspricht im Wesentlichen einem konsensorientierten Ansatz. Bedeutsam ist auch, dass Prototyping sowie teilweise auch agile Methoden wesentlich durch Benutzerbeteiligung gekennzeichnet sind, ja ohne aktive und direkte Partizipation nicht denkbar sind (vgl. Lerneinheiten PROTY und AGILM).

Benutzerbeteiligung ist im größeren Zusammenhang der Partizipation zu sehen. Mit Partizipation sind die verschiedenen Ansätze der Teilnahme von Betroffenen an gesamt- und einzelwirtschaftlichen Entscheidungen gemeint. Dabei werden zwei Sichtweisen, welche die Art der Partizipationsgrundlage kennzeichnen, unterschieden, nämlich informale Partizipation (Benutzerbeteiligung) und formale Partizipation (Mitbestimmung). Benutzerbeteiligung beruht auf dem Konsens der Beteiligten und Betroffenen und ist in Leitbildern, Strategien, Unternehmensverfassungen oder Führungsrichtlinien festgeschrieben. Mitbestimmung beruht auf kodifizierten, insbesondere gesetzlichen Regeln (z.B. Arbeitsverfassungsgesetz in Österreich, Betriebsverfassungsgesetz in Deutschland), auf Betriebsvereinbarungen oder Kollektivverträgen.

Die allgemeine Begründung für Partizipation lautet: Da der Mensch einerseits gesellschaftlich bestimmt ist und andererseits die Gesellschaft mitbestimmt, er sich also dem sozialen Kontext nicht entziehen kann, ist Partizipation die notwendige Bedingung menschlicher Existenz. Der Einsatz von Informations- und Kommunikationstechnologien in Unternehmen führt zwangsläufig zu Veränderungen der Arbeitsorganisation. Daraus ergibt sich für die Arbeitnehmer als Benutzer und für den Betriebsrat als Interessensvertretung der Arbeitnehmer das Ziel, auf die Planung, Einführung und Nutzung von Informationssystemen Einfluss zu nehmen. Benutzerbeteiligung kann unter verschiedenen Dimensionen betrachtet werden, deren unterschiedliche Merkmale die Formulierung von Methoden der Benutzerbeteiligung erlauben. Die Dimensionen der Benutzerbeteiligung sind Partizipationsausprägung, Partizipationsebene, Partizipationsform und Partizipationsphase.

- Die Partizipationsausprägung reicht von der bloßen Information der Benutzer (passive Partizipation) bis zur selbständigen Durchführung von Aufgaben der Planung und Realisierung von Informationssystem durch die Benutzer (aktive Partizipation).
- Die Partizipationsebene reicht vom einzelnen Arbeitsplatz über die Arbeitsgruppe und die Abteilung bis zum Unternehmen als Ganzes.
- Die Partizipationsform kann direkt oder indirekt sein. Direkte Partizipation bedeutet persönliche Beteiligung aller betroffenen Benutzer, indirekte Partizipation (auch als repräsentative Partizipation bezeichnet) ist durch Beteiligung von Vertretern der Benutzer gekennzeichnet (z.B. von den Benutzern gewählt).
- Die Partizipationsphase legt fest, in welcher Phase bzw. in welchen Phasen der einem Phasenmodell folgenden Projektabwicklung (vgl. Lerneinheit PROIP) Partizipation stattfindet; dies kann in allen oder nur in bestimmten Phasen der Fall sein, sie kann eher in frühen Phasen oder eher in späten Phasen stattfinden.

IT-Koordinator

Eine Verbesserung der Zusammenarbeit zwischen Systemplanern und Benutzern wird durch einen Koordinator erreicht. Seine Aufgabe besteht primär darin, den Informationsfluss zwischen der IT-Abteilung und der/den Fachabteilung(en), für die er zuständig ist, sowohl bezüglich der Projektaufgaben als auch der Aufgaben der späteren Systemnutzung sicherzustellen. Verglichen mit den Benutzern ist er der Experte der Fachabteilung in allen IT-Angelegenheiten. Er ist fachlich und disziplinarisch entweder dem Leiter der IT-Abteilung oder dem Leiter der Fachabteilung unterstellt, oder beide Abteilungsleiter führen den Koordinator gemeinsam.

Produktmanager

Die Etablierung eines Produktmanagers geht von der empirischen Beobachtung aus, dass zwischen den Lebenszyklen eines Informationssystems (vgl. Lerneinheit Lebenszyklusmanagement in *Heinrich/Riedl/Stelzer*) jeweils ein erheblicher Handlungsspielraum für koordinierende Tätigkeiten besteht, dessen Ausschöpfung zur Beschleunigung der Projektabwicklung, zur Vermeidung bzw. früheren Erkennung von Fehlern und zur Reduzierung von Kosten führt. Der Produktmanager ist auch für das Informationssystem-Marketing zuständig sowie dafür, dass bestehende Informationssysteme weiterentwickelt bzw. überhaupt neue Systeme entwickelt werden. Es ist daher zweckmäßig, ihn in den IT-Lenkungsausschuss zu kooptieren.

Werkzeuge für Gruppenarbeit

Gruppenarbeit ist unter anderem durch Kooperation gekennzeichnet; diese erfordert Koordination und setzt Kommunikation voraus. Werkzeuge für Gruppenarbeit (Groupware) unterstützen daher die Koordination und stellen Kommunikationswege zur Verfügung. Für die Unterstützung von Projektgruppen sind spezifische Groupware-Produkte von Bedeutung. Ein Beispielprodukt ist Microsoft SharePoint, das eine webbasierte Zusammenarbeit ermöglicht (z.B. Koordination von Aufgaben, Erstellung von persönlichen Webseiten und Team-Webseiten, Diskussionsgruppen und Blogs, Dokumentenmanagement-Funktionen).

Forschungsbefunde

In der Fachliteratur befassen sich mehrere Beiträge mit den konzeptionellen Grundlagen und Typologien eines Project Management Office (Projektbüro) (z.B. *Darling/Whitty*, *Desouza/Evaristo*, *Müller et al.*) sowie seinen Wirkungen in Bezug auf Projektleistung und Reifegrad (z.B. *Aubry*, *Kutsch et al.*) sowie Wissensmanagement (z.B. *Pemsel/Wiewiora*). *Lechler/Cohen* haben Lenkungsausschüsse im Kontext des Projektmanagements untersucht. Die Datenerhebung erfolgte auf der Basis eines Fragebogens (mit 45 Fragen) und es wurden Interviews durchgeführt („[i]n total, we conducted 25 interviews with 18 project managers and 7 senior managers", 44). Die wichtigsten Studienergebnisse fassen die Autoren wie folgt zusammen (42): „On the project level, the cases clearly demonstrate that committees with project steering functions play an important role in the selection, initiation, definition, and control of projects. On the organizational level, they are important to implement and maintain project management standards. Finally, the results clearly indicate that steering committees directly support project success and are instrumental for attaining value from an organization's investments in its project management system."

Chipulu et al. haben die Kompetenzanforderungen an Projektmanager empirisch untersucht. Die methodische Vorgehensweise und wesentliche Studienergebnisse fassen die Autoren wie folgt zusammen (506): „We code the contents of 2306 online project management job advertisements in the U.K., the U.S., Canada, China, India, HongKong, Malaysia, and Singapore for frequently occurring keywords. Using three-way multidimensional scaling (MDS), we extract six dimensions of competence present in the coded keywords: 1) industry-specific and generic skills over project management knowledge/expertise; 2) project management knowledge/expertise over industry-specific and generic skills; 3) (senior) managerial skills; 4) (positive) personal traits; 5) project management methodology experience and professional qualifications; and 6) risk management over a project life cycle. We find that typically industry puts more weight on generic skills than project management knowledge/expertise." *Skulmoski/Hartman* haben ebenfalls Kompetenzanforderungen an Projektmanager untersucht, und zwar mit einem Fokus auf „soft competencies", deren relative Bedeutung entlang der Projektphasen „initiation", „planning", „implementation" und „close-out" analysiert wurde. Es wurden 33 qualitative Interviews mit 22 kanadischen IT-Projektmanagern geführt; die Daten wurden anschließend inhaltsanalytisch ausgewertet. Den Befund ihrer Studie beschreiben die Autoren wie folgt (61): „The authors identified the key competencies for each of the IS project phases (initiation, planning, implementation, and close-out). The competencies were sorted into competency categories: personal attributes (e.g., eye for details), communication (e.g., effective questioning), leadership (e.g., create an effective project environment), negotiations (e.g., consensus building), professionalism (e.g., lifelong learning), social skills (e.g., charisma), and project management competencies (e.g., manage expectations)."

Wissenschaftliche Beiträge befassen sich seit Jahrzehnten mit den Formen der Benutzerbeteiligung sowie ihren Auswirkungen (z.B. *He/King, Procaccino/Verner, Subramanyam et al.*). Im Wesentlichen zeigen die Forschungsbefunde, dass Benutzerbeteiligung einen positiven Einfluss auf das Projektergebnis hat, und zwar insbesondere deshalb, weil – wie es *Tesch et al.* (657) treffend formulieren – gilt: „[A] combination of both user knowledge of IS development and IS developer knowledge of application domains [have] significant impact on successful project outcomes". Dennoch ist zu beachten, dass die Ergebnisse einer Meta-Analyse auf der Basis von 82 Studien zeigen, dass die positiven Auswirkungen nicht überschätzt werden dürfen – He/King schreiben (301): „information systems development (ISD) ... outcomes are addressed using a classification scheme involving two broad categories – attitudinal/behavioral outcomes [z.B. Benutzerzufriedenheit] and productivity outcomes [z.B. Produktivität eines Benutzers]. The results demonstrate that user participation is minimally-to-moderately beneficial to ISD; its effects are comparatively stronger on attitudinal/behavioral outcomes than on productivity outcomes."

Kontrollfragen
1. Welche Personen und Gruppen sind an einem Informatik-Projekt beteiligt?
2. Warum bedarf ein Informatik-Projekt einer Gruppe als Aufgabenträger?
3. Was sagt das Brooks'sche Gesetz aus?
4. Welche Probleme können bei der Zusammenarbeit in der Projektgruppe entstehen?
5. Was versteht man unter Benutzerbeteiligung?

Quellenliteratur
Aubry, M.: Project management office transformations: Direct and moderating effects that enhance performance and maturity. Project Management Journal, 5/2015, 19-45
Boos, M.: Gruppenprozesse. In: Straub, J./Kempf, W./Werbik, H. (Hrsg.): Psychologie: Eine Einführung. 5. A., dtv, 2005, 636-654
Brooks, F. P.: The mythical man month. Addison Wesley Longman, 1995
Chipulu, M./Neoh, J. G./Ojiako, U./Williams, T.: A multidimensional analysis of project manager competencies. IEEE Transactions on Engineering Management, 3/2013, 506-517
Darling, E. J./Whitty, S. J.: The project management office: It's just not what it used to be. International Journal of Managing Projects in Business, 2/2016, 282-308
Desouza, K. C./Evaristo, J. R.: Project management offices: A case of knowledge-based archetypes. International Journal of Information Management, 5/2006, 414-423
Feldt, R./Angelis, L./Torkar, R./Samuelsson, M.: Links between the personalities, views and attitudes of software engineers. Information and Software Technology, 6/2010, 611-624
He, J./King, W. R.: The role of user participation in information systems development: Implications from a meta-analysis. Journal of Management Information Systems, 1/2008, 301-331
Heinrich, L. J./Riedl, R./Stelzer, D. Informationsmanagement: Grundlagen, Aufgaben, Methoden. 11. A., De Gruyter Oldenbourg, 2014
Hütter, A./Riedl, R.: Der Chief Information Officer (CIO) in Deutschland und den USA: Verbreitung und Unterschiede. Information Management & Consulting, 3/2011, 61-66

Kempf, W.: Soziale Konflikte. In: Straub, J./Kempf, W./Werbik, H. (Hrsg.): Psychologie: Eine Einführung, 5. A., dtv, 2005, 655-671

Kutsch, E./Ward, J./Hall, M./Algar, J.: The contribution of the project management office: A balanced scorecard perspective. Information Systems Management, 2/2015, 105-118

Lechler, T. G./Cohen, M.: Exploring the role of steering committees in realizing value from project management. Project Management Journal, 1/2009, 42-54

Lesiuk, T./Pons, A./Polak, P.: Personality, mood and music listening of computer information systems developers: Implications for quality-of-work. Information Resources Management Journal, 2/2009, 83-97

Müller, R./Glückler, J./Aubry, M.: A relational typology of project management offices. Project Management Journal, 1/2013, 59-76

Pemsel, S./Wiewiora, A.: Project management office: A knowledge broker in project-based organisations. International Journal of Project Management, 1/2013, 31-42

Procaccino, D. J./Verner, J. M.: Software developers' views of end-users and project success. Communications of the ACM, 5/2009, 113-116

Rauterberg, M.: Partizipative Konzepte, Methoden und Techniken zur Optimierung der Softwareentwicklung. Softwaretechnik-Trends, 3/1991, 104-126

Riedl, R./Kobler, M./Roithmayr, F.: Zur personellen Verankerung der IT-Funktion im Vorstand börsennotierter Unternehmen: Ergebnisse einer inhaltsanalytischen Betrachtung. WIRTSCHAFTSINFORMATIK, 2/2008, 111-128

Rost, J.: Persönlichkeit. In: Straub, J./Kempf, W./Werbik, H. (Hrsg.): Psychologie: Eine Einführung. 5. A., dtv, 2005, 499-529

Skulmoski, G. J./Hartman, F. T.: Information systems project manager soft competencies: A project-phase investigation. Project Management Journal, 1/2009, 61-80

Sommerville, I.: Software engineering. 10. A., Pearson, 2016

Subramanyam, R./Weisstein, F. L./Krishnan, M. S.: User participation in software development projects. Communications of the ACM, 3/2010, 137-141

Tesch, D./Sobol, M. G./Klein, G./Jiang, J. J.: User and developer common knowledge: Effect on the success of information system development projects. International Journal of Project Management, 7/2009, 657-664

Walchshofer, M./Riedl, R.: Der Chief Digital Officer (CDO): Eine empirische Untersuchung. HMD – Praxis der Wirtschaftsinformatik, 3/2017, 324-337

Zielasek, G.: Projektmanagement: Erfolgreich durch Aktivierung aller Unternehmensebenen. 2. A., Springer, 1999

Vertiefungsliteratur

Hartwick, J./Barki, H.: Explaining the role of user participation in information system use. Management Science, 4/1994, 440-465

Kaiser, K. M./Bostrom, R. P.: Personality characteristics of MIS project teams: An empirical study and action-research design. MIS Quarterly, 4/1982, 43-60

Pinto, J. K./Patanakul, P./Pinto, M. B.: Gender biases in hiring project managers: Perceptions of trust and likeability. IEEE Transactions on Engineering Management, 3/2015, 325-334

Normen und Richtlinien

DIN EN ISO 9241: Ergonomie der Mensch-System-Interaktion

Werkzeuge

https://products.office.com/de-de/microsoft-teams/group-chat-software
https://products.office.com/de-de/sharepoint
https://www.softguide.de/ (Rubrik: Groupware, Lotus Notes)

Interessante Links

https://www.projektmagazin.de/

FTEAM - Führung und Teamarbeit

Lernziele

Sie kennen die Bedeutung von Führung und Teamarbeit für das Projektmanagement und erkennen, dass beide Faktoren kritische Erfolgsfaktoren in Projekten sind. Sie kennen die Aufgaben von Führungskräften. Weiter kennen Sie Systematiken zur Typisierung von Führungsstilen und können Führungsstile innerhalb dieser Systematiken beschreiben. Sie können Angaben zur Wirksamkeit unterschiedlicher Führungsstile machen. Zudem kennen Sie die Determinanten von Projektteam-Erfolg sowie die Vorteile (Chancen) und Nachteile (Risiken) von Teamarbeit. Sie können ein Phasenmodell erläutern, das die Entwicklung von Teams beschreibt. Sie kennen die Erfolgsfaktoren von Teamarbeit.

Definitionen und Abkürzungen

Delegieren (delegate) = das Übertragen bzw. Weitergeben von Aufgaben auf eine andere Person, wobei bei der Übertragung bzw. Weitergabe festzulegen ist, ob damit auch die Verantwortung für die erfolgreiche Erledigung der Aufgabe übertragen wird.

Führung (leadership) = im Sinne von Unternehmensführung die zweck- und zielorientierte Koordination arbeitsteiliger Prozesse, im Sinne von Führung von Projektmitarbeitern die Bildung, Durchsetzung und Sicherung eines Führungswillens und die Motivation der Mitarbeiter; abstrahiert betrachtet somit die zielorientierte Harmonisierung des arbeitsteiligen sozialen Systems Organisation.

Führungsstil (leadership style) = ein stabiles und dennoch von der Situation nicht unabhängiges Verhaltensmuster einer Führungskraft, indem auch die Grundeinstellung der Führungskraft gegenüber den Mitarbeitern zum Ausdruck kommt.

Groupware = Software zur Unterstützung von Gruppenarbeit.

Kreativität (creativity) = die Fähigkeit des Menschen, schöpferisch zu sein, eigene Ideen entwickeln zu können, einfallsreich und erfinderisch zu sein.

kritischer Erfolgsfaktor (critical success factor) = ein Erfolgsfaktor wird als kritisch bezeichnet, wenn er eine Eigenschaft repräsentiert, von deren positiver Ausprägung die Zweckerreichung entscheidend abhängt, während die Ausprägung der anderen Eigenschaften dafür von untergeordneter Bedeutung ist.

Partizipation (participation) = die Teilnahme von Betroffenen an Entscheidungen; im Kontext von Informatik-Projekten in erster Linie die Teilnahme von Projektmitarbeitern an wichtigen Entscheidungen im Projekt sowie Benutzerbeteiligung (informale Partizipation) und Mitbestimmung (formale Partizipation).

Phasenmodell (phase model) = die idealtypische Gliederung eines Ablaufs in Abschnitte logisch zusammengehöriger Aufgaben. Synonym: Phasenschema.

Projektmitarbeiter (project staff) = eine Person, die einer Projektgruppe für die Dauer des Projekts zugeordnet ist.

Projektteam (project team) = die für ein Projekt eingesetzten Personen, die von einer für die Projektdurchführung verantwortlichen Projektleitung geführt werden. Synonym: Projektgruppe.

Zweck von Führung und Teamarbeit

Bei der Planung und Realisierung von Informatik-Projekten handelt es sich um arbeitsteilig organisierte Vorhaben. Verschiedene Menschen sind an der Systemplanung und -entwicklung beteiligt. Die Führung des Projektteams ist hierbei eine wesentliche Aufgabe der Projektleitung, da ohne bzw. ohne ausreichend gute Führung Koordination schwierig möglich, eventuell sogar gänzlich unmöglich wird (vgl. Lerneinheit KOORD). Ergebnisse wissenschaftlicher Forschung zeigen, dass die Führungsqualitäten der Projektleitung einen entscheidenden Einfluss auf den Erfolg von Projekten haben (vgl. Lerneinheit ERFPM). Bedeutsame Führungsqualitäten sind insbesondere die Fähigkeit zum Anleiten, Delegieren und Motivieren (vgl. Lerneinheit PSYCH) sowie die Fähigkeit zum Erkennen und Lösen von Konflikten (vgl. Lerneinheit KONFM). Zudem zeigen Forschungsergebnisse, dass die Qualität der Zusammenarbeit in Projektteams ein kritischer Erfolgsfaktor ist. Aus diesen Überlegungen folgt, dass der Zweck von Führung und Teamarbeit letztlich die Sicherstellung der Projektergebnisse ist. Ohne Teamarbeit und entsprechender Führung ist es nicht möglich, Informationssysteme zu entwickeln und in Organisationen produktiv nutzbar zu machen.

Führung

Die Auseinandersetzung mit Führung erfolgt im betriebswirtschaftlichen Kontext auf zwei Ebenen (vgl. *Weibler*). Die erste Ebene betrifft die Unternehmensführung; hierbei geht es um die Gestaltung von Prozessabläufen sowie um die Schaffung von Strukturen, um ein Unternehmen steuern zu können. Die zweite Ebene betrifft die Mitarbeiterführung, also Leadership; hierbei geht es um das Einwirken von Vorgesetzten auf Mitarbeiter, mit der Absicht, definierte Ziele zu erreichen. *Weibler* (295) gibt an, dass der Begriff „Führen" etymologisch auf ein Veranlassen hinweist, also darauf, sich auf ein Ziel hinzubewegen.

Nach *Wegge/Schmidt* (208) haben Führungskräfte im Projektmanagement (insbesondere die Projektleitung) folgende Aufgaben zu erledigen:

- Ziele festlegen,
- Entscheidungen fällen und umsetzen,
- Vorgehensweisen planen und festlegen,
- Mitarbeiter anleiten und motivieren,
- Prozessabläufe koordinieren,
- Informationen beurteilen und weitergeben,
- den Zusammenhalt der Projektgruppe stärken und
- Konflikte beilegen.

Führen bedeutet somit dieser Systematik nach, sich mit diesen Aufgaben zu befassen, letztlich mit dem Ziel, Projekterfolg sicherzustellen.

Henrich (464-465) nennt vier für Softwareprojekte spezifische Führungsaufgaben:

- Aufgabenbezogene Führungsaufgaben: Problemdefinition, Zielfestlegung und Zielpriorisierung, Lösungsevaluation, Ergebniskontrolle.
- Koordinative Führungsaufgaben: Planung, Aufgabenverteilung, Schnittstellenmanagement, Mitarbeiterkontrolle.
- Beziehungsorientierte Führungsaufgaben: Schaffung von Akzeptanz für die Projektziele, Generierung von Commitment, Konfliktmanagement.
- Systemexterne Führungsaufgaben: Pflege von Außenbeziehungen im Projekt.

Es wird betont, dass es nicht immer zweckmäßig ist, dass die Projektleitung alle vier Führungsaufgaben wahrnimmt. Insbesondere bei umfangreicheren Informatik-Projekten kann die Projektleitung einzelne aufgabenbezogene Führungsaufgaben (z.B. Lösungsevaluation, vgl. Lerneinheit EVALU) an Projektmitarbeiter delegieren. Weiter können beispielsweise koordinative Führungsaufgaben (vgl. Lerneinheit KOORD) an einen Projektadministrator delegiert werden.

Neben der Frage, welche Aufgaben Führung umfasst, ist die Frage nach den möglichen Führungsstilen und ihrer Zweckmäßigkeit im Mittelpunkt des Interesses von Wissenschaft und Praxis. Ein Führungsstil ist dabei nach *Boerner* (316) „ein langfristig stabiles Verhaltensmuster des Führenden". Eine Sichtung der Fachliteratur zu Führungsstilen führt zu dem Schluss, dass zwei Systematiken dominieren; *Boerner* (316) schreibt dazu: „Die Fülle, der in Theorie und Empirie der Führungsforschung diskutierten Führungsstile wird ... meist auf zwei Typen reduziert". Die zwei Systematiken sind:

- Führungsstile können entweder durch Autorität oder Kooperation zwischen Führenden und Geführtem bzw. Geführten gekennzeichnet sein.
- Führungsstile können entweder durch Betonung der Aufgabe oder Betonung des Menschen (des bzw. der Geführten) gekennzeichnet sein.

Ein Führungsstil ist kooperativ, wenn (1) die Geführten an Entscheidungen beteiligt werden, (2) sich der Führende primär an den Geführten orientiert, (3) die soziale Distanz zwischen dem Führenden und den Geführten abzubauen versucht wird und (4) der Führende auf den Einsatz von Bestrafung und Zwang verzichtet. Ein Führungsstil ist am Menschen orientiert, wenn (1) der Führende die Geführten wertschätzt und achtet, (2) Offenheit und Zugänglichkeit zwischen Führendem und Geführten besteht, (3) Bereitschaft zur zweiseitigen Kommunikation vorliegt und (4) der Führende sich für die Geführten einsetzt und ihre Sorgen in seinem Handeln berücksichtigt (vgl. *Boerner*, 318).

Abbildung FTEAM-1 zeigt eine Konzeptualisierung von Führungsstilen nach *Tannenbaum/Schmidt*, die sich an der Autorität-Kooperation-Systematik orientiert. Es werden hierbei sechs Führungsstile unterschieden: autoritär, patriarchalisch, beratend, konsultativ, partizipativ und delegativ. Während beim autoritären Führungsstil der Entscheidungsspielraum der Gruppe (also der Geführten) minimal ist, ist beim delegativen Führungsstil der Entscheidungsspielraum der Gruppe maximal groß.

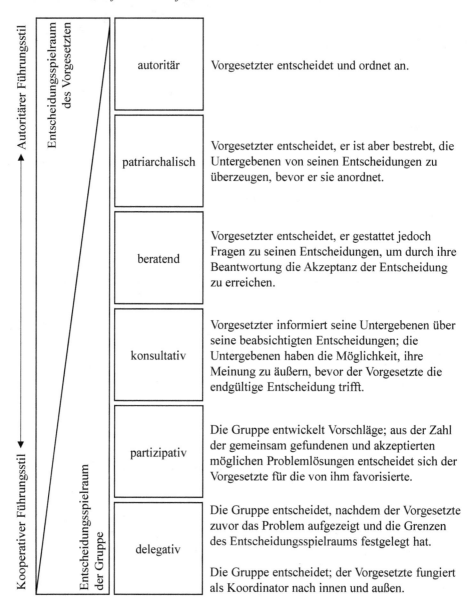

Abb. FTEAM-1: Führungsstile nach *Tannenbaum/Schmidt*
(deutschsprachige Version zitiert nach *Henrich*, 468)

Zur Klärung des Unterschieds zwischen autoritärem und kooperativem Führungs-stil werden in der Fachliteratur verschiedenste Merkmale und zugehörige Ausprä-gungen angegeben. Eine Systematik nach *Jenny* nennt neun Merkmale (Delegati-on, Partizipation, Information, Kontrollart, Kontrollumfang, Kontrollintensität, Vorgaben, Situation, Entscheiden) mit jeweils zwei Ausprägungen. Abbildung FTEAM-2 fasst die neun Merkmale des Führungsverhaltens inklusive ihrer Aus-prägungen zusammen. Zu beachten ist, dass in der Darstellung die beiden Extrem-positionen visualisiert sind, also ein vollkommen autoritärer und ein vollkommen kooperativer Führungsstil (vgl. dazu die in der Darstellung visualisierte Ausprä-gungskombination der neun Merkmale). In der Praxis existieren viele weitere Ausprägungskombinationen (als nur die beiden in Abb. FTEAM-2 dargestellten). Unter der Annahme, dass alle möglichen Ausprägungen sinnvoll kombinierbar sind, gibt es theoretisch $2^9=512$ Führungsstile. Dem Verfasser des vorliegenden Buches ist weder eine Studie bekannt, welche die Richtigkeit dieser Annahme untersucht hat, noch kennt er Untersuchungen, welche die Wirkung unterschiedlicher Ausprägungskombinationen auf Organisationskennzahlen (z.B. Zufriedenheit der Projektmitarbeiter, Qualität des Projektergebnisses) untersucht haben.

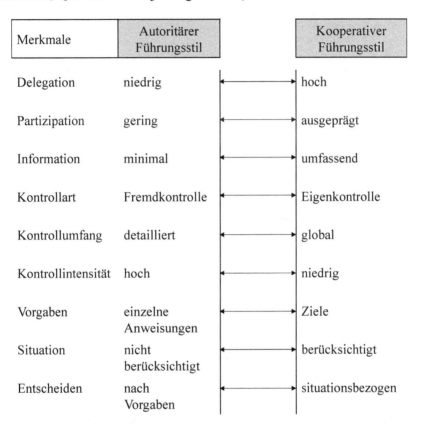

Merkmale	Autoritärer Führungsstil		Kooperativer Führungsstil
Delegation	niedrig	←→	hoch
Partizipation	gering	←→	ausgeprägt
Information	minimal	←→	umfassend
Kontrollart	Fremdkontrolle	←→	Eigenkontrolle
Kontrollumfang	detailliert	←→	global
Kontrollintensität	hoch	←→	niedrig
Vorgaben	einzelne Anweisungen	←→	Ziele
Situation	nicht berücksichtigt	←→	berücksichtigt
Entscheiden	nach Vorgaben	←→	situationsbezogen

Abb. FTEAM-2: Merkmale des Führungsverhaltens entlang der Autorität-Kooperation-Systematik nach *Jenny* (zitiert nach *Henrich*, 471)

Im Gegensatz zu der in Abb. FTEAM-2 dargestellten Autorität-Kooperation-Systematik stellt die in Abb. FTEAM-3 dargestellte Konzeptualisierung eine Aufgabe-Mensch-Systematik dar. Grundlage der Abbildung ist ein zweidimensionales Modell von *Blake/Mouton*, das auf der X-Achse die Betonung der Aufgabe darstellt und auf der Y-Achse die Betonung von Menschen. Idealtypisch resultieren aus diesem Modell fünf Führungsstile, die auf der Basis ihrer Kordinaten als 1.1, 1.9, 5.5, 9.1 und 9.9 Führungsstil bezeichnet werden. *Henrich* (469-470) gibt für den Kontext von Softwareprojekten an, dass der 1.1 Führungsstil „nicht sinnvoll sein kann", der 1.9 Führungsstil „als zu idealistisch angesehen [werden muss]" und der 9.1 Führungsstil „übersieht ..., dass eine gewisse Rücksichtnahme auf die Bedürfnisse der Mitarbeiter für deren Motivation wichtig ist" (den 5.5 Führungsstil spricht er nicht weiter an). In seinem Fazit schreibt *Henrich* (470) daher: „Anzustreben ist somit ein 9.9 Führungsstil, der der fachlichen Aufgabe ebenso Beachtung schenkt wie den Menschen im Projektteam.“

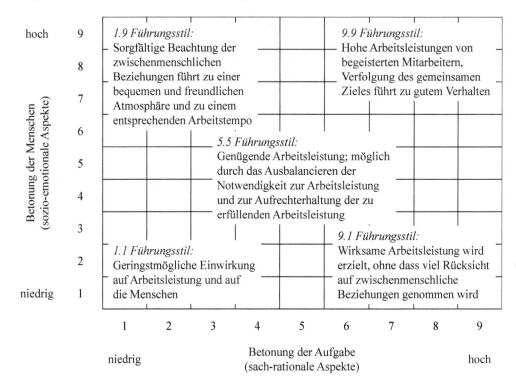

Abb. FTEAM-3: Führungsstile nach *Blake/Mouton*
(deutschsprachige Version zitiert nach *Henrich*, 469)

Eine Sichtung der Fachliteratur zeigt, dass in Werken zum Projektmanagement im Allgemeinen (z.B. *Burghardt*, 536, *Reuter*, 137-144) und zum Softwareprojektmanagement im Speziellen (z.B. *Henrich*, 473-476) etliche Führungsstile beschrieben werden, bekannt als Management-by-Ansätze. Beispielsweise nennt *Henrich* acht Ansätze, nämlich Management by: 1. Objectives, 2. Results, 3. Delegation, 4. Participation, 5. Alternatives, 6. Exception, 7. Motivation und 8. Decison Rules.

Ein Ansatz, der von *Peters/Waterman* in den 1980er Jahren geprägt, aber bereits lange zuvor praktiziert wurde, ist das Management by Wandering Around (auch als Management by Walking Around bezeichnet, MBWA). Dieser Stil des „Führens durch Herumlaufen“ fokussiert auf den direkten persönlichen Kontakt zwischen dem Vorgesetzten und den Mitarbeitern. Daraus folgt, dass ein zweiseitiger Informationsfluss und Kommunikation als wesentliche Determinanten von Organisationserfolg (bzw. Projekterfolg) angesehen werden. Vorteile des MBWA-Ansatzes sind: Dialoge im Arbeitsbereich von Mitarbeitern werden eher als offen und Nähe schaffend wahrgenommen, das Arbeitsklima wird als angenehmer empfunden und die Mitarbeitermotivation kann günstig beeinflusst werden, was sich wiederum positiv auf die Arbeitsproduktivität auswirkt. Nachteile des MBWA-Ansatzes sind: in Unternehmen bzw. Projekten ab einer bestimmten Größe ist der Ansatz aufgrund der für die Kommunikation notwendigen Zeit nur schwierig umsetzbar (die Manager bzw. die Projektleitung hätten kaum noch Zeit, um andere Aufgaben zu erledigen) und es kann nicht ausgeschlossen werden, dass die Mitarbeiter die Gespräche als Kontroll- und Überwachungsinstrument empfinden.

Die empirischen Befunde zur Wirksamkeit unterschiedlicher Führungsstile sind uneinheitlich. *Boerner* (319) betont: „Insbesondere lässt sich die These nicht halten, dass generell demokratische, partizipative und beziehungsorientierte Führungsstile den autoritären, direktiven oder aufgabenorientierten Stilen erfolgsbezogen überlegen sind". Vielmehr ist es so, dass Aufgabenmerkmale die Wirksamkeit unterschiedlicher Führungsstile beeinflussen. Sind beispielsweise kreative bzw. innovative Aufgaben zu erledigen, dann ist ein kooperativer Führungsstil einem autoritären in der Regel überlegen; sind hingegen Routineaufgaben zu bewältigen, dann kann auch ein autoritärer Führungsstil durchaus zweckmäßig sein. *Burghardt* (535-536) gibt an, dass modernes Projektmanagement „zu mehr demokratischen Führungsstilen tendiert", weist jedoch darauf hin, dass „Ausnahmesituationen, wie Krisen oder Notfälle, andere strengere Führungsformen erfordern".

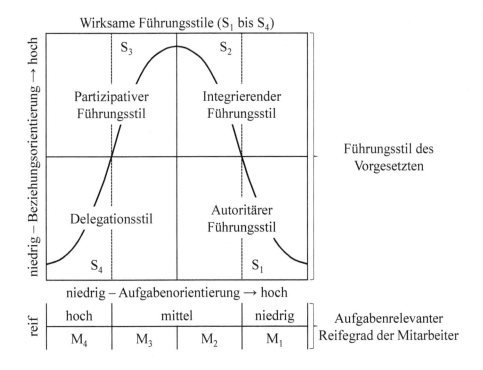

Abb. FTEAM-4: Das situative Führungskonzept nach *Hersey/Blanchard*
(deutschsprachige Version zitiert nach *Boerner*, 319)

Neben Aufgabenmerkmalen sowie dem Umstand, ob ein Projekt notleidend ist, beeinflussen weitere Faktoren die Wirksamkeit unterschiedlicher Führungsstile, Beispiele sind: die vorherrschende Kultur und das Menschenbild, die Persönlichkeiten von Führendem und Geführten sowie das zwischen ihnen bestehende Vertrauen. Zudem ist der Reifegrad der Mitarbeiter bedeutsam (vgl. Abb. FTEAM-4). Mit hoher Wirksamkeit agierende Projektleiter passen Führungsstile situationsspezifisch an (z.B. in Abhängigkeit des Reifegrads der zur Verfügung stehenden Humanressourcen). Abbildung FTEAM-4 ist eine konzeptionelle Weiterentwicklung des in Abb. FTEAM-3 dargestellten Modells, es ergänzt den aufgabenrelevanten Reifegrad der Mitarbeiter (der hoch, mittel oder niedrig sein kann). In Abhängigkeit von Aufgabenorientierung (niedrig, hoch), Beziehungsorientierung (niedrig, hoch) und dem aufgabenrelevanten Reifegrad der Mitarbeiter ergeben sich vier Führungsstile: autoritärer Stil (S1: anordnend und unterweisend), integrierender Stil (S2: erläuternd und offerierend), partizipativer Stil (S3: unterstützend und teilhabend) und delegierender Stil (S4: vertrauend und Verantwortung übertragend).

Teamarbeit

Als Team bezeichnet man eine Gruppe von Personen, die gemeinsam an der Erfüllung einer Aufgabe arbeiten und für das Arbeitsergebnis Verantwortung übernehmen, dies impliziert wechselseitige Kommunikationsprozesse und gegenseitige Abhängigkeiten. Projekte im Allgemeinen und Informatik-Projekte im Speziellen sind im Regelfall hochgradig arbeitsteilige Vorhaben und daher hat die Teamarbeit einen wesentlichen Einfluss auf den Projekterfolg (vgl. dazu eine Arbeit von *Jetu/Riedl*, in der Befunde empirischer Forschung mehrerer Jahrzehnte untersucht wurden). Abbildung FTEAM-5 nennt 35 Determinanten von Projektteam-Erfolg nach *Jetu/Riedl*; Platz 1 bedeutet, dass diese Determinante am wichtigsten in der untersuchten Fachliteratur ist, Platz 2 am zweitwichtigsten, … (das Maß für „am wichtigsten" ist im gegenständlichen Fall die Anzahl an Referenzen, die einen Faktor als Determinante von Projektteam-Erfolg identifizieren).

1. Kommunikation	13. Koordination	25. Feedback
2. Unterstützung	14. Verantwortlichkeit	26. Konflikte
3. Autonomie	15. Konfliktbehandlung	27. Networking
4. Vertrauen/Respekt	16. Kreativität/Innovation	28. Vision
5. Mitwirkung	17. Vertrauen in die Gruppe	29. Proaktivität
6. Commitment	18. Gruppenzusammenhalt	30. Entschlussfreudigkeit
7. Motivation/Belohnung	19. Repräsentation	31. Initiative
8. Kompetenz	20. Setzen von Prioritäten	32. Gesprächsführung
9. Kooperation	21. Offenheit	33. Risiko
10. Zielklarheit	22. Leistungsorientierung	34. Ausdauer
11. Beziehungen	23. Flexibilität	35. Transparenz
12. Teamentwicklung	24. Emotionale Intelligenz	

Abb. FTEAM-5: Determinanten von Projektteam-Erfolg
(nach *Jetu/Riedl*, 462-463, Übersetzung aus dem Englischen durch den Verfasser, nähere Beschreibungen der 35 Determinanten finden sich im Anhang bei *Jetu/Riedl*, 480-481)

In der Fachliteratur (z.B. *Henrich*, *Patzak/Rattay*, *Tiemeyer*) werden eine Vielzahl an möglichen Vorteilen und Nachteilen von Teamarbeit beschrieben. Nachfolgend ist eine Zusammenfassung der wichtigsten Vorteile (Chancen) und Nachteile (Risiken) angeführt. Bedeutsam ist die Erkenntnis, dass in fast allen Quellen mehr Vorteile (Chancen) als Nachteile (Risiken) angeführt werden (was sich auch in der nachfolgenden Aufstellung zeigt). Dieser Umstand sollte aber keinesfalls darüber hinwegtäuschen, dass das Arbeiten im Team auch Probleme mit sich bringen kann (was viele Studierende und Praktiker, die Erfahrung in Gruppenarbeit haben, vermutlich bestätigen werden). *Kauffeld et al.* untermauern diese Sichtweise, indem sie für ihren Beitrag im Buch „Angewandte Psychologie für das Projektmanagement" von *Wastian et al.* den Titel „Traum oder Albtraum: Zusammenarbeit in Projektteams" wählten.

Vorteile (Chancen) von Teamarbeit (im Vergleich zur Bearbeitung von Aufgaben durch Einzelpersonen):

- höhere Kreativität und mehr Ideen,
- breitere Wissensbasis und bessere Entscheidungsqualität,
- gegenseitiges Anspornen und höheres Leistungspotential,
- direkte Kommunikation und beschleunigte Informationsverarbeitung,
- höhere Identifikation mit und Akzeptanz des Arbeitsergebnisses,
- Unterstützung von Lernprozessen und Entwicklung sozialer Kompetenzen,
- Verstärkung von Autorität, Einfluss und Prestige,
- Risikoteilung und somit Vermeidung von zu risikoscheuem Verhalten.

Nachteile (Risiken) von Teamarbeit (im Vergleich zur Bearbeitung von Aufgaben durch Einzelpersonen):

- höherer Kommunikations- und Koordinationsaufwand,
- höhere Wahrscheinlichkeit für Konflikte,
- schlechtere Zuordnung von Verantwortung bei Fehlern und Missständen,
- Bildung von rivalisierenden Teilgruppen,
- Gefahr unproduktiver Gruppendiskussionen,
- Gefahr divergierender Einstellungen und Verhaltensweisen, so dass ein Konsens kaum möglich ist.

Das produktive Arbeiten im Team gelingt in der Regel nicht von Beginn an. *Tuckman* hat im Jahr 1965 ein Phasenmodell entwickelt (vgl. nachfolgend Phase 1 bis 4) und im Jahr 1977 weiterentwickelt (vgl. nachfolgend Phase 5), das die Entwicklung von Teams (Gruppen) beschreibt. Dieses Phasenmodell wird sowohl in der allgemeinen Projektmanagementliteratur (z.B. *Burghardt*, 539) als auch in der Projektmanagementliteratur im Softwarebereich (z.B. *Henrich*, 446) für bedeutsam erachtet. Das Phasenmodell gliedert sich in fünf Phasen:

1. Abtastphase (Forming): Ziele, Aufgaben und die Zusammenarbeit im Projekt werden festgelegt.
2. Konfrontationsphase (Storming): Kontroversen unter den Teammitgliedern werden ausgetragen und Rollen festgelegt.
3. Organisationsphase (Norming): Teamregeln sowie Arbeits- und Vorgehensweisen werden festgelegt.
4. Arbeitsphase (Performing): Die Basis für eine konstruktive und effektive Zusammenarbeit im Team existiert.
5. Trennungsphase (Adjourning): Werden effektiv arbeitende Teams nach Abschluss eines Projekts aufgelöst, entstehen negative Gefühle.

Da Teams in einem Projekt oftmals nicht völlig neu zusammengestellt werden, sondern bereits in der Vergangenheit erfolgreich gewesen Teams um neue Mitglieder ergänzt werden (z.B. weil andere Mitglieder aufgrund diverser Umstände wie Pensionierung oder Wechsel des Arbeitgebers aus der Organisation ausgeschieden sind), kann das Phasenmodell von *Tuckman* verwendet werden, um jenen Punkt zu bestimmen, an dem sich ein Team befindet. Auf dieser Diagnose aufbauend können Maßnahmen entwickelt werden, um die Leistungsfähigkeit des Teams zu erhöhen. Sind in einem Team beispielsweise fast ausschließlich neue Mitglieder, dann kann man Trainings veranstalten, um erst einmal ein Team zu formen (Phase 1). Kommen in ein Team neue Mitglieder zu bestehenden Mitgliedern hinzu, so könnte es geboten sein, in Workshops die Erwartungen in Bezug auf Rollen und Einstellungen zum Projekt zu erheben (Phase 2) sowie Regeln für die Zusammenarbeit festzulegen (Phase 3).

	Skala	Beispielaussage
	Projektinterne Faktoren	
1.	Zielorientierung: Das Ausmaß, in dem die Aufgaben und Ziele für jeden Teilnehmer klar formuliert sind.	Die Anforderungen an unsere Arbeitsergebnisse sind klar formuliert.
2.	Aufgabenbewältigung: Beschreibt, inwiefern die Aufgaben und Prioritäten innerhalb des Teams klar verteilt, wie gut die Anstrengungen koordiniert sind und inwieweit Informationen rechtzeitig ausgetauscht werden.	Die Prioritäten im Projekt sind mir klar.
3.	Zusammenhalt: Die Qualität der Zusammenarbeit der Teammitglieder sowie der Umgang mit Konflikten.	Wir reden jederzeit offen und frei miteinander.
4.	Verantwortungsübernahme: Das Ausmaß, in dem die Teammitglieder Verantwortung für das Erreichen von Projektzielen übernehmen beziehungsweise dazu die Möglichkeit haben.	Die Mitglieder übernehmen Verantwortung.
5.	Planung und Instrumente: Erfasst, ob das gewählte Vorgehen zielführend und sinnvoll ist und ob die verwendeten Instrumente auf das Projekt abgestimmt sind.	Die Projektplanung ist ausgesprochen zielführend und effektiv.
6.	Informationsfluss innerhalb des Teams: Erfasst, wie gut der Informationsaustausch organisiert ist, ob Besprechungen oft genug stattfinden und ob eine ausreichende Dokumentation gewährleistet ist.	Informationen werden im Team rechtzeitig ausgetauscht.
7.	Projektleitung: Beschreibt das Ausmaß, in dem die Projektleitung aus Sicht der Teammitglieder ihrer Aufgabe gerecht wird, die Teammitglieder fair behandelt, Freiräume bietet und die Möglichkeit einräumt, Kritik anzubringen.	Die Projektleitung wird ihrer Aufgabe voll und ganz gerecht.
	Projektexterne Faktoren/Schnittstellen	
8.	Projektübergreifende Zusammenarbeit: Beschreibt das Ausmaß der Unterstützung durch das Topmanagement und andere Abteilungen (z. B. bzgl. Entscheidungsprozessen und Informationsaustausch).	Andere Abteilungen unterstützen die Arbeit des Projektteams, wo es notwendig ist, voll.
9.	Ressourcen: Beschreibt die angemessene Bereitstellung und realistische Kalkulation von Ressourcen (z. B. finanzielle, zeitliche und personelle Ressourcen).	Die verfügbaren Ressourcen sind realistisch definiert.
10.	Zusammenarbeit mit dem Kunden: Beschreibt die Zusammenarbeit mit dem Auftraggeber beziehungsweise Kunden.	Wir erfüllen und verstehen die Bedürfnisse und Erwartungen des Auftraggebers beziehungsweise Kunden voll.

Abb. FTEAM-6: Erfolgsfaktoren der Teamarbeit (zugleich die zehn Skalen des Reviews für Projektteams nach *Kauffeld et al.*, 175)

Kauffeld et al. (174-184) beschreiben Instrumente zur Teamdiagnose. Auf der Basis von Instrumenten zur Teamdiagnose, z.B. Teamklima-Inventar (TKI) von *Brodbeck et al.* oder dem Fragebogen zur Arbeit im Team (FAT) von *Kauffeld*, kann der Istzustand von Teams erhoben werden, um aufbauend auf den Ergebnissen Maßnahmen zu planen und umzusetzen, die eine Verbesserung der Situation herbeiführen. Abbildung FTEAM-6 zeigt die zehn Skalen des Reviews für Projektteams nach *Kauffeld et al.* (175). Auf der Basis dieser Skalen bewerten Teammitglieder, zu wieviel Prozent ihrer Meinung nach verschiedene projektinterne und projektexterne Aspekte gegeben sind. Die in der Abbildung genannten Faktoren sind zugleich Erfolgsfaktoren der Teamarbeit.

Forschungsbefunde

Befunde empirischer Forschung zeigen einen Zusammenhang zwischen der Führungskompetenz von Projektmanagern und Projekterfolg (z.B. *Geoghegan/Dulewicz*), und sie zeigen weiter, dass der optimale Führungsstil situativ festzulegen ist (z.B. *Faraj/Sambamurthy*, *Müller/Turner*, *Sutcliffe*). Hinsichtlich Projektteams zeigen Forschungsergebnisse, dass Team-Diversität (*Liang et al.*), gemeinsame Aktivitäten in der Team-Formationsphase (*Ericksen/Dyer*), gemeinsame mentale Modelle der am Projekt beteiligten Akteure (*He et al.*), Vertrauen und Wissensteilung (*Buvik/Tvedt*) und die Verwendung von wirksamen Werkzeugen zur Zusammenarbeit (z.B. Groupware oder Wikis, *Zhang et al.*) einen positiven Einfluss auf Projekterfolg haben. Die Forschung zeigt auch, dass die Qualität der Teamarbeit einen Einfluss auf den Projekterfolg hat (*Hoegel/Gemuenden*).

Kontrollfragen
1. Warum sind Führung und Teamarbeit in Informatik-Projekten wichtig?
2. Welche Führungsstile können Projektmanager anwenden?
3. Was ist zur Wirksamkeit unterschiedlicher Führungsstile bekannt?
4. Was sind die Vorteile (Chancen) und Nachteile (Risiken) von Teamarbeit?
5. In welchen Phasen läuft die Entwicklung von Teams ab?

Quellenliteratur
Blake, R. R./Mouton, J. S.: The managerial grid. Gulf, 1964

Boerner, S.: Führungsstile und -konzepte. In: Schreyögg, G./v. Werder, A. (Hrsg.): Handwörterbuch der Unternehmensführung und Organisation. 4. A., Schäffer-Poeschel, 2004, 316-323

Burghardt, M.: Projektmanagement: Leitfaden für die Planung, Überwachung und Steuerung von Projekten. 9. A., Publicis, 2012

Buvik, M. P./Tvedt, S. D.: The influence of project commitment and team commitment on the relationship between trust and knowledge sharing in project teams. Project Management Journal, 2/2017, 5-21

Ericksen, J./Dyer, L.: Right from the start: Exploring the effects of early team events on subsequent project team development and performance. Administrative Science Quarterly, 3/2004, 438-471

Faraj, S./Sambamurthy, V.: Leadership of information systems development projects. IEEE Transactions on Engineering Management, 2/2006, 238-249

Geoghegan, L./Dulewicz, V.: Do project managers' leadership competencies contribute to project success? Project Management Journal, 4/2008, 58-67

He, J./Butler, B. S./King, W. R.: Team cognition: Development and evolution in software project teams. Journal of Management Information Systems, 2/2007, 261-292

Henrich, A.: Management von Softwareprojekten. Oldenbourg, 2002

Hersey, P./Blanchard, K. H.: Management of organizational behavior: Utilizing human resources. 7. A., Englewood Cliffs, 1993

Hoegl, M./Gemuenden, H.-G.: Teamwork quality and the success of innovative projects: A theoretical concept and empirical evidence. Organization Science, 4/2001, 435-449

Hoegl, M./Muethel, M.: Enabling shared leadership in virtual project teams: A practitioners' guide. Project Management Journal, 1/2016, 7-12

Jenny, B.: Projektmanagement in der Wirtschaftsinformatik, vdf, 1995

Jetu, F. T./Riedl, R.: Determinants of information systems and information technology project team success: A literature review and a conceptual model. Communications of the AIS, 30/2012, 455-482

Kauffeld, S./Grote, S./Lehmann-Willenbrock, N.: Traum oder Albtraum: Zusammenarbeit in Projektteams. In: Wastian, M./Braumandl, I./von Rosenstiel, L. (Hrsg.): Angewandte Psychologie für das Projektmanagement: Ein Praxisbuch für die erfolgreiche Projektleitung. Springer. 2. A., 2012, 167-185

Kauffeld, S.: Der Fragebogen zur Arbeit im Team (FAT). Hogrefe, 2004

Liang, T.-P./Liu, C.-C./Lin, T.-M./Lin, B: Effect of team diversity on software project performance. Industrial Management & Data Systems, 5/2007, 636-653

Müller, R./Turner, R.: Leadership competency profiles of successful project managers. International Journal of Project Management, 5/2010, 437-448

Patzak, G./Rattay, G.: Projektmanagement: Projekte, Projektportfolios, Programme und projektorientierte Unternehmen. 6. A., Linde International, 2014

Peters, T. J./Waterman, R. H.: In search of excellence: Lessons from America's best-run companies. Collins, 1982

Reuter, M.: Psychologie im Projektmanagement: Eine Einführung für Projektmanager und Teams. Publicis, 2011

Sutcliffe, N.: Leadership behavior and business process reengineering (BPR) outcomes: An empirical analysis of 30 BPR projects. Information & Management, 5/1999, 273-286

Tannenbaum, R./Schmidt, W. H.: How to choose a leadership pattern. Harvard Business Review, 36/1958, 95-101

Tiemeyer, E.: IT-Projektteams: Teamentwicklung und Führung. In: Tiemeyer, E. (Hrsg.): Handbuch IT-Projektmanagement. 2. A., Hanser, 2014, 625-661

Tuckman, B. W./Jensen, M. A.: Stages of small-group development revisited. Group and Organization Studies. 4/1977, 419-426

Tuckman, B. W.: Developmental sequence in small groups. Psychological Bulletin, 6/1965, 384-399

Wastian, M./Braumandl, I./von Rosenstiel, L. (Hrsg.): Angewandte Psychologie für das Projektmanagement: Ein Praxisbuch für die erfolgreiche Projektleitung. 2. A., Springer, 2012

Wegge, J./Schmidt, K.-H.: Der Projektleiter als Führungskraft. In: Wastian, M./Braumandl, I./von Rosenstiel, L. (Hrsg.): Angewandte Psychologie für das Projektmanagement: Ein Praxisbuch für die erfolgreiche Projektleitung. 2. A., Springer, 2012, 207-224

Weibler, J.: Führung und Führungstheorien. In: Schreyögg, G./v. Werder, A. (Hrsg.): Handwörterbuch der Unternehmensführung und Organisation. 4. A., Schäffer-Poeschel, 2004, 294-307

Zhang, Y./Fang, Y./Wie, K.-K./He, W.: Cognitive elaboration during wiki use in project teams: An empirical study. Decision Support Systems, 3/2013, 792-801

Vertiefungsliteratur
Northouse, P. G.: Leadership: Theory and practice. 7th ed., Sage, 2016

Normen und Richtlinien
10 Great Leadership Skills of Project Management: https://aboutleaders.com/10-great-leadership-skills-of-project-management/
Die goldenen Regeln für eine harmonische Teamarbeit: https://www.projektmagazin.de/

Werkzeuge
https://de.wikipedia.org/wiki/Liste_von_Wiki-Software
https://www.softguide.de/ (Rubrik: Groupware, Lotus Notes)

Interessante Links
https://www.hernstein.at/

KOORD - Koordination

Lernziele

Sie kennen den Zweck von Koordination im Projektmanagement und erkennen, dass Koordination eng mit Kooperation und Kommunikation zusammenhängt. Sie kennen Koordinationsmechanismen. Sie können ausgewählte theoretische Ansätze der Koordination beschreiben und verstehen, in welcher Weise diese beim praktischen Handeln im Projektmanagement eingesetzt werden können. Zudem können Sie erläutern, warum Gruppenentscheidungsprozesse und Kommunikationsprozesse eng mit dem Erfolg von Koordination zusammenhängen.

Definitionen und Abkürzungen

Empfänger (receiver) = der Endpunkt einer Nachricht.

formale Kommunikation (formal communication) = jede Art der Kommunikation zwischen Aufgaben, Struktureinheiten und Aufgabenträgern, die auf organisatorischen Regelungen beruht und der Aufgabenerfüllung dient.

informale Kommunikation (informal communication) = die Art der Kommunikation zwischen Aufgaben, Struktureinheiten und Aufgabenträgern, die ohne organisatorische Regelungen erfolgt und die der Aufgabenerfüllung dienen kann.

Kommunikation (communication) = der Austausch von Information mit dem Zweck, das Handeln in Bezug auf die gegebenen Ziele optimal zu gestalten.

Kommunikationsart (form of communication) = die bei der Kommunikation verwendete Art der Informationsdarstellung (z.B. mündliche Kommunikation, schriftliche Kommunikation, elektronische Kommunikation).

Kooperation (cooperation) = ein sozialer Prozess zwischen mehreren Aufgabenträgern zur Erreichung gemeinsamer Ziele; Zielidentität kann auf die Bearbeitung eines gemeinsamen Objekts nach vereinbarten Regeln reduziert sein.

Koordination (coordination) = die Abstimmung der Tätigkeiten mehrerer Aufgabenträger (Menschen oder Sachmittel), zwischen denen Interdependenz besteht, deren Notwendigkeit sich aus Arbeitsteilung und Kooperation ergibt. Voraussetzung für Koordination ist Kommunikation.

Koordinationsfähigkeit (coordination capability) = die Eigenschaft eines Systems, die Koordination bei einer gegebenen Aufbauorganisation und Ablauforganisation gewährleisten oder verbessern zu können.

Koordinationsgrad (coordination degree) = der Umfang und die Intensität von Kommunikationsbeziehungen zwischen den Aufgaben innerhalb einer (größeren) Aufgabe bzw. zwischen den Aufgaben eines Aufgabensystems.

Koordinationstechnologie (coordination technology) = eine Technologie zur Unterstützung von organisierter Tätigkeit bzw. zur Organisation von Tätigkeiten.

Koordinator (coordinator) = ein Aufgabenträger, dessen Aufgabe darin besteht, den Informationsfluss zwischen einer Fachabteilung und der IT-Abteilung sowohl bezüglich der Aufgaben der Konstruktion von Informationssystemen als auch der Aufgaben der Systemnutzung sicherzustellen.

Sender (transmitter) = der Ausgangspunkt einer Nachricht.

Zweck der Koordination

An der Planung und Realisierung von Informatik-Projekten sind im Regelfall viele Individuen beteiligt, und zwar insbesondere deshalb, weil die Entwicklung, Einführung, Migration, Auslagerung usw. eines Informationssystems eine komplexe und komplizierte Tätigkeit ist, die nur auf der Basis von Arbeitsteilung wirksam und wirtschaftlich zu bewältigen ist. Arbeitsteilung setzt Kooperation und somit auch Kommunikation voraus. Informations- und Kommunikationstechnologien sowie weitere Instrumente (z.B. aufbau- und ablauforganisatorische Regelungen) unterstützen die Bewältigung von Koordinationsaufgaben in hohem Maße. In der Fachliteratur ist die herausragende Bedeutung von Koordination im Projektmanagement vielfach dokumentiert; die folgenden Aussagen verdeutlichen dies:

- „Die Projektleitung sollte durch geschickte Koordination der Aufgabenzuordnung und entsprechende Unterstützung der Aufgabenrealisierung sicherstellen, dass die notwendigen Tätigkeiten im IT-Projekt nach ihrem Wichtigkeits- und Dringlichkeitsgrad mit einem Minimum gegenseitiger Behinderung ausgeführt werden (zum Beispiel keine störenden Wartezeiten wegen unzureichender Termineinhaltung durch einzelne Arbeitspaketverantwortliche)." *Tiemeyer* (644)
- „Das Koordinieren hat stärker als das Organisieren den Aspekt des Abstimmens verschiedener Tätigkeiten aufeinander. Dies kann zum Teil durch Vorgaben im Rahmen der Organisation geschehen. Darüber hinaus bedarf es aber gerade in einem Softwareprojekt immer wieder auch informeller Koordinationsbemühungen, um auf konkrete Entwicklungen zu reagieren. Koordinieren muss daher letztlich durch eine Mischung von formaler Organisation … und situativer Mitarbeiterführung … erfolgen." *Henrich* (23)
- „Die Koordination und Logistik stellen wesentliche Aufgaben des Projektmanagements dar und erfordern Kompetenzen, welche im Rahmen von Projektmanagementausbildungen erworben werden können … Gebräuchliche Standards setzen hierfür die GPM (Deutsche Gesellschaft für Projektmanagement) bzw. die IPMA (International Project Management Association)." *Schneider/Wastian* (33)
- „Coordination entails integrating or linking together different but interdependent parts of an organization as they work together to accomplish organizational goals … Research has identified effective coordination as an important factor which differentiates successful from unsuccessful projects." *Bailetti et al.* (395)

Trotz der herausragenden Bedeutung von Koordination im Projektmanagement befassen sich nur wenige Werke im Projektmanagement im Allgemeinen und im IT-Projektmanagement im Speziellen mit den konzeptionell-theoretischen Grundlagen von Koordination. Möglicherweise liegt dies daran, dass eine Koordinationstheorie bestenfalls in Fragmenten vorliegt; *Grant* (113) schrieb dazu in den 1990er Jahren: „Organization theory lacks a rigorous, integrated, well developed, and widely agreed theory of coordination." In einem Beitrag konstatieren *Taxén/Riedl* im Jahr 2016, dass sich an diesem Umstand wenig geändert hat.

Koordinationsmechanismen

Eine wesentliche Frage für jene Personen und Instanzen in einem Projekt, die Aufgabenträger in ihrem arbeitsteiligen Wirken koordinieren sollen, ist, nach welchen Mechanismen Koordination erfolgen kann bzw. soll. *Mintzberg* unterscheidet folgende Mechanismen, die insbesondere auch in Werken zum Management von Softwareprojekten als wirksam beschrieben werden (vgl. z.B. *Henrich*, 90-93):

- Koordination durch gegenseitige Abstimmung,
- Koordination durch persönliche Weisung,
- Koordination durch Standardisierung von Abläufen,
- Koordination durch Standardisierung von Ergebnissen,
- Koordination durch Standardisierung von Mitarbeiterfähigkeiten.

Abbildung KOORD-1 fasst die fünf Koordinationsmechanismen grafisch zusammen. Links oben wird die *Koordination durch gegenseitige Abstimmung* gezeigt. Hierbei stimmen sich die ausführenden Mitarbeiter untereinander ab, die Führungskraft hat keine Koordinationsfunktion. Zu beachten ist, dass der Kommunikationsaufwand mit zunehmender Gruppengröße überproportional zunimmt, woraus folgt, dass jedes weitere Gruppenmitglied oberhalb der optimalen Gruppengröße abnehmende Beiträge zum Projektfortschritt liefert (vgl. dazu das Brooks'sche Gesetz in der Lerneinheit PROVE). Rechts oben wird die *Koordination durch persönliche Weisung* gezeigt. Hierbei koordiniert die Führungskraft die ausführenden Mitarbeiter. Beispielsweise kann die Führungskraft der Projektgruppe Ziele vorgeben und im Arbeitsprozess steuernd auf die Gruppe einwirken, um mögliche Zielverfehlungen zu korrigieren.

Im unteren Bereich von Abb. KOORD-1 werden die drei Koordinationsmechanismen auf der Basis von Standardisierung gezeigt. Voraussetzung einer Anwendung dieser drei Mechanismen ist, dass sich eine Instanz damit befasst, in welcher Weise Abläufe, Ergebnisse bzw. Mitarbeiterfähigkeiten standardisiert werden sollen und können. Diese Instanz wird hier als Analytiker bezeichnet. Standardisierung bewirkt, dass der zur Koordination notwendige Kommunikationsaufwand reduziert wird. Bei Informatik-Projekten meint *Standardisierung von Abläufen* primär die Anwendung eines Vorgehensmodells. Das diesem Buch zugrunde liegende Vorgehensmodell umfasst die fünf Phasen Vorstudie, Feinstudie, Entwurf, Implementierung und Installierung (vgl. dazu die Lerneinheiten ZAMVS, ZAMFS, ZAMSE, ZAMIM, ZAMIN sowie die Lerneinheit PROIP, in der weitere Vorgehensmodelle erläutert sind). Bei der *Standardisierung von Ergebnissen* wird bei Informatik-Projekten auf Produkte, Modelle, Dokumente sowie weitere Artefakte Bezug genommen. Wenn beispielsweise die Struktur von Lasten- und Pflichtenheft als Standard in einem Projekt vorgeben sind, dann hat diese Standardisierung eine koordinative Funktion (vgl. Lerneinheit PFLIC zur möglichen Struktur von Lasten- und Pflichtenheft). Bei der *Standardisierung von Mitarbeiterfähigkeiten* kommt der Mitarbeiterqualifikation eine koordinative Funktion zu, sofern diese über die ausführenden Mitarbeiter hinweg standardisiert, zumindest jedoch ähnlich ist. Wenn beispielsweise die Mitarbeiter in einem Projektteam, das für die Daten- und/oder Prozessmodellierung verantwortlich ist, standardisierte Fähigkeiten hinsichtlich der Verwendung bestimmter Notationen haben (z.B. ER-Modell bei der Datenmodellierung sowie BPMN bei der Prozessmodellierung, vgl. Lerneinheiten DATMO und PROMO), dann hat dies eine koordinative Funktion, weil Kommunikation erleichtert oder überhaupt erst möglich wird, wodurch auch der Kommunikationsaufwand bei der Aufgabenausführung reduziert und Kooperation gefördert wird.

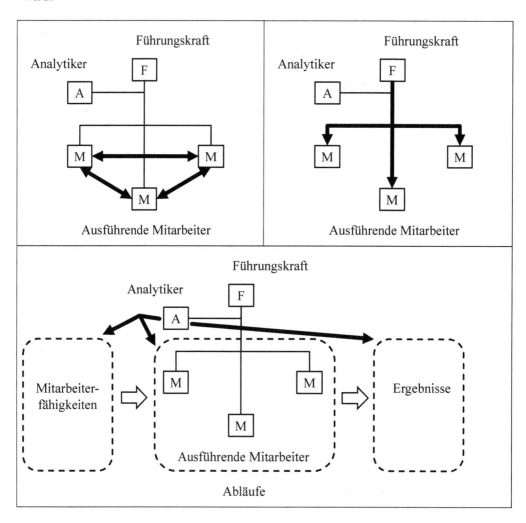

Abb. KOORD-1: Koordinationsmechanismen (nach *Mintzberg*, in Anlehnung an *Henrich*, 91)

Die Wirksamkeit des Einsatzes unterschiedlicher Koordinationsmechanismen hängt von verschiedenen Faktoren ab, unter anderen auch von der Koordinationsfähigkeit und der Koordinationstechnologie. Weiter ist bekannt, dass ein hoher Koordinationsgrad mit einem ausgeprägten Einsatz von Koordinationstechnologie einhergeht, insbesondere dann, wenn die zu koordinieren Aufgaben komplex und kompliziert sind und viele Mitarbeiter an der Aufgabenerfüllung beteiligt sind. Bei großen Informatik-Projekten wird empfohlen, einen Koordinator zu installieren, der den Informationsfluss in der Projektplanung und -abwicklung sicherstellt.

Ausgewählte theoretische Ansätze der Koordination

Im Folgenden werden zwei theoretische Ansätze der Koordination näher erläutert. Diese beiden Beispiele zeigen, dass es unterschiedliche Sichtweisen auf das Phänomen Koordination im organisationalen Kontext gibt. Die Beschreibung der Ansätze zielt auch darauf ab, wichtige Aufgaben der Koordination transparent zu machen, die im Projektmanagement von Bedeutung sind.

Ansatz nach *Malone/Crowston*

Diesem Ansatz ist folgende Definition von Koordination zugrunde gelegt: „the act of managing interdependencies between activities performed to achieve a goal". Abbildung KOORD-2 fasst die vier Komponenten von Koordination und zugehörige Aufgaben zusammen (die Aufgaben werden im Original von *Malone/Crowston* als Koordinationsprozesse bezeichnet).

Komponenten von Koordination	*Zugehörige Aufgaben*
Ziele	Ziele identifizieren
Aktivitäten	Ziele in Aktivitäten herunterbrechen
Akteure	Mitarbeiter auswählen Aktivitäten Mitarbeitern zuordnen
Abhängigkeiten (Vorbedingung, geteilte Ressource, Gleichzeitigkeit)	Abhängigkeiten „managen"

Abb. KOORD-2: Komponenten von Koordination
(nach *Malone/Crowston*, 360, Übersetzung durch den Verfasser)

Koordination setzt voraus, dass Ziele bekannt sind. Ohne einen Fokus auf bestimmte Ziele (vgl. Lerneinheit ZIELP) macht Koordination keinen Sinn. Daraus folgt, dass die Anwendung bestimmter Koordinationsmechanismen (vgl. vorheriger Abschnitt) das Vorliegen von Zielen voraussetzt (was nicht notwendigerweise bedeutet, dass eine dokumentierte Zielplanung vorliegt, weil Ziele auch implizit als vereinbart gelten können). Ziele werden weiter in Aktivitäten heruntergebrochen, die wiederum Mitarbeitern zugeordnet werden, die zuvor ausgewählt wurden. Schließlich müssen Abhängigkeiten „gemanagt" werden. Es werden drei Abhängigkeitstypen unterschieden (*Malone/Crowston*, 363):

- *Vorbedingung („Prerequisite")*: Eine bestimmte Aktivität muss abgeschlossen sein, damit eine andere beginnen kann. Eine wichtige Koordinationsaufgabe ist daher, Projektaktivitäten hinsichtlich ihrer logischen und zeitlichen Abfolge zu analysieren.
- *Geteilte Ressource („Shared resource")*: Eine bestimmte Ressource (z.B. ein Mitarbeiter oder Betriebsmittel) wird für die Abwicklung mehrerer Aktivitäten benötigt. Eine wichtige Koordinationsaufgabe ist daher, Projektaktivitäten so zu organisieren, dass möglichst keine Konflikte beim Einsatz der Ressourcen entstehen.

- *Gleichzeitigkeit („Simultaneity")*: Mehrere Aktivitäten sind gleichzeitig abzuwickeln. Eine wichtige Koordinationsaufgabe ist daher, solche Aktivitäten zeitlich zu synchronisieren.

Der Ansatz von *Malone/Crowston* beschreibt weiter Gruppenentscheidungsprozesse und Kommunikation als bedeutsame Phänomene, die mit Koordination in engem Zusammenhang stehen.

Gruppenentscheidungsprozesse

Gruppenentscheidungsprozesse hängen eng mit Koordination zusammen, weil hierbei Informationen und Meinungen ausgetauscht werden, was einen Abgleich von Informationsständen bewirkt. Damit Gruppenentscheidungen einen möglichst positiven Einfluss auf Koordinationsprozesse nehmen (z.B. durch einen günstigen Einfluss auf die Entscheidungsqualität), sind unter anderen folgende Prinzipien zu beachten (nach *Gußmack/Brandstätter*, 271-272):

- konstruktive Konfliktkultur (nicht zu viele und nicht zu wenige Konflikte);
- ideale Gruppengröße (effiziente Gruppen bestehen in der Regel aus fünf Mitgliedern; größere Gruppen sollten in kleinere Teams aufgeteilt werden; ist die Gruppe zu klein, werden zu wenige Perspektiven eingebracht);
- der Erste soll der Letzte sein (Vorgesetzte sollten ihre Meinung als Letzte äußern, weil sonst durch ihre hierarchische Position Mitarbeiter in ihrer Meinung beeinflusst werden; diese neigen dazu, die Meinung ihrer Vorgesetzten zu unterstützen oder nur zu ergänzen und somit bleibt Kritik unausgesprochen);
- heterogene Gruppen (je heterogener eine Gruppe zusammengestellt ist, desto mehr Perspektiven können eingebracht werden);
- zwei Gruppen bearbeiten dieselbe Aufgabe (bei schwierigen Aufgaben hilft es oft, wenn zwei verschiedene Gruppen an einer Problemlösung arbeiten, weil sich beide Gruppen übertreffen wollen, was die Ergebnisqualität steigern kann);
- anonyme Meinungen zu Beginn einholen (bevor der Entscheidungsprozess in der Gruppe startet, sollten anonym Meinungen eingeholt werden; damit können Mitarbeiter nicht für ihre Kritik zur Verantwortung gezogen werden);
- einen Advocatus Diaboli einsetzen (der „Anwalt des Teufels" hat die Aufgabe, Kritik in der Gruppe vorzubringen; damit wird der Gefahr begegnet, eine zu schnelle Gruppeneinigkeit zu erzielen);
- jede Person sollte – sofern im Kontext der Gruppenentscheidung zweckmäßig – mehrere Meinungen äußern (damit wird eine breite Ausgangsbasis für die Diskussion geschaffen und die Gefahr reduziert, dass sich ein Gruppenmitglied zu sehr mit einer einzelnen Idee identifiziert);
- den Wert von Minderheitenmeinungen betonen (es ist klarzumachen, dass die Meinungen aller Gruppenmitglieder wichtig sind).

Kommunikation

Kommunikation bezeichnet die Beziehung zwischen Menschen, maschinellen Systemen sowie Geräten, die durch Austausch von Nachrichten, die Information übermitteln sollen, entsteht. Kommunikation zwischen Menschen kann über technische Hilfsmittel (z.B. E-Mail, Soziale Medien, Telefon) oder von Angesicht zu Angesicht erfolgen. Die Wahl eines bestimmten Mediums sollte mit Bedacht erfolgen. Der Sender einer Nachricht sollte sich unter anderen folgende Fragen stellen:

- Ist die Information für den Empfänger von hoher Dringlichkeit (z.B. weil im Projekt ein kritisches Ereignis eingetreten ist)? Wenn ja, dann sollte ein Medium gewählt werden, das sicherstellt, dass der Empfänger möglichst rasch in Kenntnis gesetzt wird (z.B. Telefon).
- Ist der Kommunikationsinhalt emotional beladen, so dass sich Missverständnisse bei der Interpretation einer Nachricht ungünstig auf soziale Beziehungen auswirken können? Wenn ja, dann sollte ein Medium gewählt werden, das sicherstellt, dass die Wahrscheinlichkeit von Missverständnissen möglichst reduziert wird (z.B. Kommunikation von Angesicht zu Angesicht).
- Ist der Empfänger gerade mit anderen Aufgaben befasst? Wenn ja, dann sollte ein asynchrones (z.B. E-Mail) und kein synchrones (z.B. Telefon) Kommunikationsmedium gewählt werden, weil dadurch der Empfänger in seiner Aufgabenerledigung nicht gestört wird, was sich günstig auf die Arbeitsproduktivität auswirkt. Zu erwähnen ist hierbei, dass heutzutage viele Mitarbeiter E-Mail wie ein synchrones Kommunikationsmedium verwenden, bei dem in Echtzeit bei eingehenden E-Mails – in Abhängigkeit von der verwendeten Hardware wie Smartphone, Tablet oder PC – optische, akustische und/oder haptische Benachrichtigungen erfolgen (als Push Notifications bezeichnet).

Wilson weist darauf hin, dass eine Entscheidung für Kommunikation von Angesicht zu Angesicht (in abgeschwächter Form gilt dies auch für telefonische Kommunikation) stark von sozialen Bedürfnissen (z.B. Sicherheit, Anerkennung, Dominanz) bestimmt wird; er schreibt (664): „The channel of communication, particularly the choice of oral channels over written channels, may well be guided by affective needs as much, if not more than, by cognitive needs. For example, in seeking information from a superior, someone may be more interested in being recognized and accepted as a particular kind of person than in the actual subject content of the message; in other words, he may be seeking approval or recognition. The oral transfer of information to others may also be done for affective reasons; for example, to establish dominance over others by reminding them that you are better informed and, therefore, in some sense superior.“

Da sich Projektmitarbeiter in ihren sozialen Bedürfnissen stark unterscheiden können und weil Kommunikation in einem Projekt zumindest bis zu einem gewissen Grad nach Standards erfolgen sollte, kann das Entwickeln und Inkraftsetzen von Kommunikationsrichtlinien in Projekten zweckmäßig sein. In solchen Richtlinien ist insbesondere festzulegen, wer in welchen Situationen was an wen über welches Medium zu kommunizieren hat. Ziel des Einsatzes solcher Richtlinien ist es, die Effektivität und Effizienz der Kommunikation im Projekt zu erhöhen, was sich positiv auf die Arbeitsproduktivität auswirkt.

Schulz von Thun hat das Vier-Seiten-Modell der Kommunikation (auch als Kommunikationsquadrat bezeichnet) entwickelt (Abb. KOORD-3). Dieses aus der Kommunikationspsychologie stammende Modell wird insbesondere auch in der

Projektmanagementliteratur als bedeutsames Konzept angesehen (siehe z.B. *Streich/Brennholt*). Nach dem Vier-Seiten-Modell kann jede Nachricht aus der Sicht des Senders (bzw. Empfängers) nach vier Aspekten analysiert werden:

- Sachebene: Worüber informiere ich? (Worüber spricht der Sender?)
- Selbstoffenbarung: Was teile ich von mir selbst mit? (Was offenbart der Sender über sich?)
- Beziehung: Was halte ich vom Empfänger? Wie stehen wir zueinander? (Was hält der Sender von mir? Wie stehen wir zueinander?)
- Appell: Wozu will ich den Empfänger veranlassen? (Was will der Sender von mir?)

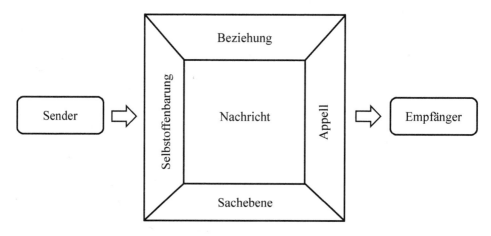

Abb. KOORD-3: Vier-Seiten-Modell der Kommunikation (nach *Schulz von Thun*)

Streich/Brennholt (69) schreiben treffend: „Im Rahmen der Projektarbeit gilt es, zur Absicherung der Kommunikation in einer Analyse von verbaler und nonverbaler Kommunikation innerhalb des Projektteams jeweils zu prüfen, (a) was unter der 4fachen Perspektive gesendet und (b) was unter der 4fachen Perspektive verstanden wurde."

In der Fachliteratur werden viele Kommunikationsprinzipien beschrieben. Projektbeteiligte sollten – sofern im jeweiligen Kontext zweckmäßig – folgende Richtlinien beachten (in Anlehnung an *Ruppert*, 540, *Streich/Brennholt*, 78):

- Wähle das Kommunikationsmedium mit Bedacht aus.
- Sende kurze Nachrichten.
- Mache einfache Aussagen.
- Artikuliere dich langsam und sprich laut genug.
- Visualisiere deutlich.
- Kodiere wichtige Botschaften mehrfach (mündlich, schriftlich, bildlich).
- Veranschauliche abstrakte Sachverhalte mit Beispielen.
- Wiederhole besonders wichtige Nachrichten.
- Prüfe, ob wichtige Nachrichten richtig verstanden wurden.
- Wähle mit zunehmender Wichtigkeit einer Nachricht persönliche Ansprachen (z.B. Telefon oder Kommunikation von Angesicht zu Angesicht).

- Zeige Empathie für die Reaktionen und Gefühle der Kommunikationspartner.
- Nimm körpersprachliche Signale des Kommunikationspartners bewusst wahr.
- Wähle den Ort und Zeitpunkt persönlicher Kommunikation bewusst aus.
- Mache das Kommunikationsziel klar.
- Bringe dem Kommunikationspartner auch in Konfliktsituationen Wertschätzung zu.

Ansatz nach *Taxén/Riedl*

Taxén/Riedl beschreiben eine andere Konzeptualisierung von Koordination. Annahme dieser Konzeptualisierung ist, dass die Evolution dazu geführt hat, dass jeder gesunde Mensch neurophysiologisch (insbesondere hinsichtlich Gehirnanatomie und -funktionalität) eine bestimmte Ausstattung mitbringt, die für die erfolgreiche Abwicklung von Koordination notwendig ist. Es wird anhand der in Abb. KOORD-4 dargestellten Szene einer Mammutjagd erklärt, dass Koordination auf sechs Aktivitätsmodalitäten („activity modalities") beruht:

- Kontextualisierung („contextualization"): Ein Individuum muss in der Lage sein, eine Situation kontextspezifisch zu verstehen: Was ist das Ziel (das Erlegen eines Mammuts) und was ist die Motivation (Nahrung und Material für Kleidung zu bekommen). Das Individuum kann relevante von irrelevanten Aspekten unterscheiden (z.B. sind die Jäger, Bögen, Pfeile, Handlungen, Laute, Gesten und der Fluss im Hintergrund, der das Mammut an der Flucht hindert, relevant, wohingegen die Insekten, die sich in den Bäumen im Hintergrund aufhalten, irrelevant sind).
- Aufmerksamkeitssteuerung („objectivation"): Ein Individuum muss in der Lage sein, seine Aufmerksamkeit solange auf ein Ziel auszurichten, bis dass das Ziel erreicht ist (hier das Erlegen des Mammuts) oder die Zielerreichung nicht mehr möglich ist (z.B. weil das Mammut entkommen konnte).
- Räumliche Orientierung („spatialization"): Ein Individuum muss in der Lage sein, sich im Raum zu orientieren. Im Beispiel ist es für die Jäger wichtig, zu erkennen, in welcher Relation sie im Raum zu Mammut, Fluss und den Bäumen im Hintergrund stehen.
- Zeitliche Orientierung („temporalizaton"): Ein Individuum muss in der Lage sein, sich zeitlich zu orientieren, da die zeitliche Abfolge von Aktivitäten die Erreichung eines Ziels beeinflusst. Im Beispiel ist es für den Jagderfolg wichtig, dass das laute Schreien der Jäger mit dem Feuer im Hintergrund erst beginnt, wenn die Jäger mit Pfeil und Bogen im Vordergrund die Pfeile gespannt haben und somit bereit sind, das Mammut durch Waffengebrauch zu erlegen.
- Stabilisierung („stabilization"): Mehrere für die Zielerreichung notwendige Aktivitäten bedürfen einer Lernphase. Beispielsweise müssen die Jäger wissen, an welchen Körperstellen das Mammut besonders verwundbar ist, um es erlegen zu können. Dieses in der Regel durch Erfahrung gewonnene Wissen baut sich über mehrere Jagdversuche auf und stabilisiert sich mit der Zeit.
- Übergang („transition"): Eine bestimmte Aktivität wie hier die Mammutjagd steht in Beziehung zu anderen Aktivitäten (z.B. Zubereitung des zuvor erlegten Tiers). Ein Individuum muss daher in der Lage sein, eine Re-Fokussierung der Aufmerksamkeit auf ein neues Ziel vorzunehmen.

Abb. KOORD-4: Illustration einer Mammutjagd (Bild nach *Bryant/Gay*)

Taxén/Riedl (25) beschreiben eine Einsatzmöglichkeit ihrer Konzeptualisierung beim Management von Informatik-Projekten wie folgt: „Imagine that an individual is a project manager responsible for implementing an ERP system serving different units in an organization. The individual could use the conceptualization of coordination … in at least three ways. First, the individual could use it ex ante (i.e., before the actual implementation) to plan the execution of the project. The purpose of this ex ante application would be to pose and address major questions in all six activity modality dimensions to avoid coordination problems during project execution. Second, the individual could use it during actual project execution primarily in the case that problems occur. The fact that coordination is so central for project success means that detailed reflection on the constituents of coordination would contribute to a better understanding of the root causes of the problem. The purpose of this application would be to use the conceptualization of coordination as a diagnosis instrument. Third, the individual could use it also ex post (i.e., after project completion) to structure lessons learned. The individual could categorize what was good and what was not along the six activity modalities. For example, an ex post evaluation could reveal that the actual state of an organization (e.g., strategies, tasks, business processes) has been documented well before the project start, a fact that would positively affect contextualization. However, the evaluation could also reveal that the order of implementation of different ERP modules was not optimal, which would negatively affecting temporalization." *Taxén/Riedl* erläutern weiter, dass ihre Konzeptualisierung als Grundlage für die Gestaltung von Benutzungsoberflächen verwendet werden kann, insbesondere für das Design von Oberflächen kollaborativer Software (oft auch als Groupware bezeichnet), die für die Zusammenarbeit von Projektmitarbeitern bedeutsam ist – sie schreiben (27): „A major question in this domain concerns the design of the user interface. So far, several papers have focused the design of collaborative software. Based on specific application scenarios, each of these studies have suggested specific software features and interface designs ... However, these studies often do not satisfactorily explain why a specific design "A" is better than a specific design "B". Thus, what is often missing is a solid theoretical grounding of design decisions ... we argue for a "dual perspective" in IS research that embraces the complementary nature of theoretical research and design science. Specifically, one can use theories (here the conceptualization of coordination based on the activity modalities) to develop IT artifacts that serve a specific purpose and that are referred to as "technological rules" that take the following form: "If you want to achieve Y in situation Z, then something like action [design] X will help" ... We suggest using our conceptualization of coordination as a guiding framework for designing information systems and particularly for designing collaborative software, which would satisfy a basic requirement in IS design science research; namely, that 'design decisions should be well justified and based on existing theoretical research' ... What follows is that a design feature is a candidate for implementation if it contributes 1) to facilitating one of the six activity modalities or 2) to integrating them into a coherent whole." Im Beitrag von *Taxén/Riedl* wird beispielhaft die konkrete Umsetzung der sechs Aktivitätsmodalitäten auf der Basis einer SAP-Benutzungsoberfläche gezeigt.

Forschungsbefunde

Auf der Basis einer umfassenden Analyse von Information-Systems(IS)-Journalen identifizierten *Taxén/Riedl* (8-18) 40 wissenschaftliche Beiträge, von denen sich viele mit Koordination im Projektmanagement befassen („we found that coordination in software engineering was the most intensively studied single topic in the IS coordination literature", 9). Die 40 Beiträge werden entlang der Faktoren „paper and topic", „description of study and major results" sowie „research method" in Tabellenform aufbereitet. Dem Leser wird empfohlen, diese Synopse zu sichten, um sich darauf aufbauend – je nach Interessenslage – mit konkreten Forschungsergebnissen vertraut zu machen.

Kontrollfragen
1. Wie kann der Zweck der Koordination im Projektmanagement beschrieben werden?
2. Welche Koordinationsmechanismen nach Mintzberg gibt es?
3. Was sind die wesentlichen Aussagen des Koordinationsansatzes nach Malone/Crowston?
4. Was ist die wesentliche Aussage des Vier-Seiten-Modells der Kommunikation nach Schulz von Thun?
5. Was sind die wesentlichen Aussagen des Koordinationsansatzes nach Taxén/Riedl?

Quellenliteratur
Bailetti, A. J./Callahan, J. R./DiPietro, P.: A coordination structure approach to the management of projects. IEEE Transactions on Engineering Management, 4/1994, 394-403
Bryant, W. C./Gay, S. H.: A popular history of the United States (Vol. I). Charles Scribner's Sons, 1883
Grant, R. M.: Toward a knowledge-based theory of the firm. Strategic Management Journal, 2/1996, 109-122

Gußmack, B./Brandstätter, E.: Entscheiden im Verein. Riedl, R./Grünberger, H./Frühling, V. (Hrsg.): Das Vereinshandbuch. Linde International, 2009, 262-273

Henrich, A.: Management von Softwareprojekten. Oldenbourg, 2002

Malone, T./Crowston, K.: What is coordination theory and how can it help design cooperative work systems? Proceedings of the Conference on Computer-Supported Cooperative Work, 1990

Mintzberg, H.: Die Mintzberg-Struktur: Organisationen effektiver gestalten. Moderne Industrie, 1992

Ruppert, F.: Kommunikation, Kooperation und Gesprächsführung in Arbeitsbeziehungen. In: Graf, C. H./Frey, D. (Hrsg.): Arbeits- und Organisationspsychologie. Beltz, 1999, 537-557

Schneider, M./Wastian, M.: Projektverläufe: Herausforderungen und Ansatzpunkte für die Prozessgestaltung. In: Wastian, M./Braumandl, I./von Rosenstiel, L. (Hrsg.): Angewandte Psychologie für das Projektmanagement: Ein Praxisbuch für die erfolgreiche Projektleitung. 2. A., Springer, 2012, 21-40

Schulz von Thun, F.: Miteinander reden: Störungen und Klärungen. Psychologie der zwischenmenschlichen Kommunikation. Rowohlt, 1981

Streich, R./Brennholt, J.: Kommunikation in Projekten. In: Wastian, M./Braumandl, I./von Rosenstiel, L. (Hrsg.): Angewandte Psychologie für das Projektmanagement: Ein Praxisbuch für die erfolgreiche Projektleitung. 2. A., Springer, 2012, 61-82

Taxén, L./Riedl, R.: Understanding coordination in the information systems domain: Conceptualization and implications. Journal of Information Technology Theory and Application, 1/2016, 5-40

Tiemeyer, E.: IT-Projektteams: Teamentwicklung und Führung. In: Tiemeyer, E. (Hrsg.): Handbuch IT-Projektmanagement. 2. A., Hanser, 2014, 625-661

Wilson, T. D.: On user studies and information needs. Journal of Documentation, 6/2006, 685-670.

Vertiefungsliteratur

Dahlander, L./O'Mahony, S.: Progressing to the center: Coordinating project work. Organization Science, 4/2011, 961-979

Malone, T./Crowston, K.: The interdisciplinary study of coordination. ACM Computing Services, 1/1994, 87-119

Normen und Richtlinien

Principles of Coordination: http://www.businessmanagementideas.com/notes/management-notes/coordination/coordination-meaning-need-and-principles-organisation/4999

Werkzeuge

https://www.softguide.de/ (Rubriken: Multiprojektmanagement, Projektmanagement)

Interessante Links

https://www.projektmagazin.de/artikel/koordination-agiler-entwicklungsteams_1122137
https://www.projektmagazin.de/glossarterm/projektkoordinatorin

STAKM - Stakeholder-Management

Lernziele

Sie kennen die Stakeholder eines Informatik-Projekts und können diese als Personen, Gruppen oder Organisationen identifizieren und verstehen die unterschiedlichen Interessen, Erwartungen und Befürchtungen. Sie kennen geeignete Methoden, um einen strukturierten Überblick über die Stakeholder zu gewinnen und können eine Stakeholder-Analyse durchführen. Sie erkennen die Notwendigkeit, dass die aus der Stakeholder-Analyse abgeleiteten Maßnahmen in zu erledigende Arbeitspakete in die Projektplanung zu integrieren sind. Sie erkennen, dass Stakeholder-Management eine Determinante von Projekterfolg ist.

Definitionen und Abkürzungen

diskursives Vorgehen (discourse approach) = Strategie zur Stakeholder-Behandlung, die darauf beruht, dass eine sachliche Auseinandersetzung mit den Stakeholdern stattfindet.

Hopper (hopper) = eine Person, die unentschlossen und wechselnd in ihrer Einstellung ist. Sie besitzt keinen direkten Machteinfluss; es ist aber ein Einfluss auf die Einstellung dieser Person möglich, so dass sie durch geeignete Maßnahmen auch zu einem Supporter werden kann.

Opponent (opponent) = eine Person, die offenen oder heimlichen Widerstand gegen ein Projekt leistet. Sie übt einen wesentlichen negativen Einfluss auf das Erreichen der Projektziele aus. Ihr Ziel ist der Projektabbruch, die Umbesetzung von Schlüsselfunktionen und/oder die Aneignung des Projekts.

partizipatives Vorgehen (participation approach) = Strategie zur Stakeholder-Behandlung, die im Wesentlichen darauf beruht, dass die Stakeholder in die Entscheidungsprozesse einbezogen werden.

Promotor (promoter) = eine Person, welche die Projektarbeit aktiv gestaltet, fördert und Widerstände überwinden will.

repressives Vorgehen (repression approach) = Strategie zur Stakeholder-Behandlung, die einen Machteinsatz zur Durchsetzung bestimmter Projektziele vorsieht.

Sponsor (sponsor) = eine Person oder Gruppe, die Ressourcen und Unterstützung für das Projekt bereitstellt.

Stakeholder (stakeholder) = eine Einzelperson, Gruppe oder Organisation, die auf ein Projekt einwirken kann und/oder von dessen Ergebnissen betroffen sein kann.

Stakeholder-Analyse (stakeholder analysis) = eine Methode zur systematischen Sammlung und Analyse quantitativer und qualitativer Informationen, um festzustellen, wessen Interessen während der Projektdauer betroffen sein könnten und somit berücksichtigt werden sollten.

Supporter (supporter) = eine Person, die inhaltliche, ressourcenmäßige oder sonstige Unterstützung für ein Projekt leistet und für eine breite Akzeptanz des Projekts in der Organisation sorgt.

Zweck des Stakeholder-Managements

Stakeholder-Management schließt alle erforderlichen Prozessschritte zur Ermittlung der Personen, Gruppen oder Organisationen ein, die Einfluss auf ein Projekt haben und/oder davon betroffen sein könnten. Dazu gehört die Analyse der Stakeholder-Erwartungen, deren Auswirkungen auf das Projekt sowie die Entwicklung geeigneter Strategien zur effektiven und effizienten Einbindung der Stakeholder in Projektentscheidungen und deren Umsetzung. Das Stakeholder-Management ist somit eine wesentliche Aufgabe des Projektmanagements und es gehört zum unmittelbaren Verantwortungsbereich der Projektleitung, welche die Kommunikation innerhalb eines Informatik-Projekts so steuern muss, dass einerseits die Informationsbedürfnisse der Stakeholder erfüllt und andererseits auftretende Probleme mit diesen gemeinsam gelöst werden. Eine funktionierende Kommunikation mit den Stakeholdern ist sowohl bei Störungen der Planung als auch der Durchführung eines Projekts Voraussetzung dafür, Probleme (rasch) zu lösen, um dadurch den Projekterfolg sicherzustellen. Im Risikomanagement (vgl. Lerneinheit RISKM) ist die möglichst vollständige Erfassung bedeutsamer Risiken wichtig. Daher ist bei der Risikoidentifikation auch besonders auf Risiken im Zusammenhang mit Stakeholdern zu achten. Auf der Basis einer Stakeholder-Analyse sollen vor allem jene Stakeholder identifiziert werden, die zum Projekt eine negative Einstellung haben und diese Einstellung aufgrund ihrer Einflussmöglichkeiten in Handlungen umsetzen können, die den Erfolg eines Projekts gefährden könnten.

Stakeholder

Nach ISO 10006:2017-11 sind all jene Personen oder Institutionen Stakeholder eines Projekts, die ein Interesse am Projekt haben oder vom Projekt in irgendeiner Weise betroffen sind. Nach *Burghardt* (545) deckt sich diese Definition in etwa mit der Definition des Begriffs „Projektbeteiligter" nach DIN 69901-5:2009-01 (wobei dennoch festzuhalten ist, dass der Stakeholder im Vergleich zum Projektbeteiligten ein weiter gefasster Begriff ist). Diese Definitionen basieren auf einer Arbeit von *Freeman* aus dem Jahr 1984 – er schreibt (46): „[A] stakeholder in an organisation is any group or individual who can affect or is affected by the achievement of the organisation's objectives". Stakeholder (Einzelperson, Gruppen oder Organisationen) sind somit von einer Projektentscheidung, einem Projektvorgang und/oder dem Ergebnis eines Projekts betroffen. Stakeholder können aktiv an einem Projekt beteiligt sein oder Interessen daran haben, weil sie durch die Projektdurchführung (z.B. aufgrund der Umverteilung von Ressourcen) oder das Projektergebnis (das geschaffene bzw. veränderte Informationssystem) positiv oder negativ beeinflusst werden können. Verschiedene Stakeholder können konkurrierende Ziele sowie widersprüchliche Erwartungen haben, was zu Konflikten innerhalb des Projekts führen kann. Stakeholder können Einfluss auf Projekte ausüben, um durch das Erreichen bestimmter Ergebnisse strategische Ziele zu verfolgen. Die Ausrichtung des Projekts an den Bedürfnissen sowie Zielen der Stakeholder ist für die erfolgreiche Umsetzung von Stakeholder-Management und die Erreichung der organisationalen Ziele entscheidend. Die Zufriedenheit der Stakeholder ist ein bedeutsames Projektziel (vgl. *PMI*).

Die Stakeholder lassen sich in direkte und indirekte Stakeholder unterteilen. Direkte Stakeholder sind Personen oder Gruppen, die in unmittelbarer Beziehung zum Projekt stehen oder dem Unternehmen angehören. Zu den direkten Stakeholdern zählen beispielsweise (vgl. *Melbinger*):

- Vorstand, Geschäftsleitung, Management;
- Auftraggeber, Sponsor;
- Projektleitung, Projektmitarbeiter;
- interne Organisationseinheiten;
- Kunden, Lieferanten, Partnerunternehmen.

Jene Stakeholder, die keine direkten Stakeholder sind, aber dennoch mit dem Projekt in Beziehung stehen, sind indirekte Stakeholder (vgl. *Melbinger*):

- Fach- und Interessenverbände;
- Mitbewerber;
- Medien;
- Politiker;
- Institutionen des öffentlichen Lebens.

Abbildung STAKM-1 gibt eine Übersicht über die Stakeholder in einem Projekt.

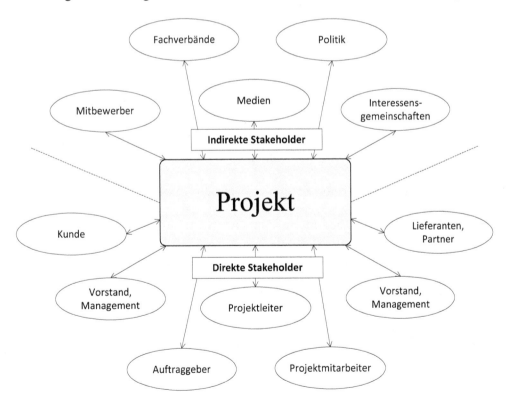

Abb. STAKM-1: Direkte und indirekte Stakeholder (nach *Melbinger*, 613)

Im Folgenden werden auf der Basis einer Analyse von *Melbinger* (622) für ausgewählte Gruppen beispielhafte Interessen und Erwartungen sowie Befürchtungen beschrieben:

Interessen und Erwartungen des Projektteams:
- langfristig abgesichertes und gerechtes Einkommen;
- ansprechende und persönlichkeitsfördernde Arbeit;
- Lernchancen sowie Qualifizierungs- und Karrieremöglichkeiten;
- Arbeitszufriedenheit, Anerkennung, Selbstverwirklichung.

Befürchtungen des Projektteams:
- zu hohe persönliche Arbeitsbelastung, Leistungsdruck und daraus resultierender Stress sowie
- Konflikte, Unsicherheiten und Risiken.

Interessen und Erwartungen der Vertreter des projektdurchführenden Unternehmens:
- das Projekt soll einen Beitrag zur Sicherung des Unternehmensbestands leisten (das kann z.B. durch Wissenszuwachs oder einer Stärkung der Marktposition erfolgen).

Befürchtungen der Vertreter des projektdurchführenden Unternehmens:
- Probleme in der Projektabwicklung (negative Abweichungen von den Planwerten bei Kosten, Terminen sowie Qualität);
- Rückwirkungen auf andere Projekte (z.B. Kapazitätsprobleme);
- Unsicherheiten und Risiken.

Interessen und Erwartungen der Projektauftraggeber:
- hoher und nachhaltiger Nutzen des Projektergebnisses für das Unternehmen (im Idealfall leistet das geschaffene Informationssystem einen nachweisbaren Beitrag zum Unternehmenserfolg, Senkung von Kosten und/oder Steigerung von Umsätzen);
- Transparenz über die Projektabwicklung, um die Kontrolle über das Projekt zu wahren;
- Einbindung in strategische Entscheidungen;
- professionelle Projektrealisierung.

Befürchtungen der Projektauftraggeber:
- das Projektergebnis entspricht nicht den Anforderungen und der aus der Systemnutzung erwartete Nutzen entsteht nicht;
- unvorhersehbare Risiken;
- Belastungen durch die Projektabwicklung.

Stakeholder-Analyse

Die Stakeholder-Analyse ist eine Methode zur systematischen Sammlung und Analyse quantitativer und qualitativer Informationen, um festzustellen, wessen Interessen während der Projektdauer berücksichtig werden sollten. Sie identifiziert die

Interessen, Erwartungen und den Einfluss der Stakeholder und bezieht sie auf den Zweck des Projekts. Die Stakeholder-Analyse befasst sich unter anderem mit folgenden Fragen (*Burghardt*, 546):

- Welche Personen innerhalb der Organisation gehören zu den unmittelbaren Projektbeteiligten?
- Welche Personen, Gruppen und Organisationen sind potentielle Stakeholder?
- In welcher Beziehung stehen diese Stakeholder zum Projekt (inhaltlich, organisatorisch, finanziell)?
- Welchen Einfluss können die einzelnen Stakeholder auf das Projekt ausüben?
- Welche Stakeholder haben eine kritische Einstellung zu dem Projekt?

Für die Stakeholder-Analyse ist eine möglichst realitätsnahe Einschätzung der jeweiligen Interessen von wesentlicher Bedeutung. Dies erfordert eine intensive Auseinandersetzung mit der Position der einzelnen Stakeholder und ihrer Beziehung zum Informatik-Projekt. Während der Projektdurchführung sollte die Stakeholder-Analyse immer wieder überprüft werden, da sich im Laufe der Zeit die relevanten Stakeholder sowie deren Einstellung zum und ihr Einfluss auf das Projekt verändern können.

Die Durchführung einer Stakeholder-Analyse wird methodisch durch die Erstellung einer tabellarischen Bewertung bestimmter Kriterien unterstützt. In der Fachliteratur (z.B. *Burghardt*, 546; *Melbinger*, 614) werden Kriterien genannt, unter anderem die folgenden:

- *Einstellung zum Projekt:* Es ist zu beurteilen, welche Stakeholder dem Projekt positiv, negativ oder neutral gegenüberstehen. Ziel ist es, die bedeutsamsten Projektförderer (positiv eingestellt) und Projektgegner (negativ eingestellt) frühzeitig zu erkennen.
- *Rolle im Projekt:* Es ist zu beurteilen, welche Rolle ein Stakeholder im Projekt hat. Dies hat einen wesentlichen Einfluss auf die Macht und die Einflussmöglichkeiten des Stakeholders.
- *Macht und Einfluss im Projekt:* Ein hohes Maß an Macht sowie daraus resultierende Einflussmöglichkeiten bedeuten, dass ein Stakeholder ein Projekt zum Scheitern bringen kann (bei negativer Einstellung) bzw. ein Projekt besonders fördern kann (bei positiver Einstellung). Die Aufmerksamkeit ist besonders auf Stakeholder mit einem hohen Maß an Macht und Einflusspotential zu legen.
- *Konfliktpotential:* Es ist (die Wahrscheinlichkeit) zu beurteilen, ob zwischen den Interessen verschiedener Stakeholder ein Konflikt besteht. Wenn zwischen den Interessen besonders mächtiger Stakeholder gravierende Konflikte bestehen, ist der Entwicklung wirksamer Maßnahmen zur Reduktion des Konfliktpotentials besondere Aufmerksamkeit zu widmen.
- *Erwartungen und Befürchtungen:* Je größer Macht und Einfluss eines Stakeholders sind, desto intensiver und detaillierter sollte man sich mit seinen Erwartungen und Befürchtungen auseinandersetzen. Weiter ist zu beurteilen, in welchem Ausmaß Erwartungen und Befürchtungen auf objektiv prüfbaren Fakten beruhen oder auf Gerüchten. Transparente Kommunikation im Projekt kann einen wirksamen Beitrag dazu leisten, dass Erwartungen realistisch sind und Befürchtun-

gen zumindest reduziert werden, und zwar insbesondere deshalb, weil ein wahrgenommenes Informationsdefizit eine wesentliche Ursache für Unsicherheit ist.

Abbildung STAKM-2 zeigt eine beispielhafte Bewertung einzelner Stakeholder. Auf Basis der eingeholten Informationen erfolgen eine Einschätzung der Einstellung zum Projekt, der Erwartungen und Befürchtungen, von Macht und Einfluss sowie von Stakeholder-Typ (Promotor, Supporter, Hopper, Opponent). Auf der Basis dieser Beurteilung erhält die Projektleitung einen transparenten Überblick über die Ist-Situation, woraus Schwerpunkte für Maßnahmen im Rahmen des Stakeholder-Managements entwickelt werden können.

#	Umfeld- gruppe/ Person	Einstellung zum Projekt ☺ ... ☹	+ Erwartungen, - Befürchtungen (bekannte und vermutete)	Einfluss, Macht 1...3	Stake- holder- Gruppe P-S-H-O	Strategie, Maßnahme(n)
	Eingeholte Informationen			Einschätzung		Vorschlag

Abb. STAKM-2: Beispiel einer Vorlage zur Bewertung der Stakeholder
(nach *Melbinger*, 623)

Auf der Basis der genannten Kriterien gelingt es im Allgemeinen, die zu einem bestimmten Zeitpunkt bedeutsamsten Einflussgrößen in einem Projekt von den weniger wichtigen zu unterscheiden. Es ist offensichtlich, dass die meiste Aufmerksamkeit auf jene Stakeholder gerichtet werden sollte, die eine negative Einstellung zum Projekt haben, bei gleichzeitig stark ausgeprägter Macht und daraus resultierend umfangreichen Möglichkeiten, auf das Projekt Einfluss zu nehmen.

Mit der Stakeholder-Analyse wird ersichtlich, welche Stakeholder ein Informatik-Projekt unterstützen und welche dagegen opponieren. *Melbinger* (615) gibt an, dass sich Stakeholder aufgrund ihrer Einstellung zum Projekt in vier Gruppen einteilen lassen:

- Promotoren (auch Sponsoren genannt) sind die Befürworter und sie stehen somit hinter dem Projekt. Sie weisen ein großes Kooperationspotential auf, gestalten aktiv mit und fördern das Projekt. Weiter sind sie bereit, zum Abbau von Widerständen aktiv beizutragen und das Gelingen des Projekts zu befördern.
- Supporter leisten passive Unterstützung, indem sie beispielsweise in der Organisation positive Stimmung für ein Projekt verbreiten oder repräsentativ für ein Projekt eintreten.
- Hopper haben kein eigenes und vor allem kein zeitlich stabiles Meinungsbild. Eine wesentliche Ursache hierfür kann in der Unentschlossenheit (wechselnde Einstellung) liegen. Durch entsprechende Maßnahmen (Aufklären, Verständnis

fördern, Überzeugen) können Hopper unterstützt werden, eine zeitlich stabile und in der Regel positive Einstellung zum Projekt zu entwickeln. Dadurch können sie im Laufe eines Projekts zu Unterstützern werden.

- Opponenten treten entweder offen oder verdeckt aufgrund ihrer Einstellung sowie ihres Handelns gegen ein Projekt auf. Sie üben somit einen negativen Einfluss auf das Erreichen der Projektziele aus und können im Extremfall ein Projekt soweit sabotieren, dass es abgebrochen wird.

Eine bedeutsame Facette der Stakeholder-Analyse ist die Beurteilung der Beziehungen zwischen den Stakeholdern bzw. der Beziehungen innerhalb der jeweiligen Interessengruppen. Zwei Aspekte sind hierbei von herausragender Bedeutung: (1) Welche Stakeholder-Allianzen sind zu erwarten? Ziel der Bildung von Allianzen ist es, eigene Interessen besser durchsetzen zu können. (2) Welche Abhängigkeiten bestehen zwischen den Stakeholdern? Ist ein Stakeholder von einem anderen abhängig (und zwar nicht nur in projektrelevanten Aspekten, sondern ganz grundsätzlich im organisationalen Gefüge), so erhöht sich die Wahrscheinlichkeit, dass dieser Stakeholder bei Interessenskonflikten dominiert wird.

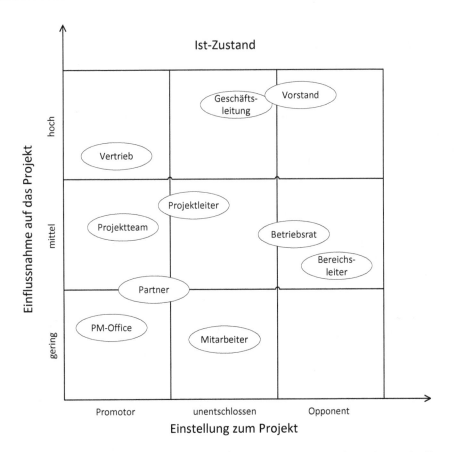

Abb. STAKM-3: Stakeholder-Portfolio-Darstellung (Ist-Zustand) (nach *Friedrich*)

Darstellungsmöglichkeit der Stakeholder-Analyse

In der Fachliteratur werden unterschiedliche Möglichkeiten vorgestellt, wie eine Stakeholder-Analyse grafisch erfolgen kann. Einen Überblick über die verschiedenen Stakeholder in einem Projekt bietet die Portfolio-Darstellung, in der die Einstellung eines Stakeholders (Promotor, unentschlossen, Opponent; vgl. X-Achse in Abb. STAKM-3) sowie dessen Einflussnahme (Einflussstärke) auf das Projekt (gering, mittel, hoch; vgl. Y-Achse in Abb. STAKM-3) dargestellt werden. Eine solche Darstellung dokumentiert einen Ist-Zustand, der mit einem gewünschten Soll-Zustand (aus Projektsicht gewünschte Einstellung und Einflussstärke der Stakeholder) in Beziehung zu setzen ist. Abweichungen des Ist- vom Soll-Zustand bilden die Grundlage für die Entwicklung von Maßnahmen, die geeignet sind, eine Veränderung der Situation herbeizuführen.

Umgang mit Stakeholdern

Es gibt verschiedene Möglichkeiten, wie mit Stakeholdern umgegangen werden kann. Es werden folgende Strategien des Umgangs mit Stakeholdern unterschieden (vgl. *Melbinger*):

- Partizipatives Vorgehen: Die Stakeholder werden in die Entscheidungsfindungsprozesse einbezogen und es wird ein partnerschaftliches Verhältnis aufgebaut.
- Diskursives Vorgehen: Mit den Stakeholdern werden mögliche Lösungen diskutiert, wobei Konflikte möglich sind; diese werden jedoch, sofern sie inhaltlicher und nicht persönlicher Natur sind, als positiv betrachtet, weil sie einen wirksamen Beitrag zur Generierung qualitativ hochwertiger Problemlösungen leisten können.
- Repressives Vorgehen: Die Stakeholder werden, sofern möglich, vor vollendete Tatsachen gestellt; es wird tendenziell wenig kommuniziert, Informationen werden in erster Linie nur auf Anfrage weitergegeben und die Durchsetzung von Interessen erfolgt primär unter Machteinsatz.

Menschen tendieren dazu, bestimmte Vorhaben insbesondere dann zu unterstützen und sich dafür zu engagieren, wenn ihre Interessen bei der Abwicklung des Vorhabens berücksichtigt werden und wenn sie in Entscheidungsprozesse eingebunden werden. Durch das aktive Herbeiführen eines solchen Engagements sinkt die Gefahr möglicher Widerstände. *Melbinger* (618) unterscheidet vier Arten der Einbindung von Menschen in einem Projekt:

- Mitentscheiden: Personen werden in die Entscheidungsprozesse miteinbezogen.
- Mitgestalten: Personen werden zu Ideenfindungs-Workshops eingeladen, um ihr Wissen einzubringen.
- Anhören: Personen werden angehört, um ihr Wissen einzubringen.
- Informieren: Personen werden über die Ziele des Projekts und das Projektgeschehen informiert und am Laufenden gehalten.

Stakeholder-Management als projektbegleitender Prozess

Erfolgreiches Stakeholder-Management beruht nicht nur auf einer umfassenden Analyse des Projektumfelds und der Ableitung von effektiven Maßnahmen, sondern auch auf einer kontinuierlichen Kontrolle der aktuellen Situation (vgl. *Melbinger*). Die Stakeholder-Analyse zu Beginn eines Projekts ist somit eine Momentaufnahme. Die Einstellungen der unterschiedlichen Stakeholder zum Projekt können Veränderungen unterliegen (z.B. aufgrund der Veränderung von Informationsständen oder von Machtverhältnissen). Die Stakeholder-Analyse sollte daher regelmäßig aktualisiert werden. Weiter sollten die Wirksamkeit und Wirtschaftlichkeit von Maßnahmen zur Beeinflussung von Stakeholdern regelmäßig kontrolliert werden.

Forschungsbefunde

Rost/Glass haben auf der Basis einer Befragungsstudie die Bedeutung von "subversive stakeholders" in Softwareprojekten untersucht, und zwar auf der Basis folgender Definition (135, Blockbuchstaben im Original): „A ‚subversive stakeholder' is someone who wants the project to fail and is actively working toward that end. Stakeholders who are incompetent, or who are not aware of the consequences of their actions, are NOT considered subversive." Das methodische Vorgehen geben die Autoren so an: „Those to whom the instrument was sent were authors of relevant papers, professors with practitioner experience, industry 'gurus,' and a large number of practitioners … 107 responses (out of more than 2000 contacts) ... majority are from the U.S. and Germany" (135/138). Bedeutsame Befunde der Studie sind:

- *Sind Sie jemals „subversive stakeholders" in Softwareprojekten begegnet?*
  54 Teilnehmer bejahten diese Frage, 38 Personen verneinten sie, 15 Personen antworteten auf diese Frage nicht.
- *Wie oft kommen „subversive stakeholders" in Softwareprojekten vor?*
  Ich habe noch nie „subversive stakeholders" erlebt: 38 Personen; ich habe sie in höchstens 5% aller Projekte erlebt: 16 Personen; ich habe sie in mehr als 5% und weniger als 80% aller Projekte erlebt: 31 Personen; ich habe sie in zumindest 80% aller Projekte erlebt: 7 Personen (die verbleibenden Personen der Stichprobe gaben zu dieser Frage keine Antwort).
- *Was waren die Beweggründe und Ziele der „subversive stakeholders"?*
  Es handelte sich bei dieser Frage um eine offene; zur Analyse schreiben die Autoren (136): „Responses to this question were grouped informally into a number of classes (derived bottom-up from the responses …)". Wettbewerb zwischen den Abteilungen und Organisationen (34 Nennungen), individuelle Ziele versus Unternehmensziele (28 Nennungen), Jobsicherheit und Veränderungsresistenz (26 Nennungen), unterschiedliche technologische Auffassungen (17 Nennungen), Wettbewerb zwischen Individuen im Sinne von Rivalitäten und Animositäten (15 Nennungen), nicht loyale Partner (9 Nennungen), Unstimmigkeiten im Top-Management (6 Nennungen).

- *Wie häufig erreichten die „subversive stakeholders" im Endeffekt (zumindest teilweise) ihre Ziele?*
  Hierzu geben die Autoren an (136-137): „[T]he subversive stakeholders ... can make a lot of trouble, causing incredibly high costs for their organization. There is a broad consensus that most attacks are at least partially successful. A number of participants confirmed that the attack always causes delays, additional costs and/or may motivate good people to leave. Most respondents agree that only a smaller fraction of subversive attacks are fully successful."
- *Wie wurden die „subversiven" Attacken entdeckt?*
  Es handelte sich auch bei dieser Frage um eine offene, daher erfolgte auch hier die Analyse bottom-up und es wurden Kategorien gebildet. Es kann kein einzelnes Ereignis genannt werden, sondern es handelt sich um einen Prozess (30 Nennungen, „[o]ften it is hard to identify a single event that can be called subversion, it comes from patterns of behavior over time", 137), gemeinsame Attacke einer Gruppe (28 Nennungen), offenkundige Attacken mit expliziten Aussagen in Sitzungen oder E-Mails (8 Nennungen).
- *Was kann man in Softwareprojekten gegen „subversive stakeholders" tun?*
  Den Befund zu dieser Frage fassen die Autoren wie folgt zusammen (137): „what can be done to defend against this activity, there were seven categories of responses. Several, the most numerous, had to do with management, such as applying quality management approaches, keeping lines of communication open, seeking support from senior management, and the use of positive psychology/sociology. Some respondents suggested what to do if all else failed (workaround or dismissal of the subversive person), and several respondents expressed the belief that very little could be done."

Pan hat im Rahmen einer Fallstudie eine Organisation in Singapur untersucht (Analyseobjekt war ein "electronic procurement project"), um das Phänomen des Projektabbruchs aus einer Stakeholder-Perspektive zu erforschen.

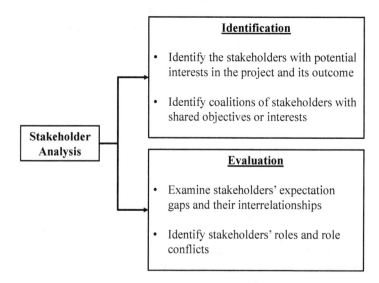

Abb. STAKM-4: Stakeholder Analytical Framework for Evaluating Project Abandonment
(nach *Pan*, 176)

Das Ergebnis seiner Studie fasst er wie folgt zusammen (173): „By providing a better understanding of project stakeholders' perceptions, expectations and interrelationships during project development, this study presents researchers with a project abandonment evaluation framework [siehe Abb. STAKM-4] that is enhanced with a stakeholder perspective. The lessons learned from the case analysis can also offer practitioners useful insights on how to manage stakeholders in information systems development projects."

Eskerod et al. untersuchten die Auswirkungen von „stakeholder inclusiveness", womit gemeint ist, dass keine Stakeholder in einem Projekt ausgeschlossen bzw. ausgegrenzt werden. Es wurde eine Fallstudie in einer dänischen Stadt mit 80.000 Einwohnern durchgeführt. Wichtig ist zu erwähnen, dass es sich um kein Informatik-Projekt handelte, sondern um ein Projekt zur Verwirklichung folgender Vision, welche vom Stadtrat beschlossen wurde (47-48, Kursivschrift im Original): „*[C]reating stronger businesses, good educational environments, and the possibility for having attractive experiences.*" Die Ergebnisse sind jedoch bemerkenswert, da sie einen Hinweis darauf liefern, dass (zu viel) „stakeholder invlusiveness" auch negative Auswirkungen haben kann. Auf der Basis der Critical-Incidence-Technik („[t]he technique was developed to systematically collect observations on human behavior related to incidents that are interpreted to have specific significance concerning a certain phenomenon of study", 46) wurden die folgenden drei Propositionen entwickelt (im englischsprachigen Original, 48-50, Originalformatierung entfernt):

- Proposition 1: Applying stakeholder inclusiveness in a project increases the likelihood for more engaged and satisfied stakeholders.
- Proposition 2: Applying stakeholder inclusiveness in a project increases a danger of losing focus on those of the stakeholders who possess the most critical resources for the project's survival and progress.
- Proposition 3: Applying stakeholder inclusiveness in a project process increases the danger of inducing stakeholder disappointment due to expectation escalation and impossibility of embracing conflicting requirements and wishes.

Eskerod/Vaagaasar haben eine longitudinale Fallstudie durchgeführt ("[t]he case we studied was a five-year long complex development project in Scandinavia. The project's task was to develop and implement a communication system for railways", 74). Ziel der Studie war es, herauszufinden, welche Strategien der Zusammenarbeit in Abhängigkeit bestimmter Projektkonstellationen Aussicht auf Erfolg haben. Besondere Relevanz hat diese Studie unter anderem deshalb, weil im Beitrag auch auf die enorme Bedeutung von Vertrauen im Zusammenhang mit Stakeholder-Management eingegangen wird – die Autoren schreiben dazu: „First of all: Do the stakeholders trust us? And how does this influence their behavior and expectations? Secondly: Do we trust a stakeholder? When and why do we trust a stakeholder and how does this influence our behavior and expectations toward this stakeholder? On the one hand, trust can help strengthen the relationship between the project management team and each project stakeholder in a manner that serves the project. The underlying assumption is that if we trust we open up, share more knowledge and, possibly, put in more effort than if we do not trust. This can increase the stakeholder's sense of satisfaction … On the other hand, lack of trust will often lead to actions to secure self-interest, for example, by both parties holding back information, developing extensive contracts, and linking them to economic consequences and working hard with documentation" (73).

Kontrollfragen
1. Worin unterscheiden sich direkte und indirekte Stakeholder?
2. Welche Interessen, Erwartungen und Befürchtungen haben unterschiedliche Stakeholder in einem Informatik-Projekt?
3. Welche Kriterien können verwendet werden, um eine Stakeholder-Analyse durchzuführen?
4. In welche Gruppen können Stakeholder aufgrund ihrer Einstellung zu einem Projekt eingeteilt werden?
5. Welche Strategien können im Umgang mit Stakeholdern unterschieden werden?

Quellenliteratur
Burghardt, M.: Projektmanagement: Leitfaden für die Planung, Überwachung und Steuerung von Projekten. 9. A., Publicis, 2012

Eskerod, P./Huemann, M./Ringhofer, C.: Stakeholder inclusiveness: Enriching project management with general stakeholder theory. Project Management Journal, 6/2016, 42-53

Eskerod, P./Vaagaasar, A. L.: Stakeholder management strategies and practices during a project course. Project Management Journal, 5/2014, 71-85

Freeman, R. E.: Strategic management: A stakeholder approach. Pitman, 1984

Friedrich, D.: Projektmarketing: Grundlagen und Instrumente für den Projekterfolg. VDM, 2005

Melbinger, W.: Stakeholder-Management für IT-Projekte. In: Tiemeyer, E. (Hrsg.): Handbuch IT-Projektmanagement. 2. A., Hanser, 2014, 609-624

Pan, G. S. C.: Information systems project abandonment: A stakeholder analysis. International Journal of Information Management, 2/2005, 173-184

PMI: A guide to the project management body of knowledge (PMBOK Guide). 5. A., Project Management Institute, Inc., 2013

Rost, J./Glass, R. L.: The impact of subversive stakeholders on software projects. Communications of the ACM, 7/2009, 135-138

Vertiefungsliteratur
Baptist, F.: Strategisches Stakeholder Management: Stakeholder Profilanalyse: Eine empirische Untersuchung. VDM, 2008

Littau, P./Jujagiri, N. J./Adlbrecht, G.: 25 years of stakeholder theory in project management literature (1984-2009). Project Management Journal, 4/2010, 17-29

McGrath, S. K./Whitty, S. J.: Stakeholder defined. International Journal of Managing Projects in Business, 4/2017, 721-748

Normen und Richtlinien
DIN 69901-5:2009-01: Projektmanagement - Projektmanagementsysteme - Teil 5: Begriffe

ISO 10006:2017-11: Qualitätsmanagementsysteme - Leitfaden für Qualitätsmanagement in Projekten

Werkzeuge
https://www.stakeholdermap.com/stakeholder-analysis/stakeholder-analysis-software.html
https://www.techrepublic.com/article/download-these-three-stakeholder-analysis-tools/

Interessante Links
https://www.projektmagazin.de/ (Suchbegriff: Stakeholder)
https://www.smartsheet.com/free-stakeholder-analysis-templates

KONFM - Konfliktmanagement

Lernziele

Sie kennen den Zweck des Konfliktmanagements in Projekten. Sie erkennen, dass es in Projekten verschiedenste Konfliktursachen geben kann und dass die Leistungsfähigkeit und -bereitschaft einer Organisation in Bezug auf Konfliktmanagement wesentliche Determinanten des Projekterfolges sind. Sie kennen ausgewählte Typologien für Konfliktarten und erkennen, dass unterschiedliche Konfliktarten unterschiedliche Konsequenzen haben können und in vielen Fällen nach unterschiedlichen Lösungsansätzen verlangen. Sie kennen die Stufen der Konflikteskalation. Sie kennen zudem einen Prozess zur Konfliktbearbeitung.

Definitionen und Abkürzungen

destruktiver Konfliktverlauf (negative conflict process) = der Umstand, dass ein Konflikt zu einem negativen Projektverlauf führt, weil irreversible Schäden im Projektsystem (z.B. öffentliches Bloßstellen der anderen Konfliktpartei, „Gesichtsverlust") eingetreten sind.

Konflikt (conflict) = das Aufeinandertreffen unvereinbarer Handlungstendenzen, wobei die Unvereinbarkeit aus Unterschieden in der Persönlichkeit der Akteure, ihren Bedürfnissen, Einstellungen, Erwartungen, Wünschen, Zielen, Denk- und Arbeitsweisen und/oder Interessen resultieren kann.

Konfliktkultur (conflict culture) = die Fähigkeit und Bereitschaft einer Organisation, mit Konflikten so umzugehen, dass Aufgabenträger zufrieden sind und die Erreichung von Organisationszielen langfristig gesichert wird.

Konfliktlandkarte (conflict map) = die grafische Darstellung einer Konfliktsituation, in der insbesondere die Sozialstruktur eines Konflikts dokumentiert wird, die zur Konfliktanalyse beiträgt und somit eine wesentliche Basis für die Konfliktlösung darstellt.

Konfliktmanagement (conflict management) = die Aufgabe der Projektleitung, Konflikte vermeiden, erkennen, beherrschen und lösen zu können.

Konfliktprophylaxe (conflict prophylaxis) = alle vorbeugenden Maßnahmen, die einen Beitrag leisten, um die Wahrscheinlichkeit für das Auftreten von Konflikten zu reduzieren.

konstruktiver Konfliktverlauf (positive conflict process) = der Umstand, dass trotz eines Konflikts der Projektverlauf positiv gestaltet werden kann.

Krise (crisis) = verschärfter Konflikt, durch den die Erfolgswahrscheinlichkeit eines Projekts in hohem Ausmaß ungünstig beeinflusst wird.

Mediation (mediation) = ein strukturiertes und freiwilliges Verfahren zur Beilegung eines Konfliktes, bei dem ein unabhängiger Dritter die Konfliktparteien im Lösungsprozess begleitet. Ziel ist es, zu einer Vereinbarung zu gelangen, welche die Interessen beider Konfliktparteien berücksichtigt.

sozialer Konflikt (social conflict) = die Unverträglichkeit der Ziele oder Handlungen zweier oder mehrerer Akteure (Personen, Gruppen oder Organisationen), der Konfliktparteien.

Zweck des Konfliktmanagements

Die Schaffung eines neuen oder wesentlich veränderten Informationssystems geht oftmals mit starken organisationalen Veränderungen einher, die sich wiederum auf bestehende Machtverhältnisse und Ressourcenzuteilungen auswirken. Wenn Projekte zu Organisationsveränderungen und somit zu Verschiebungen im Machtgefüge sowie von Ressourcen führen, bleibt oftmals unberücksichtigt, dass diese Veränderungen frühzeitig geplant, aktiv gesteuert und begleitet werden sollten. Ziel ist es, Konflikte in der Projektbearbeitung zu vermeiden.

Patzak/Rattay (466) schreiben: „Konflikte treten gerade in Projekten häufig zu Tage, weil die Neuartigkeit des Vorhabens, die Gegensätze zum Routinebetrieb, die schwierigen Rahmenbedingungen und der meist mit Projekten verbundene Veränderungsdruck viele Reibungsflächen eröffnen. Konflikte sind daher immanent mit Projekten verknüpft." In Bezug auf IT-Projekte führt *Tiemeyer* (651-652) aus: „Konflikte sind natürlich auch in IT-Projekten keine Seltenheit. So läuft im Projektteam oft etwas schief, weil Absprachen und Termine nicht eingehalten werden, einzelne Teammitglieder sich überlastet fühlen, Rivalitäten im Projekt ausgetragen werden, strenge Planvorgaben die Arbeitsmotivation bremsen oder Informationen nicht weitergegeben werden. Ein typischer Konflikt ist auch dann vorprogrammiert, wenn Mitglieder des Projektteams ... parallele Vorgesetzte haben (etwa in anderen Projekten oder in anderen Kernaufgaben). Wenn verschiedene Personen – wie in einem IT-Projekt gegeben – miteinander an einer Problemlösung arbeiten, kommt es also über kurz oder lang zu Konflikten ... Konflikte können nämlich auch in der Projektarbeit durchaus produktiv sein. Sie sind nicht selten der Motor von Dynamik und Weiterentwicklung. Wo keine Auseinandersetzung stattfindet, gibt es auch keine Veränderung. Als Beispiele für positive Erfahrungen im Umgang mit Konflikten seien genannt: Probleme werden aufgezeigt, Kreativität wird gefördert, der persönliche Horizont wird erweitert."

Diese immanente Verknüpfung von Konflikten und Projekten zeigt sich auch in Aussagen von bedeutsamen Institutionen des Projektmanagements (vgl. Lerneinheit RAHPM). Die ICB (IPMA Competence Baseline) der International Project Management Association nennt beispielsweise im Bereich der Verhaltenskompetenz explizit „Konflikte und Krisen". *Reuter* (199) fasst die „Kunst des Konflikt- und Krisenmanagements" nach der ICB (konkret die deutsche Fassung als NCB – National Competence Baseline) zusammen, es geht darum, „Ursachen und Wirkungen einzuschätzen und zusätzliche Informationen für den Entscheidungsprozess zur Definition möglicher Lösungen zu beschaffen. Dies muss vor dem Hintergrund von wütenden oder in Panik geratenen Personen oder Organisationen geschehen. In möglichst kurzer Zeit muss der Manager Informationen zusammentragen und die verschiedenen Optionen abwägen, um eine positive, vorzugsweise synergetische Lösung zu finden. Vor allem muss er dabei ruhig, beherrscht und freundlich bleiben."

Konfliktmanagement steht somit mit organisationalen Kommunikationsprozessen, Emotionen sowie dem Veränderungsmanagement (vgl. Lerneinheit VERÄM) und Stakeholder-Management (vgl. Lerneinheit STAKM) in engem Zusammenhang und ist eine Führungsaufgabe, die von der Projektleitung wahrzunehmen ist. Dies schließt nicht aus, dass insbesondere bei einer Eskalation eines Konflikts übergeordnete Organisationseinheiten – bis hin zum Vorstand eines Unternehmens – in die Analyse und Lösung eines Konflikts eingebunden werden.

Konfliktursachen kann es in Projekten viele geben, *Burghardt* (543) nennt:

- Ressourcenkonflikt,
- Kostenkonflikt,
- Zielkonflikt,
- Prioritätenkonflikt,
- Vorgehenskonflikt,
- Zuständigkeitskonflikt und
- persönlichkeitsbedingter Konflikt.

Patzak/Rattay (470-473) detaillieren und erweitern diese Liste; sie nennen folgende Konfliktursachen:

- die Ziele des Projekts sind unklar;
- die Ziele des Projekts sind klar, aber nicht akzeptiert;
- die Rollen im Projekt sind unzureichend beschrieben oder abgegrenzt;
- die Rollen im Projekt erfordern mehr Informationen und Entscheidungskompetenz als verfügbar;
- die Projektgruppe ruft bei anderen Angst hervor (z.B. weil das Projektteam inklusive Projektleitung aus ausschließlich jüngeren Mitarbeitern besteht, welche ein Digitalisierungsprojekt in hohem Tempo realisieren will, was bei den älteren Mitarbeitern der Stammorganisation Unbehagen hervorruft);
- die Persönlichkeiten einzelner Projektmitglieder passen nicht zueinander und
- das Projekt wird vom Management nicht unterstützt.

Aus Projektmanagementsicht ist es bedeutsam, zu erkennen, dass die Leistungsfähigkeit und -bereitschaft in Bezug auf Konfliktmanagement wesentliche Determinanten des Projekterfolges sind. Insbesondere ist hervorzuheben, dass Führungskräfte und Mitarbeiter lernen können, mit Konflikten in Projekten umzugehen. Die Entwicklung und Etablierung einer Konfliktkultur ist wichtig.

Konfliktarten

In der Fachliteratur werden verschiedenste Systematiken unterschieden, wie Konflikte typologisiert werden können. Die folgende Aufstellung fasst eine Typologie von Konflikten in Projekten nach *Reuter* (201) zusammen, die sechs verschiedene Konfliktarten unterscheidet:

- Zielkonflikt: Im Projekt werden Ziele verfolgt, die konfliktär sind (vgl. Lerneinheit ZIELP).
- Verteilungskonflikt: Das Projekt ist nicht mit ausreichenden Ressourcen ausgestattet.

- Prozedurenkonflikt: Im Projekt werden nicht akzeptierte Vorgehensweisen verwendet (z.B. es werden Entscheidungen getroffen, ohne bestimmte Mitarbeiter bzw. Instanzen einzubinden).
- Rollenkonflikt: Für Projektmitarbeiter, die sowohl in der angestammten Fachabteilung als auch im Projekt arbeiten (wie bei der Einfluss-Projektorganisation vorgesehen, vgl. Lerneinheit PRORG), können sich Unvereinbarkeiten ergeben.
- Wertekonflikt: Arbeitsweisen und Handlungen im Projekt stehen im Widerspruch zu geltenden Prinzipien aus der Linienorganisation bzw. aus dem privaten Bereich.
- Beziehungskonflikt: Probleme treten auf, weil am Projekt beteiligte Personen unterschiedliche Persönlichkeiten, Bedürfnisse, Einstellungen und Erwartungen haben.

Eine andere Typologie nach *Patzak/Rattay* (467) unterscheidet drei Konfliktarten:

- Personale Konflikte: Diese entstehen dann, wenn sich die am Projekt beteiligten Personen hinsichtlich ihrer Persönlichkeit und ihren Erwartungen unterscheiden.
- Strukturelle Konflikte: Diese entstehen dann, wenn hinsichtlich Aufbau- und Ablauforganisation Defizite bestehen (z.B. unklare Weisungsbefugnisse, komplexe Geschäftsprozesse, unklare und sich überlappende Rollenbeschreibungen sowie widersprüchliche Organisationsregeln).
- Kulturelle Konflikte: Die Rituale, Prinzipien und Verhaltensmuster in Projekten sind nicht mit jenen vereinbar, die auch eine Wirkung auf das Projekt haben (z.B. mit jenen aus anderen Abteilungen oder von externen Unternehmen wie es beim IT-Outsourcing der Fall ist).

Unabhängig davon, welche Typologie zur Betrachtung von Konflikten in einem Projekt verwendet wird, ist es bedeutsam, zu erkennen, dass unterschiedliche Konfliktarten unterschiedliche Konsequenzen haben können und in vielen Fällen nach unterschiedlichen Lösungsansätzen verlangen. Beispielsweise ist eine Konsequenz eines personalen Konflikts, dass selbst nach Abschluss eines Projekts noch lange Zeit „dicke Luft" herrschen kann, was insbesondere dann der Fall ist, wenn zumindest eine der Konfliktparteien nachtragend ist. Weiter kann im Fall eines personalen Konflikts ein Lösungsansatz darin bestehen, eine Konfliktpartei oder eventuell sogar beide aus dem Projekt abzuziehen, um diese durch Personen zu ersetzen, die besser harmonieren. Dieser Lösungsansatz ist hingegen bei strukturellen Konflikten nicht anwendbar, hier sind Anpassungen der Aufbau- und/oder Ablauforganisation notwendig.

Stufen der Konflikteskalation

Glasl nennt neun Stufen der Konflikteskalation, die insbesondere beim Management von sozialen Konflikten berücksichtigt werden sollten. In Abb. KONFM-1 sind die neun Stufen dargestellt. Bei Stufe 1 verhärten sich die Standpunkte der Konfliktparteien, jedoch bemüht man sich noch um Kooperation. Bei Stufe 2 werden die Argumente immer weniger rational, Polemik greift um sich, es wird also bewusst gegen die andere Ansicht argumentiert. Bei Stufe 3 wird erkannt, dass man durch Argumentieren die Position der anderen Partei nicht verändern kann, daher werden Handlungen vollzogen, um die jeweils andere Partei vor vollendete

Tatsachen zu stellen. In dieser Phase entwickeln die jeweiligen Parteien ein starkes „Wir-Gefühl" (vgl. dazu unter anderem Studien von *Blake/Mouton* aus den 1960er Jahren), das stärkt die interne Zusammengehörigkeit und grenzt die Konfliktparteien weiter voneinander ab.

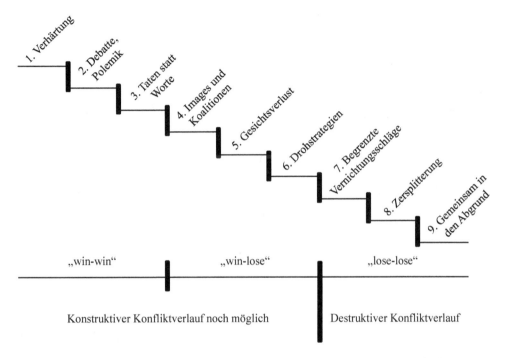

Abb. KONFM-1: Stufen der Konflikteskalation (in Anlehnung an *Glasl*)

Bei Stufe 4 werden die Erfahrungen mit der anderen Partei zu negativen stereotypen Images verdichtet und man erklärt die andere Partei zum Feindbild. Bei Stufe 5 greift totales Misstrauen um sich. Inszenierte Entlarvungen sollen öffentlich nachweisen, wie verwerflich das Denken und Handeln der jeweils anderen Partei ist. Bei Stufe 6 kommen Drohungen und Gegendrohungen ins Spiel. Bei Stufe 7 erfolgen Aktionen begrenzter Zerstörung als Vergeltung auf selbst erlittenen Schaden. Bei Stufe 8 erfolgt die Zerstörung wichtiger Funktionen der anderen Partei. Bei Stufe 9 läuft das Denken und Handeln auf komplette Vernichtung hinaus, und dies sogar zum „Preis" der Selbstvernichtung.

Wie in Abb. KONFM-1 dargestellt, ist es bis einschließlich Stufe 3 – bei entsprechendem Konfliktmanagement – möglich, eine „win-win"-Situation herzustellen. Von Stufe 4 bis Stufe 6 ergibt sich eine „win-lose"-Situation, in der eine Konfliktpartei als Sieger und eine als Verlierer aussteigt. Von Stufe 7 bis Stufe 9 gibt es keinen Gewinner mehr, beide Parteien verlieren und somit liegt eine „lose-lose"-Situation vor. Grundsätzlich ist davon auszugehen, dass bis einschließlich Stufe 6 bei entsprechenden Maßnahmen noch ein konstruktiver Konfliktverlauf möglich ist, wohingegen es bei Stufe 7 schwierig und ab Stufe 8 fast unmöglich ist, einen konstruktiven Konfliktverlauf herbeizuführen. In der Regel ist davon auszugehen, dass Situationen ab Stufe 7 mit Notwendigkeit einen destruktiven Konfliktverlauf bewirken.

Insbesondere bei Informatik-Projekten ist das Konfliktgeschehen nicht einfach zu überblicken, und zwar deshalb, weil Konflikte vielfach nicht (gleich von Beginn an) offen ausgetragen werden, sondern eher latenter Art sind. Es ist daher wichtig, Merkmale latenter Konflikte zu kennen, um Konflikte antizipieren und damit im Falle ihres Eintritts rascher handeln zu können - Merkmale latenter Konflikte im Bereich von Softwareprojekten sind nach *Henrich* (456):

- eigene Ziele werden gegenüber den Zielen anderer Parteien überbetont,
- Informationsvorenthaltungen finden statt,
- eigene Interessen werden gegenüber anderen Parteien nicht offen gelegt,
- die Parteien setzen gezielt Praktiken ein, bei denen die anderen Parteien aufgrund fehlender Informationen und knapper Zeiteinteilung nicht angemessen reagieren können („Überrumpelungsstrategien"),
- es wird den anderen Parteien (teilweise in subtiler Form) gedroht und
- bedeutsame Positionen werden sowohl mit sachlichen als auch mit unsachlichen Argumenten verteidigt.

Konfliktbearbeitungsprozess

Die Bearbeitung von Konflikten, sofern diese ein bestimmtes Ausmaß erreicht haben, kann nach dem in Abb. KONFM-2 dargestellten Prozess erfolgen. Dieser Konfliktbearbeitungsprozess gliedert sich in eine Analysephase (mit den Schritten Konfliktgeschichte, Konfliktumfeld, Konfliktdefinition) und in eine Lösungsphase (mit den Schritten Lösungsalternativen, Evaluation, Umsetzung). Im Folgenden wird der Konfliktbearbeitungsprozess auf der Basis von *Patzak/Rattay* (476-481) beschrieben.

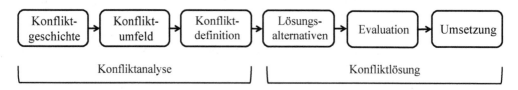

Abb. KONFM-2: Konfliktbearbeitungsprozess (in Anlehnung an *Patzak/Rattay*, 476)

Konfliktgeschichte

Es geht darum, zu erkennen, wo der Konflikt seinen Ursprung hat. Das Erkennen dieses Ursprungs kann wesentlich zur Entwicklung einer Lösung beitragen. Weiter ist es wichtig, herauszufinden, ob in der Vergangenheit bereits Konfliktlösungen geplant und/oder umgesetzt wurden. Liegt bereits ein Plan vor, dann kann dieser möglicherweise umgesetzt werden. Wurden schon Lösungen umgesetzt, ist festzustellen, wie diese in der Vergangenheit gewirkt haben.

Konfliktumfeld

Es geht darum, zu erkennen, welche Personen und Gruppen am Konflikt beteiligt sind. Wer ist betroffen, und in welcher Weise? Wer nimmt im Hintergrund Einfluss auf den Konflikt? Welche Abhängigkeiten gibt es zwischen den am Konflikt beteiligten Personen und Gruppen? Welche Ziele werden von den unterschiedlichen Parteien im Projekt verfolgt? Diese bedeutsamen Fragen sind zu beantworten. Methodisch spielt hierbei die Konfliktlandkarte eine wesentliche Rolle.

Konfliktdefinition

Es geht darum, den Konflikt aus unterschiedlichen Perspektiven zu betrachten. Wie wird der Konflikt von den unterschiedlichen Parteien wahrgenommen? Wem nützt der Konflikt? Weiter geht es darum, zu erkennen, um welche Konfliktart es sich handelt, wobei oftmals mehrere Konfliktarten gemeinsam auftreten können. Eine Analyse der Kommunikationsmuster sowie der Persönlichkeitsmerkmale der am Konflikt beteiligten Personen hilft, den Konflikt besser zu verstehen.

Lösungsalternativen

Zur Lösung eines Konflikts stehen verschiedene Grundmuster zur Verfügung. Abbildung KONFM-3 fasst bedeutsame Lösungsalternativen zusammen und klassifiziert diese entlang von zwei Faktoren: Durchsetzung der eigenen Interessen (X-Achse) und Berücksichtigung der Interessen anderer (Y-Achse).

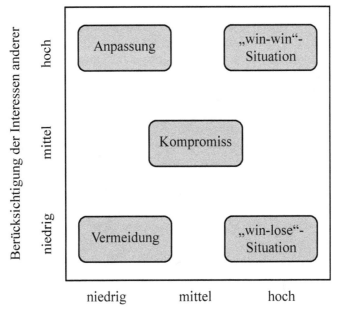

Abb. KONFM-3: Lösungsalternativen bei Konflikten (in Anlehnung an *Reuter*, 214)

Ist die Ausprägung beider Faktoren hoch, dann liegt eine „win-win"-Situation vor. Hier werden Differenzen in den Ansichten diskutiert, Ziele und Interessen werden offen gelegt. Ist die Ausprägung beider Faktoren niedrig, dann liegt eine Vermeidungsstrategie vor, der Konflikt wird ignoriert bzw. das Problem wird in andere Bereiche verlagert. Ist die Ausprägung der Durchsetzung der eigenen Interessen hoch, die Ausprägung der Berücksichtigung der Interessen anderer hingegen niedrig, dann liegt eine „win-lose"-Situation vor. Hier werden Autoritätsverhältnisse zur Lösung eines Konflikts genutzt und eine Konfliktpartei setzt sich auf Kosten der anderen Partei durch. Oft werden in einer solchen Situation Informationen vorenthalten, Koalitionen geschlossen und Gegner diffamiert. Ist die Ausprägung der Durchsetzung der eigenen Interessen niedrig, die Ausprägung der Berücksichtigung der Interessen anderer hingegen hoch, dann liegt eine Anpassungsstrategie vor. Die Aufrechterhaltung einer langfristig stabilen Beziehung zur anderen Konfliktpartei ist hier wichtiger als die Durchsetzung eigener (kurzfristiger) Interessen. Schließlich kann die Ausprägung beider Faktoren mittel sein. In einer solchen Situation wird eine Kompromisslösung ausverhandelt, es wird also eine Lösung angestrebt, die für beide Konfliktparteien zwar nicht optimal, aber akzeptabel ist – jede Partei muss nachgeben. Bei der Lösungsfindung sollten Emotionen zurückgestellt und eigene Zielvorstellungen und Erwartungen in den Mittelpunkt gestellt werden (Zukunftsorientierung statt Vergangenheitsorientierung). Methodisch leisten Kreativitätstechniken einen wirksamen Beitrag zur Identifikation von konkreten Lösungsalternativen (vgl. Lerneinheit KREAT).

Evaluation

Es geht darum, eine zielbezogene Beurteilung der Lösungsalternativen auf der Grundlage eines Systems von relevanten Eigenschaften (Evaluierungskriterien) durchzuführen. In der Lerneinheit EVALU wurde erläutert, dass für Evaluationen in Projektsituationen, aus denen beträchtliche Konsequenzen für das Unternehmen resultieren können, zu fordern ist, dass Evaluierung methodisch erfolgen sollte, also auf einem System von Regeln aufbauen und intersubjektiv nachvollziehbar sein soll. Im Falle von Konflikten oder Krisen können beträchtliche Konsequenzen aus der Beurteilung und anschließenden Realisierung von Lösungsalternativen resultieren, beispielsweise in Bezug auf Kosten, Mitarbeitermotivation und Sozialstrukturen in der Organisation. Daher sollte die Evaluation der Lösungsalternativen bei schwerwiegenden Konflikten sowie bei Krisen intersubjektiv nachvollziehbar sein. Methoden der Evaluierung wie Nutzwertanalyse oder Analytischer Hierarchieprozess werden in der Lerneinheit EVALU vorgestellt.

Umsetzung

Es geht darum, festzulegen, wie die ausgewählte Konfliktlösung umgesetzt wird. Weiter ist zu bestimmen, bis wann welche Maßnahmen zu planen und realisieren sind und wer für die Aufgabenerledigung verantwortlich ist. Eine partizipative Festlegung des Umsetzungsplans ist wichtig, um eine möglichst hohe Identifikation mit der Konfliktlösung unter allen Parteien zu bewirken.

Konfliktprophylaxe

Konflikte sind in Projekten zwar unvermeidbar, dennoch gibt es Faktoren, die das Auftreten von Konflikten unwahrscheinlicher machen und durch eine Organisation beeinflussbar sind. *Henrich* (458-459) nennt für Softwareprojekte die folgenden Faktoren:

- „starke" Projektleitung,
- klar definierte Aufgaben und Kompetenzen,
- transparenter Informationsfluss,
- strukturierte Entscheidungsfindung,
- klar definierte Ziele und
- Förderung von Eigeninitiative und Eigenverantwortung.

Zudem nennt *Reuter* (207) eine Reihe von Indikatoren, die Spannungen in Projekten anzeigen und somit als Vorläufer von Konflikten gedeutet werden können. Das Erkennen solcher Indikatoren und entsprechendes Managementhandeln können helfen, entstehende Konflikte zu antizipieren und abzuwenden. Indikatoren sind:

- keine Einigung über ein fachliches Problem über einen längeren Zeitraum,
- keine Bereitschaft, einander zuzuhören,
- Ideen von anderen als eigene Ideen „verkaufen",
- Vorschläge werden „niedergebügelt", bevor sie überhaupt diskutiert wurden,
- Rivalitäten können beobachtet werden,
- Lagerbildung findet statt,
- Vorwurf mangelnder Kompetenz,
- Projektsitzungen dauern lange, ohne konkrete Ergebnisse zu erzielen,
- Projektsitzungen sind mangelhaft vorbereitet,
- Projektmitglieder sind in Sitzungen nur „körperlich" anwesend,
- wiederholt mangelhafte Bearbeitung von Aufgaben,
- Entscheidungen werden zu spät oder gar nicht gefällt,
- Rangeln um Kompetenzen und
- Führungskräfte berücksichtigen Vorschläge von Mitarbeitern nicht ausreichend.

Forschungsbefunde

Liu et al. haben den Zusammenhang zwischen interpersonellem Konflikt, Instabilität von Anforderungen, Diversität von Anforderungen und der Projektleistung empirisch untersucht. Im Beitrag werden die vier Konstrukte wie folgt definiert: „Project performance: software project performance should include considerations of effectiveness, efficiency, and timeliness ... User–IS professionals conflicts: a symptom between users and IS professionals when they feel negative emotional reactions to disagreements and interference for their parties' goal ... Requirements instability: the extent of changes in user requirements during the system development phase ... Requirements diversity: the extent to which users differ among each other in the system requirements" (551). Es wurde ein Fragebogen an die Top-1600 Unternehmen in Taiwan versendet; 114 Fragebögen gingen in die Datenanalyse ein, Befragte waren „IS professionals" und bei den antwortenden Unternehmen handelte es sich um Organisationen verschiedenster Branchen (z.B. Industrie,

Versicherungen, Banken, Dienstleistungen). Abbildung KONFM-4 zeigt das Forschungsmodell und die Ergebnisse der Studie. Gestrichelte Pfeile zeigen hierbei Hypothesen zum Zusammenhang von Variablen, die empirisch *nicht* bestätigt werden konnten. Durchgezogene Pfeile zeigen bestätigte Hypothesen. Zudem geben die „+" und „-„ Zeichen an, ob ein Zusammenhang positiv oder negativ ist.

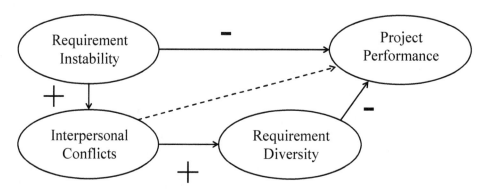

Abb. KONFM-4: Forschungsmodell und Ergebnisse (nach *Liu et al.*, 549)

Die Ergebnisse der Studie zeigen, dass die Instabilität von Anforderungen interpersonelle Konflikte zwischen Benutzern und Entwicklern befördert, was sich wiederum auf die Diversität von Anforderungen auswirkt, welche die Projektleistung ungünstig beeinflusst. Zudem zeigen die Ergebnisse, dass die Instabilität von Anforderungen auch direkt negativ auf die Projektleistung wirkt. Interpersonelle Konflikte haben nach den Ergebnissen der Studie jedoch keinen direkten Einfluss auf die Projektleistung.

Das Management von Informatik-Projekten ist zunehmend von der Internationalisierung des Leistungserstellungsprozesses betroffen. Insbesondere befinden sich Benutzer und Entwickler immer öfter an unterschiedlichen Orten, nicht zuletzt aufgrund der Auslagerung der Softwareentwicklung in Staaten mit niedrigerem Lohnniveau als im deutschsprachigen Raum. Die Distanz zwischen Anwender und Outsourcing-Geber kann dabei „über die halbe Welt" gehen, beispielsweise dann, wenn ein deutsches Unternehmen die Softwareentwicklung nach Indien auslagert (als Offshoring bezeichnet). Vor dem Hintergrund dieser Entwicklung formulieren *Stawnicza/Kurbel* die These, dass globale Projektteams häufig mit vielfältigen Konflikten konfrontiert sind. Als Gründe für diese These geben sie unter anderem an, dass in solchen Teams Personen aus unterschiedlichen Kulturen arbeiten und diese Personen auch noch an verschiedenen Orten arbeiten (oft über etliche Zeitzonen hinweg), was die Kommunikation im Projekt und Koordination der Projekttätigkeiten (vgl. Lerneinheit KOORD) erschwert. In ihrem Review-Beitrag untersuchen *Stawnicza/Kurbel* die Fachliteratur zu interkulturellen Konflikten sowie zur Konfliktprävention und dem Management und der Lösung von Konflikten. Insgesamt wurden 52 Journale aus vier Forschungsdisziplinen untersucht (Information Systems Research, Project Management, International Management, Social Psychology); die Autoren identifizierten schließlich 45 theoretische und empirische Arbeiten, die im Detail untersucht wurden. Die wesentlichen Befunde und Inhalte der Studie fassen die Autoren wie folgt zusammen (111): „This paper makes two main contributions: firstly, to our knowledge, it is the first comprehensive structured literature review in the field of cross-cultural conflicts in globally distributed project teams. Secondly, it deductively develops a set of conflict prevention methods, including a high-level model of the conflict prevention process. The paper attempts to structure conflict emergence, conflict management and resolution as well as conflict prevention in cross-cultural globally distributed project teams. Conflict management has been widely studied and is recognized as a significant success factor in global teams. Consequently, we have identified a large number of studies and papers that focus on this topic. Conflict prevention, however, has been frequently neglected by the researchers. Since previous studies so far have only marginally dealt with conflict prevention, our findings were derived not only from the available empirical research, but also from recommendations by practitioners."

Kontrollfragen
1. Warum ist Konfliktmanagement in Informatik-Projekten wichtig?
2. Welche Konfliktursachen gibt es in Projekten?
3. Welche Konfliktarten können unterschieden werden?
4. Welche Stufen der Konflikteskalation gibt es nach Glasl?
5. In welche Phasen und Teilschritte kann ein Konfliktbearbeitungsprozess gegliedert werden?

Quellenliteratur

Blake, R. R./Mouton, J. S.: Comprehension of own and outgroup positions under intergroup competition. Journal of Conflict Resolution, 5/1961, 304-310

Blake, R. R./Mouton, J. S.: Overevaluation of own group's product in intergroup competition. Journal of Abnormal and Social Psychology, 3/1962, 237-238

Burghardt, M.: Projektmanagement: Leitfaden für die Planung, Überwachung und Steuerung von Projekten. 9. A., Publicis, 2012

Ebert, C.: Risikomanagement für IT-Projekte. In: Tiemeyer, E. (Hrsg.): Handbuch IT-Projektmanagement. 2. A., Hanser, 2014, 505-553

Glasl, F.: Konfliktmanagement: Ein Handbuch für Führungskräfte, Beraterinnen und Berater. 11. A., 2017

Greif, S./Runde, B./Seeberg, I. (Hrsg.): Erfolge und Misserfolge beim Change Management. Göttingen 2004

Henrich, A.: Management von Softwareprojekten. Oldenbourg, 2002

Liu, J. Y.-C./Chen, H.-G./Chen, C. C./Sheu, T. S.: Relationships among interpersonal conflict, requirements uncertainty, and software project performance. International Journal of Project Management, 5/2011, 547-556

Patzak, G./Rattay, G.: Projektmanagement: Projekte, Projektportfolios, Programme und projektorientierte Unternehmen. 6. A., Linde International, 2014

Stawnicza, O./Kurbel, K.: How to prevent before you must cure: A comprehensive literature review on conflict management strategies in global project teams. Proceedings of the International Research Workshop on IT Project Management, 2012

Tiemeyer, E.: IT-Projektteams: Teamentwicklung und Führung. In: Tiemeyer, E. (Hrsg.): Handbuch IT-Projektmanagement. 2. A., Hanser, 2014, 625-661

Vertiefungsliteratur

Corvette, B. A.: Conflict management: A practical guide to developing negotiation strategies. Pearson, 2014

Ernst, S.-J./Janson, A./Peters, C./Leimeister, J. M.: Understanding IT-culture conflicts to drive successful technochange projects: A case. Proceedings of the 38th International Conference on Information Systems, 2017

Keil, M./Mann, J./ Rai, A.: Why software projects escalate: An empirical analysis and test of four theoretical models. MIS Quarterly, 4/2000, 631-664

Keil, M.: Pulling the plug: Software project management and the problem of project escalation. MIS Quarterly, 4/1995, 421-447

Mähring, M./Keil, M./Mathiassen, L./Pries-Heje, J.: Making IT project de-escalaction happen: An exploration into key roles. Journal of the Association for Information Systems, 8/2008, 462-496

Raines, S. S.: Conflict management for managers: Resolving workplace, client, and policy disputes. Jossey-Bass, 2013

Schienle, W./Steinborn, A.: Psychologisches Konfliktmanagement: Professionelles Handwerkszeug für Fach- und Führungskräfte. Springer, 2016

Vigenschow, W./Schneider, B./Meyrose, I.: Soft Skills für Softwareentwickler: Fragetechniken, Konfliktmanagement, Kommunikationstypen und -modelle. 3. A., dpunkt, 2014

Normen und Richtlinien

Conflict   Mediation   Guidelines:
https://web.stanford.edu/group/resed/resed/staffresources/RM/training/conflict.html

Guidelines for the Design of Integrated Conflict Management Systems within Organizations – Executive Summary: https://www.mediate.com/articles/spidrtrack1.cfm

Seven   Guidelines   for   Handling   Conflicts   Constructively:
https://www.mediate.com/articles/jordan2.cfm

Werkzeuge

Konfliktlösungs-Tools: Klärende und deeskalierende Methoden für die Mediations- und Konfliktmanagement-Praxis. Peter Knapp (Hrsg.), 2012

Interessante Links

https://thedigitalprojectmanager.com/12-conflict-resolution-techniques-workplace/
https://www.educba.com/conflict-management-techniques/
https://www.hrpersonality.com/resources/conflict-management-techniques
https://www.projektmagazin.de/methoden/konfliktwolke
https://www.projektmagazin.de/methoden/kraftfeldanalyse
https://www.projektmagazin.de/spotlight/wie-gehe-ich-konstruktiv-mit-konflikten-im-projekt-um
https://www.youtube.com/watch?v=adoexrCtcjU

VERÄM - Veränderungsmanagement

Lernziele

Sie kennen den Zweck und die Ziele des Veränderungsmanagements, um Maßnahmen zur Initiierung und Umsetzung von neuen Strategien, Strukturen, Prozessen und Verhaltensweisen in Organisationen zu koordinieren. Sie können die Zweckmäßigkeit der Anwendung des Veränderungsmanagements im Kontext von Informatik-Projekten beurteilen. Sie kennen ausgewählte Methoden des Veränderungsmanagements, um Veränderungsprozesse in Organisationen zu veranlassen. Sie erkennen, dass es mit Hilfe des Veränderungsmanagements möglich ist, Prozesse, Informationssysteme und Individuen im Sinne einer Veränderung zielgerichtet zu steuern.

Definitionen und Abkürzungen

Änderungsantrag (change request) = ein formaler Vorschlag zur Änderung eines Dokuments oder eines Liefergegenstands.

Änderungsmanagement (change management) = die systematische Vorgehensweise zur Planung, Durchführung und Dokumentation von Änderungen, die sich aus der Behebung von Problemen ergeben.

Erfolgsfaktor (success factor) = die Eigenschaft eines Objekts (hier des Projektmanagements), deren Vorhandensein und positive Ausprägung dazu beiträgt, den mit dem Objekt verfolgten Zweck mit höherer Wahrscheinlichkeit zu erreichen als ohne deren Vorhandensein bzw. bei negativer Ausprägung.

Führung (leadership) = die zielorientierte Harmonisierung des arbeitsteiligen sozialen Systems Organisation.

Groupware = ein computer-basiertes Werkzeug, das eine Gruppe von Personen bei der Planung, Durchführung und/oder Kontrolle einer gemeinsam zu erledigenden Aufgabe unterstützt. Synonyme: Collaborative Software, Collaboration Tool.

Istzustand (current state) = die Gesamtheit der technischen, organisatorischen und sozialen Bedingungen und Regelungen eines bestehenden Systems.

Methode (method) = eine auf einem System von Regeln aufbauende, intersubjektiv nachvollziehbare Handlungsvorschrift zum Problemlösen.

Organisation (organization) = alles, was die Ordnung eines Systems definiert. In der Organisationsforschung versteht man unter einer Organisation ein offenes System, das auf Dauer angelegt ist, Organisationsziele verfolgt, ein soziales Gebilde ist, sich aus Individuen und/oder Gruppen zusammensetzt und eine bestimmte Struktur hat.

Sollzustand (target state) = die Gesamtheit der technischen, organisatorischen und sozialen Bedingungen und Regelungen eines gewollten Systems.

Veränderungsmanagement (management of change bzw. change management) = die Planung, Durchführung und Steuerung von organisationalen Veränderungsprozessen; eine angemessene Beteiligung der Organisationsmitglieder wird vorausgesetzt, daher ist deren Verständnis für Veränderung für den Erfolg essentiell.

Zweck des Veränderungsmanagements

Globale Geschäftsbeziehungen, technologischer Fortschritt, internationaler Wettbewerb und zunehmend vernetzte Organisations- und Kommunikationsformen sind bedeutsame Ursachen für das rasante Tempo des Wandels in den Organisationen und anderen Institutionen der Gesellschaft. In Organisationen gehören Veränderungen zum Alltag. Die Herstellung neuer oder Schaffung wesentlich veränderter Informationssysteme geht in der Regel mit signifikanten organisationalen Veränderungen einher. *Tiemeyer* (26) schreibt dazu in einem Beitrag zum erfolgreichen Management von Informatik-Projekten: „Die Projektpraxis zeigt … deutlich, dass ein organisiertes Change Management (= Veränderungsmanagement) unumgänglich ist. Es ist notwendig, die mit der Projekteinführung ausgelösten Veränderungsprozesse systematisch zu planen, zu steuern und zu bewerten."

Das Veränderungsmanagement beschäftigt sich mit dem systematischen Vorgehen bei Veränderungen. Durch den Einsatz von Veränderungsmanagement werden notwendige Veränderungen so begleitet, dass „Reibungsverluste" vermieden und Konflikte vermindert werden. Wenn Projekte zu Organisationsveränderungen führen (was fast immer der Fall ist), bleibt oftmals unberücksichtigt, dass diese Veränderungen frühzeitig geplant, aktiv gesteuert und begleitet werden sollten. Ziel ist es, negative Auswirkungen von Veränderungen (insbesondere Technologieakzeptanzprobleme, vgl. Lerneinheit TECHA) zu vermeiden.

Bei Informatik-Projekten wird der Begriff „Change Management" zur Beschreibung unterschiedlicher Sachverhalte verwendet, insbesondere auch, um damit eine Änderung von Projektzielen (vgl. Lerneinheit ZIELP) oder Projektanforderungen (vgl. Lerneinheit ANFAN) in Form von Änderungsanträgen (change requests) zu beschreiben. Dem Änderungsmanagement kommt in der Planung und Realisierung von Informatik-Projekten daher eine wesentliche Bedeutung zu. Änderungen im Projektgeschehen, insbesondere bei Informatik-Projekten, sind grundsätzlich etwas Normales und deuten nicht zwangsläufig darauf hin, dass das Projekt falsch geplant worden ist. Vielmehr liegt es im Wesen von Informatik-Projekten, dass zum Projektstart nicht alle wesentlichen Entwicklungen und Anforderungen vorhergesehen werden können. Dieser Aspekt des Change Managements wird in dieser Lerneinheit jedoch nicht behandelt (vgl. dazu unter anderem den Abschnitt Konfigurationsmanagement in der Lerneinheit ZAMIM). Vielmehr fokussiert diese Lerneinheit darauf, wie Veränderungen, die aus Projekten entstehen, professionell behandelt werden. Mit anderen Worten, der Fokus liegt in dieser Lerneinheit auf Management of Change, wobei anzumerken ist, dass in der Fachliteratur Change Management und Management of Change oft als Synonyme verwendet werden. Im Folgenden werden die Begriffe „Veränderungsmanagement" bzw. „Change Management" verwendet.

Veränderungsmanagement ist eine projektbegleitende Aufgabe, die dabei hilft, Projekte nicht nur erfolgreich umzusetzen, sondern die Projektergebnisse auch möglichst effizient einzuführen. Veränderungsmanagement steht folglich mit organisationalen Kommunikationsprozessen (vgl. Lerneinheit KOORD), Konfliktmanagement (vgl. Lerneinheit KONFM) sowie dem Stakeholder-Management (vgl.

Lerneinheit STAKM) in engem Zusammenhang und ist eine Führungsaufgabe, die von der Projektleitung wahrzunehmen ist.

Veränderungen können in evolutionären, also eher langsamen Schritten, oder in rasantem Tempo und mit deutlichen Einschnitten erfolgen. Organisationaler Wandel kann hinsichtlich seiner Intensität in Wandel erster und zweiter Ordnung eingeteilt werden. Beim Wandel erster Ordnung handelt es sich laut *Vahs* (268f.) „um quantitative und evolutionär-kontinuierliche Anpassung im Rahmen des Unternehmenswachstums, die sich auf einzelne Organisationseinheiten oder -bereiche beschränken". Beim Wandel zweiter Ordnung handelt es sich hingegen „um eine Veränderung grundlegender, komplexer und vor allem qualitativer Natur. Sie umfasst die gesamte Organisation mit allen ihren Ebenen und erfolgt diskontinuierlich, revolutionär".

Das Veränderungsmanagement selbst beschäftigt sich mit dem Wandel zweiter Ordnung, also dem gezielten Verändern durch ein eingreifendes und steuerndes Handeln (vgl. Abb. VERÄM-1).

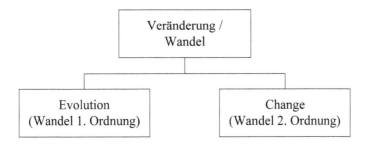

Abb. VERÄM-1: Wandel 1. und 2. Ordnung (nach *Peterjohann*, 11)

Die Ursachen für Veränderungen in Unternehmen sind vielfältig. Interne Ursachen für Veränderungen können die Kultur, Organisation, Struktur und Technologie sowie Veränderungen im Top-Management betreffen. Beispielsweise ist bekannt, dass Neubesetzungen im Vorstand eines Unternehmens (z.B. Chief Executive Officer, CEO, oder Chief Information Officer, CIO) zu signifikanten organisationalen Veränderungen führen können, die regelmäßig auch den Ablauf von Geschäftsprozessen und somit auch die Informationssysteme betreffen. Im Gegensatz dazu können die in Abb. VERÄM-2 genannten externen Ursachen für Veränderungen auftreten. Idealtypisch passen sich Unternehmen laufend an die sich verändernden Anforderungen an. Die Planung, Überwachung und Steuerung dieser laufenden organisationalen Anpassung sind Kernaufgaben des Managements. Insbesondere entwickelt sich die Umwelt fortlaufend weiter (vgl. dazu Lerneinheit Technologiemanagement in *Heinrich/Riedl/Stelzer*). Werden diese Veränderungen in den eigenen organisationalen Planungsprozessen nicht berücksichtigt, so wird der notwendige Anpassungsbedarf im Zeitablauf immer größer. Es kommt schließlich entweder zu einer radikalen Veränderung oder überhaupt zu einer Krise, die den Fortbestand der Organisation gefährden kann.

Technologische Veränderungen	Politische Veränderungen	Ökonomische Veränderungen	Institutionelle Veränderungen	Ökologische Veränderungen	Soziale Veränderungen
• Innovationssprünge in den Technikdomänen (Informatik, Telekommunikation usw.) • Immer kostengünstigere Informationsträger mit immer größerer Speicherkapazität • Ressourceneffiziente Produktion	• Fall ausländischer Regime • Gesetzliche Auflagen • Überschuldung des Staates, der Länder und der Gemeinden • Zunehmend höhere Steuern bzw. Abgaben	• Sättigung der Märkte • Globalisierung der Märkte und des Wettbewerbs • Interkulturelle Zusammenarbeit • Finanzkrisen	• Kundenorientierung • Fokus auf Kernkompetenzen • Umorganisierung • Rationalisierung / Kostendruck • Kulturelle Änderung • Leistungs- und Veränderungsdruck • Steigerung der Komplexität	• Verknappung von Ressourcen • Verstärktes Umweltbewusstsein • Klimapolitik und -wandel • Gesetzliche Auflagen • Naturkatastrophen	• Demographischer Wandel und Überalterung • Ungleicher Wohlstand • Vielfältige Lebensformen • Emanzipation der Frau

Abb. VERÄM-2: Externe Ursachen für Veränderungen (nach *Doppler/Lauterburg*)

Veränderungsprozesse laufen in der Regel nicht linear ab und Entwicklungen haben oft einen diskontinuierlichen Verlauf. Veränderungsmanagement erfordert laufende Beobachtungen (intern und extern), entsprechende Kurskorrekturen sowie ein ganzheitliches Organisationsverständnis. Dieses Verständnis steht oft im Widerspruch zum klassischen Management, das an lineare Planung, Ursache-Wirkungs-Zusammenhänge und an die volle Beherrschbarkeit von Veränderungen glaubt.

Trotz des Umstands, dass Veränderungen nicht vollständig beherrschbar sind, kann beim Veränderungsmanagement systematisch vorgegangen werden, was einen positiven Beitrag zur Erreichung der Projektziele leisten kann. Zielgerichtetes Veränderungsmanagement läuft nach *Höfler et al.* in drei Schritten ab:

- Schaffen eines gemeinsamen Verständnisses der Ausgangslage: Warum sollen wir uns verändern?
- Entwickeln eines Zukunftsbildes bzw. eines Sollzustands: Wohin wollen wir uns entwickeln?
- Ausarbeiten eines maßgeschneiderten Weges, um das Unternehmen und ihre Mitarbeiter von einem Ist- zum Sollzustand zu führen: Wie kann der intendierte Sollzustand erreicht werden?

Erfolgsfaktoren des Veränderungsmanagements

Der oftmals ausbleibende Erfolg bei Veränderungsprozessen führte zu einer Suche nach Faktoren, die ein Scheitern bei Veränderungsprozessen reduzieren sowie die Chancen eines Erfolgs erhöhen. *Von Rosenstiel* berichtet, dass 60-70% aller geplanten Veränderungsprojekte ihre Ziele nicht erreichen. *Kotter* nennt sieben häufig auftretende Fehler, die Veränderungsprozesse behindern sowie Veränderungsprojekte scheitern lassen:

- Die Notwendigkeit der Veränderung wurde nicht oder zu wenig klargemacht.
- Es wurde keine ausreichend kraftvolle Führungskoalition geschaffen.
- Die neue Vision bzw. das Zielbild wurde zu wenig kommuniziert.
- Hindernisse, die die neue Vision bzw. das Zielbild blockieren, wurden nicht beseitigt.
- Es wurden keine kurzfristigen Erfolge erzielt.
- Der Erfolg wurde zu früh ausgerufen.
- Die Veränderungen wurden nicht stark genug in der Unternehmenskultur verankert.

Vahs/Weiand benennen folgende Faktoren für den Erfolg und Misserfolg bei Change-Management-Projekten (vgl. Abb. VERÄM-3).

Erfolgsfaktoren	Misserfolgsfaktoren
• Klare Vision	• Unscharfe Vision
• Konkrete Zielvorgaben	• Fehlendes Problemverständnis
• Partizipation und Kommunikation	• Unzureichende Kommunikation
• Integrativer Ansatz	• Teiloptimierungsversuche
• Einleitung eines Kulturwandels	• Fehlender Mut
• Top-Management-Unterstützung	• Zu kurzer Zeithorizont

Abb. VERÄM-3: Erfolg- und Misserfolgsfaktoren bei Change-Management-Projekten
(nach *Vahs/Weiand*, 9)

Den idealen Weg bei Veränderungsprozessen gibt es nicht, da das Handeln von Individuen nur beschränkt planbar und jede Organisation einzigartig ist. Folglich können Erfolgsfaktoren nur eingeschränkt in Veränderungsprozessen Anwendung finden. Es gilt vielmehr, dem Verhalten der Individuen die notwendige Beachtung zu schenken und vor allem die Kommunikation in der Organisation in den Vordergrund zu stellen. Eine allgemeine Darstellung zu den Erfolgsfaktoren des Projektmanagements findet sich in der Lerneinheit ERFPM.

Modelle des Change Managements

Um den Ablauf von Change-Management-Prozessen zu beschreiben, werden in der Fachliteratur verschiedene Modelle vorgestellt. Diese Modelle können wie folgt gruppiert werden: Modelle, die ein Vorgehen bei der Umsetzung vorgeben, sowie Modelle, die das Erleben und Verhalten der betroffenen Individuen beschreiben (vgl. Abb. VERÄM-4). Im Folgenden werden Beispiele erläutert.

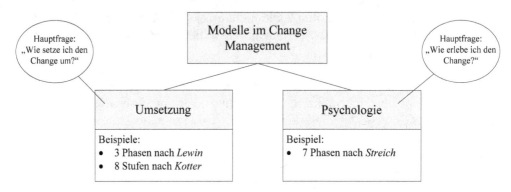

Abb. VERÄM-4: Modelle im Change Management (nach *Peterjohann*, 25)

Drei-Phasen-Modell nach *Lewin*

Lewin entwickelte ein Phasenmodell, das den Abbau von Widerstand in Verände-rungsprozessen darlegt. Dieses Modell ist die Basis vieler Change-Management-Ansätze und es beschreibt den Veränderungsprozess mit drei aufeinanderfolgenden Phasen, die folgendermaßen charakterisiert werden können (vgl. Abb.   VERÄM-5):

1. Unfreezing (Auftauen): In der ersten Phase wird der bestehende Zustand aufge-löst, um überhaupt eine Veränderung durchführen zu können.
2. Changing (Verändern): Anschließend wird die Veränderung durchgeführt und ein neuer Zustand erreicht.
3. Refreezing (Einfrieren): Das Erreichte wird abschließend integriert und stabili-siert.

Abb. VERÄM-5: Drei-Phasen-Modell (nach *Lewin*)

Dieses Modell wird auch als „Kraftfeld-Ansatz" bezeichnet, denn organisationale Kräfte können den Wandel beschleunigen (driving forces) oder ihn hemmen (rest-raining forces). Es besteht ein Gleichgewicht, wenn diese Kräfte sich die Waage halten.

Acht-Stufen-Modell nach *Kotter*

Das Acht-Stufen-Modell ist eine Weiterentwicklung des Lewin'schen Drei-Phasen-Modells. Auf dem Drei-Phasen-Modell aufbauend muss nach *Kotter* eine Organisation, um einen erfolgreichen Wandel zu initiieren, die folgenden acht Stu-fen durchlaufen:

1. Gefühl für Dringlichkeit erzeugen (establishing a sense of urgency).

2. Führungskoalition aufbauen (creating the guiding coalition).

3. Vision und Strategie entwickeln (developing a change vision).

4. Vision des Wandels kommunizieren (communicating the change vision).

5. Mitarbeiter auf breiter Basis befähigen (empowering employess for broadbased action).

6. Schnelle Erfolge erzielen (generating short-term wins).

7. Erfolge konsolidieren und weitere Veränderungen einleiten (consolidating gains and producing more change).

8. Neue Ansätze in der Kultur verankern (anchoring new approaches in the culture).

Abbildung VERÄM-6 stellt die abgeleiteten organisatorischen Aktionen sowie weitere Managementmaßnahmen dar.

	Stufen	Aktionen
1.	Gefühl für Dringlichkeit erzeugen	• Marktuntersuchungen, Wettbewerbsrealitäten erkennen • Identifizieren und Diskutieren der potentiellen Krisen und Möglichkeiten
2.	Führungskoalition aufbauen	• Koalition muss teamfähig sein • Koalition muss Machtbefugnisse haben
3.	Vision und Strategie entwickeln	• Dem Wandel mit einer Vision die richtige Richtung geben • Strategie entwickeln, um die Vision umzusetzen
4.	Vision des Wandels kommunizieren	• Konstante Kommunikation über verschiedenste Kanäle • Vorbildfunktion der Führungskoalition sicherstellen
5.	Mitarbeiter auf breiter Basis befähigen	• Systeme und Strukturen beseitigen, die die Vision konterkarieren • Demonstratives Verstärken unorthodoxer und neuer Ideen
6.	Schnelle Erfolge erzielen	• Sichtbare Erfolge planen und herstellen • Sichtbare Anerkennung und Belohnung der Kurzzeiterfolge
7.	Erfolge konsolidieren und weitere Veränderungen einleiten	• Neueinstellungen, Beförderungen oder Freisetzung von Mitarbeitern im Sinne des Wandels • Neubeleben des Prozesses durch weitere Projekte und Themen, gewonnene Glaubwürdigkeit nutzen
8.	Neue Ansätze in der Kultur verankern	• Artikulieren des Zusammenhangs zwischen unternehmerischem Erfolg und „neuen" Verhaltensweisen • Weitere Investitionen in effektiveres Management, verbessertes Führungsverhalten, um das Leistungsniveau hoch zu halten

Abb. VERÄM-6: Acht-Stufen Modell und abgeleitete Aktionen (nach *Kotter*, 21)

Sieben Phasen der Reaktionen auf Veränderungen nach *Streich*

Streich beschreibt sieben Phasen, die auftreten können, wenn ein Individuum mit einer Veränderung konfrontiert wird. In Anlehnung an *Streich* zeichnet *Vahs* den Verlauf eines Veränderungsprozesses aus der Perspektive von betroffenen Individuen (vgl. Abb. VERÄM-7). Auf der X-Achse ist die Zeit dargestellt, auch der Y-Achse die wahrgenommene eigene Kompetenz. Beim Ausgangspunkt 0 beginnend, welcher eine herausfordernde Veränderung darstellt, beschreibt Abb. VERÄM-8 die weiteren sieben Phasen im Detail.

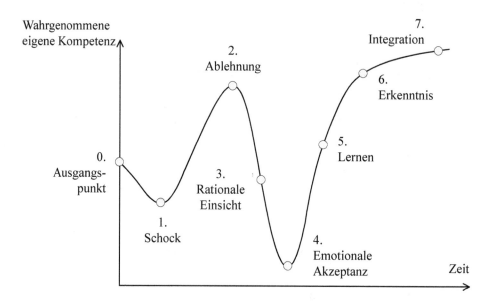

Abb. VERÄM-7: Sieben Phasen der Reaktionen auf Veränderungen
(nach *Vahs*, 354, in Anlehnung an *Streich*, 243)

	Phase	Beschreibung
1.	Schock	Hartes Aufeinandertreffen der Realität und der eigenen Erwartungen.
2.	Ablehnung	Vermeintliche eigene Kompetenz reicht aus, um die Veränderung abzulehnen.
3.	Rationale Einsicht	Die Notwendigkeit für Veränderungen wird sichtbar; hieraus resultiert Unsicherheit.
4.	Emotionale Akzeptanz	Die Veränderungen werden in ersten Schritten angenommen und das Gewohnte wird verdrängt.
5.	Lernen	Neue Verhaltensweisen werden ausprobiert.
6.	Erkenntnis	Die Zusammenhänge zwischen neuem Verhalten und Erfolg oder Misserfolg werden erkannt.
7.	Integration	Erfolgreiche Veränderungen werden in das eigene Verhalten integriert.

Abb. VERÄM-8: Sieben Phasen der Reaktionen auf Veränderungen (nach *Vahs*)

Das Modell von *Streich* richtet den Blick auf die Individuen und betrachtet die Reaktion der Organisationsmitglieder in Veränderungsprozessen. Es macht deutlich, dass eine effektive Veränderung von Organisationen ein Mitgehen und eine Verhaltensänderung der Organisationsmitglieder erforderlich macht.

Veränderungsmanagement und Projektphasen

Change-Management-Vorhaben lassen sich entlang von Projektphasen abbilden (vgl. *Vahs/Weiand*). In Abb. VERÄM-9 wird ein allgemeines Phasenmodell (Analyse, Planung, Umsetzung, Kontrolle) verwendet, das auf die drei Phasen nach *Lewin* Bezug nimmt. Es wird zwischen Sachebene und psychologischer Ebene unterschieden und es ist ersichtlich, dass Unfreezing in der Analyse- und Planungsphase bedeutsam ist, Changing in der Planungs- und Umsetzungsphase und Refreezing in der Umsetzungs- und Kontrollphase. In Abb. VERÄM-10 werden die drei Phasen nach *Lewin* zum Phasenmodell des vorliegenden Werkes (vgl. Lerneinheit ZAMIP) in Beziehung gesetzt. Man sieht, dass in der Vorstudie und Feinstudie das Unfreezing die bedeutsamste Aktivität ist, beim Entwurf und der Implementierung das Changing und bei der Installierung das Refreezing.

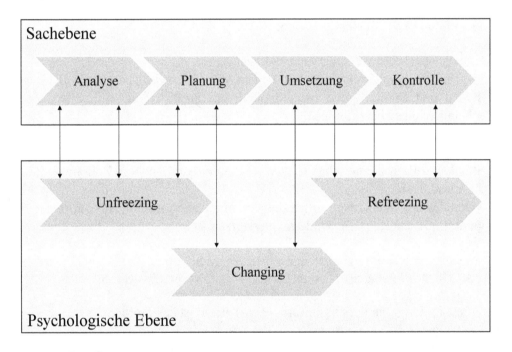

Abb. VERÄM-9: Change Management als Projekt umsetzen (nach *Vahs/Weiand*, 12)

Drei-Phasen-Modell nach *Lewin*	Phasenschema für Informatik-Projekte
Unfreezing	Vorstudie
	Feinstudie
Changing	Entwurf
	Implementierung
Refreezing	Installierung

Abb. VERÄM-10: Drei-Phasen-Modell nach *Lewin* und Phasenschema für Informatik-Projekte

Veränderungsmanagement und personifizierte Verantwortung

Wenn das Veränderungsmanagement als wichtig erkannt wird und als begleitende Maßnahme in einem Projekt integriert werden soll, so stellt sich die Frage, wer das Veränderungsmanagement zu verantworten hat und wer es durchführt. Die Verantwortlichkeit für das Veränderungsmanagement liegt in der Regel bei der Projektleitung, die Planung und insbesondere die Durchführung von konkreten Maßnahmen erfolgt typischerweise durch Projektmitarbeiter sowie externe Beratungsfirmen.

Methoden und Werkzeuge des Veränderungsmanagements

Betrachtet man die in der Fachliteratur beschriebenen Methoden und Werkzeuge, so kann folgendes festgehalten werden:

- Es existieren viele Methoden und Werkzeuge.
- Es gibt keine Standardisierung und keinen Minimalkonsens darüber, welche Methoden und Werkzeuge notwendig sind, um Projekterfolg mit hoher Wahrscheinlichkeit sicherzustellen.
- Methoden und Werkzeuge sind in ihrer Granularität stark unterschiedlich. So variiert der Aufwand für den Einsatz von Methoden beispielsweise von wenigen Stunden (z.B. systematisches Fragen) bis hin zu viel längeren Zeiträumen (z.B. Balanced Scorecard).
- Methoden und Werkzeuge sollen die Kommunikation im Projekt oder in der Organisation nicht ersetzen, sondern unterstützen.

In *Roehl et al.* werden zur systematischen Auswahl von Methoden und Werkzeugen des Change Managements die HEBEL-Fragen vorgeschlagen:

- Herausforderung in der Organisation: Was genau ist das Problem?
- Einbettung im Kontext: In welchem Kontext steht das Problem?
- Begründung der Auswahl: Was sind Zweck, Ziel und mögliche Folgen der Anwendung der Methode bzw. des Werkzeugs?
- Erfahrungswissen zur Methode bzw. zum Werkzeug: Was kann die Methode bzw. das Werkzeug? Was sind ihre bzw. seine Möglichkeiten und Grenzen?
- Laufende Überprüfung: Wie sieht der begleitende Prozess zur Erfolgsbestimmung aus?

Abbildung VERÄM-11 zeigt eine Übersicht ausgewählter Methoden und Werkzeuge für das Veränderungsmanagement und stellt die Verortung nach ihrer zeitlichen (Vergangenheit, Zukunft) und institutionellen (innen, außen) Orientierung dar (es sei darauf hingewiesen, dass in dieser Quelle die Unterscheidung zwischen den Phänomenen „Methoden" und „Werkzeuge" nicht so stringent erfolgt wie in der Wirtschaftsinformatik und Informatik üblich).

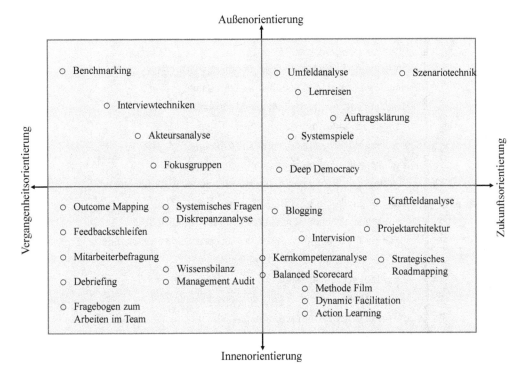

Abb. VERÄM-11: Verortung ausgewählter Methoden nach ihrer zeitlichen und institutionellen Orientierung (nach *Roehl et al.*, 17)

Forschungsbefunde

Befunde theoretischer und empirischer Forschung zum Veränderungsmanagement gibt es viele. Beispielsweise beschreiben *Orlikowski/Hofman* ein „improvisational model for change management", das insbesondere aufzeigt, dass die Möglichkeiten und Herausforderungen, die mit organisationalen Veränderungen aufgrund der Einführung von Informationssystemen (konkret Groupware) einhergehen, ex-ante nicht notwendigerweise prognostizierbar sind – „The improvisational model recognizes that change is typically and ongoing process made up of opportunities and challenges that are not necessarily predictable at the start". Im Folgenden werden die Ergebnisse einer empirischen Studie an der Schnittstelle von Projektmanagement (PM) und Veränderungsmanagement (Change Management, CM) dargeboten. *Pollack/Algeo* (451) schreiben zu dieser Schnittstelle, nämlich dass „[m]any projects involve an organisational change component, whether it involves a need to ensure user uptake, changes to working habits, training, or facilitating the structural and cultural alignment of a project and its outcomes with the client or contracting organisation", um danach die Problemstellung und Zielsetzung ihres Beitrags zu erläutern (452): "These two disciplines imply significantly different perspectives on organizational activity. A reason for this difference of opinion can be found in the different traditions, backgrounds and bodies of knowledge associated with these disciplines ... The research presented in this paper extends this line of enquiry, by examining the ways in which these disciplines contribute to specific critical success factors, and by implication to overall project success."

Greater Project Management Influence

Ensuring adequate budget

Ensuring good performance by suppliers / contractors / consultants

Keeping a strong and detailed plan up to date

Ensuring sufficient / well allocated resources

Effective monitoring and control

Ensuring the project had a realistic schedule

Managing level of project complexity

Developing a strong business case / sound basis for business

Managing risk

Ensuring staff/ team were skilled / suitably qualified

Planning for close down / review / acceptance of possible failure

Developing clear and realistic objectives

Providing good leadership

Ensuring involvement of project sponsor / champion

Ensuring support from senior management

Learning from past experience

Navigating political issues

Ensuring user / client involvement

Minimising negative impacts of new / unfamiliar technology

Aligning with environmental change

Ensuring good communication and feedback

Appreciating and reconciling different viewpoints

Ensuring adequate provision of training

Facilitating org. adaptation / cultural and structural alignment

Greater Change Management Influence

(Vertical axis label: Disciplinary Influence Over Success Factors)

Abb. VERÄM-12: Komparatives Ranking des Beitrags der Disziplinen Projektmanagement und Veränderungsmanagement zu Erfolgsfaktoren des Projektmanagements (nach *Pollack/Algeo*, 456)

Es wurden Daten von 455 Managern analysiert (Online-Fragebogen, der über das Project Management Institute, das Australian Institute of Project Management und das Change Management Institute verteilt wurde). Zuerst wurden die Befragten gebeten, ihr Berufsfeld anzugeben – "by selecting one option from the following: 'Project Manager (including junior, senior, committee and sponsor positions)'; 'Change Manager (including junior, senior, committee and sponsor positions)'; or 'Other'", 454). Das Ergebnis: 256 Personen (56%) gaben an, als Projektmanager zu arbeiten; 63 Personen (14%) gaben an, als Veränderungsmanager zu arbeiten, und die restlichen Personen gaben „Other" an (Daten zu dieser letzten Gruppe wurden im Beitrag nicht näher behandelt). Danach wurden die Befragten gebeten, die folgende Frage zu beantworten: „From your general experience, how significant is the influence of Change Management (CM) and Project Management (PM) personnel in affecting the following?" Es folgte eine Liste mit 24 Erfolgsfaktoren des Projektmanagements und die Befragten antworteten auf der Basis einer 7-stufigen Skala („1: No influence") bis („7: Very great influence").

Abbildung VERÄM-12 zeigt das komparative Ranking des Beitrags der Disziplinen Projektmanagement und Veränderungsmanagement zu den Erfolgsfaktoren des Projektmanagements. Bei weiter oben genannten Erfolgsfaktoren (z.B. „ensuring adequate budget") wird der Beitrag von Projektmanagern zur Sicherung eines Erfolgsfaktors als größer erachtet, bei weiter unten genannten Erfolgsfaktoren (z.B. „facilitating organizational adaptation/cultural and structural alignment) wird der Beitrag von Veränderungsmanagern als größer erachtet. Ein weiterer Befund der Studie ist, dass in der Projektmanagementliteratur typischen Change-Management-Themen zunehmend mehr Aufmerksamkeit geschenkt wird - *Pollack/Algeo* (453) schreiben: „It appears that although different literatures and traditions may have informed the development of these disciplines, there is an increasing amount of attention on areas that are more typical of CM in PM publications ... This change can be seen in a growing emphasis on human-centred topics, such as teams, leadership and motivation ... and less focus on process than on people ... Stakeholder management has also recently been included as a knowledge area in the fifth edition of the Project Management Institute's Guide to the Project Management Body of Knowledge [2013] ... suggesting that the shift towards people-related issues in PM is also occurring in the normative literature." In der Gesamtschau zeigt diese Studie, dass die Themenbereiche Projektmanagement und Veränderungsmanagement immer mehr zusammenwachsen, und dies vor allem deshalb, weil spezifische Themen des Veränderungsmanagements im Kontext von Projekten untersucht werden.

Kontrollfragen
1. Warum ist Change Management in Informatik-Projekten wichtig?
2. Was ist der Unterschied zwischen Änderung und Veränderung?
3. Wie lauten die drei Phasen im Change-Management-Modell nach Lewin?
4. Wie lauten die acht Stufen im Change-Management-Prozess nach Kotter?
5. Wie lauten die sieben Phasen nach Streich, die auftreten können, wenn ein Individuum mit einer Veränderung konfrontiert wird?

Quellenliteratur

Doppler, K./Lauterburg, C.: Change Management: Den Unternehmenswandel gestalten. 13. A., Campus, 2014

Gessler, M. (Hrsg.): Handbuch für die Projektarbeit, Qualifizierung und Zertifizierung auf Basis der IPMA Competence Baseline Version 3.0. Deutsche Gesellschaft für Projektmanagement. 7. A., GPM, 2015

Heinrich, L. J./Riedl, R./Stelzer, D.: Informationsmanagement: Grundlagen, Aufgaben, Methoden. 11. A., De Gruyter Oldenbourg, 2014

Höfler, M./Bodingbauer, D./Dolleschall, H./Schwarenthorer, F.: Abenteuer Change Management: Handfeste Tipps aus der Praxis für alle, die etwas bewegen wollen. 5. A., Frankfurter Allgemeine Buch, 2014

Kotter, J. P.: Leading Change. Wie Sie Ihr Unternehmen in acht Schritten erfolgreich verändern. Vahlen, 2011

Lewin, K.: Frontiers in group dynamics: Concept, method and reality in social science. Human Relations, 1/1947, 5-41

Orlikowski, W. J./Hofman, J. D.: An improvisational model for change management: The case of groupware technologies. Sloan Management Review, 2/1997, 11-21

Peterjohann, H.: Projektmanagement: Eine Einführung (PM-Basispräsentation), Version 1.83 vom 17.09.2012, http://www.peterjohann-consulting.de/pdf/peco-pm-einfuehrung.pdf

Pollak, J./Algeo, C.: Project managers' and change managers' contribution to success. International Journal of Managing Projects in Business, 2/2016, 451-465

Roehl, H./Winkler, B./Eppler, M./Fröhlich, C.: Werkzeuge des Wandels: Die 30 wirksamsten Tools des Change Managements. Schäffer-Poeschel, 2012

Streich, R. K.: Veränderungsmanagement. In: Reiß, M./von Rosenstiel, L. (Hrsg.): Change Management. Programme, Projekte und Prozesse. Schäffer-Poeschel, 1997, 237-254

Tiemeyer, E.: IT-Projekte erfolgreich managen – Handlungsbereiche und Prozesse. In: Tiemeyer, E. (Hrsg.): Handbuch IT-Projektmanagement. 2. A., Hanser, 2014, 1-39

Vahs, D./Weiand, A.: Workbook Change Management: Methoden und Techniken. 2. A., Schäffer-Poeschel, 2013

Vahs, D.: Organisation. Ein Lehr- und Managementbuch. 7. A., Schäffer-Poeschel, 2009

Vahs, D.: Organisation: Einführung in die Organisationstheorie und -praxis. 6. A., Schäffer-Poeschel, 2007

von Rosenstiel, L.: Grundlagen der Organisationspsychologie. Basiswissen und Anwendungshinweise. 6. A., Schäffer-Poeschel, 2007

Vertiefungsliteratur

Anderson, D. L.: Organization development: The process of leading organizational change. 4th ed., Sage Publications, 2017

Berner, W.: Culture Change: Unternehmenskultur als Wettbewerbsvorteil. Schäffer-Poeschel, 2012

Cameron, E./Green, M.: Making sense of change management: A complete guide to the models, tools and techniques of organizational change. 4th ed., Kogan Page, 2015

Doppler, K./Lauterburg, C.: Change Management. Den Unternehmenswandel gestalten. 13. A., Campus, 2014

Harvard Business Review: HBR's 10 must reads on change management. Harvard Business Review Press, 2011

Herold, D. M./Fedor, D. B./Caldwell, S. D.: Beyond change management: A multilevel investigation of contextual and personal influences on employees' commitment to change. Journal of Applied Psychology, 4/2007, 942-951

Kostka, C.: Change Management: Das Praxisbuch für Führungskräfte. Hanser, 2016

Leao, A./Hofmann, M.: Fit for Change: 44 praxisbewährte Tools und Methoden im Change für Trainer, Moderatoren, Coaches und Change Manager. 3. A., managerSeminare, 2012

Rohm, A.: Change-Tools II: Erfahrene Prozessberater präsentieren wirksame Workshop-Interventionen. 2. A., managerSeminare, 2016

Normen und Richtlinien

Change Management Leadership Guide: https://www.ryerson.ca/content/dam/hr/manager-resources/docs/change-management-leadership-guide.pdf

Werkzeuge

http://www.bmcsoftware.in/it-solutions/remedy-change-management.html

https://academy.whatfix.com/change-management-tools/

https://whatfix.com/

https://www.cio.com/article/3284925/project-management/the-top-5-change-management-tools.html

Interessante Links

https://organisationsberatung.net/change-management-modelle-im-vergleich/

https://www.hrweb.at/2014/03/change-management-phasen/

https://www.smartsheet.com/8-elements-effective-change-management-process

TECHA - Technologieakzeptanz

Lernziele

Sie erkennen, warum Technologieakzeptanz bei der Planung und Realisierung von Informatik-Projekten hohe Bedeutung hat, und dass es zweckmäßig ist, zwischen Einstellungsakzeptanz und Verhaltensakzeptanz zu unterscheiden. Sie erkennen weiter, dass die Kenntnis von Machtstrukturen in Organisationen bedeutsam ist, um Veränderungsprojekte zielgerichtet steuern zu können. Sie kennen das Technology Acceptance Model (TAM) und können somit bedeutsame Determinanten von Technologieakzeptanz beschreiben. Zudem erkennen Sie, dass der Beitrag eines Systems zur Aufgabenerfüllung durch Benutzer relativ zuverlässig früh im Entwicklungsprozess auf der Basis einfacher textueller Funktionsbeschreibungen und Visualisierungen prognostiziert werden kann.

Definitionen und Abkürzungen

Akzeptanz (acceptance) = Eigenschaft eines Systems, die Zustimmungsbereitschaft der Betroffenen zu finden; in einer engeren Sichtweise die Bereitschaft des Benutzers, das in einer konkreten Anwendungssituation vom Informationssystem angebotene Nutzungspotential zur Aufgabenerfüllung in Anspruch zu nehmen. Es wird zwischen Einstellungsakzeptanz und Verhaltensakzeptanz unterschieden.

Akzeptanzforschung (acceptance research) = Teildisziplin der Wirtschaftsinformatik bzw. Information Systems Research, die das Phänomen der Akzeptanz aus Benutzersicht untersucht. Es wird nach den Ursachen der vorhandenen oder nicht vorhandenen Bereitschaft der Benutzer geforscht, ein angebotenes System zu nutzen. Ziel ist es, auf der Basis gewonnener Erklärungen die Technologieentwicklung so zu beeinflussen, dass gewünschte Auswirkungen auf die Akzeptanz forciert und unerwünschte Auswirkungen vermieden werden, um dadurch die Nutzung eines Systems zu befördern.

funktionale Systemspezifikation (functional system specification) = das Abbilden der funktionalen Anforderungen in ein formales Modell (auch als Spezifizieren bezeichnet) bzw. das Ergebnis dieses Vorgangs als Dokument. Die Bezeichnung Systemspezifikation wird manchmal mit der Bezeichnung Pflichtenheft synonym verwendet.

Macht (power) = Potential, auf das Denken und Handeln anderer Personen Einfluss nehmen zu können.

Prototyp (prototype) = ein mit geringem Aufwand hergestelltes und einfach zu änderndes, ausführbares Modell des geplanten Produkts, das vom zukünftigen Benutzer erprobt und beurteilt werden kann.

Reaktanz (resistence) = Eigenschaft eines Systems, auf Ablehnung bei den Betroffenen zu stoßen; in einer engeren Sichtweise die Einstellung eines Benutzers, gegen die Einführung eines neuen oder wesentlich veränderten Anwendungssystems zu sein, wobei sich diese negative Einstellung in der Regel auf Verhaltensebene durch Widerstand manifestiert.

Warum Technologieakzeptanz wichtig ist

Die Planung und Realisierung von Projekten impliziert, dass verschiedene an einem Projekt beteiligte Personen, Gruppen und Abteilungen bereits während der Projektabwicklung vom Vorhaben (z.B. Mitwirkung im Projekt und damit verbundener Zeit- und Ressourcenaufwand) sowie nach Projektende von den Projektergebnissen (z.B. veränderte Abläufe von Geschäftsprozessen und damit verbundene Technologieveränderungen) betroffen sind. In Abhängigkeit davon, wie Personen von einem Projekt und seinen Ergebnissen betroffen sind (bzw. glauben, betroffen zu sein), werden sie unterschiedliche Einstellungen zum Projekt haben sowie unterschiedliche Verhaltensweisen während und nach Abschluss des Projekts zeigen. Personen, die glauben, von einem Projekt und seinen Ergebnissen in günstiger Weise betroffen zu sein, werden mit hoher Wahrscheinlichkeit eine positive Einstellung haben und sich in einer für das Projekt vorteilhaften Weise verhalten. Personen, die glauben, von einem Projekt und seinen Ergebnissen in ungünstiger Weise betroffen zu sein, werden mit hoher Wahrscheinlichkeit eine negative Einstellung haben und es besteht die Gefahr, dass sich diese Personen in einer für das Projekt unvorteilhaften Weise verhalten. Zudem ist es möglich, dass Person sich von einem Projekt und seinen Ergebnissen kaum betroffen fühlen und daraus resultierend haben sie eine indifferente Einstellung zum Projekt, was typischerweise zu neutralem Verhalten führt. Eine wesentliche Aufgabe des Projektmanagements ist es, Technologieakzeptanz zu fördern, um Widerstände (die es in fast jedem Informatik-Projekt gibt) möglichst zu vermeiden. Ausgeprägte Reaktanz kann den Erfolg von Informatik-Projekten ernsthaft gefährden.

Abbildung TECHA-1 zeigt, dass der handlungsbezogenen Komponente (Verhalten) eine evaluative Komponente, die maßgeblich die Einstellung einer Person zum Projekt formt, vorausgeht.

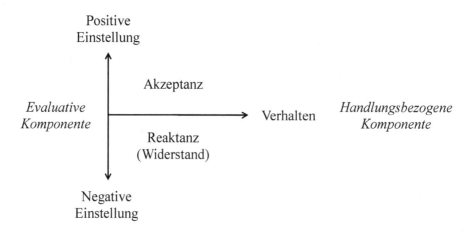

Abb. TECHA-1: Eigenschaften von Akzeptanz und Reaktanz (in Anlehnung an *Wiendieck*, 91)

Die von Veränderungen in einem Informatik-Projekt Betroffenen können in drei Gruppen eingeteilt werden: Befürworter, Gegner und Neutrale. Da jedoch das Verhalten und die Einstellung von Menschen nicht notwendigerweise korrespondieren, bietet eine solche Dreiteilung keine ausreichend differenzierte Sichtweise, um im Projektmanagement vollständig wirksame Akzeptanzmaßnahmen umzusetzen. Vielmehr ist es notwendig, zwischen Einstellung und Verhalten zu unterscheiden.

Daraus folgt, dass eine positive Einstellung typischerweise eine notwendige, jedoch keine hinreichende Bedingung für allgemein positives Verhalten ist. Beispielsweise gibt es in Projekten immer wieder Personen, die einerseits eine negative Einstellung zu einem Projekt haben, andererseits jedoch ein positives Verhalten zeigen (vgl. dazu den Typ „Getarnter Gegner" in Abb. TECHA-2). Dieses positive Verhalten zeigt sich aber in der Regel nur dann, wenn das Verhalten durch Dritte im Allgemeinen oder durch bestimmte Personen beobachtbar ist. Man will sich also – aus welchen Gründen auch immer – als Befürworter eines Projekts darstellen, obwohl es der eigenen Überzeugung widerspricht. Solche Personen neigen dazu, sofern ihr Verhalten durch Dritte nicht beobachtbar ist, „im Hintergrund" gegen ein Projekt zu opponieren und sich mit „Gleichgesinnten" zu verbünden. Eine Handlungsweise „getarnter Gegner" besteht beispielsweise darin, unter Hinweis auf eine tatsächlich nicht vorliegende Ressourcenknappheit aus der eigenen Abteilung keine Mitarbeiter für ein Projekt abzustellen. Man verhält sich also auf eine Weise, die das Projekt und seine Ergebnisse nicht befördert und begründet dies nicht mit der eigenen negativen Einstellung zum Projekt, sondern führt andere Gründe an, um nach außen hin Verhaltensakzeptanz zu demonstrieren (im Beispiel dadurch, „guten Willen" gezeigt zu haben).

Einstellungs- und Verhaltensakzeptanz: Eine Typologie

Daniel entwickelte auf der Basis einer Sichtung von Fachliteratur eine Typologie, die Betroffene in Implementierungsvorhaben in neun Gruppen einteilt. Diese Typologie ist auch auf Informatik-Projekte anwendbar. Betroffene werden demnach nach ihrer Einstellungsakzeptanz („innere Akzeptanz") und Verhaltensakzeptanz („äußere Akzeptanz") entlang der drei Ausprägungen negativ, neutral und positiv klassifiziert. Die daraus resultierenden neun Felder (vgl. Abb. TECHA-2) repräsentieren unterschiedliche Typen von Betroffenen. Manche dieser Typen erfordern einen spezifischen Umgang, um die Erreichung der Projektziele sicherzustellen. In Anlehnung an die Ausführungen in *Daniel* (47-49) werden die neun Typen wie folgt beschrieben:

- *Offene Befürworter:* Personen mit positiver Einstellungsakzeptanz und positiver Verhaltensakzeptanz; sie stehen gänzlich hinter dem Projekt und verhalten sich entsprechend projektbefördernd.
- *Offene Gegner:* Personen mit negativer Einstellungsakzeptanz und negativer Verhaltensakzeptanz; sie lehnen das Projekt ab und treten offen gegen das Projekt auf.
- *Getarnte Gegner:* Personen mit negativer Einstellungsakzeptanz und positiver Verhaltensakzeptanz; sie zeigen sich nach außen hin gegenüber dem Projekt aufgeschlossen, arbeiten aber „im Hintergrund" gegen das Projekt.
- *Getarnte Befürworter:* Personen mit positiver Einstellungsakzeptanz und negativer Verhaltensakzeptanz; sie stehen grundsätzlich hinter dem Projekt, treten aber aus taktischen Gründen nach außen hin gegen das Projekt auf.

- *Geheime Befürworter:* Personen mit positiver Einstellungsakzeptanz und neutraler Verhaltensakzeptanz; sie stehen grundsätzlich hinter dem Projekt, verhalten sich aber nach außen hin passiv.
- *Geheime Gegner:* Personen mit negativer Einstellungsakzeptanz und neutraler Verhaltensakzeptanz; sie sind gegen das Projekt, äußern sich aber weder negativ noch positiv zum Projekt.
- *Mitläufer (dagegen):* Personen mit neutraler Einstellungsakzeptanz und negativer Verhaltensakzeptanz; sie sind zwar selbst nicht gegen das Projekt, treten aber nach außen hin gegen das Projekt auf.
- *Mitläufer (dafür):* Personen mit neutraler Einstellungsakzeptanz und positiver Verhaltensakzeptanz; sie sind zwar selbst nicht für das Projekt, treten aber nach außen für das Projekt auf.
- *Indifferente:* Personen mit neutraler Einstellungsakzeptanz und neutraler Verhaltensakzeptanz; sie sind als „Unentschiedene" anzusehen.

	negativ	neutral	positiv
positiv	Getarnte Befürworter	Geheime Befürworter	Offene Befürworter
neutral	Mitläufer (dagegen)	Indifferente	Mitläufer (dafür)
negativ	Offene Gegner	Geheime Gegner	Getarnte Gegner

(Einstellungsakzeptanz / Verhaltensakzeptanz)

Abb. TECHA-2: Betroffene in Informatik-Projekten im Spannungsfeld von Einstellungs- und Verhaltensakzeptanz (in Anlehnung an *Daniel*, 47)

Als größte Gefahr für den Erfolg eines Informatik-Projekts sind „getarnte Gegner" anzusehen. In Abhängigkeit von ihrer organisationalen Macht und der Möglichkeit, sich in Interessenskoalitionen zu verbünden, können auch „offene Gegner" und „geheime Gegner" eine große Gefahr für den Projekterfolg darstellen. Eine wesentliche Aufgabe des Projektmanagements ist es daher, dass die Projektleitung – idealerweise auf der Basis von Top-Management-Unterstützung – Maßnahmen ergreift, die ausreichend wirksam sind, um die Einstellungsakzeptanz auf ein zumindest neutrales Niveau zu bringen. Weiter kann es möglich sein, gegen Personen, die massiv gegen ein Projekt opponieren, ohne aus Organisationsperspektive begründete Argumente anführen zu können, disziplinarisch vorzugehen. Ein aus

Organisationssicht nicht begründetes Argument ist beispielsweise, aus der Individualperspektive (also aus der Sicht eines einzelnen Betroffenen) gegen ein Projekt anzuführen, dass *eigene* Arbeitsabläufe und/oder Machtbasen durch die Systemeinführung ungünstig verändert werden, obwohl die reorganisierten Abläufe samt der zugrunde liegenden Softwareunterstützung zu einer Verbesserung der Kundenzufriedenheit und des Organisationserfolgs führen.

Da die Gefahr, die von einer Person mit negativer Einstellungsakzeptanz für den Projekterfolg ausgeht, maßgeblich von der Macht dieser Person abhängt, stellt sich aus Sicht der Projektleitung die Frage, welche Merkmale zur Bestimmung der Machtposition herangezogen werden können. Abbildung TECHA-3 fasst wesentliche Merkmale zusammen.

Machtquellen *Einfluss wodurch?*	Grundlagen, Basen und Ressourcen, auf denen der Einfluss beruht.
Machtbereiche *Einfluss worauf?*	Handlungsfelder und Entscheidungsprozesse, auf die Einfluss ausgeübt werden kann.
Machtstärke *Einfluss wie intensiv?*	Intensität des Einflusses, den eine Person ausüben kann.
Machtausdehnung *Einfluss auf wen?*	Anzahl der Individuen, auf die eine Person Einfluss ausüben kann.
Machtform *Einfluss auf welche Weise?*	Maßnahmen, die getroffen werden, um Einfluss auszuüben.
Machtverlässlichkeit *Einflusserfolg wie wahrscheinlich?*	Grad der Wahrscheinlichkeit, mit dem die eingesetzte Macht zur Erreichung der Ziele beiträgt.

Abb. TECHA-3: Merkmale zur Bestimmung der Machtposition (nach *Daniel*, 53)

Wie sich Betroffenentypen entwickeln

Daniel hat das Verhalten von Betroffenen als Reaktion auf organisationale Veränderung und Innovationen untersucht. Auf der Basis einer Analyse von Fachliteratur hat er das in TECHA-4 dargestellte Modell entwickelt. Dieses Modell beschreibt, wie sich Betroffenentypen entwickeln. Aus der Darstellung im unteren Bereich von Abb. TECHA-4 (vgl. Einstellungsakzeptanz und Verhaltensakzeptanz) ergeben sich die neun Betroffenentypen aus Abb. TECHA-2. Im Folgenden wird das Modell auf der Basis von Ausführungen in *Daniel* (56-59) erläutert.

Nach diesem Modell leiten Betroffene eines geplanten Implementierungsvorhabens Informationsbeschaffungsaktivitäten ein, um ihren Informationsstand zu erhöhen. Ziel ist es, Prognosen über die Konsequenzen der Implementierung möglich zu machen. Solche Prognosen können eindeutig oder mehrdeutig sein. Es folgt die

Beurteilung der Konsequenzen in Bezug auf die eigene Interessenslage, wobei in der Regel persönliche vor organisationale Interessen gestellt werden. Die aus der Beurteilung resultierenden Konsequenzen führen zu subjektiven Empfindungen. Konkret bedeutet dies: Wenn die Implementierung als positiv für die eigene Interessenslage eingeschätzt wird, dann ergeben sich daraus Anreizempfindungen. Wenn hingegen die Einschätzung negativ ist, dann resultiert daraus Furcht. Bei neutraler Einschätzung kommt es zu Indifferenz. Im Falle von mehrdeutigen Prognosen führt die Ungewissheit zu Angst, die sich von der Furcht dadurch unterscheidet, dass sie unbestimmt und nicht auf ein Objekt gerichtet ist; daraus folgt, dass Furcht immer auf ein bestimmtes Objekt gerichtet ist. Aus den subjektiven Empfindungen ergeben sich Verhaltensdispositionen, die wiederum die Grundlage für die Bildung von konkretem Verhalten darstellen. Da menschliches Verhalten in der Regel nicht nur durch personenbezogene Faktoren (hier das subjektive Empfinden) beeinflusst wird, sondern auch durch Umgebungsfaktoren, sind im Modell zwischen Einstellungs- und Verhaltensakzeptanz Situationsvariablen dargestellt.

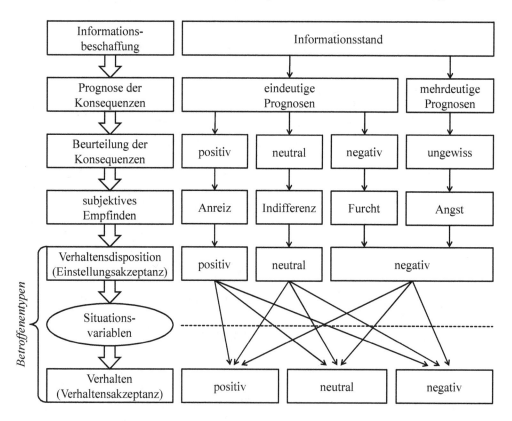

Abb. TECHA-4: Wie sich Betroffenentypen entwickeln (nach *Daniel*, 57)

Technology Acceptance Model (TAM)

Das in der wissenschaftlichen Fachliteratur weltweit am öftesten zitierte Erklä-
rungsmodell zu Technologieakzeptanz ist das von *Davis* in den 1980er Jahren am
Massachusetts Institute of Technology (MIT) entwickelte Technology Acceptance
Model (TAM). Dieses Modell nennt in seiner Ursprungsfassung zwei Hauptursa-
chen vorhandener oder mangelnder Bereitschaft der Benutzer, Anwendungssysteme zu verwenden (vgl. Abb. TECHA-5). Nach diesem Modell wird die beabsichtigte Nutzung eines Anwendungssystems durch die beiden Faktoren „Wahrgenommene Einfachheit der Systemnutzung" (die primär durch die Benutzbarkeit
eines Systems beeinflusst wird) und „Wahrgenommene Nützlichkeit des Systems
bei der Aufgabenerfüllung" (die primär durch die Funktionalität eines Systems beeinflusst wird) bestimmt. Die beabsichtigte Systemnutzung beeinflusst wiederum
die tatsächliche Systemnutzung.

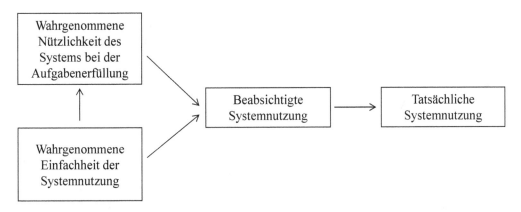

Abb. TECHA-5: Technology Acceptance Model (nach *Davis*)

Das TAM wurde in den vergangenen Jahrzehnten unter Zugrundelegung einer
Vielzahl verschiedener Typen von Anwendungssystemen (z.B. ERP-Systeme, E-
Commerce, E-Mail) empirisch überprüft. Der zentrale Befund dieser Studien ist,
dass das TAM relativ unabhängig vom Anwendungskontext ein hohes Erklärungs-
potential hat. Weiter belegen theoretische Argumente sowie Befunde empirischer
Forschung, dass die „Wahrgenommene Nützlichkeit des Systems bei der Aufgabenerfüllung" einen höheren Einfluss auf die beabsichtigte und tatsächliche Systemnutzung hat als die „Wahrgenommene Einfachheit der Systemnutzung" (vgl.
dazu beispielsweise die in der Quellenliteratur angegebenen Referenzen).

Forschungsbefunde

Du/Flynn haben die Akzeptanz eines neuen Informationssystems bei verschiedenen
Interessensgruppen (Stakeholder, vgl. Lerneinheit STAKM) untersucht. Besonderes Merkmal dieser Studie ist, dass das Studiendesign und die Datenanalyse auf
„legitimation seeking activities" fokussierten, wobei Legitimation im Beitrag auf
der Basis einer Arbeit von *Suchman* (574) wie folgt definiert wird: „Legitimacy is
a generalised perception or assumption that the actions of an entity are desirable,
proper, or appropriate within some socially constructed system of norms, values,

beliefs and definitions"; ergänzend führen *Du/Flynn* (3) an: „Legitimation of someone or something implies a perception that it is desirable, proper or appropriate
… a normative acceptance of its 'rightness' … and recognition that it is reasonable
and just".

Um das Phänomen der „legitimation seeking activities" empirisch zu untersuchen,
wurde eine Fallstudie durchgeführt („a case study of a smartcard system development project in a medium-size regional university in China", 5). Die Datenerhebung erfolgte primär über semistrukturierte Interviews, ergänzt um Daten aus Projektdokumentationen. Insgesamt wurden 39 Interviews geführt, die eine durchschnittliche Dauer von 45 Minuten hatten; es wurden Personen aus diversen Anspruchsgruppen interviewt (aus dem Projektteam, das sich insbesondere aus IT-
Managern zusammensetzte; aus den Fachabteilungen wie z.B. „Director of Student
Management Department" sowie „Library's Chief IT Technician and IT Enginee-
er"; aus dem Kreis der Studierenden). Alle Interviews wurden aufgezeichnet,
transkribiert und inhaltsanalytisch ausgewertet. Die Auswertung basierte teilweise
auf existierenden Vorkenntnissen, unter anderem war ex-ante bekannt, dass sich
Legitimation in Projekten typischerweise entlang von drei Aktivitäten vollzieht:
„gaining" (Legitimation erlangen), „maintaining" (Legitimation aufrechterhalten)
und „repairing" (Legitimation wiederherstellen).

Die Ergebnisse der Studie zeigen, dass „legitimation seeking activities" in Informatik-Projekten eine herausragende Bedeutung haben, um Einfluss auf die Akzeptanz eines neuen Informationssystems zu nehmen. *Du/Flynn* (4) unterscheiden
hierbei zwischen „conformity" und „manipulation" – sie schreiben: „IS managers
can apply many tactics to gain legitimation for a new IS and many of them fall into
two categories: conformity and manipulation … Conformity means that when introducing a new IS, managers conform to the dictates of organizational stakeholders
and if necessary, manipulate only characteristics of the IS to achieve such conformity … Conformist strategies generally tend to align the IS with existing stakeholder norms and values, and pose few challenges to established institutional logics,
mindsets and practices … In contrast, informed by a manipulation approach, managers take a more active way to influence organizational stakeholders and create
new legitimating beliefs". Abbildung TECHA-6 fasst wesentliche Studienergebnisse zum Legitimationsprozess in der Fallstudienorganisation, der insgesamt über
30 Monate ging, zusammen. Projektereignisse werden hierbei den drei Typen von
Legitimationsaktivitäten (gaining, maintaining, repairing) zugeordnet.

In der Interpretation ihrer Ergebnisse weisen *Du/Flynn* (13) auf den dynamischen
Charakter von Legitimation hin, das bedeutet, dass einmal erlangte Legitimation
und daraus resultierende Akzeptanz rasch wieder verloren gehen können – sie
schreiben: „During the life of an IS project, managers should be on the alert to detect and resolve issues that could undermine support, and thus should not treat legitimation that has been granted as a fait accompli. One way to continuously monitor
and evaluate legitimation status is to talk to stakeholders through regular information briefing meetings or personal contacts. While stakeholder discourse and communication can provide some insights into the status of legitimation, another indicator can be the extent of resource flow in an organization … the greater the

degrees of certainty with which resources are supplied to a project (finance, personnel, technology, contributions from stakeholders), the more legitimation the project possesses. Interruptions in project resource flow therefore could suggest legitimation decline".

Zeitfenster	Projektereignis	Typ der Legitimationsakti-
Sep.–Oct. 2004	The team referred departmental directors to examples of other universities that had implemented smartcard systems	Gaining
Dec. 2004	The team publicly announced the commencement of the project	Gaining
Mar. 2005	The team attempted to institutionalize the use of the system by issuing a formal organizational policy	Gaining
May 2005	The team identified additional stakeholders to seek legitimation from	Maintaining
May–June 2005	Canteen staff were allowed more time to gain familiarity with and realise the benefits of the system	Gaining
Nov. 2005	The team abandoned the failing security subsystem to prevent the wider project from being harmed	Repairing
Dec. 2005	The team fulfilled and implemented new business requirements proposed by other departments	Gaining
Apr.–May 2006	The team rewrote the project documentation to exclude the fee collection function from the project objectives	Repairing
Sep. 2006– Mar. 2007	The team demonstrated their efforts in striving for a solution to appease student complaints	Maintaining

Abb. TECHA-6: Zusammenfassung des Legitimationsprozesses in der Fallstudienorganisation, der insgesamt über 30 Monate ging (nach *Du/Flynn*, 7-8, im Originalwortlaut)

Eine aus der Sicht des Informatik-Projektmanagements besonders bedeutsame Frage ist, ob die künftige Benutzerakzeptanz eines neuen Systems bereits *vor* dem Vorliegen eines Prototypen zuverlässig auf der Basis einfacher textueller Funktionalitätsbeschreibungen und Systemvisualisierungen (z.B. schemenhafte Screen-Darstellungen) bestimmt werden kann. Wäre dies möglich, dann könnte man in vielen Fällen vermeiden, dass Projekte notleidend werden. *Davis/Venkatesh* geben an, dass in Informatik-Projekten typischerweise weniger als 25% der Gesamtkosten bis zum Zeitpunkt des Vorliegens der funktionalen Systemspezifikation anfallen. Spätestens zu diesem Zeitpunkt ist es möglich, einfache textuelle Funktionalitätsbeschreibungen und Systemvisualisierung zu entwickeln, die den künftigen Benutzern zur Beurteilung vorgelegt werden können. Daraus folgt, dass zumindest in etwa 75% der Gesamtkosten eines Informatik-Projekts nach dem Vorliegen der funktionalen Systemspezifikation anfallen. (Solche Zahlen können in Abhängigkeit vom konkreten Projektkontext variieren.)

Davis/Venkatesh haben in zwei Feldexperimenten auf der Basis eines Längsschnittdesigns untersucht, ob Benutzerurteile zur Nützlichkeit eines Systems bei der Aufgabenerfüllung sowie zur Einfachheit der Systemnutzung auf der Basis einfacher textueller Funktionalitätsbeschreibungen und Systemvisualisierungen (T1, also noch „before writing a single line of program code, possibly before even building a working prototype", 32) mit den Urteilen zu diesen beiden Variablen nach einem Monat Systemnutzung (T2) und nach drei Monaten Systemnutzung (T3) korrespondieren (gemessen wurde auf der Basis eines Fragebogens, weiter wurde die beabsichtigte Systemnutzung erfasst). Die Studienergebnisse zeigen folgendes Bild (sowohl für Experiment 1 als auch für Experiment 2):

- Wahrgenommene Nützlichkeit des Systems bei der Aufgabenerfüllung: Die Messungen T1-T2, T1-T3 und T2-T3 weisen allesamt eine relativ hohe und statistisch signifikante Korrelation auf (im Wertebereich 0,54 bis 0,62).
- Wahrgenommene Einfachheit der Systemnutzung: Die Messungen T1-T2 und T1-T3 weisen keine bzw. eine relativ niedrige und statistisch *nicht* signifikante Korrelation auf (im Wertebereich 0,09 bis 0,18); lediglich die Messungen T2-T3 weisen eine moderate und statistisch signifikante Korrelation auf (im Wertebereich 0,37 bis 0,41).
- Beabsichtigte Systemnutzung: Die Messungen T1-T2, T1-T3 und T2-T3 weisen allesamt eine relativ hohe und statistisch signifikante Korrelation auf (im Wertebereich 0,49 bis 0,58).

Davis/Venkatesh (43-44, kursiv im Original) fassen ihre Ergebnisse zusammen und reflektieren dazu wie folgt: „The findings revealed that behavioral intention and perceived usefulness measured before hands-on experience with a software product were highly correlated with, and not significantly different from the same measures taken after one month and three months of hands-on experience with the system. Much prior research in IT adoption has demonstrated the ability to successfully predict system success *only* after the users have acquired significant direct experience with the system. The present research presents the first efforts to systematically examine system introductions in real organizations and examine the viability of preprototype user acceptance testing longitudinally. Thus, the current research extends prior work by showing that usefulness and behavioral intention measures based on simple noninteractive mockups of a software product are predictive of those that would be obtained after hands-on use of a system as far as six months post-implementation ... our ability to successfully predict IT acceptance before significant investment is critical as ... designers and managers can decide whether to: 1) go forward with the software product as planned; 2) modify the design to improve acceptability; or 3) abandon the design effort to avert major losses." Abbildung TECHA-7 fasst die Studie von *Davis/Venkatesh* auf konzeptioneller Ebene zusammen. Auf der X-Achse ist der Entwicklungsprozess entlang einer Zeitachse dargestellt (von der Projektidee über die funktionale Systemspezifikation sowie mehreren Prototypen bis zum fertigen System), auf der Y-Achse sind die Entwicklungskosten sowie die Modifizierbarkeit des Systems visualisiert. Man sieht, dass die Entwicklungskosten mit Fortschreiten der Zeit ansteigen, wohingegen die Modifizierbarkeit abnimmt. Weiter zeigt die Darstellung, dass die wahrgenommene Nützlichkeit des Systems bei der Aufgabenerfüllung im Entwicklungsprozess früh prognostizierbar ist, nämlich bei Vorliegen der funktionalen Systemspezifikation.

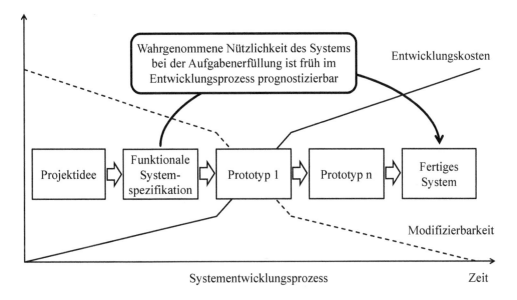

Abb. TECHA-7: Benutzerakzeptanztest vor dem Vorliegen eines
Prototypen (in Anlehnung an *Davis/Venkatesh*, 33)

Schlauderer/Overhage haben Akzeptanzfaktoren der agilen Softwareentwicklung
(vgl. Lerneinheit AGILM) auf der Basis eines explorativen Multi-Methoden-
Ansatzes untersucht. Die Daten wurden auf der Basis von Interviews (sechs semistrukturierte Interviews mit einer Dauer von 40-60 Minuten, danach Transkription
und inhaltsanalytische Auswertung) und einer Online-Befragung (N=20 Scrum
Product Owners) in „a world-wide leading insurance company" erhoben. Merkmal
der Studie ist, dass die Akzeptanzfaktoren der agilen Softwareentwicklung (konkret von Scrum) komparativ zu traditionellen Vorgehensweisen der Softwareentwicklung (vgl. Lerneinheit PROIP) untersucht wurden. Die Ergebnisse der Studie
zeigen, dass Scrum im Vergleich zum früher in der untersuchten Organisation eingesetzten Vorgehensmodell (konkret das V-Modell) in der *Wahrnehmung der befragten Personen* in folgenden Bereichen (im Beitrag als „acceptance factors" bezeichnet) Vorteile hat (nachfolgend im englischsprachigen Original angegeben,
Formatierungen wurden entfernt, 14-15):

- *Meeting of requirements:* „customers perceive their requirements to be better
  met in Scrum projects";
- *Economic value:* „customers perceive the economic value of Scrum projects to
  be higher";
- *Time to market:* „customers feel the time to market to be reduced in Scrum projects";
- *Transparency:* „they [customers] seem to perceive the transparency to be higher";
- *Communication with developers:* „customers view the communication with the
  developers to be better in Scrum projects";
- *Process complexity:* „customers perceive the complexity … in total to be higher
  in Scrum projects";

- *Required discipline:* „customers perceive the need for discipline [in Scrum projects] to be significantly higher than in traditional projects".

Die Implikation ihrer Arbeit für die Praxis beschreiben *Schlauderer/Overhage* (16) wie folgt: „For practice, the presented acceptance factors and perceptions give information about the potential opportunities and threats that accompany the introduction of Scrum from a customer perspective".

Kontrollfragen
1. Warum ist Technologieakzeptanz in Informatik-Projekten wichtig?
2. Wie kann man Betroffene in Informatik-Projekten in Abhängigkeit ihrer Einstellungs- und Verhaltensakzeptanz typologisieren?
3. Welche Merkmale können zur Bestimmung der Machtposition herangezogen werden?
4. Wie können sich Betroffenentypen in Informatik-Projekten entwickeln?
5. Warum ist das Technology Acceptance Model (TAM) bei Informatik-Projekten bedeutsam?

Quellenliteratur
Daniel, A.: Implementierungsmanagement: Ein anwendungsorientierter Gestaltungsansatz. Deutscher Universitäts-Verlag, 2001
Davis, F. D.: Perceived usefulness, perceived ease of use, and user acceptance of information technology. MIS Quarterly, 3/1989, 319-340
Davis, F. D./Venkatesh, V.: Toward preprototype user acceptance testing of new information systems: Implications for software project management. IEEE Transactions on Engineering Management, 1/2004, 31-46
Du, Y./Flynn, D.: Exploring the legitimation seeking activities in an information system project. Proceedings of the 31st International Conference on Information Systems, 2010
Schlauderer, S./Overhage, S.: Exploring the customer perspective of agile development: Acceptance factors and on-site customer perceptions in scrum projects. Proceedings of the 34th International Conference on Information Systems, 2013
Suchman, M. C.: Managing legitimacy: Strategic and institutional approaches. Academy of Management Review, 3/1995, 571-610
Wiendieck, G.: Akzeptanz. In: Frese, E. (Hrsg.): Handwörterbuch der Organisation, 3. A., Schäffer-Poeschel, 1992, 89-98

Vertiefungsliteratur
Lapointe, L./Rivard, S.: A multilevel model of resistance to information technology implementation. MIS Quarterly, 3/2005, 461-491
Venkatesh, V./Morris, M. G./Davis, G. B./Davis, F. D.: User acceptance of information technology: Toward a unified view. MIS Quarterly, 3/2003, 425-478

Normen und Richtlinien
DIN EN ISO 9241: Ergonomie der Mensch-System-Interaktion

Werkzeuge
https://www.mockplus.com/blog/post/software-prototyping-tools

Interessante Links
http://edutechwiki.unige.ch/en/Technology_acceptance_model
https://is.theorizeit.org/wiki/Technology_acceptance_model

Planungsmethoden

PROHB - Projekthandbuch 435
KREAT - Kreativitätstechniken 443
MEAUF - Methoden der Aufwandsschätzung 455
NETZP - Netzplantechnik 465

PROHB - Projekthandbuch

Lernziele

Sie kennen den Zweck des Projekthandbuchs. Sie können das Projekthandbuch für Informatik-Projekte nach inhaltlichen Gesichtspunkten gliedern und die wesentlichen Inhalte angeben. Sie können begründen, warum diese Inhalte des Projekthandbuchs bedeutsam sind.

Definitionen und Abkürzungen

Claim-Management (claim management) = das Verfahren („die Art und Weise"), in der Ansprüche, Beanstandungen und Mängelrügen des Auftraggebers durch den Auftragnehmer behandelt werden.

Konfigurationsmanagement (configuration management) = die Aufgabe der Verwaltung der vollständigen fachlich-inhaltlichen Definition und Beschreibung eines Produkts, die in Dokumenten niedergelegt sind und die benötigt werden, um das Produkt zu fertigen sowie über seinen gesamten Lebenszyklus hinweg nutzen und warten zu können.

PMBOK (Project Management Body of Knowledge) = ein vom Project Management Institute (PMI) herausgegebener prozessorientierter Leitfaden für das Projektmanagement, der weithin als Projektmanagement-Standard angesehen wird.

Projektdokumentation (project documentation) = der schriftliche Nachweis der Projektarbeit, vom Projektauftrag bis zur Abnahme des Projektergebnisses durch den Auftraggeber.

Projekthandbuch (project manual) = ein Dokument, das unternehmensweit einheitliche, für alle Projekte gleichen Typs (z.B. Informatik-Projekte) geltende Regelungen für die Projektarbeit (z.B. Projektorganisation, -planung und -abwicklung) enthält, die für Projektleitung und -mitarbeiter verbindlich sind.

Projektplan (project guide) = ein Dokument, in dem das Ergebnis der Projektplanung, das in der Regel Teilpläne zu allen Aufgaben der Projektplanung umfasst (z.B. Projektstrukturplan und Projektablaufplan als Ergebnisse der Aufgabenplanung), dargestellt ist.

Projektplanung (project planning) = die Prüfung der Realisierbarkeit eines Projekts und die Herausarbeitung seiner organisatorischen, technischen, personellen, wirtschaftlichen und sonstigen (z.B. sozialen) Konsequenzen.

Projektstrukturplan (work breakdown structure) = eine hierarchische Zerlegung des gesamten Projektinhalts und Projektumfangs der durch das Projektteam auszuführenden Arbeit, um die Projektziele zu erfüllen und die erforderlichen Liefergegenstände zu erstellen.

Qualitätsmanagementhandbuch (quality management manual) = ein Dokument mit Weisungscharakter, das die Qualitätspolitik, das Qualitätsmanagementsystem und alle für Qualität bedeutsamen Vorgehensweisen in der Organisation beschreibt. Es ist die Grundlage für die ständige Weiterentwicklung des Qualitätsmanagementsystems sowie für seine organisationsinterne und -externe Beurteilung (z.B. durch Kunden).

Zweck des Projekthandbuchs

Die Projektdokumentation umfasst die Dokumentation eines Informatik-Projekts, mit der die gesamte Projektarbeit, vom Projektauftrag bis zur Abnahme des Projektergebnisses durch den Auftraggeber, nachgewiesen wird. Das Erstellen der Projektdokumentation ist keine spezielle Projektphase, sondern eine alle Phasen begleitende Tätigkeit, an der alle Projektmitarbeiter, vor allem aber die Projektleitung, beteiligt sind. Zwecke und Zielgruppen der Dokumentationen können unterschiedlich sein (z.B. Benutzer oder Top-Management).

Die in einem Projekt zu erarbeitenden und verwendeten Dokumente unterteilen sich in drei Bestandteile, nämlich in Basis-, Arbeits- und Abnahmedokumente. Basisdokumente sind für den Projektaufbau und den Projektablauf wesentliche Dokumente, die unter Umständen im Laufe des Projekts geändert werden. Dazu zählen das Projekthandbuch, der Projektplan (vgl. Lerneinheit PROPL) und der Projektstrukturplan, die vom Auftragnehmer laufend aktualisiert werden. Arbeitsdokumente umfassen die für den Projektaufbau und den Projektablauf notwendigen Dokumente, Protokolle, Organisationsanweisungen, Ergebnisdokumente usw. Abnahmedokumente sind jene Dokumente, die zum Nachweis der Erfüllung der vereinbarten Leistung erstellt und in weiterer Folge dem Auftraggeber übergeben werden.

Ein Projekthandbuch soll die Projektarbeit erleichtern, indem alle für ein Projekt wesentlichen Aufgaben und die zur ihrer Durchführung verwendeten Methoden und Werkzeuge sowie einzuhaltende Standards dokumentiert sind. Ein Projekthandbuch ist einerseits ein allgemeines Dokument, andererseits ein spezielles Dokument. *Allgemeines* Dokument ist ein Projekthandbuch im Sinn von Regeln oder im Sinn einer Richtlinie (oder eines Konzepts oder Vorbilds) für das Erstellen eines *speziellen* Dokuments (oder eines Modells oder Abbilds). Mit anderen Worten gesagt gibt es ein – zweckmäßigerweise elektronisch verfügbares – Standard-Dokument, nach dessen Regeln *jedes* Projekt abgewickelt und dokumentiert wird. In Abhängigkeit von Art und Umfang der Projektaufgabe werden die Regeln angepasst, insbesondere bezüglich Feinheit der Gliederung und Tiefe der Darstellung je Gliederungspunkt.

Das Projekthandbuch soll die Projektabwicklung transparent machen, und zwar sowohl im Sinn von Vorschau, als auch im Sinn von Nachschau. Transparent im Sinn von *Vorschau* meint, dass das Projekthandbuch die *beabsichtigte* Art und Weise der Projektabwicklung offen legt. Transparent im Sinn von *Nachschau* meint, dass das Projekthandbuch die *tatsächliche* Projektabwicklung so aktuell wie möglich widerspiegelt. Das Projekthandbuch ermöglicht daher – was die Projektplanung betrifft – teilweise Vorwärtsdokumentation, und was die Projektabwicklung betrifft (weitgehend) Simultandokumentation vgl. Lerneinheit DOKUM). Dies ist weniger für Projektleitung und Projektmitarbeiter von Bedeutung, als vielmehr für potentielle Auftraggeber, die das Projekthandbuch als Nachweis über die Qualitätsfähigkeit des Auftragnehmers verwenden, sowie für Kunden, die das Projekthandbuch als Informationsmittel über den Projektstatus verwenden (falls weitgehend simultan dokumentiert wird). Diese Forderung nach Transparenz der Projektplanung und Projektabwicklung ist umso bedeutsamer, je neuartiger die Projektaufgabe ist; bei sich wiederholenden Projektaufgaben kann Transparenz auch ohne Projekthandbuch erreicht werden.

Projekthandbuch: Ein „lebendes" Dokument

Ein Projekthandbuch „lebt", da es sich mit der Veränderung der Kundenforderungen, der Projektaufgabe und der Arbeitssituation verändert. Seine Systematik muss laufend an Veränderungen angepasst werden, ohne jedoch Kontinuität und Vergleichbarkeit völlig unberücksichtigt zu lassen. Das Projekthandbuch gibt nicht eine *mögliche* Projektabwicklung vor bzw. dokumentiert diese, sondern gibt die *gewollte* Projektabwicklung vor bzw. dokumentiert diese. Dieser Umstand verdeutlicht die Notwendigkeit einer kompetenten Instanz (z.B. ein für das Qualitätsmanagement Beauftragter) für das Projekthandbuch als *Vorbild*, die auch für die Schulung der Projektleitung und der Projektmitarbeiter in der Handhabung des Projekthandbuchs als *Abbild* zuständig ist.

Von besonderer Bedeutung im Zusammenhang mit Qualitätsmanagement sind die beiden folgenden Handbuchteile:

- Konfigurationsmanagement (um das Produkt zu fertigen sowie über seinen gesamten Lebenszyklus hinweg nutzen und warten zu können) und
- Claim-Management (damit Beanstandungen und Mängelrügen des Auftraggebers durch den Auftragnehmer systematisch behandelt werden).

Ein Projekthandbuch definiert in einer für alle Beteiligten auf Auftragnehmer- und Auftraggeberseite nachvollziehbaren Form den Herstellungsprozess für Produkte und Dienstleistungen, mit dem die Qualitätspolitik des Auftragnehmers implementiert ist. Da die Formulierung der Qualitätspolitik Aufgabe des Top-Managements ist, muss das Projekthandbuch vom Top-Management selbst oder in dessen Auftrag durch Dritte geprüft werden und bestätigt sein. Das Projekthandbuch kann mit dem Qualitätsmanagement-Handbuch (kurz QM-Handbuch) identisch sein. Dies ist der Fall, wenn sich das QM-System nur auf die Unternehmensteile bezieht, deren Aufgaben in Form von Projekten bearbeitet werden bzw. wenn dies für die Unternehmensaufgaben insgesamt zutrifft (z.B. in Software- und Systemhäusern). Diese Bemerkung weist darauf hin, dass Zweck und Inhalt verschiedener Managementbereiche (z.B. Projektmanagement, Qualitätsmanagement, Revision und Controlling) zu *einem* Managementsystem zusammenwachsen, dessen Regeln dann konsequenterweise auch in *einem* integrierten Managementhandbuch konsolidiert dokumentiert sind.

So wie das QM-Handbuch, kann das Projekthandbuch in mehrere Ebenen gegliedert sein, womit den Anforderungen entsprochen wird, Informationsmittel nach außen (insbesondere gegenüber potentiellen Kunden) *und* nach innen (insbesondere als konstruktive QM-Maßnahme) zu sein. Im folgenden Beispiel werden drei Ebenen verwendet, und zwar:

- Auf der ersten Ebene sind die Qualitätspolitik, die Verantwortlichkeiten sowie die Abläufe im QM-System einschließlich der QM-Maßnahmen beschrieben; das verwendete Begriffssystem ist erläutert.
- Auf der zweiten Ebene sind die Verfahrensanweisungen beschrieben, die organisatorische, personelle und technische Details enthalten.
- Auf der dritten Ebene befinden sich die im Allgemeinen als Arbeitsanweisungen bezeichneten Dokumente.

Auftraggebern und Dritten gegenüber wird mindestens die dritte Ebene, häufig auch schon die zweite Ebene als vertraulich behandelt; sie enthält bzw. sie enthalten das spezifische Know-how des Auftragnehmers im Detail, das ausdrücklich nicht weitergegeben werden soll. Moderne QM-Systeme führen nur noch die erste Ebene in Papierform; die Daten der Ebenen zwei und drei werden in Datenbanken gehalten, auf die die Berechtigten von jedem Arbeitsplatz aus zugreifen können.

Gliederung Projekthandbuch

Im Folgenden wird die Systematik eines Projekthandbuchs für Projekte gezeigt, deren Gegenstand Software-Systeme zur Automatisierung von Produktionsanlagen der Verfahrensindustrie sind. Sie eignet sich für neuartige Projektaufgaben ebenso wie für Projektaufgaben gleicher oder ähnlicher Art.

- Allgemeines mit folgenden Gliederungspunkten: Präambel, Projektübersicht, Basisdokumente, Projektpartner, Erstellung und Aktualisierung des Projekthandbuchs, Verteilung und Revision des Projekthandbuchs.
- Zusammenarbeit mit dem Kunden mit folgenden Gliederungspunkten: Konsultationen und Abstimmungen, gemeinsame Reviews, Vertragsänderungen, Abnahme- und Leistungstests.
- Organisation mit folgenden Gliederungspunkten: Rollen und Aufgaben im Projekt, Umsetzungs- und Abnahmeverantwortliche, Ablauforganisation im Projekt.
- Kommunikation mit folgenden Gliederungspunkten: Gremien, Berichtswesen, Besprechungen, Präsentationen, Offene-Punkte-Liste.
- Dokumentation mit folgenden Gliederungspunkten: Dokumentation der Standard-Hardware und Standard-Software, der Anwendersoftware, Handbücher (z.B. Bedienerhandbuch und Diagnosehandbuch), Archivierung, Standardformate.
- Beschaffung, Lieferung und Installation mit den bei „Dokumentation" genannten Gliederungspunkten, gegebenenfalls untergliedert nach Komponenten (z.B. Rechnersysteme).
- Lieferungen und Leistungen des Kunden mit folgenden Gliederungspunkten: Spezifikation, Systemschnittstellen, Überwachung der Herstellung und Abnahmeprozedur.
- Projektmanagement mit folgenden Gliederungspunkten: Strukturplan, Terminplan und Terminverfolgung (Meilensteine und Fortschrittskontrolle), Personaleinsatzplan, Behandlung offener Fragen, Projektende.
- Konfigurationsmanagement mit folgenden Gliederungspunkten: Kennzeichnung von Dokumenten und Arbeitsergebnissen, Übernahme von Elementen und Kon-

figurationen, Durchführung von Änderungen, Archivierung alter Versionen/Konfigurationen, Datensicherung.
- Prüfungen mit folgenden Gliederungspunkten: Verantwortlichkeiten, Prüfungsobjekte (Ergebnisse und Tätigkeiten), Prüfungen (Prüfplan, Prüfgegenstände, Prüfspezifikation, Prüfprozedur und Prüfprotokoll).
- Systementwicklung mit folgenden Gliederungspunkten: Pflichtenheft, Entwurf, Implementierung, Integration, Vergabe an Externe, Werksabnahme.
- Claim-Management mit folgenden Gliederungspunkten: Kundenforderungen, Mehrleistungen, Mängel.
- Standards mit folgenden Gliederungspunkten: Standards, Methoden, Werkzeuge, Konventionen, Formulare.
- Glossar
- Literaturverzeichnis

In der Fachliteratur werden verschiedenste Gliederungsvorschläge für Projekthandbücher vorgeschlagen, die oftmals generisch sind, also vom konkreten Projektgegenstand (z.B. Informatik-Projekt, Bauprojekt, Veranstaltungsprojekt) unabhängig sind. Im Folgenden wird ein Gliederungsvorschlag von *Patzak/Rattay* (369-370) dargestellt:

1. Projektdefinition und Leistungsplanung
   1.1 Abgrenzung, Ziele (Projektdefinition)
   1.2 Objektgliederung (Pflichtenheft und Leistungsspezifikationen)
   1.3 Aufgabengliederung (Projektphasen, Projektstrukturplan)
   1.4 Aufgabenspezifikation
   1.5 Schnittstellen im Projekt
   1.6 Definition der Abnahmeprozedur
   1.7 Verträge
2. Projektumfeld
3. Projektorganisation
   3.1 Beschreibung der Rollen und Teams
   3.2 Grafische Darstellung der Projektorganisation
   3.3 Aufgaben- und Verantwortlichkeitsverteilung
   3.4 Ansprechpartner und Adressen
4. Projektplanung
   4.1 Ablauf- und Terminplanung
   4.2 Ressourcenplanung
   4.3 Kostenplanung
   4.4 Risikoplanung
5. Qualitätsmanagement
   5.1 Definition von Qualitätskriterien
   5.2 Organisatorische Regelungen
   5.3 Laufende Qualitätssicherung
6. Projektinformationswesen und -kommunikation
   6.1 Sitzungsplanung
   6.2 Fortschrittsberichte
   6.3 Sitzungsprotokolle
   6.4 Ablagestrukturen

7. Projektcontrolling
8. Projektabschluss

Aus der Praxis

PM@Siemens als ein globales Unternehmensprogramm bei Siemens hat für sein weltweites Projekt-, Lösungs- und Servicegeschäft einheitliche Projektmanagement-Regeln festgelegt, die in einem Projekthandbuch, dem so genannten PM-Guide beschrieben werden (vgl. *Siemens*). PM@Siemens stellt mit diesem Projekthandbuch Empfehlungen und Regeln für professionelles Projektmanagement auf Basis eines internationalen Best-Practice-Ansatzes zur Verfügung. Der PM-Guide gliedert sich in 12 Module (vgl. *Burghardt*, 161-168):

Modul 1: Prozesse und Rollen
Modul 2: Vertragsmanagement
Modul 3: Projekt-Controlling
Modul 4: Qualitätsmanagement in Projekten
Modul 5: Projekteinkauf
Modul 6: Karriere im Projektmanagement
Modul 7: Training und Weiterentwicklung
Modul 8: Zusammenarbeit in Projekten
Modul 9: IT-Anwendungen
Modul 10: Kontinuierliche Verbesserung
Modul 11: PM@Siemens-Implementierung
Modul 12: Interne Projekte

Im Rahmen von PM@Siemens werden die Projekte in Abhängigkeit ihres Volumens, ihrer Komplexität und ihrer Risiken in die Kategorien A, B und C gruppiert; auch kleinere Projekte werden berücksichtigt (D, E und F). Die Kategorie A umfasst die Projekte mit der größten Komplexität, wohingegen Projekte der Kategorie F typischerweise die niedrigste Komplexität und kleine Projektvolumina mit einem Auftragswert von unter 100.000 Euro aufweisen.

Auf der Basis eines speziellen Evaluierungsverfahrens (in der Lerneinheit EVALU ist Grundlegendes zu dieser Thematik dargestellt) werden Projektparameter wie Auftragswert, Risiko, Anzahl der Vertragspartner, technische Komplexität, Innovationsgrad, strategische Bedeutung usw. abgefragt und mittels einem Punktesystem bewertet. Projekte mit der höchsten Punktzahl werden der Kategorie A zugeordnet; kleinere Punktzahlen entsprechend den Kategorien B und C. Mit dieser Einordnung in eine Projektkategorie werden die Inhalte der einzelnen Projektprozesse sowie die prozessbezogenen Vorgaben (Phasen und Meilensteine) beschrieben, außerdem wird der Kompetenzumfang des zuständigen Projektleiters festgelegt. Weitere Informationen zum PM-Guide sind in den Quellen *Siemens* und *Burghardt* (161-168) zu finden.

Forschungsbefunde

Im Glossar von *projektmagazin.de* erfolgt eine Einordnung des Begriffs „Projekt-handbuch" in die angloamerikanische Terminologie des Projektmanagements. Es wird angegeben, dass das Projekthandbuch dem in der US-amerikanischen Norm PMBOK Guide (vgl. Lerneinheit RAHPM) genannten „Project Management Plan" entspricht, der dort wie folgt definiert ist: „A formal, approved document that defines how the project is executed, monitored, and controlled. It may be a summary or detailed and may be composed of one or more subsidiary management plans and other planning documents." Weiter wird angegeben, dass ein Project Management Plan folgende wesentlichen Bestandteile enthält (wörtlich nach *projektmagazin.de* zitiert, mit geringfügigen stilistischen Anpassungen):

- den Projektlebenszyklus, d.h. die Phaseneinteilung des Projekts;
- alle Anpassungen des anzuwendenden Projektmanagementsystems für dieses Projekt, z.B. die einzusetzenden Prozesse und wie sie anzuwenden sind;
- die Herangehensweise an die Projektdurchführung;
- die Beschreibung des anzuwendenden Änderungsmanagementsystems;
- die Beschreibung des anzuwendenden Konfigurationsmanagementsystems;
- die Bezugsgrößen für die Fortschrittsmessung;
- Anforderungen an die Kommunikation zwischen den Projektbeteiligten;
- die wichtigsten Managementreviews;
- alle untergeordneten Managementpläne für spezielle Aufgabenbereiche wie z.B. Anforderungs-, Termin-, Kosten- und Ressourcenmanagement.

IHRE SITUATION	IHR NUTZEN
Wird Projektmanagement in Ihrem Unternehmen einheitlich und durchgängig umgesetzt? Oder sind Ihre Projektleiter Einzelkämpfer und stark auf sich selbst gestellt? Kosten Ihre Projekte viel unnötige Energie, weil ähnliche Dinge immer wieder neu geplant werden müssen oder weil Rollen und Verantwortungen nicht klar sind? Dann sollten Sie etwas daran ändern!	Durch ein PM-Handbuch schaffen Sie einen klaren Rahmen für die Projektarbeit, indem Sie vorhandene Abläufe, Rollen und Aufgaben festhalten und als gemeinsame Basis für die Durchführung von Projekten etablieren. Dies erhöht die Sicherheit und Effizienz Ihrer Projektleiter. Zudem optimieren Sie Ihre Abläufe und reduzieren durch Standardisierung die Komplexität.
Vielleicht haben einzelne Projektleiter für sich Wege gefunden und Abläufe und Vorgehensweisen etabliert, die auch andere gut nutzen könnten? Oder es wäre gut, manche veraltete Dokumentvorlagen zu überarbeiten und zu aktualisieren? All dies gehört in ein Projektmanagement-Handbuch.	Wir unterstützen Sie bei der Erfassung und Dokumentation Ihrer vorhandenen Projektmanagement-Prozesse. Ziel ist dabei die Vereinheitlichung der Projektabläufe. Als Ergebnis stellen wir Ihnen ein Projektmanagement-Handbuch zur Verfügung, das Sie in ihrem Intranet oder Datenshare veröffentlichen. Falls es sich dabei ergibt, vereinbaren wir gleich auch geeignete Prozessverbesserungen.

Ich möchte ein PM-Handbuch entwickeln!

Abb. PROHB-1: Angebot zum Entwickeln eines Projektmanagement(PM)-Handbuchs (nach *https://www.psconsult.de/*)

Befunde empirischer Forschung zur Verbreitung von Projekthandbüchern in der betrieblichen Praxis sowie zu deren Beschaffenheit (Struktur und Inhalte) sind dem

Verfasser des vorliegenden Buches nicht bekannt. Anbieter von Beratungsdienst-leistungen im Projektmanagement sehen jedenfalls einen Markt für das Entwickeln von Projekthandbüchern (bzw. Projektmanagementhandbüchern, dieser Begriff wird in der Praxis und teilweise auch in der Fachliteratur synonym verwendet). Dieses Marktangebot (vgl. das Beispiel in Abb. PROHB-1) lässt darauf schließen, dass die Verbreitung von (i) Projekthandbüchern bzw. (ii) qualitativ hochwertigen Projekthandbüchern möglicherweise nicht allzu hoch ist.

Kontrollfragen
1. Welchem Zweck dient das Projekthandbuch?
2. In welchem Zusammenhang stehen das Projekthandbuch und Qualitätsmanagement?
3. Wie kann ein Projekthandbuch gegliedert werden und welchen Inhalt haben seine Teile?
4. Wie könnte die Gliederung eines generischen Projekthandbuchs aussehen, das vom konkre-ten Projektgegenstand abstrahiert?
5. Welche Module beinhaltet der PM-Guide von Siemens?

Quellenliteratur
Burghardt, M.: Projektmanagement: Leitfaden für die Planung, Überwachung und Steuerung von Projekten. 9. A., Publicis, 2012
https://www.projektmagazin.de/glossarterm/projekthandbuch
Patzak, G./Rattay, G.: Projektmanagement: Projekte, Projektportfolios, Programme und projekt-orientierte Unternehmen. 6. A., Linde International, 2014
Siemens: PM@Siemens: Global Project Management. 4. A., Siemens AG, 2006

Vertiefungsliteratur
Biedermann, S.: Das Projekthandbuch: Ein kleiner Leitfaden – Projekte erfolgreich führen. Books on Demand, 2008
Gessler, M. (Hrsg.): Handbuch für die Projektarbeit, Qualifizierung und Zertifizierung auf Basis der IPMA Competence Baseline Version 3.0. Deutsche Gesellschaft für Projektmanagement. 7. A., GPM, 2015

Normen und Richtlinien
DIN 69901-1:2009-01: Projektmanagement - Projektmanagementsysteme - Teil 1: Grundlagen
DIN 69901-2:2009-01: Projektmanagement - Projektmanagementsysteme - Teil 2: Prozesse, Prozessmodell
DIN 69901-3:2009-01: Projektmanagement - Projektmanagementsysteme - Teil 3: Methoden
DIN 69901-4:2009-01: Projektmanagement - Projektmanagementsysteme - Teil 4: Daten, Da-tenmodell
DIN 69901-5:2009-01: Projektmanagement - Projektmanagementsysteme - Teil 5: Begriffe

Werkzeuge
https://www.pm-smart.com/de/projekt-management-software
https://www.prevero.com/de/loesungen/performance-management/multiprojektcontrolling.html
www.onepoint-projects.com/

Interessante Links
http://www.pm-handbuch.com/
https://cewebs.cs.univie.ac.at/inf-pm/ss06/pma/StandardPHBv25_deutsch.pdf
https://www.projektmagazin.de/artikel/welche-inhalte-hat-ein-projekthandbuch_627
https://www.projektmagazin.de/artikel/wie-erstelle-ich-ein-projekthandbuch_1058494
https://www.projektmagazin.de/glossarterm/projektmanagementhandbuch

KREAT - Kreativitätstechniken

Lernziele

Sie kennen den Zweck von Kreativitätstechniken, ihre Anwendungsgebiete und die organisatorischen Voraussetzungen für ihre Anwendung. Sie können die Vorgehensweise bei der Anwendung der Kreativitätstechniken am Beispiel der W-Technik und des Brainstormings mit Osborn-Verfremdung erläutern. Sie kennen die Merkmale rationalen und kreativen Problemlösens.

Definitionen und Abkürzungen

Delphi-Methode (Delphi technique) = ein Mehrstufen-Rating und ein Mitteilungsrating, bei dem in mehreren Runden die Einzelurteile von Experten ausgewertet und gegebenenfalls kommentiert an die Experten zurückgemeldet werden, die darauf aufbauend ein weiteres Rating durchführen.

geschlossene Entscheidung (closed decision) = eine Entscheidung, bei der eine aus mehreren Handlungsalternativen auszuwählen ist, und zwar unter der Voraussetzung, dass alle möglichen Handlungsalternativen, die Algorithmen zur Problemlösung und alle möglichen Handlungsergebnisse bekannt sind.

gut strukturiertes Problem (well-structured problem) = eine Situation, in der ein Ausgangszustand durch Anwenden von Lösungsalgorithmen in einen erwünschten Endzustand transformiert werden kann.

kreatives Problemlösen (creative problem solving) = die Fähigkeit des Menschen, Denkergebnisse hervorzubringen, die ihm oder seiner Umwelt neu sind.

Kreativität (creativity) = die Fähigkeit des Menschen, schöpferisch zu sein, eigene Ideen entwickeln zu können, einfallsreich und erfinderisch zu sein.

Methode 6.3.5. = eine Kreativitätstechnik, bei der sechs Teilnehmer sechs Mal je drei Lösungsvorschläge in jeweils fünf Minuten generieren.

offene Entscheidung (open decision) = eine Entscheidung, bei der mindestens ein Merkmal der geschlossenen Entscheidung fehlt.

Problem (problem) = eine Handlungssituation, die durch ein Defizit an Wissen gekennzeichnet ist.

Problemlösen (problem solving) = die Fähigkeit des Menschen, durch kreatives oder durch rationales Vorgehen Denkergebnisse hervorzubringen.

rationales Problemlösen (rational problem solving) = die Fähigkeit des Menschen, Denkergebnisse unter Verwendung bekannter Denkmechanismen hervorzubringen.

schlecht strukturiertes Problem (ill-structured problem) = eine Situation, in der ein Ausgangszustand wegen fehlender Zielvorstellung, komplexer Ausgangssituation oder fehlender Lösungsalgorithmen nur durch intuitive Probierverfahren in mehrere mögliche Endzustände transformiert werden kann.

Szenario-Technik (scenario technique) = eine systematische Vorgehensweise zur Gewinnung von Information über zukünftige Entwicklungen von offenen Systemen für die Formulierung von Strategien.

Verhalten (behavior) = jede Art von Aktion oder Reaktion eines Systems.

Zweck der Kreativitätstechniken

Zur Bewältigung der Projektarbeit sind nicht nur fachliche Kenntnisse und Fähigkeiten der Aufgabenträger (z.B. zur Anwendung von Methoden und zur Nutzung von Werkzeugen) erforderlich, sondern auch schöpferische Fähigkeiten, also die Fähigkeit, kreativ zu sein. Kreativität ist besonders dann gefragt, wenn es gilt, Alternativen bzw. alternative Problemlösungen zu finden. Dies ist in den frühen Projektphasen (insbesondere in der Vorstudie) häufiger der Fall als in den späten Projektphasen.

In den frühen Projektphasen ist der Handlungsspielraum groß; er nimmt mit zunehmendem Projektfortschritt ab. Ein großer Handlungsspielraum ermöglicht mehr kreatives Handeln als ein kleiner Handlungsspielraum, der ausgeschöpft werden muss, wenn die Projektziele erreicht werden sollen. Kreatives Handeln wird durch die Anwendung von Kreativitätstechniken unterstützt.

Die Bedeutung von Kreativität für die erfolgreiche Entwicklung von Artefakten (z.B. Informationssysteme) ist hoch. Beispielsweise schreiben *Hevner et al.* (81) dazu: „Design-science research in IS [Information Systems] addresses what are considered to be wicked problems ... That is, those problems characterized by ... unstable requirements and constraints based upon ill-defined environmental contexts ... complex interactions among subcomponents of the problem and its solution ... a critical dependence upon human cognitive abilities (e.g., creativity) to produce effective solutions". Auch in Quellen, die nicht IS-spezifisch sind, wird die Bedeutung von Kreativität und Intuition bei der Entwicklung von Artefakten hervorgehoben, so schreiben beispielsweise *Pahl/Beitz* (127): „Der Konstrukteur sucht und findet seine Lösungen zu schwierigen Problemen vielfach intuitiv, d. h. die Lösung ergibt sich ihm nach einer Such- und Überlegungsphase durch einen guten Einfall oder durch eine neue Idee, die mehr oder weniger ganzheitlich ins Bewusstsein fällt ... Häufig trifft der Konstrukteur mit seinem Einfall ins Schwarze, und auf dieser Basis sind dann ... Abwandlungen und Anpassungen nötig, die zur endgültigen Lösung führen."

Pahl/Beitz betonen jedoch, dass man sich nicht ausschließlich auf die Intuition der Entwickler verlassen sollte; sie erteilen somit einer „rein intuitiven Arbeitsweise" eine Absage, und begründen dies wie folgt:

- der richtige Einfall kann nicht geplant werden und somit ist unklar, ob – sofern er überhaupt kommt – der Einfall zum richtigen Zeitpunkt im Entwicklungsprozess kommt (es ist davon auszugehen, dass Einfälle zur Entwicklung von Artefakten, die erst nach der Projektphase Systementwurf kommen, signifikant geringeres Erfolgspotential haben als Einfälle, die früher kommen);
- aufgrund bestehender Konventionen und eigener Vorstellungen werden neue Wege oft nicht erkannt;
- zumindest manchen Entwicklern fehlt aufgrund von Informationsmangel Wissen über neue Technologien (und diese bilden bei der erfolgreichen Entwicklung von Informationssystemen oft eine wesentliche Grundlage).

Der Einsatz von Kreativitätstechniken bewirkt eine Standardisierung der Prozesse der Problemdefinition und Ideengenerierung. Damit wirkt er einer Situation entgegen, in der sich ein Unternehmen ausschließlich auf spontane Einfälle der Entwickler (oder anderer Projektbeteiligter) verlässt.

Anwendungsgebiete der Kreativitätstechniken

Es gibt zwei idealtypische Verhaltensmuster zum Problemlösen, rationales und kreatives Problemlösen. Zwischen diesen Verhaltensmustern gibt es Mischformen, die Komponenten rationalen und kreativen Problemlösens enthalten. Rationales Problemlösen wird zum Lösen von *wohlstrukturierten* Problemen in *geschlossenen* Entscheidungssituationen empfohlen. Abbildung KREAT-1 zeigt den rationalen Problemlösungsprozess. Häufiger als wohlstrukturierte Probleme in geschlossenen Entscheidungssituationen sind *schlechtstrukturierte* Probleme in *offenen* Entscheidungssituationen, für deren Bearbeitung kreatives Problemlösen charakteristisch ist. Abbildung KREAT-2 zeigt den kreativen Problemlösungsprozess.

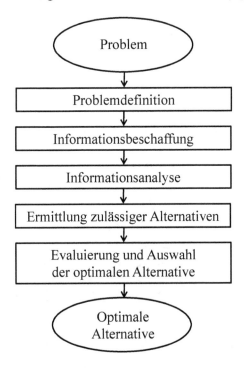

Abb. KREAT-1: Rationaler Problemlösungsprozess

Kreativitätstechniken sind Methoden zum Definieren und Lösen schlechtstrukturierter Probleme durch Anwendung intuitiver Probierverfahren. Aus diesen generellen Überlegungen zur Möglichkeit und zur Notwendigkeit kreativen Handelns und seiner Unterstützung durch Kreativitätstechniken ergibt sich, dass das wichtigste Anwendungsgebiet der Kreativitätstechniken in Informatik-Projekten das Generieren alternativer Systemkonzepte beim Entwerfen der Grundkonzeption in der Vorstudie ist (vgl. Lerneinheit ZAMVS).

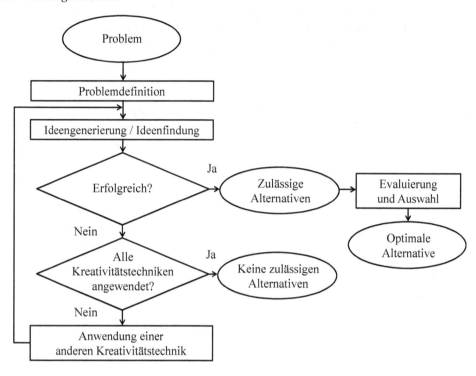

Abb. KREAT-2: Kreativer Problemlösungsprozess

Personelle und organisatorische Voraussetzungen

Individuelle Kreativitätshemmnisse können im kognitiven Bereich liegen, zum Beispiel die Übernahme alter Gewohnheiten oder die Schwierigkeit, ein Problem in Teilprobleme zu zerlegen. Daneben können soziale und gesellschaftliche Faktoren die Kreativität hemmen. Von Bedeutung sind auch emotionale Hemmungen wie die Furcht, Fehler zu machen oder sich zu blamieren, Zeitdruck und Leistungsdruck sowie mangelndes Vertrauen in die eigenen Fähigkeiten. Kreativitätsfördernd sind persönliche Eigenschaften wie Originalität, geistige Beweglichkeit, konstruktive Unzufriedenheit, Beobachtungs- und Kombinationsgabe, Bereitschaft zur Abkehr von Erfahrungen und gewohnten Denkstrukturen. Kreative Fähigkeiten von Individuen können durch gruppendynamische Prozesse gefördert werden. Die meisten Kreativitätstechniken werden daher in Gruppensitzungen angewendet (gruppenorientierte Kreativitätstechniken im Unterschied zu individualorientierten Kreativitätstechniken). Die Gruppenmitglieder kommen in der Regel aus verschiedenen Tätigkeitsbereichen (z.B. Systemplaner und Benutzer) und verschiedenen hierarchischen Unternehmensebenen (z.B. Sachbearbeiter und Management), und sie haben unterschiedliche Kenntnisse, Fertigkeiten und Fähigkeiten. Eine so zusammengesetzte Gruppe wird als interdisziplinäre Kreativgruppe bezeichnet. Sie ist organisatorisch dann ideal, wenn sie aus fünf bis zwölf Personen besteht. Ein Moderator steuert den Gruppenprozess und dokumentiert die Ergebnisse der Gruppenarbeit (z.B. Flipchart, digitales Whiteboard). Die Sitzungsdauer sollte 30 bis 60 Minuten nicht wesentlich überschreiten (insbesondere aufgrund abnehmender Aufmerksamkeit und kognitiver Ermüdung); in der Regel sind mehrere Sitzungen zum Lösen eines Problems erforderlich.

In interdisziplinären Kreativgruppen der Vorstudie sollten die folgenden Aufgabenträger vertreten sein (vgl. Lerneinheit PROVE): Projektleiter bzw. die Mitglieder der Projektleitung, Mitglieder des Lenkungsausschusses, Mitglieder des Projekt-Steuerungsgremiums, Sachbearbeiter als potentielle Benutzer des zu schaffenden Informationssystems, IT-Koordinatoren der auftraggebenden Fachabteilungen, der Produktmanager, Mitarbeiter der IT-Abteilung sowie ein Aufgabenträger, der die Interessen des Controlling und der Revision vertritt. In Abhängigkeit verschiedener Kontextfaktoren (z.B. Wichtigkeit des Projekts für das Unternehmen oder technische Komplexität der bereits existierenden Systemlandschaft) kann eine andere Zusammensetzung der Kreativgruppe zweckmäßig sein. Die Kreativgruppe muss vor ihrer ersten Gruppensitzung mit den Kreativitätstechniken, die angewendet werden sollen, ausreichend vertraut gemacht werden.

Arten von Kreativitätstechniken

Wichtigstes gemeinsames Merkmal der Kreativitätstechniken ist es, individuelle, kreative Eigenschaften zu nutzen und durch gruppendynamische Prozesse zu verstärken. Weitere gemeinsame Merkmale sind:

- die Zerlegung des Problems in Teilprobleme, die Generierung von Lösungsvorschlägen zu den Teilproblemen, die Auswahl der besten Teillösungen und deren Synthese zur Problemlösung;
- die Steuerung des Gruppenprozesses durch einen Moderator;
- die Verwendung von Unterstützungstechniken (z.B. Metaplan-Technik).

Eine Systematik der Kreativitätstechniken unterscheidet zwischen *strategischen* Kreativitätstechniken und *operativen* Kreativitätstechniken, womit ihre Eignung für das Problemlösen bei primär strategischen Aufgaben einerseits und primär operativen Aufgaben andererseits gemeint ist. Zur ersten Gruppe zählen die Szenariotechnik (vgl. dazu die Lerneinheit Szenariotechnik in *Heinrich/Riedl/Stelzer*) und die Delphi-Methode (vgl. *Sackman*), zur zweiten Gruppe gehören insbesondere:

- Das von *Osborn* entwickelte und von ihm in den 1940er Jahren ausführlich beschriebene Brainstorming (wird in dieser Lerneinheit noch näher erläutert).
- Das aus dem Brainstorming in den 1960er Jahren entwickelte Brainwriting, bei dem das Problemlösen in Schriftform erfolgt (z.B. die von *Rohrbach* entwickelte Methode 6.3.5.). Die Schriftform wird dann vorgezogen, wenn ein kritisches Problem zu bearbeiten oder die Gruppe im offenen Umgang miteinander nicht geübt genug ist, um kreativ arbeiten zu können.
- Die von *Gordon* entwickelte und von ihm in den 1960er Jahren ausführlich beschriebene Synektik, zu deren Kennzeichen die Fragestellung „Wie kann erreicht werden, dass ...?" gehört („Wie-Technik" oder „Warum-Technik", kurz als W-Technik bezeichnet), also das systematische Verfremden und Suchen nach Analogien.
- Die in den 1960er Jahren von *Zwicky* entwickelte Methode des morphologischen Kastens (kurz als „Morphologischer Kasten" oder auch als „Morphologische

Matrix" bezeichnet) zur Generierung von Alternativen durch systematische Feldüberdeckung.

- Auch die Wertanalyse (vgl. Lerneinheit WERTA) wird häufig zu den Kreativitätstechniken gerechnet, obwohl in der Wertanalyse selbst wieder Kreativitätstechniken im hier dargestellten, engeren Sinn „zur Suche nach allen denkbaren Lösungen" verwendet werden.

Die genannten und weitere operative Kreativitätstechniken unterscheiden sich vor allem dadurch, dass sie entweder eher *intuitiv* (wie Brainstorming, Brainwriting und Synektik) oder eher *systematisch* (wie Morphologischer Kasten und Wertanalyse) sind. Nachfolgend werden die W-Technik zur Problemdefinition und das Brainstorming mit Osborn-Verfremdung zur Ideenfindung erläutert. W-Technik und Brainstorming mit Osborn-Verfremdung sind durch einen hohen Grad an Praktikabilität gekennzeichnet. Sie sind zum Lösen wenig komplexer Probleme gut geeignet. Sie können mit eingeschränkter Erfolgswahrscheinlichkeit auch von Einzelpersonen angewendet werden. Für Probleme mit höherer Komplexität eignen sich synektische und morphologische Methoden besser.

In der Regel bestehen Abhängigkeiten zwischen der Qualität der Problemdefinition und der Qualität der gefundenen Problemlösungen. Je besser die Problemdefinition ist, desto größer ist die Erfolgswahrscheinlichkeit der generierten Problemlösungen.

W-Technik zur Problemdefinition

Die W-Technik besteht aus fünf Arbeitsschritten: Spontandefinition, Umformulierung, Antworten, Problemdefinition sowie Eignungsprüfung und Rückkopplung.

- Erster Arbeitsschritt: Spontandefinition. Das Problem wird spontan definiert, wie es zunächst symptomatisch wahrgenommen wird („problem definition as seen"). Die Problemdefinition wird erleichtert, wenn sie mit „Wie kann ich erreichen, dass ..." eingeleitet wird.
- Zweiter Arbeitsschritt: Umformulierung. Die Spontandefinition wird zu einer Frage umformuliert. Die Frage wird mit „Warum ..." eingeleitet.
- Dritter Arbeitsschritt: Antworten. Zur Frage aus dem zweiten Arbeitsschritt werden durch freie gedankliche Assoziation drei einfache, griffige Antworten ermittelt.
- Vierter Arbeitsschritt: Problemdefinition. Die drei Antworten aus dem dritten Arbeitsschritt werden unter Verwendung der Einleitung „Wie kann ich erreichen, dass ..." zu neuen Problemdefinitionen umformuliert.
- Fünfter Arbeitsschritt: Eignungsprüfung und Rückkopplung. Es wird geprüft, ob eine der im vierten Arbeitsschritt gefundenen Problemdefinitionen geeignet ist, das Problem ausreichend operational zu definieren. Ist dies nicht der Fall, kann durch Verallgemeinerung einer oder mehrerer Problemdefinitionen aus dem vierten Arbeitsschritt eine Problemlösung gefunden werden. Wenn die so gewonnene(n) Problemdefinition(en) ebenfalls unbefriedigend ist (sind), wird eine Iteration der drei im vierten Arbeitsschritt generierten Problemdefinitionen durchgeführt. Hieraus ergeben sich neun neue Problemdefinitionen, die in der

Regel mindestens eine brauchbare Problemlösung enthalten. Ist dies nicht der Fall, werden weitere Iterationen durchgeführt, wobei die Anzahl der Problemlösungen überproportional steigt. Erfahrungsgemäß wiederholen sich immer mehr Problemlösungen bei Iterationen höherer Ordnung. Dies ist ein Indikator für die Konvergenz des W-Technik-Prozesses; die optimale Problemdefinition ist ermittelt, der Prozess kann beendet werden.

Brainstorming mit Osborn-Verfremdung

Voraussetzung für die Durchführung von Brainstorming-Sitzungen ist, dass ein Problem mit geringer Komplexität vorliegt, für das es eine präzise Problemdefinition gibt. Die Problemdefinition ist Input für die zweite Stufe des kreativen Problemlösungsprozesses, die Ideengenerierung (vgl. Abb. KREAT-2). Brainstorming mit Osborn-Verfremdung unterstützt die Ideengenerierung bzw. Ideenfindung; diese ist in vorbereitende und nachbearbeitende Arbeitsschritte wie folgt geordnet:

- Erster Arbeitsschritt: Vereinbarung der Grundregeln. Die Grundregeln des Brainstormings lauten:
  - Die positive Einstellung gegenüber eigenen und fremden Ideen; auch abwegig erscheinende Problemlösungen sollten nicht kritisiert werden.
  - Die Betonung liegt zunächst auf der Quantität der zu produzierenden Ideen.
  - Die Problemlösungen sollen möglichst originell und neuartig sein. Vernunft und Logik sind zunächst nicht gefragt.
  - Durch Offenheit gegenüber Lösungsvorschlägen anderer Gruppenmitglieder soll zur Weiterentwicklung offenbarter Gedanken angeregt werden.
- Bei großen interdisziplinären Kreativgruppen empfiehlt es sich, zusätzlich situationsbezogene Verhaltensregeln zu vereinbaren, die zur Regelung des Gruppenprozesses beitragen. Beispiele sind: Andere Gruppenmitglieder nicht unterbrechen, zuhören können, Aggressionen vermeiden, Störungen sofort aufarbeiten.
- Zweiter Arbeitsschritt: Ideengenerierung. In einem vorgegebenen Zeitraum (z.B. 15 Minuten in Abhängigkeit vom Problem) produziert die Kreativgruppe unter Einhaltung der vereinbarten Regeln eine vorgegebene Anzahl (Richtwert 50 bis 60) Ideen durch freie gedankliche Assoziation und Zurufe zum Moderator. Der Moderator dokumentiert die Ideen (z.B. Flipchart, digitales Whiteboard), motiviert und steuert den gruppendynamischen Prozess. Das Ergebnis des zweiten Arbeitsschritts ist eine ungeordnete Menge von Ideen zur Problemlösung. Häufig ist eine Teilmenge der Ideen brauchbar.
- Dritter Arbeitsschritt: Verfremdung. Die im zweiten Arbeitsschritt gewonnenen Ideen zur Problemlösung werden mit Hilfe der Osborn-Verfremdung verändert. Einzelne Ideen können anders verwendet, angepasst, abgeändert, vergrößert, verkleinert, ersetzt, umgekehrt oder miteinander kombiniert werden. Sowohl einzelne Verfremdungsmöglichkeiten als auch Kombinationen können angewendet werden. Abbildung KREAT-3 zeigt die Prüfliste nach *Osborn* mit neun Basisfragen zur Verfremdung.
- Vierter Arbeitsschritt: Ideenbewertung. Für die Bewertung alternativer Ideen zur Problemlösung werden Kriterien festgelegt, mit denen die Qualität der Ideen beurteilt werden kann. Jede Idee wird in der Kreativgruppe unter der Leitung des

Moderators verbal, ordinal oder durch Vergabe von Punkten anhand der Kriterien beurteilt.

Verb	*Beschreibung*
Put to other uses? Anders verwenden?	New ways to use as is? Other uses if modified?
Adapt? Anpassen?	What else is like this? What other idea does this suggest? Does past offer parallel? What could I copy? Whom could I emulate?
Modify? Abändern?	New twist? Change meaning, colour, motion, sound, odoor, form, shape? Other changes?
Magnify? Größer machen?	What to add? More time? Greater frequency? Stronger? Higher? Longer? Thicker? Extra value? Plus ingredient? Duplicate? Multiply? Exaggerate?
Minify? Kleiner machen?	What to subtract? Smaller? Condensed? Miniature? Lower? Shorter? Lighter? Omit? Streamline? Split up? Understate?
Substitute? Ersetzen?	Who else instead? What else instead? Other ingredient? Other material? Other process? Other power? Other place? Other approach? Other tone of voice?
Rearrange? Neu anordnen?	Interchange components? Other pattern? Other layout? Other sequence? Transpose cause and effect? Change pace? Change schedule?
Reverse? Ins Gegenteil verkehren?	Transpose positive and negative? How about opposites? Turn it backward? Turn it upside down? Reverse role? Change shoes? Turn tables? Turn other cheek?
Combine? Kombinieren?	How about a blend, an alloy, an assortment, an ensemble? Combine units? Combine purposes? Combine appeals? Combine ideas?

Abb. KREAT-3: Osborn-Prüfliste (Original von *Osborn*, zitiert nach *Higgins*, 377)

Der Einsatz der Osborn-Prüfliste in der Praxis hat gezeigt, dass es nicht immer einfach ist, passende Konkretisierungen der Verben zu finden. Die Konkretisierungen hängen vom jeweiligen Anwendungskontext ab (ein Beispiel ist in Abb. KREAT-5 angegeben).

Demonstrationsbeispiel

Es wird der Ablauf einer Kreativsitzung – unter Verwendung der Kreativitätstechniken W-Technik und Brainstorming mit Osborn-Verfremdung – zu einem Problem der Benutzerbeteiligung in einem Informatik-Projekt dargestellt.

Problemdefinition mittels W-Technik

- Erster Arbeitsschritt: Spontandefinition. „Wie kann ich erreichen, dass zukünftige Benutzer Teile ihrer Freizeit für die Beteiligung am Projekt opfern?"
- Zweiter Arbeitsschritt: Umformulierung. „Warum sollten Benutzer in ihrer Freizeit an einem Projekt mitwirken?"
- Dritter Arbeitsschritt: Antworten. Erste Antwort: „Weil sie ein langfristiges Mitspracherecht bei der Gestaltung des Informationssystems erwarten." Zweite Antwort: „Weil sie in den Genuss des Ansehens bei den nicht am Projekt beteiligten Mitarbeitern kommen wollen." Dritte Antwort: „Weil sie ein persönliches Interesse an der Qualität des Projektergebnisses haben."
- Vierter Arbeitsschritt: Problemdefinition (zur zweiten Antwort): „Wie kann ich erreichen, dass Benutzer zur Beteiligung motiviert werden?"
- Fünfter Arbeitsschritt: Eignungsprüfung und Rückkopplung. Die Problemdefinition wird als ausreichend operational beurteilt. Es wird offengelassen, ob zu einem späteren Zeitpunkt die erste Antwort aus dem dritten Arbeitsschritt in die Problemlösung einbezogen wird.

Ideenfindung mit Brainstorming und Osborn-Verfremdung

- Erster Arbeitsschritt: Vereinbarung der Grundregeln. Die weiter oben genannten Brainstorming-Grundregeln und eine Reihe weiterer Verhaltensregeln werden als „Spielregeln" vereinbart.
- Zweiter Arbeitsschritt: Ideengenerierung. Der gruppendynamische Prozess ist in seiner Simultanität schriftlich nicht abbildbar. Aus Platzgründen wird auf eine taxative Aufzählung der Problemlösungsideen an dieser Stelle verzichtet (weil ohnehin einfach vorstellbar).
- Dritter Arbeitsschritt: Verfremdung. Durch Anwendung der Osborn-Technik werden unter anderem folgende drei Ideen erarbeitet:
  - Idee 1. „Den Beteiligten bestimmte Kompetenzen im Benutzerservice geben und ihnen Privilegien einräumen."
  - Idee 2. „Den Beteiligten eine Prämie zahlen und ihnen den kostenlosen Besuch von Weiterbildungsseminaren ermöglichen."
  - Idee 3. „Den Beteiligten die Möglichkeit geben, den anderen Mitarbeitern zweimal wöchentlich über den Fortgang des Projekts zu berichten und bei unterschiedlichen Auffassungen einen Mehrheitskonsens herzustellen."
- Vierter Arbeitsschritt: Ideenbewertung. Es werden die Kriterien Zeitbedarf, Personalbedarf und Kosten vereinbart, und die drei Lösungsideen werden hinsichtlich dieser Kriterien ordinal beurteilt. Die Anwendung der Rangordnungssummenregel ergibt eine Präferenz für Idee 1, die bei den Kriterien „Zeitbedarf" und „Kosten" den ersten, beim Kriterium „Personalbedarf" den zweiten Rang erhalten hat. Abbildung KREAT-4 zeigt das Ergebnis der Ideenbewertung.

Kriterien \ Ideen	Idee 1	Idee 2	Idee 3
Zeitbedarf	1	3	2
Personalbedarf	2	1	3
Kosten	1	3	2
Summe	4	7	7

Abb. KREAT-4: Ergebnis der Ideenbewertung

Zu der in Abb. KREAT-3 dargestellten Osborn-Prüfliste kann das folgende Beispiel angegeben werden (Quelle: *https://www.gruenderlexikon.de*, Stichwort: Osborn-Checkliste). Die Prüfliste sollte grundsätzlich dann eingesetzt werden, wenn bereits Ideen vorliegen. Anhand der in der Prüfliste enthaltenen Fragen lassen sich Ideen (und darauf aufbauend Produkte, Prozesse, Verfahren, Dienstleistungen usw.) präzisieren und weiterentwickeln. Ziel der Anwendung der Prüfliste ist es, neue Sichtweisen zu generieren.

Beispiel Newsletter: Ein Unternehmen ermittelte durch eine Umfrage, dass der bestehende E-Mail-Newsletter von Kunden als uninteressant empfunden und kaum gelesen wird. Die Frage ist nun, wie kann man den Newsletter interessanter machen?

Fragen der Prüfliste	*Beispiel*
Anders verwenden?	Inhalte als Print-Kundenzeitschrift
Anpassen?	Spezialausgaben für Frauen und Männer
Abändern?	Mehr Fotos, einheitlicher Sprachstil
Größer machen?	Erscheinungsfrequenz erhöhen, Aktualität erhöhen
Kleiner machen?	Erscheinungsfrequenz verringern, Schreibfehler verringern
Ersetzen?	Nostalgie-Look wie vor 100 Jahren, Bilder statt Text
Neu anordnen?	Reihenfolge der Artikel verändern
Ins Gegenteil verkehren?	Von Sie-Ansprache auf Du-Ansprache wechseln, Redaktion an Auszubildende übergeben
Kombinieren?	Fusionieren mit der Lokalzeitung

Abb. KREAT-5: Newsletter-Beispiel zur Osborn-Prüfliste (nach
https://www.gruenderlexikon.de, Stichwort: Osborn-Checkliste)

Forschungsbefunde

Cyert/March wiesen bereits in den 1960er Jahren empirisch das Folgende nach: (i) erfolgreiches Verhalten prägt sich ein und wird beibehalten (Routineverhalten); (ii) neue Regeln werden gesucht, wenn sich die Umwelt verändert; (iii) die Suche nach neuen Regeln findet in der Nachbarschaft der alten Regeln und des alten Problemsymptoms statt; es wird eine befriedigende (nicht die optimale) Lösung gesucht; es werden die Erfahrungen anderer berücksichtigt. Diese Aussagen weisen auf die Bedeutung des kreativen Problemlösens und die Wichtigkeit des Einsatzes von Kreativitätstechniken hin.

Gallupe et al. führten Experimente mit Gruppen unterschiedlicher Größe durch (2, 4, 6 und 12 Personen). Ziel war es, festzustellen, welcher Zusammenhang zwischen elektronischem bzw. nicht-elektronischem Brainstorming und der Anzahl und Qualität von einzigartigen Ideen besteht. Die Ergebnisse der Studie zeigen, dass größere Gruppen mehr einzigartige Ideen und mehr qualitativ hochwertige Ideen generierten, und die Gruppenmitglieder waren zufriedener, wenn sie das elektronische Brainstorming nutzten. Weiter zeigen die Ergebnisse, dass die Unterschiede zwischen elektronischem bzw. nicht-elektronischem Brainstorming mit abnehmender Gruppengröße geringer werden. Die Autoren schreiben zu den Befunden ihrer Studie (350): „We interpret these results as showing that electronic brainstorming reduces the effects of production blocking and evaluation apprehension on group performance, particularly for large groups". Daraus folgt, dass der Einsatz von Werkzeugen zur Durchführung von Brainstorming negative Effekte, die aus der sozialen Interaktion in Face-to-Face-Umgebungen resultieren können (z.B. Sorge, dass eigene Ideen von anderen Gruppenmitgliedern negativ beurteilt werden), reduzieren kann.

Die Forschungsergebnisse von *Gallupe et al.* werden jedoch teilweise durch die Befunde einer Studie von *Pinsonneault et al.* konterkariert. Auf dem Umstand aufbauend, dass in den 1990er Jahren zunehmend davon ausgegangen wurde, dass elektronisches Brainstorming (EBS) ein dem nominalen Brainstorming (das bedeutet allein arbeiten) sowie dem Face-to-Face-Brainstorming in Gruppen (als verbal bezeichnet) überlegener Ansatz ist, führten die Forscher ein Laborexperiment durch, um Evidenz zu dieser Fragestellung zu schaffen. Konkret wurden vier Brainstorming-Ansätze untersucht: nominal, EBS-anonym, EBS-nicht-anonym und verbal. Die Autoren schreiben zu den Befunden ihrer Studie (110): „The results of the experiment showed that overall, groups using nominal brainstorming significantly outperformed groups using the other three brainstorming approaches ... It is also argued that the prevailing popularity of group brainstorming (verbal or electronic) in organizations may be explained by the perceived productivity of those approaches. These perceptions, which are at odds with reality, create the illusion of productivity. A similar misperception may also cause an illusion of EBS productivity in the research community, especially when perceptual measures of group performance are used". Aus einer Gesamtschau der vorliegenden Befunde (den hier präsentierten und weiterer in der Fachliteratur veröffentlichten) folgt, dass ein einzusetzender Brainstorming-Ansatz situativ auszuwählen ist.

Kontrollfragen
1. Wodurch unterscheiden sich rationales und kreatives Problemlösen?
2. Welche Arten von Kreativitätstechniken gibt es?
3. Mit welchen Arbeitsschritten geht die W-Technik zur Problemdefinition vor?
4. Mit welchen Arbeitsschritten geht das Brainstorming mit Osborn-Verfremdung zur Ideenfindung vor?
5. Wozu dienen die Verfremdungsmöglichkeiten nach Osborn?

Quellenliteratur
Cyert, R. M./March, B.: Behavioral theory of the firm. Englewood Cliffs, 1963
Gallupe, R. B./Dennis, A. R./Cooper, W. H./Valacich, J. S./Bastianutti, L. M./Nunamaker, J. F.: Electronic brainstorming and group size. Academy of Management Journal, 2/1992, 350-369
Gordon, W.: Synectics: The development of creative capacity. Harper, 1961
Heinrich, L. J./Riedl, R./Stelzer, D.: Informationsmanagement: Grundlagen, Aufgaben, Methoden. 11. A., De Gruyter Oldenbourg, 2014
Hevner, A. R./March, S. T./Park, J./Ram, S.: Design science in information systems research. MIS Quarterly, 1/2004, 75-105
Higgins, J. M.: Innovate or evaporate: Creative techniques for strategists. Long Range Planning, 3/1996, 370-380
Osborn, A. F.: How to „Think Up". McGraw-Hill, 1942
Pahl, G./Beitz, W.: Konstruktionslehre. 7. A., Springer, 2007
Pinsonneault, A./Barki, H./Gallupe, R. B./Hoppen, N.: Electronic brainstorming: The illusion of productivity. Information Systems Research, 2/1999, 110-133
Rohrbach, B.: Kreativ nach Regeln: Methode 635, eine neue Technik zum Lösen von Problemen. Absatzwirtschaft, 19/1969, 73-76
Sackman, H.: Delphi assessment: Expert opinion, forecasting, and group process. The Rand Corporation, 1974
Zwicky, F.: Discovery, invention, research: Through the morphological approach, The Macmillan Company, 1969

Vertiefungsliteratur
Maier, G. W./Hühlsheger, U. R.: Innovation und Kreativität in Projekten. In: Wastian, M./Braumandl, I./von Rosenstiel, L. (Hrsg.): Angewandte Psychologie für das Projektmanagement: Ein Praxisbuch für die erfolgreiche Projektleitung. 2. A., Springer, 2012, 247-262
Nöllke, M.: Kreativitätstechniken. 6. A., Haufe, 2010
Osborn, A. F.: Applied imagination. Charles Scribner's & Sons, 1953
Paulus, P. B./Dzindolet, M. T.: Social-influence processes in group brainstorming. Journal of Personality and Social Psychology, 4/1993, 575-586
Traut-Mattausch, E./Kerschreiter, R.: Kreativitätstechniken: In: Wastian, M./Braumandl, I./von Rosenstiel, L. (Hrsg.): Angewandte Psychologie für das Projektmanagement: Ein Praxisbuch für die erfolgreiche Projektleitung. 2. A., Springer, 2012, 263-281

Normen und Richtlinien
DIN EN 1325:2014-07: Value Management - Wörterbuch - Begriffe

Werkzeuge
https://www.mindjet.com/de/produkte/mindmanager/

Interessante Links
http://www.brainstorming.co.uk/
http://www.kreativ-sein.org/kreativitaet/kreativitaetstechniken
http://www.metaplan.com/de/
https://designthinking.ideo.com/
https://www.visual-braindump.de

MEAUF - Methoden der Aufwandsschätzung

Lernziele

Sie kennen den Zweck der Aufwandsschätzung und die Bedeutung der Einflussfaktoren bei der Aufwandsschätzung. Sie können verschiedene Schätzmethoden
erläutern und kennen den Zusammenhang zwischen Schätzmethoden und Schätzverfahren. Sie erkennen, dass eine Verbesserung der Schätzpraxis flankierende
Maßnahmen für vorhandene Schätzverfahren erfordert.

Definitionen und Abkürzungen

Analogie (analogy) = die Beziehungen zwischen Objekten, Phänomenen usw., die
in einer gewissen Weise übereinstimmen.

Brooks'sches Gesetz (Brooks' law) = ein Erfahrungsgrundsatz, nach dem das Hin-
zuziehen weiterer Personen zu einem in Terminnot geratenen Projekt dieses noch
mehr verzögert.

COCOMO = Constructive Cost Model, ein algorithmisches Modell, das in der
Softwareentwicklung zur Aufwandsschätzung verwendet wird.

Kalkulation (cost calculation) = die Zurechnung von Kosten auf ein Projekt zur
Prognose (Vorkalkulation), zur Überwachung und Steuerung (Zwischenkalkula-
tion) oder zur Nachrechnung (Nachkalkulation).

Personenmonat (man month) = die durchschnittliche Arbeitsmenge in Stunden,
die von einer Person in einem Kalendermonat erbracht wird.

Prognose (forecasting) = die Voraussage einer zukünftigen Entwicklung oder eines zukünftigen Zustands auf der Grundlage systematisch ermittelter Daten und
unter Verwendung wissenschaftlicher Erkenntnisse.

Projektaufwand (project effort) = der für ein Projekt erforderliche Personalbedarf
gemessen in Personenmonaten.

Projektkosten (project costs) = die mit Geldeinheiten bewerteten Konsequenzen
einer im Projekt erbrachten Leistung bezüglich ihres Verbrauchs an Produkten
und/oder Dienstleistungen.

Schätzfunktion (estimate function) = eine formale Vorschrift darüber, wie Schätzungen über den Aufwand verarbeitet werden müssen, so dass eine Aussage über
den gesamten Projektaufwand möglich ist.

Schätzmethode (estimation technique) = eine Vorgehensweise, die eine Beziehung zwischen bestimmten Einflussfaktoren und dem Projektaufwand herstellt
und mit der – bei Kenntnis der Ausprägung der Einflussfaktoren – die Höhe des
Projektaufwands ermittelt werden kann.

Schätzverfahren (estimation procedure) = eine Vorgehensweise zur Aufwandsschätzung, bei der in der Regel mehrere Schätzmethoden verwendet werden.

Stichprobe (sample) = der Teil einer Grundgesamtheit, der nach einem bestimmten Auswahlverfahren festgelegt wird, meist nach dem der Zufälligkeit; ist von
der Stichprobe ein Rückschluss auf die Grundgesamtheit möglich, so ist die
Stichprobe repräsentativ.

Zweck der Aufwandsschätzung

Zweck der Aufwandsschätzung ist es, den für ein Informatik-Projekt voraussichtlich entstehenden Aufwand – den Projektaufwand – so früh wie möglich zu ermitteln. Da der Projektaufwand die Grundlage für die Berechnung der Projektkosten bildet, ist eine einigermaßen verlässliche Aufwandsschätzung Voraussetzung dafür, Aussagen über die voraussichtlichen Projektkosten und damit – in Verbindung mit dem Nutzen – über dessen Wirtschaftlichkeit zu machen (vgl. Lerneinheit WIRTA). Derartige Aussagen sind bereits für die strategische Maßnahmenplanung (vgl. Lerneinheit Maßnahmenplanung in *Heinrich/Riedl/Stelzer*) erforderlich (z.B. für die Reihung der Projekte im Projektportfolio nach dem Kriterium Wirtschaftlichkeit). Bedeutung hat die Aufwandsschätzung auch für das Projektmanagement (z.B. für die Termin-, Personal- und Betriebsmittelplanung, vgl. Lerneinheit PROPL). Angesichts der Tatsache, dass der Anteil der Softwarekosten an den Gesamtkosten eines Informationssystems erheblich ist, kommt der Aufwandsschätzung sowohl für die strategische Planung als auch für die Projektplanung eine hohe Bedeutung zu.

Die Schwierigkeit, den Projektaufwand zu schätzen und darauf aufbauend die Projektkosten zu berechnen (Kalkulation), hat zur Entwicklung zahlreicher Schätzmethoden geführt; keine von ihnen kann im Ergebnis voll befriedigen. Schätzverfahren verwenden deshalb meist eine Kombination mehrerer Schätzmethoden, um deren Stärken zu nutzen und deren Schwächen zu vermeiden oder zumindest in ihren Auswirkungen zu reduzieren. In der Fachliteratur zur Softwareentwicklung befasst man sich seit Jahrzehnten mit verschiedenen Schätzmethoden und Schätzverfahren (vgl. z.B. die Arbeiten von *Herrmann* sowie *Sneed*); dabei werden bestehende Methoden und Verfahren weiterentwickelt und im Laufe der Zeit wurden auch immer wieder neue Methoden und Verfahren vorgeschlagen.

Bei der Interpretation der Ergebnisse der Aufwandsschätzung muss beachtet werden, dass sich *Aufwand* meist nur auf die Softwareentwicklung im engeren Sinn bezieht und dass daher viele Tätigkeiten im Projekt, die ebenfalls Aufwand verursachen, unberücksichtigt bleiben (z.B. Projektmanagement, Dokumentieren, Benutzerschulung). Wenn zum Zeitpunkt der Aufwandsschätzung die Projektplanung zumindest in Form der Strukturplanung (vgl. Lerneinheit NETZP) vorliegt, kann sie zur Ergänzung der Aufwandsschätzung herangezogen werden. Wenn dies nicht der Fall ist, müssen globale Zuschläge zum ermittelten Aufwand berücksichtigt werden (die erfahrungsgemäß zwischen 10% und 30% liegen).

Einflussfaktoren

Um zu ausreichend genauen Schätzungen zu gelangen, müssen systematisch Daten über abgeschlossene Projekte gesammelt werden. Mit dieser Datenbasis können die Schätzergebnisse laufend verbessert werden. Die Gliederung und Nutzung der Datenbasis orientiert sich an Bezugsgrößen, für die ein Zusammenhang zwischen ihrer konkreten Ausprägung im Projekt und dem Projektaufwand oder sogar den Projektkosten nachgewiesen ist oder von denen angenommen wird, dass ein derartiger

Zusammenhang besteht (Einflussfaktoren bzw. Determinanten). Ohne Kenntnis von Einflussfaktoren kann es keine sinnvolle Aufwandsschätzung geben.

Die meisten Schätzmethoden gehen von Einflussfaktoren wie Quantität, Qualität und Projektdauer aus, wobei das Problem weniger in der Wahl der Einflussfaktoren als in ihrer Quantifizierung liegt. Im Folgenden werden bedeutsame Einflussfaktoren erläutert; sie sind in die Gruppen „Einflussfaktoren aus dem zu entwickelnden Informationssystem" (produktbezogene Einflussfaktoren: Quantität, Komplexität und Qualität) und „Einflussfaktoren aus dem Entwicklungsprozess" (prozessbezogene Einflussfaktoren: Projektdauer, Personalqualität und Entwicklungsumgebung) gegliedert (vgl. Abb. MEAUF-1). Auf Quantifizierungsansätze wird hingewiesen.

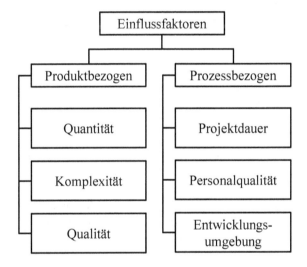

Abb. MEAUF-1: Bedeutsame Determinanten des Aufwands von Informatik-Projekten

Produktbezogene Einflussfaktoren sind:

- Quantität. Als Merkmal eines Programms wird häufig seine Größe angesehen, die meist in *Anzahl Programmzeilen* (Anzahl LoC, Lines of Code) oder *Anzahl Anweisungen* ausgedrückt wird. Gegen diese Art der Quantifizierung ist einzuwenden, dass sie sich zu stark an der Codierung orientiert, die für den Projektaufwand von untergeordneter Bedeutung ist, Unterschiede der verwendeten Programmiersprachen nicht berücksichtigt und bestimmten Paradigmen (z.B. der Objektorientierung) nicht gerecht wird. Zweckmäßiger ist es, sich an der Art und Anzahl der Funktionen zu orientieren; dies setzt Regeln für die Klassifizierung von Funktionen voraus. Schätzmethoden unterstellen entweder eine lineare oder eine überproportionale Beziehung zwischen der Quantität und dem Projektaufwand. Im Allgemeinen entspricht es mehr der Realität, dass mit der Zunahme der Quantität eine überproportionale Zunahme des Projektaufwands verbunden ist.
- Komplexität. Diese kann zunächst nur qualitativ beschrieben werden. Ihre Quantifizierung erfolgt über die Festlegung von Regeln zur Klassifizierung der qualitativ beschriebenen Projekte, denen Aufwandsgrößen zugeordnet werden kön-

nen (wobei man sich mit kategorialen Urteilen wie einfach, mittel, komplex begnügt). Die Schätzmethoden gehen davon aus, dass mit zunehmender Komplexität der Projektaufwand steigt, wobei es – wie im Fall der Quantität – mehr der Realität entspricht, dass mit der Zunahme der Komplexität eine überproportionale Zunahme des Projektaufwands verbunden ist.

- Qualität. Ansätze zur Quantifizierung der Qualität nehmen zunächst eine systematische Zerlegung der Qualität in mehrere Qualitätsmerkmale (z.B. Zuverlässigkeit, Übertragbarkeit, Benutzbarkeit, Wartbarkeit) vor (vgl. Lerneinheiten ZAMIM und QUALM), um damit Qualität messbar zu machen. Zweck der systematischen Zerlegung ist es auch, die Beziehungen zwischen den Qualitätsmerkmalen und dem Projektaufwand aufzuzeigen. Soweit Qualitätsmerkmale nicht operational sind, werden möglichst treffende, qualitative Beschreibungen verwendet, die intersubjektiv nachvollziehbar sind. Diese gehen zwar nicht in die Schätzmethode selbst ein, können aber bei der Interpretation von Schätzergebnissen von Bedeutung sein.

Prozessbezogene Einflussfaktoren sind im Folgenden erläutert (wobei Personalqualität und Entwicklungsumgebung die Produktivität bestimmen, die daher nicht explizit als Einflussfaktor genannt wird):

- Projektdauer. Eine Verkürzung der Projektdauer durch den Einsatz einer größeren Anzahl von Projektmitarbeitern ist nicht in jedem Fall, meist nur bei zunächst personell zu schwach besetzten Projekten möglich. Um ein Projekt durch eine größere Anzahl von Mitarbeitern in kürzerer Zeit erfolgreich bearbeiten zu können, ist ein überproportional höherer Personalaufwand notwendig. Ab einer bestimmten Mitarbeiteranzahl ist der Leistungsbeitrag eines zusätzlichen Mitarbeiters in einem Projekt geringer als die Erhöhung des Kommunikationsaufwands, so dass die Projektdauer unter Umständen sogar zunimmt (Brooks'sches Gesetz: Adding manpower to a late project makes it later, vgl. Lerneinheit PROVE).
- Personalqualität. Meist wird angenommen, dass der stärkste Einfluss auf den Projektaufwand von der Qualität des eingesetzten Personals ausgeht, so dass mit zunehmender Personalqualität der Projektaufwand sinkt. Die Personalqualität ist abhängig von der fachlichen Ausbildung und der Erfahrung der Projektmitarbeiter sowie von ihrer Motivation und Bereitschaft zur Kooperation; sie lässt sich kaum quantifizieren.
- Entwicklungsumgebung. Mit dem Einsatz einer geeigneten Entwicklungsumgebung kann der Projektaufwand drastisch reduziert werden. Die Entwicklungsumgebung ist daher Haupteinflussfaktor auf den Projektaufwand. Eine seriöse Aufwandsschätzung ist ohne Berücksichtigung der Entwicklungsumgebung nicht möglich. Es wird angenommen, dass der Projektaufwand umso geringer ist, je intensiver die Werkzeuge der Entwicklungsumgebung genutzt werden (deren Benutzungsfreundlichkeit bei verpflichtender Nutzung durch die Entwickler vorausgesetzt).

Schätzmethoden

Schätzmethoden versuchen mit unterschiedlichen Ansätzen, das Problem der Prognose des Projektaufwands zu lösen bzw. unter Umgehung der Prognose des Projektaufwands unmittelbar Kosten zu schätzen. Folgende Schätzmethoden werden verwendet: Analogiemethode und Relationenmethode (Vergleichsmethoden), Gewichtungsmethode und Stichprobenmethode (algorithmische Methoden) sowie Multiplikatormethode und Prozentsatzmethode (Kennzahlenmethoden).

Analogiemethode: Die Aufwandsschätzung baut auf Erfahrungswerten auf, die bei ähnlichen, bereits abgeschlossenen Projekten gewonnen wurden. Bei einer globalen Vorgehensweise wird vom Gesamtaufwand eines als ähnlich angesehenen, abgeschlossenen Projekts auf ein geplantes Projekt geschlossen. Bei einer präziseren Vorgehensweise wird von einem Leistungsprofil für das geplante Projekt ausgegangen und in folgenden Arbeitsschritten vorgegangen:

- Erster Arbeitsschritt: Es werden die Einflussfaktoren und ihre Ausprägungen für das geplante Projekt bestimmt.
- Zweiter Arbeitsschritt: Es wird ein abgeschlossenes Projekt, das dem geplanten Projekt in den Einflussfaktoren und ihren Ausprägungen ähnelt (Analogieprojekt), bestimmt; der Aufwand für das Analogieprojekt ist bekannt.
- Dritter Arbeitsschritt: Es werden (möglichst quantifiziert) die Unterschiede in den Ausprägungen der Einflussfaktoren zwischen dem Analogieprojekt und dem geplanten Projekt ermittelt.
- Vierter Arbeitsschritt: Es wird der Aufwand für das geplante Projekt auf Basis des Aufwands für das Analogieprojekt ermittelt, wobei die im dritten Arbeitsschritt erkannten Unterschiede in den Ausprägungen der Einflussfaktoren durch Anpassungen des Aufwands berücksichtigt werden.

Relationenmethode: Wie bei der Analogiemethode wird die zu schätzende Projektaufgabe mit ähnlichen Projektaufgaben verglichen. Der Unterschied liegt in der Vorgehensweise bei der Anpassung. Während die Anpassung bei der Analogiemethode dem Schätzenden überlassen bleibt, ist die Relationenmethode durch einen formalisierten Ablauf gekennzeichnet. Es liegen die Einflussfaktoren als Indizes mit einem Durchschnittswert von 100 vor. Sowohl die projektspezifische Bewertung der Indizes, als auch die Ermittlung der quantitativen Auswirkungen dieser Bewertung auf den Projektaufwand erfolgen nach bestimmten Richtlinien. Eine weitere Möglichkeit besteht darin, zunächst für jeden Einflussfaktor Projekte zu suchen, welche die gleiche Bewertung haben. Aus dem bei diesen Projekten entstandenen Aufwand wird ein Mittelwert gebildet. Der Vorgang wird für jeden Einflussfaktor durchgeführt. Aus den errechneten Werten wird ein gewichtetes Mittel, je nach Bedeutung des einzelnen Einflussfaktors, gebildet, das den zu erwartenden Einfluss auf den Projektaufwand darstellen soll.

Gewichtungsmethode (auch als *Faktorenmethode* oder *Methode der parametrischen Schätzgleichungen* bezeichnet): Der Aufwand für das geplante Projekt wird von den Ausprägungen der Einflussfaktoren des geplanten Projekts her berechnet. Mit Hilfe von Korrelationsanalysen an den Daten einer größeren Anzahl abgeschlossener Projekte mit vielen Einflussfaktoren werden die Einflussfaktoren identifiziert, deren wertmäßige Ausprägung in einem engen Zusammenhang mit dem Projektaufwand steht. Aus den Einflussfaktoren mit der höchsten Korrelation wird eine Schätzgleichung gebildet, in welche die Ausprägungen der Einflussfaktoren des geplanten Projekts eingesetzt werden. Entscheidender Nachteil der Gewichtungsmethode ist, dass verlässliche Aussagen über die Ausprägung der Einflussfaktoren erst im Projektverlauf bekannt werden. Außerdem muss bezweifelt werden, ob die unterstellten Kenntnisse der quantitativen Zusammenhänge zwischen der Ausprägung der Einflussfaktoren und dem Projektaufwand durch Erfahrungswerte ausreichend gestützt sind.

Stichprobenmethode: Die Aufwandsschätzung wird auf Grundlage der Ergebnisse einer repräsentativen Stichprobe der Projektaufgabe durchgeführt. Damit soll vor allem eine schnelle Aufwandsschätzung erreicht werden. Die Verlässlichkeit dieser Aufwandsschätzung muss allerdings in Anbetracht der Schwierigkeit, aus der Projektaufgabe eine repräsentative Stichprobe zu ziehen, bezweifelt werden. Es wird in folgenden Arbeitsschritten vorgegangen:

- Erster Arbeitsschritt: Es wird der Faktor, der dem Verhältnis der Stichprobe zur gesamten Projektaufgabe entspricht, bestimmt.
- Zweiter Arbeitsschritt: Es wird der Aufwand für die Stichprobe aufgrund einer detaillierten Untersuchung ermittelt.
- Dritter Arbeitsschritt: Es wird der Gesamtaufwand durch Multiplikation des im zweiten Arbeitsschritt ermittelten Aufwands für die Stichprobe mit dem im ersten Arbeitsschritt bestimmten Faktor errechnet.

Multiplikatormethode (auch als *Aufwand-pro-Einheit-Methode* bezeichnet): Sie setzt bei den Projektkosten an und geht nicht auf den Projektaufwand zurück. Durch Nachkalkulation abgeschlossener Projekte werden die gesamten Projektkosten und/oder die Kosten bestimmter Kostenarten ermittelt. Die Kosten werden durch den Leistungsumfang (z.B. gemessen in Anzahl der Module) des entwickelten Produkts dividiert. Daraus ergeben sich – neben den Gesamtkosten je Leistungseinheit (z.B. je Modul) – Kennzahlen wie „Personalkosten je Leistungseinheit" und „Betriebsmittelkosten je Leistungseinheit". Die Kennzahlen werden für die Vorkalkulation neuer Projekte verwendet, indem der geschätzte Leistungsumfang, ausgedrückt in Leistungseinheiten, mit den entsprechenden Kennzahlen multipliziert wird. Da die Kennzahlen Kosten und damit Wertgrößen sind, ist eine ständige Aktualisierung erforderlich. Hauptkritik an der Methode ist, dass Proportionalität zwischen Leistungsumfang und Kosten unterstellt wird, obwohl angenommen werden kann, dass im Regelfall die Kosten je Leistungseinheit mit der Systemgröße steigen.

Prozentsatzmethode: Als einzige Information aus abgeschlossenen Projekten wird die durchschnittliche prozentuale Aufwandsverteilung auf die einzelnen Projektphasen (Prozentsätze) verwendet. Für die Berechnung der Prozentsätze liegt in der Regel umfangreiches Datenmaterial vor, da die Aufwands- und Kostenerfassung meist nach Phasen erfolgen. Entweder wird der Gesamtaufwand prognostiziert, indem eine Phase des Projekts erst abgeschlossen und von dem entstandenen Aufwand auf den Gesamtaufwand hochgerechnet wird, oder es wird eine Phase (z.B. die Programmierung) detailliert geschätzt und von diesem Teilaufwand auf den zu erwartenden Gesamtaufwand geschlossen. Häufig wird die Prozentsatzmethode ergänzend zu einer anderen Schätzmethode, mit der zunächst der Gesamtaufwand geschätzt wurde, verwendet; sie dient dann lediglich der Verteilung des Gesamtaufwands auf Projektphasen.

Schätzverfahren

Für die Schätzpraxis wird empfohlen, parallel mit mindestens zwei Methoden zu arbeiten und die Ergebnisse zur Plausibilitätsprüfung zu verwenden. Welche Methoden angewendet werden, hängt auch vom Zeitpunkt der Aufwandsschätzung im Projekt ab. So ist die sehr grobe Prozentsatzmethode eher für ein frühes Projektstadium geeignet, die relativ genaue Analogiemethode (wie sie im Function-Point-Verfahren verwendet wird) erst dann, wenn das Projekt so weit präzisiert ist, dass die für die Methodenanwendung erforderlichen Daten mit ausreichender Genauigkeit vorliegen.

Die Schätzverfahren unterscheiden sich bezüglich der verwendeten Schätzmethode(n), dem Einsatzschwerpunkt und dem Wirkungsbereich. Der Einsatzschwerpunkt hängt vom Vorliegen der benötigten und der Wirkungsbereich von der Verwertung der vorhandenen Informationen über ein Projekt ab. Zwei Gruppen von Schätzverfahren werden unterschieden:

- Schätzverfahren zur Unterstützung von Investitionsentscheidungen (z.B. Ermittlung der Software-Kosten, Kosten/Nutzen-Analyse, Eigenerstellung oder Fremdbezug von Software-Produkten);
- Schätzverfahren zur Unterstützung von Planungen (z.B. Kapazitätsplanung, Terminplanung, Finanzplanung, Projektplanung).

In der Fachliteratur werden verschiedene Schätzverfahren beschrieben, eines davon ist beispielsweise das von *A. J. Albrecht* bei IBM entwickelte, seit dem Jahr 1981 eingesetzte Function-Point-Verfahren. Dieses Verfahren verwendet die Gewichtungsmethode und die Analogiemethode. Quantität, Qualität, Projektdauer und Produktivität werden als Einflussfaktoren berücksichtigt (vgl. z.B. *Symons*). Das Function-Point-Verfahren sowie weitere Verfahren (z.B. COCOMO oder Object-Point-Methode) werden in einführender Art und Weise und um Rechenbeispiele ergänzt in *Henrich* (212-282) beschrieben.

Forschungsbefunde

Noth/Kretzschmar ziehen aus der Beobachtung, dass Akzeptanz und Ergebnisqualität der Aufwandsschätzverfahren gering sind, den Schluss, dass nicht die Entwicklung neuer Schätzverfahren erforderlich ist, sondern dass flankierende Maßnahmen für formal befriedigende Schätzverfahren entwickelt werden müssen. Sie bestehen darin, Erfahrungswissen aus durchgeführten Projekten zu sammeln, zu systematisieren und auszuwerten.

Armour (15) nimmt zu Beginn seines Beitrags Bezug auf eine Aussage des Regisseurs und Schauspielers *Woody Allen,* dem folgendes Zitat zugeschrieben wird: „The only thing I cannot accurately predict is the future." Danach beschreibt *Armour* die „ten unmyths of project estimation" (im Originalwortlaut angeführt):

- The Accuracy Unmyth: We can have an "accurate estimate."
- The End-Date Unmyth: The job of estimating is to come up with a date for completion.
- The Commitment Unmyth: The estimate and the commitment are the same.
- The Size Unmyth: A project estimate is dependent on the size of the final system.
- The History Unmyth: Historical data is an accurate indicator of productivity.
- The Productivity Unmyth: Productivity is an accurate indicator of project duration.
- The LOC Unmyth: A Line of Code (LOC) count is a good way to size a system.
- The Function Point Unmyth: Function Points are a good way to size a system.
- The More People Unmyth: We can get the system faster, by assigning more resources.
- The Defect-Free Unmyth: Given enough time, we can create a defect-free system.

Armour (15) definiert „unmyth" wie folgt: „something that appears perfectly reasonable but is, inessence, wrong". Im Beitrag wird weder die Datengrundlage noch eine Forschungsmethode erläutert (vermutlich handelt es sich um anekdotische Evidenz), auf deren Basis die Aussagen entwickelt wurden. Dieser Umstand ist bei der Interpretation zu beachten.

Rahikkala et al. haben die Unterstützung von Softwarekostenschätzung („software cost estimation", SCE) durch das Top-Management („top management support", TMS) untersucht. Auf der Basis einer Literaturanalyse wurde eine Liste mit 16 TMS-Praktiken zur Softwarekostenschätzung entwickelt (im Originalwortlaut in Abb. MEAUF-2 zusammengefasst). Diese Liste wurde im Rahmen einer schriftlichen Befragung „114 software processionals" vorgelegt, um Nutzungshäufigkeit sowie wahrgenommene Wichtigkeit einer jeden Praktik zu erheben. Weiter wurden Korrelationen zwischen der Nutzungshäufigkeit, der wahrgenommenen Wichtigkeit sowie dem Projekterfolg berechnet. Das zentrale Ergebnis der Studie sowie die praktische Implikation beschreiben die Autoren wie folgt: „Top management invests a significant amount of attention in SCE. The extent of use and experienced importance do not correlate strongly with each other or project success ... Software professionals invite senior managers to participate in SCE. A list of practices for participating is provided" (513).

Keaveney/Conboy (1) untersuchten die "applicability of current estimation techniques to more agile development approaches by focusing on four case studies of agile method use across different organisations". Die Autoren geben an, dass die Untersuchung der Aufwandsschätzung im Kontext von Softwareentwicklungsprojekten auf der Basis agiler Methoden (vgl. Lerneinheit AGILM) ein bedeutsames Thema ist, begründet wird dies wie folgt (10): „Reports of inaccurate estimates have typically cited customer change requests and unclear requirements as the main causes … despite supposed requirements finalisation in the early stages. The agile philosophy of welcoming changing requirements seems on paper to be catastrophic to the estimation endeavours of project managers." Die Hauptergebnisse der Studie werden wie folgt beschrieben (1): "The study revealed that estimation inaccuracy was a less frequent occurrence for these companies [gemeint sind die vier Fallstudienunternehmen]. The frequency with which estimates are required on agile projects, typically at the beginning of each iteration, meant that the companies found estimation easier than when traditional approaches were used. The main estimation techniques used were expert knowledge and analogy to past projects." Zusammenfassend kann also festgehalten werden, dass beim Einsatz agiler Methoden Aufwandsschätzungen als weniger schwierig – im Vergleich zu klassisch abgewickelten Projekten – wahrgenommen werden, und dass die Schätzungen genauer sind (was jedoch nicht verwundert, weil sich die Schätzung auf einen Interationszyklus und nicht auf das gesamte Projekt bezieht). Hinsichtlich der Schätzmethoden stellte sich heraus, dass die Analogiemethode sowie Expertenbefragung verwendet werden, ein wenig überraschender Befund, da diese Methoden vergleichsweise unkompliziert in ihrer Anwendung sind.

(1) Top management ensures existence of estimation procedures. (2) Top management ensures that the estimator has adequate skills. (3) Top management ensures improving estimation procedures. (4) Top management ensures the involvement of the project manager during the estimation stage. (5) Top management ensures good communication between the estimator and the organization. (6) Top management ensures that there are criteria for evaluating the meaningfulness of the estimate. (7) Top management ensures on-going estimation skills training programmes. (8) Top management requires re-estimating during the project to get more accurate estimates.	(9) Top management ensures that the estimate relies on documented facts rather than guessing and intuition. (10) The IT executive studies and approves the estimate. (11) Top management recognises that estimates are critical to this organisation's success. (12) Top management is knowledgeable of estimation procedures. (13) Top management understands the consequences of an erroneous estimate to the project success. (14) Top management can distinguish between estimates, targets and commitments. (15) Top management recognises that the estimates are inaccurate in the beginning of the project. (16) Top management takes the output of an estimate as given without debate.

Abb. MEAUF-2: Liste mit 16 Top-Management-Support-Praktiken
zur Softwarekostenschätzung (nach *Rahikkala et al.*, 516-517)

Kontrollfragen
1. Welche Methoden zur Aufwandsschätzung gibt es?
2. Wodurch unterscheiden sich Schätzmethoden von Schätzverfahren?
3. Welche Faktoren beeinflussen den Aufwand von Informatik-Projekten maßgeblich und wie können diese gruppiert werden?
4. Welche Arbeitsschritte sind bei Anwendung der Analogiemethode abzuarbeiten?
5. Wie kann im Rahmen der Aufwandschätzung bei Informatik-Projekten eine Plausibilitätsprüfung erfolgen und warum ist eine solche Prüfung zu empfehlen?

Quellenliteratur

Armour, P.: Ten unmyths of project estimation. Communications of the ACM, 11/2002, 15-18

Burghardt, M.: Projektmanagement: Leitfaden für die Planung, Überwachung und Steuerung von Projekten. 9. A., Publicis, 2012

Heinrich, L. J./Riedl, R./Stelzer, D.: Informationsmanagement: Grundlagen, Aufgaben, Methoden, 11. A., De Gruyter Oldenbourg, 2014

Henrich, A.: Management von Softwareprojekten. Oldenbourg, 2002

Herrmann, O.: Kalkulation von Softwareentwicklungen. Oldenbourg, 1983

Herrmann, O.: Verfahren zur Aufwandsschätzung bei der Entwicklung von Anwendungssystemen. In: Kurbel, K./Strunz, H. (Hrsg.): Handbuch Wirtschaftsinformatik. Poeschel, 1990, 419-434

Keaveney, S./Conboy, K.: Cost estimation in agile development projects. Proceedings of the 14th European Conference on Information Systems, 2006

Noth, T./Kretzschmar, M.: Aufwandsschätzung von DV-Projekten. 2. A., Springer, 1986

Rahikkala, J./Leppänen, V./Ruohonen, J./Holvitie, J.: Top management support in software cost estimation: A study of attitudes and practice in Finland. Internatinal Journal of Managing Projects in Business, 3/2015, 513-532

Sneed, H. M.: Schätzung der Entwicklungskosten von objektorientierter Software. Informatik-Spektrum, 3/1996, 133-140

Sneed, H.: Kalkulation und Wirtschaftlichkeitsanalyse von IT-Projekten. In: Tiemeyer, E. (Hrsg.): Handbuch IT-Projektmanagement. 2. A., Hanser, 2014, 243-271

Symons, C. R.: Function point analysis: Difficulties and improvements. IEEE Transactions on Software Engineering, 1/1988, 2-11

Vertiefungsliteratur

Boehm, B.: Software cost estimation with COCOMO II. Prentice Hall, 2000

Francalanci, C.: Predicting the implementation effort of ERP projects: Empirical evidence on SAP/R3. Journal of Information Technology, 1/2001, 33-48

Garmus, D./Herron, D.: Function point analysis: Measurement practices for successful software projects. Addison-Wesley, 2000

Jones, C.: Software assessments, benchmarks, and best practices. Addison-Wesley, 2000

Koch, S./Mitlöhner, J.: Software project effort estimation with voting rules. Decision Support Systems, 4/2009, 895-901

Kwak, Y. H./Watson, R. J./Anbari, F. T.: Comprehensive framework for estimating the deployment cost of integrated business transformation projects. International Journal of Managing Projects in Business, 1/2008, 131-139

Shepperd, M./Schofield, C.: Estimating software project effort using analogies. IEEE Transactions on Software Engineering, 11/1997, 736-743

Zickert, F./Beck, R.: Weil Aufwand wichtig ist! Ein Zuordnungsmodell zur Bewertung des Projektaufwands im Requirements Engineering. WIRTSCHAFTSINFORMATIK, 3/2010, 161-171

Normen und Richtlinien

DIN 69901-3:2009-01: Projektmanagement - Projektmanagementsysteme - Teil 3: Methoden

Werkzeuge

https://www.oracle.com/de/products/applications/crystalball/overview/index.html

Interessante Links

http://www.ifpug.org/

NETZP - Netzplantechnik

Lernziele

Sie kennen die Methoden der Netzplantechnik und können ihre Anwendung im Projektmanagement beurteilen. Sie können die Aufgabe der Projektplanung mit Hilfe der Netzplantechnik in Teilplanungen mit entsprechenden Analysen gliedern und die Vorgehensweise der Teilplanungen beschreiben. Sie kennen drei Darstellungsformen für Netzpläne mit ihren Gemeinsamkeiten und Unterschieden. Sie können Netzpläne nach diesen Darstellungsformen entwerfen.

Definitionen und Abkürzungen

CPM = Akronym für Critical Path Method (Methode des kritischen Wegs).

EKN = Akronym für Ereignisknotennetz.

Ereignis (event) = ein Geschehnis, das den normalen Ablauf als etwas Bemerkenswertes unterbricht; das Eintreten eines bestimmten Zustands.

GERT = Akronym für Graphical Evaluation and Review Technique.

Graph (graph) = eine Menge von Objekten zusammen mit den zwischen diesen Objekten bestehenden Verbindungen.

Knoten (node) = ein Verknüpfungspunkt im (grafischen) Netzplan; symbolisiert je nach Netzplanverfahren ein Ereignis oder einen Vorgang.

kritischer Weg (critical path) = die Folge von Vorgängen in einem Netzplan (kritische Vorgänge), welche die minimale Projektdauer bestimmen.

MPM = Akronym für Metra Potential Method (Metra-Potential-Methode).

Nachfolger (successor) = ein Vorgang, der an den betrachteten Vorgang unmittelbar anschließt und der erst beginnen kann, wenn der betrachtete Vorgang beendet ist.

PERT = Akronym für Program Evaluation and Review Technique.

Pfeil (arrow) = die gerichtete Verbindung zwischen zwei Knoten in einem (grafischen) Netzplan. Synonym: gerichtete Kante.

Puffer (buffer) = die Zeitspanne, die ein nicht-kritischer Vorgang (Vorgangspuffer) oder ein nicht-kritisches Ereignis (Ereignispuffer) zusätzlich in Anspruch nehmen kann, ohne kritisch zu werden.

Sammelknoten (collecting node) = ein Knoten, in den mehrere Pfeile eingehen.

Scheinvorgang (fictitious activity) = ein fiktiver „Vorgang" im Vorgangspfeilnetz ohne Zeitbedarf zur Darstellung von parallelen Vorgängen.

Streuknoten (sprinkler node) = ein Knoten im Vorgangspfeilnetz, von dem mehrere Pfeile ausgehen.

VKN = Akronym für Vorgangsknotennetz.

Vorgang (activity) = ein Zeit erforderndes Geschehen mit definiertem Anfang und Ende.

Vorgänger (predecessor) = ein Vorgang, der dem betrachteten Vorgang unmittelbar vorausgeht und der beendet sein muss, damit der betrachtete Vorgang beginnen kann.

VPN = Akronym für Vorgangspfeilnetz.

Zweck der Netzplantechnik

Die Netzplantechnik stellt Methoden zur Beschreibung, Planung, Überwachung und Steuerung von Projekten zur Verfügung. Die erste Methode wurde im Jahr 1957 in den USA bei *Dupont de Nemours* entwickelt; sie ist unter der Kurzbezeichnung CPM bekannt geworden. Beim Bau der Polaris Rakete wurde im Jahr 1958 PERT entwickelt (vgl. dazu die Forschungsbefunde in dieser Lerneinheit). Zur gleichen Zeit wurde von einer Gruppe von Beratungsfirmen namens *METRA* für den Reaktorbau MPM entwickelt. Alle diese Methoden verwenden ein grafisches Modell des Projektablaufs, das Netzplan genannt wird. Die genannten Methoden werden daher unter der Bezeichnung Netzplantechnik zusammengefasst.

Mathematische Grundlage der Netzplantechnik ist die Graphentheorie, ihr Darstellungsmittel ist der Graph. In Netzplänen werden entweder Vorgangsgraphen (auch als Tätigkeitsgraphen bezeichnet) oder Ereignisgraphen verwendet. Die Überlegenheit der Netzplantechnik gegenüber früher verwendeten Methoden (z.B. Gantt-Diagramm, vgl. nächster Absatz) resultiert vor allem daraus, dass ein Netzplan die Abhängigkeiten zwischen Vorgängen explizit berücksichtigt und dass aufgrund des graphentheoretischen Kalküls die Überprüfung auf formallogische Fehler möglich ist. Eine weitere Entwicklung einer Planungsmethode, die auch als Netzplantechnik bezeichnet wird, ist GERT; sie verwendet ein Entscheidungsnetz.

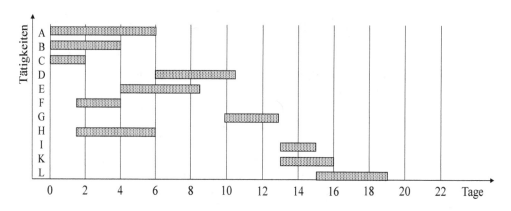

Abb. NETZP-1: Projektlaufzeit im Balken- bzw. Gantt-Diagramm (nach *Kummer et al.*)

Das Gantt-Diagramm (ein Balkendiagramm, vgl. Abb. NETZP-1), nach *Henry Laurence Gantt* benannt, ist ein Hilfsmittel zur Darstellung der zeitlichen Dauer und Anordnung der einzelnen Tätigkeiten eines Projekts in Form von Balken und damit der Projektlaufzeit. An die Balken können Kosten und Zeitdauern angeschrieben werden. Der Vorteil des Balkendiagramms liegt in der großen Anschaulichkeit (vgl. Abb. NETZP-1). Ein Netzplan kann in ein Balkendiagramm transformiert werden. Abbildung NETZP-1 zeigt die zeitliche Dauer und Anordnung der Tätigkeiten und die Projektlaufzeit in Form eines Gantt-Diagramms. Die Tätigkeiten A bis L sind mit ihrer Zeitdauer über der Zeitachse zwischen 0 und 19 Tagen nach dem frühest möglichen Beginnzeitpunkt angeordnet.

Die Abwicklung von Projekten verbraucht Zeit, verursacht Kosten und erfordert den Einsatz von Betriebsmitteln. Die Netzplantechnik stellt daher Methoden für

- die Zeitplanung (Terminplanung),
- die Kostenplanung und
- die Betriebsmittelplanung (Kapazitätsplanung) zur Verfügung.

Kernstück der Netzplantechnik ist die Zeitplanung; auf ihren Ergebnissen bauen die beiden anderen Teilplanungen auf. Die Zeitplanung geht von den Ergebnissen der Strukturplanung aus.

Projektvoraussetzungen

Projekte, die mit Unterstützung der Netzplantechnik geplant, überwacht und gesteuert werden sollen, müssen folgende Voraussetzungen erfüllen:

- Die Projektaufgabe muss klar definiert sein.
- Die Projektaufgabe muss in Tätigkeiten (Vorgänge), die in ihrer Gesamtheit die Erfüllung der Projektaufgabe ermöglichen, zerlegt werden können.
- Die Vorgänge müssen eindeutigen Bedingungen bezüglich ihrer Reihenfolge genügen (Projektlogik); ein Vorgang kann z.B. nur unter der Bedingung beginnen, dass ein anderer Vorgang beendet ist oder mehrere andere Vorgänge beendet sind.
- Den Vorgängen müssen Zeitbedarfe, Kosten und Betriebsmittel zugeordnet werden können.
- Es muss zu jedem Zeitpunkt der Projektdurchführung möglich sein, Soll/Ist-Vergleiche durchzuführen, um Anpassungen der Plandaten an die Wirklichkeit vornehmen zu können.

Insbesondere wegen der zuletzt genannten Voraussetzung eignet sich die Netzplantechnik besonders für die Projekt*planung* (z.B. *Runzheimer* sowie *Schwarze*). Die geringere Eignung zur Überwachung und Steuerung ist vor allem auf die aufwendige Erfassung von Änderungen an den Netzplänen zurückzuführen. Dies gilt trotz der Tatsache, dass Werkzeuge für die Netzplantechnik zur Verfügung stehen.

Bei der Anwendung der Netzplantechnik für die Projektplanung wird von der folgenden Gliederung in Teilplanungen, einschließlich Analysen, ausgegangen:

- Strukturanalyse und Strukturplanung (auch als Ablaufanalyse bzw. Ablaufplanung bezeichnet);
- Zeitanalyse und Zeitplanung (auch als Terminanalyse bzw. Terminplanung bezeichnet);
- Kostenanalyse und Kostenplanung;
- Kapazitätsanalyse und Kapazitätsplanung.

Strukturanalyse und Strukturplanung

Die Projektaufgabe wird vollständig in Vorgänge zerlegt; das Ergebnis wird in einer Vorgangsliste dokumentiert. Dabei stellt sich bei jedem Projekt die Frage, wie fein die Projektaufgabe in Vorgänge zerlegt werden soll. Sie kann nur vor dem Hintergrund des Informationszwecks der Projektplanung beantwortet werden, also aus der Beantwortung der Frage, wie viel Information dem Netzplan entnommen werden soll. Bei einer Meilensteinplanung reicht zur Information des Lenkungsausschusses eine schwache Zerlegung aus, während die Projektleitung des gleichen Projekts zur Projektplanung eine feine Zerlegung braucht. Werden mehrere unterschiedliche Informationszwecke verfolgt, sollten auch mehrere, unterschiedlich detaillierte Netzpläne erstellt werden. Häufig wird die Strukturanalyse – dem Projektfortschritt folgend – verfeinert. Umgekehrt können, von einer detaillierten Strukturanalyse ausgehend, Vorgänge zusammengefasst werden.

Vorgang	Vorgangsbezeichnung	Vorgänger	Zeitbedarf
A	Sachziele festlegen	---	4
B	Formalziele festlegen	A	2
C	Anforderungen definieren	B	4
D	Machbarkeitsstudie durchführen	C	4

Abb. NETZP-2: Struktur der Vorgangsliste

Nach Ermittlung der Vorgänge werden die Abhängigkeiten zwischen den Vorgängen bestimmt (Anordnungsbeziehungen); eine Anordnungsbeziehung beschreibt eine Reihenfolge für zwei Vorgänge. Dazu sind für jeden Vorgang sämtliche Vorgänger und Nachfolger festzustellen sowie die Vorgänge, die parallel ausgeführt werden können. Sind die Anordnungsbeziehungen nicht eindeutig, wird nach Zweckmäßigkeitsgesichtspunkten (z.B. nach Kapazitätsüberlegungen) eine Reihenfolge festgelegt; alternative Anordnungsbeziehungen können bei späteren Plananpassungen verwendet werden. Es ist für die nachfolgenden Analysen zweckmäßig zu wissen, dass es für unterschiedliche Anordnungsbeziehungen mehrere Ursachen gibt:

(1) sie können logisch bzw. technologisch zwingend sein;
(2) sie können kapazitätsbedingt sein;
(3) sie können durch Zeit- und Terminrestriktionen entstehen.

Besonders wichtig ist die Unterscheidung zwischen (1) und (2)/(3), weil letztere bei Bedarf verändert werden können. Die Vorgangsliste wird um die Abhängigkeiten zwischen den Vorgängen ergänzt. Weitere Informationen zu den Vorgängen (z.B. Zeitbedarf, Kosten, Betriebsmittelbedarf, verantwortliche Person/Stelle) werden in die Vorgangsliste eingetragen. Dabei wird der Einfachheit halber hier unterstellt, dass jede Anordnungsbeziehung eine Normalfolge (NF), das bedeutet eine Ende-Anfang-Beziehung ist. Beispiel: Ist bei einer NF B = Nachfolger von A, kann

B frühestens dann begonnen werden, wenn A beendet ist. Abbildung NETZP-2 zeigt die Struktur der Vorgangsliste (ohne weitere Informationen).

Zeitanalyse und Zeitplanung

Dabei geht es um die Beantwortung der folgenden Fragen:

- Wie lange braucht das Projekt mindestens, wie lang ist also die minimale Projektdauer, bzw. kann ein vorgegebener Termin eingehalten werden?
- Von welchen Vorgängen hängt die minimale Projektdauer ab und zu welchen Zeitpunkten müssen diese Vorgänge spätestens beginnen, damit die errechnete minimale bzw. die vorgegebene Projektdauer erreicht wird? Mit anderen Worten: Welcher Weg ist der kritische Weg durch den Netzplan?
- Welche Vorgänge können zeitlich verschoben oder wie weit ausgedehnt werden, ohne dass die minimale Projektdauer beeinflusst wird? Mit anderen Worten: Wo liegen Pufferzeiten und wie groß sind sie?

Zur Beantwortung dieser Fragen ist es erforderlich, die Vorgangsdauern, das heißt die Ausführungszeiten für die Vorgänge, zu ermitteln, mit anderen Worten: die Zeitanalyse oder Terminanalyse ist durchzuführen. Dies erfolgt, je nach Vorgang, durch Schätzen oder Messen. Je nach angewendetem Verfahren der Netzplantechnik wird bei Schätzungen entweder nur *eine* Vorgangsdauer verwendet (so bei CPM und MPM), oder es werden *mehrere* Vorgangsdauern verwendet, beispielsweise drei bei PERT, nämlich OD, HD und PD, die folgendes bedeuten:

- OD = optimistische Dauer, ist die Dauer eines Vorgangs, die unter besonders günstigen Bedingungen vorkommen kann.
- HD = häufigste Dauer, ist die Dauer eines Vorgangs, die unter üblichen Bedingungen meistens vorkommt.
- PD = pessimistische Dauer eines Vorgangs, die unter besonders ungünstigen Bedingungen vorkommen kann (Fälle von höherer Gewalt sind auszuschließen).

Die Ergebnisse der Schätzung oder Messung der Vorgangsdauern werden in der Vorgangsliste erfasst. In Abb. NETZP-1 wird für den Fall der Schätzung eine Einwerte-Schätzung unterstellt bzw. wird die Dreiwerteschätzung zu einem Wert zusammengefasst (mittlere Dauer mit MD = [OD + 4×HD + PD]:6).

Kostenanalyse und Kostenplanung

Nach Durchführung der Zeitplanung liegt ein wesentliches Ergebnis der Projektplanung vor. Für eine aussagefähige Projektplanung unter betriebswirtschaftlichen Zielen fehlen jedoch Informationen über die Kosten. Insbesondere fehlen Informationen darüber, wie sich die Veränderung (Verlängerung oder Verkürzung) der Vorgangsdauer auf die Kosten auswirkt. Eine typische Fragestellung in einem Informatik-Projekt ist folgende: Wie kann ein vorgegebener Installierungstermin, der kürzer als der durch die Zeitplanung ermittelte Fertigstellungstermin ist, durch Verkürzung der Dauer bestimmter Vorgänge eingehalten werden, und welche Auswirkungen haben alternative Verkürzungen auf Kosten und Betriebsmittel? Dabei ist es meist von Interesse, sowohl die unterschiedliche Verkürzung gleicher Vorgänge als auch die Verkürzung verschiedener Vorgänge zu untersuchen. Diese Frage und ähnliche Fragen können mit Weiterentwicklungen der klassischen Verfahren der Netzplantechnik beantwortet werden; darauf wird hier nicht eingegangen.

Kapazitätsanalyse und Kapazitätsplanung

Zweck dieser Teilplanung ist es, den Bedarf an Betriebsmitteln (Sachmittel und Personal) mit den verfügbaren Betriebsmitteln in Übereinstimmung zu bringen. Leerkosten sollen vermieden werden und Kapazitätsüberschreitungen sind nicht zulässig. Bei der Kapazitätsplanung wird daher wie folgt vorgegangen:

- Für jeden Vorgang wird der Kapazitätsbedarf nach Art und Menge geschätzt (z.B. Anzahl Mitarbeiter-Arbeitstage); aus dem Zeitplan lässt sich dann ein Kapazitätsbedarfsplan (Einsatzplan) ableiten. Der Einsatzplan gibt an, welche Betriebsmittel zu welchen Zeitpunkten in welchen Mengen und für welche Zeiträume bereitgestellt werden müssen (vgl. Abb. NETZP-3). Wenn bestimmte Vorgänge verschiedene Betriebsmittel zu unterschiedlichen Zeitpunkten in unterschiedlichen Mengen erfordern, ist es notwendig, diese Vorgänge kapazitätsorientiert zu zerlegen.
- Der Kapazitätsbedarf wird der verfügbaren Kapazität gegenübergestellt. Im Fall von Abweichungen wird versucht, einen Kapazitätsausgleich herzustellen (z.B. durch Verschiebung, Unterbrechung oder zeitliche Ausdehnung bzw. Komprimierung von Vorgängen).

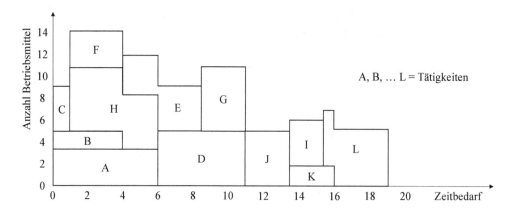

Abb. NETZP-3: Belastungsdiagramm (nach *Kummer et al.*)

Wenn Anpassungen der Strukturplanung und/oder der Zeitplanung aufgrund der Kapazitätsplanung erforderlich sind und diese den Rahmen der Pufferzeiten überschreiten, kann eine Verlängerung der Projektdauer eintreten. Dies bereits im Planungsstadium zu erkennen, ist das wesentliche Ziel der Kapazitätsplanung. Methodisch erfolgt der Kapazitätsausgleich mit Verfahren der ganzzahligen Optimierung (theoretisch zweckmäßig) und mit heuristischen Verfahren, insbesondere mit systematischen Probierverfahren (in der Praxis oft verwendet).

Darstellungsformen von Netzplänen

Das grundlegende Darstellungsmittel für alle Netzpläne ist der endliche, gerichtete Graph. Je nachdem, ob die Vorgänge durch Pfeile oder durch Knoten dargestellt werden, wird zwischen dem pfeilorientierten Netzplan und dem knotenorientierten Netzplan unterschieden. Liegt das primäre Planungsinteresse bei der Betrachtung der Vorgänge und werden die Vorgänge durch Pfeile dargestellt, hat man ein Vorgangspfeilnetz (bei CPM verwendet). Liegt das primäre Planungsinteresse bei der Betrachtung der Ereignisse und werden die Ereignisse durch Knoten dargestellt, hat man ein Ereignisknotennetz (bei PERT verwendet). Liegt das primäre Planungsinteresse bei der Betrachtung der Vorgänge und werden die Vorgänge durch Knoten dargestellt, hat man ein Vorgangsknotennetz (bei MPM verwendet). Abbildung NETZP-2 zeigt die drei Darstellungsformen der Netzpläne im Überblick; sie werden im Folgenden näher erläutert.

Darstellungsform	Vorgänge als Pfeile	Ereignisse als Knoten	Vorgänge als Knoten	verwendet bei
Vorgangspfeilnetz	X			CPM
Ereignisknotennetz		X		PERT
Vorgangsknotennetz			X	MPM

Abb. NETZP-4: Darstellungsformen von Netzplänen

Vorgangspfeilnetz: Zu jedem Vorgang (als Pfeil dargestellt) gehören ein Anfangsereignis und ein Endereignis (meist als Kreis dargestellt); die Ereignisse heißen auch Zeitpunkte. Diese Anordnungsbeziehung setzt voraus, dass jeder Vorgang abgeschlossen sein muss, ehe ein nachfolgender Vorgang beginnen kann. Abgesehen vom Startereignis und vom Zielereignis stellt jeder Knoten zugleich ein Anfangsereignis *und* ein Endereignis für *verschiedene* Vorgänge dar. Ein Ereignis kann mehrwertig sein, wenn es für mehrere Vorgänge Anfangsereignis (Streuereignis) oder Endereignis (Sammelereignis) ist; ein mehrwertiger Knoten heißt dementsprechend entweder Streuknoten oder Sammelknoten. Da zwei Ereignisse nur durch *einen* Vorgang miteinander verbunden sein dürfen, werden Scheinvorgänge eingeführt, um die Parallelität von Vorgängen darstellen zu können. Die Verwendung von Scheinvorgängen ist auch dann erforderlich, wenn zwei oder mehrere Vorgänge mit verschiedenen Anfangs- und Endereignissen zusammenhängen. Ein Scheinvorgang wird als gestrichelter Pfeil dargestellt.

CPM verwendet das Vorgangspfeilnetz. Mit Abb. NETZP-5 werden typische Anordnungsbeziehungen (also Beziehungen zwischen Ereignissen und/oder Vorgängen) im Vorgangspfeilnetz gezeigt. Durch Anordnungsbeziehungen wird insbesondere die Reihenfolge zwischen zwei oder mehr Vorgängen angegeben. Als entscheidender Vorteil des Vorgangspfeilnetzes gilt, dass durch Pfeile eine anschauliche Abbildung der Zeitdimension möglich ist. Dies heißt jedoch nicht, dass die Pfeillänge etwas *über* die Zeitdauer der Vorgänge aussagt, sondern lediglich deren Beschriftung *mit* der Zeitdauer.

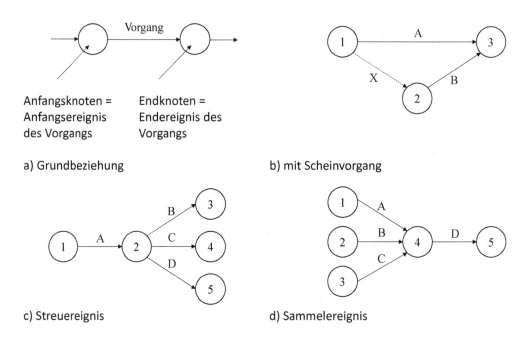

a) Grundbeziehung

b) mit Scheinvorgang

c) Streuereignis

d) Sammelereignis

Abb. NETZP-5: Anordnungsbeziehungen im Vorgangspfeilnetz

Ereignisknotennetz: So wie beim Vorgangspfeilnetz werden Vorgänge als Pfeile und Ereignisse als Knoten dargestellt. Im Unterschied zum Vorgangspfeilnetz gilt jedoch das Interesse primär den Ereignissen, weil für das Auftreten von Ereignissen Wahrscheinlichkeiten ermittelt werden. Die Anordnungsbeziehungen sind bei beiden Netzen identisch; im Sinn der Ereignisorientierung werden sie lediglich anders ausgedrückt. Abbildung NETZP-6 zeigt die beiden grundsätzlichen Arten der Beschreibung von Ereignisknoten. Das Ereignisknotennetz wird bei PERT verwendet. PERT erlaubt eine dreiwertige Schätzung, weil ihm ein relativ kompliziertes mathematisches Modell zugrunde liegt. Für die Zeitberechnung wird ein Erwartungswert für die mittlere Zeitdauer eines Vorgangs ermittelt. Die Datenausgabe enthält Größen wie Mittelwert, Streuung und Wahrscheinlichkeit. Der wahrscheinlichkeitstheoretische Charakter der Ergebnisse muss bei ihrer Interpretation und praktischen Umsetzung beachtet werden. Wegen der identischen Anordnungsbeziehungen im Vorgangspfeilnetz und im Ereignisknotennetz können in gemischt-orientierten Netzplänen sowohl Vorgänge als Pfeile als auch Ereignisse als Knoten dargestellt werden. CPM und PERT erlauben die Berechnung gemischt-orientierter Netzpläne.

Abb. NETZP-6: Beschreibung von Ereignisknoten

Vorgangsknotennetz: Die Vorgänge werden durch Knoten (meist als Rechtecke mit gerundeten Ecken) dargestellt; Ereignisse werden nicht dargestellt. Im Unterschied zum Vorgangspfeilnetz und zum Ereignisknotennetz kann im Vorgangsknotennetz ein Vorgang bereits beginnen, wenn seine Vorgänger noch nicht vollständig beendet sind; es genügt ein gewisser Fertigstellungsgrad der Vorgänger. Die Pfeile geben die Abhängigkeitsbeziehungen der Vorgänge (Reihenfolgebedingungen) an. Dabei handelt es sich um eine Anfang-Anfang-Beziehung, das heißt zwei aufeinanderfolgende Vorgänge werden nach der Start-Start-Kopplung verknüpft. Ein Vorgang muss also nur begonnen haben, bevor der nächste beginnen kann. Aus einem Strukturplan für ein Vorgangsknotennetz kann der Abschluss von Vorgängen nicht entnommen werden; diese Information liefert erst die Zeitplanung. Die Anordnungsbeziehungen stimmen im Wesentlichen mit denen des Vorgangspfeilnetzes überein; Abweichungen ergeben sich aus den speziellen Darstellungsmöglichkeiten des Vorgangsknotennetzes. So wird allen Vorgängen, die innerhalb des Projekts nicht vom Beginn weiterer Vorgänge abhängig sind, ein Scheinvorgang *Start* vorangestellt, und den Vorgängen, die keinen weiteren Nachfolger haben, wird ein Scheinvorgang *Ende* nachgeordnet. *Scheinvorgang* in diesem Sinn ist nicht identisch mit *Scheinvorgang* im Sinn des Vorgangspfeilnetzes. Das Vorgangsknotennetz wird von MPM verwendet.

Das Vorgangsknotennetz ist aus verschiedenen Gründen den beiden anderen Darstellungsformen überlegen:

- In den Knoten können alle wichtigen, den Vorgang betreffende Informationen aufgenommen werden, ohne dass der Netzplan unübersichtlich wird.
- Scheinvorgänge – abgesehen von *Start* und *Ende* – sind nicht erforderlich; die Übersichtlichkeit wird durch Scheinvorgänge nicht beeinträchtigt.
- Strukturänderungen lassen sich einfach durchführen, da Pfeile entfernt und ergänzt werden können, ohne dass der Netzplan neu berechnet werden muss.

Weiterführende Varianten der Netzplantechnik

Auf die weiterführenden Varianten der Netzplantechnik, die über die Zeitplanung hinausgehen und Kosten sowie Kapazitätsüberlegungen einbeziehen, wurde weiter oben schon hingewiesen. Ein grundsätzliches Problem der Strukturplanung, das diese weiterführenden Varianten nicht lösen, besteht in folgendem: Häufig ist der genaue Projektverlauf zum Zeitpunkt der Projektplanung nicht bekannt, insbesondere ist nicht bekannt, welche Vorgänge tatsächlich realisiert werden. Beispielsweise kann ein Vorgang von geplanten Projektergebnissen, die möglicherweise nicht erreicht werden, abhängig sein. Vorgänge dieser Art werden daher nur mit einer gewissen Wahrscheinlichkeit verwirklicht. Für die Behandlung solcher stochastischen Strukturen wurde eine Variante der Netzplantechnik entwickelt, die Entscheidungsnetzpläne verwendet.

Ein Entscheidungsnetzplan hat mindestens einen stochastischen Entscheidungsknoten (ODER-Bedingung), dessen wahlweise zu benutzenden Ausgänge mit bestimmten Wahrscheinlichkeiten belegt werden. Folgen in einem Netzplan solche Entscheidungsknoten aufeinander, dann hat man es mit einem Entscheidungsbaum zu tun. Entscheidungsereignis ist ein Ereignis, bei dem alternative Wege für den weiteren Projektablauf bestehen, so dass eine Entscheidung getroffen werden muss (analog dazu Entscheidungsvorgang).

Mit einer anderen Weiterentwicklung wird versucht, die Mehrprojektplanung zu unterstützen. Mehrprojektplanung ist die netzplantechnische Koordinierung mehrerer mit Netzplantechnik bearbeiteter Projekte, die um gemeinsam benötigte Betriebsmittel konkurrieren. Die hierfür entwickelten mathematischen Verfahren haben keine hohe praktische Bedeutung erlangt. Bei einer mathematisch nicht unterstützten, heuristischen Vorgehensweise erfolgt die Koordinierung der zunächst getrennt geplanten, mit Prioritäten versehenen Projekte im Kapazitätsbelastungsplan. Nach Einplanung in den Kapazitätsbelastungsplan wird die Zeitplanung für die Projekte wiederholt, bei denen aufgrund der Belastungsplanung Vorgänge verändert wurden.

Werkzeuge der Netzplantechnik

Zell schreibt im Online-Begleitdienst zu seinem Werk: „In der heutigen Betriebspraxis werden Netzpläne nicht mehr per Hand gerechnet. Für diese Aufgabe werden Projektmanagement-Software-Programme eingesetzt, die in zahlreichen Ausführungen und Preislagen zur Verfügung stehen. Trotzdem ist es sinnvoll, die Grundlagen der Netzplantechnik zu kennen." Daraus folgt: Erstens ist es wichtig, Grundlagen der Netzplantechnik verstehen und anwenden zu können; zweitens ist es bedeutsam, die von spezifischen Werkzeugen gebotenen Funktionalitäten zum Entwickeln von Netzplänen zu evaluieren (vgl. Lerneinheit EVALU).

Zur Unterstützung der Anwendung der Netzplantechnik gibt es eine Reihe von Werkzeugen, deren Funktionsumfang und Leistungsfähigkeit mit den folgenden Merkmalen beurteilt werden sollte:

- Einprojektplanung oder Mehrprojektplanung und Anzahl der Projekte bei Mehrprojektplanung;
- Planungsumfang (Zeitplanung/Kostenplanung/Kapazitätsplanung);
- maximale Anzahl der Vorgänge je Projekt;
- maximale Anzahl der Kapazitätsarten und Kalenderzeitraum (Anzahl Jahre);
- Art und Anzahl unterschiedlicher Zeiteinheiten (z.B. Stunden, Tage, Wochen, Monate);
- Nummerierungsverfahren für Knoten bzw. Ereignisse (lückenlos aufsteigend oder wahllos bzw. numerisch oder alphanumerisch);
- formal-logische Prüfverfahren (z.B. zur Aufdeckung von Schleifen);
- Umfang und Lesbarkeit der Beschriftung;
- Aufwand für den Änderungsdienst;
- Hardware-Plattform und Betriebssystem;
- Programmlaufzeiten;
- Verfügbarkeit als Online-Tool.

Abbildung NETZP-7 (links) zeigt beispielhaft die ausschnittsweise Darstellung eines Netzplans auf der Basis des Werkzeugs Microsoft Project 2016. Abbildung

NETZP-7 (rechts) zeigt den Aufbau einer Aufgabenbeschreibung (mit „Name", „Start", „Finish", „Res", „ID" und „Dur"). Zur Darstellung als Netzplan (im englischen Original als „Network Diagram view" bezeichnet) wird von *Chatfield/Johnson* (335) das Folgende angegeben: „Unlike a Gantt chart, which is a timescaled view, a network diagram enables you to view project activities in a manner more closely resembling a flowchart format. This is useful if you'd like to place more focus on the relationships between tasks rather than on their durations and sequence. In the Network Diagram view, each node contains several pieces of information (fields) about the task."

Abb. NETZP-7: Darstellung eines Netzplans mit dem Werkzeug Microsoft Project 2016
(nach *Chatfield/Johnson*, 336-337)

Demonstrationsbeispiel

Es werden die Notation für ein Vorgangspfeilnetz und ein entsprechend beschriebener Netzplan gezeigt (weitere Beispiele: siehe z.B. *Burghardt*, 267-284). Die in Abb. NETZP-8 verwendeten Abkürzungen haben folgende Bedeutung:

A = Nummer oder Bezeichnung des Vorgangs laut Vorgangsliste
1 = Vorgangsdauer in Zeiteinheiten (Tage, Wochen, Monate)
2 = voraussichtlicher Kapazitätsbedarf in Einheiten des benötigten Betriebsmittels
3 = Ereignisnummer
4 = frühester Anfangstermin des Vorgangs in Zeiteinheiten ab Projektstart
5 = spätester Anfangstermin des Vorgangs in Zeiteinheiten ab Projektstart

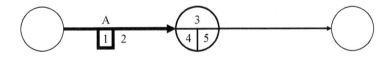

Abb. NETZP-8: Beschreibung im Vorgangspfeilnetz

Abbildung NETZP-9 zeigt einen Netzplan mit elf Vorgängen (A bis L); alle wichtigen Anordnungsbeziehungen sind daraus erkennbar. Der frühest mögliche Endtermin von Vorgang L und damit des gesamten Projekts (Ereignis 12) ist in Zeiteinheit 19, der späteste Endtermin ist in Zeiteinheit 24 (geplanter Fertigstellungstermin). Der Netzplan enthält vier Scheinvorgänge; sie sind gestrichelt (zwischen Ereignis 5 und Ereignis 6, zwischen Ereignis 7 und Ereignis 8, zwischen Ereignis 9 und Ereignis 10 sowie zwischen Ereignis 11 und Ereignis 12). Mehrwertige Ereignisse sind bei Projektbeginn zu erkennen (die Knoten 2, 3 und 4 haben den gleichen Vorgänger, nämlich Knoten 1), im Projektverlauf und bei Projektende (der Knoten 12 hat mit den Knoten 10 und 11 zwei Vorgänger). Der kritische Weg, der lückenlos vom Startereignis bis zum Zielereignis verläuft, ist durch eine dicke Linie hervorgehoben; er identifiziert alle kritischen Vorgänge, also die Vorgänge, deren Puffer Null ist.

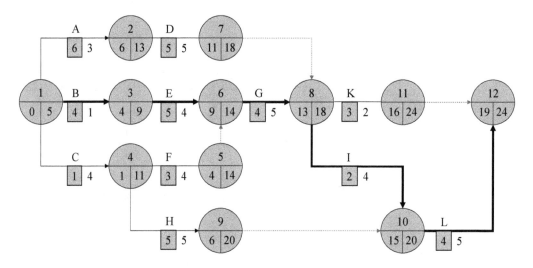

Abb. NETZP-9: Beispiel Vorgangspfeilnetz

Forschungsbefunde

Engwall reflektiert in einem konzeptionellen Beitrag die Inhalte eines Buches von *Sapolsky* zum Polaris-Projekt, indem auch PERT entwickelt wurde. *Engwall* (597) schreibt: "Sapolsky (1972) deconstructs the myth of PERT's effectiveness and shows in detail that PERT, in spite of what was usually believed/assumed, in reality never had an impact on project coordination in Polaris. However, PERT (and the other managerial techniques applied) played a crucial function as tools for creating legitimacy and trust among critical stakeholders in the project's environment. Sapolsky's detailed examination of the role of PERT and how PERT actually came to be applied – and not applied – in the Polaris development unfolds the strong need for empirical studies on the use and organizational functions of project management techniques in different types of projects, in different contexts, and different situations." Damit weist *Engwall* auf eine wichtige Tatsache hin, dass nämlich die Verwendung von Planungsmethoden (wie auch die Verwendung anderer Methoden wie beispielsweise Beschreibungs- oder Entwurfsmethoden) mit anderen Funktionen bzw. Zwecken einhergehen kann. Konkret wird argumentiert, dass PERT im Polaris-Projekt nicht nur als Planungs- und Koordinierungsmethode eingesetzt wurde, sondern vielmehr auch andere Funktionen hatte, *Engwall* schreibt: „The discussion suggests that there are at least three aspects of project planning techniques (such as PERT): (1) as a boundary object for technical coordination of actions and expectations; (2) as a political feature for legitimacy and trust building; and (3) as a cognitive means for the social construction of a predictable future."

Eine Sichtung der Fachliteratur zu Netzplänen im Projektmanagement im Allgemeinen und zu PERT und CPM im Speziellen zeigt, dass sich ein Großteil der Forschung in den letzten Jahrzehnten mit formalen Fragestellungen und Weiterentwicklungen der Methoden befasst hat (vgl. z.B. *Keefer/Verdini*, *Trietsch/Baker*, *Kim et al.*). Belastbare empirische Forschungsbefunde zu den Wirkungen des Einsatzes von Netzplänen (bzw. spezifischer Varianten von Netzplänen) sind dem Verfasser des vorliegenden Buches nicht bekannt. Fragen wie „Welchen Einfluss haben Netzpläne auf die Planungsqualität im Projektmanagement?" standen bislang nicht im Fokus der Forschungsaktivitäten. Dieser Umstand ist problematisch, da der Nutzen des Einsatzes von Planungsmethoden (wie z.B. von Netzplänen) intuitiv zwar plausibel ist (insbesondere in größeren Projekten), aber quantitative Aussagen zum Nutzen ohne empirische Forschung kaum möglich sind.

Kontrollfragen
1. Was ist der Zweck der Netzplantechnik?
2. Welche Voraussetzungen müssen Projekte, die mit Unterstützung der Netzplantechnik geplant, überwacht und gesteuert werden sollen, erfüllen?
3. In welche Teilplanungen und Analysen wird eine Planungsaufgabe zerlegt?
4. Welche Formen von Netzplänen gibt es?
5. Welche Form von Netzplan verwendet welches Verfahren der Netzplantechnik?

Quellenliteratur
Burghardt, M.: Projektmanagement: Leitfaden für die Planung, Überwachung und Steuerung von Projekten. 9. A., Publicis, 2012
Chatfield, C./Johnson, T.: Microsoft Project 2016: Step by step. Microsoft Press, 2016
Engwall, M.: PERT, Polaris, and the realities of project execution. International Journal of Managing Projects in Business, 4/2012, 595-616
Keefer, D. L./Verdini, W. A.: Better estimation of PERT activity time parameters. Management Science, 9/1993, 1086-1091
Kim, S. D./Hammond, R. K./Bickel, J. E.: Improved mean and variance estimation formulas for PERT analysis. IEEE Transactions on Engineering Management, 2/2014, 362-369
Kummer, A. et al.: Projekt-Management: Leitfaden zu Methode und Teamführung in der Praxis. 3. A., Industrielle Organisation, 1993
Runzheimer, B.: Operations Research: Lineare Planungsrechnung, Netzplantechnik, Simulation und Warteschlangentheorie. 7. A., Gabler, 1999, 180-243
Sapolsky, H. M.: The Polaris system development: Bureaucratic and programmatic success in government. Harvard University Press, 1972
Schwarze, J.: Projektmanagement mit Netzplantechnik. 11. A., nwb Studium, 2014
Trietsch, D./Baker, K. R.: PERT 21: Fitting PERT/CPM for use in the 21st century. International Journal of Project Management, 4/2012, 490-502
Zell, H.: Projektmanagement: Lernen, lehren und für die Praxis. 7. A., Books on Demand, 2017

Vertiefungsliteratur
Ellis, A.: How to get every network diagram question rigth on the PMP exam. AME Group Inc., 2015
Litke, H.-D.: Projektmanagement: Methoden, Techniken, Verhaltensweisen. 5. A., Hanser, 2007
Schwarze, J.: Übungen zu Projektmanagement und Netzplantechnik. 6. A., nwb Studium, 2014
Zimmermann, J./Stark, C./Rieck, J.: Projektplanung: Modelle, Methoden, Management. 2. A., Springer, 2010

Normen und Richtlinien
DIN 69900:2009-01: Projektmanagement - Netzplantechnik; Beschreibungen und Begriffe

Werkzeuge
https://asana.com/de/
https://github.com/
https://ngrok.com/
https://products.office.com/de-at/project/project-and-portfolio-management-software
https://products.office.com/de-de/visio
https://slack.com/intl/de
https://trello.com/
https://www.atlassian.com/
https://www.ibm.com/us-en/marketplace/filenet-content-manager
https://www.projectlibre.com/
https://www.projectworx.net/

Interessante Links
http://projektmanagement-definitionen.de/glossar/vorgangsknotennetzplan-pdm/
http://projektmanagement-definitionen.de/glossar/vorgangspfeil-netzplan/
http://www.ganttproject.biz/
http://www.ibim.de/PM-Site/downloads/NPT-Berechnungen+Lsg.pdf
http://www.neue-lernwelten.eu/skripte/netzplantechnik.pdf
https://projekte-leicht-gemacht.de/blog/pm-methoden-erklaert/crashkurs-netzplantechnik-grundbegriffe-und-uebungsbeispiel/
https://www.bwl-betriebswirtschaft.de/ablauforganisation/netzplan/
https://www.projektmagazin.de/methoden/netzplantechnik
https://www.proventis.net/de/projektmanagement-begriff/Netzplan-Ganttdiagramm.html

Beschreibungsmethoden

ERFAS - Erfassungsmethoden 481
DOKUM - Dokumentationsmethoden 497
PRAET - Präsentationstechniken 513

ERFAS - Erfassungsmethoden

Lernziele

Sie können einen Überblick über die Methoden geben, mit denen Istzustände von Informationssystemen erfasst werden. Sie können den Zweck jeder dieser Methoden nennen und ihre Konzeption erläutern. Sie kennen die Gemeinsamkeiten und Unterschiede der Methoden und sind in der Lage, für ein konkretes Informatik-Projekt geeignete Methoden auszuwählen und anzuwenden.

Definitionen und Abkürzungen

aktive Beobachtung (active observation) = eine Beobachtung, die während der Mitwirkung des Beobachters bei der Aufgabendurchführung erfolgt; im Gegensatz dazu: passive Beobachtung.

Befragung (survey) = ein zielgerichteter, sozialer Vorgang der Interaktion zwischen Individuen (Frager und Befragter) zur Erhebung von Daten in einem bestimmten Kontext.

Dauerbeobachtung (continuous observation) = eine Beobachtung, die über einen gewissen Zeitraum hinweg ununterbrochen durchgeführt wird; im Gegensatz dazu: unterbrochene Beobachtung.

direkte Beobachtung (direct observation) = eine Beobachtung, die durch den Beobachter persönlich und nicht durch ein Sachmittel erfolgt; im Gegensatz dazu: indirekte Beobachtung (die auf der Basis von Videobeobachtung, Clickstream-Analyse, Mausbewegungsanalyse und dergleichen durchgeführt wird).

direkte Frage (direct question) = eine Frage, die den zu ermittelnden Sachverhalt unmittelbar anspricht; im Gegensatz dazu: indirekte Frage.

harte Frage (hard question) = eine Frage, die in einen schnellen Fragenablauf eingebunden ist und deshalb zu spontanen Antworten zwingt; im Gegensatz dazu: weiche Frage.

offene Beobachtung (open observation) = eine Beobachtung, die für den Beobachteten erkennbar ist; im Gegensatz dazu: verdeckte Beobachtung.

offene Frage (open question) = eine Frage, deren Antwortmöglichkeiten nicht vorgegeben sind; im Gegensatz dazu: geschlossene Frage. Synonym: nicht standardisierte Frage.

Selbstaufschreibung (self-recording) = die Erstellung von Arbeitsberichten durch die Aufgabenträger.

standardisierte Frage (standardized question) = eine Frage, deren Antwortmöglichkeiten vorgegeben sind; im Gegensatz dazu: nicht standardisierte Frage. Synonym: geschlossene Frage.

strukturierte Beobachtung (structured observation) = eine Beobachtung, die nach einem System festgelegter Beobachtungskriterien erfolgt; im Gegensatz dazu: unstrukturierte Beobachtung.

Videobeobachtung (video observation) = eine indirekte und passive Beobachtung, welche die Videokamera (mit Mikrofon) als Sachmittel verwendet.

Zweck der Erfassungsmethoden

Zweck der Erfassungsmethoden (auch als Erhebungsmethoden, Erfassungs- oder Erhebungstechniken bezeichnet) ist es, die Durchführung der Istzustandserfassung (vgl. Lerneinheit ZAMFS) zu unterstützen. Dem dualen Charakter der Feinstudie entsprechend, müssen die Methoden der Istzustandserfassung in der Lage sein, sowohl die *vorgegebene* Arbeitssituation, als auch die *wahrgenommene* Arbeitssituation zu erkennen. Die Befragung als Methode der Istzustandserfassung ist daher in der Regel unverzichtbar, weil ohne sie die wahrgenommene Arbeitssituation nicht erfasst werden kann. Dem interaktiven Charakter der Feinstudie entsprechend sollen die Erfassungsmethoden auch in der Lage sein, mit der Erfassung einzelner Phänomene auch die Analyse dieser Phänomene durchzuführen.

Abbildung ERFAS-1 nennt die verfügbaren Erfassungsmethoden und gruppiert diese in direkt, indirekt und physiologisch. Bei den direkten Methoden ist die datenerfassende Person *während* der Erhebung aktiv involviert, wohingegen dies bei indirekten Methoden in der Regel nicht der Fall ist (eine Ausnahme stellt die indirekte Beobachtung dar, bei der eine aktive Involvierung nicht zwingend notwendig ist). Da sich Methoden zur Erfassung physiologischer Zustände und Prozesse von Aufgabenträgern grundsätzlich von den primär aus den Sozial- und Humanwissenschaften kommenden Methoden unterscheiden (hier die direkten und indirekten Methoden), werden sie hier in einer eigenen Gruppe zusammengefasst. Es gibt drei Messpunkte physiologischer Zustände, die im gegenständlichen Kontext relevant sind: Gehirn, peripheres Nervensystem und Hormonsystem.

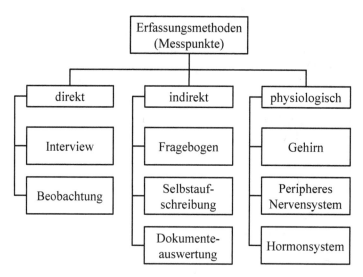

Abb. ERFAS-1: Erfassungsmethoden im Überblick

Bei den einzelnen Methoden gibt es verschiedene Varianten. Die Methoden, einschließlich der Varianten, sind kombinierbar; sie schließen sich nicht gegenseitig aus. Das reichhaltigste Bild zum Istzustand in einem gegebenen Projektkontext wird dann gewonnen, wenn alle verfügbaren Erfassungsmethoden zum Einsatz kommen. Ob der Einsatz aller verfügbaren Methoden jedoch auch wirtschaftlich ist, ist situationsspezifisch zu klären. Die Eigenschaften der Methoden (z.B. Welche Einsichten können gewonnen werden? Wie teuer ist der Einsatz der Methode?), die Erfassungssituation in einem konkreten Projekt und die Präferenzen der am Projekt Beteiligten (z.B. aufgrund ihrer persönlichen Kenntnisse und Erfahrungen im Umgang mit den Methoden) bestimmen die Auswahl der Erfassungsmethoden in einem bestimmten Projekt. Dies erfolgt mit der Sachmittelplanung (vgl. Lerneinheit PROPL).

Jede Methode ist unter anderem dadurch gekennzeichnet, dass sie (nur) eine bestimmte Sicht auf die Wirklichkeit ermöglicht und damit (nur) einen Ausschnitt der Wirklichkeit erfasst. So kann mit einem Interview erhoben werden, wie Aufgabenträger ihre Arbeitssituation wahrnehmen, nicht aber, wie sie sich bei der Arbeit verhalten. Wie sich Aufgabenträger bei der Arbeit verhalten, kann dagegen durch Beobachtung erhoben werden (Verhaltensbeobachtung). Die Beobachtung trägt aber nicht dazu bei, Erkenntnisse über die wahrgenommene Arbeitssituation zu gewinnen. Der Einsatz physiologischer Methoden zielt primär darauf ab, biologische Zustände und Prozesse von Aufgabenträgern, die vielfach im Unterbewusstsein ablaufen und daher durch Interview, Fragebogen und Selbstaufschreibung nicht zuverlässig erhoben werden können, zu messen. Physiologische Methoden werden insbesondere eingesetzt, um positive und negative Wirkungen von Benutzungsoberflächen im Allgemeinen (z.B. aufgrund des Designs) sowie von Systemeigenschaften im Speziellen (z.B. Dateneingabemasken sowie Systemabstürze oder lange Antwortzeiten) festzustellen.

Zweck der Methoden der Zeiterfassung ist die Ermittlung des Zeitbedarfs für die Durchführung der betrieblichen Aufgaben. Da der Zeitbedarf oftmals nicht unmittelbar für die Aufgabe als Ganzes ermittelt werden kann, ist ihre Zerlegung in Teilaufgaben, in der Regel in Tätigkeiten, erforderlich. Die meisten Methoden der Zeiterfassung benötigen daher zu ihrer Anwendung einen Tätigkeitskatalog. Informationen über den Zeitbedarf der Aufgaben ermöglichen die Herausarbeitung von Stärken und Schwächen des Istzustands in Bezug auf die zeitliche Dimension der Aufgabendurchführung. Mit diesen Informationen kann auch eine Konkretisierung der Wirtschaftlichkeitsanalyse erfolgen, wenn die Reduzierung des Zeitbedarfs ein Planungsziel ist (vgl. Lerneinheiten ZIELP und WIRTA). Nachfolgend werden die Methoden auf der Basis einschlägiger Quellen wie *Atteslander/Kopp*, *Huber*, *Krüger*, *Schmidt* und *Wittlage* zusammenfassend dargestellt.

Interview

Ein Interview ist die mündliche Befragung von Aufgabenträgern, die kompetente Auskunftspersonen zur Deckung des Informationsbedarfs sind. Nach der Art der im Interview verwendeten Fragen werden verschiedene Interviewformen unterschieden:

- Interview mit standardisierten, halb standardisierten oder nicht standardisierten Fragen;
- Interview mit harten oder weichen Fragen;
- Interview mit direkten oder indirekten Fragen.

Welche Interviewform verwendet wird, hängt insbesondere vom Untersuchungsbereich und von den zu befragenden Personen ab. Bezüglich des Standardisierungsgrads der Fragen ist ein Interview anhand eines flexiblen Gesprächsleitfadens mit vornehmlich halb standardisierten Fragen meist am zweckmäßigsten. Nach der Anzahl der gleichzeitig befragten Aufgabenträger werden Einzelinterview und Gruppeninterview unterschieden. Eine Sonderform des Gruppeninterviews ist die Konferenz-Interview-Technik, bei der Aufgabenträger verschiedener Hierarchieebenen, unter der Steuerung eines Moderators, gleichzeitig interviewt werden. Zur Anwendung des Interviews sind folgende Arbeitsschritte erforderlich: Vorbereiten, Durchführen und Auswerten des Interviews.

- Erster Arbeitsschritt: Vorbereiten des Interviews
  - Festlegen des Informationsbedarfs
  - Auswählen kompetenter Aufgabenträger als Interviewpartner
  - Erstellen eines Interviewleitfadens
  - Vereinbaren von Ort und Termin für das Interview
- Zweiter Arbeitsschritt: Durchführen des Interviews
  - Einführungsphase: Schaffen einer positiven Interviewatmosphäre
  - Befragungsphase: Ermitteln der Werte
  - Schlussphase: Versuchen, die Einstellung der Befragten zum Projekt in Erfahrung zu bringen
- Dritter Arbeitsschritt: Auswerten des Interviews
  - Vollständigkeitsprüfung: Prüfen der ermittelten Werte nach Übereinstimmung mit dem Informationsbedarf
  - Plausibilitätsprüfung: Prüfen der ermittelten Werte auf Fehler
  - Ergebnisprotokollierung: Dokumentieren der Interviewergebnisse

Folgende Prinzipien sollen beim Durchführen eines Interviews beachtet werden:

- Offene Fragen unterstützen die Vollständigkeit der Beschreibung des Istzustands durch die Befragten.
- Der Antwortfluss der Befragten soll nicht durch Zwischenfragen unterbrochen werden, auch wenn manche Aussagen zunächst unverständlich sind.
- Suggestivfragen sind zu vermeiden.
- Die Aussagen der Befragten sollen vom Interviewer immer wieder zusammengefasst werden, um Missverständnissen vorzubeugen.

Vorteile des Interviews sind die Möglichkeit zur Vertiefung der Befragung durch Zusatzfragen und Verständnisfragen sowie zur Motivation der Befragten. Im Interview können Erfassungs- und Analysetätigkeiten gut miteinander verbunden werden; Analyseerkenntnisse können sofort zu passenden Zusatzerhebungen verwendet werden. Diese Vorteile sind vor allem für das offene Interview zutreffend. *Nachteile* des Interviews sind der hohe Zeitaufwand (was noch verschärft wird, wenn die Interviews aufgezeichnet und transkribiert werden), die hohen Anforderungen an die Qualifikation der Interviewer und die Störung der Befragten bei der Erfüllung ihrer Arbeitsaufgaben. Einsatzschwerpunkte, für die sich das Interview eignet, sind komplexe betriebliche Aufgaben und Arbeitsabläufe (vgl. Lerneinheiten PROMO und DATMO).

Beobachtung

Beobachtung ist die Deckung des Informationsbedarfs durch sinnliche Wahrnehmungen der Beobachter im Untersuchungsbereich, ohne Beteiligung des beobachteten Aufgabenträgers. Folgende Beobachtungsformen werden unterschieden:

- offene oder verdeckte Beobachtung;
- strukturierte oder unstrukturierte Beobachtung;
- aktiv teilnehmende oder passive Beobachtung;
- Dauerbeobachtung oder unterbrochene Beobachtung;
- direkte oder indirekte Beobachtung.

Welche Beobachtungsform verwendet wird, hängt insbesondere vom Untersuchungsbereich ab. Als zweckmäßig hat sich die Beobachtungsform erwiesen, die durch die Merkmale offen, strukturiert, passiv und unterbrochen gekennzeichnet ist. Beobachtungsformen mit diesen Merkmalen sind in der Regel direkte Beobachtungen. Werden für die Beobachtung Sachmittel eingesetzt (z.B. Videokamera), ist die Beobachtung indirekt (in diesem Fall sind zudem Gesetze, Betriebsvereinbarungen und ethische Überlegungen zu berücksichtigen, was im Übrigen auch für Aufzeichnungen von Interviews gilt). Je nachdem, worauf das Analyseinteresse gerichtet ist, erfasst die Beobachtung einen ganzen Arbeitsbereich, oder sie konzentriert sich auf eine bestimmte Person oder eine bestimmte Aufgabe bzw. einen bestimmten Arbeitsablauf.

Beobachtungen müssen sorgfältig vorbereitet werden, um zuverlässig und objektiv zu sein. Eine Beobachtung ist *zuverlässig*, wenn der gleiche Beobachter zu ein- und demselben Ausschnitt der Wirklichkeit zu verschiedenen Beobachtungszeitpunkten (z.B. an zwei verschiedenen Tagen) übereinstimmende Daten liefert; sie ist *objektiv*, wenn verschiedene Beobachter zu ein- und demselben Ausschnitt der Wirklichkeit übereinstimmende Daten liefern. Diese Erklärungen machen deutlich, dass Zuverlässigkeit in der Regel eher erreicht werden kann als Objektivität.

Zunehmend mehr gewinnen Formen der Beobachtung an Bedeutung, die auf der Basis von Softwareprogrammen automatisiert erfolgen; Clickstream-Analysen und Analysen von Mausbewegungen für die Erfassung des Istzustands sind dabei besonders relevant. Solche Programme ermöglichen beispielsweise Analysen darüber, welche Bereiche auf einer Benutzungsoberfläche aufgesucht wurden und wie oft und wie lange welche spezifischen Programmseiten angesehen wurden. Solche Daten ermöglichen Rückschlüsse darauf, wie gut ein Anwendungssystem bzw. Teile des Systems die Aufgabenausführung unterstützen. Weiter zeigen Befunde empirischer Forschung, dass Mausbewegungen von Benutzern ein zuverlässiger Indikator sein können, um Emotionen von Benutzern zu erfassen (vgl. z.B. *Hibbeln et al.*).

Vorteil der Beobachtung ist, dass sie zum tatsächlichen Zeitpunkt bzw. im Zeitraum der Aufgabendurchführung erfolgt; sie ermöglicht den unmittelbaren und direkten Einblick des Beobachters in den Untersuchungsbereich. Der Vorteil der indirekten Beobachtung, insbesondere bei der Erfassung von Clickstreams und/oder

Mausbewegungen, kommt bei der Datenanalyse zum Tragen, da statistische Auswertungen möglich sind.

Nachteile der Beobachtung sind der hohe Zeitaufwand (sowohl für die benötigte gründliche Vorbereitung als auch für die Durchführung), die mögliche psychische Belastung der Beobachteten (Beobachtungen können auch als Eingriff in die Privatsphäre aufgefasst werden, was besonders auf die Videobeobachtung sowie Clickstream-Analysen und die Analyse von Mausbewegungen zutrifft) und die damit im Zusammenhang stehende Gefahr von Verhaltensänderungen der Beobachteten (Beobachter und Videokameras können schon durch bloße Anwesenheit verhaltensändernd wirken). Zudem ist zu beachten, dass verdeckte Beobachtungen, sofern überhaupt, aufgrund gesetzlicher Vorschriften und Betriebsvereinbarungen lediglich in einem eingeschränkten Ausmaß möglich sind (und aus ethischen Überlegungen heraus auch sein sollten). Dieser Umstand wirkt sich zwar negativ auf die Datenqualität aus (und daraus folgt, dass der Istzustand *nicht* in vollem Umfang und mit höchst möglicher Präzision erfasst werden kann), jedoch sind die Einhaltung von Gesetzen und Vereinbarungen, ethische Überlegungen sowie der Schutz der Privatsphäre über Datenverfügbarkeit sowie Datenqualität zu stellen.

Einsatzschwerpunkte, für die sich die Beobachtung eignet, sind die Erfassung der Arbeitsorganisation (insbesondere der Ablauforganisation) und der Arbeitsplatzgestaltung sowie die Ermittlung der Arbeitsbelastung. Weiter ist die Beobachtung bedeutsam, um das konkrete Interaktionsverhalten von Benutzern zu erfassen (z.B. Clickstream-Analysen). Die Eignung der Videobeobachtung wird besonders dort deutlich, wo der Untersuchungsbereich durch eine größere Anzahl von Personen und Sachmitteln, zwischen denen zahlreiche Interaktionen stattfinden, gekennzeichnet ist (also in stark arbeitsteiligen, kooperativen Arbeitssituationen; vgl. Lerneinheit INTER).

Fragebogen

Ein Fragebogen ist eine geordnete Menge von Fragen, die von den Befragten schriftlich beantwortet werden; er ist das Arbeitsmittel für die *schriftliche* Befragung. Folgende Fragebogenformen werden unterschieden:

- Individualfragebogen oder Gruppenfragebogen;
- Fragebogen mit standardisierten, halb standardisierten oder nicht standardisierten Fragen.

Ein Individualfragebogen wird von einzelnen Befragten und für einzelne Aufgabenträger beantwortet, während ein Gruppenfragebogen von einzelnen Befragten für eine Gruppe von Aufgabenträgern beantwortet wird. Für die Durchführung einer Fragebogenaktion sind im Wesentlichen dieselben Arbeitsschritte erforderlich, wie sie für die Durchführung eines Interviews dargestellt wurden.

Vorteile des Fragebogens sind die Verfügbarkeit von schriftlichen Ergebnissen, die Möglichkeit von statistischen Auswertungen und die vergleichsweise geringen Kosten. *Nachteile* des Fragebogens sind die meist geringe Rücklaufquote, die mangelnde Dialogmöglichkeit zwischen Projektbearbeiter und Aufgabenträger und die aufwendige Auswertung der Antworten von nicht standardisierten Fragen. Einsatzschwerpunkte, für die sich der Fragebogen eignet, sind die Befragung einer Vielzahl von geographisch dezentral agierenden Aufgabenträgern und ein einfacher, gleichförmiger Informationsbedarf.

Selbstaufschreibung

Selbstaufschreibung ist die Dokumentation von Daten zur Deckung des Informationsbedarfs der Istzustandserfassung durch die Aufgabenträger selbst und ohne direkte Mitwirkung Dritter. Zur Anwendung der Selbstaufschreibung sind folgende Arbeitsschritte erforderlich:

- Festlegen des Informationsbedarfs und der zur Bedarfsdeckung erforderlichen Daten;
- Vorbereiten der Erfassung durch Gestalten der Erfassungsformulare (die entweder auf Papier oder elektronisch vorliegen können);
- Schulen der Aufgabenträger;
- Durchführen der Selbstaufschreibung durch die Aufgabenträger;
- Auswerten der erfassten Daten.

Vorteile der Selbstaufschreibung sind die Möglichkeit der Schaffung einer umfassenden Datenbasis und die Entlastung der Projektmitarbeiter. Sofern Software-Werkzeuge für die Erfassung eingesetzt werden, können ohne Medienbruch zumindest teilweise automatisierbare Analysen der Daten erfolgen. *Nachteile* der Selbstaufschreibung sind die Möglichkeit der bewussten Datenverfälschung und personelle Widerstände, da das Anfertigen von Aufzeichnungen die eigentlichen Arbeitsprozesse der Aufgabenträger stören kann (sofern die Aufzeichnung während des Arbeitstages sukzessive erfolgt), zumindest jedoch einen zusätzlichen Aufwand für die Aufgabenträger bewirkt (wenn die Aufzeichnung vor Antritt der Mittagspause oder zum Dienstschluss erfolgt). Einsatzschwerpunkte sind die Feststellung von Aufgabenprofilen, die Ermittlung der Arbeitsbelastung und die Ermittlung des Zeitbedarfs für die Aufgabenausführung.

Dokumentenauswertung

Dokumentenauswertung (auch als Dokumentenanalyse bezeichnet) ist die Deckung des Informationsbedarfs der Istzustandserfassung durch systematische Einsichtnahme in vorhandene Aufzeichnungen über den Untersuchungsbereich. Beispiele für Dokumente, die in Informatik-Projekten Relevanz haben, sind: Istzustandsbeschreibungen von Geschäftsprozessen, Dokumentationen zu Architekturen wie beispielsweise Informationssystem-, Anwendungs-, Sofware- oder Datenarchitektur (vgl. dazu die Lerneinheit Architektur der Informationsinfrastruktur in *Heinrich/Riedl/Stelzer*) sowie Programmcode.

Vorteile der Dokumentenauswertung sind der geringe Erfassungsaufwand, das Reduzieren der Erfassungsdokumentation und die Nichtstörung der Aufgabenträger. *Nachteil* der Dokumentenauswertung ist die notwendige inhaltliche Konsistenzprüfung auf Übereinstimmung der dokumentierten Daten mit der Wirklichkeit zum Erfassungszeitpunkt. Einsatzschwerpunkt ist die Vorinformation über den Istzustand.

Physiologische Messungen

Aufgrund der rasant voranschreitenden methodischen Entwicklungen im Bereich der Physiologie im Allgemeinen und der Neurowissenschaften im Speziellen ist es möglich geworden, den Menschen in seinem Fühlen, Denken und Handeln besser zu verstehen. Für Informatik-Projekte bedeutet dies, dass Zustände und Prozesse hinsichtlich Aufgabenträger bzw. Benutzer auch durch den Einsatz physiologischer Messverfahren erfasst werden können. Dies trägt in Informatik-Projekten dazu bei, dass heute – im Vergleich zur Vergangenheit – eine umfassendere Ermittlung des Istzustands möglich ist.

Riedl/Léger unterscheiden in ihrem Werk „Fundamentals of NeuroIS: Information Systems and the Brain" drei physiologische Messpunkte:

- Gehirn (z.B. Messung der Gehirnströme eines Benutzers mittels Elektroenzephalographie, um Aufschlüsse über seine mentale Belastung bzw. Erschöpfung während oder nach der Interaktion mit einem System zu gewinnen);
- peripheres Nervensystem (z.B. Messung von Herzschlagrate, Hautleitfähigkeit, Pupillendilatation und/oder Aktivierung spezifischer Gesichtsmuskeln, um Aufschlüsse über den emotionalen Zustand eines Benutzers während der Interaktion mit einem Anwendungssystem zu gewinnen);
- Hormonsystem (z.B. Messung von Stresshormonen wie Kortisol und ähnlicher Substanzen wie Alpha-Amylase im Speichel von Benutzern, um Aufschlüsse darüber zu gewinnen, wie stressvoll die Bearbeitung einer Aufgabe auf der Basis eines bestimmten Anwendungssystems ist).

Physiologische Messungen sind als Ergänzung zu den anderen Formen der Istzustandserfassung (z.B. Interview, Beobachtung, Befragung) zu verstehen (vgl. Abb. ERFAS-1). *Vorteile* physiologischer Messungen sind: Es können Zustände erfasst werden, die Benutzern selbst via Introspektion nicht zugänglich sind (z.B. Stress wird von Menschen oftmals erst ab dem Erreichen bestimmter Schwellenwerte bewusst wahrgenommen, was die Voraussetzung für Stressangaben bei Befragungen ist, wobei bekannt ist, dass potentiell gesundheitsschädliche Stressprozesse auf physiologischer Ebene bereits vor dem Erreichen der Schwellenwerte einsetzen können). Weiter zeigen Befunde empirischer Forschung, dass physiologisch gemessene Zustände eines Benutzers wichtige Faktoren wie seine Leistung und Gesundheit oftmals besser prognostizieren können als dies auf der Basis von Befragungsdaten möglich ist (vgl. z.B. *Tams et al.* und *Riedl*). *Nachteil* mancher physiologischer Messungen ist der damit einhergehende Erhebungsaufwand und die anfallenden Kosten (z.B. Elektroenzephalographie). Weiter gibt es nicht immer Klarheit darüber, in welcher Weise ein bestimmter physiologischer Zustand hinsichtlich Emotion sowie Kognition zu interpretieren ist. Es stellt sich beispielsweise die Frage, ob ein Anstieg der Herzschlagrate in einer spezifischen Interaktionssituation als positive oder negative Benutzeremotion interpretiert werden soll.

Physiologische Messverfahren können unter anderem dazu eingesetzt werden, positive und negative Wirkungen von Benutzungsoberflächen zu ermitteln. Weiter wird der Einsatz physiologischer Messverfahren empfohlen, um Entwürfe sowie prototypische Implementierungen von Benutzungsoberflächen zu evaluieren. Daraus folgt, dass physiologische Messverfahren insbesondere in den Phasen Feinstudie, Systementwurf und Implementierung zum Einsatz kommen können. Schließlich sei darauf hingewiesen, dass Informationssysteme der Zukunft vielleicht neuroadaptive Komponenten beinhalten. Solche Systeme messen in Echtzeit physiologische Parameter des Benutzers, um auf diesen Messwerten aufbauend Anpassungen des Systems (z.B. Informationsdarstellung am Ausgabegerät) – auch in Echtzeit – vorzunehmen. Durch die Anpassungen sollen positive Zustände herbeigeführt (z.B. Steigerung von Flow-Erlebnissen beim Benutzer) und/oder negative Zustände abgeschwächt (z.B. Reduktion von Technostress) werden. Beschreibungen zu neuroadaptiven Systemen sind beispielsweise in *Riedl/Léger* (vgl. Abschnitt 1.4), *Adam et al.* und *vom Brocke et al.* zu finden. Eine systematische Beschreibung von Erfassungsmethoden (z.B. Eye-Tracking, Messung von Gehirnaktivität, Befragung) im Bereich der Mensch-Computer-Interaktion findet sich in *Lazar et al.*

Aufgabenanalyse

Häufig sind den Systemplanern die betrieblichen Aufgaben und Arbeitsabläufe, die das Informationssystem im Istzustand umfasst, im Detail unbekannt. Sie können dann die für die Istzustandserfassung erforderlichen Attribute nicht mit der notwendigen Breite und Tiefe aus eigener Kenntnis festlegen. In diesem Fall ist es notwendig, die Aufgabe mit einer Aufgabenanalyse aufzubrechen, das heißt hierarchisch, von der Gesamtaufgabe ausgehend über Hauptaufgaben und Teilaufgaben bis zu den Verrichtungen (Tätigkeiten) hinunter zu zerlegen. Im Folgenden werden fünf Gliederungsmerkmale für die Aufgabenanalyse erläutert.

Die Aufgabenanalyse nach der Verrichtung (oder Aktion) gliedert die Aufgaben nach Tätigkeitsarten. Die Aufgabenanalyse nach dem Objekt (oder Aktionsobjekt) gliedert die Aufgaben nach der Art des Objekts, an dem die Verrichtung vorgenommen wird. Objekte können materiell oder immateriell sein. Die Aufgabenanalyse nach dem Rang gliedert die Aufgaben in Entscheidungsaufgaben und in Ausführungsaufgaben. Die Aufgabenanalyse nach der Phase gliedert die Aufgaben in Planungs-, Überwachungs-, Steuerungs- und Kontrollaufgaben. Die Aufgabenanalyse nach dem Sachcharakter gliedert die Aufgaben nach den betrieblichen Funktionen.

In den Abb. ERFAS-2 bis ERFAS-7 wird die Teilaufgabe *Brief schreiben* nach den Gliederungsmerkmalen Verrichtung, Objekt (materiell und immateriell), Rang, Phase und Sachcharakter vereinfacht dargestellt (vereinfacht, weil nur ein Teil der Objekte und Verrichtungen berücksichtigt ist). Als Sachmittel wird ein PC mit einem Arbeitsplatzdrucker und einem Textverarbeitungsprogramm unterstellt.

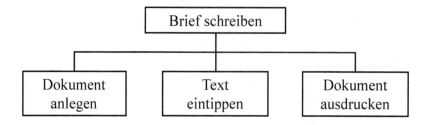

Abb. ERFAS-2: Gliederungsmerkmal „Verrichtung" für die Aufgabe „Brief schreiben"

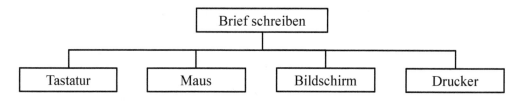

Abb. ERFAS-3: Gliederungsmerkmal „materielles Objekt" für die Aufgabe „Brief schreiben"

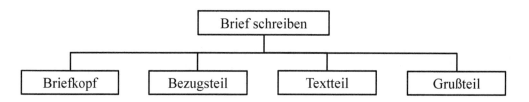

Abb. ERFAS-4: Gliederungsmerkmal „immaterielles Objekt" für die Aufgabe „Brief schreiben"

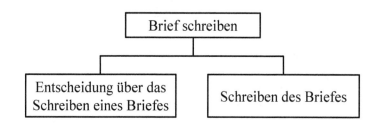

Abb. ERFAS-5: Gliederungsmerkmal „Rang" für die Aufgabe „Brief schreiben"

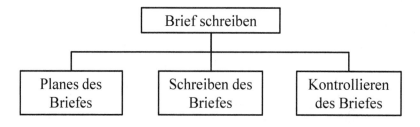

Abb. ERFAS-6: Gliederungsmerkmal „Phase" für die Aufgabe „Brief schreiben"

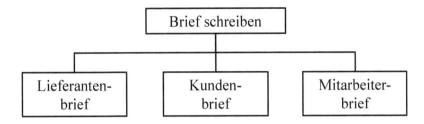

Abb. ERFAS-7: Gliederungsmerkmal „Sachcharakter" für die Aufgabe „Brief schreiben"

Zeiterfassung

Für die Erfassung des Zeitbedarfs gibt es im Wesentlichen folgende Methoden:

- Selbstaufschreibung auf der Grundlage eines Tätigkeitskatalogs (Zeiterfassung mit Arbeitstagebüchern);
- Schätzen auf der Grundlage eines Tätigkeitskatalogs (Zeiterfassung mit Tätig-keitsberichten); automatisches Ermitteln durch Zeitmessgeräte, die in Arbeits-mittel (z.B. PC oder Smartphone) eingebaut sind;
- Berechnen auf der Grundlage von technologischen Daten (z.B. Systeme vorbe-stimmter Zeiten wie Methods Time Measurement, MTM);
- Messen durch Zeitnehmer mit Zeitmessgeräten (Zeitmessung);
- Befragen der Aufgabenträger (Fragebogen und Interview).

Die zwei zuerst genannten Methoden werden nachfolgend mit den Informationen dargestellt, die zur Abschätzung der Zweckmäßigkeit dieser Methoden erforderlich sind. Fragebogen und Interview wurden bereits weiter oben behandelt. Auf die an-deren Methoden wird hier nicht weiter eingegangen (vgl. dazu Vertiefungslitera-tur).

Arbeitstagebücher

Arbeitstagebücher sind auf Formularsätzen geordnete Aufzeichnungen der für die Durchführung einer Aufgabe erforderlichen Tätigkeiten mit Angabe der Beginn-Uhrzeit und der Ende-Uhrzeit jeder Tätigkeit. Die Aufschreibung erfolgt durch die Aufgabenträger, welche die Aufgaben durchführen, also durch Selbstaufschrei-bung. Um eine ausreichende Genauigkeit der Zeiterfassung zu erreichen, müssen die Arbeitstagebücher über einen längeren Zeitraum hinweg geführt werden. Die Länge des Zeitraums ist in erster Linie von der Anzahl der an einem Arbeitsplatz zu verrichtenden Tätigkeiten abhängig; je mehr Tätigkeiten verrichtet werden, des-to länger muss der Zeitraum sein, vice versa. Beim Auswerten der Arbeitstage-bücher wird die Tätigkeitsdauer je Tätigkeit ermittelt und über die verwendete Be-nummerung der Tätigkeiten den untersuchten Aufgaben zum Ermitteln des Zeit-bedarfs zugeordnet. Abbildung ERFAS-8 zeigt die Struktur des Arbeitstagebuchs.

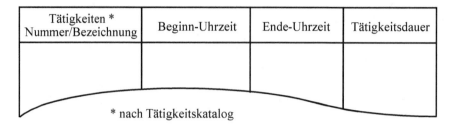

Tätigkeiten * Nummer/Bezeichnung	Beginn-Uhrzeit	Ende-Uhrzeit	Tätigkeitsdauer

* nach Tätigkeitskatalog

Abb. ERFAS-8: Struktur Arbeitstagebuch

Vorteile der Zeiterfassung mit Arbeitstagebüchern sind: Der Aufwand ist relativ gering (z.B. verglichen mit der Zeitmessung). Durch die Selbstaufschreibung werden die Projektmitarbeiter von Projektaufgaben entlastet. Die Benutzerbeteiligung bei der Istzustandserfassung wird verstärkt, dies macht eine Akzeptanz der Ergebnisse durch die Aufgabenträger wahrscheinlich(er). Entscheidender *Nachteil* der Zeiterfassung mit Arbeitstagebüchern ist, dass über die Genauigkeit der Erfassung keine Vorhersagen gemacht werden können, diese aber vergleichsweise als gering einzuschätzen ist. Dies trifft umso mehr zu, je weniger kooperativ die Aufgabenträger sind, vice versa. Weiter ist zu beachten, dass die Zeiterfassung mit Arbeitstagebüchern in Abhängigkeit von der Genauigkeit und Dauer der Aufzeichnungen hohe Aufwände bei den Aufgabenträgern mit sich bringen kann. Zudem ist die Frage zu klären, in welcher zeitlichen Frequenz aufgezeichnet wird (z.B. fortlaufend bei jeder Tätigkeit oder für einen Arbeitstag rückwirkend vor Dienstschluss).

Tätigkeitsberichte

Tätigkeitsberichte sind auf Formularsätzen geordnete Aufzeichnungen der für die Durchführung einer Aufgabe erforderlichen Tätigkeiten, mit Angabe des *geschätzten* Zeitbedarfs auf der Grundlage von Erfahrungen je Verrichtung jeder Tätigkeit und der Häufigkeit der Verrichtung jeder Tätigkeit. Tätigkeitsberichte werden gemeinsam von Projektmitarbeitern und den Aufgabenträgern, welche die Aufgabe durchführen, erstellt. Abbildung ERFAS-9 zeigt die Struktur des Tätigkeitsberichts. Der Arbeitsablauf bei der Zeiterfassung mit Tätigkeitsberichten kann wie folgt beschrieben werden:

- Man kennt die Tätigkeiten der Aufgabe aus dem Tätigkeitskatalog und überträgt sie in den Tätigkeitsbericht.
- Man bestimmt eine Tätigkeit als Maßstabtätigkeit, lässt den Zeitbedarf je Verrichtung der Maßstabtätigkeit sowie die Häufigkeit der Verrichtungen im betrachteten Zeitabschnitt (z.B. Woche oder Monat) durch den Aufgabenträger schätzen und ermittelt daraus die Tätigkeitsdauer.
- Man nimmt eine zweite Tätigkeit, lässt den Zeitbedarf usw. schätzen und stimmt die ermittelte Tätigkeitsdauer mit der Tätigkeitsdauer der Maßstabtätigkeit ab (man prüft also, ob die beiden Tätigkeitsdauern im Vergleich plausibel sind); die Schätzungen zur Maßstabtätigkeit und/oder zur gerade betrachteten Tätigkeit werden gegebenenfalls korrigiert.

- Man nimmt dann die nächste Tätigkeit usw., bis für alle Tätigkeiten der Zeitbedarf geschätzt ist, und ermittelt daraus den Zeitbedarf für alle Tätigkeiten.
- Man stimmt den Zeitbedarf für alle Tätigkeiten mit der verfügbaren Arbeitszeit ab, die für die betrachtete Aufgabe an dem untersuchten Arbeitsplatz im angenommenen Zeitabschnitt insgesamt zur Verfügung steht. Bei Abweichungen geht man wieder auf die Maßstabtätigkeit zurück und durchläuft die Arbeitsschritte so oft, bis das Gesamtergebnis plausibel ist.

Tätigkeiten * Nummer/Bezeichnung	Zeitaufwand je Verrichtung	Häufigkeit der Verrichtung	Tätigkeitsdauer

* nach Tätigkeitskatalog

Abb. ERFAS-9: Struktur Tätigkeitsbericht

Vorteile der Zeiterfassung mit Tätigkeitsberichten sind: Der Aufwand ist relativ gering (z.B. verglichen mit der Zeitmessung). Die Genauigkeit ist im Allgemeinen ausreichend groß. Der Zeitraum für die Durchführung der Zeiterfassung ist relativ kurz (weniger als eine Stunde bis mehrere Stunden je nach Art der Aufgabe). *Nachteile* der Zeiterfassung mit Tätigkeitsberichten sind: Die Entlastung der Projektmitarbeiter ist im Vergleich zur Zeiterfassung mit Arbeitstagebüchern gering. Die Akzeptanz der Ergebnisse durch die Aufgabenträger ist nicht sehr hoch. Bei nicht korrekter Durchführung der Zeiterfassung (z.B. wegen eines unvollständigen Tätigkeitskatalogs) wird keine ausreichende Genauigkeit erreicht.

Forschungsbefunde

In der sozial- und humanwissenschaftlichen Forschung wird das Phänomen des *Key Informant Bias* beschrieben. Es handelt sich hierbei um einen Messfehler, der durch Unterschiede zwischen der subjektiven Wahrnehmung einer befragten Person und dem objektiv vorliegenden Wert des zu messenden Phänomens entsteht. Ursachen für einen solchen Informant Bias können unter anderen Informations- und Beurteilungsunterschiede in Abhängigkeit von Rollen, Funktionsbereichen und Hierarchieebenen sein. Weiter ist es möglich, dass Verzerrungen (Messfehler) ihre Ursachen in Gedächtnisbeschränkungen sowie Selbstdarstellungseffekten des Befragten haben. *Hurrle/Kieser* kommen nach Sichtung einschlägiger Fachliteratur zu folgendem Befund (584-585): „Studien, für die Key Informants anhand eines (fast immer strukturierten) Fragebogens Auskünfte über Sachverhalte ihrer Organisation geben, erfreuen sich großer Beliebtheit. Die Angaben von Key Informants unterliegen jedoch Verzerrungen ... Angesichts dieser Befunde erstaunt die weite Verbreitung dieser Methode". Eine vertiefte Auseinandersetzung mit den Ursachen eines Informant Bias und dessen Auswirkung wird von *Ernst* dargeboten. Die Beschäftigung mit dieser Problematik ist nicht nur für Wissenschaftler relevant, sondern auch für Praktiker, die in Informatik-Projekten mitwirken, und zwar unter anderem deshalb, weil die Erkenntnisse für die Auswahl von Befragten beim Einsatz von Fragebogen bzw. Interview bedeutsam sind.

Selbstaufschreibung kann in Informatik-Projekten eine bedeutsame Methode zur Datenerhebung sein. Forschungen zum Technostress an der Fachhochschule Oberösterreich, Fakultät für Management, haben gezeigt, dass computerbasierte Selbstaufschreibungen, die auf der *Day Reconstruction Method* von *Kahneman et al.* beruhen, ein wichtiges Instrument zur Erfassung der Arbeitsbelastung von Aufgabenträgern sein können. Abbildung ERFAS-10 zeigt einen Auszug aus einem Stress-Tagebuch. Die mit einem solchen Tagebuch erhobenen Daten leisten einen Beitrag zur Entwicklung neuer bzw. Veränderung bestehender Informationssysteme, und zwar insbesondere deshalb, weil die Istzustandserfassung unterstützt wird.

Abb. ERFAS-10: Screenshot aus einem computerbasierten Stress-Tagebuch
(Fachhochschule Oberösterreich, Fakultät für Management)

Der Auszug aus dem Tagebuch zeigt, dass folgende Daten erhoben werden: Start- und Endzeit einer Aktivität; die Aktivität selbst; Ort(e) (z.B. ein bestimmtes Büro); Personen, mit denen während der Aktivität interagiert wurde; die zur Unterstützung der Aktivität verwendeten Technologien; Probleme mit den verwendeten Technologien (z.B. lange Antwortzeiten eines Anwendungssystems); und falls Probleme aufgetreten sind, der Schweregrad des Problems (mit vorgegebenen Abstufungen, die in der Abbildung nicht weiter genannt werden).

Astor et al. haben ein neuroadaptives System entwickelt und evaluiert. Konkret wurde ein auf Biofeedback basierendes System konstruiert, das auf der Messung von Erregungszuständen aufbauend einen Beitrag zur wirksamen Regulation von Benutzeremotionen leisten soll. Im Rahmen eines Laborexperiments zur Evaluierung des Systems verwendeten insgesamt 104 Probanden das System; den Aufgabenkontext bildete dabei das „Auction Game", das einen Handel mit Wertpapieren simuliert. Auf der Basis von Herzratenmessungen sowie Regressions- und Varianzanalysen konnte die Funktionsfähigkeit des Systems gezeigt werden. Die Autoren schreiben (248): "[O]ur study demonstrates how information systems design science research can contribute to improving financial decision making by integrating physiological data into information technology artifacts" (p. 248). Weiter führen die Autoren aus (267-268): "[W]e designed, implemented, and evaluated a biofeedback-based NeuroIS tool aimed at supporting decision makers with improving their ERCs [emotion regulation capabilities] ... The emotional state is assessed by means of unobtrusive ECG [heart rate] measurements".

Kontrollfragen

1. Wie wird vorgegangen, wenn das Interview als Erfassungsmethode angewendet wird?
2. Wie wird vorgegangen, wenn die Beobachtung als Erfassungsmethode angewendet wird?
3. Welche Vorteile und Nachteile hat die Dokumentenauswertung als Erfassungsmethode?
4. Was leistet die Aufgabenanalyse zur Unterstützung der Istzustandserfassung?
5. Welchen Beitrag kann der Einsatz physiologischer Messverfahren zur Entwicklung von Informationssystemen leisten?

Quellenliteratur

Adam, M./Gimpel, H./Mädche, A./Riedl, R.: Design blueprint for stress-sensitive adaptive enterprise systems. Business & Information Systems Engineering, 4/2017, 277-291

Astor, P. J./Adam, M. T. P./Jerčić, P./Schaaff, K./Weinhardt, C. (2013). Integrating biosignals into information systems: A NeuroIS tool for improving emotion regulation. Journal of Management Information Systems, 3/2013, 247-278

Atteslander, P./Kopp, M.: Befragung. In: Roth, M. (Hrsg.): Sozialwissenschaftliche Methoden. 4. A., Oldenbourg, 1995, 144-172

Ernst, H.: Ursachen eines Informant Bias und dessen Auswirkung. Zeitschrift für Betriebswirtschaft, 12/2003, 1249-1275

Heinrich, L. J./Riedl, R./Stelzer, D.: Informationsmanagement: Grundlagen, Aufgaben, Methoden. 11. A., De Gruyter Oldenbourg, 2014

Hibbeln, M./Jenkins, J. L./Schneider, C./Valacich, J. S./Weinmann, M.: How is your user feeling? Inferring emotion through human-computer interaction devices. MIS Quarterly, 1/2017, 1-21

Huber, O.: Beobachtung. In: Roth, M. (Hrsg.): Sozialwissenschaftliche Methoden. 4. A., Oldenbourg, 1995, 124-143

Hurrle, B./Kieser, A.: Sind Key Informants verlässliche Datenlieferanten? Die Betriebswirtschaft, 6/2005, 584-602

Kahneman, D./Kreuger, A. B./Schkade, D. A.: The day reconstruction method (DRC). Measurement Instrument Database for the Social Science, 2013

Krüger, W.: Aufgabenanalyse und -synthese. In: Frese, E. (Hrsg.): Handwörterbuch der Organisation. 3. A., Schäffer-Poeschel, 1992, 222-236

Lazar, J./Feng, J. H./Hocheisen, H.: Research methods in human-computer interaction. 2nd ed., Elsevier, 2017

Riedl, R./Léger, P.-M.: Fundamentals of NeuroIS: Information systems and the brain. Springer, 2016

Riedl, R.: On the biology of technostress: Literature review and research agenda. DATA BASE for Advances in Information Systems, 1/2013, 18-55

Schmidt, G.: Methode und Techniken der Organisation. 12. A., Schmidt, 2001

Tams, S./Hill, K./Ortiz de Guinea, A./Thatcher, J./Grover, V.: NeuroIS: Alternative or complement to existing methods? Illustrating the holistic effects of neuroscience and self-reported data in the context of technostress research. Journal of the Association for Information Systems, 10/2014, 723-753

vom Brocke, J./Riedl, R./Léger, P.-M.: Application strategies for neuroscience in information systems design science research. Journal of Computer Information Systems, 3/2013, 1-13

Wittlage, H.: Methoden und Techniken praktischer Organisationsarbeit. 3. A., Neue Wirtschafts-Briefe, 1993

Vertiefungsliteratur

Bokranz, R./Landau, K.: Handbuch Industrial Engineering: Produktivitätsmanagement mit MTM, Band 1: Konzept. 2. A., Schäffer Poeschel, 2012

Döring, N./Bortz, J.: Forschungsmethoden und Evaluation in den Sozial- und Humanwissenschaften. 5. A., Springer, 2016

Gurrin, C./Smeaton, A. F./Doherty, A. R.: LifeLogging: Personal big data. Foundations and Trends in Information Retrieval, 1/2014, 1-107

Riedl, R.: Zum Erkenntnispotenzial der kognitiven Neurowissenschaften für die Wirtschaftsinformatik: Überlegungen anhand exemplarischer Anwendungen. NeuroPsychoEconomics, 1/2009, 32-44

Riedl, R./Davis, F./Hevner, A. R.: Towards a NeuroIS research methodology: Intensifying the discussion on methods, tools, and measurement. Journal of the Association for Information Systems, 10/2014, 1-35

Riedl, R./Fischer, T./Léger, P.-M.: A decade of NeuroIS research: Status quo, challenges, and future directions. Proceedings of the 38th International Conference on Information Systems, 2017

Riedl, R./Kindermann, H./Auinger, A./Javor, A.: Technostress from a neurobiological perspective: System breakdown increases the stress hormone cortisol in computer users. Business & Information Systems Engineering, 2/2012, 61-69

Roth, E./Holling, H. (Hrsg.): Sozialwissenschaftliche Methoden: Lehr- und Handbuch für Forschung und Praxis. 5. A., Oldenbourg, 1999

Normen und Richtlinien

Richtlinien für Befragungen werden vom *GESIS – Leibnitz-Institut für Sozialwissenschaften* publiziert: https://www.gesis.org/gesis-survey-guidelines/home/glossar/

Richtlinien zur Anwendung physiologischer Messverfahren werden von der *Society for Psychophysiological Research* publiziert: http://www.sprweb.org/journal/guidelines-papers/

Werkzeuge

http://www.gtec.at/
http://www.noldus.com/
https://evernote.com/
https://products.office.com/de-de/onenote
https://www.biopac.com/

Interessante Links

http://www.mtm-vereinigung.at/
http://www.neurois.org/
https://patents.google.com/patent/US20170329404A1/en
https://patents.google.com/patent/US7580742B2/en
https://www.rescuetime.com/

DOKUM - Dokumentationsmethoden

Lernziele

Sie kennen den Zweck und die Objekte der Dokumentation. Sie können die Anforderungen an die Dokumentation erläutern und daraus Qualitätskriterien ableiten. Sie können die Zweckmäßigkeit der verschiedenen Zeitpunkte, zu denen im Projektverlauf dokumentiert werden kann, beurteilen. Sie kennen die organisatorischen Voraussetzungen, die zur Erstellung der Dokumentation erfüllt sein müssen, und für das Dokumentieren verfügbare Methoden, Techniken und Werkzeuge.

Definitionen und Abkürzungen

Bedieneranleitung (operator instructions) = der Teil der Dokumentation, der die Informationen enthält, die zur sachgerechten Bedienung der Betriebsmittel (z.B. technische Infrastruktur) erforderlich sind. Synonym: Operatoranleitung.

Benutzerdokumentation (user documentation) = der Teil der Dokumentation, der die Informationen enthält, die zur Benutzung eines Informationssystems erforderlich sind und dessen Zielgruppe die Benutzer sind.

Datenwörterbuch (data dictionary) = eine Datenbasis über Objekte wie Entitäten, Prozesse und Beziehungen („Meta-Daten"). Synonym: Datenkatalog.

Dokument (document) = ein Informationsträger für alle Objekte, die sich inhaltlich beschreiben und formal identifizieren lassen.

Dokumentieren (process of documentation) = der Vorgang des systematischen Erstellens einer Dokumentation.

Hilfe-System (help system) = der Teil eines Informationssystems, der dem Benutzer Informationen zur Verfügung stellt, welche die Nutzung ermöglichen oder erleichtern.

Operator (operator) = ein Mitarbeiter der IT-Abteilung, der ein IT-System von einem Leitstand aus bedient, ganzheitlich überwacht und steuert.

Qualität (quality) = die Merkmale einer Tätigkeit oder des Ergebnisses einer Tätigkeit (z.B. einer Dokumentation), die sich auf deren Eignung zur Erfüllung definierter Anforderungen beziehen.

Referenzmodell (reference model) = ein Modell, das einen gewollten oder geplanten Zustand eines Systems abbildet, an dem der gegenwärtige Zustand des Systems beurteilt werden kann. Synonym: Bezugsmodell.

Repository (repository) = die Bezeichnung für einen Datenkatalog im Zusammenhang mit einer Software-Entwicklungsumgebung.

Revision (auditing) = die auf die Vergangenheit gerichtete, fallweise Untersuchung bestimmter Prozesse durch prozessunabhängige Personen.

simultan (simultaneous) = der gleichzeitige Ablauf mehrerer Vorgänge.

Standardisierung (standardization) = das Ausrichten des Handelns an einem allgemein akzeptierten und klar definierten Niveau, das als vorbildlich oder als mustergültig angesehen wird.

Testdokumentation (testing documentation) = die Dokumente, in denen der Testprozess, vom Testplan bis zum Testbericht, beschrieben ist.

Zweck der Dokumentation

Dokumentieren ist das Sammeln, Erfassen, Beschreiben, Ordnen, Darstellen und Speichern von Daten in Dokumenten sowie deren Bereitstellung und Nutzbarmachung für Zwecke der Information; das Ergebnis dieses Prozesses wird als Dokumentation bezeichnet. Objekte der Dokumentation sind die Projektergebnisse einschließlich der Tätigkeiten, die zu ihrer Entstehung beigetragen haben, und der Tätigkeiten, die nach ihrer Entstehung mit ihrer Nutzung und Wartung im Zusammenhang stehen. Nach DIN 69901 bezeichnet Projektdokumentation die „Zusammenstellung ausgewählter, wesentlicher Daten über Konfiguration, Organisation, Mitteleinsatz, Lösungswege, Ablauf und erreichte Ziele des Projektes."

Die Dokumentation eines Informationssystems soll *über* das System informieren, insbesondere darüber:

- welche Aufgaben es unterstützt und welche Eigenschaften es hat;
- welche Voraussetzungen für die Nutzung gegeben sein müssen;
- wie, von wem, wann und unter welchen Bedingungen es entwickelt wurde;
- wie es installiert wurde bzw. wie es zu installieren ist;
- wie es genutzt und gewartet werden kann.

Die Dokumentation ist eine der Voraussetzungen für die Planung, Nutzung und Wartung eines Informationssystems; sie soll es von den Personen, die es entwickelt haben, unabhängig machen. Die Erstellung und Pflege der Dokumentation soll keine eigene Projektphase, sondern eine *phasenübergreifende* Projektaufgabe während des gesamten Lebenszyklus sein. Während der Projektabwicklung dient die Dokumentation der Kommunikation zwischen Auftraggeber, Auftragnehmer, Projektleitung, Projektmitarbeitern und zukünftigen Benutzern. Während des Systembetriebs dient die Dokumentation der Information über die Nutzung und Wartung. Daneben ist sie Nachweismittel (manchmal auch Rechtfertigungsmittel) und Referenzmodell für die Bewertung eines Informatik-Projekts und der Projektergebnisse.

Mit der Dokumentation können weitere Zwecke verfolgt werden, wie beispielsweise die Unterstützung des Transfers von Programmen bei zentraler Entwicklung und dezentraler Anwendung, die Standardisierung betrieblicher Arbeitsabläufe (vgl. Lerneinheit PROMO) sowie die Entwicklung und Bereitstellung von Unterlagen für die innerbetriebliche Schulung. Die Dokumentation soll auch dazu beitragen, dass im Katastrophenfall alle Unterlagen rekonstruiert werden können, die benötigt werden, um ein Informationssystem innerhalb eines definierten Zeitraums wieder in Betrieb nehmen zu können (vgl. dazu die Lerneinheit Notfallmanagement in *Heinrich/Riedl/Stelzer*). In diesem Zusammenhang hat die Dokumentation eine Hilfsfunktion für die Sicherheit des Informationssystems. Schließlich ist die Dokumentation Hilfsmittel zur Erfüllung der gesetzlichen externen und der internen Revisionsvorschriften (vgl. Lerneinheit PREVI) sowie für Reviews und Audits (vgl. Lerneinheit REVAU).

Dokumentationskrise

In der Praxis wird seit jeher der Dokumentation oftmals nicht der notwendige Stellenwert beigemessen, unter anderem deshalb, weil das Dokumentieren Kosten verursacht und der aus der Dokumentation resultierende Nutzen nicht einfach zu quantifizieren ist (vgl. z.B. Werke von *Haag, Hetzel, Rausch, Rautenberg/Sova* und *Scheibl* aus den 1980er Jahren; siehe aber auch *Matthies*). Zu beachten ist, dass unterschiedliche Ansätze der Softwareentwicklung der Dokumentation einen mehr oder weniger hohen Stellenwert einräumen. Beispielsweise steht ein umfangreiches Dokumentieren in Widerspruch zu einer zentralen Aussage des Manifests für agile Softwareentwicklung, nämlich dass „funktionierende Software mehr als umfassende Dokumentation" geschätzt wird (vgl. Lerneinheit AGILM).

Eine Dokumentationskrise bezeichnet im gegenständlichen Kontext den Umstand, zu wenig, zu wenig relevante Informationen und/oder zu wenig systematisch zu dokumentieren. Häufig genannte Gründe für die Dokumentationskrise sind:

- Das Bestreben des Managements, ein Informatik-Projekt möglichst schnell „durchzuziehen" und für die Herstellung eines produktiven Zustands der Projektergebnisse scheinbar unwichtige Produktteile zu vernachlässigen.
- Das Bestreben der Projektmitarbeiter, die Transparenz ihrer Tätigkeit nicht so zu gestalten, dass sie einfach nachvollziehbar und überprüfbar ist.
- Die mangelnde Motivation der Projektmitarbeiter zum Dokumentieren, da die üblichen Anreizsysteme (z.B. Prämienzahlungen und Erfolgserlebnisse) das Dokumentieren nicht fördern.
- Die Meinung vieler Projektmitarbeiter, dass das Dokumentieren überflüssig sei, da sie alles Wesentliche ohnehin „im Kopf" haben.
- Die praktischen Schwierigkeiten beim Dokumentieren, vor allem dann, wenn Personalengpässe bestehen und wenn keine geeigneten Werkzeuge zur Verfügung stehen.
- Die Tatsache, dass Dokumentieren kein Bestandteil der Fachausbildung ist.

Zur Überwindung der Dokumentationskrise sind daher eine Reihe von Maßnahmen erforderlich, die von der Motivation über die Schulung bis zur Nutzung von Dokumentationswerkzeugen reichen; solche Werkzeuge umfassen dabei Tools der Softwareentwicklung über Groupware bis hin zu Dokumentenmanagement-Systemen.

Objekte der Dokumentation

Wird die Projektabwicklung vom Projektportfolio bis zur Integration des Projektergebnisses in die bestehende Informationsinfrastruktur betrachtet, so bezieht sich die Dokumentation auf folgende Objekte: auf den Prozess der Projektabwicklung, auf die Projektergebnisse und auf den Systembetrieb.

Dokumentation der Projektabwicklung (Projektdokumentation): Dokumentiert werden die Aufträge (z.B. der Projektauftrag), die Ziele vor und die während der Projektabwicklung geänderten Ziele (vgl. Lerneinheit ZIELP), die Grundlagen und Bedingungen für Entscheidungen, die Besprechungsprotokolle (Projekttagebuch), die Meilenstein- und Abschlussberichte sowie die Unterlagen aller Projektphasen, die Testdaten und Testergebnisse (Testdokumentation, vgl. Lerneinheit TESTM) und die gesamte Projektplanung (vgl. Lerneinheit PROPL).

Dokumentation der Projektergebnisse: Sie umfasst die Arbeitsunterlagen, die in die Installierung übergehen und die für den Betrieb und die Nutzung erforderlich sind, die also das Informationssystem selbst dokumentieren (Systemdokumentation). Die Systemdokumentation enthält insbesondere:

- die Aufgaben, die mit dem Informationssystem unterstützt werden;
- den Aufbau und die Struktur der Komponenten des Informationssystems;
- die Schnittstellen zu anderen Informationssystemen;
- die Programmbeschreibungen und Programmablaufpläne und ein Verzeichnis aller Programme, Programm-Moduln und Datenmodelle;
- die Vorgehensweise bei der Installierung (Installationsanweisung);
- die benötigte Hardware und Systemsoftware sowie die erforderlichen Dateien und technischen Betriebsmittel;
- die Möglichkeiten der Änderung und Erweiterung des Informationssystems einschließlich der Testmöglichkeiten nach der Durchführung von Änderungen und Erweiterungen.

Dokumentation des Systembetriebs: Sie enthält die aus den Projektergebnissen abgeleiteten Anweisungen an die Benutzer (Benutzerdokumentation) und Anlagenbediener (Operatorhandbuch, Operatoranleitung). Die Benutzerdokumentation soll sicherstellen, dass das Informationssystem ohne Zuhilfenahme weiterer Informationen produktiv verwendet werden kann. Sie enthält sowohl Informationen, die ohne Nutzung des Informationssystems sichtbar sind (Benutzerhandbuch), als auch solche, die nur über eine Systemnutzung sichtbar gemacht werden (z.B. Nutzungshinweise in Masken, Hilfe-Systeme), insbesondere:

- eine vollständige und eindeutige Darstellung der Funktionen und ihrer Zusammenhänge (allgemeine Systembeschreibung);
- ausführliche und mit Erläuterungen versehene Anwendungsbeispiele für alle Funktionen des Systems;
- ein Verzeichnis und eine Beschreibung von Auswertungen und Berichten;
- ein Verzeichnis der Fehlermeldungen, deren Bedeutung und die möglichen Maßnahmen zur Fehlerbeseitigung;
- Hinweise auf mögliche bzw. notwendige Benutzerreaktionen bei außergewöhnlichen Ereignissen (z.B. bei Störungen des Basissystems, bei undefiniertem Verhalten des Systems);
- die Voraussetzungen zur Nutzung des Informationssystems (z.B. organisatorische Voraussetzungen, Aufbewahrungsfristen und Terminpläne).

Das Operatorhandbuch wird vom Operator verwendet und enthält alle zum Rechenzentrumsbetrieb notwendigen Informationen, beispielsweise zu Datensicherungsmaßnahmen (zeitliche Durchführung der Sicherungen, Aufbewahrungsfristen von Datenbeständen bzw. Datenträgern), zur Vorgehensweise bei der Wiederherstellung von Datenbeständen (Wiederanlaufroutinen), zur Reorganisation von Datenbanken sowie zum Einsatz von Diagnose- und Prüfprogrammen (z.B. zur Messung von Systemverfügbarkeiten). Weitere mit dem Rechenzentrumsbetrieb in Zusammenhang stehende Aufgaben sind in der Lerneinheit Infrastrukturmanagement in *Heinrich/Riedl/Stelzer* beschrieben.

Anforderungen an die Dokumentation

Aus dem Zweck der Dokumentation ergeben sich eine Reihe von Anforderungen, die bei der Erstellung und bei der Verwendung der Dokumentation berücksichtigt werden müssen. Die Anforderungen sind aus dem generellen Sachziel und den verschiedenen Formalzielen an die Dokumentation abzuleiten; sie können als Kriterien verstanden werden, deren Erfüllung die Qualität der Dokumentation maßgeblich bestimmt (Qualitätskriterien). Im Folgenden werden Beispiele für Qualitätskriterien erläutert.

- Übersichtlichkeit: Es muss ein schneller Zugriff auf die Informationen der Dokumentation gewährleistet sein. Hierzu ist es notwendig, den Benutzern der Dokumentation Hilfen zu geben (z.B. Inhaltsverzeichnis, Stichwortverzeichnis und Begriffserläuterungen).
- Änderbarkeit: Erweiterungen müssen problemlos und mit geringem Arbeitsaufwand in die Dokumentation eingefügt und Änderungen durchgeführt werden können, ohne dass der Informationswert reduziert wird oder die Überschaubarkeit leidet.
- Anschaulichkeit: Es sollen Darstellungsmethoden gewählt werden, die es den Benutzern der Dokumentation erlauben, den beschriebenen Sachverhalt schnell zu verstehen.
- Einheitlichkeit: Begriffe und Darstellungsmethoden müssen einheitlich verwendet werden. Soweit möglich, sollen allgemein übliche Standards eingehalten werden. Liegen keine Standards vor, ist es notwendig, „firmeninterne Standards" zu vereinbaren und zu verwenden.
- Gleichartigkeit: Alle Exemplare der Dokumentation an den verschiedenen Aufbewahrungsstellen müssen inhaltlich identisch sein und deshalb zum gleichen Zeitpunkt gepflegt werden.
- Strukturiertheit: Der gesamte Inhalt der Dokumentation und alle Teile der Dokumentation sollen systematisch zerlegt und klar gegliedert sein.
- Vollständigkeit: Formale Vollständigkeit liegt vor, wenn alle Bestandteile der Dokumentation, die in Verzeichnissen und Übersichten genannt sind, auch tatsächlich vorhanden sind. Inhaltliche Vollständigkeit ist gegeben, wenn Beschreibungen für alle Komponenten des Informationssystems in der Dokumentation enthalten sind; redundante Darstellungen sind zu vermeiden.
- Aktualität: Die geltende Version des Informationssystems muss mit ihrer Beschreibung in der Dokumentation übereinstimmen. Ohne die ständige Anpassung der Dokumentation an Änderungen des Informationssystems verliert sie schnell ihren Wert, was zu Fehlern und Missverständnissen führt.
- Rechtzeitigkeit: Die Zeit zwischen dem Bedarf an einer Information und ihrer Bereitstellung durch die Dokumentation muss klein sein. Dies gilt vor allem dann, wenn das Informationssystem in Betrieb ist. Der Benutzer braucht sofort eine Antwort (z.B. Hilfe-Funktionen bei Bildschirmarbeit), da sonst der Bearbeitungsvorgang unterbrochen oder sogar abgebrochen werden muss, was sich im Regelfall ungünstig auf bedeutsame Metriken des Geschäftsprozessmanage-

ments auswirkt (z.B. Zeit, Kosten, Qualität) und bei Benutzern Technostress verursachen kann (vgl. *Riedl*).

- Benutzbarkeit: Die Dokumentation wird von Benutzern mit unterschiedlichem Bildungsstand und für unterschiedliche Zwecke verwendet. Alle Benutzer müssen jedoch in der Lage sein, mit der Dokumentation arbeiten zu können. Deshalb sind Informationen über den Inhalt, die Darstellungsmethoden und die Handhabung der Dokumentation zu vermitteln und gegebenenfalls auf die Voraussetzungen unterschiedlicher Benutzergruppen abzustimmen.
- Identifizierbarkeit: Alle Teile der Dokumentation müssen eindeutig „angesprochen" werden können; sie sollten den Namen des Bearbeiters, das Bearbeitungsdatum (Erstellung oder Änderung), den Änderungsstand usw. enthalten.
- Widerspruchsfreiheit: Die Dokumentation soll keine sich widersprechenden Aussagen enthalten.
- Wirtschaftlichkeit: Auch für die Dokumentation müssen Kosten und Nutzen in einem ausgewogenen Verhältnis stehen. Ein „zuviel" an Dokumentation verbessert nicht immer die Qualität des Informationssystems sowie seine Handhabung und Wartung, die Kosten für die Erstellung und Pflege der Dokumentation werden aber erhöht.

Mit Hilfe von Qualitätskriterien kann ein Qualitätsmodell der Dokumentation entwickelt werden. Dazu sind im Einzelfall die Qualitätskriterien festzulegen und soweit zu operationalisieren, dass es möglich ist, Qualität zu messen. Hierbei ist jedoch zu beachten, dass die Messung qualitativer Eigenschaften oftmals schwierig ist, z.B. die Messung der Text-Verständlichkeit. Bei der Entwicklung des Qualitätsmodells ist auf die Abhängigkeiten zwischen den Qualitätskriterien zu achten. Letztlich werden mit dem Qualitätsmodell Kenngrößen für Dokumentationsqualität definiert. Zu berücksichtigen sind auch externe Vorschriften (Ordnungsmäßigkeit, vgl. Lerneinheit PREVI). Überprüfungen der Dokumentation erfolgen unter Verwendung der definierten Qualitätskriterien durch formale Bewertungsprozesse (Reviews, vgl. Lerneinheit REVAU) und durch Feldtests sowie durch die interne oder externe Revision.

Zeitpunkt der Dokumentation

Für die Erstellung der Dokumentation können grundsätzlich drei verschiedene Zeitpunkte gewählt werden. Danach werden Vorwärtsdokumentation, Simultandokumentation und nachträgliche Dokumentation unterschieden.

- *Vorwärtsdokumentation:* Es wird bereits vor der Durchführung bestimmter Tätigkeiten über diese Tätigkeiten dokumentiert. Grundlage für die Dokumentation sind vorhandene Unterlagen (wie interne und externe Richtlinien, Schlüsselverzeichnisse, Begriffsdefinitionen).
- *Simultandokumentation:* Es wird während der Durchführung bestimmter Tätigkeiten über diese Tätigkeiten dokumentiert (auch als projektbezogene Dokumentation oder schritthaltende Dokumentation bezeichnet). „Während" ist als „im unmittelbaren zeitlichen Zusammenhang mit der Tätigkeit" zu verstehen, nicht als vollständig zeitgleich.

- *Nachträgliche Dokumentation:* Erst wenn bestimmte Tätigkeiten abgeschlossen sind, wird dokumentiert.

Nur einzelne Dokumentationsteile können mit Vorwärtsdokumentation erstellt werden. Nachträgliche Dokumentation sollte vermieden werden, da unter anderem die Begrenzungen des menschlichen Gedächtnisses die Vollständigkeit der Dokumentation ungünstig beeinflussen. Anzustreben ist im Regelfall Simultandokumentation. Der Aufwand für das Dokumentieren wird erheblich reduziert, wenn für andere Zwecke erstellte Arbeitsdokumente als Dokumentationsteile verwendet und wenn geeignete Werkzeuge eingesetzt werden. Mit einer zweckmäßig aufgebauten, simultan erstellten Dokumentation können folgende Aufgaben wesentlich erleichtert werden:

- Die Wartung des Informationssystems, weil eine aktuelle Dokumentation die Einarbeitung der Personen, welche die Wartungstätigkeiten durchführen sollen, ermöglicht.
- Die Wiederverwendung von Projektergebnissen, weil eine aktuelle Dokumentation die Projektergebnisse nachweist.
- Die kooperative Weiterentwicklung des Informationssystems durch Benutzerbeteiligung (vgl. Lerneinheit PROVE), da nach Aufgabenlogik und Technik gegliederte Dokumente eine klare Trennung zwischen Fachverantwortung und Systemverantwortung ermöglichen. Die Aufgabenlogik kann von den Benutzern entworfen und dokumentiert werden (Fachverantwortung). Aufgabenlogik bezeichnet hierbei die Beschreibung der maschinell durchzuführenden Aufgaben durch (i) die Angabe von Verarbeitungsregeln, (ii) die Festlegung der erforderlichen Ein- und Ausgabedaten und (iii) die Bestimmung der vorgelagerten und nachgelagerten Aufgaben.

Dokumentationsverfahren

Dokumentationsverfahren beschreiben die Vorgehensweise beim Dokumentieren als einen Prozess und die in diesem Prozess verwendeten Methoden, Werkzeuge und sonstigen Hilfsmittel. Folgendes Verfahren ist beim Erstellen der Benutzerdokumentation üblich:

- Klären der organisatorischen Voraussetzungen;
- Entwickeln des Dokumentationskonzepts und seine Validierung;
- Entwerfen der Dokumentation;
- Revidieren und Überarbeiten des Entwurfs;
- Fertigstellen der Dokumentation.

Das Klären der organisatorischen Voraussetzungen umfasst die Beantwortung der folgenden Fragen:

- Welche Dokumente sind für ein Dokumentationsobjekt erforderlich?
- Wo sind diese Dokumente zu finden?
- Wie können die Dokumente beschafft werden?
- Was soll dokumentiert werden (inhaltliche Auslese)?

- Nach welchem Ordnungssystem soll die Dokumentation gegliedert werden?
- Welches Speichermedium soll benutzt werden?
- Wer wird die Dokumentation nutzen?
- Wie sollen die Informationen der Dokumentation den Benutzern zur Verfügung gestellt werden?
- Wie wird die Dokumentation gewartet?

Gaus (13-14) beschreibt in seinem Werk „Dokumentations- und Ordnungslehre" vier Teilgebiete der Dokumentation, die als Phasen in einem Prozessablauf und auch als Teilaufgaben des Dokumentierens aufgefasst werden können:

- *Beschaffen und Erfassen:* Es ist zu entscheiden, welche Sachverhalte dokumentiert werden sollen, ob die diesbezüglichen Informationen vorliegen, und sofern die Informationen nicht vorliegen, wie diese beschafft werden können. Weiter ist zu prüfen, ob eine Dokumentationseinheit schon früher gespeichert worden ist. Zudem sind hinsichtlich der beschafften Dokumentationseinheiten Meta-Informationen zu erfassen (z.B. die Phase im Entwicklungsprozess, der die Dokumentationseinheit zugeordnet wird, oder das Jahr bzw. das Datum, in dem bzw. an dem die Dokumentationseinheit geschaffen wurde).
- *Indizieren:* Darunter versteht man das Festlegen und Kennzeichnen des Inhalts einer Dokumentationseinheit anhand von Deskriptoren (z.B. auf der Basis von Schlagwörtern). Bildlich ausgedrückt bedeutet dies, dass jede Dokumentationseinheit ein Etikett bekommt, auf dem zumindest ein Deskriptor steht.
- *Speichern:* Es ist zwischen dem Dokumentenspeicher (in dem Dokumente im Vollumfang enthalten sind) und dem Deskriptorenspeicher (in dem dokumentiert ist, welche Etiketten welchen Dokumentationseinheiten zugeordnet sind) zu unterscheiden. Der Dokumentenspeicher wird auch Archiv, Lager, Magazin oder Ablage genannt. Der Deskriptorenspeicher ist in der Regel eine Datenbank, kann jedoch auch ein einfacher Schlagwortkatalog sein.
- *Recherchieren:* Darunter versteht man das gezielte Suchen und Wiederfinden von Dokumentationseinheiten. Im Zuge der Recherche werden somit interessierende Dokumentationseinheiten via Deskriptoren gesucht (formale Suchanfrage). Das Ergebnis dieser Suche ist eine Liste mit den gefundenen Dokumenten. Sofern Dokumenten spezifische Zeichenfolgen (z.B. Nummern oder Buchstaben/Ziffern-Kombinationen) zugeordnet sind und die recherchierende Person (als Retriever, Searcher oder auch Rechercheur bezeichnet) diese Zeichenfolgen kennt, kann auch direkt auf einzelne Dokumente zugegriffen werden.

Dokumentationsmethoden

Dokumentationsmethoden sind Hilfsmittel zum Dokumentieren. Grundlegende Hilfsmittel sind unter anderem Ordnungsschemata sowie natürliche und künstliche Sprachen. Ordnungsschemata können nach *Burghardt* (503-509) wie folgt eingeteilt werden:

- *Dokumentation ohne spezifische Struktur:* Die Dokumentation des Projektgeschehens erfolgt anhand einer freien Beschreibung, typischerweise auf der Basis eines Projekttagebuchs (dieses wird idealerweise computerbasiert von einer festgelegten Person geführt; das Tagebuch muss für Projektbeteiligte jederzeit einsehbar sein).

- *Dokumentation mit vorgegebener Struktur:* Hierbei ist die Dokumentationsstruktur unternehmensweit über verschiedene Projekte hinweg vorgegeben. Daraus folgt, dass die Kapitel der Dokumentation (z.B. Auftragsunterlagen, Produktbetreuungsunterlagen, Freigabe- und Änderungsunterlagen) sowie zugrunde liegende Register (Unterkapitel) vorab festgelegt sind und somit einen „theoretisch möglichen Maximalausbau" darstellen. Vorteil ist, dass die Vollständigkeit der Dokumentation wahrscheinlich ist und die Struktur unmittelbar angewendet werden kann. Nachteil ist, dass in der Regel mehrere Register innerhalb eines jeden Kapitels leer bleiben (da diese nicht in jedem Projekt relevant sind).

- *Dokumentation mit selbst entwickelter Struktur:* Hierbei wird projektspezifisch eine Dokumentationsstruktur (Kapitel, Register) entwickelt. Vorteil ist, dass alle Kapitel und Register inhaltlich relevant sind (und somit nicht leer bleiben). Nachteil ist jedoch, dass die Entwicklung der Struktur aufwendig sein kann und die Vollständigkeit der Dokumentation vermutlich weniger wahrscheinlich ist als bei der Dokumentation mit vorgegebener Struktur.

Abbildung DOKUM-1 zeigt ein Beispiel für eine hierarchische Dokumentationsstruktur, die „in der Praxis für die Durchführung kleinerer Entwicklungsprojekte verwendet wird" (*Burghardt*, 508). Andere Autoren schlagen ähnliche Dokumentationsstrukturen vor, die in der Regel allesamt hierarchisch strukturiert sind (vgl. z.B. *Tiemeyer*, 170).

Hilfsmittel zum Dokumentieren sind grundsätzlich auch alle Darstellungsmethoden (vgl. Abb. DOKUM-2 bis DOKUM-5, in denen mehrere Beispiele zur Visualisierung von projektrelevanten Sachverhalten zu sehen sind). Darüber hinaus sind auch insbesondere Planungsmethoden (z.B. Netzpläne, vgl. Lerneinheit NETZP) und Entwurfsmethoden (z.B. Daten- und Prozessmodelle, vgl. Lerneinheiten DATMO und PROMO) Hilfsmittel für das Dokumentieren. Im Folgenden werden beispielhaft einige Darstellungsmethoden erläutert. Werden Funktionen und ihre Zerlegung mit einem Organigramm abgebildet, heißt diese Darstellungsform Funktionenbaum. Hat der Baum einen beliebigen Inhalt, heißt eine Abbildung dieser Art Zerlegungsdiagramm, weil sie zeigt, wie ein Objekt von Ebene zu Ebene top-down in Teilobjekte zerlegt wird. Der Inhalt eines Zerlegungsdiagramms kann verbal, also ohne Verwendung grafischer Symbole, als Aktionendiagramm abgebildet werden. Abbildung DOKUM-2 zeigt ein Zerlegungsdiagramm und das äquivalente Aktionendiagramm; das Aktionendiagramm eignet sich besonders gut für eine vertikale Ausdehnung. Das Funktionendiagramm (auch als Funktionenmatrix bezeichnet) ist die Verbindung von Organigramm und Aufgabengliederung in Form einer Matrix. In den Spalten werden die Stellen (oder die Aufgabenträger wie z.B. Projektmitarbeiter), in den Zeilen die Aufgaben dargestellt. Im Schnittpunkt von Spalten und Zeilen wird mit einem Symbol die Art der Aufgabe bzw. der Befugnisse angegeben. Abbildung DOKUM-3 zeigt ein Funktionendiagramm, in dem die Symbole E = Entscheidung, P = Planung, A = Ausführung, K = Kontrolle und X = Gesamtfunktion (definiert als E + P + A + K) verwendet werden.

1	**Projektdefinition**	**3**	**Projektkontrolle**
1.1	Projektsteckbrief	3.1	Aufwands- und Kostenüberwachung
1.2	Produktblatt	3.2	Terminüberwachung
1.3	Projektorganisation	3.3	Qualitätsüberwachung

1   Projektdefinition
1.1 Projektsteckbrief
1.2 Produktblatt
1.3 Projektorganisation
1.4 Antragsunterlagen
    1.4.1 Projektauftrag
    1.4.2 Aufwandsschätzung
    1.4.3 Wirtschaftlichkeitsnachweis
    1.4.4 Änderungsanträge
1.5 Entscheidungsunterlagen
    1.5.1 Präsentationsunterlagen
    1.5.2 Protokolle
    1.5.3 Prioritätenliste

2   Projektplanung
2.1 Arbeitspaketplanung
    2.1.1 Projektstrukturplan
    2.1.2 Arbeitspaketbeschreibung
    2.1.3 Phasen-/Meilensteinplanung
2.2 Terminplanung
2.3 Kostenplanung
    2.3.1 Kostenstruktur
    2.3.2 Kostenverteilung
2.4 Personalplanung
    2.4.1 Mitarbeitereinsatzplanung
    2.4.2 Aus- und Weiterbildung
2.5 Betriebsmittelplanung
    2.5.1 Investitionen
    2.5.2 Test-/Prüfanlagen
    2.5.3 Eingesetzte Werkzeuge/Verfahren
    2.5.4 Richtlinien/Auflagen
2.6 Qualitätsplanung
2.7 Krisenplanung

3   Projektkontrolle
3.1 Aufwands- und Kostenüberwachung
3.2 Terminüberwachung
3.3 Qualitätsüberwachung

4   Projektdurchführung
4.1 Projektberichte
    4.1.1 Monatsberichte
    4.1.2 Projektstatusberichte
    4.1.3 Inspektions-/Testberichte
4.2 Aufgabenbeschreibungen
    4.2.1 Mitarbeiterbezogene Aufgabenbeschreibung
    4.2.2 Unteraufträge
4.3 Projektunterlagen
    4.3.1 Präsentationsunterlagen
    4.3.2 Aufwandserfassungsbelege
    4.3.3 Rechnungen
    4.3.4 Projekttagebuch
    4.3.5 Bibliotheksverzeichnis
    4.3.6 Verteilerkreise
4.4 Schriftwechsel
    4.4.1 Entscheidungsinstanz
    4.4.2 Beraterausschuss
    4.4.3 Benutzer
    4.4.4 Sonstiger Schriftwechsel

5   Projektabschluss
5.1 Abnahme
    5.1.1 Freigabemitteilung
    5.1.2 Betreuungsvereinbarung
5.2 Abweichungsanalyse
5.3 Erfahrungsdaten
5.4 Projektauflösung

Abb. DOKUM-1: Beispiel hierarchische Dokumentationsstruktur (nach *Burghardt*, 507)

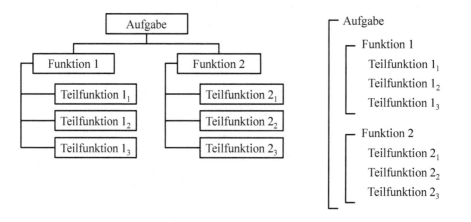

Abb. DOKUM-2: Zerlegungsdiagramm (links) und Aktionendiagramm (rechts)

Stellen / Aufgaben	Stelle 1	Stelle 2	Stelle 3	Stelle 4	....	Stelle N
Aufgabe A	K	E	A			
Aufgabe B		K	X			
Aufgabe C	P		X			
Aufgabe D				X		
⋮						
Aufgabe N						

Abb. DOKUM-3: Funktionendiagramm

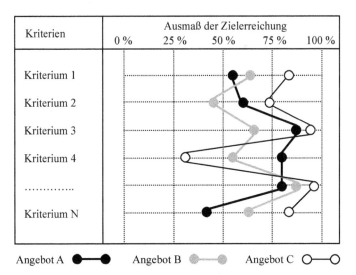

Abb. DOKUM-4: Vertikales Polaritätsprofil

Das Polaritätsprofil (auch als Profildiagramm bezeichnet) ist eine Darstellungsmethode zur Abbildung von Objekten. Mit einem Polaritätsprofil können mehrere Merkmale unterschiedlicher Objekte in einer Darstellung abgebildet werden. Dadurch wird das Vergleichen der Objekte vereinfacht. Das Polaritätsprofil kann beispielsweise zur Darstellung der wichtigsten Eigenschaften bestehender Systeme sowie zur Darstellung der Ergebnisse der Evaluierung verschiedener Systemkonzepte (Angebote) verwendet werden. Abbildung DOKUM-4 zeigt ein vertikales Polaritätsprofil für drei Angebote (A, B, C), die anhand verschiedener Kriterien verglichen werden (vgl. Lerneinheit EVALU). Eine Darstellungsform, mit der ähnliche Sachverhalte visualisiert werden können, ist das kreisförmige Polaritätsprofil bzw. Profildiagramm, das auch als Kiviat-Graph bezeichnet wird. Die Strecken, die zur Abbildung der skalierbaren Eigenschaften dienen, sind strahlenförmig um ein Zentrum angeordnet. Die Koordinaten tragen den Maßstab, in dem die Zielerreichung gemessen wird. Abbildung DOKUM-5 zeigt einen Kiviat-Graph, mit dem

Ziele und Zielerreichung am Beispiel von zwei Software-Anbietern dargestellt sind.

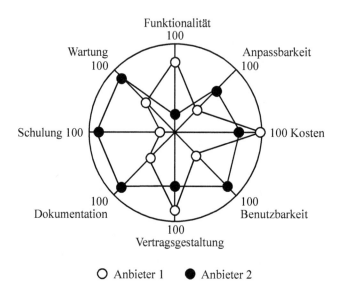

Abb. DOKUM-5: Kreisförmiges Polaritätsprofil

Um eine Dokumentation, die meist aus vielen Dokumenten besteht, überschaubar zu halten und nutzbar zu machen, werden kleinere Dokumentationseinheiten geschaffen. Dafür gibt es verschiedene Möglichkeiten, insbesondere die Phasengliederung und die Sachgliederung. Bei der Phasengliederung richtet sich die Gliederung nach dem verwendeten Vorgehensmodell, bei der Sachgliederung nach der Einteilung in Arbeitsgebiete, Teilprojekte, Daten usw. Meist werden beide Möglichkeiten miteinander kombiniert. Alle Dokumente werden mit einem Dokumentationsschlüssel (auch Klassifizierungsschlüssel genannt) geordnet; Abb. DOKUM-6 zeigt ein Beispiel.

Dokumentationswerkzeuge

Die Aufgaben der Dokumentation und die Anforderungen an die Dokumentation können nur erfüllt werden, wenn hinsichtlich Inhalt, Form und Wartung der Dokumentation Standards vorhanden sind und eingehalten werden. Die Einhaltung kann durch Werkzeuge, die einen gewissen Dokumentationszwang ausüben, gesichert werden. Die „Werkzeuglandschaft" zum Dokumentieren ist vielfältig; sie beginnt bei einfachen Textverarbeitungssystemen und reicht bis zu anspruchsvollen Werkezeugen der Softwareentwicklung. Weiter sind Softwareprodukte für die Planung und Realisierung von Projekten bedeutsame Werkzeuge, die auch einen wirksamen Beitrag zur Dokumentation leisten (vgl. Lerneinheit PMSOF).

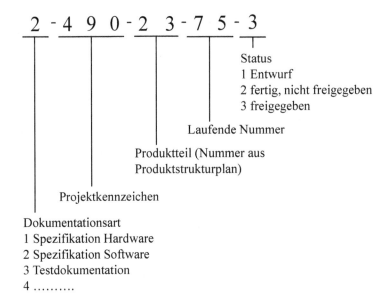

Abb. DOKUM-6: Beispiel Dokumentationsschlüssel (in Anlehnung an *Burghardt*, 504)

Gliederung eines Benutzerhandbuchs

Es wird die Gliederung eines Benutzerhandbuchs gezeigt (nach *Rupietta*), mit der festgelegt wird, welche inhaltlichen Teile – neben dem sachlichen Inhalt – zu einem Benutzerhandbuch gehören und in welcher Reihenfolge diese Teile angeordnet werden sollen.

- Das *Inhaltsverzeichnis* stellt die Gliederung des Benutzerhandbuchs, insbesondere des Sachinhalts, dar, indem es die Überschriften der einzelnen Kapitel und Abschnitte mit der jeweiligen Seitennummer des Beginns auflistet. Die Hauptüberschriften sollten optisch deutlich hervorgehoben werden. Bei einem sehr umfangreichen Handbuch mit starker Unterteilung wird das Inhaltsverzeichnis leicht lang und unübersichtlich. In solch einem Fall werden in das Gesamtinhaltsverzeichnis nur die Hauptkapitel und deren direkte Unterabschnitte aufgenommen. Dafür wird dann jedem Kapitel ein eigenes detailliertes Inhaltsverzeichnis vorangestellt.

- Ein *Abkürzungsverzeichnis* fasst die im Text verwendeten Abkürzungen in alphabetischer Reihenfolge zusammen und erläutert sie.
- Im *Literaturverzeichnis* werden Quellen für die Erstellung des Handbuchtextes und Hinweise auf ergänzende Unterlagen angegeben. Bei der Angabe von Quellen sind nur allgemein zugängliche Unterlagen anzugeben. Unternehmensinterne Dokumente (z.B. Pflichtenhefte) sind dem Leser in der Regel nicht zugänglich und nützen deshalb auch im Literaturverzeichnis nichts.
- Ein *Glossar* enthält wichtige Begriffsdefinitionen, die für das Verständnis des Textes nötig sind. Einträge in Glossare werden im Regelfall alphabetisch sortiert und sind nach Art eines Lexikons aufgebaut.
- Das alphabetisch geordnete *Stichwortverzeichnis* listet die wichtigsten Begriffe und die Stellen auf, an denen diese Begriffe im Text vorkommen. Es ist ein wichtiges Hilfsmittel für den Zugriff auf Informationen. Zu jedem Begriff gibt es mindestens eine Referenz auf eine Textseite, wo dieser Begriff definiert oder verwendet wird. Mehrere Verweise sind möglich und sinnvoll. Das Stichwortverzeichnis sollte alle für den Inhalt und für die Benutzer wesentlichen Begriffe enthalten. Die Auswahl der Begriffe, die im Stichwortverzeichnis stehen, erfolgt unter dem Gesichtspunkt des Nutzens für die Benutzer. Auch das Stichwortverzeichnis kann weiter unterteilt sein. Häufig kommen Einträge vor, in denen ein wichtiger Oberbegriff mehrfach auftaucht. In diesem Fall werden alle Einträge zu einem solchen Oberbegriff zusammengefasst.
- Weitere Verzeichnisse können Abbildungen, Tabellen, Beispiele etc. aufzählen.

Sonstige Bestandteile eines Benutzerhandbuchs sind Vorwort sowie Erläuterungen zu Aufbau und Umfang des Handbuchs. Anhänge enthalten Materialien, die für die Erläuterungen im Text nicht unmittelbar benötigt werden. Alle diese Bestandteile können entweder vor oder hinter dem Sachinhalt platziert werden.

Forschungsbefunde

Matthies beschreibt in seiner Arbeit eine Synopse (ein systematischer Überblick über Fachliteratur) zur Projektdokumentation und Nutzung von Wissensbeständen im Projektmanagement; zudem berichtet er über die Ergebnisse einer Interviewstudie. Die Methodik der Synopse ist durch folgende Merkmale gekennzeichnet: Recherche auf der Basis von fünf Suchbegriffen (z.B. „project documentation") in sechs Datenbanken (z.B. IEEE Xplore), wobei als Einschränkung Titel, Abstract und Keywords spezifiziert wurden; Datenbasis: 45 peer-reviewed Papers; Zeitpunkt der Recherche: November 2014. Die Methodik der Interviews wird wie folgt beschrieben: Unstrukturierte Face-to-Face-Interviews mit drei IT-Projektmanagern aus den Branchen Automotive, Versicherung und Handel (jede Person hatte mindestens sechs Jahre Erfahrung im Management von IT-Projekten). Ausgangsbasis der Interviews waren die beiden folgenden Fragen (im Original angegeben, 5): Were historical project documentation used for the conception of future projects, and if so, how intensely? Which requirements are made in practice on effective and efficient reuse of these document stocks? Diese Fragen wurden durch "six core statements" (im Folgenden dargestellt) ergänzt. Die Interviews dauerten 30 bis 50 Minuten, wurden aufgezeichnet und transkribiert sowie danach auf der Basis einer qualitativen Inhaltsanalyse ausgewertet.

Die „six core statements" in der Fachliteratur zu Projektdokumentation sind (nach *Matthies*, 4, im Original): (1) „suitable information systems, procedures, and computer-aided analysis techniques are required which can systematically manage the extensive stocks of documentation and can retrieve, combine, and summarize relevant information", (2) „more need-based codification of knowledge is required. This addresses the problem that a lot of data is generated and available, but only comparably little information is really relevant for future projects", (3) „the extensive stocks of documents must be organized in a clearer manner for later access and made available in a more functional way", (4) „a more effective coordination and thematic assignment of information through conceptualized content structures (e.g., according to specific processes, products, or situations) should enable a need-oriented use of knowledge", (5) „personalized and automatic notification (push process) should proactively provide team members with a more individualized 'need-to-know' basis of knowledge", (6) "a strategy and culture are necessary which support a project-oriented management of knowledge and define the required capacities, processes, and responsibilities for sharing and reusing codified project knowledge". Ein wesentlicher Befund der Synopse ist, dass Projektdokumentation eng mit dem Wissensmanagement zusammenhängt. *Matthies* verwendete zur Kategorisierung der 45 Beiträge eine bereits ex-ante bekannte Systematik mit vier Kategorien (knowledge creation, knowledge structuring, knowledge dissemination, knowledge application), die wiederum in Bereiche unterteilt wurden. Den folgenden vier Bereichen wurden die meisten Beiträge zugeordnet (Mehrfachzuordnungen waren möglich): project knowledge taxonomies, knowledge conceptualization, search & knowledge retrieval, knowledge combination & discovery. Ein wesentlicher Befund der Interviewstudie bezieht sich auf die Frage, welche Anforderungen für „more intensive reuse of codified project knowledge" erfüllt sein müssen, *Matthies* (7-8) berichtet dazu folgende Ergebnisse: (1) "support in the retrieval, combination, and computer-aided analysis of large stocks of documents", (2) "standardized creation of relevant project knowledge", (3) "structuring of comprehensive stocks of documents", (4) "conceptualization of codified project knowledge", (5) "person-specific notification and knowledge dissemination", (6) "planned organizational responsibilities and capacities". In der Gesamtschau der Ergebnisse kann festgehalten werden, dass Information Retrieval (also Informations(wieder)gewinnung auf der Basis von Methoden zur Speicherung und Repräsentation sowie zum Zugriff auf unstrukturierte Daten) bei der Projektdokumentation eine enorme Bedeutung hat (weil es Information Overload entgegenwirkt).

Kontrollfragen
1. Welchen Zweck hat die Dokumentation, welches sind ihre Objekte?
2. Welche Anforderungen werden an eine Dokumentation gestellt?
3. Welche Zeitpunkte können gewählt werden, um eine Dokumentation zu erstellen?
4. Welche organisatorischen Voraussetzungen müssen geklärt sein, um eine Dokumentation erstellen zu können?
5. Welche Kapitel und Register hat eine hierarchisch gegliederte Dokumentationsstruktur typischerweise in Entwicklungsprojekten?

Quellenliteratur
Burghardt, M.: Projektmanagement: Leitfaden für die Planung, Überwachung und Steuerung von Projekten. 9. A., Publicis, 2012
Gaus, W.: Dokumentations- und Ordnungslehre. 5. A., Springer, 2005

Haag, W.: Dokumentation von Anwendungssystemen aus der Sicht der Benutzer. Toeche-Mittler, 1981

Heinrich, L. J./Riedl, R./Stelzer, D.: Informationsmanagement: Grundlagen, Aufgaben, Methoden. 11. A., De Gruyter Oldenbourg, 2014

Hetzel, F.: Dokumentation mit System. Arbeitsgemeinschaft EDV, 1982

Matthies, B.: What to do with all these project documentations? Research issues in reusing codified project knowledge. Proceedings of the Pacific Asia Conference on Information Systems, 2015

Rausch, H.: Grundsätze ordnungsmäßiger EDV-Dokumentation. Universität Hamburg, 1983

Rautenberg, K.-U./Sova, O.: Dokumentation computergestützter Informationssysteme. Saur, 1983

Riedl, R.: On the biology of technostress: Literature review and research agenda. ACM SIGMIS Database, 1/2013, 18-55

Rupietta, W.: Benutzerdokumentation für Softwareprodukte. BI Wissenschaftsverlag, 1987

Scheibl, H.-J.: Wie dokumentiere ich ein DV-Projekt? Dokumentationsverfahren in Theorie und Praxis. Expert, 1985

Tiemeyer, E.: Der erfolgreiche Abschluss eins IT-Projekts. In: Tiemeyer, E. (Hrsg.): Handbuch IT-Projektmanagement. 2. A., Hanser, 2014, 159-178

Vertiefungsliteratur

Fan, H./Xue, F./Li, H.: Project-based as-needed information retrieval from unstructured AEC documents. Journal of Management in Engineering, 1/2014

Flosdorf, A.: Dokumentation von Software im Wiki System: Konzeption und Entwicklung eines PlugIns für das Enterprise Wiki System Confluence der Firma Atlassian zum dynamischen Laden von JavaDoc-Informationen. VDM, 2011

Wallmüller, E.: Software Quality Engineering: Ein Leitfaden für bessere Software-Qualität. Hanser, 3. A., 2011

Wu, I. C.: Toward supporting information-seeking and retrieval activities based on evolving topic-needs. Journal of Documentation, 3/2011, 525-561

Normen und Richtlinien

DIN 69901-5:2009-01: Projektmanagement - Projektmanagementsysteme - Teil 5: Begriffe

DIN EN 82079-1:2013-06: Erstellen von Gebrauchsanleitungen - Gliederung, Inhalt und Darstellung - Teil 1: Allgemeine Grundsätze und ausführliche Anforderungen (IEC 82079-1:2012)

ISO/IEC 26514:2008-06: Informationstechnik - Software und System-Engineering - Anforderungen an Designer und Entwickler von Benutzerdokumentationen

ISO/IEC/IEEE 15289:2017-06: System- und Software-Engineering - Inhalt von Informationsobjekten des Lebenszyklus (Dokumentation)

ISO/IEC/IEEE 26515:2011-12: System- und Software-Engineering - Entwicklung von Benutzerdokumentation in einem agilen Umfeld

Werkzeuge

https://aws.amazon.com/de/workdocs/
https://products.office.com/de-de/sharepoint
https://www.alfresco.com/de/
https://www.mindbreeze.com/
https://www.opentext.de/

Interessante Links

http://sapterm.com/

PRAET - Präsentationstechniken

Lernziele

Sie kennen den Zweck der Präsentationstechniken und ihre Anwendungsgebiete im Projektmanagement. Sie kennen wichtige Prinzipien zur Gestaltung von Kommunikationsmitteln, die in Präsentationstechniken verwendet werden, sowie Prinzipien zur Gestaltung von Vorträgen. Sie können die Gestaltungsprinzipien anwenden, um Ergebnisse in Projekten effektiv und effizient zu kommunizieren.

Definitionen und Abkürzungen

Bildsymbol (picture symbol) = ein Bild, dem eine bestimmte Bedeutung beigemessen wird. Synonym: Sinnbild.

Botschaft (message) = die vom Sender gewollte Bedeutung einer Nachricht.

Einfachheit (simplicity) = die der Präsentationssituation angepasste, möglichst geringe Komplexität einer Botschaft bezüglich Satzbau, Wortwahl und grafisch-visueller Darstellung.

Farbassoziation (color association) = das Zuordnen bestimmter Bedeutungen auf bestimmte Farben.

Grafik (graphics) = die zeichnerische, schematisierende, schaubildliche Darstellung von Informationen, die vereinfachte Form eines Bildes (z.B. ein Piktogramm). Synonym: grafische Darstellung.

kognitiv (cognitive) = das Wahrnehmen, Erkennen und Denken betreffend.

Nachricht (message) = eine Folge von Zeichen zur Übermittlung einer Botschaft bzw. Information auf der Basis bekannter oder unterstellter Abmachungen zwischen Sender und Empfänger.

Piktogramm (pictogram) = ein Symbol oder Icon, das Information auf der Basis einer vereinfachten grafischen Darstellung vermittelt (z.B. „☼" für Sonne oder „♪" für Musik).

Prägnanz (conciseness) = die der Präsentationssituation angepasste Redundanzarmut einer Botschaft.

Redundanz (redundancy) = der Teil einer Nachricht, der keine Information enthält.

Rolle (role) = ein System von Verhaltensregeln, das an den Inhaber einer Position gerichtet ist.

Schriftart (typeface) = die Gestalt der auf einem Medium sichtbar gemachten Zeichen der gleichen Schriftfamilie (z.B. die Schriftarten Arial, Courier New, Tahoma oder Times New Roman).

Störung (interruption) = eine äußere Einwirkung auf ein System, die zu einem Fehlverhalten führen kann.

Struktur (structure) = die innere Ordnung einer Botschaft als zielgerichtete Folge von aufeinander aufbauenden Teilaussagen zu einer Gesamtaussage; diese Ordnung ist durch die Gliederung der Botschaft erkennbar.

zusätzliche Stimulanz (additional stimulation) = der Einsatz von Maßnahmen, welche die Aufnahmebereitschaft des Empfängers erhöhen; die Aktivierung erfolgt durch physische, kognitive oder emotionale Reize (z.B. Darstellung von menschlichen Gesichtern, auf die im Regelfall relativ stark reagiert wird).

Zweck der Präsentationstechniken

Zweck der Präsentationstechniken im gegenständlichen Kontext ist die Übermittlung einer projektbezogenen Botschaft. Die Botschaft wird auf einem Kommunikationskanal vom Sender (z.B. von der Projektleitung) zum Empfänger (z.B. zum Auftraggeber) übertragen. Bei der Übertragung können Störungen auftreten, welche die inhaltliche Übereinstimmung von Botschaft und Information beeinträchtigen. Dies zeigt Abb. PRAET-1. Präsentationstechniken sind die formale „Verpackung" einer Botschaft mit dem Ziel, eine weitgehende Übereinstimmung von Botschaft und Information herbeizuführen. Sie sind darüber hinaus die Menge aller mündlichen, schriftlichen oder grafischen Mittel, welche die beim Kommunikationsprozess auftretenden Störungen kompensieren und somit die mentale Verarbeitung der Botschaft erleichtern.

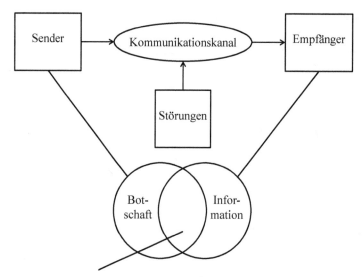

Vom Empfänger richtig verstandene Botschaft

Abb. PRAET-1: Kommunikationsbeziehung und Störungen der Kommunikation

Stelzer-Rothe (111) beschreibt „typische Störungen in Vorträgen" und wie mit den Störungen umgegangen werden kann (zu beachten ist hierbei, dass Empfänger einer Botschaft auch potentielle Störquellen sind, neben anderen Einflüssen):

- *Technischer Defekt:* Es sollte rechtzeitig vor dem Vortrag die technische Funktionstüchtigkeit der Geräte geprüft werden und weiter sollte sichergestellt werden, dass während des Vortrags ein Ansprechpartner für den Fall von Ausfällen (z.B. Beamer) zur Verfügung steht.
- *Unvollkommene Umgebung:* Es kann vorkommen, dass Lärm, die Raumtemperator oder andere Umgebungseinflüsse einen Vortrag dermaßen stören, dass dieser unterbrochen oder sogar abgebrochen werden sollte. Sollte der störende Umgebungseinfluss für die Dauer des Vortrags nicht entsprechend kontrolliert werden können (z.B. Unterbrechung handwerklicher Tätigkeiten mit erheblicher Lärmbelästigung, die im Nebenraum stattfinden), so sollte der Vortragende mit

dem Publikum in einen Dialog treten, um Rückmeldungen zur weiteren Vorgehensweise einzuholen. Der Vortragende sollte dabei auch seine eigenen Eindrücke zur Situation schildern und auf die Reaktionen aus dem Publikum achten. Danach sollte gemeinsam eine Entscheidung getroffen werden.

- *Publikumsstörung – der geschwätzige Zuhörer:* Der Vortragende sollte die sich unterhaltenden Personen aus dem Publikum fragen, welche Gründe hinter der Unterhaltung stehen. Dies bewirkt zweierlei: Das Publikum registriert, dass der Vortragende die Unterhaltung wahrnimmt; meist wird die Unterhaltung danach eingestellt. Weiter signalisiert der Vortragende, dass er sich um das Publikum kümmert und für möglichen Klärungsbedarf unmittelbar zur Verfügung steht. Wichtig ist hierbei, dass der Vortragende die sich unterhaltenden Personen nicht bloßstellt. „Ich-Botschaften" sollten in solchen Fällen „Du-Botschaften" vorgezogen werden. Beispielsweise sollte die Aussage „Wenn Sie sich während meines Vortrags unterhalten, dann fällt es mir schwer, mich zu konzentrieren." der Aussage „Hören Sie jetzt bitte mit dem Gespräch auf." vorziehen.

- *Publikumsstörung – der penetrante Besserwisser:* Wenn es im Publikum Personen gibt, die (wiederholt) ganz bewusst den Vortrag angreifen und/oder stören (z.B. „Das, was Sie hier erzählen, ist ein absoluter Blödsinn!"), dann sollte der Vortragende innerlich wie äußerlich Ruhe bewahren. Es sollte versucht werden, mit Sachargumenten die Kritik zu entkräften und vor allem sollte deeskalierend gehandelt werden.

Anwendungsgebiete von Präsentationstechniken

Die Aufgabe, projektbezogene Botschaften von einem Sender zu einem Empfänger zu übermitteln, besteht während der gesamten Projektdauer. Sie beginnt mit der Übermittlung des Projektauftrags vom Auftraggeber (z.B. vom Lenkungsausschuss) zum Auftragnehmer (in der Regel zur Projektleitung) und endet, wenn das Projekt abgeschlossen und das Projektergebnis vom Auftraggeber abgenommen worden ist. Während der Projektabwicklung, in der Regel zu Meilensteinterminen, werden Zwischenergebnisse und Ergebnisse der Projektarbeit von der Projektgruppe kommuniziert. Präsentationstechniken werden auch verwendet, um die Kommunikation zwischen der Projektleitung und den Mitgliedern der Projektgruppe sowie zwischen den Mitgliedern der Projektgruppe zu unterstützen. *Henrich* gibt an, dass in Softwareprojekten Präsentationen insbesondere folgende Anspruchsgruppen betreffen:

- Management und Auftraggeber: Diese Gruppe soll durch Präsentationen in erster Linie einen Überblick über das Projekt erhalten bzw. diesen über die Projektlaufzeit hinweg bewahren. Weiter soll sich diese Gruppe einen Eindruck darüber verschaffen können, wie professionell im Projekt gearbeitet wird und ob die Projektleitung das Projekt im Griff hat.
- Projektleitung: Präsentationen durch die Projektmitarbeiter haben den primären Zweck, der Projektleitung vorliegende Ergebnisse vorzustellen und über den Prozess der Ergebnisentwicklung Auskunft zu geben. Darstellungen zum Arbeitsprozess sind insbesondere dann wichtig, wenn Verbesserungen erkannt werden, die in den noch ausstehenden Phasen des Projekts die Abwicklungseffizienz erhöhen können.

- Projektmitarbeiter: Aus Sicht der Projektmitarbeiter sind Präsentationen insbesondere deshalb wichtig, um Rückmeldungen zu den Projektergebnissen und zum Arbeitsprozess zu erhalten. Positive Rückmeldungen können motivierend auf die Projektmitarbeiter wirken.

Hinsichtlich der Häufigkeit von Projektpräsentationen führt *Henrich* (400) Gründe für häufige und Gründe für seltene Präsentationen an. Gründe für häufige Präsentationen sind: schnelleres Erkennen von Fehlentwicklungen, stärkere Einbeziehung des Managements sowie des Auftraggebers und notleidende Projekte können besser gesteuert werden. Gründe für seltene Präsentationen sind: hoher Aufwand für ihre Vorbereitung, hoher Aufwand für ihre Durchführung (Teilnehmerzahl × Stunden × Stundensatz) und nicht ausreichender neuer Informationsgehalt, der sich seit der letzten Präsentation ergeben hat.

Gestaltungsprinzipien für Kommunikationsmittel

Präsentationstechniken verwenden Kommunikationsmittel, die nach bestimmten Prinzipien gestaltet werden sollten. Wichtige Gestaltungsprinzipien für Kommunikationsmittel sind Partnerbezogenheit und Neuheit.

- *Prinzip der Partnerbezogenheit:* Die „Verpackung" der Botschaft soll an die Wahrnehmungs- und Verarbeitungsgewohnheiten der Empfänger angepasst sein, um die Verständlichkeit zu unterstützen. Dimensionen der Verständlichkeit sind Struktur, Einfachheit, Prägnanz und zusätzliche Stimulanz.
- *Prinzip der Neuheit:* Die Botschaft soll für den Empfänger einen Neuheitswert besitzen, also Information enthalten. Ist keine Information vorhanden, wendet der Empfänger seine Aufmerksamkeit von der Botschaft ab und blockiert die weitere inhaltliche Aufnahme.

Gestaltungsprinzipien der Vortragstechnik

Der Vortrag ist das wichtigste Mittel zur Präsentation. Gestaltungsprinzipien zur Planung und Durchführung eines Vortrags sind:

- Präsentationsziel festlegen;
- Zusammensetzung des Teilnehmerkreises feststellen;
- Raumsituation feststellen;
- Struktur der Präsentation festlegen: strukturellen Leitfaden mit Einleitung, Hauptteil und Schlussdiskussion entwickeln;
- Stoff sammeln und auswählen;
- Zeitablauf detailliert planen;
- visuelle Kommunikationsmittel herstellen;
- „Lampenfieber-Maßnahmen" planen;
- Präsentationsraum vorbereiten:
  - Visualisierungsmedien und visuelle Kommunikationsmittel aufbauen und überprüfen
  - „Stolperfallen" vermeiden (z.B. am Boden liegende Stromverteiler)

- physische Kommunikationsbarrieren vermeiden (z.B. Tischbarrieren zwischen Sender und Empfänger)
- Sichtbarkeit der Kommunikationsmittel aus allen Blickwinkeln prüfen
- Probelauf durchführen und gegebenenfalls Korrekturen vornehmen;
- Teilnehmer begrüßen und aufnahmebereit machen;
- Präsentationsziel erklären und visuell dokumentieren (Visualisierung während des Vortrags sichtbar halten);
- Verhaltensregeln vereinbaren (z.B. nur absolut notwendige Fragen sollen bereits während des Vortrags gestellt werden, die Diskussion der Inhalte folgt nach dem Vortrag);
- Präsentationsinhalt darstellen; dabei sind folgende Grundsätze zu beachten:
  - Vortrag unter Verwendung des strukturellen Leitfadens frei sprechend halten, eventuell die einleitenden Sätze vorformulieren
  - während des Vortrags Augenkontakt zum Publikum, den Empfängern der Botschaften, suchen, die Fixierung einzelner Personen durch Augenkontakt von bis zu 1,5 Sekunden Dauer erhöht deren Aufmerksamkeit
  - die wichtigsten Botschaften durch Visualisierung unterstützen; der verbale Vortrag soll im Vordergrund bleiben, daher sind Ablenkungswirkungen durch übertrieben auffällig gestaltete visuelle Kommunikationsmittel zu vermeiden
  - Gestik, Mimik und Körpersprache an die Präsentationssituation anpassen und bewusst zur Erreichung des Präsentationsziels einsetzen, die Vorderseite des Körpers offen dem Empfänger zuwenden
  - Sprachmelodie und Sprachrhythmus dynamisch einsetzen
  - optimale Sprechgeschwindigkeit (in der Regel 100 bis 120 Wörter pro Minute) verwenden; diese relativ niedrige Sprechgeschwindigkeit unterstützt die Technik des Sprechdenkens, das heißt des Weiterdenkens des Satzes während des Sprechens
  - positive Ausdrucksweise bevorzugen
  - Teilnehmer im Dialog mit Aufgaben beschäftigen
  - durch Lampenfieber verursachte Denkblockaden durch Orientierung am strukturellen Leitfaden überspielen, gegebenenfalls neu beginnen
  - bei Zeitdruck strukturellen Leitfaden verfolgen, dabei die Tiefe der Darstellung reduzieren
- bei der Schlussdiskussion die Teilnehmer zu Stellungnahmen, Entscheidungen und Rückkopplungen auffordern;
- die Ergebnisse in positiver Form zusammenfassen.

Gruppenpräsentation

Bei der Gruppenpräsentation sind zusätzliche Koordinierungsaufgaben bei der Planung und Durchführung zu erfüllen:

- Definition der Rollenstruktur innerhalb der Präsentationsgruppe;
- Planung des Präsentationsablaufs;
- Integration der Pläne für die einzelnen Präsentationsteile.

Für die Definition der Rollen sind die demokratische Rollenverteilung und die hierarchische Rollenverteilung als Alternativen denkbar. Bei der demokratischen Rollenverteilung präsentieren die Gruppenmitglieder nacheinander je einen Teil der Gesamtbotschaft. Die hierarchische Rollenverteilung ist dadurch gekennzeichnet, dass es einen Moderator und mehrere Mitglieder in der Präsentationsgruppe gibt. Alternativen der Rollenverteilung sind der Moderator als Regisseur, als Präsentator oder mit Bindefunktion:

- Der Moderator als Regisseur agiert im Hintergrund und tritt im Präsentationsszenario nicht aktiv auf.
- Der Moderator als Präsentator übernimmt die Einleitung und den Schlussteil.
- Der Moderator mit Bindefunktion tritt zwischen den einzelnen Präsentationsteilen mit überleitenden Worten auf.

Bei der Planung des Präsentationsablaufs werden die inhaltlichen Präsentationsteile zunächst den Mitgliedern der Präsentationsgruppe zur Bearbeitung zugeordnet. Dann werden die Teilergebnisse integriert und auf Widerspruchsfreiheit geprüft. Die Durchführung der Gruppenpräsentation erfolgt unter der koordinierenden Führung des Moderators. Aufgaben des Moderators sind dabei die Ablauf- und Diskussionssteuerung sowie die Zeitüberwachung.

Gruppenpräsentationen werden bei Informatik-Projekten vor allem dann eingesetzt, wenn Ergebnisse vorgestellt werden, die durch unterschiedliche Personenkreise (z.B. Datenmodellierer, Prozessmodellierer, Softwareentwickler) erarbeitet wurden. Beispielsweise kann es zweckmäßig sein, die Präsentation des Systementwurfs entlang der Teilprojekte Datensystem, Methodensystem, Arbeitsorganisation, Kommunikationssystem und Sicherungssystem (vgl. Lerneinheit ZAMSE) zu gestalten, wobei die Entwurfsergebnisse eines jeden Teilprojekts von einer anderen Person, dem jeweiligen Fachexperten aus dem Projektteam, vorgestellt werden.

Gestaltungsprinzipien der Visualisierungstechnik

Die wichtigsten Funktionen der Visualisierung sind Aktivierung (Erhöhung des Aufmerksamkeitsgrads), verbesserte Wahrnehmung, Unterstützung der Lernwirkung sowie Übersichtlichkeit von Gesamtzusammenhängen. Bedeutsame visuelle Gestaltungsvariablen sind Form, Farbe sowie Art und Menge der verwendeten Schrift- und Bildsymbole. Bewährte Gestaltungsprinzipien für visuelle Kommunikationsmittel sind Schriftart, Schriftgröße, Strichstärke und Farbe der Bildsymbole.

Die optimale Schriftart ist die Druckschrift, also Groß- und Kleinbuchstaben mit deutlichen Ober- und Unterlängen. Die Schriftgröße wird in Abhängigkeit vom Abstand des Empfängers vom Kommunikationsmedium festgelegt.

BLAU	TÜRKIS	GRÜN
Positiv: Ruhe, Sicherheit, Integrität, Friede, Loyalität, Vertrauen, Intelligenz	Positiv: Spiritualität, Heilung, Schutz, kultiviert sein	Positiv: Frische, Natur, Neu-artigkeit, Geld, Fruchtbarkeit, Heilung, Erde
Negativ: Kälte, Angst, Männ-lichkeit	Negativ: Neid, Weiblichkeit	Negativ: Neid, Eifersucht, Schuld
GELB	BRAUN	TAN
Positiv: Helligkeit, Sonne, Energie, Wärme, Freude, Glück	Positiv: Freundlichkeit, Erde, im Freien, Langlebigkeit	Positiv: Verlässlichkeit, Fle-xibilität
Negativ: Instabilität, Verant-wortungslosigkeit	Negativ: dogmatisch sein, konservativ sein	Negativ: Uninteressiertheit, Langweiligkeit, konservativ sein
GOLD	SILBER	VIOLETT
Positiv: Reichtum, Weisheit, Wohlstand, Erfolg, traditio-nell sein	Positiv: Zauberhaftigkeit, High-Tech, Anmut, schnittig sein	Positiv: royal sein, nobel sein, Spiritualität, Luxus, Ehrgeiz, Reichtum
Negativ: geltungsbedürftig sein, selbstgerecht sein	Negativ: Unentschlossenheit, Uninteressiertheit, Unverbind-lichkeit	Negativ: rätselhaft sein, Lau-nenhaftigkeit
PINK	ROT	ORANGE
Positiv: Gesundheit, Freude, Weiblichkeit, Mitgefühl, Ver-spieltheit	Positiv: Liebe, Leidenschaft, Energie, Kraft, Stärke, Hitze, Verlangen	Positiv: Mut, Zuversicht, Freundlichkeit, Erfolg
Negativ: Schwäche, Unmün-digkeit	Negativ: Wut, Ärger, Gefahr, Warnung	Negativ: Ignoranz, Trägheit
WEISS	GRAU	SCHWARZ
Positiv: Güte, Unschuld, Reinheit, Frische, Leichtig-keit, Sauberkeit	Positiv: Sicherheit, Zuverläs-sigkeit, Intelligenz, Solidität	Positiv: Schutz, Eleganz, edel sein, Förmlichkeit
Negativ: Isolation, Unbe-rührtheit, Leere	Negativ: Düsterheit, Traurig-keit, konservativ sein	Negativ: Tod, Trauer, ge-heimnisvoll sein, das Böse

Abb. PRAET-2: Beispiele für Farbassoziationen (nach *Schüller*, Übersetzung aus dem Englischen durch den Verfasser dieses Buchs)

Die Farbe von Bildsymbolen stellt über instinktive Assoziationsmechanismen die Verbindung zwischen Botschaft und Gefühlen sowie Emotionen her. Abbildung PRAET-2 zeigt Beispiele für Farbassoziationen. Die Zusammenhänge zwischen Helligkeit, Kontrast und Farbintensität sind zu beachten. Weiter ist zu berücksich-tigen, dass Farbassoziationen auch kulturbedingt sind (z.B. wird die Farbe Weiß in westlichen Kulturen unter anderem mit Frieden assoziiert, in fernöstlichen Kultu-ren wie in Japan hingegen mit Tod und Trauer). Zudem beeinflussen soziodemo-graphische Merkmale wie Alter und Geschlecht sowie individuelle Erfahrungen Farbassoziationen. Daraus folgt, dass Farben zwar einerseits bestimmte Assoziati-onen auslösen können, andererseits jedoch auch starke interindividuelle Unter-schiede bestehen können – dies ist bei der Interpretation der in Abb. PRAET-2 dargestellten Farbassoziationen zu beachten. In der Fachliteratur wird darauf hin-gewiesen, dass auch Farbkombinationen ganz spezifische Wirkungen erzeugen können. Beispielsweise wird die Farbkombination Schwarz-Gelb von vielen Men-schen mit Gefahr assoziiert und wirkt daher aufmerksamkeitserhöhend (in der Na-tur kommt diese Farbkombination z.B. beim Feuersalamander vor, in der Mensch-Computer-Interaktion wird diese Kombination z.B. bei Windows-Fehlermeldungen verwendet). In diesem Zusammenhang ist die im Schrifttum als „Colour Affects System" bekannte Konzeption von *Wright* bedeutsam, in der unterschiedliche Wirkungen verschiedener Farbkombinationen beschrieben sowie vier Persönlichkeitstypen dargestellt werden; die Typen haben unterschiedliche Affinitäten hinsichtlich verschiedener Farbkombinationen.

Visualisierungsmedien

Die „klassischen" Medien für die Visualisierung sind Flipchart, Pinnwand und insbesondere elektronische Präsentation via Beamer, gelegentlich werden für Präsentationen auch Multimedia-Tafeln eingesetzt. In vielen Präsentationssituationen bedarf es der bewussten Wahl des Mediums oder der Auswahl mehrerer Medien und ihrer gemeinsamen Verwendung (Medienmix), wobei die Wahl primär vom Präsentationsziel abhängt. Eine Überladung der Präsentation mit visuellen Kommunikationsmitteln sollte vermieden werden. Eine gute Präsentation wird nicht dadurch erreicht, dass eine Maximierung des Einsatzes (technischer) Medien anstrebt wird, sondern dadurch, dass der Stellenwert der Medien zur Vermittlung intendierter Botschaften reflektiert und darauf aufbauend gehandelt wird.

Entscheidender Vorteil des Computers als Visualisierungsmedium ist, dass das für Präsentationen erforderliche Material aus der Dokumentation der Projektabwicklung (Simultandokumentation, vgl. Lerneinheit DOKUM) typischerweise in elektronischer Form vorliegt. Zudem kann auf weiteres für die Präsentation erforderliches und in elektronischer Form verfügbares Material (z.B. mit Smartphones oder digitalen Kameras erfasste Bilder und Filme) ohne Überwindung von Medienbrüchen zugegriffen werden. Schließlich kann Material (z.B. ein in Papierform vorliegendes Bild) über einen Scanner erfasst werden. Die zur Aufbereitung des Materials verfügbaren Werkzeuge (z.B. zur Generierung von Diagrammen und Bildern) sind heutzutage so leistungsfähig und benutzungsfreundlich, dass ihre Verwendung zur Vorbereitung einer wirkungsvollen Präsentation keiner Spezialkompetenz bedarf.

Standbilder und Bewegtbilder

Nicht nur mit modernen Kamerasystemen, sondern zunehmend auch mit Smartphones, lassen sich für viele Anwendungen gute Standbilder erzeugen, die entweder direkt mittels Monitor oder Beamer präsentiert werden können (z.B. Fotos von Flipcharts, auf denen Prozessabläufe aufgezeichnet wurden). Neben Standbildern haben mit Videokamerasystemen aufgenommene Bewegtbilder ihren festen Platz in der Präsentation, beispielsweise für die Wiedergabe von Arbeitsabläufen in Geschäftsprozessen (vgl. Lerneinheit INTER). Werden Abläufe bereits vor der Wiedergabe als Bildkonserve aufgezeichnet, sind – außer den Regeln der Bild- und Drehbuchgestaltung, der Kameraführung oder Bildregie – keine technischen Besonderheiten zu beachten. Die Liveaufzeichnung und -wiedergabe erfordert dagegen in der Regel die Kamerasteuerung durch eine geübte Person, die neben der des Präsentators bzw. der vortragenden Person agiert. Mit der Videoübertragung ist es möglich, auch Abläufe aus sicherheitsempfindlichen Bereichen (z.B. Rechenzentrum) live in den Präsentationsraum zu bringen. Zunehmend gewinnen auch Bewegtbilder zum Nutzungsverhalten während der Mensch-Computer-Interaktion an Bedeutung. Hierbei werden softwaregestützt die Interaktionen auf dem Bildschirm (z.B. Klicks, Mausbewegungen und Eingaben) aufgezeichnet; diese können dann im Folgenden analysiert werden, indem die Interaktion als Video betrachtet wird, um dadurch Aufschlüsse über Faktoren wie die Gebrauchstauglichkeit (Usability) zu gewinnen.

Forschungsbefunde

Befunde empirischer Untersuchungen (insbesondere aus der Psychologie, vgl. Lerneinheit PSYCH) zeigen, dass Bilder Anreize zur Informationsrezeption schaffen und die Informationsaufnahme nachhaltig unterstützen:

- Werden identische Sachverhalte alternativ als Bilder und als Text kommuniziert, setzt sich der Empfänger deutlich länger mit den Bildern auseinander.
- Bilder können emotionale Wirkungen hervorrufen; sie sind geeignet, eine fiktive Wirklichkeit zu vermitteln.
- Bilder wirken stark informationskomprimierend.
- Bilder ermöglichen eher ein unmittelbares Erleben im Kommunikationsprozess als andere Darstellungsarten; sie erhöhen damit das Erinnerungsvermögen.

Ton- und Sprachunterstützung tragen dazu bei, die Aufmerksamkeit auf ein Bild zu lenken, die Auseinandersetzung damit zu fördern, die gedankliche Verarbeitung und Speicherung der Bildinformation zu beeinflussen sowie Mehrdeutigkeiten einzuschränken. Nicht zuletzt wird durch multimediale Präsentation für den Empfänger ein positives Ambiente erzeugt.

Hemphill hat in einem Laborexperiment Assoziationen zwischen Farben und Emotionen untersucht. Studienteilnehmer waren 40 Studierende in Australien (20 Männer, 20 Frauen); ihnen wurden Kartonkärtchen (rechteckig, 12x10 cm) in zehn Farben dargeboten. Die Studienteilnehmer hatten die Aufgabe, die Kärtchen nach ihrer Farbpräferenz zu sortieren und sie beantworteten zudem zu jeder Farbe folgende Fragen: „What emotional response do you associate with this colour?", „How does this colour make you feel?" und „Why do you feel this way?". Die Kärtchen wurden in randomisierter Reihenfolge dargeboten.

Die Ergebnisse der Studie zeigen, dass Blau die Lieblingsfarbe der Studienteilnehmer war (53 % der Männer und 55 % der Frauen gaben Blau als ihre Lieblingsfarbe an). Weiter wurde festgestellt, dass helle Farben zu positiveren Emotionsurteilen führen als dunkle Farben. In einem weiteren Befund werden die Ergebnisse entlang der zehn Farben gruppiert nach positiven und negativen Emotionen dargeboten. Auf der Basis der von den Studienautoren dargebotenen Datengrundlage (vgl. 279) ergibt sich dabei die in Abb. PRAET-3 dargestellte Rangfolge (die geschlechterspezifischen Unterschiede können in der Studie nachgelesen werden). Bemerkenswert ist, dass Blau (positiv: Rang 1, negativ: Rang 10) und Grün (positiv: Rang 2, negativ: Rang 9) die meisten positiven und die wenigsten negativen Emotionsurteile hervorrufen. Weiter zeigen die Ergebnisse, dass Grau die meisten negativen (Rang 1) und die wenigsten positiven (Rang 10) Emotionsurteile hervorgerufen hat.

Rang positive Emotionsurteile		Rang negative Emotionsurteile	
1. Blau		1. Grau	
2. Grün		2. Schwarz	
3. Rot		3. Pink	
4. Gelb		4. Weiß	
5. Pink		5. Rot	
6. Violett		6. Gelb, Braun	
7. Schwarz		7. —	
8. Weiß		8. Violett	
9. Braun		9. Grün	
10. Grau		10. Blau	

Abb. PRAET-3: Positive und negative Emotionsurteile zu zehn Farben
(Darstellung auf der Basis von Daten nach *Hemphill*)

In einer Synopse von *Elliot*, in der die Befunde einer Vielzahl empirischer Arbeiten dargeboten werden, wird über den Zusammenhang von Farben und psychologischen Phänomenen berichtet. Die nachfolgende Aufstellung fasst beispielhaft einige Befunde zusammen:

- Selektive Aufmerksamkeit: Rote Stimuli ziehen im Vergleich zu anders färbigen Stimuli mehr Aufmerksamkeit auf sich.
- Wachsamkeit: Blau erhöht die Wachsamkeit und Leistung bei Aufgaben, bei denen die Aufmerksamkeit eine bedeutende Rolle spielt.
- Intellektuelle Leistung: Das Betrachten der Farbe Rot vor einer herausfordernden kognitiven Aufgabe reduziert die Leistung.
- Vermeidungsmotivation: Das Betrachten der Farbe Rot in einem Leistungskontext erhöht die Vorsicht und das Vermeidungsverhalten.
- Attraktivität: Die Farbe Rot auf einer Frau oder in der Nähe einer Frau erhöht die von heterosexuellen Männern wahrgenommene Attraktivität der Frau.
- Geschäfts-/Firmenevaluation: Geschäfte, die in Blau gehalten sind, sowie blaue Logos erhöhen Qualitätsurteile und die wahrgenommene Vertrauenswürdigkeit.

Yakura hat in einer im Jahr 2013 veröffentlichten Studie die Verwendung des Werkzeugs PowerPoint (PPT) untersucht. Konkret wurde eine ethnographische Studie in einer US-amerikanischen Bank durchgeführt; Untersuchungsobjekt war ein 30 Monate andauerndes IT-Integrationsprojekt in dieser Bank. Wie bei ethnographischen Studien üblich, verbrachte die Forscherin viel Zeit in der Organisation („I was on site from 2 to 4 days per week, and I kept in contact via email and phone on days when I was not on site. I attended project meetings, and spoke with Bank employees and outside consultants at various levels of the organization", 263). Während der gesamten Projektlaufzeit machte die Forscherin umfangreiche

Aufzeichnungen und zudem gingen Projektdokumentationen (unter anderem PowerPoint-Präsentationen) in die Datenanalyse ein. Die Autorin gibt an, einen induktiven Forschungsansatz verfolgt zu haben. Die Datenanalyse fokussierte auf das Teufelsdreieck nach *Sneed* mit den Faktoren Leistung, Zeit und Kosten (vgl. Lerneinheit PROPL) und erfolgt entlang von drei Projektphasen (early stage, middle stage, late stage).

Im Beitrag werden zahlreiche Erkenntnisse zur Rolle von PowerPoint in diesem IT-Integrationsprojekt dargestellt, von denen hier beispielhaft ein bedeutsamer Befund zu „Representing abstractions" dargeboten wird, *Yakura* (272) schreibt: „Powerpoint is a useful and convenient vehicle for conveying such abstractions. Early in the project ... a few boxes and arrows were enough. Another convenient quality of powerpoint is that presentation materials can be readily copied, edited, and re-used in multiple settings. In BIP [Banking Integration Project, Anmerkung durch den Verfasser dieses Buchs], this revision process occurred throughout the "road-shows" in the middle phase, since the presentation needed to be quickly tailored to the details of each of the satellite banks. Generic slides are more valuable because they are more mobile; they can be moved from context to context. The visuals used in the early stage of the project were almost entirely generic, with only minor references to the particular client or project. And, through the use of scientific imagery (e.g., boxes and arrows), the visuals created the impression of an orderly, rational process where no such process existed ... The abstract visuals provided an anchor for discussion; they provided flexibility as well as placeholders for participants during early discussions. Indeed, it seems reasonable to hypothesize that for representing and discussing abstract phenomena like IT projects, bad powerpoint – however that might be defined – is better than no powerpoint. Conventional concerns about clarity of thought and accuracy of information, while important in decision-making ... do not apply in the case of developing projects because clarity and accuracy are not possible in the early stages of a complex project".

Kontrollfragen
1. Welcher Zusammenhang besteht zwischen der Botschaft eines Senders und der Information beim Empfänger und was sind typische Störungen in Vorträgen?
2. Was besagt das Prinzip der Partnerbezogenheit bzw. das Prinzip der Neuheit?
3. Welche Gestaltungsprinzipien gelten für die Planung und Durchführung eines Vortrags?
4. Was wird bei Gruppenpräsentationen unter demokratischer und was unter hierarchischer Rollenverteilung verstanden?
5. Welche Farben lösen welche Assoziationen aus?

Quellenliteratur
Bernstein, D.: Die Kunst der Präsentation. 2. A., Campus, 1992
Elliot, A. J.: Color and psychological functioning: A review of theoretical and empirical work. Frontiers in Psychology, 6/2015, 1-8
Hemphill, M.: A note on adult's color-emotion associations. The Journal of Genetic Psychology, 3/1996, 275-280
Henrich, A.: Management von Softwareprojekten. Oldenbourg, 2002
Mandel, S.: Präsentationen erfolgreich gestalten: Bewährte Techniken zur Steigerung ihrer Selbstsicherheit, Motivationsfähigkeit und Überzeugungskraft. Ueberreuter, 1991
Schüller Art & Design: Farben und ihre emotionale Wirkung. http://schuellerdesign.com

Sneed, H.: Kalkulation und Wirtschaftlichkeitsanalyse von IT-Projekten. In: Tiemeyer, E. (Hrsg.): Handbuch IT-Projektmanagement. 2. A., Hanser, 2014, 243-271

Stelzer-Rothe, T.: Vorträge halten: Persönliche Vorbereitung, Praxis des Vortrags. Cornelsen, 2002

Vugt, R. van: Audiovisuelle Kommunikation. Beltz, 1994

Wrigth, A.: The beginner's guide to colour psychology. Colour Affects Ltd., 1998

Yakura, E. K.: Visualizing an information technology project: The role of powerpoint presentations over time. Information and Organization, 4/2013, 258-276

Vertiefungsliteratur

Barnes, S.: Visual impact: The power of visual persuasion. Hampton Press, 2009

Biehl-Missal, B.: Business is a show business: Management presentations as performance. Journal of Management Studies, 3/2011, 619-645

Craig, R./Amernic, J. H.: PowerPoint presentation technology and the dynamics of teaching. Innovative Higher Education, 1/2006, 147-160

Eves, R./Davis, L.: Death by powerpoint? Journal of College Science Teaching, 5/2008, 8-9

Gabriel, Y.: Against the tyranny of PowerPoint: Technology-in-use and technology abuse. Organization Studies, 2/2008, 255-276

Gallo, C.: The presentation secrets of Steve Jobs: How to be insanely great in front of any audience. McGraw-Hill, 2010

Ou, L./Luo, M. R./Woodcock, A./Wright, A.: A study of colour emotion and colour preference, Part I: Colour emotions for single colours. Color Research and Application, 29/2004, 232-240

Ou, L./Luo, M. R./Woodcock, A./Wright, A.: A study of colour emotion and colour preference, Part II: Colour emotions for two-colour combinations. Color Research and Application, 29/2004, 292-298

Ou, L./Luo, M. R./Woodcock, A./Wright, A.: A study of colour emotion and colour preference, Part III: Colour preference modelling, Color Research and Application, 29/2004, 381-389

Renz, K.-C.: Das 1x1 der Präsentation. 2. A., Springer Gabler, 2016

Sarkkinen, J./Karsten, H.: Verbal and visual representations in task redesign: How different viewpoints enter into information systems design discussion. Information Systems Journal, 3/2005, 181-211

Seifert, J. W.: Visualisieren, Präsentieren, Moderieren: Der Klassiker. 35. A., Gabal 2015

Simons, T.: Does powerpoint make you stupid? Presentations, 3/2004, 24-30

Tractinsky, N./Meyer, J.: Chartjunk or goldgraph? Effects of presentation objectives and content desirability on information presentation. MIS Quarterly, 3/1999, 397-420

Normen und Richtlinien

https://www.fernuni-hagen.de/imperia/md/content/bwl-informationsmanagement/anleitung_praesentation_v02.pdf

https://www.mcgill.ca/skillsets/files/skillsets/powerpointguidelines.pdf

Werkzeuge

http://presono.com/

https://prezi.com/

https://products.office.com/de-de/powerpoint

https://support.apple.com/de-at/keynote

https://www.google.com/intl/de_at/slides/about/

Interessante Links

http://schuellerdesign.com

http://www.colour-affects.co.uk/

https://t3n.de/news/powerpoint-alternativen-10-tools-551710/

Analysemethoden

WIRTA - Wirtschaftlichkeitsanalyse 527
WERTA - Wertanalyse 539
INTER - Interaktionsanalyse 551

WIRTA - Wirtschaftlichkeitsanalyse

Lernziele

Sie kennen den Zweck von Wirtschaftlichkeitsanalysen bei Informatik-Projekten. Sie können Kosten und Nutzen in Kostenarten und Nutzenarten zerlegen. Sie wissen, wie bei der Analyse der Kostenstruktur und der Analyse der Nutzenstruktur sowie bei der Analyse der Beziehungszusammenhänge zwischen Kosten und Nutzen vorgegangen wird. Sie kennen den Unterschied zwischen Wirtschaftlichkeitsrechnungen und Wirtschaftlichkeitsanalysen.

Definitionen und Abkürzungen

Analyse (analysis) = die möglichst exakte Bestimmung und Charakterisierung von Teilen eines Systems (eines Ganzen) sowie der Beziehungen der Teile untereinander und zum Ganzen mit dem Zweck, das Ganze zu erklären.

Analysemethode (analysis method) = eine Methode, mit der ein Ganzes durch Zerlegen in Teile und durch Untersuchen dieser Teile beurteilt wird.

Kennzahl (ratio, index, key data) = eine Zahl über Daten mit konzentrierter Aussagekraft zur Diagnose, Planung, Überwachung und Steuerung eines Systems; meist werden Verhältniszahlen verwendet.

Kosten (costs) = die mit Geldeinheiten bewerteten Konsequenzen einer Leistung bezüglich ihres Verzehrs an Gütern und/oder Diensten.

Kosten/Nutzen-Analyse (cost-benefit analysis) = eine Variante der Nutzwertanalyse, bei der die Kosten der Handlungsalternativen zunächst nicht in das Zielsystem aufgenommen werden; nach der Ermittlung des Nutzwerts wird dieser mit dem Kostenwert in Beziehung gesetzt.

Kostenart (cost type) = das Ergebnis der Zerlegung von Kosten nach der Art des Verzehrs an Gütern und/oder Diensten.

Lebenszyklus (life cycle) = eine in sich abgeschlossene Phase der Lebensdauer eines Produkts (z.B. Softwareprodukt), aus der es keine Rückkehr in eine frühere Phase gibt.

Leistung (performance) = die Fähigkeit eines Techniksystems, in quantitativer oder qualitativer Hinsicht eine bestimmte Aufgabe im Informations- und Kommunikationsprozess zu bewältigen.

Nutzen (benefit) = der subjektiv beeinflusste Wert einer Handlungsalternative zur Befriedigung eines definierten Bedarfs. Synonym: Nutzwert.

OR = Akronym für Operations Research; die Anwendung von mathematischen Methoden zur Vorbereitung und Herbeiführung optimaler Entscheidungen.

Produktivität (productivity) = das Verhältnis zwischen dem mengenmäßigen Ertrag und dem mengenmäßigen Einsatz zur Erbringung dieses Ertrags.

Prognose (forecast) = die Voraussage einer zukünftigen Entwicklung oder eines zukünftigen Zustands auf der Grundlage systematisch ermittelter Daten und der Verwendung wissenschaftlicher Erkenntnisse.

Skalieren (scaling) = das Abbilden betriebswirtschaftlicher, sozialer, psychologischer usw. Phänomene auf eine nominale, ordinale oder kardinale Skala.

Zweck der Wirtschaftlichkeitsanalyse

Zweck der Wirtschaftlichkeitsanalyse ist es, Systeme oder Systementwürfe, aber auch die Entwicklung und/oder den Einsatz von Methoden und Werkzeugen, unter dem Formalziel Wirtschaftlichkeit zu beurteilen. Unter Wirtschaftlichkeit wird im Allgemeinen die Eigenschaft des betrachteten Objekts verstanden, bezüglich einer geplanten oder tatsächlichen Kostensituation in einem bestimmten Verhältnis zu einer Bezugsgröße (z.B. der günstigsten Kostensituation) oder bezüglich seiner Leistungssituation (Nutzwert) in einem bestimmten Verhältnis zu einer Bezugsgröße (z.B. dem mit Kosten bewerteten Einsatz an Produktionsfaktoren zur Erbringung der Leistungen) zu stehen.

Das Ergebnis eines Informatik-Projekts ist dann wirtschaftlich, wenn die Kosten der Entwicklung und Einführung (Planungskosten) zuzüglich der Kosten der Nutzung (Nutzungs- oder Betriebskosten) und der späteren Änderungen (Wartungskosten, Reengineering-Kosten), bezogen auf den geplanten Einsatzzeitraum, einschließlich der Kosten der Entsorgung, unter dem erwarteten Nutzen liegen. Der Nutzungszeitraum wird häufig als Lebenszyklus bezeichnet, weil er mehrere unterschiedliche „Lebensphasen" umfasst (vgl. Lerneinheit Lebenszyklusmanagement in *Heinrich/Riedl/Stelzer*). Lebenszykluskosten sind die für den ganzen Lebenszyklus prognostizierten Kosten. Werden sie durch die Anzahl der Nutzungsjahre dividiert, wird von jährlichen Lebenszykluskosten gesprochen. Das Ergebnis eines Informatik-Projekts ist nach dieser Terminologie dann wirtschaftlich, wenn seine Lebenszykluskosten unter dem erwarteten Nutzen für den gesamten Lebenszyklus liegen. Beim Vergleich nutzengleicher Alternativen gilt, dass die Alternative optimal ist, deren Lebenszykluskosten kleiner als die der anderen Alternativen sind.

Für die Evaluierung der Leistungssituation ist zu berücksichtigen, dass Leistungen nur teilweise quantitativ erfasst werden können; viele Leistungen sind nur qualitativ erfassbar und häufig das Resultat subjektiver Schätzung. Deshalb ist es erforderlich, neben der üblichen Wirtschaftlichkeitsanalyse eine umfassende Beurteilung der Kosten- und Leistungssituation durchzuführen (z.B. mit einer Nutzwertanalyse, vgl. Lerneinheit EVALU). Dabei wird für definierte Projektziele (vgl. Lerneinheit ZIELP) das Ausmaß der Zielerreichung ermittelt und über das gesamte Zielsystem der Nutzwert bestimmt. Die Ergebnisse der Wirtschaftlichkeitsanalyse gehen als Ausmaß der Zielerreichung für das Projektziel *Wirtschaftlichkeit* in die Nutzwertanalyse ein.

Burghardt (99-102) stellt unter Verwendung von Formularen des REFA-Verbands ein Rechenbeispiel auf der Basis der Nutzwertanalyse vor und gibt an, dass die Nutzwertanalyse besonders dann eingesetzt werden sollte, „wenn in Geldeinheiten messbare Kriterien für die Wirtschaftlichkeitsbetrachtung fehlen oder nur sehr schwer formulierbar sind". Eine alternative Vorgehensweise zur Nutzwertanalyse ist der Analytische Hierarchieprozess (vgl. Lerneinheit EVALU). *Löbler* (2-17) beschrieb bereits in den 1980er Jahren den Analytischen Hierarchieprozess als zweckmäßige Methode zur Bestimmung der Wirtschaftlichkeit von Projekten, weil sich damit „die Auswirkungen eines Projektes auf das Zielsystem eines Unternehmens recht überschaubar bestimmen lassen".

Eine Wirtschaftlichkeitsanalyse für ein Informatik-Projekt kann erst durchgeführt werden, wenn die Grundkonzeption (vgl. Lerneinheit ZAMVS) und die wichtigsten Projekt-Teilplanungen (z.B. Aufgabenplanung, Personalplanung, Sachmittelplanung, Terminplanung und insbesondere Kostenplanung) vorliegen. Die Projekt-Teilplanungen (vgl. Lerneinheit PROPL) schaffen die Voraussetzung für die Ermittlung der Planungskosten. Die Grundkonzeption bestimmt mit ihrem sachlichen Lösungsvorschlag die voraussichtlichen Kosten der Nutzung (Betriebskosten) und Weiterentwicklung (Wartungskosten) sowie mit den geplanten Funktionen und Leistungen den Nutzen des geplanten Informationssystems.

Sneed schreibt zur Wirtschaftlichkeitsanalyse von Software-Projekten (245): „Ein Projekt dient der Transformation einer Ist-Situation in eine Soll-Situation und, obwohl weder die Ist-Situation noch die Soll-Ziele ausreichend bekannt sind, [möchten] die Sponsoren des Projekts ... schon wissen, was es kosten wird. Dieser Drang, die Kosten eines Vorhabens möglichst früh in Erfahrung zu bringen, bringt den Projektleiter in Bedrängnis. Wenn er sich nicht äußert, wird das Projekt zurückgestellt bzw. er bekommt nicht einmal die Mittel für eine Analyse. Wenn er sich zu einer Aussage verleiten lässt, wird er von dem Augenblick ... dieser ersten Aussage [daran] gemessen. Der Widerspruch besteht darin, dass die Auftraggeber wissen wollen, welche Kosten auf sie zukommen, ehe sie überhaupt wissen, was sie genau wollen." Es ist daher bedeutsam, Auftraggebern klar zu machen, dass belastbare Wirtschaftlichkeitsanalysen in einem sehr frühen Projektstadium in der Regel nicht möglich sind.

Die Analyse der Wirtschaftlichkeit erfordert Prognosen und ist daher mit Unsicherheit behaftet. Je später ein Kostenfaktor oder ein Nutzenfaktor in der Zukunft wirksam wird, desto unsicherer ist die Aussage, die zum gegenwärtigen Zeitpunkt über seine tatsächliche Höhe gemacht werden kann. Kostenprognosen sind grundsätzlich sicherer als Nutzenprognosen, und Planungskosten sind grundsätzlich genauer prognostizierbar als die erst nach der Installierung entstehenden Betriebskosten und Wartungskosten. Aus diesem Grund und wegen der Verfeinerung der Systemkomponenten im Verlauf des Planungsprozesses muss die Wirtschaftlichkeitsanalyse in den einzelnen Projektphasen (z.B. an den Meilensteinterminen, vgl. Lerneinheit PROPL) überprüft, korrigiert, vertieft und schließlich, nach der Installierung, verifiziert werden.

Mit diesem geplanten Nachjustieren der Wirtschaftlichkeitsanalyse soll auch ihre willkürliche Verwendung (z.B. zum „Abwürgen" eines Projekts) sowie eine Verwendung, die sich nur am Projektnotstand orientiert (z.B. zum Nachweis der weiterhin bestehenden Wirtschaftlichkeit) vermieden werden. Bei welchen Terminen bzw. bei Vorliegen welcher Zwischenergebnisse im Projektverlauf Wirtschaftlichkeitsanalysen durchgeführt werden, sollte daher durch die Projektplanung festgelegt werden. Die Projektplanung sollte sich dabei an den entsprechenden Forderungen des geltenden Vorgehensmodells orientieren.

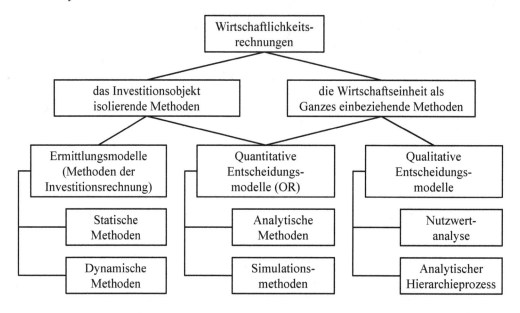

Abb. WIRTA-1: Methoden zur Beurteilung der Wirtschaftlichkeit

Wirtschaftlichkeitsanalyse vs. Wirtschaftlichkeitsrechnung

Die Wirtschaftlichkeitsanalyse umfasst im weiteren Sinn auch die Methoden der Wirtschaftlichkeitsrechnung (vgl. Abb. WIRTA-1). Auf diese Methoden wird weiter unten bzw. in eigenen Lerneinheiten (z.B. SIMUL) eingegangen. Im wörtlichen und eigentlichen Sinn heißt Wirtschaftlichkeitsanalyse:

- Analyse der Kostenstruktur,
- Analyse der Nutzenstruktur *und*
- Analyse der Beziehungen zwischen Kosten und Nutzen.

Die Betonung liegt auf *Analyse* der Wirtschaftlichkeit, nicht auf Ermittlung einzelner Indikatoren für Wirtschaftlichkeit (z.B. die Amortisationsdauer bei einer statischen Methode der Wirtschaftlichkeitsrechnung). Auf die drei Teilanalysen der so verstandenen Wirtschaftlichkeitsanalyse wird im Folgenden eingegangen. Anschließend werden die Verfahren der Wirtschaftlichkeitsrechnung dargestellt. Entscheidende Schwäche dieser Verfahren ist, dass nur monetäre Größen verwendet und qualitative Wirkungen nicht berücksichtigt werden. Für eine umfassende Beurteilung der Wirtschaftlichkeit ist es zweckmäßig, Verfahren zu verwenden, die mehrere Einzelansätze kombinieren. Ein Wirtschaftlichkeitsmodell, das einen Stufenansatz oder Ebenenansatz verwendet (vgl. Abb. WIRTA-2 und die zugehörigen Erläuterungen), kann hierbei als Rahmenkonzept dienen.

Neben der Wirtschaftlichkeitsanalyse und den Wirtschaftlichkeitsrechnungen gibt es eine Reihe weiterer Methoden bzw. Verfahren, die in der Praxis bei Wirtschaftlichkeitsbeurteilungen herangezogen werden können. Als Beispiel sei die Argumentebilanz genannt. Hierbei werden Argumente, die für und gegen ein Beurteilungsobjekt sprechen, systematisch dargestellt.

Ein weiteres Verfahren basiert auf dem Teufelsquadrat, das ein Optimierungsproblem bei der Entwicklung von Informationssystemen entlang der Faktoren Funktionalität, Qualität, Zeit und Kosten beschreibt; *Sneed* (247) schreibt dazu: „Wenn Funktionalität und Qualität bestimmt werden, ergeben sich die Zeit und die Kosten. Dies wird als Vorwärtsplanung bezeichnet. Wenn Zeit und Kosten bestimmt werden, ergeben sich die Funktionalität und Qualität. Dies wird als Rückwärtsplanung bezeichnet. Die Produktivität bestimmt, wieviel Funktionalität mit welcher Qualität in welcher Zeit und zu welchen Kosten geliefert werden kann." Im Beitrag von *Sneed* wird zudem unter Bezugnahme auf mehrere Veröffentlichungen angegeben, dass sich individuelle Programmierproduktivität um den Faktor 20 unterscheiden kann. Daraus folgt, dass ohne Kenntnis der Produktivität der Programmierer Entwicklungskosten nicht zuverlässig abgeschätzt werden können, was wiederum ungünstige Auswirkungen auf Wirtschaftlichkeitsanalysen bei Informatik-Projekten hat.

Analyse der Kostenstruktur

Kostenstruktur ist die Höhe und Zusammensetzung der Kosten nach Kostenarten, die für die Aufgabe der Planung (Planungskosten), für die Aufgabe der Nutzung oder des Betriebs (Nutzungskosten oder Betriebskosten) und für die Aufgabe der Wartung (Wartungskosten) eines Informationssystems entstehen. Planungskosten, Betriebskosten und Wartungskosten können wie folgt in Kostenarten gegliedert werden (Mindestgliederung):

- Materialkosten (für Formulare, Datenträger usw.);
- Personalkosten und Personal-Nebenkosten (wie Löhne, Gehälter, Sozialleistungen, Arbeitsplatzkosten);
- Hardware-Kosten (wie Mietkosten bzw. Abschreibungen und Wartungskosten);
- Software-Kosten (wie Lizenz- und Wartungskosten bei Fremdbezug bzw. Abschreibungen bei Fremdbezug oder Eigenfertigung);
- Netzkosten (wie Leitungskosten);
- Grundstücks- und Gebäudekosten (wie Pacht, Miete und Instandhaltung);
- Fremdkosten (wie Beratungskosten und Kosten für Fremdprogrammierung);
- Kosten für Büroausstattung und -geräte.

Zweck der Kostenartengliederung ist es, die Kostenarten herauszufinden, bei denen sich Höhe und Zusammensetzung der Kosten im geplanten Zustand (Sollzustand) gegenüber dem gegenwärtigen Zustand (Istzustand) verändern. Dadurch kann für das geplante Informationssystem eine Kostenstruktur sichtbar gemacht werden, die gegenüber dem Istzustand (und/oder einem anderen Vergleichszustand, z.B. dem branchenüblichen oder bestmöglichen) vorteilhaft ist. Die Veränderung (Kostenreduzierung und/oder Kostenverschiebung) muss beurteilt werden. Die Untersuchung der Kostenarten erfolgt in der Reihenfolge ihrer relativen Bedeutung an den Gesamtkosten (die mit der relativ größten Bedeutung werden zuerst untersucht). Aussagen über die Kostenstruktur allein können zu Fehlschlüssen führen, da jede einzelne Kostenart auch die Höhe der Gesamtkosten und über die Höhe der Gesamtkosten die relative Bedeutung der anderen Kostenarten bestimmt. Aus der Kostenstruktur allein lässt sich nicht erkennen, ob das Kostenniveau zu hoch ist; dies kann nur durch Gegenüberstellung der Kosten mit anderen Kennzahlen oder dadurch beurteilt werden, dass die Kosten mit absoluten Zahlen von Alternativen oder mit Sollgrößen verglichen werden.

Bei der Analyse der Kostenstruktur sollten auch die Kosten erfasst und untersucht werden, die Gemeinkosten sind (Gemeinkosten-Wertanalyse). Analog zur Vorgehensweise bei der Wertanalyse (vgl. Lerneinheit WERTA) werden die Gemeinkosten daraufhin untersucht, ob die sie verursachenden Funktionen für die Erreichung des Zwecks des Untersuchungsobjekts *unbedingt erforderlich* (Hauptfunktionen), nur *erforderlich* (Nebenfunktionen) oder *überflüssig* sind. Bei der Durchführung der Gemeinkosten-Wertanalyse wird von der Annahme ausgegangen, dass ein bestimmter Teil (z.B. ein Drittel) der die Gemeinkosten verursachenden Funktionen überflüssig ist, so dass auf sie verzichtet werden kann, ohne die Funktionalität und Leistung des Untersuchungsobjekts wahrnehmbar zu verringern.

Analyse der Nutzenstruktur

Nutzenstruktur ist die Zusammensetzung des Nutzens nach Nutzenarten oder Nutzenfaktoren und deren Ausmaß; es gelten die Aussagen analog, die zur Analyse der Kostenstruktur gemacht wurden. Folgende Nutzenfaktoren werden unterschieden: direkt monetär messbarer Nutzen, indirekt monetär messbarer Nutzen und nicht monetär messbarer Nutzen.

- Ein *direkt monetär messbarer Nutzen* entsteht durch Kostensenkung (Minderkosten des geplanten Informationssystems gegenüber dem bestehenden System). Technikunterstützung führt zur Kostensenkung, wenn durch geringere Kosten für Techniksysteme höhere Personalkosten, Betriebsmittelkosten und Sachkosten ersetzt werden. Zur Messung des monetären Nutzens werden die Werte der Kostenrechnung des bestehenden Informationssystems den Kosten des geplanten Informationssystems gegenübergestellt.
- Der *indirekt monetär messbare Nutzen* hat zwei Formen. Erstens können durch Technikunterstützung Kosten gesenkt werden (z.B. die Lagerkosten durch Verringerung des Lagerbestands). Zweitens kann durch Produktivitätssteigerung eine zukünftige Kostensteigerung vermieden werden (z.B. durch Marktausdehnung oder durch Sortimentserweiterung). Die Erfassung des indirekt monetär messbaren Nutzens erfolgt über eine Erfassung von Mengen und deren monetäre Bewertung (z.B. mit Marktpreisen oder Verrechnungspreisen).
- Der *nicht monetär messbare Nutzen* entsteht durch Veränderungen wie Verbesserung der Entscheidungsqualität durch ein verbessertes Informationsangebot, Verbesserung der innerbetrieblichen und zwischenbetrieblichen Kommunikation und Erhöhung der Fachkompetenz der Mitarbeiter. An die Stelle der (direkten oder indirekten) Nutzenmessung tritt eine subjektive *Nutzenschätzung*.

Analyse der Kosten/Nutzen-Beziehungen

Bei der Analyse der Beziehungen zwischen Kostenstruktur und Nutzenstruktur handelt es sich um ein *globales Verfahren* der Gliederung und Aufbereitung der beiden Bezugsgrößen der Wirtschaftlichkeit (also der Kosten und des Nutzens). Dabei werden die einzelnen Kostenarten und die Nutzenarten so miteinander verbunden, dass eine zahlenmäßige Abbildung der Beziehungszusammenhänge zwischen Kosten und Nutzen hergestellt wird. Damit lässt sich der komplexe Zusammenhang zwischen Kosten und Nutzen auf kausale bzw. funktionale Einflussgrößen zurückführen. Gefragt wird also danach, welche Nutzenart welche Kostenart(en) *verursacht* bzw. – umgekehrt betrachtet – welche Kostenart welche Nutzenart(en) *erzeugt.* Von den Antworten dazu ausgehend wird untersucht, durch welche Veränderungen der Kostenstruktur und/oder der Nutzenstruktur die Wirtschaftlichkeit positiv beeinflusst werden kann, indem Funktionen und/oder Leistungen des Analyseobjekts verändert werden. Dazu sind eine entsprechend feine Kostenstruktur und Nutzenstruktur erforderlich.

Wegen der Abhängigkeiten der einzelnen Kostenarten und Nutzenarten voneinander lassen sich derartige Beziehungszusammenhänge oft nur schwer isolieren und quantifizieren. Dies führt zu der Forderung, die Kostenstruktur und die Nutzenstruktur nicht zu fein zu wählen. Zwischen einer zu feinen Gliederung und einer zu groben Gliederung muss ein Kompromiss gefunden werden. Kennzahlen über Beziehungszusammenhänge, die aus umfassenden Analysen gewonnen werden (z.B. aus Branchenuntersuchungen), lassen im Vergleich mit Plandaten oder mit Daten anderer Alternativen erkennen, wo Schwachstellen bestehen und wo Maßnahmen zur Verbesserung der Wirtschaftlichkeit anzusetzen sind (vgl. Lerneinheit Kennzahlensysteme in *Heinrich/Riedl/Stelzer*).

Wirtschaftlichkeitsrechnungen

Nach dem Zeitpunkt der Durchführung werden zwei Formen der Wirtschaftlichkeitsrechnung unterschieden: Planungsrechnungen und Kontrollrechnungen.

- Planungsrechnungen errechnen *vor* der Entscheidung die im Sinn der Zielsetzung günstigste Handlungsalternative; es handelt sich um Soll/Soll-Vergleiche.
- Kontrollrechnungen errechnen *während* und/oder *nach* Durchführung der Entscheidung, inwieweit die Zielplanung verwirklicht werden konnte; es handelt sich um Soll/Ist-Vergleiche.

Für das Projektmanagement sind sowohl Planungsrechnungen als auch Kontrollrechnungen von Bedeutung. Die meisten Methoden der Wirtschaftlichkeitsrechnung sind für einfache, meist monetäre Ziele entwickelt worden. Sie werden nach dem verwendeten mathematischen Modelltyp in zwei Gruppen geordnet, nämlich in Ermittlungsmodelle und quantitative Entscheidungsmodelle (OR-Modelle). Beide Modelltypen werden zur Beantwortung der folgenden Fragen verwendet:

- Ist ein geplantes Projekt (unter bestimmten Voraussetzungen) absolut vorteilhaft?
- Welches von mehreren alternativen Projekten ist (unter bestimmten Voraussetzungen) vorteilhafter? Für dieses muss auch die Forderung nach der absoluten Vorteilhaftigkeit erfüllt sein.

Ermittlungsmodelle verwenden entweder statische Methoden oder dynamische Methoden. Der wesentliche Unterschied zwischen den Methoden besteht darin, dass statische Methoden keine zeitlichen Unterschiede im Entstehen der Einzahlungen und Auszahlungen berücksichtigen, während dies bei dynamischen Methoden der Fall ist. Da in der Wirklichkeit Einzahlungen und Auszahlungen zu unterschiedlichen Zeitpunkten stattfinden und da ihr Wert umso höher ist, je früher sie entstehen (vice versa), entsprechen dynamische Methoden eher der Wirklichkeit. Der größeren Genauigkeit der dynamischen Methoden steht die einfachere Handhabung der statischen Methoden gegenüber. Dynamische Methoden sind Vermögenswertmethoden und Zinssatzmethoden.

- Vermögenswertmethoden sind Methoden zur Ermittlung des Vermögenszuwachses während der Planperiode bei gegebenem Zinssatz. Zu dieser Methodengruppe gehören die Kapitalwertmethode (auch: Vermögensbarwertmethode) und die Vermögensendwertmethode. Die Kapitalwertmethode bezieht die Zahlungen auf den Beginn der Planperiode; für die Aufnahme und Anlage von Finanzmitteln wird ein einheitlicher Zinssatz verwendet. Die Vermögensendwertmethode bezieht die Zahlungen auf das Ende der Planperiode; Aufnahmezinssatz und Anlagezinssatz sind nicht identisch.
- Zinssatzmethoden sind Methoden zur Ermittlung eines Zinssatzes bei gegebenem Vermögenszuwachs von Null während der Planperiode. Zu dieser Methodengruppe gehören die Interne-Zinssatz-Methode und die Sollzinssatz-Methode. Die Interne-Zinssatz-Methode bestimmt den Zinssatz aus den Zahlungen; Zinssätze sind nicht vorgegeben. Die Sollzinssatz-Methode bestimmt eine obere Schranke für den Aufnahmezinssatz (Soll) aus den Zahlungen unter Berücksichtigung eines exogenen Habenzinssatzes (Anlagezinssatz).

Statische Methoden sind Kostenvergleichsrechnung, Rentabilitätsrechnung und Amortisationsrechnung.

- Die Kostenvergleichsrechnung stellt die Kosten der Alternativen einander gegenüber. In den Kostenvergleich werden alle Kostenarten einbezogen, in denen sich die Alternativen unterscheiden. Optimal ist die Alternative mit den geringsten Kosten (dies jedoch nur dann, wenn eine definierte Kostenobergrenze nicht überschritten wird).
- Mit der Rentabilitätsrechnung wird der Durchschnittsgewinn eines Zeitabschnitts (z.B. ein Jahr) zum durchschnittlich gebundenen Kapital in Beziehung gesetzt. Ergebnis ist die Durchschnittsverzinsung des durchschnittlich gebundenen Kapitals (Rentabilität). Optimal ist die Alternative mit der höchsten Rentabilität.
- Mit der Amortisationsrechnung wird die Amortisationszeit ermittelt. Sie ist definiert als der Teil des Planungszeitraums, in dem das für ein Investitionsobjekt eingesetzte Kapital aus den Rückflüssen wiedergewonnen wird. Optimal ist die Alternative mit der kürzesten Amortisationszeit.

Verglichen mit der Wirtschaftlichkeitsanalyse ist die Brauchbarkeit der Investitionsrechnungsmethoden zur Beurteilung der Wirtschaftlichkeit von Informationssystemen relativ gering. Am besten lassen sich damit um Investitionsbudgets konkurrierende Projekte beurteilen; dies ist aber eher eine Aufgabe des strategischen Informationsmanagements als des Projektmanagements.

Für eine Reihe von Auswahlproblemen bei Informatik-Projekten eignen sich die theoretisch weniger anspruchsvollen statischen Methoden der Investitionsrechnung besser als die theoretisch genauere Methoden, unter anderem deshalb, weil sie einfacher zu verstehen sind und auf weniger Annahmen beruhen. In *Henrich* (175-184) sind im Abschnitt Das Softwareprojekt als Investition sowohl für dynamische als auch für statische Methoden Rechenbeispiele angegeben. Eine Sichtung dieser Beispiele zeigt, dass dynamische Methoden auf mehr Annahmen beruhen als statische Methoden. Welche Methoden der Wirtschaftlichkeitsrechnung letztlich in einem Projekt zum Einsatz kommen, hängt von den situationsspezifischen Gegebenheiten ab. Grundsätzlich gilt: Je systematischer und standardisierter Wirtschaftlichkeitsanalysen in Projekten in einem Unternehmen erfolgen und eine Dokumentation dieser Analysen vorausgesetzt, desto wahrscheinlicher ist es, dass Projektentscheidungen rational getroffen werden.

Quantitative Entscheidungsmodelle ermitteln die Vorteilhaftigkeit der Alternativen im Hinblick auf ein bestimmtes Ziel. Zu dieser Gruppe gehören analytische Methoden und Simulationsmethoden (vgl. Lerneinheit SIMUL). Die Anwendbarkeit analytischer Methoden zur Beurteilung der Wirtschaftlichkeit von Informatik-Projekten ist gering, da sich die komplexe Wirklichkeit im Regelfall nicht oder nicht mit vertretbarem Aufwand in mathematische Modelle abbilden lässt.

Wirtschaftlichkeitsmodelle

Aufgrund der Tatsache, dass mit Informatik-Projekten Informationssysteme bereitgestellt werden können, die nicht nur Veränderungen an einzelnen betrieblichen Funktionen (z.B. an bestimmten Arbeitsplätzen und für bestimmte Aufgaben), sondern an ganzen Prozessketten (im Sinn von Geschäftsprozessen) oder an wesentlichen Teilen davon hervorrufen, muss die Analyse der Wirtschaftlichkeit arbeitsplatz- und abteilungsübergreifend bis unternehmensweit angelegt werden. Zudem muss bedacht werden, dass erfahrungsgemäß das Nutzenpotential nicht nur bei den einzelnen Tätigkeiten der Prozesskette liegt, sondern auch *zwischen* den Tätigkeiten. Zur Lösung dieser Aufgabe werden mehrstufige Wirtschaftlichkeitsmodelle verwendet. In einem vierstufigen Wirtschaftlichkeitsmodell werden folgende Wirtschaftlichkeitsstufen (oder: Wirtschaftlichkeitsebenen) unterschieden (nach *Reichwald*):

- W_1: Isolierte technologiebezogene Wirtschaftlichkeit, mit der Kosten und Nutzen erfasst werden, die unmittelbar dem Technologieeinsatz zuzurechnen sind;
- W_2: Subsystembezogene Wirtschaftlichkeit, mit der die vom Einsatzkonzept und anderen situativen Bedingungen abhängigen Kosten und der Nutzen im Hinblick auf die Arbeitsabläufe erfasst werden;
- W_3: Gesamtorganisationale Wirtschaftlichkeit, mit der die Kosten zur Aufrechterhaltung der Anpassungsfähigkeit und Funktionsstabilität sowie kostenrelevante Humanaspekte und der damit bewirkte Nutzen erfasst werden;
- W_4: Gesellschaftliche Wirtschaftlichkeit, mit der negative Auswirkungen (in Form von Kosten) und positive Auswirkungen (als Nutzen) auf die Unternehmensumwelt erfasst werden.

Bei der Nutzenmessung wird zwischen quantitativen und qualitativen Ausprägungen unterschieden. Bei Verwendung der vier Wirtschaftlichkeitsstufen, der Kosten und den beiden Nutzenkategorien ergibt sich eine 12-Felder-Matrix für die Beurteilung der Wirtschaftlichkeit (vgl. Abb. WIRTA-2). Verdichtungen und Saldierungen sollen vermieden werden, um die Wirtschaftlichkeit stufenweise sichtbar zu machen.

Ebenen der Wirtschaftlichkeit	Kosten	Quant. Nutzen	Qual. Nutzen
W_1: Arbeitsplatz			
W_2: Geschäftsprozess			
W_3: Unternehmen			
W_4: Gesellschaft			

Abb. WIRTA-2: Vierstufiges Wirtschaftlichkeitsmodell (nach *Reichwald*)

Wirtschaftlichkeitsanalyse und Controlling

Durch die Verwendung des Controlling-Ansatzes (vgl. Lerneinheit PCONT) wird aus der „Ein-Zeitpunkt-Betrachtung" ein Prozess, der einen Abschnitt im Controlling-Regelkreis darstellt. So kann beispielsweise für ein Vertriebsinformationssystem ein Regelkreis aufgebaut werden, indem der Vertrieb zusätzliche IT-Kosten über die Erhöhung wesentlicher Kennzahlen des Vertriebs (z.B. Erhöhung des Umsatzes oder des erwirtschafteten Deckungsbeitrags) direkt kompensieren kann.

Forschungsbefunde

Bower/Finegan haben untersucht, warum Earned Value Management (EVM) als Ansatz zur Bewertung der Projektleistung keine hohe Verbreitung hat (der EVM-Ansatz berücksichtigt den Nutzen und die Kosten eines Projekts auf der Basis bestimmter Berechnungsmethoden). Der Forschungsansatz umfasste dabei folgende Elemente: eine Übersicht über bisherige und aktuelle Fachliteratur zu EVM, eine Befragung von Praktikern im Projektmanagement zu ihren Handlungsmustern und Einstellungen gegenüber EVM, eine Analyse der Herausforderungen des EVM-Ansatzes, Entwicklung von Techniken zum Lösen dieser Herausforderungen, Konsolidierung der Forschungsergebnisse in einem Framework und Implementierungsmodell (als Phase-Assured Value Analysis, PAVA, bezeichnet) sowie Validierung des PAVA-Ansatzes. Im Fazit ihres Beitrags schreiben *Bower/Finegan* (441): „EVM has been developed and promoted within the project management community as the singular methodology for project performance measurement, particularly for cost control. In the USA, a major organisation has invested significant effort in creating a national standard for EVM … and the dominant PMI [Project Management Institute] (2005) has created an EVM Practice Standard. Both of these documents tend to reinforce the notion that there is only one acceptable way to measure project performance, and that way is EVM … PAVA is developed as an alternative to conventional EVM techniques, and in doing so have challenged the idea that EVM is the only suitable way to assess project cost performance. This research has opened the door not only to PAVA, but also to the possibility that other improvements may be made by other researchers in this area. The PAVA model takes note of the earned schedule concept and recent research on that initiative; however, it does not incorporate the earned schedule approach into PAVA as this study found it to be procedurally dubious and unnecessarily complex. Rather, by simply measuring the progress of each project phase with the PAVA technique, managers can readily identify the schedule variance expressed in days, and also arrive at a reliable schedule performance indicator."

Ozcelik hat untersucht, ob die Ergebnisse von Business-Process-Reengineering (BPR)-Projekten Kennzahlen eines Unternehmens verbessern; konkret wurden die Wirkungen auf Arbeitsproduktivität („labor productivity"), Gesamtkapitalrentabilität („return on assets") und Eigenkapitalrentabilität („return on equity") untersucht. Die Datenbasis der Studie wird wie folgt beschrieben (9): „sample size … 832 firms with a time span between 1984 and 2004. Of these firms, 93 have implemented a BPR project. We classified the BPR projects in two groups with respect to project scope. Projects that likely affect a single business unit were classified as being functionally focused. Examples include reengineering of records management, sales force, and labor scheduling. Projects that potentially affect several departments were considered to have a cross-functional focus. Examples of such projects include restructuring and strategic rethinking of business for cost cutting or revenue growth purposes. Overall, 56 of the 93 projects in our data set were cross-functional and 37 were functionally oriented." Die Ergebnisse der Studie zeigen, dass die Leistung der Unternehmen nach der Fertigstellung der BPR-Projekte steigt, wohingegen während der Projektlaufzeit kein Einfluss auf die Kennzahlen festgestellt wurde. Zudem wird berichtet, dass funktional fokussierte BPR-Projekte („functional") im Durchschnitt mehr zur Leistung beitragen als BPR-Projekte mit einem breiteren funktionsübergreifenden Anwendungsbereich („cross-functional").

Die Messung der Produktivität in der Softwareentwicklung ist eine schwierige Aufgabe. Vor diesem Hintergrund haben *Mahmood et al.* die Data Envelopment Analysis (DEA) verwendet, um die Produktivität von 78 kommerziellen Softwareentwicklungsprojekten zu untersuchen – DEA ist eine Methode zur Messung der relativen Effizienz von Entscheidungseinheiten; eine Einheit kann jedes Objekt sein, das durch Inputs (z.B. Arbeitsaufwand in Stunden) und Outputs (z.B. Qualitätsniveau) beschrieben werden kann. Die Autoren schreiben als Fazit ihrer Arbeit (57): „The results showed that the DEA technology can be successfully used to identify efficient and inefficient software projects. Furthermore, within the inefficient group, DEA can also identify factors that affect software productivity in a positive or negative manner, allowing managers to take corrective actions."

Kontrollfragen
1. Wann wird ein Informatik-Projekt als wirtschaftlich bezeichnet?
2. Wie können die Kosten und wie kann der Nutzen gegliedert werden?
3. Wie erfolgt die Analyse der Beziehungszusammenhänge zwischen Kosten und Nutzen?

4. Welche Ermittlungsmodelle gibt es, um die Wirtschaftlichkeit von Informatik-Projekten zu beurteilen?
5. Was ist ein mehrstufiges Wirtschaftlichkeitsmodell?

Quellenliteratur

Bower, D. C./Finegan, A. D.: New approaches in project performance evaluation techniques. International Journal of Managing Projects in Business, 3/2009, 435-444

Burghardt, M.: Projektmanagement: Leitfaden für die Planung, Überwachung und Steuerung von Projekten. 9. A., Publicis, 2012

Heinrich, L. J./Riedl, R./Stelzer, D.: Informationsmanagement: Grundlagen, Aufgaben, Methoden. 11. A., De Gruyter Oldenbourg, 2014

Henrich, A.: Management von Softwareprojekten. Oldenbourg, 2002

Löbler, H.: Das Projekt als Investition: Quantitative und qualitative Argumente zur Projektbewertung. Projektmanagement aktuell '88, 1-22

Mahmood, M. A./Pettingell, K. J./Shaskevich, A. I.: Measuring productivity of software projects: A data envelopment analysis approach. Decision Sciences, 1/1996, 57-80

Ozcelik, Y.: Do business process reengineering projects payoff? Evidence from the United States. International Journal of Project Management, 1/2010, 7-13

Reichwald, R.: Ein mehrstufiger Bewertungsansatz zur wirtschaftlichen Leistungsbeurteilung der Bürokommunikation. In: Hoyer, R. H./Kölzer, G. (Hrsg.): Wirtschaftlichkeitsrechnungen im Bürobereich. De Gruyter, 1987, 23-33

Sneed, H.: Kalkulation und Wirtschaftlichkeitsanalyse von IT-Projekten. In: Tiemeyer, E. (Hrsg.): Handbuch IT-Projektmanagement. 2. A., Hanser, 2014, 243-271

Vertiefungsliteratur

Eichhorn, P./Merk, J.: Das Prinzip der Wirtschaftlichkeit: Basiswissen der Betriebswirtschaftslehre. 4. A., Springer Gabler, 2016

Hirschmeier, M.: Wirtschaftlichkeitsanalysen für IT-Investitionen. WiKu, 2005

Kubicek, H./Lofthouse, B.: Machbarkeit und Wirtschaftlichkeit von IT-Projekten: Die frühen Phasen des Projektmanagements. dpunkt, 2010

Normen und Richtlinien

15 Regeln für Wirtschaftlichkeit: http://www.olev.de/w/wirtsch.htm

Werkzeuge

https://products.office.com/de-de/excel

Interessante Links

https://www.projektmagazin.de/artikel/wann-sollte-ein-projekt-eingestellt-werden_7226
https://www.projektmagazin.de/artikel/wirtschaftlichkeit-und-nutzwert-bei-it-organisationsprojekten-analysieren_1071070

WERTA - Wertanalyse

Lernziele

Sie kennen den Zweck der Wertanalyse und erkennen ihre Bedeutung für die Abwicklung von Informatik-Projekten. Sie können die Vorgehensweise bei der Wertanalyse in Phasen und Arbeitsschritte gliedern. Sie erkennen die zentrale Bedeutung der Funktionenanalyse für die Wertanalyse und können Hauptfunktionen von Nebenfunktionen unterscheiden. Sie sind in der Lage, die Wertanalyse auf Informatik-Projekte und Produkte von Informatik-Projekten anzuwenden.

Definitionen und Abkürzungen

Funktion (function) = die Wirkung eines Produkts oder eines seiner Bestandteile.

Funktionenanalyse (function analysis) = der Prozess, der die Funktionen und deren Beziehungen, welche systematisch dargestellt, klassifiziert und bewertet sind, vollständig beschreibt.

Funktionengliederung (function structure) = die Anordnung von Funktionen, die sich aus der Funktionenanalyse ergibt und in Form eines Baums oder Diagramms dargestellt werden kann.

Funktionenkosten (function cost) = die Gesamtheit der geplanten oder angefallenen Aufwendungen, um eine Funktion in ein Wertanalyse-Objekt aufzunehmen.

Gebrauchsfunktion (use function) = eine Funktion des Wertanalyse-Objekts, die zu dessen sachlicher Nutzung erforderlich ist.

Geltungsfunktion (importance function) = eine ausschließlich subjektiv wahrnehmbare, personenbezogene Wirkung eines Wertanalyse-Objekts.

Gesamtfunktion (overall function) = die Wirkung aller Funktionen, die in einer Funktionengliederung erfasst sind.

Hauptfunktion (main function) = eine Funktion des Wertanalyse-Objekts, die dessen besonders hoch gewichtete Wirkung im Sinn der Nutzung beschreibt.

Nebenfunktion (auxiliary function) = jede im Sinn der Nutzung deutlich geringer als eine Hauptfunktion gewichtete Wirkung eines Wertanalyse-Objekts.

WA = Akronym für Wertanalyse (VA = value analysis).

WA-Arbeitsplan (VA working plan) = die organisierte und methodische Vorgehensweise, die eine Anzahl von Schritten mit dem Ziel umfasst, eine erfolgreiche Anwendung der Wertanalyse sicherzustellen.

WA-Objekt (VA object) = ein bestehendes oder entstehendes Produkt, auf das die Wertanalyse angewendet wird.

WA-Ziel (VA target) = ein Funktionen- oder Kostenziel (oder anderes Ziel) für ein Wertanalyse-Projekt.

Wert (value) = die Beziehung zwischen dem Beitrag einer Funktion (oder des Wertanalyse-Objekts) zur Bedürfnisbefriedigung und den Kosten der Funktion (oder des Wertanalyse-Objekts).

Wertziel (value target) = die niedrigsten Kosten, die erforderlich sind, um eine Funktion zu erfüllen.

Zweck der Wertanalyse

Die Wertanalyse (WA) wurde in den 1940er Jahren in den USA durch *L. D. Miles* bei General Electric entwickelt; sie wird heute weltweit mit Erfolg eingesetzt. *Burghardt* (69) schreibt dazu: „In vielen Unternehmen ist die Wertanalyse bereits fester Bestandteil im Planungsprozess einer neuen Produktentwicklung geworden. Durch den konsequenten Einsatz von Wertanalysen konnten Kostensenkungen und Leistungsverbesserungen von bis zu 20% erreicht werden." Der Erfolg ist dabei nicht nur von der WA als Methode abhängig, sondern wird gleichermaßen von den Verhaltensweisen der mittelbar und unmittelbar an einem WA-Projekt beteiligten Personen sowie vom Management bestimmt. DIN EN 1325-1 definiert dem entsprechend wie folgt: „Organisierter und kreativer Ansatz, der einen funktionenorientierten und wirtschaftlichen Gestaltungsprozess mit dem Ziel der Wertsteigerung eines WA-Objektes zur Anwendung bringt." Die aktuelle Norm DIN EN 1325:2014-07 „definiert Begriffe des Value Managements (VM) mit dem Ziel, eine einheitliche Sprache zur Nutzung bei der Optimierung von Leistung und Produktivität bei Organisationen, Projekten, Produkten und Dienstleistungen festzulegen." Trotz begrifflicher Entwicklungen gilt (vgl. dazu auch die mittlerweile zurückgezogene DIN 69910:1973-11, in der die WA ursprünglich beschrieben wurde), dass alle Auffassungen darüber, was WA ist, in drei Merkmalen übereinstimmen:

- die funktionenorientierte Betrachtung, welche die Untersuchung der Funktionen des WA-Objekts in den Vordergrund stellt;
- die systematische Zerlegung des WA-Objekts in seine Funktionen, wie dies bei der Aufgabenanalyse der Fall ist (vgl. Lerneinheit ERFAS);
- das kooperative Vorgehen (interdisziplinäre Gruppenarbeit), das durch einen Arbeitsplan mit festgelegten Arbeitsphasen und Arbeitsschritten sowie durch die Zusammenarbeit aller Betroffenen gekennzeichnet ist.

Da systematisches Zerlegen und kooperatives Vorgehen typische Merkmale von Kreativitätstechniken sind, wird die WA gelegentlich auch als Kreativitätstechnik (meist unter der Bezeichnung Funktionenanalyse) eingeordnet (vgl. Lerneinheit KREAT). Zweckmäßiger ist aber eine Einordnung als Analysemethode.

WA ist auf *vorhandene* materielle und nicht-materielle Objekte anwendbar (z.B. Produkte, Dienstleistungen, Arbeitsabläufe, Geschäftsprozesse) sowie auf *geplante* Objekte. Eine genauere Benennung verwendet für den ersten Fall die Bezeichnung Wertanalyse (value analysis oder value improvement), für den zweiten Fall die Bezeichnung Wertgestaltung (value engineering oder value assurance). Im Folgenden wird nur von Wertanalyse gesprochen, gleichgültig, ob es sich um vorhandene oder im Planungsprozess befindliche Objekte handelt.

Zweck der WA ist es, den Wert eines mit der WA untersuchten Objekts (WA-Objekt) durch ein Mehr an Funktionenerfüllung und/oder ein Weniger an Kosten zur Realisierung der Funktionenerfüllung zu steigern. Die Benennung Wert wird auch verwendet, wenn außer den Kosten noch andere Faktoren betrachtet werden (z.B. Zuverlässigkeit, Verfügbarkeit von Ressourcen, Zeit). Dabei steht nicht das

WA-Objekt in seiner physischen Realisierung im Mittelpunkt der Betrachtung, sondern dessen Funktionen und der Wert der Funktionenerfüllung für den Benutzer. Diese Sichtweise entspricht der für Informatik-Projekte typischen Methodik, die zwischen logischem Modell und physischem Modell unterscheidet (vgl. Lerneinheit ZAMIP) und die fordert, sich von den physischen Attributen des Istzustands zu lösen und physische Attribute des Sollzustands als alternative Realisierungsmöglichkeiten eines logischen Modells des Sollzustands zu verstehen. WA-Objekte von Informatik-Projekten sind daher insbesondere:

- die Grundkonzeption in der Projektphase Vorstudie (vgl. Lerneinheit ZAMVS);
- der Istzustand und die angepasste Grundkonzeption in der Projektphase Feinstudie (vgl. Lerneinheit ZAMFS);
- die Entwürfe der Teilsysteme und des Gesamtsystems in der Projektphase Systementwurf (vgl. Lerneinheit ZAMSE);
- die realisierten Teilsysteme und das Gesamtsystem in der Projektphase Implementierung (vgl. Lerneinheit ZAMIM).

Darüber hinaus kann die WA als Methode des Lebenszyklus-Managements für die Rationalisierung bestehender Informationssysteme eingesetzt werden. Dabei geht es um die Beantwortung der Frage, welches Mehr an Funktionen und/oder Weniger an Kosten durch geeignete Maßnahmen der Anpassungswartung erreicht werden kann.

Funktionenanalyse

Im Mittelpunkt der WA-Arbeit steht die Funktionenanalyse, für die erfahrungsgemäß etwa 50% des Zeitaufwands für ein WA-Projekt erforderlich sind. Mit der Funktionenanalyse wird jede Funktion des WA-Objekts (ausgedrückt durch ein Substantiv *und* ein Verb im Infinitiv, z.B. „Daten speichern") daraufhin untersucht, in welche Funktionenart und in welche Funktionenklasse sie einzuordnen ist, oder ob sie der Kategorie „unerwünschte Funktion" zuzuordnen ist. Funktionenarten sind Gebrauchsfunktion und Geltungsfunktion; sie beschreiben die sachliche bzw. subjektive Wirkung jeder einzelnen Funktion des WA-Objekts bei seiner tatsächlichen oder geplanten Verwendung. Die Funktionenklassen dienen dem Herstellen einer Rangordnung der Funktionen nach unterschiedlichen Gesichtspunkten. Dabei wird zwischen Hauptfunktion und Nebenfunktion sowie zwischen Gesamtfunktion und Teilfunktion unterschieden.

Die Zuordnung einer Funktion zur Funktionenklasse Hauptfunktion oder Nebenfunktion erfolgt anhand der Beantwortung der Frage, ob die Funktion zur Erfüllung des Verwendungszwecks des Produkts (z.B. des Informationssystems) unerlässlich ist und wenn nein, ob sie den Verwendungszweck unterstützt oder ob sie ihn erweitert. Ist eine Funktion unerlässlich, ist sie Hauptfunktion. Unterstützt oder erweitert eine Funktion den Verwendungszweck, ist sie Nebenfunktion. Trifft weder die erste noch die zweite Aussage zu, dann ist sie überflüssig (vgl. Abb. WERTA-1). Eine überflüssige Funktion kann unnötige Funktion oder unerwünschte Funktion sein. Eine Funktion ist unnötig, wenn sie zur Bedürfnisbefriedigung der Benutzer keinen Beitrag leistet; sie ist unerwünscht, wenn sie für den Benutzer nachteilige Wirkung hat, also einen negativen Beitrag zum Wert des Produkts leistet.

Aus Abb. WERTA-1 kann auch die Bedeutung der WA für die Istzustandsanalyse, insbesondere für den inhaltlichen Analysezyklus, erkannt werden (vgl. Lerneinheit ERFAS). Es sind nur Funktionen von Bedeutung, die aus der Sicht der Anwender oder Benutzer einen Nutzen haben, mit anderen Worten: die definierte Anforderungen erfüllen. Dabei ist auch wichtig, wie sich die Anforderungen entwickeln, so dass Funktionen an Bedeutung verlieren, wegfallen oder neu hinzukommen können (vgl. Lerneinheit ANFAN).

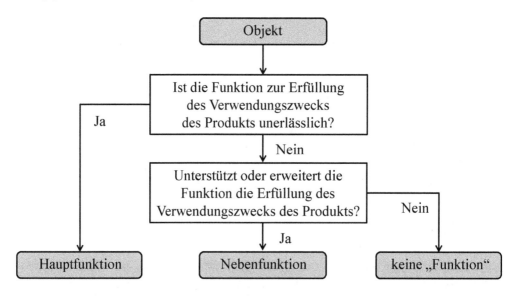

Abb. WERTA-1: Funktionengliederung (in Anlehnung an *Hoffmann*)

In jedem Informationssystem werden sowohl Hauptfunktionen als auch Nebenfunktionen realisiert. Viele der als Funktionenanforderungen, Leistungsanforderungen und Schnittstellenanforderungen bezeichneten Sachziele sind im Sinn der WA Hauptfunktionen, viele der als Nutzungsziele, Wartungsziele und Rahmenziele bezeichneten Formalziele sind im Sinn der WA Nebenfunktionen (vgl. Lerneinheit ZIELP). Eine ausreichend genaue Aussage darüber, welche Sachziele und welche Formalziele Hauptfunktionen, welche Nebenfunktionen und welche „überflüssige Funktionen" sind, soll die Funktionenanalyse liefern. So kann – je nach Informationssystem und Benutzerprofil – die Benutzbarkeit eine Hauptfunktion (z.B. für naive Benutzer) *oder* eine Nebenfunktion (z.B. für professionelle Benutzer) sein.

Die Funktionengliederung in Hauptfunktionen und Nebenfunktionen ist eine wichtige Orientierungshilfe. Für die Untersuchung des Istzustands ist sie ein Analyseinstrument, für den Entwurf des Sollzustands ist sie ein Kriterium für die Beurteilung des qualitativen Niveaus des Systementwurfs. Wenn beispielsweise die Anzahl der Nebenfunktionen deutlich vermindert werden kann, dann wird die Problemlösung insgesamt wirtschaftlicher, ohne wesentlich an Wirksamkeit zu verlieren. Je nach konkretem WA-Objekt kann *Funktion* eine unterschiedliche und über die bisherige Erläuterung hinausgehende Bedeutung haben; die Bedeutung kann allgemeiner Art oder sehr präziser Art sein. Ist beispielsweise der Entwurf der gesamten Ablauforganisation WA-Objekt, dann sind die einzelnen Geschäftsprozesse die Funktionen im Sinn der WA. Wird dagegen ein bestimmter Geschäftsprozess untersucht, sind die Ablaufschritte dieses Geschäftsprozesses (z.B. als Objekt/Verrichtung-Kombination) Funktionen im Sinn der WA.

Die systematische Vorgehensweise bei der Funktionenanalyse wird durch die Verwendung eines Funktionenbaums unterstützt, in dem die Funktionenarten und Funktionenklassen als Funktionenstruktur dargestellt werden. Wurzel eines Funktionenbaums ist die Gesamtfunktion des WA-Objekts, die nach dem Prinzip des Stammbaums über verschiedene Ebenen von Teilfunktionen zerlegt wird. Eine Teilfunktion ist eine Hauptfunktion, der die Nebenfunktionen als „Äste" jeder Ebene zugeordnet sind, welche diese Hauptfunktion unterstützen. Nach Durchführung der Kostenanalyse können den Funktionen im Funktionenbaum geplante Kosten (bei Objekten, die sich in Planung befinden) bzw. tatsächliche Kosten (bei verwendeten Objekten) zugeordnet werden. Nach Durchführung der Wertziel-Analyse können auch Wertziele zugeordnet werden.

Kostenanalyse und Wertziel-Analyse

In engem Zusammenhang mit der Funktionenanalyse steht die Kostenanalyse, deren Zweck die Zuordnung von Kosten zu Funktionen ist. Auf der Basis der Kostenanalyse soll für jede Funktion angegeben werden, welche Kosten sie verursacht (Funktionenkosten). Da sowohl die Erhebung der Kosten als auch ihre Zurechnung auf einzelne Funktionen häufig schwierig, wenn nicht unmöglich ist (besonders bei WA-Objekten, die sich in Planung befinden), werden mehrere Funktionen zu Funktionsbereichen zusammengefasst. Dadurch können die Kosten leichter geschätzt und den Funktionsbereichen zugerechnet werden. Schwierigkeiten der Kostenermittlung und -zurechnung resultieren vor allem daraus, dass die Verfahren der Kosten- und Leistungsrechnung die Kosten üblicherweise auf Stellen, Träger usw. zurechnen, nicht aber auf Funktionen.

Vor der Gestaltung und Neugestaltung sind die Funktionenkosten ein Kostenziel oder Kostenlimit, das für die Herstellung genehmigt ist. Nach der Entwicklung oder Realisierung sind die Funktionenkosten jene Kosten, die tatsächlich angefallen sind. Häufig ist es zweckmäßig, für die Funktionen Kostenziele festzulegen (Wertziele im Sinn der WA). Ein Wertziel legt fest, wie hoch die Kosten für die Realisierung jeder Funktion des WA-Objekts (Funktionenwertziel) und – davon ausgehend – des WA-Objekts insgesamt *höchstens* sein sollen. Aus der Differenz zwischen dem Wertziel und den geplanten Kosten bzw. den Istkosten kann auf das Rationalisierungspotential geschlossen und danach beurteilt werden, ob sich die Fortführung der WA-Arbeit lohnt.

Zum Ermitteln der Wertziele werden zunächst alle Nebenfunktionen entfernt, es wird nur von den Hauptfunktionen ausgegangen. Für jede Hauptfunktion wird eine „billige" Realisierungsalternative ermittelt; deren Kosten sind das Funktionenwertziel. Zeigt die Differenz zwischen der Summe der Funktionenwertziele und der Summe der geplanten Kosten bzw. der Istkosten ein ausreichendes Rationalisierungspotential, wird die Wertziel-Analyse fortgesetzt, und den Hauptfunktionen werden solange schrittweise die Nebenfunktionen mit ihren Wertzielen zugeordnet, bis das Wertziel des WA-Objekts insgesamt ermittelt ist.

Wertsteigerung

Stellt man eine Bedürfnisbefriedigung (z.B. bei Betrachtung eines Anwendungssystems den Beitrag zur Aufgabenerfüllung durch eine Funktion) dem zur Realisierung der Bedürfnisbefriedigung notwendigen Ressourceneinsatz (z.B. Kosten für eine Funktion) gegenüber, so erhält man Auskunft über den Wert eines Objekts (z.B. eine Funktion). Abbildung WERTA-2 zeigt, unter Bezugnahme auf DIN EN 12973 (zitiert in *Marchthaler et al.*), die unterschiedlichen Möglichkeiten der Wertsteigerung. Demnach tritt eine Wertsteigerung dann ein, wenn:

- die Bedürfnisbefriedigung mehr steigt als der Ressourceneinsatz;
- die Bedürfnisbefriedigung steigt und der Ressourceneinsatz unverändert bleibt;
- die Bedürfnisbefriedigung steigt und der Ressourceneinsatz fällt;
- die Bedürfnisbefriedigung unverändert bleibt und der Ressourceneinsatz fällt;
- der Ressourceneinsatz stärker fällt als die Bedürfnisbefriedigung.

Bedürfnisbefriedigung
(z.B. Aufgabenerfüllung durch eine Funktion)

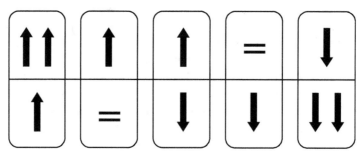

Ressourceneinsatz
(z.B. Kosten für eine Funktion)

Abb. WERTA-2: Möglichkeiten der Wertsteigerung (in Anlehnung an *Marchthaler et al.*, 16)

Bezieht sich die Wertanalyse auf ein Anwendungssystem, dann sind die Aufgabenunterstützung durch eine Funktion sowie die Kosten für eine Funktion bedeutsame Analysefaktoren. Abbildung WERTA-3 stellt die beiden Faktoren gegenüber; auf der X-Achse ist die Aufgabenunterstützung dargestellt, auf der Y-Achse die Kosten. Aus der Darstellung geht hervor, dass über der 45-Grad-Diagonalen gilt: Kosten > Aufgabenunterstützung, daraus resultiert ein niedriger Wert; unter der 45-Grad-Diagonalen gilt: Aufgabenunterstützung > Kosten, daraus resultiert ein hoher Wert. Alle Punkte, die auf der 45-Grad-Diagonalen liegen, haben – relativ zu den anderen Punkten betrachtet – einen mittleren Wert, da dort die Aufgabenunterstützung den Kosten entspricht. Der niedrigste Wert liegt in der Darstellung links oben, der höchste Wert rechts unten (wobei man beim niedrigsten Wert treffenderweise von einer wertlosen Funktion sprechen sollte).

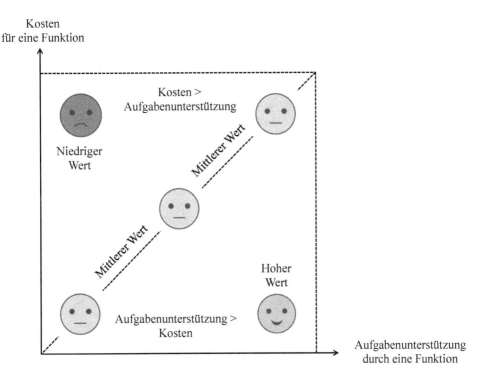

Abb. WERTA-3: Wert einer Funktion als Verhältnis von Aufgabenunterstützung zu Kosten

Arbeitsphasen der Wertanalyse

Ausgangspunkt für ein WA-Projekt ist eine eindeutige Aufgabenbeschreibung mit einer möglichst quantifizierten Zielvorgabe (z.B. Reduzierung der Kosten um x% bei gleicher Gebrauchstauglichkeit). Kennzeichnend für die eigentliche WA-Arbeit ist die systematische Vorgehensweise nach einem WA-Arbeitsplan, der bei einem Informatik-Projekt in folgende Phasen und Arbeitsschritte gegliedert sein kann:

- Vorbereiten der WA-Arbeit (Vorbereitungsphase);
- Erheben des Istzustands (Erhebungsphase);
- Analysieren des Istzustands (Analysephase);
- Entwickeln von Alternativen (Kreativitätsphase);
- Evaluieren der Alternativen (Evaluierungsphase);
- Verwirklichen der optimalen Alternative (Realisierungsphase).

Vorbereitungsphase: Die WA-Arbeit beginnt mit dem Auswählen eines WA-Objekts und dem Untersuchungsauftrag (z.B. mit dem WA-Objekt „Grundkonzeption" und dem Auftrag durch den Lenkungsausschuss). Dem Untersuchungsauftrag entsprechend wird eine Arbeitsgruppe gebildet, deren Mitglieder mit denen der Projektgruppe für das Informatik-Projekt *nicht* identisch sein sollen. Die Arbeitsgruppe plant den Arbeitsablauf für die WA-Arbeit (z.B. analog zu der in Lerneinheit PROPL erläuterten Vorgehensweise).

Erhebungsphase: Aufgabe dieser Phase ist es, die Daten zu erheben, die zur Beschreibung des WA-Objekts erforderlich sind. Bei einem in Planung befindlichen WA-Objekt beschreibt die Projektdokumentation den Zustand des WA-Objekts zum Zeitpunkt der WA-Arbeit (vgl. Lerneinheit DOKUM). Weitere Daten über den Istzustand des Informationssystems, das ersetzt werden soll, können von Interesse sein. Von besonderer Bedeutung für die WA-Arbeit sind die aktuellen Anforderungen, wie sie in der Spezifikation für das Projekt dokumentiert sind (vgl. Lerneinheiten ANFAN und PFLIC). Nur wenn die Projektdokumentation aussagefähig und aktuell ist, können spezielle Erhebungen für die WA-Arbeit weitgehend vermieden werden. Zur Erhebungsphase gehört auch die Beschreibung der Funktionen mit einer funktionalen Formulierung, im Allgemeinen mit einem Hauptwort und einem Zeitwort (z.B. „Daten übertragen"), und die Erhebung der Kosten für die Funktionen.

Analysephase: Die Daten über den Istzustand des WA-Objekts werden für die Funktionenanalyse, die Kostenanalyse und die Wertziel-Analyse verwendet. Mit diesen Analysen werden folgende Fragen beantwortet:

- Welche Funktionen werden an Bedeutung verlieren?
- Welche Funktionen können entfallen?
- Welche der notwendigen Funktionen müssen besser erfüllt werden?
- Welche zusätzlichen Funktionen sind erforderlich?
- Welche Kosten können vermieden werden?

Kreativitätsphase: Das Suchen nach Alternativen erfolgt auf der Grundlage der Funktionenanalyse, also *losgelöst* von einer bestehenden physischen Realisierung des WA-Objekts. Zur Unterstützung dieser Arbeitsphase werden Kreativitätstechniken (vgl. Lerneinheit KREAT) verwendet. Untersucht wird für jede Funktion, durch welche alternativen physischen Attribute sie realisiert werden könnte. Man ermittelt dann die Kosten der alternativen Realisierungen und erhält so für jeden Funktionenbereich bzw. für jede Hauptfunktion und schließlich für das WA-Objekt insgesamt alternative physische Realisierungen mit ihren Wertzielen.

Evaluierungsphase: Aus der erarbeiteten Alternativenmenge werden in einem ersten Schritt zunächst die Alternativen ausgewählt, welche bei etwa gleichartiger physischer Realisierung die geringsten Kosten verursachen. In einem zweiten Schritt wird aus dieser Alternativenmenge die optimale Alternative ausgewählt. Optimal ist die Alternative der Alternativenmenge, welche bei gleichem Umfang an Haupt- und Nebenfunktionen mit den geringsten Kosten realisiert werden kann, bzw. die Alternative der Alternativenmenge, welche bei gleichen Kosten den größten Umfang an Haupt- und Nebenfunktionen realisieren kann. Beim Bewerten der Alternativen sollten die Ergebnisse der Funktionenanalyse hinsichtlich jeder Alternative immer wieder überprüft werden, indem gefragt wird:

- Enthält die Alternative *alle* für die Benutzer erforderlichen Funktionen?

▪ Enthält die Alternative Funktionen, welche die Benutzer *nicht* brauchen?

Realisierungsphase: In dieser Phase präsentiert die Arbeitsgruppe dem Auftraggeber die optimale Alternative (vgl. Lerneinheit PRAET). Der Auftraggeber muss darüber entscheiden, ob sie verwirklicht werden soll. Wenn ja, gehen die Ergebnisse der WA-Arbeit als Arbeitsgrundlage in das Informatik-Projekt ein. Wenn die WA-Arbeit erfolgreich war (wenn also das vermutete oder geschätzte Rationalisierungspotential vorhanden ist), führt dies zu Veränderungen am Planungsobjekt und somit an der Projektplanung und -abwicklung.

Usability Engineering

Eine Weiterentwicklung der WA mit spezifischer Orientierung auf Informationssysteme ist das Usability Engineering. Unter dieser Bezeichnung werden auch die Methoden und Werkzeuge zusammengefasst, mit denen die Gebrauchstauglichkeit von Informationssystemen überprüft wird, anders ausgedrückt, mit denen Informationssysteme mit dem Ziel evaluiert werden, ihre Gebrauchstauglichkeit festzustellen (zu Begriff und Methodik der Evaluation vgl. Lerneinheit EVALU). Im engeren Sinn werden unter Usability Engineering Methoden verstanden, mit denen die Gebrauchstauglichkeit der Benutzungsschnittstelle überprüft bzw. evaluiert wird. Die Feststellung der Gebrauchstauglichkeit erfolgt in der Weise, dass mit Hilfe der Methoden Gebrauchsprobleme identifiziert und – davon ausgehend – Maßnahmen zur Verbesserung der Gebrauchstauglichkeit entwickelt und implementiert werden. Gebrauchstauglichkeit ist ein Konzept, das sich insbesondere darauf bezieht, wie einfach Benutzer die Verwendung eines Informationssystems erlernen können, wie wirksam und wirtschaftlich sie es benutzen können, nachdem sie die Benutzung erlernt haben, und wie zufrieden sie mit der Benutzung sind (vgl. dazu EN ISO 9241-11 Anforderungen an die Gebrauchstauglichkeit). Art und Häufigkeit der Fehler bei der Benutzung sind ebenfalls Teil der Gebrauchstauglichkeit. Mangelhafte Gebrauchstauglichkeit kann daher verschiedene negative Wirkungen haben: Sie kann das Erlernen der Benutzung erschweren, Stress verursachen, die Produktivität der Benutzung verringern, Benutzungsfehler verursachen und schließlich für Benutzer einfach unangenehm in der Benutzung sein und damit die Arbeitszufriedenheit negativ beeinflussen.

Beispiele für Methoden zur Überprüfung der Gebrauchstauglichkeit („usability inspection methods") sind unter anderem heuristische Evaluation, Guideline Reviews, Walkthrough, kognitiver Walkthrough und Konsistenzprüfung. Diese Methoden werden nachfolgend kurz erläutert. Erwähnenswert ist, dass in letzter Zeit neurophysiologische Methoden im Usability Engineering an Bedeutung gewonnen haben; diese können eingesetzt werden, um physiologische Prozesse im Gehirn (z.B. Aktivierung von Gehirnarealen, die mit Vertrauen in Verbindung stehen) und im Körper (z.B. Ausschüttung von Stresshormonen) von Benutzern zu messen. Solche Messungen können Aufschlüsse über die Gebrauchstauglichkeit von Systemen ermöglichen, insbesondere deshalb, weil Emotionen im Mensch-Computer-Interaktionsprozess erfasst werden können. Einen Einstieg in den Themenbereich NeuroIS (Neuro-Informationssysteme) ermöglicht ein Werk von *Riedl/Léger*. Seit längerer Zeit bedeutsam für das Usability Engineering ist zudem das Eye-

Tracking; Grundlagen zu dieser Methode sind beispielsweise in einer Arbeit von *Jacob/Karn* zu finden.

Heuristische Evaluation ist eine sehr informale Methode, bei der Spezialisten für Gebrauchstauglichkeit jedes einzelne Dialogelement daraufhin beurteilen, ob es anerkannten Prinzipien der Gebrauchstauglichkeit entspricht. Diese Prinzipien sind normalerweise Heuristiken, die beispielsweise mit einer Faktorenanalyse aus empirisch ermittelten Benutzungsproblemen gewonnen wurden.

Mit Guideline Reviews wird die Übereinstimmung von Benutzungsschnittstellen mit einer Liste von Richtlinien zur Gebrauchstauglichkeit überprüft. Da bekannte Guidelines bis zu 1000 Richtlinien enthalten, erfordert ein Review ein hohes Ausmaß an Expertenwissen.

Walkthroughs sind Meetings, bei denen Repräsentanten der (zukünftigen) Benutzer und Entwickler gemeinsam Benutzungsszenarien entwickeln und durcharbeiten und alle Fragen der Gebrauchstauglichkeit, die mit den einzelnen Dialogelementen der Szenarien in Zusammenhang stehen, diskutieren. Ein Prototyp der Benutzungsschnittstelle liegt also noch nicht vor. Typisch für Walkthroughs ist der Gruppenprozess, bei dem auch Entwickler dazu aufgefordert sind, sich in die Rolle von Benutzern zu versetzen. Benutzer werden aktiv am Designprozess beteiligt, so dass diese Methode auch als Methode der Benutzerbeteiligung anzusehen ist.

Eine andere Form des Walkthrough wird als kognitiver Walkthrough bezeichnet, bei dem mehrere Reviewer die von einem Entwickler vorgesehene Benutzungsschnittstelle im Kontext einer mehr oder weniger spezifischen Arbeitsaufgabe beurteilen. Input für den kognitiven Walkthrough ist eine detaillierte Beschreibung der Benutzungsschnittstelle oder ein Prototyp, ein Szenario der Arbeitsaufgabe, explizite Annahmen über den Benutzertyp und den Kontext der Benutzung sowie eine Sequenz von Tätigkeiten, die ein Benutzer erfolgreich ausführen sollte, um die Arbeitsaufgabe zu erledigen. Während des Walkthrough-Prozesses untersuchen die Reviewer in sequentieller Abfolge jede Tätigkeit, die der Benutzer zur Erledigung der Arbeitsaufgabe durchzuführen hat, und beurteilen die Zweckmäßigkeit der dafür vorgesehenen Dialogelemente.

Die als Konsistenzüberprüfung bezeichnete Methode geht von der Tatsache aus, dass in Informationssystemen mehrere Standardprodukte verwendet werden. Die Integration erfordert Konsistenz zwischen den Produkten in Form einer konsistenten Benutzungsschnittstelle. Ziel der Methode ist es, ein Maximum an Konsistenz zwischen allen Komponenten eines Informationssystems bei Einhaltung der Projektziele herzustellen. Ein Experte für Benutzungsschnittstellen analysiert alle Komponenten und beschreibt die darin verwendeten Benutzungsschnittstellen in einem Dokument. In einem Meeting mit Experten jeder der Komponenten werden die Benutzungsschnittstellen Schritt für Schritt auf Inkonsistenz untersucht, jede identifizierte Inkonsistenz wird beseitigt und eine für alle Komponenten gemeinsame, konsistente Benutzungsschnittstelle wird dokumentiert.

Forschungsbefunde

Wendler/Leupold stellen ein Verfahren inklusive einem Vorgehensmodell vor, das auf der Basis des Strategic-Alignment-Modells die Auswahl von IT-Projekten unterstützt. Dazu werden IT-Projekte mithilfe der Wertanalyse zu Projektportfolios kombiniert, welche die strategischen Ziele des Unternehmens bestmöglich erfüllen. Die Autoren schreiben zu ihrem Verfahren (94): „Das Verfahren trägt durch eine zielgerichtete Auswahl von IT-Projekten entscheidend zur besseren gegenseitigen Ausrichtung von IT und Geschäft innerhalb des Unternehmens bei. Zudem ermöglicht es die Berücksichtigung von direkten und indirekten sowie monetären und nicht monetären Kosten- und Nutzenaspekten und erhöht somit die Transparenz und Nachvollziehbarkeit der Auswahlentscheidung.“

Salinas-Torrecilla et al. (124) stellen ein Modell "for estimating, planning and managing Web projects, by combining some existing Agile techniques with Web Engineering principles ...which uses the business value to guide the delivery of features" vor. Das Modell wurde anhand einer Fallstudie erprobt ("eBOJA project, was developed within the Ministry of Culture and Sports of the Regional Government of Andalusia (Junta de Andalucía), in Spain", 136). Der Befund der Erprobung wird durch die Autoren wie folgt angegeben (124): "[T]he framework can be useful in order to better manage Web-based projects, through a continuous value-based estimation and management process."

Barclay fasst die den Forschungsbemühungen zugrunde liegende Ausgangssituation wie folgt zusammen: "Determining the contribution of information system (IS) projects is a difficult endeavour. This research presents a framework for evaluating and measuring IS project performance" (331). Darauf aufbauend wird die Project Performance Scorecard vorgestellt, ein Modell zur Evaluierung von Wertbeitrag und Erfolg eines Projekts. Das Modell unterscheidet sechs Perspektiven (stakeholder, project process, quality, innovation and learning, benefit, use) und es wurde im Rahmen einer Fallstudie erprobt ("[t]he case study examines a small financial services company based in the Caribbean which has just over 2,000 employees", 339).

Kontrollfragen
1. Welchen Zweck verfolgt die Wertanalyse-Arbeit?
2. Welche Objekte von Informatik-Projekten sind für die Wertanalyse geeignet?
3. Was ist eine Hauptfunktion und was ist eine Nebenfunktion?
4. Welche Arbeitsphasen der Wertanalyse werden unterschieden?
5. Was ist Usability Engineering?

Quellenliteratur
Barclay, C.: Toward an integrated measurement of IS project performance: The project performance scorecard. Information Systems Frontiers, 10/2008, 331-345
Burghardt, M.: Projektmanagement: Leitfaden für die Planung, Überwachung und Steuerung von Projekten. 9. A., Publicis, 2012
Hoffmann, H.: Wertanalyse: Ein Weg zur Erschließung neuer Rationalisierungsquellen. 2. A., Schmidt, 1983
Jacob, R. J./Karn, K.: Eye tracking in human-computer interaction and usability research: Ready to deliver the promises. In: Hyönä, J./Radach, R./Deubel, H. (Eds.): The mind's eye: Cognitive and applied aspects of eye movement research. Elsevier, 2003, 573-605

Marchthaler, J./Wigger, T./Lohe, R.: Value Management und Wertanalyse. In: VDI-Gesellschaft Produkt- und Prozessgestaltung (Hrsg.): Wertanalyse: Das Tool im Value Management. 6. A., Springer, 2011, 11-38

Riedl, R./Léger, P.-M.: Fundamentals of NeuroIS: Information systems and the brain. Springer, 2016

Salinas-Torrecilla, C. J./Sedeno, J./Excalona, M. J./Mejías, M.: Estimating, planning and managing agile web development projects under a value-based perspective. Information and Software Technology, 3/2015, 124-144

VDI-Gesellschaft Produkt- und Prozessgestaltung (Hrsg.): Wertanalyse: Das Tool im Value Management. 6. A., Springer, 2011

Wendler, R./Leupold, S.: Alignment als Entscheidungsgrundlage für die IT-Projektauswahl. HMD – Praxis der Wirtschaftsinformatik, 4/2011, 94-103

Vertiefungsliteratur

Bronner, A./Herr, S.: Vereinfachte Wertanalyse. 4. A., Springer, 2006

Lercher, H. J.: Wertanalyse an Informationssystemen. Deutscher Universitäts-Verlag, 2000

Miles, L. D.: Techniques of value analysis and engineering. 3. A., Lawrence D. Miles Value Foundation, 2015

Nielsen, J.: Usability engineering. Morgan Kaufmann, 1993

Riedl, R./Davis, F./Hevner, A. R.: Towards a NeuroIS research methodology: Intensifying the discussion on methods, tools, and measurement. Journal of the Association for Information Systems, 10/2014, 1-35

Te'eni, D./Carey, J./Zhang, P.: Human-computer interaction: Developing effective organizational information systems. Wiley, 2007

Normen und Richtlinien

DIN 69910:1973-11: Wertanalyse; Begriffe, Methode (Dokument zurückgezogen)

DIN EN 12973:2002-02: Value Management

DIN EN 1325:2014-07: Value Management - Wörterbuch - Begriffe

DIN EN ISO 9241-11:1999-01: Ergonomische Anforderungen für Bürotätigkeiten mit Bildschirmgeräten - Teil 11: Anforderungen an die Gebrauchstauglichkeit

DIN EN ISO 9241-110:2008-09: Ergonomie der Mensch-System-Interaktion - Teil 110: Grundsätze der Dialoggestaltung

ÖNORM EN 1325:2014-05: Value Management - Wörterbuch - Begriffe

Werkzeuge

https://en.wikipedia.org/wiki/List_of_concept-_and_mind-mapping_software
https://imindmap.com/
https://www.mindjet.com/

Interessante Links

http://www.schoeler.com/pdf/einfuehrung_wertanalyse.pdf
http://www.valuemanager.at/
http://www.wirtschaftslexikon24.com/d/wertanalyse/wertanalyse.htm
https://www.youtube.com/watch?v=Jiq0Lgl9VtM

INTER - Interaktionsanalyse

Lernziele

Sie kennen den Zweck der Interaktionsanalyse. Sie wissen, warum die Befragung als Erhebungstechnik nicht ausreicht und wie die Interaktionsanalyse in andere Formen der Beobachtung und der Analyse des Beobachteten eingebettet ist. Sie kennen die Videobeobachtung als Methode der Datenerhebung für die Interaktionsanalyse. Sie wissen, wie videobasiertes Material in Review Sessions und im Interaktionsanalyse-Labor analysiert werden kann. Sie können die Brauchbarkeit neurophysiologischer Messverfahren bei der Entwicklung und Evaluierung von Informationssystemen beurteilen und erkennen, dass der komplementäre Einsatz von Befragung, Beobachtung und neurophysiologischen Messungen weitreichende Einblicke in das Zusammenspiel von Mensch, Aufgabe und Technik liefert.

Definitionen und Abkürzungen

Artefakt (artifact) = ein von Menschen hergestellter Gegenstand, im engeren Sinn ein Werkzeug (von lat. arte factum = mit Kunst gemacht).

Befragung (questioning) = ein zielgerichteter, sozialer Vorgang der Interaktion zwischen Individuen (Frager und Befragter) zur Erhebung von Daten in einem bestimmten Kontext; die zusammenfassende Bezeichnung für Interview (mündliche Befragung) und Fragebogen (schriftliche Befragung).

Dauerbeobachtung (continuous observation) = eine Beobachtung, die über einen gewissen Zeitraum hinweg ununterbrochen durchgeführt wird; im Gegensatz dazu: unterbrochene Beobachtung.

direkte Beobachtung (direct observation) = eine Beobachtung, die durch den Beobachter persönlich und nicht durch ein Sachmittel erfolgt; im Gegensatz dazu: indirekte Beobachtung (z.B. Videobeobachtung, Clickstream-Analyse).

Ereignis (event) = ein Geschehnis, ein Vorkommen oder eine Begebenheit, die nicht zeitverbrauchend sind; das Eintreten eines bestimmten Zustands.

Fragebogen (questionnaire) = eine geordnete Menge von Fragen, die von den Befragten schriftlich beantwortet werden.

Interaktion (interaction) = die Bezeichnung eines Handlungszusammenhangs, an dem Subjekte und Objekte beteiligt sind (von lat. inter = zwischen und agere = handeln).

Interview (interview) = eine – je nach Interviewform – mehr oder weniger geordnete Menge von Fragen, die von den Befragten mündlich beantwortet werden.

offene Beobachtung (open observation) = eine Beobachtung, die für den Beobachteten erkennbar ist; im Gegensatz dazu: verdeckte Beobachtung.

passive Beobachtung (passive observation) = eine Beobachtung, die ohne die Mitwirkung des Beobachters bei der Aufgabendurchführung erfolgt; im Gegensatz dazu: aktive Beobachtung.

Videobeobachtung (video observation) = eine passive, offene und indirekte Beobachtung, welche die Videokamera (mit Mikrofon) als Sachmittel verwendet.

Zweck der Interaktionsanalyse

Eines der Hauptprobleme bei der Analyse von Arbeitssituationen ist, dass erfahrungsgemäß ein erheblicher Unterschied zwischen dem besteht, was Menschen tatsächlich tun und dem, was sie denken und sagen, dass sie tun. Es reicht daher zum Verständnis der aktuellen Arbeitssituation nicht aus, mit Befragung (mündlich als Interview und/oder schriftlich mit Fragebogen) Daten zu erheben und diese zu analysieren. Durch Befragung erhobene Daten und darauf aufbauende Analysen messen nicht immer das, was sie vorgeben zu messen; sie sind oftmals nicht valide.

Interaktionsanalyse ist die in die Tiefe gehende Mikroanalyse der Art und Weise, in der Menschen untereinander, mit ihrer physikalischen Umgebung und mit Dokumenten, Artefakten und Techniken in dieser Umgebung interagieren (z.B. in Großraumbüros). Die Interaktionsanalyse sucht nach Ordnungen und Mustern in den Interaktionen zwischen Menschen sowie zwischen Menschen und Sachmitteln. Sie ist dabei kein isoliert verwendetes Analyseinstrument, sondern in andere Formen der Beobachtung und der Analyse des Beobachteten eingebettet. Mit aktiver Beobachtung im Feld werden sogenannte *critical incidents* identifiziert, das heißt problematische Sequenzen im Arbeitsablauf, die mit bloßer Beobachtung oder Befragung nicht einfach zu erfassen und zu verstehen sind. Detaillierte Mikroanalysen dieser Sequenzen konzentrieren sich systematisch auf die Art und Weise, in der die Beteiligten die ihnen zur Verfügung stehenden sozialen und technischen Ressourcen benutzen, um ihre Arbeit auszuführen, und ermöglichen dadurch ein tiefer gehendes Verständnis des Arbeitsprozesses in einem interaktiven System (*Jordan/Henderson*).

Werden die im Arbeitsprozess tätigen Mitarbeiter durch Teilnahme an den Video Sessions in den Analyseprozess aktiv einbezogen, wird dies als partizipative Interaktionsanalyse bezeichnet. Konkreter Vorteil der Partizipation ist hier, dass Unklarheiten ohne Rückkehr der Analysten in die Videoerhebung schnell beseitigt und die Akzeptanz der Analyseergebnisse bei den Betroffenen erhöht werden kann. Die Fortführung dieses Ansatzes kann eine persönliche Interaktionsanalyse sein, die es jedem einzelnen Mitarbeiter ermöglicht, seine Arbeitssituation zu analysieren und – davon ausgehend – zu verbessern.

Videobeobachtung

Eine wesentliche Erhebungstechnik für die Interaktionsanalyse ist die Videobeobachtung (auch als videobasierte Interaktionsanalyse bezeichnet). Vorteil der Beobachtung generell gegenüber vielen anderen Erhebungstechniken (insbesondere Befragung und Dokumentenanalyse) ist, dass die Datenerhebung zum tatsächlichen Zeitpunkt bzw. im Zeitraum der Aufgabendurchführung erfolgt; sie ermöglicht daher den unmittelbaren und direkten Einblick des Beobachters in den Untersuchungsbereich. Nachteile der Beobachtung sind der hohe Zeitaufwand (sowohl für die benötigte gründliche Vorbereitung als auch für die Durchführung), die mögliche psychische Belastung der Beobachteten (Beobachtungen können auch als Eingriff in die Privatsphäre empfunden werden, was besonders auf die Videobeobachtung zutrifft) und die damit im Zusammenhang stehende Gefahr von Verhaltensänderungen der Beobachteten (Beobachter können allein durch ihre Anwesenheit verhaltensändernd wirken).

Einsatzschwerpunkte, für die sich die Beobachtung eignet, sind die Erfassung der Arbeitsorganisation (insbesondere der Ablauforganisation) und der Arbeitsplatzgestaltung sowie die Ermittlung der Arbeitsbelastung. Die Eignung der Videobeobachtung wird besonders dort deutlich, wo der Untersuchungsbereich durch eine größere Anzahl von Personen und Sachmitteln, zwischen denen zahlreiche Interaktionen stattfinden, gekennzeichnet ist, also in stark arbeitsteiligen, kooperativen Arbeitssituationen.

Videobasierte Interaktionsanalyse

Die videobasierte Interaktionsanalyse verwendet das durch Videobeobachtung erfasste Datenmaterial und konzentriert sich auf die Interaktionen zwischen den Aufgabenträgern im Untersuchungsbereich sowie zwischen diesen und den von ihnen verwendeten Sachmitteln. Der Ablauf einer videobasierten Interaktionsanalyse kann wie folgt beschrieben werden: Zunächst wird eine Analyse des gesamten Videomaterials durchgeführt, deren Ziel es ist, einen ersten Überblick über die wichtigsten Ereignisse und ihren zeitlichen Ablauf zu gewinnen. Dieser Überblick löst einen Prozess der Suche nach besonderen Ereignissen aus, an die sich der Beobachter erinnert. Das Videomaterial wird erneut betrachtet, um diese Ereignisse gezielt zu beobachten. Dazu werden bestimmte Sequenzen des Arbeitsablaufs fokussiert.

Ein erster Schritt in Richtung einer vertieften Analyse besteht darin, eine wörtliche Abschrift dieser Sequenzen herzustellen. Die vokalen Äußerungen der Beobachteten sind von zentralem Interesse (vgl. dazu *Hornecker* im Abschnitt Forschungsbefunde). Das Interesse kann sich auch auf Blicke, Gesten und Körperhaltungen konzentrieren. Erkannte Symptome für Stärken und Schwächen werden systematisiert und dokumentiert. Eine Rückkehr in die Erhebung durch eine erneute Videobeobachtung oder andere Erhebungstechniken ist dann erforderlich, wenn neue und unbekannte Ereignisse auftauchen, für die ausreichende Erklärungen in dem vorhandenen Material und den bekannten Erklärungsansätzen (z.B. auf Basis von Theorien) nicht gefunden werden können.

Video Review Sessions

Wenn immer möglich, werden die Mitarbeiter des beobachteten und analysierten Untersuchungsbereichs eingeladen, an der Videoanalyse teilzunehmen und ihre eigenen Einsichten einzubringen. Diese repräsentieren die Perspektive der Betroffenen, ihre Sicht der Wirklichkeit, die von der verschieden sein kann, welche die Analysten haben. Der wesentliche Wert dieser Sitzungen liegt jedoch darin, es den Betroffenen und den Analysten zu ermöglichen, ein gemeinsames Verständnis für das zu erarbeiten, was wirklich vorgeht. Sie bieten den Analysten die Möglichkeit, den Betroffenen Fragen über die Arbeitssituation zu stellen, was bei direkter Beobachtung in der realen Arbeitsumgebung meist nicht möglich ist (*Suchman/Trigg*). Videobasierte Antworten der Betroffenen haben den Vorteil, sehr viel näher an den aktuellen Ereignissen zu sein als durch Befragung erfasste Antworten. Statt beispielsweise Programmierer über ihre Arbeitssituation zu interviewen oder sie einen Fragebogen ausfüllen zu lassen, können sie aufgefordert werden, ein während der Arbeit aufgezeichnetes Video von sich selbst oder von anderen Programmierern anzusehen und Fragen über die Arbeitssituation zu stellen und zu beantworten bzw. beantworten zu lassen. So gewonnene Daten sind eher zu verallgemeinern und auf die wirkliche Arbeitssituation zu beziehen als Daten, die unter künstlichen Bedingungen (z.B. in Laborsituationen) gewonnen werden. Der Durchführung von Video Review Sessions stehen allerdings häufig praktische Schwierigkeiten entgegen (insbesondere wegen des hohen Zeitaufwands und wenn Personalwechsel häufig sind).

Videokamera-Effekte

In welchem Ausmaß die Beobachteten durch die Anwesenheit einer Videokamera beeinflusst werden, ist eine Frage, die nicht prinzipiell, sondern nur durch Erfahrung (empirisch) und im Einzelfall beantwortet werden kann. Sie muss daher vor jedem Einsatz einer Videokamera untersucht und beantwortet werden. Ob eine Beeinflussung stattfindet, kann auf dem Video beobachtet werden, beispielsweise in Form von sichtbaren Hinweisen auf oder Bemerkungen über die Videokamera durch die Beobachteten. Die Erfahrung zeigt, dass sich die Beobachteten erstaunlich schnell an die Videokamera gewöhnen, besonders dann, wenn sie bedienerlos verwendet wird (was heutzutage fast immer der Fall ist).

Wo immer Menschen intensiv mit dem beschäftigt sind, was sie tun, verschwindet die Tatsache, dass eine Videokamera anwesend ist, ziemlich schnell aus ihrem Bewusstsein. Dabei hilft es, dass den Beobachteten verbindlich zugesagt wird, dass Vorgesetzte das Video nicht ohne ihre ausdrückliche Erlaubnis zu sehen bekommen und dass sie verlangen können, das Video zu löschen. Auf jeden Fall ist beim Einsatz von Videobeobachtung sowie von anderen technikbasierten Beobachtungsverfahren (z.B. softwarebasierte Analyse von Navigationsverhalten auf Basis von Clickstreams und Computermausbewegungen) sicherzustellen, dass alle rechtlichen Vorschriften und ethischen Prinzipien eingehalten werden.

Beurteilung der videobasierten Interaktionsanalyse

Eine Beurteilung der videobasierten Interaktionsanalyse kann mit den folgenden Feststellungen gegeben werden (nach *Jordan*):

- Ständige Datenverfügbarkeit mit der Möglichkeit, sowohl in einer Laborsituation, als auch individuell durch einzelne Analysten, die Aufzeichnung beliebig häufig ansehen und anhören zu können. Es können Details von Interaktionen erkannt werden, die sonst unentdeckt bleiben würden. Ein Video kann langsam oder schnell abgespielt werden. Dadurch können andere, sonst unsichtbar bleibende Muster der Bewegungen von Personen und Artefakten erkannt werden. Die Analyse kann in mehrere Analysezyklen zerlegt werden.
- Erfassung komplexer Arbeitssituationen, wie insbesondere sich überlappende Tätigkeiten mehrerer Personen, die auch geübte Beobachter bei direkter Beob-

achtung mit ausreichender Genauigkeit nicht erfassen können. In einer Arbeitssituation mit mehreren aktiven Personen besteht bei direkter Beobachtung zudem das Problem zu entscheiden, auf wen sich die Beobachtung konzentrieren soll.

- Viele Aktivitäten können gar nicht in Worte gefasst und schriftlich dokumentiert werden, sowohl wegen der Dichte der Aktivitäten als auch deshalb, weil für bestimmte Phänomene das geeignete Vokabular zu ihrer Beschreibung fehlt.
- Vermeidung von Vorurteilen der Beobachter über das, was sie als wichtig und was sie als unwichtig ansehen und was sie daher vielleicht übergehen. Die Videokamera zeichnet Ereignisse so auf, wie sie tatsächlich stattfinden, und zwar mit allen Details.
- Vermeidung von Vorurteilen individueller Analysten durch ein interdisziplinäres Team. Einzelne Analysten sind häufig konditioniert, bestimmte Dinge so zu sehen, wie sie diese zu sehen wünschen. Dieser Tendenz kann durch die Analystengruppe mit Teilnehmern verschiedener Fachrichtungen entgegengewirkt werden.
- Vermeidung von Sagen/Tun-Unterschieden; die Aufzeichnung durch ein Video ist so nahe an der Wirklichkeit, dass es oftmals nur eine Sicht auf die Wirklichkeit gibt.
- Aufdeckung von Hintergründen, Folgerungen und Lösungsalternativen, von denen aus Hinweise für Veränderungen erkannt werden können. Grundlegende Annahmen über die Arbeitsbedingungen, die normalerweise nicht artikuliert werden, können sichtbar gemacht werden.
- Die Analyse kann von der Beobachtung zeitlich und räumlich abgekoppelt durchgeführt werden.
- Das Analysematerial vermittelt auch die Dynamik des untersuchten Systems, da die Zeitpunkte des Eintretens wesentlicher Ereignisse vorliegen.

Angesichts dieser Vorteile der videobasierten Interaktionsanalyse muss berücksichtigt werden, dass sie zeitraubend und teuer ist. Dies insbesondere deshalb, weil es schwierig ist, Videomaterial mit anderem Beobachtungsmaterial (z.B. Clickstream-Analysen) zu integrieren. Zu berücksichtigen ist auch, dass die Bereitschaft des Betriebsrats, einer Videobeobachtung zuzustimmen, erfahrungsgemäß sehr gering ist. Dessen Zustimmung einzuholen, ist in jedem Fall erforderlich. Dabei muss sachlich mit den Vorteilen dieser Methode argumentiert und zuverlässig vereinbart werden, dass eine Verwendung der Analyseergebnisse zu Lasten der betroffenen Mitarbeiter ausgeschlossen ist.

Neurophysiologische Messungen

Lange Zeit war die Erforschung des menschlichen Nervensystems und insbesondere des Gehirns Biologen, Medizinern und Neurowissenschaftlern vorbehalten. Aufgrund des zunehmend einfacher werdenden Zugangs zu neurowissenschaftlichen Messinstrumenten (z.B. funktionelle Magnetresonanztomographie, fMRT, Elektroenzephalographie, EEG) und der mit ihrem Einsatz verbundenen sinkenden Kosten haben sich in der jüngeren Vergangenheit auch vermehrt Ökonomen, Betriebswirte, Rechtswissenschaftler, Informatiker und nicht zuletzt Wirtschaftsinformatiker und Informationssystem(IS)-Forscher mit dem Erkenntnis- und Gestaltungspotential neurowissenschaftlicher Ansätze befasst (vgl. *Riedl*). Es ist heute eine Tatsache, dass viele IS-Forscher dieses Potential als groß einschätzen, insbesondere deshalb, weil für die Erforschung einer der Komponenten des Informationssystems, konkret des Menschen (primär in seiner Rolle als Nutzer von Anwendungssystemen), und somit auch für die Untersuchung und Gestaltung von Mensch/Aufgabe/Technik-Systemen im Allgemeinen, neue Methoden zur Verfügung stehen, die das existierende Methodenspektrum (z.B. Befragung, Beobachtung) sinnvoll ergänzen (vgl. dazu das Werk von *Riedl/Léger*, das in die Thematik NeuroIS einführt). Für die Durchführung von Interaktionsanalysen im Praxisumfeld im Bereich der Mensch-Computer-Interaktion sind unter anderem die nachfolgend genannten neurophysiologischen Messungen bedeutsam, insbesondere deshalb, weil sie einen Rückschluss auf kognitive Zustände sowie Emotionen von Benutzern (z.B. mentale Überlastung, Flow, Stress) ermöglichen, die oftmals nicht einfach mittels Fragebogen und/oder Beobachtung gemessen werden können. Die nachfolgend genannten Messungen beziehen sich auf die Erfassung von Aktivität des autonomen Nervensystems, wohingegen die oben genannten Verfahren fMRT und EEG Aktivität des zentralen Nervensystems (konkret des Gehirns) erfassen.

Abb. INTER-1: Messung der Herzschlagrate und der Atmung (nach *Riedl/Léger*, 59)

Abb. INTER-2: Messung der elektrodermischen Aktivität (nach *Riedl/Léger*, 60)

Wichtige neurophysiologische Messungen im Bereich der Mensch-Computer-Interaktion sind:

- Elektrokardiogramm (EKG): Messung der Herzschlagrate, oftmals im Zusammenhang mit einer Atemfrequenzmessung, um darauf aufbauend weitere Parameter wie die Herzratenvariabilität zu berechnen (vgl. Abb. INTER-1).
- Elektrodermische Aktivität (EDA): Messung der Hautleitfähigkeit, typischerweise in der Innenfläche der nicht-dominanten Hand oder am Handgelenk (vgl. Abb. INTER-2).
- Eye-Tracking: Aufzeichnung von Blickbewegungen und der Pupillendilatation (vgl. Abb. INTER-3).
- Elektromyographie (EMG): Messung der Aktivität von Muskeln, typischerweise im Gesichtsbereich (vgl. Abb. INTER-4); heutzutage oftmals auf der Basis von Systemen wie Facereader von Noldus Information Technology durchgeführt, was das Anbringen von Sensoren im Gesicht obsolet macht (vgl. Abb. INTER-5).

Abb. INTER-3: Eyetracking (nach *Riedl/Léger*, 62)

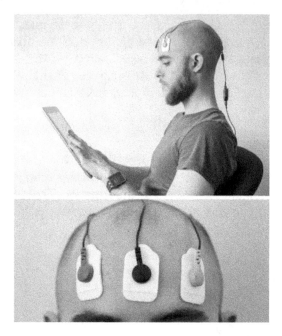

Abb. INTER-4: Messung der Aktivität der Gesichtsmuskulatur (nach *Riedl/Léger*, 65-66)

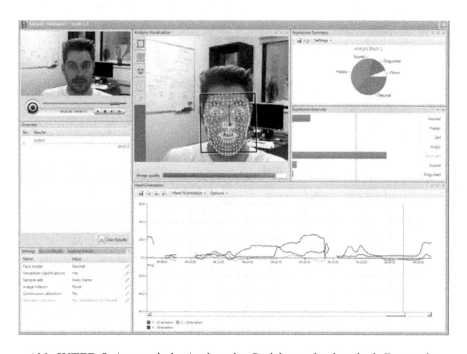

Abb. INTER-5: Automatische Analyse des Gesichtsausdrucks mittels Facereader
von Noldus Information Technologies (nach *Riedl/Léger*, 66)

Eine unter anderem mit NeuroIS in Zusammenhang stehende Entwicklung ist das Lifelogging auch als Self-Tracking bezeichnet (vgl. *Fischer/Riedl*). Hierbei zeichnen Personen freiwillig verschiedenste Aspekte ihres Privat- und/oder Arbeitslebens auf. Insbesondere werden auch neurophysiologische Parameter wie die Herzschlagrate auf der Basis von Activity Trackers aufgezeichnet (typischerweise auf der Basis von Geräten, die am Handgelenk getragen werden, z.B. eine Armbanduhr). Ziel ist es oftmals, Leistungsverbesserungen zu erzielen, ungesunde Lebensgewohnheiten abzulegen und/oder eine möglichst umfangreiche digitale Dokumentation des eigenen Lebens zu schaffen. Daten, die auf der Basis von Lifelogging erhoben werden, können bedeutsame Einblicke in Arbeitssituationen geben; solche Daten sollten daher bei der Entwicklung von Informationssystemen nicht außer Acht gelassen werden, sofern Benutzer sie freiwillig zur Verfügung stellen und aus der Datenverwendung keine Nachteile für Nutzer resultieren. Beim Einsatz von neurophysiologischen Messverfahren ist sicherzustellen, dass alle rechtlichen Vorschriften und ethischen Prinzipien eingehalten werden.

Forschungsbefunde

Hornecker beschreibt in ihrem Beitrag Anwendungen der videobasierten Interaktionsanalyse, die als Methode zur Erfassung „informatisierter Arbeit" dargestellt wird. Konkret wird gezeigt, wie die videobasierte Interaktionsanalyse zur Evaluation technischer Systeme und damit als Teil eines iterativen Gestaltungsansatzes eingesetzt werden kann. Es wurde die Methode PICTIVE (vgl. *Muller*) durch praktischen Einsatz erprobt; die Methode und wesentliche Ergebnisse des Methodeneinsatzes werden von *Hornecker* wie folgt beschrieben (151-152): „Dies ist eine Lowtech-Prototyping-Methode für den partizipativen Entwurf von Benutzungsschnittstellen, bei der Büromaterialien wie Papier, Klebezettel, Folien, Stifte und Scheren verwendet werden. Paper Prototyping ist ganz allgemein ein wichtiger Bestandteil iterativer Entwicklungsmethoden im User-Centred Design. Die Videoaufnahme ist Teil der Methode, da sie Ergebnis und Prozess dokumentiert ... Die Funktion der Kamera – Dokumentation des Entwurfs – bestimmte ihre Positionierung (Vogelperspektive auf die Arbeitsfläche). Von insgesamt fünfzig Minuten transkribierte ich vierzig ... Bei der Analyse nutzte ich den resultierenden Prototyp, um Teile der verbalen Interaktion zu vereindeutigen und die Textelemente zu rekonstruieren. Die sechs Teilnehmerinnen saßen um einen quadratischen Tisch ... Die Designfläche wurde durch ein großes Blatt Papier verkörpert, auf dem Interface-Elemente aufgelegt und festgeklebt wurden. Um diese Fläche blieb ein Rand als Ablage- und Arbeitsfläche. Die Sitzung zeigt eine Mischung aus redegesteuerter Unterhaltung und instrumenteller, aufgabenbezogener Interaktion. Das Gespräch bezieht sich auf die manuelle Entwurfsaufgabe, koordiniert, steuert und plant diese ... Die Analyse zeigt, dass simultane Aktivität eine wichtige Rolle während der Designtätigkeit spielt. Sie kennzeichnet Phasen, in denen eine Designidee oder ein Konsens in die Tat umgesetzt oder der Entwurf fixiert wird, beschleunigt den Umsetzungsprozess, verteilt die Verantwortung auf mehrere Personen und intensiviert die kreative Kooperation".

Im Beitrag von *Hornecker* (154) wird auch ein konkretes, aus dem Videomaterial abgeleitetes Transkript angegeben. Dieses Transkript zeigt, wie beim „Anordnen der Papierschnipsel und [dem] Weiterentwickeln von Entwurfsideen interagier[t] und kooperier[t]" wird. Das Transkript bezieht sich auf eine Phase, in der die Gruppe damit befasst ist, alle Auswahloptionen (Tickets für Kinder, Erwachsene und Schüler) auf einer Bildschirmmaske unterzubringen. Einige „Buttons" wurden dabei zuvor bereits in drei als „vorläufig" deklarierten Reihen angeordnet. Es wird diskutiert, welche Fahrkartentypen es gibt und wie die verschiedenen Kombinationen angeordnet werden sollten. Eine Tarifbroschüre dient als Informationsquelle. Das Transkript ist im Folgenden wörtlich zitiert angegeben (154).

1 Sharon: Hier (legt weiteren Button (Fahrrad) unter die drei Reihen)
2 könnt ich mir vorstellen, dass das eher untereinander ist, weil ja [???]
3 *Kinder, *Erwachsene, *Schüler (zeigt nacheinander auf Reihen)
4 Fahrradfahrer, - vielleicht muss man das auch noch ein bisschen
(macht rotierende Geste in Luft)
5 Debbie: Muss schon (beugt sich vor und wieder zurück)
Platz sein, weil die wahrscheinlich etwas größer sein werden – –
diese Tasten, um eben auch Leuten, die kurzsichtig sind (...)
6 Alle: [zustimmendes Gemurmel]
7 (Beth legt weitere Taste unter die Reihen)
8 Doreen: Da [???] die Abstände zu [???] (leise)
9 (Scherengeräusch – – Ruth zeigt in die Mitte)
10 Ruth: Ja aber 7-Tage-Ticket kostet doch unterschiedlich, je nachdem,
ob man Erwachsener ist oder Fahrrad oder was auch immer?
11 Doreen: Ja?! – – [???] Lynn: kann man sagen
12 (Sharon legt beidhändig einen Streifen hinten an die dritte Reihe
und streicht langsam glättend drüber)
13 (Beth nimmt Tarifinformationsfaltblatt, studiert es)
14 (Lynn zeigt auf Zeile im Tarifinfo-Blatt)
15 Lynn: Guck, hier gibt's ein 7-Tage-Ticket (Sharon zieht Hände weg)
16 und zwar – für *Erwachsene und *für Kinder
(deutet jeweils auf Zeilen in Tarifinformation, Beth zeigt ebenfalls,
Lynn am linken, Beth am rechten Rand!)
17 Beth: und für Fahrräder (lacht)
20 (Beth zieht zuvor (Zeile 7) von ihr gelegtes Icon weg)
21 Lynn: Auch. Beth: Ich glaube auch. (...) Sharon: Genau.
22 Sharon: Ja dann können wir ja noch ein 7-Tage-Ticket dahinter *haben
(zeigt in Mitte, neben obere Reihen)
23 Doreen: Genau, überall ein 7-Tage-Ticket.

Hornecker (155) analysiert die Interaktionssituation wie folgt: „Debbies anfänglicher Einwand (Zeile 5), dass die Tasten zu klein sind, wird zwar durch Gemurmel von der Gruppe zustimmend registriert, aber nicht aufgenommen. In Zeile 7 legt Beth einen aus der vorangegangenen Diskussion resultierenden neuen Zettel auf die Designfläche. Ruth zeigt sich irritiert (Zeile 9-10), weil nur ein 7-Tages-Ticket daliegt, obwohl es verschiedene Arten von Wochentickets gibt. Ihre Äußerung, begonnen mit einer stummen Zeigegeste und einem „Ja aber", ist als Einwand erkennbar. Durch den mit den Zetteln erzeugten konkreten Entwurfsvorschlag merkt Ruth, dass den anderen diese Information fehlt oder sie deren Auswirkung nicht bedacht haben. Die folgenden gemurmelten Äußerungen lassen nicht erkennen, ob Ruths Einwand gehört wurde. Dann aber ziehen Beth und Lynn die Tarifinformationsbroschüre zu Rate (Zeile 13-14) und bestätigen die Existenz verschiedener Wochentickets. Die anderen Teilnehmerinnen sind ruhig und warten offenbar auf das Ergebnis der Lektüre. Beth ergänzt Lynns Darstellung und entfernt den von ihr zuvor gelegten Zettel (Zeile 20), der Ruths Einwand ausgelöst hatte". Die vorgestellte Szene zeigt, dass die videobasierte Interaktionsanalyse eine bedeutsame Methode bei der Entwicklung von Informationssystemen sein kann, unter anderem bei der Gestaltung und dem Design von Benutzungsschnittstellen. *Hornecker* (155) fasst die aus der Transkriptanalyse resultierenden Erkenntnisse wie folgt zusammen: „In rascher Abfolge wird ein Vorschlag gemacht, kritisiert, es wird Information eingeholt und der Entwurf revidiert. Unterstützt wird dies durch die Visualisierungsfunktion und einfache Manipulierbarkeit des Entwurfs. Irritationen über ein offensichtliches Missverhältnis zwischen eigenem Wissen und sichtbarem Entwurf führen mehrmals in der Sitzung zu konkreten Fragen. Die Sichtbarkeit und Konkretheit des Entwurfs irritiert, stimuliert Fragen und Einwände und regt zur Imagination von Benutzungssituationen an. Dies aktiviert explizites und implizites Wissen und zwingt dazu, den Entwurf mit den Vorgaben der Tarifinformation zu vergleichen. Auffallend ist die rasche Abfolge von visuellem Vorschlag, Einwand, Klärung und Korrektur sowie die Bereitwilligkeit, mit der Beth nach Klärung des Sachverhalts den von ihr hingelegten Zettel sofort wieder wegnimmt. Dies ist eines von vielen Beispielen dafür, wie das greifbare Medium ein schnelles Testen und Ändern von Entwürfen unterstützt".

Riedl et al. haben die NeuroIS-Fachliteratur untersucht und berichten in ihrem Review-Artikel über 164 identifizierte Studien, von denen etliche Phänomene erforscht haben, die für die Entwicklung und Evaluierung von Informationssystemen relevant sind (z.B. Stress während der Mensch-Computer-Interaktion).

Kontrollfragen
1. Welchem Zweck dient die videobasierte Interaktionsanalyse?
2. Welchen Vorteil hat die Videobeobachtung gegenüber anderen Beobachtungsformen?
3. Worin bestehen die Nachteile der videobasierten Interaktionsanalyse?
4. Wie können Videokamera-Effekte vermieden werden?
5. Welche neurophysiologischen Messungen können zur Untersuchung der Mensch-Computer-Interaktion verwendet werden?

Quellenliteratur
Fischer, T./Riedl, R.: Lifelogging as a viable data source for NeuroIS researchers: A review of neurophysiological data types collected in the lifelogging literature. In: Davis, F. D./Riedl, R./vom Brocke, J./Léger, P.-M./Randolph, A. (Eds.): Information systems and neuroscience: Gmunden Retreat on NeuroIS 2016. Springer 2016, 165-174
Hornecker, E.: Videobasierte Interaktionsanalyse: Der Blick durch die (Zeit-)Lupe auf das Interaktionsgeschehen kooperativer Arbeit. In: Boes, A./Pfeiffer, S. (Hrsg.): Informationsarbeit neu verstehen. Methoden zur Erfassung informatisierter Arbeit. ISF München Forschungsberichte, 2005, 138-170
Jordan, B.: Ethnographic workplace studies and computer supported cooperative work. IRL Report 94-0026, June 1994
Jordan, B./Henderson, A.: Interaction analysis: Foundations and practice. Journal of the Learning Sciences, 1/1995, 39-103
Muller, M.: PICTIVE: Democratizing the dynamics of the design session. In: Douglas, S./Aki, N. (Eds.): Participatory design: Principles and practices. Lawrence Erlbaum, 1993, 211-237
Riedl, R.: Zum Erkenntnispotential der kognitiven Neurowissenschaften für die Wirtschaftsinformatik: Überlegungen anhand exemplarischer Anwendungen. NeuroPsychoEconomics, 1/2009, 32-44
Riedl, R./Fischer, T./Léger, P.-M.: A decade of NeuroIS research: Status quo, challenges, and future directions. Proceedings of the 38th International Conference on Information Systems, 2017
Riedl, R./Léger, P.-M.: Fundamentals of NeuroIS: Information systems and the brain. Springer, 2016

Suchman, L. A./Trigg, R. H.: Understanding practice: Video as a medium for reflection and design. In: Greenbaum, J./Kyng, M. (Eds.): Design at work. Lawrence Erlbaum Associates, 1991, 65-89

Vertiefungsliteratur

Davis, F. D./Riedl, R./vom Brocke, J./Léger, P.-M./Randolph, A. (Eds.): Information systems and neuroscience: NeuroIS Retreat 2018. Springer, 2018 (Serie: Lecture Notes in Information Systems and Organisation)

Davis, F. D./Riedl, R./vom Brocke, J./Léger, P.-M./Randolph, A. (Eds.): Information systems and neuroscience: Gmunden Retreat on NeuroIS 2017. Springer, 2017 (Serie: Lecture Notes in Information Systems and Organisation)

Davis, F. D./Riedl, R./vom Brocke, J./Léger, P.-M./Randolph, A. (Eds.): Information systems and neuroscience: Gmunden Retreat on NeuroIS 2016. Springer, 2016 (Serie: Lecture Notes in Information Systems and Organisation)

Davis, F. D./Riedl, R./vom Brocke, J./Léger, P.-M./Randolph, A. (Eds.): Information systems and neuroscience: Gmunden Retreat on NeuroIS 2015. Springer, 2015 (Serie: Lecture Notes in Information Systems and Organisation)

Dimoka, A./Banker, R. D./Benbasat, I./Davis, F. D./Dennis, A. R./Gefen, D./Gupta, A./Ischebeck, A./Kenning, P./Müller-Putz, G./Pavlou, P. A./Riedl, R./vom Brocke, J./Weber, B.: On the use of neurophysiological tools in IS research: Developing a research agenda for NeuroIS. MIS Quarterly 3/2012, 679-702

Fischer, T./Riedl, R.: Lifelogging for organizational stress measurement: Theory and applications. SpringerBriefs in Information Systems, Springer, 2019

Gappmaier, M./Siller, J.: Partizipative Interaktionsanalyse: Videogestützte Methoden für ganzheitliches Geschäftsprozessmanagement. Institutsbericht 99.01. Institut für Wirtschaftsinformatik – Information Engineering der Universität Linz, Mai 1999

Gurrin, C./Smeaton, A. F./Doherty, A. R.: LifeLogging: Personal big data. Foundations and Trends in Information Retrieval, 1/2014, 1-107

Heath, C./Hindmarsh, J.: Analysing interaction: Video, ethnography and situated conduct. In: Tim May (Ed.): Qualitative research in practice. Sage, 2002, 99-121

Müller-Putz, G./Riedl, R./Wriessnegger, S.: Electroencephalography (EEG) as a research tool in the information systems discipline: Foundations, measurement, and applications. Communications of the AIS, 37/2015, 911-948

Suchman, L.: Plans and situated actions: The problem of human-machine communication. Cambridge University Press, 1987

vom Brocke, J.; Riedl, R.; Léger, P.-M.: Application strategies for neuroscience in information systems design science research. Journal of Computer Information Systems, 3/2013, 1-13

Normen und Richtlinien

Richtlinien zur Anwendung physiologischer Messverfahren werden von der *Society for Psychophysiological Research* publiziert: http://www.sprweb.org/journal/guidelines-papers/

Werkzeuge

http://www.noldus.com/
https://www.biopac.com/

Interessante Links

http://eur-lex.europa.eu/eli/reg/2016/679/oj
http://quantifiedself.com/
http://www.brainfacts.org/
http://www.neurois.org/

Entwurfsmethoden

PROMO - Prozessmodellierung...565
DATMO - Datenmodellierung 581
SIMUL - Simulation...591

PROMO - Prozessmodellierung

Lernziele

Sie verstehen, warum Prozessmodellierung eine bedeutsame Aufgabe bei der Herstellung neuer oder Schaffung wesentlich veränderter Informationssysteme ist. Sie kennen die Grundelemente eines Prozessmodells in der Business Process Model and Notation (BPMN). Sie sind in der Lage, mit der BPMN dokumentierte Modelle zu interpretieren und grundlegende Prozesse mit der BPMN zu modellieren. Sie kennen die Funktion von Konventionen für die Erstellung eines Prozessmodells und können die Qualität von Modellen auf Basis solcher Konventionen steigern.

Definitionen und Abkürzungen

BPMN = Business Process Model and Notation; eine Notation zur Erstellung von grafischen Prozessmodellen, welche international große Verbreitung erlangt hat.

EPK (EPC) = Ereignisgesteuerte Prozesskette (Event-driven Process Chain); eine Notation zur Erstellung von grafischen Prozessmodellen, welche vor allem im deutschsprachigen Raum hohe Verbreitung erlangt hat.

eEPK (eEPC) = erweiterte Ereignisgesteuerte Prozesskette (Extended Event-driven Process Chain); eine erweiterte Form der EPK, welche zudem Symbole für die Darstellung von Organisationseinheiten, Leistungseinheiten und Datenobjekten beinhaltet.

Geschäftsprozess (business process) = Abfolge von zeitlich und sachlich zusammenhängenden Tätigkeiten zur Erstellung eines betriebswirtschaftlich relevanten Ergebnisses.

Modellierungswerkzeug (modeling tool) = Werkzeug zur Abbildung, Analyse und Simulation von Geschäftsprozessen.

Notation (notation) = die Benennung und Beschreibung von in der Realität vorkommenden Phänomenen durch das schriftliche Repräsentieren dieser Phänomene auf der Basis von symbolischen Zeichen. Ziel ist es, eine Handlungsabfolge oder einen Zusammenhang zwischen Systemelementen prägnant zu vermitteln, woraus folgt, dass die am Kommunikationsprozess beteiligten Sender und Empfänger die verwendete Notation kennen müssen.

OMG = Object Management Group; internationales Standardisierungskonsortium, welches etwa für die Weiterentwicklung von Modellierungssprachen wie der BPMN verantwortlich ist.

Prozesseigner (process owner) = für einen Prozess verantwortlicher Mitarbeiter.

Referenzmodell (reference model) = Modell, das einen gewollten oder geplanten Zustand eines Systems abbildet, an dem dessen gegenwärtiger Zustand beurteilt werden kann, oder ein Modell, das als Vorbild zur Ableitung eines spezifischen Modells dient.

WS-BPEL = Web-Service Business Process Execution Language; eine Modellierungssprache, welche die Automatisierbarkeit von Prozessen ermöglicht, indem die enthaltenen Aktivitäten durch Webservices implementiert werden.

XML = Extensible Markup Language; eine Auszeichnungssprache mit der die Strukturierung von Daten festgelegt werden kann.

Zweck der Prozessmodellierung

Ein Modell ist der Versuch, die Realität in einer vereinfachten, vereinheitlichten Form darzustellen. Im Fall von Prozessen hilft ein solches Modell, eine Abfolge von Tätigkeiten abzubilden, welche einen Startzustand in einen oder auch mehrere mögliche End- oder Ergebniszustände umwandeln. Prozessmodellierung ist bei der Herstellung neuer oder Schaffung wesentlich veränderter Informationssysteme eine bedeutsame Aufgabe, weil oftmals das Ziel verfolgt wird, organisationale Abläufe softwaretechnisch zu unterstützen. Dies setzt voraus, dass Istzustände von Abläufen bekannt und idealerweise dokumentiert sind, um darauf aufbauend Sollzustände zu definieren. Diese Sollzustände von Abläufen sind die Grundlage für die softwaretechnische Unterstützung. Mit anderen Worten, die Aufgabenausführung wird durch Anwendungssysteme unterstützt. Welche Maßnahmen geeignet sind, die Prozesseffizienz zu steigern (und die somit bei der Überführung von Istzuständen in Sollzustände berücksichtigt werden sollten), ist beispielsweise in der Lerneinheit Geschäftsprozessmanagement in *Heinrich/Riedl/Stelzer* sowie in vielen Werken zum Business Process Reengineering (BPR) erläutert.

Auf Basis der Empfehlungen der DIN EN ISO 9001:2015 für Qualitätsmanagement sollte ein solches Prozessmodell die Grundlage für das Prozessmanagement bilden (*Brugger-Gebhardt*). Prozessmodellierung und im Spezifischen die Erstellung eines Istzustand-Modells, das heißt das Abbilden eines aktuellen Zustands (z.B. eines bestimmten Geschäftsprozesses), ist somit der erste Schritt vor weiterer Planungen, Messungen, und letztendlich vor der Kontrolle und Verbesserung von Geschäftsprozessen.

Eine derartig grundlegende Aufgabe des Prozessmanagements hat zu einer dementsprechenden Fülle an methodischen Ansätzen für die Darstellung von Prozessmodellen geführt. So können etwa bereits textuelle Beschreibungen als mögliches Prozessmodell identifiziert werden, gängiger und vor allem allgemein verständlicher ist jedoch eine grafische Darstellung der Prozessabläufe mithilfe geometrischer Formen (z.B. *Frank et al.*, *Recker et al.*). Unabhängig davon, welche Form der Darstellung oder Beschreibung genutzt wird, besteht immer der Anspruch, Vollständigkeit und Verständlichkeit miteinander zu vereinen. So sieht sich die gewählte Modellierungsform mit der Herausforderung konfrontiert, sowohl Möglichkeiten für eine vollständige Abbildung der Realität anzubieten, als auch eine Übersicht zu schaffen, die von einem möglichst großen Kreis potentieller Nutzer verstanden werden kann (*Milbredt/Minonne*).

Um die Prozessmodellierung vor allem hinsichtlich der allgemeinen Verständlichkeit eines Modells zu unterstützen, werden visuelle Notationen verwendet. Dabei handelt es sich um eine Sammlung an definierten Symbolen, die nach vorgegebenen Regeln verknüpft werden können, um prozessuale Abläufe darzustellen (vgl. *Moody*). Analog zu gesprochenen Sprachen und deren schriftlicher Repräsentation basieren diese daher auf einer Syntax (einer gemeinsamen Symbolik und Struktur) sowie Semantik (Interpretationsform zusammenhängender Töne oder Symbole). Wie in Abb. PROMO-1 schematisch dargestellt, übernimmt das Prozessmodell die Rolle der Kommunikationsform zwischen einem Modellierer und anderen Anspruchsgruppen wie dem späteren Kreis an Nutzern des Modells, wobei auf ein gemeinsames Verständnis vom abgebildeten Prozess abgezielt wird (das bedeutet ein möglichst kleines Delta zwischen der „beabsichtigten Nachricht" und der „empfangenen Nachricht"). Die visuelle Notation wird dazu genutzt, das Verständnis des Modellierers vom Prozess auf allgemeine Weise darzustellen, das heißt eine große Menge an Informationen wird auf einfache Weise *codiert*. Der oder die Modellnutzer wenden wiederum ihr Verständnis der visuellen Notation dazu an, das entstandene Modell zu *decodieren*, um somit den abgebildeten Prozess zu verstehen.

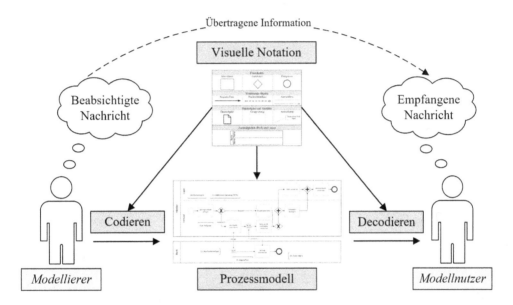

Abb. PROMO-1: Theorie der diagramm-gestützten Kommunikation (nach *Moody*)

Im deutschsprachigen Raum war seit ungefähr Mitte der 1990er Jahre vor allem die ereignisgesteuerte Prozesskette (EPK; sowie ihr Nachfolger die eEPK *der* Standard für die Prozessmodellierung. Mittlerweile wird diese Notation jedoch verstärkt von einem internationalen Standard für die Prozessmodellierung, der Business Process Model and Notation (BPMN), abgelöst.

Während im Jahr 2008 noch davon berichtet wurde, dass die BPMN keine weite Verbreitung in Deutschland verzeichnet (vgl. z.B. *Fettke*), so änderte sich dieser Status in der Zwischenzeit rasant. So gaben im Jahr 2011 beispielsweise in einer Befragung von Modellierungsexperten bereits rund die Hälfte der Befragten an, dass sie die BPMN zur Dokumentation von Geschäftsprozessen verwenden, während die EPK oder eEPK knapp zurück lag (47% im Vergleich zu 49% BPMN-Nutzern) (vgl. eine Erhebung von *Minonne et al.*). Aufgrund ihrer weiten Verbreitung und internationalen Bedeutung wird in der vorliegenden Lerneinheit die Prozessmodellierung auf Basis der BPMN dargestellt.

Business Process Model and Notation (BPMN)

Zu Beginn der 2000er Jahre durch *Stephen A. White* (IBM) entwickelt und seit dem Jahr 2005 durch die Object Management Group (OMG) übernommen und weiterentwickelt, liegt die BPMN aktuell in Version 2.0.2 vor. Es handelt sich bei der BPMN um eine vergleichsweise junge Notation, die auf Erkenntnissen zur Verwendung ihrer älteren Vorgänger (z.B. EPK, UML) aufbauen konnte und das Ziel verfolgt, eine standardisierte Modellierungssprache auf dieser Basis anzubieten.

Abb. PROMO-2: Grundelemente der BPMN

Da es sich bei der OMG um ein offenes Standardisierungskonsortium handelt, das Unternehmen unterschiedlichster Größen, Branchen, und Herkunftsländer umfasst, ist es wenig verwunderlich, dass sich ein solcher allgemeiner Standard schnell etablieren konnte. So sollen Prozessmodelle auf der Basis BPMN einfach verständlich sein und Kommunikation zwischen unterschiedlichen Personengruppen unabhängig vom Unternehmenskontext erlauben. Die BPMN erlaubt auch die Abbildung von Kollaborationen zwischen Beteiligten unterschiedlicher Prozesse sowie der Choreographie des Informationsaustausches. In dieser Lerneinheit liegt der Fokus auf den Prozessen selbst. Für weitere Informationen wird daher auf den eigentlichen OMG-Standard verwiesen, der online verfügbar ist (www.bpmn.org).

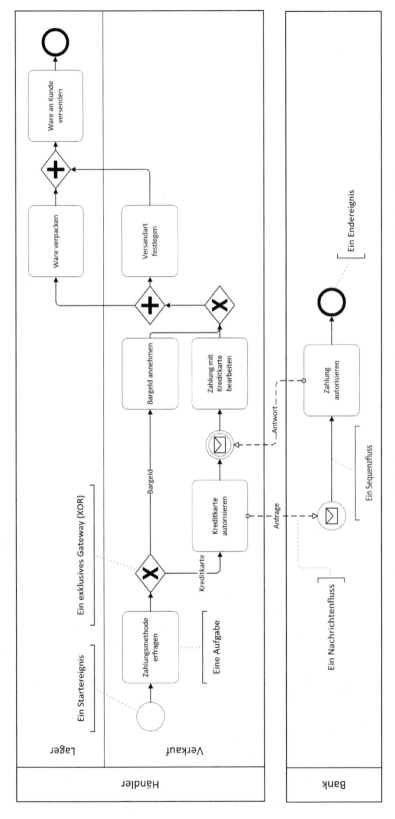

Abb. PROMO-3: Exemplarischer BPMN-Prozess (adaptiert von *Zur Muehlen/Recker*)

Wie in Abb. PROMO-2 zusammengefasst, bietet die BPMN fünf generelle Kategorien an Elementen für die Prozessmodellierung: Flussobjekte, verbindende Objekte, Daten, Artefakte sowie Pools und Lanes zur Darstellung von Zuständigkeiten. Insbesondere bei Flussobjekten sind weitere Spezifikationen der Grundelemente möglich, weshalb die BPMN aktuell mehr als 50 individuelle Elemente zur Prozessmodellierung anbietet.

In einer Erhebung zur Verwendungshäufigkeit dieser Elemente auf Basis der Analyse von 120 Prozessmodellen stellten *Zur Muehlen/Recker* jedoch fest, dass nur rund 20% der Elemente tatsächlich regelmäßige Verwendung finden. Zur exemplarischen Darstellung der am häufigsten verwendeten Elemente wird von *Zur Muehlen/Recker* zudem ein Beispiel dargeboten, das in Abb. PROMO-3 in übersetzter und adaptierter Form dargestellt ist. Folgende Elementtypen sind wesentlich für ein BPMN-Prozessmodell:

1. *Aufgaben* sind die grundlegendsten Elemente in einem Prozessmodell und stellen die Arbeitsschritte dar, welche abgearbeitet werden müssen, um einen vorgegebenen Startzustand in einen bestimmten Endzustand umzuwandeln.
2. *Sequenzflüsse* verbinden die Elemente eines Prozessmodells und stellen so deren sequentielle Abfolge dar. Im Fall der BPMN wird durch einen Pfeil angezeigt, welches Element der Nachfolger im Prozessablauf ist.
3. *Startereignisse* dienen der Definition des Zustands, welcher den Prozess auslöst und somit die Ausgangsbasis für das weitere Geschehen bildet. Sie sind optionale Elemente, müssen daher nicht verwendet werden, stehen jedoch in einer Wechselbeziehung mit Endereignissen. Wird ein Startereignis verwendet, so muss innerhalb eines Prozesses auch ein Endereignis verwendet werden.
4. *Endereignisse* dienen der Definition eines Endzustands, der am Ende eines Prozesspfades erreicht wird. Im Beispiel ist etwa ein solcher Endzustand erreicht, wenn die Ware versendet worden ist. Wird ein Endereignis verwendet, so muss innerhalb eines Prozesses auch ein Startereignis verwendet werden.
5. *Gateways* dienen der weiteren Strukturierung eines Prozesses. Das exklusive „XOR" Gateway stellt im *Split* (Aufteilung in mehrere Prozesspfade; im Beispiel etwa bei der Aufteilung in „Kreditkarte" und „Bargeld") eine Entscheidung mit wechselseitig exklusiven Bedingungen dar (es kann daher nur mit Bargeld oder Kreditkarte bezahlt werden). Im *Join* (Verbindung mehrerer Prozesspfade; im Beispiel etwa bei der Kombination der ausgehenden Pfade der Aufgaben „Bargeld annehmen" und „Zahlung mit Kreditkarte bearbeiten") wird lediglich eine visuelle Vereinfachung vorgenommen. Das parallele „AND" Gateway stellt im Split keine Entscheidung dar, sondern teilt den eingehenden Prozesspfad gleichmäßig in mehrere Prozesspfade auf (im Beispiel werden sowohl die Aufgaben „Versandart festlegen" als auch „Ware verpacken" parallel zueinander bearbeitet). Im *Join* hingegen werden mehrere eingehende Prozesspfade wieder miteinander verbunden (im Beispiel müssen etwa die beiden Aufgaben „Versandart festlegen" und „Ware verpacken" abgeschlossen sein, damit mit der Bearbeitung der Aufgabe „Ware an Kunde versenden" begonnen werden kann).
6. *Pools und Lanes* dienen der Darstellung von Beteiligten an einem Prozess und die Aufteilung von Flussobjekten innerhalb dieser Container impliziert Bearbei-

tungszuständigkeiten. Pools bilden die Grenzen eines Prozesses und sind somit abgeschlossene Container. Innerhalb eines Pools werden Sequenzflüsse zur Verknüpfung der verwendeten Elemente genutzt, während für die Kommunikation zwischen Pools Nachrichtenflüsse verwendet werden. Da Pools abgeschlossene Prozesse darstellen, sind die anzuwendenden Modellierungsregeln für jeden Pool separat zu überprüfen. Im Beispiel werden etwa Start- sowie Endereignisse pro Pool verwendet und die Elemente innerhalb jedes Pools sind durchgängig mit Sequenzflüssen verbunden. Lanes bilden eine weitere Möglichkeit der Verschachtelung von Zuständigkeiten, auch auf mehreren Ebenen (im Beispiel wurde zur Veranschaulichung nur eine Ebene genutzt). In der BPMN sind Lanes nicht weiter definiert und können sowohl Einzelpersonen, Abteilungen, andere Formen von Organisationseinheiten (z.B. Teams oder Gruppen), aber auch Informations- und Kommunikationssysteme, die in der Lage sind, Aufgaben automatisiert abzuarbeiten, darstellen.

Ablauf der Prozessmodellierung

Vor der eigentlichen Modellierung sollte zuerst festgelegt werden, wie das spätere Prozessmodell verwendet werden soll. Die gewählte Modellierungssprache, hier die BPMN, gibt dabei zumeist drei grundlegende Möglichkeiten vor (vgl. dazu *Chinosi/Trombetta*); die Verwendung des Modells:

- als reine grafische Darstellung,
- als erweitertes Modell mit hinterlegten Regeln und Erfahrungsdaten als Basis für Prozesssimulationen oder
- als automatisierbare Basis (inklusive notwendigem Programmcode, beispielsweise in Verwendung der WS-BPEL, auf Basis von XML) für die tatsächliche Implementierung eines Prozesses.

Die reine grafische Darstellung ist die Grundlage für alle weiteren Schritte (z.B. Analyse von Schwächen des Prozesses und kontinuierliche Verbesserung, aber auch für die Definition von Systemanforderungen).

Zur Erhebung der notwendigen Informationen für die Modellierung von Prozessen werden nach *Balzert et al.* in der Praxis häufig verschiedene Methoden verwendet (oft auch in Kombination, vgl. dazu auch die Lerneinheit ERFAS):

- *Dokumentenanalyse:* Hierbei werden bestehende prozessrelevante Dokumente wie etwa Stellenbeschreibungen oder Betriebshandbücher untersucht. Es ist dabei zum Zweck der Erhebung kein direkter Kontakt zu Prozessbeteiligten notwendig, jedoch sollte stets die Vollständigkeit und Aktualität von Dokumenten geprüft werden.
- *Beobachtung:* Hierbei wird ein tatsächlicher Prozessablauf von modellierenden Personen beobachtet und anschließend im Modell abstrahiert abgebildet. Die Methode ist speziell bei einer größeren Zahl an Prozessschritten und Prozessbeteiligten aufwändig und somit aufgrund begrenzter Ressourcen oft nur bedingt anwendbar.

- *Schätzungen/Messungen:* Hierbei werden bereits stark standardisierte oder sogar automatisierte Prozessschritte durch tatsächliches Messen von Ablaufparametern (z.B. Prozesszeiten, Häufigkeit des Auftretens von Fehlern) oder auf Basis von Erfahrung durch Schätzungen erfasst. Schätzungen sind dabei weniger aufwändig, jedoch auch mit einer größeren Schwankungsbreite in der Genauigkeit verbunden.

- *Fragebögen:* Hierbei wird an eine große Anzahl an Prozessbeteiligten eine Zusammenstellung prozessrelevanter Fragen übermittelt, wobei die Bandbreite von geschlossenen Fragen mit einigen wenigen Antwortmöglichkeiten (z.B. eine Ja/Nein-Frage zu einem beschriebenen Ablauf, um zu klären, ob dieser der gelebten Realität entspricht) bis hin zu vollständig offenen Fragen reichen kann (z.B. „Beschreiben Sie den Prozess der Zahlungsabwicklung mit eigenen Worten."). Vorteil dieser Methode ist, dass viele Personen auf einmal befragt werden können und diese ihre eigenen Ansichten eher beschreiben, da sie anonym antworten können. Es benötigt jedoch sehr viel Erfahrung, um einen Fragebogen zu entwickeln, der einheitlich verstanden wird. Weiter ist zu beachten, dass insbesondere bei Verwendung vieler offener Fragen die Datenanalyse sehr aufwändig sein kann.

- *Interviews:* Hierbei werden Prozessbeteiligte direkt zu Ihrer Rolle in einem Prozess bzw. generell zu Ihrem Verständnis des Prozesses befragt. Insbesondere wenn es eine zentrale prozessverantwortliche Person gibt, ist dies oft die Methode der Wahl, da hierbei schnell Informationen mit hohem Detaillierungsgrad gewonnen werden können. Analog zur *Beobachtung* sollten hier jedoch gleichfalls die Realitätsnähe und Vollständigkeit der erhaltenen Informationen geprüft werden. Zudem entsteht ein großer Aufwand, falls ein größerer Kreis an Personen interviewt wird.

- *Workshops:* Hierbei werden mehrere Prozessbeteiligte zeitgleich zu ihrem Verständnis des untersuchten Prozesses befragt. Um Konflikte zu vermeiden, wird diese Interaktion in der Regel von einer prozessfremden Person moderiert und es kann simultan zur Diskussion mit der Modellierung des Prozesses begonnen werden. Der Rahmen eines solchen Workshops kann unterschiedlich gestaltet werden, von einer allgemeinen Diskussion zu den wesentlichen Bestandteilen eines Prozesses bis hin zu einer systemgestützten Modellierung mit einer bereits gewählten Modellierungssprache, bei der die Details einzelner Abläufe geklärt werden.

- *Auswertung der Daten von Anwendungssystemen:* Hierbei wird, analog zu Messungen bzw. der Sichtung von Dokumentationen, eine Auswertung bestehender Daten vorgenommen, welche von involvierten Anwendungssystemen verarbeitet werden. Bei dieser Methode wird kein direkter Kontakt zu prozessbeteiligten Personen benötigt und daher wird die Vermeidung von Subjektivität ermöglicht. Der Einsatz der Methode ist jedoch auf Bereiche beschränkt, in denen Anwendungssysteme eingesetzt werden.

Um die gewonnen Informationen abstrahiert darzustellen, stehen in der BPMN für nahezu jeden Bereich des Modells Symbole zur Verfügung, vor allem im Bereich der Ereignisse existiert eine große Auswahl an Varianten. Für die Verwendung dieser Elemente gibt es Regeln, die vor allem darauf ausgerichtet sind, deren kombinierte Nutzung näher zu definieren. Erscheinungsbild der Symbole oder etwa die Strukturierung des Modells sind jedoch nur bedingt festgelegt.

Während die wesentliche Erscheinung der Elemente vorgegeben ist (z.B. Aufgaben sind Rechtecke mit abgerundeten Ecken), so können diese unterschiedlich eingefärbt werden, unterschiedlich groß sein und Beschriftungen könnten gar nicht vorhanden sein oder in völlig unterschiedlichen Ausprägungen (z.B. Stichwörter bis hin zu ganzen Sätzen). Ebenso verhält es sich mit der Struktur für das gesamte Modell. So ist etwa die Reihenfolge der Lanes nicht vorgegeben und könnte auch während der Modellierung noch verändert werden, um etwa weniger Überschneidungen von Sequenzflüssen zu bewirken (z.B. würde die Position von „Lager" und „Verkauf" getauscht, so würde es zu einer unübersichtlicheren Verknüpfung der Nachrichtenflüsse zwischen „Verkauf" und „Bank" kommen, vgl. Abb. PROMO-3). Sogar die Modellierungsrichtung ist nicht vorgegeben, sondern mehr gelebte Praxis. So wurde im Beispielprozess eine Modellierung von links nach rechts mit einer weitgehend horizontalen Ausrichtung der Elemente gewählt, dies ist jedoch nicht Teil des eigentlichen Standards.

Ein Resultat aus dieser Flexibilität der Notation und dem daraus resultierenden Freiraum bei der Modellierung ist die Möglichkeit, denselben Sachverhalt auf unterschiedliche Arten darstellen zu können (vgl. *Recker et al.*). Dies kann von Vorteil sein, da sich somit auch viele unterschiedliche Sachverhalte darstellen lassen. Nachteil ist jedoch, dass dadurch zusätzliche Komplexität entstehen kann, da je nach Modellierungsstil und -gewohnheiten dieselbe Realität in unterschiedlicher Weise abgebildet werden kann. Im Sinne hoher kognitiver Effektivität, das heißt einer hohen Verständlichkeit des Modells unabhängig von den Eigenschaften des Modellnutzers (z.B. Kenntnis vom abgebildeten Prozess), die hier mit dem häufiger gebrauchten Begriff der Modellqualität gleichgesetzt wird (vgl. *Moody*), sollte jedoch höhere Einheitlichkeit der Modelle angestrebt werden. Um nun hohe Modellqualität anstreben zu können, benötigt es vor allem Erfahrung in der Modellierung, also Modellierungskompetenz, aber auch zusätzliche Regeln für die Modellierung sind zu beachten, um ein strukturiertes Vorgehen unabhängig von den Eigenschaften des Modellierers zu ermöglichen. Solche zusätzlichen Regeln werden häufig als sekundäre Notation bezeichnet, wobei die vereinheitlichten Regeln einer Modellierungssprache wie der BPMN die primäre Notation darstellen. Die Regeln einer sekundären Notation werden auch als Modellierungskonventionen bezeichnet.

Modellierungskonventionen

Ein erster Schritt bei der Erstellung von Konventionen für die spätere Modellierung kann darin bestehen, ein eigenes Symbolset inklusive Beschreibungen im Sinne eines wiederverwendbaren Glossars anzufertigen. So können beispielsweise in Anlehnung an die Befunde von *Zur Muehlen/Recker* nur die gebräuchlichsten Symbole Teil des eigenen Symbolsets werden, um etwa die Komplexität und Kompliziertheit, die durch die große Anzahl unterschiedlicher Ereigniselemente entstehen kann, zu vermeiden. Zudem kann hierbei auch eine Beschreibung für jedes Symbol angefertigt werden, die dessen Funktionsweise näher definiert. So kann beispielsweise für Lanes angegeben werden, welche Organisationseinheiten durch diese repräsentiert werden sollen (z.B. Einzelpersonen oder die Stellen, welche diese besetzen). Des Weiteren sollte zu diesem Zeitpunkt festgelegt werden, ob eigene Symbole genutzt werden. So ist es in der BPMN möglich, eigene Symbole zu definieren, die nähere Informationen zum Verständnis des Prozesses bieten (z.B. Darstellung von Funktionen eines Informationssystems, die im Prozess häufig verwendet werden), jedoch den Prozessfluss nicht aktiv beeinflussen (wie dies etwa Gateways machen würden).

Um Empfehlungen hinsichtlich weiterer Konventionen anzubieten, werden hier die Befunde von *Leopold et al.* herangezogen, welche annähernd 600 frei zugängliche Prozessmodelle ab BPMN 2.0 hinsichtlich deren Modellqualität untersuchten. Ihre Analysen zeigen, dass die größten Defizite in der Verständlichkeit eines Prozessmodells auf Mängel in den drei Bereichen *Strukturierung* (z.B. mangelnde Verwendung von Gateways), *Layout* (z.B. überlappende Elemente) und *Beschriftung* (z.B. ungenaue oder irreführende Bezeichnungen) zurückzuführen sind. Die Autoren bieten zudem fünf mögliche Verbesserungsvorschläge an. Eine umfassendere Liste mit insgesamt 27 Konventionen findet sich in der Arbeit von *Moreno-Montes de Oca/Snoeck*. Die Autoren verwenden drei ähnliche Bereiche (*Umfang:* Anzahl der Elemente; *Morphologie:* Bestandteile des Modells; *Präsentation:* Darstellung und Strukturierung der Elemente); grundlegende Konventionen für jeden dieser drei Bereiche werden nachfolgend mit Bezug auf den Beispielprozess vorgestellt.

Eine erste Konvention im Bereich des *Umfangs* eines Modells ist die Beschränkung auf ein Maximum von 31 Elementen pro Ebene. Sollten mehr Informationen notwendig sein, um eine möglichst vollständige Abbildung eines Prozesses zu garantieren, so sollten Verschachtelungen mit Hilfe von Teilprozessen genutzt werden (Teil der primären Notation). Werden etwa weitere Informationen zur Aufgabe „Versandart festlegen" im Beispielprozess benötigt, so kann die Funktionsweise des Teilprozesses, welche in Abb. PROMO-4 demonstriert wird, genutzt werden. So wird zur Darstellung des Teilprozesses eine Markierung bei der Aufgabe „Versandart festlegen" (links) benötigt, welche andeutet, dass zu dieser Aufgabe weitere Informationen in Form eines untergeordneten Prozessmodells vorliegen (rechts). Dabei ist zu beachten, dass dieser Teilprozess ebenso durchgängig modelliert werden muss (z.B. Verwendung von Start- und Endereignis sowie durchgängige Sequenzflüsse) und logisch dort beginnen und enden muss, wo die zugehörige Aufgabe im übergeordneten Prozessmodell beginnt und endet.

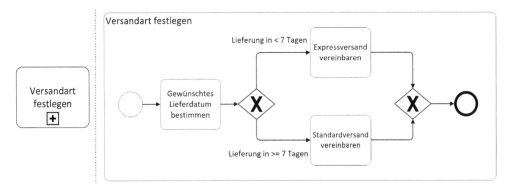

Abb. PROMO-4: Beispiel für die Anwendung von Teilprozessen zur Verschachtelung

Während eine weitere mögliche Konvention darauf hinweist, dass zumindest ein Start- und Endereignis in einem Prozessmodell verwendet werden sollte, so wird ebenso darauf hingewiesen, dass auf derselben Prozessebene nicht mehr als zwei Start- und Endereignisse verwendet werden sollten. Im Beispielprozess wurde diese Empfehlung bereits umgesetzt, indem etwa das Erfragen der Zahlungsart noch zu einem Teil des Prozesses gemacht wurde und die eigentliche Entscheidung für eine Zahlungsart den Prozess in mehrere Pfade aufteilt (Barzahlung vs. Kreditkarte).

Ebenso wäre es jedoch möglich, dass kein Einfluss auf die Zahlung besteht und nur der Eingang bearbeitet wird (ohne die Zahlungsart zu erfragen). In diesem Fall sollte eine Aufgabe modelliert werden, die es erlaubt, innerhalb des Prozesses eine Unterscheidung der Zahlungsarten vorzunehmen (siehe Abb. PROMO-5, links), damit die Verwendung mehrerer Startereignisse vermieden wird (siehe Abb. PROMO-5, rechts).

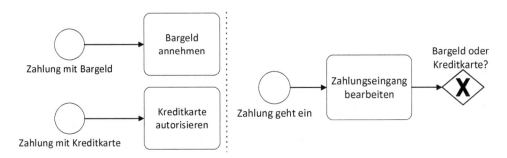

Abb. PROMO-5: Konvention zur Vermeidung multipler Startereignisse

Ein weiterer Bereich, für den eine Reihe an Konventionen existiert, ist die *Morphologie* des Modells und vor allem in welcher Weise ähnliche Sachverhalte dargestellt werden sollen. Weitere Regeln sind in diesem Kontext insofern von Bedeutung, da die BPMN in vielen Fällen unterschiedliche Varianten bietet, um dieselbe Realität abzubilden. Beispielsweise könnte etwa vollständig auf Gateways verzichtet werden, um so nur mit Hilfe von Sequenzflüssen und bedingten Flüssen (eine Abwandlung des Sequenzflusses) Verzweigungen im Prozess darzustellen.

Eine bedeutende Konvention betrifft hierbei die Vermeidung eines zu stark verzweigten Modells, welchem in der Regel schwierig zu folgen ist. So können etwa Entscheidungen im Prozessablauf abgebildet werden, welche eine Rückkopplung zu einer vorherigen Aufgabe notwendig machen (z.B. im Fall einer nicht bestandenen Qualitätskontrolle). In Anlehnung an den Beispielprozess wird in Abb. PROMO-6 (links) die Vollständigkeit der verpackten Ware überprüft und es erfolgt eine Rückkopplung, wenn diese nicht vollständig ist. Derselbe Sachverhalt könnte auch mit Hilfe eines Teilprozesses und einer „Schleife"-Markierung abgebildet werden (siehe Abb. PROMO-6, rechts).

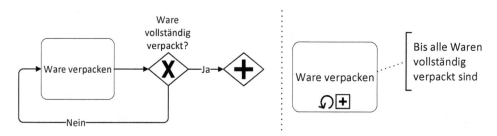

PROMO-6: Verwendung von Schleifen, um eine zu starke Verzweigung zu vermeiden

Eine weitere Konvention betrifft die Verwendung von Gateway-Typen im Split und Join von Prozesspfaden. So wird empfohlen, dass standardmäßig derselbe Gateway-Typ im Split und Join verwendet wird (siehe Abb. PROMO-7), um unerwünschte Verhaltensweisen zu vermeiden. Im Beispiel in Abb. PROMO-7 hätte die Kombination der Gateway-Typen folgende Auswirkungen. Bei der ersten Variante (PROMO-7, oben) würde entweder Aufgabe 2 oder 3 ausgeführt und im Anschluss Aufgabe 4. Bei der zweiten Variante (PROMO-7, Mitte) würden Aufgabe 2 und 3 ausgeführt, auf deren Abschluss gewartet, und dann Aufgabe 4 ausgeführt. Bei der dritten Variante (PROMO-7, unten) würden Aufgabe 2 und 3 ausgeführt und jedes Mal nachdem eine der Aufgaben abgeschlossen wurde, wird Aufgabe 4 einmal ausgeführt, daher insgesamt zwei Mal.

Der dritte thematische Bereich für den Konventionen aufgestellt werden sollten, betrifft die *Präsentation* des Modells. Im Zuge der Erstellung eines Glossars sollte festgelegt werden, wie Symbole im Rahmen der Modellierung dargestellt werden. So bietet es sich an, die Symbole farblich zu unterscheiden und festzulegen, wie die Beschriftung erfolgt (z.B. Stichwörter, Position relativ zum Symbol).

Die symmetrische Anordnung der Symbole sollte ebenso beachtet werden. Bei Anwendung der BPMN ist es zwar gelebte Praxis, horizontal von links nach rechts zu modellieren, jedoch handelt es sich bei dieser Vorgehensweise um keine Festlegung der primären Notation, sondern lediglich um eine Konvention. Es wird daher empfohlen, ein Standard-Layout vorzugeben, welches dann Vorbild für alle weiteren Prozessmodelle sein sollte.

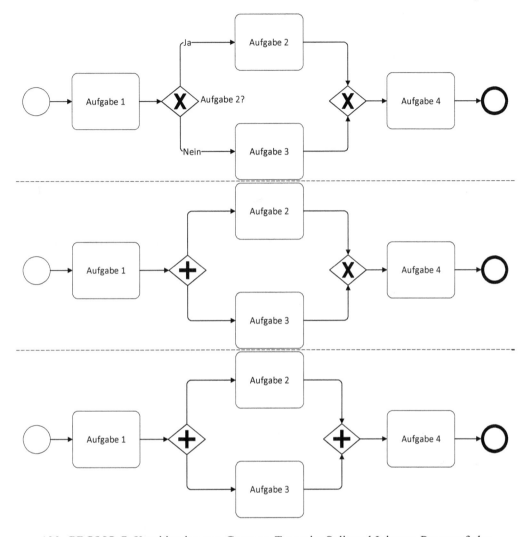

Abb. PROMO-7: Kombination von Gateway-Typen im Split und Join von Prozesspfaden

Gerade für Einsteiger in die Prozessmodellierung empfiehlt es sich, sich an derartigen Konventionen zu orientieren, um qualitativ hochwertige Modelle zu erstellen. Da deren Einhaltung jedoch Übung erfordert, ist gerade zu Beginn die Unterstützung durch Modellierungswerkzeuge von Bedeutung. Zunehmend werden daher auch Regeln im Sinne einer sekundären Notation von Modellierungswerkzeugen unterstützt bzw. sogar automatisch umgesetzt. So wurden beispielsweise kostenfrei verfügbare Werkzeuge von *Snoeck et al.* verglichen, um festzustellen, wie vollständig 27 Modellierungskonventionen von *Moreno-Montes de Oca/Snoeck* unterstützt werden.

Forschungsbefunde

Befunde empirischer Forschung zeigen, dass Modellierungskonventionen die Prozessmodellqualität steigern können. So kann etwa bereits die Entscheidung dazu, welche Elemente der BPMN zur Modellierung verwendet werden, erheblichen Einfluss auf das Prozessverständnis der Modellnutzer haben. *Bera* weist nach, dass die Verwendung von Lanes zur Darstellung von Zuständigkeiten zu einem erhöhten Verständnis des Prozessmodells bei Modellierungsanfängern führt. Es wurden dabei Modelle mit und ohne Lanes hinsichtlich der kognitiven Ressourcen, die für ihr Verständnis benötigt werden, untersucht, wobei ein bedeutsames Ergebnis war, dass Lanes die Strukturiertheit von Modellen verbessern und sie somit leichter verständlich machen.

Des Weiteren ist es von Bedeutung, welche Ausprägungen von Symbolen verwendet werden. Hierzu untersuchten *Figl et al.*, wie das Design von Entscheidungssymbolen (Gateways in der BPMN) über unterschiedliche Notationen hinweg das Modellverständnis beeinflussen. Die Befunde zeigen, dass eine Ähnlichkeit zu bekannten Symbolen, beispielsweise aus der Mathematik (z.B. das AND-Gateway, welches das Pluszeichen zum besseren Verständnis heranzieht), zu erhöhtem Verständnis führt.

Auch die weitere visuelle Gestaltung von Symbolen, etwa mit Hilfe von Farben, kann das Prozessverständnis beeinflussen. Dies zeigten zum Beispiel *Kummer et al.*, die untersuchten, welche Farben in unterschiedlichen Kulturkreisen zu einem besseren Verständnis von Prozessmodellen führen. Sie fanden dabei heraus, dass für Personen des „konfuzianischen Kulturkreises" vor allem helle, „laute" Farben zum Hervorheben von Symbolen verwendet werden sollten, während für Personen aus dem „germanischen Kulturkreis" solche Farben in der Regel einen eher negativen Eindruck hinterlassen. Auf Farbassoziationen im Allgemeinen wird in der Lerneinheit PRAET näher eingegangen. Für einen Überblicksartikel zum allgemeinen Status quo der BPMN und der Akzeptanz dieser Notation in Unternehmen wird auf *Kocbek et al.* verwiesen.

Visuelle Prozessmodelle dienen insbesondere dazu, dass Aufgabenträger (z.B. Softwareentwickler, Benutzer) ein besseres Verständnis von Prozessen entwickeln können. Dies erhöht die Wahrscheinlichkeit, dass Anforderungen an Informationssysteme transparent dokumentiert sind und daraus resultierend der Beitrag eines Systems zur Aufgabenerfüllung hoch ist. In ihrem Beitrag geht *Figl* davon aus, dass Prozessmodelle schwierig zu verstehen sein können, was den kognitiven Aufwand bei den Modellnutzern erhöht. Es ist daher bedeutsam, jene Ursachen zu erforschen, die zu einem (hohen) kognitiven Aufwand bei der Wahrnehmung von Prozessmodellen führen können. *Figl* führte eine systematische Literaturrecherche durch – ihr darauf aufbauender Review umfasst drei Kategorien an wissenschaftlichen Beiträgen zur „process model comprehension" (44, Kursivschrift im Original, in eckigen Klammern die Anzahl der je Kategorie analysierten Arbeiten): „empirical studies that measure the comprehension of process models *objectively* [40 Arbeiten]... empirical studies that measure user preferences and the comprehension of process models *subjectively* [7 Arbeiten]... 'theoretical' discussions on the comprehension of process models [32 Arbeiten]". Abbildung PROMO-8 nennt bedeutsame Kategorien von Determinanten von „process model comprehension" (in Klammern jeweils mit Beispielen versehen): Eigenschaften der Primärnotation wie BPMN oder EPK (z.B. semiotische Klarheit, visuelle Ausdrucksstärke), Eigenschaften der Sekundärnotation, die definiert ist als „the use of visual variables not formally specified in the notation to reinforce or clarify meaning" (z.B. Richtung der Notation wie „von links nach rechts", Verwendung von Gestaltgesetzen, vgl. *Pelka/Riedl*), Eigenschaften von Labels (z.B. Design von Labels, Verwendung von Namenskonventionen wie Verb-Objekt-Labels zur Bezeichnung von Aktivitäten), Eigenschaften des erstellten Modells (z.B. Modularität, Gateway-Strukturen) sowie Eigenschaften des Modellnutzers (z.B. Domänenwissen, Modellierungserfahrung).

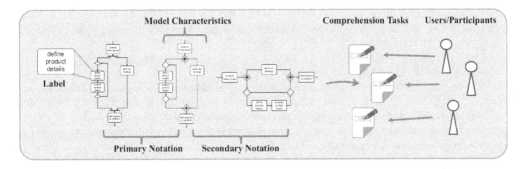

Abb. PROMO-8: Determinanten von „process model comprehension" (nach *Figl*, 47)

Kontrollfragen
1. Warum ist Prozessmodellierung bei der Herstellung neuer oder wesentlichen Veränderung existierender Informationssysteme von Bedeutung?
2. Was ist der Zweck der Verwendung visueller Notationen bei der Prozessmodellierung?
3. Welche Grundelemente existieren in der BPMN?
4. Welche Erhebungsmethoden sind für die Prozessmodellierung von besonderer Bedeutung?
5. Was ist der Zweck einer sekundären Notation?

Quellenliteratur
Balzert, S./Kleinert, T./Fettke, P./Loos, P.: Vorgehensmodelle im Geschäftsprozessmanagement: Operationalisierbarkeit von Methoden zur Prozesserhebung. Veröffentlichungen des Instituts für Wirtschaftsinformatik, 193/10, 2011
Bera, P.: Does cognitive overload matter in understanding BPMN models? Journal of Computer Information Systems, 4/2012, 59-69
Brugger-Gebhardt, S.: Die Rolle der Prozesse im Qualitätsmanagement. In: Brugger-Gebhardt, S. (Hrsg.): Die DIN EN ISO 9001:2015 verstehen. Springer, 2016, 9-18
Chinosi, M./Trombetta, A.: BPMN: An introduction to the standard. Computer Standards & Interfaces, 1/2012, 124-134
Fettke, P.: Business process modeling notation. WIRTSCHAFTSINFORMATIK, 6/2008, 504-507
Figl, K./Recker, J./Mendling, J.: A study on the effects of routing symbol design on process model comprehension. Decision Support Systems, 2/2013, 1104-1118
Figl, K.: Comprehension of procedural visual business process models. Business & Information Systems Engineering, 1/2017, 41-67
Frank, U./Strecker, S./Fettke, P./vom Brocke, J./Becker, J./Sinz, E.: Das Forschungsfeld „Modellierung betrieblicher Informationssysteme". WIRTSCHAFTSINFORMATIK, 1/2014, 49-54
Heinrich, L. J./Riedl, R./Stelzer, D.: Informationsmanagement: Grundlagen, Aufgaben, Methoden. 11. A., De Gruyter Oldenbourg, 2014
Kocbek, M./Jost, G./Hericko, M./Polancic, G.: Business process model and notation: The current state of affairs. Computer Science and Information Systems, 2/2015, 509-539
Kummer, T.-F./Recker, J./Mendling, J.: Enhancing understandability of process models through cultural-dependent color adjustments. Decision Support Systems, 87/2016, 1-12
Leopold, H./Mendling, J./Guenther, O.: Learning from quality issues of BPMN models from Industry. IEEE Software, 4/2016, 26-33

Milbredt, J./Minonne, C.: Darstellung von Geschäftsprozessen mittels standardisierter Notationen: Fluch oder Segen? Wirtschaftsinformatik & Management, 2/2015, 58-63

Minonne, C./Colicchio, C./Litzke, M./Keller, T.: Business Process Management 2011: Status quo und Zukunft. Eine empirische Studie im deutschsprachigen Europa, 2011

Moody, D.: The "physics" of notations: Toward a scientific basis for constructing visual notations in software engineering. IEEE Transactions on Software Engineering, 6/2009, 756-779

Moreno-Montes de Oca, I./Snoeck, M.: Pragmatic guidelines for business process modeling. KU Leuven, Faculty of Economics and Business, 2015

Object Management Group: Business Process Model and Notation (BPMN). Version 2.0.2, 2013

Pelka, S./Riedl, R.: Das Design von Benutzeroberflächen. Das Wirtschaftsstudium (WISU), 10/2014, 1192-1194

Recker, J./Safrudin, N./Rosemann, M.: How novices design business processes. Information Systems, 6/2012, 557-573

Snoeck, M./Moreno-Montes de Oca, I./Haegemans, T./Scheldeman, B./Hoste, T.: Testing a selection of BPMN tools for their support of modelling guidelines. In: Ralyté, J./España, S./Pastor, Ó. (Eds.): The practice of enterprise modeling. Springer, 2015, 111-125

Zur Muehlen, M./Recker, J.: How much language is enough? Theoretical and practical use of the business process modeling notation. In: Bellahsène, Z./Léonard, M. (Eds.): Advanced Information Systems Engineering. Proceedings of the 20th International Conference on Advanced Information System Engineering, Springer, 2008, 465-479

Vertiefungsliteratur

Kastens, U./Kleine Büning, H.: Modellierung: Grundlagen und formale Methoden. 4. A., Hanser 2018

vom Brocke, J./Mendling, J.: Business process management cases: Digital innovation and business transformation in practice. Springer, 2017

vom Brocke, J./Rosemann, M.: Handbook on business process management: Introduction, methods and information systems (International Handbooks on Information Systems) (2 ed. Vol. 1). Springer 2015

vom Brocke, J./Rosemann, M.: Handbook on business process management: Strategic alignment, governance, people and culture (International Handbooks on Information Systems) (2 ed. Vol. 2). Springer 2015

Normen und Richtlinien

http://www.enzyklopaedie-der-wirtschaftsinformatik.de/ (siehe den Eintrag „Grundsätze ordnungsmäßiger Modellierung" von Jörg Becker und die dort angegebenen Quellen)

Werkzeuge

https://at.boc-group.com/adonis/
https://www.scheer-group.com/
https://www.blueworkslive.com/home
https://products.office.com/de-de/visio

Interessante Links

http://www.bpmn.org/
http://www.omg.org/spec/BP

DATMO - Datenmodellierung

Lernziele

Sie verstehen, warum Datenmodellierung eine bedeutsame Aufgabe bei der Herstellung neuer oder Schaffung wesentlich veränderter Informationssysteme ist. Sie kennen den Zweck der Datenmodellierung sowie die dafür erforderlichen konzeptionellen Grundlagen und Konventionen. Sie kennen eine Vorgehensweise für die Erstellung von Datenmodellen und können diese an einfachen Beispielen anwenden. Sie kennen die grundlegenden Zusammenhänge zwischen Datenmodellen und relationalen Datenbanken.

Definitionen und Abkürzungen

Attribut (attribute) = ein Merkmal eines Objektes oder einer Beziehung der realen Welt, das unterschiedliche Ausprägungen annehmen kann; der Wertebereich von Attributen kann eingeschränkt sein.

Datensatz (dataset) = eine zusammengehörende Gruppe von Werten unterschiedlicher Attribute zur Beschreibung eines spezifischen Objekts.

Datenbankmanagementsystem (DBMS) (data bank management system) = eine Software, die zur Verwaltung von Daten in einer Datenbank, der Datenbasis, benötigt wird.

Entity (Objekt) = ein Objekt der realen Welt, welches es im Rahmen des Datenbankentwurfsprozesses zu abstrahieren und zu typisieren gilt.

Entity-Relationship-Modell (ER-Modell) (Objektbeziehungsmodell) = ein Modell zur Abbildung von Objekten und Beziehungen der realen Welt im Rahmen der Datenmodellierung.

Fremdschlüssel (foreign key) = ein Attribut oder eine Kombination von mehreren Attributen in einer Relation, das bzw. die in wenigstens einer anderen Relation ein Primärschlüssel ist.

Kardinalität (cardinality) = die Anzahl der Ausprägungen der Beziehungen zwischen zwei Mengen (z.B. Entitätstypen), die angibt, wie viele Elemente (z.B. Entitäten, Objekte) einer Menge mit einem Element der anderen Menge in Beziehung stehen (oder stehen können).

Primärschlüssel (primary key, major key) = jenes Attribut (jene Attribute), das (die) eine eindeutige Identifizierung eines Objektes zulässt (zulassen).

Relation (relation) = in der Datenmodellierung die Beziehung zwischen Entitäten.

Sekundärschlüssel (alternate key) = ein meist nicht eindeutig identifizierendes Attribut, das in Datenbanken beispielsweise für Such- und Sortierfunktionen herangezogen werden kann.

Structured Query Language (SQL) (strukturierte Abfragesprache) = eine Datenbanksprache zur Strukturierung, Erstellung und Verwaltung von Datenbanken; wird von einem Großteil der Datenbankmanagementsysteme verwendet.

Unified Modeling Language (UML) (vereinheitlichte Modellierungssprache) = grafische Modellierungssprache für das Design von Software und anderen Systemen.

Zweck der Datenmodellierung

Die Entwicklung eines Informationssystems impliziert die Konzeption eines Datensystems (vgl. Lerneinheit ZAMSE). Jede Aufgabe benötigt zu ihrer Durchführung aufgabenspezifische Daten, und bei jeder Durchführung einer Aufgabe können aufgabenspezifische Daten erzeugt werden. Die Aufgaben eines Aufgabensystems sind durch Datenbeziehungen gekennzeichnet. In der Lerneinheit ZAMSE wurde zudem das Primat des Datensystems erläutert. Gilt dieses (was in der Praxis oft der Fall ist), dann beeinflussen die Entwurfsentscheidungen im Datensystem die Entwurfsentscheidungen in anderen Teilprojekten eines Informatik-Projekts (z.B. Methodensystem oder Sicherungssystem) stärker als umgekehrt; die Entwürfe in den anderen Teilprojekten orientieren sich am Datensystem-Entwurf. Aus diesen Ausführungen folgt, dass die Konzeption eines Datensystems bei der Entwicklung von Informationssystemen eine herausragende Bedeutung, und die Datenmodellierung ist ein wesentliches Instrument bei der Konzeption eines Datensystems.

Grundlagen und Entwurfsprozess

Unter dem Begriff „Datenbank" wird eine definierte Menge logisch zusammengehörender Daten verstanden. Datenbanken dienen dem schnellen und zuverlässigen Erfassen, Ordnen, Speichern, Schützen und Bereitstellen von Daten. Die Ablage der Daten erfolgt dabei in einem persistenten, strukturierten Speicher. Verwaltung und Zugriff auf diesen Speicher erfordern die Verwendung geeigneter Software. Softwaresysteme, die den Aufbau und Betrieb von Datenbanken unterstützen, werden als Datenbanksysteme (DBS) oder Datenbankmanagementsysteme (DBMS) bezeichnet.

Aufgabe des Datenbank-Entwurfsprozesses ist die Überleitung eines Ausschnitts der realen Welt in eine Datenbank. Die dafür im ersten Schritt erforderliche Abstraktion wird durch die Entwicklung eines konzeptionellen Datenmodells erreicht. Dazu stehen unterschiedliche Modellierungssprachen und Notationen zur Verfügung, deren gemeinsames Ziel die vereinfachte Abbildung eines Realitätsausschnitts darstellt. Dieses systemunabhängige Modell dient als Grundlage für den Entwurf eines logischen Datenmodells. Die bekanntesten Notationen sind die „Ur-Notation" des Entity-Relationship-Modells (ER-Modell), nämlich die nach ihrem Erfinder benannte Chen-Notation, sowie die Unified Modeling Language (UML). In dieser Lerneinheit wird zur Erklärung des Vorgehens bei der Datenmodellierung das ER-Modell verwendet.

Der Datenbank-Entwurfsprozess folgt somit folgender Vorgehensweise (siehe Abb. DATMO-1):

- zunächst wird ein definierter Ausschnitt aus der realen Welt mittels Modellierung in ein konzeptuelles Schema übergeführt, beispielsweise in ein ER-Modell;
- aus diesem wird im nächsten Schritt ein relationales, ein objektorientiertes oder ein Netzwerk-Schema durch semiautomatisierte Transformation abgeleitet.

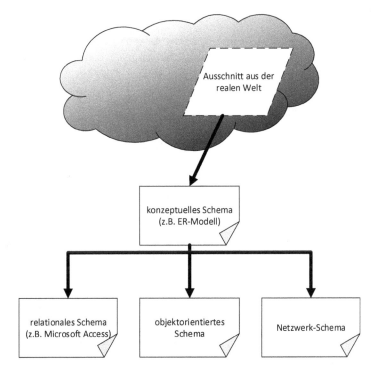

Abb. DATMO-1: Datenbank-Entwurfsprozess

Zum besseren Verständnis der Zusammenhänge zwischen den beiden Entwicklungsebenen wird nachfolgend zunächst das Grundprinzip relationaler Datenbanken erklärt. Daran anschließend wird das ER-Modell beschrieben.

Grundlagen relationaler Datenbanken

In der Praxis gelten relationale Datenbanken als etablierter Standard zur computergestützten Verwaltung von Daten. Vorab wird hier deshalb Grundlegendes dazu erläutert, bevor auf die Datenmodellierung selbst eingegangen wird.

Das relationalen Datenbanken zugrunde liegende Datenbankmodell ist tabellenbasiert. Der ursprüngliche Vorschlag dazu von *Edgar F. Codd* stammt aus dem Jahr 1970. Im Wesentlichen geht es dabei um die Beschreibung der realen Welt anhand von Beziehungen zwischen zweidimensionalen Tabellen. Die in den Tabellen enthaltenen Datensätze setzen sich in der Regel aus mehreren Attributen ("Spaltenüberschriften") zusammen, die jeweils bestimmte Werte annehmen können, wobei die Wertebereiche einzelner Attribute eingeschränkt sein können (siehe Abb. DATMO-2).

Um einen bestimmten Datensatz einer Tabelle in einer relationalen Datenbank eindeutig identifizierbar zu machen, wird ein Attribut oder eine Kombination mehrerer Attribute als Primärschlüssel definiert. Das in Abb. DATMO-3 dargestellte Beispiel definiert die (eindeutige) Händler-ID als Primärschlüssel.

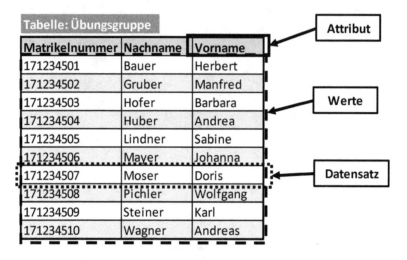

Abb. DATMO-2: Tabelle einer relationalen Datenbank

Händler-ID	Händler Name	Ort
0815001	Sport Total	München
0815002	Laufsport 2000	Wien
0815003	Fahrrad-Paradies	Salzburg
0815004	MoveYou	Zürich
0815005	Sport-Profi	Graz

Primärschlüssel

Abb. DATMO-3: Primärschlüssel

Sekundärschlüssel, die zumeist keine eindeutig identifizierende Eigenschaft besitzen, werden für den Zugriff über Suchbegriffe oder zur Festlegung der Sortierreihenfolge verwendet. Ein Beispiel dafür könnte der Name des Händlers sein (siehe Abb. DATMO-4). Um Beziehungen (Relationen) zwischen zwei oder mehreren Tabellen herstellen zu können wird ein Fremdschlüssel benötigt. Es handelt sich dabei um ein Attribut in einer Tabelle, das auf den Primärschlüssel einer anderen Tabelle verweist. Das Beispiel in Abb. DATMO-5 verwendet dafür die Händler-ID, welche in der Tabelle „Händler" als Primärschlüssel geführt wird und in der Tabelle „Artikel" als Fremdschlüssel zur Verknüpfung der beiden Tabellen dient.

Eine Datenbank besteht in der Regel aus einer Vielzahl derartiger Tabellen, die über unterschiedliche Relationen miteinander verknüpft sind, also in Beziehung stehen. Zu Beginn des Datenbank-Entwurfsprozesses ergeben sich unter anderem zwei Herausforderungen. Erstens müssen alle erforderlichen Tabellen identifiziert werden und zweitens müssen deren Beziehungen zueinander strukturiert dargestellt werden. Die am weitesten verbreitete Methode zur Abbildung von Objekten und deren Beziehungen im Rahmen der Datenmodellierung ist das ER-Modell *(Mertens et al.)*, welches im Folgenden näher behandelt wird.

Händler-ID	Händler Name	Ort
0815001	Sport Total	München
0815002	Laufsport 2000	Wien
0815003	Fahrrad-Paradies	Salzburg
0815004	MoveYou	Zürich
0815005	Sport-Profi	Graz

Sekundärschlüssel

Abb. DATMO-4: Sekundärschlüssel

Tabelle: Artikel

Artikel-Nr.	Bezeichnung	Preis	Händler-ID
241179801	Laufschuh Ultraspeed	€ 149,90	0815002
241179802	Mountainbike X-Trail	€ 2 498,00	0815003
241179803	Fahrradhelm Safehead	€ 79,90	0815003
241179804	Funktions-T-Shirt Sweat	€ 34,90	0815001
241179803	Fitnessuhr Time2Run	€ 349,00	0815005
241179804	Laufhose 2Fast	€ 99,90	0815004
241179805	Schwimmbrille ClearView	€ 59,90	0815001

Primärschlüssel **Fremdschlüssel**

Tabelle: Händler

Händler-ID	Händler Name	Ort
0815001	Sport Total	München
0815002	Laufsport 2000	Wien
0815003	Fahrrad-Paradies	Salzburg
0815004	MoveYou	Zürich
0815005	Sport-Profi	Graz

Abb. DATMO-5: Fremdschlüssel

Das Entity-Relationship-Modell (ER-Modell)

Das Entity-Relationship-Modell (ER-Modell, ERM) gilt weithin als der Standard zur Datenmodellierung. Dieses Modell dient der Abbildung eines Ausschnitts aus der realen Welt in einem konzeptuellen Schema und wird sowohl im Rahmen der Konzeption als auch während der Implementierung von Datenbanken angewendet. Im Fokus steht dabei die inhaltliche Überführung eines Ausschnitts der realen Welt in zumeist relationale Datenbanken, nicht jedoch die technische Umsetzung. Dazu werden Objekte der realen Welt abstrahiert, wodurch die Grundlage für das Design relationaler Datenbanken geschaffen wird.

Das ER-Modell wurde von *Peter Chen* entwickelt und erstmals im Jahr 1976 von der Association for Computing Machinery (ACM) veröffentlicht. In den 1980er Jahren wurde das Modell weiterentwickelt. Die verwendete Darstellung von Objekten (Entities) und deren Beziehungen (Relations) wird als Chen-Notation bezeichnet. Die zentrale Aufgabe von ER-Modellen ist, Objekte aus der realen Welt zu typisieren, ihre Beziehungen untereinander zu beschreiben und alle dafür erforderlichen Informationen anzuführen. Die Hauptbestandteile eines ER-Modells sind daher:

- *Entität* (Entity): ein individuelles, in der realen Welt vorkommendes Objekt (z.B. das „Mountainbike X-Trail" oder der Händler „Sport Total"), über das es Daten zu speichern gilt. Mehrere derartige Objekte des gleichen Typs werden im ER-Modell zu Entity-Typen zusammengefasst (z.B. „Artikel" oder „Händler"). Es handelt sich dabei stets um Substantive.
- *Beziehung* (Relationship): Beziehung zwischen zwei individuellen Objekten (z.B. der Händler „Sport Total" verkauft den Artikel „Schwimmbrille Clear-View"). Auch Beziehungen werden zu Beziehungstypen abstrahiert (es besteht also z.B. zwischen den Entity-Typen „Händler" und „Artikel" der Beziehungstyp „verkauft"). Relationen sind stets Verben.
- *Attribut* (Attribute): Zusätzliche Informationen zu Entities und Beziehungen werden über Eigenschaften angegeben, die für die unterschiedlichen individuellen Entities bzw. Relations konkrete Werte annehmen. Gleichartige Eigenschaften einzelner Entities werden unter dem Begriff „Attribut" zusammengefasst. So hat beispielsweise der Entity-Typ „Artikel" ein Attribut „Preis", das im Beispiel für die Entity „Laufschuh Ultraspeed" den Wert € 149,90 hat.

Für die Darstellung im ER-Diagramm gelten gemäß Chen-Notation besondere Vorschriften: Entity-Typen werden im ER-Diagramm als Rechteck dargestellt. Eine Linie verbindet dieses mit seinen in Ovalen dargestellten Attributen (siehe Abb. DATMO-6). Beziehungstypen (Relationship) werden in Form von Rauten abgebildet.

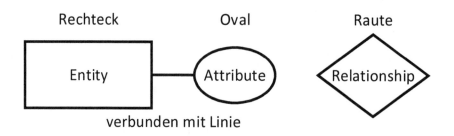

Abb. DATMO-6: Chen-Notation: Entity, Attribute, Relationship

Die Darstellung von Händlern und Artikeln würde im ER-Diagramm wie in Abb. DATMO-7 dargestellt aussehen („Händler verkauft Artikel"). Die Primärschlüssel der jeweiligen Entities werden unterstrichen dargestellt.

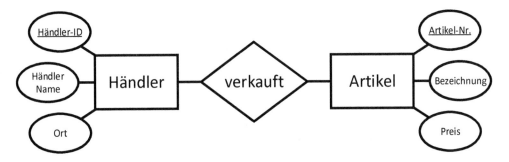

Abb. DATMO-7: Beispiel Chen-Notation

Beziehungen können im ER-Diagramm anhand zusätzlicher Informationen zur Kardinalität noch genauer spezifiziert werden. Dazu unterscheidet man drei Arten von Beziehungstypen (Beispiele sind in Abb. DATMO-8 angeführt):

- One-to-One (1:1-Beziehung): Die Beziehung besteht zwischen genau einem Objekt des einen Entity-Typs und einem Objekt des anderen Entity-Typs.
- One-to-Many (1:n- oder n:1-Beziehung): Die Beziehung besteht zwischen genau einem Objekt des einen Entity-Typs und einem oder mehreren Objekten des anderen Entity-Typs oder umgekehrt.
- Many-to-Many (n:m-Beziehung): Die Beziehung besteht zwischen einem oder mehreren Objekten des einen Entity-Typs und einem oder mehreren Objekten des anderen Entity-Typs.

Bei der Überführung des ER-Diagramms in Tabellen ist hinsichtlich der Kardinalitäten folgendes zu beachten: Handelt es sich um eine 1:1-Beziehung, dann erhält eine der Tabellen den Primärschlüssel der anderen als Fremdschlüssel. Bei 1:n-Beziehungen wandert der Primärschlüssel der „1-Seite" als zusätzliches Attribut zur „n-Seite". Bei n:m-Beziehungen ist das Anlegen einer neuen Tabelle, die die Primärschlüssel beider Tabellen enthält, notwendig (siehe Abb. DATMO-9). Für die Implementierung von Datenbanken stehen zahlreiche Datenbankmanagementsysteme zur Verfügung. Als Beispiel für ein relationales Datenbankmanagementsystem (RDBMS) kann Microsoft Access genannt werden. Die wesentlichen Objekte für die Erstellung sind dabei:

- Tabellen zum Speichern der Daten,
- Abfragen zum Anzeigen, Filtern, Ändern, Sortieren usw. der Daten,
- Formulare zur Eingabe und Anzeige der Daten,
- Berichte zur Präsentation und zum Drucken der Daten sowie
- Makros und Module zur Automatisierung von Aufgaben.

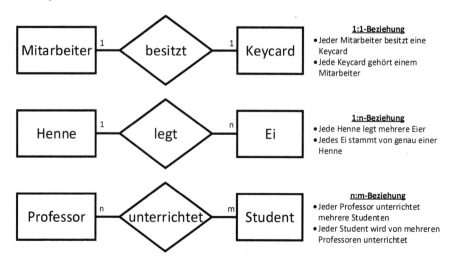

Abb. DATMO-8: Kardinalitäten

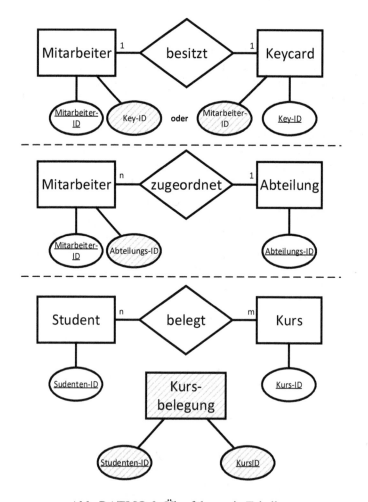

Abb. DATMO-9: Überführung in Tabellen

Die Umsetzung der mittels grafischer Benutzungsoberflächen erstellten Objekte erfolgt durch Übersetzung in die Datenbanksprache SQL (Structured Query Language), die von nahezu allen DBMS eingesetzt wird. SQL ermöglicht die Strukturierung, Erstellung und Verwaltung von Datenbanken. Die Bezeichnung SQL bezieht sich auf das englische Wort „query" (also „Abfrage"). Mit einer Abfrage werden die in einer Datenbank gespeicherten Daten abgerufen, also einem Anwendungssystem oder einem Benutzer zur Verfügung gestellt. SQL wurde unter Mitwirkung verschiedener Institutionen standardisiert (z.B. International Organization for Standardization, International Electrotechnical Commission sowie American National Standards Institute).

Forschungsbefunde

Datenmodellierung verfolgt das Ziel, Objekte aus der realen Welt sowie deren Attribute und Beziehungen formal abzubilden. Eine Studie von *Fettke* mit 304 Befragten aus Unternehmen unterschiedlicher Größe in Deutschland zeigte, dass das ER-Modell dafür am häufigsten eingesetzt wird. Zum gleichen Ergebnis kamen auch *Davies et al.*, die eine ähnliche Studie in Australien durchgeführt hatten. Die ER-Methode hat sich somit als De-facto-Standard der Datenmodellierung etabliert (*Mertens et al.*). Nichtsdestotrotz wird in experimentellen Untersuchungen von Modellierungsmethoden die Unified Modeling Language (UML) mitunter besser bewertet als die ER-Methode. *De Lucia et al.* führten ein Experiment durch, um herauszufinden, ob UML-Diagramme oder ER-Diagramme einfacher zu verstehen sind. Dazu wurden Untersuchungen zu drei unterschiedlichen Arten von Aktivitäten durchgeführt. Diese waren (i) das Verstehen und Interpretieren von Datenmodellen, (ii) das Erfassen von Änderungen zur Umsetzung in Datenmodellen und (iii) das Erkennen von Mängeln in Datenmodellen. In den Untersuchungen zu (i) und (iii) konnten mit UML signifikant bessere Ergebnisse erzielt werden. Für (ii) konnten keine signifikanten Unterschiede festgestellt werden. Begründet wird das bessere Abschneiden von UML mit der bei der ER-Methode höheren Anzahl grafischer Elemente, welchen unterstellt wird, sie würden eher verwirrend auf den Leser des Diagramms wirken.

Shanks et al. lösten mit einem Beitrag aus dem Jahr 2008 in Wirtschaftsinformatiker-Kreisen Diskussionen über die korrekte Darstellung zusammengesetzter Objekte und Gruppierungen aus (*Shanks et al., Allen/March*). Es galt dabei zu klären, ob die Darstellung derartiger Objekte mittels Beziehungen oder durch Entitäten die korrekte sei. Eine klare Aussage konnte diesbezüglich allerdings aufgrund der unterschiedlichen zugrundeliegenden Paradigmen nicht getroffen werden.

Eine von *Loos/Fettke* durchgeführte Literaturanalyse zeigt bedeutsame Ergebnisse empirischer Forschung im Bereich der Informations- und Datenmodellierung auf. Demnach hat der Einsatz von Modellen eine positive Auswirkung auf die Konfiguration von Standardsoftware und deren Einbindung in bestehende Systemlandschaften. Die Anreicherung der Modelle mit optionalen Attributen erhöht deren Verständlichkeit. Allerdings benötigt die Erfassung der im Modell abgebildeten Informationen dadurch mehr Zeit; gleichzeitig beeinflussen optionale Attribute die Fähigkeit der Nutzer zur Bewältigung von Aufgabenstellungen negativ.

Kontrollfragen

1. Was ist der Zweck von Datenmodellierung im Kontext von Informatik-Projekten?
2. Wie sieht die Struktur einer Tabelle in einer relationalen Datenbank aus?
3. Aus welchen Kernelementen setzt sich ein ER-Modell zusammen und wie hängen diese zusammen?
4. Wozu dienen Schlüssel bei der Datenmodellierung und welche Arten von Schlüssel werden dabei unterschieden?
5. Welche Beziehungsarten gibt es bei ER-Modellen?

Quellenliteratur

Allen, G. N./March, S. T.: A research note on representing part-whole relations in conceptual modeling. MIS Quarterly, 3/2012, 945-965

Bavota, G./Gravino, C./ Oliveto, R./ De Lucia, A./ Tortora, G./ Genero, M./Cruz-Lemus, J. A.: A fine-grained analysis of the support provided by UML class diagrams and ER diagrams during data model maintenance. Software & Systems Modeling, 1/2015, 287-306

Chen, P.: The entity-relationship model: Toward a unified view of data. ACM Transactions on Database Systems, 1/1976, 9-36

Davies, I./Green, P./Rosemann, M./Indulska, M./Gallo, S.: How do practitioners use conceptual modeling in practice? Data & Knowledge Engineering, 3/2006, 358-380

De Lucia, A./Gravino, C./Oliveto, R./Tortora, G.: An experimental comparison of ER and UML class diagrams for data modelling. Empirical Software Engineering, 5/2010, 455-492

Fettke, P.: Ansätze der Informationsmodellierung und ihre betriebswirtschaftliche Bedeutung: Eine Untersuchung der Modellierungspraxis in Deutschland. zfbf – Schmalenbachs Zeitschrift für betriebswirtschaftliche Forschung, 5/2009, 550-580

Loos, P./Fettke, P.: Zum Beitrag empirischer Forschung in der Informationsmodellierung. In: Loos, P./Krcmar, H. (Hrsg.): Architekturen und Prozesse. Springer, 2007, 33-50

Mertens, P./Bodendorf, F./König, W./Schumann, M./Hess, T./Buxmann, P.: Grundzüge der Wirtschaftsinformatik. 12. A., Springer, 2017

Shanks, G./Tansley, E./Nuredini, J./Tobin, D./Weber, R.: Representing part-whole relations in conceptual modeling: An empirical evaluation. MIS Quarterly, 3/2008, 553-573

Shanks, G./Weber, R.: A hole in the whole: A response to Allen and March. MIS Quarterly, 3/2012, 965-980

Vertiefungsliteratur

Gadatsch, A.: Datenmodellierung für Einsteiger: Einführung in die Entity-Relationship-Modellierung und das Relationenmodell, Springer Vieweg, 2017

Jarosch, H.: Grundkurs Datenbankentwurf: Eine beispielorientierte Einführung für Studierende und Praktiker. 4. A., Springer Vieweg, 2016

Normen und Richtlinien

Lackes, R./Siepermann, M.: Datenmodellierung. In: Kurbel, K. et al. (Hrsg.): Enzyklopädie der Wirtschaftsinformatik. http://www.enzyklopaedie-der-wirtschaftsinformatik.de

Werkzeuge

https://erdplus.com/
https://products.office.com/de-de/visio
https://www.oracle.com/database/technologies/appdev/datamodeler.html

Interessante Links

http://nosql-database.org/

SIMUL - Simulation

Lernziele

Sie kennen die Anwendungsgebiete der Simulation bei Informatik-Projekten und können ihre Stellung als Bindeglied zwischen den Arbeitsschwerpunkten Analysieren und Entwerfen beschreiben. Sie können die Vorgehensweise beim Durchführen einer Simulationsstudie mit eigenen Worten beschreiben und kennen Crystal Ball, ein Werkzeug, das zur Simulation eingesetzt werden kann.

Definitionen und Abkürzungen

Empfindlichkeitsanalyse (sensibility analysis) = ein Verfahren, mit dem festgestellt werden soll, welche Wirkung geringfügige Änderungen der Parameter auf das beobachtete Verhalten haben. Synonym: Sensitivitätsanalyse.

Entscheidungsunterstützungssystem (decision support system) = ein interaktives Problemverarbeitungssystem zur Unterstützung von Entscheidungsträgern bei der Bearbeitung schlecht strukturierbarer Aufgaben, insbesondere bei Entscheidungen als Führungsaufgabe.

Ereignisorientierung (event view) = die Steuerung und Kontrolle des zeitlichen Ablaufs einer Simulation primär als eine Folge von Ereignissen.

Falsifikation (falsification) = der wissenschaftliche Versuch, empirisch nachzuweisen, dass eine Annahme oder Hypothese nicht zutrifft.

Iteration (iteration) = das schrittweise Vorgehen beim Problemlösen.

Kalibrierung (calibration) = das sukzessive Anpassen eines Modells an die Wirklichkeit.

Modellieren (modeling) = die Tätigkeit des Abbildens eines Ausschnitts der Wirklichkeit in ein Modell.

Prozessorientierung (process view) = die Steuerung und Kontrolle des zeitlichen Ablaufs einer Simulation als eine Folge von Prozessen im Sinne häufig wiederkehrender Folgen von Ereignissen. Synonym: Zeitorientierung.

Simulationsmodell (simulation model) = ein computerbasiertes Modell zum Experimentieren, das verwendet wird, um Information über das Verhalten des Systems in der Wirklichkeit zu gewinnen.

SQL = Akronym für Structured Query Language; eine bei IBM entwickelte, standardisierte Abfragesprache.

stochastisch (stochastic) = die Eigenschaft eines Prozesses, vom Zufall abhängig (also nicht deterministisch) zu sein.

Transaktion (transaction) = eine Folge von Prozessen, die unter definierten Bedingungen durchgeführt werden.

Validität (validity) = das Ausmaß, mit dem ein Modell die Wirklichkeit, die es abbilden soll, auch tatsächlich abbildet und mit dem das Modellverhalten auf die Wirklichkeit übertragen werden kann.

Verifikation (verification) = der wissenschaftliche Versuch, empirisch nachzuweisen, dass eine Annahme oder Hypothese zutrifft.

Zweck der Simulation

Simulation ist zielgerichtetes Experimentieren an Modellen. Das Erstellen der Modelle (Simulationsmodelle) wird im Allgemeinen als zur Simulation gehörend betrachtet, so dass *Simulation* Modellieren der Wirklichkeit *und* Experimentieren an durch Modellieren entstandenen Modellen meint. Simulation besitzt im mathematischen Sinn keine zum Optimum führende Suchstrategie. Im Vordergrund stehen Heuristiken für die Auswahl der untersuchten Alternativen. Optimierung im mathematischen Sinn kann daher nicht das primäre Ziel der Simulation sein.

Besonderes Kennzeichen der Simulation ist die ausdrückliche Problembezogenheit, das heißt, es wird ein konkretes Problem der Wirklichkeit untersucht. Simulationsmodelle sind daher meist stochastische Modelle. Simulation gilt seit Jahrzehnten als eine der mächtigsten Methoden zur wirklichkeitsnahen Untersuchung komplexer, dynamischer Systeme (vgl. z.B. *Breitenecker et al.*, *Liebl* oder *Mertens*). Ihre entscheidende Stärke ist, dass mit Simulationsmodellen das zu untersuchende System wirklichkeitsnah abgebildet werden kann. Die Verfügbarkeit von Werkzeugen ist Voraussetzung für die Anwendung. Eine Simulationsstudie ist dann zweckmäßig, wenn eine oder mehrere der folgenden Bedingungen für die Problemlösung von Bedeutung sind:

- Die Wirklichkeit ist zu komplex und/oder zu kompliziert, um sie als ein geschlossen lösbares Formalproblem abbilden zu können; analytische und numerische Methoden versagen deshalb.
- Modellieren und Experimentieren, das heißt das Beobachten des Systemverhaltens am Modell, führen zu einem besseren Problemverständnis.
- Durch analytische und numerische Methoden ermittelte Problemlösungen können durch Simulation überprüft (verifiziert bzw. falsifiziert) werden.
- Durch Simulation kann auch das dynamische Verhalten eines Systems, das heißt sein Verhalten im Zeitablauf, beobachtet werden.
- Durch Simulation können die Auswirkungen gezielter Veränderungen eines Parameters oder einer Kombination von Parametern auf bestimmte Eigenschaften des Systems untersucht werden.

Probleme, die bei einer Simulationsstudie auftreten können, sind:

- Modellieren ist im Allgemeinen mit einem relativ großen Aufwand verbunden.
- Da jeder Simulationslauf (Modellauf) eines stochastischen Simulationsmodells nur eine Ausprägung eines stochastischen Prozesses ist, müssen mehrere, oft sehr viele Simulationsläufe durchgeführt werden.
- Der große Umfang an quantitativen Daten als Ergebnis einer Simulationsstudie erweckt den Anschein eines hohen, nicht immer gegebenen Wahrheitsgehalts, der durch grafische Animation verstärkt wird.
- Simulation ermittelt keine Problemlösung, sondern zeigt lediglich die Konsequenzen von Entscheidungsalternativen auf; sie hat eher Prognosefunktion als Problemlösungsfunktion.

Einsatzgebiete der Simulation

Wegen der genannten Eigenschaften und Probleme ist die Simulation keine Alternative zu anderen Untersuchungsmethoden. In erster Linie ist sie eine Methode zur Bestimmung der Systemauslegung und zur Evaluierung von Systemalternativen, die mit anderen Untersuchungsmethoden erarbeitet wurden. In Informatik-Projekten sind das zu schaffende System oder einzelne seiner Komponenten (z.B. die vorhandene oder zur Auswahl stehende Hardware und/oder Software) die Wirklichkeit und damit das insgesamt oder in Teilen zu modellierende System, an dessen Modell experimentiert wird. Konkrete Einsatzgebiete sind:

- Bestimmen des Technikbedarfs für einen Systementwurf;
- Analysieren und Evaluieren von Systementwürfen;
- Überwachen des Projektablaufs.

Darüber hinaus gewinnt Simulation zunehmende Bedeutung im betrieblichen Methodensystem, insbesondere dann, wenn das zu schaffende Informationssystem primär der Entscheidungsunterstützung dienen soll, also Entscheidungsunterstützungssystem ist. Die Anwendung der Simulation in Entscheidungsunterstützungssystemen setzt unter anderem voraus:

- Integration von Simulationsmodellen in die unternehmensweite Methodenbasis zur Vermeidung von Insellösungen;
- Vorhandensein von Schnittstellen zu Datenbasen, wenn Simulationsmodelle in eine größere Anwendungsumgebung eingebunden sind;
- Anpassung von Simulationsmodellen und von Modellierungskonzepten an unterschiedliche betriebliche Aufgaben;
- durchgängige Unterstützung des gesamten Simulationsprozesses;
- Gewährleistung der Transparenz des Simulationsprozesses.

Wirklichkeit und Simulationsmodell

Wirklichkeit im Sinn der Simulation ist ein System als Menge real existierender oder gedachter Objekte, zwischen denen Beziehungen bestehen. Objekte lassen sich durch Merkmale und Ausprägungen der Merkmale beschreiben. Beziehungen zwischen Objekten kommen dadurch zum Ausdruck, dass die Merkmale nicht beliebige Ausprägungen haben können, sondern dass sie sich gegenseitig so beeinflussen, dass ihre Ausprägungen in bestimmten Kombinationen auftreten. Die Gesamtheit der Merkmalsausprägungen, die ein System zu einem bestimmten Zeitpunkt hat, wird als sein Zustand bezeichnet. Das Verhalten des Systems wird durch eine Menge von Zuständen erfasst; es kann durch Erzeugung von Zeitreihen, welche die Entwicklung der Merkmalsausprägungen darstellen, beschrieben werden. Merkmalsausprägungen können sich im Zeitablauf ständig verändern (kontinuierliche Zustandsänderung) oder nur zu bestimmten Zeitpunkten verändern (diskrete Zustandsänderung); diskrete Zustandsänderungen heißen auch Ereignisse.

Ein Simulationsmodell beschreibt die Merkmale der Objekte des modellierten Systems mit Hilfe von Variablen. Die Werte der Variablen geben den Zustand des

Systems wieder. Durch Fortschreibung der Werte der Variablen wird das Verhalten des Systems im Zeitablauf erfasst. Die Fortschreibung der Variablen erfolgt durch Simulationsprogramme; sie bilden die sachlichen und zeitlichen Beziehungen zwischen den Merkmalen der modellierten Objekte ab.

Die Fortschreibung der Zeit erfolgt durch Zeitmechanismen. Für kontinuierliche Zustandsänderungen werden Zeitmechanismen verwendet, die mit gleichbleibenden Zeitzuwächsen arbeiten. Die Werte der Variablen werden dann in einem gleichmäßigen Zeittakt fortgeschrieben. Simulationen, die solche Zeitmechanismen verwenden, werden prozessorientiert oder zeitorientiert genannt. Bei diskreten Zustandsänderungen wird die Zeit entsprechend den Eintreffzeitpunkten der Ereignisse fortgeschrieben; die Werte der Variablen werden nur zum Eintreffzeitpunkt der Ereignisse erfasst. Simulationen, die solche Zeitmechanismen verwenden, werden ereignisorientiert genannt.

Bestimmen des Technikbedarfs

Eine Aufgabe der Projektphase Systementwurf ist es, den Technikbedarf zu bestimmen (vgl. Lerneinheit ZAMSE). Diese Aufgabe kann häufig nur durch Simulation des Techniksystems oder einzelner Komponenten des Techniksystems gelöst werden. Insbesondere dann, wenn bestimmte Anforderungen an das Techniksystem nicht vorhersagbar (z.B. die stochastische Ankunftsrate von Transaktionen bei einem Kassensystem) und zeitkritisch sind, liefert eine Simulationsstudie wichtige Aussagen über das Antwortzeitverhalten. Da das Antwortzeitverhalten für die quantitative Auslegung des Systems ein entscheidender Parameter ist, kann durch die Ergebnisse einer Simulationsstudie die Systemauslegung bestimmt werden (z.B. die Anzahl Kassenarbeitsplätze eines Point of Sale).

Analysieren und Evaluieren von Systementwürfen

Trotz des erheblichen Nutzens der Simulation beim Bestimmen des Technikbedarfs sollte eine Simulationsstudie nicht in einzelnen Projektphasen isoliert, sondern zur Unterstützung mehrerer Projektphasen verwendet werden. So können die in der Vorstudie erarbeiteten alternativen Systemkonzepte (vgl. Lerneinheit ZAMVS) als Modelle des Gesamtsystems abgebildet und simuliert werden. Die Simulationsstudie kann Ergebnisse liefern, die Rückschlüsse auf das Verhalten des zu schaffenden Informationssystems zulassen. Beispielsweise können Widersprüchlichkeiten und Unvollständigkeiten in den Systementwürfen erkannt werden. Entsprechen die Ergebnisse der Simulationsstudie nicht den Planungszielen oder den Projektzielen, wird das Modell oder werden die Modelldaten modifiziert. Die Simulationsstudie durchläuft dann solange einen iterativen Prozess, bis eine Lösung, die im Sinn der Planungsziele akzeptabel ist, gefunden wurde. Damit wird eine evolutionäre, mit dem Prototyping vergleichbare Vorgehensweise unterstützt (vgl. Lerneinheit PROTY).

Eine Fortsetzung findet die Anwendung der Simulation beim Analysieren und Evaluieren von Systementwürfen. Hier bildet nicht das Gesamtsystem die Modellgrundlage, sondern einzelne Teilsysteme (z.B. Geschäftsprozesse bzw. Workflows,

vgl. Lerneinheit PROMO). Folgende Beispiele aus einem Teilprojekt Produktionsplanung und -steuerung zeigen dies (in Klammern typische Untersuchungsfragen):

- Beurteilung von Prioritätsregeln für die Maschinenbelegungsplanung (z.B. „Welche Prioritätsregel ist am besten geeignet, um minimale Durchlaufzeiten zu erzielen?");
- Dimensionierung von Materialflusssystemen (z.B. „Wie viele Roboter werden in einem bestimmten Lager benötigt, um bei gegebener Arbeitslast geforderte Ein- und Auslagerungszeiten einzuhalten?");
- Untersuchung von alternativen Instandhaltungspolitiken (z.B. „Ist vorbeugende Instandhaltung zweckmäßiger als Reparatur bei Ausfall?");
- Untersuchung von Lagerhaltungssystemen (z.B. „Welche Bestellmenge soll verwendet werden?").

Überwachen der Projektabwicklung

In der Projektphase Systementwurf und insbesondere in der Projektphase Implementierung, wenn Projektergebnisse (z.B. Anwendungsprogramme) bereits vorliegen, kann eine Simulationsstudie projektbegleitend fortgeführt werden. Mit ihr
werden die Projektergebnisse (Ist) mit Planungszielen oder Projektzielen (Soll)
verglichen, und es werden sukzessiv Annahmen über bestimmte Eigenschaften der
Projektergebnisse durch Messwerte ersetzt (z.B. die Laufzeit eines Anwendungs-
programms). Durch die damit erfolgende Kalibrierung des Simulationsmodells
können Aussagen darüber gemacht werden, ob und inwieweit sich die mit der Simulationsstudie gewonnenen Ergebnisse mit der Wirklichkeit decken, und es kann
der Projektfortschritt (vgl. Lerneinheit PROPL) verfolgt werden. In dieser Weise
eingesetzt ist eine Simulationsstudie auch ein Instrument des Projektcontrollings
(vgl. Lerneinheit PCONT).

Simulation zum Analysieren und Entwerfen

Eine andere Systematik, die zur Beurteilung der Simulation geeignet ist und die
weitere Aussagen über ihre Einsatzgebiete macht, verwendet die beiden Schwerpunkte der Projektarbeit, nämlich das Analysieren und das Entwerfen (auch als Gestalten bezeichnet). Simulation wird als Bindeglied zwischen diesen zueinander
inversen Arbeitsschwerpunkten gesehen, wie Abb. SIMUL-1 zeigt.

Durch Abbilden sowohl der Strukturen (z.B. der Techniksysteme) als auch des dynamischen Verhaltens (z.B. der Anwendungssoftware) der Wirklichkeit in ein Modell erfolgt eine Vereinfachung, welche die Wirklichkeit transparenter, beherr-
schbarer und manipulierbarer macht; der Möglichkeit zum Manipulieren kommt
dabei eine zentrale Bedeutung zu.

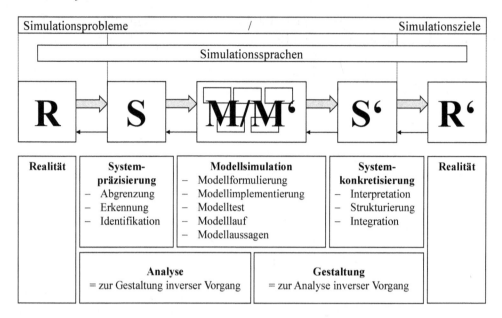

Abb. SIMUL-1: Integration der Simulation in eine Systemmethodik
(in Anlehnung an *Vieweg*, 6)

Simulation in der Analysephase

In Vorstudien werden im Rahmen von Erkennungsexperimenten der Umfang und die generelle Struktur des Simulationsmodells eruiert. Bei der Analyse eines bestehenden Informationssystems ist damit die Abgrenzung und die Erfassung des Istzustands gemeint. Wird ein Informationssystem entworfen, wird von den Anforderungen (vgl. die Lerneinheiten ZIELP und ANFAN) ausgegangen. Damit wird die erforderliche Ausgangsinformation für die Simulationsstudie gewonnen.

Identifikationsexperimente führen zur quantifizierten, das heißt mit Parametern belegten Modellformulierung. Für die Analyse eines Systems bedeutet dies, dass seine quantitativen Merkmale (z.B. die Belastung/Zeiteinheit) im Modell abgebildet werden. Analysierende Berechnungsexperimente verdichten aufgrund von Berechnungen und der Generierung konkreter, vergangener Zustandsgeschichten des Systems das dynamische Modellverhalten.

Das Simulationsergebnis besteht in der Regel darin, eine interessierende Parameterbelegung des Modells und die daraus resultierende Änderung des Istzustands zu zeigen. Die Berechnungsexperimente bedeuten für die Analyse von Informationssystemen, dass versucht wird, deren Verhalten mit Modellen zu erklären. Mit Hilfe von Konsequenzanalysen und Empfindlichkeitsanalysen werden die Wirklichkeitstreue der berücksichtigten Modellteile sowie die Empfindlichkeit der Modellergebnisse bezüglich bestimmter Modelleinflüsse und Parametervariationen festgestellt.

Simulation in der Entwurfsphase

In der Entwurfsphase ist es erforderlich, unterschiedliche Modellaussagen zu gewinnen und gegenüberzustellen. In Optimierungsexperimenten werden alternative struktur- und verhaltensverändernde Kombinationen der Parameter so ausgewählt, dass sich das Modellergebnis gemäß einer vorgegebenen Zielfunktion sukzessiv verbessert. Durch Zusammenfügen, Weglassen oder Verändern einzelner Modellteile lassen sich simulativ-experimentell neue Modellstrukturen entwerfen. Für den Entwurf von Anwendungssystemen bedeutet dies, dass durch die sukzessive Ergänzung, das Weglassen oder die Veränderung einzelner Systemkomponenten oder durch die Veränderung von Parametern ein System so optimiert wird, dass es den Anforderungen besser gerecht wird.

Der Modellentwurf wird einer Stabilitätsanalyse unterworfen, die Aufschluss über das Störverhalten des Systems gibt. Beim Entwurf eines Informationssystems sind darunter Falsifikationsversuche mit extremen Parametern zu verstehen. Bei hinreichend befundener Stabilität liegt ein ausgetestetes Modell vor, das – mit dem Vorteil eines verminderten Entwurfsrisikos – implementiert werden kann.

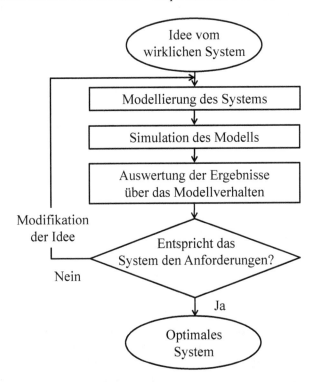

Abb. SIMUL-2: Ablauf einer Simulationsstudie

Ablauf einer Simulationsstudie

Der Ablauf einer Simulationsstudie kann mit den folgenden acht Arbeitsschritten dargestellt werden. Sie sind durch Rückkopplungen, welche die Projektleitung einleitet, gekennzeichnet. Damit hängt der Erfolg einer Simulationsstudie nicht nur von der fachlichen Einschätzung des Problems, sondern auch von den Kenntnissen und Fähigkeiten im Umgang mit dem Modell im Simulationsprozess ab. Abbildung SIMUL-2 zeigt den Ablauf einer Simulationsstudie in verkürzter Form; der mit Rückkopplung durchsetzte, iterative Charakter ist erkennbar. Dass es sich im Ergebnis nicht um ein Optimum im mathematischen Sinn handelt, wurde bereits erläutert.

- Erster Arbeitsschritt: Entscheiden, welche Modellträgerkonzeption (menschliches Gehirn, Sachmodell oder Computermodell) verwendet werden soll. Falls die Entscheidung zugunsten eines Computers als Modellträger fällt, ist eine geeignete Hard- und Software-Konfiguration auszuwählen.
- Zweiter Arbeitsschritt: Definieren des Modells, indem die Variablen benannt, deren Beziehungen formuliert, die Modellperipherie organisiert und die Testdaten erstellt werden.
- Dritter Arbeitsschritt: Implementieren des Modells, Durchführen formaler und logischer Modelltests sowie der formalen Konsolidierung des Modells durch Verbessern der Struktur und gegebenenfalls durch Reduzieren der Modellperipherie.
- Vierter Arbeitsschritt: Validieren des Modells durch empirische Tests. Dazu dienen Erkennungs- und Identifikationsexperimente, gefolgt von empirischen Zuverlässigkeitstests.
- Fünfter Arbeitsschritt: Durchführen von Gestaltungs- und Optimierungsstudien.
- Sechster Arbeitsschritt: Überprüfen und Beurteilen der Modellaussagen, die als Verhaltensprognosen des geplanten Systems aufgefasst werden können, mit Konsequenzanalysen, Empfindlichkeitsanalysen und Stabilitätsanalysen.
- Siebenter Arbeitsschritt: Sachlogisches und qualitatives Interpretieren der Modellaussagen sowie Dokumentieren des Modellzustands und der Modellergebnisse.
- Achter Arbeitsschritt: Inhaltliches Stabilisieren und formales Konsolidieren des Modellzustands und der Modellergebnisse.

Für das Durchführen der Gestaltungs- und Optimierungsstudien im fünften Arbeitsschritt können verschiedene Suchstrategien, mit denen systematisch nach verbesserten Alternativen gesucht wird, angewendet werden.

- Totale Suche/partielle Suche: Bei der totalen Suche werden alle Modellparameter variiert, bei der partiellen Suche nur einzelne.
- Kombinatorische Suche/mutative Suche: Kombinatorisches Suchen folgt nichtzufälligen Gesetzen, während mutatives Suchen zufällig erfolgt.
- Analytische Suche/interaktive Suche: Neben geschlossenen, analytischen Suchstrategien (z.B. Methode der kleinsten Quadrate) gibt es offene, interaktive Suchstrategien, bei denen in den aktuellen Simulationsablauf steuernd eingegriffen wird.
- Suche in kleinen Schritten/Suche in großen Schritten: Diese Unterscheidung bezieht sich auf das Ausmaß, in dem Parameter variiert werden. Eine Suche in kleinen Schritten bedeutet eine weitgehend kontinuierliche Evolution des neuen Modells, während ein Vorgehen in großen Schritten eher als Durchführbarkeitsstudie anzusehen ist.

- Bottom-up-Suche/Top-down-Suche: Diese beiden Suchstrategien dienen zur Entscheidung der Frage, welche der hierarchisch organisierten Parameter eines Modells in die modifizierenden Simulationsstufen schwerpunktmäßig einbezogen werden sollen.

Werkzeuge zur Simulation

Die Implementierung eines Simulationsmodells als Programm ist Voraussetzung für eine Simulationsstudie. Das Programm kann in einer Universalsprache oder in einer Simulationssprache implementiert werden. Jede höhere Programmiersprache, die eine besondere Eignung zur Modellbildung hat, ist eine Simulationssprache. Entsprechend der Unterscheidung zwischen diskreten Systemen und kontinuierlichen Systemen eignet sich eine Simulationssprache entweder mehr für die Simulation diskreter Systeme (in denen Zustandsänderungen, die als Ereignisse bezeichnet werden, zu bestimmten Zeitpunkten stattfinden) oder mehr für die Simulation kontinuierlicher Systeme, oder sie stellt ein allgemeines Konzept zur Modellbildung zur Verfügung.

Bezüglich der grundlegenden Form der Steuerung und Kontrolle des zeitlichen Ablaufs von Modellen diskreter Systeme unterstützt eine Simulationssprache entweder primär Ereignisorientierung oder primär Prozessorientierung als Modellierungsphilosophie, oder sie unterstützt beide Orientierungen. Ein Beispiel für eine seit langem existierende Simulationssprache ist GPSS, Akronym für General Purpose Systems Simulator; eine von *Geoffrey Gordon* entwickelte Sprache.

Die Verwendung von Simulationssprachen zur Modellerstellung wird auch als sprachorientierter Modellierungsansatz – im Unterschied zum blockorientierten Modellierungsansatz – bezeichnet. Der sprachorientierte Ansatz erlaubt die flexible Gestaltung von Simulationsmodellen für die unterschiedlichsten Anwendungen. Der blockorientierte Ansatz stellt dem Anwender vordefinierte, parametrisierbare Bausteine (Blöcke) zur Verfügung; mit ihrer Hilfe kann ein Modell schnell erstellt und leicht verändert werden. Nachteilig ist die Einschränkung der Verwendbarkeit der Bausteine auf bestimmte Anwendungen.

Für die Evaluierung von Geschäftsprozessen bzw. Workflows haben sich anwendungsspezifische Simulatoren in der Praxis durchgesetzt; sie sind integraler Bestandteil der Workflow-Management-Systeme (WFMS) oder eines Werkzeugs zur Prozessmodellierung (vgl. z.B. *Rabe/Knothe*).

Demonstrationsbeispiel

Es wird die Monte-Carlo-Simulation mit *Oracle Crystal Ball* gezeigt. Die Monte-Carlo-Simulation ist ein Verfahren aus der Stochastik, bei dem eine große Zahl gleichartiger Zufallsexperimente die Basis bildet. Ziel ist es, unter Zuhilfenahme der Wahrscheinlichkeitstheorie praktisch relevante Probleme (z.B. auch aus dem Projektmanagement) zu lösen. Die Zufallsexperimente werden in der Regel durch Computerberechnungen durchgeführt, hierbei werden zur Simulation von zufälligen Ereignissen auf der Basis von Algorithmen Pseudozufallszahlen berechnet.

Die Monte-Carlo-Simulation kann allgemein mit folgenden Prozessschritten beschrieben werden:

- Suchen derjenigen mit Unsicherheit behafteten Inputgrößen X im Modell, die einen entscheidenden Einfluss auf eine Zielvariable (z.B. Gesamtaufwand eines Versionsupgrades eines IT-Systems in Arbeitstagen) aufweisen,
- Schätzung der Wahrscheinlichkeitsverteilungen für die unsicheren Inputgrößen,
- Erzeugung der Ergebnisverteilung durch Berechnung der interessierenden Zielgröße mit Hilfe simulationsbasierter Softwareprogramme und
- Ableitung des Erwartungswertes sowie weiterer statistischer Größen (z.B. Standardabweichung sowie Schiefe einer Verteilung).

Zur Durchführung von Simulationen ist am Markt eine zunehmende Anzahl an Softwareprogrammen verfügbar (vgl. *Lehman et al.,* 252ff.). Das gängige Softwarepaket Oracle Crystal Ball ist für Tabellenkalkulationsprogramme (z.B. Microsoft Excel) konzipiert worden (Plug-In). Oracle Crystal Ball enthält verschiedene Anwendungen zur Simulation sowie zu anderen Bereichen (Vorhersagemodellierung, Prognoseerstellung und Optimierung). Nachfolgend wird die Simulation mit Oracle Crystal Ball anhand eines einfachen Beispiels betrachtet.

Es ist die Frage zu beantworten, wie hoch der Gesamtaufwand für ein Versionsupgrade eines IT-Systems ist (gemessen in Arbeitstagen). Die Arbeitspakete eines Versionsupgrades werden aufgelistet und für jedes Paket wird die Arbeitszeit in Stunden geschätzt. Die Summe aller Stunden stellt den Gesamtaufwand für das Versionsupgrade dar. Das Modell ist in Abb. SIMUL-3 dargestellt.

Versionsupgrade	
Arbeitspaket	Schätzwert (h)
Installation	60
Übertrag der Repositories	10
Datenexport	20
Datenimport	10
Test	8
Dokumentation	2
Gesamtaufwand (h)	110

Abb. SIMUL-3: Versionsupgrade-Modell

Im nächsten Schritt werden die Schätzwerte (also die veränderlichen Eingabewerte) mit Annahmen und einer Wahrscheinlichkeitsverteilung versehen (vgl. Abb. SIMUL-4).

Versionsupgrade			
Arbeitspaket	Minimum (h)	Wahrscheinlichster Schätzwert (h)	Maximum (h)
Installation	40	60	80
Übertrag der Repositories	8	10	12
Datenexport	16	20	25
Datenimport	8	10	12
Test	4	8	10
Dokumentation	1	2	3
Gesamtaufwand (h)	77	110	142

Abb. SIMUL-4: Versionsupgrade-Modell mit Minimum und Maximum

In diesem Beispiel wird für die Eingaben eine Dreieck-Verteilung mit einem minimalen, maximalen und einem wahrscheinlichsten Schätzwert herangezogen (vgl. Abb. SIMUL-5). Mit einem anderen Verteilungstyp würde sich das Modell anders darstellen und andere Simulationsergebnisse hervorbringen. Oracle Crystal Ball hat verschiedene Verteilungstypen implementiert und es kann auch ein eigener Verteilungstyp erstellt werden.

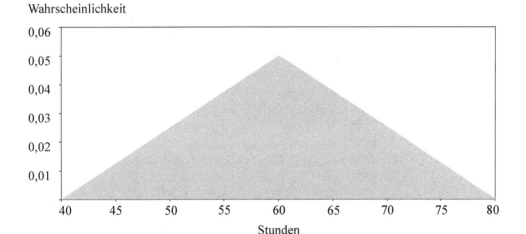

Abb. SIMUL-5: Wahrscheinlichkeitsverteilung des Arbeitspakets Installation (Dreiecksverteilung)

Anschließend wird die Simulation beispielsweise auf 1.000 Berechnungen gesetzt und mit jeder Berechnung wird Oracle Crystal Ball einen zufälligen Wert aus der Wahrscheinlichkeitsverteilung erstellen. Danach wird der Zielwert berechnet (hier der Gesamtaufwand des Versionsupgrades). Anschließend beginnt die nächste Berechnung und dies geht solange, bis 1.000 Berechnungen durchgeführt wurden. Das Ergebnis der Simulation ist in Abb. SIMUL-6 in Form einer Häufigkeitsverteilung dargestellt. Das Simulationsergebnis lässt weitere Interpretationen aufgrund zusätzlich berechneter statistischer Kennzahlen zu.

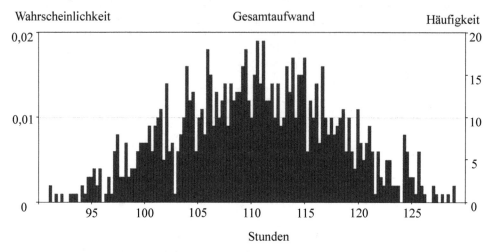

Abb. SIMUL-6: Häufigkeitsverteilung der Monte-Carlo-Simulation

Wie in Abb. SIMUL-7 ersichtlich, berechnet Oracle Crystal Ball verschiedenste statistische Kennzahlen. Beim betrachteten Versionsupgrade liegt der Mittelwert bei 109,23 Arbeitsstunden.

	Prognosewerte
Versuche	1.000
Basisfall	110
Mittelwert	109,23
Median	109,08
Modus	-
Standardabweichung	8,42
Varianz	70,95
Schiefe	0,021
Kurtosis	2,47
Abweichungskoeffizient	0,0771
Minimum	88,62
Maximum	132,25
Standardfehler des Mittelwerts	0,27

Abb. SIMUL-7: Statistische Kennzahlen der Simulation

Abbildung SIMUL-8 zeigt, welche Arbeitspakete den größten Einfluss auf das Ergebnis haben. In diesem Fall ist es die Installation, was vor allem an der absoluten Anzahl der Arbeitsstunden, aber auch an der Wahrscheinlichkeitsverteilung liegt.

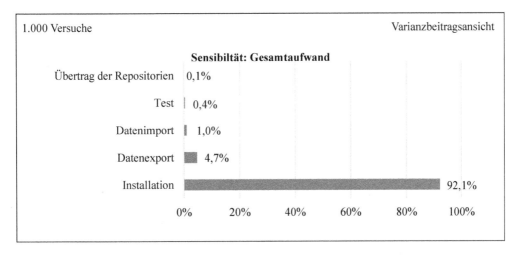

Abb. SIMUL-8: Sensibilitätsanalyse

Die Simulationsergebnisse hängen von den Eingabewerten ab (die im Beispiel geschätzt wurden); deshalb gilt: "garbage in, garbage out". Projektmanagementverantwortliche sollten sich dessen bei der Anwendung der Simulation bewusst sein.

Forschungsbefunde

Abdelsalam/Bao stellen ein simulationsbasiertes Modell vor, das die optimale Abfolge von Aktivitäten innerhalb eines Produktentwicklungsprojekts (PDP) bestimmt ("[t]his paper presented a simulation-based optimization framework that determines the optimum sequence of activities execution within a PDP that minimizes project duration given that activities' durations are stochastic", 83). Die Implementierung des Simulationsmodells erfolgte auf der Basis von Crystal Ball und Microsoft Excel.

Bisogno et al. stellen eine Methode vor, welche die Business Process Modelling Notation (BPMN 2.0) und die Business Process Simulation (BPSim 1.0) kombiniert, um Key Performance Indicators (KPIs) von Geschäftsprozessen zu messen. Um die Zweckmäßigkeit der Methode nachzuweisen, wurde diese bei einem Kernprozess in einem öffentlichen Krankenhaus erprobt. Das Ergebnis der Studie beschreiben die Autoren wie folgt (56): „The method permits detection of process criticalities, as well as identifying the best corrective actions by means of the 'what-if' analysis."

Kontrollfragen
1. Welches sind typische Einsatzgebiete der Simulation bei Informatik-Projekten?
2. Wie wird die Wirklichkeit als Simulationsmodell abgebildet?
3. Wie kann der Ablauf einer Simulationsstudie beschrieben werden?
4. Welche Strategien können bei der Suche nach Systemalternativen angewendet werden?
5. Wie geht man bei der Anwendung von Crystal Ball als Simulationswerkzeug vor?

Quellenliteratur
Abdelsalam, H. M. E./Bao, H. P.: A simulation-based optimization framework for product development cycle time reduction. IEEE Transactions on Engineering Management, 1/2006, 69-85

Breitenecker, F./Troch, I./Kopacek, P. (Hrsg.): Simulationstechnik. Band 1: Fortschritte in der Simulationstechnik. 6. Symposium Simulationstechnik, Vieweg, 1990

Lehman, D./Groenendaal, H./Nolder, G.: Practical spreadsheet risk modeling for management. Chapman & Hall/CRC Press, 2012

Liebl, F.: Simulation. 2. A., Oldenbourg, 1995

Mertens, P.: Simulation. 2. A., Poeschel, 1982

Rabe, M./Knothe, T.: Geschäftsprozess-Simulation. In: Jochem, R./Mertins, K./Knothe T. (Hrsg.): Prozessmanagement. Symposion Publishing, 2010, 473-490

Vieweg, W.: Management in Komplexität und Unsicherheit. Springer Fachmedien, 2015

Vertiefungsliteratur

Axelrod, R.: Advancing the art of simulation in the social sciences. In: Conte, R./Hegselmann, R./Terna, P. (Eds.): Simulating social phenomena, Springer, 1997, 21-40

Bauer, W./Vieweg, W.: Simulation. In: Grochla, E. (Hrsg.): Handwörterbuch der Organisation. 2. A., Poeschel, 1980, 2063-2075

Biosogno, S./Calabrese, A./Gastaldi, M./Ghiron, N. L.: Combining modelling and simulation approaches: How to measure performance of business processes. Business Process Management Journal, 1/2016, 56-74

Evans, J.R./Olson, D.L.: Introduction to simulation and risk analysis. 2nd ed., Prentice Hall, 2002

Harrison, J.R./Lin, Z./Carroll, G.R./Carley, K.M.: Simulation modeling in organizational and management research. Academy of Management Review, 4/2007, 1229-1245

Januszczak, J.: Simulation for business process management, BPMN 2.0 Handbook, 2nd ed., Future Strategies Inc., 2011, 43-57

Klein, M.: Monte-Carlo Simulation und Fuzzyfizierung qualitativer Informationen bei der Unternehmensbewertung. Dissertation Friedrich-Alexander-Universität Erlangen-Nürnberg, 2011

Lee-Kelley, L.: When 'knowing what' is not enough: Role of organized simulations for developing effective practice. International Journal of Project Management, 1/2018, 198-207

Nembhard, D./Yip K./Shtub A.: Comparing competitive and cooperative strategies for learning project management. International Journal of Engineering Education, 2/2009, 181-192

Robinson, S.: Simulation: The practice of model development and use. Wiley, 2014

Salas, E./Wildman, J. L./Piccolo, R. F.: Using simulation-based training to enhance management Education. Academy of Management Learning & Education, 8/2009, 559-573

Sokolowski, J.A./Banks, C.M.: Principles of modeling and simulation. Wiley, 2009

Suzuki, Y./Yahyaei, M./Jin, Y./Koyama, H./Kang, G.: Simulation based process design: Modeling and applications. Advanced Engineering Informatics, 4/2012, 763-781

Normen und Richtlinien

Guidelines for Successful Simulation Studies. Veröffentlicht in Proceedings of the 1990 Winter Simulation Conference, 25-32

Werkzeuge

http://www.wolfram.com/system-modeler/
https://de.mathworks.com/
https://www.anylogic.com/business-processes/
https://www.arenasimulation.com/what-is-simulation/business-process-modeling-software
https://www.oracle.com/de/products/applications/crystalball/overview/index.html
https://www-01.ibm.com/software/at/rational/

Interessante Links

http://www.ariscommunity.com/business-process-simulation
https://h-p-m.info/training-simulations/management-planspiele/projektmanagement-simulation-carveout/
https://www.asim-gi.org/tagungen/asim-symposium-simulationstechnik/

Qualitätsmanagement

QUALM - Qualitätsmanagement 607
REVAU - Reviews und Audits 627
TESTM - Testmethoden..637

QUALM - Qualitätsmanagement

Lernziele

Sie kennen die Grundbegriffe des Qualitätsmanagements (QM) und die Einordnung der Projektarbeit in das Qualitätsmanagement. Sie kennen den Unterschied zwischen Produktqualität und Prozessqualität und erkennen, was Projektqualität bedeutet. Sie wissen, dass eine hohe Prozessqualität in der Regel zu hoher Produktqualität führt. Sie kennen typische Maßnahmen zur Herstellung von Produktqualität durch Prozessqualität. Sie können konstruktive QM-Maßnahmen von analytischen QM-Maßnahmen unterscheiden. Sie wissen, dass Qualitätsmanagement auch beim Einsatz agiler Methoden bedeutsam ist.

Definitionen und Abkürzungen

Checkliste (check list) = eine Methode zur systematischen Überprüfung von Systemeigenschaften mit dem Ziel, Schwachstellen zu identifizieren.

DIN = Akronym für Deutsches Institut für Normung.

Einheit (element) = jeder materielle oder immaterielle Gegenstand der Betrachtung (z.B. ein Endprodukt, ein Zwischenprodukt, ein Prozess).

ISO = Akronym für International Standardization Organization.

Norm (standard) = eine durch eine dazu befugte Institution (z.B. DIN oder ISO) festgelegte Vorschrift für Größen, Qualitäten, Methoden, Begriffe usw., die allgemein zugänglich gemacht ist (typischerweise durch Publikation).

Produktqualität (product quality) = die Übereinstimmung von Qualitätsforderungen und realisierter Qualität eines Projektergebnisses (z.B. Software).

Qualität (quality) = die Beschaffenheit einer Einheit bezüglich ihrer Eignung, die Qualitätsforderungen zu erfüllen (nach ISO 9000).

Qualitätsfähigkeit (quality ability) = die Eigenschaft einer Organisation, Kunden und Dritten gegenüber nachzuweisen, dass Qualitätsforderungen erfüllt werden können (z.B. mit einer Zertifizierung des QM-Systems).

Qualitätsmangel (quality defect) = jede Abweichung zwischen geforderter Beschaffenheit und realisierter Beschaffenheit.

Qualitätspolitik (quality policy) = die grundlegenden Absichten und strategischen Ziele der Unternehmensführung, welche die Qualität betreffen.

Qualitätssicherung (quality assurance) = Oberbegriff für Qualitätsplanung, Qualitätsprüfung und Qualitätslenkung (abgekürzt: QS).

Referenzmodell (reference model) = ein Modell, das einen gewollten oder geplanten Zustand eines Systems abbildet, an dem der gegenwärtige Zustand des Systems beurteilt werden kann. Synonym: Bezugsmodell.

Review (review) = das Anhalten eines Prozesses und das Beurteilen von Prozessergebnissen im Vergleich zu den Projektzielen bzw. der Projektspezifikation einschließlich deren Prüfung auf Gültigkeit.

Risikoanalyse (risk analysis) = die systematische Untersuchung eines Systems auf Risikofaktoren und die möglichst quantitative Ermittlung des Risikos.

Zweck des Qualitätsmanagements

Abbildung QUALM-1 veranschaulicht den Qualitätsbegriff als Übereinstimmung zwischen Qualitätsforderung (geforderte Beschaffenheit) und realisierter Beschaffenheit. Qualität ist daher nichts Absolutes. Ob Qualität vorliegt, hängt nicht vom Niveau der Qualitätsforderung ab, sondern von der Übereinstimmung zwischen geforderter und realisierter Beschaffenheit. Qualität ist sowohl bei geringem Niveau als auch bei hohem Niveau gegeben, wenn die realisierte Beschaffenheit mit der Qualitätsforderung übereinstimmt. Erreicht die realisierte Beschaffenheit die Qualitätsforderung nicht, liegt ein Qualitätsmangel vor (auch als Qualitätsdefizit bezeichnet). Übersteigt die realisierte Beschaffenheit die Qualitätsforderung ein wenig, trägt dies zwar zur Erreichung der Qualitätsziele unmittelbar nichts bei, hilft jedoch, in Zukunft (plötzlich) ansteigende Qualitätsforderungen „aufzufangen" (vgl. Abb. QUALM-1, z.B. aufgrund veränderter Anforderungen steigt die Qualitätsforderung hinsichtlich der Verfügbarkeit eines Systems). Übersteigt die realisierte Beschaffenheit die Qualitätsforderung in einem hohen Ausmaß, so bewirkt dies Unwirtschaftlichkeit, da ein Mehr an realisierter Beschaffenheit (z.B. 99% anstelle von 95% Verfügbarkeit) in der Regel mit einem (signifikant) höheren Einsatz finanzieller Mittel einhergeht. Qualitätsforderungen ergeben sich aus dem geplanten Verwendungszweck der betrachteten Einheit und können daher sehr unterschiedlich sein (z.B. Verfügbarkeit eines Systems in einer Bank oder einem Handelsunternehmen, die im ersteren Fall höher sein muss).

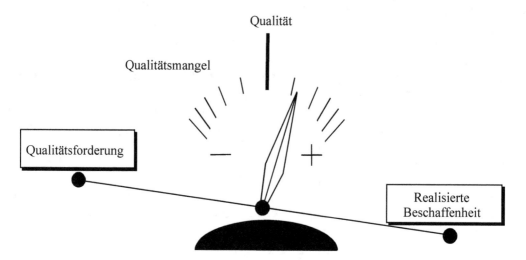

Abb. QUALM-1: Veranschaulichung des Qualitätsbegriffs (in Anlehnung an *Geiger*)

Pomberger/Pree (55) verweisen darauf, dass jeder Fehler, den eine Software hat, einen Qualitätsmangel darstellt. Unter einem Fehler verstehen sie „[d]ie Abweichung eines ermittelten, beobachteten oder gemessenen Wertes, Zustandes oder Verhaltens eines Softwareproduktes vom korrespondierenden spezifizierten, theoretisch richtigen oder als richtig erachteten Wertes, Zustandes oder Verhaltens." Weiter geben *Pomberger/Pree* (56) an, dass die Anzahl und Art von Qualitätsmängeln entscheidend von vier Faktoren abhängen:

- der Qualität des Softwareentwicklungsprozesses und dem damit verbundenen Qualitätsmanagement;
- der Qualifikation, Motivation und dem Verantwortungsbewusstsein der handelnden Akteure;
- dem Entwicklungsstand und der Reife der eingesetzten Technologien, Methoden und verwendeten Komponenten und
- vom Funktionsumfang und der Güte der eingesetzten Werkzeuge.

In Übereinstimmung mit ISO 9000 wird im Folgenden als Oberbegriff Qualitätsmanagement (QM) verwendet. QM umfasst alle Tätigkeiten der Führungsaufgabe, welche die Qualitätspolitik und die Qualitätsziele sowie die Verantwortlichkeiten für Qualität festlegen und diese durch Mittel wie Qualitätsplanung, Qualitätsprüfung und Qualitätslenkung verwirklichen. Folglich wird das Gesamtsystem zur Realisierung von Qualitätsforderungen als Qualitätsmanagementsystem (QM-System) bezeichnet. ISO 9000 erläutert sinngemäß ein QM-System als Organisationsstruktur, Verantwortlichkeiten, Prozesse und erforderliche Mittel für die Verwirklichung der Qualitätspolitik.

Produktqualität und Prozessqualität

Produktqualität kann nach Ansicht vieler Fachleute nur entstehen, wenn sie im Prozess der Planung und Realisierung des Produkts vorgedacht und hergestellt wird. Produktqualität setzt voraus, dass bei der Herstellung in das Produkt eingehende Vorprodukte (z.B. wiederverwendete Software-Module), im Produktionsbzw. Entwicklungsprozess verwendete Methoden und Werkzeuge sowie Dienstleistungen (z.B. personelle Dienstleistungen) definierte Qualitätsforderungen erfüllen. (Anmerkung: Wenn im Folgenden von Produkt gesprochen wird, ist damit zumeist „Produkt und/oder Dienstleistung" gemeint.) Prozessqualität ist nach Ansicht vieler Fachleute Voraussetzung dafür, dass Produktqualität (bzw. Dienstleistungsqualität) entstehen kann; geringe Prozessqualität kann dieser Ansicht nach nicht zu hoher Produktqualität führen. Dass die Aussage des Zusammenhangs zwischen Prozessqualität und Produktqualität im Regelfall nicht gesetzesmäßig formuliert wird (z.B. „Nur wenn hohe Prozessqualität gegeben ist, kann hohe Produktqualität entstehen.") liegt daran, dass auch in einer Konstellation kreativer, fachlich gebildeter und motivierter Mitarbeiter ohne vorab definierten Prozess hohe Produktqualität entstehen kann (meist aber nur im Kontext wenig komplexer Aufgaben und unter Einbußen von Wirtschaftlichkeit). Es gilt: Hohe Prozessqualität erhöht die Wahrscheinlichkeit signifikant, dass hohe Produktqualität entsteht.

Im Kontext von Software-Qualitätsmanagement schreiben *Herzwurm/Mikusz* unter Bezugnahme auf Aussagen von *Mellis* sowie *Sommerville*: „Ein qualitativ hochwertiger Prozess im Sinne des prozessorientierten Qualitätsmanagements ist ein stabiler und damit wiederholbarer sowie hinsichtlich Kosten, Zeit und Qualität vorhersehbarer, planbarer und steuerbarer Softwareentwicklungsprozess ... sind zahlreiche Prozessstandards und -normen ... entwickelt worden ... Die Annahmen und die Wirksamkeit der Gestaltungsmaßnahmen des prozessorientierten Qualitätsmanagements sind nicht endgültig empirisch nachgewiesen ... Denn die Beziehung zwischen der Prozess- und der Produktqualität ist in der Softwareentwicklung wesentlich komplexer als in der produzierenden Industrie". Abbildung QUALM-2 zeigt den Zusammenhang zwischen Produktqualität und Prozessqualität. Die Qualität des Produkts wird also über die Qualität des Prozesses beeinflusst. Prüfungen und Tests sind nicht mehr Maßnahmen, um im hergestellten Produkt Qualitätsmängel festzustellen, sondern Tätigkeiten im Prozess, um Qualitätsmängel zu vermeiden.

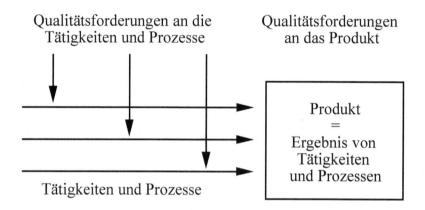

Abb. QUALM-2: Zusammenhang zwischen Prozessqualität und Produktqualität
(nach *Geiger*)

Der in Abb. QUALM-2 visualisierte Ansatz geht von der These aus, dass durch einen qualitativ hochwertigen Prozess mit hoher Wahrscheinlichkeit qualitativ hochwertige Produkte erzeugt werden (prozessorientierter Ansatz des Qualitätsmanagements). Der prozessorientierte Ansatz ist die Grundidee der Normenreihe ISO 9000. Mit dem prozessorientierten Ansatz soll die Realisierung der vom Kunden geforderten Beschaffenheit des Produkts erreicht werden, also Produktqualität. Prozessqualität ist kein Selbstzweck, sondern Mittel zum Zweck. Aufgabe des Projektmanagements bei Informatik-Projekten ist es, mit Hilfe der Projektplanung die Entwicklungsprozesse vorzudenken und bereitzustellen, die dem prozessorientierten Ansatz entsprechen.

Softwarequalität

Durch welche Merkmale Produktqualität definiert ist, hängt in erster Linie von der Art des Produkts ab. Softwarequalität wird durch eine Vielzahl von Qualitätsmerkmalen bestimmt (vgl. Lerneinheit ZAMIM). Qualitätsmodelle im Softwarebereich basieren oft auf dem FCM-Modell: Factor (Qualitätsmerkmal), Criterion (Qualitätskriterium) und Metrics (Qualitätsmaße). Qualitätsmerkmale lassen sich in Qualitätskriterien herunterbrechen, die wiederum aus Qualitätsmaßen bestehen (vgl. Abb. QUALM-3). Qualitätsmerkmale können dabei gemeinsame Qualitätskriterien haben, die wiederum gemeinsame Qualitätsmaße haben können. Daraus folgt, dass Modelle der Softwarequalität sowohl die Struktur eines Baums als auch die eines Netzes haben können.

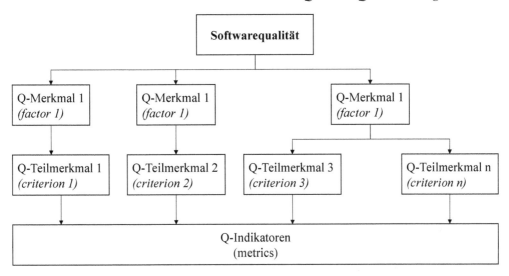

Abb. QUALM-3: Struktur von Software-Qualitätsmodellen (nach *Balzert*, 257)

Ein konkretes Software-Qualitätsmodell ist in Abb. QUALM-4 dargestellt. Dieses Modell basiert auf der Norm ISO 9126 und es bezieht sich mit seinen Qualitätsmerkmalen und Qualitätskriterien auf die Qualität der Software als Produkt und nicht auf die Qualität des Softwareentwicklungsprozesses. Diese ISO-Norm ist in der Norm ISO/IEC 25000 aufgegangen, wurde also durch diese mittlerweile ersetzt. Aus Benutzersicht sind insbesondere die drei Qualitätsmerkmale Funktionalität, Zuverlässigkeit und Benutzbarkeit wichtig, aus Entwicklersicht sind insbesondere Effizienz, Änderbarkeit und Übertragbarkeit bedeutsam.

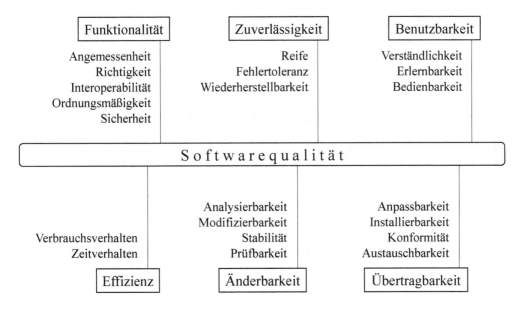

Abb. QUALM-4: Software-Qualitätsmodell nach ISO 9126

Die in Abb. QUALM-3 dargestellte Struktur lässt sich auf das Software-Qualitätsmodell in Abb. QUALM-4 anwenden; Beispiel: Effizienz (= Qualitätsmerkmal) wird in Verbrauchsverhalten und Zeitverhalten (= Qualitätskriterien) heruntergebrochen, aus denen wiederum Qualitätsmaße abgeleitet werden (z.B. Antwortzeit auf eine Benutzereingabe), um Softwarequalität messbar zu machen. Es sind jedoch nicht alle Qualitätsmerkmale – nachdem sie in Qualitätskriterien und Qualitätsmaße zerlegt wurden – quantitativ messbar (jedenfalls nicht, wenn man einen naturwissenschaftlichen Messbegriff unterstellt); siehe z.B. Verständlichkeit, Erlernbarkeit und Bedienbarkeit, die drei Qualitätskriterien von Benutzbarkeit, die nicht direkt messbar sind. Wichtigstes Instrument der Projektplanung zur Verwirklichung von Prozessqualität ist ein Vorgehensmodell (vgl. Lerneinheit PROIP). Anwender, die ein Vorgehensmodell, das dem Stand der Technik entspricht, haben und nachweisbar verwenden, erfüllen eine grundlegende Forderung der ISO/IEC 90003 und schaffen die entscheidende Voraussetzung für eine Zertifizierung nach ISO 9000.

Fehlerinduzierung und Fehlerakkumulation

Ein in der Softwareentwicklung bekanntes und von *Pomberger/Pree* (56) anschaulich dargestelltes Phänomen (vgl. Abb. QUALM-5) ist die Fehlerinduzierung und Fehlerakkumulation über die Phasen eines Projekts hinweg. Meist ist es so, dass Ursachen für Qualitätsprobleme in frühen Phasen (z.B. Problemanalyse, Systemspezifikation) liegen. Fehler in einer früheren Phase induzieren Fehler in nachfolgenden Phasen und akkumulieren sich über die Phasen hinweg. Eine wesentliche Implikation dieser Erkenntnis ist, dass Qualitätssicherung nicht erst in späten Phasen eines Entwicklungsprojekts bedeutsam ist, sondern von Beginn weg einen hohen Stellenwert haben sollte.

QM-Maßnahmen im Projekt

Die Prozessqualität wird an den Leistungs-, Termin- und Kostenzielen gemessen. Die Leistungsziele sind die an das herzustellende Produkt gestellten Anforderungen. Für ein Software-Projekt enthält der Software-Qualitätssicherungsplan die messbaren und damit überprüfbaren Qualitätsforderungen, die aus der Spezifikation abgeleitet sind. Die Termin- und Kostenziele sind im Projektplan enthalten. Im Software-Qualitätssicherungsplan sind auch die Projektattribute definiert, also Kennzahlen für die Termin- und Kostentreue, die helfen, die Prozessqualität differenzierter zu beurteilen.

Zusätzlich werden Projekte nach dem Vorhandensein von Standards (z.B. Dokumentationsstandards, vgl. Lerneinheit DOKUM) und dem Grad ihrer Einhaltung beurteilt. Damit die Ausführenden die Standards akzeptieren, müssen die folgenden Voraussetzungen erfüllt sein:

- Das Projektteam muss bei der Ausarbeitung bzw. Auswahl und Vereinbarung der Standards aktiv beteiligt sein.
- Die Standards sind auf das wirklich Mach- und Überprüfbare zu beschränken.
- Die Einhaltung der Standards muss überwacht werden (Review).
- Die Standards müssen periodisch überprüft und angepasst werden (Audit).

Ziel aller QM-Maßnahmen ist es, ein Produkt in geforderter Qualität unter Einhaltung der Kosten- und Terminziele herzustellen. Da Qualität keine absolute Größe ist (vgl. Abb. QUALM-1), wird sie an den produktspezifischen Qualitätsforderungen gemessen. Produktqualität kann also nur beurteilt werden, wenn eine Spezifikation vorhanden ist, an die selbst wieder Qualitätsforderungen zu stellen sind. Die Qualität der Spezifikation wird mit Merkmalen wie vollständig, prägnant, genau und widerspruchsfrei beschrieben. Ein weiteres wichtiges Merkmal der Spezifikation ist die eindeutige Kennzeichnung der Forderungen (also für jeden Projektmitarbeiter als solche erkennbar und nachvollziehbar), damit sie während des gesamten Herstellungsprozesses verfolgt werden können.

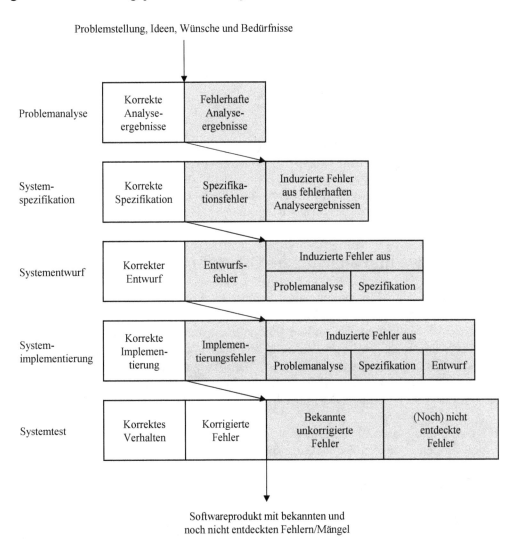

Abb. QUALM-5: Fehlerinduzierung und Fehlerakkumulation in der Softwareentwicklung (nach *Pomberger/Pree*, 62)

Für ein bestimmtes Anwendungsgebiet (z.B. für Informatik-Projekte) werden die Merkmale der Spezifikation in Form einer Checkliste (vgl. Lerneinheit CHECK) konkretisiert, deren Gebrauch durch verschiedene Hilfsmittel gefördert werden kann. Das einfachste Hilfsmittel ist eine Musterspezifikation, die für jedes Projekt editiert wird (vgl. Lerneinheit PROHB). Wirkungsvollere Hilfsmittel sind beispielsweise Spezifikationswerkzeuge. Die Überprüfung der in der Checkliste aufgeführten Merkmale kann teilweise durch einfache Such- und Cross-Reference-Programme oder im Rahmen formeller Reviews erfolgen (vgl. Lerneinheit REVAU).

Die Spezifikation hat bei größeren Informatik-Projekten einen erheblichen Umfang. Je nach Anwendungsgebiet wird sie als funktionale Spezifikation oder als Pflichtenheft bezeichnet (vgl. Lerneinheit PFLIC). Unabhängig von der Bezeichnung ist es üblich, die geforderten Funktionen und die Schnittstellen nach außen zu spezifizieren. Obwohl erfahrungsgemäß die Funktionalität selten ein Problem ist, werden andere, eher problematische Eigenschaften des Produkts bei der Spezifikation weniger berücksichtigt. Eigenschaften, die über die Kundenzufriedenheit bei einem Software-Produkt entscheiden, sind:

- Mengenattribute (Mengengerüst), die beschreiben, welche Datenmenge zu verarbeiten und welche Anzahl von Betriebsmitteln zu unterstützen ist.
- Leistungsattribute, die beschreiben, welche Antwortzeiten und welche Durchsatzraten gefordert sind.
- Merkmale oder Faktoren, mit denen die Beschaffenheit und das Langzeitverhalten von Software beschrieben wird, wie Benutzbarkeit, Zuverlässigkeit, Wartbarkeit und Übertragbarkeit.

Konstruktive und analytische QM-Maßnahmen

Konstruktive QM-Maßnahmen sind technische, organisatorische und personelle Maßnahmen (vgl. Abb. QUALM-6). Im Mittelpunkt steht die Personalschulung als konstruktive Maßnahme, da andere Maßnahmen ohne ausreichende Qualifikation des Personals nicht voll zur Wirkung kommen können oder sogar wirkungslos bleiben (z.B. werden wegen fehlender Qualifikation bestimmte Methoden nicht verwendet). Zu den konstruktiven Maßnahmen gehört die Durchsetzung der Prinzipien des Software Engineering in der Software-Entwicklung. Auszuwählen sind:

- Konzepte, die dem Entwicklungsprozess zugrunde gelegt werden, also ein Modell für den gesamten Entwicklungsprozess.
- Methoden, die den Entwicklungsprozess und die einzelnen Entwicklungsaktivitäten in geregelte Bahnen lenken.
- Sprachen, die auf den verschiedenen Abstraktionsebenen zu verwenden sind und die Umsetzung der Konzepte ermöglichen.
- Werkzeuge, die Sprachen und Methoden unterstützen und sowohl den Software-Entwicklern als auch den Führungskräften dienlich sind.

Die für ein bestimmtes Informatik-Projekt vorgesehenen konstruktiven QM-Maßnahmen finden sich im Projektplan. Wenn das Projekt in einer Entwicklungseinheit ausgeführt wird, für welche die Projektplanung erfolgt ist und die erforderlichen Werkzeuge bereitgestellt sind, kann sich die Projektleitung auf die Beobachtung von Abweichungen konzentrieren (also darauf, ob konstruktive QM-Maßnahmen von einzelnen oder allen Projektmitarbeitern nicht beachtet werden).

Im Unterschied zu konstruktiven QM-Maßnahmen wird Qualität durch analytische QM-Maßnahmen (nur) geprüft und beurteilt. Diese führen gegebenenfalls zu einer Qualitätsverbesserung, dann nämlich, wenn aufgrund der Qualitätsprüfung negative Abweichungen der realisierten von der geforderten Qualität festgestellt werden. Analytische QM-Maßnahmen können dynamisch (z.B. Testen, vgl. Lerneinheit TESTM) oder statisch (z.B. Review, vgl. Lerneinheit REVAU) sein (vgl. Abb. QUALM-7). Detaillierte Ausführungen zu konstruktiven und analytischen QM-Maßnahmen finden sich in *Wallmüller* (251-337).

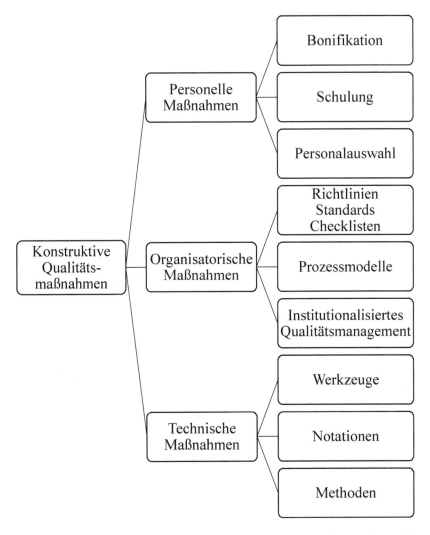

Abb. QUALM-6: Konstruktive QM-Maßnahmen (nach *Pomberger/Pree*, 62)

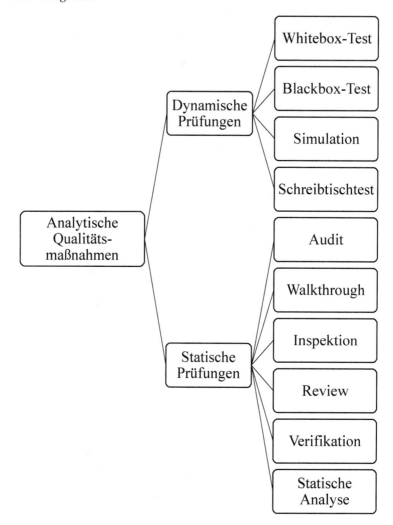

Abb. QUALM-7: Analytische QM-Maßnahmen (nach *Pomberger/Pree*, 62)

Projektrisiko

Die Bedeutung von QM-Maßnahmen ist umso größer, je kritischer die Folgen von Qualitätsmängeln eingeschätzt werden. Nach dieser Einschätzung werden Risikoklassen gebildet. Sie dienen unter anderem dazu, Art, Umfang und Intensität der QM-Maßnahmen der Risikoklasse entsprechend vorzusehen. Folgende Risikoklassen können verwendet werden:

- Risikoklasse A: Es besteht ein Risiko für Menschenleben sowie ein hohes Risiko für Sachwerte und daraus folgend für hohe wirtschaftliche Schäden. Empfohlen werden umfassende Verifizierung (Prüfung, ob das System mit der Spezifikation als Referenzmodell übereinstimmt) und Validierung (Prüfung, ob festgelegte Nutzungsziele erfüllt sind) durch mindestens zwei unabhängige Teams einschließlich aller sinnvollen Tests.

- Risikoklasse B: Es besteht ein hohes Risiko für Sachwerte und daraus folgend für hohe wirtschaftliche Schäden. Empfohlen werden umfassende Verifizierung und Validierung durch ein Team einschließlich aller sinnvollen Tests.
- Risikoklasse C: Es besteht kein hohes Risiko für Sachwerte. Empfohlen werden Prüfungen durch Tests.

Zur Einordnung von Projekten in Risikoklassen muss eine Risikoanalyse durchgeführt werden (vgl. Lerneinheit RISKM). ISO 10006 enthält einen Leitfaden für Qualitätsmanagement in Projekten und fasst in Teilprozess 5.10 die das Projektrisiko betreffenden Gesichtspunkte mit folgender Struktur zusammen:

- 5.10.1 Risk identification;
- 5.10.2 Risk assessment: evaluating the probability of occurrence of risk events and the impact of risk events on the project;
- 5.10.3 Risk response development: developing plans for recording to risks;
- 5.10.4 Risk control: implementing and updating the risk plans.

Als Beispiel für die Formulierung der Qualitätsforderung wird 5.10.2 zitiert: *The probability of the occurrence and impact of identified risks should be assessed, taking into account experience and historical data from previous projects; the criteria and techniques used should be recorded. A qualitative analysis should always be made, and a quantitative analysis should follow wherever possible.*

Qualitätsmanagement und agile Methoden

Eine bedeutsame Frage in Bezug auf Softwarequalität und Qualitätssicherung ist, wann Software „gut genug" ist. Dies hängt von mehreren Faktoren ab, unter anderem vom eigenen Anspruchsniveau, von der Risikoneigung, von den finanziellen Mitteln sowie in manchen Fällen auch von Vorschriften. Im Bereich der agilen Softwareentwicklung (vgl. Lerneinheit AGILM) hat sich hier das Konzept der „Definitions of Done" (DoD) entwickelt. DoD legt fest, wann Arbeit ordentlich erledigt ist. *Nehfort* gibt an, dass DoD als Vereinbarung im Projektteam entstehen und festlegen, was zu tun ist, damit die Qualitätsansprüche in einem konkreten Projekt erfüllt werden. Daraus folgt, dass DoD von Projekt zu Projekt variieren können. Im Regelfall wird die Einhaltung der DoD durch Reviews von Projektkollegen sichergestellt („4-Augen-Prinzip"). Nachfolgend wird ein Beispiel für DoD für die Implementierung einer Softwarefunktion nach *Nehfort* (467) gegeben – demnach gilt als gut genug, wenn folgende Anforderungen erfüllt sind:

- wenn Source-Code geschrieben wurde, der die Anforderungen erfüllt;
- wenn es dazu Testfälle gibt, die zeigen, dass die Anforderungen erfüllt sind (Unit-Test);
- wenn der Source-Code einem Review unterzogen wurde;
- wenn der Source-Code die vereinbarten Programmierrichtlinien erfüllt;
- wenn der Source-Code in logische, einfach lesbare Einheiten gegliedert ist;
- wenn die Funktionen in das System integriert und getestet sind (Integrationstest);

- wenn die Funktionen dokumentiert sind (Entwicklerdokumentation und Benutzerdokumentation);
- wenn die Funktion vom Testteam getestet und freigegeben ist (Systemtest);
- wenn der Source-Code ordnungsgemäß im Konfigurationsmanagementsystem integriert ist und die Funktion auch in der Installationsprozedur integriert ist;
- wenn die Aufwandsaufzeichnung aktualisiert und die Aufgabe als abgeschlossen gekennzeichnet ist.

Weiter betont *Nehfort*, dass in der agilen Entwicklung die DoD vom Projektteam gemeinsam vereinbart und beschlossen werden, wohingegen in der traditionellen Entwicklung die DoD in den Prozessbeschreibungen sowie in den zugehörigen Arbeits- und Verfahrensanweisungen dokumentiert sein sollten. Eine mit der Sichtweise von *Nehfort* nicht vollständig einhergehende Meinung vertritt *Sommerville* (714) – er schreibt: „Quality management in agile development is informal rather than document-based. It relies on establishing a quality culture, where all team members feel responsible for software quality and take actions to ensure that quality is maintained. The agile community is fundamentally opposed to what it sees as the bureaucratic overhead of standards-based approaches and quality processes as embodied in ISO 9001. Companies that use agile development methods are rarely concerned with ISO 9001 certification. In agile development, quality management is based on shared good practice rather than formal documentation." Die Normenreihe ISO 9000 wird weiter unten beschrieben. *Sommerville* nennt beispielhaft drei "good practices" des Qualitätsmanagements in der agilen Softwareentwicklung:

- *Check before check-in*: Programmierer sind selbst dafür verantwortlich, Source-Code zu prüfen, bevor er zum System integriert wird.
- *Never break the build*: Es ist nicht akzeptabel, dass Programmierer Source-Code in das System integrieren, der das System ungünstig in seiner Funktionsweise beeinflussen kann.
- *Fix problems when you see them*: Der Source-Code wird von einem Team entwickelt, daher gilt: Wenn ein Programmierer einen Fehler eines anderen Programmierers entdeckt, dann korrigiert er den Fehler sofort und beschränkt sich nicht darauf, den anderen Programmierer lediglich auf den Fehler hinzuweisen.

Explizit nennt *Sommerville* (716) auch jene Situationen, die seiner Ansicht nach ungeeignet sind, um selbst bei agiler Entwicklung nur minimalistisch zu dokumentieren: (1) wenn die Entwicklung im Kontext großer Unternehmen stattfindet, (2) wenn geografisch getrennten Teams an der Entwicklung mitwirken und (3) wenn es sich um „long-lifetime systems" handelt, also der geplante Lebenszyklus eines Systems lange ist (weil mit zunehmender Länge die Wahrscheinlichkeit steigt, dass Veränderungen im Entwicklungsteam stattfinden).

In seinem Fazit schreibt *Sommerville* (716) daher: „[T]he informal approach to quality management in agile methods may have to be adapted so that some quality documentation and processes are introduced."

Qualitätsbewusstsein

Qualitätsmanagement kann nur wirksam werden, wenn Qualitätsbewusstsein „in den Köpfen aller Projektmitarbeiter" lebendig ist. Qualität muss von den Projektmitarbeitern „verinnerlicht" sein und „gelebt" werden. Erfahrungsgemäß müssen dazu folgende Forderungen erfüllt sein:

- Jedem Projektmitarbeiter müssen die Projektziele verständlich sein.
- Jeder Projektmitarbeiter muss die Projektziele akzeptieren.
- Jeder Projektmitarbeiter muss in der Lage sein, die ihn betreffenden Projektziele zu erreichen.
- Jeder Projektmitarbeiter muss in der Lage sein, den Beitrag seiner Arbeit zum Projekterfolg zu erkennen.
- Jeder Projektmitarbeiter muss wissen, was zu tun oder zu unterlassen ist, um den Projekterfolg zu sichern bzw. den Projektmisserfolg zu vermeiden.
- Jeder Projektmitarbeiter muss wissen, was zu tun ist, wenn sich negative Beiträge zum Projekterfolg nicht vermeiden lassen.
- Jeder Projektmitarbeiter muss die Konsequenzen seiner Arbeit in Bezug auf den Projekterfolg selbst einschätzen können.

Qualitätskosten

Qualitätsmanagement vermeidet einerseits Kosten, andererseits verursacht es aber auch Kosten. Durch Qualitätsmanagement verursachte Kosten sind Qualitätskosten. Im Ergebnis muss Qualitätsmanagement höhere Kosten vermeiden, als es verursacht. Qualitätskosten können wie folgt systematisiert werden:

- *Verhütungskosten* sind Kosten für Maßnahmen, die Abweichungen der realisierten Qualität von der geforderten Qualität vermeiden oder verringern (z.B. Kosten für Qualifizierungsmaßnahmen, Planung und Beratung).
- *Prüfkosten* sind Kosten für Maßnahmen, die zur (möglichst frühzeitigen) Entdeckung von Abweichungen der realisierten Qualität von der geforderten Qualität beitragen (z.B. Kosten für das Testen, für Audits und Reviews).
- *Fehlerkosten* sind Kosten für Maßnahmen, die zur Beseitigung von eingetretenen Abweichungen der realisierten Qualität von der geforderten Qualität erforderlich sind (z.B. Kosten für die Überarbeitung, die Korrektur und die korrigierende Wartung).

Durch Qualitätsmanagement sollen die Fehlerkosten in einem Umfang reduziert werden, der deutlich über das Ausmaß der Erhöhung der Prüf- und Verhütungskosten hinausgeht.

Normenreihe ISO 9000

Die British Standards Institution (BSI) begründete im Jahr 1979 mit dem BS 5750 den ersten Standard für Qualitätsmanagementsysteme. Dieser Standard gilt als Vorläufer der Normenreihe ISO 9000. Im Jahr 1987 wurde die ISO 8402 eingeführt; diese wurde im Jahr 2000 von der Normenreihe ISO 9000 abgelöst. Die dieser Normenreihe zugehörige ISO 9001 ist mittlerweile weltweit verbreitet. Gemäß einer Untersuchung der International Standardization Organization wurden bis Ende 2016 weltweit rund 1,1 Millionen ISO-9001-Zertifikate erteilt (*ISO*). Die Normenreihe ISO 9000 ist somit international anerkannt und in vielen Ländern als nationale Norm übernommen worden. Folgende Zwecke werden mit der Normenreihe ISO 9000 verfolgt:

- Schaffen einer qualitätsfähigen Struktur- und Ablauforganisation;
- Veranlassen der Mitarbeiter zu qualitätsbewusstem Handeln;
- Regeln von Kompetenz und Verantwortung für Qualität;
- Dokumentieren aller qualitätsrelevanten Prozesse und Produkte;
- Beherrschen von Qualitätsrisiken;
- Vermeiden von Qualitätsmängeln.

ISO 9000 beschreibt die Grundlagen für normkonforme QM-Systeme gemäß ISO 9001 und legt die Terminologie für QM-Systeme fest. ISO 9001 gibt ein Referenzmodell für QM-Systeme vor, an dem sich Unternehmen beim Aufbau ihres QM-Systems orientieren können. Da das Referenzmodell allgemein anerkannt ist, können die nach ihm geschaffenen QM-Systeme ebenfalls als anerkannt gelten. Ein Unternehmen hat seine Qualitätsfähigkeit gegenüber Dritten (insbesondere gegenüber Kunden) nachgewiesen, wenn es über ein QM-System verfügt, das die Anforderungen der ISO 9001 erfüllt. ISO 9001 nennt die Eigenschaften des QM-Systems, die nachweislich vorhanden sein müssen, also die Nachweisforderungen, um die Übereinstimmung mit dem Referenzmodell bestätigen zu können. Die Prüfung auf Übereinstimmung mit den Nachweisforderungen erfolgt durch externe Audits (vgl. Lerneinheit REVAU), die von akkreditierten Zertifizierungsstellen durchgeführt werden. Die Bestätigung der Erfüllung der Nachweisforderungen wird als Zertifizierung bezeichnet.

Abbildung QUALM-8 zeigt die Elemente eines prozessorientierten QM-Systems nach ISO 9000:

- Ausgangs- und Endpunkt des QM sind die Kunden, die einerseits Anforderungen an zu entwickelnde Produkte definieren und andererseits auch beurteilen, ob diese Anforderungen erfüllt werden.
- Die Verantwortung der Leitung besteht unter anderem darin, Qualitätspolitik und Qualitätsziele zu formulieren und zu aktualisieren, Qualitätsbewusstsein und Motivation zur Umsetzung des QM zu unterstützen, und zu gewährleisten, dass sich das Unternehmen an Kundenanforderungen orientiert und dass geeignete Prozesse implementiert werden, um Kundenanforderungen und Qualitätsziele erreichen zu können. Weiter ist sicherzustellen, dass es ein effektives und effizientes QM-System gibt, die notwendigen Ressourcen für das QM zur Verfügung gestellt werden, das QM-System in regelmäßigen Abständen beurteilt wird und Entscheidungen über Maßnahmen zur Qualitätspolitik und zu den Qualitätszielen sowie zur Verbesserung des QM-Systems gefällt werden.
- Die Leitung hat zudem sicherzustellen, dass Ressourcen (z.B. Finanzmittel, Personal, Infrastruktur, Informationen) geplant und bereitgestellt werden, welche

die Umsetzung, Aufrechterhaltung und Verbesserung des QM-Systems ermöglichen und zur Erhöhung der Kundenzufriedenheit beitragen.

- Produktrealisierung umfasst die gesamte Leistungserstellung einschließlich der Unterstützungsprozesse. Ziele sind dabei die Erhöhung der Produktqualität sowie Zeitreduktion (Termintreue, Time-to-Market) und Kostensenkung. Maßnahmen, die zur Zielerreichung einen wirksamen Beitrag leisten, sind: Kommunikation mit Kunden, Planung, Steuerung und Dokumentation von Entwicklungs-, Beschaffungs- und Leistungserstellungsprozessen sowie Prüfung, ob die implementierten Prozesse mit den definierten Anforderungen übereinstimmen.

- Durch Messung, Analyse und Verbesserung wird gewährleistet, dass Beurteilungen von Produkten, Prozessen und des QM-Systems nicht nur auf Schätzungen basieren, sondern – dort wo möglich – auf Zahlen, Daten und Fakten. Es gibt beispielsweise standardisierte Instrumente zur Messung von Kundenzufriedenheit; weiter sollten verschiedene Finanzkennzahlen verwendet werden, um den Status und das Potential des Unternehmens zu bewerten.

- Beim Total Quality Management (TQM) werden Produkte, Projekte, Prozesse, Systeme und das gesamte Unternehmen einer kontinuierlichen Verbesserung unterworfen. Es geht insbesondere darum, nicht nur auf Fehler zu reagieren, sondern aktiv nach Verbesserungsmöglichkeiten zu suchen (z.B. auf der Basis von Marktanalysen, Kundenzufriedenheitsmessungen, Benchmarking mit Wettbewerbern sowie einem betrieblichen Vorschlagswesen).

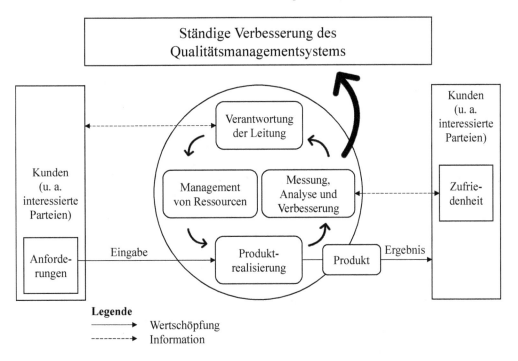

Abb. QUALM-8: Elemente eines QM-Systems nach ISO 9000

Die ISO 9004 stellt einen Leitfaden bereit, der die Effektivität und die Effizienz des QM-Systems betrachtet. Der Leitfaden enthält Anleitungen zur Ausrichtung einer Organisation in Richtung Total Quality Management. Diese Norm dient primär als Anleitung zur Selbstbewertung einer Organisation.

Von besonderer Bedeutung für Informatik-Projekte ist die Norm ISO/IEC 90003 (vormals ISO 9000-3); sie beschreibt die Anwendung der ISO 9001 auf die Herstellung und Wartung von Software-Produkten. Auf der ISO-Website heißt es dazu: „ISO/IEC 90003:2014 identifies the issues that should be addressed and is independent of the technology, life cycle models, development processes, sequence of activities and organizational structure used by an organization." Für eine detaillierte Beschreibung von ISO/IEC 90003 wird auf die einschlägige Fachliteratur verwiesen.

Forschungsbefunde

Wagner et al. schreiben, dass Software-Qualitätsmodelle entweder abstrakte Qualitätsmerkmale angeben oder aber konkrete Qualitätsmaße, eine zufriedenstellende Integration beider Ebenen fehlt jedoch. Das Quamoco-Projekt hatte das Ziel, diese Lücke zu schließen. Auf der Basis von Konstruktionsarbeit und empirischen Untersuchungen wurde ein „comprehensive quality modelling and assessment approach" entwickelt. Weitere Informationen zu diesem Forschungsprojekt können unter https://www.se.jku.at/quality-modelling-and-control-quamoco/ abgerufen werden.

Das Capability Maturity Model (CMM) ist ein Reifegradmodell zur Bestimmung (i) der Qualität (Reife) des Softwareprozesses (Softwareentwicklung, Wartung, usw.) von Organisationen und (ii) der Maßnahmen zur Verbesserung dieses Prozesses. Das Modell umfasst fünf Stufen (von 1 bis 5), wobei Stufe 5 die höchste Qualität repräsentiert. *Agrawal/Chari* haben „37 CMM level 5 projects of four organizations" untersucht und folgendes herausgefunden (145): „[W]e find that high levels of process maturity, as indicated by CMM level 5 rating, reduce the effects of most factors that were previously believed to impact software development effort, quality, and cycle time [Beispiele für solche Faktoren sind: "personnel capability" oder "requirements quality"]. The only factor found to be significant in determining effort, cycle time, and quality was software size." Im Fazit ihrer Arbeit führen die Autoren weiter aus (154): "Our results showed that the potential benefit of achieving high process maturity was a steep reduction in variance in effort, quality, and cycle time that led to relative uniformity in effort, cycle time, and quality." Diese Studie zeigt daher, dass das Arbeiten nach Prozessmodellen im Softwarebereich dazu führt, dass die Varianz von Projektergebnissen über verschiedene Projekte hinweg abnimmt, ein wünschenswerter Zustand aus Sicht von Verantwortungsträgern im Management.

Sarigiannidies et al. haben den Zusammenhang zwischen Qualität („people quality" und „process quality") und Risiko in Softwareentwicklungsprojekten untersucht. Es wurde eine Befragungsstudie in Griechenland durchgeführt („[t]he final sample consisted of 112 projects from 63 companies"); die Daten wurden auf der

Basis von Strukturgleichungsmodellen analysiert. Das Risiko wurde in der Studie anhand von fünf Faktoren konzeptualisiert (nachfolgend mit je einem Beispiel-Item aus dem Fragebogen angeführt, 1080): Benutzer („users resistant to change"), Anforderungen („continually changing system requirements"), Planung und Kontrolle („project milestones not clearly defined"), Team („team members lack specialized skills required by the project") und organisationales Umfeld („corporate politics with negative effect on project"). Die Ergebnisse der Studie zeigen, dass „people quality" das Risiko günstig beeinflusst (je höher die „people quality", desto niedriger das Projektrisiko); weiter besteht zwischen „people quality" und jedem der fünf genannten Risikofaktoren ein statistisch signifikanter Zusammenhang. Die „process quality" beeinflusst hingegen nur den Risikofaktor „Team" signifikant.

Offshoring bezeichnet nach *Heinrich/Riedl/Stelzer* (260) „die Übertragung von Aufgaben an einen Outsourcing-Geber im entfernten Ausland mit einer anderen Kultur, Zeitzone und Sprache" (aus Sicht europäischer oder nordamerikanischer Unternehmen also z.B. Indien). *Mishra* haben untersucht, in welcher Weise sich die Auslagerung von Technologie-Projekten (Hardwareentwicklung, Softwareentwicklung und IT-Infrastrukturprojekte) in Abhängigkeit der geografischen Lage des Outsourcing-Gebers unterscheidet („domestic" vs. „offshoring"). Den zentralen Befund der Studie geben die Autoren wie folgt an (272): „a comparative analysis of project performance across 702 technology projects reveals that projects executed offshore realize significantly lower performance related to quality and technical goals compared with projects executed within country boundaries ... a subsequent in-depth analysis of the offshore technology projects in the sample highlights the enabling but differential performance effects of project execution capabilities. Specifically, we find that while risk management planning capability is central to improving project adherence to schedule and budgetary goals, agile project management capability is central to improving project adherence to quality and technical goals in technology projects executed offshore."

Rothenberger et al. haben untersucht, wie die Entwicklungsqualität ("development quality", DEVQLT) die Entwicklungsproduktivität ("development productivity", DEVPRDTV) und die Produktqualität ("product quality", PRODQLT) beeinflusst. In der Studie wurden etliche Kontrollvariablen berücksichtigt (z.B. Projektgröße, Projektkomplexität sowie Mitarbeiterfähigkeiten). Auf der Basis eines Datensatzes zu „60 business application projects from the database of QAI [Quality Assurance Institute] India" wird der folgende Befund berichtet (47): "Our empirical results showed that an increase in development quality was positively associated with increases in both, development productivity and product quality, while we controlled for the impact of other productivity and quality factors. Our work highlighted the importance of concentrating on quality efforts during the development process, which is consistent with the use of Total Quality principles in manufacturing." Bemerkenswert an dieser Studie ist, dass für DEVQLT, DEVPRDTV und PRODQLT komplexe Berechnungsverfahren entwickelt wurden.

Féris et al. haben ein Werkzeug entwickelt, das Quality of Planning (QPLAN) Tool, das zur Evaluierung von Planungsqualität in Softwareentwicklungsprojekten herangezogen werden kann. Das Werkzeug und das zugrunde liegende Vorgehensmodell zu seiner Anwendung wurden in einer Feldstudie evaluiert, deren Logik im Beitrag wie folgt erklärt wird (99): „[The] study involved analyzing 20 projects that ranged in duration from three to 72 months (mean=2.6 years). We divided the projects into two groups: one group included ten projects that had occurred in the past (group 1) and the second group an additional ten current projects (group 2). The data provided by past projects (group 1) served to build the knowledge base of the organization to allow project managers to use them as reference for the planning of current projects, i.e., projects from group 1 did not receive the QPLAN intervention, whereas projects from group 2 did ... We collected data from 18 project managers ... using questionnaires." Ihren Beitrag schließen *Féris et al.* (101) mit der folgenden Aussage ab: "Given the massive costs that can result from suboptimal decisions ... caused by psychological biases, this work relies on replacing the instinctive and emotional decision-making (System 1) with a formal analytic process (System 2), by introducing a decision support tool (QPLAN) that requires one to analyze data and evaluate planning quality rationally before making a decision."

Ausgehend von der These, dass Qualitätsunsicherheit aus Kundensicht ein wesentliches Hemmnis für das Zustandekommen von Vertragsabschlüssen am Application-Service-Providing(ASP)-Markt ist, stellen *Heinrich/Riedl* ein Messmodell vor, das potenzielle Kunden bei der Bestimmung von ASP-Qualität unterstützt. Es wird erläutert, wie bei der Qualitätsbestimmung vorgegangen wird. Beispielhaft werden im Beitrag zudem die Ergebnisse von Fallstudien dargestellt. Abschließend wird über Befunde der wissenschaftlichen Begleituntersuchung berichtet, die Aufschluss über die Praxistauglichkeit des Messmodells geben. Wesentliches Merkmal des Modells ist, dass 26 Qualitätsmerkmale identifiziert und definiert werden. Diese Merkmale wurden durch eigene empirische Untersuchungen der Beitragsautoren sowie durch Analyse der englisch- und deutschsprachigen Fachliteratur und einschlägiger Websites identifiziert. Viele dieser Merkmale können auch bei der Bestimmung der Qualität ähnlicher Dienstleistungen des IT-Marktes (z.B. Cloud-Computing-Services) verwendet werden.

Kontrollfragen
1. Wie ist Qualität definiert?
2. Was ist Prozessqualität und was ist Produktqualität?
3. Warum beeinflusst die Prozessqualität die Produktqualität?
4. Wodurch unterscheiden sich konstruktive von analytischen QM-Maßnahmen?
5. Welche Elemente hat das QM-System nach ISO 9000 und wie hängen diese zusammen?

Quellenliteratur
Agrawal, M./Chari, K.: Software effort, quality, and cycle time: A study of CMM level 5 projects. IEEE Transactions on Software Engineering, 3/2007, 145-156
Balzert, H.: Lehrbuch der Software-Technik: Software-Management, Software-Qualitätssicherung, Unternehmensmodellierung. Spektrum Akademischer Verlag, 1998
Brodbeck, F. C./Frese, M. (Hrsg.): Produktivität und Qualität in Software-Projekten. Oldenbourg, 1994
Féris, M. A. A./Zwikael, O./Gregor, S.: QPLAN: Decision support for evaluating planning quality in software development projects. Decision Support Systems, 3/2017, 92-102
Geiger, W.: Qualitätslehre: Einführung, Systematik, Terminologie. 3. A., Vieweg, 1998
Heinrich, L. J./Riedl, R.: ASP-Qualität: Entwicklung eines Messmodells. HMD – Praxis der Wirtschaftsinformatik, 237/2004, 80-89

Heinrich, L. J./Riedl, R./Stelzer, D.: Informationsmanagement: Grundlagen, Aufgaben, Methoden. 11. A., De Gruyter Oldenbourg, 2014

Herzwurm, G./Mikusz, M.: Software-Qualitätsmanagement, Enzyklopädie der Wirtschaftsinformatik (Online-Lexikon). http://www.enzyklopaedie-der-wirtschaftsinformatik.de/

ISO: https://www.iso.org/the-iso-survey.html

Kneuper, R./Sollmann, F.: Normen zum Qualitätsmanagement bei der Softwareentwicklung. Informatik-Spektrum, 6/1995, 314-323

Mellis, W.: Projektmanagement der SW-Entwicklung. Vieweg, 2004

Mishra, A./Sinha, K. K./Thirumalai, S.: Project quality: The Achilles heel of offshore technology projects? IEEE Transactions on Engineering Management, 3/2017, 272-286

Nehfort, A.: Qualitätsmanagement für IT-Projekte. In: Tiemeyer, E. (Hrsg.): Handbuch IT-Projektmanagement. 2. A., Hanser, 2014, 453-504

Pomberger, G./Press, W.: Software Engineering: Architektur-Design und Prozessorientierung, 3. A., Hanser, 2004

Rothenberger, M. A./Kao, Y.-C./Wassenhove, L. N. V.: Total quality in software development: An empirical study of quality drivers and benefits in Indian software projects. Information & Management, 7-8/2010, 372-379

Sarigiannidies, L./Chatzoglou, P. D.: Quality vs risk: An investigation of their relationship in software development projects. International Journal of Project Management, 6/2014, 1073-1082

Sommerville, I.: Software engineering. 9. A., Pearson, 2012

Wagner, S. et al.: Operationalized product quality models and assessment: The Quamoco approach. Information and Software Technology, 1/2015, 101-123

Wallmüller, E.: Software Quality Engineering: Ein Leitfaden für bessere Software-Qualität. 3. A., Hanser, 2011

Vertiefungsliteratur

Brandes, C./Heller, M.: Qualitätsmanagement in agilen IT-Projekten – quo vadis? HMD – Praxis der Wirtschaftsinformatik, 2/2016, 169-184

Daigl, M./Glunz, R.: ISO 29119: Die Softwaretest-Normen verstehen und anwenden. dpunkt, 2016

Galin, D.: Software quality assurance: From theory to implementation. Pearson, 2004

Geraldi, J. G./Kutsch, E./Turner, N.: Towards a conceptualisation of quality in information technology projects. International Journal of Project Management, 5/2011, 557-567

Liggesmeyer, P.: Software-Qualität: Testen, Analysieren und Verifizieren von Software. 2. A., Spektrum Akademischer Verlag, 2009

Pfeifer, T./Schmitt, R. (Hrsg.): Masing Handbuch Qualitätsmanagement. 6. A., Hanser, 2014

Stålhane, T./Hanssen, G. K.: The application of ISO 9001 to agile software development. PROFES 2008: Product-Focused Software Process Improvement, 2008, 371-385

Normen und Richtlinien

DIN EN ISO 9000:2015-11: Qualitätsmanagementsysteme - Grundlagen und Begriffe

DIN EN ISO 9001:2015-11: Qualitätsmanagementsysteme - Anforderungen

DIN EN ISO 9004:2009-12: Leiten und Lenken für den nachhaltigen Erfolg einer Organisation - Ein Qualitätsmanagementansatz

ISO 10006:2017-11: Qualitätsmanagementsysteme - Leitfaden für Qualitätsmanagement in Projekten

ISO/IEC 90003:2014-12: Software engineering - Guidelines for the application of ISO 9001:2008 to computer software

Werkzeuge

https://www.softguide.de/ (Rubrik: Qualitätsmanagement, QM)

Interessante Links

http://www.beuth.de/
http://www.efqm.org/

http://www.quamoco.de/
https://isqi.org/at/de/
https://www.asqf.de/
https://www.austrian-standards.at/
https://www.dgq.de/
https://www.din.de/
https://www.gasq.org/de/
https://www.ieee.org/standards/index.html
https://www.iso.org/
https://www.istqb.org/
https://www.qz-online.de/qualitaets-management/qm-basics/methoden/qualitaetswerkzeuge

REVAU - Reviews und Audits

Lernziele

Sie kennen den Zweck von Reviews und Audits. Sie wissen, warum zwischen Reviews und Audits unterschieden wird. Sie wissen, wie Reviews geplant und wodurch sie ausgelöst werden. Sie können die Arbeitsschritte im Review-Prozess angeben. Sie kennen die Rolle des Moderators beim Review und typische Formen von Reviews. Sie kennen den Unterschied zwischen technischen Reviews und Projektreviews. Sie können den Audit-Prozess erläutern, kennen verschiedene Formen von Audits und die Bedeutung des Benchmarkings für den Audit-Prozess.

Definitionen und Abkürzungen

Akkreditierung (accreditation) = die Anerkennung der Kompetenz einer Zertifizierungsstelle durch eine dazu autorisierte neutrale Stelle.

Aktionsliste (action list) = ein Dokument mit den bei einem Review identifizierten Mängeln, das während des Reviews erstellt und anschließend abgearbeitet wird.

Auslösekriterium (trigger criterion) = das Eintreten eines bestimmten Ereignisses oder das Entstehen eines bestimmten Zustands, das bzw. der einen Review oder ein Audit startet.

Benchmarking (benchmarking) = das Messen von Prozesseigenschaften und das Vergleichen der Messergebnisse mit denen von Referenzprozessen (idealerweise mit dem besten Prozess, also „best practice").

Ereignis (event) = ein Geschehnis, das den normalen Ablauf als etwas Bemerkenswertes unterbricht; das Eintreten eines bestimmten Zustands.

IEEE = Akronym für Institute of Electrical and Electronics Engineers.

Moderator (moderator) = ein Aufgabenträger für die Aufgabe der kommentierenden Verbindung einzelner Teile eines Gesprächs, einer Diskussion, einer Präsentation usw.

Projektreview (project review) = ein Review, dessen Prüfobjekt Projekte sind.

Review-Objekt (review object) = jedes Zwischenergebnis oder Ergebnis der Projektarbeit, das prüffähig ist. Synonym: Prüfobjekt.

Review-Prozess (review process) = die systematische, einem Vorgehensmodell folgende Durchführung von Reviews.

Review-Sitzung (review session) = die persönliche Zusammenkunft der Teilnehmer an einem Review mit dem Zweck der Präsentation und Bearbeitung des Review-Objekts nach unterschiedlichen Formen von Reviews und dem Ziel, Mängel zu entdecken.

Review-Ziel (review objective) = ein von der Projektplanung vorgegebenes, von den Teilnehmern am Review präzisiertes Ziel für den Review-Prozess.

Zertifizierung (certification) = die Bestätigung durch eine autorisierte Prüfstelle, dass ein Qualitätsmanagementsystem definierten Anforderungen entspricht (z.B. den Anforderungen der Normenreihe ISO 9000).

Zustand (state) = die zu einem bestimmten Zeitpunkt oder in einem bestimmten Zeitraum bestehende Beschaffenheit eines Systems, dessen Dauer durch das Zeitintervall zwischen zwei Ereignissen bestimmt wird.

Zweck von Reviews und Audits

In Anlehnung an den IEEE-Standard *Glossary of Software Engineering Terminology* wird Review wie folgt definiert: „Ein mehr oder weniger formaler Prozess der Analyse, Bewertung, Kommentierung und Genehmigung von Projektergebnissen (Zwischen- und Endergebnisse) durch Gutachter." Im Unterschied dazu wird durch ein Audit überprüft, ob eine Organisation insgesamt oder Teile der Organisation (z.B. die Projektorganisation) bestimmten Anforderungen entspricht bzw. entsprechen. Prüfobjekt bei Reviews sind also Produkte (z.B. Software), bei Audits sind es die Prozesse zur Herstellung der Produkte. Da sich Reviews und Audits auch auf andere Phänomene als auf das der Qualität beziehen können, geht es im vorliegenden Zusammenhang um Qualitätsreviews bzw. um Qualitätsaudits; ISO 9001:2015 verwendet jedoch die Bezeichnungen Review und Audit (im gegebenen Zusammenhang ist klar, dass es sich um Qualitätsreviews bzw. -audits handelt). Ziel der Qualitätsaudits ist es, Potentiale zur Verbesserung von Wirksamkeit und Wirtschaftlichkeit des bestehenden Qualitätsmanagement(QM)-Systems zu diagnostizieren.

Während Reviews im Allgemeinen nur von eigenem Personal durchgeführt werden, werden Audits nicht nur von eigenem Personal (interne Audits), sondern auch von Externen durchgeführt (externe Audits). ISO 9001:2015 fordert in Kapitel 8.2.2, dass die Organisation in geplanten Abständen interne Audits durchführen muss, um zu ermitteln, ob das QM-System die Normforderungen und die von der Organisation festgelegten Anforderungen an das QM-System erfüllt und wirksam verwirklicht sowie aufrechterhalten kann.

Externe Audits werden von externen Dienstleistern durchgeführt (z.B. *DQS - Deutsche Gesellschaft zur Zertifizierung von Managementsystemen* in Deutschland, *Quality Austria* in Österreich und *SQS - Schweizerische Vereinigung für Qualitäts- und Managementsysteme* in der Schweiz). Externe Audits dienen primär dem Zweck, das Vorliegen der Voraussetzungen für eine Zertifizierung (z.B. gemäß ISO 9001:2015) zu überprüfen; die Prüfung der Wirksamkeit des QM-Systems steht daher im Vordergrund. Die Zertifizierungsstellen müssen selbst wieder zertifiziert sein; dieser Vorgang wird als Akkreditierung bezeichnet. Die gegenseitige Anerkennung von Zertifikaten, die von akkreditierten Zertifizierungsstellen erteilt wurden, wird in der Europäischen Union als Maßnahme zum Abbau von Handelshindernissen gefördert.

Ausdrücklich Nicht-Zweck von Reviews ist die Mitarbeiterbeurteilung, wie sie aus personalwirtschaftlichen Gründen erforderlich ist. Das für personalwirtschaftliche Aufgaben zuständige Linienmanagement und Mitarbeiter der Personalabteilung sollten daher nicht an Reviews teilnehmen. Grund dafür ist, dass durch die Vermischung der beiden Aufgaben Qualitätsmanagement und Mitarbeiterbeurteilung ein erheblicher Teil der Wirkung von Reviews verloren geht (z.B. durch die positive Selbstdarstellung der Projektmitarbeiter).

Reviews sollten außerhalb der normalen Projektarbeit und möglichst an einem störungsfreien Ort durchgeführt werden. Eine Vermischung von normaler Projektarbeit und Review sollte vermieden werden.

Auslösen von Reviews

Reviews werden durch Eintreten bestimmter Ereignisse bzw. durch Vorhandensein bestimmter Zustände ausgelöst (Auslösekriterien). Welche Auslösekriterien verwendet werden, muss durch die Projektplanung (vgl. Lerneinheit PROPL) festgelegt werden. Bei der Planung von Reviews ist zu berücksichtigen, dass Mängel, die in frühen Projektphasen identifiziert werden, mit einem geringeren Aufwand beseitigt werden können als Mängel, die in späten Projektphasen identifiziert werden; dies trifft insbesondere auf Software als Prüfobjekt zu.

Reviews ohne definierte Auslösekriterien durchzuführen (z.B. zu bestimmten Zeitpunkten oder in bestimmten Zeiträumen, z.B. „einmal monatlich"), ist nicht sinnvoll, da dabei nicht oder nicht ausreichend Rücksicht auf den Zustand des Prüfobjekts genommen werden kann. Insbesondere kann nicht ausreichend Rücksicht darauf genommen werden, ob das Prüfobjekt zum geplanten Zeitpunkt für das Review auch prüffähig ist. Die Prüffähigkeit hängt nicht nur vom Zustand des Prüfobjekts, sondern auch davon ab, welche Ziele mit dem Review verfolgt werden.

Neben geplanten Reviews werden ungeplante Reviews ad-hoc dann durchgeführt, wenn Ereignisse eintreten bzw. Zustände bestehen, die bei der Projektplanung nicht vorhersehbar waren, deren potentiell negative Auswirkungen auf das Projektergebnis aber im Projektverlauf erkennbar geworden sind. Es ist Aufgabe der Projektleitung, über Ad-hoc-Reviews zu entscheiden; diese Entscheidung zu veranlassen, ist aber auch Aufgabe aller Projektmitarbeiter. Mit einer phasenweise rollierenden Projektplanung wird die zeitliche Planung von Reviews im Projektverlauf aktualisiert.

Review-Prozess

Der im Folgenden gezeigte Ablauf eines Reviews geht davon aus, dass die Auslösekriterien definiert sind, die Review-Ziele bekannt sind, das Review-Objekt prüffähig ist, die Teilnehmer am Review nominiert sind und einer der Teilnehmer als Moderator benannt ist.

- Startphase: In einer Vorbesprechung aller Teilnehmer am Review werden die Review-Ziele präzisiert, das Review-Objekt wird bekannt gemacht, die für das Review erforderlichen Dokumente werden identifiziert und der weitere Review-Prozess wird geplant (insbesondere Struktur- und Zeitplanung, vgl. Lerneinheit PROPL); gegebenenfalls sind Hilfsmittel zu vereinbaren und bereitzustellen (z.B. Checklisten, vgl. Lerneinheit CHECK).
- Vorbereitungsphase: Jeder Teilnehmer am Review soll genügend Zeit zur Verfügung haben, um die identifizierten Dokumente – an den Review-Zielen orientiert – durcharbeiten zu können. Checklisten können das zielorientierte Durcharbeiten der Dokumente erleichtern.
- Sitzungsphase: In der Review-Sitzung gibt der Projektleiter und/oder der für das Review-Objekt zuständige Projektmitarbeiter zunächst einen Überblick über das Review-Objekt. Anschließend kann unterschiedlich vorgegangen werden, weshalb verschiedene Formen von Reviews unterschieden werden (vgl. weiter un-

ten). Erkannte Mängel werden sofort in der Aktionsliste dokumentiert. Eine Review-Sitzung dauert oftmals nicht länger als zwei Stunden. Sofern sie länger dauert, sollte auf Pausenregelungen geachtet werden, um die Konzentration der teilnehmenden Personen auf hohem Niveau zu halten. Mängel sollen nur entdeckt, nicht aber bearbeitet werden. Es soll nur sachliche, konstruktive Kritik geäußert werden. Für die Einhaltung dieser Forderungen ist der Moderator verantwortlich. Am Schluss der Review-Sitzung wird das Ergebnis des Reviews formuliert, das wie folgt sein kann: a) Es wurden keine wesentlichen Mängel entdeckt; der Review ist abgeschlossen. b) Es wurden wesentliche Mängel entdeckt; es wird eine Nachbearbeitung angeordnet. c) Es wurden schwerwiegende Mängel entdeckt und der Review muss wiederholt werden; möglicherweise liegt das Review-Objekt nicht in prüffähiger Form vor.

- Nachbearbeitungsphase: In dieser Phase werden die identifizierten Mängel vom zuständigen Projektmitarbeiter behoben und die Aktionsliste wird mit Erledigungsvermerken versehen. Ein Bericht über die Nachbearbeitung wird angefertigt und den Teilnehmern am Review zur Verfügung gestellt.

- Bewertungsphase: Schließlich erfolgt eine Bewertung des Reviews, deren Zweck es ist, festzustellen, ob alle identifizierten Mängel beseitigt wurden und in welcher Form dies geschehen ist. Dabei ist besonders darauf zu achten, dass durch die Mängelbeseitigung keine neuen Mängel entstanden sind. Bei kleineren Aktionslisten kann die Bewertung vom Moderator allein durchgeführt werden. Mit einem Managementbericht wird die zuständige Berichtsinstanz (z.B. die Projektleitung oder der IT-Lenkungsausschuss) über den Abschluss des Review-Prozesses und seine Ergebnisse informiert.

Moderator

Am Review-Prozess ist die zentrale Bedeutung des Moderators für den Erfolg des Reviews erkennbar. Er soll fachkompetent in Bezug auf den Projektgegenstand sein, um Mängel erkennen und ihre Auswirkung auf den Projekterfolg (vgl. Lerneinheit ERFPM) einschätzen zu können. Der Moderator soll aber auch entscheidungskompetent sein, um sich gegenüber den anderen Teilnehmern am Review im Konfliktfall durchsetzen zu können. Schließlich soll er neutral gegenüber anderen Personen (z.B. Projektmitarbeitern) und auch gegenüber verschiedenen Methoden, Techniken und Werkzeugen sein, die bei der Projektarbeit verwendet werden.

Der Moderator *und* der zuständige Projektmitarbeiter sollen gemeinsam die weiteren Teilnehmer (Reviewer) auswählen, wobei sie sich an folgenden Richtlinien orientieren (nach *Parnas/Weiss*):

- Reviewer sollten überdurchschnittliches fachliches Wissen und langjährige Erfahrung auf einem dem Projektgegenstand zumindest verwandten Gebiet haben.
- Reviewer sollten zukünftige Benutzer des Produkts sein, dessen Herstellung, Veränderung oder Beschaffung Projektgegenstand ist.
- Reviewer sollten fähig und motiviert sein, mit systematischem Vorgehen Widersprüche aufzudecken und Mängel zu erkennen.

Es ist offensichtlich, dass selten eine Person den drei Richtlinien entspricht, so dass eine Mischung der geforderten Eigenschaften durch die Zusammensetzung eines Review-Teams erreicht werden muss.

Formen von Reviews

Nach der Präsentation des Review-Objekts durch den zuständigen Mitarbeiter kann der Review nach verschiedenen Formen durchgeführt werden, deren Festlegung durch die Projektplanung erfolgt sein kann, andernfalls von den Reviewern zu erfolgen hat. Meist wird zwischen Inspektion und Walkthrough unterschieden (vgl. z.B. *Heinrich/Riedl/Stelzer*, 524).

- Bei der Inspektion arbeiten die Reviewer gemeinsam unter der Anleitung des Moderators die Review-Dokumente durch und dokumentieren erkannte Mängel in der Aktionsliste.
- Beim Walkthrough arbeiten die Reviewer die Review-Dokumente anhand von Testfällen durch und dokumentieren erkannte Mängel in der Aktionsliste.

Inspektionen sind im Allgemeinen systematischer angelegt als Walkthroughs. Sie erfordern daher auch eine intensivere Vorbereitung (z.B. eine Strategie zur Mängelentdeckung, die durch Checklisten und Richtlinien unterstützt werden kann). Für spätere Analysen und zukünftige Projekte ist es wichtig, die entdeckten Mängel systematisch zu ordnen und in Mängelklassen oder Mängeltypen zu erfassen.

Im Zusammenhang mit der Auswahl der Form des Reviews ist über die Anzahl der Reviewer zu entscheiden, die offensichtlich nicht sehr groß sein darf, wenn das gemeinsame Bearbeiten der Review-Dokumente möglich sein soll. Je nach Review-Objekt werden dazu Zahlen zwischen 3 und 6 Reviewer als Erfahrungswert angegeben (z.B. eine geringere Anzahl bei Code-Inspektionen, eine größere beim Review von Spezifikationen), was auch im Zusammenhang mit dem Projektrisiko gesehen werden muss (das bei Codierungsmängeln in der Regel geringer ist als bei Spezifikationsmängeln). Ein weiterer Einflussfaktor auf die Anzahl der Reviewer ist die Arbeitsteilung im Projekt: Je arbeitsteiliger die Projektarbeit ist, desto größer sollte die Anzahl der Reviewer sein, vice versa.

Eine andere Unterscheidung der Formen von Reviews ist die in formelle Reviews und informelle Reviews.

- Formelle Reviews werden von der Projektleitung oder von der Berichtsinstanz der Projektleitung (z.B. vom IT-Lenkungsausschuss) veranlasst.
- Informelle Reviews werden in Form von Stellungnahmen durchgeführt. Sie sind selten geplant und der verantwortliche Mitarbeiter bestimmt die Personen, an deren Meinung er interessiert ist; er befindet auch über die Kommentare der Reviewer. Die Berücksichtigung der Kommentare wird nicht überwacht und es wird kein Prüfnachweis erstellt.

Projektreview und technisches Review

Prüfobjekt von Projektreviews – und auch von Projektrevisionen (vgl. Lerneinheit PREVI) – sind Projekte oder Projektabschnitte, Prüfkriterien sind das Projekt oder die Projektabschnitte betreffende Eigenschaften. Typische Prüffragen, von denen jede in weitere Fragen zerlegt werden kann, sind:

- Liegt ein schriftlich formulierter, eindeutiger und für die Projektgruppe verständlicher Projektauftrag vor?
- Gibt es Projekt-Meilensteine mit einem prüfbaren Projektergebnis?
- Bildet die bisherige Projektarbeit eine zuverlässige Basis für die weitere Projektarbeit?
- Werden vorgegebene Regeln und Standards eingehalten?

Projektreviews und Projektrevision sind also im Wesentlichen identisch. Technische Reviews unterscheiden sich durch die Art des Prüfobjekts (z.B. ein Datenmodell oder eine System-Architektur), die Vorgehensweise bei der Prüfung sowie die verwendeten Prüfmethoden (siehe dazu z.B. *Sommerville* sowie *Wallmüller*). Die Ergebnisse technischer Reviews sind Teil der Ergebnisse von Projektreviews bzw. Projektrevisionen. *Nehfort* (477-482) geht auf konkrete Qualitätssicherungsmaßnahmen im Softwarelebenszyklus ein und nennt eine Vielzahl an Fragen, die auch im Rahmen von Reviews abgearbeitet werden können. Er strukturiert diese Fragen zur Qualitätssicherung (QS) entlang der folgenden Phasen:

- QS zum Projektstart (z.B. Gab es eine definierte Vorprojektphase?)
- QS der Anforderungen (z.B. Gibt es verschiedene Sichten auf die Anforderungen wie Benutzer-, System- und Softwareanforderungen?)
- QS für Architektur und Design (z.B. Gibt es eine dokumentierte Systemarchitektur?)
- QS für die Programmierung (z.B. Gibt es Programmierrichtlinien?)
- QS für Integration und Test (z.B. Gibt es eine Teststrategie?)
- QS hinsichtlich Produktabnahme (z.B. Gibt es eine definierte Abnahmeprozedur und definierte Abnahmekriterien?)
- QS hinsichtlich Projektabschluss (z.B. Gibt es einen geordneten Projektrückblick?)

Audit-Prozess

In bestimmten Zeitabständen ist es erforderlich, die Organisation des QM-Systems und – insbesondere bei Qualitätsaudits – die Wirksamkeit und Wirtschaftlichkeit der QM-Maßnahmen zu überprüfen. Um diese Audits durchführen zu können, müssen Aufzeichnungen über Qualitätsdaten vorhanden sein. Über längere Zeiträume erfasste, systematisch geordnete und ausgewertete Qualitätsdaten ermöglichen die Messung der Eigenschaften des QM-Systems, die für seine Beurteilung hinsichtlich Wirksamkeit und Wirtschaftlichkeit sowie dafür erforderlich sind, geeignete Maßnahmen zur Verbesserung des QM-Systems zu setzen. Eine grobe Klassifikation der Qualitätsdaten sieht wie folgt aus:

- Leistungsdaten (z.B. Produktivität);
- Termindaten (eingehaltene und nicht eingehaltene Terminziele und Ursachen für die Nichteinhaltung von Terminzielen);
- Kostendaten (eingehaltene und nicht eingehaltene Kostenziele und Ursachen für die Nichteinhaltung von Kostenzielen);
- Mängel- und Problemdaten (systematisiert nach Klassen oder Typen und nach Ursachen für Mängel und Probleme);
- Daten, mit denen die Durchführung von QM-Maßnahmen nachgewiesen wird.

Zu den Kostendaten gehören Daten über die Kosten der QM-Maßnahmen, und zwar sowohl über die Kosten für die verwendeten QM-Maßnahmen (Prüf- und Verhütungskosten) als auch über die Kosten, die wegen des Fehlens notwendiger QM-Maßnahmen entstanden sind (Fehlerkosten, vgl. Lerneinheit QUALM). Bei allen Qualitätsdaten ist die Unterscheidung zwischen Solldaten und Istdaten sowie die zwischen Soll/Ist-Abweichungen und deren Ursachen zweckmäßig.

Eine für den Audit-Prozess, insbesondere für die Beurteilung von Wirksamkeit und Wirtschaftlichkeit, wesentliche Methode ist das Benchmarking. Dabei wird der Referenzprozess entweder im eigenen Unternehmen (internes Benchmarking) oder außerhalb des eigenen Unternehmens gesucht (externes Benchmarking). Besonders Augenmerk wird dabei darauf gelegt, Best Practices im Sinn von nachahmenswerten Verfahren in den Referenzprozessen zu identifizieren und auf die auditierten Prozesse zu übertragen. Es liegt auf der Hand, dass ein Vorteil externer Audits auch darin liegt, Kenntnisse über Referenzprozesse anderer Unternehmen in das auditierte Unternehmen einzubringen.

ISO 9001:2015 fordert in Kapitel 8.2.2 für das interne Audit, dass die Audit-Kriterien, der Audit-Umfang und die Audit-Methoden festgelegt werden müssen; jedes Audit-Programm muss geplant werden. Weiter wird in der Norm gefordert, dass Verantwortungen und Anforderungen zur Durchführung von Audits sowie zur Berichterstattung über die Ergebnisse und zur Führung von Aufzeichnungen in einem dokumentierten Verfahren festgelegt sein müssen. Je nach Ausprägung dieses Verfahrens und nach Qualifikation des für die Auditierung verfügbaren Personals (interne Auditoren) verläuft der Audit-Prozess. Interne Auditoren sind in der Regel Rollen, die von Aufgabenträgern zusätzlich zu anderen Rollen wahrgenommen werden (z.B. sind Mitarbeiter des Finanz- und Rechnungswesens auch interne Auditoren).

Als allgemeine Richtlinie für ein externes Audit kann etwa folgende Phasengliederung des Audit-Prozesses verwendet werden (vgl. auch ISO 19011:2011):

- Identifizieren des Prüfobjekts und des Prüfzwecks (z.B. Zertifizierung);
- Auswählen des Auditors und Auftragserteilung;
- Entwickeln des Auditplans durch den Auftragnehmer;
- Vorbereiten des Auftraggebers auf das Auditing (z.B. Festlegen der Auskunftspersonen, Bereitstellen der Dokumente);
- Durchführen der Eröffnungssitzung, Einführen des Audit-Teams, Bekanntgeben des Audit-Prozesses, Bestimmen einer Kontaktperson für das Audit-Team;

- Durchführen einer Besichtigungsanalyse durch das Audit-Team;
- Durchführen des eigentlichen Audits durch Verfolgen des Arbeitsprozesses und Dokumentieren von Abweichungen des Istzustands vom Referenzzustand (z.B. gemäß ISO 9001:2015);
- Abschlusssitzung mit Diskussion aller Abweichungen und, wenn erforderlich, Vereinbaren eines Folgeaudits nach Beseitigung der Abweichungen;
- Ausarbeiten und Übergeben eines Abschlussberichts.

Bei der Auswahl der Auditoren sollten deren Fachkompetenz, Sozialkompetenz, Methodenkompetenz sowie Handlungs- und Führungskompetenz beurteilt werden. Dazu gehören vor allem folgende Eigenschaften (nach *Quality Austria*):

- Fachkompetenz: Branchenkenntnisse / betriebswirtschaftliches Denken und Handeln / Organisationstalent / Kenntnis der einschlägigen Normen / Praxiserfahrung im Management;
- Sozialkompetenz: Gut zuhören können / kommunikationsfähig sein / ausgeglichen und integer sein / Akzeptanzfähigkeit;
- Methodenkompetenz: gute Fragetechnik / gutes Zeitmanagement / professionelle Audittechnik bezüglich Auditplanung und -durchführung / wirkungsvolle Ergebnisaufbereitung:
- Handlungs- und Führungskompetenz: Zur Systemoptimierung motivieren können / Verbesserungspotential aufzeigen können / Fähigkeit, komplexe Systeme umfassend und detailliert beurteilen zu können / Führungsqualifikation (z.B. zum Führen eines Audit-Teams) / Verhandlungsgeschick und Durchsetzungsvermögen.

Audit-Formen

Auf den Unterschied zwischen internen und externen Audits wurde bereits eingegangen. Erstere werden auch als First-Party-Audits bezeichnet. Bei externen Audits wird zwischen Second-Party-Audit, die von einem Kunden durchgeführt werden, und Third-Party-Audits, die von einem Dritten durchgeführt werden, unterschieden (z.B. eine Zertifizierungsinstanz). Ist das gesamte QM-System Gegenstand der Prüfung, handelt es sich um ein Systemaudit. Werden nur Teile des QM-Systems geprüft, wird von Produktaudit oder Prozessaudit gesprochen, je nachdem, worauf sich – Produkt oder Prozess – die Prüfung primär konzentriert.

Forschungsbefunde

Qualitativ hochwertige Forschungsbefunde zu Reviews und Audits in Informatik-Projekten gibt es kaum. Ein vielfach belegter Befund empirischer Forschung ist jedoch, dass die Durchführung von Post-Project-Reviews eine wirksame Maßnahme ist, um das organisationale Lernen zu befördern (z.B. *Busby* sowie *von Zedtwitz*), viele Unternehmen – unter anderem aus organisationspolitischen Gründen (z.B. *Gwillim et al.*) – oft jedoch keine Post-Project-Reviews durchführen. Unter dem Eintrag „Projektmanagementaudit" wird auf *www.projektmagazin.de* das Folgende angegeben: „Wie jedes Managementsystem (z.B. Qualitätsmanagementsystem, Risikomanagementsystem) sollten auch Projektmanagementsysteme regelmäßig auditiert werden, um ihre Effizienz zu gewährleisten und Verbesserungsmöglichkeiten zu erkennen. Ein solches Audit kann bereits Bestandteil des Projektmanagementsystems selbst sein. Weit verbreitet sind im Projektmanagement aber die sog. Reifegradmodelle, die meist über weitgehend eigenständige Assessmentverfahren verfügen, die kein spezifisches Projektmanagementsystem voraussetzen. Die bekanntesten Reifegradmodelle, auf deren Basis Projektmanagementaudits stattfinden sind das Organizational Project Management Maturity Model (OPM3®) des PMI, das Project, Programme and Portfolio Management Maturity Model (P3M3) von AXELOS und IPMA Delta® der IPMA. Branchenspezifisch ist das Capability Maturity Model Integration (CMMI) für Software-Entwicklung weit verbreitet. Die seit 1.1.2009 ungültige DIN 69905 definierte Projektmanagementaudit als ein ‚Projektaudit, das sich auf das Projektmanagement bezieht'. Die aktuellen Normen definieren diesen Begriff nicht mehr.“

Zsifkovits berichtet auf der Basis von Beobachtungen in der Praxis drei Zyklen der Projektsteuerung: Arbeitskontrolle, Projektfortschrittsermittlung und Review. Abbildung REVAU-1 fasst die Zyklen der Projektsteuerung zusammen und nennt ihre Eigenschaften.

Zyklen der Projektsteuerung	Ziel	Frequenz	Aktivitäten
Arbeitskontrolle	Laufende Erfassung und Kontrolle des Arbeitseinsatzes	täglich bis wöchentlich	Feststellung der eingesetzten Personalstunden, Abgleich mit den Planwerten
Projektfortschrittsermittlung	Abgleich des Projektablaufs mit dem Plan	monatlich	Besprechung des Projektstatus, Bewertung des Projektfortschritts, Einleiten notwendiger (Korrektur-)Maßnahmen
Review	Kritische Analyse des Ablaufs und der Ergebnisse des Projekts	quartalsmäßig oder zu Meilensteinterminen	Präsentation des Projektstatus, Bewertung und Entscheidung über weiteres Vorgehen

Abb. REVAU-1: Zyklen der Projektsteuerung (nach *Zsifkovits*, 330)

Zum Kreis der in die Zyklen eingebundenen Personen schreibt *Zsifkovits* (330): „Die Arbeitskontrolle findet bilateral zwischen Projektleitung und dem betroffenen Projektmitarbeiter statt, während in die monatliche Projektfortschrittsermittlung das gesamte Projektteam eingebunden ist. Eine besondere Stellung hat das Review (Review bedeutet Rückschau, Statusfeststellung, Situationsanalyse). Hier findet zu definierten Zeitpunkten – üblicherweise in Abstimmung mit Meilensteinen – eine kritische Projektanalyse und Abstimmung mit dem Auftraggeber und der Steuerungsgruppe statt.“

Kontrollfragen
1. Worin besteht der wesentliche Unterschied zwischen einem Review und einem Audit?
3. Mit welchen Phasen kann der Review-Prozess beschrieben werden?
3. Wie kann die Rolle des Moderators im Review-Prozess erklärt werden?
4. Welche Formen von Reviews werden unterschieden?
5. Welche Kompetenzen und Eigenschaften sollte ein Auditor haben?

Quellenliteratur
Busby, J. A.: An assessment of post-project reviews. International Journal of Project Management, 3/1999, 23-29
Gwillim, D./Dovey, K./Wieder, B. The politics of post-implementation reviews. Information Systems Journal, 4/2005, 307-319
Heinrich, L. J./Riedl, R./Stelzer, D.: Informationsmanagement: Grundlagen, Aufgaben, Methoden. 11. A., De Gruyter Oldenbourg, 2014
Hermann, J.: Qualitätsaudit. In: Masing, W. (Hrsg.): Handbuch Qualitätsmanagement. 4. A., Hanser, 1999, 175-192
Nehfort, A.: Qualitätsmanagement für IT-Projekte. In: Tiemeyer, E. (Hrsg.): Handbuch IT-Projektmanagement. 2. A., Hanser, 2014, 453-504
Parnas, D. L./Weiss, D. M.: Active design reviews: Principles and practices. Naval Research Lab, 1985
Sommerville, I.: Software engineering. 10. A., Pearson, 2016
von Zedtwitz, M.: Organisational learning through post-project reviews in R&D. R&D Management, 3/2002, 255-268
Wallmüller, E.: Software Quality Engineering: Ein Leitfaden für bessere Software-Qualität. 3. A., Hanser, 2011
Zsifkovits, H. E.: Statusüberwachung und Projektsteuerung. In: Tiemeyer, E. (Hrsg.): Handbuch IT-Projektmanagement. 2. A., Hanser, 2014, 315-348

Vertiefungsliteratur
Bakman, A.: If compliance is so critical, why are we still failing audits? How to minimize failure and make the audit process easier. Information Systems Control Journal, 5/2007, 37-40
Bhimani, A./Soonawalla, K.: From conformance to performance: The corporate responsibilities continuum. Journal of Accounting and Public Policy, 3/2005, 165-174
Hansen, W.: Zertifizierung von Qualitätssicherungssystemen. In: Hansen, W. (Hrsg.): Zertifizierung und Akkreditierung von Produkten und Leistungen der Wirtschaft. Hanser, 1993
Pfeifer, T./Schmitt, R. (Hrsg.): Masing Handbuch Qualitätsmanagement. 6. A., Hanser, 2014
Rösler, P./Schlich, M./Kneuper, R.: Reviews in der System- und Softwareentwicklung: Grundlagen, Praxis, kontinuierliche Verbesserung. dpunkt, 2013
Weill, P./Ross, J. W.: IT governance. How top performers manage IT decision rights for superior results. Harvard Business School Press, 2004

Normen und Richtlinien
DIN EN ISO 19011:2011: Leitfaden zur Auditierung von Managementsystemen
DIN EN ISO 9000:2015: Qualitätsmanagementsysteme - Grundlagen und Begriffe
DIN EN ISO 9001:2015: Qualitätsmanagementsysteme - Anforderungen
IEEE 1028-2008: IEEE Standard for Software Reviews and Audits
ISO/IEC/IEEE 24765-2010: Systems and software engineering - Vocabulary

Werkzeuge
https://www.q-chess.de/
www.caq.de/Software/Audit
www.mkinsight.com/

TESTM - Testmethoden

Lernziele

Sie kennen den Zweck des Testens bei Informatik-Projekten und der Testmethoden sowie eine Systematik der Fehler, die durch Testen aufgedeckt werden sollen. Sie können die Testarten nennen, die nach verschiedenen Gesichtspunkten gebildet werden. Sie können Testarten zu Testmethoden verbinden. Sie kennen die Teilaufgaben des Testens und ihr Zusammenwirken in einer Testmethodik. Sie erkennen den Zusammenhang zwischen Testen und Qualitätsmanagement.

Definitionen und Abkürzungen

Abnahmetest (acceptance test) = ein Test, den Auftraggeber und Auftragnehmer vereinbaren, um zu überprüfen, ob das übergebene Produkt die Anforderungen erfüllt.

Entwicklungstest (development test) = ein Test, bei dem die Entwurfs- und Entwicklungsergebnisse unter der Verantwortung der Entwerfer bzw. Entwickler überprüft werden. Synonym: Entwurfstest.

Funktionstest (function test) = ein Test, der nachweisen soll, dass das Produkt bezüglich der Funktionen die Anforderungen erfüllt.

Leistungstest (performance test) = ein Test, der nachweisen soll, dass das Produkt bezüglich der Leistungen die Anforderungen erfüllt.

Test (test) = die nach einer vorab festgelegten, transparenten und kontrollierbaren Methode durchgeführte Untersuchung eines Objekts zur Feststellung bestimmter Eigenschaften.

Testabdeckungsgrad (degree of test performance) = eine Maßzahl für die Zuverlässigkeit eines Tests (z.B. Verhältnis der Anzahl der ausgeführten Komponenten zur Anzahl der vorhandenen Komponenten).

Testaufwand (test effort) = der zum Testen erforderliche Zeitbedarf, gemessen vom Beginn der Testplanung bis zum Ende der Testdokumentation.

Testdaten (test data) = die zum Testen eines Testobjekts verwendeten Daten.

Testobjekt (test object) = die Art des Produkts, das mit einer bestimmten Testmethode auf einem bestimmten Testsystem getestet wird.

Testtreiber (test driver) = eine Funktionseinheit, die den Ablauf der Testfälle am Testobjekt steuert und das Testobjekt mit Testdaten versorgt.

Testsystem (test system) = eine Konfiguration aus Testobjekt, Testfällen mit Testdaten sowie organisatorischen, gerätetechnischen und softwaretechnischen Hilfsmitteln, deren Funktionsweise so spezifiziert ist, dass alle im Testobjekt vermuteten Fehler (Fehlervorgabe) erkannt werden.

Testwerkzeug (test tool) = ein Hilfsmittel zur Unterstützung des Testens (z.B. ein Programm), das Daten für die Analyse und Behebung von Fehlern bereitstellt.

Ursachen-/Wirkungsanalyse (cause-effect analysis) = eine Analyse, deren Zweck darin besteht, ein Problem in einer kausalen Ursache/Wirkungs-Kette zu beschreiben und dadurch zu verstehen.

Zweck der Testmethoden

Testen ist der Vorgang des Überprüfens der Eigenschaften von Projektergebnissen (Zwischen- und Endergebnisse) daraufhin, ob sie dem Stand der Technik sowie den definierten Sachzielen und Formalzielen (vgl. die Lerneinheiten ZIELP und ANFAN), also den definierten Anforderungen, entsprechen. Jede negative Abweichung einer Eigenschaft vom Stand der Technik und/oder von den definierten Anforderungen ist ein Fehler. Ziel des Testens ist es, möglichst viele Fehler im Testobjekt aufzudecken bzw. nachzuweisen, dass im Testobjekt angenommene Fehler nicht vorhanden sind. Das heißt, dass erstens zum Testen Fehlervorgaben erforderlich sind, die aus Standards sowie aus Projektzielen und Anforderungen abgeleitet werden, und dass zweitens durch Testen nicht alle in einem Testobjekt vorhandenen Fehler aufgedeckt werden können. Wichtig ist, zu beachten, was *Dijkstra* bereits im Jahr 1972 zum Softwaretesten anmerkte: „Testing can only show the presence of errors, not their absence."

In enger Beziehung zum Testen steht das Debugging, dessen Zweck das Erkennen und Beheben von Fehlerursachen und das Beseitigen von Fehlern einschließlich der Überprüfung der Fehlerkorrektur ist. Diese Überprüfung erfordert die Wiederholung des Testens, um feststellen zu können, ob der Fehler tatsächlich korrigiert wurde und ob durch die Korrektur keine neuen Fehler entstanden sind (Retesting). Die Erfahrung zeigt, dass der Aufwand für das Finden eines Fehlers erheblich größer ist als der Aufwand für das Beseitigen desselben Fehlers. Auf den Projektaufwand bezogen kann der Testaufwand bis zu 50% betragen, was insbesondere von den Qualitätsanforderungen beeinflusst wird (z.B. wenn von der Fehlerfreiheit einer Software Menschenleben abhängen). Es ist daher zweckmäßig, vor der Testplanung verbindliche Testgrundsätze festzulegen (vgl. den Abschnitt Testgrundsätze).

Zweck der Testmethoden ist es, das Testen so zu unterstützen, dass es möglichst wirksam und wirtschaftlich durchgeführt werden kann. Beim Testen und bei der Anwendung von Testmethoden gilt folgender Erfahrungsgrundsatz: Je früher im Projekt getestet wird, desto wirksamer und wirtschaftlicher können Fehler nachgewiesen und beseitigt werden, vice versa. *Henrich* (514) gibt unter Bezugnahme auf ein Werk von *Boehm* an: „[er] hat ermittelt, dass die Kosten zur Beseitigung eines Fehlers, der erst nach Auslieferung des Systems – also in der Wartungsphase – festgestellt wird, typischerweise um den Faktor 100 höher liegen als wenn der gleiche Fehler bereits am Ende der Analysephase entdeckt wird … [w]ohlgemerkt ist der Faktor 100 hier als Durchschnittswert und keineswegs als schlimmster Fall zu verstehen." Testen sollte daher bereits möglichst früh im Entwicklungsprozess einsetzen; es endet erst dann, wenn das Projektergebnis produktiv verwendet wird. Testen ist also eine projektbegleitende Aufgabe und *keine* Phase im Phasenmodell (vgl. Lerneinheit PROIP). Weiterführende Tests (z.B. Betriebstest, Wartungstest) sind Aufgabe des Lebenszyklusmanagements (vgl. dazu die Lerneinheit Lebenszyklusmanagement in *Heinrich/Riedl/Stelzer*). Im Sinn des Qualitätsmanagements ist Testen eine analytische QM-Maßnahme (vgl. Lerneinheit QUALM).

Fehlerarten

Für die Erarbeitung einer Fehlervorgabe ist es zweckmäßig, von einer Fehlersystematik auszugehen, in der zu berücksichtigen sind:

- der Fehlerort, das heißt in welcher Systemkomponente der Fehler auftritt;
- die Fehlerart, das heißt, ob es sich um einen Funktions-, Leistungs- oder Schnittstellenfehler handelt;
- die Fehlerphase, das heißt, ob es sich um einen Entwurfs- oder Implementierungsfehler handelt;
- die Fehlerquelle, das heißt, ob es sich um einen produktimmanenten Fehler handelt oder ob der Fehler durch ein externes Ereignis ausgelöst wird;
- die Fehlerdauer, das heißt, ob es sich um einen permanenten Fehler handelt, der bis zu seiner Beseitigung ununterbrochen fortbesteht, oder um einen intermittierenden Fehler, der sporadisch auftritt;
- die Fehlerhäufigkeit, das heißt die Anzahl der Fehler bezogen auf eine geeignete Bezugsgröße (z.B. Zeitabschnitt);
- die Fehlerinterdependenz, das heißt, ob es sich um einen isolierten Fehler handelt oder um einen Fehler, der durch andere Fehler ausgelöst wird bzw. der andere Fehler auslöst.

Diese Systematik der Fehlerarten ist relativ grob; sie muss projektabhängig in der Testplanung verfeinert werden.

Testgrundsätze

Grundsätze, von denen bereits bei der Testplanung ausgegangen werden sollte, sind insbesondere:

- Dem Testen sollen immer definierte Testziele zugrunde liegen.
- Die Testziele sollen so definiert sein, dass die Zielerträge immer messbar und auch erreichbar sind.
- Jeder Test muss durch ein zweckmäßiges Endkriterium begrenzt sein.
- Die erwarteten Testergebnisse müssen von vornherein spezifiziert sein.
- Die tatsächlichen Testergebnisse müssen in jedem Fall überprüft werden.
- Testfälle müssen auch den Bereich der unerwarteten und ungültigen Daten abdecken (z.B. durch Grenzwertbildung).
- Testen muss reproduzierbar sein.
- Bei der Testplanung soll immer von der Annahme ausgegangen werden, dass beim Testen Schwierigkeiten auftreten können.

Der Testplan wird von der Projektleitung – in Zusammenarbeit mit dem Auftraggeber – festgelegt. Wenn möglich, sollte ein Testmanager zugezogen werden, dessen primäre Aufgabe es ist, zwischen Auftraggeber und Auftragnehmer mit dem Ziel zu vermitteln, dass die Testergebnisse von allen Beteiligten – auf Auftragnehmer- und auf Auftraggeberseite – akzeptiert werden.

Teilaufgaben des Testens

Systematisches Testen mit Testmethoden umfasst die Aufgaben Testplanung, Testdurchführung, Testkontrolle und Testdokumentation.

- Die Testplanung umfasst die Auswahl der Testobjekte, das Festlegen der Testziele (insbesondere die Fehlervorgabe) und die daraus abgeleiteten Testkriterien (z.B. Testabdeckungsgrad), das Festlegen der Testaktivitäten sowie die Auswahl und Verfügbarmachung aller für die Testdurchführung erforderlichen Personen und Betriebsmittel. Die Testplanung ist strategische Planung und operative Planung. Die strategische Testplanung befasst sich mit der grundsätzlichen Vorgehensweise beim Testen; zu ihren Aufgaben gehört die Bestimmung der Testmethoden. Die operative Testplanung befasst sich mit der Vorgehensweise beim Testen im Detail (z.B. die Abfolge der einzelnen Testaktivitäten). Ergebnis der Testplanung ist ein Testplan, mit dem die nachfolgenden Testaufgaben überwacht und gesteuert werden.
- Die Testdurchführung umfasst die Abwicklung der Testaktivitäten zur Erreichung der in der Testplanung formulierten Testziele. Sie gliedert sich in Testvorbereitung, Testausführung und Testauswertung. Zur Testvorbereitung gehört die Testfallermittlung. Die Testausführung erfolgt in der Regel in mehreren Testläufen. Bei der Testauswertung wird für jeden Testlauf festgestellt, ob die in den Testfällen erfassten Ausgabedaten mit den Ausgabedaten der Testfälle bei den Testläufen übereinstimmen und ob alle in den Testfällen erfassten Funktionen ausgeführt und Leistungen erreicht werden. Ergebnis der Testausführung ist das Testprotokoll (für jeden Testlauf), Ergebnis der Testauswertung ist der Testbericht.
- Die Testkontrolle dient der Überprüfung der Testdurchführung anhand der Testziele und aufgrund der Ergebnisse der Testauswertung. Werden Fehler festgestellt, wird versucht, sie zu lokalisieren und ihre Ursachen zu bestimmen; dabei ist ein modularer Aufbau des Testobjekts hilfreich. Die Ergebnisse der Testkontrolle werden dazu verwendet, Maßnahmen zur Fehlerkorrektur festzulegen. Dabei ist die Erfahrung zu berücksichtigen, dass die Korrektur eines Fehlers häufig zum Entstehen eines anderen Fehlers (oder mehrerer anderer Fehler) führt. Nach jeder Fehlerkorrektur müssen daher alle Testfälle wiederholt werden.
- Die Testdokumentation beschreibt den Prozess des Testens (Testplanung, Testdurchführung und Testkontrolle), insbesondere die verwendeten Testmethoden, Testfälle mit Testdaten und Testergebnisse. Die Testdokumentation dient nicht nur als Nachweis über das Testen, sondern auch als Kommunikationsmittel für die am Test Beteiligten. Sie erleichtert die Wiederholung von Tests während des Projekts und in der Nutzungsphase des Projektergebnisses (Betriebstest, Wartungstest). Darüber hinaus liefert die Testdokumentation Informationen für zukünftige Projekte (insbesondere zur Fehlervermeidung).

Testobjekte

Eine allgemeine Struktur der Testobjekte kann – entsprechend dem Prozess der Projektabwicklung – wie folgt angegeben werden (in Klammern die Bezeichnung der Tests):

- Anforderungen (Anforderungstest);
- Komponenten (Komponententest);
- Gesamtsystem (Integrationstest).

Wegen der besonderen Bedeutung der Schnittstellen der Komponenten im Gesamtsystem und der Schnittstellen zwischen diesem und der Systemumwelt wird der Integrationstest auch als *Schnittstellentest* oder *Systemtest* bezeichnet. Manchmal wird zwischen Integrationstest und Systemtest unterschieden. Während beim Komponententest der Test der Funktionen im Mittelpunkt steht (deshalb auch als Funktionstest bezeichnet), konzentriert sich das Interesse beim Integrationstest (insbesondere beim Testen des Gesamtsystems) auf die Produktqualität, beispielsweise auf die Untersuchung von Zuverlässigkeit und Leistung (z.B. Belastungstest, Leistungstest). Testziele dieser Art stehen auch beim Abnahmetest im Vordergrund des Interesses. Im Folgenden werden die drei oben genannten Tests erläutert.

- Anforderungstest: Die Anforderungsbeschreibung (Spezifikation) ist Grundlage der Projektplanung und damit auch der Testplanung. Bevor mit dem Testen von Systemkomponenten begonnen wird, müssen Verständlichkeit und Vollständigkeit der Spezifikation überprüft werden (vgl. Lerneinheit ANFAN). Zur Durchführung des Anforderungstests wird die Ursachen-/Wirkungsanalyse verwendet. Ursachen sind Eingabedaten oder Funktionen, die vorgegeben sind oder auftreten können; Wirkungen sind Funktionen oder Ausgabedaten. Der Anforderungstest soll zeigen, ob Ursachen (also Eingabedaten oder Funktionen) definiert wurden, für die keine Wirkungen (also Funktionen bzw. Ausgabedaten) vorhanden sind bzw. ob Wirkungen (also Funktionen oder Ausgabedaten) vorhanden sind, für die keine Ursachen (also Eingabedaten bzw. Funktionen) definiert wurden. Die Schwierigkeit besteht darin, dass sich eindeutige Zuordnungen von Ursachen und Wirkungen nicht in jedem Fall finden lassen.
- Komponententest: Beim Komponententest wird versucht, Abweichungen zwischen der Spezifikation und ihrer Realisierung bezüglich jeder einzelnen Komponente des Testobjekts zu erkennen. Da eine Komponente meist nicht allein ablauffähig ist, muss eine geeignete Testumgebung (also ein Testrahmen) geschaffen werden. Die Testumgebung ermöglicht es, jede Komponente einzeln aufzurufen, die Ergebnisse der Verarbeitung zu untersuchen und die Wirkung nicht vorhandener, aber benötigter Komponenten zu simulieren (vgl. Lerneinheit SIMUL).
- Integrationstest: Dabei werden mehrere Komponenten zu einem Teilsystem und dann mehrere Teilsysteme zu einem System zusammengefasst, bis man schließlich zum Gesamtsystem gelangt. Getestet werden die Schnittstellen zwischen den Komponenten, zwischen den Teilsystemen usw. Die Vorgehensweise unterscheidet sich kaum von der beim Komponententest.

Teststrategien

Beim Integrationstest kann nach verschiedenen Teststrategien vorgegangen werden, die sich zwei Gruppen zuordnen lassen: vorgehensorientierte Strategien und zielorientierte Strategien. Vorgehensorientierte Strategien sind Top-down-Strategie, Bottom-up-Strategie und Hardest-first-Strategie. Zielorientierte Strategien sind funktionsorientiert oder transaktionsorientiert. Es handelt sich – außer bei der transaktionsorientierten Strategie – um inkrementelle Strategien. Das bedeutet, dass je Testlauf immer nur eine Komponente hinzugefügt wird. Bei der nicht inkrementellen Strategie wird zunächst jede Komponente getestet, unabhängig von anderen Komponenten, und dann werden alle Komponenten gemeinsam getestet. Vorteile der inkrementellen Strategie gegenüber der nicht inkrementellen Strategie sind der im Regelfall geringere Testaufwand und die wirksamere Überprüfung der Schnittstellen; entscheidender Nachteil ist, dass ein paralleles Testen von Komponenten nicht möglich ist.

Beim Top-down-Test wird mit der Komponente des hierarchisch gegliederten Testobjekts begonnen, die auf der obersten Ebene steht. Beim inkrementellen Einbeziehen der Komponenten auf darunter liegenden Ebenen müssen die Komponenten, die von den zu testenden Komponenten aufgerufen werden, simuliert oder durch Platzhalter ersetzt werden. Die simulierten oder ersetzten Komponenten werden Komponente für Komponente durch echte Komponenten ersetzt, bis man auf der untersten Ebene des Testobjekts angelangt ist. Beim Bottom-up-Test wird mit den Komponenten des hierarchisch gegliederten Testobjekts begonnen, die sich auf der untersten Ebene befinden und keine weiteren Komponenten aufrufen. Die übergeordneten Komponenten, die zunächst nicht in das Testen einbezogen werden, müssen durch Testtreiber ersetzt werden.

Testdaten und Testfälle

Testdaten sind die zum Testen eines Testobjekts verwendeten Eingabedaten; ein Testfall ist durch die Angabe des Testobjekts, der Eingabedaten, der Funktionen, die getestet werden sollen, und der erwarteten Ausgabedaten festgelegt. Vollständiges Testen ist in der Regel nicht möglich, weil die Anzahl der Kombinationen der Eingabedaten – und damit die Anzahl der Testfälle – auch bei einfachen Testobjekten zu groß ist. Daher müssen die Testfälle sorgfältig festgelegt werden, was viel Erfahrung und Kreativität erfordert. Die Auswahl der Testdaten und der Testfälle sollte in Zusammenarbeit mit Vertretern des Auftraggebers (z.B. den zukünftigen Benutzern) erfolgen. Dabei muss die gewählte Testart bezüglich des Umfangs der Testausführung beachtet werden.

Bei der Testausführung wird bezüglich der verwendeten Testdaten üblicherweise wie folgt vorgegangen: Im ersten Testlauf wird mit eigens für den Test erzeugten Testdaten und daraus konstruierten Testfällen gearbeitet. In weiteren Testläufen werden die Testdaten sukzessiv durch reale Daten ersetzt, bis man bei den Daten angelangt ist, die später vom produktiven Informationssystem verwendet werden. Diese Vorgehensweise verändert sich, wenn Prototyping zur Anwendung kommt (insbesondere beim evolutionären Prototyping, vgl. Lerneinheit PROTY). Bereits zum Zeitpunkt der Verwendung des ersten Prototypen werden reale Daten verwendet, die auch für Testzwecke zur Verfügung stehen; Testdaten sind nicht erforderlich.

Testbaustein	A				B			
Funktion	a	b	c	d	e	f	g	h
Testfall 1	x	x						
Testfall 2				x				
Testfall 3		x			x			
Testfall 4	x							x
Testfall 5							x	x

Abb. TESTM-1: Testfallmatrix

Abbildung TESTM-1 zeigt die Testfallmatrix als zweckmäßiges Darstellungsmittel für die Testfallermittlung. Mit ihr wird der Zusammenhang zwischen den Testfällen 1 bis 5 (in den Zeilen) und den Funktionen a bis d bzw. e bis h der Testbausteine A und B des Testobjekts (in den Spalten) dokumentiert. Die Eintragungen geben an, welcher Testfall welche Funktionen testet bzw. welche Testfälle welche Bausteine testen.

Testarten

Eine Systematik der Testmethoden kann nach folgenden Testarten gebildet werden: nach der Art der Testfallermittlung, nach der Art der Testausführung und nach dem Umfang der Testausführung. Die Testfallermittlung kann aufgabenorientiert oder produktorientiert erfolgen (vgl. z.B. *Wallmüller* oder *Sommerville*).

- Bei der aufgabenorientierten Testfallermittlung (auch als funktionale oder entwurfsorientierte Testfallermittlung bezeichnet) wird von der Gesamtheit der Funktionen ausgegangen, die zur Durchführung der Anwendungsaufgabe erforderlich sind und als Funktionsanforderungen definiert wurden. Die Struktur des Testobjekts (z.B. seine Ablaufstruktur) bleibt bei der Testfallermittlung unbekannt (Black-Box-Test). Mit dem Black-Box-Test können fehlende Funktionen sowie als bekannt unterstellte Fehler in den Funktionen erkannt werden (deshalb auch als funktionaler Test oder Funktionstest bezeichnet). Nicht erkannt werden Fehler, die aus nicht definierten, aber vorhandenen Funktionen resultieren. Wird ausschließlich aufgabenorientiert getestet, müssen die Testfälle alle möglichen Dateneingaben umfassen. Da dies praktisch unmöglich ist (sogenannte „kombinatorische Explosion"), wird z.B. mit den Grenzwerten der Parameter getestet, die zwischen der Äquivalenzklasse der gültigen und der Äquivalenzklasse der ungültigen Parameterwerte liegen (Grenzwertanalyse).

- Bei der produktorientierten Testfallermittlung wird von den im Testobjekt realisierten Funktionen ausgegangen; die Struktur des Testobjekts ist für die Testfallermittlung bekannt (White-Box-Test). Mit dem White-Box-Test sollen alle im Testobjekt vorhandenen Vorgangsketten überprüft werden; eine vollständige Testabdeckung ist jedoch nicht immer möglich (z.B. dann nicht, wenn aus der Ablaufstruktur eine große Anzahl von Pfaden resultiert). Im Allgemeinen wird gegenüber dem Black-Box-Test eine Verringerung der Testfälle erreicht. Durch fehlende Funktionen bedingte Fehler können offensichtlich nicht erkannt werden. Meist wird ein Kompromiss gesucht: Die Testfälle werden zunächst aufgabenorientiert formuliert und dann, so weit wie möglich, durch Testfälle ergänzt, die produktorientiert ermittelt werden.

In der Fachliteratur wird zudem der Grey-Box-Test beschrieben; beispielsweise schreibt *Wallmüller* (299) dazu: „Der Grey-Box-Test ist ein methodischer Ansatz des Software-Tests, welcher mit Hilfe testgetriebener Entwicklung, beispielsweise Extreme Programming, die Vorteile von Black-Box-Tests und White-Box-Tests miteinander verbindet … [e]s werden also sehr früh (vor der eigentlichen Programmierung des Moduls) Testfälle spezifiziert, die aus einer Black-Box-Sicht notwendigen Ausgaben prüfen … [m]it dem Black-Box-Test hat er gemein die Unkenntnis über die Interna des zu testenden Objekts". Weiter gibt *Wallmüller* (299) an, dass Grey-Box-Tests als Bestandteil agiler Methoden (vgl. Lerneinheit AGILM) „hohe Disziplin oder weitere Ansätze wie zum Beispiel Paarprogrammierung [erfordern], um praktikabel und erfolgreich einsetzbar zu sein [und] ohne agile Prozesse als Basis sollte beim Einsatz von Grey-Box-Tests keinesfalls auf die üblichen Black-Box-Tests verzichtet werden. Grey-Box-Tests sollten als qualitative Verbesserung von White-Box-Tests betrachtet werden".

Bezüglich der Art der Testausführung wird zwischen statischem Testen (auch als statische Untersuchung bezeichnet) und dynamischem Testen (auch als dynamische Untersuchung bezeichnet) unterschieden.

- Beim statischen Testen wird das Testobjekt anhand von Dokumenten über das Testobjekt (z.B. Programmausdrucke in Form von Umwandlungslisten beim Programmtest) analysiert; Testdaten werden nicht verwendet. Ziel dieser Testart ist das Aufdecken von formalen und logischen Fehlern (z.B. Abweichungen von einzuhaltenden Beschreibungsregeln).
- Beim dynamischen Testen wird das Verhalten des Testobjekts empirisch untersucht; das Testobjekt wird mit Hilfe von Testdaten „zum Ablauf gebracht". Ziel dieser Testart ist es, Fehler in der Ablauflogik des Testobjekts aufzudecken.

Der Umfang der Testausführung wird durch die Art und die Anzahl der verwendeten Testfälle festgelegt. Danach wird zwischen repräsentativem Test, schwachstellen-orientiertem Test und schadensausmaß-orientiertem Test unterschieden:

- Ein Test wird als repräsentativer Test bezeichnet, wenn Art und Umfang der Testfälle so ausgewählt werden, dass die Komponenten des Testobjekts entsprechend der Häufigkeit ihrer Verwendung getestet werden.

- Ein Test wird als schwachstellen-orientierter Test bezeichnet, wenn Art und Umfang der Testfälle so ausgewählt werden, dass die Komponenten des Testobjekts entsprechend der vermuteten Fehlerhäufigkeit in den Komponenten getestet werden.
- Ein Test wird als schadensausmaß-orientierter Test bezeichnet, wenn die Komponenten des Testobjekts, bei denen durch das Auftreten von Fehlern ein besonders hoher Schaden verursacht werden kann, intensiver getestet werden als die anderen Komponenten. Zur Einstufung der Testobjekt-Komponenten in Schadensklassen muss eine Risikoanalyse durchgeführt werden (vgl. Lerneinheit RISKM).

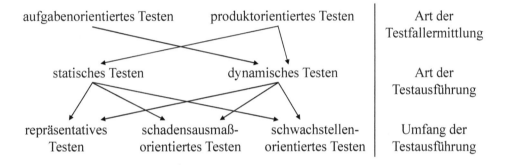

Abb. TESTM-2: Zusammenhang zwischen den Testarten (nach *Schmitz et al.*)

Abbildung TESTM-2 zeigt den Zusammenhang zwischen den Testarten. Weitgehend identisch mit der Testart statisches Testen ist die Testart logisches Testen und weitgehend identisch mit der Testart dynamisches Testen ist die Testart empirisches Testen. Beim logischen Testen (auch als Schreibtischtest bezeichnet) wird das Testobjekt durch gedankliches Nachvollziehen seiner Funktionsweise getestet; beim empirischen Testen wird das Testobjekt auf einem Testsystem implementiert.

Werkzeuge zum Testen

Die verschiedenen Testmethoden erfordern es, in Abhängigkeit von den Testbedingungen (insbesondere von der Art des Testobjekts) eine sinnvolle Auswahl und Kombination vorzunehmen (Testmethodik) und ihre Anwendung durch Werkzeuge (Testwerkzeuge) zu unterstützen. Für den Test von Programmen hat sich folgende Testmethodik bewährt:

- Durchführen eines Funktionstests (Black-Box-Test). Anhand der Modulspezifikation werden mit Hilfe einer Äquivalenzklassen- und Grenzwertanalyse Testfälle ermittelt; die Struktur des Moduls wird nicht betrachtet.
- Das zu testende Modul wird mit einem Zweigüberdeckungswerkzeug instrumentiert. Dazu werden in den Quellcode an den Verzweigungen Zähler eingefügt. Die vollständige Zweigüberdeckung (also das Testen aller Programmzweige) soll sicherstellen, dass alle Anweisungen des Moduls mindestens einmal ausgeführt werden.
- Das so instrumentierte Modul wird übersetzt und mit den ermittelten Testfällen ausgeführt. Die Testfälle werden vom Testwerkzeug protokolliert und in einer

Datei abgelegt. Damit ist es bei Änderungen am Modul später möglich, alle Testfälle automatisch zu wiederholen.
- Nach Durchführung der Testfälle wird das Testprotokoll betrachtet; es folgt ein ergänzender Strukturtest (White-Box-Test). Für noch nicht durchlaufene Zweige werden anhand der Implementierung Testfälle ermittelt und ausgeführt.

Ein Testwerkzeug muss sowohl Routinearbeiten (wie Eingabe und Verwaltung der Testfälle) unterstützen, als auch Informationen über den Testfortschritt und die Qualität des Tests (wie automatisches Ausweisen von Abweichungen zwischen erwarteten und tatsächlichen Testergebnissen) liefern. Für Testobjekte mit sehr hoher Risikoklasse werden Umgebungssimulatoren verwendet, die das Verhalten des Testobjekts in der realen Umgebung simulieren. Sie werden benutzt, wenn das Testen in der realen Umgebung zu aufwendig ist.

Forschungsbefunde

Mäntylä/Itkonen haben eine praktisch hoch relevante Fragestellung des Software-testens untersucht, nämlich „whether it is better to have one thorough tester or whether the same total effort is better spent by having several less thorough testers; e.g., assuming that five hours of testing effort are available, is it better to have five individuals testing for one hour or one individual testing for five hours?" Für das Verständnis der Studie ist es bedeutsam, folgende Feststellung der Autoren zu kennen: "[I]f we want to divide a fixed set of effort among multiple individuals and have them perform the same task, we consequently introduce higher time pressure to the equation" (986).

Zur Untersuchung der Fragestellung (und weiterer Fragestellungen in Bezug auf das Softwaretesten, die hier nicht weiter erläutert werden) führten die Autoren mit 130 finnischen Informatik-Studierenden ein Experiment durch; 79 Personen waren in der TR-Bedingung („less thorough testers working under a time restriction") und 51 Personen in der NTR-Bedingung („single thorough tester" und „no time restriction"). Die Autoren geben an, dass zwischen den beiden Gruppen keine relevanten und statistisch signifikanten Unterschiede bestanden (991): „there were, in fact, no such differences between the populations used in the experiment that would largely affect the results." Aufgabe war es, die Software „jEdit text editor version 4.2" auf der Basis einer grafischen Benutzeroberfläche zu testen, wobei von den Versuchsleitern absichtlich Fehler in die Software integriert wurden.

Im Folgenden werden wesentliche Ergebnisse der Studie von *Mäntylä/Itkonen* im englischen Originalwortlaut zusammengefasst:

- "We found that time restriction has a negative effect on the defect detection effectiveness at the individual level ... a single NTR tester finds 11.28 defects, on average, and a single TR tester finds 7.58 defects, on average. However, time restriction has a positive effect on efficiency, as TR testers find 3.79 defects/h, while NTR testers find only 1.14 defects/h." (995)
- „We can see that, on average, adding a second individual to do the same V&V [verification and validation] task results in a roughly 50% increase in the effec-

tiveness of finding unique defects. The variation … is rather large, as the benefit of the second individual varies between 25% and 78% … there is a positive effect on the defect detection effectiveness when a second individual is added to a V&V task. However, the decision regarding whether the expected gains of 25–78% more unique findings are enough to cover the additional cost remains a context-specific decision." (998)

- "On the crowd level, time-restricted (TR) testers outperform non-time-restricted (NTR) testers when controlling for effort. Five TR testers equaled the effort of 10 h of testing and resulted in 19.32 found defects, while a single NTR tester used 9.87 h and found 11.28 defects, on average … based on our data, it would be beneficial to have several testers who are under time pressure because we can either find roughly the same amount of defects with 59% less effort, or we can use the same effort to find 71% more defects." (999)

Das Testen von Software kann hohe Kosten verursachen; zudem wird der Druck größer, Softwareprodukte immer rascher verfügbar zu haben – die Entwicklungszeiten werden kürzer. Diese Entwicklungen haben dazu geführt, dass man sich zunehmend nach neuen Testansätzen umsieht, und ein solcher innovativer Ansatz ist das *crowdsourced software testing (CST)*. Als Crowdsourcing bezeichnet man im gegenständlichen Kontext „the proposal of activities to a group of individuals who voluntarily undertake tasks based on a flexible open call"; und das CST (auch als crowdtesting bezeichnet, kann wie folgt beschrieben werden: "a diverse pool of people test software in real environments using their own devices leveraging the 'wisdom of the crowds'" (*Leicht et al.*, 2). In einem Forschungsprojekt auf der Basis von Aktionsforschung und einem Konsortium von sechs Unternehmen haben *Leicht et al.* ein CST-Modell entwickelt. Das Modell besteht aus vier Phasen (Definition, Planning, Execution and Controlling, Closing) und jeder Phase sind mehrere Aktivitäten zugeordnet (insgesamt werden im Modell 14 Aktivitäten beschrieben). Weiter werden im Modell, das zum Zeitpunkt seiner Publikation noch weiter entwickelt wurde, notwendige Prozessveränderungen und Rollen beschrieben, so dass der Beitrag für die Praxis eine Handlungsanleitung darstellt, wie man bei einem Wechsel zu oder dem komplementären Einsatz von CST vorgehen kann – die Autoren schreiben: „For practice, the paper illustrates how test departments can utilize crowdsourcing as a new tool in their collection. On top of that, we expect to provide a process model as a guideline with precise action taking in software testing projects for test managers to enable crowdsourced software testing in testing departments" (9).

Geisen/Güldali stellen ein Modell vor, das eine Vorgehensweise für das Testen bei Anwendung von Scrum beschreibt (vgl. Abb. TESTM-3). Am Beginn des Beitrags wird argumentiert, dass grundsätzlich „sowohl im Agilen Manifest als auch in der Scrum-Beschreibung die Testaktivitäten sowie die Testorganisation vernachlässigt" werden. Gemäß den Autoren fehlte zum damaligen Zeitpunkt (also vor ihrer Publikation) eine Beschreibung eines „systematischen Testvorgehens". Eingebettet in die Scrum-Logik besteht das Modell aus drei Testtypen: (1) dem Entwicklertest (wird kontinuierlich zu den täglichen Aktivitäten der Entwickler durchgeführt), (2) dem Inkrementtest (prüft die Integration der wöchentlichen und monatlichen Ergebnisse eines Sprints und basiert auf Automatisierungstechniken) und (3) dem

Release-Test (erfolgt nach Abschluss der Entwicklungsarbeiten explizit als Sprint, ist ein End-to-End-Test des Systems und prüft somit das gesamte System im Zusammenspiel aller Komponenten). Die Abwicklung eines jeden Testtypen basiert dabei auf einem festgelegten Ablauf, der folgende Aufgaben umfasst: Testplanung, Testentwurf, Testimplementierung, Testausführung, Testauswertung sowie Testabschluss. Zudem werden folgende Rollen definiert: Testmanager (Scrum Master), Testplaner und -auswerter (Product Owner) und Tester (diese Rolle wird von allen Teammitgliedern wahrgenommen). Über alle Testtypen hinweg gesehen kommen aus der klassischen Softwareentwicklung bekannte Tests zum Einsatz, genannt werden beispielsweise funktionale Tests, Regressionstests, Performance-Tests und Usability-Tests.

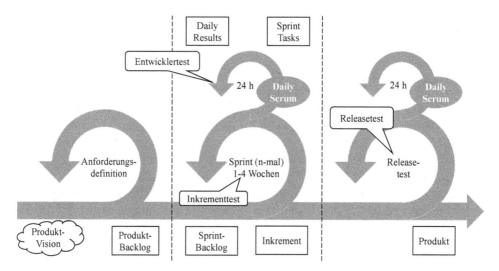

Abb. TESTM-3: Vorgehensweise für das Testen bei Anwendung von Scrum
(nach *Geisen/Güldali*, 2)

Eine vertiefte Auseinandersetzung mit dem Softwaretesten im agilen Kontext wurde von *Baumgartner et al.* vorgelegt. In ihrem Werk befassen sich die Autoren in zehn Kapiteln mit der Thematik (z.B. „Agiles Testmanagement, -methoden und -techniken", „Agile Testdokumentation" oder „Agile Testautomatisierung") und berichten dazu fallbasierte Evidenz. Das im Werk beschriebene „Praxisbeispiel EMIL" befasst sich mit einer Organisation aus der Gesundheitsbranche. Das Wachstum der Organisation, veränderte Kundenanforderungen und strengere Regulatorien führten dazu, dass die Entwicklungs- und Testprozesse effektiver und effizienter gestaltet werden mussten. Im Zuge des Software-Entwicklungsprojekts EMIL wurde ein Übergang von traditioneller auf agile Entwicklung initiiert, um die Effektivität und Effizienz günstig zu beeinflussen. Die Autoren berichten (XIX), dass „die größten Herausforderungen auf dem Weg zur agilen Entwicklung … die fehlende Erfahrung in der Zieltechnologie sowie die regulatorischen Anforderungen, die die Gesundheitsbranche mit sich bringt", waren. In einer Gesamtschau liefert dieses Werk auf der Basis einer umfassenden konzeptionellen Darstellung sowie einer deskriptiven Fallstudie Erkenntnisse zur Softwareentwicklung und insbesondere zum Softwaretesten im agilen Kontext. Die Autoren ziehen folgendes Fazit (XVIII): „Dieses Projekt ist ein sehr gutes Beispiel dafür, dass agil nicht „keine Dokumentation" bedeutet. Und ebenso bedeutet es nicht, dass bisherige Kompetenzen im Software-Test obsolet geworden sind. Das Projekt zeigt, dass „agil" – richtig verstanden und umgesetzt – auch für sehr kritische und Regulatorien unterworfenen Projekte ein sehr erfolgreicher Ansatz sein kann".

Kontrollfragen
1. Welchen Zweck hat das Testen?
2. Wie können Fehler, die beim Testen aufgedeckt werden sollen, systematisiert werden?
3. In welche Teilaufgaben wird die Aufgabe des Testens gegliedert?
4. Wie ist eine Testfallmatrix aufgebaut?
5. Welche Testarten gibt es und welche Zusammenhänge bestehen zwischen ihnen?

Quellenliteratur
Baumgartner, M./Klonk, M./Pichler, H./Seidl, R./Tanczos, S.: Agile Testing: Der agile Weg zur Qualität. Hanser 2013
Boehm, B. W.: Software engineering economics. Prentice Hall, 1981
Dijkstra, E.: The humble programmer. Communications of the ACM, 10/1972, 859-866
Heinrich, L. J./Riedl, R./Stelzer, D.: Informationsmanagement: Grundlagen, Aufgaben, Methoden. 11. A., De Gruyter Oldenbourg, 2014
Geisen, S./Güldali, B.: Agiles Testen in Scrum: Testtypen und Abläufe. OBJEKTspektrum Online Themenspecials, Ausgabe Agility, 2012
Henrich, A.: Management von Softwareprojekten. Oldenbourg, 2002
Schmitz, P./Bons, H./van Megen, R.: Software-Qualitätssicherung: Testen im Software-Lebenszyklus. Vieweg, 1983
Leicht, N./Blohm, I./Leimeister, J. M.: How to systematically conduct crowdsourced software testing? Insights from an action research project. Proceedings of the 37th International Conference on Information Systems, 2016
Mäntylä, M.V./Itkonen, J.: More testers: The effect of crowd size and time restriction in software testing. Information and Software Technology, 6/2013, 986-1003
Sommerville, I.: Software engineering. 10. A., Pearson, 2016
Wallmüller, E.: Software Quality Engineering: Ein Leitfaden für bessere Software-Qualität. Hanser, 3. A., 2011

Vertiefungsliteratur
Balzert, H.: Lehrbuch der Softwaretechnik. Entwurf, Implementierung, Installation und Betrieb. 3. A., Spektrum Akademischer Verlag, 2011
Balzert, H.: Lehrbuch der Softwaretechnik. Basiskonzepte und Requirements Engineering. 3. A., Spektrum Akademischer Verlag, 2009
Balzert, H.: Lehrbuch der Softwaretechnik. Softwaremanagement. 2. A., Spektrum Akademischer Verlag, 2008
Chiang, I. R./Mookerjee, V. S.: A fault threshold policy to manage software development projects. Information Systems Research, 1/2004, 3-21
Crispin, L./Gregory, J.: Agile testing, Addison-Wesley, 2009
Liggesmeyer, P.: Software-Qualität. Testen, Analysieren und Verifizieren von Software. Spektrum Akademischer Verlag, 2002
Pol, M./Koomen, T./Spillner, A.: Management und Optimierung des Testprozesses: Ein praktischer Leitfaden für erfolgreiches Testen von Software mit TPI und TMap. 2. A., dpunkt, 2002
Sneed, H. M./Baumgartner, M./Seidl, R.: Der Systemtest: Von den Anforderungen zum Qualitätsnachweis. Hanser, 2009
Spillner, A./Linz, T.: Basiswissen Softwaretest, 5. A., dpunkt, 2012
Tung, Y.-H./Tseng, S.-S.: A novel approach to collaborative testing in a crowdsourcing environment. Journal of Systems and Software, 8/2013, 2143-2153
Zogaj, S./Bretschneider, U./Leimeister, J.M.: Managing crowdsourced software testing: A case study based insight on the challenges of a crowdsourcing intermediary. Journal of Business Economics, 3/2014, 375-405

Normen und Richtlinien

IEEE Std 829-2008 - IEEE Standard for Software and System Test Documentation

ISO/IEC 25000:2014: Systems and software engineering - Systems and software Quality Requirements and Evaluation (SQuaRE)

ISO/IEC/IEEE 29119-1-2013: International Standard - Software and systems engineering - Software testing - Part 1: Concepts and definitions

ISO/IEC/IEEE 29119-2-2013: International Standard - Software and systems engineering - Software testing - Part 2: Test processes

ISO/IEC/IEEE 29119-3-2013: International Standard - Software and systems engineering - Software testing - Part 3: Test documentation

ISO/IEC/IEEE 29119-4-2015: International Standard - Software and systems engineering - Software testing - Part 4: Test techniques

ISO/IEC/IEEE 29119-5-2016: International Standard - Software and systems engineering - Software testing - Part 5: Keyword-Driven Testing

Werkzeuge

http://greiterweb.de/spw/test_werkzeuge.htm
https://www.testing-board.com/alm-tools-testmanagement-software/
https://www.testtoolreview.de/de/
https://www.tricentis.com/de/tricentis-tosca-testsuite/

Interessante Links

http://fitnesse.org/
http://www.softwaretestingstandard.org/
http://www.softwaretest-umfrage.de/
https://www.istqb.org/
https://www.austriantestingboard.at/
https://www.software-testing.academy/software-testing-methoden.html

Projektdiagnose

PCONT- Projektcontrolling 653
PREVI - Projektrevision..665
CHECK - Checklisten 675

PCONT - Projektcontrolling

Lernziele

Sie kennen die Aufgabe des Projektcontrollings und können daraus seine Teilaufgaben ableiten. Sie kennen die unterschiedlichen Aufgabenschwerpunkte des Projektcontrollings auf den drei Ebenen des Informationsmanagements. Sie können die Teilaufgaben zum Wirkungskreislauf des Projektcontrollings ordnen. Sie können das Projektcontrolling in das IT-Controlling einordnen. Sie können die wichtigsten Teilaufgaben des Projektcontrollings erläutern. Sie kennen die Aufgabenträger und die organisatorische Einordnung des Projektcontrollings.

Definitionen und Abkürzungen

Abweichung (deviation) = der Unterschied zwischen dem Wert eines Attributs im Sollzustand und dem Wert desselben Attributs im Istzustand.

Controlling-Objekt (controlling entity) = ein durch systematisches Zerlegen entstehender, bestimmter Teil der Informationsinfrastruktur einschließlich der Vorhaben zu seiner Schaffung, Aufrechterhaltung und Nutzung.

IT-Controlling (IT controlling) = Abkürzung für das Controlling der gesamten Informationsinfrastruktur.

Messen (measuring) = die Zuordnung von Zahlen zu Objekten oder Ereignissen nach einem festgelegten Verfahren (einer Regel).

Messgröße (measure) = das messbare Äquivalent eines Messobjekts.

Messgrößentransformation (measure transformation) = ein Algorithmus zum Überführen von Messgrößen in einen Wert, der mit dem Sollwert des Controlling-Ziels vergleichbar ist.

Messinstrument (measurement instrument) = ein auf Befragung aufbauendes, hardwaremäßiges und/oder softwaremäßiges Werkzeug zum Messen.

Messobjekt (measurement entity) = ein Element des Untersuchungsgegenstands (z.B. der Informationsinfrastruktur), mit dem der Zielinhalt des Messziels beschrieben werden kann.

Messpunkt (measurement point) = die Stelle eines Messobjekts, an der eine Messgröße erfasst werden kann (z.B. ein Teilobjekt).

Messvorschrift (measurement procedure) = ein festgelegtes Verfahren (z.B. ein Algorithmus) zum Messen.

Messziel (measurement goal) = ein operationales und für bestimmte Messzwecke wirtschaftlich verwendbares Ziel.

Steuerung (control) = eine Maßnahme, welche die Einhaltung eines systemextern definierten Zustands durch systemexterne Eingriffe ermöglicht.

Überwachung (monitoring) = die in die Teilaufgaben Revision und Kontrolle strukturierte betriebliche Aufgabe der Beobachtung und Beurteilung, deren Zweck es ist, Präventiv-, Korrektur- und Sicherheitswirkungen zu erzielen.

Ziel (objective) = eine normative Aussage eines Entscheidungsträgers, die einen anzustrebenden und damit zukünftigen Zustand der Wirklichkeit beschreibt.

Zweck des Projektcontrollings

DIN 69901 definiert das Projektcontrolling wie folgt: „Sicherung des Erreichens der Projektziele durch: Soll-Ist-Vergleiche, Feststellung der Abweichungen, Bewerten der Konsequenzen und Vorschlagen von Korrekturmaßnahmen, Mitwirkung bei der Maßnahmenplanung und Kontrolle der Durchführung". Informatik-Projekte bedürfen der an Zielen orientierten Planung, Überwachung und Steuerung. Aufgabe des Projektcontrollings ist es, die dazu erforderlichen Informationen sowie Grundsätze für Planungs-, Überwachungs- und Steuerungsprozesse bereitzustellen. Nur mit Hilfe des Projektcontrollings ist die erfolgreiche Bewältigung der Aufgaben des Projektmanagements möglich (vgl. Lerneinheit PROMA). Das Projektcontrolling muss auf der strategischen Ebene des Informationsmanagements entwickelt und installiert und von dort aus durchgängig über die administrative bis in die operative Ebene so durchgesetzt werden, dass ein geschlossener Wirkungskreislauf entsteht, der die Planung, Überwachung und Steuerung auf jeder der genannten Ebenen ermöglicht. Dies zeigt schematisch Abb. PCONT-1.

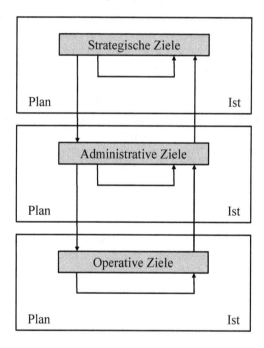

Abb. PCONT-1: Aufgabenumfang des Projektcontrollings

Ebenen des Projektcontrollings

Für die Gestaltung des Projektcontrollings ist es zweckmäßig, drei Projektebenen zu unterscheiden und strategische, administrative und operative Projekteigenschaften zu definieren, deren Planung, Überwachung und Steuerung für den Projekterfolg von Bedeutung ist. Strategisches Projektcontrolling unterstützt das strategische Informationsmanagement bei folgenden Aufgaben:

- Initiierung von Projektideen durch Aktivierung aller Mitarbeiter;
- Umsetzung von Projektideen in Projektvorhaben;
- Beurteilung von Projektvorhaben in Bezug auf ihren Beitrag zur Erreichung der Unternehmensziele;
- Schaffung der Voraussetzungen, die für ein schlagkräftiges Projektmanagement erforderlich sind (z.B. Projektsteuerungsgremium als organisatorische Voraussetzung).

Administratives Projektcontrolling unterstützt die für die Projektrealisierung zuständigen Leitungsinstanzen, insbesondere das Projektsteuerungsgremium und die Projektleitung bei folgenden Aufgaben:

- bei der (realistischen) Projektplanung;
- bei der Einhaltung von Projektzielen;
- bei der Früherkennung von Projektabweichungen;
- bei der Koordination der Projektmitarbeiter;
- bei der Koordination mehrerer offener Projekte.

Operatives Projektcontrolling unterstützt die Projektmitarbeiter beim Einhalten von Projektzielen, indem Planwerte und zugehörige Istwerte zu den auf Mitarbeiterebene beeinflussbaren Projektzielen verfügbar gemacht werden und für jeden Mitarbeiter transparent sind.

Die Unterscheidung in drei Projektebenen ermöglicht es, Vollständigkeit bei der Beantwortung der Frage zu erreichen, welche Projekteigenschaften für das Projektcontrolling erforderlich sind. Eine *strategische* Projekteigenschaft kann Auswirkungen auf das gesamte Projekt haben (z.B. kann sich die Produktivität auf die Projektlaufzeit und damit auf einen geplanten Endtermin auswirken). Eine *administrative* Projekteigenschaft hat nur eine begrenzte Auswirkung (z.B. auf einzelne Projektphasen oder Komponenten der Projektaufgabe); sie kann, wenn sie rechtzeitig erkannt wird, ohne Gefährdung der Projektziele korrigiert werden. Eine *operative* Projekteigenschaft bezieht sich auf einzelne Tätigkeiten, die durch die Projektmitarbeiter weitgehend selbst gesteuert werden können. Alle Projektebenen müssen vom Projektcontrolling erfasst werden, und zwar sowohl der Prozess als auch das Produkt bzw. die Zwischenprodukte.

Wirkungskreislauf des Projektcontrollings

Projektcontrolling unterstützt auf den drei Projektebenen folgende Aufgaben:

- Das Ziele setzen (Zielinhalte) und das Festlegen von Plangrößen (Ausmaß der Zielerreichung und zeitlicher Bezug) für die Ziele, womit normative Aussagen über anzustrebende Projektzustände gemacht werden;
- Das Überwachen tatsächlicher und prognostizierter Projektzustände durch Vergleich von Plangrößen mit gemessenen Istgrößen bzw. mit prognostizierten Istgrößen und das Feststellen von tatsächlichen oder erwarteten Abweichungen und deren Ursachen (Abweichungsanalyse);

- Das Steuern der Projektzustände, indem bei Abweichungen zwischen Plangrößen und Istgrößen durch Maßnahmen korrigierend eingegriffen wird, die auf eine Änderung der Plangrößen und/oder der Istgrößen abzielen.

Abbildung PCONT-2 zeigt diese Aufgaben, angeordnet als Wirkungskreislauf des Projektcontrollings. Aus der Abbildung ist ersichtlich, dass sich die Beeinflussung von Abweichungsursachen in unterschiedlicher Weise auf den Projektzustand auswirken kann, und zwar unmittelbar oder mittelbar, und im Falle von mittelbar auf die Plangrößen zu den gesetzten Zielen oder auf das Setzen der Ziele. Es hängt vom Ergebnis der Abweichungsanalyse ab, in welche der drei genannten Richtungen (eine oder mehrere) die Maßnahmen zur Beseitigung der Abweichungsursachen wirken.

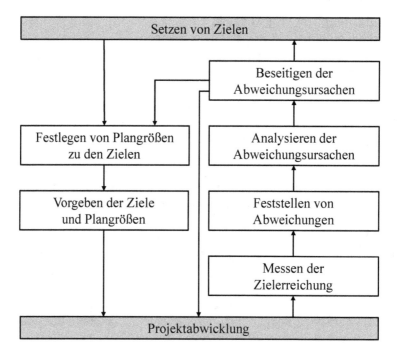

Abb. PCONT-2: Wirkungskreislauf des Projektcontrollings

Einbindung in das IT-Controlling

Aufgabe des IT-Controllings ist die Beschaffung der Informationen, die für die Planung, Überwachung und Steuerung der Informationsinfrastruktur erforderlich sind (vgl. Lerneinheit Controlling in *Heinrich/Riedl/Stelzer*). Dabei meint Informationsinfrastruktur nicht nur den vorhandenen Bestand und seine Nutzung, sondern auch die Leistungsprozesse, die der Veränderung vorhandener Komponenten und der Schaffung neuer Komponenten dienen. Informatik-Projekte sind Leistungsprozesse dieser Art; aus der Sicht des Controllings sind Projekte Controlling-Objekte. Gibt es im Unternehmen eine größere Anzahl unterschiedlicher Projekte, ist es zweckmäßig, mehrere Projektarten als Controlling-Objekte zu definieren (z.B. unterschiedliche Projekte wie Softwareentwicklungsprojekte, ERP-Einführungsprojekte oder IT-Outsourcingprojekte).

Im Folgenden werden die Aufgaben *Ziele setzen* und *Messen der Zielerreichung* wegen ihrer praktischen und methodischen Bedeutung erläutert. Weitere Aufgabenbeschreibungen, die durch Methoden- und Werkzeugerläuterungen ergänzt sind, werden beispielsweise in *Zsifkovits, Tiemeyer, Patzak/Rattay* (408-445) und *Burghardt* (385-445) dargestellt.

Ziele setzen

Der Prozess des Setzens von Zielen folgt einem Top-down-Ansatz, bei dem von den Planungszielen, die dem Projekt vorgegeben sind, ausgegangen wird. Planungsziele werden also in Projektziele und diese weiter in Teilziele oder Unterziele herunter gebrochen. Dabei wird zweckmäßigerweise nach den Zielbündeln Leistung, Zeit und Kosten bzw. Qualität, Quantität, Zeit und Kosten vorgegangen (vgl. Lerneinheit PROPL, Teufelsdreieck bzw. Teufelsquadrat nach Sneed).

Beim Herunterbrechen der Projektziele sind die Zielbeziehungen zu beachten, die zwischen Zielen gleicher Zielbündel (z.B. zwischen dem Kostenziel für die Projektaufgabe und den Kostenzielen für die Projektabschnitte) und zwischen Zielen verschiedener Zielbündel (z.B. zwischen dem Kostenziel und dem Leistungsziel für einen Projektabschnitt) bestehen. Art (komplementär, konfliktär, neutral; vgl. Lerneinheit ZIELP) und Intensität (Stärke des Zusammenhangs) bestehender Zielbeziehungen können sich auf die Planungsaktivitäten erheblich auswirken. Kommt man beispielsweise zu dem Schluss, dass zwischen zwei Zielen (z.B. Kosten und Qualität) ein starker und konfliktärer Zusammenhang besteht (was in der Realität nicht zwingend so sein muss), dann sollte man diesen Zielen bei den Planungsaktivitäten besondere Aufmerksamkeit widmen. Wie in der Lerneinheit ZIELP im Detail ausgeführt, ist weiter zu beachten, dass sich der Charakter von Zielbeziehungen in Abhängigkeit vom Ausmaß der Zielerreichung ändern kann; dies bewirkt, dass Zielbeziehungen oftmals nicht-linear sind, was wiederum die Berücksichtigung solcher Zielbeziehungen im Planungsprozess erschwert.

Beim Herunterbrechen der Projektziele ist auch über die Granularität der Teilziele zu entscheiden. Grundsätzlich gilt, dass Projektcontrolling umso straffer (z.B. umso zeitnaher) ist, je feiner die Teilziele sind. Diesem Grundsatz entsprechen kleine Arbeitspakete mit Terminzielen auf Wochenbasis und Kostenzielen mit mehreren Kostenarten eher als große Arbeitspakete mit Terminzielen auf Monatsbasis und nur wenig differenzierender Kostenartenstruktur. Straffes Projektcontrolling führt allerdings zu einem überproportionalen Aufwand für das Projektcontrolling und zu Problemen mit der Messgenauigkeit. Darüber hinaus gilt als Nachteil, dass straffes Projektcontrolling den Projektmitarbeitern nur einen geringen Handlungsspielraum gibt, was sich negativ auf die Motivation von Projektmitarbeitern auswirken kann (vgl. Lerneinheit PSYCH). Über die Granularität der Teilziele kann daher nur unter Berücksichtigung des projektspezifischen Kontexts entschieden werden (z.B. Projektumfang, Anzahl Projektmitarbeiter, Mitarbeiterqualifikation, Höhe des Projektrisikos). So verstandene und gebildete Teilziele werden nachfolgend als Controlling-Ziele bezeichnet.

Projektcontrolling und Methoden der agilen Softwareentwicklung

Die Verwendung von Methoden der agilen Softwareentwicklung hat Implikationen für das Projektcontrolling (vgl. Lerneinheit AGILM). Beispielsweise wird bei Scrum – idealtypisch – während eines Sprints täglich der Arbeitsfortschritt betrachtet, wobei der Restaufwand des Sprints laufend neu abgeschätzt wird. Weiter wird der Arbeitsfortschritt mit spezifischen Grafikformen dargestellt; ein Beispiel (Burn-Down-Chart) ist in Abb. AGILM-9 visualisiert. Daraus folgt, dass die Anwendung von Methoden der agilen Softwareentwicklung insbesondere das Controlling auf operativer und administrativer Ebene beeinflusst. Die Zyklen der in Abb. PCONT-2 rechts dargestellten Aufgaben verkürzen sich typischerweise. Dies gibt Aufgabenträgern das Gefühl, den Status von Projekten (insbesondere in Bezug auf die Tätigkeiten der Softwareentwicklung) „zu jedem Zeitpunkt" zu kennen, was die Voraussetzung für gegebenenfalls notwendige korrigierende Maßnahmen ist.

Messen der Zielerreichung

Zum Messen der Zielerreichung sind Messvorschriften erforderlich, die für jedes Controlling-Ziel eine operationale und möglichst quantitative Erfassung der Istgrößen ermöglichen und die in geeigneten Controlling-Methoden implementiert sind. Ein für das Controlling von Informatik-Projekten geeignetes Konzept muss eine Anzahl von Zielen berücksichtigen, die sich auf zahlreiche Phänomene der spezifischen Projektarbeit beziehen und damit eine Menge von Messvorschriften erfordern. Eine Controlling-Methode ist also immer eine Menge von Messvorschriften. Das systematische Vorgehen beim Entwickeln von Messvorschriften kann mit folgenden Arbeitsschritten erläutert werden:

- Erster Arbeitsschritt: Überführen jedes Controlling-Ziels in ein Messziel (gegebenenfalls in mehrere Messziele); die Dimension des Messziels (der Messziele) muss operational (also messbar und intersubjektiv nachprüfbar) formuliert werden. Dieser Arbeitsschritt entfällt für Controlling-Ziele, die selbst diese Eigenschaft haben (also als Messziele verwendet werden können).
- Zweiter Arbeitsschritt: Bestimmen der Messobjekte für jedes Messziel. Ein Messobjekt wird aus dem Zielinhalt des Messziels abgeleitet; ein Messziel kann durch ein oder durch mehrere Messobjekte beschrieben werden.
- Dritter Arbeitsschritt: Bilden der Messgrößen für jedes Messobjekt, Festlegen des Maßstabs für die Messgrößen und der geforderten Messgenauigkeit.
- Vierter Arbeitsschritt: Bestimmen der Messpunkte für jedes Messobjekt zum Erfassen der Messgrößen.
- Fünfter Arbeitsschritt: Festlegen der Messinstrumente. Die Art der Messinstrumente hängt von der Art der Messobjekte, Messgrößen und Messpunkte ab und wird auch durch die geplante Messgenauigkeit beeinflusst.
- Sechster Arbeitsschritt: Festlegen der Messgrößentransformation. Damit wird der Controlling-Zyklus vom gemessenen Istwert zum vorgegebenen Sollwert geschlossen.

Abbildung PCONT-3 fasst für Informatik-Projekte relevante Messparameter auf der Basis einer Darstellung von *Patzak/Rattay* zusammen. Diese Parameter sind in einem spezifischen Informatik-Projekt im Regelfall um weitere Parameter zu ergänzen.

Leistung	Menge	• % Fertigstellungsgrad je Arbeitspaket
	Qualität	• Abnahmeergebnisse • Durchgeführte Qualitätsprüfungen • Dokumentation der Erfüllung von Qualitätsmerkmalen
Termine		• Iststart der Arbeitspakete • Istende der Arbeitspakete • Noch zu erwartende Dauer (Restdauer) der laufenden Arbeitspakete
Ressourcen		• Bis zum Stichtag eingesetzte Istmengen (z.B. Personenstunden) • Noch zu erwartende Mengen
Kosten		• Bis zum Stichtag angefallene Istkosten • Noch zu erwartende Kosten
Prozessqualität		• Kundenzufriedenheit (z.B. Benutzerzufriedenheit) • Mitarbeiterzufriedenheit (z.B. Entwicklerzufriedenheit) • Zufriedenheit im Umfeld (z.B. Auftraggeber) • Chancen- und Risikoentwicklung

Abb. PCONT-3: Messen der Zielerreichung (relevante Messparameter nach *Patzak/Rattay*, 415)

Verantwortlichkeiten und Rollen

Nach der in der Fachliteratur vorherrschenden Auffassung (z.B. *Zsifkovits*) obliegt die Verantwortlichkeit für das Projektcontrolling – insbesondere die Überwachung von Leistungs-, Termin- und Kostenzielen – der Projektleitung; bei großen Informatik-Projekten ist es ratsam, einen Projektcontroller einzusetzen, dessen Fokus auf der Überwachung des Projekts oder mehrerer Projekte liegt. Diese Verantwortungsbeschreibung schließt jedoch nicht aus, dass es zweckmäßig sein kann, in bestimmten Projektkontexten die Controlling-Funktion durch den Lenkungsausschuss oder den Auftraggeber auszuüben.

Besondere Bedeutung kommt beim Projektcontrolling der Erhebung, Aufbereitung und Verteilung von Projektstatusinformationen zu. Unabhängig davon, ob die Projektleitung (oder ein von dieser beauftragter Mitarbeiter) bzw. ein Projektcontroller für die Überwachung eines Projekts verantwortlich ist, sollte in Bezug auf Projektstatusberichterstattung folgendes der Fall sein:

- Die Erhebung von Daten sollte nach Standards (z.B. auf der Basis von Formularen oder elektronischen Eingabemasken) und unter Beachtung von Wirtschaftlichkeitsüberlegungen erfolgen (wenn Projektmitarbeiter täglich beispielsweise ein bis zwei Stunden ihrer Arbeitszeit für die Dokumentation des Projektstatus aufwenden müssen, ist das in der Regel nicht wirtschaftlich).
- Die erhobenen Daten sollten zielgruppengerecht durch Anwendung von Werkzeugen zu Information verdichtet und aufbereitet werden, wobei eine angemes-

sene Grafikunterstützung (z.B. Ampelsystem mit rot/gelb/grün je nach Projekt-status) anzustreben ist.

- Die Informationen sind zeitgerecht bereitzustellen, was impliziert, dass eine bewusste Auswahl des Kommunikationsmediums erfolgen sollte (z.B. kollaborative Software, E-Mail, Präsentationsfolien in einer Sitzung, Telefon).
- Die Verantwortlichkeiten zum Informationsfluss über den Projektstatus sollten klar festgelegt sein.
- Es sollte regelmäßig überprüft werden, ob und in welcher Weise die aktuell implementierte Projektberichterstattung wirksam ist, also ob dadurch ein positiver Beitrag zum Projekterfolg geleistet wird.

Projektcontrolling und Qualitätsmanagement

Zwischen Projektcontrolling und Qualitätsmanagement (vgl. Lerneinheit QUALM) bestehen enge Beziehungen. Um die Aufgabe der Projektüberwachung erfüllen zu können, müssen für Eigenschaften, die für den Projektfortschritt wesentlich sind, Sollgrößen vorgegeben und Istgrößen erfasst werden. Die dafür verwendete Projektmetrik ist teilweise identisch mit der, die vom Qualitätsmanagement verwendet wird, und da zahlreiche Metriken mit denen identisch sind, die sich aus Qualitätsforderungen ergeben, sind sie auch Gegenstand von Qualitätsmodellen (vgl. dazu im Detail Lerneinheiten Qualitätsmanagement und Methoden des Qualitätsmanagements in *Heinrich/Riedl/Stelzer*).

Projektcontrolling und Projektrevision

Zwischen Projektcontrolling und Projektrevision (vgl. Lerneinheit PREVI) bestehen wesentliche Unterschiede, aber auch Gemeinsamkeiten. Zweck der Projektrevision ist die Prüfung der Ordnungsmäßigkeit der Projektabwicklung. Sie untersucht realisierte Handlungen, Ergebnisse und Verfahren, führt also Ex-post-Betrachtungen durch (Kontrollen). Diese bestehen weitgehend in einem Vergleich von tatsächlichen Handlungen (Ist) mit vorgegebenen und dokumentierten Grundsätzen, Richtlinien und Anweisungen (Soll). Typisches Beispiel für ein Soll dieser Art ist die Anweisung, dass bei der Planung und Abwicklung eines bestimmten Projekts (z.B. Einführung eines ERP-Systems) ein bestimmtes Vorgehensmodell verwendet werden soll.

Die Projektrevision kann sich also an klaren Vorgaben orientieren. Liegen solche Vorgaben nicht vor (z.B. liegt keine Dokumentation eines Vorgehensmodells vor), kann die Projektrevision nicht sinnvoll tätig werden. Im Unterschied dazu erstreckt sich das Projektcontrolling auch auf Prozesse der Projektabwicklung, die nicht an eindeutigen Vorgaben gemessen werden können. Handlungen der Projektrevision werden unerwartet und sporadisch im Auftrag der Unternehmensleitung durchgeführt, Projektcontrolling ist in ablaufende Prozesse eingeordnet. *Patzak/Rattay* (410) geben zum Unterschied zwischen Projektcontrolling und Projektrevision an, dass die Zielprioritäten anders gelagert sind, wobei für das Controlling gilt, dass Aktualität wichtiger als Genauigkeit ist, bei der Revision gilt, dass Genauigkeit wichtiger als Aktualität ist. Überschneidungen bestehen zwischen Projektcontrolling und Projektrevision dann, wenn das Projektcontrolling auch Kontrollaufgaben bzw. wenn die Projektrevision auch prozessbegleitende Aufgaben (projektbegleitende Revision) übernimmt.

Forschungsbefunde

E-Business-Projekte scheitern oft an der Messung des Erfolgs – Methoden wie ROI liefern nur eine Scheingenauigkeit und schicken die Unternehmen in die falsche Richtung (Frankfurter Allgemeine Zeitung, 20.10.2000, 31): Erfolg im Internet lässt sich nur schwer messen. Wegen fehlender neuer Evaluierungsmethoden greifen die meisten Manager bei der Entscheidung über die finanzielle Ausstattung eines E-Business-Projekts weiter auf Methoden wie den ROI oder den internen Mittelrückfluss (IRR) zurück, hat *Forrester Research* als Ergebnis einer Umfrage unter den E-Business-Verantwortlichen in 50 Großunternehmen festgestellt. Damit laufen die Unternehmen Gefahr, strategisch wichtige Projekte falsch zu beurteilen.

Für E-Business-Projekte werden Evaluierungsmethoden empfohlen, die auch qualitative Kriterien wie den Erfolg beim Endkunden und die Zusammenarbeit mit Partnern erfassen. Beispielsweise müssen die Kosten für neue Informationsangebote im Internet, die zu höherer Kundenzufriedenheit und in anderen Unternehmensbereichen zu steigenden Erlösen führen, auch dem E-Business-Projekt zugerechnet werden. Kundenbefragungen könnten Aufschluss über Quereffekte geben. Eine verbesserte Zusammenarbeit mit Partnern kann zu kürzeren Bearbeitungszeiten und zu einer schnelleren Reaktion auf Marktveränderungen führen. Diese und ähnliche Nutzenarten wurden E-Business-Projekten lange Zeit nur in Ausnahmefällen zugerechnet, was sich aber in den vergangenen Jahren durch die zunehmende Etablierung von Digitalisierung und Digitaler Transformation und damit in Zusammenhang stehenden Konzepten und Modellen verändert hat (vgl. dazu die in der Vertiefungsliteratur angegeben Quellen). Für den Projektcontroller ergibt sich daher die Aufgabe, externe Kosten und Erlöse zu erfassen und dem Projekt zuzurechnen. Die Projektkalkulation könnte am Ende gewichtete Kriterien wie Kostensenkung, Marktbekanntheit, Kundenzufriedenheit, interne Effizienz und Vorteile gegenüber den Wettbewerbern zu einer einheitlichen Messgröße zusammenfassen.

Weber (158) schreibt zu den Erfolgswirkungen von Controlling im Allgemeinen (also ohne dabei spezifisch auf das Projektcontrolling einzugehen): „Über die Erfolgswirkung des Controlling selbst liegen allerdings nur wenige Erkenntnisse vor. Selbst die Höhe der von den Controllern verursachten Kosten ist selten bekannt. Eine Rationalität des Controlling lässt sich bislang lediglich aus der fortdauernden praktischen Implementierung ableiten (*Effizienzhypothese*). Vorwürfe einer zu hohen Komplexität der Controllerorganisation oder einer zu starken, behindernden Einwirkung auf das Managementhandeln („Bremser") können so nicht entkräftet werden." Diese Aussage darf nicht so interpretiert werden, dass Controlling im Allgemeinen und Projektcontrolling im Speziellen keine signifikanten Erfolgswirkungen haben könnten. Vielmehr besteht Bedarf an empirischer Forschung.

Projektcontrolling dient insbesondere auch dazu, zu erkennen, ob ein Projekt notleidend geworden ist, und sofern dies der Fall ist, sollen wirksame Maßnahmen ergriffen werden, um das Projekt wieder „auf Schiene" zu bringen. In manchen

Fällen kann es jedoch zweckmäßig sein, ein Projekt abzubrechen. Der Abbruch von Projekten bzw. Nicht-Abbruch (von eigentlich aus rationaler Sicht abzubrechenden Vorhaben) ist seit langer Zeit Forschungsgegenstand. Nachfolgend werden bedeutsame Ergebnisse dazu vorgestellt.

In den frühen 1990er Jahren haben *Ewusi-Mensah/Przasnyski* Faktoren untersucht, die für den Abbruch von Informatik-Projekten ausschlaggebend sein können. Ein Fragebogen wurde an 566 IT-Manager in Kalifornien versendet, 49 Fragebögen gingen in die Analyse ein (wovon 23 Befragte über Fälle von Projektabbrüchen in ihren Organisationen berichteten). Die wesentlichen Ergebnisse der Studie können wie folgt zusammengefasst werden (82): „[I]t is apparent from the results of the survey that in most abandonment cases the issue of cost and/or schedule overruns, although a consideration in some cases, is not a major contributor. Similarly, technology did not significantly contribute to the problem of project abandonment; the IS technical environments existing in most of the companies were judged adequate for successful project development; emergent technology was not an issue. Regarding organizational factors, the consensus is that organizational politics and/or disagreements can be blamed for a significant part of the abandonment dilemma faced by a majority of organizations." Weiter wird als Befund berichtet, dass "projects were not abandoned in their early stages, but only after considerable time had been invested in them" (76). Dieses Ergebnis ist aus Sicht der handelnden Unternehmen ökonomisch problematisch.

Keil et al. haben Faktoren untersucht, die erklären, warum Entscheidungsträger stark notleidende Projekte, die eigentlich abzubrechen wären, fortführen („failing software projects are often allowed to continue for too long before appropriate management action is taken to discontinue or redirect the efforts", 299). Konkret wurde ein Forschungsmodell (vgl. Abb. PCONT-4) entwickelt, das „Willingness to Continue a Project" als abhängige Variable, „Risk Propensity" und „Level of Sunk Costs" als unabhängige Variablen sowie „Risk Perception" als Mediatorvariable konzeptualisiert (wobei die beiden unabhängigen Variablen auch gemäß den Hypothesen einen direkten Einfluss auf die abhängige Variable haben; „Sunk Costs" sind Kosten, die bereits entstanden sind und nicht „rückgängig" gemacht werden können, beispielsweise auf Basis einer Veräußerung des betrachteten Objekts wie ein unternehmensintern entwickeltes Anwendungssystem). Zudem wurden die kulturellen Unterschiede zwischen Finnland, den Niederlanden und Singapur untersucht. Es wurde ein Laborexperiment auf der Basis einer Beschreibung von Szenarien zu den „sunk costs" durchgeführt (15%, 40%, 65% und 90% des gesamten Projektbudgets). Die Stichprobe umfasste 536 Studierende (185 aus Finnland, 121 aus den Niederlanden und 230 aus Singapur).

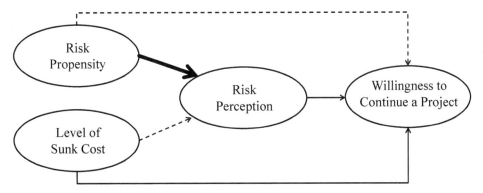

Abb. PCONT-4: Forschungsmodell und Ergebnisse (nach *Keil et al.*, 315)

Abbildung PCONT-4 zeigt das Forschungsmodell und die Ergebnisse der Studie. Gestrichelte Pfeile zeigen hierbei Hypothesen zum Zusammenhang von Variablen, die empirisch *nicht* bestätigt werden konnten. Durchgezogene Pfeile zeigen bestätigte Hypothesen und der fett dargestellte Pfeil zeigt einen bestätigten Zusammenhang, der kultursensitiv ist („lower uncertainty avoidance cultures [wie z.B. Singapur] may have stronger relationships between risk propensity and risk perception than higher uncertainty avoidance cultures [wie z.B. Finnland oder die Niederlande]", 316).

Flynn et al. schreiben (131): „Runaway projects are frequently the result of escalating commitment to a failing course of action, a phenomenon that occurs when investments fail to work out as envisioned and decision-makers compound the problem by persisting irrationally." Vor diesem Hintergrund diskutieren die Autoren drei in der Fachliteratur veröffentliche Ansätze zum Deeskalationsmanagement, um darauf aufbauend ihr De-escalation Management Maturity (DMM) Model zu beschreiben. Dieses Modell umfasst sechs Phasen (Prevent, Detect, Disrupt, Re-Evaluate and Re-Plan, Implement New Course of Action, Learn), wobei für jede Phase Ziel und Aufgaben erläutert werden. Die Kosten des Einsatzes des DMM Models in einer Organisation werden nicht näher angegeben, im Beitrag findet sich dazu folgende Aussage (134): „Ultimately there is no free lunch here and organizations must weigh the costs of instituting de-escalation management procedures against the costs associated with runaway projects."

Kontrollfragen
1. Wie kann die Aufgabe des Projektcontrollings in Teilaufgaben zerlegt werden?
2. Wie sind die Teilaufgaben zum Wirkungskreislauf des Projektcontrollings geordnet?
3. Was sind relevante Messparameter in Informatik-Projekten?
4. Welcher Zusammenhang besteht zwischen Projektcontrolling und Qualitätsmanagement?
5. Welcher Zusammenhang besteht zwischen Projektcontrolling und Projektrevision?

Quellenliteratur
Burghardt, M.: Projektmanagement: Leitfaden für die Planung, Überwachung und Steuerung von Projekten. 9. A., Publicis, 2012
Ewusi-Mensah, K./Przasnyski, Z. H.: On information systems project abandonment: An exploratory study of organizational practices. MIS Quarterly, 1/1991, 67-86
Flynn, D./Pan, G./Keil, M./Mähring, M.: De-escalating IT projects: The DMM model. Communications of the ACM, 10/2009, 131-134

Heinrich, L. J./Riedl, R./Stelzer, D.: Informationsmanagement: Grundlagen, Aufgaben, Methoden. 11. A., De Gruyter Oldenbourg, 2014

Keil, M./Tan, B. C. Y./Wie, K.-K./Saarinen, T./Tuunainen, V./Wassenaar, A.: A cross-cultural study on escalation of commitment behavior in software projects. MIS Quarterly, 2/2000, 299-325

Patzak, G./Rattay, G.: Projektmanagement: Projekte, Projektportfolios, Programme und projektorientierte Unternehmen. 6. A., Linde International, 2014

Sneed, H.: Software-Management. Müller, 1987

Tiemeyer, E.: Scorecards und Reports: Werkzeuge im IT-Projektcontrolling. In: Tiemeyer, E. (Hrsg.): Handbuch IT-Projektmanagement. 2. A., Hanser, 2014, 349-386

Zsifkovits, H. E.: Statusüberwachung und Projektsteuerung. In: Tiemeyer, E. (Hrsg.): Handbuch IT-Projektmanagement. 2. A., Hanser, 2014, 315-348

Weber, J.: Controlling. In: Schreyögg, G./v. Werder, A. (Hrsg.): Handwörterbuch der Unternehmensführung und Organisation. 4. A., Schäffer-Poeschel, 2004, 152-159

Vertiefungsliteratur

Eisl, C./Perkhofer, L./Hofer, P./Losbichler, H.: Exzellenz im Reporting Design: Leitfaden für messbar bessere Berichte. Haufe, 2018

Fiedler, R.: Controlling von Projekten: Mit konkreten Beispielen aus der Unternehmenspraxis: Alle Aspekte der Projektplanung, Projektsteuerung und Projektkontrolle. 7. A., Springer/Vieweg, 2016

Hess, T./Matt, C./Benlian, A./Wiesböck, F.: Options for formulating a digital transformation strategy. MIS Quarterly Executive, 2/2016, 123-139

Kargl, H.: Controlling im DV-Bereich. 4. A., Oldenbourg, 1999

Kütz, M.: Projektcontrolling in der IT: Steuerung von Projekten und Projektportfolios. dpunkt, 2012

Matt, C./Hess, T./Benlian, A.: Digital transformation strategies. Business and Information Systems Engineering, 5/2015, 339-343

Montealegre, R./Keil, M.: De-escalating information technology projects: Lessons from the Denver International Airport. MIS Quarterly, 3/2000, 417-447

Riedl, R./Benlian, A./Hess, T./Stelzer, D./Sikora, H.: On the relationship between information management and digitalization. Business and Information Systems Engineering, 6/2017, 475-482

Schreckeneder, B. C.: Projektcontrolling: Projekte überwachen, steuern, präsentieren. 4. A., Haufe, 2013

Walchshofer, M./Riedl, R.: Der Chief Digital Officer (CDO): Eine empirische Untersuchung. HMD – Praxis der Wirtschaftsinformatik, 3/2017, 324-337

Wanner, R.: Projektcontrolling: Projekte erfolgreich planen, überwachen und steuern. Create Space Independent Publishing Platform, 2013

Normen und Richtlinien

DIN 69901-2:2009-01: Projektmanagement - Projektmanagementsysteme - Teil 2: Prozesse, Prozessmodell

DIN 69901-5:2009-01: Projektmanagement - Projektmanagementsysteme - Teil 5: Begriffe

Werkzeuge

https://apexone.de/
https://www.ibo.de/projektmanagement/projektmanagement-software.html
https://www.planta.de/produkte/planta-project/

Interessante Links

https://www.icv-controlling.com/
https://www.projektmagazin.de/glossarterm/projektcontrollinghttp://www.refa.de/lexikon/projektcontrolling

PREVI - Projektrevision

Lernziele

Sie kennen die Aufgabe der Projektrevision und können sie von der Aufgabe des Projektcontrollings unterscheiden. Sie kennen die verschiedenen Vorgehensweisen der Projektrevision. Sie kennen Grundsätze, deren Einhaltung durch die Projektrevision überprüft wird. Sie erkennen die Bedeutung von Checklisten als Methode der Projektrevision. Sie können begründen, unter welchen Voraussetzungen eine projektbegleitende Revision zweckmäßig und möglich ist.

Definitionen und Abkürzungen

Checkliste (checklist) = eine Methode zur Überprüfung von Systemeigenschaften mit dem Zweck, Systemmängel aufzudecken. Synonym: Prüfliste.

Dokumentenanalyse (document analysis) = die systematische Auswertung von Dokumenten zur Gewinnung von Aussagen über den Istzustand eines Objekts.

Ereignis (event) = ein Geschehnis, das den normalen Ablauf als etwas Bemerkenswertes unterbricht; das Eintreten eines bestimmten Zustands.

Grundsatz (principle) = eine Regel oder Richtlinie für das Handeln oder Verhalten. Synonym: Prinzip.

Projektdokumentation (projekt documentation) = die systematische Ordnung der Dokumente, mit denen die gesamte Projektarbeit, vom Projektauftrag bis zur Abnahme des Projektergebnisses, nachgewiesen wird.

Projekterfolg (project success) = das positive Ergebnis der Beurteilung des erreichten Projektergebnisses im Vergleich zum geplanten Projektergebnis.

Projekthandbuch (project manual) = ein Dokument, das die unternehmensweit einheitlichen, für sämtliche Projekte gleichen Typs (z.B. für alle Informatik-Projekte) geltenden Vorgaben für die Projektarbeit verbindlich festlegt.

Prüfer (auditor) = der Aufgabenträger für die Durchführung einer Revision.

Prüfkriterium (audit criterion) = eine Eigenschaft des Prüfobjekts, die für das Prüfungsergebnis von Bedeutung ist und auf die sich die Prüfung daher konzentriert (z.B. Ordnungsmäßigkeit, Wirtschaftlichkeit).

Prüfung (auditing) = die auf die Vergangenheit gerichtete Untersuchung von Vorgängen und Ereignissen durch prozessunabhängige Personen.

Prüfungsmethode (audit procedure) = jede systematische Vorgehensweise bei der Durchführung einer Prüfung (z.B. anhand einer Checkliste).

Regel (rule) = eine Aussage, die eine bestimmte Handlung oder ein bestimmtes Verfahren vorschreibt und die/das in Form von Richtlinien oder Anweisungen vorgegeben ist bzw. als Stand der Kenntnis als vorgegeben gelten kann.

Schwarzer Kasten (black box) = ein Prinzip, bei dem bei der Untersuchung eines Systems von den Vorgängen innerhalb des Systems abstrahiert wird; es werden die Vorgänge zwischen dem System und seiner Umwelt untersucht.

Projektmisserfolg (project failure) = das negative Ergebnis der Beurteilung des erreichten Projektergebnisses im Vergleich zum geplanten Projektergebnis.

Zweck der Projektrevision

Zweck der Projektrevision ist es, Projekte daraufhin zu prüfen, ob definierte unternehmensexterne und unternehmensinterne Handlungen und Verfahren (also Regeln) des Projektmanagements bei der Projektarbeit eingehalten worden sind. Bei Informatik-Projekten, deren Gegenstand Anwendungen des Finanz- und Rechnungswesens sind, kann sich die Notwendigkeit der Projektrevision auch aus der handelsrechtlichen Prüfungspflicht, den steuerrechtlichen Bestimmungen (z.B. Abgabenordnung) sowie den Gutachten und Stellungnahmen von Kammern und Vereinigungen ergeben. Die Aussagen der Projektrevision bestehen also im Wesentlichen in einem Vergleich von realisierten Regeln mit den vorgegebenen Regeln (vgl. z.B. *Chambers/Court*). Das Deutsche Institut für Innere Revision e.V. (*DIIR*) definiert Projektrevision wie folgt: „eine Revision, die die Prüfung von Projekten im Hinblick auf das Projektmanagement, den Business Case oder die fachlichen Anforderungen und ihre Umsetzung zum Gegenstand hat."

Die Projektrevision ist durch folgende Merkmale gekennzeichnet:

- Prüfungsobjekte sind wiederkehrende oder einmalige Vorhaben, die in Form von Projekten realisiert werden.
- Geprüft werden Vorgänge, also Arbeitsabläufe und Prozesse (z.B. die Projektabwicklung insgesamt oder einzelne Projektabschnitte), und Ereignisse (z.B. das Auslösen von Beschaffungsmaßnahmen für IT-Mittel).
- Die Prüfung erfolgt durch natürliche Personen, die an den Vorgängen und Ereignissen nicht beteiligt waren bzw. sind (Prüfer), also ausdrücklich keine Projektmitarbeiter sind.
- Die Prüfung erfolgt methodengeleitet (meist durch Checklisten), wenn möglich auch werkzeugunterstützt.
- Die Prüfung ist auf die Vergangenheit gerichtet, also rückschauend; es werden realisierte Handlungen und Verfahren, also Ergebnisse der Projektarbeit untersucht (Ex-post-Betrachtung). Die geprüften Projekte sind also abgeschlossen bzw., wenn sie nicht beendet wurden, unterbrochen oder abgebrochen.
- Die Prüfung wird in mehr oder weniger regelmäßigen Abständen nach einem Revisionsplan durchgeführt (vgl. jedoch den Abschnitt Projektbegleitende Revision).

Im Unterschied zur Projektrevision bewirkt das Projektcontrolling (vgl. Lerneinheit PCONT) eine zielorientierte Verhaltenssteuerung aller Managementhandlungen in Projekten. Projektcontrolling erstreckt sich also auch auf Prozesse und Ereignisse, die nicht mit Hilfe von Regeln beurteilt werden können. Projektrevisionen werden unerwartet und sporadisch durchgeführt, Projektcontrolling ist in laufende Managementhandlungen eingebunden. Daraus folgt die Forderung nach organisatorischer Unabhängigkeit der Projektrevision vom Projektmanagement, während sich das Projektcontrolling an den Managementhandlungen beteiligen soll. Überschneidungen bestehen, wenn die Projektrevision in laufende Prozesse eingeschaltet ist (z.B. wenn sie projektbegleitend tätig wird).

Im Zusammenhang mit der Projektrevision werden weitere Begriffe verwendet, unter anderem Projektaudit, Projektanalyse, Projektprüfung und Projekt-Review. Auf dem Online-Portal von *Projekt Magazin* findet man eine Reflexion zu diesen Begrifflichkeiten, die im Folgenden auf der Basis des Originaltextes zusammengefasst wird:

- Projektaudit: die von einem unabhängigen Auditor systematisch durchgeführte Projektanalyse (nach der nicht mehr gültigen DIN 69905:1997);
- Projektanalyse: eine auf einen Stichtag bezogene Untersuchung des Projekts, deren Gegenstand, Inhalt und Ziele vorweg festgelegt werden; der Projektablauf, Struktur, die Risiken, der Nutzwert und die Kosten werden als Analysebereiche genannt (nach der nicht mehr gültigen DIN 69905:1997);
- Projektprüfung: Prüfung der Ordnungsmäßigkeit der Projektabwicklung und Beurteilung der Erfolgsaussichten des Projektes aufgrund der bis zu einem Stichtag durchgeführten Maßnahmen und aufgewandten Mittel durch Personen, die in der Regel nicht in das Projekt integriert sind (nach der nicht mehr gültigen DIN 69905:1997);
- Projekt-Review: im Werk „Kompetenzbasiertes Projektmanagement (PM3)" der Gesellschaft für Projektmanagement (vgl. Lerneinheit RAHPM) wird dieser Begriff im Sinne einer umfassenden Bestimmung des Projektstatus verwendet, beispielsweise um auf strategischer Ebene zu entscheiden, ob ein Projekt fortgeführt werden soll.

Ordnungsmäßigkeit

Im Mittelpunkt der Projektrevision steht die Überprüfung der Ordnungsmäßigkeit der Projektarbeit. Dabei wird geprüft, ob die Projekte den Regeln des Projektmanagements entsprechend geplant, überwacht, gesteuert und abgewickelt wurden (bzw. bei projektbegleitender Revision abgewickelt werden). Regeln des Projektmanagements sind in Form von Richtlinien oder Anweisungen unternehmensintern vereinbarte (z.B. in Form eines Vorgehensmodells) und/oder allgemein anerkannte Handlungen und Verfahren (nach Stand der Kenntnis oder Stand der Technik) bei der Bearbeitung von Vorhaben in Form von Projekten.

Was ein Prüfer von der Projektleitung und den Projektmitarbeitern mindestens erwarten kann, ist die Einhaltung der in der einschlägigen Fachliteratur empfohlenen und als anerkannt geltenden Regeln des Projektmanagements. Darüber hinausgehende, präzisere und speziellere (z.B. für Softwareentwicklungsprojekte geltende) Regeln sind in dokumentierter Form (z.B. als Projekthandbuch) empfehlenswert, weil sie nicht nur die Projektarbeit, sondern auch ihre Prüfung durch nicht an der Projektarbeit Beteiligte verbessern helfen (vgl. Lerneinheit PROHB).

Wirtschaftlichkeit

Prüfkriterium ist auch die Wirtschaftlichkeit bei der Befolgung der Regeln, also nicht nur ihre Befolgung an sich. Sie begrenzt einerseits die Anforderungen an die Regelbefolgung auf ein sinnvolles Ausmaß, andererseits ermöglicht sie den Prüfern Hinweise auf eine wirtschaftliche Art der Projektabwicklung, wenn Alternativen der Projektabwicklung erkannt werden. Letzteres ist nur möglich, wenn die Prüfer nicht nur über umfassende Kenntnisse zum Projektmanagement, sondern auch zum konkreten Projektgegenstand und der Art seiner Bearbeitung verfügen (was erfahrungsgemäß häufig nicht der Fall ist). Wie viele Prüfer haben z.B. ein ausgeprägtes Wissen in der Softwareentwicklung oder zu ERP-Systemen? Anekdotischer Evidenz zufolge eben nicht sehr viele, wissenschaftliche Befunde zu dieser Fragestellung sind jedoch dem Verfasser des vorliegenden Buchs nicht bekannt.

Eine Prüfung muss durch einen sachkundigen Prüfer in angemessener Zeit erfolgen können. Voraussetzung dafür ist insbesondere eine aktuelle und transparente Dokumentation.

Vorgehensweise der Projektrevision

Die Vorgehensweise der Projektrevision kann aus strukturorganisatorischer Sicht, aus der Sicht der Prüfungsobjekte, aus der Sicht der Methodik und aus der Sicht des Nachweises der korrekten Projektabwicklung betrachtet werden. Jeder dieser Ansätze kann zu aussagefähigen Informationen führen. Die Festlegung auf eine bestimmte Vorgehensweise bedeutet, den Handlungsspielraum des Prüfers unnötig einzuengen.

- Aus strukturorganisatorischer Sicht wird zwischen interner Revision und externer Revision unterschieden. Während die interne Revision eine der Unternehmensleitung unterstellte Struktureinheit ist und die Prüfer Mitarbeiter des Unternehmens sind, wird die externe Revision von Prüfern durchgeführt, die im Auftrag anderer Organisationen (z.B. von Wirtschaftsprüfungsgesellschaften und Rechnungshöfen) handeln. Üblicherweise werden Projektrevisionen von internen Prüfern durchgeführt.
- Aus der Sicht der Prüfungsobjekte wird zwischen verschiedenen Projektgegenständen (z.B. Softwareentwicklungsprojekte, Beschaffungsprojekte, Migrationsprojekte, ERP-Einführungsprojekte) und verschiedenen Formalzielen (wie Wirksamkeit, Wirtschaftlichkeit, Produktivität und Sicherheit), mit denen die Qualität der Projektarbeit beurteilt wird, unterschieden.
- Aus der Sicht der Methodik wird zwischen „Prüfung um das Projekt herum" (das Projekt wird als „Black Box" betrachtet, nur die Projektziele und die Projektergebnisse sowie die Auswirkungen der Projektergebnisse werden geprüft) und „Prüfung durch das Projekt hindurch" (Prüfung der Projektabwicklung einschließlich der Planung, Überwachung und Steuerung) unterschieden. Statt des gesamten Projekts können auch einzelne Projektphasen oder Projektabschnitte „Black Box" sein.
- Aus der Sicht des Nachweises der korrekten Projektabwicklung wird zwischen Einzelfallprüfung und Systemprüfung unterschieden. Die Einzelfallprüfung beschränkt sich auf den Nachweis der korrekten Abwicklung einzelner Projektaufgaben, während die Systemprüfung eine Verfahrensprüfung ist, bei der die Korrektheit der Abwicklung des gesamten Projekts überprüft wird.

Grundsätze des Projektmanagements

Als Grundsätze des Projektmanagements werden solche Regeln oder Richtlinien angesehen, die von allgemeiner, eben grundsätzlicher Bedeutung für das Handeln oder Verhalten der Projektleitung und der Projektmitarbeiter bei der Projektarbeit sind und die auch prüfbar sind. Sie müssen nicht ausdrücklich formuliert und der Projektarbeit vorgegeben sein, sondern sind gewissermaßen selbstverständlich und daher auf jeden Fall zu befolgen.

Der Grundsatz der Transparenz besagt, dass die Projektabwicklung durchschaubar sein muss. Jeder sachverständige Dritte muss ohne spezifische Kenntnisse über den Projektgegenstand und ohne fremde Hilfe in der Lage sein, in angemessener Zeit folgendes zu erreichen:

- sich einen Überblick über das Projekt verschaffen können;
- die Projektabwicklung von der Auftragserteilung bis zum Zeitpunkt der Prüfung verfolgen können;
- die im Projektverlauf getroffenen Entscheidungen nachvollziehen können;
- die Ergebnisse und Zwischenergebnisse des Projekts beurteilen können.

Aus diesem Grundsatz werden die Grundsätze der Dokumentation abgeleitet. Projektrevision erfordert eine aussagefähige Dokumentation der Projektabwicklung (vgl. Lerneinheit DOKUM), mit der nicht nur Ergebnisse und Zwischenergebnisse nachgewiesen werden, sondern auch der Projektverlauf selbst nachgewiesen wird (z.B. anhand eines Projekttagebuchs der Projektleitung). Ein zentrales Problem der Projektrevision besteht darin, dass sich ihre Aufgabenträger in eine von anderen Personen geschaffene, über Jahre gewachsene Projektorganisation und eine über die Projektlaufzeit gewachsene Projektplanung in kurzer Zeit (meist in nur wenigen Tagen) einarbeiten, sie durchschauen und dann prüfen müssen. Für die Bewältigung dieser Aufgabe sind sie auf eindeutige und möglichst lückenlose schriftliche Unterlagen angewiesen.

Anforderungen an die Projektdokumentation sind Übersichtlichkeit, Durchsichtigkeit, Zeitgerechtigkeit und Vollständigkeit.

- Der Grundsatz der Übersichtlichkeit besagt, dass die vielen Dokumente in einer Leitdokumentation systematisch geordnet sein sollen. Das bedeutet, dass Dokumente gleichen oder ähnlichen Inhalts nur auf einer Hierarchiestufe eingeordnet werden sollen. Querverweise sollen den Zusammenhang zwischen den Dokumenten aufzeigen.
- Der Grundsatz der Durchsichtigkeit spricht den Inhalt und die Gestaltung der Dokumente an. Der Inhalt soll systematisch gegliedert sein und die Form der Beschreibung (z.B. verbal und/oder anhand von Prozessdarstellungen, vgl. Lerneinheit PROMO) soll dem Inhalt in der Weise entsprechen, dass er von einem sachverständigen Dritten einfach erfasst werden kann.
- Der Grundsatz der Zeitgerechtigkeit besagt, dass Änderungen an bereits dokumentierten Ergebnissen unverzüglich dokumentiert werden müssen und dass sie nur aufgrund eines formellen Freigabeverfahrens erfolgen dürfen.

- Der Grundsatz der Vollständigkeit besagt, dass alle für die Beurteilung eines Projekts maßgeblichen Tatbestände Gegenstand der Dokumentation sein müssen.

Prüfungsmethoden

Weite Verbreitung als Prüfungsmethode der Projektrevision haben Checklisten (vgl. Lerneinheit CHECK). Mit Hilfe gut aufgebauter Checklisten können große Prüfungsbereiche relativ schnell und systematisch untersucht werden (Checklistenverfahren). Sie führen mit Fragen an verschiedenen Stellen in den Prüfungsbereich hinein und liefern durch die Antworten auch Ansatzpunkte zu tiefer gehenden Folgefragen. Im Ergebnis liefern sie aber nur eine Menge von Einzelaussagen, die vom Prüfer zu einem Gesamtbild aggregiert werden müssen.

Bei der Beurteilung von Checklisten als Prüfungsmethode darf nicht übersehen werden, dass sie das Messproblem als solches nicht lösen können. Das heißt folgendes: Mit Hilfe von Prüffragen werden nur die aus den Grundsätzen oder Regeln abgeleiteten Sollzustände der Projektabwicklung formuliert; wie der Prüfer zu Antworten über die Istzustände gelangt, wird aber nicht angegeben. Daher müssen nicht nur die für die Erhebung von Istzuständen bekannten Methoden (wie beispielsweise die verschiedenen Formen der Befragung, der Beobachtung und der Dokumentenanalyse) verwendet, sondern auch spezifische Methoden entwickelt werden (z.B. technische Analysen). Der Aufgabe der Projektrevision entsprechend stehen Methoden der Dokumentenanalyse (insbesondere die Analyse der Projektdokumentation) im Vordergrund des Interesses. Es ist dem Grundsatz zu folgen, wo immer möglich direkt am Prüfungsobjekt zu messen und sich so viel wie möglich auf direktes Messen zu stützen. Das heißt vor allem, sich so wenig wie möglich auf die Befragung (z.B. der Projektleitung) zu verlassen.

Projektbegleitende Revision

Eine projektbegleitende Revision mit gleichzeitiger Beratung kann helfen, Regelverstöße (z.B. Nichtbeachtung von Vorgaben des Vorgehensmodells) und Fehlentwicklungen (z.B. aufgrund nicht erfolgter Wirtschaftlichkeitsanalysen) frühzeitig zu erkennen, Fehlinvestitionen (z.B. in unzweckmäßige Werkzeuge) zu vermeiden und die Prüfbarkeit der Projektergebnisse (insbesondere durch Beachtung der Grundsätze der Projektdokumentation) zu verbessern. Sie darf nicht als Hilfsmittel des Projektmanagements missbraucht, also zur Durchführung von Projektaufgaben herangezogen werden, weil sie dann ihre Unabhängigkeit und Kontrollwirksamkeit verliert. Allerdings hat die projektbegleitende Revision die Aufgabe, aus ihrer Sicht Projektanforderungen zu definieren und deren Einhaltung zu überprüfen. Typische Prüfkriterien der projektbegleitenden Revision sind Funktionsfähigkeit (im Sinn organisatorischer Zweckmäßigkeit), Ordnungsmäßigkeit, Sicherheit und Wirtschaftlichkeit. Folgende Voraussetzungen müssen vorliegen, damit eine projektbegleitende Revision möglich und sinnvoll ist:

- Die Revisionsabteilung muss über die erforderliche Anzahl an Mitarbeitern, die von der Anzahl offener Projekte und vom Projektumfang abhängt, mit der entsprechenden Qualifikation verfügen.
- Der Informationsfluss zwischen den Projektmitarbeitern und den Mitarbeitern der Revision muss gesichert sein (insbesondere durch eine gut funktionierende Projektberichterstattung).
- Die Projektdokumentation muss spätestens nach Abschluss jeder Projektphase zur Verfügung stehen, und zwar möglichst computergestützt (vgl. Lerneinheit PMSOF), jedenfalls nicht in Form handschriftlich ausgefüllter Formulare.

Werden mehrere Projekte parallel abgewickelt und verfügt die Revision nicht über eine ausreichende Anzahl qualifizierter Mitarbeiter, um alle Projekte verfolgen zu können, muss eine zweckmäßige Projektauswahl erfolgen. Die Projektauswahl kann durch Beantwortung folgender Fragen, bei deren Bejahung eine projektbegleitende Revision erfolgen sollte, unterstützt werden:

- Rechtfertigen der Projektumfang und die geplanten Projektkosten die projektbegleitende Prüfung?
- Rechtfertigt der erwartete Projektnutzen den Zeitaufwand und die Kosten für die projektbegleitende Prüfung?
- Sind personenbezogene Daten oder andere sensible Daten, bei denen strenge Sicherheitsziele gegeben sind, Gegenstand des Projekts?
- Ist eine nachträgliche Prüfung aus Zeit- und Kostengründen mit besonderen Schwierigkeiten verbunden?

Grundsätzlich können *mehrere* Projekte von *einem* Prüfer bearbeitet werden, da seine Mitwirkung im Projekt nicht permanent erforderlich ist. Im Wesentlichen kann sich die Prüfung auf die Einhaltung der Dokumentationsrichtlinien konzentrieren. Die Prüfung kann (als Mindestforderung) an den Meilensteinen des Projekts ansetzen (vgl. Lerneinheit PROPL). Dies bedeutet im Grenzfall, dass nur der Projekterfolg anhand der Projektziele und der Projektergebnisse am Ende der Installierungsphase geprüft wird.

Eine Wiederholung der Prüfung (z.B. zwei bis sechs Monate nach Übergabe der Projektergebnisse an den Anwender) ist zweckmäßig, weil dann Nutzungserfahrungen vorliegen, die insbesondere zur Beurteilung der Wirtschaftlichkeit und zum Aufzeigen von Verbesserungsmöglichkeiten für zukünftige Informatik-Projekte erforderlich sind. Wenn möglich, sollten auch die Ursachen für Abweichungen zwischen den Projektzielen und den Projektergebnissen erkundet werden; Berichtsinstanz für die Prüfungsergebnisse ist in der Regel der Lenkungsausschuss.

Initiierung von Revisionsaufträgen

Handlungen der Projektrevision „unerwartet und sporadisch" durchzuführen heißt nicht, sie planlos durchzuführen. Gefordert wird ein in regelmäßigen zeitlichen Abständen (z.B. jährlich) erstellter Revisionsplan, der von der Revision als Instanz erarbeitet und dem Top-Management zur Genehmigung vorgelegt wird. Damit erfolgt die Erteilung von Revisionsaufträgen. Der Revisionsbedarf wird aus Sicht der

Revision festgelegt, nicht aus Sicht der Prüfungsobjekte (Revisionswünsche) bzw. der für sie Verantwortlichen (z.B. Projektleitung). Mit Follow-ups soll festgestellt werden, ob Veränderungen an den Prüfungsobjekten entsprechend den von der Revision festgestellten Mängeln erfolgt sind, was insbesondere bei Projekten mit längerer Projektlaufzeit und bei Projekten von strategischer Bedeutung empfehlenswert ist. Der zeitliche Abstand der Follow-ups von der Prüfung muss in Übereinstimmung mit der Art der festgestellten Mängel und der Projektlaufzeit festgelegt werden.

Benutzerbefragung

Ein Instrument der Projektrevision ist es, die Benutzer neu geschaffener oder wesentlich veränderter Informationssysteme mit dem Ziel zu befragen, Informationen für die Verbesserung zukünftiger Informatik-Projekte zu gewinnen. Typische Themen der Benutzerbefragung sind:

- Hat das Projekt die fachlichen Anforderungen erfüllt?
- Hat das Projekt die Nutzenerwartungen erfüllt?
- Wurden die Benutzer in die Projektabwicklung ausreichend einbezogen?
- Wurden die Benutzer über den Projektfortschritt angemessen informiert?
- Wurden Änderungen der Anforderungen mit den Benutzern abgesprochen?
- War das Projektteam ausreichend qualifiziert?
- Wurde das Projektteam zielstrebig geführt?
- Was sollte bei zukünftigen Projekten anders gemacht werden?

Forschungsbefunde

Yeo berichtet über die Ergebnisse einer empirischen Untersuchung (schriftliche Befragung, Untersuchungszeitraum 11/2000, N=92), deren Zweck die Identifikation von Misserfolgsfaktoren war, die aufgrund der Erfahrung der Befragten den stärksten Einfluss auf den Misserfolg von wichtigen Informatik-Projekten hatten (key influencing factors for project failures). Die jeweils drei wichtigsten der zu drei Einflussbereichen geordneten Misserfolgsfaktoren sind:

- Process-driven issues: underestimate of timeline; weak definitions of requirements and scope; inadequate project risk analysis.
- Context-driven issues: lack user involvement and inputs from the onset; top-down management style; poor internal communication.
- Content-driven issues: consultant/vendor underestimated the project scope and complexity; incomplete specifications when project started; inappropriate choice of software.

Cao/Hoffman kritisieren, dass viele Unternehmen Projekterfolg am Einhalten von Termin- und Kostenplänen festmachen. Vor diesem Hintergrund haben die Autoren einen Ansatz entwickelt und im Rahmen einer Fallstudie erprobt – sie schreiben (155): „In order to examine how the evaluation of project performance can be improved, a two-step approach is documented that was used to design a new project performance evaluation system at Honeywell Federal Manufacturing & Technologies (FM&T) that would enable managers to audit a project and determine where improvements could be made."

Reichelt/Wang stellen auf der Basis umfangreicher Datenanalysen fest, dass spezialisierte Prüfer im Vergleich zu weniger spezialisierten Prüfern eine höhere Revisionsqualität liefern – sie fassen die Ergebnisse ihrer Studie mit folgendem Befund zusammen (647): „Together these results provide consistent evidence that audit quality is higher when the auditor is both a national and city-specific industry specialist, suggesting that auditors' national positive network synergies and the individual auditors' deep industry knowledge at the office level are jointly important factors in delivering higher audit quality." Eine mögliche Implikation dieses Befunds für die Revision in Informatik-Projekten ist, dass eine ausgeprägte Expertise der mit der Prüfung beauftragten Personen – hinsichtlich dem Projektgegenstand, aber auch in Bezug auf die Organisation selbst – kritisch ist, damit die Ergebnisse der Revision qualitativ hochwertig sind (z.B. bedeutsame Missstände werden aufgedeckt und es werden zweckmäßige Verbesserungsvorschläge gemacht).

Sarens/Nuijten untersuchten die Auswirkungen eines „deaf ear" („das Ignorieren von Informationen") im Kontext von Informatik-Projekten. Konkret wurde analysiert, wie Manager auf Warnhinweise von internen Auditoren reagieren, die aussagen, dass die Fortsetzung eines Projekts nicht länger tragfähig ist. Die Befunde der Studie wurden auf der Basis von elf Fallstudien („multi-case design") in den Niederlanden erarbeitet, wobei in jeder Organisation ein Interview mit einem internen Auditor durchgeführt wurde; alle Interviews wurden inhaltsanalytisch mit der Software NVivo ausgewertet. Die Ergebnisse der Studie beziehen sich auf zwei Bereiche: erstens Symptome eines „deaf ear" (z.B. einen Bericht über schlechte Nachrichten zum Projektstatus überstimmen und eine fehlgeschlagene Vorgehensweise fortsetzen) und zweitens Szenarien, wie sich die Beziehung zwischen einem internen Auditor und Manager in „deaf ear"-Situationen entwickelt. Zusammenfassend schreiben *Sarens/Nuijten* (2): „Our study illustrates the importance that internal auditors have clear and outspoken expectations about their relationship to management. Several studies show that internal auditors and management still struggle to build effective relationships. Our application of the deaf effect concept provides insights into these relational problems and thus could help internal auditors improve their effectiveness."

Kontrollfragen
1. Welche Aufgabe hat die Projektrevision?
2. Durch welche Merkmale ist die Projektrevision gekennzeichnet?
3. Welche Vorgehensweisen werden bei der Projektrevision angewendet?
4. Wodurch unterscheiden sich Projektrevision und Projektcontrolling?
5. Welchen Stellenwert hat die Benutzerbefragung als Instrument der Projektrevision und was sind typische Themen?

Quellenliteratur
Cao, Q./Hoffman, J. J.: A case study approach for developing a project performance evaluation system. International Journal of Project Management, 2/2011, 155-164

Chambers, A. D./Court, J. M.: Computer auditing. 3rd ed., Pearson, 1991

Deutsches Institut für Interne Revision e.V. (DIIR) (Hrsg.): DIIR Prüfungsstandard Nr. 4: Standard zur Prüfung von Projekten. Definitionen und Grundsätze. Zeitschrift Interne Revision 2008, 154-159

Reichelt, K. J./Wang, D.: National and office-specific measures of auditor industry expertise and effects on audit quality. Journal of Accounting Research, 3/2010, 647-686

Sarens, G./Nuijten, A.: What happens when internal auditors experience that managers turn a deaf ear in information systems projects? Louvain School of Management Research Institute Working Paper Series, 2016, 1-30

Yeo, K. T.: Critical failure factors in information system projects. International Journal of Project Management, 3/2002, 241-246

Vertiefungsliteratur

Bünies, M./Gossens, T.: Das 1x1 der Internen Revision: Bausteine eines erfolgreichen Revisionsprozesses, 2. A., Schmidt, 2018

Davis, C./Schiller, M./Wheeler, K.: IT auditing using controls to protect information assets, 2nd ed., McGraw-Hill, 2011

Eulerich, M.: Die Interne Revision: Theorie – Organisation – Best Practice. Schmidt, 2018

Gantz, S. D.: The basics of IT audit: Purposes, processes, and practical information. Syngress, 2013

Nuijten, A./Keil, M./Commandeur, H.: Collaborative partner or opponent: How the messenger influences the deaf effect in IT projects. European Journal of Information Systems, 6/2016, 534-552

Puhani, S.: Erfolgreiche Prüfungsprozesse in der Internen Revision: Konzepte – Kommunikation – Konfliktmanagement. Schmidt, 2014

Normen und Richtlinien

DIN 69901-1:2009-01: Projektmanagement - Projektmanagementsysteme - Teil 1: Grundlagen

DIN 69901-5:2009-01: Projektmanagement - Projektmanagementsysteme - Teil 5: Begriffe

Werkzeuge

http://www.audimex.com/
https://www.iit-gmbh.de/produkte/redis-die-revisionssoftware/rediswin.html
https://www.novacapta.de/Loesungen/novaAudit
https://www.softguide.de/

Interessante Links

http://www.agitano.com/projekt-revision-zur-loesung-von-krisenprojekten
http://www.diir.de/arbeitskreise/projektrevision/
https://www.internerevisiondigital.de/ce/diir-revisionsstandard-nr-4-standard-zur-pruefung-von-projekten/detail.html
https://www.projektmagazin.de/glossarterm/projektaudit

CHECK - Checklisten

Lernziele

Sie kennen den Zweck von Checklisten bei der Projektdiagnose. Sie wissen, wie eine Checkliste aufgebaut ist, welcher Nutzen mit der Anwendung einer Checkliste einhergeht und was eine Checkliste nicht leisten kann. Sie erkennen die Notwendigkeit der Eigenentwicklung und die Möglichkeit des Fremdbezugs von Checklisten und deren Anpassung an das Untersuchungsobjekt. Sie kennen die Struktur von Beispiel-Checklisten.

Definitionen und Abkürzungen

Abweichung (deviation) = der Unterschied zwischen dem Wert eines Attributs im Istzustand und dem Wert desselben Attributs im Sollzustand.

Checkliste (checklist) = Hilfsmittel zum Überprüfen von Systemeigenschaften mit dem Zweck, Systemmängel aufzudecken. Synonym: Prüfliste.

Diagnose (diagnosis) = das Erkennen, Feststellen, Bezeichnen und Beurteilen von Abweichungen.

Istzustand (current state) = die Gesamtheit der technischen, organisatorischen und sozialen Bedingungen und Regelungen eines bestehenden Systems.

Messvorschrift (measuring procedure) = ein festgelegtes Verfahren oder eine Regel zum Zuordnen von Zahlen zu Objekten oder Ereignissen.

Projektrisiko (project risk) = die Wahrscheinlichkeit des Eintretens unerwünschter Ereignisse während der Projektlaufzeit und der mit dem Ereigniseintritt jeweils verbundene Schaden, also Eintrittswahrscheinlichkeit mal Schadenshöhe.

Prüfen (checking) = das Beurteilen und Vergleichen von Attributwerten des Istzustands mit Attributwerten einer Sollvorstellung.

Prüffrage (check question) = eine in Frageform formulierte Ausprägung einer Eigenschaft als Ausdruck für eine Stärke oder Schwäche.

Schwäche (weakness) = die Tatsache, dass ein System oder Systemteil bezüglich einer bestimmten Eigenschaft von einem definierten Standard (Sollzustand) im negativen Sinn abweicht. Synonym: Schwachstelle.

Schwächesymptom (weakness symptom) = ein Symptom, das auf eine Schwäche des Istzustands hinweist.

Sollzustand (target state) = die Gesamtheit der technischen, organisatorischen und sozialen Bedingungen und Regelungen eines gewollten Systems.

Stärke (strength) = die Tatsache, dass ein System oder Systemteil bezüglich einer bestimmten Eigenschaft einem definierten Standard (Sollzustand) entspricht bzw. von ihm im positiven Sinn abweicht.

Stärkesymptom (strength symptom) = ein Symptom, das auf eine Stärke des Istzustands hinweist.

Symptom (symptom) = ein wahrnehmbares, objektiv feststellbares Zeichen der Abweichung eines Systems von einem Sollzustand.

Tabelle (table) = die Darstellung von Daten in Form von Zeilen und Spalten.

Zweck von Checklisten

Primärer Zweck von Checklisten (auch als Prüflisten bezeichnet) ist die methodische Unterstützung der Diagnose eines Untersuchungsobjekts, hier eines Informatik-Projekts. Checklisten sind daher eine Methode der Projektdiagnose, wegen fehlender Alternativen sogar die vorherrschende Methode der Projektdiagnose. Sie helfen beim Erkennen, Feststellen und Bezeichnen von Abweichungen des tatsächlichen Projektzustands von dem Projektzustand, der zur Erreichung der Projektziele erforderlich ist bzw. aufgrund geltender Regeln für erforderlich gehalten wird (Sollzustand). Die Abweichungen können Stärken oder Schwächen sein; im Allgemeinen dienen Checklisten dem Erkennen von Schwächen oder Schwachstellen, nicht von Stärken (vgl. *Henkel/Schwetz*).

Schwächen zeigen Symptome (Schwächesymptome) an, sagen aber nichts über ihre Ursachen aus; sie können bestenfalls Hinweise auf Ursachen geben. Auch muss bedacht werden, dass die in Checklisten dokumentierten Vorstellungen über den Sollzustand im Einzelfall nicht zutreffend sein müssen. Checklisten können veraltet sein. Dies ist beispielsweise dann der Fall, wenn die Entwicklung von Technologien nicht rechtzeitig und ausreichend in ihnen berücksichtigt wird. Checklisten können auch zu allgemein sein. Dies ist beispielsweise dann der Fall, wenn nicht berücksichtigt wird, ob es sich beim Untersuchungsobjekt um ein Projekt mit einer innovativen Projektaufgabe (z.B. ein Digitalisierungsprojekt auf Blockchain-Basis, vgl. dazu z.B. ein Schwerpunktheft der Fachzeitschrift *Business & Information Systems Engineering*, Vol. 59/6, 2017) oder um eine bekannte, schon mehrfach erfolgreich bearbeitete Projektaufgabe (z.B. ein Software-Beschaffungsprojekt) handelt.

Im Sinn der Projektplanung (vgl. Lerneinheit PROPL) meint Checkliste die Aufzählung der Tätigkeiten, die bei der Abwicklung eines Informatik-Projekts üblicherweise zu erledigen sind. Durch Verwendung einer Checkliste soll sichergestellt werden, dass bei der Aufgabenplanung keine Tätigkeit, die für die Projektabwicklung wesentlich ist, unbeachtet bleibt (Muss-Charakter der Tätigkeit). Checklisten können Standard-Charakter haben, das heißt, sie können für die Planung, Überwachung und Steuerung von *Routinevorhaben* verwendet werden (z.B. Checklisten für den Integrationstest bzw. für die Installierung), oder sie können *ad hoc* für ein einmaliges Vorhaben entwickelt werden. Im zweiten Fall werden sie bei der Projektplanung erarbeitet und dienen der Projektleitung als Instrument der Projektüberwachung und -steuerung.

Projekteigenschaften

Checklisten enthalten Aussagen über die gewünschte Ausprägung von Eigenschaften des Untersuchungsobjekts (also über den Sollzustand) in Form von Fragen, die als Prüffragen bezeichnet werden. Im Fall der Projektdiagnose sind diese Eigenschaften *nicht* mit den Phänomenen identisch, die mit den Zielinhalten der Projektziele abgebildet sind. Deren Zustand (Istzustand) zu erfassen und dem geplanten Zustand (Sollzustand) gegenüberzustellen, ist Aufgabe des Projektcontrollings (vgl. Lerneinheit PCONT). Checklisten sind daher primär für den Teil der Projektdiagnose geeignet, der als Projektrevision bezeichnet wird. Aussagen über den Sollzustand von Eigenschaften, die nicht Gegenstand der Projektplanung sind, werden aus der Erfahrung der Personen gewonnen, welche die Checkliste konstruieren. Auch eine theoriegeleitete Formulierung ist denkbar, wegen oftmals nicht vorhandener oder unzureichender theoretischer Grundlagen aber nur selten möglich.

Bei der Anwendung von Checklisten für die Projektdiagnose werden die für den Projekterfolg wesentlichen Projekteigenschaften mit den Prüffragen „durchgeprüft". Trifft eine Prüffrage zu bzw. nicht zu (je nach Formulierung), wird angenommen, dass das in der Prüffrage enthaltene Symptom identifiziert ist. Dies zeigt, dass es möglich ist, Prüffragen aus der Kenntnis typischer (im Sinn von erfahrungsgemäß häufig vorkommender) Schwachstellen zu formulieren. Checklisten haben gegenüber einer intuitiven Prüfungsweise folgende Vorteile:

- Sie befreien den Prüfer weitgehend davon, bei jeder Prüfung erneut überlegen zu müssen, welche Eigenschaften des Untersuchungsobjekts für die Diagnose von Bedeutung sind.
- Sie ermöglichen es dem Prüfer, Beobachtungen schnell und systematisch einzuordnen.
- Bearbeitete Checklisten sind ein aussagefähiger Nachweis über die vorgenommenen Prüfungshandlungen; Prüfungslücken werden erkennbar.

Checklisten bieten keine Gewähr für eine vollständige Prüfung; keine Checkliste kann, sofern das Prüfungsobjekt einen gewissen Umfang hat, erschöpfend sein. Von vorhandenen Checklisten ausgehend obliegt es dem Prüfer, Art und Umfang der Prüfungshandlungen eigenverantwortlich festzulegen. Entscheidender Nachteil der Checklisten ist, dass die Gefahr besteht, dass sich der Prüfer ausschließlich auf die im Wesentlichen von anderen Personen abgefragten und aus Dokumenten entnommenen Antworten verlässt, statt sich durch Eigenbeobachtung und dem Einsatz weiterer Methoden (z.B. Benchmarks) selbst ein Urteil zu bilden.

Formaler Aufbau von Checklisten

Checklisten sind in Form einer Tabelle aufgebaut, deren Zeilen die Prüffragen und deren Spalten die – meist nominalen – Urteilskategorien wie „ja"/"nein" oder „trifft zu", "trifft manchmal zu" sowie "trifft nicht zu" enthalten. Es ist zweckmäßig, die Prüffragen so zu formulieren, dass eine positive Beantwortung (ja bzw. trifft zu) eine Stärke, eine negative Beantwortung (nein bzw. trifft manchmal zu oder trifft nicht zu) eine Schwäche anzeigt. Eine Spalte „Bemerkungen" (oder eine ähnliche Spaltenbezeichnung) dient der erklärenden Ergänzung der Urteile.

Dieser formale Aufbau verdeutlicht den Charakter von Checklisten, in Form der Prüffragen Aussagen über den Sollzustand des Untersuchungsobjekts zu machen. Wenn etwa gefragt wird: „Wird jede Projektidee transparent dokumentiert?", dann beinhaltet die Prüffrage, dass die „Dokumentation jeder Projektidee *und* die Zugriffsmöglichkeit auf die Dokumentation durch einen bestimmten Personenkreis" ein gewollter und daher anzustrebender Zustand, also ein Sollzustand ist. Die Prüffrage kann mit „ja" (jede Projektidee wird ...) oder mit „nein" (nicht jede Projektidee wird ...) beantwortet werden. Wird sie mit „ja" beantwortet, ist dies eine Stärke; die Antwort „nein" heißt, dass an dem abgefragten Objekt eine Schwachstelle besteht, über deren Ursachen aber noch nichts bekannt ist.

Die in Checklisten verwendete nominale Skalierung (Beantwortung der Prüffragen beispielsweise mit ja bzw. nein) sagt nichts über die Messvorschrift aus, die verwendet werden muss, um den Istzustand erfassen zu können. Nur bei wenigen Prüffragen ist es möglich, die Wirklichkeit ohne Messvorschrift mit kategorialen Urteilen direkt zu erfassen (z.B. bei der Prüffrage „Wird für jedes Projekt eine Projektleitung ernannt?"). Wenn Checklisten auf Prüffragen dieser Art reduziert werden, besteht die Gefahr, dass nur ein Teil der für die Projektdiagnose relevanten Wirklichkeit erfasst wird. Häufig sind Phänomene von Bedeutung, für deren Erfassung aufwendige Messvorschriften erforderlich sind, teilweise sind valide Messvorschriften nicht verfügbar und müssen erst entwickelt werden (vgl. Lerneinheit EVALU).

Arten von Checklisten

Es wird zwischen allgemein verwendbaren Checklisten und Checklisten für bestimmte Untersuchungsobjekte unterschieden.

Allgemein verwendbare Checkliste: Eine Checkliste ist allgemein verwendbar, wenn sie vom Untersuchungsobjekt (weitgehend) unabhängig ist. Dies kann nur dann der Fall sein, wenn sich die Prüffragen auf Eigenschaften beschränken, die erfahrungsgemäß bei *allen* Projekten auftreten und daher bei *jeder* Projektdiagnose von Bedeutung sind. Prüffragen, auf die dies zutrifft, können nur generelle Eigenschaften berücksichtigen. Checklisten dieser Art sind daher nur für eine oberflächliche Projektdiagnose geeignet.

Untersuchungsobjektspezifische Checkliste: Eine Checkliste ist für ein spezifisches Untersuchungsobjekt bestimmt, wenn sie Prüffragen enthält, die für dieses Untersuchungsobjekt *typisch* sind, das heißt objektspezifische Eigenschaften abbildet. Mit ihrer Hilfe können der für dieses Untersuchungsobjekt typische Sollzustand formuliert und der Istzustand erfasst sowie die Abweichungen erkannt werden. Eine relativ grobe Gliederung der Untersuchungsobjekte kann nach dem Projektgegenstand erfolgen (z.B. Softwareentwicklungsprojekt, ERP-Einführungsprojekt, IT-Outsourcingprojekt, Migrationsprojekt), innerhalb dieses Projektgegenstands kann weiter untergliedert werden (z.B. bei einem Entwicklungsprojekt in Neuentwicklung sowie Wartung). Checklisten können entweder von den an einem Diagnoseprojekt Beteiligten selbst entwickelt werden (Eigenentwicklung); es kann aber auch auf allgemein verfügbare (z.B. in der Fachliteratur veröffentlichte) Checklisten zurückgegriffen werden (Fremdbezug). Bei Eigenentwicklung wird von der Frage „Welches sind erfahrungsgemäß die Stärken und Schwächen des Untersuchungsobjekts?" ausgegangen; daraus werden die Prüffragen abgeleitet. Das Fragesystem sollte hierarchisch gegliedert sein. Die Prüffragen sollten so formuliert sein, dass sie mit Hilfe der erfassten Attributwerte des Istzustands beantwortet werden können.

Bei Fremdbezug wird von einer vorhandenen, für das Untersuchungsobjekt grundsätzlich zutreffenden Checkliste ausgegangen und die Prüffragen werden dann an die situativen Bedingungen des Untersuchungsobjekts angepasst. Dabei ist zunächst zu prüfen, ob Art und Umfang der Prüffragen ausreichen, um das Untersuchungsobjekt mit ausreichender Genauigkeit diagnostizieren zu können. Überflüssige Prüffragen müssen entfernt, fehlende müssen eingeführt, bestehende häufig umformuliert werden. Dies zeigt, dass es sich bei einer fremdbezogenen Checkliste nur um eine Orientierungshilfe handelt, von der ausgehend eigene Entwicklungsarbeit erforderlich ist. Beispielsweise ergänzt *Burghardt* sein Werk zum Projektmanagement (PM) um ein 56-seitiges Beiheft, das insgesamt 46 Merkblätter enthält. *Burghardt* (1) schreibt: „Die nachstehenden PM-Merkblätter dienen als allgemein gehaltene Checklisten für die einzelnen PM-Aktivitäten." Die 46 Merkblätter sind entlang Aufgabengebieten (z.B. Projektdefinition, Wirtschaftlichkeitsbetrachtung, Projektorganisation, Terminplanung, Kostenplanung, Projektberichterstattung, Produktabnahme, Projektabschluss) und Aufgaben (z.B. Aufgabengebiet Projektorganisation: Typ der Projektorganisation auswählen oder Projektgremien festlegen) strukturiert.

Gliederung von Checklisten

Für die Diagnose eines bestimmten Untersuchungsobjekts werden meist mehrere Checklisten verwendet. Eine solche Sammlung von Checklisten beginnt mit Übersichten und Verzeichnissen, die der Vorbereitung der Prüfung dienen. Bei der Prüfung des Projektrisikos kann beispielsweise folgende Gliederung nach Risikofaktoren verwendet werden (nach *Franke*):

- technologische Risikofaktoren;
- abwicklungstechnische Risikofaktoren;
- organisatorische Risikofaktoren;
- terminliche Risikofaktoren;
- wirtschaftliche Risikofaktoren;
- vertragliche Risikofaktoren;
- Risikofaktoren, die auf externen Einflüssen basieren.

Innerhalb dieser Komplexe werden Fragenabschnitte gebildet, in denen die Prüffragen in der Reihenfolge ihres logischen Zusammenhangs angeordnet werden. Eine andere Gliederung wird in den folgenden Demonstrationsbeispielen gezeigt. Es werden ausgewählte Beispiele von PM-Merkblättern nach *Burghardt* dargestellt. Konkret werden folgende Merkblätter angeführt (jeweils mit Aufgabengebiet/Aufgabe):

- Merkblatt 2: Projektgründung/Risiken analysieren und bewerten,
- Merkblatt 3: Projektgründung/Projektantrag stellen,
- Merkblatt 4: Projektgründung/Vertragsprüfung durchführen,
- Merkblatt 5: Projektzieldefinition/Anforderungen ermitteln,
- Merkblatt 21: Risikomanagement/Entwicklungsrisiken analysieren,
- Merkblatt 22: Risikomanagement/Notfallplanung erarbeiten.

PM-Merkblatt 2

Aufgabengebiet: **Projektgründung** Aufgabe: *Risiken analysieren und bewerten*		Projekt: Datum: Name: Dienststelle:	
Merkpunkte		Risiken 1 groß 2 mittel 3 gering	Wahrscheinlichkeit in %
1. Unvollständigkeit bzw. Missverständlichkeit des Anforderungskatalogs.			
2. Änderungshäufigkeit der Anforderungen.			
3. SW-technische Probleme.			
4. HW-technische Probleme.			
5. Unvorhergesehene Schnittstellenprobleme zu externen Komponenten.			
6. Mängel zugelieferter Komponenten (z.B. SW-Programme, Bauelemente).			
7. Mängel in der Verfügbarkeit der Test- und Prüfanlagen.			
8. Nachträgliche Einschränkung des Projektbudgets.			
9. Kostensteigerungen bei den Sach- und Betriebsmitteln.			
10. Terminunsicherheit der Unterauftragnehmer bzw. Lieferanten.			
11. Kostenunsicherheit der Unterauftragnehmer bzw. Lieferanten.			
12. Qualitätsmängel der Unterauftragnehmer bzw. Lieferanten.			
13. Organisatorische Veränderungen (z.B. Umorganisationen, Outsourcing).			
14. Durchführung von projektfremden Aufgaben.			
15. »Strenge« des Auftraggebers bei der Produktabnahme.			
16. Uneinigkeit der Projektbeteiligten in der Planung und Durchführung.			
17. Ausfall von Personal (z.B. Fluktuation, Kündigung, Krankheit).			
18. Produktivitätsschwankungen der Mitarbeiter.			
19. Fehlendes Know-how.			
20. Demotivation der Mitarbeiter.			
21. Preisverfall mit Auswirkung auf die Projektwirtschaftlichkeit.			
22. Unvorhergesehener Technologiewandel.			
23. Unvorhergesehene Konkurrenzentwicklung.			

Abb. CHECK-1: Checkliste „Risiken analysieren und bewerten" (nach *Burghardt*, 4)

PM-Merkblatt 3

Aufgabengebiet: **Projektgründung** Aufgabe: *Projektantrag stellen*	Projekt: Datum: Name: Dienststelle:
Merkpunkte	erledigt? (ja/nein)
1. Pflichtenheft vom Auftraggeber formulieren lassen. 2. Pflichtenheft mit dem Auftraggeber durchsprechen und offene Punkte klären. 3. Problemfeldanalyse durchführen. 4. Randbedingungen und Voraussetzungen für das Projekt untersuchen. 5. Abhängigkeiten mit anderen (laufenden und künftigen) Projekten klären. 6. Beteiligte Entwicklungsstellen festlegen. 7. Erste Grobschätzung des Aufwands und der Kosten vornehmen. 8. Kostenverteilung festlegen. 9. Geplante Projektkosten mit Budgetrahmen abstimmen. 10. Vergabe von Unteraufträgen einplanen. 11. Fremdvergabe mit externen Auftragnehmern klären. 12. Terminziel festlegen. 13. Phaseneinteilung vornehmen und Meilensteine definieren. 14. Verantwortlichkeiten (z.B. Produktverantwortlicher, Teilprojektleiter) festlegen. 15. Genehmigungsweg und Genehmigungsinstanzen ermitteln. 16. Projektnummer und Teilprojektnummern beantragen. 17. Projektantragsformular ausfüllen. 18. Genehmigende Unterschriften einholen. 19. Daten für Projekteröffnung an Projektführungssysteme und Kostenüberwachungsverfahren übergeben. 20. Projektakte anlegen. 21. Bei externen Verträgen Vertragsprüfung durchführen. 22. Einbindung in vorhandenes Projektportfolio klären.	

Abb. CHECK-2: Checkliste „Projektantrag stellen" (nach *Burghardt*, 5)

PM-Merkblatt 4

Aufgabengebiet: **Projektgründung** Aufgabe: *Vertragsprüfung durchführen*	Projekt: Datum: Name: Dienststelle:
Merkpunkte	zutreffend? (ja/nein)
1. Ist das Projektziel exakt formuliert? 2. Sind alle Anforderungen widerspruchsfrei definiert? 3. Ist eine »Negativliste« der nicht zu verantwortenden Aufgaben erstellt worden? 4. Ist das Änderungswesen für die während der Projektdurchführung entstehenden Change Requests geregelt? 5. Sind die Pflichten und Verantwortlichkeiten des Auftraggebers festgehalten? 6. Ist die Schnittstelle Auftraggeber - Auftragnehmer geklärt (Ansprechpartner)? 7. Sind die Termine (und Zwischentermine) realistisch? 8. Ist eine ergebnisbezogene Aufwandsschätzung vorgenommen worden? 9. Ist hierfür eine bewährte Schätzmethode eingesetzt worden? 10. Welche Gewährleistungsrisiken geht man ein? 11. Sind in der Kalkulation die „sonstigen Kosten" (Reisekosten, Spesen, IT-Investitionen, etc.) vollständig berücksichtigt? 12. Enthält die Kalkulation (bei Festpreisen) ausreichende Sicherheitsaufschläge? 13. Sind entsprechende Rückstellungen für eventuelle Garantie- bzw. Gewährleistungen eingestellt worden? 14. Ist eine Problemfeldanalyse bzw. Risikoanalyse durchgeführt worden? 15. Wie »hart« sind die Formulierungen hinsichtlich der Pflichten des Auftragnehmers? 16. Wie sind die Pflichten und Verantwortlichkeiten von Zulieferanten festgehalten? 17. Sind die Zahlungstermine und Verrechnungsmodalitäten klar geregelt? 18. Ist das Abnahmeverfahren geregelt? 19. Liegen dem Vertrag die allgemeinen Geschäftsbedingungen bei?	

Abb. CHECK-3: Checkliste „Vertragsprüfung durchführen" (nach *Burghardt*, 6)

PM-Merkblatt 5

Aufgabengebiet: **Projektzieldefinition** Aufgabe: *Anforderungen ermitteln*	Projekt: Datum: Name: Dienststelle:
Merkpunkte	Antwort
1. Welche „Mängel" der bestehenden Anwendungssituation sind von Bedeutung? 2. Was sind die Ursachen für diese Mängel? 3. Welche Anforderungen sind hieraus abzuleiten? 4. Welche formellen, technischen, vertrieblichen und organisatorischen Randbedingungen sind zu berücksichtigen? 5. Welche besonderen Anforderungen werden an die Qualität des geplanten Produkts bzw. Systems gestellt? 6. Widersprechen sich einzelne Anforderungen? 7. Wie endgültig sind die aufgestellten Anforderungen? Sind spätere Korrekturen wahrscheinlich? 8. Welche Prioritäten haben die Anforderungen? 9. Welche modernen Technologien (z.B. Internet, E-Commerce) sind zu berücksichtigen? 10. Welche Vorgaben bestehen für die Entwicklungsmethodik und für das Projektmanagement? 11. Sind interne oder externe Richtlinien, Normen und Standards zu berücksichtigen? 12. Ist ein Stufenkonzept für die Realisierung möglich? Wenn ja, welche Anforderungen in welcher Stufe? 13. Ist eine spätere Evolution des zu erstellenden Produkts bzw. Systems vorgesehen? 14. Welches Terminziel ist für Entwicklungsende und Lieferbeginn vorgegeben? 15. Gibt es eine feste Obergrenze für die Entwicklungskosten? 16. Welche Lösungsalternativen bieten sich an? 17. Ist die Finanzierung späterer Change Requests geregelt? 18. Ist die Durchführung einer Wertanalyse (WA) angebracht?	

Abb. CHECK-4: Checkliste „Anforderungen ermitteln" (nach *Burghardt*, 7)

PM-Merkblatt 21

Aufgabengebiet: **Risikomanagement** Aufgabe: *Entwicklungsrisiken analysieren*	Projekt: Datum: Name: Dienststelle:
Merkpunkte	Antwort
1. Droht ein Technologiewandel? 2. Ist ein Preisverfall für das zu erstellende Produkt zu erwarten? 3. Ist die Geschäftsfeldplanung noch marktgerecht? 4. Muss mit einer Veränderung des Kundenverhaltens und damit der Produktanforderungen gerechnet werden? 5. Besteht die Gefahr, dass gesetzliche oder technische Vorschriften geändert werden? 6. Sind die erforderlichen Entwicklungstools verfügbar? 7. Ist mit Unter- bzw. Überlastung des eingesetzten Personals zu rechnen? 8. Stehen ausreichend qualifizierte Mitarbeiter zur Verfügung? 9. Besteht die Gefahr des Weggangs von wichtigen Know-how-Trägern? 10. Bestehen Mängel beim Wissensmanagement innerhalb des Entwicklungsbereichs? 11. Gibt es Risiken im Erreichen der geforderten Produktqualität? 12. Muss mit fehlerhaften Funktionen gerechnet werden? 13. Würden eventuelle Fehlerbehebungen nur mit erheblichem Aufwand durchzuführen sein? 14. Gibt es Brüche in den Prozessabläufen? 15. Sind die Entscheidungswege klar definiert und werden sie schnell durchlaufen? 16. Bestehen Risiken in der Fertigungsüberleitung? 17. Weist die IT-Infrastruktur Mängel auf? 18. Besteht ein IT-Risiko, d.h. die Gefahr des Datenverlusts bzw. der unbefugten Datenmanipulation? 19. Ist das Projektmanagement unzureichend? 20. Welche Risiken bestehen bei den Zulieferungen? 21. Gibt es Vertragsrisiken (Gewährleistung, Haftung)?	

Abb. CHECK-5: Checkliste „Entwicklungsrisiken analysieren" (nach *Burghardt*, 24)

PM-Merkblatt 22

Aufgabengebiet: **Risikomanagement** Aufgabe: *Notfallplanung erarbeiten*	Projekt: Datum: Name: Dienststelle:	
Merkpunkte	erledigt?	(ja/nein)
1. Bestandsaufnahme aller kritischen HW- und SW-komponenten (Inventarisierung). 2. Verfahrens- und Prozessabläufe transparent darstellen. 3. Vorsorgemaßnahmen treffen (Ersatzressourcen, Datensicherungen etc.). 4. Die verschiedenen Fehlerszenarien definieren, die zu einem Notfall führen können. 5. Maßnahmenkatalog je Fehlerszenario erstellen. 6. Festlegen, ab wann Notfallmaßnahmen greifen sollen (Eskalationsregeln). 7. Festlegen von »begleitenden« Maßnahmen bei Notfallsituationen, die nicht in der eigenen Verantwortung liegen. 8. Möglichkeiten für eine Notfallumgehung aufzeigen (Notfallbetrieb). 9. Verantwortlichkeiten für den in der Notfallplanung eingebundenen Personenkreis festlegen. 10. Ansprechpartner, Consultants, Kunden und Anwender in die Notfallplanung einbeziehen. 11. Gesamtheitlichen Bereitschaftsplan erstellen und kommunizieren. 12. Erreichbarkeit aller in die Notfallplanung einbezogenen Personen sichern (Telefon, dienstlich/privat, Adresse). 13. IT-Infrastruktur für den Notfall ausbauen (Zusatz-Handys, Reserve-Notebooks etc.). 14. Vorkehrungen für die abgesicherte Aufbewahrung von Passwörtern, Schlüsseln etc. treffen. 15. Arbeits- und betriebsrechtliche Vorschriften berücksichtigen (Anmeldung von Überstunden, Sonn- und Feiertagsarbeit, Rufbereitschaft, Werkszutritt). 16. Notfallübung ausarbeiten und durchführen. 17. Fehlerbeseitigung organisieren. 18. Maßnahmen für Wiederanlauf festlegen. 19. Notfallplanung dokumentieren (Notfallhandbuch) und leicht zugänglich und gesichert aufbewahren.		

Abb. CHECK-6: Checkliste „Notfallplanung erarbeiten" (nach *Burghardt*, 25)

Forschungsbefunde

Keil et al. haben in einer empirischen Studie die folgenden Hypothesen untersucht (im englischen Original, 911-912):

- H1: Software practitioners who use a risk checklist will identify more risks than those who do not use a checklist.
- H2a: Software practitioners with an outsider role will perceive more risks than software practitioners with an insider role.
- H2b: Software practitioners with an outsider role will exhibit more risk-averse behavior than software practitioners with an insider role.
- H3: Software practitioners identifying more risks will exhibit more risk-averse behavior.
- H4: Risk checklists will shape attention so that software practitioners using a checklist will be apt to perceive risks differently than software practitioners who do not use the checklist.

Es wurde ein Laborexperiment durchgeführt, wobei ausschließlich Praktiker (N=128) als Probanden fungierten. Die Probanden wurden in vier IT-Unternehmen rekrutiert, die zum Zeitpunkt der Studie zwischen 280 und 2500 Mitarbeiter hatten. Das Experiment baute auf einem Szenario auf, das *Keil et al.* (912) wie folgt beschreiben: „In the experiment, the subjects were asked to read a scenario and play the role of either the project manager [= insider role, vgl. die oben genannten Hypothesen H2a und H2b] or an external consultant [= outsider role]. Two parallel versions of the scenario ... were developed differing only in the role assigned to the subject. The scenario illustrated a dilemma associated with an online banking system developed by an in-house IT department of a bank. The online banking system was approaching the planned release date when the testing team found that the system lacked a key feature of the functionality originally specified. The subjects were asked to assess the risks associated with the project and make a decision on whether the system should be released as scheduled or delayed for further testing. The scenario was seeded with seven risks ... After reading the scenario, subjects were asked to identify the potential risks. Subjects assigned to the ''risk checklist'' treatment were presented two consecutive web pages with seven risk items on each that could be selected with radio buttons [die 14 in der Checkliste vorgegebenen Risiken stammten aus einer Publikation von *Schmidt et al.*: corporate environment, sponsorship/ownership, relationship management, project management, scope, requirements, funding, scheduling, development process, personnel, staffing, technology, external dependencies, planning; weiter wurde bei der Gruppe ohne Checkliste die Kategorie "others" hinzugefügt] ... Subjects assigned to the ''no risk checklist'' treatment were asked to enter as many risks as they could identify in the scenario by typing them into a text box ... After subjects finished identifying risks, a summary of their input was presented to them and they could iteratively modify their risk identification. Finally, the subjects were asked to make a decision (on an 8 point scale) either to continue with or delay the previously scheduled launch". Das Experiment basierte auf einem 2×2 Design (Checkliste: ja/nein, Rolle: Projektmanager/externer Berater). Die Datenanalyse erfolgte auf der Basis von varianzanalytischen Verfahren und Regressionen. Im Folgenden werden die wesentlichen Ergebnisse beschrieben.

H1 konnte bestätigt werden. Mit Checkliste wurden signifikant mehr Risiken identifiziert als ohne Checkliste (in der Rolle des Projektmanagers wurden durchschnittlich 7,8 vs. 4,0 Risiken identifiziert; in der Rolle des externen Beraters wurden durchschnittlich 8,2 vs. 4,2 Risiken identifiziert).

H2 konnte nicht bestätigt werden. Es wurden zwar in der Rolle des externen Beraters im Vergleich zur Rolle des Projektmanagers im Durchschnitt ein wenig mehr Risiken identifiziert (8,2 vs. 7,8 in der Gruppe mit Checkliste; 4,2 vs. 4,0 in der Gruppe ohne Checkliste), diese Unterschiede sind jedoch statistisch nicht signifikant.

H3 konnte auch nicht bestätigt werden. Die Ergebnisse zeigen, dass Studienteilnehmer, die mehr Risiken identifizierten, nicht risikoaverser waren als Studienteilnehmer, die weniger Risiken identifizierten. Der Durchschnittswert der Entscheidung lag im Übrigen bei 2,7 (die 8-stufige Antwortskala fragte ab, wie stark die Zustimmung zu einer Aufschiebung des Release des Online-Banking-Systems gegeben war, wobei niedrigere Werte eine stärkere Neigung für eine Aufschiebung zum Ausdruck brachten). Die Ergebnisse gestalten sich im Detail wie folgt: mit Checkliste/Projektmanager: 2,5; mit Checkliste/externer Berater: 3,1; ohne Checkliste/Projektmanager: 2,9; ohne Checkliste/externer Berater: 2,5.

H4 konnte bestätigt werden. Die Forscher bauten in das experimentelle Szenario Risiken ein, so dass eine Liste mit objektiv im Projekt vorhandenen Risiken vorlag. Die Ergebnisse zeigen, dass mit Checkliste mehr der eingebauten Risiken identifiziert wurden als ohne Checkliste. Die Ergebnisse zeigen aber auch, dass mit Checkliste im Vergleich zu ohne Checkliste mehr Risiken identifiziert wurden, die objektiv im Projekt gar nicht vorhanden waren. Daraus folgt, dass die Verwendung einer Checkliste zur Identifikation von Projektrisiken die Risikowahrnehmung beeinflusst. *Keil et al.* (915) schreiben dazu: „This suggests that in the absence of a risk checklist, software practitioners are better able to distinguish between risks that are really there and risks that are not. In other words, it appears that the checklist prompts software practitioners to identify risks that are not present in the scenario ... the checklist creates a certain bias by confronting software practitioners with specific risks that may or may not be present in the scenario. In the absence of a checklist, practitioners are not confronted with any risks that are not present in the scenario ... using a checklist may create a ''mindless'' approach to the task of risk identification inviting software practitioners to put less thought into the exercise".

Die Praxisimplikationen ihrer Studie fassen die Autoren wie folgt zusammen (915): „For software project risk researchers and practitioners, this study confirms the potential value of risk checklists in helping to identify risks that might otherwise go unnoticed. From an attention shaping standpoint, however, risk checklists can be both good and bad. While a checklist may help practitioners to identify risks that are there, it can also prompt them to see risks that are not really there".

Kontrollfragen

1. Welcher Zweck wird mit der Anwendung von Checklisten verfolgt?
2. Wie ist eine Checkliste formal aufgebaut?
3. Welche Arten von Checklisten werden unterschieden?
4. Was kann eine Checkliste nicht leisten?
5. In welche Untersuchungsbereiche kann eine Checkliste für die Diagnose des Projektrisikos gegliedert werden?

Quellenliteratur

Burghardt, M.: Projektmanagement: Leitfaden für die Planung, Überwachung und Steuerung von Projekten. 9. A., Publicis, 2012 (Burghardt, M.: Projektmanagement - PM-Merkblätter: Beiheft zum Buch „Projektmanagement", 9. A.)

Franke, A.: Risikobewußtes Projektcontrolling. TÜV, 1993

Henkel, K./Schwetz, R.: Techniken der Schwachstellenanalyse. In: Frese. E. et al. (Hrsg.): Handwörterbuch der Organisation. 3. A., Poeschel, 1992, 2245-2255

Keil, M./Li, L./Mathiassen, L./Zheng, G.: The influence of checklists and roles on software practitioner risk perception and decision-making. Journal of Systems and Software, 6/2008, 908-919

Schmidt, R./Lyytinen, K./Keil, M./Cule, P.: Identifying software project risks: An international delphi study. Journal of Management Information Systems, 4/2001, 5-36

Vertiefungsliteratur

Boy, J./Henisch, H. G./Lehmann, L./Winkler, H.: Checklisten Projektmanagement: Ein Wegweiser zur Vorbereitung und Durchführung von Projekten. TÜV, 2013

Kerzner, H.: Project management: A systems approach to planning, scheduling, and controlling. 12th ed., Wiley, 2017

Ketter, A.: Projektmanagement: Checklisten und Vorlagen für Projekt Manager, 2016

Meredith, J. R./Mantel, S. J./Shafer, S. M.: Project management: A managerial approach. 9th ed., Wiley, 2015

Opresnik, M. O.: Projektmanagement: Systematisch zum Erfolg: Ein praxisnaher Ratgeber mit zahlreichen Tools, Checklisten und Vorlagen, 2017

Schwalbe, K.: Information technology project management. 8th ed., Cengage Learning, 2016

Normen und Richtlinien

https://wiki.de.it-processmaps.com/index.php/ITIL-Checklisten

https://www.din.de/en: Auf dieser Plattform von DIN – Deutsches Institut für Normung e. V. kann im Suchfeld mit dem Begriff „checklist" bzw. „Checkliste" nach Normen recherchiert werden, die Prüflisten enthalten (Normen mit Bezug auf Informationstechnologie und Projektmanagement sind im gegenständlichen Kontext besonders relevant).

Werkzeuge

https://asana.com/

https://de.todoist.com/

https://trello.com/

Interessante Links

http://projektmanagement-definitionen.de/glossar/checklisten/

https://www.openpm.info/display/openPM/Checklisten

https://www.projektmagazin.de/

Schlagwortverzeichnis

4

4-Level-Zertifizierung der IPMA 19, 27

5

5%-Regel 127

A

ABC-Analyse...273
Abhängigkeitstyp.....................................375
Ablauf der Prozessmodellierung 571
Ablauforganisation 278, 553
ablauforientierter Ansatz 280
Abnahmedokument..................................436
Abnahmetest 637
Abstraktion 207, 225, 582
Abteilungsmacht......................................324
Abweichung.............................263, 653, 675
Abweichungsanalyse 655, 656
Acht-Stufen-Modell.................................412
Activity Tracker......................................559
administratives Projektcontrolling..........655
Advocatus Diaboli 376
affektives Commitment 326
agil 191
agile Entwicklung....................................648
agile Methode 46, 89, 246, 354, 462, 617,
644
agile Methodik..147
agile Softwareentwicklung 179, 431, 499,
617, 658
agiler Ansatz...................................150, 194
agiles Projektmanagement.................89, 195
agiles Vorgehensmodell 51
Agilität..191
Agilitätsforderung....................................179
Akkreditierung.................................627, 628
Aktionendiagramm 505
Aktionsliste.....................................627, 630
aktive Beobachtung 481, 551
Aktivität...375
Aktivitätsmodalität 379
Aktualität..264, 501
Akzeptanz 184, 215, 219, 421
Akzeptanzforschung.................................421
Akzeptanzrisiko.......................................303
Akzeptanzziel..303
Alpha-Amylase..488
Altsystem..314
Amortisationsrechnung............................534
Analogie..455
Analogiemethode.....................................459

Analyse 527, 530
Analysemethode 527
Analysierbarkeit......................................295
Analysieren...595
analytische QM-Maßnahme 615, 638
Analytischer Hierarchieprozess......115, 259,
528
Änderbarkeit 211, 215, 295, 501
Änderungsantrag.............................407, 408
Änderungsmanagement 407
anekdotische Evidenz 96, 127
Anforderung............207, 208, 225, 237, 638
Anforderungsanalyse 225, 226, 233, 259
Anforderungsänderungsmechanismus.......99
Anforderungsart.......................................227
Anforderungskatalog 78, 225, 226, 237
Anforderungsspezifikation 207, 225, 237
Anforderungstest 641
Anforderungsverwaltung.........................230
Angebotsanalyse...............................237, 277
Angebotsevaluierung 277
Angemessenheit.......................................294
angepasste Grundkonzeption 541
Angst...268, 426
Anpassbarkeit 296
Anpassungsstrategie 402
Anpassungswartung.................................177
Ansatz...191
Anschaffungskosten...................................84
Anschaulichkeit.......................................501
Antwortzeitverhalten...............................594
Anwendungsaufgabe................................177
Anwendungsfall...55
Anwendungssoftware 285, 287
Anwendungssystem 145
Anwendungsumgebung 301
Application Service Providing.................290
Arbeitsanforderung..................................313
Arbeitsbelastung 486, 553
Arbeitsdokument......................................436
Arbeitskontrolle.......................................635
Arbeitsmotivation 322
Arbeitsorganisation.........278, 286, 486, 553
Arbeitspaket.......................................55, 61
Arbeitsplan..116
Arbeitsplatzgestaltung 486, 553
Arbeitsplatzverlust...................................268
Arbeitsprozess 552
Arbeitssituation................................552, 553
Arbeitssteuerung......................................313
Arbeitstagebuch 491
Arbeitsteilung 372
Arbeitszufriedenheit 313, 326, 547

Architektur integrierter Informationssysteme
....275
Argumentebilanz 530
ARIS 275, 279
Artefakt..551
Arten des Prototyping.............................181
ASP..290
Attraktivität..295
Attribut..............................581, 583, 586
Audit 620, 628
Audit-Form 634
Audit-Prozess...........................632, 633
Aufgabe 256, 272, 570
Aufgabe der Evaluation 116
Aufgabe-Mensch-Systematik 363
Aufgabenanalyse 60, 143, 232, 489
Aufgabenanforderung...........................231
aufgabenbezogene Führungsaufgabe.......361
Aufgabenbezogenheit 215
aufgabenorientierte Testfallermittlung 643
Aufgabenplanung...........................60, 676
Aufgabenqualifikation...........................347
Aufgabensynthese......................60, 143
Aufgabentaxonomie...............................126
Aufgabenträger 256, 272, 343
Aufgabenträgeranforderung....................231
Aufgabenzuordnung 62
Auftraggeber.....................238, 343, 344
Auftragnehmer..................238, 343, 344
Aufwand-pro-Einheit-Methode 460
Aufwandserfassung 78
Aufwandsschätzung...............................456
Ausgabedaten.......................................641
Ausgangsplattform................................301
Auslösekriterium 627
Ausschreibung 237, 277, 288
Ausschreibungsprofil.............................240
Ausschreibungsunterlage.......................238
äußere Akzeptanz 423
Austauschbarkeit 296
Auswahlsituation 330
Auswirkung 251
Automatisierung 268
Automatisierungsgrad............................214
Autorität-Kooperation-Systematik 361

B

Balkendiagramm....................................466
Basisanforderung...................................227
Basisdokument......................................436
Bedienbarkeit..295
Bedieneranleitung..................................497
Bedürfnis 321
Befragung 268, 481, 482, 551
Befürchtung 268, 387

Befürworter...422
Begeisterungsanforderung 227
Begriffsdefinition....................................98
Belastungsdiagramm..............................470
Belohnungsmacht 324
Benchmarking.............................627, 633
Benutzbarkeit..........215, 295, 427, 502, 542
Benutzer.........................173, 268, 344, 354
Benutzerakzeptanz................................198
Benutzeranforderung 231
Benutzerbefragung.......................268, 672
Benutzerbeteiligung....10, 45, 181, 232, 268,
354, 357, 450, 492, 503
Benutzerdokumentation...........497, 500, 618
Benutzeremotion....................................494
Benutzerhandbuch 509
Benutzungsoberfläche 380, 483, 485, 489
Benutzungsschnittstelle 547, 561
Beobachtung...................270, 485, 571
Berichtsinstanz......................................630
Berkeley Software Distribution 292
Beschaffungsplanung...............................62
Beschaffungsprojekt 668
Best Practice...633
Bestrafungsmacht 324
Beteiligter...343
Betriebskosten..............................84, 528
Betriebsrat..555
Betriebsvereinbarung.............................486
Betriebswirtschaftslehre 9
Betroffenenbeteiligung 45
Betroffener...39
Bewältigungsstrategie...................337, 340
Bewegtbild..520
Bewertungsverzerrung...........................333
Beziehung 586
Beziehungskonflikt................................398
beziehungsorientierte Führungsaufgabe ..361
Beziehungstyp.......................................587
Bezugsmodell 497, 607
Big-Five-Konzeptualisierung der Persön-
lichkeit..353
Bildsymbol..513
Biofeedback 494
Black Box 668
Black-Box-Prinzip 156
Black-Box-Test......................................643
Blick...553
Blockchain 676
Bombenwurfstrategie.............................306
Botschaft 513, 514
Bottom-up-Strategie....................64, 301
BPMN 565, 567, 568
BPMN-Prozessmodell 570
BPR 537, 566
brain dump...66

Brainstorming 125, 447
Brainstorming mit Osborn-Verfremdung 449
Brainwriting 447
British Standards Institution 619
Brooks'sche Gesetz 349, 373, 455, 458
BSD 292
BSI 619
Budget 62
Burn-Down-Chart 202
Burnout 340
Bürokratie 127, 178
Bürosoftware 76
Business Process Model and Notation....565, 567, 568
Business Process Modelling Notation 603
Business Process Reengineering 566
Business Process Simulation 603
Business-Process-Reengineering............537

C

Capability Maturity Model 622
Capability Maturity Model Integration 15
CASE-Werkzeug 75
CDO 344
change management 407
Change Management 408
change request 408
Changing 412, 415
Checkliste 55, 607, 613, 665, 675, 676
Checklistenverfahren 670
Chen-Notation 586
Chief Digital Officer 344
Chief Information Officer 344
CIO 344
Claim-Management 435, 437
Clickstream-Analyse 485, 551, 555
Cloud Computing 73, 83, 290
CMM 622
CMMI 15
COCOMO 455
Codierung 457
Collaboration Tool 407
Collaborative Software 407
Commitment 319, 326
Computer-Aided Software Engineering 75
Controlling 78, 536, 661
Controlling-Objekt 653
Controllingsoftware 76
Copyleft-Prinzip 292
CPM 465
Critical Path Method 465
CRM 290
crowdsourced software testing 647
crowdtesting 647
CSCW 343

CST 647
Customer Relationship Management.......290
customization 288
Customizing 74

D

Darstellung 566
Darstellungsform eines Netzplans 471
Darstellungsmethode 507
Data Envelopment Analysis 537
Data Warehouse 275, 281
Datawarehouse-Projekt 260
Daten 281
Datenbank 438, 582
Datenbank-Entwurfsprozess 582
Datenbankmanagementsystem 581, 582
Datenbanksystem 75, 582
Datenbasis 456
Datenerfassung 86
Datenfriedhof 264
datengetriebener Ansatz 280
Datenintegration 281
Datenkatalog 497
Datenmigration 305
Datenmodell 279
Datenmodellierung 582, 589
Datenobjekt 281
datenorientierter Ansatz 148, 275, 280
Datenorientierung 275
Datensatz 581, 583
Datensicherungsmaßnahme 500
Datensicht 279
Datenstruktur 275, 281
Datensystem............278, 285, 286, 309, 582
Datensystem-Entwurf 280
Datenverwender 87
Datenwörterbuch 497
datenzentrierter Ansatz 280
Dauerbeobachtung 481, 551
DBMS 581, 582
DBS 582
DEA 537
Debugging 638
Deeskalationsmanagement 663
Definitions of Done 617
Delegieren 359
Delphi-Methode 443
Demonstrationsprototyp 180
Design Thinking 153
destruktiver Konfliktverlauf 395, 400
Detail-Pflichtenheft 238
Detailstudie 167
Deutsches Institut für Normung 11, 607
Diagnose 675, 676
Dialogisierungsgrad 214

dialogorientierte Anwendung 179
Dienstleistungsqualität 609
digitale Transformation 661
Digitalisierung 661
Digitalisierungsprojekt 397, 676
DIN 607
DIN 69901 5
direkt monetär messbarer Nutzen 532
direkte Beobachtung 481, 551
direkte Frage 481
direkte Stakeholder 385
Direktumstellung 309
diskursives Vorgehen 383, 390
Diskussionsverzerrung............................333
Diversität 404
DoD 617
Dokument 497
Dokumentation 66, 228, 269, 498, 669
Dokumentations- und Ordnungslehre......504
Dokumentationskrise..............................499
Dokumentationsmethode 272, 504
Dokumentationsschlüssel 508
Dokumentationsstruktur 505
Dokumentationsverfahren 503
Dokumentationswerkzeug 509
Dokumentenanalyse...............487, 571, 665
Dokumentenauswertung 487
Dokumentenmanagementsoftware 76
Dokumentenmanagement-System 89
Dokumentieren 497
Drei-Phasen-Modell................................412
Durchführbarkeitsstudie 167, 252
Durchsichtigkeit......................................669
dynamische Methode...............................534
dynamisches Testen................................644

E

Earned Value Management 536
Easiest-first-Strategie 64, 309
EBS 453
E-Business-Projekt 661
EDA 557
eEPK 565, 567
Effizienz...295
Effizienzhypothese 661
Eigenentwicklung 74, 290, 678
Eindeutigkeit..211
Einfachheit...513
Einflussfaktor...456
Einfluss-Projektorganisation 40
Einflusstaktik...................................324, 325
Einführung 303, 331
Eingabedaten 641
Einheit...607
Einheitlichkeit...501

Einstellung...423
Einstellungsakzeptanz 423
Eintrittswahrscheinlichkeit 128
Einzelerfahrung 96
Einzelfallprüfung 668
Einzelinterview.......................................484
Einzel-Projektmanagement.........................6
EKG 557
EKN 465
Elektrodermische Aktivität.......................557
Elektroenzephalographie 488
Elektrokardiogramm................................557
Elektromyographie..................................557
elektronisches Brainstorming 453
Elementtyp...570
E-Mail 334, 377
E-Mail-Kommunikation 337
E-Mail-Nachricht.....................................333
E-Mail-Newsletter 452
EMG 557
Emotion....................86, 396, 485, 547, 556
emotionale Intelligenz 235
emotionsbezogene Strategie 337
Empfänger..371
Empfindlichkeitsanalyse..........155, 591, 596
empirisches Testen 645
Endereignis..570
Endowment-Effekt...................................234
Enterprise Project Management System....76
Enterprise Resource Planning.................290
Enterprise-Resource-Planning-System......95
Entität..586
Entity 581
Entity-Relationship-Modell.............581, 585
Entscheidungsnetzplan 473
Entscheidungsproblem............................119
Entscheidungsprozess 390
Entscheidungsstil.............................122, 123
Entscheidungsträger................................119
Entscheidungsunterstützung 221, 593
Entscheidungsunterstützungssystem591, 593
Entscheidungsverhalten 123
Entwerfen..595
Entwicklerdokumentation 618
Entwicklertest 647
Entwicklung von Teams 367
Entwicklungskosten 184
Entwicklungsproduktivität.......................623
Entwicklungsqualität 623
Entwicklungstest.....................................637
Entwicklungsumgebung 75, 458
Entwurf...........167, 168, 169, 415, 541, 561
Entwurfstest...637
Enzyklopädie der Wirtschaftsinformatik...11
EPK 565, 567, 568
ER-Diagramm...589

Ereignis..........................465, 551, 627, 665
Ereignisgesteuerte Prozesskette..............565
Ereignisknotennetz.................465, 471, 472
Ereignisorientierung................................591
Erfassungsmethode..................228, 268, 482
Erfolg von Informatik-Projekten..............33
Erfolgsfaktor................95, 96, 131, 407, 411
Erhebungsmethode..........................268, 482
Erlernbarkeit..295
ER-Modell.....................................581, 585
ERP...290
ERP-Bereich..298
ERP-Einführungsprojekt........................668
ERP-Erfolgsfaktor................................109
ERP-Projekt..................................103, 105
ERP-System...................................289, 330
erwartetes Produkt................................174
Erwartung.....................................384, 387
erweiterte Ereignisgesteuerte Prozesskette
....565
erweitertes Produkt................................174
Erweiterungsprogrammierung.................288
Evaluation............................114, 177, 402
Evaluieren..594
Evaluierung.............114, 177, 181, 253, 593
Evaluierungskriterium............................113
Evaluierungsobjekt..........................87, 113
Evaluierungsstrategie..............................181
Evaluierungsziel...................................113
evidenzbasiertes Management...................10
EVM..536
Evolution...379
evolutionäres Prototyping.......................182
Ex-ante-Evaluation...............................115
Excel-Datei..90
excessive software development.............283
Experiment..177
experimentelles Prototyping...................182
Expertenmacht......................................324
exploratives Prototyping........................181
Ex-post-Betrachtung..............................666
Ex-post-Evaluation................................115
Extensible Markup Language..................565
externe Revision...................................668
Extreme Programming.............46, 191, 644
Eye-Tracking.................................548, 557

F

Faktorenmethode..................................459
Falsifikation...591
Farbassoziation..............................513, 519
Farbe..522, 578
Farbkombination....................................519
FAT..368
FCM-Modell...610

feasibility study.....................................252
Fehlentscheidung...................................332
Fehler..638
Fehlerakkumulation................................612
Fehlerart..639
Fehlerinduzierung..................................612
Fehlerkorrektur.....................................640
Fehlerkosten..619
Fehlersystematik...................................639
Fehlertoleranz......................................294
Feinstudie.........167, 168, 263, 264, 415, 482
Finanzkennzahl.....................................621
Finanzmittelmanagement..........................79
First-Party-Audit...................................634
Flexibilität...573
formale Evaluation...........................87, 114
formale Kommunikation..........................371
formale Partizipation.......................354, 359
Formalziel........144, 208, 212, 220, 226, 542
formelles Review...................................631
Formen der Projektorganisation..........40, 44
Forschungsbefund....................................10
Fortbildungsplan.....................................59
Fragebogen.....................486, 493, 551, 572
Fragebogen zur Arbeit im Team...............368
Fragebogenform....................................486
Free Software Foundation......................292
Freemium-Modell..................................289
Fremdbezug...678
Fremdentwicklung.................................290
Fremdschlüssel...............................581, 584
Führung..............29, 99, 319, 359, 360, 407
Führung durch Zielvereinbarung................32
Führungsaufgabe...............................4, 360
Führungskompetenz...........................36, 37
Führungskonzept....................................32
Führungsqualifikation............................347
Führungsstil.....................329, 359, 361, 365
Function-Point-Verfahren.......................461
Funktion............................207, 225, 539
funktionale Systemspezifikation...............421
Funktionalität.......................177, 294, 427
Funktionenanalyse..................539, 540, 541
Funktionenanforderung...........................542
Funktionenbaum....................................505
Funktionendiagramm..............................505
Funktionengliederung.......................539, 542
Funktionenkosten..................................539
Funktionenmatrix..................................505
Funktionsanforderung..............208, 231, 254
funktionsgetriebener Ansatz....................280
funktionsorientierter Ansatz.............148, 280
Funktionstest...................................637, 643
Furcht..426

G

Gantt-Diagramm 466
garbage in, garbage out.........................603
Gatekeeping 335
Gateway 570
Gebrauchsfunktion..................................539
Gebrauchstauglichkeit 547
Gegenstandsbereich 7
Gegner 422
geheimer Befürworter..............................424
geheimer Gegner......................................424
Gehirn 482, 488
Geltungsfunktion 539
Gemeinkosten 532
gemeinsames mentales Modell 235
Genauigkeit..294
General Purpose Systems Simulator........599
gerichtete Kante 465
GERT..465
Gesamtfunktion 539
Gesamtumstellung 308
Geschäftsmodelltransformation...............256
Geschäftsprozess 241, 275, 279, 565, 599,
    603
Geschäftsprozessmanagement 566
Geschäftsprozessmodellierung 279
geschlossene Entscheidung.....................443
geschlossene Frage 481
geschlossenes System 301
Gesellschaft für Projektmanagement.........15
gesetzliche Vorschrift 486
Gesprächsleitfaden..................................484
Gestalten 595
Gestaltungsprinzip für Kommunikationsmit-
    tel...516
Geste 553
getarnter Befürworter 423
getarnter Gegner 423
geteilte Information 333
Gewichtung..243
Gewichtungsmethode 459
Gewichtungsvektor 120
Gleichartigkeit..501
Gliederung Projekthandbuch 438
globales Projektteam................................404
gold-plating..234
Governance-Mechanismus 247
GPL..292
GPM..15
GPSS..599
Grafik...513
grafische Darstellung...............................513
Graph 465, 466
Graphentheorie 466

Graphical Evaluation and Review Techni-
    que...465
Grey-Box-Test 644
Grob-Pflichtenheft...................................238
Grobplanung 59
Grobstudie 167, 252
Großraumbüro..552
Groupware 33, 343, 356, 359, 380, 407
Grundkonzeption 167, 232, 251, 252, 265,
    445, 529, 541
Grundsatz..95, 155, 665
Grundsatz des Projektmanagements........669
Grundsatzkritik 272
Gruppe 343
Gruppendiskussion 332
gruppendynamischer Prozess 446
Gruppenentscheidungsprozess................376
Gruppengröße 349, 376
Gruppeninterview 484
Gruppenpräsentation................................517
Gruppensitzung..446
Guideline Review 547, 548
gut strukturiertes Problem 443

H

Handlungsspielraum 251, 255, 444
Hardest-first-Strategie 64
harte Frage 481
Hauptfunktion 532, 539, 541
Hautleitfähigkeit 488
Herzratenvariabilität 557
Herzschlagrate 488
Heuristik 251, 259
heuristische Evaluation.....................547, 548
heuristische Methode 259
Hierarchie 155
Hilfe-Funktion 501
Hilfe-System 497
Hochschulausbildung...................................7
Hopper 383, 388
horizontales Prototyping..........................183
Hormonsystem 482, 488
hybrider Ansatz..197
Hygienefaktor 322

I

ICB..15, 16
Icon 513
Ideenfindung........................448, 449, 451
Ideengenerierung 445, 449
Identifikations-/Beziehungsmacht...........324
Identifizierbarkeit.....................................502
I-designed-it-myself-Effekt 234
IEEE..627
IKEA effect...234

Implementierung.....167, 168, 169, 177, 275, 276, 285, 286, 415, 541
Implementierungserfolg............................110
Indifferenter.....................................424
indirekt monetär messbarer Nutzen.........532
indirekte Beobachtung.............................481
indirekte Frage.....................................481
indirekte Stakeholder............................385
Individualsoftware...........................288, 298
Individualziel.....................................144
Indizieren...504
Industrie-4.0-Konzeption.........................242
informale Evaluation 114
informale Kommunikation.....................371
informale Partizipation 354
Informatik...................................7, 10
Informatik-Projekt 4
Information 6, 319, 330, 340, 514
Information Overload 511
Information Retrieval 511
Information Systems...............................10
Informations- und Kommunikationssystem 5
Informations- und Kommunikationstechnik 3
Informations- und Kommunikationstechnologie.....................................3
Informationsfluss...............................335
Informationsgenerierung 87
Informationsinfrastruktur................143, 152
Informationskultur 335
Informationsmacht.................................324
Informationsmanagement ...74, 79, 152, 335, 654
Informationsnachfrage......................275, 281
Informationsproduktion....................6, 281
informationsregulierende Aktivität.........334
Informationsregulierung 335
Informationssystem 6
Informationssystem-Bestand 282
Informationssystem-Marketing 355
Informationstechnologie............................3
Informationsüberlastung.........................337
informelles Review.................................631
Ingenieurwissenschaft 178
Inhaltsprüfung...................................229
Initialisierungsphase.............................143
Inkonsistenz.......................................177
Inkrementtest......................................647
innere Akzeptanz.................................423
Innovation...425
Innovationsgrad..................................214
Inside-out-Ansatz...............................148
Inspektion............................230, 631
Instabilität.......................................404
Installation.......................................303
Installierbarkeit.................................296
Installieren 303

Installierung............167, 169, 285, 303, 415
Installierungsart 307
Installierungsgestaltung.........................311
Installierungsmethode.............................307
Installierungsstrategie.............306, 311, 312
Installierungszeit.................................301
Installierungsziel...........................301, 302
Instant Messaging 89
Institute of Electrical and Electronics Engineers 10, 627
Integrationsgrad....................................214
Integrationstest.............................617, 641
Interaktion..551
Interaktionsanalyse...............................552
Interaktionsverhalten 486
International Competence Baseline...........16
International Organization for Standardization 11
International Project Management Association 10, 15, 16, 396
International Standardization Organization 607
Internationalisierung..............................404
interne Revision...................................668
Interne-Zinssatz-Methode.....................534
Interoperabilität.................................294
interpersonelles Informationsverhalten ...333
Interview........................483, 493, 551, 572
Interviewform 483
Introversion..352
IPMA 15, 16
IPMA Competence Baseline....................15
ISO 607
ISO 9000 610
IS-Projekt..4
IS-Projektmanagement 9
Istgröße..655
Istzustand 232, 251, 263, 407, 482, 541, 596, 675
Istzustandsanalyse 263, 265
Istzustandserfassung 263, 265, 482
Istzustandserhebung.................................263
Istzustandsoptimierung.....................263, 265
istzustandsorientierter Ansatz.........148, 263
Istzustandsorientierung.........................266
Istzustandsuntersuchung.................263, 264
IT-Controlling.....................................653
Iteration......................................201, 591
IT-Koordinator............................344, 355
IT-Landschaft 242
IT-Lenkungsausschuss.......44, 55, 344, 345
IT-Manager...344
IT-Mittel 3
IT-Projekt..3
IT-Projektpersonal 50
IT-Strategie..116

K

K.o.-Kriterium 113, 237
Kalibrierung 591
Kalkulation 455
kalkulatorisches Commitment 327
Kanban 191
Kano-Modell 225, 227
Kapazitätsanalyse 470
Kapazitätsplanung 467, 470
Kapitalwertmethode................................. 534
kardinale Konsistenz............................... 120
Kardinalität 581, 587
Kausalmodell 69, 95
Kausalzusammenhang 96
Kennzahl... 527
Kernprodukt... 174
Key Informant Bias 493
Kick-off-Meeting....................................... 330
Kiviat-Graph.. 507
Klassifizierungsschlüssel....................... 508
klassische Methodik 147
klassischer Ansatz.................................... 194
klassisches Projektmanagement 195
Knoten 465
knotenorientierter Netzplan 471
Koexistenz 296
kognitiv 513
kognitive Effektivität............................... 573
kognitiver Aufwand.................................. 578
kognitiver Walkthrough................... 547, 548
Kollaborationssoftware............................. 76
kollaborative Software............................... 33
kollektive Wissensbasis 331
Kommunikation 6, 92, 173, 181, 319, 330,
    333, 340, 343, 350, 371, 372, 376
Kommunikationsambiguität 334
Kommunikationsart 371
Kommunikationsaufwand........................ 349
Kommunikationsbereitschaft.................. 352
Kommunikationsform............................... 566
Kommunikationsinhalt 377
Kommunikationsmedium 333, 660
Kommunikationsprinzip 378
Kommunikationsquadrat 377
Kommunikationsrichtlinie....................... 377
Kommunikationssystem 6, 278, 286
Kommunikationsvorgang 349
Kompatibilität... 242
Kompetenz................. 8, 16, 29, 39, 101, 343
Kompetenzanforderung 356
Kompetenzelement der ICB 18
Kompetenzregelung................................... 351
Komplexität 155, 162, 163, 164, 457, 573
Kompliziertheit 155

Komponententest 641
Kompromisslösung 402
Konfiguration.. 288
Konfigurationsmanagement......79, 296, 435,
    437
Konfigurationsmanagementsystem.......... 618
Konfigurationsverwaltung....................... 97
Konflikt.....39, 237, 239, 313, 384, 387, 395,
    396, 572
Konfliktart 397
Konfliktbearbeitungsprozess 400
Konfliktdefinition 401
Konfliktgeschichte.................................... 400
Konfliktkultur 376, 395
Konfliktlandkarte....................................... 395
Konfliktmanagement 301, 313, 395
Konfliktpotential................................ 266, 268
Konfliktprophylaxe.......................... 395, 403
Konfliktumfeld 401
Konfliktursache 397
Konformität der Benutzbarkeit.............. 295
Konformität der Effizienz....................... 295
Konformität der Funktionalität 294
Konformität der Portabilität.................... 296
Konformität der Wartbarkeit 296
Konformität der Zuverlässigkeit........... 295
Konsequenzanalyse 596
Konsistenz 225
Konsistenzberechnung.............................. 120
Konsistenzprüfung.................................... 547
Konsistenzüberprüfung............................ 548
Konstruktionslehre.................................... 178
konstruktive QM-Maßnahme 614
konstruktiver Konfliktverlauf.........395, 399
Kontrollrechnung....................................... 533
konzeptionelles Datenmodell 582
Kooperation 167, 173, 350, 371, 372
Kooperationsgrad....................................... 214
Koordination 92, 167, 173, 292, 296, 350,
    360, 371, 372
Koordinationsaufgabe............................... 372
Koordinationsfähigkeit 371
Koordinationsgrad 371
Koordinationsmechanismus.................... 373
Koordinationstechnologie........................ 371
Koordinationstheorie 372
koordinative Führungsaufgabe 361
Koordinator.. 371, 374
Koordinierung... 474
Körperhaltung 553
Korrektheit 211
Korrelationsanalyse 459
korrigierende Wartung............................. 177
Kortisol 488
Kosten.. 84, 527
Kosten/Nutzen-Analyse........................... 527

Kosten/Nutzen-Beziehung......................532
Kostenanalyse...............................469, 543
Kostenart.....................................527, 531
Kostenmanagement............................79
Kostenplanung........................62, 467, 469
Kostenstruktur 531
Kostenvergleichsrechnung....................534
Kostenziel.......................................302
Kraftfeld-Ansatz................................412
kreativer Problemlösungsprozess 446
kreatives Problemlösen...................443, 445
Kreativgruppe...................................446
Kreativität.........58, 167, 173, 359, 443, 444
Kreativitätshemmnis............................446
Kreativitätstechnik...259, 402, 444, 540, 546
kreisförmiges Polaritätsprofil 507
Krise...395
Krisensitzung....................................331
Kriteriengewicht.................................113
Kriterienkatalog.......................237, 239, 243
Kriterium 113
kritischer Erfolgsfaktor..............95, 204, 359
kritischer Pfad...................................128
kritischer Weg....................465, 469, 476
Kultur...404
kultureller Konflikt..............................398
Kundenanforderung..............................227
Kundenzufriedenheit 621
Kybernetik 155
kybernetisches Prinzip...........................157

L

Labormuster......................................180
Lane 570, 578
Lastenheft 237, 238, 244
latenter Konflikt.................................400
Leadership 360
Lebenszyklus 95, 527, 528, 618
Lebenszykluskosten..............................528
Leerkosten 301
legacy system....................................314
legitimation seeking activities 428
Legitimationsmacht 324
Leistung 527
Leistungsanforderung......209, 227, 231, 542
Leistungsmotiv 321
Leistungstest.....................................637
Leistungsziel.....................................302
Lenkungsausschuss...............................671
Lerneinheit.......................................11
Lernprozess.......................................164
Lernstoff...11
Lernstrategie.....................................306
Lesser General Public License 292
lessons learned...................................66

LGPL 292
Lifelogging 558, 559
lineare Beziehung 219
Lines of Code....................................457
logisches Modell.....................150, 263, 285
logisches Testen.................................645
lose-lose-Situation 399
Lösungsalternative...............................401

M

Machbarkeitsstudie.......................167, 252
Macht....................319, 323, 339, 387, 421
Machtanwendung..................................313
Machtbasis..................................324, 425
Machteinsatz.....................................390
Machtgefüge..................................338, 396
Machtmotiv.......................................321
Machtposition....................................425
Machtpromotor....................................101
Machtspiel 339
Machtverhältnis..................................396
magisches Dreieck.................................64
magisches Viereck.................................64
Management 4
Management by Objectives 32
Management by Walking Around 364
Management by Wandering Around 364
Management- und Organisationsforschung
....10
Managementbericht 630
Management-by-Ansätze.........................364
Managementlehre 4
Managementunterstützung.......................98
Manifest für agile Softwareentwicklung .192
Manifesto for Agile Software Development
....191, 192
mathematisches Modell 535
Matrix-Projektorganisation.....................42
Mausbewegung 485
MBWA 364
Mediation..395
Medienmix..520
Mehrprojekttechnik 80
Meilenstein 29, 39, 55, 62
Mensch/Aufgabe/Technik-System 302
Mensch-Computer-Interaktion 489, 521
Mensch-Computer-Interaktionsprozess...547
menschliche Qualifikationsanforderung..347
Messen 113, 653
Messgröße...................................113, 653
Messgrößentransformation 653
Messinstrument...................................653
Messobjekt.......................................653
Messparameter....................................659
Messproblem......................................670

Messpunkt...653
Messung..572
Messvorschrift..........................653, 658, 675
Messziel..653
Methode.......................131, 143, 151, 407
Methode 6.3.5................................443, 447
Methode der parametrischen Schätzglei-
  chungen...459
Methode des kritischen Wegs................465
Methoden-Mix.....................................268
Methodensystem.....................278, 285, 286
Methodensystem-Entwurf.....................280
Methodik................................143, 146
Methodikansatz....................................147
Methodik-Mix.....................................151
Methodologie.......................................143
Metra Potential Method.........................465
Metra-Potential-Methode.......................465
Metrik...................................113, 177
Middleware...75
Migration.................................301, 303
Migrationsprojekt.................................668
mikropolitische Kompetenz....................325
Mitarbeiterführung...............................360
Mitbestimmung....................................354
Mitläufer (dafür)..................................424
Mitläufer (dagegen)..............................424
M-Modell..77
Mode..7
Modell......................................143, 150, 592
Modellentwurf.....................................597
Modellformulierung.............................596
Modellieren.............................591, 592
Modellierer...567
Modellierungsform..............................566
Modellierungskompetenz......................573
Modellierungskonvention.............573, 577
Modellierungswerkzeug........................565
Modellnutzer..567
Modellorientierung..............................150
Modell-Prinzip.....................................158
Modellqualität........................573, 574
Modelltyp...155
Moderator.................446, 518, 627, 630
Monte-Carlo-Simulation...............599, 600
Morphologie...575
morphologische Matrix.........................448
morphologischer Kasten.......................447
Motivation.................319, 321, 609, 657
Motivator...322
Motivatoren-Hygiene-Theorie................322
MPM..465
MTBF...207
MTTF...207
MTTR...207
Multi Project Management System..........76

Multiplikatormethode...........................460
Multiprojektmanagement........................80
Multi-Projektmanagement....................6, 45
Muss-Kriterium....................................237
Muster...177
Musterspezifikation.............................614
must-have...243

N

Nachfolger...465
Nachhaltigkeit......................................221
Nachricht...513
Nachrichtenrelevanz...............................71
Nachschau..436
Nachteil von Prototyping......................185
nachträgliche Dokumentation................503
National Competence Baseline.................16
NCB..16
Nebenbedingung..................................258
Nebenfunktion..............532, 539, 541
Netzplan...466
Netzplantechnik............................80, 466
neuroadaptives System..................489, 494
Neuro-Informationssysteme..................547
NeuroIS.......................................547, 556
neurophysiologische Messung...............555
Neutraler..422
Newsletter..452
nice to have..243
nicht monetär messbarer Nutzen............532
nicht standardisierte Frage....................481
nicht-lineare Zielbeziehung...................220
Nicht-Ziel..58
Norm..607
normatives Commitment.......................327
Normenreihe..610
Normenreihe ISO 9000.........................619
Notation...565
Notfallplan...136
Notfallplanung.......................................63
notleidendes Projekt.............................662
Nutzen............................84, 527, 528
Nutzenfaktor..532
Nutzenschätzung..................................532
Nutzenstruktur.....................................532
Nutzerzufriedenheit..............................221
Nutzungsphase.....................................301
Nutzungsziel..542
Nutzwert..527
Nutzwertanalyse.....113, 114, 181, 258, 259,
  528

O

Object Management Group..............565, 568
Objekte der Projektplanung....................60

objektive Arbeitssituation.........................268
Objektorientierte Analyse und Design 280
objektorientierte Programmiersprache 280
Objektorientierte Programmierung..........280
objektorientierter Ansatz 149, 280
Objektorientierung....................................280
Objekttyp 207
OCQ..328
offene Beobachtung 481, 551
offene Entscheidung 443
offene Frage...481
offener Befürworter 423
offener Gegner 423
Office of Government Commerce 24
Offshoring..404, 623
OGC..24
OMG...565, 568
online banking 686
Online-Kommunikation.............................92
Online-Projektmanagement 83
Open Source 73, 285
Open-Source-Lizenz..................................292
Open-Source-Produkt................................293
Open-Source-Projekt.................................298
Open-Source-Software 291
Operations Research..................................527
operative Kreativitätstechnik...................447
operatives Projektcontrolling...................655
Operator...497
Operatoranleitung 497, 500
Operatorhandbuch 500
OPM3..15
Opponent 383, 389
optimism bias...261
optimistic biasing.......................................68
optimistische Berichterstattung 68
OR..527
Oracle Crystal Ball 599
ordinale Transitivität 120
Ordnungsmäßigkeit 667
Organigramm...505
Organisation..407
organisationale Entwicklung 306
organisationale Performance 110
organisationaler Wandel 409
organisationales Installierungsmanagement
....311
Organisationsgestaltung............................274
Organisationsmittel...................................272
Organisationsveränderung........................408
Organisationsziel 144
Organizational Commitment Questionnaire
....328
Organizational Project Management Maturi-
ty Model 15
Osborn-Checkliste 452

Osborn-Prüfliste.......................................450
Outside-in-Ansatz.....................................148
over-requirement 234
over-specification 234

P

Paarvergleich 113, 119
Paarweiser Vergleich 113
Paradigma..151
Parallelumstellung 310
Parametrisierung.......................................288
Partizipation......................................354, 359
Partizipationsausprägung..........................355
Partizipationsebene 355
Partizipationsform 355
Partizipationsgrad.....................................313
Partizipationsphase 355
partizipative Interaktionsanalyse 552
partizipatives Vorgehen...................383, 390
passive Beobachtung 481, 551
PAVA 536
Perfektionswartung...................................177
peripheres Nervensystem.................482, 488
Personal 470
Personaleinsatzplanung 62
Personalkosten..62
Personalplanung..59
Personalqualität..458
personeller Widerstand 313
Personenmonat...455
Persönlichkeit 319, 352
Persönlichkeitsfaktor 352
PERT..465
pessimistic biasing......................................68
pessimistische Berichterstattung..............68
Pfeil...465
pfeilorientierter Netzplan.........................471
Pflichtenheft................237, 238, 244, 614
Phase..167
Phase-Assured Value Analysis................536
Phasenmodell.....73, 143, 145, 168, 359, 638
Phasenschema.143, 145, 148, 168, 170, 173,
178, 239, 359
physiologische Messung...........................488
physisches Modell 150, 167, 263, 285
Piktogramm...513
Pilotsystem..181
Plangröße...655
Planung..654
Planungskosten 528
Planungsmangel..67
Planungsmethodik.....................................178
Planungsqualität..623
Planungsrechnung......................................533
Planungssoftware..76

Planungsziel....29, 32, 39, 58, 167, 253, 344, 657
Plattform 301
Plausibilitätsprüfung..............................461
PM@Siemens 440
PMBOK..................................15, 435
PMBOK Guide 441
PMI..............................15, 20, 435, 536
PMI-Zertifizierung..................................23
PMMM 15
PMO...346
Polaritätsprofil 507
Pool..570
Portabilität 296
Portfolio-Darstellung..............................390
Post-Project-Review 634
potentielles Produkt 174, 175
PowerPoint..522
PPT 522
Präferenzordnung.................................113
Präferenzreihenfolge...............................331
Prägnanz 513
Präsentation 80, 576
Präsentationstechnik...............................514
primäre Notation..................................573
Primärschlüssel.............................581, 583
Primat des Datensystems 280
PRINCE2.......................................16
PRINCE2-Zertifizierung 25
Prinzip.............................95, 155, 665
Prinzip der hierarchischen Strukturierung
   156
Prinzip des Schwarzen Kastens 156
Priorität 55, 132
Privatsphäre.................................486, 552
Problem......................................155, 443
Problemanalyse....................................271
problembezogene Strategie.....................337
Problemdefinition 445, 448, 451
Problemlösen 443
Problemlösungsstufe...............................159
Product Backlog 200, 247
Product Owner 191, 200
Produkt..174
Produktaudit..634
produktbezogener Einflussfaktor............457
produktives Informationssystem..............174
Produktivität 215, 458, 527, 537, 547
Produktmanager..........................39, 343, 355
produktorientierte Testfallermittlung 644
Produktqualität.........213, 251, 607, 609, 623
Profildiagramm...................................507
Prognose 155, 455, 527, 529
Program Evaluation and Review Technique
   465
Programmcode...................................571

Programmierproduktivität 531
Programmiersprache...............................599
Programmierung 461
Programmierwerkzeug...............................75
Project Collaboration Platform...................76
Project Management Body of Knowledge 15, 435
Project Management Body of Knowledge
    (PMBOK) Guide..............................20
Project Management Institute .10, 15, 16, 20, 435, 536
Project Management Maturity Model........15
Project Management Office............346, 356
Project Performance Scorecard 549
Project Support Office..........................346
Projektabbruch.....................................392
Projektablauf..65
Projektablaufplan...................................61
Projektabschlussanalyse 115
Projektabwicklung....................145, 436, 499
Projektadministrator 361
Projektanalyse......................................667
Projektantrag..................................56, 126
Projektaudit..667
Projektauftrag 55, 56, 57, 101, 345
Projektaufwand.............................455, 456
projektbegleitende Revision 670
Projektberichterstattung............................671
Projektberichtswesen 65
projektbezogene Dokumentation 502
Projektbibliothek....................................66
Projektbüro 346, 356
Projektcontroller....................................659
Projektcontrolling....................29, 184, 654
Projektdauer..458
Projektdefinition 30
Projektdiagnose 676
Projektdokumentation.......66, 435, 436, 498, 511, 665, 669
Projekterfolg 96, 129, 369, 619, 630, 665, 672
Projektergebnis.....................................500
Projektfortschritt....................................595
Projektfortschrittsermittlung....................635
Projektfreigabe......................................345
Projektführung......................................30
Projektgruppe.29, 39, 46, 343, 344, 348, 359
Projekthandbuch ...29, 39, 55, 435, 436, 440, 665
Projektidee....................................56, 116
Projektinformation...................................65
Projektion...207
Projektkalkulation..................................661
Projektkommunikation 102
Projektkontrolle 55
Projektkoordinator 39

Projektkosten 455
Projektkostenrechnung 79
Projektlebenszyklus...............................77
Projektleistung...................................404
Projektleiter 39
Projektleitung......29, 39, 131, 344, 345, 346, 360, 659
Projektmanagement 5, 10, 152
Projektmanagementaudit 634
Projektmanagementhandbuch..................442
Projektmanagement-Kultur 102
Projektmanagement-Methodik 5, 30
Projektmanagement-Regel......................440
Projektmanagementsoftware 73, 74, 76
Projektmanagement-Software-Programm474
Projektmanagement-Standardsoftware 74
Projektmanagement-System 33
Projektmanagementsystematik 74
Projektmanager......................................356
Projektmisserfolg...................................665
Projektmitarbeiter 86, 343, 344, 345, 348, 359
Projektorganisation.....29, 30, 39, 40, 48, 82, 99, 346
Projektpartner 343
Projektphase....................55, 102, 115
Projektplan 145, 435
Projektplanung.............30, 56, 435, 629, 676
Projektportfolio.......................251, 345, 456
Projektportfoliomanagement 81
Projektportoliomanagementsoftware........76
Projektpriorisierungsprozess 261
Projektprüfung 667
Projektqualifikation 347
Projektreview..................................627, 632
Projekt-Review 667
Projektrevision................632, 660, 666, 677
Projektrisiko.......55, 126, 616, 623, 675, 679
Projektskizze......................................56
Projektstatus.............................65, 85, 436
Projektstatusberichterstattung..................659
Projektstatusinformation..........................659
Projektsteuerung 30, 67
Projekt-Steuerungsgremium 344, 345
Projektstrukturierung..................57, 81, 90
Projektstrukturplan 55, 61, 435
Projekttagebuch 66
Projektteam..................................343, 359
Projekt-Teilplanung................................529
Projektüberwachung 30, 65
Projektumfang 55
Projektverantwortung 344
Projektverzögerung.................................128
Projektziel......29, 32, 39, 167, 237, 619, 657
Promotor 383, 388
proprietäres System 301

Prototyp 177, 191, 228, 421, 429, 548
Prototyping 177, 178, 191, 193, 237, 245, 354, 642
prototypingbasiertes Software-Management 245
prototypingorientierter Ansatz................150
Prototyping-Zyklus 177, 183, 191
Prozedurenkonflikt 398
Prozentsatzmethode.................................460
Prozessaudit...634
prozessbezogener Einflussfaktor 457, 458
Prozesseigner 565
Prozessgruppe 23
Prozessmodellierung................................566
Prozessmodellqualität...............................577
Prozessorientierung 170, 591
Prozessqualität.........213, 251, 294, 609, 612
Prüfen...675
Prüfer...665
Prüffrage...675
Prüfkosten 619
Prüfkriterium..665
Prüfliste.................................155, 665, 675, 676
Prüfobjekt...627
Prüfung 665, 666
Prüfungsergebnis 671
Prüfungshandlung....................................677
Prüfungsmethode 665, 670
PSO...346
Psychologie...................................10, 319
Puffer 465
Pull-System...199
Pupillendilatation 488
Push Notification 377

Q

QM...609
QM-Handbuch 437
QM-System....................................609, 620
QS 632
Qualifikation 59, 270, 343, 609
Qualifikationsanforderung................35, 347
Qualität 95, 144, 207, 225, 458, 497, 607, 608
Qualitätsaudit......................................628
Qualitätsbewusstsein 619
Qualitätsdaten.......................................633
Qualitätsdefizit....................................608
Qualitätsfähigkeit...........................607, 620
Qualitätskosten 619
Qualitätskriterium......................501, 610
Qualitätsmanagement 609, 638, 660
Qualitätsmanagementhandbuch.......435, 437
Qualitätsmanagementsystem 609
Qualitätsmangel.............................607, 608

Qualitätsmaß 610
Qualitätsmerkmal...........................294, 610
Qualitätsmodell...................................502
Qualitätsplan..60
Qualitätspolitik 437, 607
Qualitätsreview...................................628
Qualitätsrisiko....................................303
Qualitätssicherung 607, 632
Qualitätsziel...................................60, 303
Quantität 457
Quellcode....................................292, 645

R

Rahmenziel 542
rapid prototyping 183
rationaler Problemlösungsprozess 445
rationales Problemlösen..................443, 445
Rationalisierungspotential 543
RDBMS 587
Reaktanz 421, 422
Realisierungsstrategie.............................64
Rechenzentrum 520
Rechenzentrumsbetrieb 500
Rechtzeitigkeit....................................501
Redundanz...513
Reengineering-Kosten 528
Referenzmodell..............497, 565, 607, 620
Refreezing....................................412, 415
Regel...573, 665
Regeln des Software Engineering.............97
Regeln des Software-Projektmanagements
....98
Regelung...155
Regressionsanalyse...............................155
Reife..294
Reifegradmodell 622
reine Projektorganisation.........................41
Rekonfiguration 301
Relation...581
relationale Datenbank 583
relationales Datenbankmanagementsystem
....587
Relationenmethode 459
Release..297
Release-Management...............................296
Release-Test..648
Rentabilität...534
Rentabilitätsrechnung 534
Reporting 81
Repository..497
repräsentativer Test..............................644
repressives Vorgehen......................383, 390
Request for Proposal.............................288
Requirements Engineering 208, 225, 226
Ressource....................................56, 620

Ressourcenmanagement 82
Ressourcenverwaltungssoftware 76
Ressourcenzuteilung 396
Restrisiko...125
Retesting 638
Review 230, 607, 628, 635
Review-Objekt.....................................627
Review-Prozess 627, 629
Review-Sitzung 627
Review-Ziel 627
Revision 497
Revisionsauftrag 671
Revisionsbedarf 671
Revisionsplan......................................671
Revisionsqualität 673
RFP 288
Risiko..............101, 118, 125, 128, 301, 623
Risikoakzeptanz...................................125
Risikoanalyse.................133, 607, 617, 645
Risikoaversion 127
Risikobereitschaft 125
Risikobeschreibung 126, 131
Risikobewältigung................................135
Risikobewältigungsmaßnahme................136
Risikobewältigungsstrategie 125
Risikobewertung.............................126, 130
Risikobriefkasten 131
Risikofaktor 679
Risikoidentifikation 131
Risikoklasse..616
Risikomanagement 63, 82, 90, 123, 126, 384
Risikomanagementplan............125, 134, 135
Risikomanagementprozess 129
Risikominderung...................................125
Risikoplanung................................63, 126
Risikoportfolio.....................................132
Risikoreduktion 135
Risikoregister...................125, 133, 134
Risikosteuerung...............................126, 133
Risikotyp..130
Risikowahrnehmung.........................71, 687
Rolle...513, 659
Rollenkonflikt......................................398
Rollenverteilung 102
Rollout-Zeitraum..................................314
Rückfallsystem 39
Rückkopplung.................143, 170, 251
Rücklaufquote......................................486
Rückwärtsplanung 531
Rückweisungsanforderung 227

S

SaaS 285, 289
Sachmittel 272, 470
Sachmittelkosten....................................62

Sachmittelplanung 62, 483
Sachziel....................144, 208, 210, 226, 542
Sammelknoten 465
SAP ERP...304
SAP HANA 304
schadensausmaß-orientierter Test...........645
Schadenshöhe 128
Schätzfunktion......................................455
Schätzgleichung....................................460
Schätzmethode....................455, 456, 459
Schätzung.....................................528, 572
Schätzverfahren 455, 456, 461
Scheinvorgang 465
Schichtenmodell 174, 177
Schlagwortkatalog 504
Schlankheit 221
schlecht strukturiertes Problem 443
Schnittstelle 83, 143, 641
Schnittstellenanforderung209, 231, 232, 542
Schnittstellentest...................................641
schöpferische Fähigkeit 444
Schreibtischtest.....................................645
Schriftart 513
schritthaltende Dokumentation...............502
schrittweise Umstellung 308
Schulung 183, 268
Schwäche.....................................675, 676
Schwächesymptom 675
Schwachstelle 675, 676
schwachstellen-orientierter Test 645
schwarzer Kasten..................................665
Scrum.....46, 53, 89, 191, 199, 200, 431, 647
Scrum-Prozess 200
Second-Party-Audit 634
sekundäre Notation 573
Sekundärschlüssel..........................581, 584
Selbstaufschreibung.........481, 487, 491, 494
Selbstorganisation.................................164
Selective Reporting................................68
Self-Tracking 558
Semantik 566
Sender 371
Sensitivitätsanalyse...............................591
Sequenzfluss 570
Service Level Agreement 289, 337
Sicherheit...............216, 219, 221, 294, 498
Sicherungssystem 275, 279, 286
Simulation...592
Simulationsergebnis...............................596
Simulationsmethode 535
Simulationsmodell 591, 592, 593
Simulationsprogramm.............................594
Simulationssprache................................599
Simulationsstudie...................................592
simultan 497
Simultandokumentation.....................436, 502

Single Project Management System 76
Sinnbild..513
Skalieren 527
Skill..35
SLA..289
sofortige Umstellung 310
Software................................287, 608, 629
Software als Dienstleistung 289
Software Engineering 9
Software-as-a-Service...................285, 289
Softwareauswahl....................................88
Software-Beschaffungsprojekt 676
Softwareentscheidung............................287
Softwareentwickler................................323
Softwareentwicklung....................456, 499
Softwareentwicklungsprojekt 668
Softwareentwicklungsprozess 609
Softwarekosten 456
Softwarekostenschätzung 462
Software-on-Demand.............................289
Softwarequalität......................293, 610
Software-Qualitätsmanagement...............609
Software-Qualitätsmodell 611
Softwaresystem 75
Softwaretechnik 9
Software-Werkzeug.................................33
Sollzinssatz-Methode.............................534
Sollzustand..............251, 263, 407, 675, 676
sollzustandsorientierter Ansatz........148, 263
Sollzustandsorientierung 232
Source-Code 617
soziale Identität.....................................326
sozialer Konflikt.............................353, 395
soziales Anschlussmotiv 321
Sozialpsychologie..................................319
Spezifikation.................................55, 614
Spezifizieren 207, 225, 237
Spiralmodell..171
Sponsor 383
Sprechdenken..517
Sprint 201
Sprint Backlog.......................................247
Sprint Retrospective 202
Sprint Review 202
SQL.............................581, 589, 591
Stab 29, 39
Stabilität..296
Stabilitätsanalyse 597
Stakeholder 344, 383, 384
Stakeholder-Analyse.......................383, 386
Stakeholder-Management 384, 396
Stand der Technik 237, 638
Standard..................................251, 612
standardisierte Frage.............................481
Standardisierung 497
Standard-Layout 576

Standardsoftware 288, 298, 589
Standbild..520
Stärke..675
Stärken-/Schwächen-Katalog ..169, 263, 272
Stärkesymptom 675
Startereignis..570
statische Methode 534
statisches Testen 644
Stellenbildung...278
Steuern 656
Steuerung.................................155, 653, 654
Stichprobe...455
Stichprobenmethode 460
Stichtagsumstellung................................309
Stochastik..599
stochastisch...591
Störung...513, 514
Strategie..301
Strategie der evolutionären Systemgestal-
   tung 306
strategische Informationssystem-Planung
  253
strategische IT-Planung 345
strategische Kreativitätstechnik.............447
strategisches Projektcontrolling..............654
Stress.........................319, 335, 488, 547
Stressempfinden......................................340
Stressreaktion..335
Stress-Tagebuch......................................494
Streuknoten...465
Structured Query Language.............581, 589
Struktur 513
Strukturanalyse 468
struktureller Konflikt 398
Strukturgleichungsmodell.................95, 110
strukturierte Beobachtung.......................481
Strukturiertheit..501
Strukturplanung 60, 467, 468
Studienplanempfehlung............................7
Stufen der Konflikteskalation.........398, 399
stufenweise Umstellung...........................310
success factor..96
Supporter 383, 388
Symbol...513
Symptom...271, 675
symptomorientierte Situationsanalyse.....269
Synektik...447
Syntax 566
System 155
Systemanalyse 168, 276
Systemansatz 147
Systemaudit...634
Systembetrieb 500
Systemdenken...147
Systemdokumentation 500
Systemeinführung...................................167

Systementwicklung..........168, 275, 276, 286
Systementwurf 167, 276, 541, 594
systemexterne Führungsaufgabe..............361
Systemgliederung 275, 278
Systemimplementierung 167
Systemintegration 285, 296
Systemkonzept.............251, 258, 594
Systemplaner.............................173, 268, 343
Systemprüfung...668
Systemqualität 221
Systemtechnik................................156, 275
systemtechnische Planungsmethodik 158
Systemtest..............................618, 641
Szenariotechnik 447
Szenario-Technik..............................443

T

Tabelle 583, 675, 677
TAM 421, 427
Tätigkeit...................................272, 483
Tätigkeitsbericht 492, 493
Tätigkeitskatalog 483
TCO 73
TCO-Modell 84
Teamarbeit.....................................366, 367
Teamdiagnose..368
Teamklima-Inventar 368
Technik 151
Technikbedarf...................................242, 594
Technikbestand 242
Techniksystem................................256, 594
technisches Review.................................632
Technologie 251
Technologieakzeptanz 422
Technologieakzeptanzproblem 408
Technology Acceptance Model 421, 427
Technostress 319, 335, 489, 494, 502
Teilaufgabe 272, 483
Teilaufgabe des Projektmanagements 31
Teilplanung..59, 60
Teilprojekt 57, 275
Teilsystem..270
Teilumstellung...308
Teilziel...657
Telekommunikationssoftware...................76
Terminologie...441
Terminplan...62
Terminplanung.................................62, 467
Terminziel..302
Test 637
Testabdeckungsgrad 637
Testart 643, 645
Testaufwand..637
Testausführung 642
Testbarkeit.....................................216, 296

Testbericht 640
Testdaten 637, 642
Testdokumentation 497, 640
Testdurchführung.........................640
Testfall 642
Testfallmatrix.............................643
Testgrundsatz.............................639
Testkontrolle..............................640
Testmanager...............................639
Testmethode...............................638
Testobjekt 637, 641
Testplan 639
Testplanung 639, 640
Testprotokoll..............................640
Teststrategie..............................642
Testsystem 637
Testtreiber 637
Testumgebung 641
Testwerkzeug.......................637, 645
Teufelsdreieck.......................64, 657
Teufelsquadrat 64, 531, 657
theoretisches Modell.....................104
Third-Party-Audit 634
TKI.......................................368
Top Management Support 109
Top-10-Erfolgsfaktor....................100
Top-down-Strategie.................64, 301
Top-Management...................437, 462
Total Cost of Ownership.............73, 84
Total Quality Management...........621, 622
Totalumstellung...........................308
TQM 621
Trainingsbedarf............................90
Transaktion 591
Transaktionskosten 291
Transparenz 85, 129, 436, 669
Trittbrettfahrereffekt.....................349

U

Übersichtlichkeit....................501, 669
Überspezifizieren.........................234
Übertragbarkeit...........................216
Überwachen 655
Überwachung 653, 654
Umfang 574
UML 225, 280, 568, 581, 589
UML-Diagramm...........................589
UML-Klassendiagramm 228
Umsetzung 402
Unabhängigkeit...........................670
unerhebliche Anforderung 227
Unfreezing...............................412
ungeteilte Information 333
Unified Modeling Language....280, 581, 589
unstrukturierte Beobachtung.............481

unterbrochene Beobachtung 481, 551
Unternehmenserfolg 129
Unterziel..................................657
unvollständiger Prototyp.................180
Unwirtschaftlichkeit 608
Unzufriedenheit 322
Ursache-/Wirkungs-Diagramm...........125
Ursachen-/Wirkungsanalyse 637, 641
ursachenorientierte Problemanalyse 269
Usability Engineering....................547
Usability- und Akzeptanztest..............294
Use Case Diagram 225
Use-Case-Diagramm.......................228

V

Validierung 97
Validität 591
Variable 593
Venn-Diagramm 332
Veränderungsmanagement 296, 396, 407, 408
Verantwortlichkeit...................416, 659
Verantwortung 29, 39
Verantwortungsbewusstsein 609
Verbrauchsverhalten 295
verdeckte Beobachtung...............481, 551
Verfahrenskritik...........................272
Verfeinerung 251
Verfügbarkeit.........................216, 221
Verhalten 423, 443
Verhaltensakzeptanz......................423
Verhaltensänderung..................414, 553
Verhaltenskonformität....................351
verhaltenswissenschaftlicher Ansatz..........4
Verhandlungsfokus........................333
Verhütungskosten.........................619
Verifikation...............................591
Vermeidungsstrategie 402
Vermögensbarwertmethode...............534
Vermögensendwertmethode...............534
Vermögenswertmethode...................534
Verrechnungsmodell.......................289
Verschachtelung 571, 574
Versionsmanagement......................296
Versionsupgrade..........................600
Verständlichkeit.................211, 216, 295
Verteilungskonflikt.......................397
Verteilungstyp 601
vertikales Prototyping....................183
Vertragsgestaltung........................291
Vertrauen 340, 350, 365, 393
Video Review Session 553
Video Session 552
Videoanalyse 553

videobasierte Interaktionsanalyse...552, 553, 554, 559
Videobeobachtung 481, 551, 552
Videokamera-Effekt 554
virtuelles Team 329
Visualisierung..518
Visualisierungsmedium 520
Visualisierungstechnik............................518
visuelle Notation 566
VKN...465
V-Modell 172, 431
vollständiger Prototyp..............................180
Vollständigkeit.........207, 211, 225, 501, 670
Vorgang 465
Vorgänger 465
Vorgangsdauer..469
Vorgangsknotennetz................465, 471, 473
Vorgangsliste..468
Vorgangspfeilnetz...............465, 471, 475
Vorgehensmodell....29, 30, 47, 73, 145, 173, 612, 660
vorgehensorientierte Strategie 642
Vorgehenssystematik...............................146
Vorphase..143
Vorschau..436
Vorstudie 167, 168, 252, 415, 445
Vorteil von Prototyping 185
Vortragstechnik 516
Voruntersuchung 167
Vorwärtsdokumentation 436, 502
Vorwärtsplanung 531
VPN..465

W

WA..539, 540
WA-Arbeitsplan.......................................539
Walkthrough 230, 547, 548, 631
WA-Objekt 539, 541
Wartbarkeit..295
Wartung 177, 498
Wartungskosten 528
Wartungsziel..542
Wasserfallmodell 171
WA-Ziel...539
Web-Service Business Process Execution Language....................................565
Wegwerf-Prototyp 180
weiche Frage...481
Weiterbildung 100
Werkzeug...151
Wert 539
Wertanalyse 258, 259, 448, 539, 540
Wertekonflikt...398
Wertgestaltung.......................................540
Wertschöpfungskette 279

Wertsteigerung.......................................544
Wertziel...539
Wertziel-Analyse....................................543
WFMS...599
White-Box-Test 644
Widersprüchlichkeit................................177
Widerspruchsfreiheit207, 211, 225, 502, 518
Widerstand 353, 422
Wiederherstellbarkeit..............................295
wiederverwendbarer Prototyp..................180
win-lose-Situation...................399, 402
win-win-Situation 399, 402
Wireframe 247
Wirksamkeit...216
Wirtschaftlichkeit ...118, 127, 133, 216, 221, 291, 456, 502, 528, 667
Wirtschaftlichkeitsanalyse......258, 259, 528, 530
Wirtschaftlichkeitsmodell........................535
Wirtschaftlichkeitsrechnung...........530, 533
Wirtschaftsinformatik................................7
Wirtschaftsinformatik-Lexikon 11
Wissen.................................319, 330, 340
Wissensgebiet des PMI.............................20
Wissensmanagement....................351, 511
Wissensressource....................................331
Workflow...............................83, 599
Workflow-Management-System.................599
Workshop..............................117, 572
WS-BPEL 565, 571
W-Technik 447, 448, 451

X

XML 565, 571

Z

Zeitanalyse...469
Zeitdruck...335
Zeiterfassung 483, 491
Zeitgerechtigkeit....................................669
Zeitmechanismus 594
Zeitorientierung 591
Zeitplanung...........................61, 469
Zeitverhalten...295
Zerlegungsdiagramm 505
Zertifizierung.........................620, 627
Zertifizierungsstelle................................620
Zertifizierungssystem der IPMA 19
Zertifizierungssystem von PRINCE2 25
Ziel........................144, 207, 375, 653, 655
Zielausmaß...143
Zielbeziehung 218, 657
Zielerreichung..658
Zielerreichungsgrad.................113, 237
Zielertrag 113, 237

zielgerichtetes Veränderungsmanagement 410
Zielindifferenz 219
Zielinhalt..143
Zielkomplementarität.............................219
Zielkonflikt 219, 397
Zielmaßstab 143
Zielplanung......................................59, 221
Zielplattform...301
Zielsystem...29, 143
Zielsystembildung 144
Zinssatzmethode 534
Zufriedenheit 322
zusätzliche Stimulanz 513
Zustand 593, 627
Zuverlässigkeit.................................216, 294
Zwei-Faktoren-Theorie...........................322